Stefan Riedel

Power Apps und Power Automate

Das umfassende Handbuch

Rheinwerk Computing

Liebe Leserin, lieber Leser,

bevor ich ins Lektorat einstieg, unternahm ich einen kurzen Abstecher in die Welt der Anwendungsentwicklung. Die genauen Details möchte ich Ihnen ersparen, doch ein Projekt bleibt mir besonders im Gedächtnis: Ein spezieller Buchungsvorgang konnte in der alten ERP-Software nicht dargestellt werden. Als Lösung diente eine schnell erstellte Excel-Tabelle, die sich jedoch mit der Zeit als Wartungsalptraum herausstellte. Über die Jahre entwickelte sich daraus ein komplexes System mit zahlreichen Verknüpfungen, bei dem nicht mehr nachvollziehbar war, wie die vielen VBA-Makros und Bezüge funktionierten. Da eine Migration zu Microsoft Dynamics anstand, sollte diese geschäftskritische Excel-Tabelle nachgebaut und in den Ruhestand geschickt werden.

Nun könnte man meinen: »Das kann doch nicht so kompliziert sein«. Doch weit gefehlt! Wer schon einmal versucht hat, solch eine gewachsene Anwendung zu entwirren, weiß um den enormen Aufwand, sich durch undokumentierten Code zu arbeiten.

Hätte es zu der Zeit bereits die Power Platform gegeben, hätte man sich viel Arbeit sparen können. Zumindest wäre es einfacher gewesen, einen solchen Prozess gleich von Anfang an transparenter und strukturierter zu digitalisieren, sodass zukünftige Kollegen nicht vor einem unübersichtlichen Durcheinander stehen.

Wie Sie dabei am besten vorgehen, erläutert Ihnen Stefan Riedel in diesem Buch. Als MVP für Business Applications kennt er die Power Platform in- und auswendig. Zudem ist er bestens mit den alltäglichen Herausforderungen und Stolpersteinen in Unternehmen vertraut. Mit seiner Hilfe werden Sie erkennen, wie unkompliziert und zügig die Entwicklung eigener Apps und Automatisierungen sein kann.

Ein letzter Hinweis: Dieses Buch wurde mit größter Sorgfalt verfasst, überprüft und produziert. Bei Fragen, Anregungen oder Feedback können Sie sich jederzeit an mich wenden. Ich freue mich auf Ihre Rückmeldung.

Ihr Christoph Meister
Lektorat Rheinwerk Computing

christoph.meister@rheinwerk-verlag.de
www.rheinwerk-verlag.de
Rheinwerk Verlag · Rheinwerkallee 4 · 53227 Bonn

Auf einen Blick

Wir hoffen, dass Sie Freude an diesem Buch haben und sich Ihre Erwartungen erfüllen. Ihre Anregungen und Kommentare sind uns jederzeit willkommen. Bitte bewerten Sie doch das Buch auf unserer Website unter **www.rheinwerk-verlag.de/feedback**.

An diesem Buch haben viele mitgewirkt, insbesondere:

Lektorat Christoph Meister
Korrektorat Petra Bromand, Düsseldorf
Fachgutachten Nicole Enders
Herstellung Stefanie Häb
Typografie und Layout Vera Brauner
Einbandgestaltung Bastian Illerhaus
Coverbild iStock: 1395838171 © FangXiaNuo
Satz SatzPro, Krefeld
Druck Beltz Grafische Betriebe, Bad Langensalza

Dieses Buch wurde gesetzt aus der TheAntiquaB (9,35/13,7 pt) in FrameMaker.

Gedruckt wurde es mit mineralölfreien Farben auf chlorfrei gebleichtem, FSC®-zertifiziertem Offsetpapier (90 g/m²).

Hergestellt in Deutschland.

Bibliografische Information der Deutschen Nationalbibliothek:
Die Deutsche Nationalbibliothek verzeichnet diese Publikation in der Deutschen Nationalbibliografie; detaillierte bibliografische Daten sind im Internet über *http://dnb.dnb.de* abrufbar.

ISBN 978-3-8362-9259-7

1. Auflage 2023, 1. Nachdruck 2024

Informationen zu unserem Verlag und Kontaktmöglichkeiten finden Sie auf unserer Verlagswebsite **www.rheinwerk-verlag.de**. Dort können Sie sich auch umfassend über unser aktuelles Programm informieren und unsere Bücher und E-Books bestellen.

Inhalt

Materialien zum Buch

Auf der Webseite zu diesem Buch stehen folgende Materialien für Sie zum Download bereit:

- **Beispieldaten: Word-Vorlage, Excel-Tabelle, Flow zum Anlegen von SharePoint-Listen.**
- **Beispielapp: Zeiträuber. Behalten Sie Ihren Tagesabauf mit der Power Platform im Blick.**

Gehen Sie auf *www.rheinwerk-verlag.de/5614*. Klicken Sie auf den Reiter MATERIALIEN. Sie sehen die herunterladbaren Dateien samt einer Kurzbeschreibung des Dateiinhalts. Klicken Sie auf den Button HERUNTERLADEN, um den Download zu starten. Je nach Größe der Datei (und Ihrer Internetverbindung) kann es einige Zeit dauern, bis der Download abgeschlossen ist.

Stefan Riedel bloggt unter *https://stefanriedel.wordpress.com* über die Softwareentwicklung mit der Power Platform.

Weitere hilfreiche Ressourcen finden Sie in Kapitel 15. Sie finden dort viele Verweise auf hilfreiche Blogs und spannende Beiträge, die von der Community gepflegt werden.

Kapitel 1
Digitalisierung mit der Power Platform

Die Power Platform ist eines der führenden Low-Code-Werkzeuge zur Automatisierung und Digitalisierung von Geschäftsprozessen. Mit der Power Platform können alle mit der Entwicklung loslegen und das Umfeld digitalisieren. Was Low-Code bedeutet, wie neu diese Technologie ist, und was das alles für Sie heißt, erfahren Sie in diesem Kapitel.

Um mit diesem Buch arbeiten zu können, benötigen Sie im Grunde nicht mehr als eine gute Portion Neugier und IT-Affinität. Sicherlich ist es hilfreich, wenn Sie sich in der Vergangenheit mit den Anwendungen Microsoft Excel oder Access auseinandergesetzt haben, Voraussetzung ist das allerdings nicht.

In den folgenden Kapiteln zeige ich Ihnen, wie Sie Softwareanwendungen erstellen und wie Sie Prozesse digitalisieren und automatisieren, ohne über tiefgreifende Programmierkenntnisse zu verfügen.

So lernen Sie in Abschnitt 1.1 den Low-Code-Ansatz kennen, durch den jeder zum Softwareentwickler werden kann, und erfahren, warum dieser Ansatz auch IT-Administratoren entspannt in die Zukunft blicken lässt.

In Kapitel 2 gebe ich Ihnen einen Überblick über die Power Platform sowie ihre Bestandteile und Einsatzmöglichkeiten. Sie lernen die wichtigsten Begriffe kennen und erhalten zum Ende einen Einblick in den Lizenzdschungel.

In den beiden folgenden Kapiteln lernen Sie das Maker Portal und das Power Apps Studio kennen. Das Maker Portal aus Kapitel 3 dient Ihnen als Verwaltungsoberfläche und Startpunkt für Ihre Digitalisierungsmaßnahmen, während Sie in Kapitel 4 mit dem Power Apps Studio in Ihre Entwicklungsoberfläche eintauchen.

Kapitel 5 widmet sich der Programmierung mit Power FX. Hier lernen Sie die Grundkonzepte der Programmierung in Power Apps kennen und erhalten einen Überblick über die einzelnen Elemente einer Canvas App sowie deren Anwendung. In Kapitel 6 gehe ich auf die beiden, in das Design Studio integrierten Werkzeuge zum Testen und Analysieren Ihrer App ein: Das Power Apps Test Studio sowie den Power Apps Monitor.

In den Kapitel 7 und 8 zeige ich Ihnen weitere Einsatzbereiche von Canvas Apps. Hier lernen Sie, wie Sie Dataverse for Teams-Apps erstellen, und wie Sie Canvas Apps nutzen um Ihre SharePoint-Formulare zu designen.

In Kapitel 9 und 10 stelle ich den Automatisierungsdienst Power Automate vor. Lernen Sie hier die Unterschiede zwischen den verschiedenen Workflow-Arten kennen, und steigen Sie mit mir direkt in die Entwicklung von Cloud-Flows ein, mit denen Sie zeitgesteuerte, ereignisbasierte oder manuell ausgeführte Workflows realisieren.

Da Sie nun grundlegende Kenntnisse in der Digitalisierung und Automatisierung mit der Power Platform besitzen, zeige ich Ihnen in den Kapiteln 11 und 12 die Anwendung von ausgewählten Konnektoren und eine Auswahl verschiedener Anwendungsfälle.

Bis hierher haben Sie einiges über die Erstellung von Low-Code-Anwendungen mit der Power Platform, insbesondere Power Apps und Power Automate Cloud Flows, erfahren. Nun widmen wir uns in den Kapiteln 13 und 14 den Lösungsmappen und Umgebungen und machen einen kurzen Abstecher in Richtung möglicher Maßnahmen zur Verhinderung von ungewolltem Datenabfluss.

Kapitel 15 setzt den Schlusspunkt mit einer Übersicht über die deutsche Community sowie interessanten Projekten, Blogs und Websites, denen Sie folgen können.

[»]

Sprache

Keine Angst, das Buch ist in deutscher Sprache verfasst. Eine große Herausforderung war es allerdings, mit den unterschiedlichen Benennungen innerhalb der Power Platform umzugehen. Ich empfehle grundsätzlich, die englische Umgebungssprache zu nutzen. Da ich in meinen Projekten aber viele Menschen getroffen habe, die der englischen Sprache nicht mächtig sind, habe ich die Entscheidung getroffen, mich an der deutschsprachigen Oberfläche zu orientieren.

Wo es sinnvoll ist, verwende ich zusätzlich zu den deutschen Bezeichnungen auch die englischen Originalbegriffe und hoffe, dass so möglichst verständlich ist, welche Menüs, Elemente und Begriffe gemeint sind.

1.1 Der Low-Code-Ansatz

Wenn Sie sich mit der Power Platform beschäftigen, werden Ihnen rasch die Begriffe *Low-Code* und *No-Code* begegnen – auf Deutsch kann man von *codearm* und *codefrei* sprechen. Damit ist gemeint, dass Sie mit den richtigen Hilfsmitteln Entwicklungsaufgaben lösen können, ohne viel Code zu schreiben. Sie können also ohne viel Programmiererfahrung wiederkehrende Arbeitsschritte automatisieren oder Probleme lösen.

Dieser Ansatz steht im Zentrum der Power Platform. Microsoft verfolgt diese Idee seit einigen Jahren intensiv: *https://powerapps.microsoft.com/de-de/low-code-platform/*.

Obwohl man denken mag, dass die Begriffe No-Code und Low-Code erst mit der Corona-Pandemie in unser Leben traten, handelt es sich dabei um ein altes Konzept: nämlich Software erstellen zu können, ohne ausgebildeter Entwickler zu sein. Mich begleitet dieses Konzept, seit ich mich mit Rechnern und Informatik beschäftige.

- **Die 80er-Jahre (Construction Kits)**
  Ende der 1980er, zur Hochzeit von Commodore 64, Atari und Schneider Colour Personal Computer (CPC), gab es kaum eine Ausgabe meiner damaligen Lieblingszeitschriften »64er« und »Happy Computer«, in der kein Softwarebaukasten beworben wurde. So heißt es in einem Spieletest auf Seite 84 der Januar-Ausgabe 1988 von Happy Computer:

  ... *Es ist eine Art Baukasten, um Action-Spiele selber zu schreiben, auch wenn man von Technik und Programmieren nichts versteht.*

  Ein weiterer Artikel, den ich leider nicht mehr genau lokalisieren kann, sprach davon, dass man Software irgendwann nicht mehr programmieren, sondern nur noch Bausteine zusammenstecken wird.

  Da ich zu diesem Zeitpunkt dem Parser Commodore Basic V2.0 und dem 6502-Assembler verfallen war, fand ich die Vorstellung, dass man Software ohne Programmierung erstellt, gruselig und utopisch.

- **Die 90er-Jahre (Excel und Access)**
  Die Zeit schritt voran, und ich begann in den 1990ern mein Studium der Wirtschaftsinformatik. Dabei besuchte ich eine Vorlesung zum Thema Produktionsplanung und -steuerung, in der ein Unternehmensplanspiel durchgeführt wurde.

  Ziel war es, durch den geschickten Einkauf von Rohstoffen und Halbfertig-Erzeugnissen eine möglichst gewinnbringende Produktion auf die Beine zu stellen. Die Berechnungen sollten wir den Computer erledigen lassen. Also legten wir los und programmierten unsere erste Unternehmenssoftware auf Basis eines Programms der Firma Microsoft mit dem Namen Excel – Sie haben vielleicht schon davon gehört.

  Das war rückblickend meine erste Low-Code-Entwicklung, denn wir ließen schon damals umfangreiche Berechnungen mit wenigen komplizierten Befehlen ausführen. Anstatt eine For-Schleife zum Aufsummieren von Zahlen zu nutzen, reichte ein simples `=SUMME(A1:A10)`, um die Summe von zehn Feldern zu bilden und das Ergebnis in weiteren Formeln zu verwenden.

- **Die Nuller-Jahre (InfoPath)**
  Nach dem Studium war ich immer noch überzeugt, dass nichts über die echte Programmierung geht, also stieg ich in *.net* ein. Mein Weg führte mich von *VB.net* über *C#* in meine erste Selbstständigkeit. Wir schrieben das Jahr 2005, und meine ersten

Aufträge führten mich zu *MS InfoPath 2003*. Ich war relativ neu in der Technologie, die Projektanforderungen waren aus der Sicht eines Softwareentwicklers hoch und das Projektbudget sehr niedrig.

Ich sollte innerhalb von drei Tagen eine Formularanwendung mit SharePoint-Integration auf die Beine stellen. Mir schien das unlösbar. Auch wenn es ein Code-Fenster für VBScript-Funktionen gab, so ließen sich die meisten Anwendungen tatsächlich in kürzester Zeit realisieren, indem man eine XML-Datenquelle mit Eingabefeldern verband. Die notwendige Logik des Formulars wurde über einen Regel-Editor (kein InfoPath-Entwickler wird die Pop-up-Fenster-Hölle jemals vergessen!) zusammengeklickt. Wenn externe Systeme angebunden werden mussten, so konnte man über einen Assistenten Webdienste einbinden, um zum Beispiel Daten aus SAP in das Formular zu integrieren.

Mit InfoPath gab es jetzt also ein Werkzeug, mit dem man in kürzester Zeit Oberflächen erstellen und ihnen über einen Regel-Editor Leben einhauchen konnte. Auch die Anbindung externer Systeme per SOAP-Webservice war schnell zusammengeklickt. »Richtig« programmiert wurde nur, wenn andere Möglichkeiten nicht mehr ausreichten.

- **Die wundervollen SharePoint-Jahre**
  In der Zwischenzeit entwickelte sich der *SharePoint Portal Server* aka *Microsoft Office SharePoint Server* (*MOSS*) zu einer Erfolgsstory, und der *SharePoint Designer* erblickte das Licht der Welt. Wo bisher kleine Programm-Module entwickelt werden mussten, um auf Änderungen in SharePoint-Listen zu reagieren, reichten nun wenige Klicks, um einen Workflow zu erstellen, der feststellt, ob ein Listeneintrag in einer SharePoint-Liste erstellt oder geändert wurde.

- **Die Transformation vom Anwender zum Digital Citizen**
  Natürlich war man noch weit weg von individuell entwickelten SharePoint-Web-Parts, dennoch gab es im Zusammenspiel von SharePoint und MS InfoPath gefühlt keine Grenzen mehr.

  Mittlerweile war ich hauptberuflicher SharePoint-Entwickler und bemerkte einen Wandel in den Fachabteilungen. Dort, wo ich früher mit Visual Studio für meine Raketenwissenschaft bewundert wurde, fingen die Anwender an, mit mir über meine Architekturvorschläge zu diskutieren. Die Kunden merkten, dass man nicht mehr zwingend einen Entwickler brauchte, um ein Stück Software zu entwickeln, und trauten sich fortan mehr und mehr zu. Langsam, aber sicher bauten sie das technische Know-how im SharePoint-Umfeld auf, das sie für ihre Fachanforderungen benötigten.

  Abteilungen bekamen durch die zentrale IT ihre SharePoint-Site zur Verfügung gestellt und durften sich einen SharePoint Designer installieren. Externe Dienstleister zog man hinzu, wenn die Fachabteilungen an ihre Grenzen kamen. Nun konnte (fast) jeder zum Programmierer oder *Digital Citizen* werden.

1.1.1 Softwareentwicklung ohne Programmierkenntnisse?

Als ein ehemaliger Kollege, während er ein paar Kästchen und Pfeile auf ein Stück Papier schrieb, gefragt wurde, was er da tue, erwiderte er, er schreibe gerade ein Programm. Der Fragesteller war sichtlich verwirrt, da man seiner Meinung nach zur Programmierung einen Computer benötigt. »Den Computer brauche ich zum Coden«, führte mein Kollege weiter aus. »Das Programm ist der Ablaufplan, der Code ist die Sprache, mit der ich das Programm umsetze.«

Seinerzeit musste ich eine Weile darauf rumdenken. Aber es ergab Sinn, denn das eine ist, sich zu überlegen, was ich benötige, um mein Ziel zu erreichen und welche fachlichen Regeln ich berücksichtigen muss – das andere die Umsetzung. Folgende Gedanken sind für mich in der Entwicklung wichtig:

1. Welche Daten benötige ich, also welche Geschäftsobjekte (Auftrag, Person, Kunde)?
2. Wo liegen diese Daten (Dataverse, SQL-Server, SharePoint, Excel, Access)?
3. Wie hängen die Daten zusammen, welche Geschäftsregeln gibt es (Prozesse)?
4. Welche Schritte sind nötig, um das Ziel zu erreichen (Algorithmus)?
5. Welche Rollen/Personen sind an den Prozessen beteiligt?

Wenn ich mein Ziel nicht klar formulieren kann und den Weg und die Regeln nicht kenne, um mein Ziel zu erreichen, komme ich weder mit Programmierung noch mit einer Low-Code-Plattform zum Erfolg. Oder anders gesagt: Wenn ich ein LEGO-Modell bauen möchte, aber nicht weiß, welche Steine ich wie zusammensetzen muss, komme ich über die Kiste mit kleinen bunten Plastiksteinen nicht hinaus. Dasselbe gilt für die Softwareentwicklung. Deshalb beginne ich fast jedes Projekt auf einem Stück Papier. Etwas nachhaltiger sind sicherlich Tools wie *PowerPoint*, *Visio* oder *Figma*.

Geht es an die Umsetzung, zeigen sich schnell die Vorteile des No-Code-/Low-Code-Ansatzes, denn betrachtet man ein typisches kleines bis mittleres Softwareprojekt, so sind die Anforderungen und die Geschäftsregeln relativ schnell klar und können oftmals direkt umgesetzt werden.

Bei individueller Softwareentwicklung ist die große Herausforderung – besonders in größeren Unternehmen –, einen Sponsor zu finden, der Ihnen das nötige Budget zur Verfügung stellt. Dafür müssen Sie einige Runden mit den Teams aus der IT-Infrastruktur und IT-Sicherheit drehen und schlussendlich einen Entwickler finden, der das Projekt umsetzen kann. Das kann sehr aufwendig sein und sorgt dafür, dass viele gute Ideen im Sande verlaufen, bevor überhaupt mit der Umsetzung angefangen werden kann.

Mit Low-Code-Plattformen wie der Power Platform sparen Sie sich den Umweg über die IT und die Budgetverantwortlichen. Sie wollen digitalisieren, also tun Sie es einfach. Low-Code-Plattformen stellen dem Anwender in der Fachabteilung Bausteine zur Verfügung, die er in einem definierten, sicheren Rahmen verwenden kann, um seine Prozesse selbst zu digitalisieren.

1.1.2 Der traditionelle Entwickler in einem Power-Platform-Projekt

Sind Sie ein Herzblut-Entwickler und haben den Auftrag, eine Power App oder einen Power Automate Cloud Flow zu entwickeln? Seien Sie offen für neue Ansätze, machen Sie sich frei!

Ich schätze, ich lehne mich nicht zu weit aus dem Fenster, wenn ich sage, dass vermutlich jeder Hardcore-Entwickler zunächst die Hände über dem Kopf zusammenschlägt, sobald er sich das erste Mal an einer Low-Code-App versucht.

»Das ist ja furchtbar! Das ist doch keine Entwicklung!«, habe ich nicht selten gehört. Aber man kann das auch anders sehen: Jeder Entwickler hat sein individuelles Repertoire an Tools, die er für seine Arbeit nutzt. So ist auch die Power Platform ein Tool, um Aufgaben bis zu einer bestimmten Anforderungsgrenze umzusetzen.

Nun kommt der Entwickler ins Spiel, denn nicht selten ist es einfacher, eine *Azure Function* zu schreiben, die man als angepasste (oder auch benutzerdefinierte) Konnektoren in einen Flow oder eine App integriert, als Umwege zu suchen, um diese Anforderung ohne Entwickler zu erfüllen.

[»]

Erstellen von angepassten (benutzerdefinierten) Konnektoren

Wollen Sie in die Entwicklung von benutzerdefinierten Konnektoren einsteigen, so empfehle ich Ihnen folgende Quelle des Microsoft-Learn-Portals: *https://learn.microsoft.com/de-de/connectors/custom-connectors/define-blank*.

Aber auch unabhängig von solchen technischen Herausforderungen lohnt sich für jeden Citizen Developer der Austausch mit einem professionellen Developer, denn auch wenn man es zunächst nicht glauben mag, gibt es doch viele thematische Überschneidungen. Zum Beispiel:

- Anforderungsaufnahme
- Paketierung und Bereitstellung
- Versionierung
- Clean Code
- In-Code-Dokumentation
- Automatisierung
- Erweiterung durch *benutzerdefinierte Konnektoren* oder *PCF-Komponenten*

Sie sind der Experte oder die Expertin für Ihre Prozesse. Die Entwicklerinnen und Entwickler wissen, wie man Software schreibt und diese über die komplette Lebensspanne betreut. Arbeiten Sie zusammen, bilden Sie ein *Fusion Team*. Egal ob Pro-Code, No-Code oder Low-Code: Am Ende haben doch alle dieselben Schmerzen.

Ich selbst komme aus der Entwicklung und bin froh, mich auf das Low-Coden eingelassen zu haben. Ja, es ist »Geklicke«, aber das tut nicht weh! Und eventuell hilft es Ihnen, wenn ich an dieser Stelle wiederhole, dass Low-Code nicht für professionelle Entwickler und Entwicklerinnen gemacht wurde. Low-Code-Plattformen sind nicht dafür da, dem Entwickler maximale Schmerzen zuzufügen, sondern sie sollen Menschen, die kein Entwickler-Know-how besitzen und keine erfahrenen SharePoint-Recken sind, in die Lage versetzen, Anwendungen zu entwickeln, um sich damit den Arbeitsalltag zu erleichtern. Nichtsdestotrotz gilt: Haben Sie die Möglichkeit, einen professionellen Entwickler in Ihre Projekte einzubinden, dann tun Sie es. Nichts ist besser für Ihre Software, als wenn Sie noch mal einen Profi draufschauen lassen.

1.2 Aufgabenbereiche: Wer ist wofür zuständig?

Ziel der Power Platform ist, dass alle, die einen Prozess erkennen, den es zu digitalisieren lohnt, dies selbst umsetzen können. Das heißt: Alle Mitarbeiter und Mitarbeiterinnen Ihres Unternehmens sind von nun an potenzielle Softwareentwicklerinnen und -entwickler, nämlich *Citizen Developer*!

1.2.1 Citizen Developer

Citizen Developer entwickeln Software für sich, ihr Team oder gar das ganze Unternehmen, ohne Softwareentwickler zu sein. Citizen Developer sind nichts Neues. Man findet sie schon lange in sehr vielen Unternehmen. Der Unterschied zwischen gestern und heute ist, dass diese Mitarbeiter jetzt einen Namen haben.

Wenn Sie sich nun fragen, welche Kollegen und Kolleginnen wohl zu dieser geheimnisvollen Gruppe gehören, dann überlegen Sie einmal, wer die ganzen Excel-Sheets, Access-Datenbanken, PowerBI-Reports oder InfoPath-Formulare erstellt hat.

1.2.2 Maker und Owner

Sind Sie leidenschaftlicher Ersteller von Apps und Flows in der Power Platform, so nennt man Sie auch *Maker*!

Erstellen Sie Apps und Flows, dann gehören sie Ihnen. Das heißt, Sie sind *Besitzer* bzw. *Owner* der App bzw. des Flows. Herzlichen Glückwunsch! Natürlich können Sie die Last des Besitzes teilen und Kollegen zu Mitbesitzern bzw. Co-Ownern machen. Wie das funktioniert, erfahren Sie später im Buch. Wichtig ist zu wissen, dass es bei Software nicht anders ist als bei Immobilien: Besitz verpflichtet!

Die Owner sind letztlich immer verantwortlich für den Betrieb der Apps und Flows. Das heißt, mit dem Abschluss der Entwicklungsarbeit hört die Verantwortung nicht auf. Als Owner sind Sie zuständig für die Stabilität Ihrer Produkte und für die Einhaltung etwaiger Rahmenbedingungen, die durch die Firmen-Compliance und Anforderungen an die Sicherheit vorgegeben sind.

Das mag jetzt abschreckend wirken, aber letztlich passiert hier nichts anderes, als wenn Sie eine Excel-Tapete mit Ihren Kolleginnen und Kollegen teilen und ein Fehler in einer Formel oder einem Makro auftritt. Dann werden Sie sicherlich versuchen, das Problem selbst zu beheben, und nicht ein Ticket für die IT verfassen.

1.2.3 Administratoren: »Die IT«

Eine weitere Gruppe sind die Administratoren, in traditionell strukturierten Unternehmen eher Gegenspieler der Maker als Mitspieler. Über ihnen hängt das Damoklesschwert der Verantwortung für die Sicherheit des Unternehmens. Und wie sorgt man am besten für Sicherheit? Genau, indem man erstmal grundsätzlich alles verbietet. Das läuft der Idee des Citizen Developments diametral entgegen.

Die Power Platform wird allen Seiten gerecht, denn sie erlaubt den Admins, die Leitplanken für die Nutzung durch die Maker zu definieren. So definieren Sie Regeln, die den unerwünschten Datenabfluss verhindern. Mit einer geschickten Umgebungsstrategie schaffen Sie Räume, in denen die Maker wirken können.

So wird aus einem Gegeneinander ein Miteinander!

Das alles läuft unter den Begriffen *Governance* und *Adoption*. Passenderweise hat das Customer Advisory Team (CAT) von Microsoft sich des Themas angenommen und aus Kundenprojekten heraus das *Power Cat Adoption Maturity Model* entwickelt.

[»]

Adoption

Mehr zum Thema Adoption und das Power-CAT-Team finden Sie hier: *https://powerapps.microsoft.com/en-us/blog/power-cat-adoption-maturity-model-repeatable-patterns-for-successful-power-platform-adoption/.*

Es handelt sich dabei um ein Reifegradmodell, das Sie bei der Einführung der Power Platform in Ihrem Unternehmen begleitet. Es hilft Ihnen zunächst, zu erkennen, wie weit die Einführung in Ihrem Unternehmen fortgeschritten ist, und gibt Handlungsempfehlungen, wie Sie Regeln und Verantwortung sinnvoll entwickeln und den Betrieb der Plattform automatisieren können.

Arbeiten Sie miteinander statt gegeneinander. Sie, die Admins, und Sie, die Influencer im Unternehmen – diejenigen, die vorangehen, die gerne helfen und erklären. Bilden Sie ein Team aus Champions, und identifizieren Sie gemeinsam Maßnahmen, um die Interessen der IT und der Maker optimal zu vertreten.

[«]

Das Champions-Programm

Was ein Champion ist und wie Sie einen Champion finden, erfahren Sie hier: *https://learn.microsoft.com/de-de/power-platform/guidance/adoption/champions.*

1.3 Geschichten aus dem Projektalltag

1.3.1 Softwareprojekte gestern und heute

Wurden früher aufwendige Lasten- und Pflichtenhefte geschrieben, die dann mühsam in MS-Project-Tapeten gegossen und mit unverrückbaren Terminen versehen wurden, fängt man heute gemeinsam mit dem Kunden einfach mal an.

Nicht selten steht in einem Workshop schon ein erster Prototyp, der nach ein wenig Feinschliff mit ausgewählten Anwendern getestet wird. Besonders große Augen bekommen Ihre Kunden, wenn Sie Anforderungen à la »kann man eigentlich auch ...?« direkt umsetzen, während der Wunsch zu Ende formuliert wird.

1.3.2 Softwareentwicklung ohne Risiko?

Aber ist das wirklich alles so easy? Nein, natürlich nicht. Es kommt wie immer darauf an.

Soll eine App zunächst nur eine kleine Access-Datenbank ablösen, die nicht essentiell wichtig ist, sondern nur die Arbeit ein Stück weit vereinfacht, so entwickelt sich daraus im Laufe der Zeit eventuell doch eine Software, die zu einem wichtigen Teil eines geschäftskritischen Prozesses wird.

Schauen Sie in große Unternehmen, die der Power Platform eine strategische Bedeutung zumessen, finden Sie dort aus gutem Grund ein dediziertes Team oder gar eine Abteilung, die sich um den Betrieb und die Weiterentwicklung von Power-Platform-Lösungen für kritische Prozesse auf Abteilungs- oder Unternehmensebene kümmert. Denn wenn die Funktion kritischer Prozesse fehlerhaft ist, muss sich schnell jemand darum kümmern.

Dann spielt es keine Rolle, ob Sie eine Lösung auf herkömmliche Weise oder mit einer Low-Code-Plattform entwickelt haben.

Bewerten Sie also regelmäßig Ihre Entwicklungen nach Ihrer Kritikalität. Faktoren hinsichtlich der Weiterentwicklung und Nutzung Ihrer Apps und Automatisierungen, die Sie dafür heranziehen können, sind:

- Datum der letzten Aktualisierung
- Anzahl Personen, mit der die Software geteilt ist
- verwendete Datenverbindungen und damit die Gefahr von ungewünschtem Datenabfluss
- Anzahl von Zugriffen
- geografische Verteilung der Nutzung
- Offline-Fähigkeit

[»]

Das Center of Excellence (CoE)

Das *Center of Excellence* hilft Ihnen dabei, eine Bewertung vorzunehmen und daraus Maßnahmen abzuleiten. Einen grundlegenden Einblick in das CoE finden Sie hier: *https://learn.microsoft.com/de-de/power-platform/guidance/coe/starter-kit*.

1.3.3 Ängste der internen IT

An dieser Stelle möchte ich mit ein paar Vorurteilen/Mythen aufräumen, die ich in meinen Projekten wahrgenommen habe:

- **Es wird alles zugemüllt**
  Zuerst sind Sie neugierig, dann gehen Sie die ersten Schritte mit der Power Platform, indem Sie ein paar Tutorials durchgehen und sich auch mal an den einen oder anderen Prozess wagen. Das ist total in Ordnung und soll auch so sein. Wichtig ist nur, dass Sie hinter sich aufräumen und Apps und Flows, die Sie nicht mehr benötigen oder »nur mal so« erstellt haben, wieder entfernen.

  Ob etwas Kunst ist oder wegkann, müssen Sie entscheiden, denn Sie sind der Maker und somit der initiale *Owner*. Auch hierbei hilft das *Center of Excellence* (*CoE*).

[»]

Co-Owner

Nehmen Sie immer einen Co-Owner, einen Mitbesitzer, mit in Ihre App. Ich kann nicht mehr zählen, wie viele verwaiste Apps mir in meinen Projekten begegnet sind, da die Besitzerinnen oder Besitzer das Unternehmen verlassen haben.

- **Die IT muss dann wieder die Fehler ausbügeln**
  Sind Sie Administrator? Dann lehnen Sie sich jetzt ganz entspannt zurück, denn derjenige, der die App oder die Automatisierung erstellt hat, ist auch für ihre kor-

rekte Funktion verantwortlich – nicht Sie. Hier gilt ganz klar das Urheberprinzip. Haben Sie vernünftige Regeln definiert, kommen Sie erst wieder ins Boot, wenn zum Beispiel in der App verwendete Dienste nicht mehr funktionieren, die in Ihrem Verantwortungsbereich liegen, oder wenn Lizenzen nicht oder nicht mehr verfügbar sind etc.

Grundsätzlich gilt aber: Helfen darf man immer.

- **Das geht nicht wegen der Datensicherheit**

  In vielen Unternehmen existiert ein latentes Misstrauen der IT gegenüber den übrigen Angestellten, die es zu kontrollieren gilt.

  Der Erfolg der No-Code-Anwendungen liegt auch darin begründet, dass sich die *Maker* keine Gedanken um Nebenwirkungen der Digitalisierung machen müssen. Dafür braucht es Leitplanken, die es gemeinsam im Sinne der Anwender und unter Berücksichtigung der Unternehmensrichtlinien aufzusetzen gilt. Definieren Sie eine Umgebungsarchitektur, die den unterschiedlichen Anforderungen gerecht wird. Gibt es für eine Anforderung keine passende Richtlinie, dann nehmen Sie sich die Zeit, und definieren Sie eine, die Ihrem Sicherheitsbedürfnis, aber auch den Anforderungen der Maker gerecht wird.

  Handeln Sie transparent, klären Sie auf, und sensibilisieren Sie Ihre Mitarbeiterinnen und Mitarbeiter für das Thema Sicherheit. Dokumentieren Sie die Einstellungen an einem zentralen Ort.

- **Dann ist Tür und Tor für Schatten-IT offen**

  Die mögliche Existenz von Schatten-IT bereitet jedem IT-Mitarbeiter zu Recht schlaflose Nächte. Aber nicht immer erkennen sie die – eigentlich offenkundige – Ursache dafür. In einer Keynote bei einer IT-Konferenz sagte der Sprecher sinngemäß:

  Je mehr Sie die IT-Infrastruktur abschotten und aus einem falschen Sicherheitsverständnis heraus die Anschaffung/Erstellung von Hard- und Software erschweren, umso höher ist die Wahrscheinlichkeit von Schatten-IT.

  Es wird immer jemanden geben, der einen Weg findet, seine Anforderungen umzusetzen. Im Zweifel bringen sich Kolleginnen und Kollegen sogar ihre eigene Hardware mit.

  Mit der Power Platform stellen Sie sicher, dass sich alle Systeme im Rahmen der Regeln bewegen, die Sie mit einer sauber aufgesetzten Governance manifestieren.

  Nicht häufig genug kann man dabei auf das Center of Excellence (CoE) verweisen, denn am Ende ist dieses Werkzeug das Schmerzmittel für den traditionellen Administrator, der durch den Einsatz der Power Platform einen sicherheitstechnischen Weltuntergang auf sich zukommen sieht.

Wenn ein Mitarbeiter Schaden anrichten möchte, tut er das – egal welche Technologie Sie im Einsatz haben. Der Großteil Ihrer Kolleginnen und Kollegen will aber gar keinen Schaden verursachen, sondern das bisschen Zeit zwischendurch nutzen, um besser arbeiten zu können, weniger Überstunden zu schieben oder die Qualität ihrer Arbeit zu optimieren.

1.3.4 SharePoint und die Power Platform

Im Laufe der Zeit hört man die verrücktesten Dinge über den Zusammenhang zwischen SharePoint und Power Apps. »Power Apps ist doch SharePoint« war dabei der skurrilste Kommentar.

Fakt ist: Power Apps und SharePoint sind zwei eigenständige Produkte. Haben Sie ein M365-Abo, so steht Ihnen in den meisten Plänen eine kostenfreie Lizenz für Power Apps und Power Automate Cloud Flows zur Verfügung, die Ihnen die Benutzung der Standard-Features erlaubt. Nun gehört der Zugriff auf Daten in SharePoint zu den Standard-Features, wohingegen der Zugriff auf Azure SQL, Oracle oder Dataverse eine kostenpflichtige Premium-Lizenz bedingt.

SharePoint ist keine Datenbank

Wie gesagt: Fangen Sie einfach mal an zu entwickeln. Dabei ergibt sich schnell die Notwendigkeit, Daten zu verarbeiten. Was liegt da also näher, als das in SharePoint-Listen zu tun. Die sind ja schließlich so ähnlich wie eine Datenbank, oder?

Lassen Sie mich eines klarstellen: SharePoint ist keine Datenbank! SharePoint ist wundervoll, ein tolles Produkt zum Verteilen von Informationen und eine tolle Dokumentenablage. Aber es ist keine Datenbank!

SharePoint hat einige Einschränkungen, die es von Datenbanken unterscheidet:

- Es ist nicht dafür optimiert, große Datenmengen performant zu verwalten.
- Die Performance liegt weit unter der von »echten« Datenbanksystemen.
- Der Aufbau von relationalen oder gar normalisierten Datenbanken ist nur unter großen Schmerzen möglich.

Ist SharePoint deswegen schlecht? Nein! Es ist halt nur keine Datenbank.

Für den Start Ihrer Power-Platform-Entwickler-Karriere ist SharePoint ein tolles Tool.

Wagen Sie aber hin und wieder einen Blick in die Zukunft, und fragen Sie sich, unter welchen Rahmenbedingungen Ihre App in einem Jahr betrieben wird. Sollen auf einmal nicht nur 10, sondern 2.000 Personen die App bedienen, so kommen Sie mit SharePoint in puncto Datenmengen und Performance schnell an Ihre Grenzen.

Limitierungen von SharePoint

Detaillierte Informationen zu Limitierungen von SharePoint finden Sie hier:

https://learn.microsoft.com/en-us/office365/servicedescriptions/sharepoint-online-service-description/sharepoint-online-limits

Wenn Sie also den Wunsch oder Verdacht hegen, dass die App Wachstumspotenzial hat, kalkulieren Sie die Kosten für die notwendigen Lizenzen, die Migration der App auf die neue Datenbank und die Migration der Daten mit ein.

Wenn Sie aber sagen, dass Ihnen das – Stand heute – egal ist, weil Sie ja jetzt noch nicht wissen, ob sich Ihre App tatsächlich im Arbeitsalltag bewährt und bei den Kolleginnen und Kollegen Akzeptanz findet, ist das vollkommen okay. Wichtig ist nur, immer im Blick zu behalten, dass Sie später möglicherweise andere Datenquellen anbinden müssen, die zusätzliche Lizenzen erfordern. Dann entstehen wahrscheinlich auch zusätzliche Kosten. Lassen Sie sich davon aber bloß nicht abschrecken! Wenn eine App intensiv genutzt wird, weil sie Prozesse verschlankt, stehen zusätzlichen Lizenzkosten oft hohe Einsparungen gegenüber. Und dann tun die Lizenzen gar nicht mehr so weh.

Tatsächlich beginnen viele meiner Projekte auf SharePoint, da dieser halt da ist und keine Diskussionen mit dem Einkauf verursacht. Nicht wenige Apps und Flows werden jedoch später aus den oben genannten Gründen in Richtung SQL oder Dataverse migriert.

Zukunftsfähigkeit

Haben Sie einmal komplexe Datenzusammenhänge in SharePoint-Listen gegossen und dabei auch noch versucht, ein relationales Datenbankmodell umzusetzen? Dann haben Sie Ihre Leidensfähigkeit unter Beweis gestellt, denn dafür ist SharePoint schlicht nicht gemacht.

Je nach Komplexität Ihrer Datenstruktur werden Sie spätestens, wenn Ihr Prozess in weitere EDV-Systeme integriert werden soll, Prozesse schaffen müssen, um Daten aus Ihrer SharePoint-Liste für eine Weiterverwendung aufzubereiten.

Das kann man alles machen, jedoch schreibe ich diese Zeilen nicht ohne Grund, denn eines meiner Projekte wurde aus Kostengründen zunächst auf SharePoint-Listen aufgebaut, obwohl absehbar war, dass es in Zukunft sehr wahrscheinlich von zentraler Bedeutung für das Unternehmen sein würde. Deshalb war zu erwarten, dass Datenmenge und -komplexität stark zunehmen. Und genau so kam es. In der Folge wurde die Dateninfrastruktur von SharePoint in Richtung Azure SQL migriert. Mit Erfolg: Das Projekt ist mittlerweile sehr integrationsfreudig und stellt Daten problemlos für Drittprozesse zur Verfügung.

Verteilbarkeit

Genauso, wie Sie Updates für Ihre Apps und Flows in die verschiedenen Test- und Produktivitätsumgebungen verteilen, müssen auch Ihre Dateninfrastrukturen updatefähig sein. Das bedeutet, Sie müssen in der Lage sein, mit einem Update neue oder geänderte Tabellen, Felder oder Relationen zwischen Tabellen zu transportieren.

Da SharePoint-Listen kein nativer Bestandteil der Power Platform sind, gibt es kein standardisiertes Vorgehen, um SharePoint-Listen, Felder und Relationen mit einem Lösungs-Update auf der Power Platform zu verteilen.

Natürlich können Sie mit *PnP-PowerShell* SharePoint-Sites auslesen, in XML verpacken und an anderer Stelle wieder einspielen, jedoch lässt sich dieses Vorgehen nicht einfach in einen Power-Platform-ALM-Prozess integrieren. Für diejenigen, die dennoch an SharePoint als Dateninfrastruktur festhalten wollen, stelle ich gerne einen Power Automate Cloud Flow zur Verfügung, der Sie bei der Verteilung von SharePoint-Listen unterstützt.

1.3.5 Traditionelle Softwareentwickler und die Power Platform

Die Power Platform ist eine Low-Code-Plattform, die Anwender in den Fachabteilungen befähigt, ohne Entwicklerkenntnisse zu digitalisieren und zu automatisieren. Dieser Abschnitt richtet sich jedoch an die Leserinnen und Leser, die sich als traditionelle Softwareentwickler verstehen und nun in die Verlegenheit kommen, mit der Power Platform entwickeln zu müssen.

Das ist doch keine echte Programmiersprache

Doch! Und Sie hat einen Namen: *Power Fx*! Aber: Sie funktioniert grundlegend anders, denn sie ist in weiten Teilen deklarativ, wohingegen »normale« Programmiersprachen imperativ sind. Kurz zur Verdeutlichung:

Imperative Softwareentwicklung bestimmt, wie etwas zu sein hat. Drücke ich auf einen Knopf, ändere ich einen Status und die Farbe eines Bildschirmelements:

```
Wenn Button geklickt, dann setze Status auf "abgeschlossen" und ändere
Hintergrundfarbe auf Grün.
```

Bei der deklarativen Entwicklung legen Sie die Bedingungen fest, unter denen sich die Farbe des Elements ändern soll.

```
Wenn Button geklickt, setze Status auf "abgeschlossen"
Hintergrundfarbe = Grün, wenn Status = "abgeschlossen", sonst Rot.
```

Jedem, der schon einmal Berechnungen mit Excel-Tabellen vorgenommen hat, sollte dieses Konzept bekannt vorkommen. Denn auch dort folge ich dem deklarativen Ansatz, indem ich für Zelle A5 festlege, dass sie die Summe der Zellen A1 bis A4 bilden soll: Die Formel für Zelle A5 lautet also `Summe(A1;A4)`.

Und diese Ähnlichkeit zieht sich weiter durch, sodass Sie viele Ähnlichkeiten zwischen Power Fx und Excel-Makros feststellen werden.

Alles hat Grenzen

Natürlich kann ich mit der Power Platform nicht die Welt abbilden, aber den Anspruch hat die Plattform auch nicht. Wenn ich das möchte, setze ich auf die individuelle Softwareentwicklung mit all ihren zeitlichen und monetären Rahmenbedingungen.

Power Apps und Power Automate wurden erschaffen, um in kurzer Zeit zu einem Ergebnis zu kommen, ohne Entwickler zu sein. Naturgemäß muss es dann Grenzen geben, an denen man nicht oder nur schwer weiterkommt.

Diese Punkte bemängelten traditionelle Entwickler in meinen Projekten häufig:

- Ich kann keine Stylesheets anpassen.
- Es gibt kein Drag & Drop in der fertigen Lösung.
- Ich kann den Mauszeiger nicht in Bezug auf das darunterliegende Objekt anpassen.
- Es ist nicht möglich, eigenes JavaScript/Libraries in einer Canvas App zu nutzen.
- Die Arbeit mit hoch normalisierten relationalen Datenstrukturen ist nur schwer umsetzbar.
- Es gibt keine nativen Verteilmechanismen, in denen Objekte außerhalb der Power Platform an-/eingebunden werden können, wie zum Beispiel SharePoint-Listen.
- Ich kann keine Breakpoints setzen und den Code in der Ausführung debuggen.

Ja, das ist richtig, wobei man schon Anstrengungen seitens des Herstellers wahrnehmen kann, den einen oder anderen Punkt in Angriff zu nehmen. Nur weil es jetzt nicht funktioniert, heißt es nicht, dass eine Funktion nicht noch kommt.

Zudem darf man sich fragen: Geht das denn im Pro-Development alles so reibungslos? Gerade die Verteilung der Dateninfrastruktur ist immer eine Herausforderung, ganz unabhängig davon, welche Technologie gewählt wird. In der Power Platform habe ich mit Dataverse zumindest die Wahl, eine komplett paketierbare Datenquelle zu verwenden.

So oder so: Mit der Power Platform schlage ich mit Sicherheit jeden Pro-Developer in puncto Time & Budget, wenn es darum geht, eine funktionale App zu erstellen, die problemlos sowohl im Browser als auch auf mobilen Endgeräten lauffähig ist. Zudem lässt sich auf mobilen Endgeräten relativ einfach, in Browsern in Ansätzen, eine Offline-Fähigkeit implementieren.

1.3.6 Das Evergreen-Prinzip

Das Evergreen-Prinzip ist eine phantastische Sache, denn Ihre Software wird von Microsoft quasi rund um die Uhr verbessert und erweitert. Gleichzeitig bedeutet das aber auch, dass sich Benutzeroberflächen verändern und sich Funktionen verschieben oder wegfallen können, wenn sie sich als fehlerhaft herausstellen oder zu wenig genutzt werden.

Freud und Leid

Da ich von Haus aus neugierig und verspielt bin, freue ich mich über jede kleine Neuerung und teste sie umgehend. Nun ist es aber auch mein Job, zu wissen, was wie funktioniert, und technisch auf dem neuesten Stand zu sein.

Problematisch ist das, wenn Sie für Ihre Maker eine Dokumentation für den Umgang mit der Power Platform geschrieben oder sogar Videos gedreht haben und sich die Oberflächen der Software in der Zwischenzeit ändern. Ich erlebe das hautnah mit, während ich diese Zeilen verfasse, da sich die Oberfläche des Power Apps Studios an das Microsoft-Teams-Design angleicht und ich somit ein Kapitel neu schreiben darf.

Grundsätzlich ist das aber kein Phänomen der Power Platform, sondern von Cloud-Diensten im Allgemeinen.

Des einen Freud ist des anderen Leid. Aber klar ist, dass es nicht die Aufgabe der Mitarbeiter ist, technisch immer auf dem Laufenden zu bleiben. In kleineren Unternehmen wird es sich dennoch nicht verhindern lassen. In größeren Unternehmen sollte es Kümmerer geben, also eine Gruppe von Menschen, die sich den Herausforderungen stellen und die notwendigen Informationen für die Maker aufbereiten, ähnlich wie es eine Abteilung für Kommunikation mit Unternehmensinformationen tut. Sehen Sie diese Personen als eine Art Feel-Good-Manager, die sich nicht um das Seelenheil der Beschäftigten im Allgemeinen, sondern in Bezug auf die Power Platform im Speziellen kümmern.

Einzelne Features einer Power App, die in Zukunft zurückgezogen werden, finden Sie im Einstellungsmenü des Power Apps Studios (siehe Abbildung 1.1). Weitere Informationen zu den Einstellungsmöglichkeiten einer App finden Sie in Abschnitt 4.2, »Einstellungen«.

Das Schöne ist, dass Microsoft diesen kontinuierlichen Update-Prozess transparent gestaltet, denn die aktuellen Informationen zu neuen oder geänderten Funktionen findet man in der Beschreibung der anstehenden Release Waves. Release Waves sind gleichbedeutend mit den Servicepacks oder Featurepacks, die Sie vermutlich aus der On-Premises-Welt mit lokal installierten Softwaresystemen kennen.

Abbildung 1.1 Zurückgezogene Funktionen

Abbildung 1.2 zeigt einen Ausschnitt aus den neuen und geplanten Funktionen der Release Wave 2 des Jahres 2022, den Sie auch unter dem folgenden Link abrufen können: *https://learn.microsoft.com/en-us/power-platform-release-plan/2022wave2/power-apps/planned-features*.

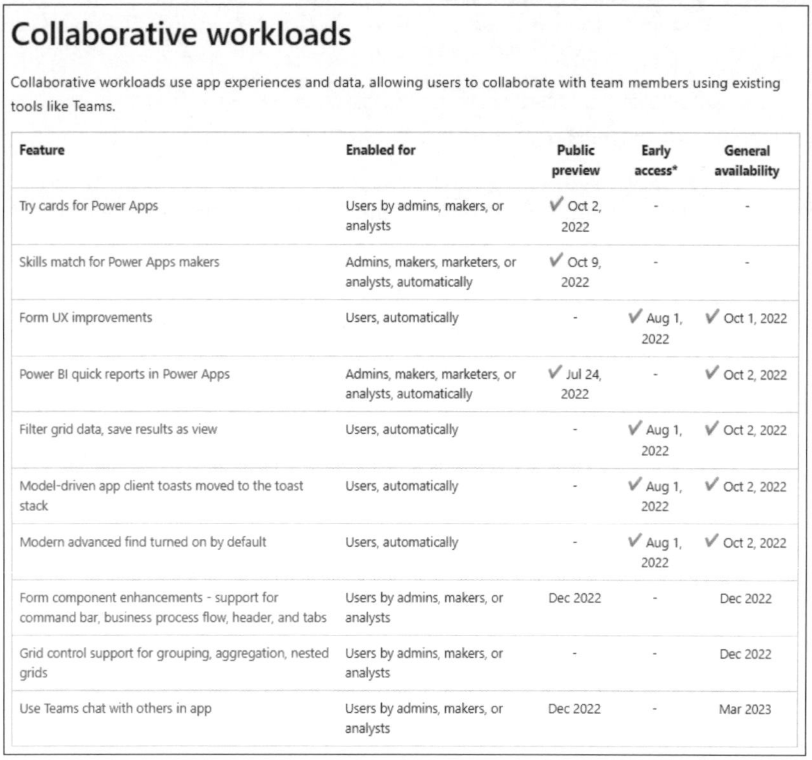

Collaborative workloads

Collaborative workloads use app experiences and data, allowing users to collaborate with team members using existing tools like Teams.

Feature	Enabled for	Public preview	Early access*	General availability
Try cards for Power Apps	Users by admins, makers, or analysts	✓ Oct 2, 2022	-	-
Skills match for Power Apps makers	Admins, makers, marketers, or analysts, automatically	✓ Oct 9, 2022	-	-
Form UX improvements	Users, automatically	-	✓ Aug 1, 2022	✓ Oct 1, 2022
Power BI quick reports in Power Apps	Admins, makers, marketers, or analysts, automatically	✓ Jul 24, 2022	-	✓ Oct 2, 2022
Filter grid data, save results as view	Users, automatically	-	✓ Aug 1, 2022	✓ Oct 2, 2022
Model-driven app client toasts moved to the toast stack	Users, automatically	-	✓ Aug 1, 2022	✓ Oct 2, 2022
Modern advanced find turned on by default	Users, automatically	-	✓ Aug 1, 2022	✓ Oct 2, 2022
Form component enhancements - support for command bar, business process flow, header, and tabs	Users by admins, makers, or analysts	Dec 2022	-	Dec 2022
Grid control support for grouping, aggregation, nested grids	Users by admins, makers, or analysts	-	-	Dec 2022
Use Teams chat with others in app	Users by admins, makers, or analysts	Dec 2022	-	Mar 2023

Abbildung 1.2 Neue und geplante Funktionen

Anstehende Änderungen finden

Suchen Sie in Ihrer favorisierten Suchmaschine nach den Begriffen »Power Platform Release Wave«, um zur Dokumentation der neusten Änderungen zu gelangen.

Das Babylon-Problem

Ein großes Vergnügen ist das Thema Mehrsprachigkeit in der Power Platform, da wirklich jeder Begriff, jeder Menüpunkt, wirklich alles in die jeweilige Landessprache übersetzt wurde. So kam es dazu, dass man eine Automatisierung mit »Microsoft Fluss« vornahm oder einen Klickpfad in Power Apps »gedatensatzt« hat.

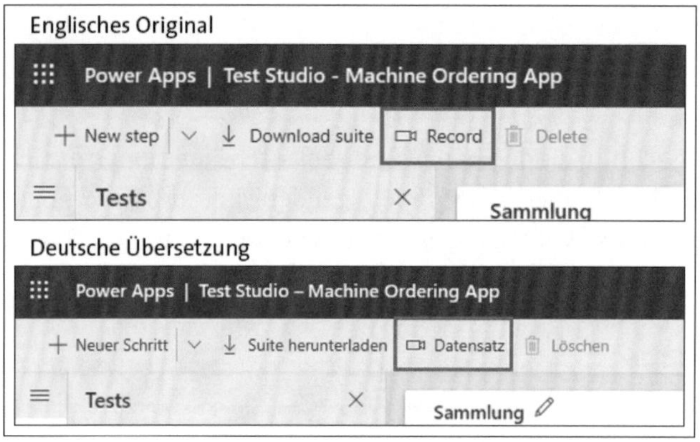

Abbildung 1.3 Merkwürdige Übersetzungen

Um Ihre Neugier zu befriedigen: Abbildung 1.3 zeigt die etwas misslungene Übersetzung des Befehls RECORD zur Aufnahme eines Klickvideos. Die korrekte Übersetzung ins Deutsche ist »Aufzeichnen«. Record ist allerdings auch die Übersetzung des Wortes »Datensatz«, was hier zu einem witzigen Übersetzungsfehler führte. Microsoft hatte ein Einsehen und ist meinem Vorschlag gefolgt.

Sie werden sich sicherlich daran gewöhnen, wenn Sie ausschließlich in einer Umgebungssprache arbeiten. Wenn Sie jedoch öfter zwischen deutschen und englischen Versionen wechseln, fühlen Sie sich wie ein blutiger Anfänger, denn Sie finden erst einmal nichts wieder. Das Gemeine ist, dass Microsoft die Übersetzungen stetig nachbessert, was zur Folge hat, dass kuriose, aber dennoch lieb gewonnene Übersetzungen plötzlich korrigiert werden.

1.3.7 Eine App kommt selten allein

Sie haben Ihre App gebaut und für Ihre Kolleginnen und Kollegen freigegeben, prompt bekommen Sie die ersten Meldungen, dass die App nicht funktioniert. Woran liegt's?

Die App-Entwicklung ist das eine, die Berechtigungen auf genutzte Ressourcen sind das andere: Denken Sie daran, alle Nutzerinnen und Nutzer auf sämtliche verwendeten Datenquellen zu berechtigen. Übliche Verdächtige sind *OneDrive* und *SharePoint*, also die Datenquellen, die in den meisten Canvas Apps verwendet werden, die mir untergekommen sind.

Denken Sie also immer daran, dass Sie alle SharePoint-Webseiten, Listen und Bibliotheken sowie OneDrive-Ordner freigeben, sofern Sie dort Daten lagern, die für den Betrieb der App notwendig sind.

1.4 Von der Idee zur App

Dieser Abschnitt widmet sich dem Prozess von der Idee bis hin zur ersten Version Ihrer App.

1.4.1 Motivation

Bevor Sie sich die Arbeit machen, eine App oder einen Flow zu entwickeln, überlegen Sie, ob sich der Aufwand tatsächlich lohnt. Natürlich entwickeln Sie mit der Power Platform rasend schnell, jedoch haben auch Sie keine Zeit zu verschwenden. Deshalb möchte ich Ihnen an dieser Stelle einige Anhaltspunkte mit auf den Weg geben, in welchen Fällen sich die Digitalisierung/Automatisierung lohnt:

- Es handelt sich um immer wiederkehrende Arbeitsschritte.
- Es lassen sich Kosten sparen.
- Die Pandemie-Sicherheit von Prozessen ist nicht gegeben.
- Die Qualität ist verbesserungswürdig und -fähig.
- Die Zeit für die Durchführung von Prozessen lässt sich verkürzen.
- Die Teilhabe lässt sich damit ermöglichen oder verbessern.

Wie sich durch die Digitalisierung eines Prozesses die Durchlaufgeschwindigkeit und Qualität eines Prozesses verbessern lässt, soll das folgende Beispiel aus meinem Projektalltag verdeutlichen:

[zB]

Anlegen einer SharePoint-Teamsite vor Automatisierung

1. Eine Benutzerin oder ein Benutzer schreibt ein Ticket und fordert eine neue SharePoint-Teamsite an.
2. Ein Support-Mitarbeiter öffnet das Ticket und fragt gegebenenfalls noch einmal nach, weil Informationen fehlen.
3. Die Site wird durch den Support angelegt und konfiguriert und das Ticket an die Person weitergegeben, die sich um die Berechtigungen kümmert.

4. Diese informiert die Person, die die Site angelegt hat, um die Site in die Navigation aufzunehmen.
5. Sobald das geschehen ist, informiert diese Person wiederum die Person, die die Berechtigung vorgenommen hat, um die antragstellende Person zu informieren, dass die Site eingerichtet ist.

Dieser Prozess dauert, wenn es schnell geht, drei Tage, in der Regel aber eine bis anderthalb Wochen. Die eigentliche Arbeit sind etwa 15 Minuten.

Hierbei handelt es sich um einen klassischen Fall eines dringend zu digitalisierenden Prozesses, der dann so ablaufen könnte:

Anlegen einer SharePoint-Teamsite nach Automatisierung

1. Die Person füllt ein mit Pflichtfeldern versehenes Formular in MS Forms aus, womit die Informationen automatisch komplett sind.
2. Nach dem Versenden empfängt ein Cloud-Flow die Daten, legt die Teamsite an, setzt die notwendigen Berechtigungen und informiert den Support per Teams-Nachricht.
3. Der Support prüft noch einmal und bestätigt das Anlegen in Teams, woraufhin die antragstellende Person informiert wird.

Das Formular aus Abbildung 1.4 war innerhalb von fünf Minuten erstellt. Falls Ihnen Microsoft Forms in puncto Bedienung und Datenvalidierung nicht zusagen, können Sie eine individuelle Power App vermutlich innerhalb von 30 Minuten erstellen.

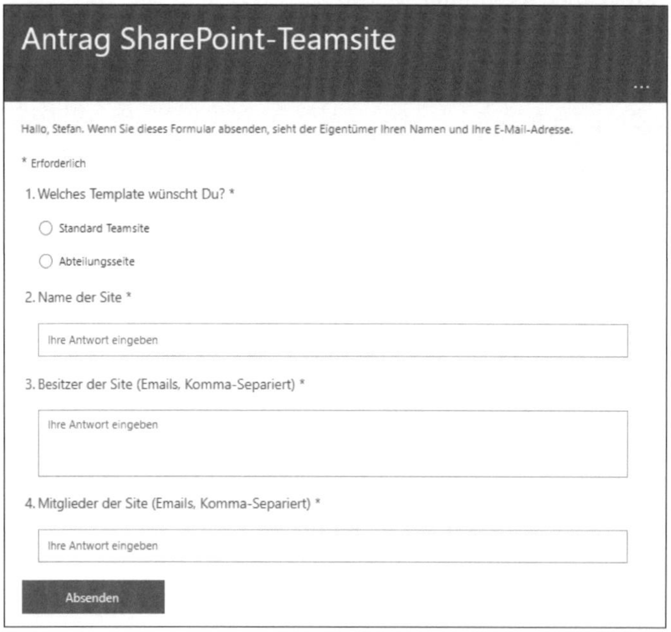

Abbildung 1.4 Antragsformular für eine neue SharePoint-Teamsite

1.4.2 Aufwand und Nutzen

Auch wenn Sie mit der Power Platform einen enormen Geschwindigkeitsvorteil gegenüber der traditionellen Softwareentwicklung besitzen, haben Sie trotzdem Aufwände für Planung, Kommunikation, Umsetzung und Fehlerbehebung. Spätestens, wenn die Umsetzung Ihrer Idee noch den Erwerb weiterer Lizenzen erfordert, sollten Sie eine Kostenkalkulation vornehmen.

Überlegen Sie sich, wie in anderen Projekten auch, ob sich der Aufwand und eventuell anfallende Lizenzkosten lohnen. Denn wenn die Digitalisierung/Automatisierung Ihres Prozesses die Kosten nicht wieder einspielt, dann lassen Sie es. Digitalisierung ist kein Selbstzweck.

Sharing is caring

Schauen Sie dabei auch über den Tellerrand, denn meist ist es doch so, dass uns immer wiederkehrende und ähnliche Prozesse nerven, langweilen und Zeit rauben. Erzählen Sie bei einem Treffen mit Freunden von Ihrem Arbeitstag, so verspreche ich Ihnen, wird der Großteil stöhnend mit dem Kopf nicken und bestätigen, dass das bei ihnen genauso läuft.

Denken Sie vor der Digitalisierung also auch an Ihre Kolleginnen und Kollegen. Sprechen Sie mit ihnen in der Kaffeeküche oder am Mittagstisch, und identifizieren Sie Mitmenschen, die ähnliche Probleme haben wie Sie.

Laden Sie diese Menschen ein, Ihre App mitzunutzen, oder geben Sie ihnen eine Kopie, die einfach an andere Prozesse angepasst werden kann, so werden Sie sehen, dass sich eine einfache Digitalisierung sehr schnell rentiert.

Nicht das Rad neu erfinden

Genauso, wie Sie mögliche Synergien bedenken sollten, sollten Sie zunächst in Erfahrung bringen, ob es Ihren Wunschprozess schon gibt oder sich ein vorhandener Prozess anpassen lässt. Falls ja, bitten Sie die Owner um einen Export, und spielen Sie diesen bei sich ein. Hier empfehle ich Ihnen auch einen Blick in Abschnitt 4.2, in dem Sie lernen, mit einer der vielen phantastischen Vorlagen zu starten.

In einer idealen Welt haben Sie in Ihrem Unternehmen sogar ein Team, das sich genau darum kümmert, die Erkenntnisse und Resultate aller Maker zu strukturieren und auf einer zentralen Plattform zu veröffentlichen. In diesem Fall spricht man vom unternehmensinternen *Center of Excellence* bzw. dem *Champions Team*, also Menschen, denen es am Herzen liegt, dass jeder Maker in Ihrem Unternehmen maximale Unterstützung bei der Entwicklung erfährt.

Haben Sie noch kein solches Team, dann fangen Sie doch genau jetzt damit an, eines zu gründen.

1.4.3 Prototyping

Sie sind sicher, dass es sich lohnt, Ihre Idee kommt bei den Kollegen und Kolleginnen super an, und Sie haben die Zeit für die Umsetzung. Dann kann es jetzt losgehen:

Der einfachste Weg, eine Idee auf Machbarkeit hin zu überprüfen, ist, einen Prototyp zu erstellen. Ein *Prototyp* oder auch eine Machbarkeitsstudie verfügt über die wichtigsten Funktionalitäten, die das Endprodukt besitzen sollte. Ein Prototyp ist aber auch nicht mehr als das – lassen Sie sich also nicht drängen, Nice-to-have-Funktionen gleich mitzuentwickeln!

[»]

Prototypen sind keine Produktivsysteme

In der Regel werden Prototypen schnell und ohne Rücksicht auf Verluste entwickelt, entsprechen also in der Regel keiner Programmierrichtlinie. In diesem Fall werfen Sie die App oder den Flow bitte einfach weg und starten eine frische, saubere Entwicklung!

Funktionsumfang

Wichtig ist es, dass Sie sich anfangs ein Set an Funktionen überlegen, die Sie abbilden wollen. Sobald Sie diese realisiert haben, steht Ihre Version 1.0.

Bleiben Sie bei der Entwicklung so eng wie möglich an Ihrem geplanten Funktionsumfang, denn sonst werden Sie nicht fertig.

Natürlich kann es beim Prototyping immer mal einen wichtigen Einfall geben, der Ihren Prototyp aufwertet oder sogar wichtig für eine spätere Version ist. Die Erfahrung zeigt jedoch, dass Sie nicht zum Ende kommen, wenn Sie versuchen, den Funktionsumfang eines fertigen Produkts in einem Prototyp umzusetzen. Dem zu widerstehen, fällt oft schwer, ist aber enorm wichtig.

Ein Weg wäre, diese Anforderungen in einem Backlog für eine Version 2.0 oder 3.0 zu erfassen. Auf diese Weise haben Sie die zusätzlichen Ideen und Wünsche dokumentiert und können diese für neue Releases berücksichtigen.

Ein Beispiel: Sie planen eine App für den innerbetrieblichen Beschaffungsprozess. Sie müssen also klären, welche Anforderungen (grob) beachtet werden müssen, welche Systeme beteiligt sind und wie die wichtigsten Funktionen aussehen sollen. Fangen wir mit den Anforderungen an.

Grobe Anforderungen

- Es soll einen Produktkatalog geben.
- Produkte haben eine Kostenart, einen Titel, Beschreibungen, Bilder und Dokumente.
- Produkte sind nach Kategorien sortiert.

- Der Katalog soll nach Preisen sortierbar sein.
- Es soll eine Produktsuche geben.
- Die bestellende Person befüllt einen Warenkorb mit den Produkten.
- Vor der Bestellung muss eine Kostenstelle ausgewählt werden.
- Genehmigungen sollen in Abhängigkeit vom Warenkorb-Preis, Kostenstellen-Limits und separat nach Kostenarten erfolgen.
- Besteller und Genehmiger sollen per E-Mail und/oder Chat-Nachricht informiert werden.
- Produkte sollen bewertbar sein (1 bis 5 Sterne).

Ich würde mir nun ein Stück Papier zur Hand nehmen und grob skizzieren, wie ich die Daten in meinem Prozess am besten verarbeiten kann. Dabei geht es vor allem um Schnittstellen. Egal, was Sie entwickeln, Sie müssen Daten in Ihr System hinein-, aber auch wieder herausbekommen.

Das kann auf zwei Arten geschehen: entweder durch Menschen über eine ansprechende Benutzeroberfläche oder über Drittsysteme wie zum Beispiel OneDrive, SharePoint, Dataverse oder Adobe, die sich durch Datenverbinder (Konnektoren) in die Power Platform integrieren lassen.

Dann entwerfen Sie das grobe Look & Feel Ihrer App und ermitteln die beteiligten Systeme, die Sie für Ihr Vorhaben benötigen.

Beteiligte Systeme

- Sie planen, die Produktdaten in *SharePoint* zu verwalten.
- Die erste Genehmigung soll durch den Vorgesetzten erfolgen, der im *Active Directory* gepflegt wird.
- Kostenstellen und Kostenarten sollen inklusive der genehmigenden Personen ebenfalls in SharePoint gehalten werden.
- Für die Kommunikation benötigen Sie Zugriff auf den *Outlook*- sowie den *Teams*-Konnektor.

Nun überlegen Sie, welches die Knackpunkte in dem System sein könnten, und identifizieren die wichtigsten (!) Funktionen, über die Ihre App verfügen muss, damit Sie Ihre Idee komplett umsetzen können. Dieser Punkt bedarf sicherlich einiger Erfahrung, aber lassen Sie sich davon nicht abschrecken. Wir haben alle mal klein angefangen!

Die wichtigsten Funktionen

- eine kleine Produktauswahl mit Filter und Suche
- ein Warenkorb
- ein Bestell- und Genehmigungsprozess

- genehmigen soll der Vorgesetzte aus dem Active Directory
- Bestätigungs-E-Mail und Chat-Nachricht

Nun kann es losgehen!

Sicherheit

Prüfen Sie als Erstes, ob Sie Zugriff auf die beteiligten Systeme haben, indem Sie eine App erstellen und die notwendigen Konnektoren hinzufügen.

Überlegen Sie sich gleich, wo die Daten liegen, die Sie in Ihrem Prozess verwalten wollen. Denn unter Umständen ist die Kombination der für Ihre Idee notwendigen Schnittstellen für Ihre Zielumgebung nicht zugelassen. Suchen Sie in diesem Fall den Kontakt zu den zuständigen Personen im Unternehmen, und bitten Sie sie, Ihnen entweder eine passende Umgebung freizugeben oder eine neue Umgebung bereitzustellen, in der Sie den gewünschten Prozess umsetzen können.

Nichts ist demotivierender, als während der Entwicklung festzustellen, dass Sie mit der IT noch eine Runde drehen müssen, da Ihnen entweder Zugänge fehlen oder Sicherheitsrichtlinien die gemeinsame Nutzung der von Ihnen präferierten Datenverbindungen verhindern.

Grundsätzlich können Sie mit der Power Platform nicht viel mehr tun, als Sie es ohne dieses technische Hilfsmittel tun könnten. Haben Sie keine Berechtigung auf Ihren SharePoint, so können Sie die Daten darin auch mit der Power Platform nicht nutzen oder bearbeiten.

Was bedeutet das? Die Power Platform verfügt über eine Fülle von Schnittstellen, mit denen der Maker einen Datenaustausch betreiben kann. Es fällt nicht schwer, sich vorzustellen, was passieren mag, wenn in einer App oder einem Flow die gleichzeitige Verwendung einer Verbindung zu *SQL*, *SharePoint* oder *Dataverse* sowie *Twitter*, *Facebook* oder *LinkedIn* möglich ist.

Es hindert Sie technisch nichts daran, Unternehmensdaten per Hand auf beliebigen sozialen Netzwerken zu verteilen, doch wäre das sehr mühsam. Durch die Automatisierung können Sie das nun sehr viel schneller mit sehr viel mehr Daten tun, und darin liegt die Gefahr. Die Lösung für das Problem sind *Sicherheitsrichtlinien*, also Regeln, welche Schnittstellen miteinander reden dürfen und welche nicht.

[!]

Data Loss Preventions gegen ungewollten Datenabfluss

Mit Data Loss Preventions (DLPs) steuern Sie, welche Konnektoren in einer Umgebung gemeinsam in einer App oder einem Flow genutzt werden dürfen.

Die Standardeinstellung lässt leider alles zu, weshalb Sie zumindest in der Default-Umgebung, die im Standard immer vorhanden ist und auf die jeder Benutzer Zugriff hat, um Apps zu entwickeln, maximale Einschränkungen vornehmen sollten.

Benutzeroberflächen

Nehmen Sie nun Ihre Aufzeichnungen zur Hand, und übertragen Sie Ihre Idee vom Blatt in Ihre App. Erstellen Sie Bildschirm für Bildschirm, und realisieren Sie einen ersten einfachen Klickpfad durch die App, indem Sie die Navigationselemente wie Schaltflächen oder Symbole mit der *Navigate*-Funktion versehen.

Nun ist es an der Zeit, der App Leben einzuhauchen und die Elemente ihrer Bildschirme mit den Datenquellen zu verbinden.

Programmieren einer lokalen Datenstruktur

Falls Ihnen die Datenquellen noch nicht zur Verfügung stehen, Sie aber schon anfangen wollen, dann ist der der Aufbau einer Datenstruktur im Ereignis `App.OnStart` eine Möglichkeit. Hier können Sie beliebig komplexe Datenstrukturen aufbauen, die Ihre späteren SharePoint-Listen, Dataverse-Tabellen oder Planner-Aufgaben simulieren. Definieren Sie einfach in `App.OnStart` Ihre Daten durch die Verwendung von Collections (siehe Abbildung 1.5), und benutzen Sie sie wie jede andere Datenquelle (siehe Abbildung 1.6).

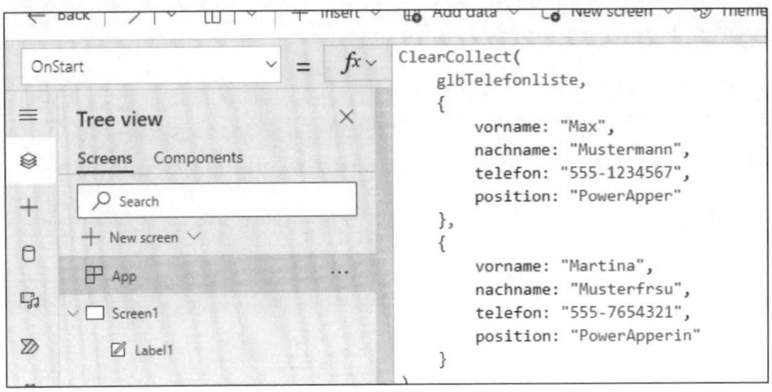

Abbildung 1.5 Manuelles Erstellen einer Datenstruktur

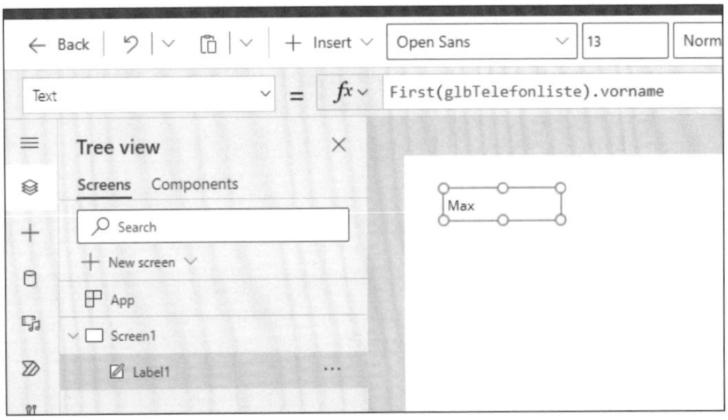

Abbildung 1.6 Benutzung der lokalen Daten

Welchen Weg Sie beschreiten, liegt letztlich bei Ihnen. Sofern ich noch keine Strukturen habe, auf denen ich aufsetzen kann, starte ich mit lokalen Daten, die ich mir in `App.OnStart` anlege.

Alternativ erstelle ich mir auf die Schnelle eine SharePoint-Site und erzeuge dort eine vorläufige Datenstruktur mit SharePoint-Listen, die man über den SharePoint-Konnektor sehr schnell integriert hat.

1.4.4 Der erste MVP

Ihr Prototyp ist fertig, und Sie sind sicher, dass Sie Ihre Idee umsetzen können. Sie haben die App in der Zwischenzeit auch Ihren Kolleginnen und Kollegen gezeigt und dabei weitere Funktionen identifiziert, die Sie in *Nice-to-have* und *Must-have* unterteilen.

Also ist es an der Zeit, aus dem Prototyp ein Produkt zu entwickeln. Auch hier ist es wichtig, sich auf einen ersten Funktionsumfang, bestehend aus den Must-haves, zu verständigen, also einen Umfang, der unbedingt nötig ist, damit die App grundsätzlich einsatzfähig ist. Ein solches Produkt mit einem minimalen Funktionsumfang nennt man auch *MVP* oder *Minimum Viable Product*.

[»]

Menschen freuen sich über Regenbögen und Einhörner

Ich lasse immer noch Raum für ein kleines hübsches Extra, denn die Bedienung der App soll Spaß und Lust auf mehr machen.

[+]

Eine gute Vorbereitung ist das A und O

Je mehr Mühe Sie sich bei der Erstellung des Prototyps gegeben haben, umso einfacher fällt Ihnen die Erstellung des MVP.

Nun ist es an der Zeit, das MVP gründlich zu testen und in den Produktivbetrieb zu überführen. Je nach *Reifegrad* der Power Platform in Ihrem Unternehmen kopieren Sie die App per Hand oder aber überführen sie in einen automatisierten Application-Lifecycle-Management-Prozess (*ALM*).

Kapitel 2
Die Power Platform im Überblick

Es hat ein bisschen gedauert, bis die Power Platform das geworden ist, was sie jetzt ist. Sie unterliegt zwar einer stetigen Veränderung, aber einige Grundkonzepte bleiben unverändert. In diesem Kapitel lernen Sie die wichtigsten Konzepte und Begriffe kennen. Diese bilden letztlich die Grundlage für die Vertiefung in den nachfolgenden Kapiteln.

Die Power Platform gehört zu den weltweit führenden Technologien für Low-Code-/No-Code-Lösungen. Obwohl einzelne Bestandteile schon längere Zeit auf dem Markt sind, nahm die Platform besonders in den letzten Jahren Schwung auf.

Marktführerschaft

Wenn Sie sich für die Bedeutung der Power Platform interessieren, schauen Sie am besten in der entsprechenden Gartner-Studie nach:

https://powerapps.microsoft.com/en-us/blog/microsoft-named-a-leader-in-2023-gartner-magic-quadrant-for-enterprise-low-code-application-platforms/

2.1 Die Power Platform vorgestellt

Die Power Platform besteht aus mehreren Bestandteilen, die ich Ihnen schrittweise vorstellen möchte.

2.1.1 Power Apps

Power Apps erblickte im Herbst 2016 das Licht der Welt, als von der *Power Platform* noch keine Rede war. Nach Access Web Forms und MS LightSwitch war Power Apps der erste legitime Nachfolger der Erfolgssoftware *Microsoft InfoPath*.

InfoPath war eine Formularsoftware, mit der sich Eingabeformulare auf Basis von XML-Definitionen entwerfen ließen. Ein Formel-Designer half dabei, eine UI-Logik im Formular zu implementieren, sodass man einzelne Felder ein- und ausblenden oder Standardwerte definieren konnte.

Die Formulare ließen sich per E-Mail versenden oder in SharePoint-Formularbibliotheken veröffentlichen, sodass Formular-Metadaten, die ein Benutzer eingegeben hatte, innerhalb der SharePoint-Formular-Bibliothek als Spalten extrahiert werden konnten. Genau wie Power Apps heute, so konnten Sie auch mit InfoPath damals Eingabeformulare von SharePoint-Listen anpassen. Wie das mit einer Power Apps Canvas App funktioniert, erfahren Sie in Kapitel 8.

Mit den SharePoint Designer Workflows, die seit SharePoint 2007 verfügbar waren, ließen sich auch komplexere Prozesse abbilden. Genau wie bei der Power Platform waren auch dafür keine oder wenig Programmierkenntnisse nötig.

Power Apps gibt es in fünf Ausprägungen.

Canvas Apps

Mit *Canvas Apps* (Canvas: engl. Leinwand), auf die wir uns in diesem Buch konzentrieren, lassen sich Apps ohne jeglichen designtechnischen Hintergrund erstellen. Platzieren Sie Ihre Eingabefelder, Icons, Bilder, Schaltflächen und Texte, wie es Ihnen gefällt – ein Beispiel sehen Sie in Abbildung 2.1. Das bedeutet jedoch im Umkehrschluss, dass das Styling der Apps etwas aufwendiger ist.

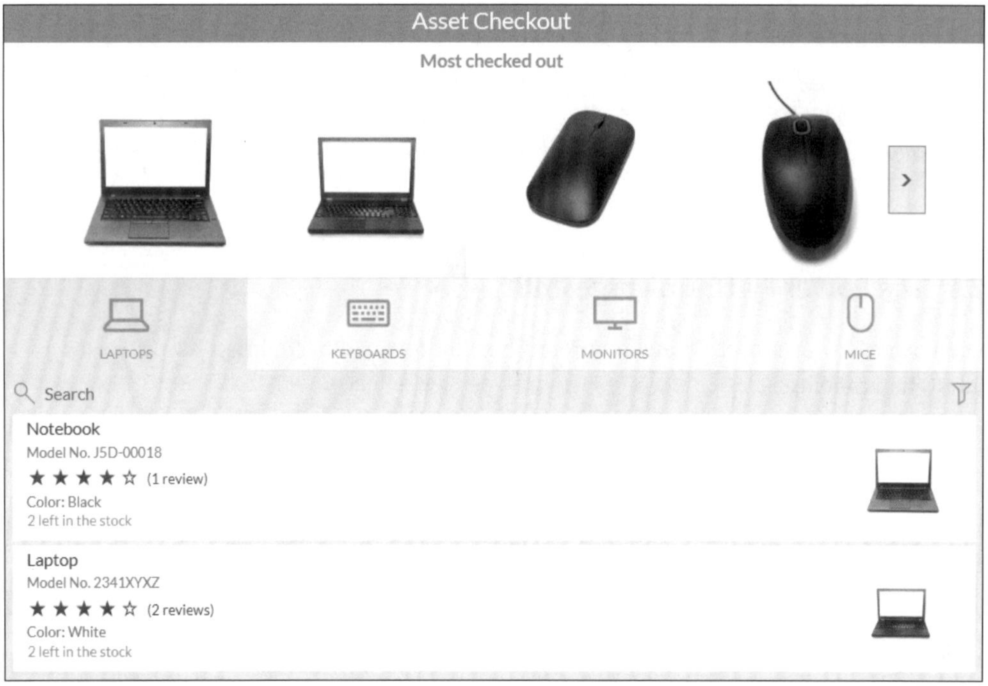

Abbildung 2.1 Eine Canvas App basierend auf einem Standard-Template

Über ein reichhaltiges Repertoire an Konnektoren verbinden Sie Ihre App mit Cloud-Diensten, wie zum Beispiel *Exchange Online, Microsoft Teams, Microsoft Planner, Adobe Sign, SQL Server, SharePoint* und viele mehr. So sind Sie auch frei in der Wahl Ihrer Datenbanken und haben sogar die Möglichkeit, lokal verfügbare Server anzubinden. Einen kurzen Blick in die Funktionsweise des lokalen Datengateways erhalten Sie in Abschnitt 3.4.2.

Canvas Apps, die ursprünglich für den Ein-Personen-Betrieb konzipiert waren, können nun mit Ihrem kompletten Unternehmen geteilt und von allen benutzt werden. Sie betreiben Power Apps entweder im Browser, als App auf Ihrem Desktop, Tablet oder Ihrem Mobiltelefon – und das integriert als SharePoint-Formular, Adaptive Card oder Teams App.

Power Apps sind vielseitig einsetzbar

Sie können dem Unternehmen vorhandene Power Apps in Teams zur Verfügung stellen oder Team-Apps entwickeln, die Sie Ihren Team-Mitgliedern (auch Gästen) mit einer Dataverse-Datenbank zur Verfügung stellen. Man spricht dann von *Dataverse for Teams Apps*.

Auch SharePoint-Formulare können Sie anpassen. So können Sie für die Ansicht, die Bearbeitung sowie die Neuanlage eines Elements ein selbstentwickeltes Formular bereitstellen.

Durch die nahtlose Integration in die meisten *M365*-Dienste wie zum Beispiel SharePoint, Exchange, Planner oder Teams – um nur die gängigsten zu nennen – können Sie Canvas Apps den Benutzerinnen und Benutzern über eine schöne, individuell gestaltete Oberfläche zur Verfügung stellen. Darüber können die Benutzer M365-Anwendungen bedienen, ohne sie direkt öffnen zu müssen. Der Phantasie sind da keine Grenzen gesetzt.

SharePoint List Forms

So wie seinerzeit mit InfoPath können jetzt *SharePoint*-Formulare mit Canvas Apps gestaltet werden. Die Erstellung erfolgt aus einer SharePoint-Liste heraus, indem Sie dort den Befehl FORMULARE ANPASSEN aus dem Menüpunkt INTEGRIEREN auswählen (siehe Abbildung 2.2).

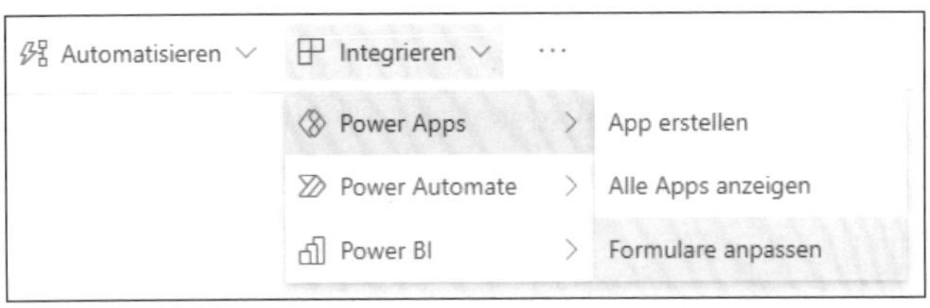

Abbildung 2.2 SharePoint-Formulare mit Power Apps anpassen

Diese Aktion öffnet das Power Apps Studio, in dem Sie nun das Formular designen können. Detaillierte Informationen über die Erstellung von benutzerdefinierten SharePoint-Formularen mit Power Apps finden Sie in Kapitel 8.

Model Driven Apps

Die Entwicklung von *Model Driven Apps* (modellgesteuerten Anwendungen) startet immer mit der Definition des Datenmodells in der Dataverse-Datenbank, die in die Power Platform integriert ist. Hier stehen die Daten und nicht das Design im Vordergrund.

Dieser Ansatz sieht vor, sich zunächst Gedanken zu den einzelnen Geschäftsobjekten, wie zum Beispiel Kunde und Auftrag, zu machen und die Eigenschaften zu definieren, die das jeweilige Geschäftsobjekt ausmachen. So würden Sie sicherlich einem Auftrag eine Auftragsnummer, eine Beschreibung und ein Volumen zuordnen, wohingegen ein Kunde unter anderem aus Namen, Vornamen, mehreren Telefonnummern und einer Adresse besteht.

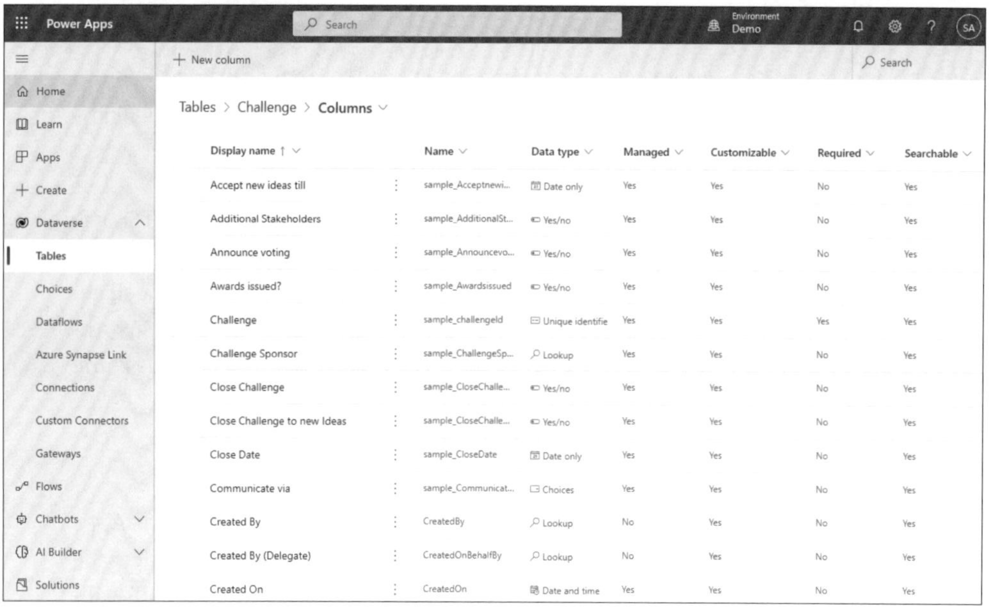

Abbildung 2.3 Definition der Felder eines Geschäftsobjekts

Im nächsten Schritt definieren Sie die Abhängigkeiten zwischen den Objekten. In unserem Beispiel würde einem Auftrag sicherlich immer ein Kunde zugeordnet werden.

Anschließend definieren Sie Regeln und Prozesse, mit denen Sie einzelne Felder etwa in Abhängigkeit von der Rolle des Benutzers beschreibbar, lesbar oder obligatorisch setzen können. Auch das regelbasierte Ein- und Ausblenden von Feldern ist möglich.

Die Model Driven App stellt Ihnen basierend auf diesen Definitionen automatisch eine Oberfläche für Browser, Tablet oder Smartphone zur Verfügung, um Daten abhängig der beschriebenen Prozessen bearbeiten zu können (siehe Abbildung 2.4).

Model Driven Apps sind schnell erstellt und voll responsiv, bieten aber nur wenige Freiheiten beim Design. Allerdings können Sie Canvas Apps in Model Driven Apps integrieren und so Individualität in die Anwendung bringen.

Model Driven Apps eignen sich durch ihr schnörkelloses Design hervorragend als Anwendung für das Backoffice, benötigen aber durch die zwingende Dataverse-Datenbank zusätzliche Lizenzen.

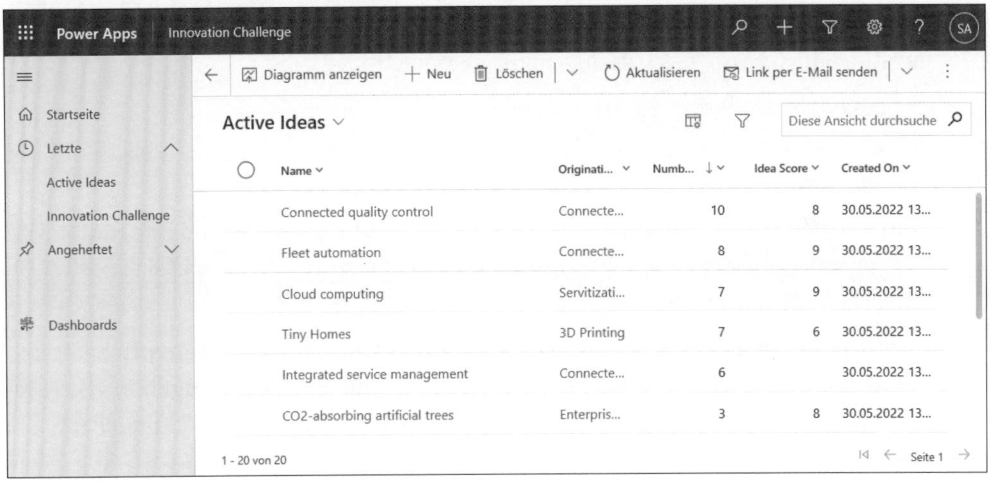

Abbildung 2.4 Sicht auf Daten in einer App-Vorlage

Dataverse for Teams Apps

Dataverse for Teams Apps sind eine Sonderform der Canvas App. Sie werden aus Microsoft Teams heraus für ein Team entwickelt. Mit der Erstellung wird eine Dataverse-for-Teams-Umgebung in der Power Platform erzeugt, die Sie über das Power Platform Admin Center administrieren können. Mit der neuen Umgebung wird auch eine Dataverse-Datenbank erstellt, die an die Umgebung gebunden ist.

Da diese Umgebung mit der Microsoft Group verbunden ist, die einem Teams-Team zugrunde liegt, sollten Sie zweimal nachdenken, bevor Sie eine Group löschen. Denn mit einer Group löschen Sie gleichzeitig alle damit verbundenen Artefakte.

Auf der Benutzeroberfläche fällt das Container-Steuerelement auf, über das die App voll responsiv wird. Einen weiteren Unterschied werden Sie bemerken, sobald Sie die Steuerelemente einer *Dataverse for Teams App* verwenden, denn im Gegensatz zur Canvas App kommt hier Fluent-Design zur Anwendung, das Sie aus der klassischen Teams-Anwendung kennen.

2.1.2 Power Automate

Power Automate erblickte 2019 das Licht der Welt, als Microsoft die Desktop Flows veröffentlichte. Bislang gab es nur Microsoft *Flow* als Automatisierungsdienst innerhalb der Power Platform. Mit den Desktop Flows musste man einen zweiten Automatisierungsdienst in die Power Platform integrieren. So entschied man, mit Power Automate eine Automatisierungsplattform innerhalb der Power Platform zu etablieren, die mehrere Dienste unter einem Dach vereinte.

Zu Power Automate gehören gegenwärtig:

- *Cloud-Flows* (ehemals *Microsoft Flow*)
- *Desktop-Flows*
- *Geschäftsprozessflows (Business Process Flows)*
- der *Process Advisor*

Cloud-Flows

Cloud-Flows wie in Abbildung 2.5 erlauben die Automatisierung und Integration von Prozessen auf Basis von Microsoft-Cloud-Diensten sowie allem, was sich per HTTP-Request ansprechen lässt.

Typische Anwendungsfälle sind Genehmigungsprozesse, die automatische Erstellung von Dokumenten, Benachrichtigungen im Falle von Änderungen in einer Datenquelle oder der Transport von Daten zwischen verschiedenen Datenquellen.

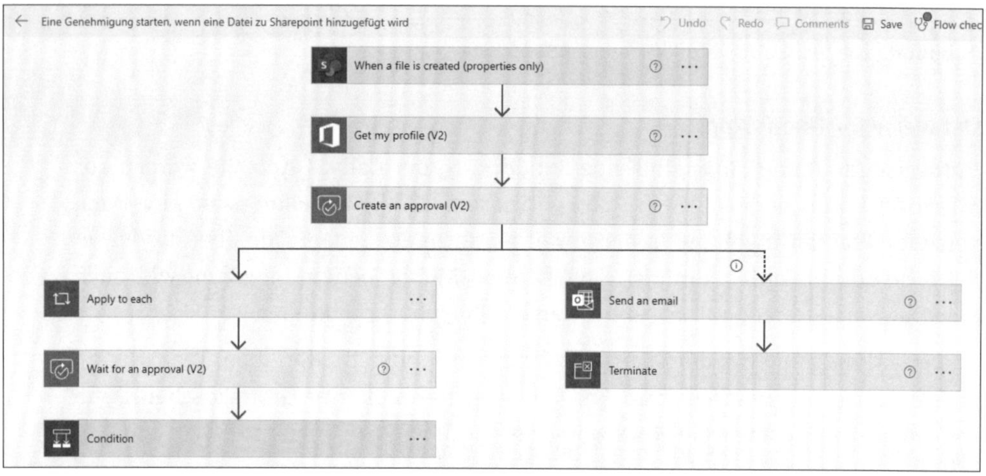

Abbildung 2.5 Cloud-Flow

Die Entwicklung findet entweder im Cloud Flow Maker Portal oder auf einem mobilen Endgerät innerhalb der Flow App statt.

Cloud-Flows können auf verschiedene Arten gestartet werden:

- auf Knopfdruck innerhalb einer Power App oder eines mobilen Endgeräts,
- zeitgesteuert, zum Beispiel jeden Montagmorgen
- oder ereignisgesteuert, zum Beispiel wenn ein neuer Eintrag in einer SharePoint-Liste erfolgt.

Cloud-Flows sind tief in die Microsoft-Welt integriert. So können Sie einen Flow aus Excel, Teams, SharePoint oder Power BI heraus starten und den jeweiligen Kontext, etwa einen SharePoint-Listeneintrag, mitgeben und innerhalb des Flows verarbeiten.

Mit derzeit über 1.000 verschiedenen Konnektoren integrieren Sie mit Cloud-Flows alle gängigen Cloud-Dienste, allen voran die Microsoft 365-Dienste.

Desktop-Flows

Während Cloud-Flows Software über Schnittstellenkommunikation verbinden und automatisieren, dienen Desktop-Flows der Automatisierung von Software, für die keine gängigen Schnittstellenformate verfügbar sind. Dabei handelt es sich entweder um proprietäre Altsysteme oder Eigenentwicklungen, die keine Schnittstellen besitzen oder für die keine Dokumentation vorhanden ist.

Der Benutzer nimmt beispielsweise einen Klickpfad auf seinem Computer auf und lässt diesen auf Knopfdruck abspielen (*Attended Desktop Flows*). Als weitere Möglichkeit stehen *Unattended Desktop Flows* zur Verfügung, also Prozesse, die ohne Mitwirkung eines Benutzers ablaufen.

In beiden Fällen simuliert der Desktop Flow einen echten Benutzer.

> **Weiterführend Informationen zu Desktop-Flows**
>
> Weiterführende Informationen zu Desktop-Flows erhalten Sie im Microsoft-Learn-Portal:
>
> *https://learn.microsoft.com/de-de/power-automate/desktop-flows/introduction*

Geschäftsprozessflows (Business Process Flows)

Sie nutzen diesen Flowtyp, wenn Sie geführte Prozesse über eine oder mehrere Dataverse-Tabellen hinweg gestalten wollen. Schritt für Schritt definieren Sie einen Prozess, zum Beispiel einen Verkaufsprozess von der Anbahnung bis hin zur Abwicklung und legen fest, welche Daten angezeigt oder eingegeben werden können. Daten können optional oder verpflichtend sein.

[»]

Weiterführend Informationen zu Geschäftsprozessflows

Mehr zu Geschäftsprozessflows erfahren Sie hier:

https://learn.microsoft.com/de-de/power-automate/business-process-flows-overview

Der Process Advisor

Mit dem Process Advisor werden Prozesse und Abläufe von Aufgaben optimiert. Der Prozessratgeber soll Ihnen dabei helfen, Zusammenhänge in Ihren Geschäftsabläufen zu erkennen, die dann visualisiert und analysiert werden können.

2.1.3 Power Virtual Agents

Mit Power Virtual Agents können Sie schnell Chatbots erstellen und auf Kanälen wie Teams, Outlook, Facebook, Alexa und vielen mehr bereitstellen.

Chatbots dienen dazu, Personen automatisch passende Antworten auf Fragen zu liefern. Ein einfaches Szenario ist, dass eine Person ein bestimmtes Antragsformular sucht und den Bot fragt, wo dieses zu finden ist. Der Bot fragt daraufhin die Person nach dem Antragszweck und leitet sie entweder weiter zu einer passenden Dokumentation oder liefert direkt den Link zur Antrags-App.

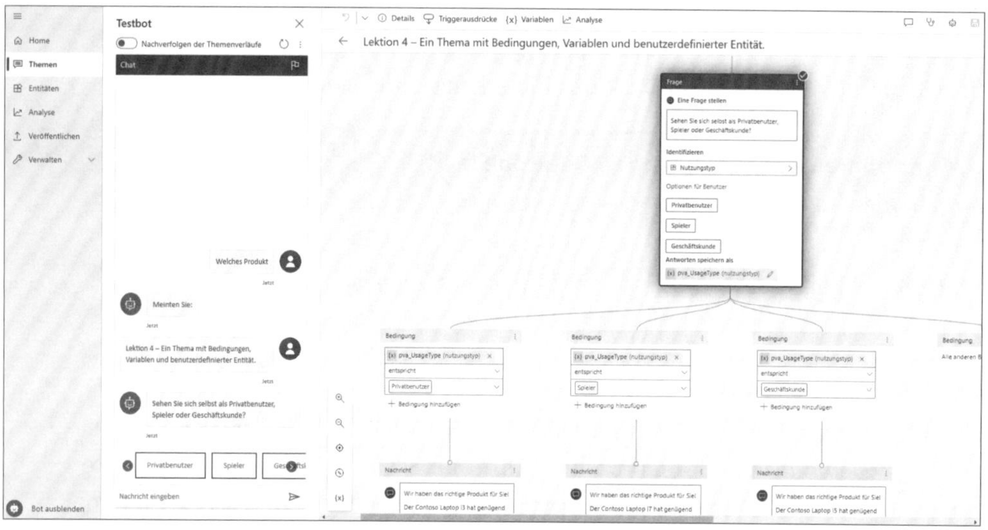

Abbildung 2.6 Ein Demo-Chatbot der Power Virtual Agents

Sie können Bots aber auch nutzen, um Prozesse zu starten. Stellen Sie sich vor, dass Sie einen neuen Teamraum in Microsoft Teams benötigen. Sie fragen den Bot nach einem neuen Team, der fragt Sie nach dem Namen, den Teammitgliedern und der

Sichtbarkeit (öffentlich/privat). Auf Basis Ihrer Antworten startet der Bot einen Flow, der das Team automatisch anlegt, und informiert Sie nach Fertigstellung.

Weiterführend Informationen zu Power Virtual Agents

Weiterführende Informationen zu Power Virtual Agents erhalten Sie im Microsoft-Learn-Portal:

https://learn.microsoft.com/de-de/power-virtual-agents/fundamentals-what-is-power-virtual-agents

2.1.4 Power BI

Power BI ist das wohl älteste Mitglied der Power Platform. Diese Software erlaubt die Erstellung von Berichten, Datenanalysen und -transformationen basierend auf diversen Datenquellen, wie zum Beispiel Excel, SharePoint, Dataverse oder SQL Server. Durch umfangreiche Filter- und Visualisierungsmöglichkeiten haben Sie damit ein mächtiges Tool an der Hand, um aus Ihren Daten einen Mehrwert zu generieren.

Erstellen Sie Dashboards, um Daten und Fakten in ansprechenden Visualisierungen schnell zu vermitteln. Oder integrieren Sie Power Apps in Ihre Reports oder Ihre Reports in Power Apps.

2.1.5 Power Pages

Die Microsoft Power Pages sind das fünfte Mitglied der Power Platform. Sie sind die Weiterentwicklung der Portal Apps und basieren technisch auf der Dataverse-Datenbank.

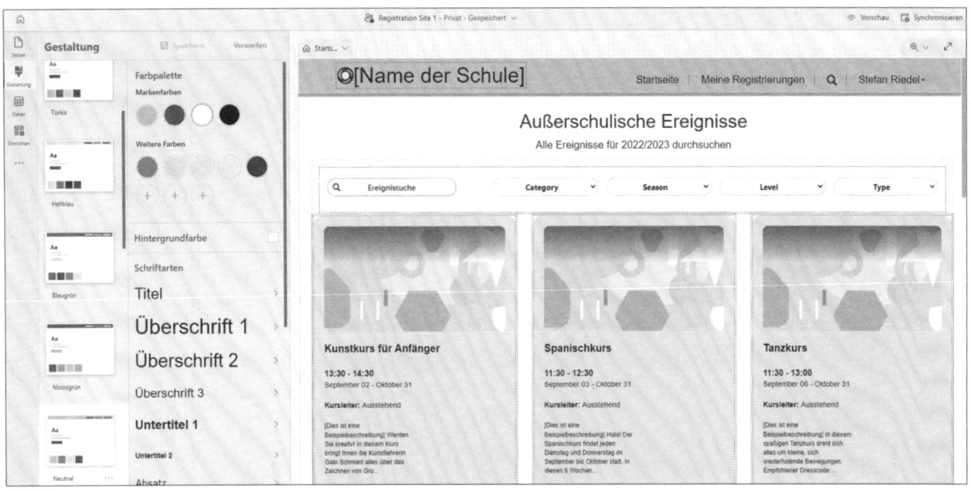

Abbildung 2.7 Das Design Studio von Power Pages

Das *Design Studio* aus Abbildung 2.7 erlaubt die Erstellung öffentlich zugänglicher Websites sowie der darunterliegenden Datenstruktur. Die Entwicklung per *Visual Studio Code* ist ebenfalls möglich.

2.2 Die wichtigsten Begriffe neben Apps und Flows

Um Sie mit den Grundkonzepten der Power Platform vertraut zu machen, erläutere ich im folgenden Abschnitt die wichtigsten Begriffe und Zusammenhänge.

2.2.1 Konnektoren (Verbinder)

Konnektoren oder auch Verbinder sind das Salz in der Suppe, denn sie schaffen die Verbindung zur Außenwelt. Aktuell gibt es über 1.000 Verbindungen zu den allermeisten bekannten Cloud-Anwendungen, darunter die meisten Anwendungen Ihrer Microsoft 365-Umgebung, wie zum Beispiel *Exchange*, *Planner*, *Teams*, *SharePoint*, aber auch Verbindungen zu *Azure* und diversen Drittanbietern, wie zum Beispiel *Twitter*, *Salesforce* oder *SAP*.

[»]

Verbinder

In verschiedenen deutschen Übersetzungen finden Sie auch die Benennung *Verbinder* statt *Konnektor*.

Konnektoren stellen Ihnen verschiedene Aktionen zur Verfügung, um mit der verbundenen Anwendung zu kommunizieren.

Abbildung 2.8 Aktionen eines Teams-Konnektors

Neben der durch Sie gesteuerten Kommunikation können sie auch auf Ereignisse der angebundenen Anwendung reagieren. Hierfür stellen Konnektoren *Trigger* zur Verfügung. So können Sie beispielsweise einen Flow erstellen, der ausgeführt wird, sobald eine neue Nachricht in einen Kanal gestellt wird.

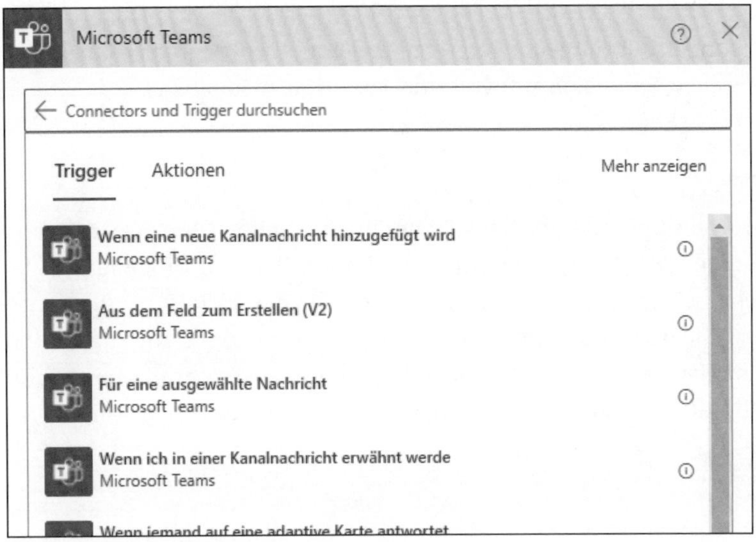

Abbildung 2.9 Trigger eines Teams-Konnektors

Können Sie keinen passenden Konnektor zu Ihrer Wunschanwendung finden, sind Sie frei, eine eigene Schnittstelle zu entwickeln und als benutzerdefinierte Konnektoren (*Custom Connectors*) in die Power Platform zu integrieren.

Sofern ein Entwicklerherz in Ihrer Brust schlägt, empfehle ich Ihnen, das einmal auszuprobieren, denn es macht Spaß, die Power Platform auf diese Weise quasi unbegrenzt erweitern zu können.

Bedenken Sie aber, dass Nutzerinnen und Nutzer Ihrer App oder Ihres Flows durch die Verwendung eines eigenen Konnektors eine Premium-Lizenz benötigen. Siehe dazu auch Abschnitt 2.4.

2.2.2 Umgebungen

Umgebungen sind als eine große Klammer um alle Apps, Flows und sonstige Power-Platform-Artefakte zu verstehen. Jede Umgebung kann einen eigenen Benutzerkreis und eigene Sicherheitseinstellungen besitzen.

Sobald Sie mit der Power Platform starten, steht allen Mitarbeitern Ihres Unternehmens eine Umgebung für die Entwicklung von Apps und Automatisierungen zur Optimierung der persönlichen Produktivität zur Verfügung. Sie kann nicht gelöscht werden und hat üblicherweise die niedrigste Sicherheitsstufe.

Es wird nicht lange dauern, bis Sie sich eine Umgebungsstrategie zurechtlegen müssen, denn schnell erschallt der Ruf nach unternehmensweiten Apps und anwendungsspezifischen Sicherheitsanforderungen. Aber davor brauchen Sie keine Angst zu haben, denn Sie können ganz geruhsam mit dem anfangen, was Sie haben. Wichtig ist nur, dass Sie schon einmal gehört haben, dass eine Struktur sinnvoll und nötig ist.

Wie Sie Berechtigungen auf Umgebungen setzen oder unerwünschten Datenabfluss verhindern und welche Strategien sinnvoll sind, lernen Sie in Kapitel 13.

2.2.3 Dataverse

Allein zu diesem Thema könnte man ein eigenes Buch schreiben. *Dataverse* ist eine sehr leistungsfähige Datenbank, die Sie in einer Power-Platform-Umgebung anlegen können. Neben einer sehr einfach zu bedienenden Oberfläche zur Anlage von Tabellen, Feldern, Sichten und Formularen kommt Dataverse mit umfangreichen Sicherheitsmechanismen daher. Durch die Verwendung von Power Platform Solutions lassen sich Dataverse-Objekte einfach verpacken und auf andere Umgebungen transferieren.

Tabellen

Legen Sie eine *Dataverse*-Datenbank an, ist diese an die Umgebung gebunden, in der sie erstellt wurde. Sie besteht, wie andere relationale Datenbanken auch, aus *Tabellen*, die wiederum aus Spalten bzw. Feldern bestehen. *Spalten* haben verschiedene Datentypen entsprechend ihrer Verwendung. So unterscheiden Sie zum Beispiel zwischen Datums-, Text- oder Auswahlspalten. Wie in relationalen Datenbanken lassen sich in Dataverse Beziehungen zwischen Tabellen herstellen.

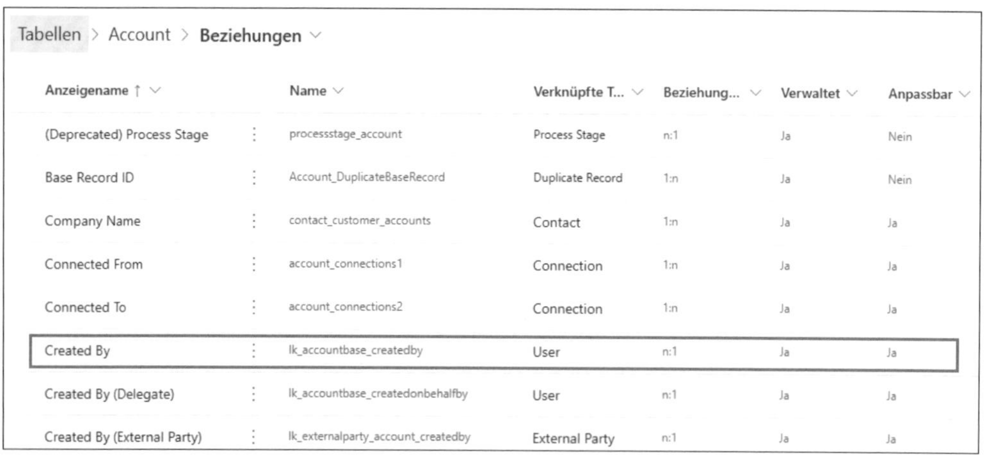

Abbildung 2.10 Beziehungen zwischen Dataverse-Tabellen

Ein Beispiel für eine solche Beziehung ist, wenn jeder Datensatz einer Tabelle `Accounts` einen Ersteller (`CreatedBy`) aus der Tabelle `User` besitzt. Und da zu jedem Account genau ein Ersteller existiert, aber eine Person Ersteller mehrerer Accounts sein kann, spricht man von einer *n*:1-Beziehung (siehe Abbildung 2.10).

Sicherheit

Unterschiede zu anderen Datenbanken sind das umfassende Berechtigungsmodell sowie die Möglichkeit, sehr einfach Logiken zu implementieren. Definieren Sie die Berechtigungen von Sicherheitsrollen in Bezug auf einzelne Tabellen und bei Bedarf bis hinunter auf die Feldebene (siehe Abbildung 2.11).

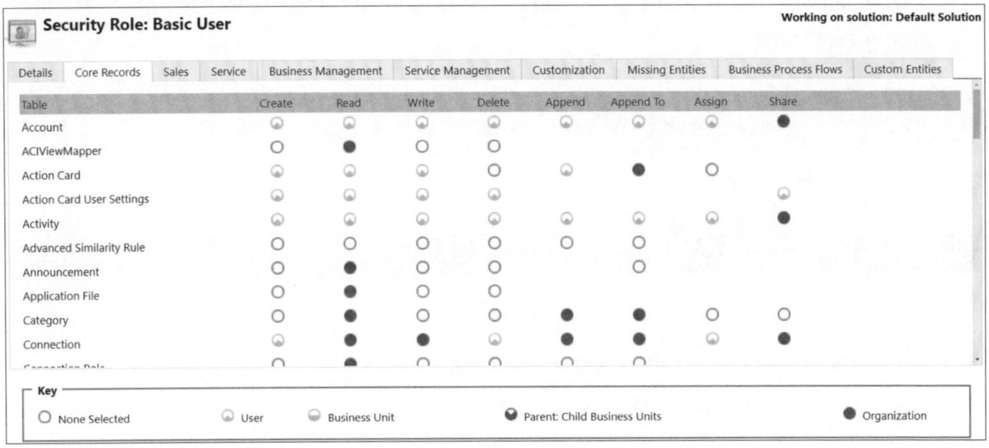

Abbildung 2.11 Berechtigung von Sicherheitsrollen auf Tabellen

Geschäftsregeln (Business Rules)

Mit *Geschäftsregeln* (engl. Business Rules) steuern Sie zum Beispiel die Sichtbarkeit oder verpflichtende Eingabe von Feldern in einer Tabelle (siehe Abbildung 2.12).

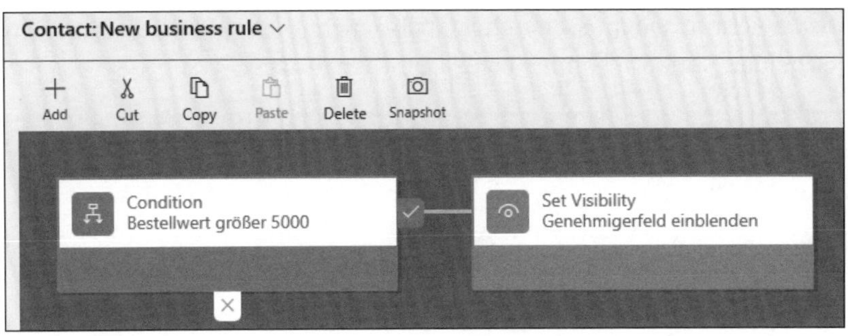

Abbildung 2.12 Steuern der Sichtbarkeit eines Felds mit Geschäftsregeln

Definieren Sie Bedingungen, auf denen eine Aktion erfolgen soll. Abbildung 2.12 zeigt den Geschäftsregeleditor. Hier wird geprüft, ob ein Bestellwert ein bestimmtes Volumen überschreitet. Ist das der Fall, wird ein Feld eingeblendet, um einen Genehmiger auswählen zu können.

Geschäftsprozess-Flows (Business Process Flows)

Mit Geschäftsprozess-Flows können Sie Prozesse über mehrere Tabellen abbilden. Sie unterteilen einen Prozess in einzelne Schritte (Stages). Für jeden Schritt definieren Sie optionale oder obligatorische Daten, die durch die Benutzerinnen und Benutzer einzugeben sind. In Abhängigkeit von diesen Eingaben wechselt der Prozess zum nächsten Schritt. Abbildung 2.13 zeigt den Genehmigungsprozess für die Bestellung einer Maschine.

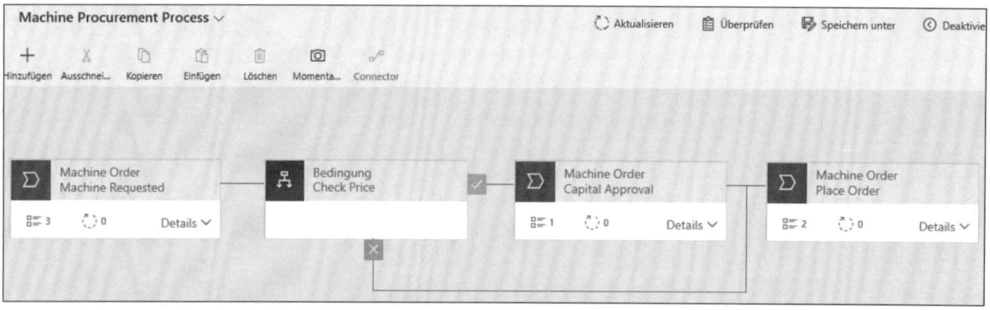

Abbildung 2.13 Der Geschäftsprozess-Flow-Editor

Virtuelle Tabellen

Wenn Sie Dataverse im Rahmen von Model Driven Apps nutzen möchten, aber auch Daten aus *SharePoint* oder *SQL* verwenden möchten, helfen Ihnen virtuelle Tabellen dabei, diese Daten zur Verfügung zu stellen.

Virtuelle Tabellen simulieren eine SharePoint-Liste oder SQL-Tabelle in Dataverse, sind dabei aber synchron. Sie müssen sich jetzt also nicht mehr zwischen den Technologien entscheiden, sondern können beide Optionen nutzen.

Virtual Tables sind sehr neu

Die Möglichkeit, externe Datenquellen als virtuelle Tabellen in Dataverse bereitzustellen, ist sehr neu und mit Einschränkungen verbunden. Bitte konsultieren Sie die offiziellen Dokumentationen in Bezug auf den aktuellen Funktionsumfang. Mehr zu virtuellen Tabellen finden Sie im Microsoft Learn-Portal:

https://learn.microsoft.com/en-us/power-apps/maker/data-platform/create-virtual-tables-using-connectors?tabs=sql

2.2.4 Lösungen

Spätestens wenn Sie unternehmensweite Anwendungen mit der Power Platform erstellen, die gewartet und weiterentwickelt werden sollen, sollten Sie eine Trennung zwischen der Entwicklungsversion und der produktiven Version Ihrer Anwendung vornehmen.

Änderungen und Weiterentwicklungen nehmen Sie zunächst an der Entwicklerversion vor. Sind die Anpassungen abgeschlossen, müssen sie in die produktive Version Ihrer Anwendung eingespielt werden. Hierfür gibt es zwei Ansätze:

- Exportieren und Importieren jedes einzelnen Bestandteils Ihrer Lösung
- Verpacken und Bereitstellen aller Bestandteile in einem gemeinsamen Paket

Das Exportieren und Importieren der Einzelbestandteile ist für Kleinstanwendungen absolut in Ordnung. Wie das funktioniert, lernen Sie in Abschnitt 3.5.

Da jedoch der Appetit beim Essen kommt, werden Ihre Anwendungen schnell komplexer. Spätestens jetzt sollten Sie anfangen, auf Lösungen zu setzen. Details dazu lesen Sie in Kapitel 14.

Lösungen sind der Koffer, in den Sie die Bestandteile Ihrer Anwendung legen und damit auf die Reise zur Zielumgebung gehen. Lösungen gibt es in zwei Ausprägungen: verwaltet und nicht verwaltet.

Spätestens wenn Sie über die automatische Bereitstellung von Weiterentwicklungen nachdenken, kommen Sie an Lösungen nicht mehr vorbei.

2.2.5 Tools

An dieser Stelle möchte ich Ihnen kurz die Werkzeuge vorstellen, die Sie bei der Erstellung von Power Apps und Flows nutzen.

Das Maker Portal

Das *Maker Portal* ist Ihr Einstiegspunkt für die Erstellung und Verwaltung Ihrer Apps und Flows, denn von hier können Sie Ihre App auf Basis einer Datenverbindung, einer Zeichnung oder einer Vorlage erstellen. In Kapitel 3 erlernen Sie alle Grundkenntnisse, um sich sicher im Maker Portal zu bewegen und mit der Umsetzung Ihrer Ideen zu starten.

Das Power Apps Studio

Das *Power Apps Studio* ist Ihre zentrale Entwicklungsumgebung. Mit dem Studio erstellen Sie Ihre Power Apps, designen sie und verbinden sie mit Diensten aus dem Microsoft 365 wie zum Beispiel Planner, Exchange oder Teams, integrieren Power Automate Cloud Flows oder auch die Microsoft KI. Einen kurzen Ausflug in das Studio machen Sie in Abschnitt 3.3, wo Sie eine App basierend auf einer SharePoint-Liste erstellen lassen. Richtig ans Eingemachte geht es dann in Kapitel 4.

Der Power Apps Monitor

Der *Power Apps Monitor* ist in das Power Apps Studio integriert und ist Ihr Tool, wenn Sie die Kommunikation der App bzw. die Abarbeitung der von Ihnen entwickelten Funktionen nachvollziehen wollen. Der Monitor ist ausschließlich für Canvas Apps verfügbar und wird in Abschnitt 6.2 besprochen.

Das Power Apps Test Studio

Das *Test Studio* ist wie der Monitor nur für Canvas Apps verfügbar und erlaubt die Definition von Testfällen, um nach etwaigen Änderungen sicherstellen zu können, dass die wichtigsten Funktionen Ihrer Anwendung immer noch tadellos funktionieren. Das Test Studio ist auch integraler Bestandteil des Power Apps Studio und wird in Abschnitt 6.1 näher erläutert.

2.3 Power Apps und Power Automate im mobilen Einsatz

Die meisten meiner Projekte drehen sich um browserbasierte Apps und Flows, weshalb sich auch der Großteil meiner Beispiele auf den Browser bezieht. Selbstverständlich können Sie Power Apps und Power Automate auch auf mobilen Endgeräten betreiben und offlinefähige Apps entwickeln. Was Sie dafür benötigen, sind die Apps *Power Apps* bzw. *Power Automate*. Wie Sie diese Apps installieren und bedienen, erfahren Sie in diesem Abschnitt.

2.3.1 Installation

Für den mobilen Betrieb von Power Apps und Power Automate auf Ihrem Smartphone, Tablet oder Windows-Gerät benötigen Sie die gleichlautenden Apps aus dem Google Playstore, Apple Store oder Microsoft Store (siehe Abbildung 2.14).

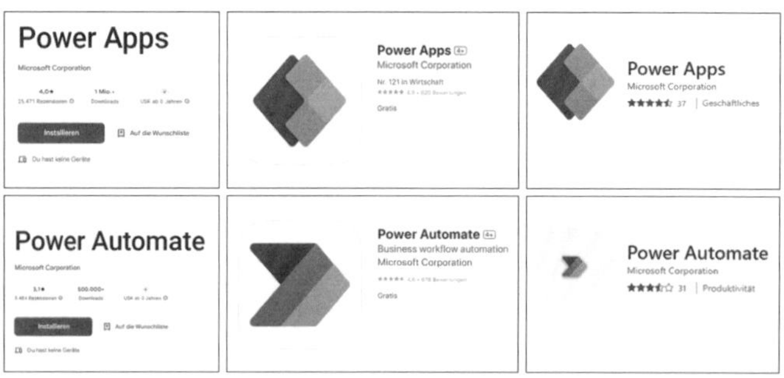

Abbildung 2.14 Apps aus Play Store, Apple Store oder Microsoft Store beziehen

2.3.2 Power Apps

Die Power-Apps-App ist im Grunde selbsterklärend. Sobald Sie die App starten, gelangen Sie zum Startbildschirm mit Ihren Power-Apps-Favoriten sowie den zuletzt genutzten Apps.

Sie sehen auf der Startseite das Logo, den Namen, den Besitzer, aber auch die Umgebung, in der die App verfügbar ist. Wechseln Sie auf ALLE APPS, um alle verfügbaren Apps anzuzeigen. Hier können Sie nach einer App suchen bzw. sie nach Namen oder Datum sortieren.

Über den Menüpunkt MEHR gelangen Sie auf eine Zwischenseite, wo Sie zwischen BEISPIEL-APPS und für Sie bereitgestellten Apps auswählen können. Die Beispiel-Apps sehen Sie in Abbildung 2.15 auf der rechten Seite.

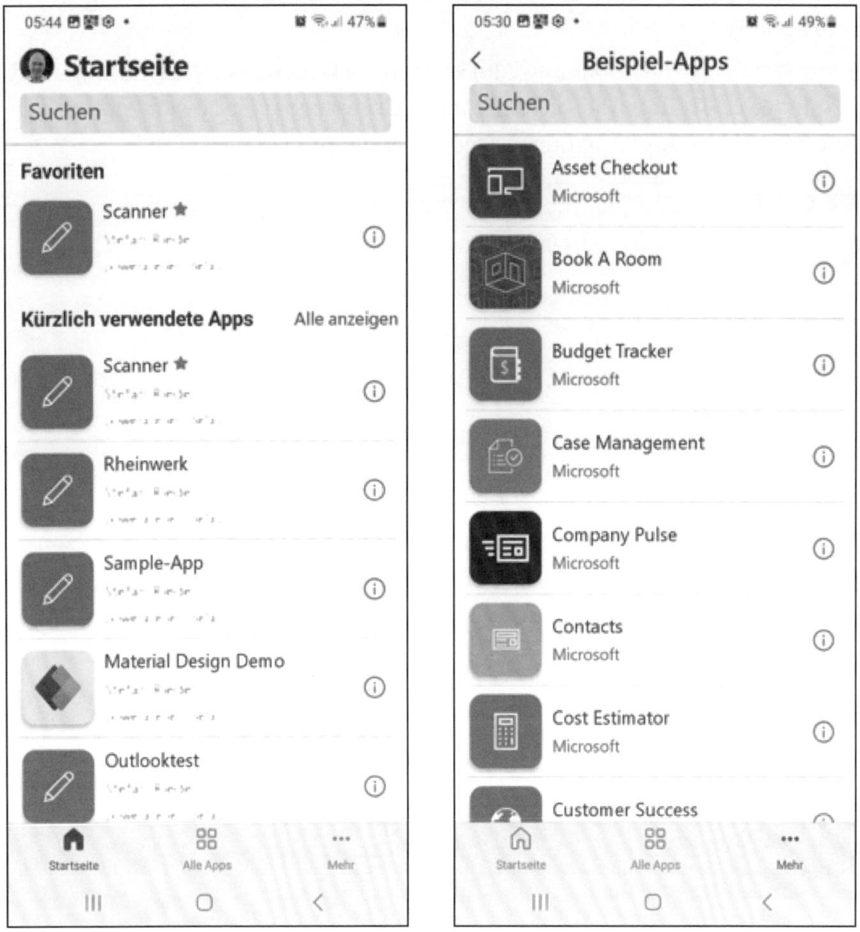

Abbildung 2.15 Startseite und Beispiel-Apps

App-Details

Tippen Sie auf das kleine Info-Zeichen neben dem App-Symbol, so gelangen Sie zur App-Detailseite. Hier erhalten Sie Auskunft über

- Namen und Besitzer,
- das letzte Veröffentlichungsdatum,
- die Versionsnummer der Laufzeitumgebung und
- die verwendeten Konnektoren.

Neben den Informationen können Sie hier auch die App öffnen, sie an den Home-Bildschirm anheften oder zum Favoriten erklären. Favoriten werden auf dem Startbildschirm oben hervorgehoben (siehe Abbildung 2.15).

An Home anheften

In den App-Details (siehe Abbildung 2.16) können Sie Ihre App auf Ihrem Home-Bildschirm anheften. So müssen Sie nicht mehr den Umweg über die Power-Apps-App gehen. Sie öffnen Ihre Power App nun wie jede andere App auf Ihrem Telefon.

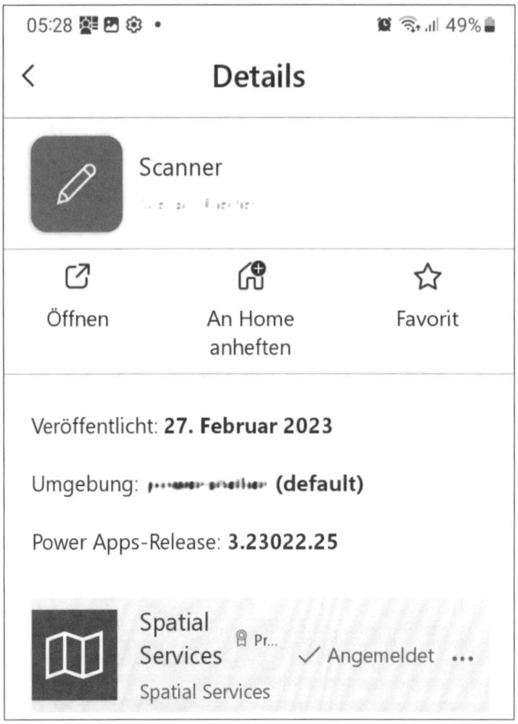

Abbildung 2.16 Details einer Power App

App aktualisieren

Während Sie Ihre App öffnen, wird nach der Authentifizierung unter anderem die App-Version abgeglichen. Steht eine neue Version zur Verfügung, so erscheint eine Meldung wie in Abbildung 2.17. Tippen Sie auf die Meldung, um die App zu schließen und automatisch die neue Version zu starten.

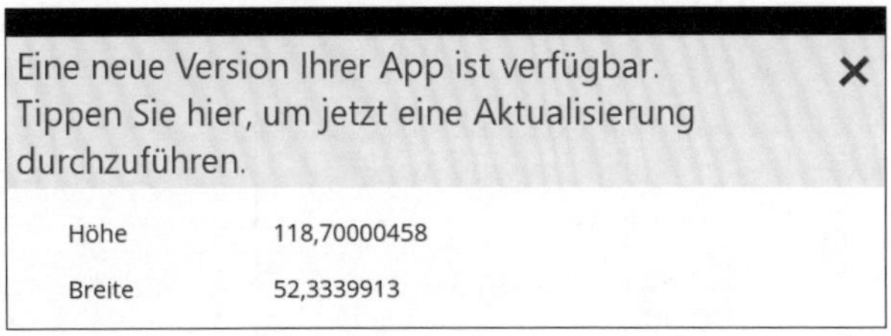

Abbildung 2.17 Eine neue Version wurde erkannt.

2.3.3 Power Automate

Genauso wie für Power Apps gibt es auch für Ihre Power Automate Cloud Flows eine App für Smartphones, Tablets und Windows-Endgeräte. Hier können Sie

- Ihre Flows überwachen,
- bearbeiten,
- erstellen und
- Genehmigungsanfragen einsehen und bearbeiten.

Die App teilt sich in drei Hauptbereich auf:

- Flows
- Schaltflächen
- Genehmigungen

Alle diese Bereiche verfügen über eine Aktionsleiste im Kopfbereich, um

- Listen zu aktualisieren,
- die Umgebung zu wechseln und
- Benachrichtigungen einzusehen.

Flows

Dieser Bildschirm gibt Ihnen eine Übersicht über alle Ihre Cloud-Flows in der ausgewählten Umgebung (siehe Abbildung 2.18). Über der Liste der Flows befindet sich ein Filter, sodass Sie zwischen Ihren Flows (Filter: MEINE CLOUD-FLOWS), in denen Sie der Besitzer sind, sowie den Flows, die mit Ihnen geteilt wurden (Filter: FÜR MICH FREIGEGEBEN), wechseln können.

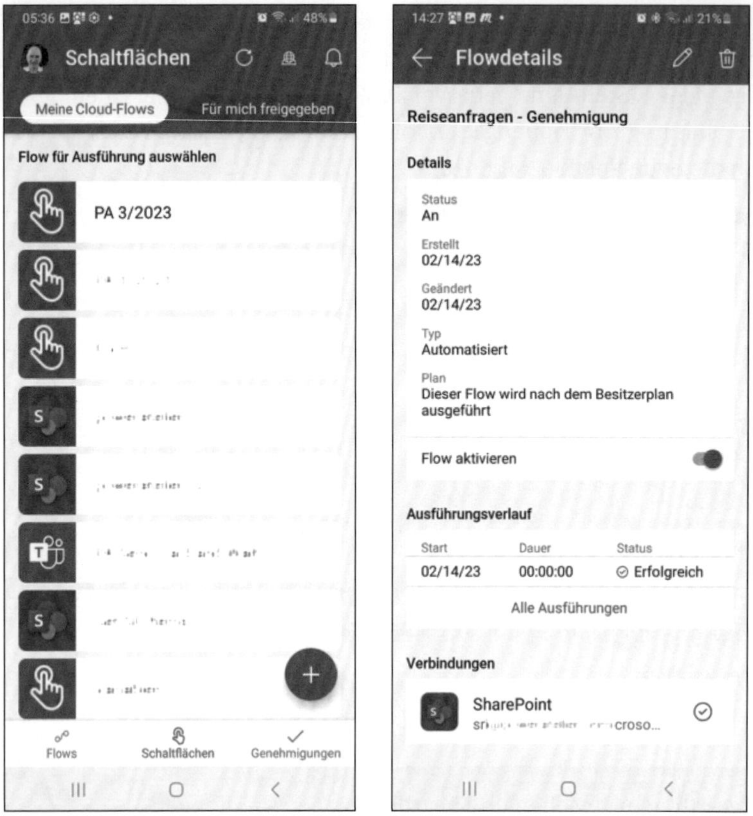

Abbildung 2.18 Liste meiner Flows und Flow-Details

Schaltflächen

Im Bereich *Schaltflächen* oder Flow-Buttons finden Sie nur sofort ausführbare Flows. Auch hier gibt es einen Filter, der Sie zwischen Ihren Flows sowie denen, die mit Ihnen geteilt wurden, auswählen lässt.

Ein dritter Filter führt Sie zu Flows, die Sie nur ausführen, aber nicht bearbeiten dürfen (Filter NUR AUSFÜHREN). In englischsprachigen Dokumentationen und Umgebungen finden Sie Informationen dazu unter dem Begriff *Run-only*.

Tippen Sie auf einen Flow, um ihn auszuführen.

Genehmigungen

Hier können Sie bequem *Flow-Genehmigungen* einsehen (siehe Abbildung 2.19) und bearbeiten. Was Flow-Genehmigungen sind, erläutere ich detailliert in Abschnitt 9.8.

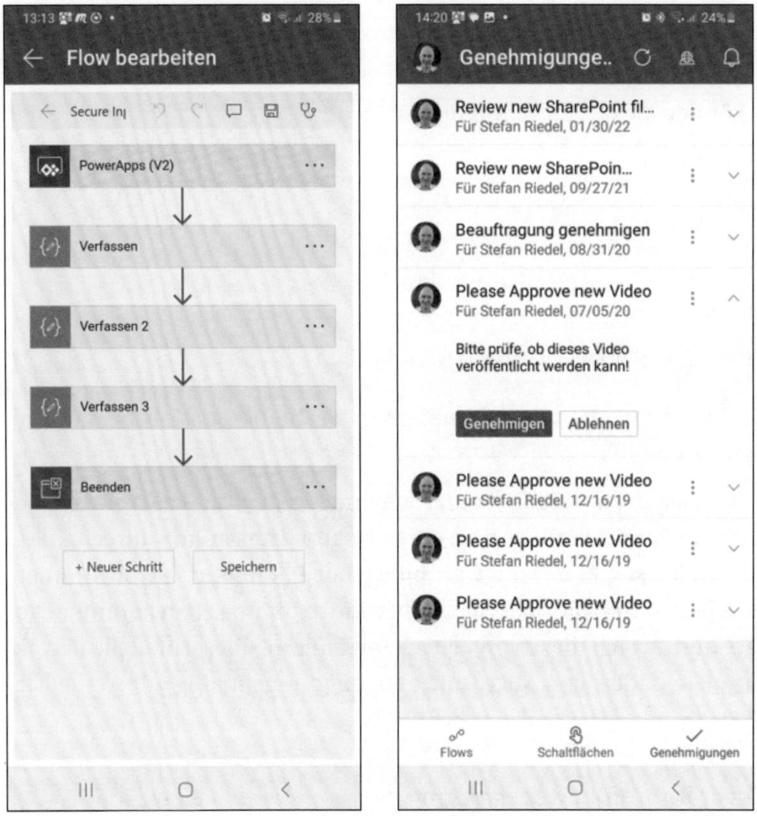

Abbildung 2.19 Flows und Genehmigungen bearbeiten

Benachrichtigungen

Über das Glocken-Symbol oben rechts empfangen Sie Meldungen, die von Flows versendet wurden (Filter VON FLOWS), sowie Meldungen über fehlerhafte Ausführungen (Filter AUSFÜHRUNGSSTATUS).

Aktionsleiste

Wählen Sie das Weltkugel-Symbol, so öffnet sich die *Umgebungsauswahl*. Nachdem Sie die Umgebung geändert haben, sehen Sie ausschließlich Flows und Genehmigungen aus dieser Umgebung.

Flow-Details

Tippen Sie auf einen Flow im Bereich *Flows*, so wird die Detailansicht aufgerufen. Hier erhalten Sie alle wichtigen Informationen zu

- den Details,
- dem Ausführungsverlauf,

- den verwendeten Konnektoren sowie dem
- Besitzer.

Darüber hinaus können Sie den Flow von hier aus

- aktivieren/deaktivieren,
- bearbeiten und
- löschen.

2.4 Lizenzierung der Power Platform

Dieses Kapitel dreht sich um eines der kompliziertesten Themen zur Power Platform: die korrekte Lizenzierung.

Während einer Veranstaltung sagte einmal jemand: »Um das Lizenzmodell der Power Platform zu verstehen, braucht man einen Doktor-Titel.« Ganz unrecht hatte die Person nicht. Zunächst gibt es einige grundlegende Parameter, die bestimmen, welche und wie viele Lizenzen Sie benötigen. Aber wie so oft im Leben kommt es auf die Feinheiten an, und da sich diese von Zeit zu Zeit ändern, überprüfen Sie den aktuell gültigen Lizenzleitfaden von Microsoft unbedingt regelmäßig auf Aktualisierungen.

[»]

Lizenzierung der Microsoft Power Platform

Hier finden Sie weiterführende Informationen zur korrekten Lizenzierung der Power Platform sowie den Lizenzleitfaden zum Download:

https://learn.microsoft.com/en-us/power-platform/admin/pricing-billing-skus

Grob gesagt sind für die Lizenzierung drei Parameter ausschlaggebend:

1. die Art der genutzten Funktionen/Dienste,
2. die Anzahl genutzter Funktionen/Dienste
3. und die Anzahl an Personen, die Funktionen oder Dienste nutzen.

So weit, so gut. Aber im Tagesgeschäft begegnen wir häufig Szenarien, auf die sich diese drei Parameter nicht eins zu eins anwenden lassen. Denn neben diesen drei Parametern kommt es darauf an, welche(n) Microsoft 365-Plan oder -Pläne ein Unternehmen hat.

Zur Veranschaulichung hier ein Beispiel aus der Welt der Dienstreisen:

- Ein Mitarbeiter geht auf Dienstreise und benötigt ein Hotelzimmer für zwei Übernachtungen.

- Das Einzelzimmer kostet 80 € pro Nacht ohne Frühstück. Mit Frühstück wären es 110 €.
- Mit Frühstück und Kingsize-Bett wären es 130 €.
- Da das Unternehmen einen Rahmenvertrag mit der Hotelkette hat, gibt es 15 % Rabatt.
- Es gibt drei weitere Teilnehmer an der Dienstreise, die ebenfalls Übernachtungen benötigen. Zwei Teilnehmer benötigen je drei Übernachtungen ohne Frühstück, ein Teilnehmer benötigt eine Übernachtung mit Frühstück.
- Für die Zimmerbuchung für die vier Mitarbeiter kann das Unternehmen zwischen zwei Varianten wählen:
  1. Das Unternehmen nutzt das Flatrate-Angebot, das unterm Strich vermutlich etwas teurer ist. Vorteile der Flatrate sind die einfachere Buchung und Änderungen an den Leistungen (zum Beispiel mit oder ohne Frühstück oder spontane Änderungen an der Aufenthaltsdauer).
  2. Das Unternehmen bucht für jeden Mitarbeiter einzeln exakt die gewünschten Leistungen und spart damit wahrscheinlich Kosten ein. Nachteile dieser Variante sind, dass die Buchung zeitaufwendiger ist und Änderungen an den Leistungen einzeln hinzugebucht oder gestrichen werden müssen.

Wie Sie sehen, ist die Lizenzierung der Power Platform vergleichbar mit der Buchung eines Hotelzimmers. Falls Ihnen dieses Beispiel nicht anschaulich genug ist, gehen Sie doch einmal zu Subway und konfigurieren sich ein Sandwich.

Egal, welchen Weg Sie wählen: Am Ende winkt ein angenehmer Hotelaufenthalt, ein leckeres Sandwich – oder eine Power App, die Ihnen die tägliche Arbeit erleichtert (wenn Sie Ihre Mittagspause dank der Zeitersparnis in vollem Umfang genießen können, reicht die Zeit vielleicht sogar für die Konfiguration und den Verzehr Ihres Lieblings-Sandwiches).

Wie Sie die Power Platform auch ohne Promotion für Ihre Zwecke lizenzieren, zeige ich Ihnen in den folgenden Abschnitten. Da Microsoft die Rahmenbedingungen für die Lizenzierung nicht in Stein gemeißelt hat, kann ich Ihnen jedoch keine 100%ige Garantie geben, dass Sie in jedem Fall goldrichtig liegen, wenn Sie den Hinweisen in diesem Abschnitt folgen. Aber Sie erfahren hier, worauf Sie unbedingt achten müssen.

2.4.1 Standard- versus Premium-Konnektoren

Oftmals höre ich, dass mit den Microsoft 365-E3- oder -E5-Lizenzen »schon alles drin ist«. Nein, ist es nicht!

Sie können mit einer Microsoft 365-Lizenz – egal ob Business oder Enterprise – automatisch diverse Standardfunktionen und -dienste von Power Apps und Power Automate nutzen. Grob gesagt können Sie mit Power Apps und Flow in der Standard-Lizenzierung auf die meisten Applikationen des Microsoft 365-Universums zugreifen.

[»]

Grundregeln der Lizenzierung

Wenn Sie gerade Ihre neue Applikation planen und nicht wissen, ob und wie viele Lizenzen Sie benötigen, möchte ich Ihnen an dieser Stelle im Vorgriff auf Abschnitt 2.4.5 und Abschnitt 2.4.6 ein paar ganz einfache Regeln aus der offiziellen Dokumentation aufzeigen:

- Fast (!) alles, was Sie mit Ihrer Microsoft 365-Lizenz an Anwendungen bekommen, können Sie mit einer Standard-Lizenz nutzen.
- Für die Nutzung fast aller Dienste in Microsoft Azure benötigen Sie eine Premium-Lizenz.
- Viele M365-Konnektoren wurden und werden mittlerweile mit HTTP-Aktionen für den Gebrauch mit der Standard-Lizenz ausgestattet. Die Nutzung von Dritt-Anbieter-APIs per HTTP-Requests bleibt aber weiterhin eine Premium-Funktion.
- Eine Lizenz wird für jeden ausführenden Benutzer fällig – im Falle von Premium-Flows und -Apps auch noch eine zusätzliche Premium-Lizenz.
- Handelt es sich um einen automatisierten oder zeitgesteuerten Premium-Cloud-Flow, so ist mindestens der Besitzer des Flows zu lizenzieren. Darüber hinaus benötigt jede Person eine Lizenz, die von dem Flow profitiert.
- Premium-Flows, die über eine Power App mit einer Premium-Lizenz ausgeführt werden, brauchen keine gesonderte Lizenz. Man spricht dabei auch davon, dass ein Flow im Kontext einer App ausgeführt wird.
- Premium-Flows, die zwar nicht aus der App heraus aufgerufen werden, aber dieselben Datenquellen wie die App benutzen, können mit einer App assoziiert werden, sodass sie dann im Kontext dieser App laufen. Damit wäre der Flow über die App-Lizenzen abgedeckt.

[!]

Wichtig! Ganz oder gar nicht.

Funktionalitäten in einer App oder einem Flow lassen sich nicht splitten und separat lizenzieren.

Eine häufige Frage an mich lautet:

»Das Marketing muss doch nur auf den ersten Bildschirm der App, und da sind doch keine Premium-Verbindungen. Die sind doch nur auf den anderen Bildschirmen.«

Mag sein. Für die Lizenzierung ist das aber irrelevant. Eine Person, die eine App oder einen Flow mit Premium-Lizenzen in irgendeiner Art und Weise ganz oder teilweise benutzt, benötigt dafür eine zusätzliche Lizenz.

Wenn Sie Ihre Prozesse mit Power Apps und Power Automate automatisieren und dafür Cloud-Flows nutzen, benötigen Sie immer Konnektoren. Diese gibt es in zwei Varianten:

1. Standard-Konnektoren, mit denen Sie zum Beispiel *SharePoint* oder *Planner* anbinden können.
2. Premium-Konnektoren, die etwa für die Verbindung zu einem *SQL-Server* erforderlich sind. Premium-Konnektoren erkennen Sie an dem kleinen Diamanten, der Ihnen auch an anderen Stellen im Microsoft-Cloud-Universum anzeigt, dass für die Nutzung der jeweiligen Funktion eine zusätzliche Lizenz nötig ist (siehe Abbildung 2.20).

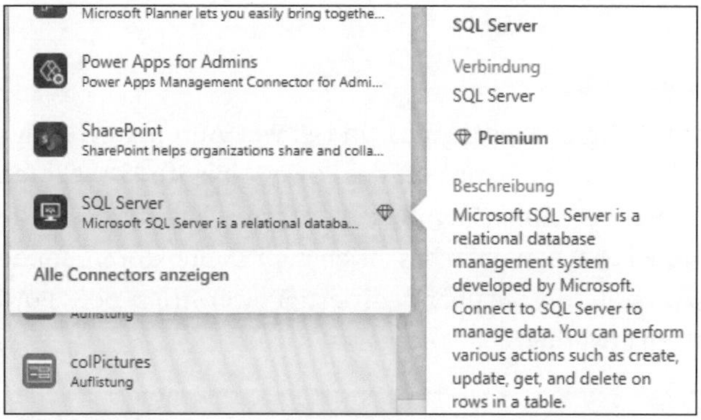

Abbildung 2.20 Premium-Verbindung in Power Apps

[«]

Premium-Lizenz

Eine Premium-Lizenz erlaubt Ihnen die Anbindung von Premium-Diensten, wie zum Beispiel den SQL-Server, lizenziert aber nicht den Dienst selbst. Überprüfen Sie deshalb unbedingt, ob Sie die angebundenen Dienste ebenfalls korrekt lizenziert haben.

Darüber hinaus erhalten Sie mit einer Premium-Lizenz weitere Nutzungsrechte, wie etwa eine höhere Anzahl an ausführbaren Flows pro Zeiteinheit oder mehr Speicherplatz im Dataverse. Näheres dazu erfahren Sie in den folgenden Abschnitten.

2.4.2 Add-ons

Neben den Premium-Konnektoren gibt es *Funktionen*, die Ihnen in Form von Add-ons die Nutzung des *AI Builders* (Dienst für *künstliche Intelligenz* (*KI*)), der Dataverse-Datenbank oder der Power Pages erlauben. Wie Sie anhand der Diamanten in Abbildung 2.21 erkennen, benötigen Sie für diese Funktionen ebenfalls zusätzliche Lizenzen.

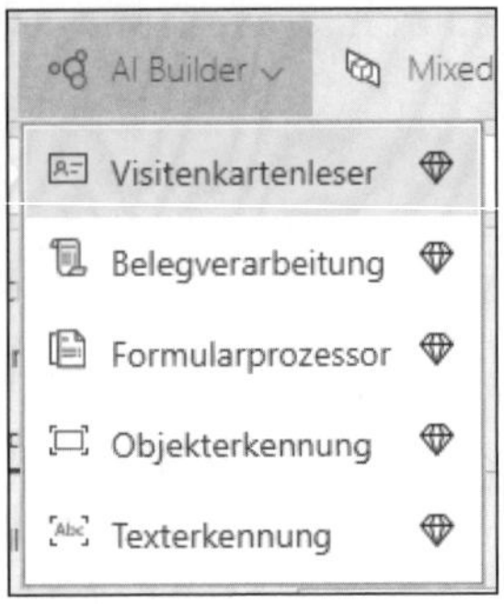

Abbildung 2.21 Premium-Funktionen in Power Apps erkennen Sie anhand des Diamanten.

AI Builder

Der AI Builder ist standardmäßig in Power Apps und Power Automate verfügbar (siehe Abbildung 2.21), und Sie können ihn mithilfe des Power Apps Studios in Ihre Lösung einbinden. Die Lizenzierung erfolgt hier aber nicht pauschal über eine Standard- oder Premium-Lizenz, wie bei den oben beschriebenen Konnektoren, sondern nach *Serviceguthaben* bzw. *Credits*, die Sie über dedizierte Power-Apps- oder Power-Automate-Premium-Lizenzen erwerben.

[»]

Berechnung des notwendigen Serviceguthabens

Zur Ermittlung des notwendigen Serviceguthabens schauen Sie in den gültigen Lizenzleitfaden unter *https://learn.microsoft.com/de-de/power-platform/admin/pricing-billing-skus*.

Wollen Sie den AI Builder unabhängig von Power-Platform-Premium-Lizenzen erwerben, können Sie die Anzahl an notwendigen Add-ons mit dem AI-Builder-Kalkulator ermitteln:

https://powerapps.microsoft.com/de-de/ai-builder-calculator/

Bitte vergewissern Sie sich im Lizenzleitfaden, welche KI-Dienste wie viel Serviceguthaben erfordern.

Benötigen Sie mehr Serviceguthaben, als Sie über die Power-Apps- und Power-Automate-Premium-Lizenzen erworben haben, können Sie aktuell mittels dedizierter AI-Builder-Add-ons bis zu 1.000.000 *Credits* zusätzlich erwerben.

2.4.3 Anzahl an Power-Platform-Anforderungen

Mit jeder Lizenz, sei es über die Standard- oder Premium-Lizenz, erhalten Sie eine maximale Anzahl an *Anforderungen* oder Requests, die Sie innerhalb von 24 Stunden stellen dürfen.

Als Anforderung gilt im Allgemeinen:

- jede Aktion, die Sie über einen Konnektor ausführen,
- jede Aktion, die innerhalb eines Cloud-Flows ausgeführt wird
- und jede Aktion gegen eine Dataverse-Tabelle.

Der folgende Flow aus Abbildung 2.22 besteht aus einem Trigger und einer SharePoint-Abfrage. Wird der Flow ausgeführt, werden somit zwei Requests genutzt. Lassen Sie diesen Flow einmal pro Stunde ausführen, kommen pro Tag 24 × 2, also 48 Requests pro 24 Stunden für den Besitzer zusammen.

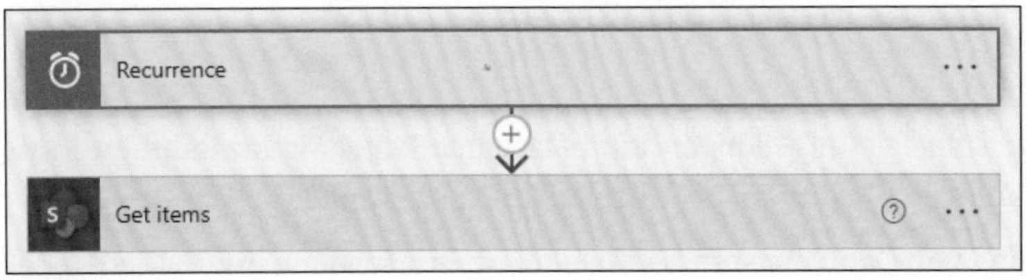

Abbildung 2.22 Cloud-Flow mit zwei Requests

Wenn Sie Schleifenkonstrukte verwenden, erhöht das die Anzahl an Requests:

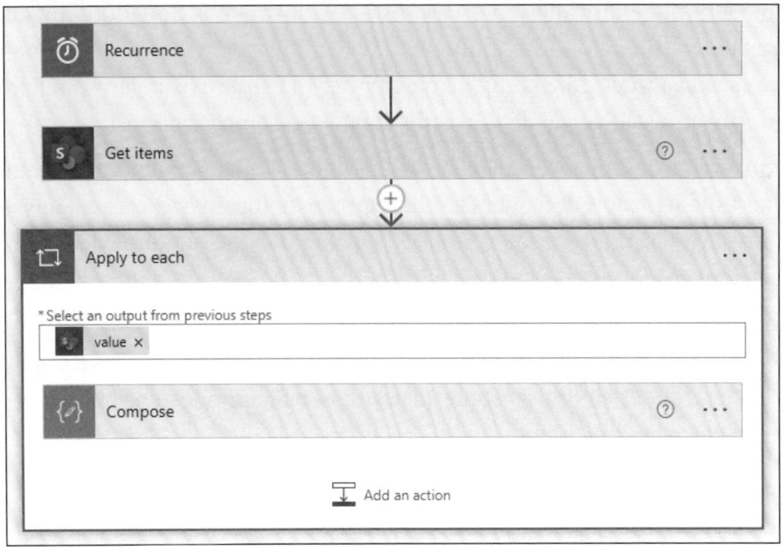

Abbildung 2.23 Schleifen erhöhen die Anzahl an Requests.

Eine Schleife, wie in Abbildung 2.23 zu sehen, erhöht die Anzahl an Requests zusätzlich um die Anzahl an SharePoint-Listenelementen, die über die *Get Items*-Aktion zurückgegeben werden, und die Anzahl an Aktionen und damit Requests, die innerhalb der Schleife ausgeführt werden.

Möchten Sie die Anzahl an möglichen Requests pro 24 Stunden erhöhen, müssen Sie sich einen dedizierten Power-Automate- oder Power-Apps-Plan zulegen.

[»]

Grenzwerte und Zuteilungen von Anforderungen

Detaillierte Informationen zu Grenzwerten und Zuteilungen von Anforderungen finden Sie hier:

https://learn.microsoft.com/de-de/power-platform/admin/api-request-limits-allocations

2.4.4 Dataverse

Dataverse ist eine sehr leistungsfähige Cloud-Datenbank, die Sie im Rahmen Ihrer Standard-Lizenz anlegen (!) können, im Einzelfall auch müssen.

Bei der Lizenzierung von Dataverse muss man genauer hinschauen und zwischen Besitz und Nutzung differenzieren. Denn wie so oft kommt es bei der Nutzung darauf an, wie diese genau stattfindet.

Das reine Vorhandensein von Dataverse, also der Besitz, ist nicht lizenzierungspflichtig, weil verschiedene Standardfunktionen der Power Platform – z. B. Genehmigungen – Dataverse zur Verwaltung von Daten nutzen. Sie benötigen Dataverse also ohnehin – oder anders ausgedrückt: Sie können keine Power-Platform-Lösungen erstellen oder importieren, wenn Dataverse nicht in Ihrer Umgebung eingerichtet ist.

Jetzt aber kommt die Nutzung: Wenn Sie Dataverse-Funktionen verwenden, indem Sie auf einzelne Tabellen zugreifen oder Geschäftsprozesse (Business Process Flows) nutzen, wird eine Premium-Lizenz fällig. Ausschlaggebend dafür ist dann wiederum der Dienst, von dem aus Dataverse genutzt wird.

Nutzen Sie Dataverse im Rahmen von Power Apps oder eines durch eine App angesteuerten Flows, ist eine dedizierte Power-Apps-Lizenz notwendig. Nutzen Sie einen Flow, der zeit-, nutzer- oder ereignisgesteuert ist, müssen Sie mindestens eine Flow-Lizenz für den Flow-Owner erwerben.

Sobald Sie eine Dataverse-Datenbank anlegen, benötigen Sie mindestens 1 GB an Datenkapazität pro Benutzer. Diese ist in einer Standard-Lizenz enthalten. Mit dem Erwerb von dedizierten Power-Apps- oder Power-Automate-Lizenzen erwerben Sie mehr Datenkapazität; wie viel das ist, hängt vom jeweiligen Lizenzplan ab. Welche Auswirkungen die einzelnen Pläne auf Ihre Kapazitäten haben, erfahren Sie in Abschnitt 2.4.6.

Zusätzlich Kapazitäten können Sie als Add-on erwerben.

2.4.5 Wer ist zu lizenzieren?

Genau wie Windows, Microsoft Office oder Microsoft Exchange sind auch die Dienste der Power Platform lizenzierungspflichtig. Grundsätzlich gilt, dass jeder, der einen Dienst nutzt, eine gültige Lizenz benötigt.

Die Nutzer von Microsoft 365 verfügen über eine Standard-Lizenz, in der sehr viele Funktionen der Power Platform inkludiert sind. Sollen in einem Flow oder einer App Premium-Funktionen genutzt werden, ist für alle Nutzer eine entsprechende Lizenz zu ziehen. Das schließt alle Nutzer ein, die mit den Premium-Flows oder -Apps in irgendeiner Weise arbeiten.

Die Anzahl der notwendigen Lizenzen ist einfach zu ermitteln, wenn wir nur die Apps und Flows betrachten, die durch einen Nutzer manuell aufgerufen werden. Etwas kniffeliger wird es, wenn wir zeitgesteuerte oder automatisiert gestartete Flows mitbetrachten.

Manuelle Nutzung

Nutzen Sie Premium-Konnektoren oder Funktionen in Ihrer App, wählen Sie einen Power-Apps-Plan. Damit sind auch alle Premium-Flows lizenziert, die aus der App heraus aufgerufen werden bzw. im Kontext der App stehen.

Nutzt Ihre App einen Flow, der Premium-Features verwendet, ist auch für die App, die selbst nur Standard-Features nutzt, eine Power-Apps-Lizenz zu erwerben. Dabei ist es unerheblich, ob ein Nutzer der App jemals auf den Knopf drückt, der den Premium-Flow aufruft oder nicht. Er benötigt eine Lizenz.

Child-Flows, also Flows, die durch andere Flows aufgerufen werden, übernehmen automatisch die Lizenz des aufrufenden Flows und sind nicht gesondert zu lizenzieren. Mehr zu Child-Flows erfahren Sie in Abschnitt 11.7.1.

Wird ein Premium-Flow durch einen Flow-Button gestartet, wie zum Beispiel von einem mobilen Endgerät, aus einer SharePoint-Liste oder Microsoft Teams, ist jeder Benutzer mit einer passenden Flow-Lizenz auszustatten.

Automatisierte Nutzung

Im Fall von ereignis- oder zeitgesteuerten Premium-Flows benötigt mindestens der Besitzer des Flows eine gültige Lizenz. Wenn auch andere Nutzer den Premium-Flow in irgendeiner Art und Weise mitnutzen, sind auch diese Nutzer mit einer entsprechenden Premium-Lizenz auszustatten.

Szenario 1 – die persönliche Automatisierung

Stellen Sie sich vor, Sie haben eine SharePoint-Liste mit Projektdaten. Sobald der Status auf »abgeschlossen« gesetzt wird, soll automatisch eine Word-Vorlage mit den

Projektdaten befüllt und Ihnen das fertige Dokument per E-Mail zugeschickt werden. Sie sind mit einer Standard-E3-Lizenz ausgestattet.

Sie erstellen also einen Flow, der auf Änderungen in der SharePoint-Projektliste reagiert. Steht der Status auf »abgeschlossen«, nutzen Sie den Premium-Word-Konnektor, um eine Word-Vorlage zu laden und zu befüllen. Abschließend sendet Ihnen der Flow das fertige Dokument über den Outlook-Konnektor per E-Mail zu.

Da der Flow einen Premium-Konnektor nutzt, handelt es sich um einen Premium-Flow, der nicht über Ihre E3-Lizenz abgedeckt ist. Somit benötigen Sie eine Per-User-Lizenz für Power Automate, da Sie durch die E-Mail von dem Flow profitieren. Dabei ist es unerheblich, ob das Word-Dokument als Anlage in der E-Mail enthalten ist, denn allein durch die E-Mail nutzen Sie den Premium-Flow mit.

Wenn Sie den Empfängerkreis erweitern, ist auch jede weitere Person zu lizenzieren.

Szenario 2 – Standard-App ruft Premium-Flow auf

Ihr Premium-Flow aus Szenario 1 soll nun nicht mehr automatisch, sondern gezielt aus einer App heraus aufgerufen werden, die keine Premium-Konnektoren verwendet. Somit ist entweder eine Premium-Power-Apps-Lizenz für jeden Nutzer der App zu beschaffen oder der Flow mit einer Per-Flow-Lizenz zu versehen. Das ist dann letztlich ein Rechenbeispiel.

Szenario 3 – Premium-Flow schreibt in SharePoint-Bibliothek

Der Flow aus Szenario 1 schreibt das erzeugte Word-Dokument in eine SharePoint-Bibliothek, die regelmäßig von mehreren Personen genutzt wird.

Da jeder, der direkt oder indirekt von einem Flow profitiert, zu lizenzieren ist, wird für jede Person, die mit der Bibliothek arbeitet, eine Premium-Lizenz fällig.

Konkreter: der App-Kontext

Im vorangegangenen Abschnitt haben Sie gelernt, dass ein Premium-Flow nur dann über eine App lizenziert ist, wenn er im Kontext der App aufgerufen wird und die Person, die die App nutzt, mit einer Power-Apps-Premium-Lizenz ausgestattet ist.

Nehmen wir beispielhaft an, dass Sie eine Standard-App erstellt haben, die über einen Premium-Flow Daten aus einem SQL-Server verarbeitet. Somit wäre die Nutzung der App nur über eine Power-Apps-Premium-Lizenz erlaubt.

Haben Sie nun einen zeitgesteuerten Flow erstellt, der die Daten aus dem SQL-Server jede Nacht verarbeitet und diese Daten Personen in Ihrem Unternehmen zur Verfügung stellt, so wären alle diese Personen mit einer Flow-Lizenz auszustatten.

Handelt es sich in beiden Fällen, also bei der App-Nutzung sowie dem zeitgesteuerten Premium-Flow, um ein und denselben Nutzerkreis, ist nur schwer zu verstehen, warum auch noch Flow-Lizenzen angeschafft werden müssen.

Deshalb ermöglicht es Microsoft, Flows mit einer App zu assoziieren. Somit gilt dieser Premium-Flow als »im Kontext mit der App befindlich«, womit die Power-Apps-Premium-Lizenzen ausreichend sind.

Premium-Flows im Kontext einer App

Näheres zur Nutzung von Premium-Flows im Kontext einer App finden Sie hier: *https://github.com/MicrosoftDocs/power-platform/blob/main/power-platform/admin/power-automate-licensing/faqs.md*

Multiplexing

Sie haben nun gelernt, dass jeder, der direkt oder indirekt Dienste oder Funktionen der Power Platform nutzt, eine Lizenz benötigt. Handelt es sich dabei um eine Premium-App oder einen Premium-Flow, so sind für jeden, der davon direkt oder indirekt profitiert, Premium-Lizenzen zu beschaffen.

Schnell folgen dann Überlegungen, die Lizenzkosten zu minimieren, indem man sich zum Beispiel einen Account teilt. Solche und andere Maßnahmen, um die Anzahl an notwendigen Lizenzen zu reduzieren, fasst man unter dem Begriff Multiplexing zusammen. Microsoft beschreibt Multiplexing wie folgt:

> *Multiplexing bezieht sich auf die Verwendung von Hardware oder Software, die ein Kunde verwendet, um Verbindungen zu bündeln, Informationen umzuleiten oder die Anzahl der Benutzer zu reduzieren, die direkt auf die Power Apps, Power Automate und den Power Virtual Agents-Service zugreifen. Die Verwendung von Multiplexing als Mechanismus zum Reduzieren der Anzahl der zu erwerbenden Lizenzen ist eine Lizenzverletzung.*

Haben Sie zum Beispiel ein Drittsystem, das von 100 Usern genutzt wird und Daten aus einem Premium-Flow oder einer Premium-Datenquelle wie Dataverse nutzt, so sind alle diese User zu lizenzieren.

Die korrekte Lizenzierung entnehmen Sie dem offiziellen Lizenzierungsleitfaden.

Eine Faustregel lautet: Sobald Sie überlegen, ob Sie für eine bestimmte Anwendung wirklich Premium-Lizenzen benötigen, können Sie davon ausgehen, dass das der Fall ist. Ich rate Ihnen dringend, kein Multiplexing zu betreiben und alle Nutzer des Systems korrekt zu lizenzieren.

2.4.6 Power-Platform-Pläne

Die Power Platform wird in Form von Plänen lizenziert, die eine Reihe von Funktionen und Kapazitäten mit sich bringen. Zusätzlich zu den Plänen können Add-ons erworben werden, die die jeweiligen Kapazitäten erhöhen.

Per-App-Plan für Power Apps

Wenn Sie planen, wenige Apps mit Premium-Funktionen zu entwickeln, bietet sich der Per-App-Plan für Power Apps an, der Ihnen die Verwendung einer Premium-App in einer Umgebung gestattet. Die Kosten sind pro Nutzer und App je Monat zu entrichten.

Diese Lizenz erhöht zusätzlich Ihre Datenbankkapazität um 50 MB und Ihre Dateikapazität um 400 MB über alle Umgebungen.

Per-User-Plan für Power Apps

Bei der derzeitigen Preisstruktur rechnet sich die Per-User-Lizenz für Power Apps ab der fünften Premium-App. Dieser Plan erlaubt Ihnen eine unbegrenzte Anzahl an Premium-Apps in beliebig vielen Umgebungen. Die Kosten sind pro Nutzer pro Monat zu entrichten.

Diese Lizenz erhöht zusätzlich Ihre Datenbankkapazität um 250 MB und Ihre Dateikapazität um 2 GB über alle Umgebungen.

Pay-As-You-Go-Plan für Power Apps

Benötigen Mitarbeitende nur temporären Zugriff auf eine Premium-App, so kann der Pay-As-You-Go-Plan für diese Personen interessant sein, denn sie zahlen dann nur für den Monat, in dem die App genutzt wird.

Preislich liegt diese Lizenz zwischen den beiden erstgenannten. Die Kosten sind monatlich pro aktivem Nutzer und App im Rahmen einer Azure-Subscription zu entrichten.

Mehr zum Thema dieses nutzungsbasierten Tarifs erfahren Sie hier: *https://learn.microsoft.com/de-de/power-platform/admin/pay-as-you-go-overview*

Per-User-Plan für Power Automate

Dieser Plan erlaubt es jedem lizenzierten Benutzer, eine unbegrenzte Anzahl von Premium-Flows zu erstellen.

Diese Lizenz erhöht zusätzlich Ihre Datenbankkapazität um 250 MB und Ihre Dateikapazität um 2 GB über alle Umgebungen.

Per-Flow-Plan für Power Automate

Haben Sie wenige Cloud-Flows, aber viele Nutzer, so kann dieser Plan je nach Nutzeranzahl sinnvoll sein. Aktuell rechnet er sich ab sieben Nutzern pro Flow.

Aber Achtung: Sie müssen mindestens fünf Flows lizenzieren. Diese Lizenz erhöht zusätzlich Ihre Datenbankkapazität um 250 MB und Ihre Dateikapazität um 1 GB über alle Umgebungen.

Per-User-Plan für Power Automate mit beaufsichtigter RPA-Ausführung

RPA, die *Robotic Process Automation*, bezieht sich auf die Verwendung der Desktop Flows, also der Automatisierung Ihres Rechners.

Dieser Plan erlaubt es jedem lizenzierten Benutzer, eine unbegrenzte Anzahl von Premium-Flows zu erstellen. Zusätzlich zum Per-User-Plan haben Sie hier die Möglichkeit, beaufsichtigte RPA-Flows auszuführen, und verfügen zusätzlich über 5.000 Einheiten AI-Builder-Serviceguthaben.

Power Platform für Entwicklerteams

Da der Wissensaufbau unter Berücksichtigung der vorgenannten Lizenzpläne eine kostspielige Angelegenheit wird, hat Microsoft den Power Platform Developer Plan (deutsch: Power-Platform-Entwicklungsplan) ins Leben gerufen, mit dem Sie kostenlos Anwendungen und Automatisierungen entwickeln können.

https://powerapps.microsoft.com/de-at/developerplan/

Dieser Plan ist eine Erweiterung des früheren Community Plans und erlaubt die Freigabe von Apps und Flows auch für Ihre Kolleginnen und Kollegen zu Entwicklungs- und Testzwecken. Sie haben hiermit den Zugriff auf sämtliche Premium-Verbindungen sowie die Dataverse-Datenbank.

Die produktive Nutzung von Apps und Flows in der Entwicklungsumgebung würde somit gegen die Lizenzbestimmungen verstoßen. Sie würden daran aber auch keinen Spaß haben, denn die Kapazitäten sind sehr eingeschränkt und lassen sich nicht erweitern. So sind nur 750 Flow-Ausführungen pro Monat möglich, und die Datenbank ist auf 2 GB begrenzt.

> **Nutzung des Power Apps Developer Plan**
>
> Wie Sie sich eine Entwicklungsumgebung zulegen, erfahren Sie unter folgender Adresse: *https://docs.microsoft.com/de-de/power-apps/maker/developer-plan*

2.4.7 Ein bisschen was aus dem Projektalltag

In meinen Projekten stehe ich jedes Mal vor der Herausforderung, mit meinen Kunden über die Sinnhaftigkeit der Premium-Lizenzen zu sprechen.

Deshalb möchte ich Ihnen diese Tipps mit auf den Weg geben:

1. **Nutzen, was da ist**
   Versuchen Sie, statt eines Premium-Konnektors vorhandene Standard-Konnektoren zu nutzen. Kreativität ist nicht verboten, sondern macht auch noch Spaß. Zum Beispiel müssen Sie nicht zwangsweise den Konnektor *Word for Business* verwenden, um eine Word-Vorlage zu befüllen und diese hinterher in ein PDF zu wandeln.

Erstellen Sie stattdessen eine HTML-Vorlage, die Sie in OneDrive/SharePoint speichern. Diese laden Sie und ersetzen Textmarken durch Ihre Werte. Nun nutzen Sie die OneDrive-Verbindung, um über die Standard-Lizenz ein PDF zu erzeugen. In Abschnitt 12.9, »Dokumentenerstellung«, finden Sie dazu ein passendes Beispiel.

Dieses Vorgehen ist durchaus legitim für kleine Anwendungen. Findet der Prozess allerdings im Enterprise-Umfeld statt, kommen wir sehr schnell in den Bereich von Workarounds.

2. **Auch Workarounds kosten Geld**
   Solange Sie bei der Suche nach einer Lösung zur Umgehung von Premium-Lizenzen nur die berühmten Eh-da-Kosten erzeugen (der Mitarbeiter ist eh da, ein Workaround verursacht also keine zusätzlichen Kosten), mag der Aufwand zu rechtfertigen sein.

   Wenn Sie die Lösung zur Umgehung zusätzlicher Lizenzkosten allerdings von einem externen Dienstleister bauen lassen, sollten Sie die Kosten für den Dienstleister denen für eine Premium-Lizenz gegenüberstellen und schauen, ob der Workaround immer noch wirtschaftlich sinnvoll ist.

   Wenn Sie nun noch das Risiko in die Waagschale werfen, dass Sie mit Workarounds in absehbarer Zeit an technische Grenzen geraten, die eine Neuentwicklung nötig machen, kommen Sie schnell an den Punkt, wo sich Premium-Lizenzen rechnen.

   Letzteres möchte ich mit einem kleinen Beispiel verdeutlichen. Es ist durchaus in Ordnung, bei unternehmensweiten Anwendungen mit SharePoint als Datenquelle zu beginnen. Ein paar Listen sind schnell erstellt, und die Performance ist noch nicht so wichtig. »Für den Anfang reicht das«, werden Sie sich sagen. Doch lassen Sie es sich gesagt sein: Der Appetit kommt beim Essen, und Ihre Anwendung wird größer.

   Wie früher kleine Access- oder Excel-Lösungen werden auch Lösungen auf der Power Platform schnell geschäftskritisch und müssen große Datenmengen sicher und schnell verwalten. Spätestens wenn auch externe Systeme diese Daten verwenden wollen, wird es kompliziert, denn SharePoint ist keine Datenbank!

   Nicht selten setzen Unternehmen den Prozess dann komplett neu mit Premium-Verbindungen in Richtung Azure SQL oder Dataverse um. Das ist zwar empfehlenswert und durch und durch sinnvoll, kostet aber nochmals Geld.

3. **Brauchen Sie wirklich so viele Premium-Lizenzen?**
   In vielen Prozessen ist es gar nicht nötig, das ganze Unternehmen zu lizenzieren. Überlegen Sie mal, ob es nicht doch nur eine kleine Gruppe an Personen ist, die den Prozess wirklich brauchen. Begehen Sie dabei aber nicht den Fehler, sich in die Tasche zu lügen. Auch wenn der Bernd doch nur einmal im Jahr ein Dokument öffnet, das über einen Premium-Flow erstellt wurde, benötigt er dennoch eine Lizenz.

4. **Wenn es sich nicht lohnt, lassen Sie es**
   Eine Premium-Lizenz für eine App liegt derzeit bei knapp unter 5 € pro Nutzer und Monat. Wenn die Digitalisierung/Automatisierung des oder der jeweiligen Prozesse dieses Geld nicht einspielt, lassen Sie es. Digitalisierung ist kein Selbstzweck, und Sie sollten einen Prozess nicht digitalisieren, nur weil es gerade en vogue ist und es alle anderen auch tun.
5. **Teile und herrsche**
   Benötigt ein Nutzerkreis einen Teil der App, für die Premium-Lizenzen nötig sind, eine andere Benutzergruppe den Teil, der mit Standard-Lizenzen auskommt, dann splitten Sie die App in zwei Apps auf: eine speziell mit Premium-Lizenzen für einen überschaubaren Benutzerkreis, eine App für alle anderen.
6. **Stetiges Überprüfen**
   Manchmal kennen Sie die Anzahl an Nutzern nicht, die direkt oder indirekt von einem Premium-Flow profitieren. Nehmen wir an, dass Sie Daten über einen Premium-Flow auf einen File-Share legen. Möglicherweise greift nie jemand auf die Dateien zu, eventuell aber doch mal zwei oder drei Kolleginnen oder Kollegen. Dann müssen Sie diese Personen lizenzieren.
7. **Optimieren Sie Ihre Flows**
   Überlegen Sie, ob ein Flow alle fünf Minuten laufen muss oder ob es nicht auch einmal am Tag reicht.

   Überprüfen Sie die Datenmenge, die Sie verarbeiten. Viele Flow-Aktionen haben Filtermöglichkeiten, sodass Sie die Anzahl an Datensätzen und damit die Anzahl an Power Platform Requests massiv reduzieren können. Nebenbei tun Sie damit auch dem Klima einen Gefallen, da jede Datenabfrage einen CO_2-Fußabdruck erzeugt.
8. **Logic Apps**
   Wenn Premium-Funktionen für Ihre Anwendungen unerlässlich sind, Ihnen die Lizenzkosten aber zu teuer werden, prüfen Sie die Verwendung von Microsoft Azure *Logic Apps*. Logic Apps werden im Azure Portal erstellt und stellen annähernd dieselben Funktionalitäten zur Verfügung wie Power Automate Cloud Flows. Aber Logic Apps werden nutzungs- und nicht personenbezogen lizenziert.

Kapitel 3

Grundlagen für die Power-Apps-Entwicklung

In diesem Kapitel lernen Sie die Unterschiede zwischen den verschiedenen Power Apps Canvas Apps kennen und lernen, wie Sie mit dem Power Apps Maker Portal Apps erstellen und verwalten.

Wie Sie in Abschnitt 2.1.1 gelernt haben, wird zwischen drei verschiedenen Einsatzbereichen von Power Apps Canvas Apps unterschieden:

- den klassischen Canvas Apps, die im Browser, einer Desktop App oder einem mobilen Endgerät betrieben werden
- Dataverse for Teams Apps, einer für den Einsatz mit Microsoft Teams optimierten Version einer Canvas App mit Dataverse als verpflichtender Datenquelle
- Canvas Apps für den speziellen Einsatz, um SharePoint-Formulare zu modifizieren

Für jeden dieser Einsatzbereiche steht Ihnen gegenwärtig ein unterschiedlicher Einstieg sowie im Falle der Teams-App sogar eine eigene Entwicklungsumgebung zur Verfügung. Sobald Sie sich mit den generellen Konzepten einer Canvas App vertraut gemacht haben, sollte Ihnen der Wechsel auf die anderen Anwendungsfälle keine größeren Schwierigkeiten bereiten.

In den weiteren Kapiteln werde ich die speziellen Unterschiede zur klassischen App-Entwicklung verdeutlichen.

3.1 Einrichtung einer Entwicklungsumgebung

In diesem Kapitel lernen Sie, wie Sie sich unkompliziert eine *Entwicklungsumgebung* für Ihre Power-Platform-Karriere einrichten. Der Erstellungsprozess umfasst drei Schritte:

1. Erstellen eines Entwicklerkontos
2. Erstellen einer M365-E5-Sandbox
3. Einrichten des Power-Apps-Entwicklungsplans

Für die Nutzung der Power Platform benötigen Sie ein Schul- oder Arbeitskonto. Sofern Sie privat oder in Ihrem Unternehmen schon über ein M365-Business- oder -Enterprise-Abonnement verfügen, steht Ihnen ein entsprechendes Konto zur Verfügung. In dem Fall können Sie die ersten beiden Schritte ignorieren und gleich mit Schritt 3 beginnen.

Ansonsten müssen Sie sich entweder mit einer Trial-Version aushelfen, die nach 30 Tagen kostenpflichtig wird, einen M365-Plan kaufen oder aber, und das ist hier das Mittel der Wahl, eine E5-Sandbox erstellen. E5 ist der größte verfügbare Enterprise-Plan, der Ihnen als Entwicklerin oder Entwickler als Rundum-sorglos-Paket inklusive 25 fiktiver Benutzer-Accounts zur Verfügung gestellt wird. Bitte beachten Sie, dass Sie die Software, die Sie in der Entwicklungsumgebung erstellen, nicht produktiv nutzen dürfen!

Um die E5-Sandbox erstellen zu können, haben Sie allerdings noch die Aufgabe zu erledigen, sich für das Microsoft 365-Entwicklerprogramm zu registrieren (siehe Abbildung 3.1). Und damit beginnen wir jetzt.

3.1.1 Ein Entwicklerkonto anlegen

Navigieren Sie mit Ihrem Browser zu der folgenden URL:

https://developer.microsoft.com/en-us/microsoft-365/dev-program

Abbildung 3.1 Beitritt zum Microsoft 365-Developer-Programm

Mit JOIN NOW starten Sie den Registrierungsprozess.

Nun gelangen Sie in einen geführten Prozess, bestehend aus drei Dialogen, die einige Daten von Ihnen dazu abfragen, wo Sie entwickeln und welche Sprache Sie nutzen, wofür Sie entwickeln und welche Technologien Sie interessieren.

In Schritt 1 des Prozesses geben Sie an, wo Sie entwickeln, für welches Unternehmen Sie arbeiten und in welcher Sprache Ihre Umgebung aufgesetzt werden soll. Ich empfehle immer, die englische Sprache zu wählen, wenngleich sich die Beispiele in diesem Buch auf eine deutschsprachige Umgebung beziehen.

In Schritt 2 werden Sie gefragt, welchen Fokus Sie als Entwicklerin oder Entwickler haben.

Der Dialog im letzten Schritt möchte von Ihnen wissen, für welche Teilbereiche von Microsoft 365 Sie sich interessieren.

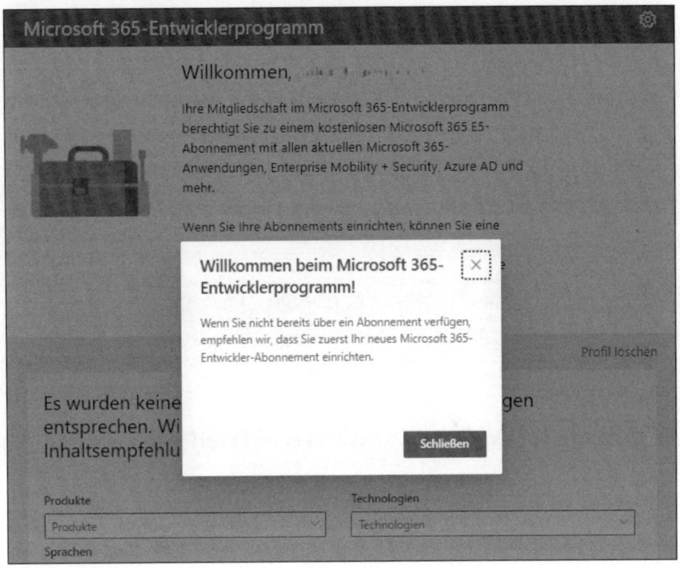

Abbildung 3.2 Sie haben sich erfolgreich registriert.

Sobald Sie den letzten der drei Dialoge mit SPEICHERN bestätigen, werden Sie erfolgreich als Microsoft 365-Entwickler registriert und mit einer Willkommensnachricht begrüßt, die Sie bedenkenlos schließen können (siehe Abbildung 3.2).

3.1.2 Eine M365-E5-Sandbox erstellen

Jetzt, da Sie sich erfolgreich für das Microsoft 365-Entwicklerprogramm registriert haben, können Sie Ihre *E5-Sandbox* erstellen.

Wechseln Sie dafür auf Ihr Dashboard, das Sie über das obere Menü und den Menüpunkt ENTWICKLERPROGRAMM erreichen. Wählen Sie in Abbildung 3.3 den Befehl E5-ABONNEMENT EINRICHTEN, um den Einrichtungsprozess zu starten.

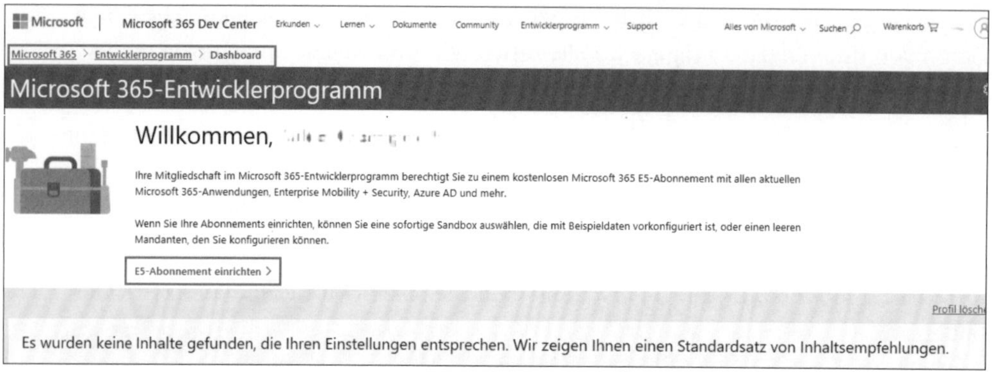

Abbildung 3.3 Das Dashboard des M365-Entwicklerprogramms

Nun können Sie zwischen einer vorkonfigurierten oder einer individuellen Installation wählen. Im darauffolgenden Schritt werden Sie gebeten, das Land sowie die Region für Ihr Rechenzentrum zu wählen. Diese Wahl kann nach erfolgreicher Erstellung der Sandbox nicht mehr rückgängig gemacht werden. Weiterhin legen Sie hier den Namen des Administrators sowie sein Kennwort fest. Sie können nun auch entscheiden, das Administrator-Kennwort für alle anderen Accounts zu verwenden oder aber die Kennwörter individuell zu vergeben.

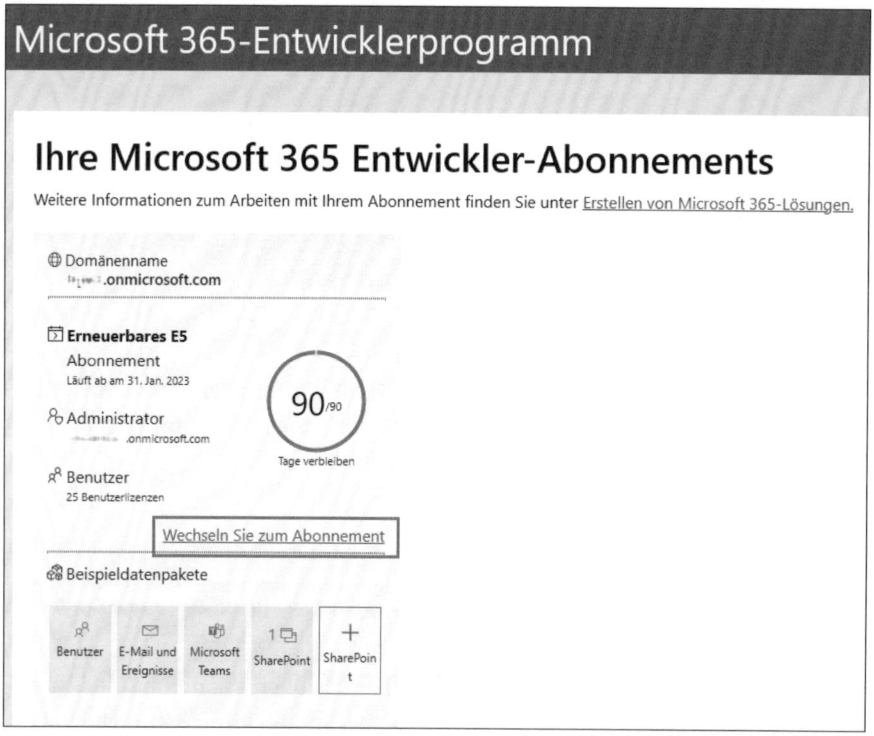

Abbildung 3.4 Die E5-Sandbox ist eingerichtet.

Herzlichen Glückwunsch! Sie haben sich erfolgreich für das Entwicklerprogramm registriert und eine Microsoft 365-E5-Sandbox eingerichtet (siehe Abbildung 3.4). Klicken Sie nun auf den Link WECHSELN SIE ZUM ABONNEMENT, um sich in Ihrer Sandbox umzuschauen.

Sie werden nun aufgefordert, eine Telefonnummer für die 2-Faktor-Authentifizierung anzugeben (siehe Abbildung 3.5). Dieses Telefon nutzen Sie ab sofort, um sich entweder über einen Anruf, per SMS oder die Authenticator-App zu authentifizieren. Haben Sie die Daten eingegeben, werden Sie aufgefordert, Ihr Kennwort einzugeben, und Sie sind fertig.

Abbildung 3.5 Einrichtung des Telefons für die 2-Faktor-Authentifizierung

3.1.3 Den Power-Apps-Entwicklungsplan anlegen

Wenn Sie hier weiterarbeiten, haben Sie soeben erfolgreich eine M365-E5-Sandbox erstellt oder Zugang zu einem M365-Abonnement in Ihrem Unternehmen.

Navigieren Sie nun zu der folgenden URL, um sich den Power Apps Developer Plan einzurichten: *https://powerapps.microsoft.com/de-de/developerplan/*

Wählen Sie dort die Schaltfläche JETZT KOSTENLOS EINSTEIGEN, wenn Sie zuvor nie mit den Power Apps gearbeitet haben.

Im nächsten Schritt werden Sie aufgefordert, sich zu authentifizieren, sofern Sie noch nicht angemeldet sind. Nutzen Sie dafür die Accounts aus Ihrer soeben frische angelegten E5-Umgebung oder verwenden Sie Ihren Organisations-Account. Nun wählen Sie noch Ihr Land, bestätigen Ihre Auswahl und können beginnen, Power-Platform-Lösungen zu entwickeln.

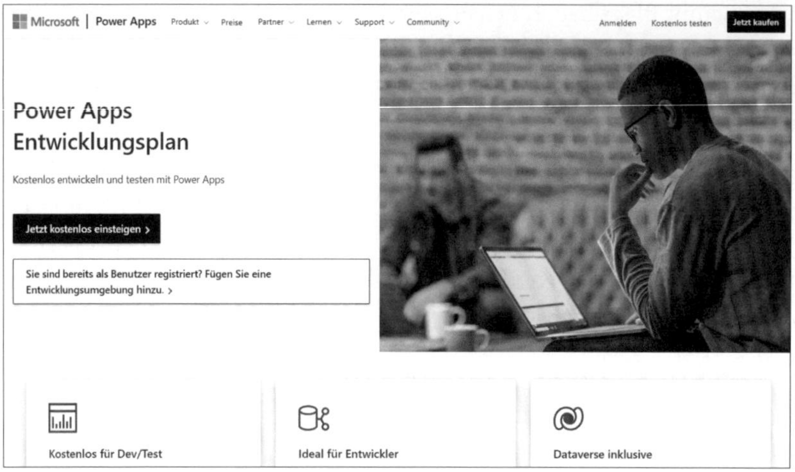

Abbildung 3.6 Anmelden beim Power-Apps-Entwicklungsplan

3.2 Das Power Apps Maker Portal

Das *Maker Portal* ist Ihr Einstiegspunkt für die Entwicklung von Power Apps, seien es Canvas Apps, Model Driven Apps oder die für den öffentlichen Zugriff konzipierten Power Pages.

Sie erreichen das Maker Portal durch die Eingabe der URL *make.powerapps.com* in die Adresszeile Ihres Browsers. Sofern Sie noch nicht angemeldet sind, werden Sie zur Anmeldung mit Ihrem Organisations-Account aufgefordert und dann direkt zum Maker Portal weitergeleitet (siehe Abbildung 3.7).

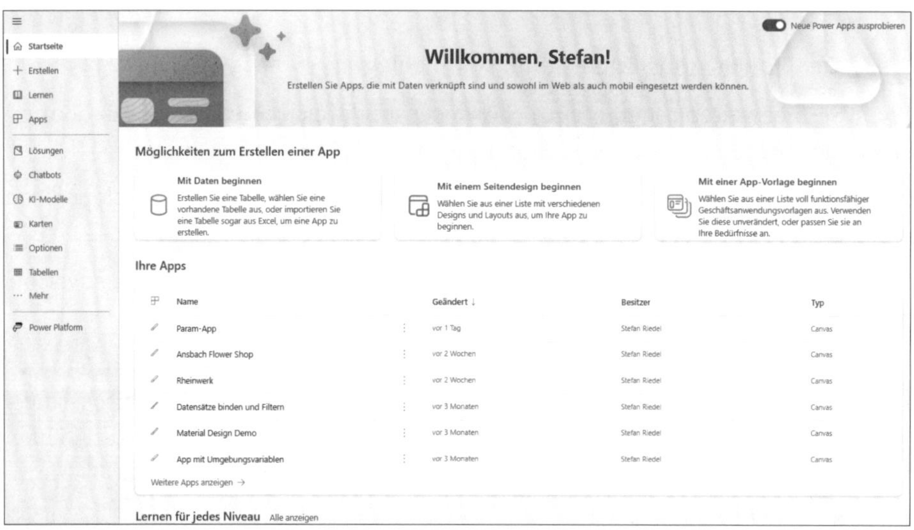

Abbildung 3.7 Der einfache Einstieg in die App-Entwicklung

Das Maker Portal dient Ihnen zum einen als Einstiegspunkt, um Apps auf Basis von Vorlagen oder ausgehend von einer Datenquelle mit nur wenigen Klicks zu erstellen, und ist zum anderen das Verwaltungstool für Ihre Apps, denn Sie haben hier nicht nur Zugriff auf umfangreiche Analysefunktionen und die Verwaltung Ihrer Versionshistorien, sondern erledigen hierrüber auch den Import/Export Ihrer App- bzw. Lösungspakete sowie die komplette Administration Ihrer Dataverse-Datenbank, sofern Sie eine benutzen.

3.2.1 Funktionen des Maker Portals

Über das Maker Portal erreichen Sie alle Funktionen bzw. Bereiche, die für die Entwicklung von Lösungen in der Power Platform nötig sind. Sie erreichen die Funktionen über das linke Menü, das Sie speziell für Ihre Bedürfnisse anpassen können.

Im Folgenden erhalten Sie eine Auflistung der verfügbaren Funktionen.

Startseite

Erstellen Sie hier Apps basierend auf einer Datenquelle, greifen Sie auf ein reichhaltiges Angebot an Tutorials zu, oder bearbeiten Sie eine Ihrer zuletzt genutzten Apps.

- **Erstellen**
  Hier erstellen Sie Apps basierend auf einer Datenquelle oder nutzen eine der vielfältigen Vorlagen.
- **Lernen**
  Eine der Stärken der Power Platform ist die umfangreiche Dokumentation sowie die wahnsinnig aktive Community, die auf *YouTube* Erklärvideos bereitstellt. All das erreichen Sie hier im Bereich LERNEN.
- **Apps**
  Hier werden Sie sich vermutlich am häufigsten aufhalten, denn hier finden Sie die Übersicht über alle Ihre Apps und Komponentenbibliotheken. Zudem können Sie von hier aus jede Art von App erstellen sowie Apps importieren.
- **Flows**
  Hier gelangen Sie zur Übersicht über alle Ihre erstellten Flows sowie alle Flows, die mit Ihnen geteilt wurden.
- **Verbindungen**
  Alle Verbindungen, die Sie in Ihren Apps und Flows erstellt haben, finden Sie hier. Nutzen Sie das Kontextmenü jeder Verbindung, um sie freizugeben oder zu löschen.
- **Tabellen**
  Der Menüpunkt TABELLEN führt uns zum Tabellendesigner von Dataverse. Hier erstellen Sie Tabellen, Spalten, Sichten und Formulare.

- **Optionen**
  Optionen sind alle Arten von Auswahlfeldern mit Daten wie zum Beispiel Ja/Nein, Rot/Gelb/Grün oder Neu/In Arbeit/Fertig. Sie nutzen Optionen als Datentyp von Dataverse-Tabellen, um Benutzerinnen und Benutzern die Eingabe von Daten zu vereinfachen.
- **DataFlows**
  DataFlows sind ein mächtiges Werkzeug, um Daten zwischen Datenquellen zu transferieren. Mittels *PowerQuery* können Sie die Daten beim Transfer transformieren.
- **Lösungen**
  Lösungen haben ein eigenes Kapitel in diesem Buch. Sie helfen bei der Organisation komplexer Power-Platform-Projekte und sind unerlässlich für eine automatisierte Verteilung Ihrer Projekte.
- **Chatbots**
  Hier definieren Sie geführte Kommunikationsprozesse mit echten Menschen. Chatbots analysieren Fragen und antworten auf diese Fragen. Kann eine Antwort nicht sofort gefunden werden, so fragen Chatbots gezielt nach.
- **KI-Modelle**
  Ob Bilderkennung, Texterkennung oder Vorhersagen: Alles, was mit künstlicher Intelligenz zu tun hat, erreichen Sie unter dem Menüpunkt KI-MODELLE. Hier bauen Sie Modelle auf und trainieren die KI.
- **Karten**
  Hinter dem Menüpunkt KARTEN verbirgt sich ein Design-Werkzeug, um Dialoge zu entwickeln, die Ihnen zum Beispiel in MS Teams bereitgestellt werden können. Ein klassischer Fall ist ein beliebiger Genehmigungsprozess. Eine Person stellt einen Antrag, und Sie als Vorgesetzter erhalten eine Nachricht mit der Möglichkeit, sofort per Texteingabe und/oder Knopfdruck zu reagieren.

  Sie brauchen somit nicht immer gleich eine App zu entwickeln, wenn doch eine Karte ausreicht. Eine Einführung zum Thema adaptive Karten finden Sie in Abschnitt 11.5.3.
- **Power Platform**
  Hier erfolgt der Absprung zu den weiteren Power-Platform-Diensten:
  - Power BI
  - Power Automate
  - Power Pages
  - Power Virtual Agents
  - Power Platform Admin Center

3.2.2 Konfiguration des Menüs

Seit Beginn des Jahres 2023 können Sie das Menü des Maker Portals nach Ihren Wünschen zusammenstellen. So haben Sie immer die Funktionen parat, die Sie am meisten nutzen.

Funktion anpinnen

Das Maker Portal verfügt über mehr Funktionen, als Sie zunächst sehen. Wählen Sie den Menüpunkt MEHR, um eine Liste der verfügbaren Funktionen zu sehen (siehe Abbildung 3.8).

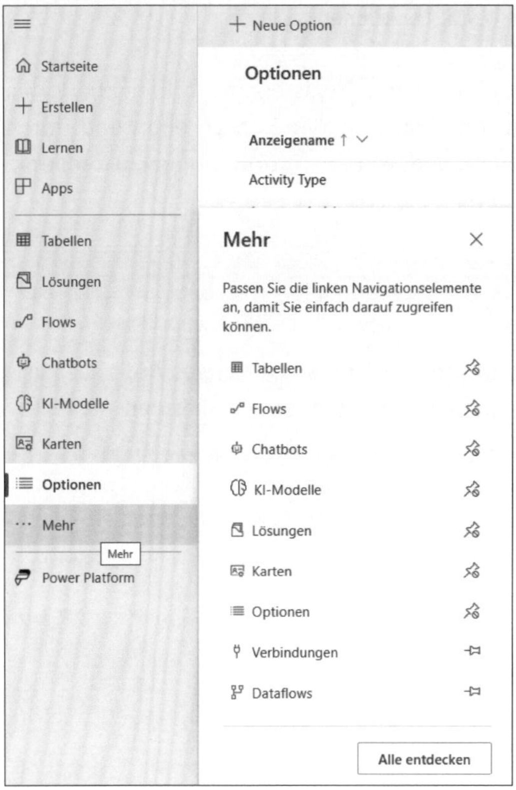

Abbildung 3.8 Funktionen des Maker Portals auswählen

Durch die Betätigung des kleinen Pins neben jeder Funktion können Sie die Funktion in Ihr Menü aufnehmen. Wählen Sie direkt eine Funktion, so wird sie in Ihr Menü aufgenommen, muss aber noch angepinnt werden, damit sie dort dauerhaft verbleibt (siehe Abbildung 3.9).

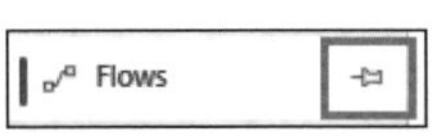

Abbildung 3.9 Funktion anpinnen

Menü konfigurieren

Jeder Menüpunkt verfügt über ein Kontextmenü, das Sie über die Dreipunktschaltfläche neben der Beschriftung erreichen (siehe Abbildung 3.10).

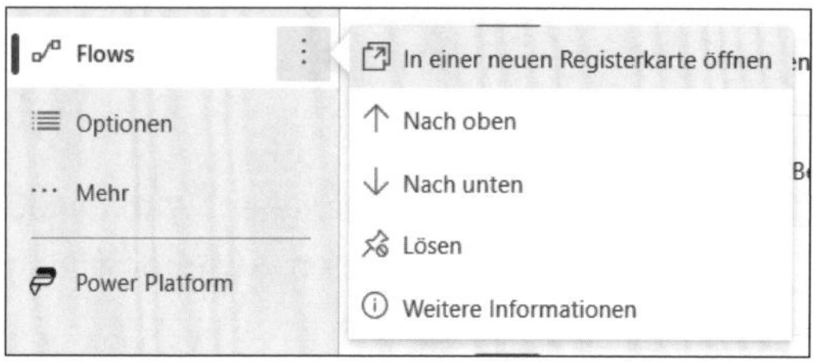

Abbildung 3.10 Kontextmenü der Maker-Portal-Funktionen

Hier können Sie den Menüpunkt in einer neuen Registerkarte öffnen (IN EINER NEUEN REGISTERKARTE ÖFFNEN), ihn innerhalb des Menüs nach oben und unten verschieben, ihn vom Menü lösen (LÖSEN) oder weitere Informationen zu der Funktion einholen (WEITERE INFORMATIONEN).

3.3 Canvas Apps erstellen

In diesem Kapitel lernen Sie, wie Sie mit nur wenigen Klicks Canvas Apps auf Basis einer vorhandenen Datenquelle oder über ein Template erstellen können.

Neue Ansicht

Die folgenden Screenshots basieren auf der Vorschau für das neue Erscheinungsbild des Maker Portals, das Sie im Juli 2023 noch über einen kleinen Schalter in der oberen rechten Ecke des Maker Portals einschalten können.

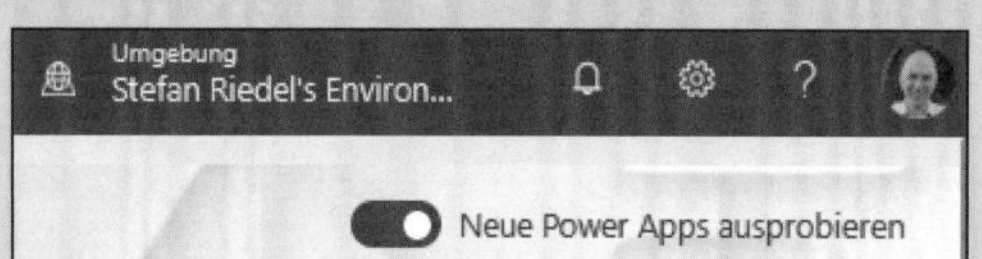

Abbildung 3.11 Das neue Power Apps ausprobieren

Als Einstiegspunkt dient Ihnen entweder der Homescreen des Maker Portals, oder Sie nutzen den Menüpunkt ERSTELLEN in der linken Navigation.

Nutzen Sie Lösungen

Wenn immer es geht, sollten Sie *Lösungen* für Ihre App verwenden. Lösungen helfen, Ordnung zu halten, und machen das Verteilen Ihrer Apps und Flows deutlich einfacher. Denken Sie immer daran: Genau wie Kinder werden auch kleine Projekte irgendwann einmal groß. Wenn Sie also gleich Struktur in die Entwicklung bringen, haben Sie später weniger Probleme.

Haben Sie trotzdem schon so angefangen, ist es nicht schlimm, denn Sie können jede App auch später noch einer Lösung hinzufügen.

Mehr zum Thema Lösungen erfahren Sie in Kapitel 14.

3.3.1 Mit einer Datenquelle starten

Eventuell haben Sie schon eine SharePoint-Liste, eine SQL-Datenbank oder eine Excel-Liste, die die Grundlage für einen Ihrer Prozesse bildet, die Sie digitalisieren wollen.

Oder Sie arbeiten im Dynamics-Umfeld und verfügen schon über eine Vielzahl von Daten in der Dataverse-Datenbank, die die Ausgangsbasis für Ihren neuen digitalen Prozess bilden sollen.

Für diesen Fall bietet das Maker Portal, wie in Abbildung 3.12 zu sehen, die Möglichkeit, auf Basis vorhandener Daten eine App erstellen zu lassen. Begeben Sie sich dafür zum Startbildschirm des Maker Portals, und wählen Sie dort die Schaltfläche MIT DATEN BEGINNEN.

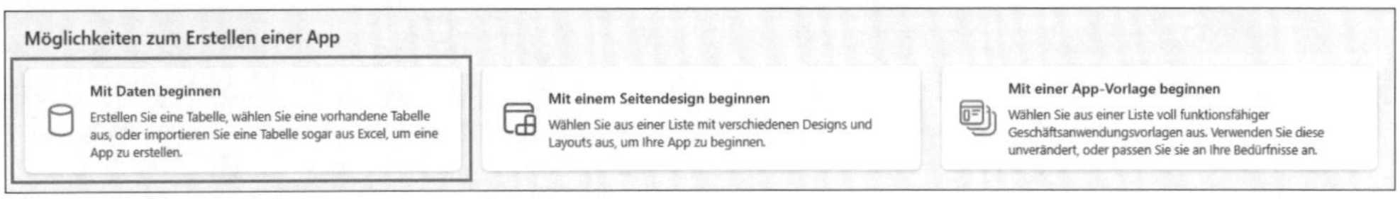

Abbildung 3.12 Mit Daten beginnen, eine App zu erstellen

Im nächsten Schritt müssen Sie die Quelle der Daten angeben (siehe Abbildung 3.13).

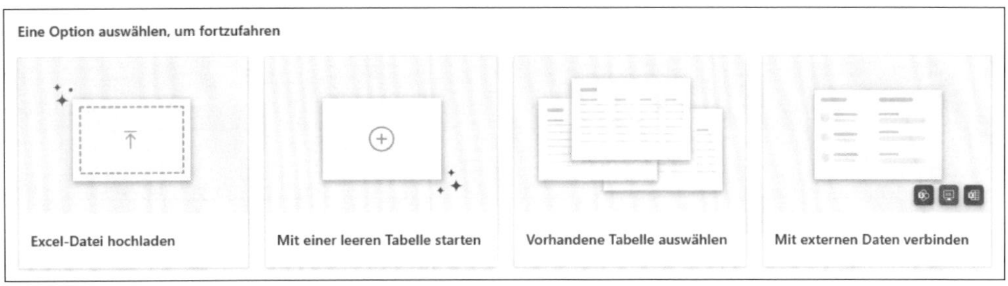

Abbildung 3.13 Datenquelle auswählen

Sie können

- eine Dataverse-Tabelle aus einer Excel-Liste generieren lassen (Excel-Datei hochladen)
- mit einer leeren Dataverse-Tabelle starten

- eine vorhandene Dataverse-Tabelle auswählen
- eine externe Datenquelle wie zum Beispiel SharePoint, SQL Server oder Excel anbinden

Die fertige App hat stets dieselbe Oberfläche und ist am Ende dieses Abschnitts in Abbildung 3.21 zu sehen.

Excel-Datei hochladen

Haben Sie oben die Kachel EXCEL-DATEI HOCHLADEN gewählt, werden Sie zu einem Upload-Dialog geleitet (siehe Abbildung 3.14), in dem Sie eine Excel-Liste von Ihrem Rechner auswählen und hochladen können. Sobald Sie die Excel-Datei ausgewählt haben, werden Ihnen die verfügbaren Tabellen zur Auswahl angeboten. Wählen Sie die Tabelle, die Sie importieren wollen, und klicken Sie auf ÖFFNEN.

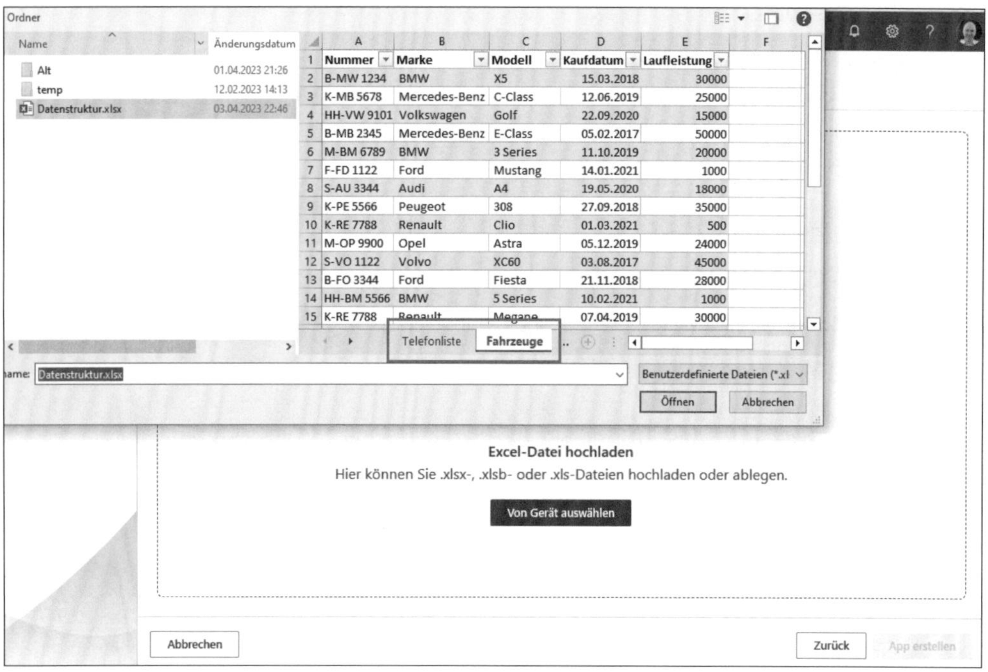

Abbildung 3.14 Tabellenauswahl beim Upload einer Excel-Tabelle

[»]

> **Excel-Tabellen**
>
> Damit Daten aus Excel importiert werden können, sind die Daten auf einem Excel-Arbeitsblatt als Tabelle zu formatieren. Wie das geht, reiße ich bei der Beschreibung des Excel-Triggers in Abschnitt 10.2.1 über sofortige Cloud-Flows an.

Haben Sie die Excel-Datei importiert, wird sie vom Power-Apps-Copiloten analysiert und ein Vorschlag für eine Tabelle auf Basis der Daten generiert. Wählen Sie APP ERSTELLEN, um die Tabelle in der Dataverse-Datenbank anzulegen und die App zu erzeugen (siehe Abbildung 3.15).

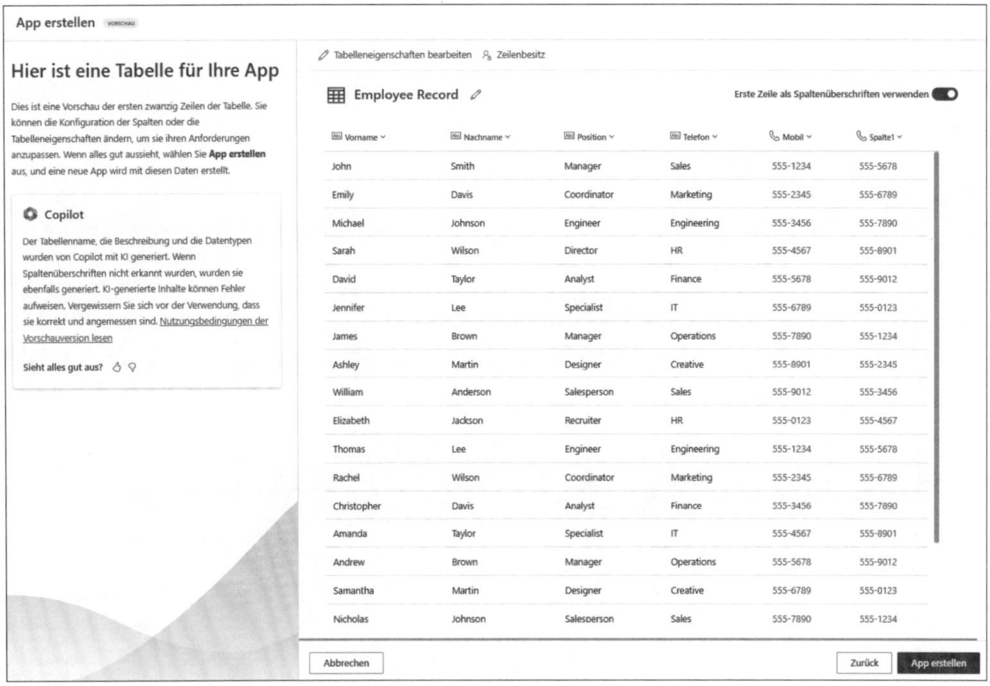

Abbildung 3.15 Dataverse-Tabelle aus Excel generieren lassen

> **Copilot**
>
> Den Copiloten finden Sie in immer mehr Anwendungen von Microsoft. Es handelt sich dabei um ein Assistenzsystem, das Ihnen, gestützt durch künstliche Intelligenz, einfache Aufgaben abnehmen soll.

Mit einer leeren Tabelle starten / Vorhandene Tabelle auswählen

Wollen Sie eine App auf Basis einer Dataverse-Tabelle erstellen lassen, haben aber keine Excel-Tabelle, die Sie importieren könnten, und auch keine vorhandene Dataverse-Tabelle, auf der Sie aufbauen wollen, dann wählen Sie die Schaltfläche MIT EINER LEEREN TABELLE STARTEN.

Sie werden zu einem Tabellen-Designer geleitet, mit dem Sie sehr schnell eine Dataverse-Tabelle gestalten können (siehe Abbildung 3.16). Das +-Symbol am Ende der

Spaltenliste öffnet einen Dialog, in dem Sie einen Spaltennamen und Datentyp angeben können. Über die Formatauswahl können Sie die Verwendung des Werts näher spezifizieren und zum Beispiel angeben, dass Sie eine Textspalte anlegen wollen, in der Sie E-Mail-Adressen ablegen möchten. Dataverse führt bei der Befüllung dieser Spalte eine Validierung durch, ob die Eingabe dem gewünschten Format – einer E-Mail-Adresse – entspricht.

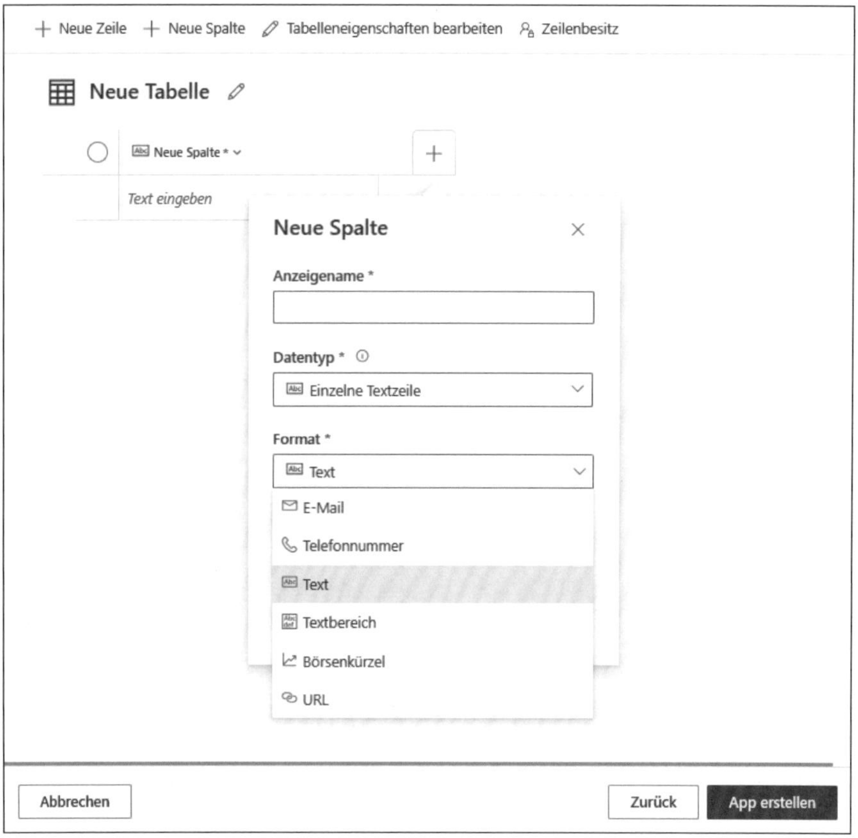

Abbildung 3.16 Der Dataverse-Tabellen-Designer

Bestätigen Sie Ihre Konfiguration mit App erstellen, wird die Tabelle in Dataverse angelegt und die App mit einer Datenverbindung zu dieser Tabelle erstellt.

Wollen Sie eine vorhandene Tabelle auswählen, wird Ihnen eine Liste der vorhandenen Tabellen präsentiert. Wählen Sie Ihre Wunschtabelle aus, und bestätigen Sie Ihre Wahl mit App erstellen, so wird Ihnen eine App basierend auf der gewählten Tabelle erstellt.

Vorhandene Tabelle auswählen

Verfügen Sie schon über eine passende Dataverse-Tabelle, so können Sie sie hier auswählen und sich Ihre App erstellen lassen (siehe Abbildung 3.17).

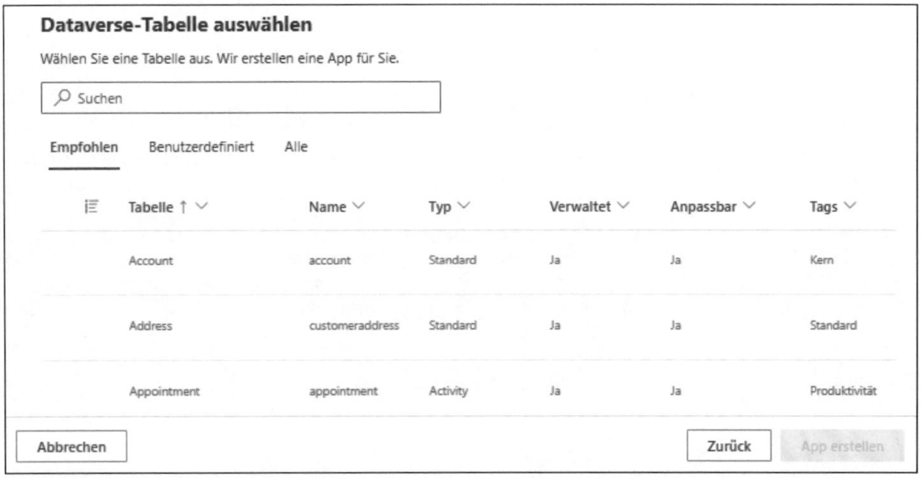

Abbildung 3.17 App auf Basis einer vorhandenen Tabelle erstellen lassen

Mit externen Daten verbinden – SharePoint

Sie haben die Möglichkeit, sich mit drei verschiedenen externen Datenquellen zu verbinden und aus den Daten eine App erstellen zu lassen:

- SharePoint
- Excel
- SQL

Alle drei Datenquellen können Sie im Kopfbereich des Dialogs auswählen (siehe Abbildung 3.18). Wollen Sie sich mit einer SharePoint-Liste verbinden, wählen Sie die Schaltfläche AUS SHAREPOINT. Dieser Dialog wählt, falls vorhanden, eine SharePoint-Verbindung aus. Über die Dreipunktschaltfläche können Sie eine neue Verbindung erstellen oder zu einer anderen SharePoint-Verbindung wechseln.

Haben Sie eine Verbindung ausgewählt, müssen Sie nur noch angeben, welche SharePoint-Liste aus welcher SharePoint-Webseite Sie verwenden wollen. Sie können eine der zuletzt benutzten Websites auswählen oder eine neue URL zu einer SharePoint-Webseite angeben.

Sobald Sie eine Webseite ausgewählt haben, werden Ihnen die verfügbaren Listen angezeigt, aus denen Sie eine auswählen müssen. Bestätigen Sie Ihre Auswahl mit APP ERSTELLEN, um sich Ihre App erstellen zu lassen.

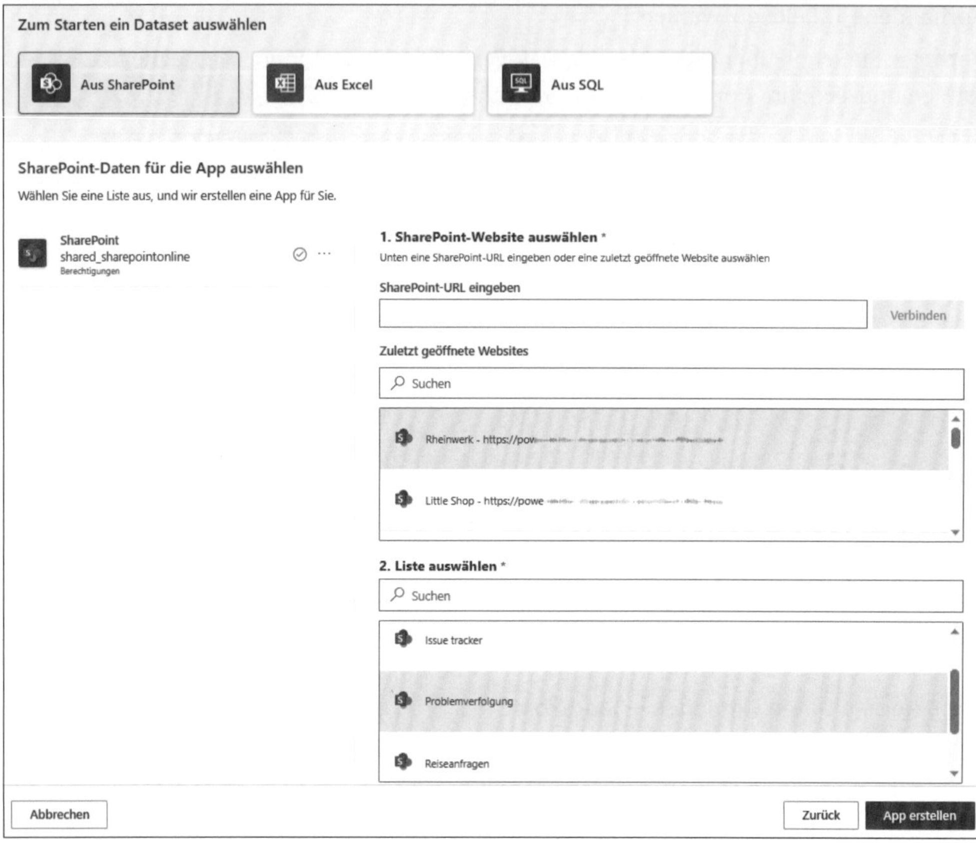

Abbildung 3.18 Eine App basierend auf einer SharePoint-Liste erstellen

Mit externen Daten verbinden – Excel

Wollen Sie sich eine App basierend auf einer Excel-Tabelle erstellen lassen, so wählen Sie die Schaltfläche AUS EXCEL (siehe Abbildung 3.19). Im Gegensatz zu dem Vorgehen bei der Erstellung einer Dataverse-Tabelle auf Basis einer Excel-Datei können Sie hier keine Dateien von Ihrem System hochladen.

Hier wählen Sie eine Datei aus OneDrive, einer Groups-Bibliothek oder einer SharePoint-Webseite. Navigieren Sie bis zur Datei, und lassen Sie sich alle Tabellen auflisten, die in der Datei definiert sind. Wählen Sie Ihre Wunschtabelle, und lassen Sie sich die App durch Klick auf die Schaltfläche APP ERSTELLEN anfertigen.

Damit die App jeden Datensatz eindeutig identifizieren kann, ergänzt der Erstellungsprozess die Liste im Standard um eine Spalte namens __POWERAPPSID__ (siehe Abbildung 3.20). Haben Sie in der Liste schon einen Schlüssel, so können Sie den auswählen, bevor Sie sich die App erstellen lassen, indem Sie die entsprechende Spalte bei VORHANDENE SPALTE AUSWÄHLEN selektieren.

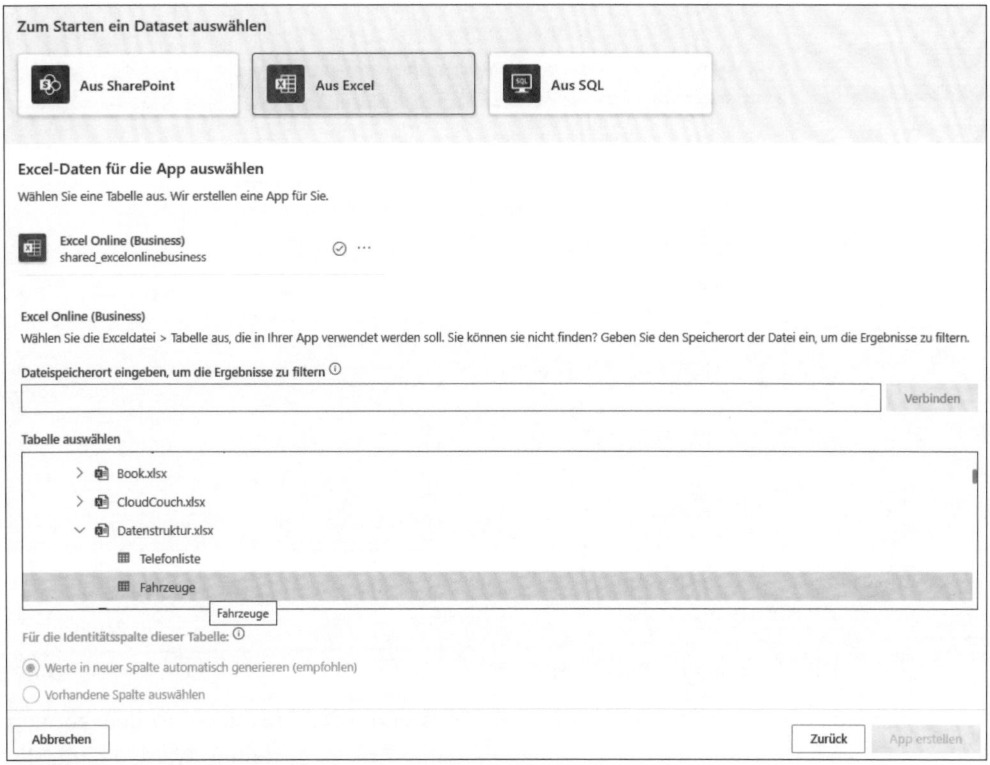

Abbildung 3.19 Tabelle für neue App auswählen

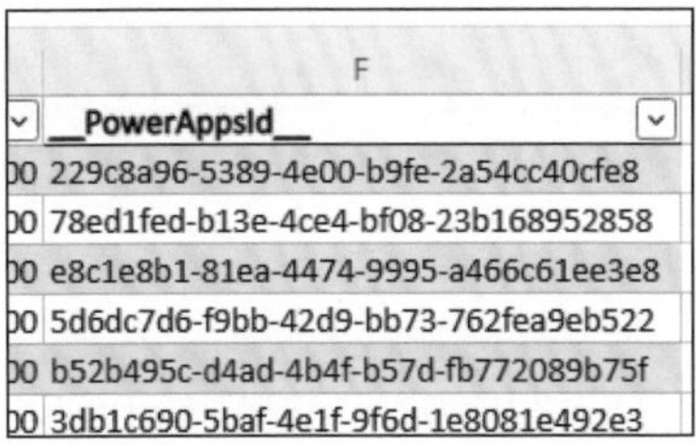

Abbildung 3.20 Excel-Tabelle, erweitert um einen eindeutigen Schlüssel

Die fertige App, und das gilt auch für alle anderen Datenquellen, die Sie über diesen Erstellungsprozess auswählen, sieht aus wie in Abbildung 3.21.

Sie haben linker Hand eine Liste der vorhandenen Datensätze. Sie können hier neue Datensätze anlegen oder in vorhandenen Datensätzen suchen.

Auf der rechten Seite befindet sich das Formular zum Ansehen, Editieren und Erstellen von Datensätzen.

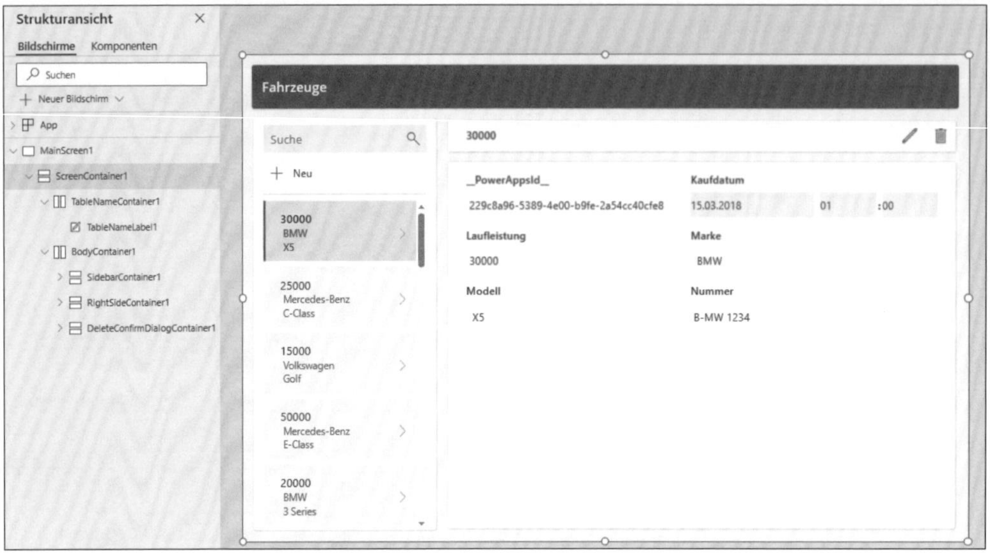

Abbildung 3.21 Die fertige App

3.3.2 Mit einem Layout starten

Falls Sie noch unentschlossen sind, welche Datenquellen Sie nutzen wollen, können Sie auch auf Basis eines Layouts beginnen, Ihre App zu gestalten. Wählen dafür die Schaltfläche MIT EINEM SEITENDESIGN BEGINNEN (siehe Abbildung 3.22).

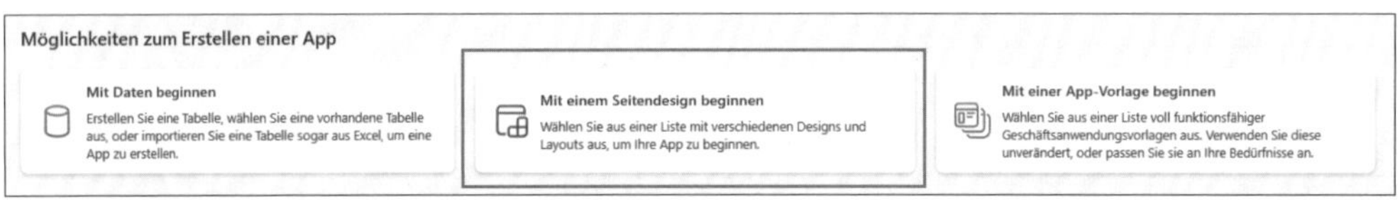

Abbildung 3.22 Mit einem Seitendesign starten

Der folgende Dialog stellt Ihnen eine Liste von vorkonfigurierten App-Designs zur Verfügung (siehe Abbildung 3.23), von denen zwei mit Datenquellen verbunden werden können:

- *Galerie, die mit der Tabelle verbunden ist.*
  Wählen Sie dieses Seitendesign, werden Sie zu dem Dialog geleitet, in dem Sie eine App über eine vorhandene Tabelle erstellen lassen.
- *Galerie, die mit externer Tabelle verbunden ist.*
  Dieses Design leitet Sie zu dem Dialog zum Erstellen einer App aus externen Daten wie SharePoint, Excel oder SQL.

Abbildung 3.23 Auswahl von Layouts mit und ohne Datenverbindung

Drei Seitendesigns erstellen eine App für die Verwendung mit Dataverse-Tabellen:

- Ansicht und Formular
- Leere Seite mit Navigation
- Dashboard

Vier weitere Designs sind unabhängig von Datenverbindungen:

- Leere Canvas (Hier können Sie zwischen Tablet- und Telefon-Format wählen. Mehr dazu in Abschnitt 3.3.4.)
- Split Screen
- Randleiste
- Kopfzeile, Hauptabschnitt, Fußzeile

Das letzte unerwähnte Design lässt Sie ein Bild oder eine *Figma*-Datei in eine App umwandeln. Wie das mit einem frei gemalten Bild funktioniert, erfahren Sie in Abschnitt 3.3.5.

3.3.3 Mit einer Vorlage starten

Herzlichen Glückwunsch, Sie haben in den letzten zehn Minuten Ihre erste App mit der Integration einer SharePoint-Liste erstellt. Das ist ein guter Anfang, dennoch ist jetzt noch etwas Arbeit nötig, um die App auszugestalten und um weitere Funktionen zu erweitern.

Auch hier brauchen Sie das Rad nicht neu zu erfinden, denn das Maker Portal kommt mit einem reichhaltigen Angebot an Vorlagen daher, die schon über einen ansehnlichen Grundstock an Funktionalität verfügen. Begeben Sie sich dazu wieder durch Klick auf das Haus in der linken Navigation auf die Startseite des Maker Portals, oder geben Sie *make.powerapps.com* in die Befehlszeile Ihres Browsers ein.

Den Vorlagenkatalog erreichen Sie durch die Auswahl der Schaltfläche MIT EINER APP-VORLAGE BEGINNEN (siehe Abbildung 3.24).

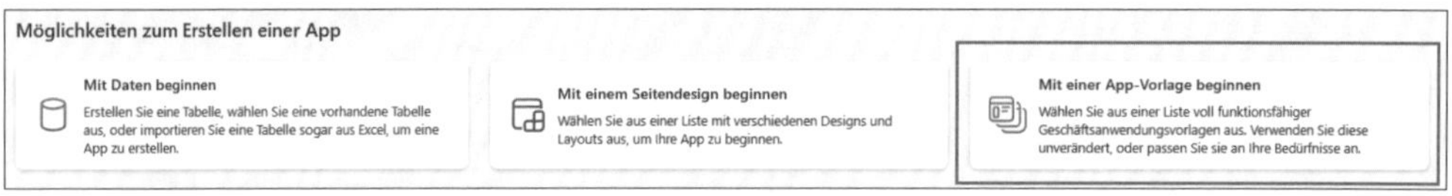

Abbildung 3.24 Mit einer App-Vorlage beginnen

Der Vorlagenkatalog besteht aus knapp 40 vorkonfektionierten Apps, die Sie noch weiter auf Ihre Bedürfnisse anpassen können. Wählen Sie einfach die Vorlage aus, die am ehesten auf Ihren Anwendungsfall passt (siehe Abbildung 3.25). Zusätzlich haben Sie auch hier die Möglichkeit, eine App basierend auf Daten erstellen zu lassen.

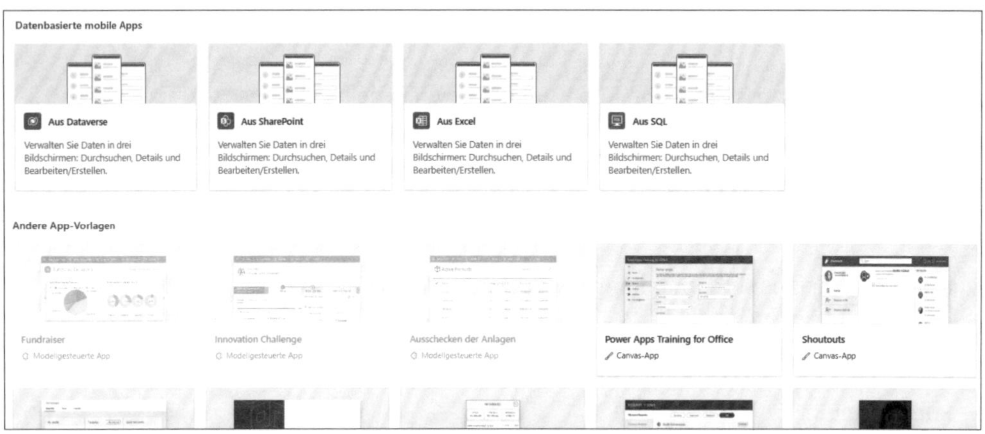

Abbildung 3.25 Der Power-Apps-Vorlagenkatalog

In dem folgenden Dialog (siehe Abbildung 3.26) geben Sie der App einen Namen und wählen das Layout für Tablet oder Telefon. Die Schaltfläche APP-VORSCHAU ANZEIGEN startet folgerichtig eine Vorschau der App.

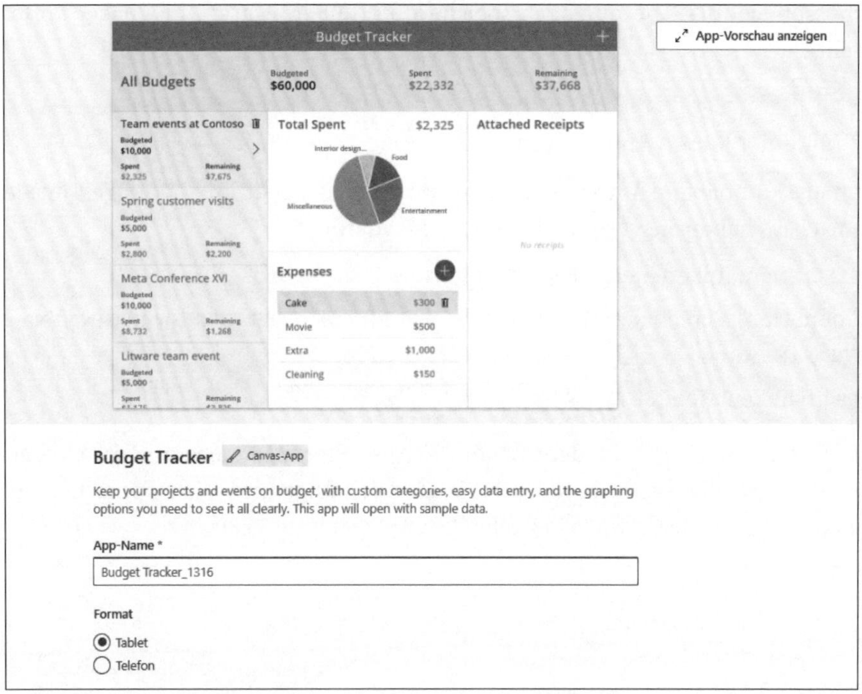

Abbildung 3.26 Name und Layout definieren

Mit WEITER bestätigen Sie Ihre Eingaben, und die App wird, wie Sie es aus dem vorherigen Kapitel kennen, in dem Power Apps Studio geöffnet (siehe Abbildung 3.27).

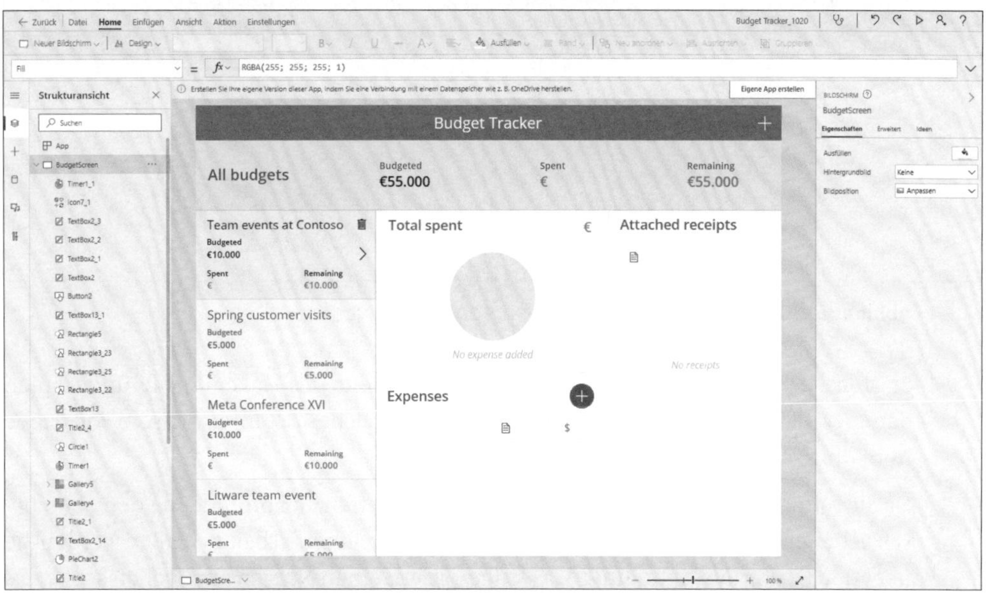

Abbildung 3.27 Ihre neue App, basierend auf einer Vorlage

Jetzt müssen Sie Ihre App nur noch speichern und über ZURÜCK ins Maker Portal wechseln.

3.3.4 Mit einer leeren App starten

Da ich meist komplexere Apps entwickle, starte ich im Regelfall ohne Vorlage. Tun Sie es mir nach, so haben Sie verschiedene Optionen dafür:

- ERSTELLEN im linken Menü des Maker Portals: LEERE APP
- Auf dem Homescreen des Maker Portals: MIT EINEM SEITENDESIGN BEGINNEN • LEERE CANVAS
- APPS im linken Menü: NEUE APP

Wie Sie wissen, gibt es verschiedene Arten von Apps. Starten Sie also mit einer leeren App aus dem Erstellen-Bereich, müssen Sie über den folgenden Dialog entscheiden, welche Art von App Sie entwickeln wollen (siehe Abbildung 3.28).

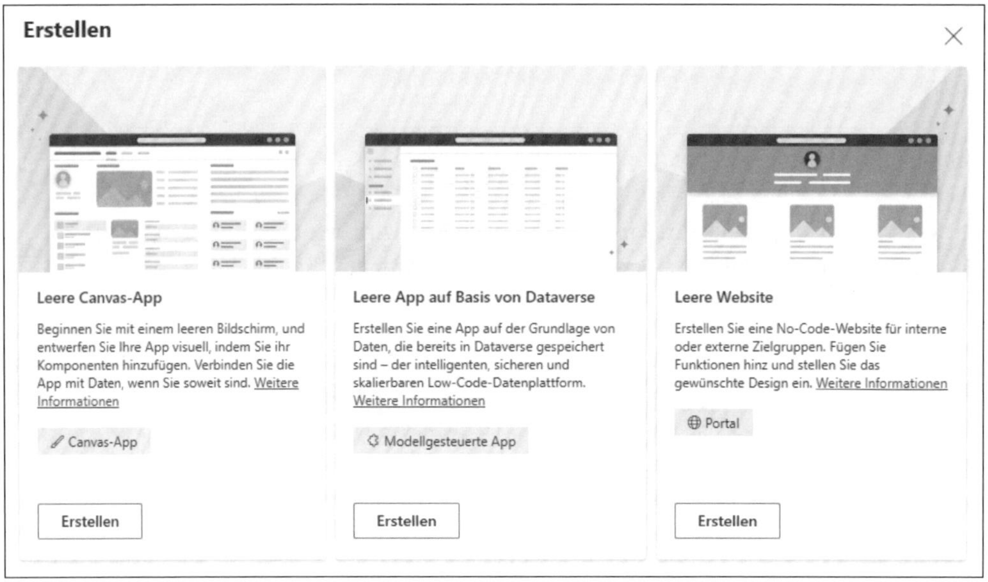

Abbildung 3.28 Auswahl, welche Art von App erstellt werden soll

Starten Sie über den Menüpunkt APPS im linken Menü des Maker Portals und wählen dann NEUE APP, so treffen Sie hier die Auswahl, welcher Art Ihre App sein soll (siehe Abbildung 3.29).

Da Sie hier durch Ihre Auswahl eine Festlegung treffen, bekommen Sie den oben beschriebenen Dialog (siehe Abbildung 3.28) nicht zu sehen. In beiden Fällen werden Sie über den Dialog aus Abbildung 3.30 aufgefordert, einen Namen anzugeben sowie das gewünschte Layout auszuwählen.

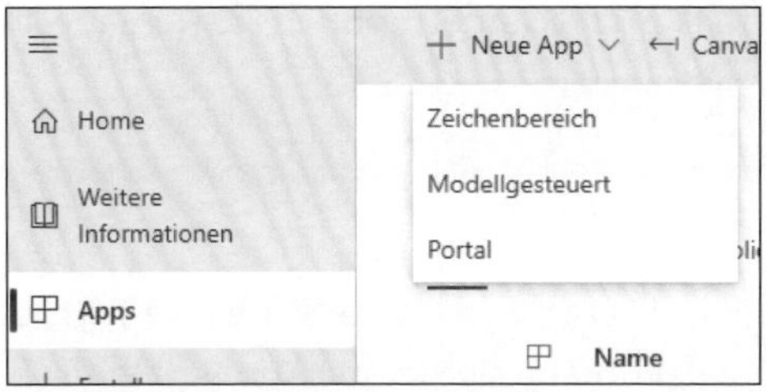

Abbildung 3.29 Welche Art von App darf es sein?

Abbildung 3.30 Leere App erstellen

Bestätigen Sie Ihre Eingabe mit ERSTELLEN. Nun haben Sie alle erforderlichen Schritte getan, damit sich das Power Apps Studio mit einer App, bestehend aus einem Screen, öffnet und Sie direkt loslegen können.

Gehen Sie den Weg über die Auswahl eines Seitendesigns auf der Homepage des Maker Portals und das Design LEERE CANVAS, können Sie dort die Ausrichtung festlegen (siehe Abbildung 3.31).

Abbildung 3.31 Leere Canvas App erstellen und Format festlegen

Nach Ihrer Auswahl wird direkt die App erstellt. Einen Namen können Sie später festlegen.

3.3.5 Mit einem Bild starten

Die künstliche Intelligenz hält mehr und mehr Einzug auch in die Softwareentwicklung mit der Power Platform. Dieses Kapitel zeigt Ihnen, wie Sie eine App ganz einfach auf Basis eines Blatts Papier erstellen.

Nehmen Sie sich ein leeres Blatt Papier, und entwerfen Sie Ihr Formular, wie Sie es in Abbildung 3.32 sehen.

Abbildung 3.32 Ein Formular auf einem Blatt Papier

Nun öffnen Sie das Maker Portal unter *https://make.powerapps.com* und wählen den Menüpunkt MIT EINEM SEITENDESIGN BEGINNEN. Sie wählen hier die Kachel EIN BILD ODER EINE FIGMA-DATEI (siehe Abbildung 3.33), woraufhin ein geführter Prozess startet.

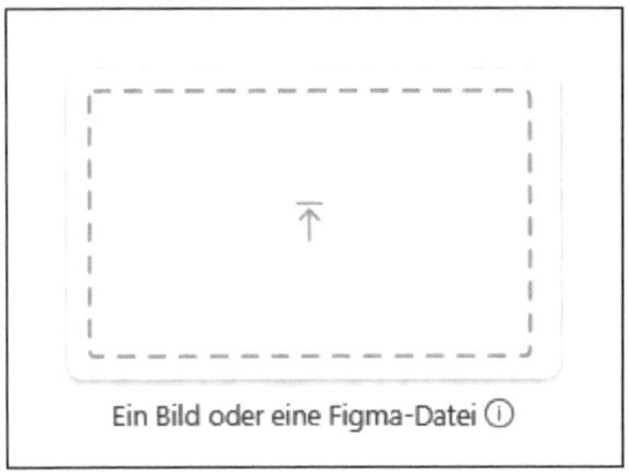

Abbildung 3.33 Eine App auf Basis eines Bildes erstellen

Nun müssen Sie sich entscheiden, ob Sie eine App aus einem Bild oder einem *Figma*-Projekt heraus erstellen lassen wollen (siehe Abbildung 3.34). Eine Liste von Richtlinien für eine erfolgreiche Transformation hilft Ihnen bei der Erstellung. Wer vor manueller Unterstützung des Prozesses bei der Erkennung nicht zurückschreckt, kann es hier auch mal mit komplexeren Formularen versuchen. Es ist sehr erstaunlich, wozu dieser Prozess imstande ist.

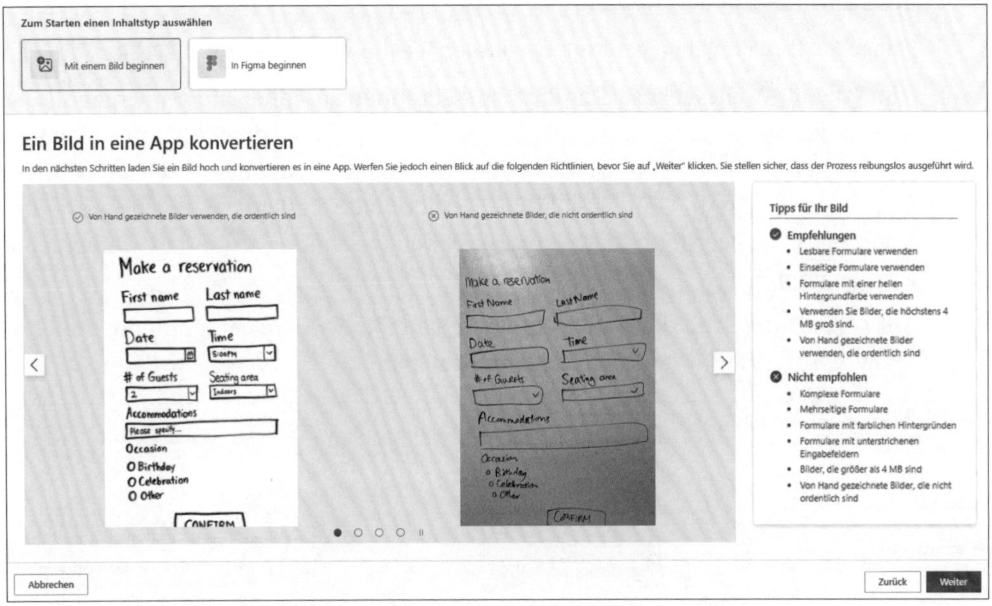

Abbildung 3.34 Richtlinien für die Vorlage

Wählen Sie hier die Schaltfläche MIT EINEM BILD BEGINNEN, und bestätigen Sie Ihre Wahl durch einen Klick auf die Schaltfläche WEITER.

Der nächste Dialog (siehe Abbildung 3.35) fordert Sie zur Eingabe eines Namens für Ihre neue App auf. Nun können Sie entscheiden, ob Sie anhand eines Beispiels oder mit Ihrer Vorlage weitermachen wollen.

Abbildung 3.35 App-Vorlage hochladen

Klicken Sie in das Eingabefeld bei EIGENES HOCHLADEN, und wählen Sie in dem Dateibrowser Ihre Vorlage aus. Das FORMAT wird nun automatisch ermittelt, kann von Ihnen aber übersteuert werden.

Haben Sie Ihre Eingaben getätigt, bestätigen Sie diesen Dialog mit WEITER.

Nun folgt die Analysephase. Der Prozess stellt Ihnen anschließend sein Ergebnis der Analyse vor (siehe Abbildung 3.36). In meinem Beispiel sind drei Beschriftungen und zwei Texteingaben erkannt worden. Jede erkannte Komponente wird entsprechend ihrem Typ getaggt und mit einer für die Komponente einheitlichen Farbe umrandet (*Tag*, englischer Begriff für Markierung oder Kennzeichnung, in diesem Kontext eine Umrandung).

Auf der rechten Seite des Dialogs können Sie erkennen, welche Komponenten der Analyseprozess aus Ihrer Zeichnung ermittelt hat.

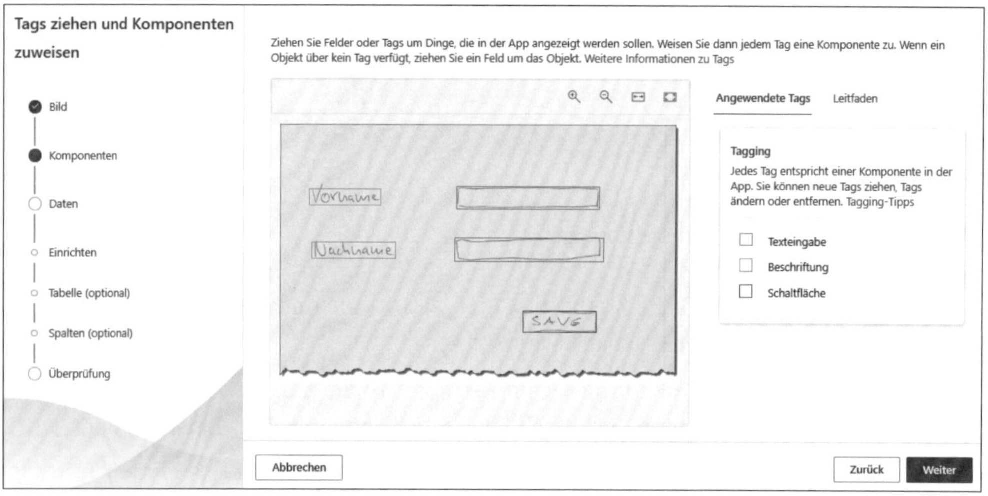

Abbildung 3.36 Analyse der Elemente und Tagging

Sind Sie mit der Analyse zufrieden, können Sie mit WEITER direkt in den nächsten Prozessschritt starten. Ich bin es nicht, denn meine Schaltfläche mit der Aufschrift »Save« wurde hier als Beschriftung erkannt.

Möchten Sie den Komponententyp ändern, klicken Sie auf das entsprechende Element, woraufhin sich ein Menü mit den zur Verfügung stehenden Typen öffnet.

Selbstverständlich sind Sie frei darin, hier noch weitere Bereiche zu markieren und ihnen ein Tag, also ein Kennzeichen für einen Komponententyp, zuzuordnen. Das habe ich in Abbildung 3.37 gemacht.

Ändern Sie eine Komponente in einen bislang nicht vorhandenen Typ, wird dieser automatisch in die Tag-Liste übernommen (siehe Abbildung 3.38).

Abbildung 3.37 Ändern der erkannten Komponente

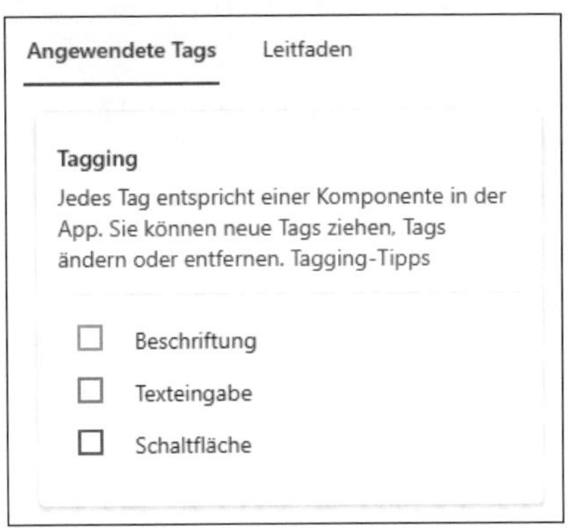

Abbildung 3.38 Tag-Liste der Komponententypen

Ich habe mich dafür entschieden, die Beschriftung in eine Schaltfläche zu wandeln. Das führte dazu, dass das Tag *Schaltfläche* in die Tag-Liste aufgenommen wurde. Haben Sie das Tagging, also die Festlegung, welches Element der Vorlage später durch welche Komponente repräsentiert werden soll, erledigt, klicken Sie auf WEITER.

Nun können Sie entscheiden, ob für Sie automatisch eine neue Tabelle für die Formulardaten angelegt werden soll. Klicken Sie auf VERBINDUNG MIT EINER DATAVERSE-TABELLE HERSTELLEN, wenn Sie eine neue Tabelle angelegt haben möchten.

VORERST ÜBERSPRINGEN leitet Sie im Prozess weiter, ohne eine Datenbank anzulegen. Wenn Sie sich für diesen Punkt entscheiden, müssen Sie die Verbindungen im Nachhinein selbst festlegen.

Abbildung 3.39 Datenbank anlegen

Im Dialog aus Abbildung 3.40 wählen Sie nun NEUE TABELLE ERSTELLEN und klicken auf WEITER (hier nicht im Bild).

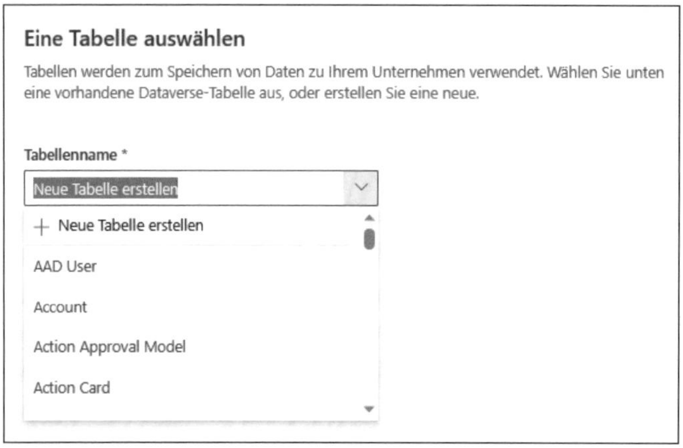

Abbildung 3.40 Neue Tabelle erstellen

Wenn Sie sich eine neue Tabelle anlegen lassen, so erfolgt der nächste Analyseprozess, in dem Ihnen ein Vorschlag für Spaltennamen und Typ gemacht wird (siehe Abbildung 3.41).

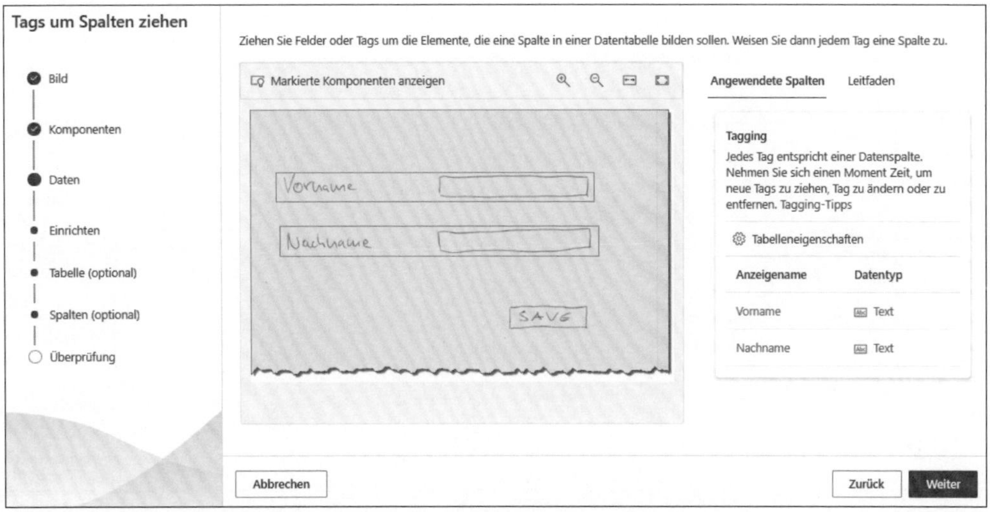

Abbildung 3.41 Erkennen der Datentypen und Feldbezeichnungen

Klicken Sie auf WEITER, wenn Sie mit dem Vorschlag einverstanden sind. Ansonsten sind Sie frei, noch Bereiche zu markieren und einer Spalte zuzuordnen (siehe Abbildung 3.42).

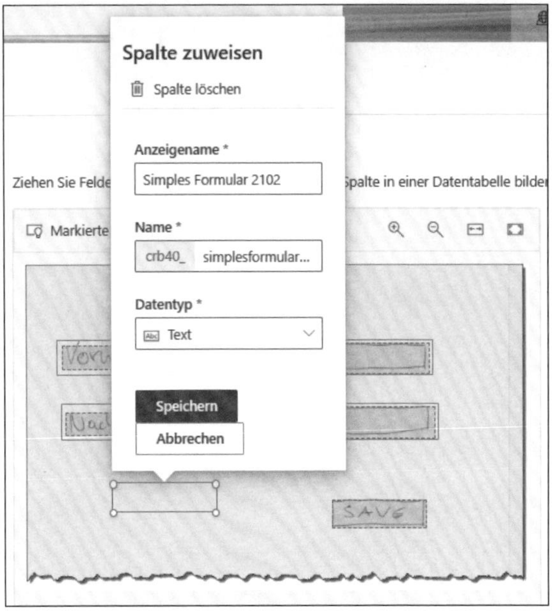

Abbildung 3.42 Weitere Spalten zuweisen

Jetzt sehen Sie noch einmal eine Zusammenfassung Ihrer Eingaben und können die App sowie die Tabelle erstellen lassen. Klicken Sie dafür auf die Schaltfläche APP ERSTELLEN.

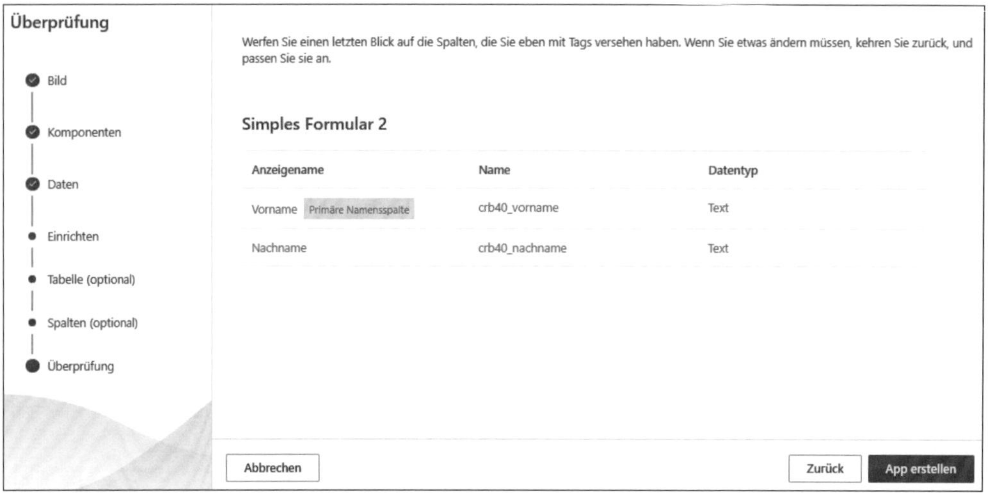

Abbildung 3.43 Kontrolle und Zustimmung

Nach einem kleinen Moment der Ruhe öffnet sich das Power Apps Studio mit der soeben erstellten App und allen notwendigen Einstellungen, um sie auch sofort nutzen zu können. Im Hintergrund wurde eine Dataverse-Tabelle angelegt und ein Formularelement auf der Canvas App platziert.

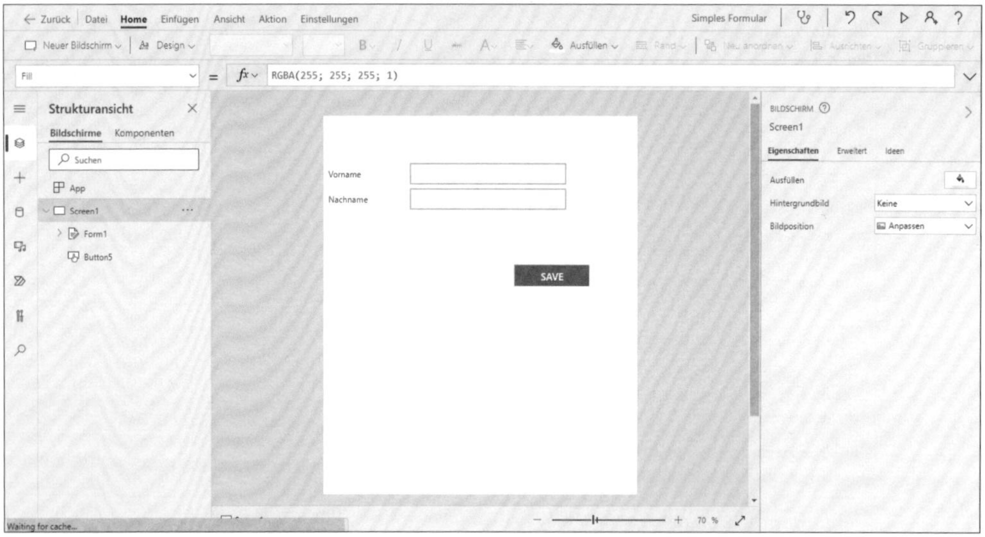

Abbildung 3.44 Die fertige App

Damit das Formular auch abgeschickt werden kann, ist das `OnSelect`-Ereignis meiner Schaltfläche so bearbeitet worden, dass das Formular beim Klick darauf an die Tabelle übermittelt wird (siehe Abbildung 3.45).

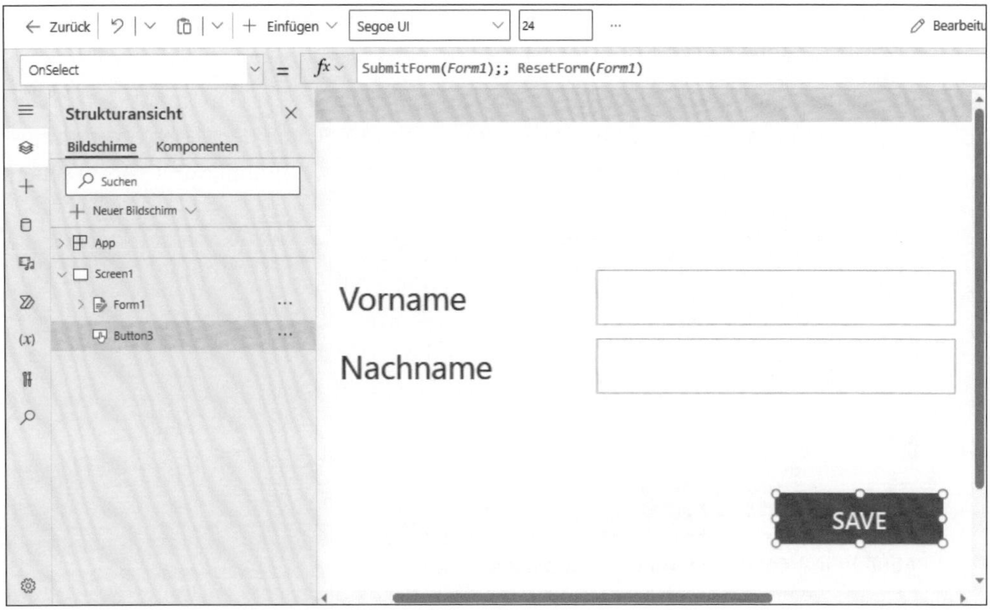

Abbildung 3.45 Automatisch erstelltes Formular

3.4 Konnektoren integrieren

In Abschnitt 2.2.1 haben Sie schon gelernt, dass Konnektoren das Salz in der Suppe sind, da sie die App mit der Außenwelt verbinden. Ohne Konnektoren können Sie weder Daten schreiben noch lesen.

> **Konnektor vs. Verbinder**
>
> Für Konnektoren sind mehrere Benennungen im Umlauf. Im deutschsprachigen Umfeld werden *Konnektor* oder *Verbinder* für den englischen Begriff *Connector* genutzt. Für mich klingt Verbinder zu sperrig, weshalb ich im Weiteren von Konnektoren spreche, es sei denn, dass der Begriff des Verbinders relevant für die Wiedererkennung ist.

Erstellen Sie eine App aus einer *SharePoint*-Liste oder einer *Dataverse*- bzw. *SQL*-Tabelle, so werden die notwendigen Konnektoren eingerichtet und konfiguriert. Wenn Sie nun wie in Abschnitt 3.3.4 mit einer leeren Canvas App anfangen, müssen Sie selbst Hand anlegen.

3.4.1 Eine Datenverbindung herstellen

Starten Sie, wie ich auch, gerne auf der grünen Wiese, oder haben Sie mit einer Vorlage gestartet und wollen diese erweitern, so müssen Sie die notwendigen Datenverbindungen selbst herstellen. Dies möchte ich kurz am Beispiel eines SharePoint-Konnektors demonstrieren:

Im Bearbeitungsmodus Ihrer App selektieren Sie zunächst das Datenbank-Symbol im App-Erstellungs-Menü auf der linken Seite. Nun öffnet sich der Datenverbindungsdialog mit allen aktuell eingebundenen Datenquellen, wie in Abbildung 3.46 zu sehen.

Abbildung 3.46 Konnektor einer App hinzufügen

Selektieren Sie nun den Befehl DATEN HINZUFÜGEN, um neue Datenquellen einzubinden. Im folgenden Dialog (siehe Abbildung 3.47) können Sie direkt Dataverse-Tabellen einfügen, neue Dataverse-Tabellen erstellen oder aber neue *KI-Modelle* oder weitere *Konnektoren* (unter dem Punkt VERBINDER) hinzufügen.

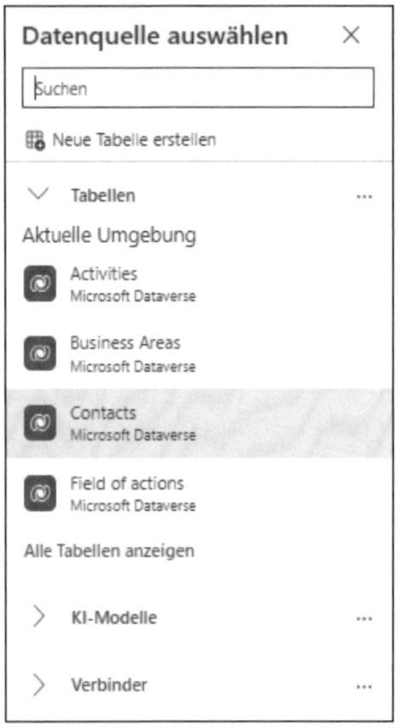

Abbildung 3.47 Konnektor suchen

Öffnen Sie VERBINDER wie in Abbildung 3.48, um den SharePoint-Konnektor auszuwählen. Möchten Sie weitere, hier nicht aufgeführte Konnektoren hinzufügen, wählen Sie bitte ALLE CONNECTORS ANZEIGEN. Sie finden diese Schaltfläche, wenn Sie in der Liste der angezeigten Konnektoren (VERBINDER) ganz nach unten scrollen.

Abbildung 3.48 Der SharePoint-Konnektor unter der Rubrik »Verbinder«

Haben Sie den SharePoint-Konnektor selektiert, so können Sie im nächsten Schritt beginnen, eine neue oder vorhandene SharePoint-Verbindung zu konfigurieren.

Eine neue Verbindung legen Sie mit dem Befehl VERBINDUNG HINZUFÜGEN fest. Haben Sie schon eine SharePoint-Verbindung, wie in Abbildung 3.49 zu sehen, so wählen Sie diese aus.

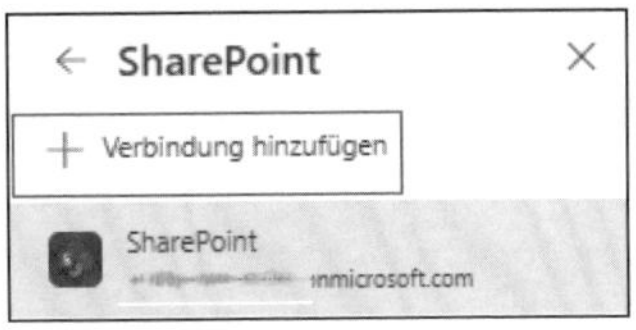

Abbildung 3.49 Neue oder vorhandene Verbindungen konfigurieren

Wollen Sie eine neue Verbindung hinzufügen, so müssen Sie im folgenden Dialog (siehe Abbildung 3.50) entscheiden, ob Sie sich mit SharePoint Online (DIREKTE VERBINDUNG) oder einer lokalen Installation (VERBINDUNG MITHILFE EINES LOKALEN DATENGATEWAYS) verbinden wollen.

Abbildung 3.50 Zwischen SharePoint Online oder lokaler Installation wählen

Haben Sie sich für eine vorhandene Verbindung entschieden, können Sie auf der rechten Bildschirmseite die SharePoint-Site suchen oder eine vorhandene Verbindung zu einer Site auswählen (siehe Abbildung 3.51).

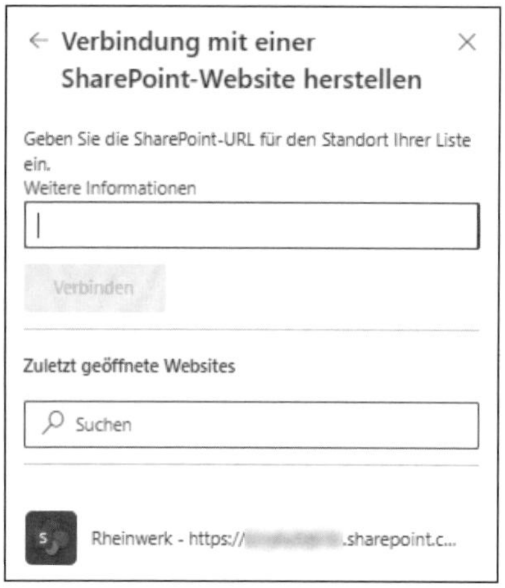

Abbildung 3.51 SharePoint-Site auswählen

Im letzten Schritt bekommen Sie eine Auswahl der in der Site vorhandenen Listen und Bibliotheken, von denen Sie nun alle selektieren, die Sie in Ihre App einbinden wollen.

Abschließend müssen Sie Ihre Auswahl nur noch mit der Schaltfläche VERBINDEN bestätigen, womit diese Listen und Bibliotheken für Ihre App einsatzbereit sind (siehe Abbildung 3.52).

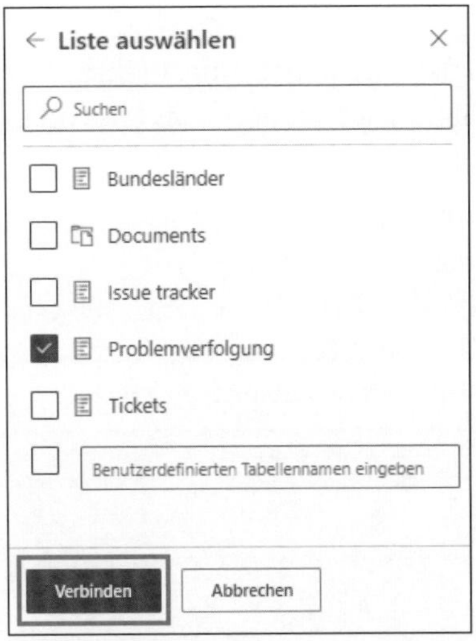

Abbildung 3.52 Liste oder Bibliothek auswählen

3.4.2 Nutzung eines lokales Datengateways

In den meisten Blog-Artikeln und Tutorials finden Sie stets Beispiele, die sich mit der Einbindung von Cloud-Datenquellen wie zum Beispiel SharePoint Online, Azure SQL oder Teams befassen.

Nun sind wir gerade hier in Deutschland nicht gerade der Maßstab für den digitalen Fortschritt und betreiben – mitunter auch bewusst – lokal installierte Datenbanken. Die Gründe dafür sind vielfältig. Im Zweifel macht man es, weil man es halt schon immer so gemacht hat. Egal, was Ihre Beweggründe sind: Es gibt eine Lösung!

Lokale Datenquellen

Wollen Sie also eine dieser Datenquellen in Ihre App oder Ihren Cloud-Flow integrieren, so steht Ihnen das lokale Datengateway oder *On-Premises Data Gateway* zur Verfügung:

- DB2
- File System
- Apache Impala
- Informix
- MySQL
- Oracle Database
- PostgreSQL
- SAP ERP
- SharePoint
- SQL Server
- Teradata
- Desktop Flows
- HTTP with Entra

Der Zugriff

Keine Angst, Sie müssen jetzt nicht Ihre Firewall in die Ecke stellen, um auf Ihre lokalen Daten zuzugreifen. Es reicht lediglich die Installation des On-Premises Data Gateways innerhalb Ihres Netzwerks.

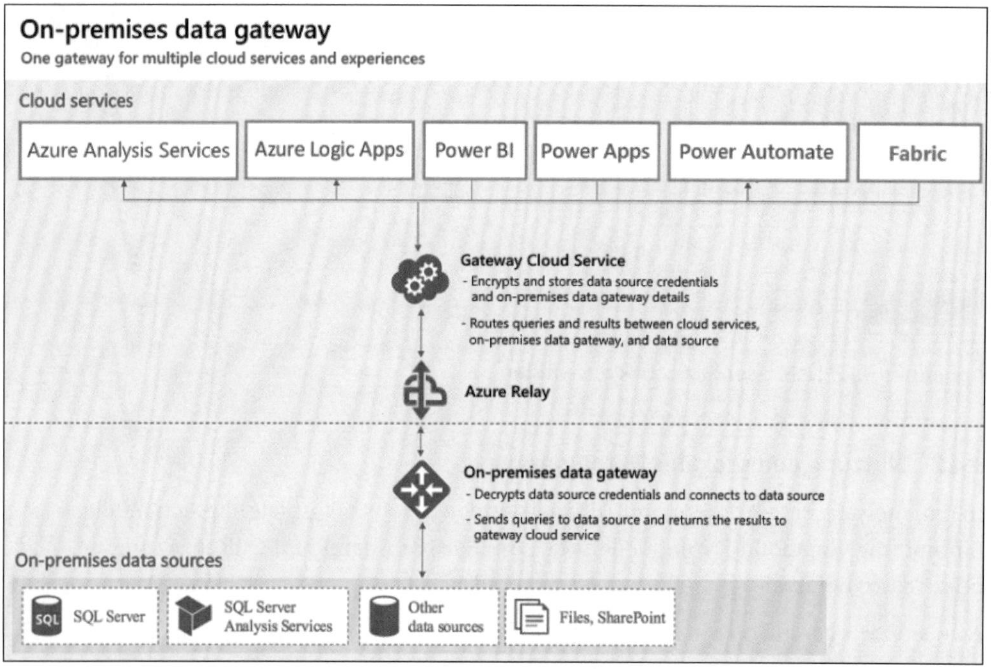

Abbildung 3.53 Funktion des On-premises data gateway

Vereinfacht läuft es so wie in Abbildung 3.53 dargestellt:

1. Sie wollen Daten aus Ihrer App von einer lokalen Datenquelle abrufen.
2. Die Abfrage wird mit Ihren verschlüsselten Anmeldeinformationen in die *Gateway-Warteschlange* gestellt.
3. Der *Gateway-Clouddienst* analysiert die Abfrage und übergibt sie dem *Azure Service Bus Messaging*. Von dort aus gelangt die Abfrage an das Gateway.
4. Das Gateway empfängt die Abfrage und stellt mit den Anmeldeinformationen eine Verbindung zur Datenquelle her und übergibt die Anfrage.
5. Das Ergebnis gelangt dann über das Gateway und den Gateway-Clouddienst zurück in Ihre App.

Installation und Verwendung des lokalen Datengateways

Anleitungen zur Installation und Verwendung nebst FAQs finden Sie in folgenden Quellen:

- *https://learn.microsoft.com/en-us/data-integration/gateway/*
- *https://learn.microsoft.com/de-de/power-platform/admin/wp-onpremises-gateway*
- *https://learn.microsoft.com/de-de/data-integration/gateway/service-gateway-onprem-indepth*

3.5 Apps verwalten

Dieser Abschnitt widmet sich den Verwaltungs- und Überwachungsfunktionen, die erst später für Sie interessant werden, die Sie aber dennoch kennen sollten, damit Sie immer Freude an Ihren Apps haben.

Ihre Apps

Der Homescreen des Maker Portals zeigt Ihnen die sechs zuletzt bearbeiteten Apps, beginnend mit der, die Sie soeben angelegt haben. Alle weiteren Apps (siehe Abbildung 3.54) finden Sie durch Klick auf WEITERE APPS ANZEIGEN oder über den Menüpunkt APPS in der linken Navigation.

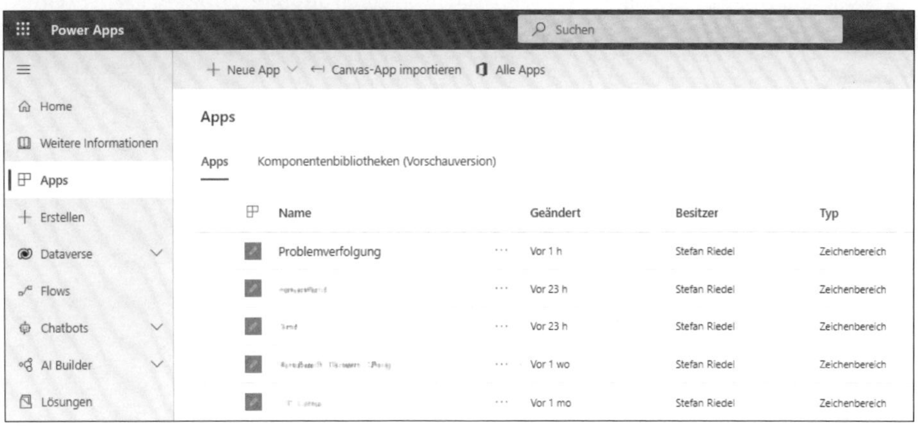

Abbildung 3.54 Alle Ihre Apps

Sie finden hier alle Apps, die Sie erstellt haben, deren Besitzer Sie also sind, sowie alle Apps, die mit Ihnen geteilt wurden. Sie erhalten hier Auskunft über den Namen der Apps, wann sie zuletzt geändert wurden, wer der Besitzer der Apps ist und um welchen Typ es sich handelt.

Darüber hinaus haben Sie hier Zugriff auf Ihre Komponentenbibliotheken, also Sammlungen von wiederverwendbaren App-Bestandteilen. Mehr zur Erstellung und Verwendung von Komponenten erfahren Sie in Abschnitt 5.3.

In der Kopfzeile dieses Bereichs haben Sie die Möglichkeit, weitere Apps anzulegen (NEUE APP wie in Abbildung 3.55) oder zu importieren (CANVAS-APP IMPORTIEREN). Im Bereich Komponentenbibliotheken wird Ihnen entsprechend der Menüpunkt NEUE KOMPONENTENBIBLIOTHEK angeboten.

Abbildung 3.55 Apps: Menüpunkte

Das kleine Icon vor dem Menüpunkt verrät allerdings den kleinen Unterschied, denn über diesen Punkt navigieren Sie zu allen *Microsoft 365*-Apps, zu denen auch Applikationen wie zum Beispiel *Planner*, *Excel*, *Word* oder *Outlook* gehören.

Die Verwaltungsfunktionen Ihrer Apps finden Sie im Kontextmenü, das Sie mit einem Klick auf die Dreipunktschaltfläche hinter dem jeweiligen App-Namen öffnen.

App-Details

Die Menüpunkte aus Abbildung 3.56 erreichen Sie auch aus dem Kopfbereich der App-Details heraus, die weiter unten beschrieben werden.

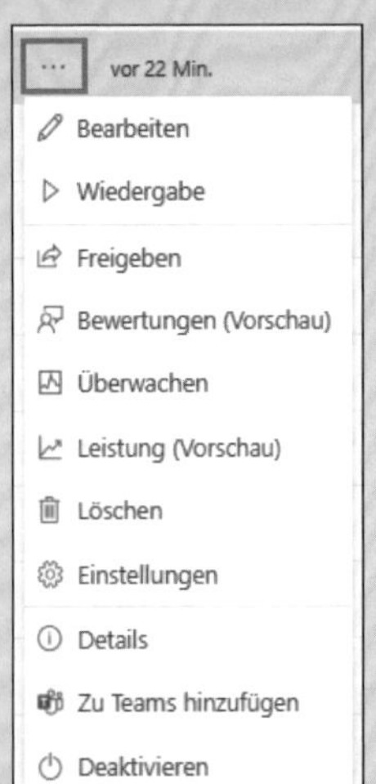

Abbildung 3.56 Kontextmenü einer App

Bearbeiten einer App

In den Bearbeitungsmodus einer App gelangen Sie entweder aus der Liste Ihrer Apps oder über den Punkt BEARBEITEN des Kontextmenüs. Führen Sie diesen Befehl aus, öffnet sich das Power Apps Studio mit der in den Bearbeitungszustand versetzten App.

Starten einer App

Das Starten einer App ist ebenfalls an mehreren Stellen möglich:

- über den Menüpunkt WIEDERGABE des Kontextmenüs aus der Liste Ihrer Apps
- durch einen Klick auf den App-Namen
- den Weblink, zum Beispiel aus Ihren Browserfavoriten
- die Power Apps Mobile App.

Freigeben einer App

Der Menüpunkt FREIGEBEN erlaubt Ihnen, Ihre App für weitere Personen in Ihrem Unternehmen freizugeben (siehe Abbildung 3.57).

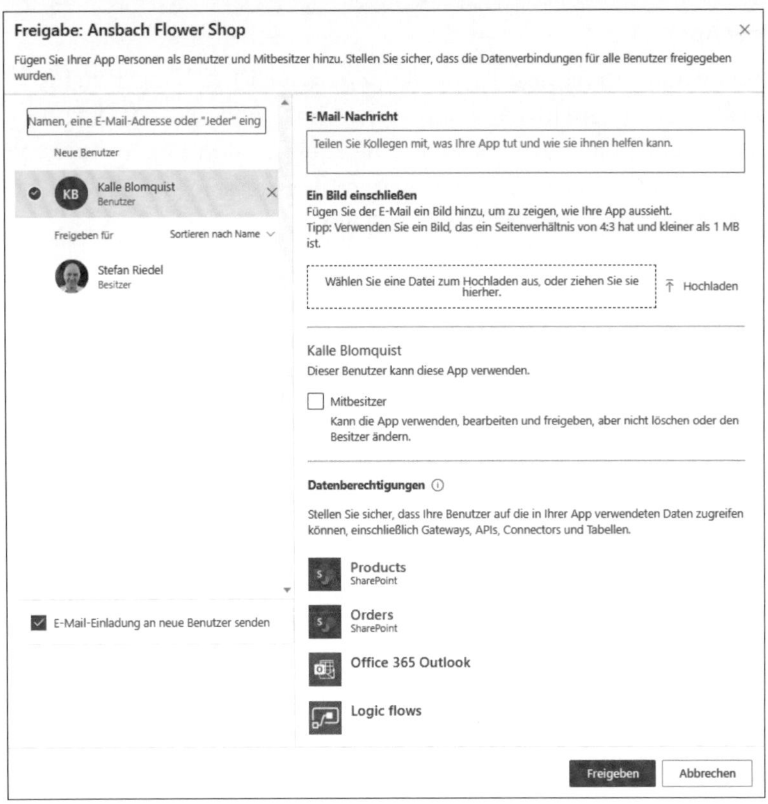

Abbildung 3.57 App für Personen und Gruppen freigeben

Suchen Sie innerhalb des Eingabefelds oberhalb der Benutzerliste nach weiteren Kollegen oder Gruppen, mit denen Sie Ihre App teilen wollen.

Auf der rechten Seite können Sie nun entscheiden, ob die Benutzer auch Mitbesitzer sein sollen. Das würde ihnen die Rechte gewähren, diese App zu bearbeiten. Wenn Sie das Kontrollkästchen E-MAIL-EINLADUNG AN NEUE BENUTZER SENDEN aktiviert haben, haben Sie noch die Möglichkeit, eine Nachricht sowie ein Bild der App in der Freigabenachricht mitzusenden. Deaktivieren Sie das Kontrollkästchen, wird keine E-Mail-Benachrichtigung versendet.

[»]

Freigabe externer Datenquellen

Beachten Sie unbedingt den Hinweis, dass Sie neben der App auch die verwendeten Datenquellen freigeben müssen. In meinem Beispiel ist es erforderlich, auch die verbundenen SharePoint-Listen freizugeben.

Diese Freigabe geschieht dann in den verbundenen Systemen selbst, in meinem Beispiel direkt in SharePoint. Vergessen Sie diese Freigaben, würden die Zugriffe durch die App in einen Authentifizierungsfehler laufen.

Exportieren einer App

Exportieren Sie eine App, um sie zu sichern oder in weiteren Umgebungen zu installieren. Ein App-Paket ist eine Archivdatei und besteht im Grunde aus der Definition Ihrer App mit allen Elementen und Funktionen, die durch Sie dort hineinentwickelt wurden, den verwendeten Konnektoren zu weiteren Diensten sowie allen durch die App direkt aufgerufenen Power Automate Cloud Flows.

Der Dialog zum Export einer App teilt sich in zwei Bereiche:

1. Der obere Bereich dient der Spezifikation des Namens, der Umgebung sowie der Beschreibung des App-Pakets.
2. Der untere Bereich zeigt den Paketinhalt und listet alle Ressourcen des Pakets auf. Dazu gehören die App an sich sowie sämtliche Konnektoren, die mit der App verbunden sind.

In meinem Beispiel habe ich die Problemverfolgungs-App, die standardmäßig mit einer SharePoint-Verbindung versehen ist, um eine Verbindung zu Outlook sowie einen Cloud-Flow erweitert, um Ihnen die Möglichkeiten dieses Dialogs zu verdeutlichen.

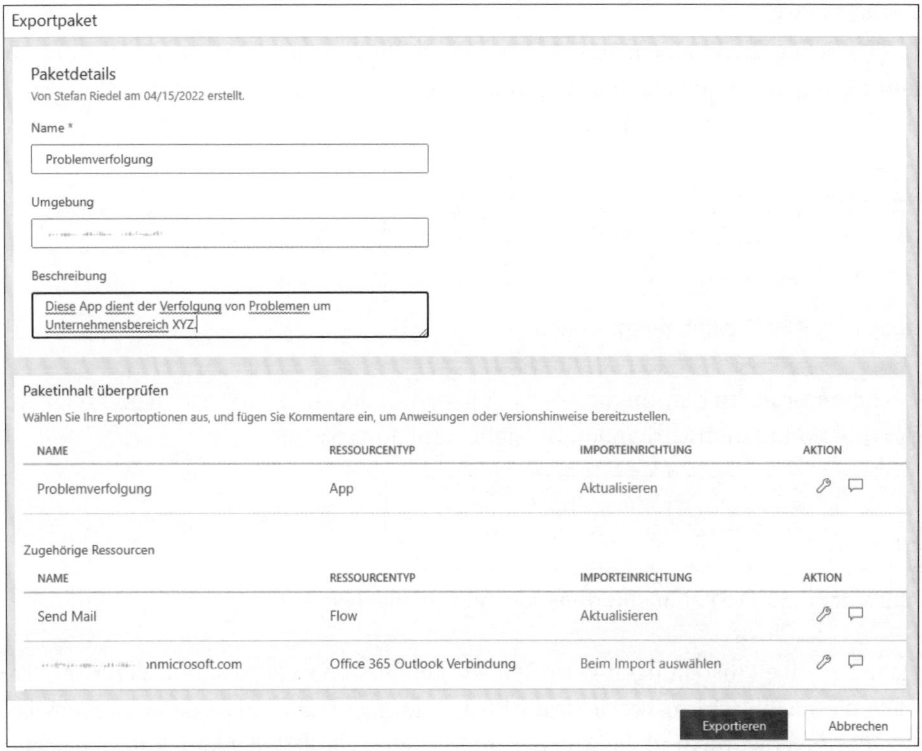

Abbildung 3.58 Der Export-Dialog

Importeinstellungen

Richten Sie nun Ihr Augenmerk auf den unteren Teil des Dialogs. Hier definieren Sie, was während des Imports des Pakets passieren soll. Die Einstellungen, die Sie hier vornehmen, sind nicht in Stein gemeißelt und können während des Imports verändert werden.

Klicken Sie in der Spalte IMPORTEINRICHTUNG auf AKTUALISIEREN bzw. den kleinen Schraubenschlüssel, um den Dialog für die Einstellungen zu öffnen.

In dem nun folgenden Dialog zur Importeinrichtung können Sie für Apps und Flows im Vorfeld vorschlagen, dass die in der Zielumgebung vorhandenen Apps und Flows aktualisiert werden oder aber, dass eine Neuanlage erfolgen soll.

Im Falle von Verbindungen wie zum Beispiel dem Outlook-Konnektor erfolgt automatisch eine Aktualisierung.

> **Flows sind Bestandteil eines App-Pakets**
>
> Flows, die aus der App heraus aufgerufen werden, werden automatisch mit exportiert und auch beim späteren Import erstellt.

Kommentare

Rechts neben dem kleinen Schraubenschlüssel finden Sie ein kleines Icon in Form einer Sprechblase, die einen Dialog mit einer Texteingabe ermöglicht (siehe Abbildung 3.59). Geben Sie hier Informationen ein, an die die Person beim Import denken soll.

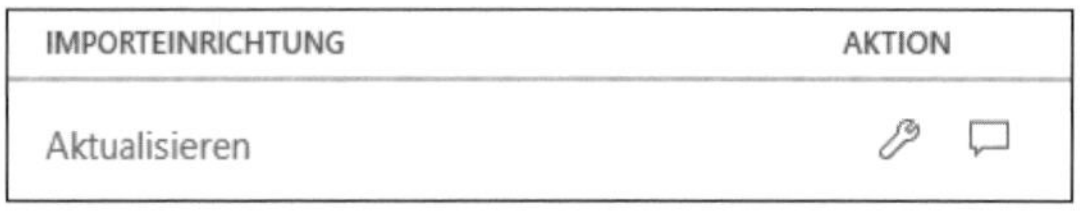

Abbildung 3.59 Die Kommentarfunktion

Nachdem Sie einen Kommentar verfasst haben, ändert sich das Symbol und zeigt an, dass ein Kommentar vorhanden ist (siehe Abbildung 3.60).

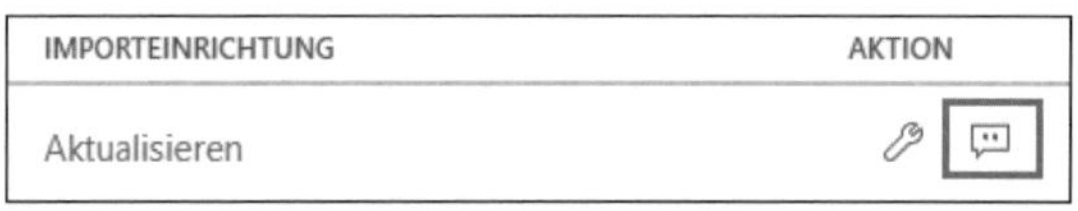

Abbildung 3.60 Die Kommentarfunktion mit vorhandenem Kommentar

Haben Sie alle Einstellungen getroffen, klicken Sie auf EXPORTIEREN. Verlassen Sie nicht diesen Bildschirm, bevor Sie die Rückmeldung erhalten, dass der Export erfolgreich beendet wurde und die App heruntergeladen wird. Findet kein automatischer Download statt, klicken Sie auf HERUNTERLADEN.

Sie finden die App nun auf Ihrem Rechner in Ihrem Downloadverzeichnis.

Eine exportierte App können Sie im Bereich APPS des Maker Portals der Zielumgebung wieder importieren oder einfach Herunterladen und als Sicherung auf Ihrer Platte oder in einem Versionsverwaltungssystem ablegen.

Importieren einer App

Wählen Sie in der Zielumgebung den Menüpunkt APPS auf der linken Menüseite und anschließend CANVAS-APP IMPORTIEREN, um Ihr soeben erstelltes App-Paket zu importieren (siehe Abbildung 3.61).

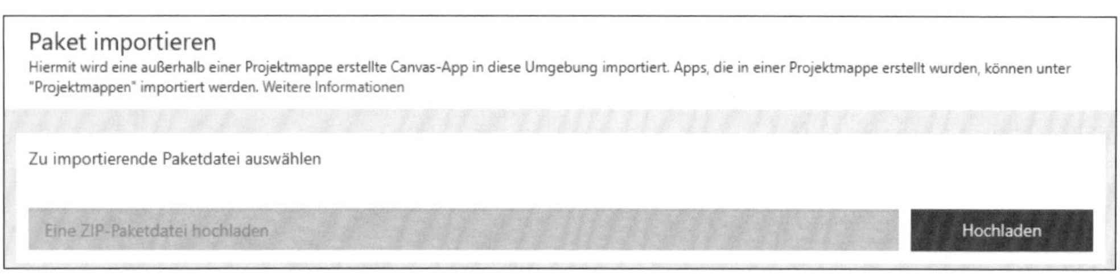

Abbildung 3.61 App-Paket hochladen

Wählen Sie Hochladen, und navigieren Sie zu Ihrem App-Paket. Selektieren Sie das Paket, und klicken Sie auf Öffnen, um den Upload zu starten.

Bitte verlassen Sie auch hier nicht die Ansicht.

Sobald die Analyse des App-Pakets durchgeführt wurde, werden Sie auf eine Sicht weitergeleitet, die Ihnen schon vom Export bekannt vorkommt. Die beim Export durchgeführten Einstellungen finden Sie jetzt als Vorauswahl eingestellt (siehe Abbildung 3.62).

Nutzen Sie die Links in der Spalte Importeinrichtung (oder alternativ den kleinen Schraubenschlüssel), um Ihre Einstellungen zu ändern oder zu bestätigen.

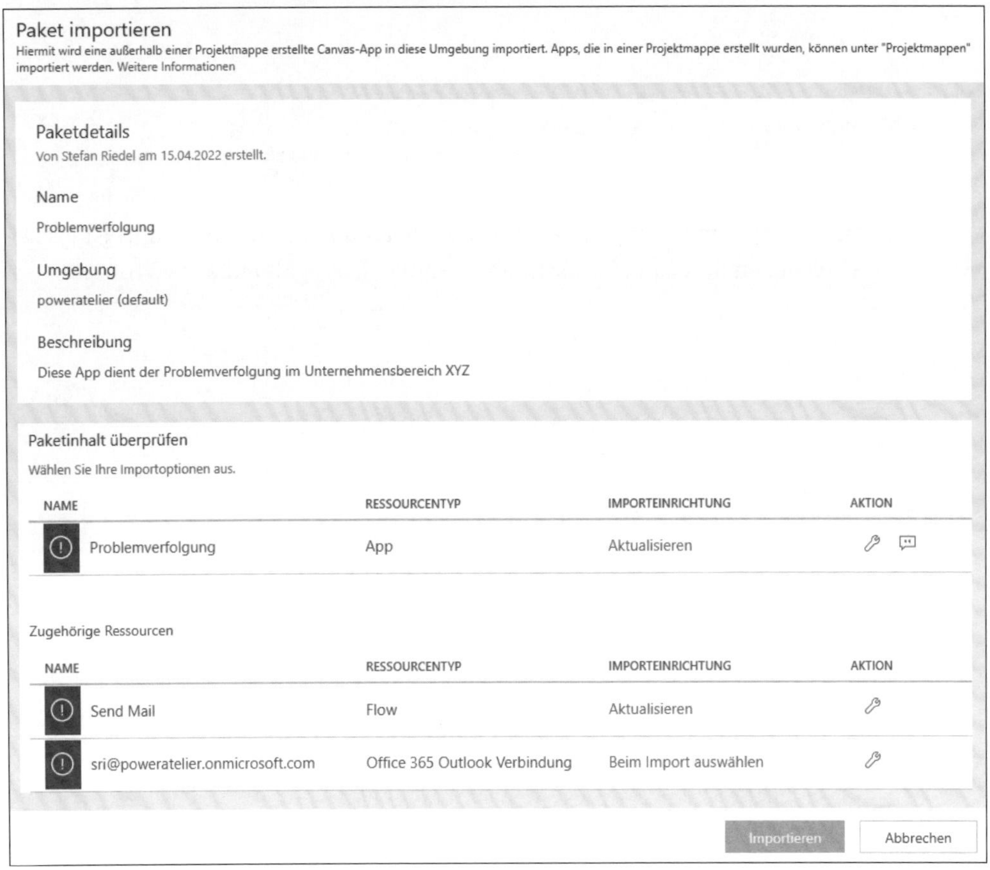

Abbildung 3.62 Einstellungen beim Import einer App

Im Fall von Flows und Apps haben Sie die Wahl, eine vorhandene Komponente zu aktualisieren oder eine Neuanlage durchzuführen, die App oder den Flow neu erstellen zu lassen (siehe Abbildung 3.63).

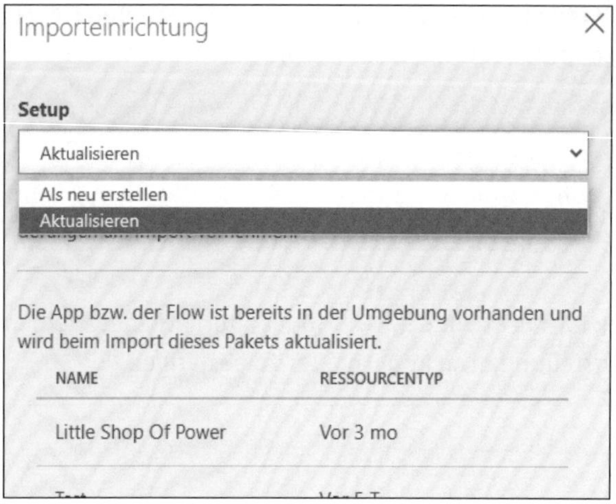

Abbildung 3.63 App neu erstellen oder aktualisieren

Wenn Sie die App im Zielsystem neu erstellen wollen, werden Sie aufgefordert, einen Namen für Ihre App zu bestimmen. Die Voreinstellung aus Ihrem Import ist als Default vorgegeben und kann überschrieben werden (siehe Abbildung 3.64).

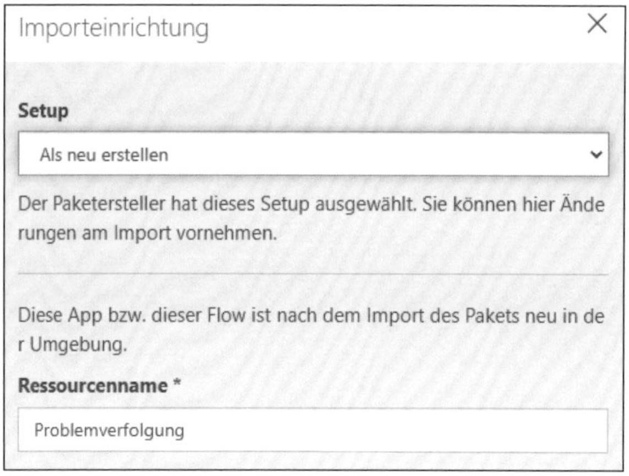

Abbildung 3.64 Name für die neue App bestimmen

Im Falle von Datenverbindungen wie zum Beispiel zu Outlook können Sie zwischen vorhandenen Verbindungen auf dem Zielsystem auswählen. Existiert noch keine Verbindung in Ihrer Umgebung, so erstellen Sie eine durch Betätigung der Schaltfläche NEU ERSTELLEN (siehe Abbildung 3.65).

Im Weiteren werden Sie in einem neuen Tab durch den Anlageprozess geführt. Sind Sie damit fertig, wechseln Sie bitte wieder zurück. Die soeben angelegte Datenverbindung sollte jetzt sichtbar sein. Ist sie das nicht, warten Sie ein paar Sekunden und klicken bei Bedarf auf LISTE AKTUALISIEREN.

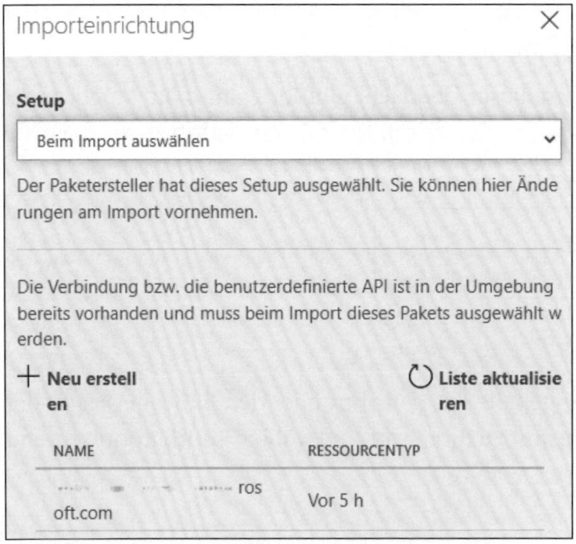

Abbildung 3.65 Auswahl einer Datenverbindung

Selektieren Sie nun die soeben erstellte Verbindung, und bestätigen Sie Ihre Auswahl durch Klick auf SPEICHERN. Jede Datenverbindung, die Sie korrekt spezifiziert haben, wird Ihnen durch ein graues Kästchen angezeigt, offene Aufgaben mit einem roten (siehe Abbildung 3.66).

Abbildung 3.66 Status Ihrer Datenverbindungen

Sobald Sie fertig sind, wird die Schaltfläche IMPORTIEREN aktiv. Wenn Sie diese Schaltfläche betätigen, erfolgt der Import des App-Pakets. Bitte verlassen Sie auch diese Ansicht nicht!

Wurde der Import abgeschlossen, erhalten Sie eine Ansicht mit allen erfolgreich oder fehlerhaft eingerichteten Verbindungen.

Der Bereich NÄCHSTE SCHRITTE in dieser Übersicht gibt Ihnen nun die Möglichkeit, die soeben importierte App zu öffnen oder sie mit Ihrer Organisation zu teilen (siehe Abbildung 3.67).

Abbildung 3.67 Nächste Schritte

In den Bearbeitungsmodus gelangen Sie wie gewohnt über den Eintrag APPS in der linken Navigation. Navigieren Sie dort zu Ihrer App, und wählen Sie im Kontextmenü den Punkt BEARBEITEN.

Verbindungen verwalten

Den Bereich zum Verwalten Ihrer Datenverbindungen erreichen Sie über die linke Navigation des Maker Portals. Klicken Sie auf VERBINDUNGEN, um vorhandene Verbindungen bearbeiten oder neue anlegen zu können.

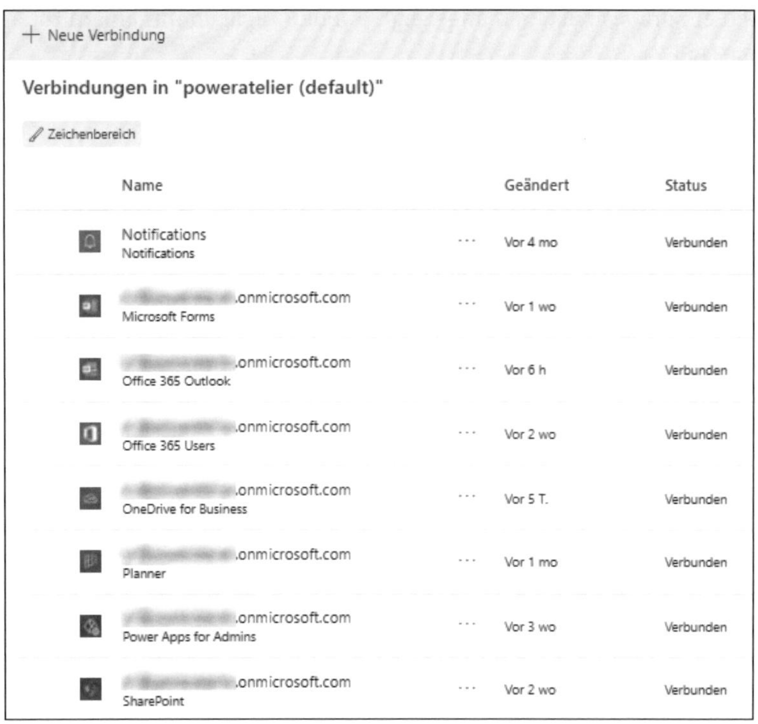

Abbildung 3.68 Liste Ihrer Verbindungen

Jede Verbindung in Abbildung 3.68 zeigt durch ein Dienst-Icon an, welcher Dienst über diese Verbindung angebunden wurde. Wie bei der Liste Ihrer Apps finden Sie auch hier eine Dreipunktschaltfläche hinter dem Verbindungsnamen, die ein Kontextmenü öffnet.

Freigeben

Dieser Punkt erlaubt die Freigabe einer Datenverbindung für Personen, Benutzergruppen oder Dienstprinzipalen. Geben Sie in dem zugehörigen Dialog den Namen ein und wählen Sie, ob die betreffende Person die Verbindung nur VERWENDEN oder auch VERWENDEN + FREIGEBEN darf.

Konto wechseln

Sobald einer Ihrer Kollegen das Unternehmen verlässt, hinterlässt er eventuell auch noch Datenverbindungen, die auf seinen Account verweisen. Der Menüpunkt KONTO WECHSELN öffnet einen Anmeldedialog, der Ihnen den Kontowechsel ermöglicht.

Löschen

Wählen Sie den Menüpunkt LÖSCHEN, um eine Datenverbindung zu entfernen. Zu Ihrer Sicherheit bekommen Sie noch einmal alle Apps und Flows aufgelistet, die diese Verbindung nutzen.

Entscheiden Sie sich dennoch für das Löschen, müssen in den hier aufgelisteten Apps die entsprechenden Verbindungen neu gesetzt werden. Die App ist sonst nicht mehr funktionstüchtig.

Details

Der Menüpunkt DETAILS führt Sie zu einer Oberfläche, die Ihnen Auskunft über die Datenverbindungsdetails wie auch die Apps und Flows gibt, die diese Verbindung nutzen.

In der Kopfzeile finden Sie ebenfalls die verfügbaren Aktionen, die Sie in Bezug auf die Datenverbindung ausführen können. Sie sind identisch mit denen im Kontextmenü, das über die Liste aller Verbindungen verfügbar ist.

Erstellen

Klicken Sie auf die Schaltfläche NEUE VERBINDUNG im Bereich VERBINDUNGEN (erreichbar über die linke Navigation des Maker Portals), um eine neue Datenverbindung anzulegen. Zu dieser Stelle gelangen Sie auch, wenn Sie beim Import eines App-Pakets eine neue Datenverbindung anlegen müssen.

Das Maker Portal präsentiert Ihnen nun eine Auswahl aller verfügbaren Dienste, die Sie mit Ihren Apps und Flows verbinden können. Der Typ gibt Auskunft darüber, ob es sich um eine Standard- oder Premium-Verbindung handelt. Siehe dazu auch Abschnitt 2.4.1.

Sobald Sie den gewünschten Dienst gefunden haben, klicken Sie auf das +-Zeichen, um eine Datenverbindung zu diesem Dienst herzustellen.

Bestätigen Sie den folgenden Dialog mit ERSTELLEN, und melden Sie sich anschließend mit dem Account an, der für die Datenverbindung genutzt werden soll.

[»]

Verwendung des Konnektor-Accounts

An dieser Stelle möchte ich noch einmal darauf hinweisen, dass Apps und aus Apps heraus aufgerufene Flows immer im Kontext des ausführenden Benutzers ausgeführt werden, unabhängig davon, welchen Account Sie hier spezifizieren. Der hier spezifizierte Account wird nur dann genutzt, wenn es sich um eine geteilte Datenverbindung handelt, wie zum Beispiel beim SQL Server, oder wenn die Datenverbindung in automatischen oder zeitgesteuerten Flows verwendet wird.

Die soeben erstellte Datenverbindung finden Sie nun auch in der Liste Ihrer Datenverbindungen.

Eine App zu Teams hinzufügen

Ich habe bereits eine spezielle Art von Canvas Apps erwähnt, die für den Betrieb in Microsoft Teams optimiert und mit der Dataverse-Datenbank verbunden sind. Diese Apps sind für den Betrieb in einem speziellen Team vorgesehen.

Aber auch normale Canvas Apps lassen sich in Teams importieren. Diese integrieren sich dann nicht in ein Team, sondern in die linke Funktionsleiste der Teams-Applikation oder eine Registerkarte.

Eine App überwachen

Dieser Menüpunkt führt Sie zum Power Apps Monitor, der Ihnen die Möglichkeit gibt, nachzuverfolgen, was Ihre App derzeit tut, d. h. welche Daten versendet oder empfangen werden. Einen Einblick in dieses mächtige Werkzeug erhalten Sie in Abschnitt 6.2.

Einstellungen einer App ändern

Der Menüpunkt EINSTELLUNGEN öffnet einen Dialog, der Ihnen die Möglichkeit gibt, die App umzubenennen. Darüber hinaus erhalten Sie hier die Information, mit welchen Lizenzen die App betrieben werden kann (Standard oder Premium).

Die Passzuweisung (*Pay-As-You-Go*) ist ein relativ neues Konzept und erlaubt die Lizenzierung von Premium-Features für die Dauer der Nutzung.

Die Einstellung APP FÜR HÖHERE LEISTUNG SOFORT LADEN steuert den Zeitpunkt, an dem der Startbildschirm der App angezeigt wird. Üblicherweise wird der Startbildschirm angezeigt, wenn die Datenverbindungen aufgebaut und authentifiziert sind und die Methode `App.OnStart` durchlaufen wurde. Schalten Sie die Einstellung auf JA, wird der Bildschirm direkt nach der Authentifizierung angezeigt und `App.OnStart` im Hintergrund ausgeführt.

Verpacken (Wrap)

Die Funktion *Verpacken* dient dazu, eine oder mehrere Canvas Apps als App-Paket zu verpacken, um sie Ihren Organisationsbenutzern als native mobile Apps zum Beispiel per *Google Play*, *Apple Business Manager*, *Microsoft App Center* oder *Microsoft Intune* bereitzustellen.

Eine Betätigung der Schaltfläche VERPACKEN führt Sie zur Online-Dokumentation, die Sie hinter folgendem Link finden:

https://learn.microsoft.com/de-de/power-apps/maker/common/wrap/wrap-how-to#add-canvas-app-to-solution

Eine App löschen

Wählen Sie entweder aus der Liste Ihrer Apps den Punkt LÖSCHEN des Kontextmenüs oder die gleichlautende Funktion des Menüs der App-Details. Führen Sie diesen Befehl aus, löschen Sie die App inklusive ihrer Versionshistorie.

Da dieser Punkt unumkehrbar ist, möchte ich Ihnen ans Herz legen, die App vorher zu exportieren.

Details einer App abrufen

Die App-Details öffnen Sie, wie Sie im vorherigen Kapitel gelernt haben, über das Kontextmenü Ihrer Apps im Maker Portal. Durch Klick auf den Menüpunkt DETAILS ändert sich der Inhaltsbereich der Seite, sodass Sie die Inhalte des Kontextmenüs als Kopfzeile wiederfinden. Darunter öffnet sich ein reitergesteuerter Dialog mit den wichtigsten Daten zu Ihrer App (siehe Abbildung 3.69).

Neben dem BESITZER der App sowie dem Erstellungs- und Änderungsdatum (ERSTELLT und GEÄNDERT) finden Sie hier den Weblink, mit dessen Hilfe Sie die letzte veröffentlichte Version Ihrer App im Browser starten können.

Die APP-ID ist eine GUID, eine weltweit eindeutige ID, die Ihre App eindeutig identifiziert. Sie ist ebenfalls Bestandteil des Weblinks, wird aber auch an diversen weiteren Stellen benötigt. Unter anderem dient sie Microsoft dazu, Ihnen Analysen hinsichtlich Nutzung und Standort zur Verfügung zu stellen.

Die LIZENZBEZEICHNUNG gibt Auskunft über die notwendige Lizenzierung für die Benutzung dieser App.

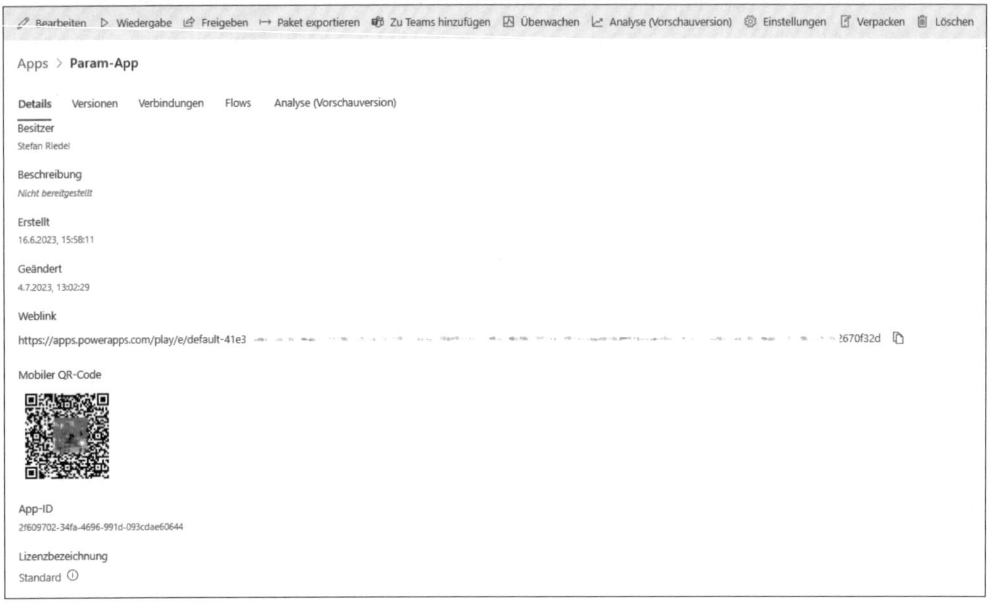

Abbildung 3.69 App-Details

Versionen verwalten

Mit jedem Speichern erhält Ihre App eine neue Versionsnummer. Die Änderungen, die mit einer neuen Version eingespielt werden, werden für Benutzer, die nicht Mitbesitzer sind, erst dann sichtbar, wenn Sie die Version veröffentlichen.

Eine Liste der App-Versionen (siehe Abbildung 3.70) finden Sie im Reiter VERSIONEN der App-Details. Hier sehen Sie, wann die Version erstellt wurde, wer die letzte Änderung durchgeführt hat, welches Power-Apps-Release der App zugrunde liegt und ob die Version veröffentlicht wurde oder nicht.

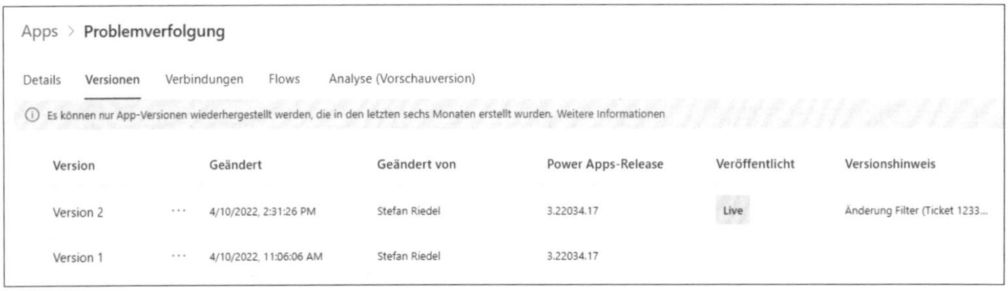

Abbildung 3.70 Versionen

[«]

Fehler im System

Falls eine App gestern noch lief, heute aber nicht mehr, kann das daran liegen, dass sich die zugrunde liegende Version geändert hat. In den App-Einstellungen können Sie gegebenenfalls eine ältere Version einstellen.

Die Daten in der Spalte VERSIONSHINWEIS helfen Ihnen, einen Überblick über Ihre Versionen zu behalten. Um die vollständigen Versionshinweise zu lesen, fahren Sie mit dem Mauszeiger über den Text, woraufhin sich ein Tooltip mit dem vollständigen Text öffnet. Versionshinweise erstellen Sie in Ihrer App, wenn Sie sie über die App-Aktion MIT VERSIONSHINWEISEN SPEICHERN abspeichern.

Ich empfehle hier ein sehr kurzes Statement für jede Änderung. Falls vorhanden, schreiben Sie noch ein Ticket oder eine Fehlernummer hinzu.

Haben Sie aus Versehen einen Fehler in Ihre App hineinprogrammiert und wollen eine vorherige Version wiederherstellen, von der Sie wissen, dass sie funktioniert hat, so können Sie das über das Kontextmenü an den einzelnen Versionen tun (siehe Abbildung 3.71).

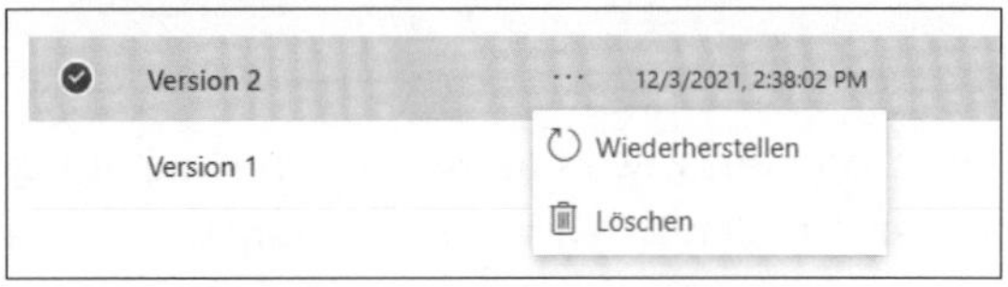

Abbildung 3.71 Versionen wiederherstellen

Jede Version, die Sie wiederherstellen, setzt sich als neue unveröffentlichte Version an die Spitze der Versionshistorie. Möchten Sie diese neue Version Ihren Benutzern zur Verfügung stellen, müssen Sie diese erst veröffentlichen.

Verbindungen einer App abrufen

Hinter dem Reiter VERBINDUNGEN finden Sie eine Liste aller Verbindungen, die Ihre App nutzt. Abbildung 3.72 ist zu entnehmen, dass meine App ausschließlich eine Verbindung zu SharePoint benutzt.

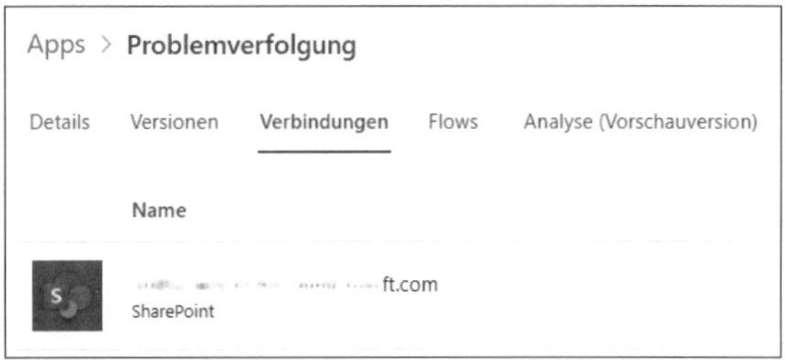

Abbildung 3.72 Verbindungen

Diese Informationen sind wichtig, damit Sie grundsätzlich nachschauen können, welche Systeme Ihre App angebunden hat.

Integrierte Flows einer App abrufen

Der Reiter FLOWS zeigt Ihnen, welche Power Automate Cloud Flows Ihre App benutzt. Damit sind nur die Flows gemeint, die direkt durch Ihre App aufgerufen werden.

Abbildung 3.73 Eine Übersicht über die Flows

Eine App analysieren

Für die stetige Verbesserung Ihrer App ist es unerlässlich, dass Sie sich regelmäßig ein Bild von der Benutzung Ihrer App machen. Der Bereich DETAILS Ihrer App gibt Ihnen im Reiter ANALYSE detaillierte Auskunft über Ihre App in Bezug auf die Indikatoren Nutzung, Leistung und Standort. Wählen Sie über das Auswahlfeld im Kopf der Seite einen der drei Indikatoren aus.

Die hier präsentierten Daten geben einen Überblick über die letzten 30 Tage. Den Zeitpunkt der letzten Aktualisierung finden Sie in der rechten oberen Ecke der Anzeige.

Auf der rechten Seite der Reports finden Sie verschiedene Filter, die Ihnen eine Detaillierung der Daten, zum Beispiel nach Land und/oder Device, ermöglichen.

Nutzung (Usage)

Hier erfahren Sie, mit welchen Devices Ihre App genutzt wurde, wie oft sie aufgerufen wurde, die Anzahl der aktiven Nutzer je Tag und welche Player-Version jeweils genutzt wurde (siehe Abbildung 3.74).

Letztere Information ist insbesondere dann interessant, wenn Ihnen Fehler gemeldet werden, die eventuell auf einer veralteten Player-Version beruhen. In diesem Fall fordern Sie die entsprechenden Benutzer auf, die Power Apps App auf dem genutzten Gerät zu aktualisieren.

Abbildung 3.74 Nutzung der App

Player

Wenn Sie eine App benutzen, wird sie immer in einem Player gestartet. Auf Ihrem mobilen Endgerät ist das die Power Apps App. Aber auch im Browser wird Ihre App in einer Webseite wiedergegeben, die auf einer bestimmten Programmcode-Version beruht. Die Version können Sie in den App-Einstellungen (siehe Abschnitt 4.2.4) ändern.

Leistung (Performance)

Lange Ladezeiten führen zu Frust. Das kennen Sie von sich selbst, wenn Sie lange auf eine Webseite warten müssen. Genauso geht es aber auch den Nutzern Ihrer App.

Eine lange Zeit, die die App möglicherweise benötigt, bis der erste Bildschirm zur Anzeige kommt, lässt darauf schließen, dass der Code in der Methode `App.OnStart` (siehe Abschnitt 4.2.1 und Abschnitt 5.6) überarbeitet werden sollte, denn diese Methode wird besonders dazu genutzt, Daten vorzuladen, damit die Datenzugriffe über das Internet während der Benutzung minimiert werden.

In dem Fall in Abbildung 3.75 sehen wir lange Startzeiten, die auf einem umfangreichen Datencaching beruhen, damit die Performance während der App-Benutzung optimiert wird und Datenzugriffe gegen die angebundenen Datenquellen minimiert werden.

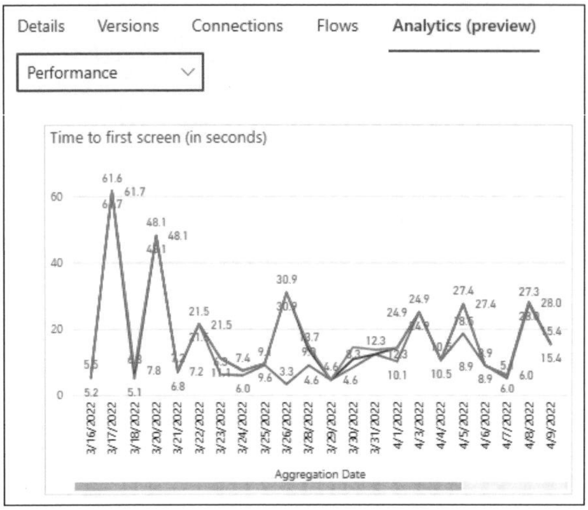

Abbildung 3.75 Performance der App

Standort (Location)

Der Standort-Report (Location) zeigt die Verwendung Ihrer App in Bezug auf die Länder, in denen die App genutzt wird. In Abbildung 3.76 sehen wir ganz klar, dass die App besonders in Deutschland stark frequentiert wird.

Abbildung 3.76 Standorte, wo Ihre App genutzt wird

Nutzen Sie auch hier die Filtermöglichkeiten, um etwas tiefer in die Daten einzusteigen.

App-ID ermitteln

Ich bin bereits kurz auf die *App-ID* eingegangen. Sie benötigen diese ID zum Beispiel für den Aufruf Ihrer App per Link und damit für die Umsetzung von Deeplinks oder die Nutzung der Power-Apps-Admin-Konnektoren.

Sie finden die App-ID entweder in den App-DETAILS, die Sie über das Kontextmenü Ihrer App im Maker Portal erreichen (siehe Abbildung 3.77), oder in den App-Einstellungen (siehe Abbildung 3.78), die Sie im Power Apps Studio erreichen.

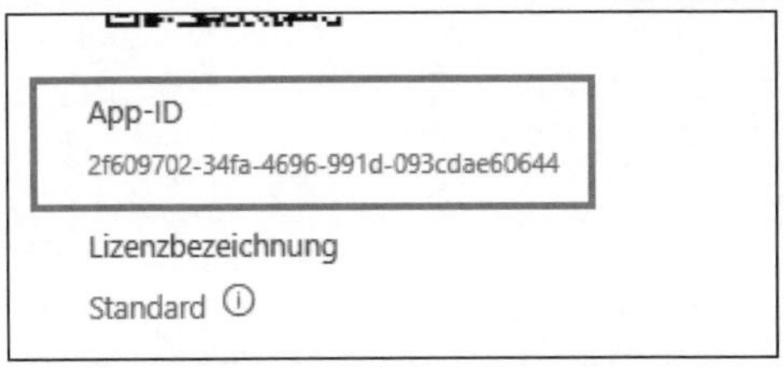

Abbildung 3.77 App-ID in den App-Details

Abbildung 3.78 App-ID aus den Sitzungsdetails abrufen

3.6 Wechseln der Umgebung

Im Seitenkopf sehen Sie, in welcher Umgebung Sie derzeit arbeiten. Im Standard haben Sie genau eine Umgebung, die Default-Umgebung, die durch das nachgestellte (DEFAULT) gekennzeichnet ist. Haben Sie Zugriff auf mehrere Umgebungen, wie es oft im Unternehmensumfeld der Fall ist, so haben Sie hier die Möglichkeit, die Umgebung zu wechseln.

Klicken Sie hierfür auf den Umgebungsselektor, woraufhin sich auf der rechten Seite Ihres Browsers eine Auswahl der verfügbaren Umgebungen öffnet.

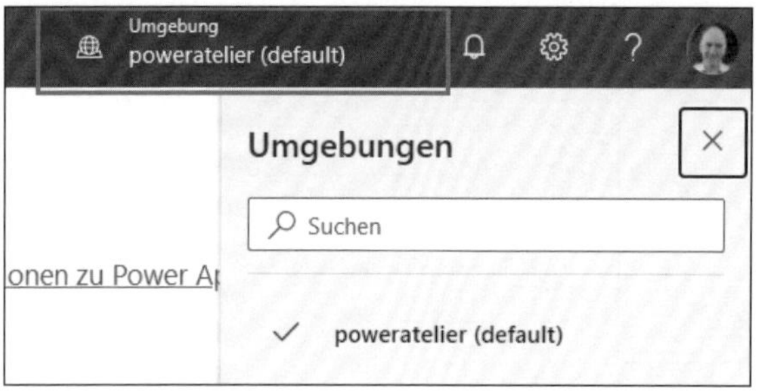

Abbildung 3.79 Wechseln der Umgebung im Maker Portal

Selektieren Sie die gewünschte Umgebung, und das Maker Portal stellt Ihnen alle Apps, Flows, Bots, KI-Modelle etc. bereit, die in der jeweiligen Umgebung vorhanden und gegebenenfalls mit Ihnen geteilt sind.

Mehr zum Thema Umgebungen erfahren Sie in Kapitel 13.

3.7 Einstellungen

Das kleine Zahnrad, das Ihnen auch im Power Apps Studio begegnen wird, erlaubt es Ihnen, weitere Einstellungen vorzunehmen.

Sobald Sie auf das Zahnrad klicken, öffnet sich ein Bereich auf der rechten Seite Ihres Browsers und stellt Ihnen eine Reihe von Einstellmöglichkeiten zur Verfügung (siehe Abbildung 3.80).

In den folgenden Abschnitten erläutere ich die Möglichkeiten, die sich hier für Sie ergeben.

Admin Center aufrufen

Sofern Sie über die Rolle des Tenant Admin bzw. O365 Global Admin verfügen oder aber Administrator der aktuell gewählten Umgebung sind, erreichen Sie über den Punkt ADMIN CENTER das Power Platform Admin Center.

Abbildung 3.80 Einstellungen im Maker Portal

> **Recherche nach PPAC**
> Wenn Sie im Internet nach dem Admin Center recherchieren, erhalten Sie auch unter der gängigen Abkürzung PPAC gute Ergebnisse.

Pläne einsehen

Wählen Sie den Menüpunkt PLÄNE, um Ihre aktuellen Lizenzen abzufragen. Wie in Abbildung 3.81 zu sehen, verfügt mein Benutzer über die Power-Apps-Lizenz, die in dem Office 365-Abo enthalten ist.

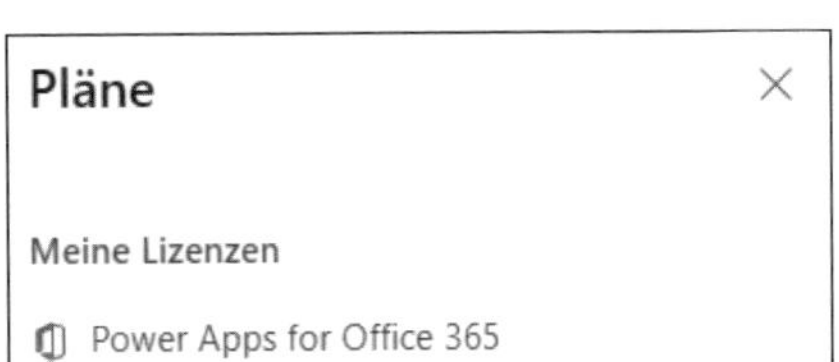

Abbildung 3.81 Lizenzen abfragen

Diese Information ist insbesondere dann wichtig, wenn in einer App Premium-Funktionen verwendet werden und Sie die App nicht starten können, da Ihnen die notwendige Lizenz fehlt.

Erweiterte Einstellungen

Durch Wahl des Menüpunkts ERWEITERTE EINSTELLUNGEN gelangen Sie in den Bereich des Dynamics 365 und können hier sehr viel weiter gehende Einstellungen vornehmen.

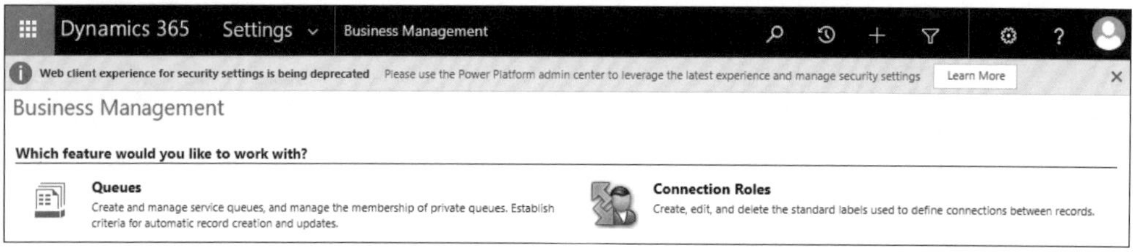

Abbildung 3.82 Erweiterte Einstellungen

Da ich mich in diesem Buch an Anfänger und Fortgeschrittene richte, gehe ich hier nicht tiefer auf diese Möglichkeiten ein.

Sitzungsdetails

Unter dem Menüpunkt SITZUNGSDETAILS erhalten Sie umfangreiche Informationen zu Ihrer aktuellen Session (TIMESTAMP und SESSION-ID), aber auch Umgebungsinformationen wie TENANT ID, ORGANIZATION ID, die ENVIRONMENT ID sowie die geografische Verortung Ihrer Umgebung, zum Beispiel »EU« (siehe Abbildung 3.83).

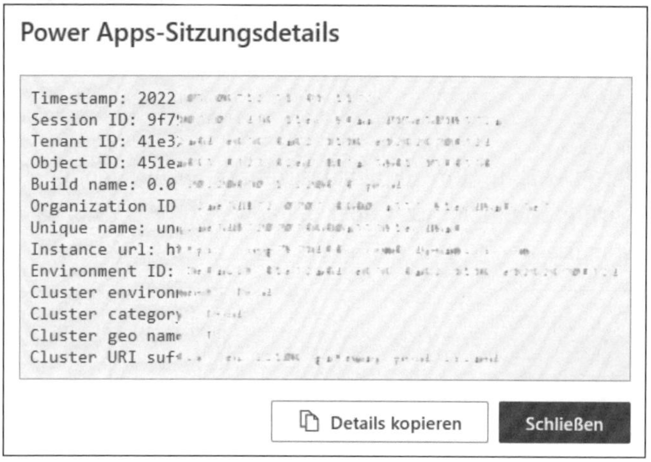

Abbildung 3.83 Sitzungdetails abrufen

Sollten Sie einmal in die Verlegenheit kommen, wegen einer Funktionsstörung mit dem Microsoft Support kommunizieren zu müssen, so finden Sie hier alle notwendigen Informationen. Zudem benötigen Sie diese Daten, wenn Sie anderweitig mit Ihrem Tenant kommunizieren wollen, wenn Sie zum Beispiel PCF-Komponenten oder benutzerdefinierte Konnektoren entwickeln.

Die Sitzungsdetails öffnen sich in einem Pop-up, das Sie über die Schaltfläche SCHLIESSEN wieder loswerden. DETAILS KOPIEREN übernimmt die Informationen in die Zwischenablage, sodass Sie sie mit [Strg]+[V] oder Rechtsklick und EINFÜGEN in eine E-Mail übernehmen können.

Entwicklerressourcen

Der Menüpunkt ENTWICKLERRESSOURCEN zeigt Ihnen weitere technische Informationen an, die für Sie in der fortgeschrittenen Entwicklung mit der Power Platform wichtig sind.

Abbildung 3.84 Entwicklerressourcen

Merken sollten Sie sich hier den Link zum Entwicklercenter, der Sie in einem neuen Tab zur zentralen Power-Apps-Dokumentation leitet. Hier finden Sie viele hilfreiche Informationen und Anleitungen für Ihre Power-Apps-Entwicklung.

Sprache ändern, Benachrichtigungen abonnieren und Verzeichnisse

Wählen Sie den Menüpunkt POWER APPS-EINSTELLUNGEN, um die Anzeigesprache der Weboberfläche zu ändern oder einen Newsletter zu abonnieren. Es öffnet sich nun ein Dialog, der Ihnen zwei Auswahlen anbietet.

Sprache und Uhrzeit

Dieser Punkt ist per Default angewählt und ermöglicht Ihnen die Wahl einer neuen Sprache inklusive des passenden Uhrzeitformats für Ihre Oberfläche.

Abbildung 3.85 Sprache wechseln

Sobald Sie Ihre Wahl mit SPEICHERN bestätigen, erscheint eine Aufforderung, die Seite zu aktualisieren. Klicken Sie dafür auf den Text SIE MÜSSEN DIE SEITE AKTUALISIEREN, UM DIE SPRACHE ZU AKTUALISIEREN.

Benachrichtigungen

Hier haben Sie die Möglichkeit, einen Newsletter mit Informationen rund um die Power Platform zu bestellen. Wählen Sie dafür auch hier die Sprache aus, in der Sie Ihre Informationen erhalten möchten. Schalten Sie das Abonnement ein, indem Sie den Schalter NEWSLETTER ABONNIEREN auf EIN setzen. Setzen Sie den Schalter auf AUS, um das Abonnement abzubestellen.

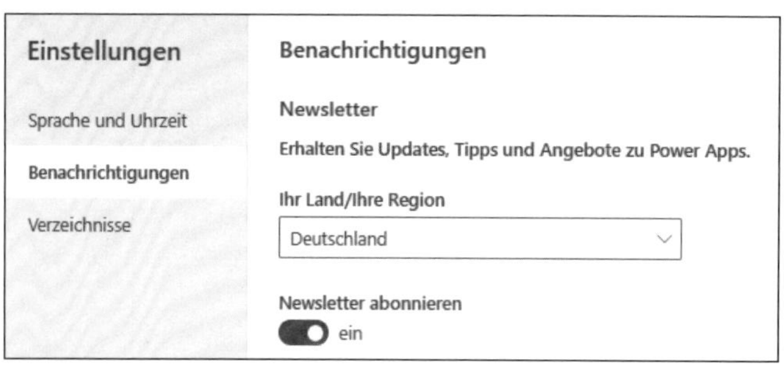

Abbildung 3.86 Newsletter bestellen

Verzeichnisse

Sofern der Benutzer, mit dem Sie im Browser angemeldet sind oder der Benutzer, mit dem Sie an Ihrem Rechner angemeldet sind, Zugriff auf mehrere Tenants (hier *Ver-*

zeichnisse genannt) besitzt, können Sie in diesem Menü zwischen ihnen wechseln. Nach dem Wechsel wird das Maker Portal neu geladen (siehe Abbildung 3.87).

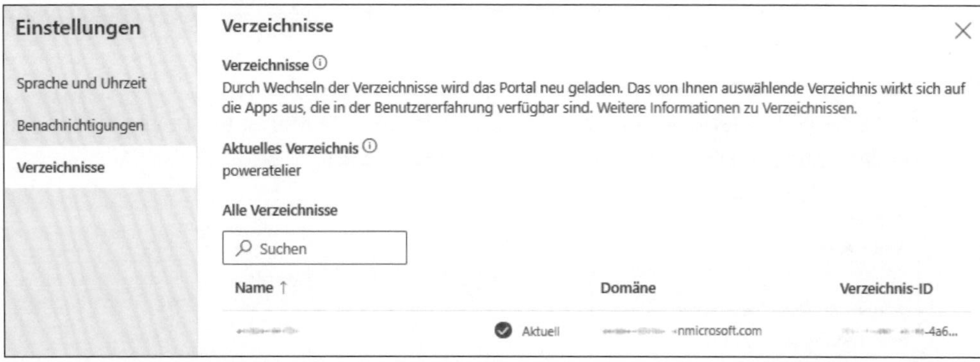

Abbildung 3.87 Wechseln zwischen Verzeichnissen

In allen drei Dialogen können Sie per Druck auf die Schaltfläche VERWERFEN Ihre nicht gespeicherten Einstellungen rückgängig machen.

Schließen Sie den Dialog durch das kleine X, oder klicken Sie einfach außerhalb des Dialogs auf die Webseite.

Design des Seitenkopfs anpassen

Mögen Sie es gerne ein bisschen bunt? Auch das ist kein Problem, denn durch die Wahl eines anderen Designs beeinflussen Sie das Aussehen des Seitenkopfs.

Abbildung 3.88 Design des Seitenkopfs ändern

Klicken Sie einfach auf eines der aufgelisteten Designs, und der Seitenkopf ändert sich umgehend. Im Standard sehen Sie hier nur eine kleine Auswahl der verfügbaren Designs. Erweitern Sie die Auswahl durch Klick auf ALLE ANZEIGEN. Verringern Sie die Anzahl wieder, indem Sie ALLE AUSBLENDEN wählen.

Abbildung 3.89 Designauswahl

Leider können zurzeit keine eigenen Designs hochgeladen werden, aber auch so bringen Sie ein bisschen Farbe ins Spiel.

Kontobezogene Daten ändern

Möchten Sie Ihre SPRACHE UND ZEITZONE, Ihr KENNWORT oder die KONTAKTEINSTELLUNGEN ändern, so finden Sie drei gleichlautende Menüpunkte, die Sie zu den entsprechenden Dialogen leiten (siehe Abbildung 3.90).

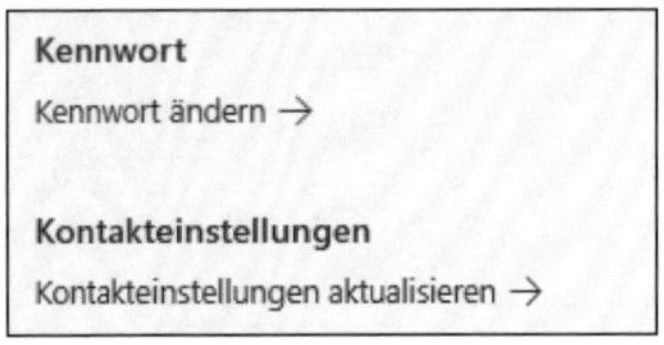

Abbildung 3.90 Schnelleinstieg in die kontobezogenen Daten

Diese Punkte sind als Schnellzugriff zu verstehen, da Sie dieselben Einstellungen vornehmen können, indem Sie auf Ihr Profilfoto in der Kopfzeile klicken und KONTO ANZEIGEN auswählen.

3.8 Hilfe

Wählen Sie diesen Punkt, um einen schnellen Einstieg in die Dokumentation, weiterführende Informationen, den Support oder die Power Platform Community zu erhalten.

Abbildung 3.91 Hilfe im Maker Portal

Kapitel 4
Die ersten Schritte mit dem Power Apps Studio

In Kapitel 3 haben Sie das Maker Portal kennengelernt. Sie wissen, wie Sie Apps anlegen und verwalten können. Nun lernen Sie das Power Apps Studio kennen, mit dem Sie Ihre Apps entwickeln werden.

In diesem Kapitel lernen Sie das Power Apps Studio kennen: Ihr Werkzeug, um neue Canvas Apps zu erstellen oder vorhandene Apps anzupassen. Navigieren Sie in Ihrem Browser zu *https://make.powerapps.com*, um zum Maker Portal zu gelangen. Von dort aus erstellen Sie entweder eine neue App oder öffnen eine Ihrer vorhandenen Apps zur Bearbeitung im Power Apps Studio.

4.1 Aufbau des Power Apps Studios

Während Sie das Maker Portal für die Verwaltung Ihrer Apps nutzen, dient das Power Apps Studio dazu, Apps zu entwickeln. Es gliedert sich in zwölf Bereiche:

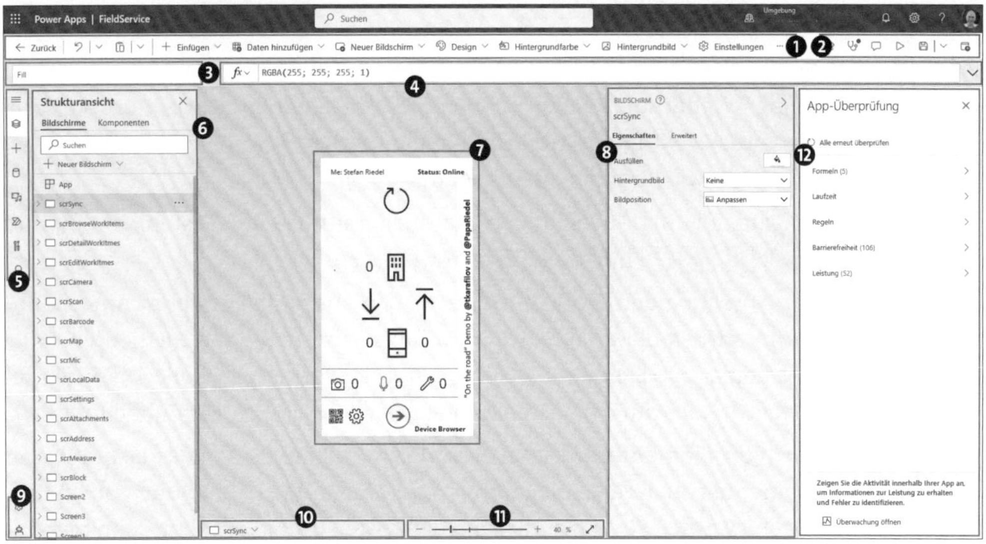

Abbildung 4.1 Die Bereiche des Power Apps Studios

- ❶ (Dynamische) Befehlsleiste
- ❷ App-Aktionen
- ❸ Eigenschaftenliste
- ❹ Bearbeitungsleiste
- ❺ App-Erstellungsmenü
- ❻ Strukturansicht
- ❼ Zeichenbereich/Canvas/Bildschirm
- ❽ Eigenschaftenbereich
- ❾ Virtueller Agent und App-Eigenschaften
- ❿ Bildschirmauswahl
- ⓫ Größenänderung
- ⓬ App-Überprüfung

Der Bereich der App-Überprüfung ist üblicherweise geschlossen. Er wurde hier für die Beschreibung geöffnet dargestellt.

4.1.1 Dynamische Befehlsleiste

Hier haben Sie alles im Zugriff, um Ihre App zu gestalten und mit Leben zu füllen. Die dynamische Befehlsleiste stellt Ihnen immer die meistgenutzten Befehle zur Verfügung, abhängig davon, welches Gestaltungselement Ihrer App Sie zurzeit bearbeiten. Dazu gehören die Bildschirme und alle Elemente, die Sie auf einem Bildschirm platzieren.

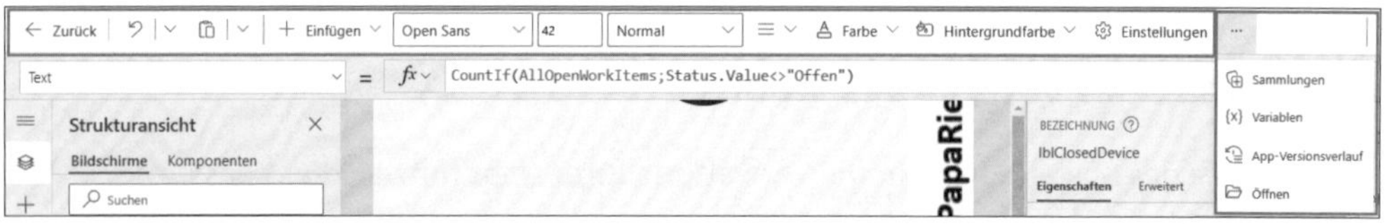

Abbildung 4.2 Zugriff auf Ihre Komponenten

- **Zurück:** Hier gelangen Sie zurück in das Maker Portal.
- **Rückgängig/Wiederholen:** Hier können Sie jeweils einen Schritt zurückgehen, also eine vorher getätigte Aktion rückgängig machen bzw. einen rückgängig gemachten Schritt wiederholen (❶ in Abbildung 4.3).

  Die Rückgängig-Funktion betätigen Sie auch mithilfe der Tastenkombination Strg+Z. Strg+Y holt einen Schritt wieder zurück.
- **Einfügen/Ausschneiden/Kopieren:** Diese auch aus vielen anderen Anwendungen bekannten Befehle erlauben das Einfügen von kopierten Elementen. Ausschneiden kopiert ein Element und löscht es an der vorherigen Stelle. Die Funktion EINFÜGEN liegt auch auf der Tastenkombination Strg+V (❷ in Abbildung 4.3).
- **Einfügen (von Elementen):** Dieser Befehl öffnet eine Liste aller verwendbaren Steuerelemente von der Texteingabe bis zur Kamera (❹ in Abbildung 4.3). Im EINFÜGEN-Menü werden Sie vermutlich am häufigsten unterwegs sein, denn hier finden Sie alles, um die Benutzeroberfläche Ihrer App zu gestalten. Sie haben einen

schnellen Zugriff auf alle verfügbaren Steuerelemente, die Sie für die Entwicklung Ihrer Apps benötigen.

Darüber hinaus können Sie hier Ihrer App, wie im Home-Menü auch, neue Bildschirme hinzufügen.

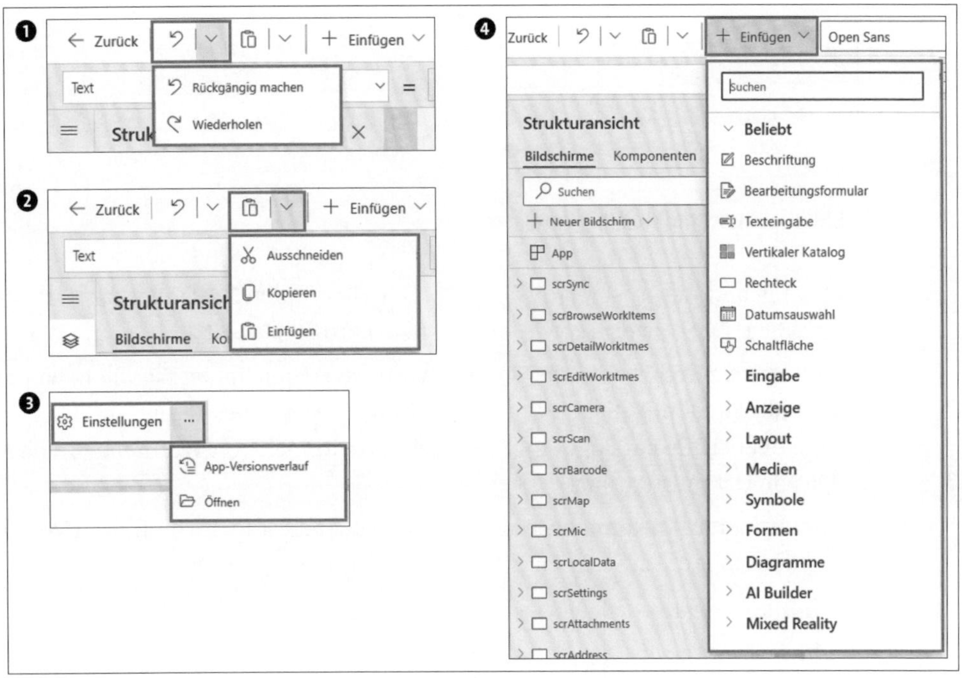

Abbildung 4.3 Immer verfügbare Befehle

Sämtliche Elemente sind nach Ihrem Einsatzbereich gruppiert:

- Unter BELIEBT finden Sie die beliebtesten oder besser gesagt die am meisten genutzten Elemente in Power Apps (siehe Abbildung 4.4).

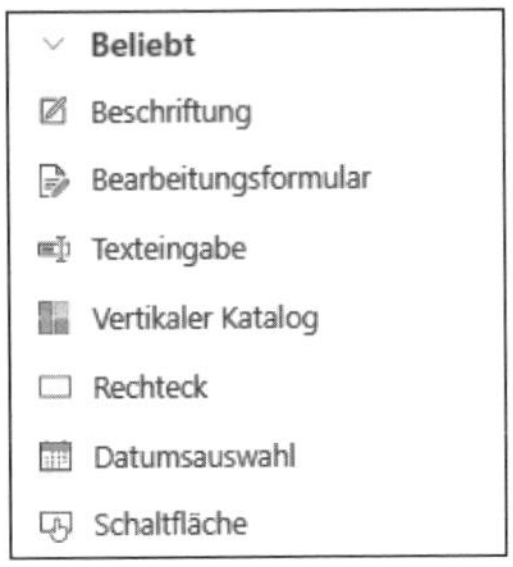

Abbildung 4.4 Die beliebtesten Steuerelemente im schnellen Zugriff

- Im Bereich EINGABE finden Sie alle Elemente für die Eingabe von Informationen per Maus, Stift oder Tastatur (siehe Abbildung 4.5). Zudem erreichen Sie hier das

Anzeige- und BEARBEITUNGSFORMULAR für die schnelle Anzeige und Bearbeitung von Daten aus externen Datenquellen wie *SharePoint*, *Dataverse* oder *SQL Server*. Stöbern Sie einmal herum. Sie werden überrascht sein, welche Möglichkeiten sich aus dem reichhaltigen Angebot an Bildschirmelementen ergeben.

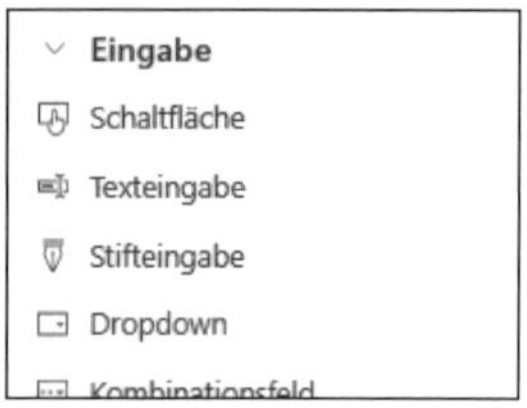

Abbildung 4.5 Eingabeelemente

- Der Bereich ANZEIGE ist relativ übersichtlich. Hier finden Sie das Beschriftungselement, die HTML-Anzeige sowie das veraltete Forms-Element.
- Den Bereich LAYOUT werden Sie öfter besuchen. Hier finden Sie die mächtigen Container-Elemente, die die Grundlage für ein responsives Design Ihrer App bilden, aber auch die Kataloge (engl. Galeries), die ein wichtiges Werkzeug für die Anzeige von Datenlisten sind.
- Im Bereich MEDIEN können Sie alles vom Bild über die Kamera bis hin zur Vermessungskomponente auswählen (siehe Abbildung 4.6).

Abbildung 4.6 Verfügbare Medienelemente

- Der Bereich SYMBOLE stellt Ihnen eine stetig wachsende Sammlung an Symbolen zur Verfügung, die vor allem dabei helfen, die Bedienung ihrer App zu optimieren (siehe Abbildung 4.7).

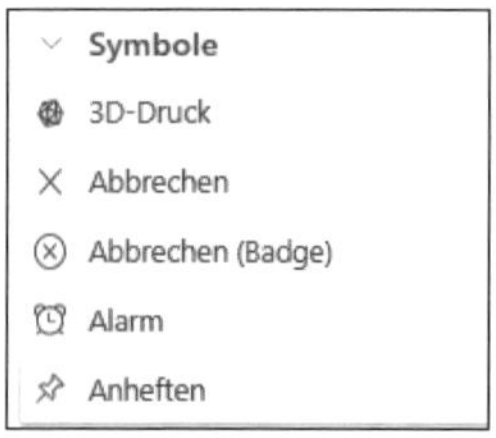

Abbildung 4.7 Symbole helfen bei der Bedienung Ihrer App.

- Rechtecke, Sterne und Kreise finden Sie im Bereich FORMEN.
- Die in die App integrierten DIAGRAMME sind sehr einfach gehalten, aber sehr hilfreich zur Visualisierung Ihrer Daten, ohne dass Sie ein weiteres Tool wie zum Beispiel Power BI integrieren müssten (siehe Abbildung 4.8). Falls Ihnen aber dennoch der Sinn nach der Integration eines Power-BI-Dashboards steht, nutzen Sie die POWER BI-KACHEL.

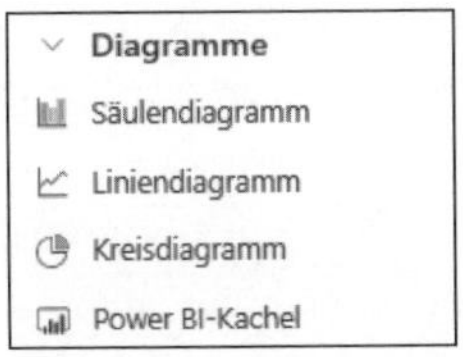

Abbildung 4.8 Diagrammelemente in Power Apps

Mehr zu Diagrammen erfahren Sie in Abschnitt 5.2.26.

- Beim AI BUILDER handelt es sich um Komponenten, die Sie die Dienste der künstlichen Intelligenz auf Ihre Daten anwenden lassen.

Abbildung 4.9 AI-Builder-Komponenten

Die verfügbaren Komponenten reichen von der Texterkennung in Dokumenten über Objekterkennung bis hin zur Verarbeitung von Belegen beispielsweise für einen automatischen Rechnungseingang.

Der kleine Diamant deutet es an: Diese Funktionen sind Premium-Features und benötigen eine Per-User- oder Per-App-Lizenz für alle Benutzerinnen und Benutzer.

Dokumentation der AI-Builder-Komponenten

Mehr zu den AI-Builder-Komponenten erhalten Sie in der offiziellen Dokumentation unter folgendem Link:

https://learn.microsoft.com/de-de/ai-builder/use-in-powerapps-overview

- Die MIXED-REALITY-Komponenten (kurz MR) lassen Sie Informationen aus der echten Welt in Form eines Kamerabildes in Ihre App einblenden. Kombinieren Sie nun einfach 3D-Objekte mit dem Echtbild, um sich zum Beispiel vorzustellen, wie der neue Monitor auf Ihrem Schreibtisch aussehen würde.

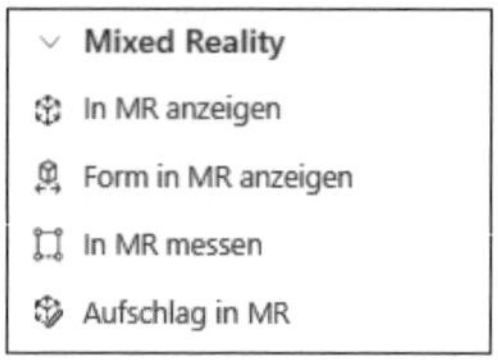

Abbildung 4.10 Komponenten der Mixed Reality

[»]

> **Dokumentation der MR-Komponenten**
>
> Mehr zu den MR-Komponenten erhalten Sie in der offiziellen Dokumentation unter folgendem Link:
>
> *https://learn.microsoft.com/de-de/power-apps/maker/canvas-apps/mixed-reality-overview*

- Der Menüpunkt EINSTELLUNGEN leitet Sie zum Einstellungsmenü für Ihre App. Hier nehmen Sie Basiseinstellungen vor, wie das App-Logo, den Namen und die Beschreibung, aber auch Einstellungen mit weitreichenden Auswirkungen.

  Aufgrund der Vielfalt an Funktionen finden Sie Details zu diesem Dialog in einem eigenen Abschnitt, nämlich in Abschnitt 4.2.

- Den APP-VERSIONSVERLAUF (*Version History*) können Sie nicht nur aus dem Maker Portal abrufen, sondern auch direkt aus dem Power Apps Studio anspringen. Dieser Befehl öffnet einen Bereich an der rechten Bildschirmseite, wo Ihnen alle Versionsstände der App angezeigt werden. Details zur Versionierung haben Sie in Abschnitt 3.5 erfahren (siehe Abbildung 4.11).

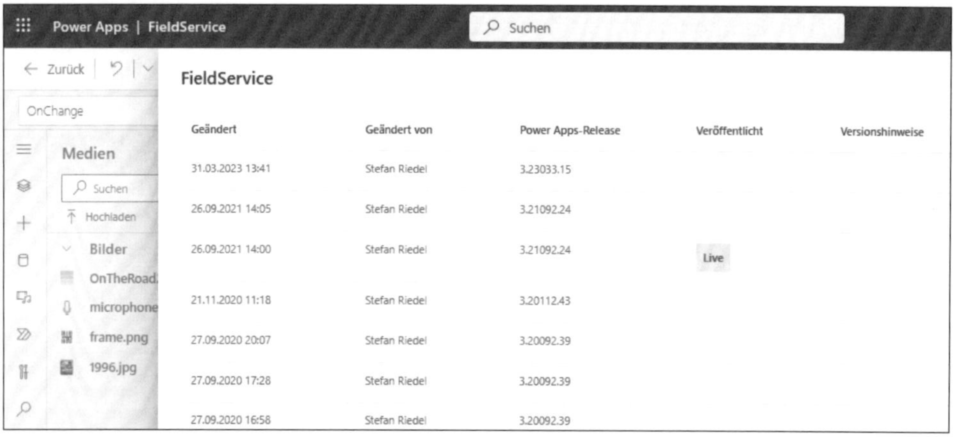

Abbildung 4.11 Der App-Versionsverlauf

- Aus dem Menü ÖFFNEN gelangen Sie zum ehemaligen DATEI-Menü. Neben der Möglichkeit, eine neue App zu öffnen bzw. eine hochzuladen, können Sie hier ebenfalls einen Blick auf Ihre Sammlungen und Variablen werfen. Darüber hinaus sehen Sie dort alle Ihre hochgeladenen Medien, geben Ihre App frei oder speichern sie als neue Version oder unter einem anderen Namen ab (siehe Abbildung 4.12).

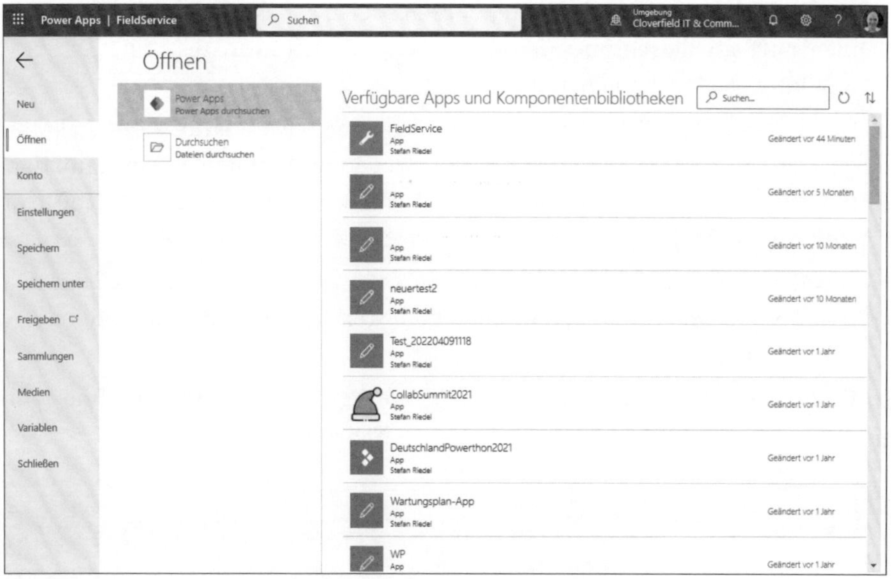

Abbildung 4.12 Bereich zum Öffnen und Speichern Ihrer App

- Die Funktion Neuer Bildschirm erlaubt Ihnen die Auswahl einer Bildschirmvorlage für einen neuen Bildschirm in Ihrer App. Da dieser Punkt sehr detailliert in Abschnitt 5.2.2 über die Verwendung von Bildschirmen behandelt wird, gehe ich direkt zum nächsten Punkt über.
- Ihre Power App verfügt über zahlreiche Designvorlagen, mit denen Sie das Farbschema Ihrer App mit einem Klick ändern können (siehe Abbildung 4.13). Der Menüpunkt Design ist nur dann sichtbar, wenn Sie den App-Knoten oder einen Bildschirm in der Strukturansicht markiert haben.

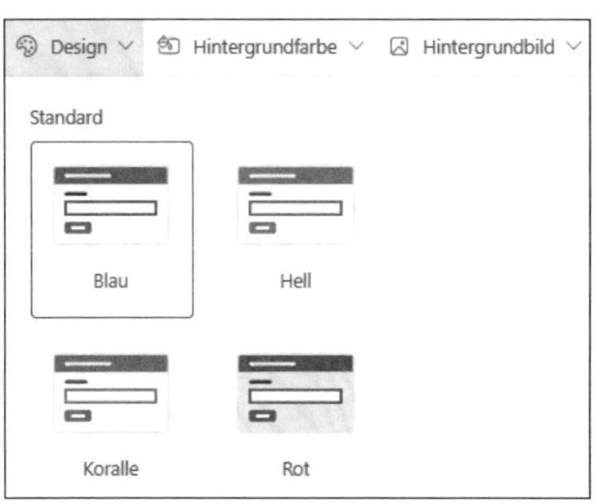

Abbildung 4.13 Designauswahl

Leider ist es zurzeit noch nicht möglich, weitere Designs auf herkömmlichem Wege auszutauschen oder neue hinzuzufügen.

- Verändern Sie mit der Funktion NEU ANORDNEN, ob ein markiertes Element um eine Ebene nach vorne oder hinten rücken oder aber das oberste oder unterste Element auf dem Bildschirm sein soll. Mehr dazu finden Sie in Abschnitt 5.2.1 zur Verwendung von Steuerelementen.
- Um mehrere Elemente an einer Kante oder einer Achse auszurichten, stellt Ihnen die Funktion AUSRICHTEN passende Werkzeuge zur Verfügung. Diese Funktion ist nur dann sichtbar, wenn Sie mindestens zwei Elemente auf Ihrem Bildschirm markiert haben.
- Sobald Sie ein Text-Steuerelement wie zum Beispiel eine Texteingabe oder ein Beschriftungselement markieren, werden die Textformatierungsfunktionen in der dynamischen Befehlsleiste aktiv.

  Unter TEXTFORMATIERUNG können Sie die Schriftart, Schriftgröße und Schriftdicke sowie die Textausrichtung einstellen (siehe Abbildung 4.14).

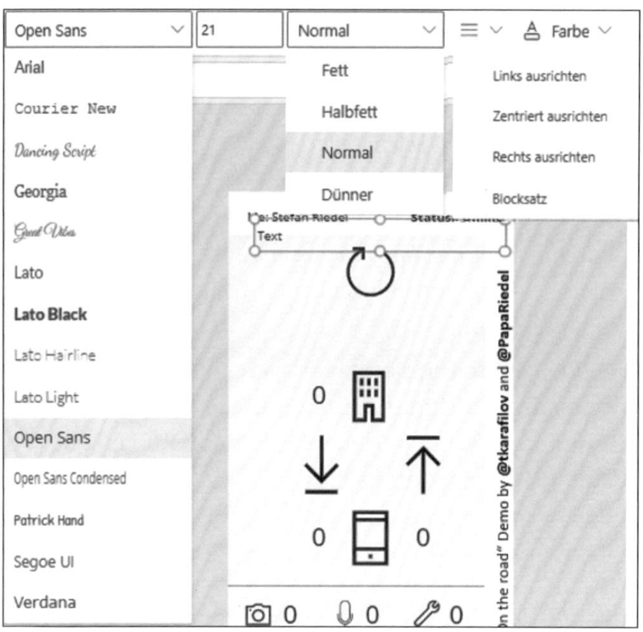

Abbildung 4.14 Textformatfunktionen

- Die Funktion GRUPPIEREN erlaubt das Zusammenfassen von mehreren Elementen zu einer Einheit. Aber Achtung! Löschen Sie die Gruppe, löschen Sie alle darin befindlichen Elemente. Möchten Sie die Gruppe auflösen, aber die Elemente darin behalten, so nutzen Sie die Funktion GRUPPIERUNG AUFHEBEN aus dem Kontextmenü der Elemente in der Strukturansicht. Details zur Gruppierung von Elementen sowie zu den Vor- und Nachteilen von Gruppen erhalten Sie in Abschnitt 5.2.1 zur Verwendung von Steuerelementen.

- Moderne Apps haben sehr selten Schaltflächen für die Benutzerinteraktion. Meist finden Sie kleine SYMBOLE, mit denen Sie Ihre Eingaben bestätigen oder durch die einzelnen Bildschirme navigieren.

  Diese Möglichkeit haben Sie auch in Ihrer Power App, denn Symbole verfügen, genau wie eine Schaltfläche auch, über das `OnSelect`-Event, über das Sie Interaktionen mit den Benutzerinnen und Benutzern verarbeiten können.

  Eine Suche sowie eine Filterfunktion helfen Ihnen bei der Auswahl (siehe Abbildung 4.15). Mehr zur Verwendung von Symbolen erfahren Sie in Abschnitt 5.2.15.

Abbildung 4.15 Symbolauswahl

- Für alle Elemente, die eine Farb- oder Fülleigenschaft besitzen, können Sie unter FARBE/HINTERGRUNDFARBE sehr einfach eine Farbe aussuchen und zuweisen.

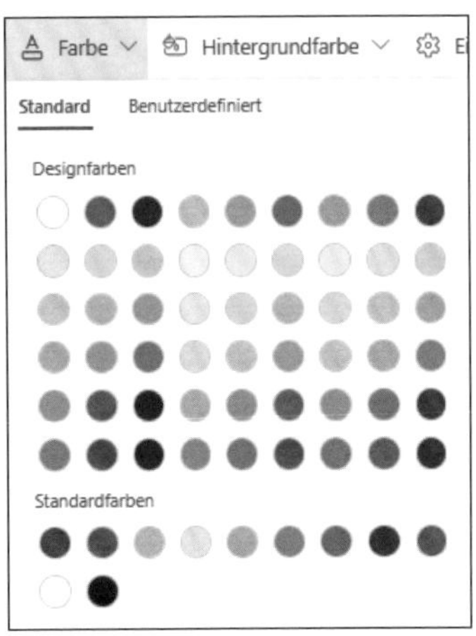

Abbildung 4.16 Farbauswahl

> **Transparent fehlt**
>
> Wenn Sie den Farbdialog aus dem Eigenschaftenbereich eines Steuerelements betrachten, wird Ihnen auffallen, dass Sie dort auch die Transparenz auswählen können. Diese Option fehlt hier.

- Erlaubt das von Ihnen markierte Steuerelement die Auswahl eines Hintergrundbildes wie zum Beispiel bei Bildschirmen, so wird die Funktion HINTERGRUNDBILD in der dynamischen Befehlsleiste aktiv. Wählen Sie hier bequem aus den von Ihnen bereits hochgeladenen Bildern aus, oder fügen Sie neue Bilder hinzu.

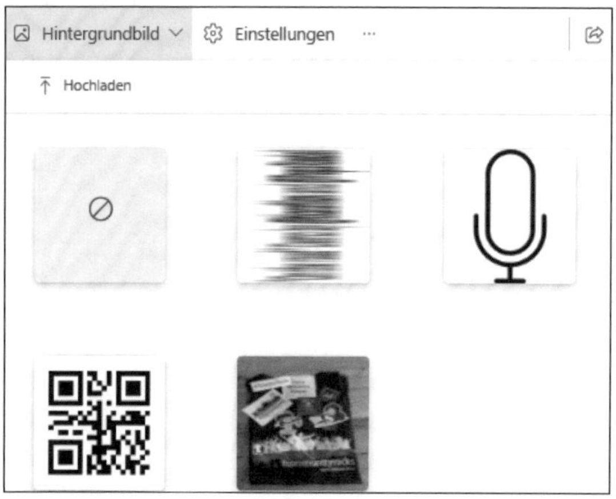

Abbildung 4.17 Auswahl eines Hintergrundbildes

4.1.2 App-Aktionen

Die App-Aktionen finden Sie rechts neben der dynamischen Befehlsleiste, auf der rechten Seite des Bildschirms (siehe Abbildung 4.18).

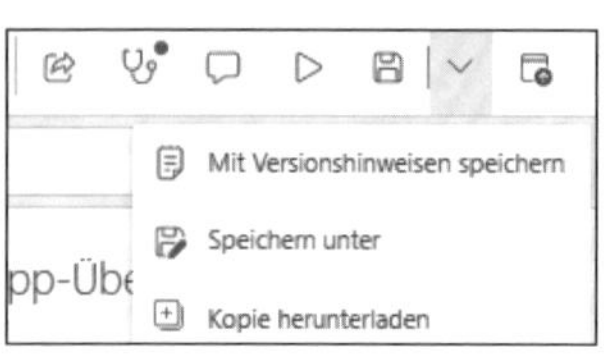

Abbildung 4.18 App-Aktionen

- **Für andere Benutzer freigeben:** Die Funktion des Freigebens finden Sie auch an weiteren Stellen des Power Apps Studios. Nähere Informationen finden Sie in der Beschreibung des Maker Portals in Abschnitt 3.5.
- **App-Überprüfung (App Checker):** Direkt neben dem App-Namen finden Sie die Funktion der App-Überprüfung. Diese Funktion zeigt Ihnen Laufzeitfehler, Fehler

im Programmcode, aber auch Optimierungsmöglichkeiten für Ihre App an (siehe Abbildung 4.19).

Abbildung 4.19 App-Überprüfung

Sobald ein Fehler in Ihrer App entdeckt wird, zeigt das kleine Stethoskop über einen kleinen roten Punkt an, dass Handlungsbedarf besteht.

- **Kommentare:** Dieser Befehl öffnet einen Dialog auf der rechten Bildschirmseite, wo Sie Kommentare zur App einsehen und verwalten können. Mehr zur Kommentarfunktion finden Sie in Abschnitt 4.1.9.
- **Vorschau der App anzeigen:** Möchten Sie Ihr Werk einmal in voller Aktion begutachten, so können Sie den aktuellen Entwicklungsstand durch die *Vorschau* testen. Diese Funktion erreichen Sie auch mit dem Shortcut `F5`.

  Nach Ausführung dieser Funktion wird der im Studio zurzeit editierte Bildschirm aufgerufen und der darin befindliche Programmcode ausgeführt.

  Möchten Sie nur Teilfunktionen Ihres Bildschirms testen, zum Beispiel den Code hinter einem `OnSelect`-Ereignis einer Schaltfläche, können Sie im Power Apps Studio mit gedrückter `Alt`-Taste und einem Linksklick den gewünschten Code ausführen.
- **Speichern:** Betätigen Sie das Disketten-Symbol, so wird die App direkt unter einer neuen Version gespeichert.

Automatisches Speichern

Sie können in den App-Einstellungen unter EINSTELLUNGEN • ALLGEMEIN die Funktion AUTOMATISCH SPEICHERN aktivieren. Die App wird nun alle zwei Minuten gespeichert. Eine neue Version wird dabei nicht erzeugt.

- **Mit Versionshinweisen speichern:** Diese Funktion öffnet einen Dialog, der es Ihnen ermöglicht, Versionshinweise zu vergeben. Ich empfehle Ihnen dringend, diese Funktion zu nutzen, um Änderungen in der App besser nachvollziehen zu können.

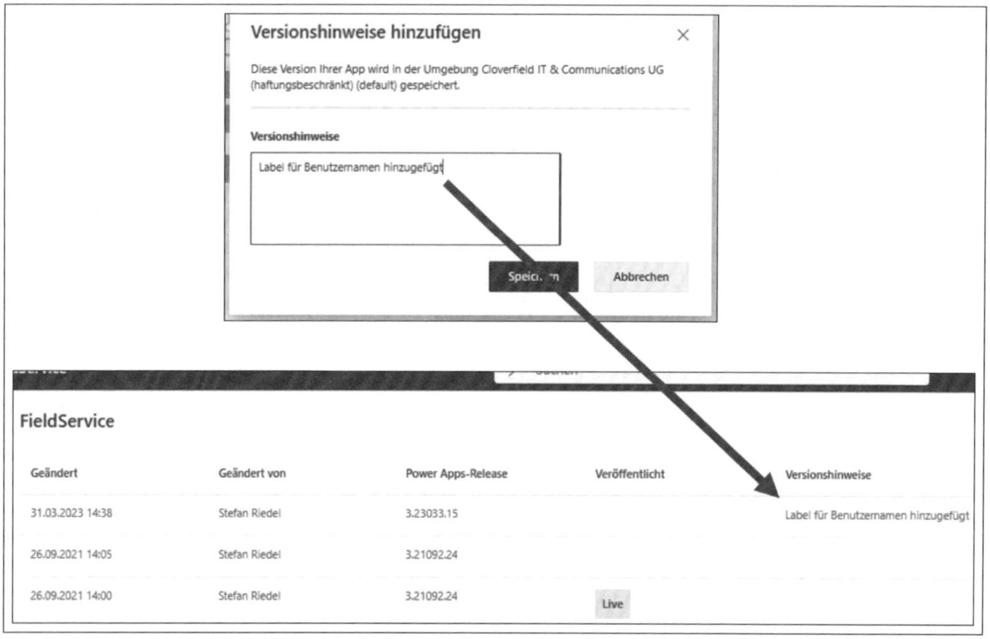

Abbildung 4.20 Versionshinweise angeben

[»]

Speichern mit Versionshinweisen nicht aktiv

Haben Sie aus Versehen SPEICHERN anstatt SPEICHERN MIT VERSIONSHINWEISEN ausgewählt, so müssen Sie nur eine Kleinigkeit in Ihrer App ändern und die Änderung wieder rückgängig machen, damit die Funktion zur Angabe eines Versionshinweises wieder aktiv ist.

Im Anschluss an das Speichern werden Sie gefragt, ob Sie die aktuelle Version veröffentlichen wollen. Dies ist dann sinnvoll, wenn Sie den aktuellen Entwicklungsstand mit den Benutzerinnen und Benutzern Ihrer App teilen wollen.

- **Speichern unter:** Möchten Sie eine Kopie der App anlegen, können Sie das mit SPEICHERN UNTER vornehmen. Geben Sie im folgenden Dialog aus Abbildung 4.21 einfach Ihren Wunschnamen ein, und bestätigen Sie Ihre Wahl mit SPEICHERN.
- **Kopie herunterladen:** Sie können Ihre App auch auf Ihren Rechner herunterladen. Dabei hilft Ihnen der Befehl KOPIE HERUNTERLADEN. Die Datei wird als *.msapp*-Datei in Ihrem Downloadverzeichnis gespeichert (siehe Abbildung 4.22).

Abbildung 4.21 App unter einem anderen Namen speichern

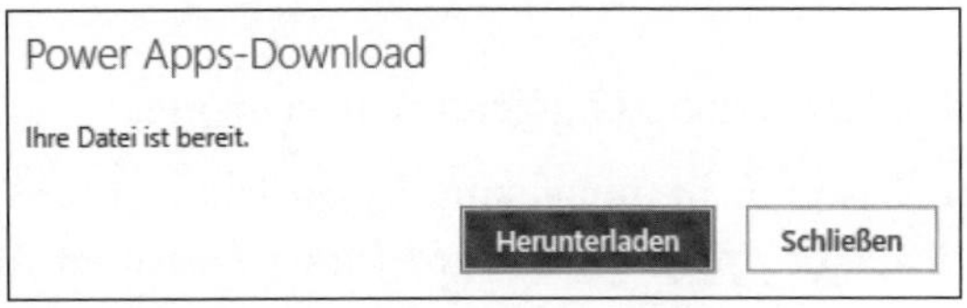

Abbildung 4.22 Kopie einer App herunterladen

Msapp-Dateien können Sie mit dem Befehl ÖFFNEN der dynamischen Befehlsleiste laden.

4.1.3 Das App-Erstellungs-Menü

Hier haben Sie Zugriff auf Ihre Ressourcen, die Strukturansicht der App sowie die verfügbaren Gestaltungselemente. Zusätzlich erreichen Sie von hier aus die ERWEITERTEN TOOLS wie das *Test Studio* und den *Power Apps Monitor*. Laden Sie hier Bilder und Videos hoch, die Sie in Ihrer App verwenden möchten, und verbinden Sie Ihre App mit der Außenwelt.

Das Menü unterteilt sich in einige Funktionsblöcke, die ich Ihnen strukturiert vorstellen möchte.

Strukturansicht

Die *Strukturansicht* zeigt Ihnen den Aufbau Ihrer App mit ihren Bildschirmen, Schaltflächen und Eingabekomponenten. Jedes Element, das Sie auf einem *Bildschirm* platzieren, wird auch automatisch der Strukturansicht hinzugefügt. Ein zweiter Bereich dient der Verwaltung von Komponenten und wird im Anschluss an den folgenden Abschnitt über die Bildschirme beschrieben.

Damit Sie auch in großen Apps Ihre Bildschirmelemente wiederfinden, verfügt die Strukturansicht über eine Suchfunktion (siehe Abbildung 4.23).

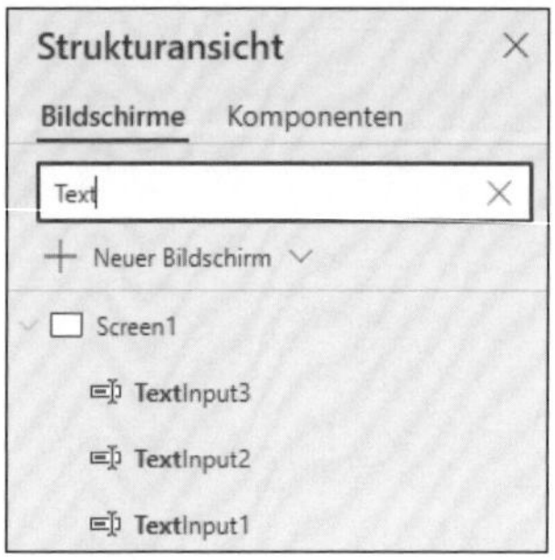

Abbildung 4.23 Suche nach einem Element in Ihrer App

Bildschirme

Eine Besonderheit liegt in der Reihenfolge der dort aufgeführten Elemente:

- Der oberste Bildschirm – sofern Sie ihn nicht umbenannt haben, lautet er *Screen1* – wird als Erstes aufgerufen, sobald die App geöffnet wird. Dieses Verhalten können Sie durch die Eigenschaft `StartScreen` der App überschreiben. Mehr dazu finden Sie in Abschnitt 5.6 über den Lebenszyklus einer App.
- Die Reihenfolge der einzelnen Elemente eines Bildschirms repräsentiert gleichzeitig den *Z-Index* des Elements. Der Z-Index bestimmt die Reihenfolge der *Überlappung* der einzelnen Elemente. Eine Texteingabe an oberster Stelle der Strukturansicht überdeckt somit eine darunter liegende Beschriftung an gleicher X- und Y-Position.

Wollen Sie die Reihenfolge von Elementen ändern, sie umbenennen, ausrichten oder mehrere Elemente gruppieren, so nutzen Sie das Kontextmenü der Strukturansicht, das Sie über die Dreipunktschaltfläche neben dem Steuerelement erreichen.

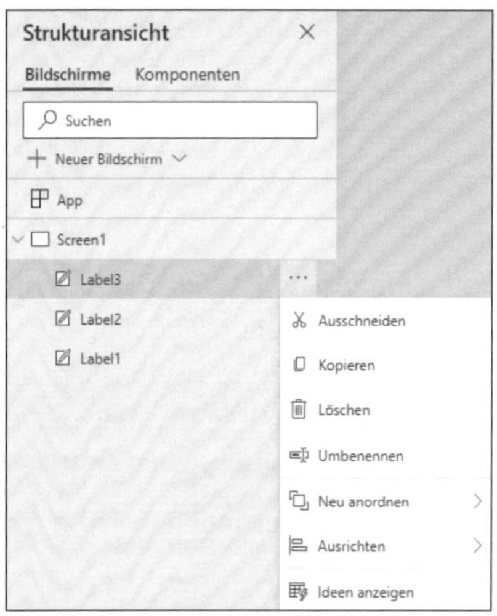

Abbildung 4.24 Kontextmenü der Strukturansicht

Markieren Sie mehrere Elemente, entfällt die Funktion zum UMBENENNEN. Stattdessen erhalten Sie die Funktion zum GRUPPIEREN der ausgewählten Elemente, wie in Abbildung 4.25 zu sehen.

Abbildung 4.25 Kontextmenü bei mehreren ausgewählten Elementen

Wählen Sie das Kontextmenü eines Bildschirms aus, wie in Abbildung 4.26 zu sehen, finden Sie dort Funktionen zum Einfügen von kopierten oder ausgeschnittenen Elementen sowie zum Ein- und Ausklappen der Bildschirmstruktur.

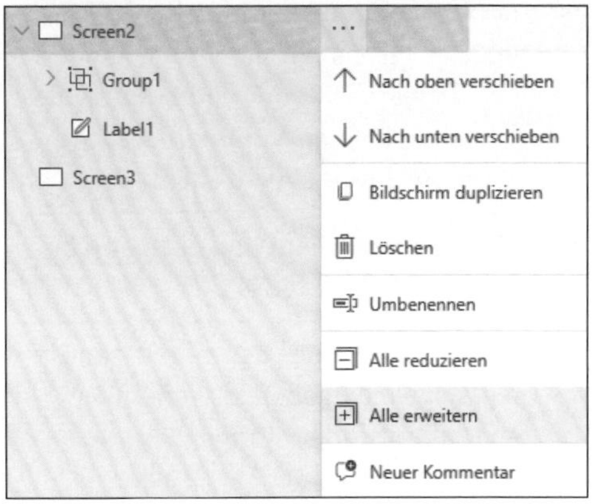

Abbildung 4.26 Kontextmenü eines Bildschirms

Befindet sich mehr als ein Bildschirm in Ihrer App, so können Sie die Reihenfolge mittels NACH UNTEN VERSCHIEBEN oder NACH OBEN VERSCHIEBEN ändern.

Jedes Element eines Bildschirms verfügt, wie der Bildschirm selbst auch, über ein Kontextmenü (siehe Abbildung 4.26). Die verfügbaren Funktionen werden in Abhängigkeit vom Elementtyp sichtbar oder unsichtbar.

In Tabelle 4.1 finden Sie eine Beschreibung der einzelnen Befehle sowie den Kontext, in dem die Befehle zur Verfügung stehen.

Befehl	Kontext	Beschreibung
Ausschneiden	Element, Gruppe oder Container innerhalb eines Bildschirms	Diese Funktion entfernt das Element aus der Struktur und lässt es Sie an einer anderen Stelle wieder einfügen.
Kopieren	Element, Gruppe oder Container innerhalb eines Bildschirms	Belässt das Element, wo es ist, übernimmt aber eine Kopie in die Zwischenablage.
Bildschirm duplizieren	Bildschirm	Erzeugt eine Kopie des Bildschirms und fügt die Nummer _1 an den Namen des neuen Bildschirms sowie alle darin befindlichen Elemente an.
Nach oben verschieben/Nach unten verschieben	Bildschirm	Diese Funktion ändert die Bildschirmreihenfolge. Sofern Sie keinen StartScreen am App-Knoten definiert haben, wird immer der oberste Bildschirm zuerst geöffnet.
Einfügen	Bildschirm, Gruppe und Container	Fügt ein ausgeschnittenes Element in Container oder Bildschirm ein. Sind Elemente mit gleichem Namen vorhanden, wird der Name des neu eingefügten Elements durch einen Nummernzusatz erweitert. Aus `Label4` wird `Label4_1`.
Löschen	alle	Entfernt das Element und alle darin befindlichen Elemente.
Umbenennen oder alternativ [F2], wenn das Element markiert ist	alle	Wandelt den Namen des markierten Elements in ein Eingabefeld. Ändern Sie den Namen, und bestätigen Sie ihn durch Betätigung der [↵]-Taste. 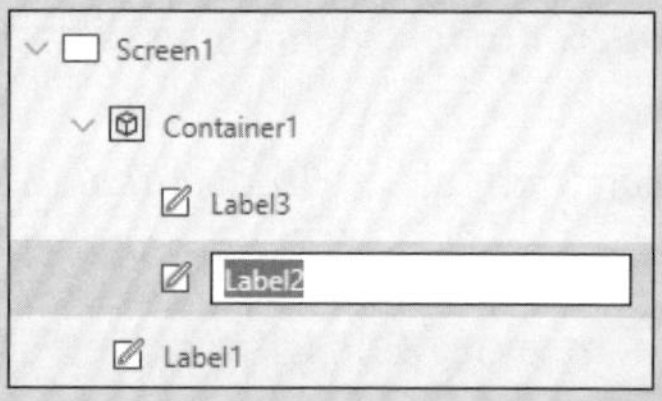 **Abbildung 4.27** Umbenennen eines Elements in der Strukturansicht

Tabelle 4.1 Funktionen des Kontextmenüs in der Strukturansicht

<table>
<tr><th>Befehl</th><th>Kontext</th><th>Beschreibung</th></tr>
<tr><td>GRUPPIEREN</td><td></td><td>Erzeugt eine Gruppe und fügt die markierten Elemente unterhalb der Gruppe ein.
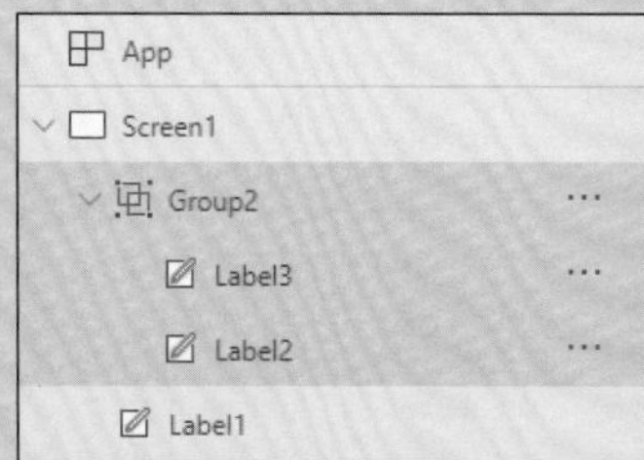

Abbildung 4.28 Erzeugen einer Gruppe in der Strukturansicht</td></tr>
<tr><td>GRUPPIERUNG AUFHEBEN</td><td>Gruppe</td><td>Löst die Gruppe auf und setzt die enthaltenen Elemente an die aktuelle Position.</td></tr>
<tr><td>ZU CONTAINER HINZUFÜGEN</td><td>Gruppe</td><td>Entfernt die Gruppe und ersetzt sie durch einen Container. (Siehe auch Abschnitt 5.2.25)
Das Erzeugen eines Containers ohne den Zwischenschritt einer Gruppe ist über die Strukturansicht derzeit nicht möglich.
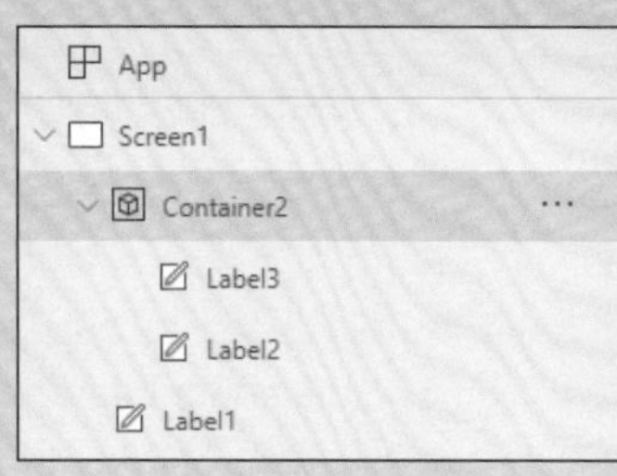

Abbildung 4.29 Wandeln einer Gruppe in einen Container</td></tr>
<tr><td>CONTAINER ENTFERNEN</td><td>Container</td><td>Entfernt den Container und fügt die darin enthaltenen Elemente an der aktuellen Position in die Struktur ein.</td></tr>
</table>

Tabelle 4.1 Funktionen des Kontextmenüs in der Strukturansicht (Forts.)

Befehl	Kontext	Beschreibung
ALLE REDUZIEREN (Alternativ: Klicken Sie auf das Chevron-Symbol neben dem Namen des Elements.)	Bildschirm, Container, Gruppe	Klappt alle Elemente unterhalb des aktiven Elements in der Strukturansicht zusammen, sodass nur noch das aktive Element sichtbar ist. 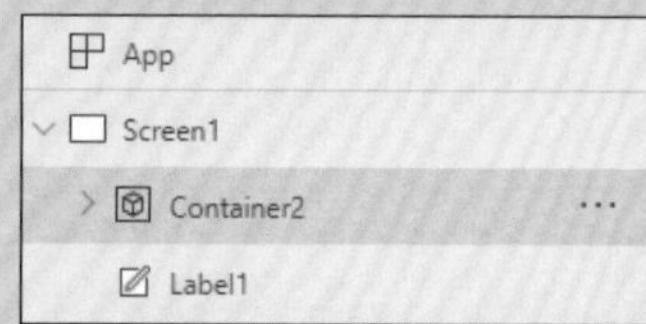 **Abbildung 4.30** Reduzierter Container
ALLE ERWEITERN (Alternativ: Klicken Sie auf das Chevron-Symbol neben dem Namen des Elements.)	Bildschirm, Container, Gruppe	Klappt alle Elemente unterhalb des aktiven Elements in der Strukturansicht auf, sodass alle Elemente unterhalb des aktiven Elements sichtbar sind. 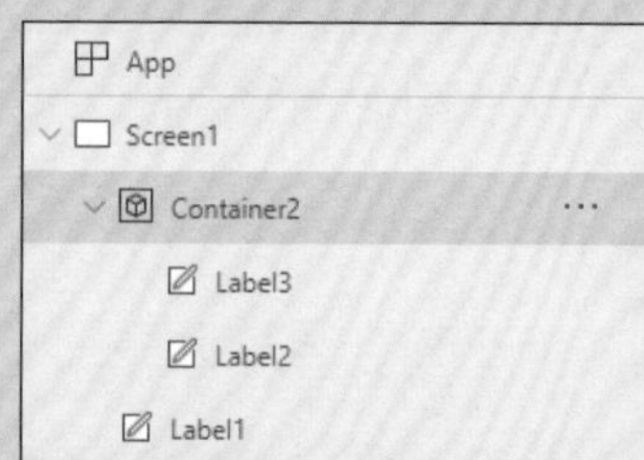 **Abbildung 4.31** Erweiterter Container
NEU ANORDNEN	alle außer Bildschirme	Verändert den *Z-Index* des Elements und damit die Überlappung von Elementen auf dem Zeichenbereich sowie die Position innerhalb der Strukturansicht.
AUSRICHTEN	alle außer Bildschirme	Diese Funktion erlaubt das Ausrichten von einem oder mehreren markierten Elementen innerhalb einer Gruppe, eines Containers oder eines Bildschirms. Mehr dazu finden Sie in Abschnitt 5.2.1 zur Verwendung von Steuerelementen.

Tabelle 4.1 Funktionen des Kontextmenüs in der Strukturansicht (Forts.)

Elemente suchen

In großen Apps wird das Auffinden eines Elements, wie einer Texteingabe oder einer Schaltfläche, mitunter sehr mühselig. Für diesen Zweck steht Ihnen eine Suche über alle Elemente innerhalb Ihrer App zur Verfügung. Geben Sie einfach den Namen des Elements in das Suchfeld ein, und die Strukturansicht filtert Ihnen alle Elemente heraus, die Ihrer Suchanfrage entsprechen (siehe Abbildung 4.32).

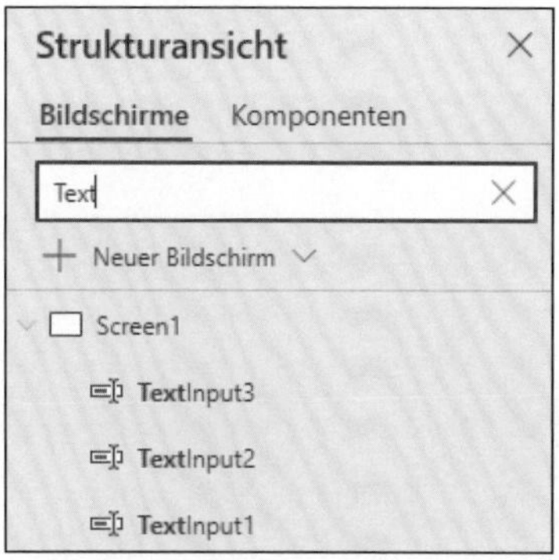

Abbildung 4.32 Suche nach einem Element in Ihrer App

[+]

Regeln helfen

Ich empfehle Ihnen dringend, sich eine Richtlinie für die Benennung Ihrer Elemente zuzulegen, um Ordnung in Ihre App zu bekommen. Mehr dazu erfahren Sie in Abschnitt 5.2.25.

Komponenten

Neben den Bildschirmen finden Sie in der Strukturansicht auch den Menüpunkt KOMPONENTEN. Komponenten sind wiederverwendbare Teile einer App, die aus mehreren einzelnen Bildschirmelementen bestehen. Typische Anwendungsbereiche für eine *Komponente* sind zum Beispiel Menüs sowie Kopf- und Fußbereiche, die Sie auf mehreren Bildschirmen nutzen möchten. Änderungen, die Sie an einer Komponente vornehmen, werden dann automatisch an allen Stellen aktualisiert, an denen die Komponente zur Anwendung kommt.

Neben den Komponenten, die Sie auf mehreren Bildschirmen innerhalb einer App nutzen können, können Sie auch appübergreifende *Komponentenbibliotheken* erstellen. Mehr zur Entwicklung von Komponenten und Komponentenbibliotheken erfahren Sie in Abschnitt 5.3.

Einfügen (+)

Unter EINFÜGEN (+) finden Sie alle verfügbaren Komponenten, die Sie auf Ihrem Zeichenbereich pixelgenau positionieren können. Sie finden hier exakt dieselben Elemente des Menüpunkts EINFÜGEN aus der dynamischen Befehlsleiste.

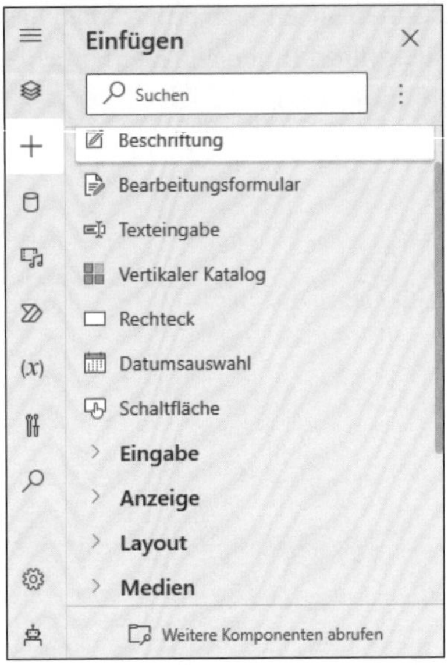

Abbildung 4.33 Einfügen von Komponenten

Daten

Der Bereich DATEN dient der Verwaltung der Datenverbindungen Ihrer App. Fügen Sie hier Verbindungen zu SQL Server, SharePoint, Exchange oder Teams hinzu. Aktuell sind weit über 1000 Verbindungen verfügbar.

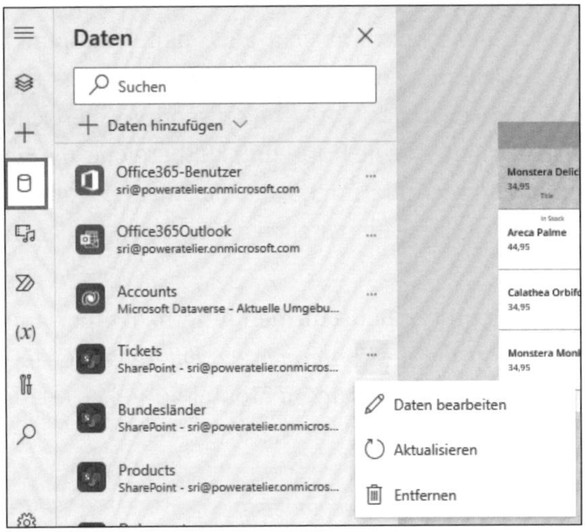

Abbildung 4.34 Datenverbindungen in Ihrer App

Ein Kontextmenü lässt Sie die Datenquelle aktualisieren oder entfernen (siehe Abbildung 4.34). Einige Datenquellen stellen Ihnen darüber hinaus die Möglichkeit zur

Verfügung, die Daten direkt zu bearbeiten. Im Falle der Datenverbindung zu *SharePoint* öffnet sich bei der Auswahl von DATEN BEARBEITEN die zugehörige SharePoint-Liste.

Medien

Im Bereich MEDIEN verwalten Sie alle Medien, also *Bilder* und *Videos*, die Sie in Ihrer App verwenden möchten. Medien, die Sie hier hochladen, werden direkt mit der App verpackt und stehen zur Laufzeit ohne Ladezeiten zur Verfügung.

Nutzen Sie diese Möglichkeiten für statischen Inhalt, also Bilder oder Symbole, die Sie als Schaltfläche oder Illustration verwenden wollen, sowie Hintergrundbilder oder Videos in Ihrer App, die sich nur sehr selten ändern.

Die Maximalkapazität beträgt 200 MB, wobei ein einzelnes Medium die Grenze von 64 MB nicht überschreiten darf.

Liegen Ihre Bilder in externen Datenquellen wie OneDrive, SharePoint oder Azure BLOB Storage, binden Sie diese per URL in Ihre App ein. Ein Szenario, bei dem Sie Daten besser in externen Datenquellen verwalten, sind Produktkataloge oder Videoportale. Zum einen wären die oben erwähnten Kapazitätsbeschränkungen hinderlich. Zum anderen ist die Verwaltung der Medien außerhalb der App deutlich komfortabler, denn für die Änderung von Bildern oder Videos müssten Sie stets in den Entwicklungsmodus der App wechseln.

Medien, die Sie hier hochladen, können Sie innerhalb der App einfach durch die Verwendung des Namens nutzen. Abbildung 4.35 zeigt die Verwendung des Bildes *Kirschbaum.jpg* in der `Image`-Eigenschaft eines Bild-Steuerelements.

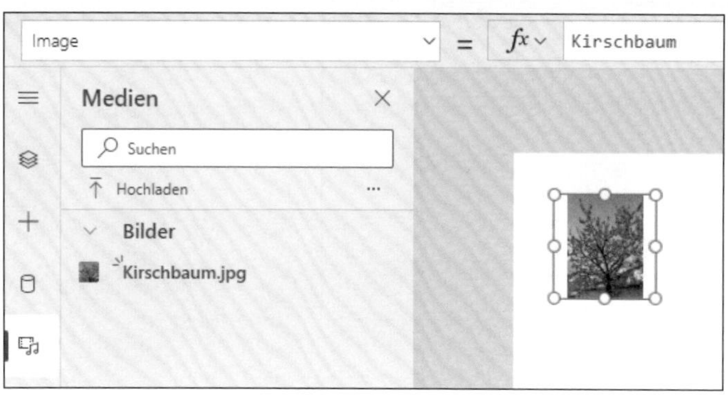

Abbildung 4.35 Verwendung von Medien in der Medienbibliothek

Auch an dieser Stelle hilft eine geschickte Nomenklatur, denn die Autovervollständigung unterstützt Sie beim Auffinden der richtigen Datei.

Sie können ein Medium auch direkt aus der Medienbibliothek verwenden, indem Sie es selektieren und über das Kontextmenü das Kommando ZUR CANVAS HINZUFÜGEN auswählen (siehe Abbildung 4.36). Prompt wird ein Bild-Steuerelement auf Ihrem Zeichenbereich platziert und über die Image-Eigenschaft mit dem ausgewählten Bild verknüpft.

Abbildung 4.36 Medien verwenden oder löschen

Auf demselben Wege löschen Sie Bilder oder Videos aus Ihrer Mediensammlung. Wählen Sie im Kontextmenü des Mediums den Befehl LÖSCHEN.

Eine weitere hilfreiche Funktion betrifft das Aufräumen Ihrer Mediensammlung, denn der Speicherplatz ist begrenzt. Das Kontextmenü der Mediensammlung, die drei Punkte neben der HOCHLADEN-Funktion, stellt Ihnen den Befehl NICHT VERWENDETE MEDIEN ENTFERNEN zur Verfügung, der umgehend alle nicht genutzten Medien entfernt (siehe Abbildung 4.37).

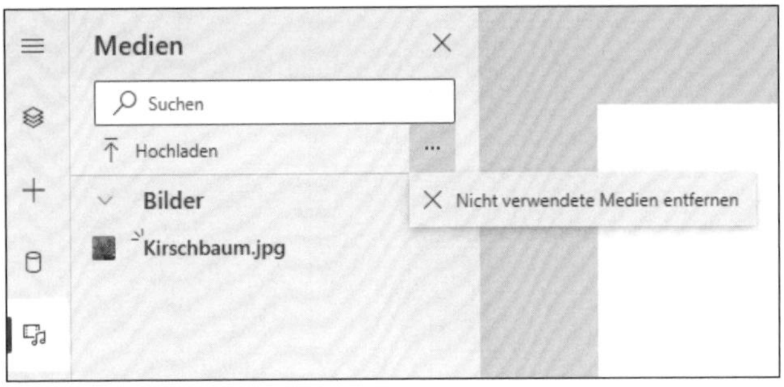

Abbildung 4.37 Nicht genutzte Medien entfernen

Power Automate

Der Bereich POWER AUTOMATE zeigt Ihnen alle Cloud-Flows, die in Ihre App eingebunden sind (siehe Abbildung 4.38).

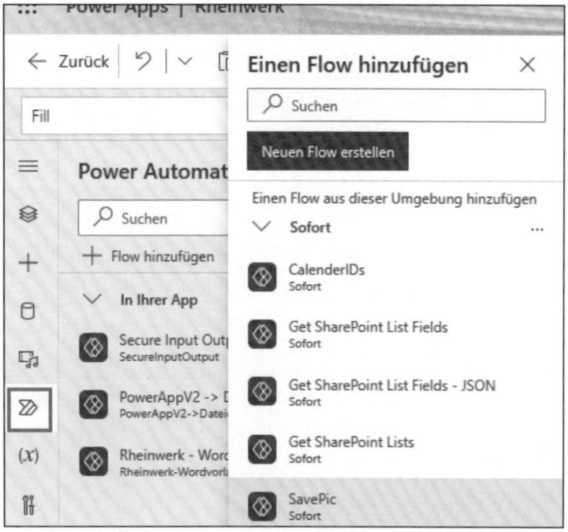

Abbildung 4.38 Cloud-Flows in Power Apps einbinden und bearbeiten

Hier können Sie Flows hinzufügen, aber auch bearbeiten, ohne das Power Apps Studio verlassen zu müssen. Nachdem Sie einen Flow bearbeitet haben, wird die Verbindung zwischen App und Flow automatisch aktualisiert, sodass Sie immer mit dem aktuellsten Stand arbeiten.

> **Power-Apps-Trigger**
> Wollen Sie einen Flow hinzufügen, werden Ihnen alle Flows mit einem Power-Apps-Trigger zur Verfügung gestellt. Die Flows müssen in derselben Umgebung liegen wie die App.

Variablen

Wenn Sie später in die Entwicklung einsteigen, werden Sie eine Vielzahl von Variablen erzeugen. Der Bereich VARIABLEN stellt Ihnen eine Möglichkeit bereit, den Inhalt von lokalen und globalen Variablen, von Komponentenvariablen und Sammlungen (Collections) einzusehen. Was Variablen sind und wie man sie verwendet, erfahren Sie in Abschnitt 5.1.8.

Erweiterte Tools

Unter dem Punkt ERWEITERTE TOOLS finden Sie sehr hilfreiche Werkzeuge für das Debugging oder Testen Ihrer App, die in Kapitel 6 detailliert beschrieben werden.

Suchen und Ersetzen

Besonders bei etwas umfangreicheren Anwendungen ist eine Suche von Texten, Objekten oder Variablen sehr hilfreich. Spezifizieren Sie über den Kategorienfilter, nach welcher Art Information Sie suchen, und tippen Sie den Suchbegriff in das Eingabefeld.

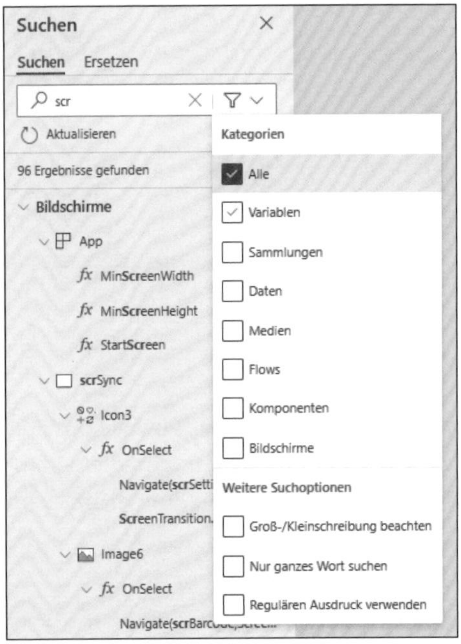

Abbildung 4.39 Suchen in Ihrer App

Das ist besonders dann hilfreich, wenn sich zum Beispiel fachliche Benennungen ändern und Sie diese in Ihrer App anpassen müssen. Anstatt nun jedes Element einzeln anfassen zu müssen, haben Sie hier eine zentrale Anlaufstelle.

Möchten Sie Bestandteile Ihrer App umbenennen, da Sie kurz vor Fertigstellung der App feststellen, dass Sie zum Beispiel die Bezeichnung einer häufig vorkommenden Variable falsch geschrieben haben, nutzen Sie die Funktion ERSETZEN.

4.1.4 Der Eigenschaftenbereich

Jedes Element (wie Schaltflächen, Beschriftungen, Bildschirme ...) Ihrer App verfügt über weitere Konfigurationsmöglichkeiten, die Sie auf der rechten Seite des Studios, im Eigenschaftenbereich, bearbeiten können (siehe Abbildung 4.40).

Abbildung 4.40 Der Eigenschaftenbereich

Mehrere Wege führen zum Erfolg

Wie Sie bis hier schon gemerkt haben, können Sie ein und dieselbe Einstellung an mehreren Positionen des Power Apps Studios vornehmen. So auch hier bei den Einstellungen.

Es gibt nicht den einen richtigen Weg, es gibt nur *Ihren* richtigen Weg.

Im Gegensatz zur Eigenschaftenliste, die Sie in Abschnitt 4.1.5 kennenlernen werden, ist die Oberfläche im Eigenschaften-Dialog auf der rechten Seite in die jeweilige Landessprache übersetzt.

Nutzen Sie den Eigenschaften-Dialog, um schnell Einstellungen vorzunehmen. Beispiele wären das Ändern eines Textes, einer Position oder einer Farbe. Wählen Sie die oben angesprochene Eigenschaftenliste, um Formeln zur Berechnung von Eigenschaftswerten zu nutzen.

Der Eigenschaften-Dialog gliedert sich in drei Unterbereiche:

- Unter EIGENSCHAFTEN finden Sie die meistgenutzten Eigenschaften, die Sie für die verschiedenen Komponenten einstellen können.

- Unter ERWEITERT finden Sie weitere Eigenschaften, aber auch die Möglichkeiten, das Verhalten der Komponenten zu steuern oder auf Ereignisse zu reagieren. Wesentlich angenehmer ist das jedoch mit dem Funktionseditor. Beachten Sie, dass sämtliche Eigenschaften dieses Dialogs mit den originalen englischen Beschriftungen versehen sind.
- Der Ideenbereich ist der erste Schritt für den Einsatz von Hilfestellungen basierend auf künstlicher Intelligenz. Aktivieren Sie den Ideenbereich in der Vorschau der bevorstehenden Funktionen (siehe Abbildung 4.41).

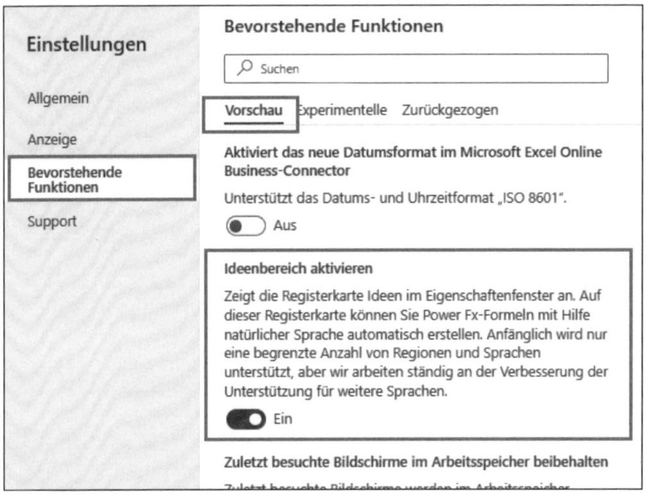

Abbildung 4.41 Ideenbereich aktivieren

Sobald Sie den Schalter umgelegt haben, wird der Eigenschaftenbereich um einen weiteren Bereich mit der Beschriftung IDEEN erweitert. In Abhängigkeit vom ausgewählten Element auf Ihrem Zeichenbereich erhalten Sie hier Hilfestellungen, um Ihre App noch besser zu machen. In Abbildung 4.42 wurde ein Beschriftungselement ausgewählt, in dem eine Frist für die Wartung eines Bauteils angezeigt wird. Das Format ist so eingestellt, dass der Monat durch seine Ordnungsnummer (November = 11) angezeigt wird.

Der Ideenbereich stellt mir nun eine Eingabe zur Verfügung, in der ich eine Wunschausgabe angeben kann. Wenn Sie sich mit den Datum-Funktionen noch nicht so gut auskennen, dann machen Sie es wie ich in diesem Beispiel und schreiben das Datum »8. November 2019«.

Die Schaltfläche GET IDEAS ermittelt nun mögliche Befehle, die Sie auf das Datum anwenden können, damit es der gewünschten Anzeige entspricht. Das Ergebnis lautet in diesem Fall:

```
Text(ThisItem.Frist; "d"; "de") & ". " & Text(ThisItem.Frist; "mmmm yyyy"; "de")
```

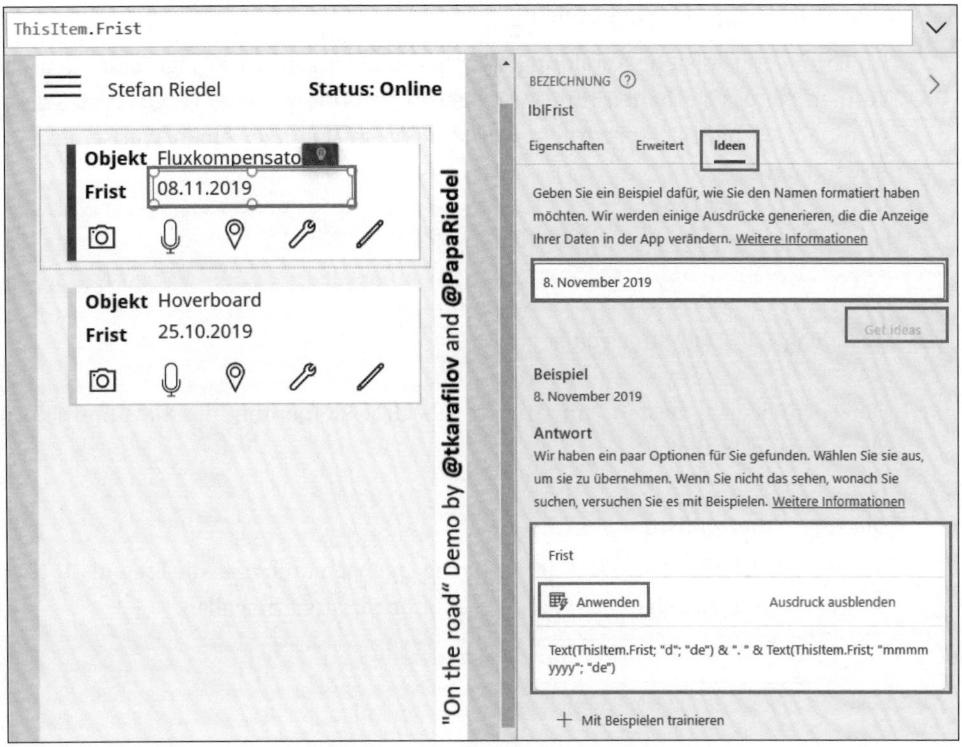

Abbildung 4.42 Wunschanzeige definieren und Code ermitteln lassen

Durch die Betätigung der Schaltfläche ANWENDEN wird der vorgeschlagene Code übernommen (siehe Abbildung 4.43).

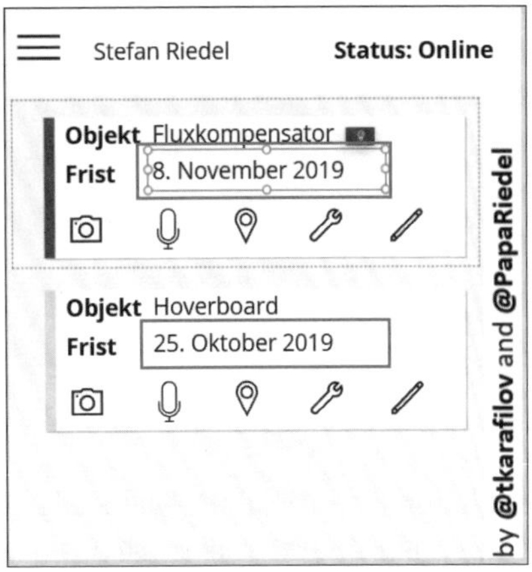

Abbildung 4.43 Anzeige des Datums nach Anwendung der Formel

4.1.5 Der Programmierbereich

Im Formeleditor (siehe Abbildung 4.44) findet die eigentliche Magie statt, denn hier können Sie das Verhalten Ihrer App ausprogrammieren. Hier reagieren Sie darauf, wenn eine Schaltfläche gedrückt wurde oder ein Benutzer einen Wert eines Dropdowns auswählt.

Abbildung 4.44 Der Formeleditor

Der Formeleditor besteht im Grunde aus drei Elementen, die Sie unterhalb des Hauptmenüs finden.

Die Eigenschaftenliste

In der Eigenschaftenliste selektieren Sie die Eigenschaften bzw. die Ereignisse, für die Sie Ihren Code schreiben bzw. deren Verhalten Sie steuern wollen.

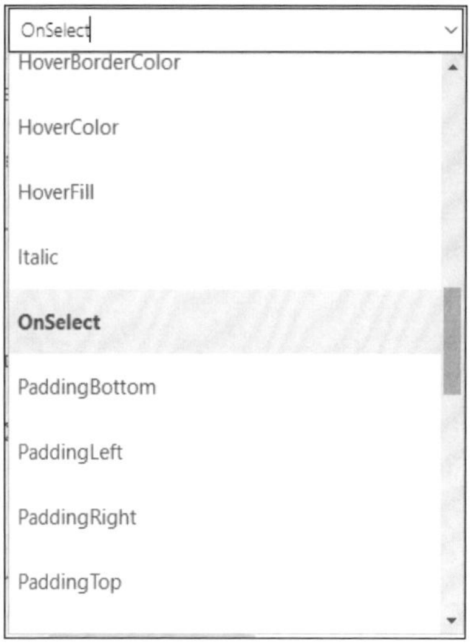

Abbildung 4.45 Die Eigenschaftenliste mit allen beschreibbaren Eigenschaften und Ereignissen eines Elements

Haben Sie eine Eigenschaft geändert, sei es durch den Eigenschaften-Dialog, den Sie im vorherigen Kapitel kennengelernt haben, oder aber über den Formeleditor, den Sie gleich kennenlernen werden, so werden diese in der Anzeige gefettet. So können Sie auf den ersten Blick erkennen, an welchen Eigenschaften oder Ereignissen Sie Änderungen vorgenommen haben. In Abbildung 4.45 ist es das `OnSelect`-Ereignis.

Die Bearbeitungsleiste

Rechter Hand finden Sie die Bearbeitungsleiste, ein Eingabefeld, in dem Sie Ihren Code schreiben können.

Der Haken auf seiner rechten Seite lässt Sie die Leiste ausklappen, was Ihnen mehr Raum für komplexere Formeln gibt. Greifen Sie sich mit der Maus den unteren Rand des Editors, können Sie die Größe weiter variieren.

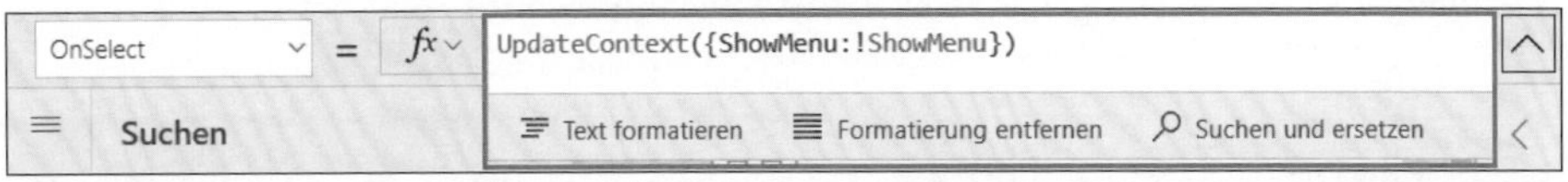

Abbildung 4.46 Erweiterter Formeleditor

Die Bearbeitungsleiste verfügt über drei Funktionen zum Formatieren des Codes sowie zum Suchen und Ersetzen von Code-Teilen.

- Über TEXT FORMATIEREN und FORMATIERUNG ENTFERNEN strukturieren Sie Ihren Code bzw. entfernen sämtliche Zeilenumbrüche. Ich empfehle Ihnen, die Finger von diesen Funktionen zu lassen und Ihren Code von vornherein anständig zu formatieren und zu dokumentieren.

> **Die Textformatierung trennt nicht immer sinnvoll**
>
> Die Textformatierung trennt nicht immer sinnvoll, sodass Ihr Code dadurch auch unleserlich werden kann. So wird der Code aus Listing 4.1 nach der Formatierung zu dem Code in Listing 4.2. Und da Sie nicht nur Teilbereiche Ihres Codes formatieren oder die Formatierung entfernen können, würde ich von dieser Funktion abraten.

```
RGBA(0;0;0;0)
```

Listing 4.1 Unformatierter Code

```
RGBA(
    0;
    0;
    0;
    0
)
```

Listing 4.2 Formatierter Code

- Die Funktion SUCHEN UND ERSETZEN arbeitet wie in allen anderen Anwendungen. Suchen Sie nach Textstücken innerhalb Ihres Codes bzw. ersetzen Sie alle Vorkommen eines Textes (siehe Abbildung 4.47).

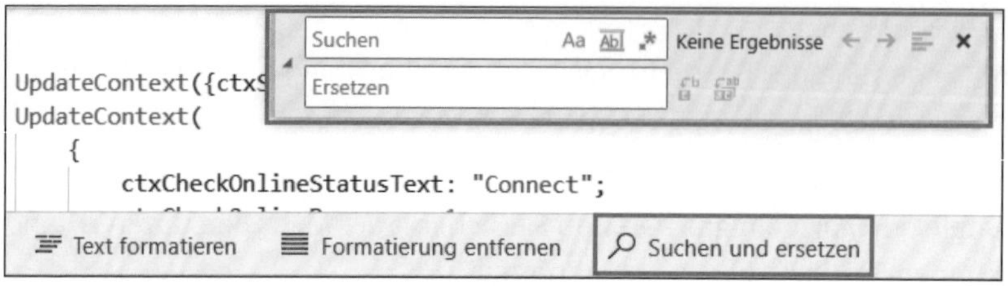

Abbildung 4.47 Suchen und Ersetzen von Code im Formeleditor

Die neue Power Fx-Formelleiste

In den App-Einstellungen finden Sie in den experimentellen Funktionen die Möglichkeit, die neue Power Fx-Formelleiste zu testen. Wenn Sie diese Funktion aktivieren, müssen Sie Ihre App einmal speichern, schließen und erneut öffnen.

Abbildung 4.48 Aktivieren der neuen Power Fx-Formelleiste

Nun steht Ihnen ein neuer Formeleditor zur Verfügung, der eine verbesserte Vorschlagsfunktion sowie eine verbesserte Fehleranzeige bereitstellt. Ein kleiner roter Abschnitt zeigt an, an welcher Position Ihres Codes ein Fehler vorhanden ist.

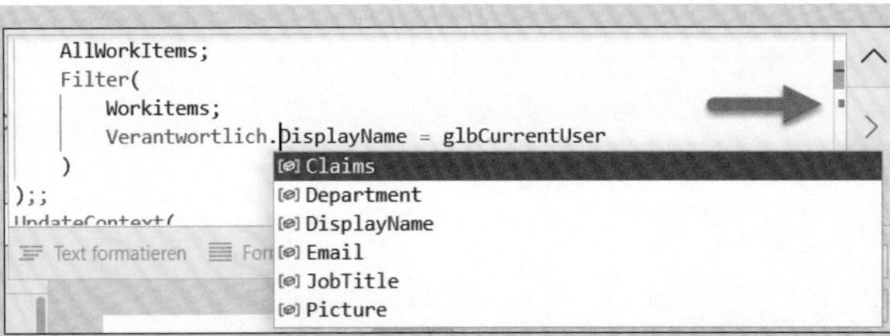

Abbildung 4.49 Verbesserte Vorschlagsfunktion und Fehleranzeige

Der neue Editor hat noch ein paar Schwächen, zeigt aber, wo die Reise hingeht.

Funktionsauswahl

Ein Klick auf die Funktionsauswahl FX zwischen der Eigenschaftenliste und der Bearbeitungsleiste stellt Ihnen alle verfügbaren Befehle gruppiert nach ihrer Kategorie zur Verfügung.

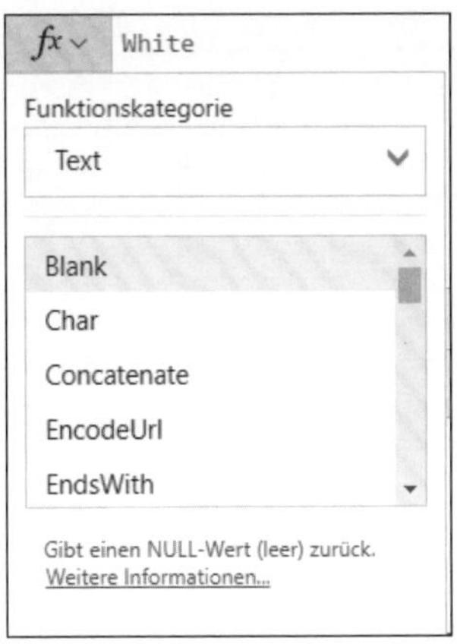

Abbildung 4.50 Die verfügbaren Funktionen

Vieles davon können Sie auch im Eigenschaftenbereich tun, jedoch ist dieser Editor deutlich komfortabler.

4.1.6 Die Canvas, der Zeichenbereich

Dieser Bereich in der Mitte des Studios dient Ihnen als Zeichenfläche für Ihre App. Hier fügen Sie die einzelnen Komponenten pixelgenau zu einer App zusammen. Abbildung 4.51 zeigt den Zeichenbereich einer Smartphone-App, die ich gerne als Anschauungsbeispiel in meinen Vorträgen nutze.

Abbildung 4.51 Der Zeichenbereich einer Smartphone-App

4.1.7 Bildschirmauswahl und Größenänderung

Am unteren Rand des Zeichenbereichs befindet sich die Bildschirmauswahl sowie die Größenänderung des Zeichenbereichs.

Bildschirmauswahl

Die Bildschirmauswahl erlaubt den schnellen Wechsel zwischen Bildschirmen während der Entwicklung (siehe Abbildung 4.52). Auch wenn Sie über die Strukturansicht einen hervorragenden Zugriff auf alle Bestandteile Ihrer App haben, erfordert der Wechsel zwischen Bildschirmen einen kleinen, aber dennoch spürbaren Zeitaufwand. Das bemerken Sie besonders dann, wenn die App etwas größer geworden ist und über tiefere Strukturen verfügt. So ist die Bildschirmauswahl ein nettes kleines Helferlein!

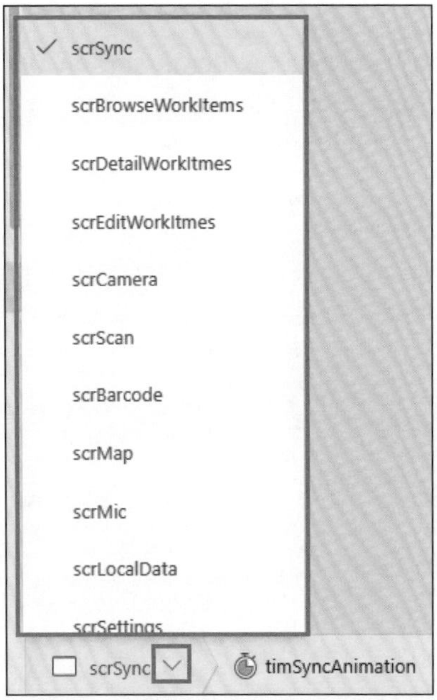

Abbildung 4.52 Die Bildschirmauswahl erlaubt schnelle Bildschirmwechsel.

Größenänderung

Für pixelgenaue Detailarbeiten ist der Zoom mit der Größenänderung ein wichtiges Werkzeug. Mit dem Doppelpfeil setzen Sie die Größe auf 50 % zurück und erhalten wieder einen kompletten Überblick über Ihren Bildschirm (siehe Abbildung 4.53). Dieselbe Funktion können Sie nutzen, wenn Sie die [Strg]-Taste gedrückt halten und das Mausrad bewegen.

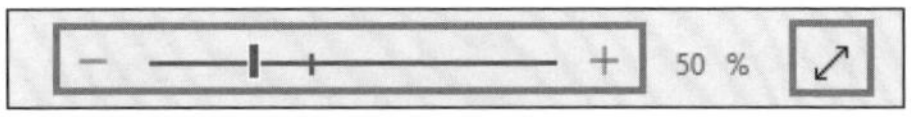

Abbildung 4.53 Das große Ganze oder Details

4.1.8 Virtueller Agent und App-Einstellungen

In der linken unteren Ecke des Power Apps Studios finden Sie zwei Symbole, um einen virtuellen Agenten nach Hilfe zu fragen oder die App-Einstellungen einzusehen bzw. zu ändern (siehe Abbildung 4.54).

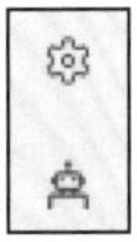

Abbildung 4.54 Der virtuelle Agent und die App-Einstellungen im Schnellzugriff

Virtueller Agent

Klicken Sie auf das kleine Roboter-Symbol, um den virtuellen Agenten zu starten. Der virtuelle Agent ist ein Chatbot, der sich in einem separaten Chat-Fenster öffnet und Hilfe zur Power-Apps-Entwicklung anbietet (siehe Abbildung 4.55).

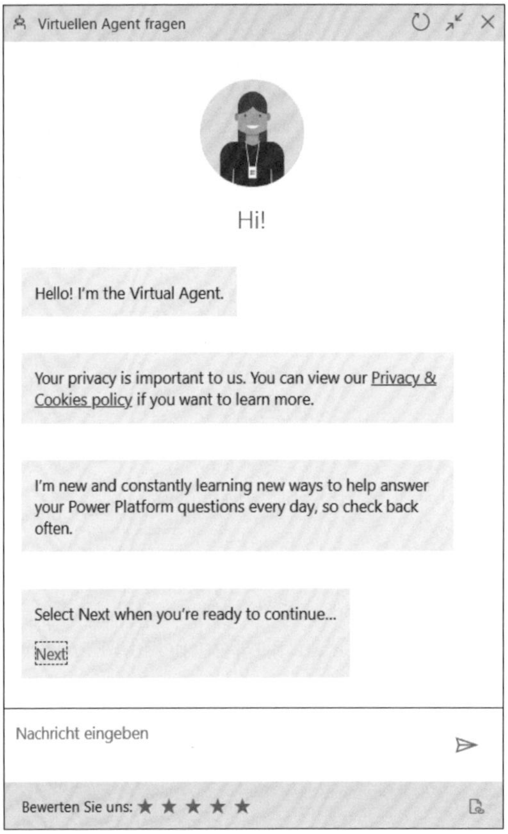

Abbildung 4.55 Der virtuelle Agent

Ob Sie mit dieser Funktion schneller zu den gewünschten Informationen gelangen als über die offizielle Dokumentation oder die einschlägigen Blogs und Videos, müssen Sie selbst herausfinden. Sinnvolle Ergebnisse erhalten Sie zumindest nur dann, wenn Sie in seiner Muttersprache, also in Englisch, mit ihm kommunizieren.

Einstellungen

Wie bei vielen anderen Funktionen des Power Apps Studios oder des Maker Portals finden sich auch hier viele verschiedene Einstiegspunkte für ein und dieselbe Funktion. Das kleine Zahnrad-Symbol oberhalb des virtuellen Agenten öffnet die App-Einstellung, die Sie so auch in der dynamischen Befehlsleiste aufrufen können.

4.1.9 Kommentare

Mehr und mehr erblicken kollaborative Funktionen das Licht der Welt, also Funktionen, die die Zusammenarbeit an einer App unterstützen.

Mit der neuen dynamischen Befehlsleiste finden die Kommentare Einzug in den App-Alltag. Klicken Sie auf die Sprechblase in den App-Aktionen, erscheint der Kommentarbereich (siehe Abbildung 4.56) auf der rechten Bildschirmseite.

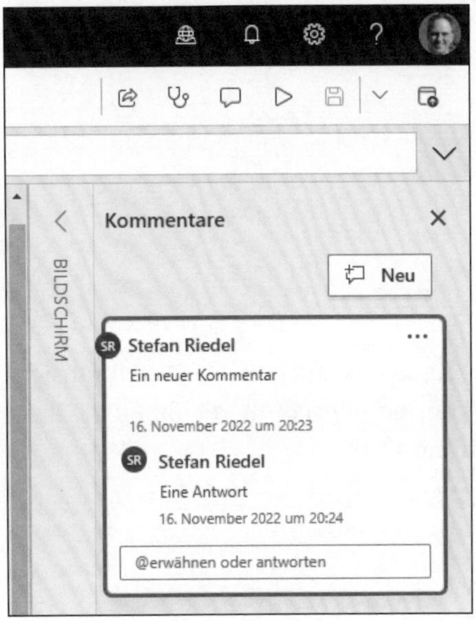

Abbildung 4.56 Der Kommentarbereich

Sie können hier Kommentare in Bezug auf einen Bildschirm erstellen, Ihre Kommentare ändern, darauf antworten oder einen Kommunikationsverlauf abschließen bzw. löschen. Abbildung 4.57 illustriert die möglichen Aktionen im Kontextmenü eines Kommentars.

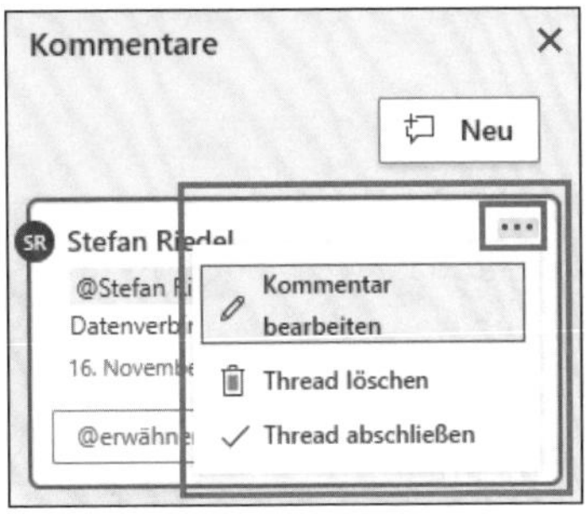

Abbildung 4.57 Aktionen an Kommentaren

Kommentar erstellen

Um Kommentare verfassen zu können, muss die App mindestens einmal gespeichert worden sein. Klicken Sie auf NEU (siehe Abbildung 4.58), um einen neuen Kommentar zu erstellen, und bestätigen Sie die Eingabe mit dem Senden-Symbol in der unteren rechten Ecke des Kommentar-Editors.

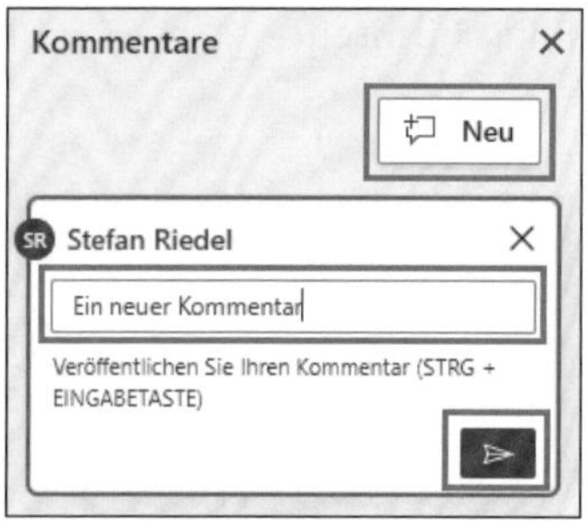

Abbildung 4.58 Kommentare erstellen und absenden

Sobald Sie einen Kommentar verfasst haben, finden Sie auch in der Strukturansicht eine kleine Sprechblase an dem aktuell selektierten Bildschirm, die Ihnen die Existenz eines Kommentars anzeigt (siehe Abbildung 4.59).

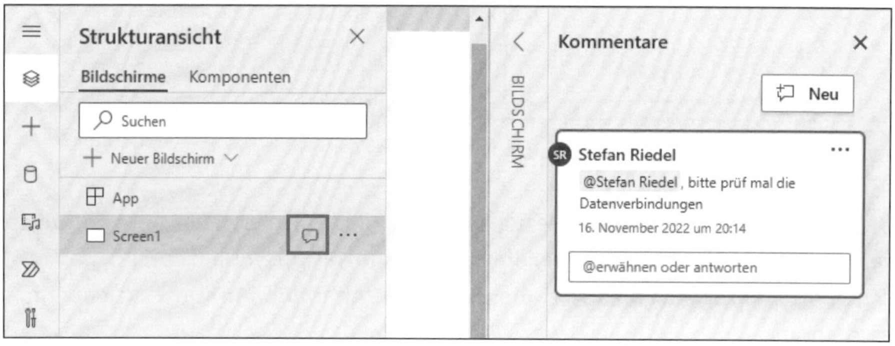

Abbildung 4.59 Kommentare werden an Bildschirmen angezeigt.

Antworten und Erwähnungen

Unterhalb eines jeden Kommentars haben Sie die Möglichkeit, direkt einen Antworttext zu verfassen und Personen zu erwähnen. Sobald Sie das @-Zeichen in einen Kommentar eingeben, öffnet sich eine Liste aller verfügbaren Personen, die Sie in einem Kommentar erwähnen können (siehe Abbildung 4.60).

Haben Sie eine Person erwähnt, die aktuell keinen Zugriff auf die App hat, werden Sie aufgefordert, die App für die Person freizugeben.

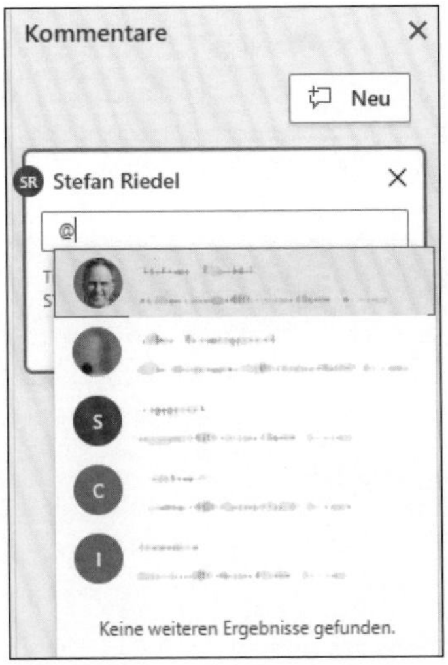

Abbildung 4.60 Menschen in Kommentaren erwähnen

Abschließen

Möchten Sie einen Kommentar inklusive der Antworten abschließen, wählen Sie den Menüpunkt THREAD ABSCHLIESSEN. Der Kommentarverlauf wird dann entsprechend mit »abgeschlossen« gekennzeichnet (siehe Abbildung 4.61).

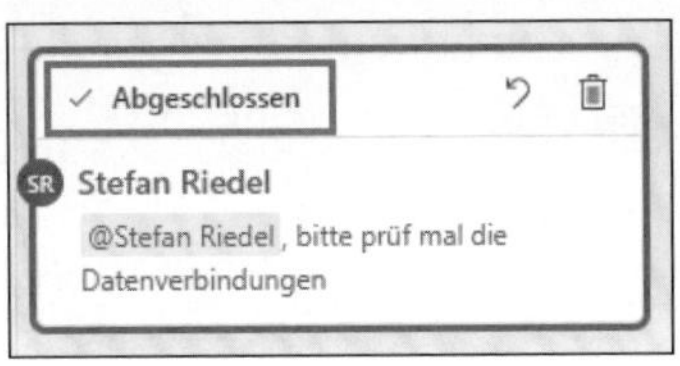

Abbildung 4.61 Abgeschlossener Kommentarverlauf

Löschen

Mit THREAD LÖSCHEN löschen Sie den Kommentar inklusive seines Verlaufs.

Kommentare an Steuerelementen

Sie können Kommentare auch zu einzelnen Elementen Ihres Bildschirms verfassen. Wählen Sie dazu den Befehl NEUER KOMMENTAR im Kontextmenü des Elements in der Strukturansicht oder aber direkt auf dem Element auf dem Zeichenbereich, so öffnet sich der Kommentarbereich mit der Möglichkeit, einen neuen Kommentar einzugeben.

Haben Sie den Kommentar abgesendet, erscheint sowohl an dem Element auf dem Zeichenbereich als auch an dem Bildschirm in der Strukturansicht eine Sprechblase, die anzeigt, dass ein Kommentar existiert.

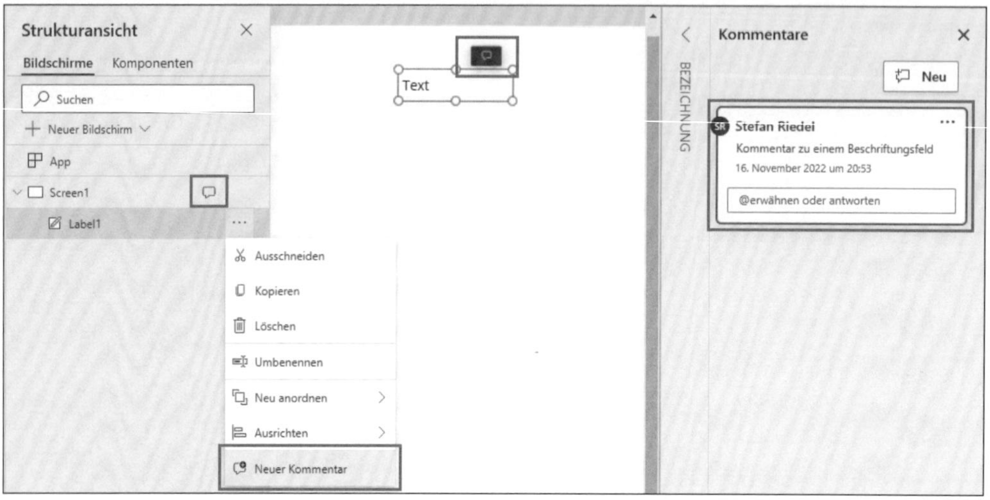

Abbildung 4.62 Kommentare an Steuerelementen

[»]

Kommentare an Elementen

Die Sprechblase an Elementen auf dem Zeichenbereich wird erst dann angezeigt, wenn das Element selektiert wird.

Markieren Sie im Kommentarbereich einen Eintrag, der sich auf ein einzelnes Element bezieht, so wird das entsprechende Element im Zeichenbereich selektiert.

4.2 Einstellungen

Die Einstellungen erreichen Sie aus der Befehlszeile oder über das kleine Zahnrad in der unteren linken Ecke des Power Apps Studios. Hier bearbeiten Sie Basiseigenschaften wie zum Beispiel den Namen, das Format oder das Symbol für Ihre App, das in Ihrer App-Liste im Maker Portal, aber auch auf dem Ladebildschirm der App angezeigt wird.

Hier legen Sie aber auch weit darüber hinausgehende Einstellungen fest, indem Sie einzelne Funktionen oder Verhaltensweisen an- und abschalten können.

4.2.1 Allgemein

Der Bereich ALLGEMEIN unterteilt sich in zwei Bereiche (siehe Abbildung 4.63). Oben finden Sie die Möglichkeit, allgemeine Metadaten wie den Namen oder die Beschreibung einzustellen sowie die Konfiguration des App-Symbols vorzunehmen. Ein zweiter Bereich betrifft allgemeine Einstellungen, zu denen ich im Folgenden ein paar Worte verlieren möchte.

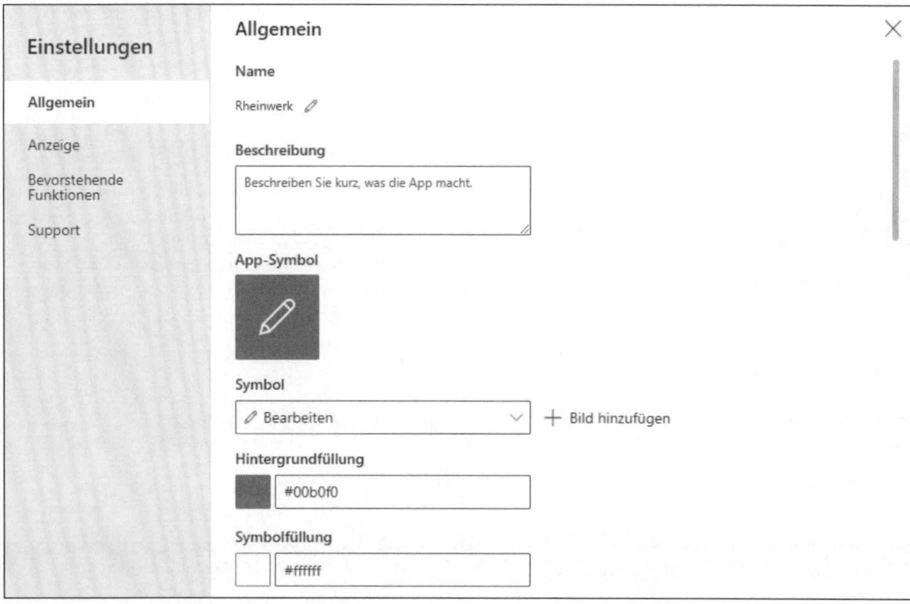

Abbildung 4.63 Allgemeine Einstellungen

Automatisch speichern

Diese Funktion ist automatisch aktiviert und sorgt dafür, dass Ihre App alle zwei Minuten gespeichert wird. Wenn Sie die Kontrolle darüber behalten wollen, wann die App gespeichert wird, dann schalten Sie die Funktion einfach ab.

Grenzwert für Datenzeilen

Dieser Grenzwert kommt besonders dann zum Tragen, wenn Sie Datenfilter erstellen, die durch die Datenquelle nicht verarbeitet werden können. In diesem Fall werden sämtliche Daten an die App gesendet und dort gefiltert. Der Grenzwert für Datenzeilen ist dabei die maximale Zahl an Datensätzen, die zur App transferiert werden. Man spricht dabei auch von dem Delegation-Problem, da die Datenabfrage nicht an die Datenquelle delegiert werden kann. Mehr Details zum Delegation-Problem erhalten Sie in Abschnitt 5.1.14.

Veröffentlichte App debuggen

Üblicherweise debuggen Sie Ihre App in der Entwicklungsphase. Sollte es dennoch Probleme mit der veröffentlichten Version geben, die Sie nicht anders analysieren können, so können Sie diese Funktion aktivieren. Sie erlaubt die Nutzung des Power

Apps Monitors aus dem Kontextmenü der App heraus (siehe Abbildung 4.64). Mehr zum Monitor erfahren Sie in Abschnitt 6.2.

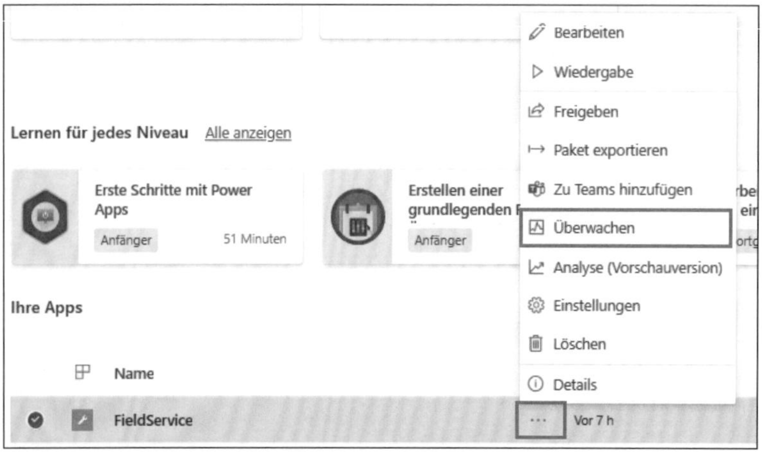

Abbildung 4.64 Start des Monitors für eine veröffentlichte App

> **Auswirkungen auf die Performance**
>
> Apps mit aktivierter Möglichkeit zur Überwachung von veröffentlichten Versionen leiden unter Umständen unter Performance-Einbußen. Versuchen Sie, diese Funktion maximal in produktionsähnlichen Umgebungen zu nutzen, aber nie in der Produktionsumgebung selbst.

Umgebungsvariablen beim Hinzufügen von Datenquellen automatisch erstellen

Umgebungsvariablen erlauben die umgebungsabhängige Nutzung von Datenquellen. So können Sie sehr komfortabel unterschiedliche SharePoint-Sites, BLOB-Storages oder SQL-Server-Datenbanken abhängig von der Umgebung nutzen, in der die App aktiv ist. Mehr zum Thema Umgebungsvariablen finden Sie in Abschnitt 14.3.

App.OnStart-Eigenschaft aktivieren

Die `App.OnStart`-Ereignis-Eigenschaft ist ein wesentlicher Bestandteil des App-Lebenszyklus. Code, der in `App.OnStart` geschrieben wurde, wird ausgeführt, bevor der erste Bildschirm gerendert wird. Hier laden Sie zum Beispiel Daten, um sie für die Laufzeit der App zwischenzuspeichern oder um anderweitige vorbereitende Maßnahmen durchzuführen. Mehr zu `App.OnStart` erfahren Sie in Abschnitt 5.5.

4.2.2 Anzeige

In diesem Bereich der Einstellungen dreht sich alles darum, wie die App angezeigt wird. Dabei spielen vor allem das Format der App während der Erstellung, aber auch die Größe des Bildschirms bei der Benutzung eine Rolle.

Hier legen Sie fest, ob eine App bei einem großen Bildschirm automatisch skaliert oder Sie selbst bestimmen, wie die App bei unterschiedlichen oder wechselnden Bildschirmgrößen arbeitet.

Weiterführende Informationen finden Sie auch in dem Kapitel zur Erstellung von responsiven Apps, denn das sind Canvas Apps nicht grundsätzlich.

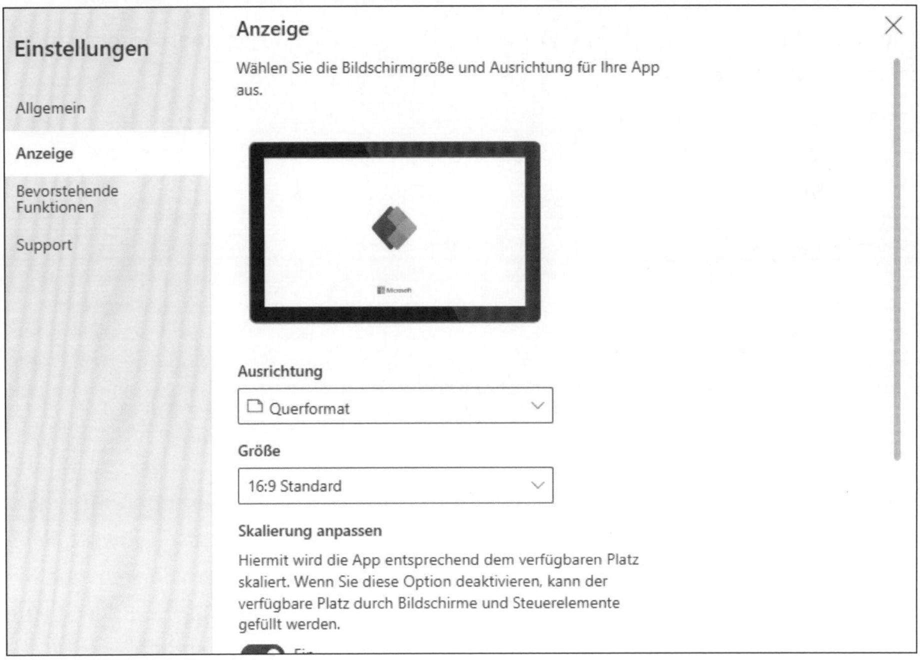

Abbildung 4.65 Anzeige-Einstellungen

Ausrichtung

Die Ausrichtung bestimmt, ob Ihre App im Hoch- oder Querformat verwendet werden soll. Wählen Sie bei der Erstellung der App das Tablet-Format, wird hier das Querformat eingestellt. Telefone verwenden das Hochformat.

Größe

Wenn Sie eine App im Tablet-Format verwenden, dann können Sie hier zwischen verschiedenen Standard-Anzeigeformaten wählen (siehe Abbildung 4.66). Der Standard ist 16 : 9.

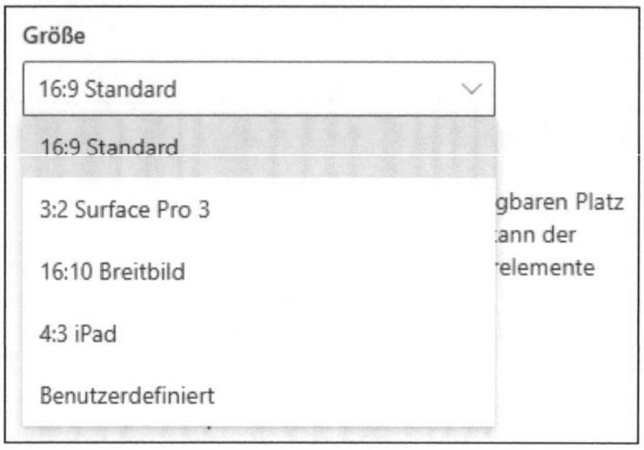

Abbildung 4.66 Größeneinstellungen Ihrer App

Die Einstellung BENUTZERDEFINIERT erlaubt die Eingabe von genauen Abmessungen (siehe Abbildung 4.67).

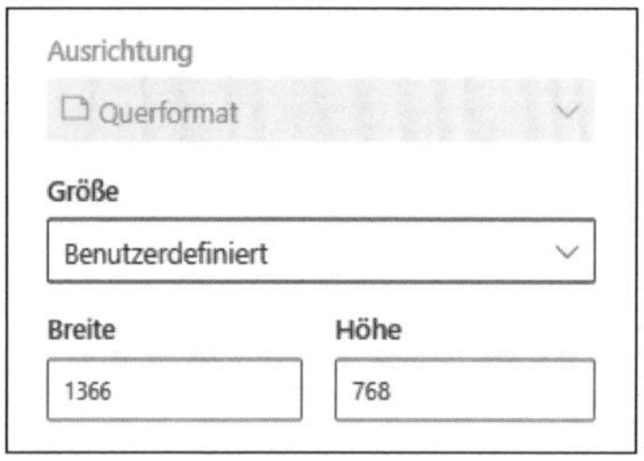

Abbildung 4.67 Benutzerdefinierte Größeneinstellungen

Skalierung anpassen

Die Funktion SKALIERUNG ANPASSEN ist im Standard aktiviert. Sie sorgt dafür, dass die App immer den zur Verfügung stehenden Platz des Anzeigegeräts (Browser, Telefon, Tablet) ausnutzt. Dadurch geht Ihnen unter Umständen Platz verloren, den Sie sinnvoller verwenden könnten, indem Sie Benutzern, die über große Bildschirme verfügen, weitere Informationen oder Funktionen zur Verfügung stellen.

Schalten Sie diese Funktion aus, wenn Sie Ihren Benutzern die jeweils optimale Benutzererfahrung ermöglichen wollen und Ihre Apps responsiv gestalten wollen.

Seitenverhältnis sperren

Diese Einstellung ist im Standard angeschaltet und bewirkt, dass das Verhältnis Höhe zu Breite immer gleich bleibt. Das hat zur Folge, dass Sie den Platz zu den Seiten unter Umständen nicht optimal ausnutzen.

Schalten Sie diese Funktion aus, so würde die App bei sehr breiten Bildschirmen extrem in die Breite skalieren, bei hochformatigen Bildschirmen entsprechend in die Höhe.

Wenn Sie die oben beschriebene Einstellung SKALIERUNG ANPASSEN ausschalten, wird auch diese Funktion automatisch ausgeschaltet.

Nutzen Sie jeden Platz, den Sie haben

Die Erfahrung zeigt, dass die Nutzung von Apps auf sehr unterschiedlichen Bildschirmgrößen stattfindet. Schalten Sie die Funktionen SEITENVERHÄLTNIS SPERREN und SKALIERUNG ANPASSEN aus, um eine optimale App zu erstellen.

Abbildung 4.68 und Abbildung 4.69 zeigen die Auswirkungen, wenn beide Funktionen ausgeschaltet sind.

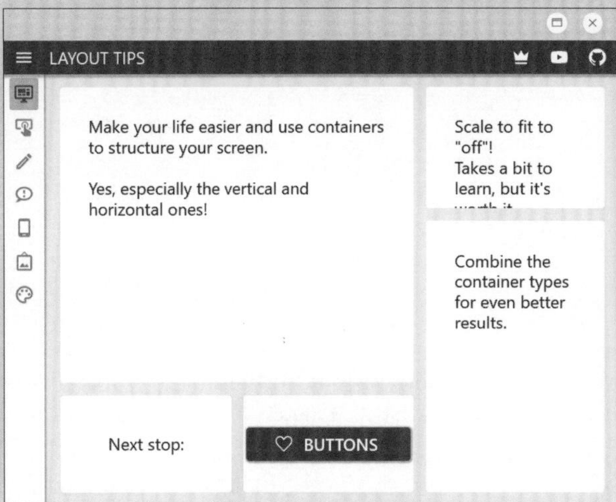

Abbildung 4.68 Optimale Platzausnutzung bei schmalen Bildschirmen

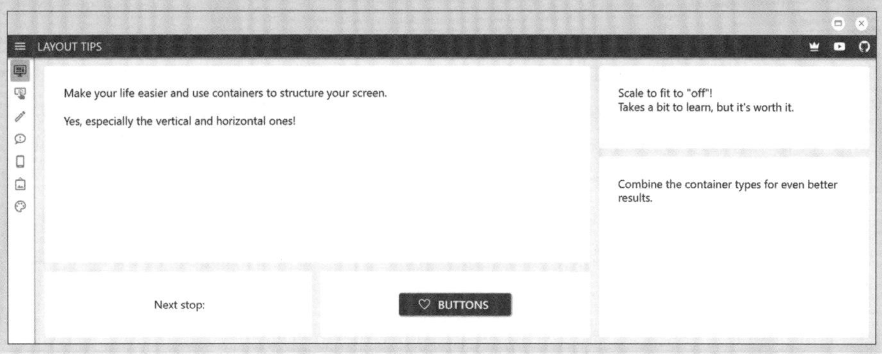

Abbildung 4.69 Optimale Platzausnutzung bei breiten Bildschirmen

Abbildung 4.70 verdeutlicht die Platzverschwendung, wenn die Funktionen aktiviert sind.

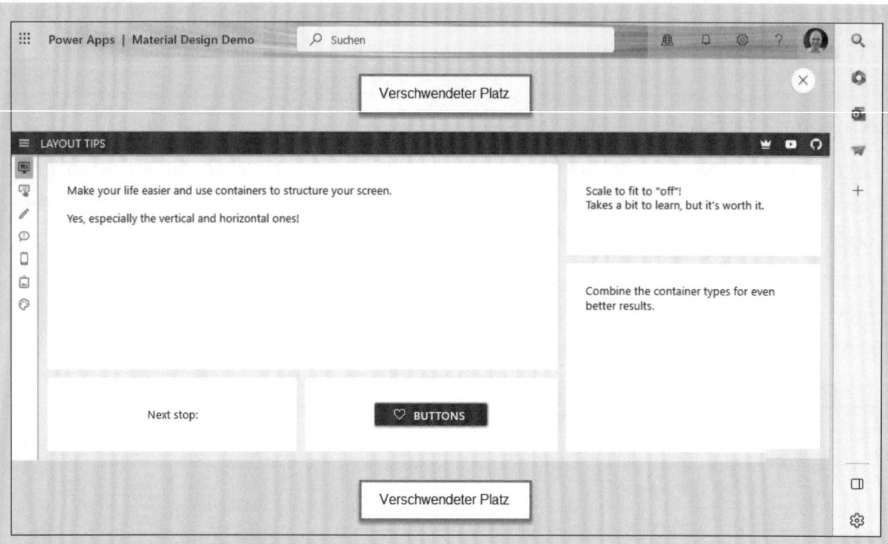

Abbildung 4.70 Platzverschwendung

Ausrichtung sperren

Mit der Option AUSRICHTUNG SPERREN steuern Sie das Verhalten der App bei einem Wechsel der Bildschirmausrichtung, wie Sie es zum Beispiel von Ihrem Mobiltelefon kennen, wenn Sie es vom Hochformat auf das Querformat kippen.

Schalten Sie diese Funktion an, so behält die App ihre Ausrichtung bei, wie sie in der gleichlautenden Einstellung eingestellt ist.

4.2.3 Bevorstehende Funktionen

Die bevorstehenden Funktionen erlauben Ihnen einen Blick in die Zukunft, denn hier können Sie sehen, was kommt, was kommen kann und was verschwindet (siehe Abbildung 4.71). Hinter dem Punkt VORSCHAU finden Sie alle Funktionen, die bald in Ihrer App bereitstehen werden. Mit den Ja/Nein-Schaltern können Sie die Funktionen ausprobieren, aber denken Sie daran, dass sich die Funktionen noch ändern können, bis sie in den Standard übernommen werden.

EXPERIMENTELLE FUNKTIONEN sind eine Spielwiese von Microsoft. Sie dienen der Erprobung von Funktionalitäten. Sie können von einem Tag auf den anderen verschwunden oder grundlegend geändert sein. Seien Sie also vorsichtig bei ihrer Verwendung.

Hinter dem Reiter ZURÜCKGEZOGENE FUNKTIONEN finden Sie alle Funktionen, die sicher bald nicht mehr zur Verfügung stehen. Kontrollieren Sie diesen Bereich regelmäßig, damit Sie die verbleibende Zeit nutzen können, um Ihre Apps entsprechend anzupassen.

Abbildung 4.71 Bevorstehende Funktionen

4.2.4 Support

Der Support-Dialog aus Abbildung 4.72 stellt Ihnen Informationen zur aktuellen Umgebung sowie zur aktuellen Power-Apps-Framework-Version bereit.

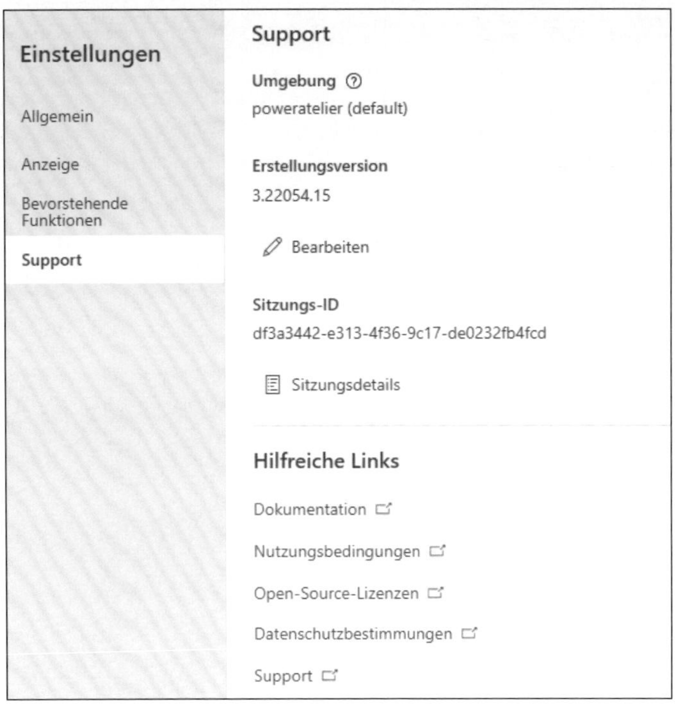

Abbildung 4.72 Sitzungsinformationen

Falls mit einer neuen Version Probleme auftreten, können Sie über das Kommando Bearbeiten eine andere Framework-Version einstellen (siehe Abbildung 4.73). Sie können dabei zwischen den fünf letzten verfügbaren Versionen wählen.

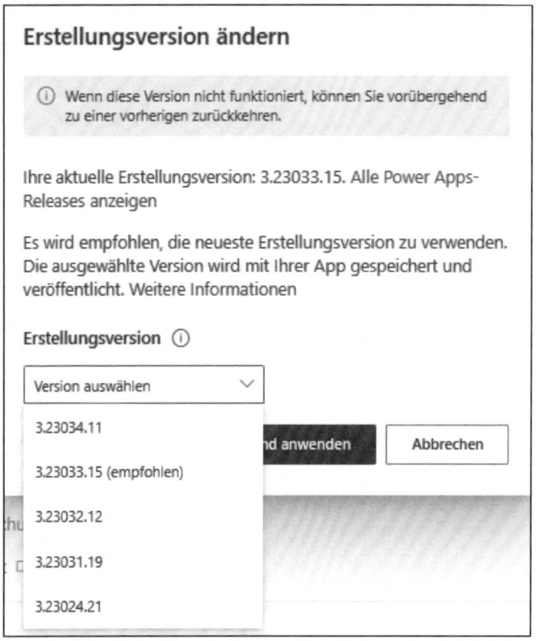

Abbildung 4.73 Ändern der Framework-Version

Kapitel 5
Apps entwickeln

Sie haben nun viel über die Grundlagen der Power-Apps-Umgebung gelernt und finden sich auch im Power Apps Studio zurecht. Legen wir nun also mit der Programmierung einer Power App los.

In den vorherigen Kapiteln haben Sie schon die Strukturansicht sowie den Programmierbereich mit der Eigenschaftenliste und der Bearbeitungsleiste kennengelernt. Damit wissen Sie bereits, wo Sie Ihrer App das Leben einhauchen können. Nun geht es darum, Sie auf die kommenden Schritte vorzubereiten, denn in den nächsten beiden Kapiteln erfahren Sie die Grundlagen der Gestaltung einer Power App.

Sie erlernen den Einsatz der einzelnen Bestandteile eines App-Bildschirms, also die Verwendung von Grafiken, Schaltflächen, Texteingaben, Datenlisten etc.

Wir sprechen aber auch von Ereignissen und Funktionen, die Ihnen die Navigation zwischen Bildschirmen ermöglichen, Werte zwischen Bildschirmen austauschen lassen oder Daten aus Datenquellen lesen und schreiben.

5.1 Power Fx: Programmierung in Power Apps

Als erfahrener Programmierer oder gute Entwicklerin wird Ihnen sicherlich das Querlesen dieses Kapitels genügen. Für den Einstieg möchte ich aber empfehlen, dass Sie sich dieses Kapitel zu Gemüte führen, damit die folgenden Kapitel für Sie leichter verständlich sind.

Doch bevor es in die Details geht, möchte ich Sie mit ein paar Gegebenheiten vertraut machen. Beginnen möchte ich aber mit einer Art Schnellstart.

5.1.1 Wie fange ich an?

Wenn Sie Abschnitt 3.3 gelesen haben, wissen Sie bereits, wie man grundsätzlich eine Canvas App (oder Zeichenbereichs-App) erstellt und woraus eine App besteht.

Sie müssen entscheiden, was Ihre Ausgangsbasis und was die Anforderung ist:

Geht es nur darum, eine existierende SharePoint-Liste auf mobilen Devices bereitzustellen und mit ein paar einfachen Funktionen anzureichern, so starten Sie sicherlich am schnellsten mit einer Datenquelle und lassen sich Ihre App automatisch erstellen, so wie Sie es in Abschnitt 3.3.1 gelernt haben.

Das Ergebnis ist eine App, die Sie sehr komfortabel Daten aus der gewählten Datenquelle anzeigen, erstellen, bearbeiten und löschen lässt. Ich selbst habe so meine Reise mit Power Apps begonnen, denn in diesen Apps kann man sich die meisten Funktionsweisen anschauen und daraus lernen.

Für einfache Anforderungen ist es auch legitim, eine SharePoint-Liste anzulegen und daraus, wie im Absatz zuvor beschrieben, eine App erstellen zu lassen.

[»]

Anlage von SharePoint-Listen

Die Anlage von SharePoint-Listen ist aus Power Apps heraus nicht möglich. Hierzu müssten Sie tatsächlich die gewünschte SharePoint-Site aufrufen und dort Ihre Wunschliste erzeugen. Diese können Sie dann mit den Power-Platform-Produkten ansprechen.

Mit viel Erfahrung können Sie natürlich genauso gut ein PnP-PowerShell-Skript oder einen Flow erstellen, um die Listen anzulegen.

Hat Ihr Designer Ihnen ein Figma-Projekt bereitgestellt, das er schon mit dem Kunden besprochen hat, so nehmen Sie das als Startpunkt und lassen eine App basierend auf Figma erzeugen.

Ich fange immer gerne auf der grünen Wiese an und starte mit einem leeren Zeichenbereich.

5.1.2 Woraus besteht eine App?

Was den grundlegenden Aufbau einer App angeht, so unterscheidet sich eine Power App nicht von allen anderen Apps, die Sie von Ihren Tablets oder Smartphones kennen.

Sie bestehen aus

- Bildschirmen zur Anzeige oder Bearbeitung von Daten,
- Steuerelementen zur Datenanzeige und -eingabe sowie zum Auslösen von Aktionen und
- Datenquellen, von denen gelesen oder in die geschrieben wird.

Dabei ist es auch egal, wie Sie angefangen haben, Ihre App zu erstellen. Eventuell haben Sie sich schon ein paar Zeichnungen gemacht; dann nehmen Sie diese nun zur Hand und erstellen die Bildschirme (siehe Abbildung 5.1), die Sie benötigen, und platzieren die einzelnen Steuerelemente entsprechend Ihren Anforderungen auf den Bildschirmen.

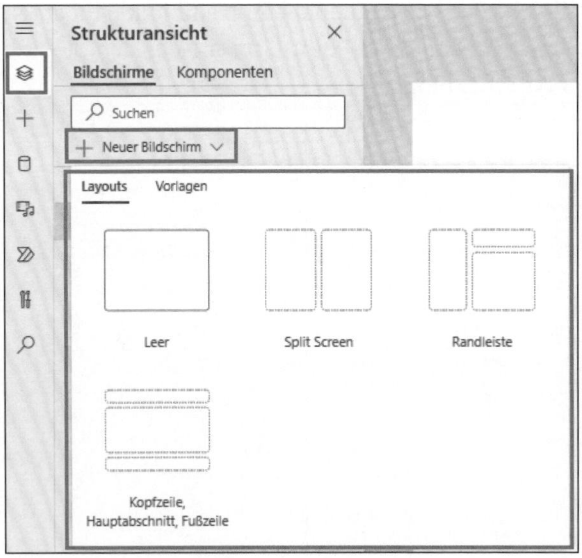

Abbildung 5.1 Erstellen eines Bildschirms

5.1.3 Daten anbinden

Um Daten in die App hinein- oder aus ihr herauszubekommen, benötigen Sie Konnektoren, die die Verbindung zwischen der App und der Datenquelle herstellen. Wie Sie Konnektoren in Ihre App einbinden, haben Sie bereits in Abschnitt 3.4 gelernt. Hier nochmal in Kürze:

1. Öffnen Sie Ihre App im Bearbeitungsmodus, und öffnen Sie den Datenbereich im App-Erstellungs-Menü (sieheAbbildung 5.2). Sofern noch keine Datenquelle vorhanden ist, selektieren Sie den Befehl DATEN HINZUFÜGEN.

Abbildung 5.2 Datenbereich öffnen

2. Suchen Sie nun die Datenquelle, aus der Sie Daten in die App einbinden möchten (siehe Abbildung 5.3). Ich habe mich für eine SharePoint-Liste entschieden. Sie sind selbstverständlich frei in Ihrer Entscheidung.

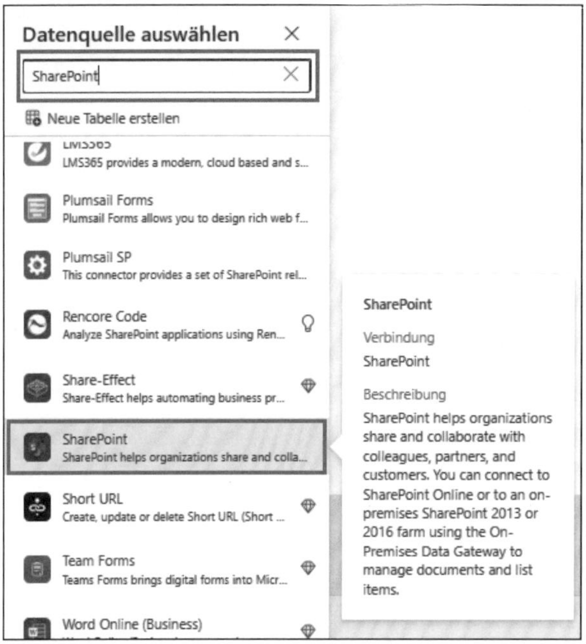

Abbildung 5.3 Datenquelle auswählen

3. Ich habe früher schon Verbindungen zu SharePoint eingerichtet, also kann ich hier jetzt eine auswählen. Haben Sie noch keine Datenverbindung, wählen Sie VERBINDUNG HINZUFÜGEN (siehe Abbildung 5.4).

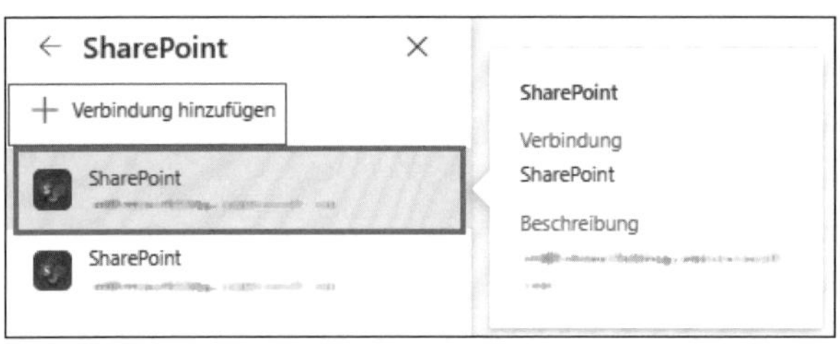

Abbildung 5.4 Vorhandene Verbindung auswählen

4. Wählen Sie nun zwischen früher genutzten SharePoint-Sites, oder fügen Sie eine neue SharePoint-URL hinzu, aus der Sie eine Liste oder Bibliothek einbinden wollen (siehe Abbildung 5.5).

Abbildung 5.5 Eine bereits geöffnete Website nutzen oder eine neue Verbindung herstellen

5. Wählen Sie nun die Liste, die Sie in Ihre App einbinden wollen, und anschließend VERBINDEN (siehe Abbildung 5.6).

Abbildung 5.6 Liste auswählen

6. Und schon sind Sie fertig: Die Liste ist eingebunden und im Datenbereich verfügbar (siehe Abbildung 5.7).

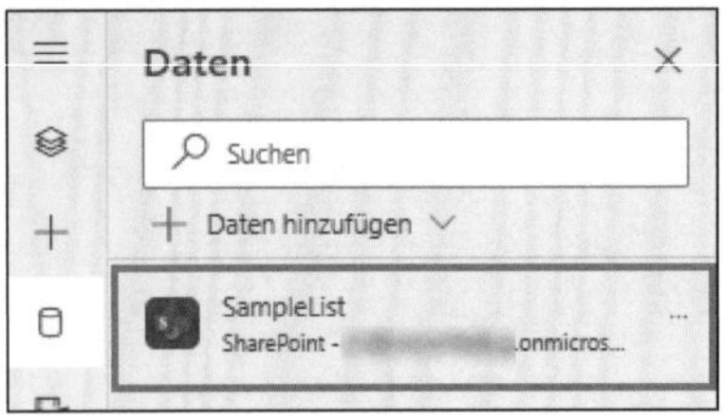

Abbildung 5.7 Die Liste steht in der App als Datenquelle bereit.

5.1.4 Daten an Steuerelement binden

Nun folgt noch der letzte Schritt, nämlich die Bindung der Datenquelle an die Steuerelemente. Auch das ist denkbar einfach.

Fügen Sie dem Bildschirm aus dem Menüpunkt EINFÜGEN ein Steuerelement hinzu, das mit Daten gebunden werden kann, wie zum Beispiel einen Katalog oder ein Kombinationsfeld, so werden Ihnen sofort die verfügbaren Datenquellen zur Bindung angeboten (siehe Abbildung 5.8).

Abbildung 5.8 Verfügbare Datenquellen werden gleich angeboten.

Existiert das Steuerelement bereits, bevor Sie die Datenquelle einbinden, oder wollen Sie die verbundene Datenquelle ändern, so selektieren Sie das Steuerelement und wählen im Eigenschaftenbereich über den Punkt DATENQUELLE die gewünschte Datenverbindung (siehe Abbildung 5.9).

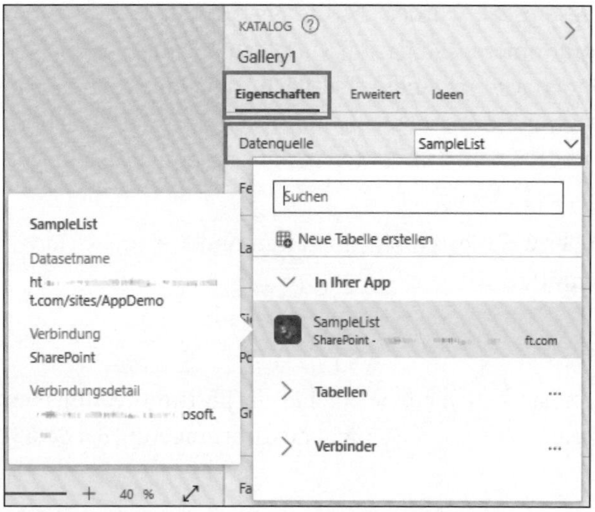

Abbildung 5.9 Daten an Steuerelement binden

5.1.5 Wie schreibe ich Code?

Nachdem Sie nun in einer Kurzfassung erfahren haben, wie einfach man Bildschirme erstellt, Steuerelemente einfügt und Daten anbindet, kommen wir nun zu dem Punkt, der sich nicht mehr durch pures Klicken erledigen lässt. Jetzt lernen Sie Power Fx, die Low-Code-Sprache der Power Platform.

Ich bin am Anfang dieses Buchs schon kurz darauf eingegangen, was eine Low-Code-Anwendung ausmacht und warum Sie ohne Code nicht auskommen können. Jedoch ist die Menge an Code, den Sie schreiben, um ein Vielfaches geringer als in traditionell entwickelten Applikationen.

Nun kann man sich natürlich fragen, warum es Microsoft nicht hinbekommt, Power Apps zu einer No-Code-Lösung zu machen, denn mit InfoPath hatte Microsoft ja schon eine am Markt. Die Antwort ist ganz einfach: Alles, was ich nicht programmieren möchte, muss ich konfigurieren können.

Am Ende ist es eine Frage der Benutzbarkeit: Entweder begeben Sie sich in eine Dialog-Hölle wie bei InfoPath mit unzähligen Konfigurationsdialogen, oder aber die Konfigurierbarkeit wird auf ein erträgliches Maß reduziert und um eine leicht erlernbare Sprache ergänzt.

Und diese Sprache lernen Sie jetzt!

Grundsätzlich nutzen Sie Code, um Eigenschaften der Bildschirmelemente zu steuern oder um auf Ereignisse zu reagieren. Ein Beispiel für die Steuerung von Eigenschaften wäre das Ein- oder Ausblenden eines Textes, nachdem ein Datensatz erfolgreich gespeichert wurde. In diesem Fall würden Sie die Eigenschaft `Visible` eines Texteingabe-Elements ausprogrammieren. Sollen auf Knopfdruck Daten gespeichert werden, so wählen Sie das Ereignis `OnSelect` einer Schaltfläche oder eines Symbols in der Eigenschaftenauswahl des Programmierbereichs und lösen dort das Speichern mit einem `Patch`-Befehl oder `SubmitForm` aus, um Daten in der Datenquelle anzulegen oder zu verändern.

Eine detaillierte Beschreibung der wichtigsten Eigenschaften und Ereignisse finden Sie in den nachfolgenden Abschnitten.

Funktionen

Wenn Sie Code schreiben, nutzen Sie verschiedene Befehle, die bestimmte Aufgaben erledigen. Nun reicht ein Befehl allein in der Regel nicht aus, um eine Aufgabe detailliert zu beschreiben.

Funktionssignaturen

Ein Beispiel aus dem Leben:

Die Funktion `Brate` sagt mir, dass ich etwas braten soll. Um zu spezifizieren, was gebraten werden soll, brauche ich einen Parameter.

`Brate(Fischstäbchen)` ist da schon deutlich präziser und führt – glaube ich meinen Kindern – zum gewünschten Ergebnis.

Nun fängt meine Tochter aber auch mit dem Kochen an, womit weitere Parameter sinnvoll werden. Ich erweitere den Befehl also um die Parameter Fettart, Zeit in Minuten und Intensität der Hitze.

Die Funktion `Brate(Fischstäbchen, Margarine, 10, 8)` ist ausreichend präzise, damit meine angehende Starköchin perfekte Fischstäbchen auf den Tisch zaubern kann.

Damit es in Zukunft nicht nur Fischstäbchen zu essen gibt, verallgemeinere ich das Ganze zu einer *Funktionssignatur*, die aus `Befehl(Parameter1, Paramter2, …)` besteht und in diesem Fall so aussieht:

```
Brate(Bratgut, Fettart, Zeit in Minuten, Hitze)
```

Das Trennzeichen

Diese Signatur regelt, welcher Parameter mit welchem Wert eingestellt werden soll. Das Trennzeichen regelt, welcher Wert welchem Parameter zugeordnet werden soll.

Das folgende Beispiel zeigt die Navigate-Funktion, parametrisiert mit zwei Parametern, dem Zielbildschirm und der Überblendungsart. Als Trenner nutze ich hier allerdings ein Semikolon:

```
Navigate(scrZiel;Fade)
```

Suchen Sie im Netz nach dieser Funktion, wird Ihnen mehrfach die Trennung der Parameter durch ein Komma begegnen:

```
Navigate(scrZiel,Fade)
```

Beides ist grundsätzlich richtig, jedoch funktioniert das erste Code-Beispiel nur in deutschsprachigen, das zweite in englischsprachigen Umgebungen.

Wenn man sich zunächst auch fragt, was der Blödsinn soll, so stellt man doch fest, dass hier ein guter Wille ursächlich ist. Stellen Sie sich einmal vor, was passieren würde, wenn Sie in einem Land mit einem Komma als Dezimal-Trenner, wie es in Deutschland der Fall ist, ein Komma als Parameter-Trenner nutzen würden.

In dem Fall würde Power Apps eine Zahl 10,45 nicht als einen Wert, sondern als zwei Werte interpretieren: 10 und 45.

Um dieses Problem zu lösen, ist in Ländern mit einem Komma als Dezimal-Trenner ein Semikolon als Parameter-Trenner zu nutzen. In englischsprachigen Umgebungen, wo ein Dezimalpunkt verwendet wird, kommt ein Komma als Parameter-Trenner zum Einsatz.

Erstellen Sie nun Apps für den internationalen Gebrauch, brauchen Sie keine Angst zu haben. Power Apps konvertiert den Code automatisch. Bisher ist mir noch nicht ein Fehler bei einem Sprachwechsel aufgefallen.

Zeilen-Trenner

Mit der Zeit werden Ihre Apps umfangreicher und somit auch Ihr Code. Um Code-Zeilen voneinander unterscheiden zu können, bedient sich Power Apps, wie bei Funktionsparametern, auch eines Symbols, welches das Zeilenende bezeichnet.

Sie werden sich denken können, dass es da mit Sicherheit auch eine Besonderheit gibt, denn sonst würde ich auf diesen Abschnitt verzichten.

In englischen Sprachumgebungen schließen Sie eine Code-Zeile mit einem Semikolon ab. Die C#-, Java- oder JavaScript-Entwickler werden sich somit schnell zuhause fühlen.

Sie erinnern sich, dass wir in deutschsprachigen Umgebungen ein Semikolon als Parameter-Trenner von Funktionen nutzen. Würden Sie nun ein Semikolon auch als Zeilen-Trenner nutzen, wäre das Chaos perfekt! Wenn Sie nun denken, dass es dann ja nur das Komma sein kann, muss ich Sie enttäuschen, sonst würde die Zahl 10,45 unweigerlich zu einem Zeilenabschluss nach der Zahl 10 führen. Hier dachte sich das Entwicklerteam also: Doppelt genäht hält besser! Nutzen Sie in Umgebungen mit einem Komma als Dezimal-Trenner anstatt eines Semikolons also zwei Semikola:

```
Set(glbVariable,1);
Navigate(scrZielBildschirm,Fade)
```

Listing 5.1 Code in englischen Umgebungen

```
Set(glbVariable;1);;
Navigate(scrZielBildschirm;Fade)
```

Listing 5.2 Code in deutschen Umgebungen

Kommentare

Wie in anderen Programmiersprachen sollten Sie auch in Low-Code-Umgebungen Kommentare nutzen, um es Ihren Mitbesitzern (Co-Ownern) oder auch sich selbst einfacher zu machen, den Code zu verstehen.

Setzen Sie zwei Backslashes //, um eine Zeile auszukommentieren.

Ganze Code-Bereiche umschließen Sie mit einem /* zur Markierung des Starts sowie */, um das Ende zu markieren (siehe Abbildung 5.10).

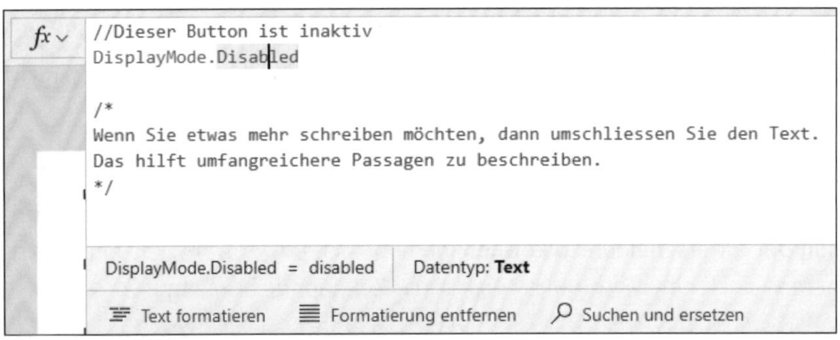

Abbildung 5.10 Kommentieren des Codes

Aber nicht nur für die Dokumentation sind die beiden Kommentarbefehle nützlich. Im Laufe der Zeit werden Sie Code-Segmente schreiben, die Sie optimieren wollen/müssen.

Ich nutze in diesem Fall die Möglichkeit, einen ganzen Code-Bereich zunächst auszukommentieren. Während der Erstellung des neuen Codes kann ich so immer nochmal sinnvolle Teile des alten Codes, zum Beispiel Texte oder Werte, wiederverwenden. Erst wenn klar ist, dass der neue Code fehlerfrei funktioniert, lösche ich den alten ungenutzten Code aus der App.

Aufzählungen

In der Programmierung von Power Apps stoßen Sie des Öfteren auf Aufzählungen. Versierte Programmiererinnen und Programmierer kennen dazu den Begriff der *Enumeration* oder kürzer *Enum*.

Dabei handelt es sich um festgelegte Wertemengen, um den Code lesbar und wartbar, aber auch in der Anwendung angenehmer zu gestalten. Eine Aufzählung, die Ihnen sicherlich häufiger begegnet, ist die Color-Aufzählung, mit der Sie Zugriff auf vordefinierte Farben haben.

Geben Sie in dem Formeleditor den Begriff »Color« sowie einen nachfolgenden Punkt ein, so bekommen Sie alle vordefinierten Farben in alphabetisch aufsteigender Reihenfolge angezeigt (siehe Abbildung 5.11).

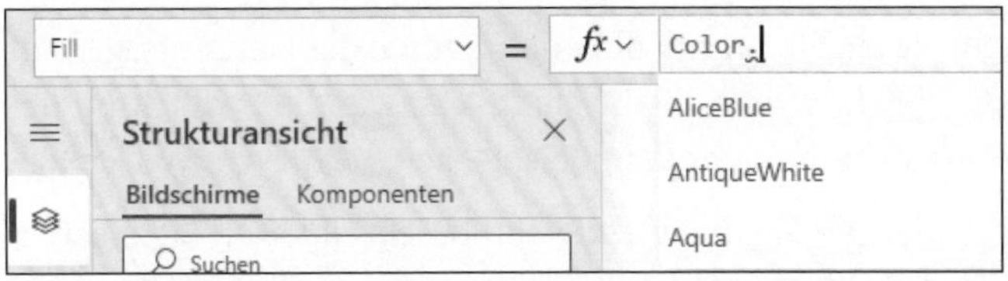

Abbildung 5.11 Autovervollständigung bei Aufzählungen

Wählen Sie nun einfach Ihre Wunschfarbe aus der angebotenen Liste aus. Schauen Sie sich den fertiggestellten Code an, merken Sie, dass der Aufzählungsname, hier `Color`, verschwindet. Der Code wird so lesbarer und kürzer, wie Abbildung 5.12 zeigt.

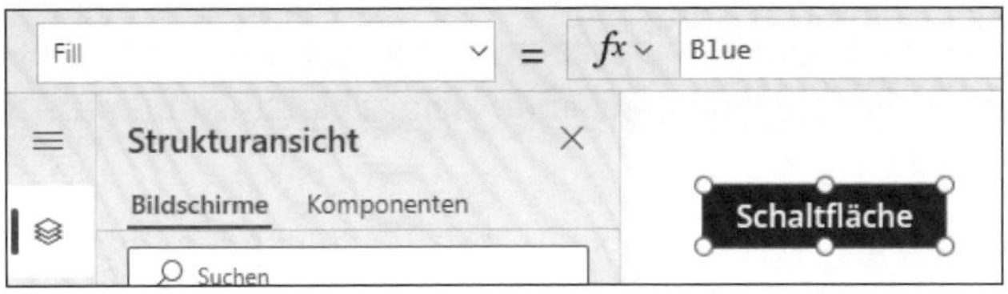

Abbildung 5.12 Funktionseditor unterdrückt Aufzählungsnamen

Er kommt erst dann wieder zur Anzeige, wenn Sie mit der Maus in die Aufzählung klicken (siehe Abbildung 5.13).

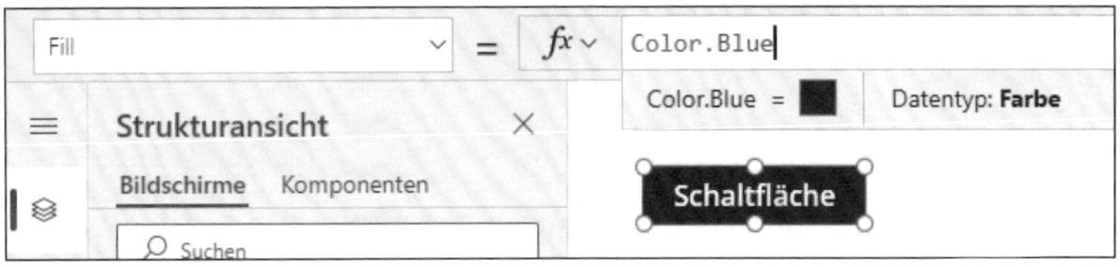

Abbildung 5.13 Vollständige Anzeige eines Aufzählungselements

5.1.6 Die wichtigsten Eigenschaften eines Steuerelements

Alle Elemente Ihrer App verfügen über Eigenschaften, so wie Sie auch. Ein Element hat zum Beispiel eine Position, die über *X*- und *Y*-Koordinaten bestimmt wird.

Sie finden die Eigenschaften eines Elements im Eigenschaftenbereich auf der rechten Bildschirmseite, sobald Sie ein Element auf Ihrem Zeichenbereich selektieren.

Eigenschaften können beschreibbar oder nur auslesbar sein. In der Eigenschaftsauswahl sowie dem Eigenschaftenbereich haben Sie nur auf beschreibbare Eigenschaften Zugriff.

Ausschließlich lesbare Eigenschaften, wie zum Beispiel die aktuelle Geo-Location der App oder die aktuelle Bildschirmausrichtung (Hochformat/Portrait oder Querformat/Landscape), sind nicht beschreibbar und können nur ausgelesen werden.

Eigenschaften eines Elements lesen Sie immer über den Namen des Elements, gefolgt von einem Punkt sowie der gewünschten Eigenschaft, aus, wie die Ermittlung der Farbe eines Beschriftungselements in folgendem Beispiel zeigt: `lblHeader.Color`

In den nächsten Abschnitten lernen Sie die wichtigsten beschreibbaren Eigenschaften kennen, die Sie auch an den allermeisten Bildschirmelementen einstellen können. Sie sind nur ein Teil dessen, was Sie alles einstellen können, sind aber die, mit denen Sie es vermutlich am häufigsten zu tun bekommen, und sollen helfen, Ihnen ein Grundverständnis für die darauffolgenden Kapitel zu verschaffen.

X- und Y-Koordinaten

Möchten Sie die X- oder Y-Koordinate eines beliebigen Elements auf Ihrem Bildschirm festlegen, so wählen Sie dort die entsprechende Eigenschaft aus und setzen den gewünschten Wert.

Die Koordinaten orientieren sich an der linken oberen Ecke des Steuerelements. Der Ursprung, also die Koordinate (0,0) des Bildschirms, befindet sich ebenfalls in der linken oberen Ecke (siehe Abbildung 5.14).

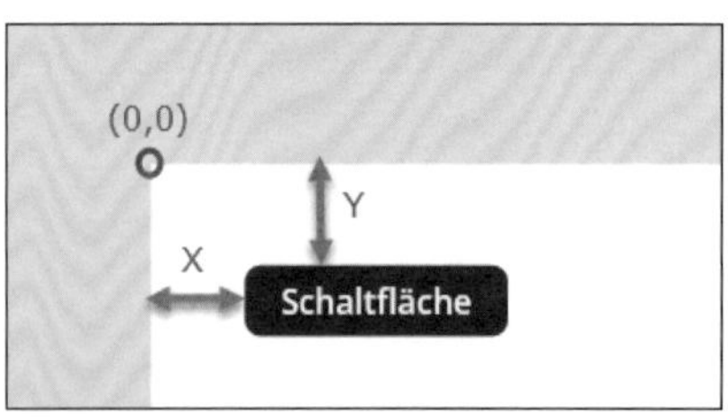

Abbildung 5.14 Das Koordinatensystem eines Bildschirms

Möchten Sie die Koordinaten eines Elements an der Position eines anderen Elements ausrichten, können Sie die Koordinaten auch einfach berechnen lassen, wie Sie in Abbildung 5.15 sehen können.

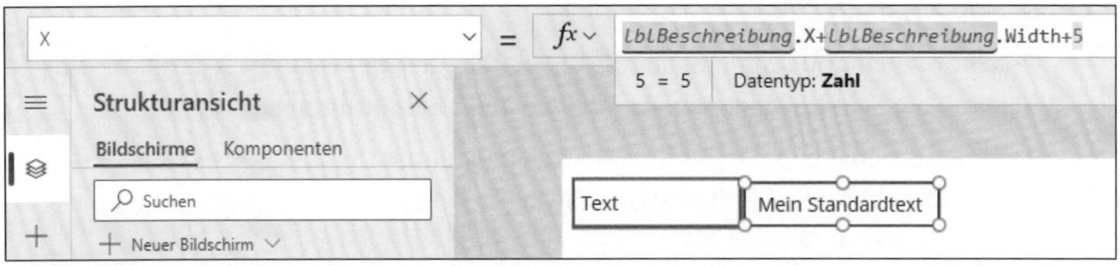

Abbildung 5.15 Berechnete Position

Die Funktion `lblBeschreibung.X+lblBeschreibung.Width+5` der markierten Texteingabe (»Mein Standardtext«) legt seine X-Position so fest, dass das Eingabe-Element 5 Pixel rechts neben der Beschriftung (»Text«) positioniert wird.

Damit Sie Abhängigkeiten zwischen Formel und Zeichenbereich schneller erkennen, werden die Referenzen auf ein Element innerhalb der Formel in derselben Farbe eingefärbt, wie es im Zeichenbereich umrandet wird.

Dieser Effekt tritt erst dann auf, wenn Sie in die Formel hineinklicken. Natürlich können Sie diese Werte auch mit Ihrer Maus bestimmen, indem Sie das Element markieren und mit der linken Maustaste (Windows-Systeme) an die gewünschte Position ziehen.

[!]

Wenn der Code verschwindet

Haben Sie sich die Mühe gemacht und die X- und Y-Position per Code festgelegt, wie es in Abbildung 5.15 zu sehen ist, so seien Sie vorsichtig, wenn Sie Elemente mit der Maus verschieben. Der mühsam erstellte Code würde dann durch einen absoluten Wert überschrieben.

Width und Height

`Width` und `Height` finden Sie ebenfalls an sämtlichen Elementen. Diese Eigenschaften bestimmen die Höhe und Breite eines Elements (siehe Abbildung 5.16).

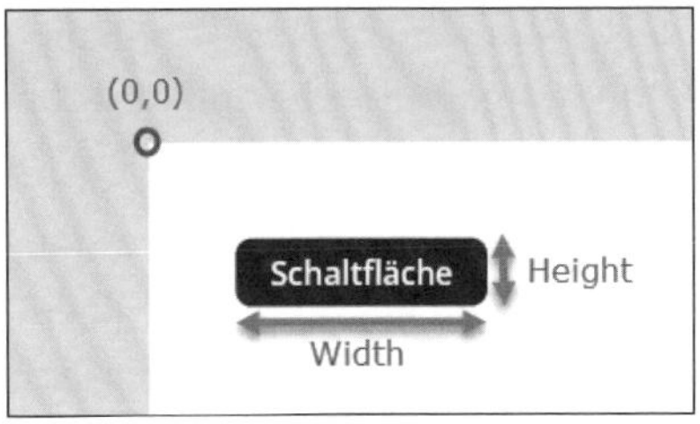

Abbildung 5.16 Width und Height eines Elements

Text und Default

Beschriftungen und *Schaltflächen* verfügen über die Eigenschaft `Text`, mit der Sie den Text auf der Schaltfläche oder aber den Text der Beschreibung festlegen.

Möchten Sie an einem Element zur *Texteingabe* einen Default-Text setzen, so wählen Sie wie in Abbildung 5.17 die Eigenschaft `Default`.

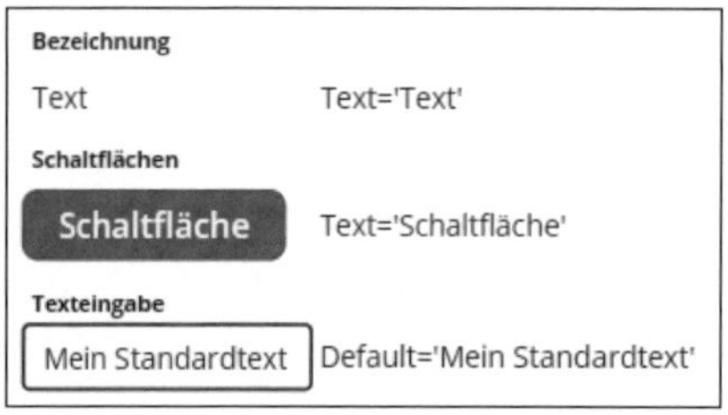

Abbildung 5.17 Text- und Default-Eigenschaften

Fill, DisabledFill, HoverFill, PressedFill

Nutzen Sie die `Fill`-Eigenschaften, um etwas *Farbe* ins Spiel zu bringen. Die Schaltfläche in Abbildung 5.18 wurde auf Blau, konkret den Wert `RGBA(56; 96; 178; 1)`, festgelegt.

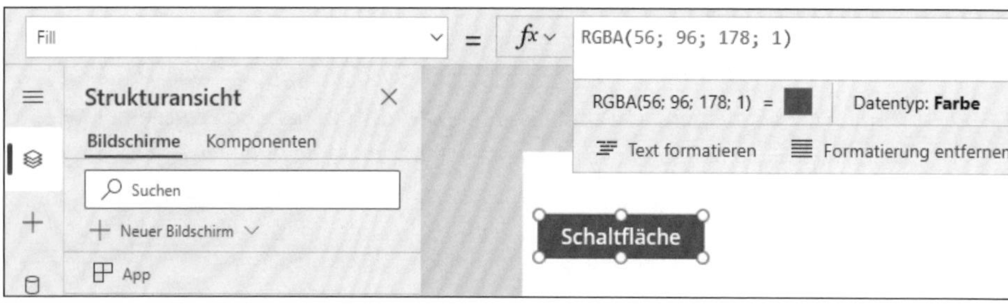

Abbildung 5.18 Füllfarbe mir RGBA

Die Eigenschaften `Fill`, `DisabledFill`, `HoverFill` und `PressedFill` bestimmen die Füllfarbe Ihres Elements, wobei `Fill` der Standard für Ihre aktiven Elemente darstellt. Mit `DisabledFill` legen Sie die Farbe für Ihr Element fest, wenn es `Disabled`, also inaktiv ist. Inaktive Elemente werden in der Regel ausgegraut dargestellt und sind nicht bedienbar.

`HoverFill` legt die Farbe eines Elements fest, die es haben soll, wenn Sie mit der Maus über das Element gleiten. Beachten Sie, dass diese Eigenschaft auf mobilen Endgeräten nicht ausgeführt wird, da Sie dort ein Element nur auswählen, nicht aber darübergleiten können.

`PressedFill` legt die Füllfarbe fest, während Sie ein Element selektieren. So visualisieren Sie den Benutzerinnen und Benutzern, dass ein Element gedrückt wurde.

QuickInfo (ToolTip)

Die QuickInfo ist eine unverzichtbare Eigenschaft vor allem an Schaltflächen und Symbolen, denn Sie zeigen den Benutzerinnen und Benutzern die Funktion eines Elements, wie in Abbildung 5.19 zu sehen ist.

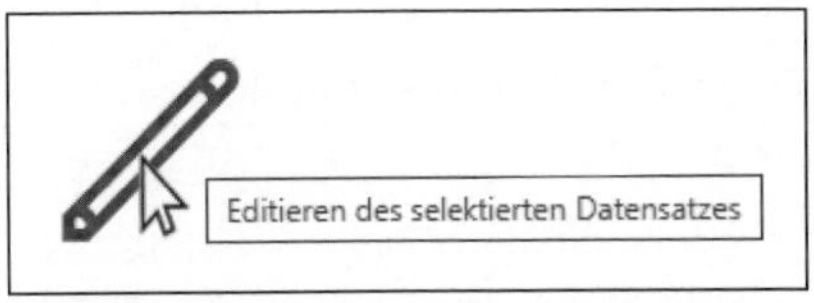

Abbildung 5.19 QuickInfos helfen den Anwenderinnen und Anwendern.

> **QuickInfos im mobilen Einsatz**
>
> Bedenken Sie beim App-Design, dass mobile Endgeräte keine QuickInfos bzw. Tool-Tipps zur Verfügung stellen. Arbeiten Sie eventuell mit einem Info-Symbol, über dessen `OnSelect`-Eigenschaft Sie einen Hilfetext einblenden.

Border, BorderRadius

`Border` und `BorderRadius` bestimmen die Rahmenbreite sowie die Rundung der Ecken eines Elements. Die Rahmenbreite eines Elements können Sie an nahezu jedem Element festlegen. Möchten Sie keinen Rahmen an einem Element haben, setzen Sie den Wert für `Border` auf 0.

Der `BorderRadius` ist eine sehr unterschätzte Styling-Eigenschaft, denn ihre geschickte Verwendung wertet Ihre App deutlich auf. Abbildung 5.20 zeigt die Auswirkung auf Schaltflächen.

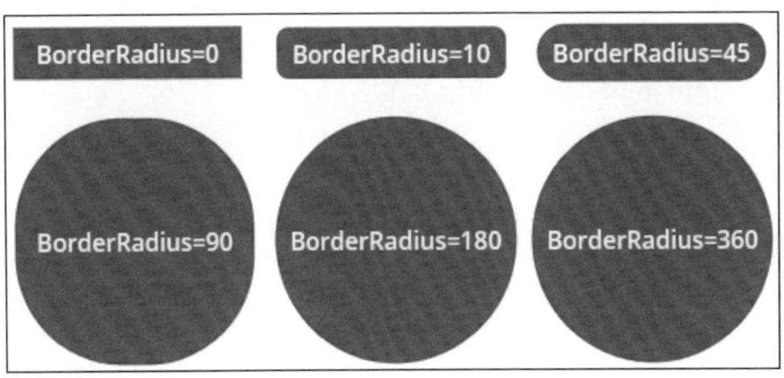

Abbildung 5.20 Einfluss des BorderRadius auf Schaltflächen

Beachten Sie, dass die Schaltflächen in der unteren Reihe nicht von sich aus größer geworden sind. Ab einem Radius von 45 Grad wird der Effekt erst dann deutlich, wenn Höhe und Breite des Elements in etwa identisch sind, weshalb ich hier ein bisschen nachgeholfen habe.

Welchen Radius Sie wirklich benötigen, um eine perfekte Kreisform zu erzeugen, hängt im Wesentlichen von der Textgröße sowie den eingestellten Randabständen (Paddings) ab.

In Abbildung 5.21 und Abbildung 5.22 sehen Sie die Verwendung von Bildelementen, wie sie typischerweise in der Kopfzeile von vielen Webanwendungen zu finden sind. Üblicherweise befindet sich in einer der oberen Ecken ein kleines Profilbild des angemeldeten Benutzers.

Abbildung 5.21 Bildelement mit BorderRadius 0

Ein Wert von 90 im BorderRadius wertet dieses Element doch deutlich auf.

Abbildung 5.22 Bildelement mit BorderRadius 90

Außer an Schaltflächen und Bildern können Sie den BorderRadius auch an Texteingabe-Elementen anpassen und Ihrer App somit ein individuelles Design verpassen, wie Sie in Abbildung 5.23 sehen können.

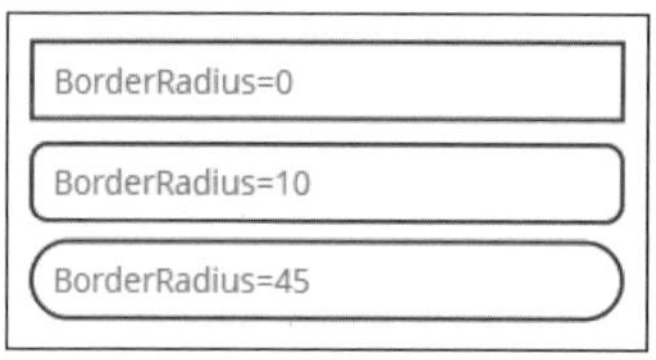

Abbildung 5.23 Texteingabe-Elemente mit BorderRadius 0, 10 und 45

BorderTopLeft, BorderTopRight, BorderBottomLeft und BorderBottomRight

Im vorangegangenen Abschnitt haben Sie die Möglichkeiten des BorderRadius kennengelernt. Sie können den Radius jedoch auch für jede Ecke separat einstellen. Das machen Sie mit den Eigenschaften BorderTopLeft, BorderTopRight, BorderBottomLeft und BorderBottomRight.

Geschickt eingesetzt, wird durch die Einstellung RadiusTopLeft=45 eine Schaltfläche zu einem Reiter. Mehrere Schaltflächen werden so zu einer ganzen Reiterleiste, wie Abbildung 5.24 verdeutlicht.

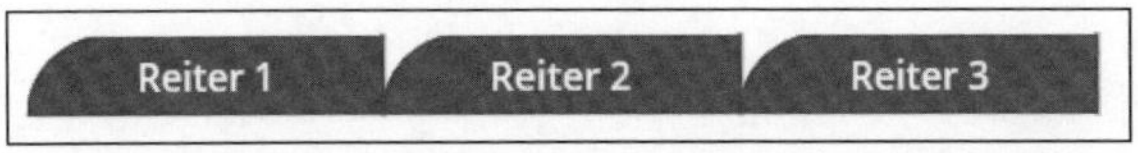

Abbildung 5.24 Mit »RadiusTopLeft=45« wird eine Schaltfläche zum Reiter.

PaddingTop, PaddingLeft, PaddingRight und PaddingBottom

Falls Sie schon Erfahrungen mit CSS haben, sollte Ihnen der Begriff *Padding* bekannt vorkommen. Mit dem Padding steuert man den Abstand eines Inhalts zu seinem Rand (siehe Abbildung 5.25).

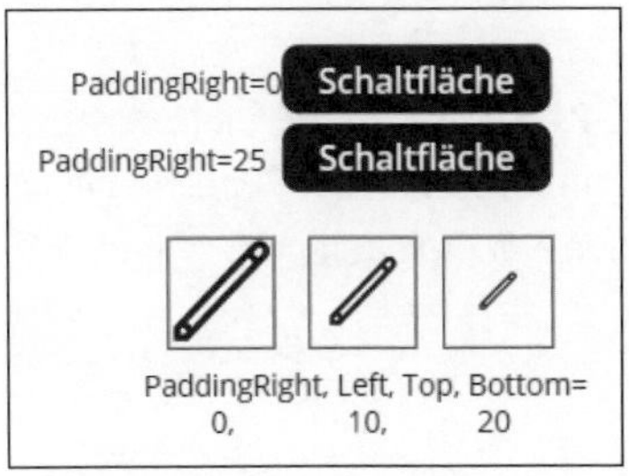

Abbildung 5.25 Auswirkung des Paddings an Beschriftungen und Symbolen

`PaddingTop` und `PaddingBottom` steuern den Abstand nach oben und nach unten, wohin gegen `PaddingLeft` und `PaddingRight` den Abstand zu den seitlichen Rändern angeben.

Die Einstellungen können Sie entweder in der Eigenschaftenliste oder im Eigenschaftenbereich vornehmen (siehe Abbildung 5.26).

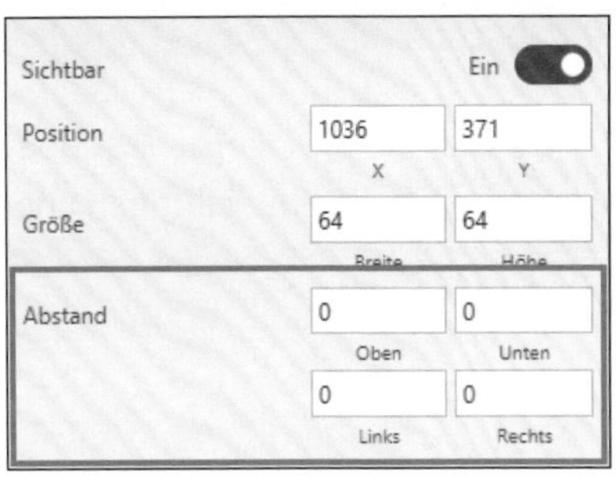

Abbildung 5.26 Einstellen der Abstände im Eigenschaftenbereich

Font, FontWeight und Size

Mit `Font` und `Size` legen Sie die Schriftart und Größe fest. `FontWeight` bestimmt die Schriftbreite; es ist eine Aufzählung bestehend aus den Werten, die Abbildung 5.27 zeigt.

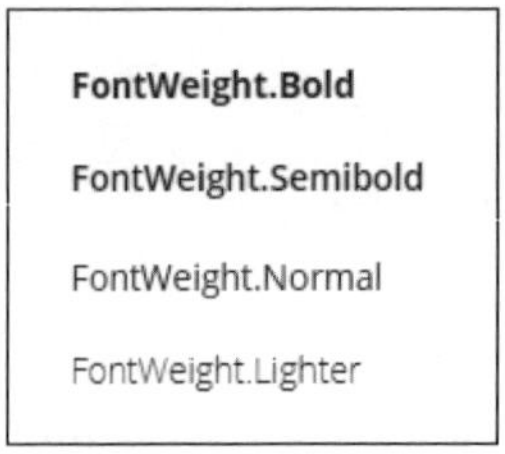

Abbildung 5.27 Ausprägungen der Aufzählung FontWeight

[»]

Der Eigenschaftenbereich

Da sich das Styling eines Elements in vielen Eigenschaften wie zum Beispiel Schrift, Rahmen oder Farbe nur sehr selten ändert, nutze ich zum Setzen in der Regel den Eigenschaftenbereich auf der rechten Seite. Das hat keinen Nachteil und geht schneller (siehe Abbildung 5.28).

Abbildung 5.28 Der Eigenschaftenbereich ist sehr komfortabel.

Italic, Underline und Strikethrough

Die Schriftstile `Italic`, `Underline` und `Strikethrough` finden Sie im Eigenschaftenbereich unter dem Begriff *Schriftstil* zusammengefasst. Wie sich die Einstellungen auswirken, können Sie Abbildung 5.29 entnehmen.

Abbildung 5.29 Schriftstil und Textausrichtung

In der Eigenschaftenliste finden Sie für jeden Schriftstil eine eigene Eigenschaft, die Sie mit `true` einschalten und mit `false` ausschalten (siehe Abbildung 5.30).

Abbildung 5.30 Eigenschaft »unterstrichen«

Align und VerticalAlign

`Align` bestimmt die horizontale Textausrichtung (siehe Abbildung 5.31). In der Eigenschaftenliste steuern Sie die Ausrichtung über die Eigenschaft `Align` und die gleichlautende Aufzählung, wie in Abbildung 5.31.

Abbildung 5.31 Die Align-Aufzählung bestimmt die Textausrichtung.

Abbildung 5.32 verdeutlicht die Align-Einstellung am Beispiel eines Beschriftungselements.

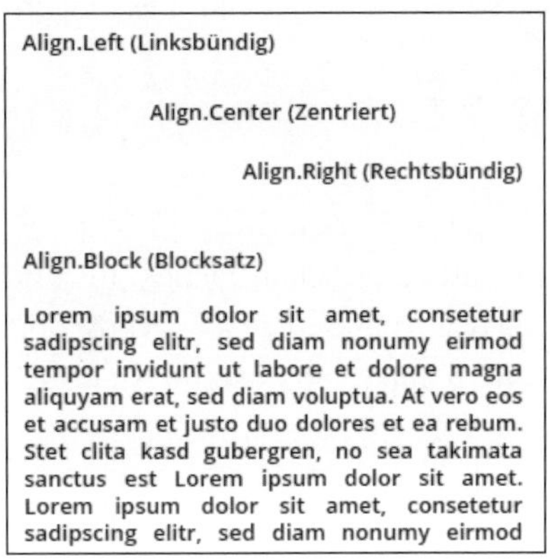

Abbildung 5.32 Auswirkung der Align-Eigenschaft am Beispiel eines Beschriftungselements

`VerticalAlign` steuert die vertikale Textausrichtung (siehe Abbildung 5.33).

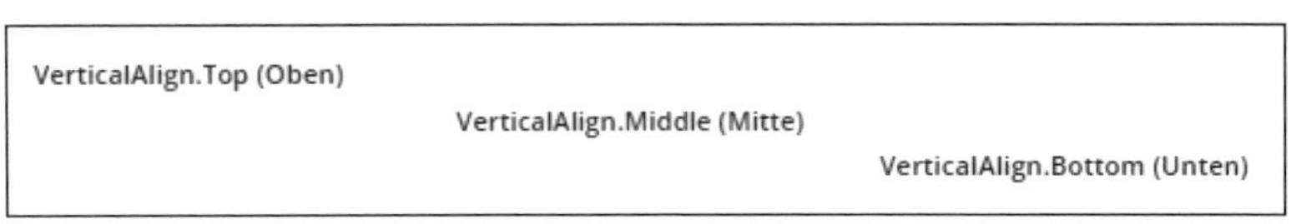

Abbildung 5.33 Vertikale Ausrichtung von Texten

Programmatisch stellen Sie den Wert in der Eigenschaftenliste über die Aufzählung `VerticalAlign` ein. Im Eigenschaftenbereich nutzen Sie die Eigenschaft VERTIKALE AUSRICHTUNG (siehe Abbildung 5.34).

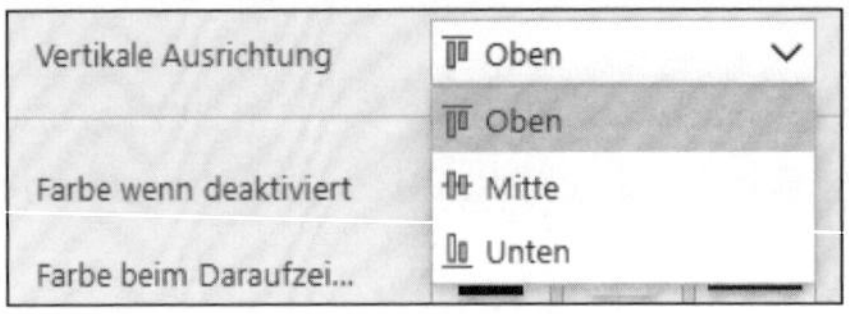

Abbildung 5.34 Einstellung der vertikalen Ausrichtung im Eigenschaftenbereich

Color, HoverColor, HoverBorderColor, DisabledColor und DisabledBorderColor

Die verschiedenen Color-Eigenschaften legen die Farbe der Textteile eines Steuerelements fest. Dabei definiert *Color* zum Beispiel die Textfarbe von Bezeichnern, Schaltflächen oder die Strichfarbe von Symbolen (Icons).

`DisabledColor` und `DisabledBorderColor` steuern die Text- und Rahmenfarbe im DisplayMode Disabled. Nutzen Sie diese Eigenschaften, um inaktive Elemente klar von aktiven zu unterscheiden.

`HoverColor` sowie `HoverBorderColor` steuern die Textfarbe, falls Sie mit dem Mauszeiger über das entsprechende Element gleiten. Ebenso wie `HoverFill` ist diese Eigenschaft auf mobilen Endgeräten nicht aktiv.

DisplayMode

Der `DisplayMode` legt den Zustand eines Elements fest. Der Standardwert ist `DisplayMode.Edit`. `DisplayMode.Disabled` graut das Element – hier eine Schaltfläche – aus und verhindert, dass sie genutzt werden kann. Sie ist inaktiv. `DisplayMode.View` verändert die Farbe nicht, sondern setzt das Element nur in einen inaktiven Zustand (siehe Abbildung 5.35).

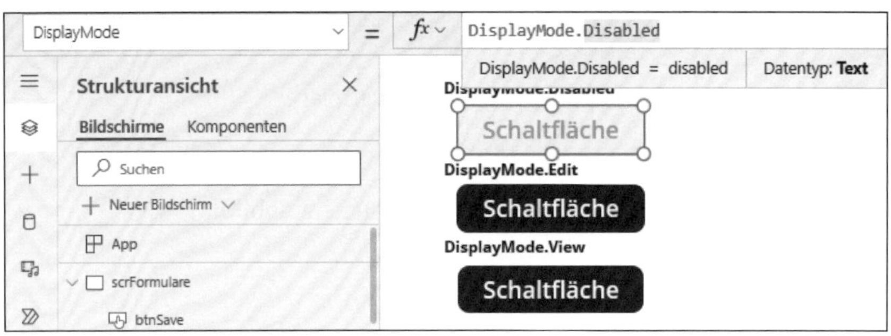

Abbildung 5.35 DisplayMode an Schaltflächen

Das Verhalten variiert von Elementtyp zu Elementtyp und wird weiter unten detailliert beschrieben.

Visible

Die `Visible`-Eigenschaft ist ebenfalls eine sehr häufig genutzte Eigenschaft in meinen Projekten. Mit ihr steuere ich die *Sichtbarkeit* von Elementen in Abhängigkeit von einem Prozessstatus oder einer Benutzerrolle.

> **Nur darstellen, was nötig ist**
>
> Die Visible-Eigenschaft lässt Sie nur die Elemente darstellen, die in Abhängigkeit von einem Status oder einer Rolle nötig sind. So verhindern Sie überladene Oberflächen und sorgen für Übersichtlichkeit.

5.1.7 Ereignisse (Events)

Immer, wenn mit den Elementen Ihrer Oberfläche etwas geschieht, werden *Ereignisse* ausgelöst. Das Schöne ist, dass wir auf einige reagieren können.

So wählen Sie in der Eigenschaftenliste das gewünschte Ereignis aus und programmieren das gewünschte Verhalten im Funktionseditor.

Events erkennen Sie an einem vorangestellten »On«, wie es Abbildung 5.36 am Beispiel von Bildschirmereignissen verdeutlicht.

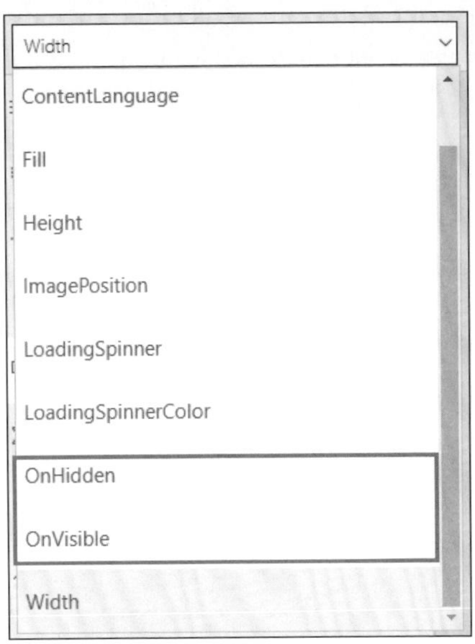

Abbildung 5.36 Ereignisse in der Eigenschaftenliste

So können Sie das Ereignis `OnVisible` zum Beispiel dazu nutzen, Daten zu laden oder Berechnungen durchzuführen, sobald der Bildschirm zur Anzeige gebracht wird.

Das Ereignis `OnHidden` wird zum Beispiel ausgelöst, sobald zu einem anderen Bildschirm navigiert wird und die Benutzerinnen und Benutzer den aktuellen Bildschirm verlassen. Sehr häufig werden sie es mit `OnSelect` zu tun bekommen, denn dieses Ereignis wird immer dann ausgeführt, wenn Sie eine Schaltfläche bedienen. Welche Ereignisse an den einzelnen Steuerelementen zur Verfügung stehen, erfahren Sie in Abschnitt 5.2 über die Gestaltungselemente einer Canvas App.

5.1.8 Variablen

Früher oder später kommen Sie in die Verlegenheit, sich Daten merken zu müssen, die Sie auf einem Bildschirm erheben und auf anderen Bildschirmen benötigen.

Eventuell wollen Sie aber auch nur etwas komplizierte Rechnungen durchführen, wie zum Beispiel die Berechnung von Urlaubstagen zwischen einem Start- und einem Enddatum.

Damit Sie sich Daten zwischenspeichern können, gibt es, wie in anderen Programmiersprachen auch, Datenspeicher, die wir in der Programmierung *Variablen* nennen.

Ihre Bedienung ist denkbar einfach, denn man denkt sich einen Namen für seinen Speicher aus und befüllt ihn mit Daten, ähnlich wie kleine Aufbewahrungsboxen, die Sie mit »Kreuzschrauben«, »Unterlegscheiben« oder »Muttern« beschriften, um dort ebendiese Teile einzuordnen. Die Aufbewahrungsbox ist Ihre Variable, die Schrauben sind die Daten, die Sie dort speichern, bis Sie sie benötigen.

Neben einem Namen und Daten, die in einer Variablen gespeichert werden, verfügen sie noch über eine weitere Eigenschaft, nämlich einen Wirkungsbereich. Der Wirkungsbereich sagt aus, ob Sie eine Variable nur innerhalb eines Bildschirms nutzen wollen oder ob sie über die komplette App verfügbar sein soll. Man spricht dabei auch von lokalen und globalen Variablen (siehe Abbildung 5.37).

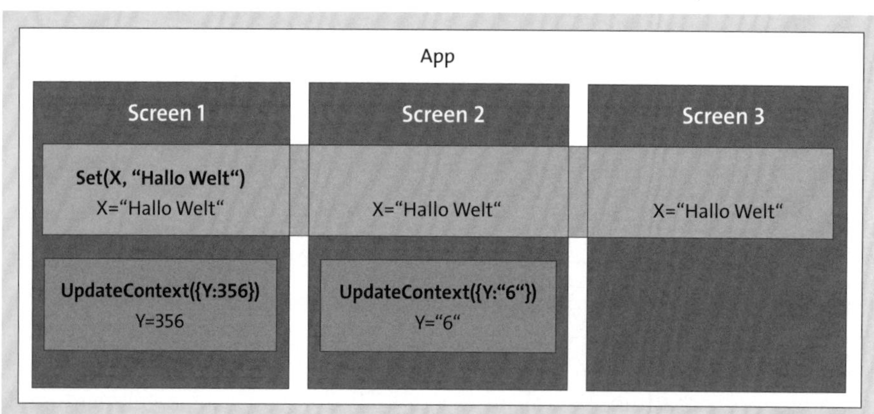

Abbildung 5.37 Wirkungsbereiche von lokalen und globalen Variablen

Lokale Variablen

Lokale Variablen definieren Sie mit dem Befehl `UpdateContext`:

```
UpdateContext({NameIhrerVariable:Wert})
```

Variablen, die Sie mit `UpdateContext` erzeugen, sind nur innerhalb des Bildschirms gültig, auf dem sie definiert wurden. Benötigen Sie die Variable auf einem anderen Bildschirm, so müssen Sie sie mit dem `Navigate`-Befehl übergeben oder als globale Variable deklarieren.

Das Datenformat folgt der *JSON-Notation*, wonach die geschweiften Klammern den Start und das Ende des Datensatzes markieren. Parametername und Wert sind per Doppelpunkt getrennt.

Möchten Sie mehrere Parameter in einem Aufruf von `UpdateContext` deklarieren, so trennen Sie gemäß dem JSON-Format die einzelnen Variablen mit einem Semikolon:

```
UpdateContext(
    {
        locNumerischeVariable: 1;
        locZeichenkettenVariable: "Ein Wert";
        locBoolscheVariable: true
    }
)
```

Listing 5.3 Definition von drei lokalen Variablen

Der Ordnung halber setze ich vor jede lokale Variable das Präfix `loc` für *local*. Eine Variable, mit der ich die Sichtbarkeit eines Steuerelements steuere, würde ich somit mit dem Befehl `UpdateContext({locShowSubmitButton:true})` erzeugen und zum Beispiel in das `OnSelect`-Ereignis meiner Schaltfläche eintragen, das immer dann aufgerufen wird, wenn sie angeklickt wird (siehe Abbildung 5.38). Ein Klick auf diese Schaltfläche setzt die Variable nun auf `true`, was mit `WAHR` bzw. `JA` gleichzusetzen ist.

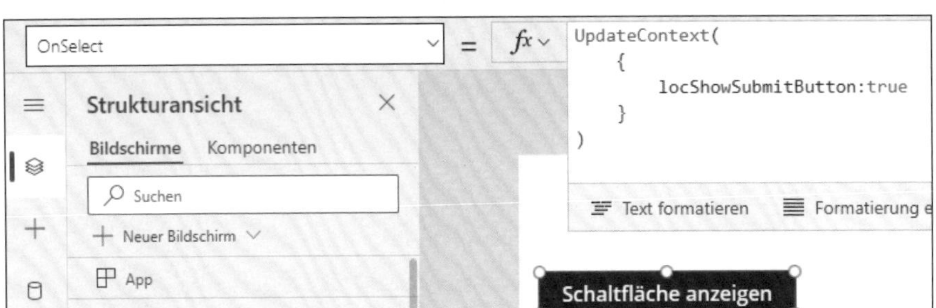

Abbildung 5.38 Lokale Variable erzeugen und mit »true« (wahr) belegen

Möchten Sie den Wert aus Ihrer Variablen abrufen, also sinngemäß eine Schraube aus Ihrer Aufbewahrungsbox nehmen, so benutzen Sie einfach den Namen Ihrer Variablen, wie es in Abbildung 5.39 zu sehen ist. In diesem Beispiel wird der Inhalt der Variablen `locShowSubmitButton` der Eigenschaft `Visible` übergeben. Ist der `Wert=true`, so erfolgt die Anzeige der Schaltfläche.

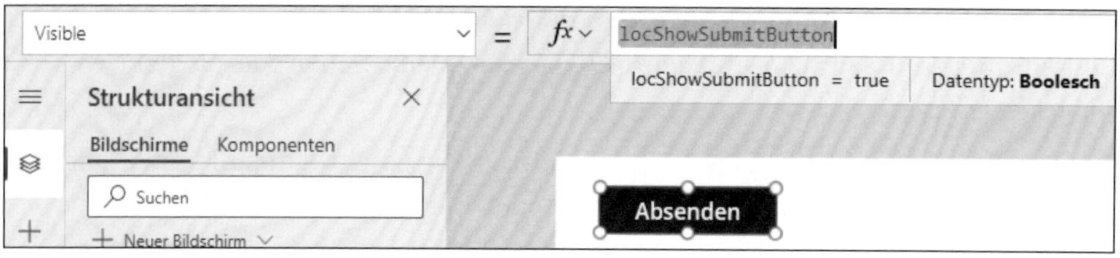

Abbildung 5.39 Wert einer Variablen abrufen und die Anzeige eines Elements steuern

Haben Sie nun eine zweite Schaltfläche, die ihrerseits den Wert negiert und somit auf `false` (`UNWAHR` oder `NEIN`) setzt, wie Sie es in Abbildung 5.40 sehen, wird das Steuerelement unsichtbar (siehe Abbildung 5.41).

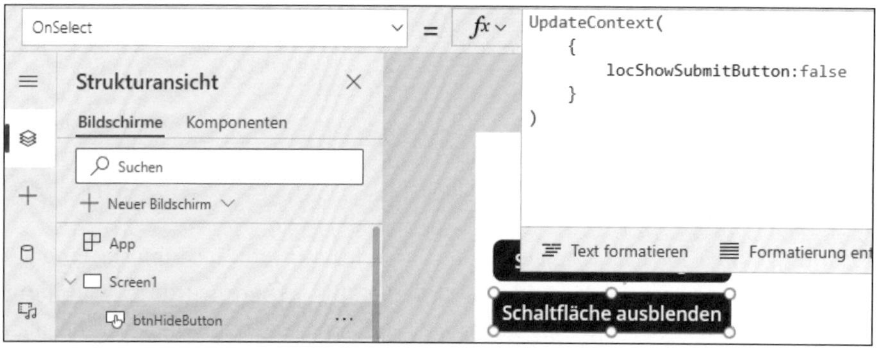

Abbildung 5.40 Lokale Variable mit »false« belegen, um das Element auszublenden

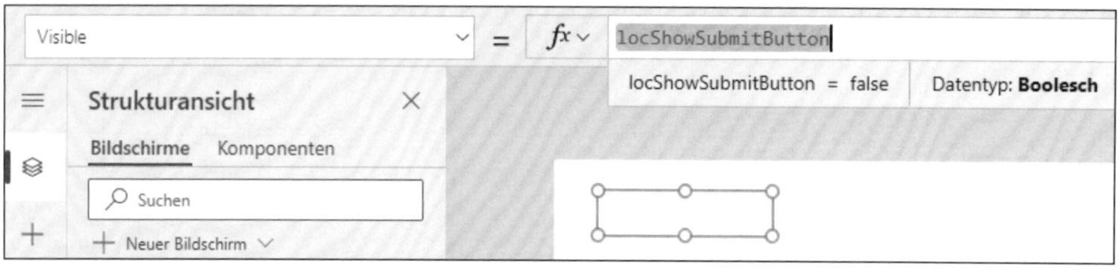

Abbildung 5.41 Die Schaltfläche wird ausgeblendet.

[«]

Benennung von lokalen Variablen

Lokale Variablen können auf mehreren Bildschirmen denselben Namen tragen. Durch ihren Wirkungsbereich, den Bildschirm, sind sie trotzdem unabhängig.

Das ist dann sinnvoll, wenn die Variable auf allen Bildschirmen denselben Zweck erfüllt, wie etwa in unserem Beispiel das Anzeigen und Verstecken einer Schaltfläche zum Absenden eines Formulars.

[!]

Lokale Variablen funktionieren nur im Kontext eines Bildschirms

Wenn Sie in dem Ereignis `App.OnStart`, das aufgerufen wird, bevor der erste Bildschirm sichtbar ist, eine lokale Variable nutzen wollen, führt das zu einem Fehler. Nutzen Sie hier ausschließlich globale Variablen.

Globale Variablen

Globale Variablen sind über die komplette App in allen Bildschirmen gültig und werden über den folgenden Ausdruck erstellt: `Set(NameIhrerVariable;Wert)`

Sie können jede Art von Daten enthalten, wie es auch bei lokalen Variablen der Fall ist. Auch hier ist die Verwendung des JSON-Datenformats erforderlich, wenn Sie mehrdimensionale Daten, also Tabellenstrukturen ablegen möchten (siehe Listing 5.4).

```
Set(
    glbVariable;
    [
        {produktNummer:123;anzahl:3};
        {produktNummer:666;anzahl:6}
    ]
)
```

Listing 5.4 Definition einer globalen Variablen mit einer Tabelle

Verwendung von Variablen in Texten

Möchten Sie Daten innerhalb von Texten ausgeben, so können Sie sie, getrennt durch ein &-Symbol, in den Text integrieren. Nehmen wir an, die lokale Variable `locAnzahlElementeZuLoeschen` enthält die Anzahl von Elementen einer Liste, die Sie löschen möchten.

Sie möchten nun eine Abfrage starten, ob die angemeldete Person sich sicher ist, das zu tun, und formulieren dazu folgenden Text:

```
"Sind Sie sicher, dass Sie " & locAnzahlElementeZuLoeschen & ↩
" Elemente löschen wollen?"
```

Variableninhalte einsehen

Das App-Erstellungs-Menü verfügt über den Menüpunkt VARIABLEN (siehe Abbildung 5.42). Hier können Sie Ihre Variablen, sortiert nach Ihrem Gültigkeitsbereich und Scope, abrufen.

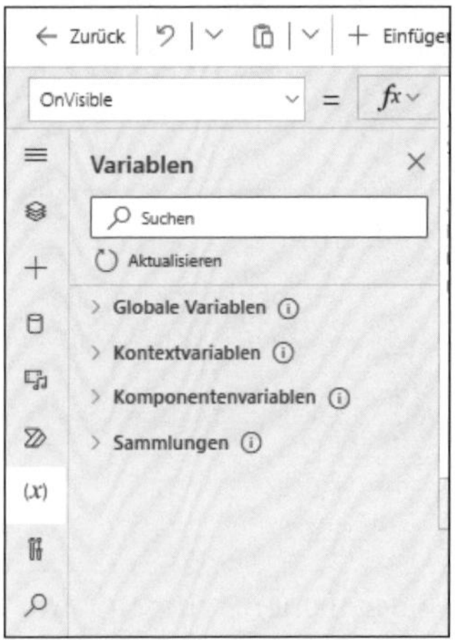

Abbildung 5.42 Der Variablenbereich im Power Apps Studio

In Abbildung 5.43 finden Sie ein Beispiel für eine Kontextvariable. Sie wählen zunächst den Bildschirm und dann die Variable. Nun bekommen Sie die Stellen aufgelistet, wo Sie diese Variable verwenden. Ein weiterer Klick auf den Verwendungsort, und Sie landen direkt auf dem Bildschirm und bei dem Code-Abschnitt, in dem die Variable verwendet wird.

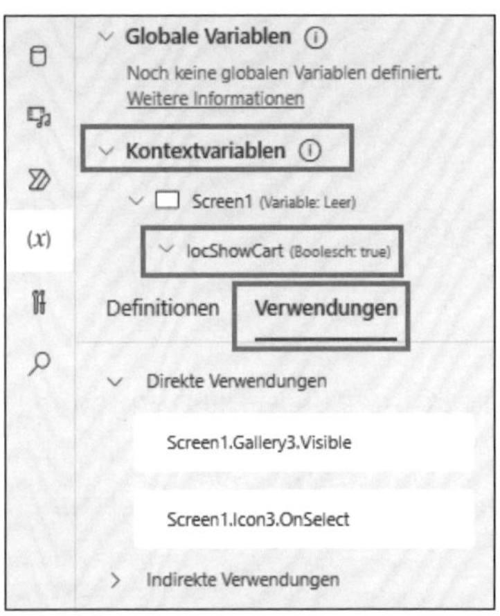

Abbildung 5.43 Verwendungsort Ihrer Variablen

Wollen Sie während der Entwicklung den Zustand einer Sammlung/Collection prüfen, so ist auch das kein Problem. Wechseln Sie einfach in den Bereich SAMMLUNGEN und wählen dort die Sammlung, die Sie überprüfen möchten. Ein Kontextmenü wie in Abbildung 5.44 erlaubt Ihnen nun, tiefer in die Sammlung einzusteigen, und listet Ihnen alle Datensätze auf (siehe Abbildung 5.45).

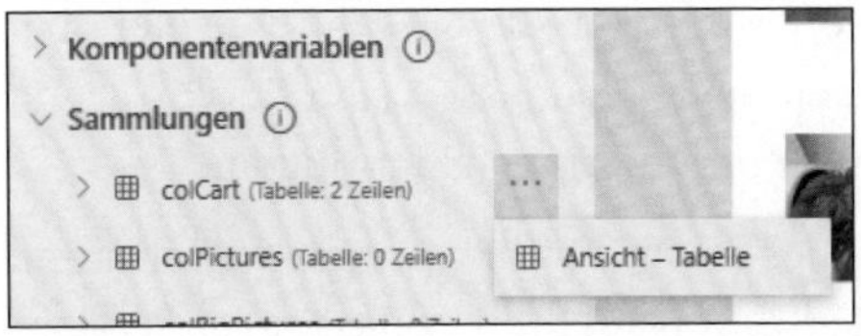

Abbildung 5.44 Den Inhalt von Sammlungen/Collections abfragen

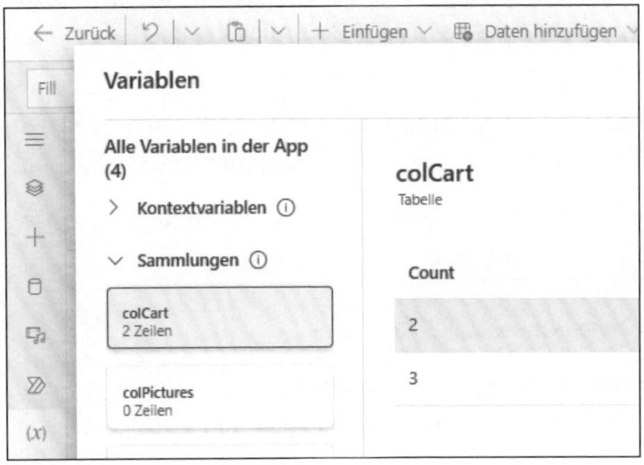

Abbildung 5.45 Datensätze einer Collection abrufen

5.1.9 Collections

Im vorangegangenen Abschnitt haben Sie gelernt, wie Sie Daten in Variablen zwischenspeichern und dass Variablen entweder für einen Bildschirm oder die ganze App Gültigkeit haben. Diese Daten werden im Arbeitsspeicher gehalten und nicht auf Ihre Festplatte geschrieben.

Eine weitere Art, sich Daten zu merken, sind *Collections*. Collections dienen als Sammlung von gleichartigen Objekten, bestehend aus Feldern mit einem Namen und einem Wert. Im Ergebnis können Sie sich eine Collection also als eine Tabelle vorstellen.

Collections vs. Tabellen

Im weiteren Verlauf dieses Buchs werden eine Reihe von Funktionen beschrieben, die sich auf einspaltige oder mehrspaltige Tabellen beziehen. Collections sind letztlich eine Sonderform der Tabelle und können für die gleichen Zwecke verwendet werden.

Ebenso wie Variablen besitzen Collections einen frei von Ihnen zu definierenden Namen. Wählen Sie den Namen sinnvollerweise nach der Bedeutung der Daten bzw. deren Verwendung.

Collections lassen sich wie eine Datenquelle verwenden, die Sie zum Beispiel über einen SharePoint-Konnektor in der App bereitstellen. Sie lassen sich hervorragend als Datenquelle für Kataloge, Dropdowns oder Kombinationsfelder nutzen.

Darüber hinaus sind sie unabdingbar, wenn Sie Ihre App offline nutzen wollen, denn mit `SaveData` schreiben Sie die Inhalte Ihrer Collection auf Ihr mobiles Endgerät. Mehr dazu finden Sie in Abschnitt 5.8, wo ich den Offline-Betrieb von Power Apps erkläre.

Mit dem `ForAll`-Befehl können Sie über Ihren Datenbestand iterieren, also jeden einzelnen Datensatz besuchen, um die Datensätze in eine Datenbank schreiben zu können.

Collections kommen auch mit einer Fülle an Funktionen daher, um Daten hinzuzufügen, zu entfernen, Eigenschaften zu erweitern oder zu reduzieren und vieles mehr.

Im Folgenden lernen Sie die Arbeit mit Collections und deren wichtigsten Funktionen kennen.

Collect

`Collect` fügt Daten einer Collection hinzu. Existiert noch keine Collection unter dem angegebenen Namen, wird eine angelegt und mit den angegebenen Daten befüllt.

Hinzufügen eines Datensatzes zu einer Collection

Existiert noch keine Collection mit dem Namen `colBestellung`, so erzeugt die Funktion aus Listing 5.5 eine neue Collection mit folgenden Feldern und Daten:

produktNummer	anzahl
123	3

Tabelle 5.1 Eine neu angelegte Collection bestehend aus einem Datensatz

```
Collect(
    colBestellung;
    {
        produktNummer:123;
        anzahl:3
    }
)
```

Listing 5.5 Einen Datensatz einer Collection hinzufügen

Existiert die Collection `colBestellung` bereits, so werden die Daten der `Collect`-Funktion angefügt:

produktNummer	anzahl
126	1
231	4
123	**3**

Tabelle 5.2 Einen Datensatz einer bestehenden Collection hinzufügen

Hinzufügen mehrerer Datensätze zu einer Collection

Das obige Beispiel zeigt, wie man einen Datensatz einer Collection hinzufügt. Selbstverständlich können Sie auch gleich mehrere Daten in einer Anweisung hinzufügen. Fügen Sie entsprechend weitere Datensätze im JSON-Format, jeweils getrennt durch ein Semikolon (in deutschsprachigen Umgebungen), hinzu.

So erzeugt Listing 5.6 zwei Datensätze, wie Tabelle 5.3 verdeutlicht.

produktNummer	anzahl
123	3
666	6

Tabelle 5.3 Zwei Datensätze, in einem Befehl angelegt

```
Collect(
    colBestellung;
    {
        produktNummer: 123;
        anzahl: 3
    };
    {
        produktNummer: 666;
        anzahl: 6
    }
);;
```

Listing 5.6 Mehrere Datensätze einer Collection hinzufügen

Case-Sensitivität

Beachten Sie, dass die Feldnamen case-sensitiv sind, also die Groß-/Kleinschreibung wichtig ist. Würden Sie der vorangegangenen Tabelle, bestehend aus zwei Datensätzen, mit `Collect` den folgenden Datensatz hinzufügen, so würde in der Collection eine dritte und vierte Spalte angelegt werden.

```
Collect(
    colBestellung;
    {
        ProduktNummer: 1896;
        Anzahl: 1
    }
);;
```

produktNummer	anzahl	ProduktNummer	Anzahl
123	3		
666	6		
		1896	1

Tabelle 5.4 Feldnamen sind case-sensitiv.

Dieses Verhalten können Sie sich natürlich auch zunutze machen und eine Collection bewusst um weitere Felder erweitern. So fügt folgende Anweisung der Collection ein Feld für einen Stückpreis hinzu:

```
Collect(
    colBestellung;
    {
        produktNummer: 1896;
        anzahl: 1;
        stkPreis: 0,79
    }
);;
```

produktNummer	anzahl	stkPreis
123	3	
666	6	
1896	1	0,79

Tabelle 5.5 Eine Collection um Felder erweitern

Problematisch ist allerdings, dass Sie so zwar einen gültigen, aber unvollständigen Datenbestand haben, da die Produkte 123 und 666 über keinen Preis verfügen. Gegebenenfalls müssen Sie anschließend unvollständige Datensätze aktualisieren.

Typisierung

Collections sind typisiert. Wollen Sie mit der folgenden Anweisung Daten zu Ihrer Collection `colBestellung` hinzufügen, führt das zu einem Fehler, da das Feld `produktNummer` in der bestehenden Collection ein numerisches Feld ist, nun aber durch die Verwendung von Anführungszeichen eine Zeichenkette hinzugefügt werden soll.

```
Collect(colBestellung;{produktNummer:"123";anzahl:3});;
```

In der Entwicklungsumgebung wird Ihnen das wie in Abbildung 5.46 dargestellt.

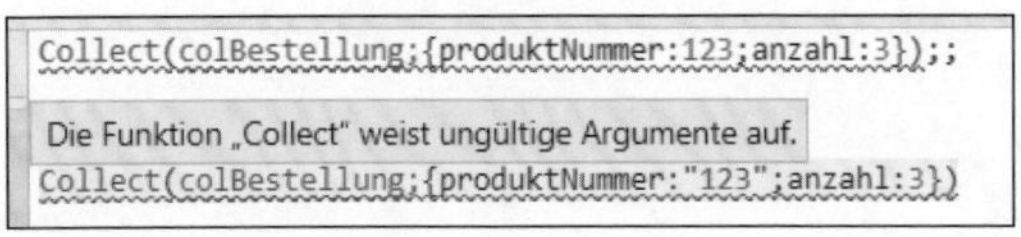

Abbildung 5.46 Fehlermeldung bei Typverletzungen in einer Collection

Clear

`Clear` entfernt alle Datensätze einer Collection. Diese Funktion ist dann sinnvoll, wenn Sie während einer Sitzung zum Beispiel einen Warenkorb mit Bestellpositionen befüllen und diesen am Ende versenden. Wollen Sie nun einen weiteren Warenkorb befüllen, müssen Sie die alten, soeben versendeten Bestellpositionen entfernen.

Um die Funktion von Clear zu verdeutlichen, gehen wir davon aus, eine Collection `colBestellung`, bestehend aus drei Datensätzen, zu besitzen.

produktNummer	anzahl
126	1
231	4
123	3

Tabelle 5.6 Zustand einer Collection vor Verwendung des Clear-Befehls.

`Clear(colBestellungen)` entfernt sämtliche Datensätze mit folgendem Ergebnis:

produktNummer	anzahl

Tabelle 5.7 Clear entfernt alle Datensätze.

Nutzen Sie nun wieder die `Collect`-Funktion, um weitere Datensätze hinzuzufügen.

ClearCollect

`ClearCollect` verbindet die beiden Funktionen `Clear` und `Collect`. Existiert bereits die Collection `colBestellung` aus den oben genannten Beispielen, so sorgt

```
ClearCollect(
    colBestellung;
    {
        produktNummer: 666;
        anzahl: 6
    }
);;
```

für das Löschen vorhandener Daten aus der Collection `colBestellung` und fügt anschließend den angegebenen Datensatz hinzu.

produktNummer	anzahl
666	6

Tabelle 5.8 ClearCollect entfernt alle Datensätze und fügt neue ein.

Count

`Count` zählt alle Vorkommen von Datensätzen einer einspaltigen Tabelle, die eine Zahl enthalten.

Folgender Code erzeugt eine zweispaltige Collection:

```
ClearCollect(
    colTabelle;
    {
        Spalte1: Blank();
        Spalte2: 1
    };
    {
        Spalte1: 3;
        Spalte2: 2
    }
);;
```

Spalte1	Spalte2
	1
3	2

Tabelle 5.9 Eine zweispaltige Tabelle mit Zahlen

`Count(colTabelle.Spalte1)` ergibt folgerichtig 1.

CountRows

`CountRows` zählt die Anzahl von Datensätzen einer Tabelle wie zum Beispiel einer Collection. Die Anwendung ist wie folgt:

```
CountRows(colBestellung)
```

CountA

`CountA` zählt alle Vorkommen von nicht leeren Datensätzen einer einspaltigen Tabelle inklusive leerer Texte.

Zunächst erzeugen wir eine Collection, bestehend aus zwei Spalten, nämlich Spalte1 und Spalte2.

```
Collect(
    colTabelle;
    {
        Spalte1: Blank();
        Spalte2: ""
    };
    {
        Spalte1: "Wert2";
        Spalte2: "Wert2"
    }
);;
```

Das Ergebnis dieses Ausdrucks ist folgende Tabelle:

Spalte1	Spalte2
	»«
»Wert2«	»Wert«

Tabelle 5.10 Eine Collection mit leeren Werten

Möchten Sie nun prüfen, wie viele Einträge Spalte1 besitzt, die nicht leer sind, so fragen Sie dies mit folgendem Code ab:

```
CountA(colTabelle.Spalte1)
```

Das Ergebnis lautet 1.

CountIf

`CountIf` zählt alle Vorkommen in einer Tabelle, die einer Bedingung entsprechen. So zählt `CountIf(Produkte;Altersempfehlung<=3)` alle Vorkommen von Produkten in Ihrer SharePoint-Liste, die für Kleinkinder geeignet sind.

AddColumns

In Bezug auf die Case-Sensitivität der Feldnamen haben Sie sehen können, dass Sie einer Collection weitere Felder hinzufügen können, dies aber zu inkonsistenten Datenbeständen führen kann.

Hier kann die Funktion `AddColumns` Abhilfe schaffen, da Sie zusätzlich noch eine Berechnungsvorschrift verwenden können.

Nehmen wir an, unsere Collection verfügt mittlerweile über eine `ProduktNummer`, eine Anzahl sowie einen Stückpreis. Wollen Sie nun den Positionspreis ermitteln, so sorgt

```
AddColumns(colBestelllung;"positionsPreis";stkPreis*anzahl)
```

für das gewünschte Ergebnis.

Die Spalte wird aber nicht direkt der Collection `colBestellung` hinzugefügt. Stattdessen müssen Sie das Ergebnis der Funktion `AddColumns` einer neuen Collection oder einer Items-Eigenschaft von Dropdown-Feldern oder Katalogen zuweisen. Das geschieht folgendermaßen:

```
ClearCollect(
    colBestellungNeu;
    AddColumns(
        colBestellung;
        "positionsPreis";
        stkPreis * anzahl
    )
);;
```

Listing 5.7 Einer Collection eine Spalte mit berechneten Inhalten hinzufügen

Das Ergebnis verdeutlicht Tabelle 5.11.

produktNummer	anzahl	stkPreis	positionsPreis
126	1	0,79	0,79
231	4	0,99	3,96
123	3	1,23	3,69

Tabelle 5.11 Eine Collection mit der Spalte mit berechneten Inhalten

Wie bei `Collect` können Sie auch hier mehrere Spalten in einem Schwung anlegen:

```
AddColumns(collection;"Spalte 1";Formel 1;"Spalte 2";Formel 2);;
```

DropColumns

So wie Sie mit `AddColumns` Spalten einer Collection hinzufügen, können Sie Spalten mit `DropColumns` entfernen.

```
ClearCollect(
    neueCollection;
    DropColumns(
        colBestellungNeu;
        "positionsPreis"
    )
);;
```

Das Ergebnis sieht wie folgt aus:

produktNummer	anzahl	stkPreis
126	1	0,79
231	4	0,99
123	3	1,23

Tabelle 5.12 Eine Spalte wurde entfernt.

RenameColumns

Falls Sie in die Verlegenheit kommen, zwei Collections miteinander verschmelzen zu müssen, die jeweils über eine Spalte »stkPreis« verfügen, können Sie mit `RenameColumns` Spalten einer Collection umbenennen:

```
ClearCollect(
    collection;
    RenameColumns(
```

```
        colBestellung;
        "stkPreis";
        "stkPreisLieferantA"
    )
);;
```

produktNummer	anzahl	stkPreisLieferantA
126	1	0,79
231	4	0,99
123	3	1,23

Tabelle 5.13 Die Spalte wurde umbenannt.

ShowColumns

Wollen Sie eine Collection mit einer Auswahl von Feldern einer weiteren Collection erzeugen, so hilft Ihnen ShowColumns:

```
ClearCollect(
    collection;
    ShowColumns(
        colBestellung;
        "stkPreis"
    )
);;
```

Das Ergebnis dieses Ausdrucks ist wie folgt:

stkPreis
0,79
0,99
1,23

Tabelle 5.14 Ergebnis von ShowColumns

Sequence

Die Sequence ist ein Befehl, um eine einspaltige Tabelle mit einer definierten Wertemenge zu erzeugen:

Sequence(10) erzeugt eine Tabelle mit der Spalte »Value«, die mit den Werten von 1 bis 10 gefüllt wird, Sequence(3;5) erzeugt 3 Elemente, startend bei 5.

Ein Anwendungsfall für die Sequence ist ein Dropdown-Element zur Auswahl von Stunden und Minuten (siehe Abbildung 5.47).

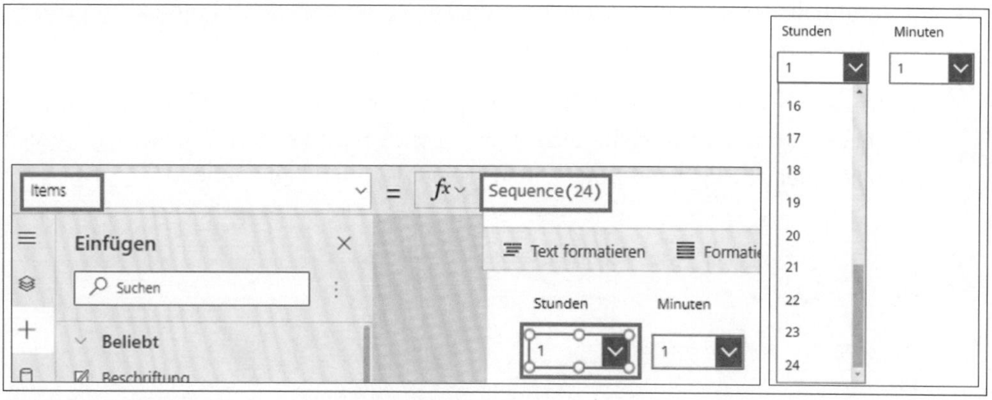

Abbildung 5.47 Die Sequence im Einsatz als Stundenauswahl

ForAll

Lange Zeit gab es keine Möglichkeit, über einen Datenbestand zu iterieren, das heißt, sich innerhalb einer Tabelle von Datensatz zu Datensatz zu bewegen. Mit `ForAll` gibt es nun diese Möglichkeit.

Der folgende Code-Schnipsel wandert durch alle Datensätze einer Collection und schreibt sie in eine SharePoint-Liste namens »Bestellungen«:

```
ForAll(
    colBestellung;
    Patch(
        Bestellungen;
        Defaults(Bestellungen)
        {
            PNr:ThisRecord.produktNummer;
            Anzahl:ThisRecord.anzahl
        }
    )
)
```

Listing 5.8 Daten mit »ForAll« aus einer Collection in eine SharePoint-Liste schreiben

`PNr` sowie `Anzahl` sind stellvertretend für mögliche Spalten in Ihrer SharePoint-Liste.

Was passiert hier?

1. `ForAll` wandert von Datensatz zu Datensatz der Collection `colBestellung`. Den jeweils besuchten Datensatz kann man mit dem Ausdruck `ThisRecord` abrufen.

2. Für jeden Datensatz wird nun der `Patch`-Befehl zum Erzeugen eines Datensatzes in der SharePoint-Liste ausgeführt.
3. Innerhalb des Patch-Befehls werden die Felder des besuchten Datensatzes, also `ThisRecord`, den Feldern der SharePoint-Liste zugewiesen.

Richtig stark ist `ForAll` auch in Verbindung mit der *Sequence*. Erinnern Sie Sie sich an das Beispiel mit dem Wertebereich? Das folgende Beispiel zeigt, wie einfach Sie sich zum Beispiel eine Liste mit Buchstaben von A bis Z erstellen können:

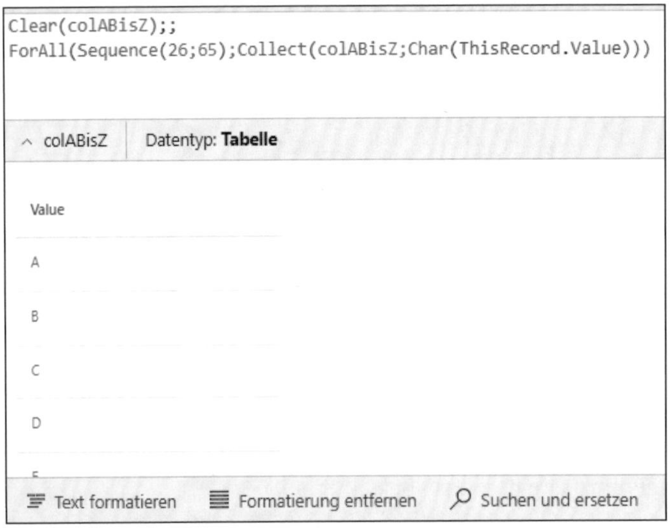

Abbildung 5.48 ForAll und Sequence: ein starkes Team

Richten wir in Abbildung 5.48 das Augenmerk auf die Zeile mit dem `ForAll`-Befehl. Dort erzeugen wir mit `Sequence(26,65)` eine einspaltige Tabelle mit 26 Werten, startend mit dem Wert 65.

Im *ASCII*-System steht die Zahl 65 für den Buchstaben A und 90 für den Buchstaben Z.

Diese Umwandlung erfolgt im zweiten Teil der `ForAll`-Funktion. Hier wird für jede Nummer der `Sequence` mit `Char(ThisRecord.Value)` der entsprechende Buchstabe ermittelt und der Collection `colABisZ` hinzugefügt.

Wie wir daraus einen smarten Buchstabenfilter bauen, zeige ich in Abschnitt 12.4.

5.1.10 Daten speichern

Ob in Collections oder über Konnektoren angebundene Datenquellen – Sie werden immer mal die Anforderung haben, einzelne Datenätze anlegen oder aktualisieren zu müssen.

Arbeiten Sie mit Formularen für angebundene Datenquellen wie zum Beispiel SharePoint-Listen, so haben Sie ein leichtes Spiel, denn der Befehl `Submit(<Formularname>)` kümmert sich um die Erstellung und Aktualisierung der angebundenen Datenquelle. Mehr dazu erfahren Sie in Abschnitt 5.2.17.

Wollen Sie aber lokale Collections aktualisieren oder haben Sie Ihre eigenen Formulare mit den verfügbaren Eingabe-Elementen erstellt, so müssen Sie sich selbst um das Speichern der Daten kümmern.

Patch

Der in meinen Projekten am häufigsten verwendete Befehl ist wohl der `Patch`-Befehl, denn er erlaubt das Erstellen und Ändern von Datensätzen. `Patch` kann sowohl für Collections als auch angebundene Datenquellen verwendet werden.

Daten anlegen

Möchten Sie den Patch-Befehl nutzen, um einen Datensatz neu anzulegen, übergeben Sie

- die Datenquelle,
- das Datenschema und
- den Datensatz.

Der `Patch`-Befehl in Listing 5.9 erzeugt einen Datensatz in der Collection `colBestellung`. Das Datenschema wird über den Befehl `Defaults` festgelegt. Der Datensatz wird im JSON-Format übergeben. Bei der Ausführung des Befehls werden nur die Felder befüllt, für die Sie hier auch Daten definiert haben.

```
Patch(
    colBestellung;
    Defaults(colBestellung);
    {
        produktNummer: 777;
        anzahl: 8;
        stkPreis: 1,49
    }
);;
```

Listing 5.9 Datensatz mit Patch erstellen

Aktualisieren

Die Aktualisierung eines Datensatzes folgt demselben Muster. Geben Sie die Datenquelle, den zu aktualisierenden Datensatz und schließlich die Daten an, die Sie aktualisieren möchten.

```
Patch(
    colBestellung;
    LookUp(
        colBestellung;
        produktNummer = 123
    );
    {stkPreis: 50}
);;
```

Listing 5.10 Einen Datensatz mit Patch aktualisieren

Der Patch-Befehl aus Listing 5.10 unterscheidet sich von dem aus Listing 5.9 lediglich im zweiten Parameter. Anstatt des Befehls Defaults übergeben Sie hier den Datensatz, den Sie aktualisieren wollen. Dieser wird hier über den Befehl LookUp aus der zu aktualisierenden Datenquelle geladen. Die Daten, die Sie ändern wollen, übergeben Sie auch hier im JSON-Format. Auch hier werden nur die Daten geändert, die Sie im Patch-Befehl übergeben haben.

Update

Die Funktion Update aktualisiert einen Datensatz in einer Datenquelle. Die Datenquelle kann eine lokale Collection oder eine angebundene Datenquelle wie zum Beispiel eine SharePoint-Liste oder Azure-SQL-Tabelle sein.

Neben der Datenquelle benötigt Update den zu aktualisierenden Datensatz sowie den kompletten neuen Datensatz:

```
Update(
    colBestellung;
    LookUp(
        colBestellung;
        produktNummer = 123
    );
    {
        produktNummer: 123;
        anzahl: 8;
        stkPreis: 1,23
    }
)
```

Listing 5.11 Update eines Datensatzes mit dem Update-Befehl

Dieser Code aktualisiert den ersten Datensatz der Collection colBestellung mit der Produktnummer 123 mit den Werten anzahl=8 und stkPreis=1,23. Denken Sie unbedingt daran, immer den kompletten neuen Datensatz mitzugeben. Aktualisieren Sie nur die Anzahl wie im folgenden Code-Schnipsel, so bleiben die übrigen Felder leer, wie in Tabelle 5.15 dargestellt.

```
Update(
    colBestellung;
    LookUp(
        colBestellung;
        produktNummer=123
    );
    {
        Anzahl:8
    }
)
```

Listing 5.12 Update eines unvollständigen Datensatzes

produktNummer	anzahl	stkPreis
126	1	0,79
231	4	0,99
	8	

Tabelle 5.15 Fehlende Werte im Update-Datensatz werden geleert.

Möchten Sie nicht nur den ersten Datensatz aktualisieren, sondern alle Vorkommen, die Ihrem Filterkriterium im `LookUp` entsprechen, so fügen Sie noch den optionalen Parameter `All` hinzu, wie in Listing 5.13 zu sehen.

```
Update(
    colBestellung;
    LookUp(
        colBestellung;
        produktNummer = 123
    );
    {
        produktNummer: 123;
        anzahl: 8;
        stkPreis: 1,23
    };
    All
)
```

Listing 5.13 Alle Datensätze aktualisieren

UpdateIf

Ähnlich wie Update mit dem All-Parameter, aktualisiert UpdateIf alle Datensätze, die einer Bedingung genügen. Möchten Sie in unserer Beispiel-Collection einen Rabatt anbieten, wenn die Anzahl größer ist als 3, dann lautet die Formel wie in Listing 5.14 zu sehen.

```
UpdateIf(
    colBestellung;
    anzahl > 3;
    {stkPreis: stkPreis * 50%}
);;
```

Listing 5.14 Alle Datensätze aktualisieren, die einem Kriterium entsprechen

Eine Definition, dass alle Datensätze aktualisiert werden sollen, ist hier nicht nötig. Mit UpdateIf werden die Datensätze aktualisiert, die der Bedingung anzahl>3 genügen.

5.1.11 Mit Daten rechnen

Power Fx verfügt über unzählige Möglichkeiten, Berechnungen auszuführen. Selbstverständlich können Sie die bekannten Grundrechenarten verwenden.

Grundrechenarten

Das folgende Beispiel in Abbildung 5.49 verwendet ein Bezeichnungselement, dem in der Eigenschaft Text eine Verkettung der Grundrechenarten übergeben wurde.

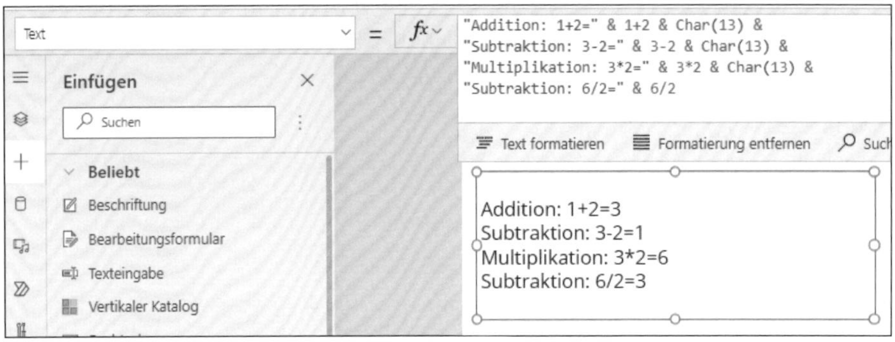

Abbildung 5.49 Grundrechenarten

Selbstverständlich können Sie eine Rechnung auch einer Variablen zuweisen:

```
UpdateContext({locBruttoPreis:locNettoPreis*19%})
```

Dieser Ausdruck berechnet einen Bruttopreis und weist ihn der Variablen locBruttoPreis zu.

Aggregatfunktionen

Aggregatfunktionen rechnen mit Datenmengen, um zum Beispiel Durchschnittswerte zu ermitteln. Diese sind:

- `Average`: Berechnung des Durchschnitts
- `Max`: Ermittlung des Maximums
- `Min`: Ermittlung des Minimums
- `Sum`: Berechnung der Summe
- `StdevP`: Berechnung der Standardabweichung
- `VarP`: Berechnung der Varianz

Die Benutzung der Formeln kann auf zweierlei Arten erfolgen:

1. Sie übergeben der Funktion die Liste an Werten, die genutzt werden sollen, entweder direkt, als Variable oder aus der Eigenschaft eines Steuerelements:
   - Direkt als `Sum(1;2;3;4)`
   - `locWert1` und `locWert2` als lokale Variablen: `Sum(locWert1;locWert2)`
   - `txtWert1` und `txtWert2` als Texteingabe-Elemente:

     ```
     Sum(
     Value(txtWert1.Text);
     Value(txtWert2.Text)
     )
     ```
2. Sie übergeben Daten im Tabellenformat, also eine Collection oder das Ergebnis eines Datenkonnektors:

   ```
   Sum(locBestellung;stkPreis)
   ```

Beide Arten der Nutzung sind für alle Aggregatfunktionen möglich.

Trigonometrische Funktionen

Power Fx verfügt über folgende trigonometrische Funktionen und Hilfsfunktionen:

- `Cos (Winkel im Bogenmaß)`: Kosinus
- `Cot (Winkel im Bogenmaß)`: Kotangens
- `Sin (Winkel im Bogenmaß)`: Sinus
- `Tan (Winkel im Bogenmaß)`: Tangens
- `Acos (Nummer)`: Arkuskosinus im Bereich [0:π]
- `Acot (Nummer)`: Arkuskotangens im Bereich [0:π]
- `Asin (Nummer)`: Arkussinus im Bereich [–π/2: π/2]

- `Atan (Nummer)`: Arkustangens im Bereich [–π/2: π/2]
- `Atan2 (x,y)`: Winkel im Bogenmaß von –π bis π, ausgenommen π
- `Degrees (Bogenmaß)`: Wandelt Bogenmaß in Grad
- `Pi ()`: Die Zahl Pi (3.1415...)
- `Radians (Grad)`: Wandelt Grad in Bogenmaß

Die Funktionen `Cos`, `Cot`, `Sin`, `Tan`, `Acos`, `Acot`, `Asin` und `Atan` erlauben auch die Verarbeitung von einspaltigen Tabellen. Als Ergebnis erhalten Sie ebenfalls eine einspaltige Tabelle mit den berechneten Werten zurück.

In Abbildung 5.50 sehen Sie eine einspaltige Tabelle in Form einer Collection mit dem Feld WERT, die an die Sinus-Funktion übergeben wird. Das Ergebnis ist ebenfalls eine einspaltige Tabelle mit den berechneten Werten.

Abbildung 5.50 Verwendung von Tabellen in trigonometrischen Funktionen

5.1.12 Daten filtern, suchen und sortieren

Um Daten zu ordnen, stehen Ihnen die Befehle `Filter`, `Search` und `Sort` zur Verfügung. Es gibt aber noch einige weitere Kommandos, die Ihnen bei diesen Aufgaben helfen können.

Filter

Möchten Sie eine Teilmenge von Daten, zum Beispiel einer SharePoint-Liste, anzeigen, so müssen Sie die Daten filtern. Der Aufbau eines Filters ist trivial:

```
Filter(Datenquelle;Kriterium1; Kriterium2; Kriterium3)
```


Als Datenquelle fungiert wieder eine Tabelle, also entweder die Rückgabe eines Konnektors oder eine Collection. Die Kriterien sind die Bedingungen, die gelten müssen, damit die Daten gefiltert werden.

Nehmen wir an, Sie verwalten Ihre Produkte in einer SharePoint-Liste namens »Produkte«, bestehend aus einem Titel, einem Preis, einer Lieferzeit, einer Produktgruppe und einer Altersempfehlung.

Möchten Sie nun nur die Produkte sehen, die für ein Alter ab 10 Jahren empfohlen sind, so lautet die Filteranweisung, die Sie an die Items-Eigenschaft Ihres Katalog-Elements (siehe Abschnitt 5.2.16) binden, wie folgt:

```
Filter(
    Produkte;Altersempfehlung>=10
)
```

Möchten Sie nun auch noch eine Preisobergrenze festlegen, filtern Sie folgendermaßen:

```
Filter(
    Produkte;Altersempfehlung>=10;
    Preis<100
)
```

Alternativ können Sie den Filter auch wie folgt formulieren, da die einzelnen Kriterien mit einem logischen UND verknüpft sind, was bedeutet, dass alle Kriterien zutreffen müssen:

```
Filter(
    Produkte;Altersempfehlung>=10 && Preis<100
)
```

Das kaufmännische UND (&&) steht ebenfalls für die logische UND-Verknüpfung.

Haben Sie zwei Kinder im Alter von 3 und 18 und möchten altersgerechte Produkte filtern, müssen Sie sich der ODER-Verknüpfung bedienen. Dies geschieht mit der doppelten Verwendung des Pipe-Zeichens ||. Ein sinnvoller Filter wäre wie folgt:

```
Filter(
    Produkte;Altersempfehlung>=18 || Altersempfehlung<=3
)
```

Nun erhalten Sie nur Produkte, die entweder für volljährige Personen oder unter Dreijährige empfohlen werden.

Fehlende Felder

Falls Sie den Filter-Befehl auf eine Dataverse-Tabelle absetzen und sich wundern, dass Ihnen in der Voransicht des Formeleditors Felder fehlen, so liegt das an der Einstellung Explizite Spaltenauswahl (siehe Abbildung 5.51). Diese Funktion sorgt dafür, dass die Daten erst geladen werden, wenn sie genutzt werden.

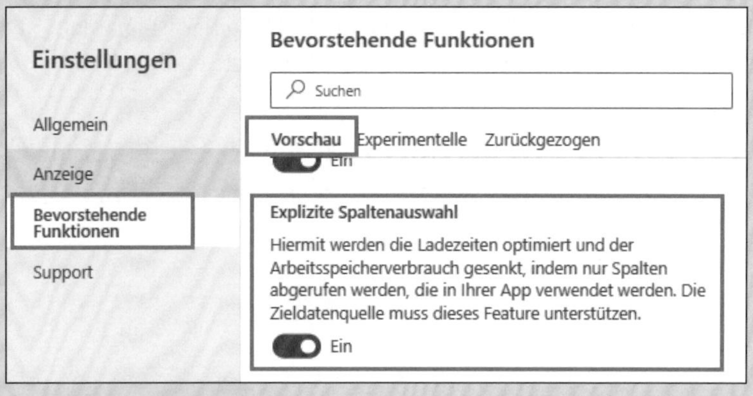

Abbildung 5.51 Die explizite Spaltenauswahl kann verwirren.

Eine weitere Möglichkeit, nur notwendige Daten zu laden, ist die Verwendung von Dataverse-Sichten bzw. Views. Erstellen Sie Sichten nur mit den Spalten, die Sie benötigen, und fragen Sie diese Views in Ihrem Filter ab:

`Filter(Auftraege;'Auftraege (Views)'.'Alle Auftraege')` liefert eine Tabelle mit Aufträgen, bestehend aus allen Spalten, die in der Sicht »Alle Auftraege« definiert wurden.

LookUp

Während Filter mehrere Datensätze zurückgeben, fordern Sie mit *LookUp* genau einen Datensatz an:

`LookUp(Produkte;Produktnummer=17)` liefert das erste Element Ihrer Produktliste zurück, das dem Kriterium `Produktnummer=17` genügt.

Da Sie einen kompletten Datensatz zurückerhalten, haben Sie auch Zugriff auf alle Felder dieses Datensatzes:

```
LookUp(Produkte;Produktnummer=17).Altersempfehlung
```

in/exactIn

Nutzen Sie `in`, um Zeichenketten innerhalb von Spalten einer Datenquelle ohne Berücksichtigung der Groß- und Kleinschreibung zu suchen:

```
Filter(Produkte; Suchtext in Beschreibung)
```

Suchen Sie nach dem exakten Vorkommen unter Berücksichtigung der Groß- und Kleinschreibung, verwenden Sie den Befehl `exactIn`.

Sie können `in` und `exactIn` genauso auch auf Datenmengen anwenden:

```
If("Hund" in ["Hund";"Katze";"Maus"];true;false)
```

Search

Mit dem Befehl `Search` durchsuchen Sie Felder einer Datenquelle nach dem Vorkommen einer Zeichenkette an einer beliebigen Stelle. Der Aufbau ist wie folgt:

```
Search(Datenquelle;Suchtext;"Spalte1";"Spalte2";…;"SpalteN")
```

So sucht `Search(Produkte;"Suchtext";"Beschreibung")` nach dem Vorkommen der Zeichenkette *Suchtext* in der Spalte *Beschreibung* der Datenquelle *Produkte*. Die Spaltennamen sind in Anführungszeichen zu setzen.

Im Gegensatz zur Verwendung des Befehls `in` kann `Search` ohne Delegationsproblem in mehreren Spalten in Dataverse suchen.

[«]

Delegation

Achten Sie bei der Verwendung von Search auf eventuelle Probleme hinsichtlich der Delegation. Während sich der `Search`-Befehl wunderbar auf Dataverse-Tabellen anwenden lässt, kann SharePoint diesen Befehl nicht verarbeiten und zeigt eine Delegation-Warnung an.

Wollen Sie `Search` auf SharePoint-Listen anwenden, so versuchen Sie den Datenbestand zunächst mit der Filterfunktion einzuschränken und darauf den Search-Befehl anzuwenden:

```
Search(Filter(Produkte;Preis>100);"Suchwort";"Beschreibung")
```

SortByColumns

`SortByColumns` erlaubt die Sortierung von Daten. Kommen wir auf das Beispiel mit der Produktliste in SharePoint zurück, so sortiert der folgende Ausdruck die Daten nach ihrem Preis, in aufsteigender Reihenfolge:

```
SortByColumns(Produkte;"Preis";SortOrder.Ascending)
```

In absteigender Reihenfolge lautet der Ausdruck entsprechend:

```
SortByColumns(Produkte;"Preis";SortOrder.Descending)
```

Beachten Sie, dass die Spalte, nach der sortiert werden soll, als Zeichenkette in Anführungszeichen übergeben werden muss. Die Sortierreihenfolge legen Sie über die Aufzählung `SortOrder` fest, die die Werte `Ascending` für aufsteigend und `Descending` für absteigend bereitstellt.

Möchten Sie nach mehreren Spalten sortieren, können Sie die Spalten und Sortierreihenfolgen entsprechend der Wertigkeit aneinanderketten:

```
SortByColumns(Produkte;"Preis";SortOrder.Ascending;"Altersempfehlung";↩
SortOrder.Descending)
```

[»]

Verwendung einer Sortiertabelle

Eine zweite Anwendung von `SortByColumns` erlaubt die Verwendung einer Sortiertabelle:

```
SortByColumns(Produkte;"Produktgruppe";["Kinder","Jugend"])
```

Diese Notation zeigt zunächst alle Produkte der Gruppe »Kinder«, dann die der Gruppe »Jugend« an. Anschließend erscheinen alle anderen Produktgruppen.

Sort

`Sort` ist eine spannende Funktion, da sie eine formelbasierte Sortierung erlaubt.

```
Sort(colBestellung;stkPreis*anzahl;SortOrder.Descending)
```

Dieser Ausdruck sortiert die Liste der Bestellungen absteigend nach ihrem Positionspreis, also der Anzahl, multipliziert mit dem Stückpreis.

First und Last

`First(Collection)` gibt das erste Element der übergebenen Collection zurück.

`FirstN(Collection;n)` gibt eine Teilmenge der ersten *n* Elemente der übergebenen Collection zurück.

`Last(Collection)` gibt das letzte Element der übergebenen Collection zurück.

`LastN(Collection;n)` gibt eine Teilmenge der letzten *n* Elemente der übergebenen Collection zurück (siehe Abbildung 5.52).

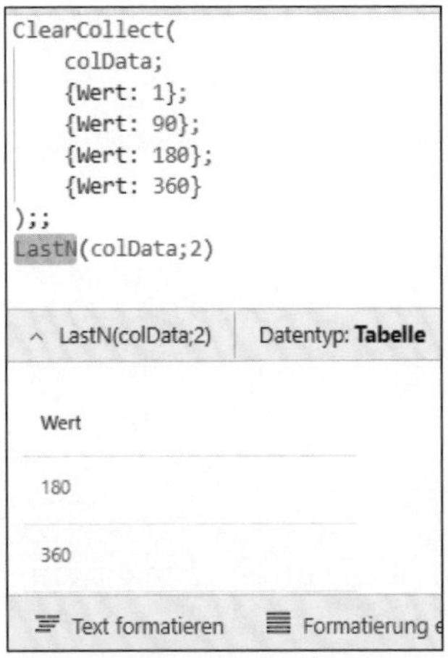

Abbildung 5.52 Erstellen von Teilmengen mit »LastN«

Index

Die `Index`-Funktion liefert ein Element einer Collection oder Datenquelle an einer bestimmten Position. In der Vor-Index-Zeit musste man sich durch die Verkettung der oben genannten Ausdrücke behelfen:

`Last(FirstN(Collection;n))` lieferte das Element an der Position *n* aus der übergebenen Collection.

Dasselbe leistet `Index(Collection;n)`, wobei es einen Fehler gibt, wenn der Wert *n* < 1 größer als die maximale Anzahl an Elementen ist (siehe Abbildung 5.53).

Abbildung 5.53 Elemente an einer bestimmten Position auslesen

Refresh

Der Befehl `Refresh` wird immer gemeinsam mit einer Datenverbindung genutzt. Arbeiten Sie zum Beispiel mit mehreren Personen auf einer gemeinsamen SharePoint-

Liste `Urlaubantraege`, so aktualisiert `Refresh(Urlaubsantraege)` den Datenbestand und zeigt Ihnen die neuen oder geänderten Datensätze an.

5.1.13 Textfunktionen

Da der Umfang an Textfunktionen sehr groß ist, teile ich sie im Folgenden in die folgenden Gruppen ein:

- Abfragen
- Transformation
- Formatierung
- Verkettung/Zerlegung (Zerschneiden oder Zusammenfügen von Zeichenketten)
- Ersetzung
- Codierung

Abfragen

Los geht es mit den Abfragen. Es geht zum Beispiel darum, dass sich an einer Stelle im Text eine bestimmte Zeichenkette befindet.

Nutzen Sie `StartsWith` und `EndsWith`, um zu prüfen, ob ein Text mit einem Teilwort startet oder endet.

Anwendung	Ergebnis
`StartsWith("Moin Moin";"Moi")`	`true`
`StartsWith("Moin Moin";"Tach")`	`false`
`EndsWith("Moin Moin";"Moi")`	`false`
`EndsWith("Moin Moin";"Moin")`	`true`

Tabelle 5.16 Die Anwendung von »StartsWith« und »EndsWith«

Die `Find`-Methode prüft das Vorkommen eines Teilwortes in einem Satz und gibt die Startposition zurück, beginnend bei 1. Eine optionale Startzahl erlaubt die Suche ab einer bestimmten Stelle.

Anwendung	Ergebnis
`Find("Moin";"Moin Moin")`	`1`
`Find("Moin";"Moin Moin";2)`	`6`
`Find("Moinsen";"Moin Moin")`	`Blank`

Tabelle 5.17 Die Anwendung von »Find«

`Len` ermittelt die Länge eines Textes.

Anwendung	Ergebnis
`Len("Power Apps")`	`10`

Tabelle 5.18 Die Anwendung von »Len«

Transformation

Transformationen wandeln Werte nach den angegebenen Regeln um:

- `Boolean` wandelt einen Text in ein Boolean.
- `Value` wandelt einen Text in eine Zahl.

Anwendung	Ergebnis
`Boolean("True")`	`true`
`Boolean("true")`	`true`
`Value("123")`	`123`

Tabelle 5.19 Die Anwendung von »Boolean« und »Value«

Formatierung

Bei Formatierungen geht es darum, eine Zeichenkette nach den angegebenen Regeln umzuwandeln, zum Beispiel also darum, alle Buchstaben in Kleinschreibweise zu ändern.

Während `Lower` alle Buchstaben eines übergebenen Textes in kleine Buchstaben wandelt, bewirkt `Upper` das Gegenteil und wandelt alle Buchstaben in Großbuchstaben. `Proper` transformiert alle Buchstaben in Kleinschreibweise, wobei die Anfangsbuchstaben großgeschrieben werden.

Anwendung	Ergebnis
`Lower("Moin")`	`moin`
`Upper("Moin")`	`MOIN`
`Proper("Die Power Platform macht Spaß")`	`Die Power Platform Macht Spaß`

Tabelle 5.20 Anwendung von »Lower«, »Upper« und »Proper«

`Trim` und `TrimEnds` entfernen Leerzeichen am Anfang eines Textes oder am Ende.

Anwendung	Ergebnis
`Trim(" Moin")` `TrimEnds("Moin ")`	`Moin`

Tabelle 5.21 Anwendung von »Trim« und »TrimEnds«

Die `Text`-Funktion ist vermutlich eine der umfangreichsten von Power Fx. Sie wandelt Zahlen und Datumswerte in Texte und erlaubt zudem die Anwendung von Formatierungsvorschriften. Tabelle 5.22 finden Sie eine kleine Auswahl von Beispielen.

Anwendung	Ergebnis
`Text( Now(); "dd. mmmm yyyy" )`	`03. April 2023`
`Text( Now(); "dd.mm.yyyy" )`	`03.04.2023`
`Text( Now(); DateTimeFormat.LongDate)`	`Montag, 3. April 2023`
`Text( 2,34;"0#.##")`	`02,34`
`Text( 2,34;"0#.##";"en-US"`	`02.34`

Tabelle 5.22 Beispiele für die Anwendung der Text-Funktion

[»]

Dokumentation

Für eine komplette Übersicht konsultieren Sie die offizielle Dokumentation unter folgender URL:

https://learn.microsoft.com/de-de/power-platform/power-fx/reference/function-text

Die `Char`-Funktion liefert ein Zeichen basierend auf einem ASCII-Code. Das ist besonders dann von Vorteil, wenn Sie ein Zeichen benötigen, das Sie nicht auf der Tastatur finden können.

Anwendung	Ergebnis
`Char(65)`	`A`
`Char(32)`	`Space`
`Char(13)`	`Carriage Return`
`Char(10)`	`New Line`

Tabelle 5.23 Die Char-Funktion

Verkettung und Zerlegung

Für Verkettungen und Zerlegungen werden in der Fachsprache die englischen Begriffe *Concatenate* und *Split* verwendet.

Concatenate verbindet alle übergebenen Texte zu einem Text. Alternativ funktioniert die Verkettung mittels &.

Anwendung	Ergebnis
`Concatenate("Moin";" ";"Moin")`	`Moin Moin`
`"Moin"&" "&"Moin"`	`Moin Moin`

Tabelle 5.24 Verketten von Zeichenketten

`Concat` erstellt eine Zeichenkette auf Basis von Daten einer Tabelle. Die nachfolgenden Beispiele basieren auf folgender Collection:

```
ClearCollect(
    colTexte;
    {
        Spalte1: "Moin";
        Spalte2: "Tach"
    };
    {
        Spalte1: " ";
        Spalte2: " "
    };
    {
        Spalte1: "Moin";
        Spalte2: "auch"
    }
);;
```

Listing 5.15 Beispiel-Collection

Anwendung	Ergebnis
`Concat(colTexte;Spalte1)`	`Moin Moin`
`Concat(colTexte;Spalte2)`	`Tach auch`

Tabelle 5.25 Anwendung des Concat-Befehls

Left, Mid und Right erlauben die Extraktion von Teilwörtern aus einem Text, wobei Left und Right eine Anzahl Buchstaben eines Textes, ausgehend von links bzw. rechts, zurückliefern und Mid ein Teilwort, startend ab einer Position.

Anwendung	Ergebnis
Left("Moin Moin";4)	Moin
Right("Tach auch";4)	auch
Mid("Power Platform Rocks";7;8)	Platform

Tabelle 5.26 Anwendung von »Left«, »Right« und »Mid«

Die Split-Funktion zerlegt einen Text basierend auf einem übergebenen Trennzeichen und liefert eine einspaltige Tabelle zurück (siehe Abbildung 5.54).

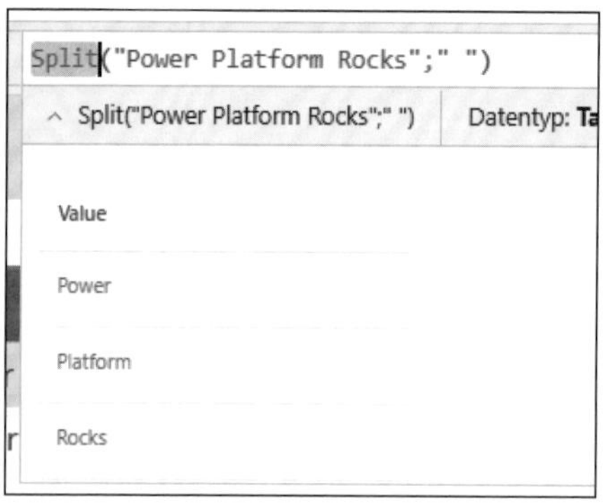

Abbildung 5.54 Der Split-Befehl

Anwendung	Ergebnis
First(Split("Power Platform Rocks";" ").Value).Value	das erste Element des gesplitteten Textes: »Power«

Tabelle 5.27 Verwendung der Split-Funktion im Zusammenspiel mit »First«

HashTags durchforstet einen Text und liefert eine einspaltige Tabelle mit allen gefundenen Hashtags. Nutzen Sie diese Funktion zum Beispiel, um Tags aus Beiträgen sozialer Netzwerke zu extrahieren.

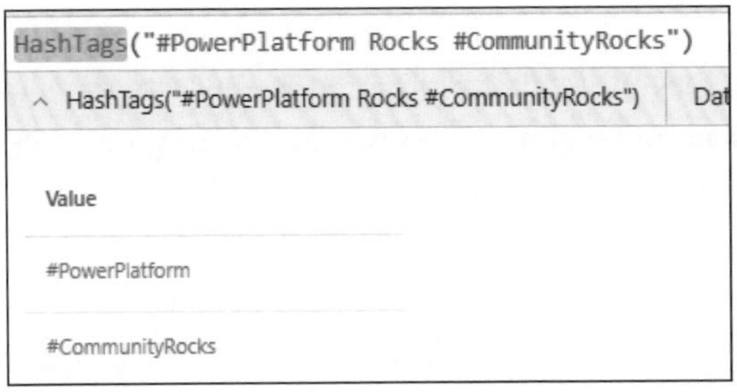

Abbildung 5.55 Die HashTags-Funktion

Ersetzung

`Replace` und `Substitute` erlauben die Ersetzung von Textteilen. Während `Substitute` ein Wort durch ein anderes ersetzt, erfolgt die Ersetzung bei `Replace` basierend auf einem Start-Index sowie einer Wortlänge. Eine Besonderheit von `Replace` ist, dass es sich auch auf einspaltige Tabellen anwenden lässt.

`Substitute` erlaubt zudem, entweder alle gefundenen Wörter in einem Text oder nur das an einer bestimmten Position zu ersetzen.

Anwendung	Ergebnis
`Substitute("Power Apps";"Apps";"Automate")`	`Power Automate`
`Substitute("Wort Wort Wort"; "Wort";"Satz";2)`	`Wort Satz Wort`
`Replace("Power Apps";7;4;"Automate")`	`Power Automate`

Tabelle 5.28 Anwendung von »Substitute« und »Replace«

Codierung

`EncodeUrl` ersetzt alle nicht alphanumerischen Zeichen eines Textes durch hexadezimalen ASCII-Code, beginnend mit `%`.

`PlainText` entfernt alle HTML-Formatierungen und gibt den reinen Textinhalt zurück.

Anwendung	Ergebnis
`EncodeUrl("Power Apps")`	`Power%20Apps`
`PlainText("<p>Ein Absatz</p>")`	`Ein Absatz`

Tabelle 5.29 Anwendung von »EncodeUrl« und »PlainText«

5.1.14 Delegation

Jedes Mal, wenn Sie Daten abrufen, schicken Sie ein Kommando an die Datenquelle, in dem Sie angeben, welche Daten Sie empfangen möchten. Gemeinhin nutzen Sie dafür die Funktionen `LookUp`, `Filter` oder `Search`, denen Sie Kriterien in Form von Formeln mitgeben, die über den gewünschten Datenbestand Auskunft geben.

Solche Kriterien sind zum Beispiel:

- Datum < heute
- Alter = 10
- Titel beinhaltet Suchwort
- Genehmiger = Person@Domain.com

All die genannten Funktionen sowie Kriterien wurden in Power Fx so entwickelt, dass sie für alle verfügbaren Datenquellen einsetzbar sind. Problematisch ist nur, dass die Datenquellen, also SharePoint, Dataverse, Azure SQL, um nur einige zu nennen, Datenabfragen nicht auf die gleiche Art und Weise verarbeiten können.

Die Konnektoren übersetzen die Abfrage und senden sie an die von Ihnen genutzte Datenquelle, zum Beispiel SharePoint. Ihre Anfrage wird an die Datenquelle delegiert. Kann eine Datenquelle eine Datenabfrage nicht verarbeiten, übernimmt die App die Aufgabe, indem alle Daten in die App geladen werden und die App selbst die Abfrage auf dem nun lokalen Datenbestand durchführt.

In dem Moment wird die Delegation aber zu Ihrem Problem, denn es werden natürlich nicht alle Daten in die App geladen, sondern nur die ersten 500 Datensätze. Alle weiteren Datensätze verbleiben auf dem Server und finden in der Verarbeitung der Daten keine Berücksichtigung.

Den Wert von 500 Datensätzen können Sie noch auf 2.000 Datensätze anheben, erkaufen sich damit aber die üblichen Performance-Probleme, da die Daten zunächst auf die App kommen müssen. Diese Einstellungen nehmen Sie unter dem entsprechenden Menüpunkt des Power Apps Studios vor, siehe Abbildung 5.56.

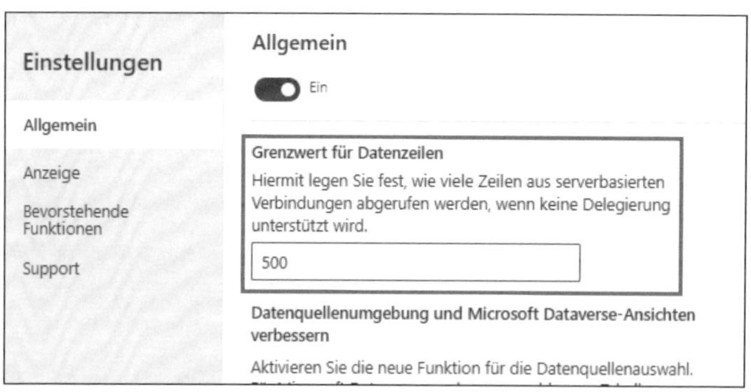

Abbildung 5.56 Einstellen des Grenzwerts für Datenzeilen

Dieser Punkt führt in Projekten oftmals zu großen Diskussionen. Ich nehme an, dass Sie sich nun auch fragen, ob Sie auf die richtige Technologie gesetzt haben, aber bedenken Sie zwei Dinge:

1. Eine Anwendung wie Power Apps, die es erlaubt, sich ohne Programmier-Knowhow, gegebenenfalls durch den Einsatz von ein paar Zeilen Code, ad hoc eine moderne Applikation zusammenklicken zu können – und das selbstverständlich bei absoluter Flexibilität der angebundenen Datenquellen –, hat zwangsläufig Grenzen.
2. Falls Sie denken, dass die maximal 2.000 Datensätze nicht ausreichen, dann überdenken Sie die Filterkriterien. Kein Mensch schaut sich 2.000 Datensätze in der App an. Also zumindest kenne ich niemanden, der das tun würde.

5.2 Gestaltungselemente einer Canvas App

Wie jede App benötigt auch Ihre Anwendung eine Oberfläche, um den Nutzerinnen und Nutzern Informationen und Aktionen zur Verfügung zu stellen, Daten abzurufen oder einzugeben sowie Prozesse, zum Beispiel einen *Power Automate Cloud Flow*, zu starten.

Power Apps Canvas Apps stellen Ihnen ein umfangreiches Angebot an Elementen zur Verfügung, um eine perfekte intuitive Oberfläche zu gestalten.

In diesem Kapitel erfahren Sie nun, welche Möglichkeiten Sie haben, aber auch, was alles nicht geht.

In Abschnitt 5.1.6 habe ich Ihnen schon die gängigsten allgemeinen Eigenschaften der Steuerelemente vorgestellt, weshalb ich mich nun auf die eher speziellen Eigenschaften und Möglichkeiten fokussiere.

5.2.1 Verwendung der Steuerelemente

Bevor ich anfange, eine App zu gestalten, und die Anforderungen auch schon weitestgehend feststehen, nehme ich mir ein weißes Blatt Papier oder ein *Mockup*-Tool und entwerfe eine grobe Skizze bezüglich der Benutzerführung und damit der Gestaltung der einzelnen Bildschirme.

Einer meiner Kunden baute den Grundaufbau seiner Wunsch-App schon in Power Apps vor, sodass ich mich daran entlanghangeln konnte.

Elemente einfügen

Jetzt, wo die Idee dokumentiert ist, kann es losgehen. Besuchen Sie entweder den Menüpunkt EINFÜGEN in der dynamischen Befehlsleiste, also dem oberen Menü, und selektieren Sie das gewünschte Steuerelement, das direkt auf Ihrem Bildschirm platziert wird.

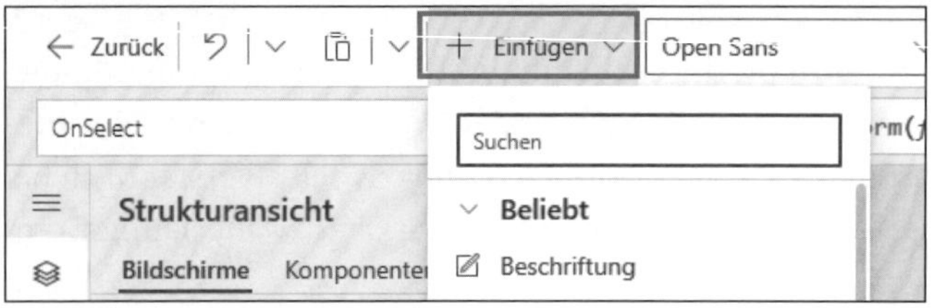

Abbildung 5.57 Einfügen einer Schaltfläche über die Befehlsleiste

Alternativ können Sie das mit einem + gekennzeichnete Einfügen-Menü des App-Erstellungs-Menüs nutzen. Wählen Sie sich dort das gewünschte Element aus, und platzieren Sie es durch Selektion oder Drag & Drop ganz einfach auf Ihrem Bildschirm (siehe Abbildung 5.58).

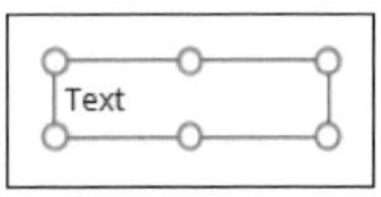

Abbildung 5.58 Frisch erstelltes Beschriftungselement

Jedes Ihrer Steuerelemente, die Sie auf Ihrem Zeichenbereich platziert haben, finden Sie ebenfalls in der Strukturansicht, die Sie über das App-Erstellungs-Menü erreichen (siehe Abbildung 5.59).

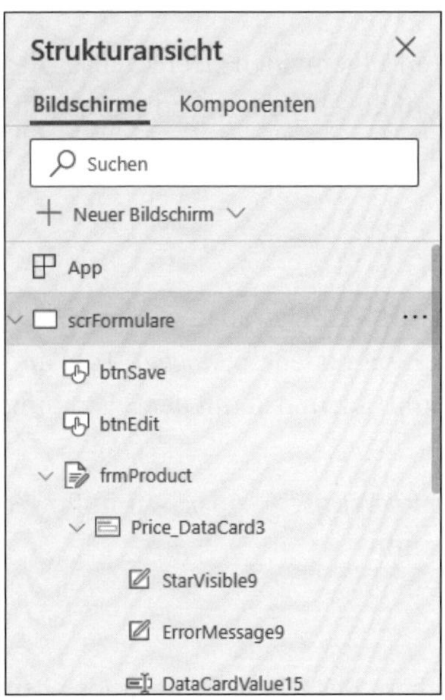

Abbildung 5.59 Strukturansicht einer App

Apps sind hierarchisch aufgebaut. Das oberste Ordnungselement ist der Bildschirm. Alle Elemente, die Sie auf einem Bildschirm platzieren, finden Sie in der Strukturansicht unterhalb des Bildschirms. In Abbildung 5.59 sind das die Schaltflächen btnSave, btnEdit und das Formular frmProduct. Das Formular selbst ist wieder ein Ordnungselement. Unterhalb des Formular-Elements befinden sich in diesem Beispiel DataCards, die wiederum Ordnungselemente für Elemente zur Eingabe und Anzeige von Informationen eines Felds einer Tabelle darstellen.

Eine besondere Rolle kommt dem App-Objekt zu, das Sie zuoberst in der App-Struktur finden. Hier legen Sie das Start- und Fehlerverhalten fest und treffen appweite Einstellungen. Näheres dazu finden Sie in Abschnitt 5.6.

Die Strukturansicht ist eines Ihrer wichtigsten Werkzeuge in der App-Erstellung, denn sie erlaubt den schnellen Zugriff auf alle Elemente Ihrer App. Verzweifeln Sie bei der Suche nach einem unsichtbaren Element, das Sie auf Ihrem Zeichenbereich nicht mehr wiederfinden, so hilft Ihnen die Strukturansicht. Die Verwendung von Benennungsrichtlinien, auf die ich in Abschnitt 5.9 eingehe, ist dabei unerlässlich, denn sonst rätseln Sie, ob nun `Label1`, `Label2` oder `Label2_1` wohl das gesuchte Element ist.

Die Strukturansicht stellt Ihnen zudem für jedes Element individuelle Kontextmenüs zur Verfügung, die Sie in der Bearbeitung der Elemente hinsichtlich Umbenennung, Löschen, Anordnen, Kopieren und Einfügen etc. unterstützen.

Im nächsten Schritt erfolgt die Datenbindung der Elemente an Ihre Datenquellen sowie die weitere Konfiguration, die Sie in den folgenden Abschnitten erlernen.

Elemente umbenennen

Ich werde nicht müde, Sie darauf hinzuweisen, dass Sie ein neues Element möglichst direkt, nachdem Sie es auf Ihrem Zeichenbereich platziert haben, mit einem passenden Namen versehen.

Klicken Sie dafür doppelt auf das Element in der Strukturansicht oder selektieren Sie es dort, und drücken Sie [F2].

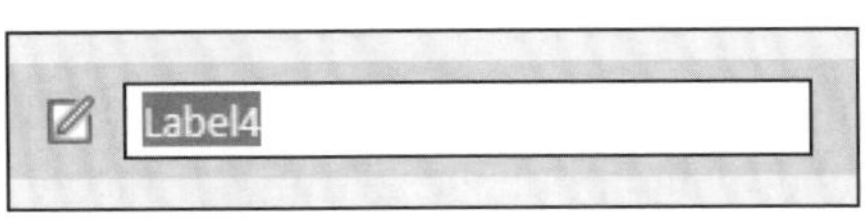

Abbildung 5.60 Elemente umbenennen in der Strukturansicht

Element verschieben

Zum Verschieben klicken Sie einmal im Zeichenbereich auf ein Steuerelement und ziehen es an die gewünschte Position (siehe Abbildung 5.61).

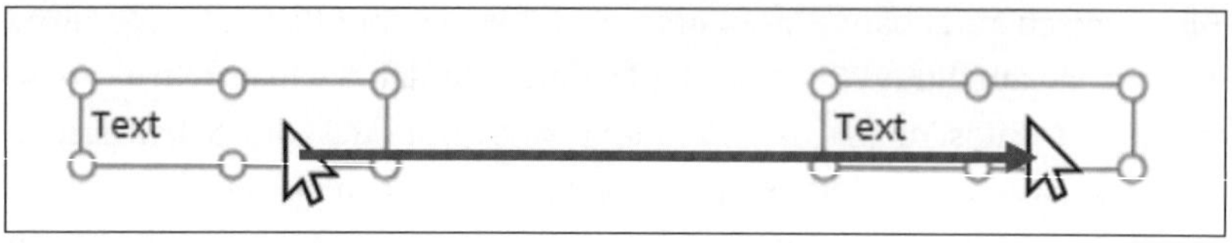

Abbildung 5.61 Verschieben eines Steuerelements

Alternativ können Sie auch die X- und Y-Koordinaten im Eigenschaftenbereich oder der Eigenschaftenliste einstellen. Haben Sie Formeln in den X- und Y-Eigenschaften Ihres Elements geschrieben, werden diese nach der Bewegung über den Zeichenbereich durch absolute Koordinaten überschrieben.

Elemente in der Größe verändern

Um ein Element in seiner Größe zu verändern, selektieren Sie einen der sechs Greifpunkte. Nun ziehen Sie das Element auf die gewünschte Größe (siehe Abbildung 5.62).

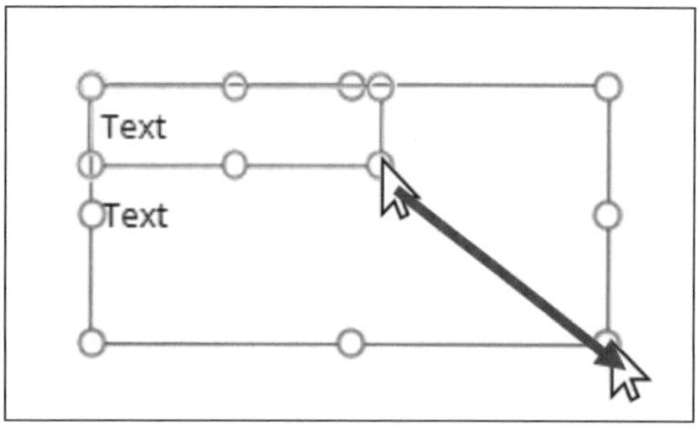

Abbildung 5.62 Ändern der Größe eines Elements

Auch diese Einstellungen können Sie im Eigenschaftenbereich oder der Eigenschaftenliste vornehmen. Hier gilt ebenfalls, dass eventuell vorhandene Formeln und `Width` und `Height` durch absolute Werte ersetzt werden, wenn Sie die Größe ändern.

Elemente anordnen

Wenn sich mehrere Elemente auf Ihrem Bildschirm überlappen und Sie steuern wollen, welches Element über oder unter welchem Element liegt, so müssen Sie den *Z-Index* des Elements verändert. Der Begriff rührt daher, dass Sie die Tiefe oder Ebene eines Elements verändern, also entlang der Z-Achse.

Sie erreichen diese Funktion über das Kontextmenü eines markierten Elements in der Strukturansicht Ihrer App (siehe Abbildung 5.63) oder über die dynamische Befehlsleiste oberhalb Ihres Zeichenbereichs.

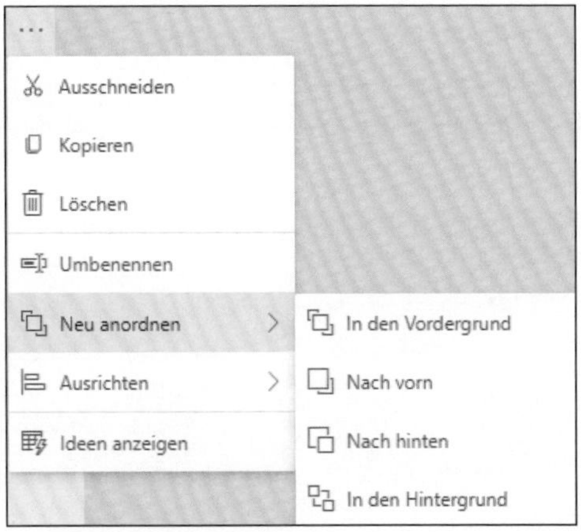

Abbildung 5.63 Neuanordnen von Elementen auf einem Bildschirm

- **In den Vordergrund**
  Ordnet das Element innerhalb seines direkten Screens, der Gruppe oder des Containers ganz oben ein; es überlappt gegebenenfalls alle darunterliegenden Elemente, sofern es Überschneidungen bezüglich der X- und Y-Koordinaten gibt.
- **Nach vorn**
  Ordnet das Element innerhalb seines direkten Screens, der Gruppe oder des Containers eine Position weiter oben ein. Das Element überlappt gegebenenfalls alle darunterliegenden Elemente, sofern es Überschneidungen bezüglich der X- und Y-Koordinaten gibt.
- **Nach hinten**
  Ordnet das Element innerhalb seines direkten Screens, der Gruppe oder des Containers eine Position weiter unten ein. Das Element wird gegebenenfalls von allen darüberliegenden Elementen überlappt, sofern es Überschneidungen bezüglich der X- und Y-Koordinaten gibt.
- **In den Hintergrund**
  Ordnet das Element innerhalb seines direkten Screens, der Gruppe oder des Containers ganz unten ein und wird gegebenenfalls von allen darüberliegenden Elementen überlappt, sofern es Überschneidungen bezüglich der X- und Y-Koordinaten gibt.

Elemente ausrichten

Diese Funktion erlaubt das Ausrichten von mehreren markierten Elementen innerhalb einer Gruppe, eines Containers oder eines Bildschirms.

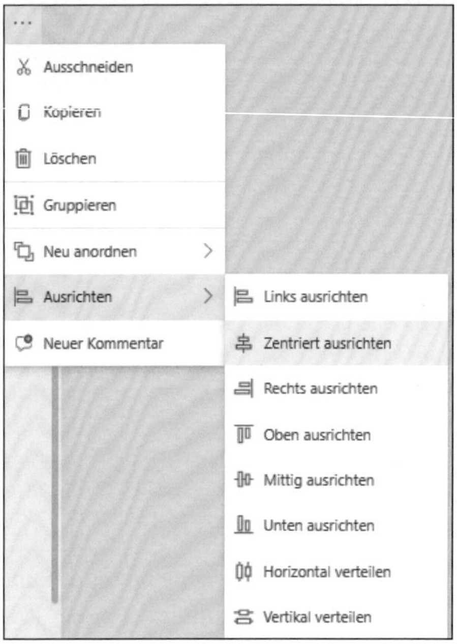

Abbildung 5.64 Ausrichten von Elementen in der Strukturansicht

Sie erreichen diese Funktion entweder über das Kontextmenü innerhalb der Strukturansicht Ihrer App (siehe Abbildung 5.64) oder über die dynamische Befehlsleiste oberhalb Ihres Zeichenbereichs.

Elemente verteilen

Wenn Sie mehr als zwei Elemente gleichmäßig horizontal oder vertikal verteilen wollen, wählen Sie die gleichlautenden Funktionen HORIZONTAL VERTEILEN und VERTIKAL VERTEILEN aus der Strukturansicht.

Ein Beispiel für eine vertikale Verteilung sehen Sie in Abbildung 5.65 und in Abbildung 5.66.

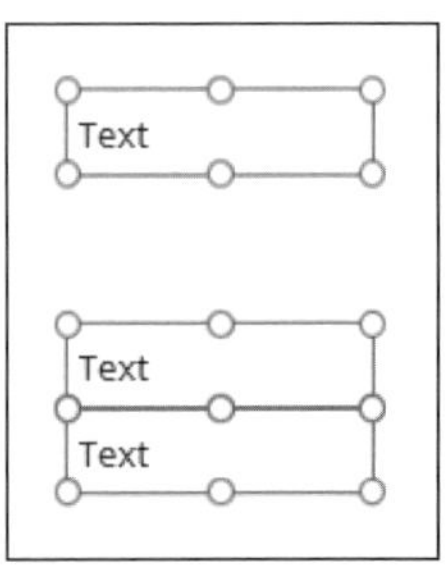

Abbildung 5.65 Unverteilte Elemente

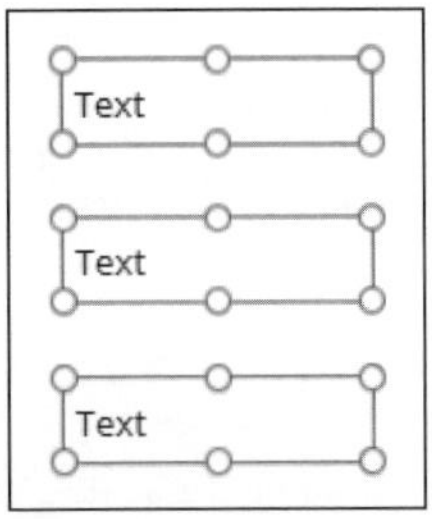

Abbildung 5.66 Vertikal verteilte Elemente

Die vertikale Verteilung nimmt die Y-Koordinaten des höchstgelegenen Elements und die des tiefstgelegenen Elements als gesetzt und verteilt alle dazwischen befindlichen markierten Elemente mit identischem Abstand.

Die horizontale Verteilung funktioniert analog mit dem am weitesten links bzw. rechts gelegenen Element.

Elemente löschen

Löschen Sie Elemente, indem Sie sie im Zeichenbereich oder der Strukturansicht markieren und die Löschtaste betätigen.

Elemente kopieren

Wie in den meisten Anwendungen können Sie Elemente im Zeichenbereich einfach per Kopieren (Strg+C) und Einfügen (Strg+V) kopieren. Das Kontextmenü in der Strukturansicht stellt Ihnen diese Möglichkeiten ebenfalls zur Verfügung.

Elemente kommentieren

Die Kommentarfunktion im Kontextmenü eines Elements der Strukturansicht erlaubt es Ihnen, Kommentare direkt in Bezug auf ein Element zu erstellen. Wählen Sie diese Funktion (siehe Abbildung 5.67), so öffnet sich der Kommentarbereich auf der rechten Seite des Design Studios und erlaubt das Verfassen von Kommentaren. Wenn Sie eine Kollegin oder einen Kollegen ansprechen wollen, können Sie sie oder ihn durch die Eingabe von @ aus einer Liste aller verfügbaren Benutzerinnen und Benutzer auswählen.

Hat die ausgewählte Person noch keinen Zugriff auf die App, erscheint ein Freigabe-Dialog, über den Sie die Freigabe erteilen können.

Haben Sie für ein Element einen Kommentar verfasst, erscheint eine kleine Sprechblase über dem Element, sobald Sie es selektiert haben (siehe Abbildung 5.68). Selektieren Sie die Sprechblase, öffnet sich der Kommentarbereich und hebt den entsprechenden Kommentar hervor.

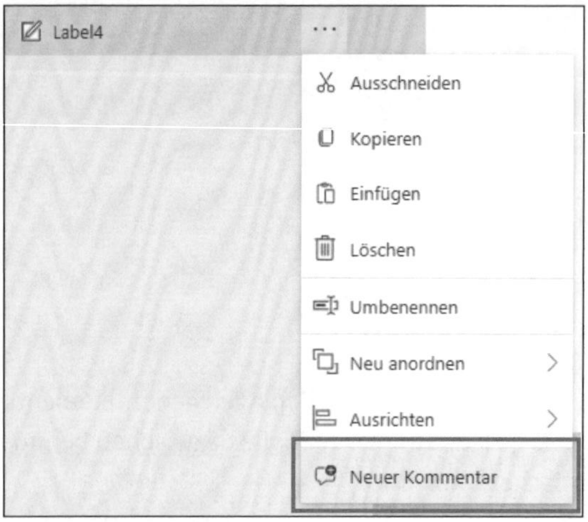

Abbildung 5.67 Elemente kommentieren

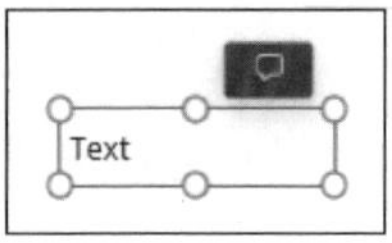

Abbildung 5.68 Anzeige, dass Kommentare für ein Element verfügbar sind

In der Strukturansicht wird Ihnen am Bildschirmelement angezeigt, dass Kommentare für ein Element oder allgemeine Kommentare für den Bildschirm verfügbar sind (siehe Abbildung 5.69).

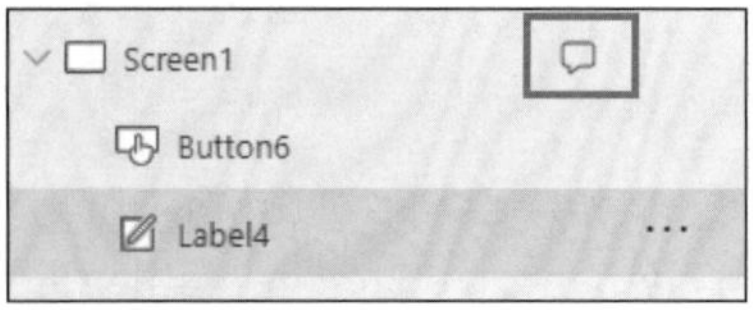

Abbildung 5.69 Anzeige, dass Kommentare für den Bildschirm vorhanden sind

Elemente gruppieren

In vielen Anwendungen, wie zum Beispiel MS PowerPoint oder Visual Studio, haben Sie die Möglichkeit, mehrere Elemente zu einer logischen Einheit zusammenzufassen. Diese Möglichkeit haben Sie schon in Abschnitt 4.1.3, bei der Beschreibung der Kontextmenüs des App-Erstellungs-Menüs kennengelernt. Markieren Sie einfach mehrere Elemente innerhalb der Strukturansicht, und fassen Sie diese Elemente über das Kontextmenü eines der Elemente zu einer Gruppe zusammen. Simpel!

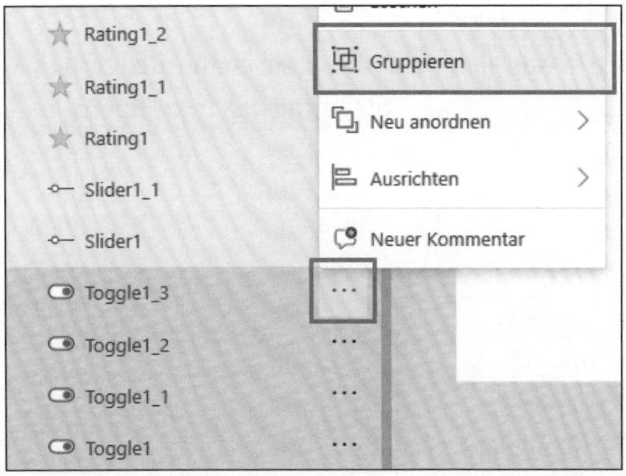

Abbildung 5.70 Das Gruppieren von Elementen ist sehr einfach.

Vorteile

- Der große Vorteil von Gruppen ist, dass Sie sie über den kompletten Zeichenbereich verschieben können, ohne dass sich die Position von den Gruppenelementen untereinander verändert.
- Gruppen lassen sich kopieren, sodass Sie komplexe Einheiten auf Ihrem Bildschirm schnell duplizieren können.
- Gruppenparameter werden durchvererbt. Ändern Sie die Füllfarbe der Gruppe, ändern Sie die Füllfarbe aller Elemente. Das macht es einfach, aber manchmal auch überraschend.
- Die App-Struktur wird definitiv übersichtlicher und lässt sich besser warten und dokumentieren.

Nachteile

- Haben Sie einmal Formeln hinter die X- und Y-Koordinaten gelegt und verschieben die Gruppe, so werden sämtliche Formeln von X und Y gelöscht und durch absolute Werte ersetzt.
- Selektieren Sie ein Element der Gruppe, wird zunächst die Gruppe und nicht das gewünschte Element ausgewählt. Ändern Sie nun einen Wert, so wird dieser für alle Elemente angewendet und nicht nur für das, welches Sie im Fokus zu haben glaubten. So wird ein Vorteil von oben zu einem Nachteil.
- Duplizierte Gruppen haben keine Verbindung zueinander. Das heißt: Bauen Sie eine komplexe Gruppe, die Sie mehrfach auf Ihrem Bildschirm oder in Ihrer App benötigen, können Sie diese einfach kopieren. Müssen Sie aber doch noch etwas für alle Gruppen ändern, müssen Sie das wirklich in allen Gruppen tun. Wollen Sie Wiederverwendbarkeit, so greifen Sie zu Komponenten, die weiter unten in Abschnitt 5.3 erläutert werden.

Konfiguration über Programmierbereich anpassen

Fast alle beschreibbaren Eigenschaften lassen sich über die Eigenschaftenliste im Programmierbereich anpassen. Abbildung 5.71 zeigt die Einstellung der Text-Eigenschaft eines Beschriftungselements.

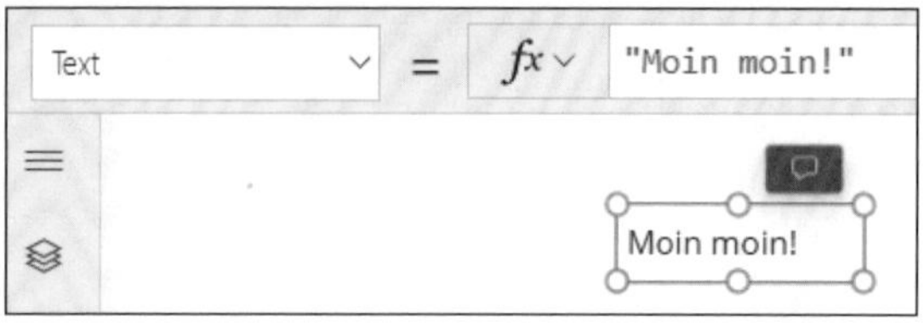

Abbildung 5.71 Anpassen von Eigenschaften über den Programmierbereich

Konfiguration über den Eigenschaftenbereich

Markieren Sie ein Element, haben Sie über den Eigenschaftenbereich auf der rechten Seite Zugriff auf seine Eigenschaften. Abbildung 5.72 zeigt die Konfiguration der Text-Eigenschaft eines Beschriftungselements.

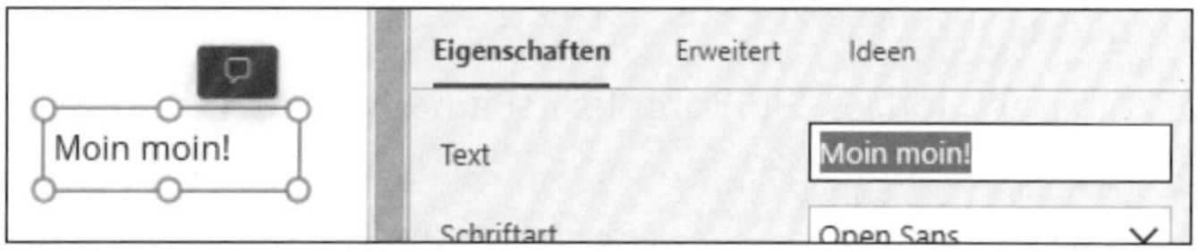

Abbildung 5.72 Anpassen der Eigenschaften über den Eigenschaftenbereich

Konfiguration über Home-Menü der dynamischen Befehlsleiste

Über die Werkzeugleiste der dynamischen Befehlsleiste haben Sie einen Schnellzugriff auf viele Design-Einstellungen, wie Abbildung 5.73 verdeutlicht.

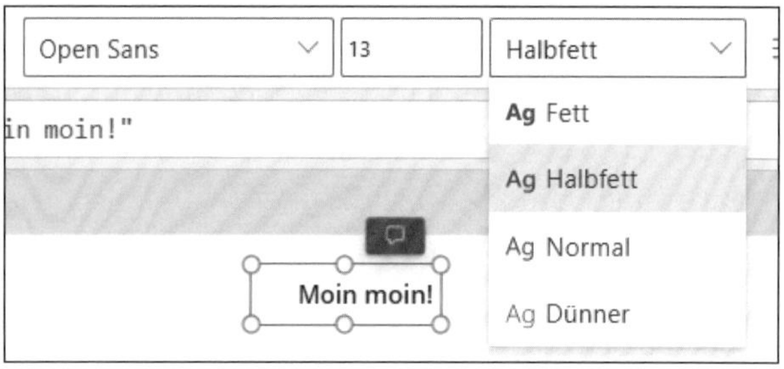

Abbildung 5.73 Die Werkzeugleiste erleichtert das Design von Elementen.

5.2.2 Bildschirme (Screens)

So, wie eine Webanwendung aus mehreren Webseiten besteht, besteht eine Power Apps App aus mehreren *Bildschirmen*. Nutzen Sie eine englischsprachige Oberfläche, arbeiten Sie mit *Screens*.

Ein Bildschirm ist Ihre Leinwand, auf der Sie Ihre neue App gestalten. Nachdem Sie eine App ohne Vorlage erstellt haben, haben Sie mindestens einen Bildschirm mit dem Namen SCREEN1, auf dem Sie nun sämtliche Elemente wie Schaltflächen, Beschriftungen, Bilder und Eingabe- und Auswahl-Elemente platzieren können.

Eine Übersicht über Ihre verwendeten Bildschirme sowie die von Ihnen dort platzierten Elemente erhalten Sie über die Strukturansicht, die wir in Abschnitt 4.1.2 besprochen haben.

Selektieren Sie einfach ein Element Ihrer Wahl aus dem Menü EINFÜGEN, um es auf dem Bildschirm zu platzieren. Verändern Sie die Position, Größe und Farbe nach Ihren Wünschen, und vervollständigen Sie so nach und nach Ihre Benutzeroberfläche.

Werfen Sie nun auch wieder einen Blick auf Ihre Strukturansicht. Sie werden feststellen, dass sich die einzelnen Elemente auch dort wiederfinden.

Neue Bildschirme richten sich immer nach Ihrem Grundlayout, also danach, ob Sie eine App im Tablet- oder Telefonformat erstellen, sowie nach den in der App definierten Größen und Relationen.

Bildschirmvorlagen

Möchten Sie Ihrer App einen neuen Bildschirm hinzufügen, selektieren Sie den Eintrag NEUER BILDSCHIRM aus dem Menü EINFÜGEN. Wählen Sie nun aus einer Reihe von Vorlagen entweder einen leeren Bildschirm mit einem bestimmten Layout oder einen Bildschirm mit einem vorimplementierten Szenario aus. Siehe dazu auch Abbildung 5.74.

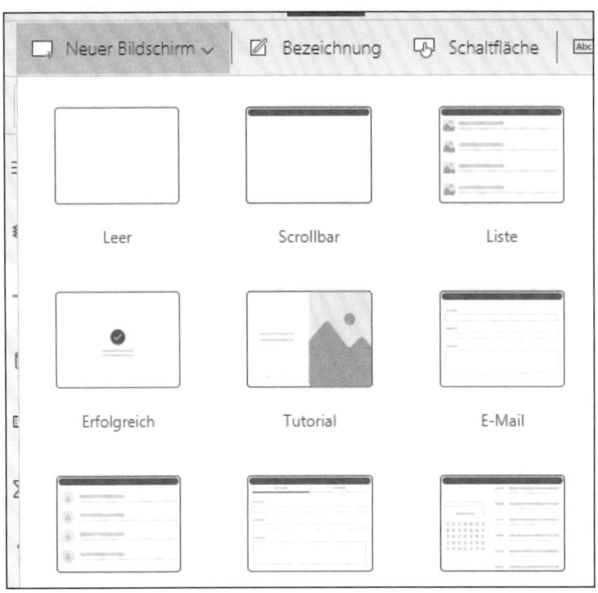

Abbildung 5.74 Bildschirmvorlagen

Layout-Bildschirme sind ausschließlich für Tablet-Layouts verfügbar. Sie bestehen aus verschiedenen Containern. *Container* gruppieren Steuerelemente und definieren eine vertikale Ausrichtung (*vertikale Container*) oder eine horizontale Ausrichtung (*horizontale Container*).

Neben ihrer ordnenden Eigenschaft dienen sie als hilfreiches Element zur Entwicklung von responsiven Apps, denn das sind Canvas Apps nicht von Grund auf.

Alternativ können Sie auch die gleichlautende Aktion aus der Strukturansicht wählen. Hier wird Ihnen eine Auswahl von Bildschirmvorlagen zur Verfügung gestellt, die der Übersichtlichkeit halber zwischen Layouts und Szenarien unterscheidet (siehe Abbildung 5.75).

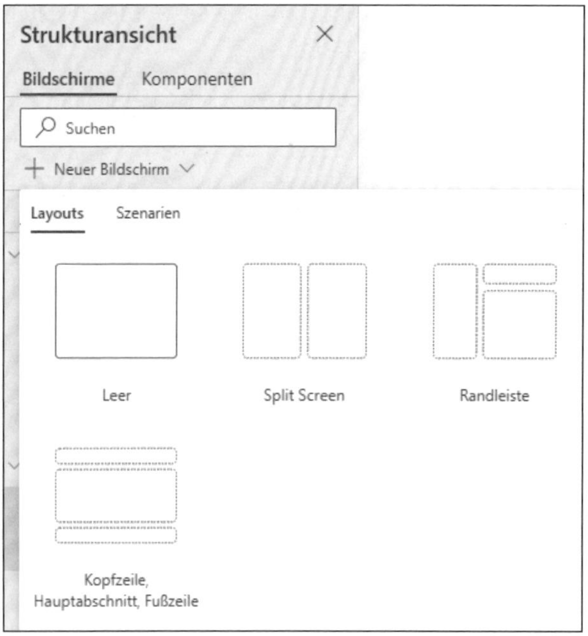

Abbildung 5.75 Neuer Bildschirm in der Strukturansicht

Beschreibbare Eigenschaften (Screen Properties)

Über die beschreibbaren Bildschirm-Eigenschaften definieren Sie das Aussehen Ihres Bildschirms:

Hintergrundbild (BackgroundImage)

Im Eigenschaftenfenster des Bildschirms können Sie Ihre in die Medienbibliothek hochgeladenen Bilder auswählen und als Hintergrundbild für Ihren Bildschirm festlegen (siehe Abbildung 5.76).

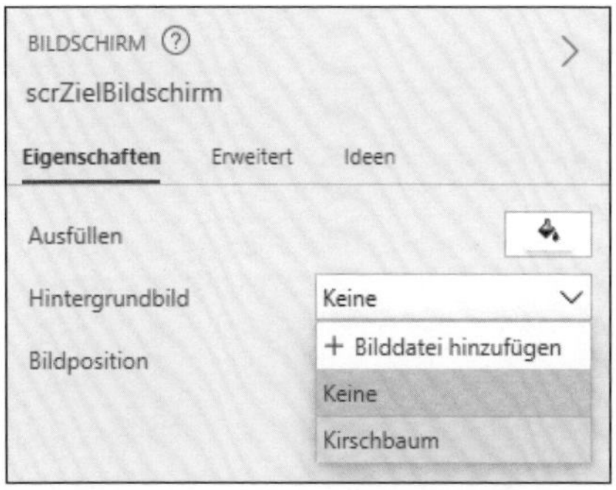

Abbildung 5.76 Festlegen des Hintergrundbildes eines Bildschirms

Möchten Sie lieber Online-Inhalte verwenden, die Sie zum Beispiel in einer SharePoint-Bibliothek verwalten, so wählen Sie in der Eigenschaftenliste neben dem Funktionseditor die Eigenschaft `BackgroundImage` und setzen die URL zu Ihrem Bild in Anführungszeichen als Wert im Funktionseditor (siehe Abbildung 5.77).

Abbildung 5.77 Verwendung von Online-Inhalten in der Eigenschaft »BackgroundImage«

Verwendung auf einem mobilen Gerät

Das Bild-Steuerelement in Ihrer Power Apps App auf Ihrem mobilen Endgerät kann keine Authentifizierung gegen Ihren Online-Speicher ausführen, auch nicht, wenn Sie die Bilder in SharePoint verwalten.

Entweder verweisen Sie ausschließlich auf frei zugängliche Bilder oder Bilder in der Medienbibliothek. Alternativ können Sie Bilder auch im Base64-Format verwenden, die Sie zum Beispiel aus einer SharePoint-Liste beziehen.

Ausfüllen (Fill)

Im Eigenschaftenfenster stellt Ihnen die Eigenschaft *Ausfüllen* einen Farbauswahl-Dialog zur Verfügung (siehe Abbildung 5.78).

Hier können Sie entweder direkt über den Reiter STANDARD eine von vielen vordefinierten Farben auswählen oder auf dem Reiter BENUTZERDEFINIERT eine individuelle Farbe aus dem kompletten Farbspektrum auswählen (siehe Abbildung 5.79).

Abbildung 5.78 Die Eigenschaft »Ausfüllen«

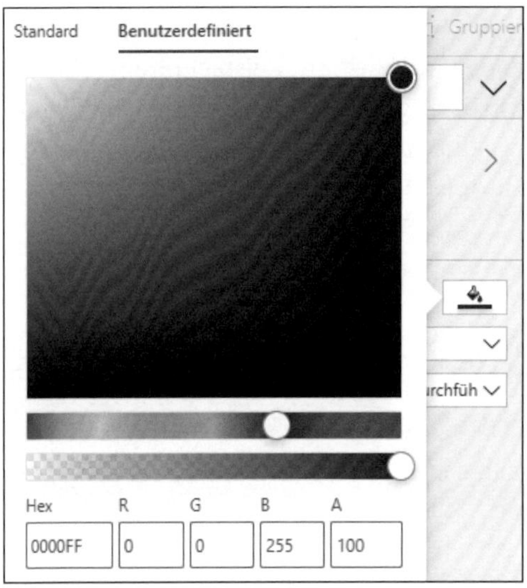

Abbildung 5.79 Auswahl einer benutzerdefinierten Farbe

Die passenden RGBA-Werte sowie den passenden Hex-Code finden Sie ebenfalls im unteren Teil des Dialogs.

Ein weiterer Schieberegler lässt Sie die *Durchsichtigkeit* der Farbe steuern, die sich im Alpha-Wert – das ist das »A« in RGBA – ausdrückt. Der Standard ist die höchste Nicht-Durchsichtigkeit, also der Wert 100.

Haben Sie einen Hex-Code oder RGBA-Code zur Hand, können Sie diese Werte auch direkt in die passenden Eingabefelder eingeben, woraufhin Ihnen die passende Farbe angezeigt und ausgewählt wird.

Selbstverständlich können Sie die Farbe auch programmatisch einfügen. Wählen Sie dazu die Eigenschaft `Fill` in der Eigenschaftenliste aus, und spezifizieren Sie die gewünschte Farbe entweder über die Color-Aufzählung (siehe Abbildung 5.80) oder den RGBA-Befehl, dem Sie die Rot-, Grün- und Blau-Anteile der Farbe sowie den *Alpha*-Wert, also die Durchsichtigkeit, übergeben.

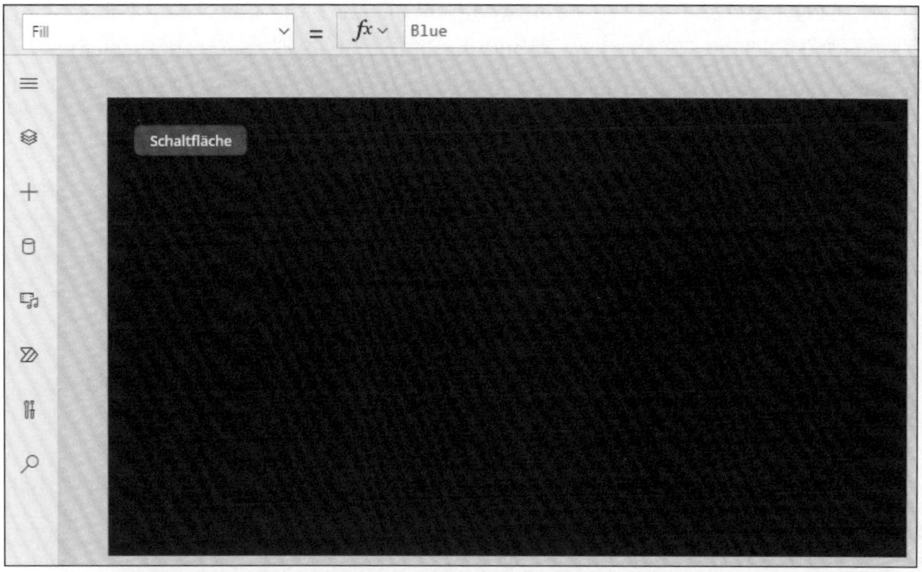

Abbildung 5.80 Zuweisung der Farbe Blau an die Eigenschaft »Fill«

- Die Eigenschaft `Height` bestimmt die Höhe eines Bildschirms und ist im Standard auf die folgende Formel festgelegt:

  ```
  Max(App.Height; App.MinScreenHeight)
  ```

  Diese Formel bestimmt die Bildschirmhöhe aus dem Maximum der Höhe, die Sie durch die App-Eigenschaften festlegen können, sowie der Mindest-Bildschirmhöhe, die Sie im App-Knoten der Strukturansicht definieren.

- Die Bildposition (im Englischen `ImagePosition`) erlaubt die Optimierung der Anzeige des Hintergrundbildes.

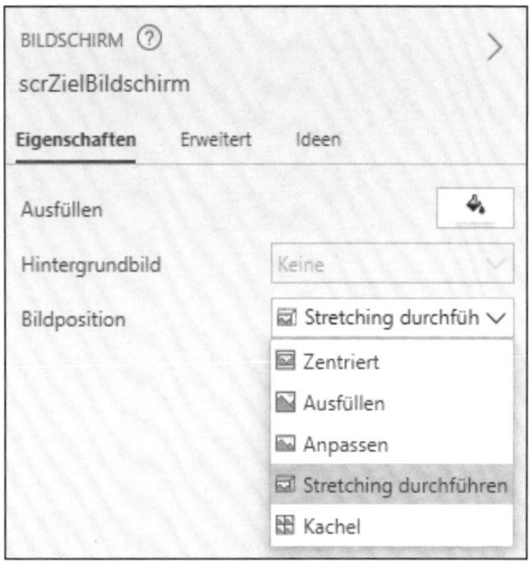

Abbildung 5.81 Einstellen der Bildposition über die Bildschirmeigenschaften

Diese Optimierung können Sie entweder im Eigenschaftenfenster des Bildschirms per Mausklick erledigen (siehe Abbildung 5.81) oder aber programmatisch über die Eigenschaft BILDPOSITION in der Eigenschaftenliste und gleichzeitige Verwendung der Aufzählung `ImagePosition` wie in Abbildung 5.82.

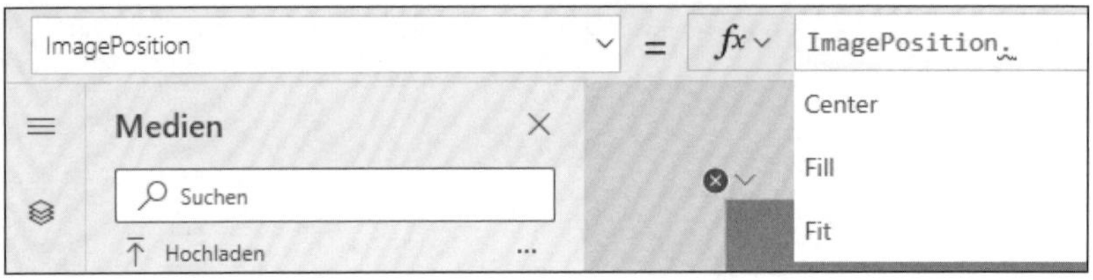

Abbildung 5.82 Programmatisches Einstellen der Bildposition über die Aufzählung »ImagePosition«

Ausgehend von dem Bild eines Kirschbaums verdeutlicht Tabelle 5.30 das Verhalten der unterschiedlichen Einstellmöglichkeiten.

Bildposition	ImagePosition	Auswirkung
Zentriert	`ImagePosition.Center`	
Ausfüllen	`ImagePosition.Fill`	

Tabelle 5.30 Auswirkungen der Bildposition

Bildposition	ImagePosition	Auswirkung
Anpassen	`ImagePosition.Fit`	
Stretching durchführen	`ImagePosition.Stretch`	
Kachel	`ImagePosition.Tile`	

Tabelle 5.30 Auswirkungen der Bildposition (Forts.)

- Die Eigenschaft `Width`, für die es keine deutsche Übersetzung in Power Apps gibt, ist verantwortlich für die Breite Ihres Bildschirms. Sie können hier entweder eine feste Breite einstellen oder aber den Bildschirm an das Gerät anpassen, auf dem die App ausgeführt wird.

  Im Standard orientiert sich die Breite am Maximum der für die App eingestellten Breite und der minimalen Bildschirmgröße, die für die App eingestellt ist.

  ```
  Max(App.Width; App.MinScreenWidth)
  ```

Bildschirmereignisse (Screen Events)

- Das `OnVisible`-Ereignis wird aufgerufen, kurz bevor der Bildschirm gerendert, also dargestellt wird. Hier führen Sie Datenabfragen durch oder erstellen sich Daten, die Sie für den Aufbau oder die Weiterverarbeitung auf dem Bildschirm benötigen.

  Markieren Sie hierzu den entsprechenden Bildschirm in der Strukturansicht, und wählen Sie in der Funktionsauswahl das Ereignis `OnVisible` (siehe Abbildung 5.83). Der Code, den Sie nun in den Funktionseditor eingeben, wird ausgeführt, bevor der Bildschirm angezeigt wird.

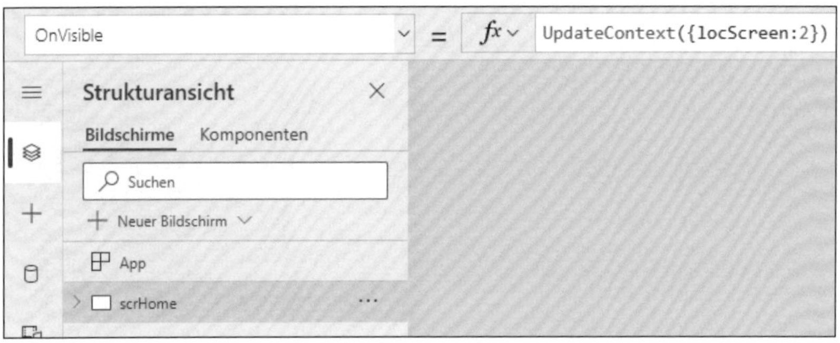

Abbildung 5.83 Setzen einer lokalen Variablen in OnVisible-Ereignis

- Im Gegensatz zur `OnVisible`-Funktion, die aufgerufen wird, bevor ein Bildschirm angezeigt wird, wird `OnHidden` ausgeführt, nachdem ein Bildschirm verlassen wurde.

  Hier können Sie einen lokalen Datenbestand wieder aufräumen, wenn er nicht mehr benötigt wird. Sie erreichen dieses Ereignis ebenfalls über die Funktionsauswahl.

Bildschirmaktionen

Sobald Ihre App über mehr als einen Bildschirm verfügt, ergibt sich die Notwendigkeit, sich zwischen den Bildschirmen hin und her zu bewegen. Dabei hilft Ihnen der `Navigate`-Befehl, dem Sie den Zielbildschirm sowie die Art des Übergangs von einem Bildschirm zum anderen übergeben.

Die Notation ist wie folgt:

```
Navigate(ZielBildschirm, Übergang (optional), Parameter (optional))
```

Möchten Sie also per Knopfdruck von einem Bildschirm zum anderen navigieren, selektieren Sie das `OnSelect`-Ereignis der betreffenden Schaltfläche und geben als Funktion `Navigate(scrZielBildschirm; Fade)` im Editor ein, wobei `scrZielBildschirm` der Name des Zielbildschirms ist.

Die Auto-Vervollständigung wird Sie dabei unterstützen. Haben Sie alle Ihre Bildschirme mit dem Präfix `scr` versehen, bekommen Sie nach der Eingabe dieser drei Buchstaben alle verfügbaren Bildschirme zur Auswahl.

`Fade` ist eine von sechs Transitionsmöglichkeiten, die Sie über die Aufzählung `ScreenTransition` abrufen können. Die Transition beschreibt die Art des Übergangs eines Bildschirms zum anderen.

ScreenTransition	Verhalten
`Cover`	Schiebt den Zielbildschirm von rechts nach links über den Ausgangsbildschirm.
`CoverRight`	Schiebt den Zielbildschirm von links nach rechts über den Ausgangsbildschirm.
`Fade`	Blendet vom Ausgangs- auf den Zielbildschirm über.
`None`	Default. Schaltet ohne besonderen Effekt von einem auf den anderen Bildschirm.
`UnCover`	Schiebt den Ausgangsbildschirm nach links heraus und legt den Zielbildschirm frei.
`UnCoverRight`	Schiebt den Ausgangsbildschirm nach rechts heraus und legt den Zielbildschirm frei.

Tabelle 5.31 Die Aufzählung »ScreenTransition«

Der Parameter `Fade` ist optional. Verzichten Sie auf eine Spezifikation, kommt die `ScreenTransition.None` zum Einsatz.

Der dritte, ebenfalls optionale Parameter ist ein `UpdateContext`-Datensatz. Hier können Sie Name-Werte-Paare übergeben, die auf der Zielseite als lokale Variable verfügbar sind. Siehe dazu auch Abschnitt 5.1.8.

Möchten Sie zum Beispiel einen Statuswert von einem Bildschirm zum anderen übergeben, so spezifizieren Sie den `Navigate`-Befehl wie in Abbildung 5.84 zu sehen.

```
fx  Navigate(scrZielBildschirm;Fade;{Status:"Offen";Kosten:1000})
```

Abbildung 5.84 Navigate mit Parameterübergabe

Der Befehl `Back` navigiert zu dem vorher besuchten Bildschirm. Wie beim `Navigate`-Befehl können Sie auch hier optional eine `ScreenTransition` mitgeben. Verzichten Sie auf die Transition und rufen die Funktion `Back` parameterlos auf, so erfolgt der Übergang entgegengesetzt dem Verhalten beim Aufruf der Seite.

Navigate	Back
Cover	CoverRight
CoverRight	Cover
Fade	Fade
None	None
UnCover	UnCoverRight
UnCoverRight	UnCover

Tabelle 5.32 ScreenTransition des Back-Befehls in Abhängigkeit von der Navigate-Transition

Eine Parameterübergabe ist bei `Back` nicht möglich.

5.2.3 Schaltflächen (Buttons)

Schaltflächen nutzen Sie für alles, worauf Benutzerinnen und Benutzer klicken sollen. Sie sind im Grunde nicht mehr als eine selektierbare Fläche mit einem Text.

[»]

Alternativen zu Schaltflächen

Schaltflächen bzw. Buttons nutzt man häufig, da sie so prominent angeboten werden und auch in vielen Anleitungen oder Vorlagen zu sehen sind.

Da es nur darum geht, den Benutzerinnen und Benutzern eine selektierbare Fläche zur Verfügung zu stellen, die einen wie auch immer gearteten Prozess auslösen soll, schauen Sie sich auch mal folgende Alternativen an:

- *Bilder (Images)* (siehe Abschnitt 5.2.14)
- *Symbole (Icons)* (siehe Abschnitt 5.2.15)
- *Beschriftungen (Label)* (siehe Abschnitt 5.2.4)

Sie alle verfügen über das `OnSelect`-Ereignis, das ich im nachfolgenden Abschnitt erläutere, stellen aber noch weitergehende optische Möglichkeiten zur Verfügung.

Ereignisse

Wie eingangs erwähnt, dienen Schaltflächen der Interaktion mit den Benutzerinnen und Benutzern. Um einem Klick eine Aktion folgen zu lassen, stellt uns unsere Power App ein passendes Ereignis mit dem Namen `OnSelect` zur Verfügung.

Sie finden dieses Ereignis in Ihrer Eigenschaftenliste auf der linken Bildschirmseite und können nun im Funktionseditor den passenden Code schreiben.

Nutzen Sie dieses Ereignis, um Daten zu schreiben oder zu lesen, Elemente sichtbar oder unsichtbar, aktiv oder inaktiv zu setzen oder zu anderen Bildschirmen zu navigieren.

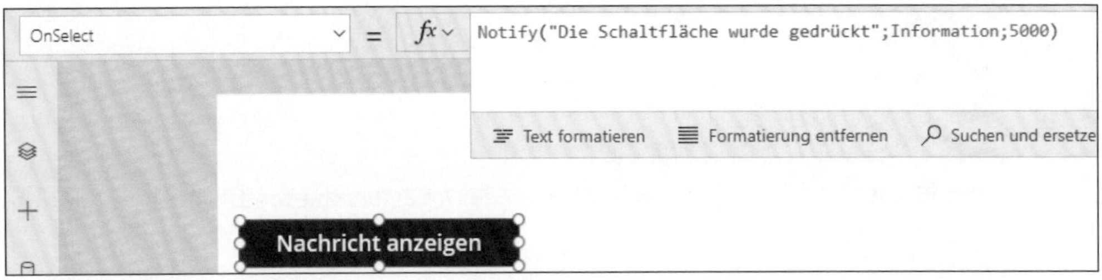

Abbildung 5.85 Das OnSelect-Ereignis einer Schalfläche

Der Code aus Abbildung 5.85 erzeugt übrigens eine Bildschirmnachricht an die Nutzerinnen und Nutzer Ihrer App, die Sie als Rückmeldung für positive oder negative Ergebnisse nutzen können. Mehr zum Umgang mit Benachrichtigungen (Notifications) erfahren Sie in Abschnitt 5.2.24.

Eigenschaften

Neben den Basis-Eigenschaften, die Sie in Abschnitt 5.1.6 kennengelernt haben, verfügt die Schaltfläche über weitere interessante Eigenschaften.

- **AutoDisableOnSelect (Bei Auswahl automatisch deaktivieren)**
  Diese Eigenschaft ist sehr unterschätzt, denn da sie im Standard eingeschaltet ist, nehmen wir von ihr keine Notiz (siehe Abbildung 5.86).

  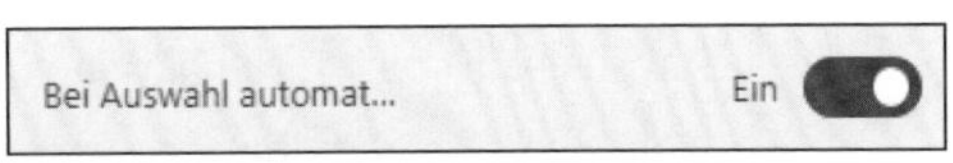

  Abbildung 5.86 »AutoDisableOnSelect« verhindert das mehrfache Auslösen eines Prozesses.

  `AutoDisableOnSelect` verhindert, dass eine Schaltfläche erneut ausgelöst werden kann, während die Ausführung der vorherigen Auslösung noch läuft. Das ist für alle Prozesse wichtig, die nach der Betätigung einer Schaltfläche Datensätze anlegen oder aktualisieren, wie zum Beispiel das Auslösen einer Bestellung.

- **Pressed**
  `Pressed` ist eine unbeschreibbare Eigenschaft. Sie ist `true`, solange die Schaltfläche gedrückt wird. So steuern Sie zum Beispiel die Sichtbarkeit von Hilfetexten, die nur angezeigt werden sollen, wenn Sie eine Schaltfläche betätigen.

- **DisplayMode (Anzeigemodus)**
  Den Anzeigemodus einer Schaltfläche haben Sie schon in Abschnitt 5.1.6 kennengelernt. Sie können ihn entweder im Eigenschaftenfenster einstellen (wie in Abbildung 5.87) oder aber mit der `DisplayMode`-Aufzählung im Formeleditor arbeiten (wie in Abbildung 5.88).

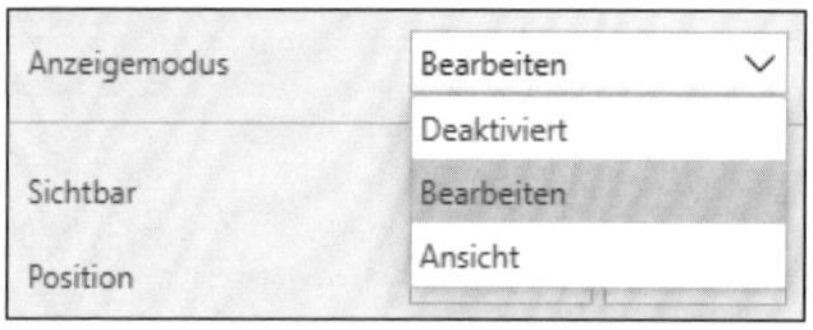

Abbildung 5.87 Einstellen eines Anzeigemodus im Eigenschaften-Dialog

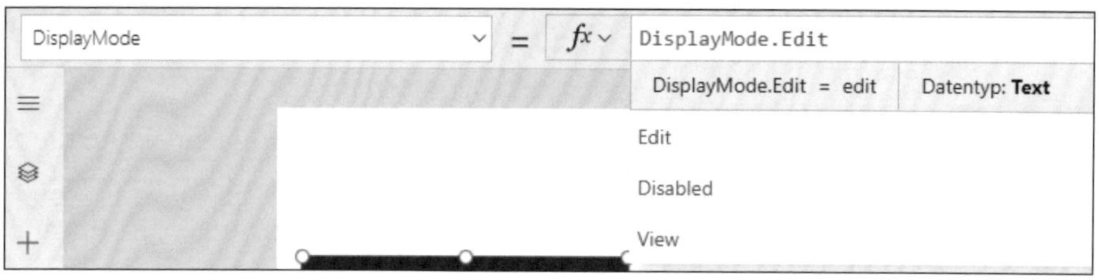

Abbildung 5.88 Einstellen des DisplayMode im Formeleditor

Tabelle 5.33 verdeutlicht noch einmal das Verhalten einer Schaltfläche in Abhängigkeit von ihrem Anzeigemodus:

Anzeigemodus	DisplayMode	Verhalten
Deaktiviert	`DisplayMode.Disabled`	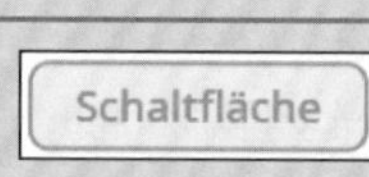 Die Schaltfläche ist nicht selektierbar. Die folgenden Farbeigenschaften werden angewendet: ▶ `DisabledColor` ▶ `DisabledFill` ▶ `DisabledBorderColor` Der Hover-Effekt wird nicht sichtbar.

Tabelle 5.33 Der Anzeigemodus einer Schaltfläche

Anzeigemodus	DisplayMode	Verhalten
Bearbeiten (Default)	`DisplayMode.Edit`	 Die Schaltfläche ist selektierbar. Die folgenden Farbeigenschaften werden angewendet: ► `Color` ► `Fill` ► `HoverColor` ► `HoverBorderColor`
Ansicht	`DisplayMode.View`	 Die Schaltfläche ist nicht selektierbar. Die folgenden Farbeigenschaften werden angewendet: ► `Color` ► `Fill` ► `BorderColor` Der Hover-Effekt wird nicht sichtbar.

Tabelle 5.33 Der Anzeigemodus einer Schaltfläche (Forts.)

5.2.4 Beschriftung (Label)

Beschriftungselemente oder Labels nutzen Sie reichlich in Ihren Apps. Sie dienen für alles, wo Sie Text zur Anzeige bringen müssen (siehe Abbildung 5.89):

- Überschriften und Beschreibungstexte
- Feldbeschriftungen
- Anzeige von Daten
- Schaltflächen
- Fehlermeldungen

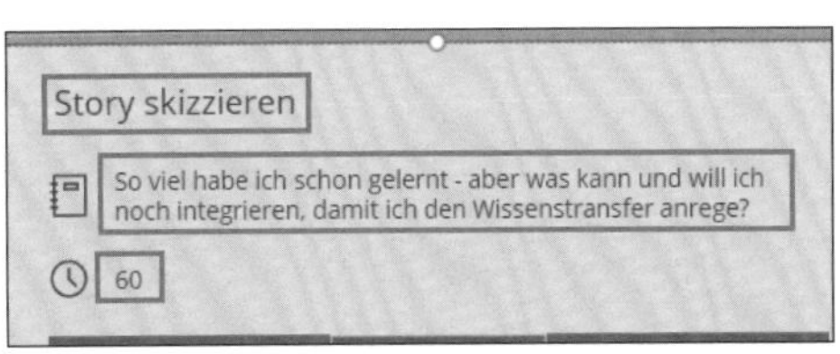

Abbildung 5.89 Beispiele für die Verwendung von Beschriftungen

Ereignisse

Genau wie bei Schaltflächen können Sie auch auf Beschriftungen das `OnSelect`-Ereignis verarbeiten, das ausgelöst wird, wenn auf das Element geklickt oder auf mobilen Endgeräten darauf gedrückt wird. Lesen Sie dazu auch die Beschreibung der Schaltflächen in Abschnitt 5.2.3.

Eigenschaften

Mit `AutoHeight` (*automatische Höhe*) legen Sie fest, ob sich die Höhe (Eigenschaft `Height`) automatisch an den Text anpassen soll. Die Auswirkung sehen Sie in Abbildung 5.90.

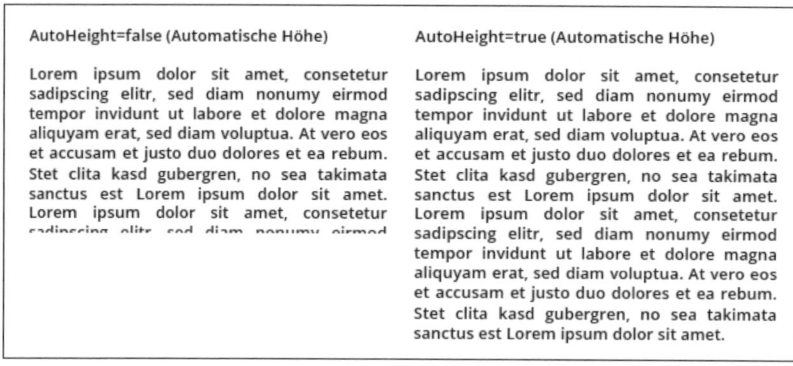

Abbildung 5.90 Automatische Höhe von Beschriftungselementen

Nun hat die automatische Höhe von Elementen direkte Auswirkungen auf Ihr Bildschirm-Design, denn im Regelfall sind alle Bildschirmelemente absolut positioniert, also mit festen X- und Y-Koordinaten versehen. Wenn Sie also Elemente unterhalb einer Beschriftung mit eingeschalteter automatischer Höhe verwenden und diese nicht in Relation zueinander setzen, laufen Sie Gefahr, dass sich die vergrößerte Beschriftung mit anderen Elementen über- oder unterlappt.

Abhilfe schafft hier die Eigenschaft `Overflow` bzw. *Überlauf*. Sie legt fest, ob zu langer Text abgeschnitten wird oder aber Ihnen eine Scrollleiste zur Verfügung gestellt wird, die Ihnen das Lesen des kompletten Textes unter Beibehaltung einer festen Elementgröße ermöglicht (siehe Abbildung 5.91).

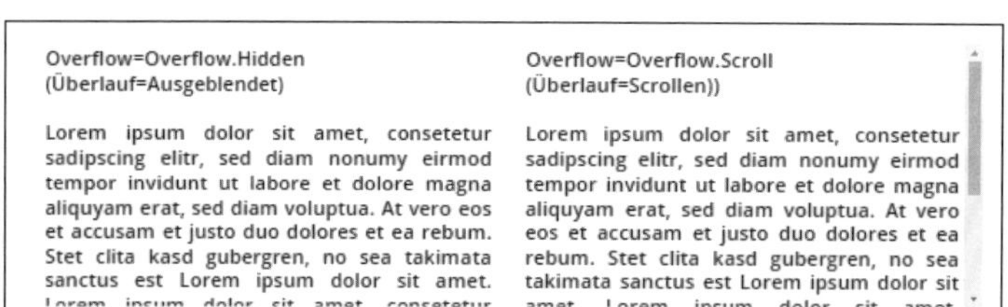

Abbildung 5.91 Der Überlauf stellt eine Scrollbar zur Verfügung.

Die Einstellung erfolgt entweder im Eigenschaftenbereich (wie in Abbildung 5.92) oder aber in der Eigenschaftenliste (wie in Abbildung 5.93).

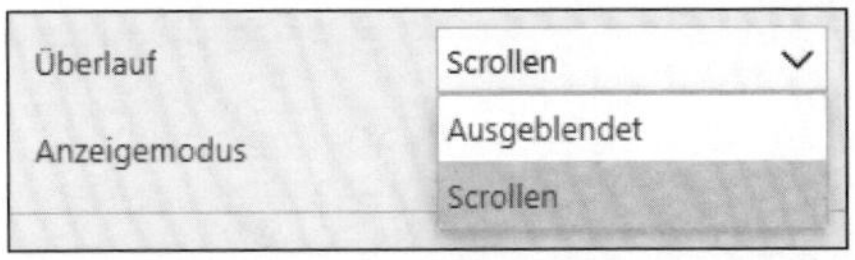

Abbildung 5.92 Einstellen des Überlaufs im Eigenschaftenbereich

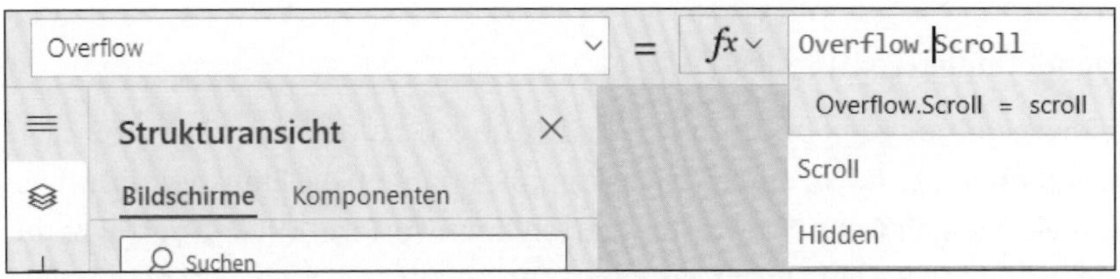

Abbildung 5.93 Einstellen des Überlaufs in der Eigenschaftenliste

Das *Wrappen* eines Textes sorgt dafür, dass zu lange Textzeilen so umgebrochen werden, dass sie in dem Beschriftungselement Platz finden (siehe Abbildung 5.94).

Im Eigenschaftenbereich suchen Sie bitte nach dem etwas irreführenden Begriff *Verpacken*.

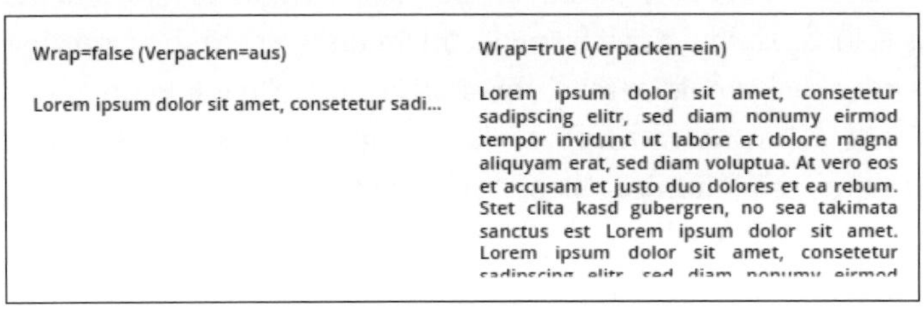

Abbildung 5.94 Textumbruch in Beschriftungselementen

Die Einstellung nehmen Sie in der Eigenschaftenliste an der gleichlautenden Eigenschaft vor, indem Sie sie per `true` oder `false` ein- bzw. ausschalten (siehe Abbildung 5.95).

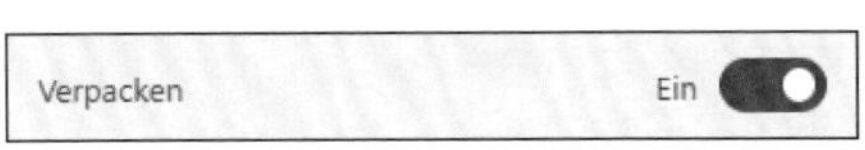

Abbildung 5.95 Einpassen von Text durch »Verpacken«

Die *DisplayModes* `Edit` und `View` unterscheiden sich optisch nicht voneinander, jedoch sind Beschriftungen im DisplayMode `View` nicht klickbar.

Einen optischen Unterschied macht hingegen der `DisplayMode.Disabled`, wie in Abbildung 5.96, in dem wie bei `View` die Klickfähigkeit ausgeschaltet ist.

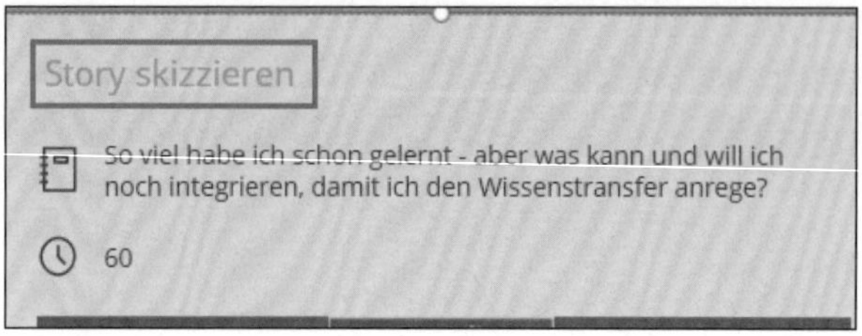

Abbildung 5.96 Beschriftungselement im DisplayMode Disabled

5.2.5 Eingabefelder (TextInput)

Eingabefelder gehören gemeinsam mit Beschriftungen zu den am häufigsten verwendeten Steuerelementen in einer Canvas App. Sie erlauben die Eingabe von einzeiligen oder mehrzeiligen Texten sowie maskierten Kennwörtern. Mit den verfügbaren Einstellungen können Sie eine Rechtschreibprüfung aktivieren oder aber für das Feld nur die Eingabe von Ziffern zulassen.

Ereignisse

Das Ereignis `OnSelect` wird immer dann ausgelöst, wenn Sie das Eingabefeld selektieren, um einen Text einzugeben.

Das Ereignis `OnChange` feuert immer dann, wenn Sie den Text in dem Eingabefeld geändert haben und das Feld verlassen. Auch wenn Sie nicht erfassen können, ob eine zwischenzeitige Änderung rückgängig gemacht wurde, können Sie die Benutzerinnen und Benutzer darauf aufmerksam machen, dass möglicherweise Änderungen vorgenommen worden sind, um Daten gegebenenfalls zu speichern.

Eigenschaften

Texteingabe-Elemente verfügen neben den bekannten allgemeinen Eigenschaften noch über eine Reihe weiterer Einstellmöglichkeiten, die Sie Abbildung 5.97 entnehmen können.

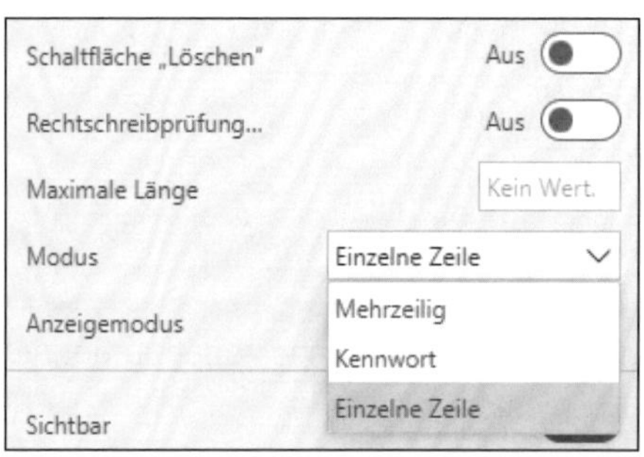

Abbildung 5.97 Einstellmöglichkeiten an Texteingabe-Elementen

Die Eigenschaft `Clear` bzw. die Schaltfläche LÖSCHEN ist per Default ausgeschaltet und lässt sich in der Eigenschaftenliste sowie im Eigenschaftenbereich einstellen. Sobald Sie diese Eigenschaft aktivieren, erscheint ein X-Symbol (siehe Abbildung 5.98) am rechten Rand der Texteingabe, mit dem Sie die Eingabe löschen können.

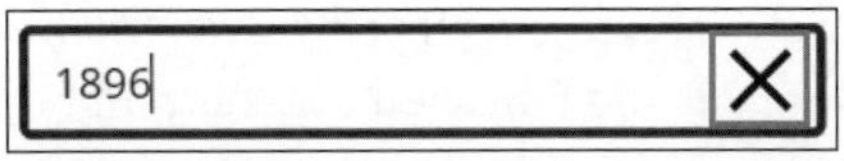

Abbildung 5.98 Texteingabe mit Löschfunktion

Sie können an Texteingabe-Elementen eine RECHTSCHREIBPRÜFUNG aktivieren, die Ihre Texteingaben überprüft und Fehler rot unterstreicht (siehe Abbildung 5.99). Diese Einstellung `EnableSpellCheck` können Sie entweder in der Eigenschaftenliste oder aber im Eigenschaftenbereich konfigurieren.

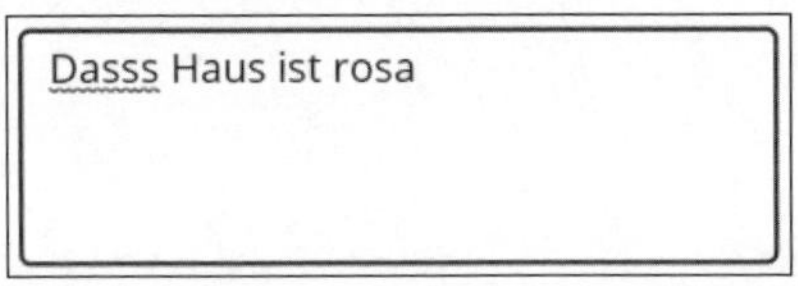

Abbildung 5.99 Die Rechtschreibprüfung in Texteingabe-Elementen

Nun verfügen die Power Apps selbst über keine Rechtschreibkorrektur. Damit diese Funktion also ihren Zweck erfüllt, müssen Sie noch eine weitere Einstellung an Ihrem Browser vornehmen.

Wechseln Sie dazu in Ihre Browsereinstellungen, und suchen Sie nach den Einstellungen für den Spellchecker. Aktivieren Sie dort alle Sprachen, für die eine Prüfung vorgenommen werden soll (siehe Abbildung 5.100).

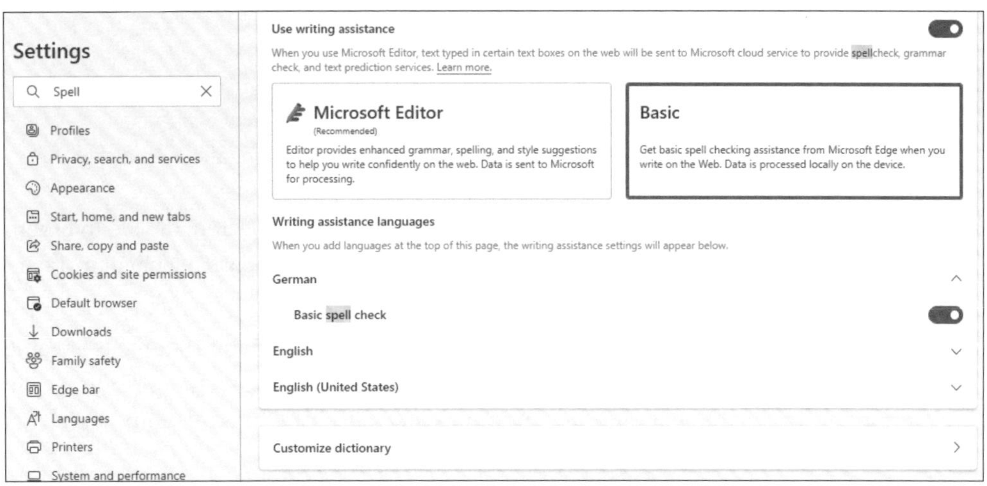

Abbildung 5.100 Browsereinstellungen für Rechtschreibprüfungen

Die Möglichkeit, an Texteingaben eine maximale Eingabelänge mit der Schaltfläche MAXIMALE LÄNGE (Max Length) einstellen zu können, ist sehr praktisch, um dafür zu sorgen, dass Texte die Feldlängen in der zugrundeliegenden Datenbank oder weiteren angeschlossenen Drittsystemen nicht überschreiten.

Der eingestellte MODUS bestimmt darüber, ob es sich um ein einzeiliges, ein mehrzeiliges Textfeld oder ein Kennwortfeld handelt, das die Eingaben maskiert. Abbildung 5.101 zeigt die Varianten.

Abbildung 5.101 Die Eigenschaft »Modus«

Das FORMAT Ihres Texteingabe-Elements definiert, welche Art Daten Sie erwarten. Handelt es sich um Zahlenwerte, wie zum Beispiel eine Anzahl von Artikeln oder ein Preis, so stellen Sie hier einfach den Wert `Zahl` ein, ansonsten `Text`.

Die Eigenschaft `DelayOutput` lässt sich nur in dem Bereich ERWEITERT des Eigenschaftenbereichs einstellen (siehe Abbildung 5.102). Sie sorgt dafür, dass der eingegebene Text nicht nach jedem Tastaturanschlag an Elemente gesendet wird, die den Text weiterverarbeiten.

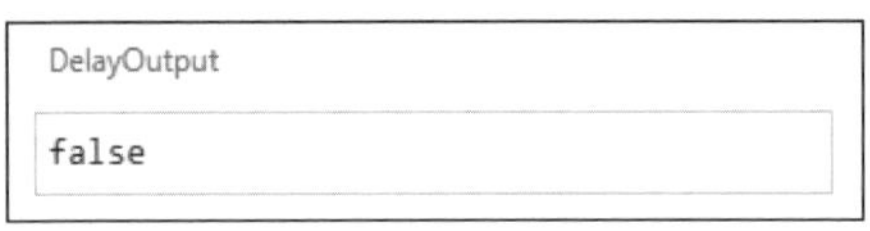

Abbildung 5.102 Erweiterte Eigenschaft »DelayOutput« an Texteingabe-Elementen

Nehmen wir an, Sie nutzen die Texteingabe zur Suche über Daten, die Sie in einem Katalog-Element zur Anzeige bringen. Im Standard ist es so, dass nach jedem Tastaturanschlag die Suche ausgeführt wird.

Stellen Sie `DelayOutput` auf `true`, so verzögern Sie das Senden von Daten, bis Sie eine kleine, fast unmerkbare Pause beim Tippen einlegen. Auf diese Weise minimieren Sie unnötige Datenabfragen, die die zugrunde liegende Infrastruktur vom Server bis zum Browser unnötig belasten.

5.2.6 Rich Text

Der *Rich-Text-Editor*, den Sie in Abbildung 5.103 sehen, ermöglicht die Eingabe von formatierten Texten ähnlich dem, was Sie aus Textverarbeitungen oder E-Mail-Programmen kennen. Dieses Steuerelement ist sehr nützlich, wenn Personen in Ihrer App beispielsweise E-Mail-Texte verfassen sollen.

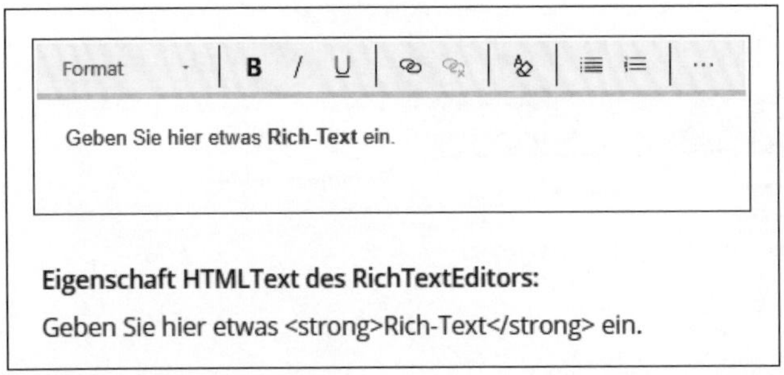

Abbildung 5.103 Der Rich-Text-Editor und die HTMLText-Eigenschaft

Ähnlich wie bei Eingabefeldern setzen Sie den Standardtext über die `Default`-Eigenschaft. Benutzereingaben lesen Sie über die Eigenschaft `HTMLText` aus. Sämtliche Formatierungen, die eine Person über den Rich-Text-Editor vornimmt, werden in HTML-Steuerbefehle übersetzt.

Nutzen Sie die Funktion `PlainText`, um die HTML-Befehle wieder zu entfernen.

5.2.7 Dropdown

Dropdowns (wie in Abbildung 5.104 zu sehen) erlauben die Auswahl genau eines Werts aus Wertelisten, die Sie entweder lokal definieren oder direkt aus einer Datenquelle wie zum Beispiel SharePoint oder Dataverse beziehen. Nachdem Sie ein Dropdown erstellt haben, ist es über die Eigenschaft `Items` mit der Default-Datenquelle `DropDownSample` verbunden.

Dropdowns bestehen aus einer Auswahlliste sowie dem *Chevron*, einem Aktionselement an der rechten Seite des Dropdowns, zum Öffnen und Schließen der Liste.

Die Färbung des Chevrons folgt dem üblichen Muster: `ChevronHoverBackground` und `ChevronHoverFill` bestimmen die Farben beim Darübergleiten mit der Maus, `ChevronDisabledBackground` und `ChevronDisabledFill` bestimmen die Farbe im Falle des `DisplayMode.Disabled`.

`Fill` und `Color` beeinflussen die Färbung der Auswahlliste und die `SelectionColor` und `SelectionFill` die Farbe des ausgewählten Listeneintrags.

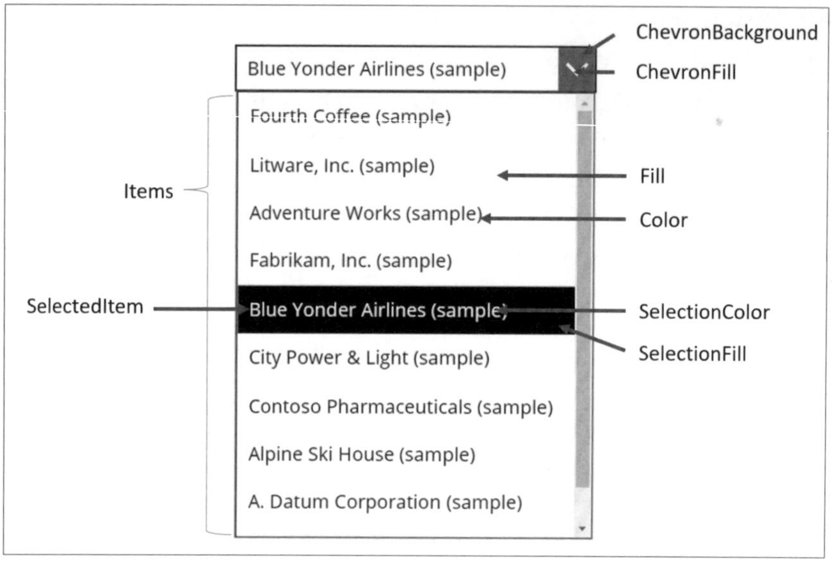

Abbildung 5.104 Aufbau eines Dropdowns

Ereignisse

Das Ereignis `OnChange` tritt ein, sobald Sie die Auswahl aus der Werteliste geändert haben.

Wie bei allen anderen Elementen auch, tritt das Ereignis `OnSelect` auf, sobald Sie auf das Dropdown klicken.

Eigenschaften

Über die `Items`-Eigenschaft binden Sie Daten an Ihr Dropdown. Im Standard finden Sie dort die Sammlung `DropDownSample` (siehe Abbildung 5.105).

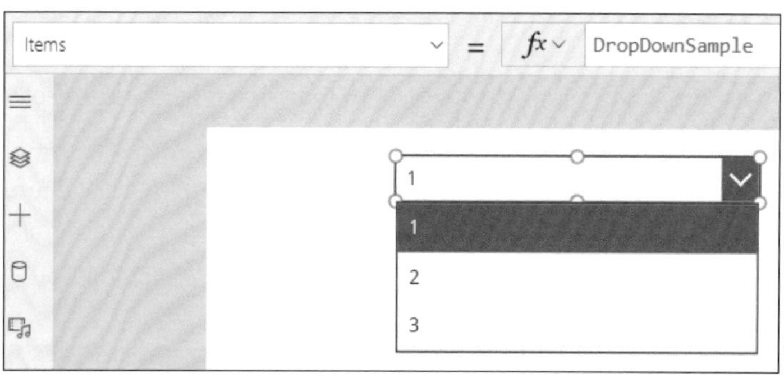

Abbildung 5.105 Standard-Datenliste an Dropdowns

Sie können dort aber auch eigene Sammlungen oder Datenlisten anbinden. Abbildung 5.106 zeigt die Verwendung einer Datenliste direkt in der Items-Eigenschaft.

Solche Listen eignen sich hervorragend für statische Werte wie zum Beispiel Statuswerte, akademische Grade, Anreden u. v. m.

Meist haben Sie es jedoch mit komplexeren Datenstrukturen zu tun, die Sie entweder von den Benutzerinnen und Benutzern in der App erfassen oder aus externen Datenquellen laden.

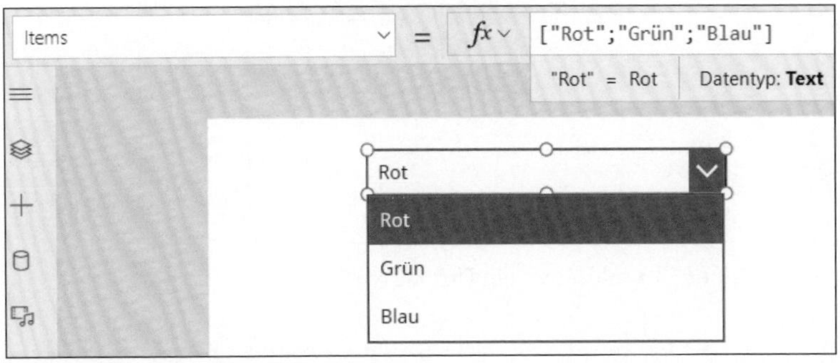

Abbildung 5.106 Definition einer Datenliste für ein Dropdown

Um eigene Sammlungen oder Collections an Ihr Dropdown zu binden, wählen Sie einfach die Eigenschaft ITEMS aus der Eigenschaftenliste aus, und geben Sie dort den Namen der Sammlung ein. Abbildung 5.107 zeigt den Aufbau einer lokalen Sammlung, die in Abbildung 5.108 an das Dropdown gebunden wird.

Abbildung 5.107 Eine lokale Datensammlung

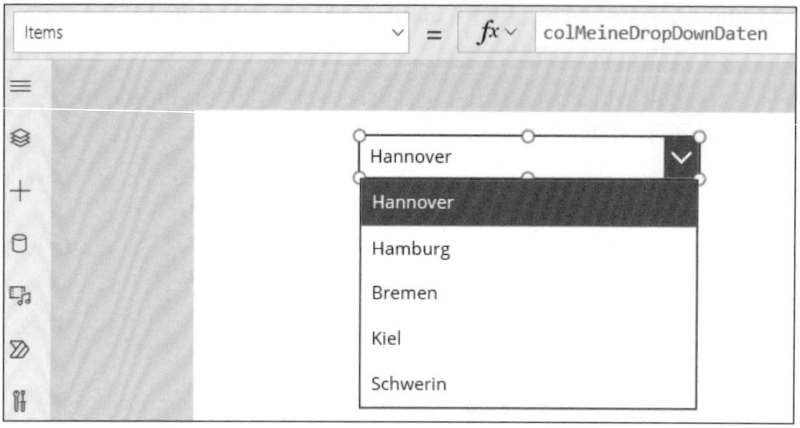

Abbildung 5.108 Binden einer Sammlung an ein Dropdown

[»]

Erzeugen von lokalen Datensammlungen

Möchten Sie dieses Beispiel nachbauen, schreiben Sie den Code für die Erstellung der Datenstruktur zum Beispiel in das `OnSelect`-Ereignis einer Schaltfläche. Sobald Sie darauf klicken, wird die Datensammlung erzeugt und steht im Dropdown zur Verfügung. Alternativ gehen auch das `OnVisible`-Ereignis eines Bildschirms oder die Methode `OnStart` des App-Knotens in der Strukturansicht.

Möchten Sie auf eine externe Datenquelle zugreifen, so spezifizieren Sie in ITEMS einfach den Namen der Datenquelle (siehe Abbildung 5.109).

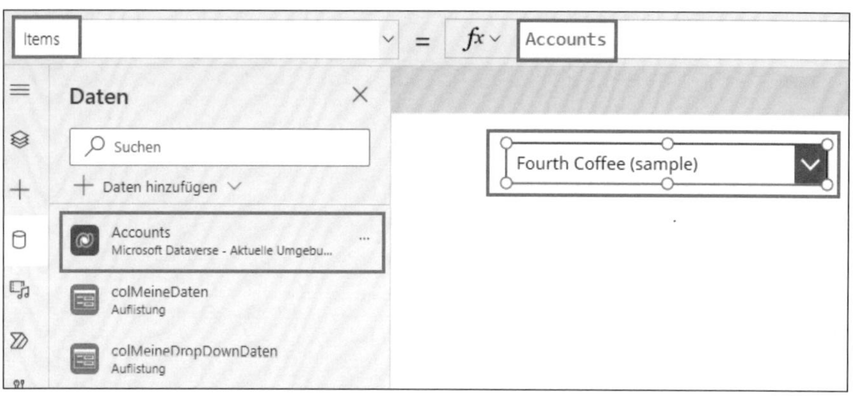

Abbildung 5.109 Binden einer Datenquelle an ein Dropdown

Arbeiten Sie mit SharePoint und möchten ein Auswahlfeld an ein Dropdown in einer Canvas App binden, hilft Ihnen die Funktion *Choices*, der Sie die Datenquelle, also die SharePoint-Liste, gefolgt von einem Punkt sowie dem Namen des Auswahlfelds übergeben.

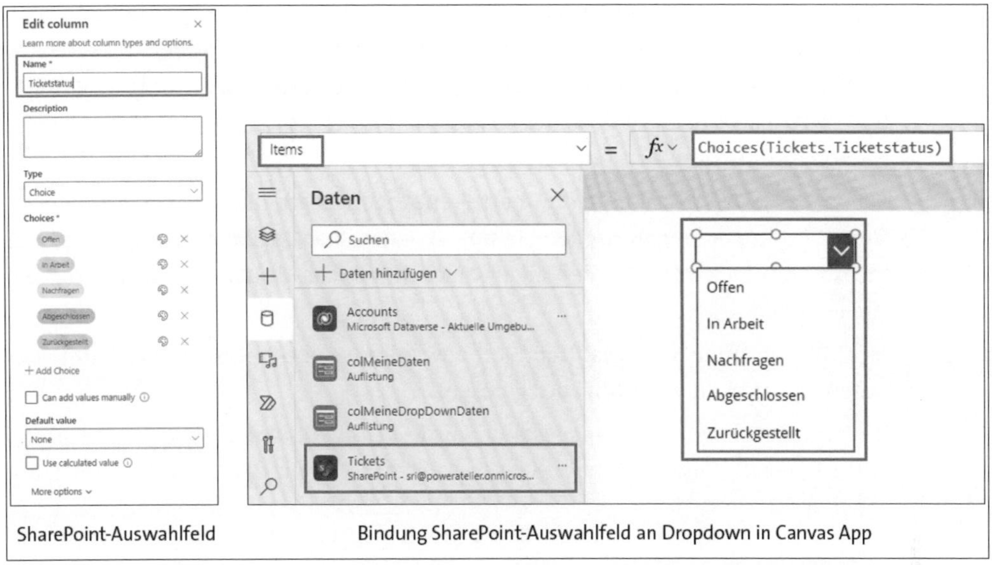

Abbildung 5.110 Bindung eines SharePoint-Auswahlfelds an ein Dropdown

Nachdem Sie die Daten nun an Ihr Dropdown gebunden haben, müssen Sie dem Element nur noch beibringen, welches Feld der Datenquelle angezeigt werden soll. Das Dropdown verfügt intern über eine Datentabelle mit einer Datenspalte namens »Value«.

Verwenden Sie eindimensionale Daten wie zum Beispiel die Farbliste `Rot`, `Grün`, `Blau`, so werden die Daten in die Spalte »Value« übernommen.

Bei mehrdimensionalen Datenstrukturen wie der Liste der Bundesländer und ihrer Hauptstädte müssen Sie im Eigenschaftenbereich spezifizieren, welche Spalte als Basis für die interne Value-Spalte genutzt werden soll (siehe Abbildung 5.111).

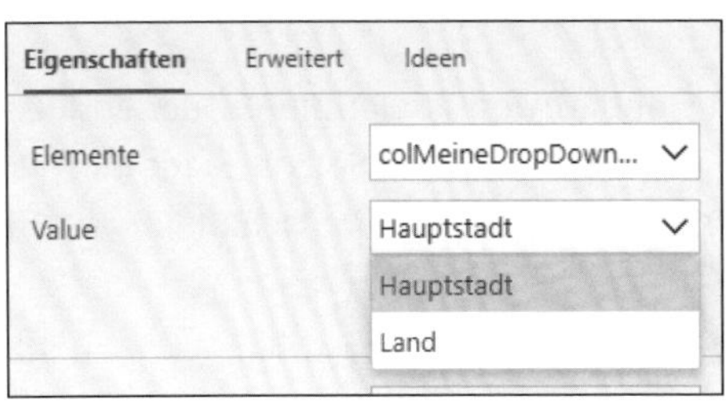

Abbildung 5.111 Auswahl der Datenspalte einer gebundenen Datenquelle

Die Daten dieser Spalte werden nun für die Anzeige in dem Dropdown verwendet.

- Nachdem Sie eine Datenquelle an die Eigenschaft `Items` gebunden und die Anzeigespalte definiert haben, geht es nun darum, den selektierten Wert auszulesen.

Das geschieht über die Eigenschaft `SelectedText`. Da die Daten intern als einspaltige Tabelle verwaltet werden, müssen Sie noch zusätzlich die Tabellenspalte auswählen. Da die interne Spalte immer »Value« lautet, erhalten Sie den ausgewählten Wert also über `Dropdown1.SelectedText.Value`, wobei `Dropdown1` durch den Namen Ihres Dropdowns ersetzt werden muss.

- `AllowEmptySelection` ist eine oft übersehene Eigenschaft, die es Ihnen ermöglicht, leere Werte zu erzeugen. Stellen Sie sie entweder über die Eigenschaftenliste oder im Abschnitt Erweitert des Eigenschaftenbereichs durch den Wert `true` ein (siehe Abbildung 5.112).

  Möchten Sie einen ausgewählten Wert abwählen, selektieren Sie ihn erneut in der Datenliste, und die Auswahl wird gelöscht.

  Die Abfrage, ob kein Wert ausgewählt wurde, erfolgt über die Funktion `IsBlank()`. `IsBlank(IhrDropDown.SelectedText.Value)` ist `true`, wenn die Auswahl leer ist, ansonsten `false`.

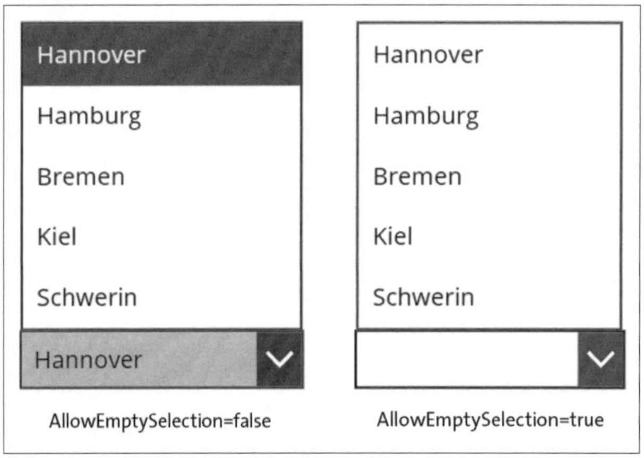

Abbildung 5.112 »AllowEmptySelection« erlaubt eine leere Auswahl.

- Die Eigenschaft `Default` erlaubt es, einen Standardwert zu definieren, der vorausgewählt ist, sobald das Element das erste Mal angezeigt wird. Soll die Stadt Kiel per Default ausgewählt sein, so setzen Sie »Kiel« als Wert der Eigenschaft `Default` in der Eigenschaftenliste.

  Falls Sie mit `AllowEmptySelection` auch eine leere Auswahl erlauben, können Sie mit `Blank()` die leere Auswahl zum Standard machen.

5.2.8 Kombinationsfeld (ComboBox)

Kombinationsfelder erweitern die Funktion eines Dropdowns um die folgenden Eigenschaften:

- Suche
- Mehrfachauswahl
- verschiedene Layouts

Da eine starke Ähnlichkeit zu Dropdowns besteht, möchte ich hier nur die wesentlichen Unterschiede ausarbeiten.

Datenbindung

Die Datenbindung erfolgt wie bei allen anderen bindungsfähigen Steuerelementen auch: Sobald Sie das Kombinationsfeld auf den Zeichenbereich ziehen, können Sie sofort eine Datenquelle anbinden (siehe Abbildung 5.113).

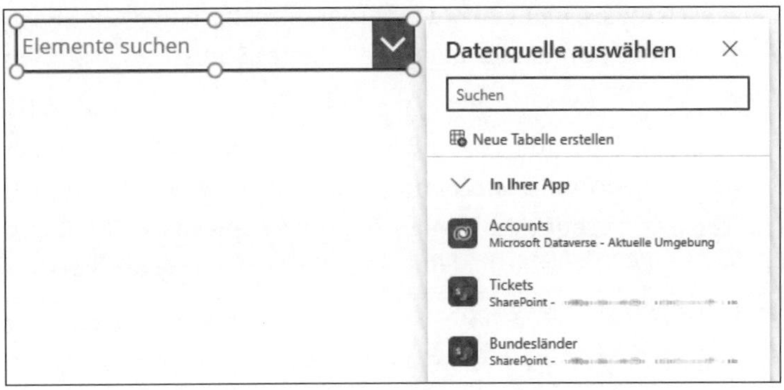

Abbildung 5.113 Datenbindung bei einem Kombinationsfeld

Sie können sich aber auch Zeit lassen und die Datenquelle später in der Eigenschaftenliste der Eigenschaft `DataSource` zuweisen.

Welche Felder der angebundenen Datenquelle zur Anzeige oder Suche dienen sollen, wird im Eigenschaftenbereich des Kombinationsfelds in der Eigenschaft FELDER festgelegt (siehe Abbildung 5.114).

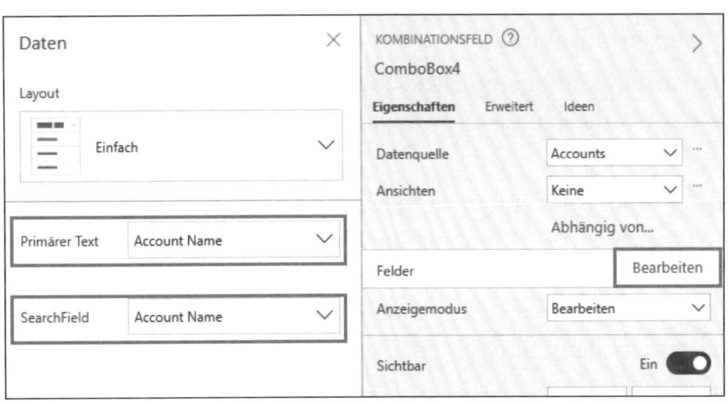

Abbildung 5.114 Anzeigefeld und Suchfeld auswählen

Suche (IsSearchable)

Während Sie in Dropdowns einen gewünschten Eintrag nur über die Scrollleiste finden, haben Sie in Kombinationsfeldern die Möglichkeit, einen Datensatz zu suchen, indem Sie das Feld markieren und einfach anfangen zu tippen. Mit jedem Tastenanschlag wird die verfügbare Auswahl an Datensätzen kleiner, sodass Sie Ihren gesuchten Datensatz schnell finden werden. In der Eigenschaftenliste finden Sie die entsprechende Eigenschaft unter dem Namen `IsSearchable`.

Um grundsätzlich suchen zu können, müssen Sie zwei Dinge tun:

1. Sie müssen die Suche im Eigenschaftenbereich des Kombinationsfelds aktivieren.
2. Sie müssen einen Filter erstellen, der den Suchtext beinhaltet.

Die Aktivierung der Eigenschaft geschieht entweder programmatisch über die Eigenschaft `IsSearchable`, wie oben erwähnt, oder über den Schalter SUCHE ZULASSEN im Eigenschaftenbereich.

Wie in allen datengebundenen Elementen ist der Filter in der Eigenschaft `Items` anzulegen. Den Text, den die Benutzerinnen und Benutzer zur Suche eingeben, können Sie über die Eigenschaft `SearchText` abrufen. Wollen Sie zum Beispiel nach Benutzern aus Ihrem Active Directory suchen, würde der Filter, den Sie der Eigenschaft `Items` zuweisen müssen, folgendermaßen aussehen:

```
'Office365-Benutzer'.SearchUser({searchTerm:Self.SearchText})
```

Mehrfachauswahl (SelectMultiple)

Im Gegensatz zum Dropdown-Feld sind in Kombinationsfeldern Mehrfachauswahlen möglich, die sogar per Default aktiviert sind. Wollen Sie die Mehrfachauswahl programmatisch setzen, nutzen Sie die Eigenschaft `SelectMultiple`, der Sie den Wert `true` zuweisen, um die Mehrfachauswahl zu erlauben, und `false`, um diese zu unterbinden.

Selektierte Einträge setzen und abfragen

Das eine ist es, Daten an ein Kombinationsfeld zu binden und darin zu suchen. Das andere ist, zu ermitteln, was die Benutzerinnen und Benutzer tatsächlich ausgewählt haben.

- `Selected`. beinhaltet immer das zuletzt ausgewählte Element. Da wie bei einem Dropdown eine Tabelle an das Kombinationsfeld gebunden wird, beinhaltet `Selected` nicht nur den Anzeigetext aus der Auswahl, sondern den ganzen Datensatz, dessen Felder sich weiter per Punktnotation abfragen lassen: Den Anzeigenamen einer Person aus dem Active Directory erhalten Sie zum Beispiel über `Selected.DisplayName`.

- Haben Sie zum Beispiel den Office 365-Benutzer-Konnektor an das Kombinationsfeld gebunden und möchten alle selektierten Personen abrufen, geschieht das über die Eigenschaft `SelectedItems`. `SelectedItems` enthält eine Tabelle aller ausgewählten Datensätze und lässt sich per `ForAll` durchiterieren oder per `Concat` zu einer Zeichenkette weiterverarbeiten.

  Möchten Sie zum Beispiel die E-Mail-Adressen aller ausgewählten Personen getrennt durch ein Semikolon speichern, nutzen Sie folgende Funktion:

  ```
  Concat(cmbPersonen.SelectedItems;Mail&";")
  ```

  Möchten Sie allen selektierten Personen eine Mail senden, so wäre das die Funktion, die Ihnen helfen würde:

  ```
  ForAll(
      cmbPersonen.SelectedItems;
      Office365Outlook.SendEmailV2(
          ThisRecord.Mail;
          "Betrefftext";
          "Mailtext"
      )
  )
  ```

- Die Eigenschaft `DefaultSelectedItems` dient dazu, Datensätze vorzuselektieren. Angenommen, Sie haben eine Liste von Bundesländern an die `Items`-Eigenschaft Ihres Kombinationsfelds gebunden und wollen ein bestimmtes Bundesland vorselektieren, dann tragen Sie die Abfrage in `DefaultSelectedItems` ein (siehe Abbildung 5.115).

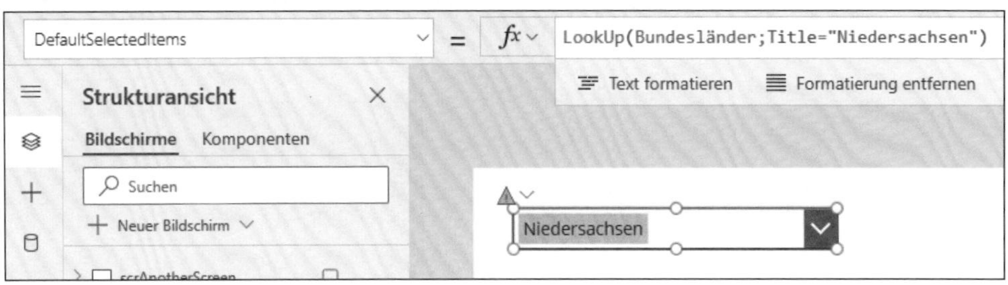

Abbildung 5.115 »DefaultSelectedItems« befüllen

Selbstverständlich können Sie auch mehrere Datensätze vorselektieren. So führt die Abfrage `Filter(Bundesländer;StartsWith(Title;"B"))` zum Ergebnis in Abbildung 5.116. Vergessen Sie aber nicht, die Mehrfachauswahl an Ihrem Kombinationsfeld einzustellen.

Abbildung 5.116 Vorselektion bei Mehrfachauswahl

Layouts

Ebenfalls in dem Dialog zum Felder-Bearbeiten findet sich die Layout-Auswahl. Hier können Sie das standardmäßige einzeilige Layout, die zweizeilige Variante oder sogar die Darstellung eines Bildes einstellen.

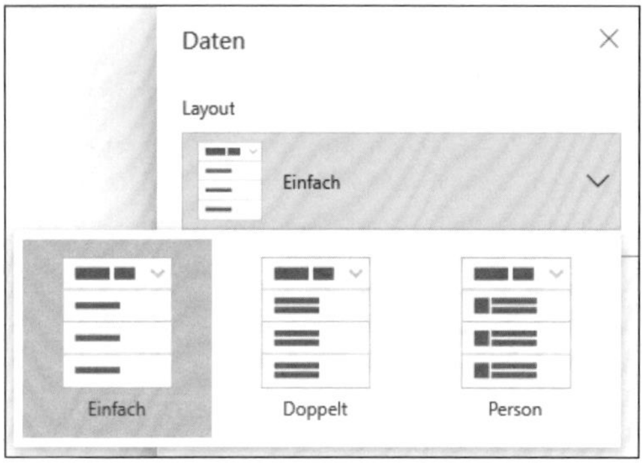

Abbildung 5.117 Verschiedene Layouts bei Kombinationsfeldern

[»]

Schauen Sie immer zweimal

So häufig denkt man: »Mensch, da sind dann doch die Grenzen von Low-Code-Lösungen wie der Power Platform erreicht.« Aber schauen Sie noch ein zweites Mal. Ich habe bisher keine Aufgabe gehabt, die man nicht doch irgendwie lösen konnte.

Abbildung 5.118 zeigt die Verwendung des Layouts »Person« unter Verwendung des Office365User-Konnektors. Anstatt der Abteilung zeige ich hier die E-Mail als zweites Kriterium an.

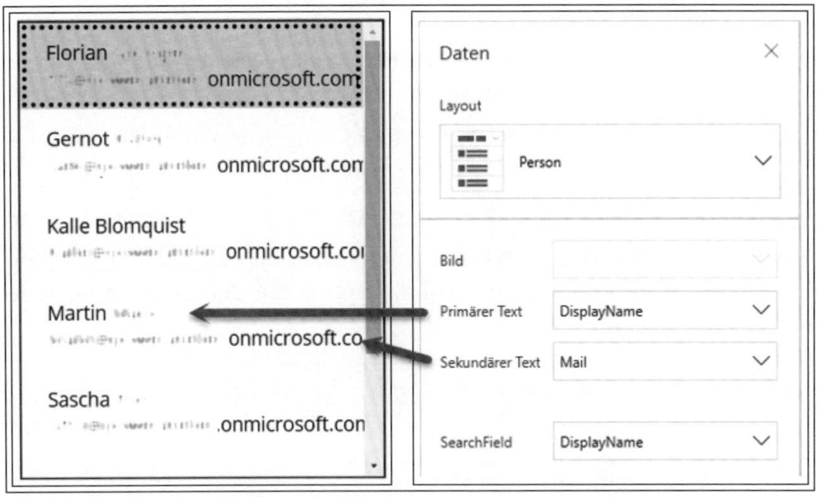

Abbildung 5.118 Anzeige mehrerer Daten in einem Kombinationsfeld

5.2.9 Radio

Das *Radio*-Steuerelement aus Abbildung 5.119 (auch *Radio-Button* oder *Optionsfeld*) erlaubt die Auswahl einer von mehreren möglichen Optionen. Die Optionen legen Sie in der `Items`-Eigenschaft fest. Dort binden Sie entweder direkt eine Werteliste im JSON-Format oder eine Datenquelle über einen Konnektor an das Radio-Element.

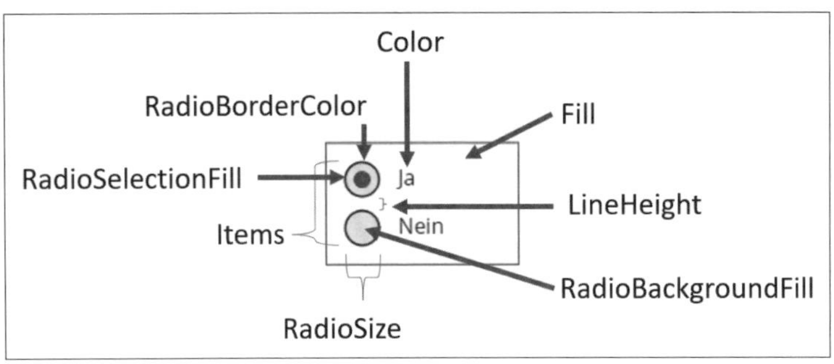

Abbildung 5.119 Aufbau eines Radio-Steuerelements

Ereignisse

Das `OnChange`-Ereignis findet immer dann statt, wenn sich eine Auswahl ändert. Nutzen Sie dieses Ereignis, um zum Beispiel Berechnungen basierend auf der Auswahl zu treffen. Das `OnSelect`-Ereignis verhält sich wie bei allen anderen Elementen.

Eigenschaften

- Die `RadioBorderColor` bestimmt die Rahmenfarbe des Radio-Kreises.
- Die Eigenschaft `RadioBackgroundFill` bestimmt den Kreishintergrund. In Abbildung 5.119 ist er gelb dargestellt.
- `RadioSelectionFill` legt die Farbe des Kreismittelpunkts fest, der dann in Erscheinung tritt, wenn die Auswahl getätigt wurde.
- Die `RadioSize` (*Optionsfeldgröße*) bestimmt die Größe der Kreiselemente, wohingegen die `LineHeight` den Abstand zwischen den Kreiselementen festlegt.
- Die Eigenschaft `Default` (siehe Abbildung 5.120) steuert, ob eine Vorselektion stattfinden soll und, wenn ja, welche Option gewählt sein soll. Bleibt die Eigenschaft leer oder wird ein Wert gewählt, der nicht als Option zur Verfügung steht, wird keine Option voreingestellt.

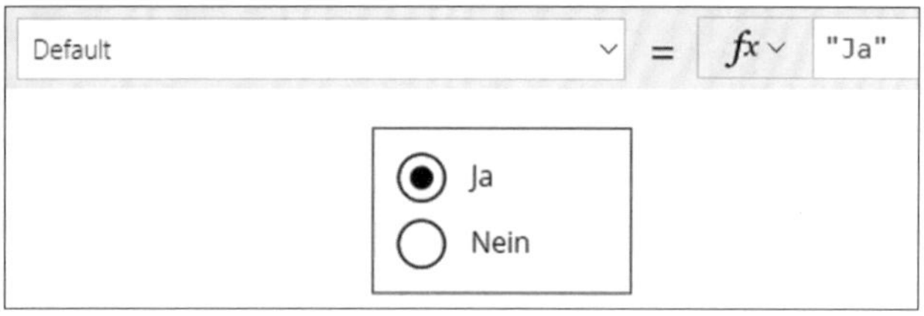

Abbildung 5.120 Die Default-Eigenschaft eines Radio-Elements

- Über die `Items`-Eigenschaft legen Sie die zur Verfügung stehenden Optionen des Radio-Steuerelements fest. Abbildung 5.121 zeigt die Bindung einer Werteliste im JSON-Format an ein Radio-Element. Dieses JSON-Array ist auch Grundlage für die Screenshots dieses Kapitels.

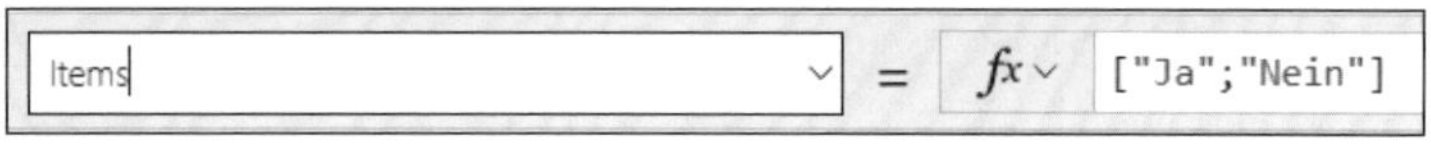

Abbildung 5.121 Ein JSON-Array als Datenquelle für ein Radio-Steuerelement

Wie beim Dropdown können Sie hier auch Daten binden, die Sie über einen Datenkonnektor wie zum Beispiel SharePoint oder Dataverse bekommen.

5.2.10 Kontrollkästchen (Checkbox)

Das *Kontrollkästchen* finden Sie unter dem Menüpunkt EINFÜGEN des oberen Menübands und dort in dem Bereich EINGABE. Typische Einsatzbereiche sind Bestätigungen, wie man es im Online-Geschäft von der Zustimmung zur Datenverarbeitung oder der Anerkennung der AGB des Geschäftspartners kennt.

Den Aufbau eines Kontrollkästchens visualisiert Abbildung 5.122.

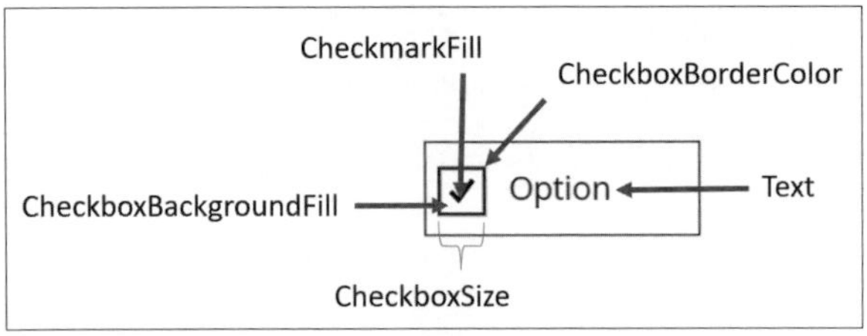

Abbildung 5.122 Aufbau eines Kontrollkästchens

Darüber hinaus erlauben Kontrollkästchen komfortable Mehrfachauswahlen, um zum Beispiel mehrere Datensätze auszuwählen, um sie später zu löschen (siehe Abbildung 5.123).

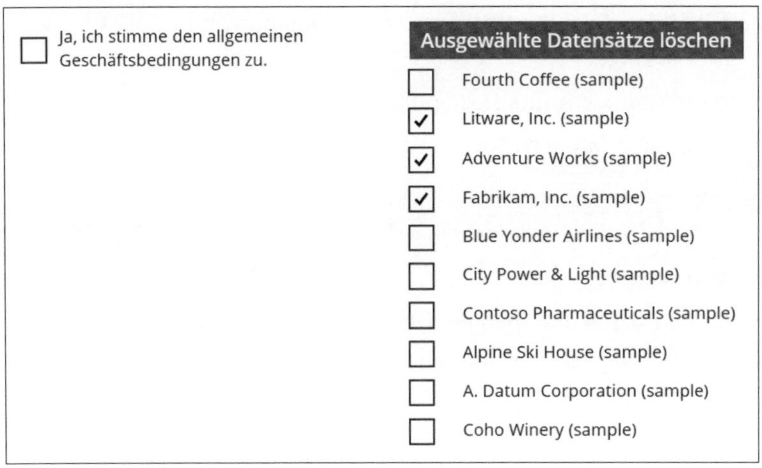

Abbildung 5.123 Beispiele für den Einsatz von Kontrollkästchen

Ereignisse

- Die Ereignisse `OnCheck` und `OnUncheck` treten in Kraft, sobald Sie den Haken in dem Kontrollkästchen setzen oder entfernen. Nutzen Sie dieses Ereignis, um den Datensatz, dem dieses Kästchen zugeordnet ist, in eine Liste der zu löschenden Datensätze aufzunehmen oder wieder daraus zu löschen.

  Abbildung 5.124 zeigt, wie ich Datensätze aus Abbildung 5.123 einer Collection für zu löschende Datensätze hinzufüge bzw. wieder aus ihr entferne.

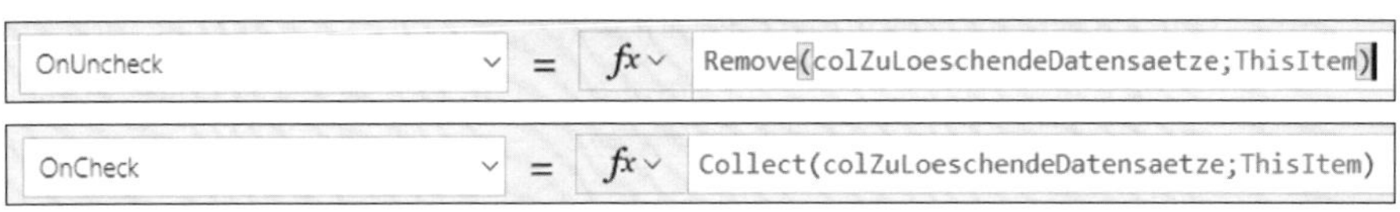

Abbildung 5.124 Die Ereignisse »OnCheck« und »OnUncheck«

- Das Ereignis `OnSelect` tritt in Kraft, sobald Sie das Kontrollkästchen anklicken bzw. auswählen.

Eigenschaften

- Die Eigenschaft `Text` bestimmt den Text, der rechts neben dem Kästchen angezeigt wird.
- Die Eigenschaft `Default` definiert, ob das Kästchen im Standard ein Häkchen hat (`Default=true`) oder nicht (`Default=false`).
- `Value` dient der Zustandsabfrage des Kontrollkästchens. Ist das Häkchen gesetzt, ist die Rückgabe `true`, sonst `false`.
- Die `CheckboxSize` bestimmt die Größe des Checkbox-Quadrats.
- Die Eigenschaft `CheckmarkFill` (*Kontrollkästchenfüllung*) bestimmt die Farbe des Häkchens in der Checkbox.
- Die `CheckboxBorderColor` bestimmt die Randfarbe des Kästchens.
- Die Füllung des Kästchens steuern Sie über die Eigenschaft `CheckboxBackground-Fill`.

5.2.11 Umschalten (Toggle)

Der *Toggle*, der in einer aktuell ungünstigen Übersetzung *Umschalten* genannt wird, ist ein schlichter Schalter, den Sie vermutlich von vielen Smartphones und Tablets kennen (siehe Abbildung 5.125).

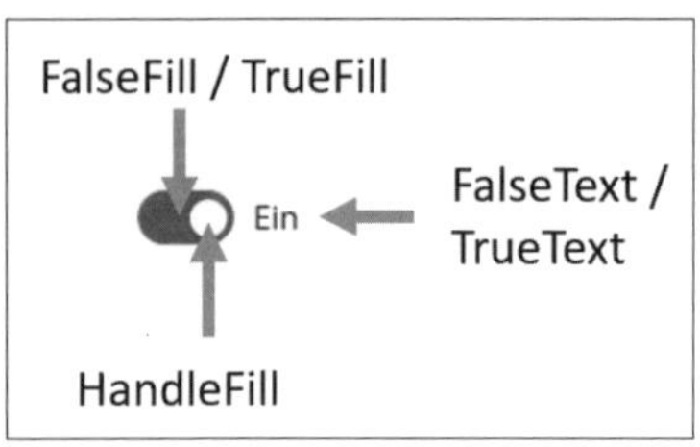

Abbildung 5.125 Aufbau des Toggles

Neben seinen wenigen gestalterischen Variationsmöglichkeiten kennt dieses Element genau zwei Zustände: Ein und Aus.

Sie können die Farben des Ziehpunkts (Handle) sowie die des darunter liegenden ovalen Elements gestalten, den Text für Ein und Aus anpassen sowie die Position, also rechts oder links des Elements, bestimmen bzw. ob der Text überhaupt angezeigt werden soll.

Die Funktion ähnelt sehr stark der eines Kontrollkästchens, das auch nur genau zwei Zustände annehmen kann: An oder Aus (siehe Abbildung 5.126).

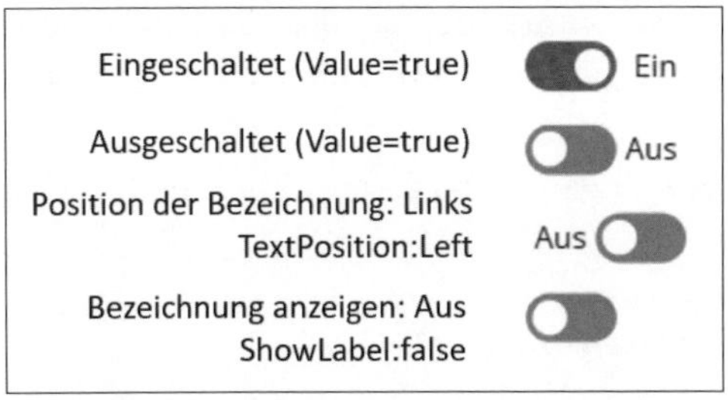

Abbildung 5.126 Verhalten des Toggles

Ereignisse

- `OnSelect` wird ausgelöst, sobald der Toggle betätigt wird. Hier gibt es keinen Unterschied zu anderen Elementen.
- `OnChange` gibt Ihnen die Möglichkeit, darauf zu reagieren, wenn sich der Zustand ändert, unabhängig davon, in welchen.
- Wie bei `OnCheck` können Sie hier ebenfalls auf einen Zustandswechsel reagieren, jedoch nur, wenn der Toggle angeschaltet wird.
- Dieses Ereignis funktioniert wie `OnCheck`, jedoch bezogen darauf, dass das Element auf Aus geschaltet wird.

Eigenschaften

- `FalseText` und `TrueText` sind in deutschen Umgebungen auf *Ein* und *Aus* konfiguriert. Wählen Sie hier die Bezeichnungen, die am besten zu Ihrem Anwendungsfall passen.
- `LabelPaddingLeft` und `LabelPaddingRight` bestimmen den Abstand des Textlabels vom linken bzw. rechten Rand des Steuerelements.
- `TrueFill` und `TrueHoverFill` bestimmen die Füllfarben für die Schiene des Elements für den Fall, dass sich das Element im Status »An« befindet.
- `FalseFill` und `FalseHoverFill` bestimmen die Füllfarben für die Schiene des Elements für den Fall, dass sich das Element im Status »Aus« befindet.
- `HandleFill` bestimmt die Farbe des Ziehpunkts, mit dem Sie den Status des Elements zwischen An und Aus wechseln.
- `ShowLabel` bestimmt über den Wert `true` oder `false`, ob der Labeltext angezeigt wird oder nicht.
- Mit der Eigenschaft `TextPosition` steuern Sie, ob der Labeltext links oder rechts des Elements angezeigt wird.

5.2.12 Schieberegler (Slider)

Der Schieberegler aus Abbildung 5.127 ähnelt in seinem Aufbau dem Toggle aus dem vorangegangenen Abschnitt. Der wesentliche Unterschied ist, dass dieses Element nicht einen von zwei Zuständen annehmen kann, sondern einen Wert innerhalb eines Bereichs, der durch die Eigenschaften `Min` und `Max` bestimmt wird. Der Schieberegler ist eine hervorragende Alternative zur Eingabe von Zahlen, ohne eine Tastatur zur Verfügung zu haben.

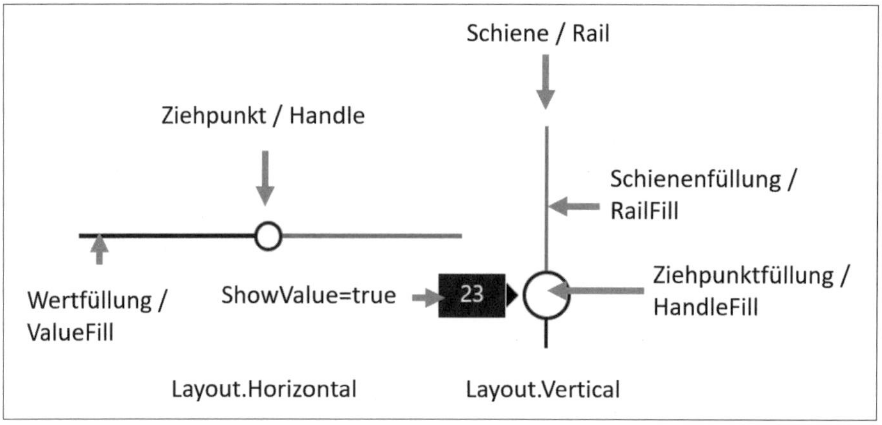

Abbildung 5.127 Der Schieberegler

[»] **Ein Schieberegler im Bereich [0,1] wird zu einem Toggle**

Prinzipiell können Sie mit dem Schieberegler sogar einen Toggle dadurch simulieren, dass Sie einen Min/Max-Bereich von 0 und 1 einstellen.

Ereignisse

Da die wesentlichen Ereignisse aus oben genannten Elementen bekannt sind, belasse ich es bei der Kurzform: `OnChange` reagiert darauf, dass der Regler bewegt wird, und `OnSelect` darauf, dass Sie ihn mit der Maus oder dem Finger selektieren.

Eigenschaften

- `Min` und `Max` geben den Wertebereich an, den Sie mit dem Schieberegler einstellen können. Den eingestellten Bereich können Sie über die Eigenschaft `Value` auslesen.
- Um den aktuellen Wert während des Ziehens sehen zu können, setzen Sie `ShowValue` auf `true`. So wird neben dem Ziehpunkt eine kleine Fahne mit dem aktuellen Wert angezeigt.
- Der Schieberegler besteht grob aus drei Elementen:

- der Schiene (Rail)
- dem Ziehpunkt (Handle)
- dem Wertebereich (Value)

Entsprechend gibt es mit `RailFill`, `HandleFill` und `ValueFill` die drei passenden Eigenschaften, um die Füllfarben für die drei Bestandteile zu bestimmen.

- Analog zu den einfachen Fill-Eigenschaften steht für jedes Bauteil dieses Elements auch eine `HoverFill`-Eigenschaft zur Verfügung: `RailHoverFill`, `ValueHoverFill`, `HandleHoverFill`.
- Über die `HandleSize` bestimmen Sie die Größe des Ziehpunkts. `HandleActiveFill` hingegen bestimmt die Füllfarbe im Moment des Ziehens.

5.2.13 Bewertung (Rating)

Bewertungen sind eigentlich sehr triviale und doch sehenswerte Elemente (siehe Abbildung 5.128). Sie stammen wie die vorangegangenen Elemente aus dem Steuerelementbereich EINGABE, den Sie über den Punkt EINFÜGEN der dynamischen Befehlsleiste oder das App-Erstellungs-Menü erreichen.

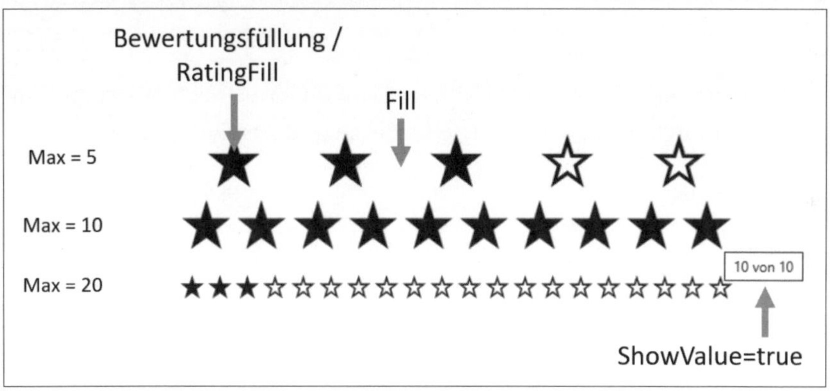

Abbildung 5.128 Aufbau der Bewertung und Rating

Sie kennen diese Art von Element sicherlich aus verschiedenen Bestellplattformen, auf denen Sie gekaufte Dinge bewerten müssen. Üblicherweise können Sie dort einen von fünf Sternen vergeben. Diesem Muster folgt auch das Bewertungselement, wobei Sie hier deutlich mehr Sterne einstellen können.

Ereignisse

Wie der Schieberegler verfügt dieses Element über die Ereignis-Eigenschaften `OnSelect` und `OnChange`, die auf die Selektion (Klicken oder Tippen) sowie auf Werteänderungen reagieren.

Eigenschaften

Mit `Max` geben Sie den maximal einzustellenden Wert an, der auch in derselben Anzahl an Sternen visualisiert wird. Üblich ist ein Wert von fünf. Auch zehn habe ich schon gesehen. 200 würde funktionieren, jedoch fällt mir dazu kein vernünftiger Anwendungsfall ein.

Wollen Sie den eingestellten Wert anzeigen lassen, setzen Sie `ShowValue` auf `true` – wollen Sie ihn verbergen, eben auf `false`.

Mit `RatingFill` bestimmen Sie die Füllfarbe der Sterne und mit `Fill` die Füllfarbe des gesamten Elements.

5.2.14 Bild (Image)

Das Bild- oder Image-Steuerelement erlaubt Ihnen die Anzeige von Bildern aus der Medienbibliothek. Das `OnSelect`-Ereignis erlaubt es Ihnen, Bilder wie eine Schaltfläche zu nutzen.

Sie finden das Bildelement, wenn Sie in dem oberen Menüband den Befehl EINFÜGEN auswählen und dann zum Bereich MEDIEN navigieren.

Ereignisse

Das `OnSelect`-Ereignis erlaubt Ihnen die Nutzung von Bildern als Schaltflächen. Führen Sie hier Berechnungen aus, oder navigieren Sie zu weiteren Bildschirmen.

Eigenschaften

- In Abschnitt 4.1.3 über das App-Erstellungs-Menü haben Sie gelernt, wie Sie Medien in Power Apps verfügbar machen können. Das Hochladen von Bildern können Sie auch direkt über BILD im Eigenschaftenbereich vornehmen (siehe Abbildung 5.129).

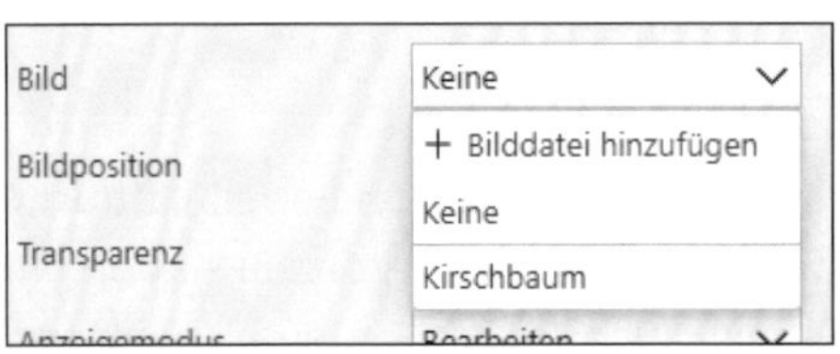

Abbildung 5.129 Bild auswählen oder hochladen

Vorhandene Bilder aus dem Medienkatalog werden Ihnen ebenfalls zur Auswahl angeboten. Die Bildnamen entsprechen dabei immer dem Dateinamen ohne die Dateiendung.

Möchten Sie diese Eigenschaft programmatisch setzen, so wählen Sie die Eigenschaft `Image` aus der Funktionenliste und schreiben dort einfach den Bildnamen hinein. Die Auto-Vervollständigung unterstützt Sie dabei.

- Die Eigenschaft BILDPOSITION bzw. `ImagePosition` steuert die Position des Bildes innerhalb des Bild-Steuerelements, was durch Abbildung 5.130 verdeutlicht wird. Die Festlegung erfolgt entweder über die Funktionenauswahl oder aber die erweiterten Eigenschaften, indem einer der Werte `Fit` (Anpassen), `Center` (Zentriert), `Fill` (Ausfüllen), `Stretch` (Stretching) oder `Tile` (Kachel) der Aufzählung `ImagePosition` gesetzt wird.

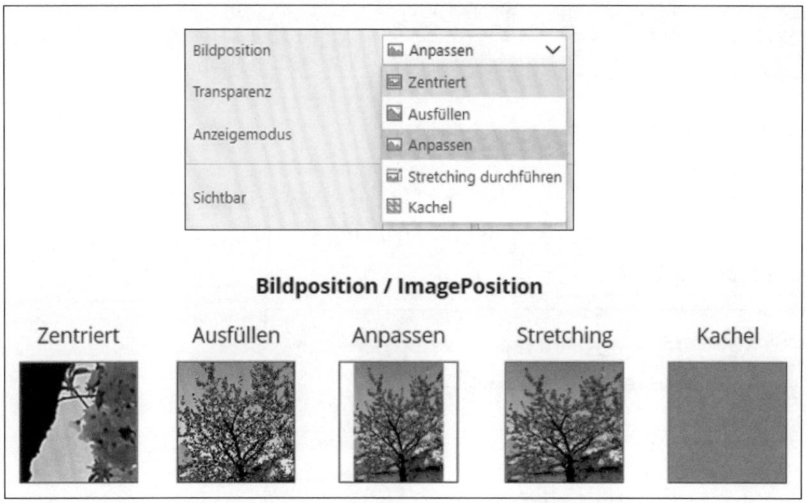

Abbildung 5.130 Positionierung eines Bildes innerhalb des Bild-Steuerelements

- Mit `Transparency` setzen Sie die Transparenz eines Bildes (siehe Abbildung 5.131). Wählen Sie hier einen Wert zwischen 0 und 1, wobei 0 keine Transparenz besitzt und 1 das Bild durchsichtig werden lässt.

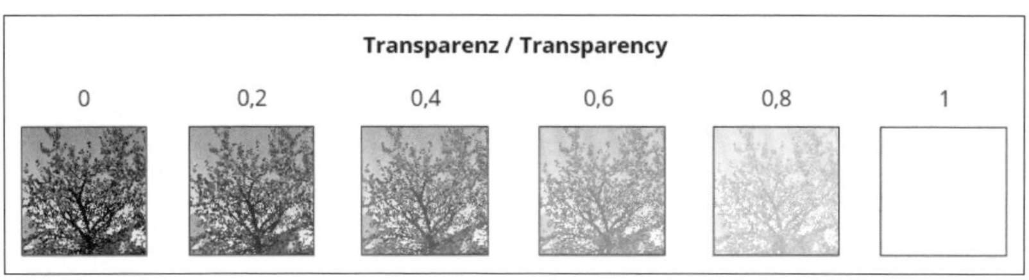

Abbildung 5.131 Transparenz eines Bildes

- Setzen Sie `CalculateOriginalDimensions` auf `true`, um die Originalgröße des Bildes zu berechnen. Das Ergebnis kann über die Eigenschaften `OriginalWidth` und `OriginalHeight` des Bildelements abgerufen werden. Hat `CalculateOriginalDimensions` den Wert `false`, so sind `OriginalWidth` und `OriginalHeight=0`.

- Genau wie die *Symbole* (siehe Abschnitt 5.2.15) verfügen auch Bilder über die Fähigkeit zu rotieren. Die Einstellung können Sie entweder in den erweiterten Eigenschaften des Eigenschaftenbereichs oder in der Funktionsliste vornehmen, indem Sie einen der Werte `None`, `Rotate90`, `Rotate180` oder `Rotate270` der Aufzählung `ImageRotation` auswählen.

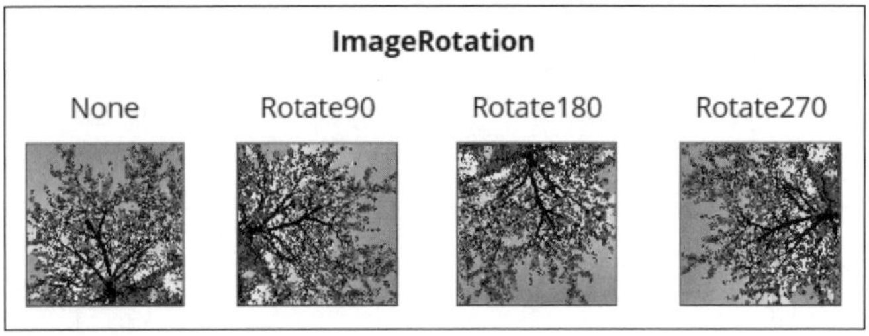

Abbildung 5.132 Bildrotation

- Die Flip-Funktionen `FlipHorizontal` und `FlipVertical` erlauben Ihnen das Spiegeln eines Bildes an der horizontalen bzw. vertikalen Spiegelachse. Verdeutlicht wird das in Abbildung 5.133.

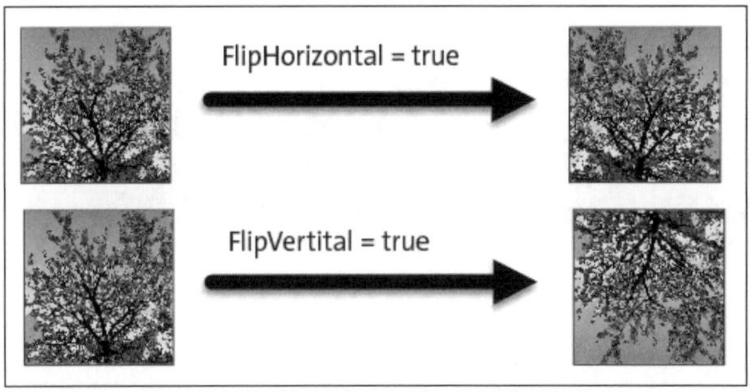

Abbildung 5.133 Kippen des Bildes per »FlipHorizontal« und »FlipVertical«

5.2.15 Symbole (Icons)

Symbole eignen sich hervorragend für moderne Designs. Sie sind selbsterklärend und einfach zu verwenden. Genau wie Schaltflächen oder Beschriftungen verfügen sie über die Möglichkeit, Code auszuführen, sobald sie selektiert werden.

Symbole bilden einen eigenen Bereich im EINFÜGEN-Menü, wie Abbildung 5.134 zeigt. Im Gegensatz zu Schaltflächen verfügen sie allerdings nicht über die Eigenschaft `Pressed`.

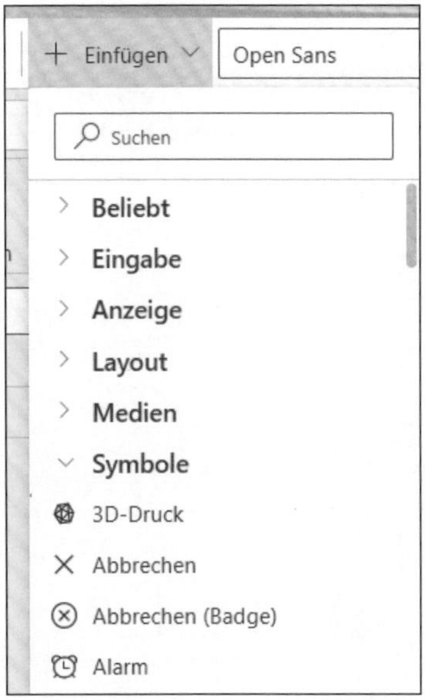

Abbildung 5.134 Symbole einfügen

Ereignisse

Das `OnSelect`-Ereignis verhält sich exakt wie das von den Schaltflächen. Spezifizieren Sie in diesem Ereignis den Code, der ausgeführt werden soll, sobald man das Symbol selektiert.

Eigenschaften

- Die Eigenschaft `Icon` legt fest, welches Symbol angezeigt werden soll. Das ermöglicht Ihnen, das Symbol in Abhängigkeit eines Status zu ändern.

  Stellen Sie sich vor, dass Sie an einem Datensatz einen kleinen Bleistift haben, den Sie betätigen, um den Datensatz zu bearbeiten. Nun ändert sich der Status des Datensatzes in *Edit*, und aus dem Bleistift wird eine Diskette, um den Datensatz aktualisieren zu können. Das erreichen Sie mit dem Beispiel aus Abbildung 5.135.

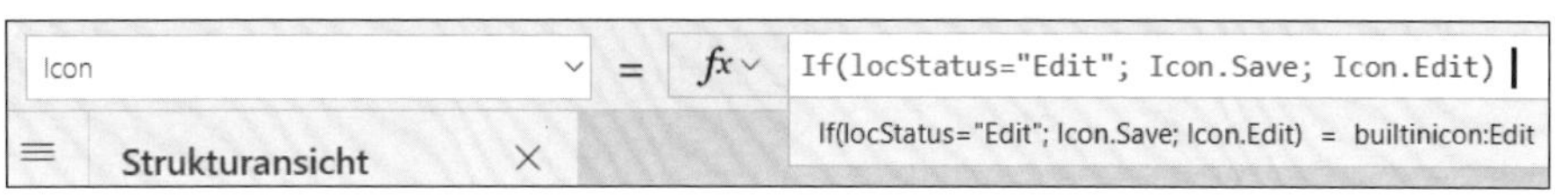

Abbildung 5.135 Wechseln eines Symbols in Abhängigkeit von einem Status

Symbole lassen sich auch bequem über den Eigenschaftenbereich einstellen, wie Abbildung 5.136 zeigt.

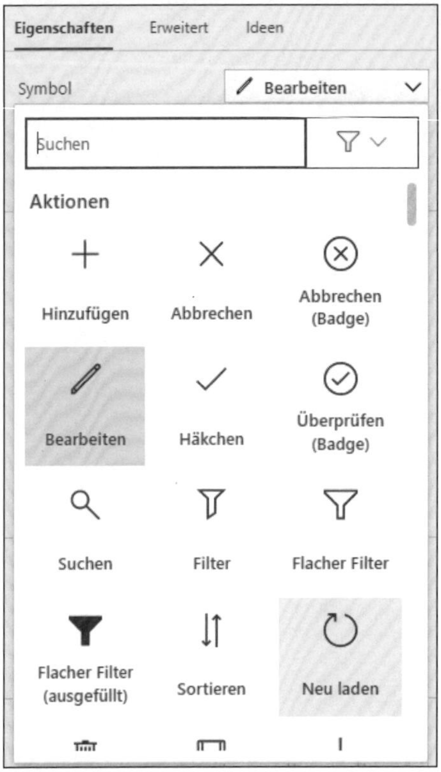

Abbildung 5.136 Festlegen eines Symbols

- Symbole sind die einzigen Elemente, die sich drehen lassen. Entweder legen Sie den Grad der Drehung in der Eigenschaft `Rotation` über die Eigenschaftsliste fest, oder Sie nutzen den Eigenschaftenbereich wie in Abbildung 5.137.

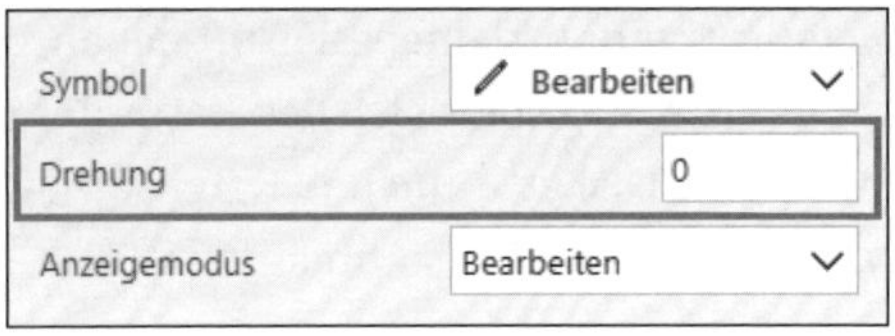

Abbildung 5.137 Einstellen des Grades der Drehung

Wie sich eine Drehung bei Symbolen auswirkt, sehen Sie in Abbildung 5.138.

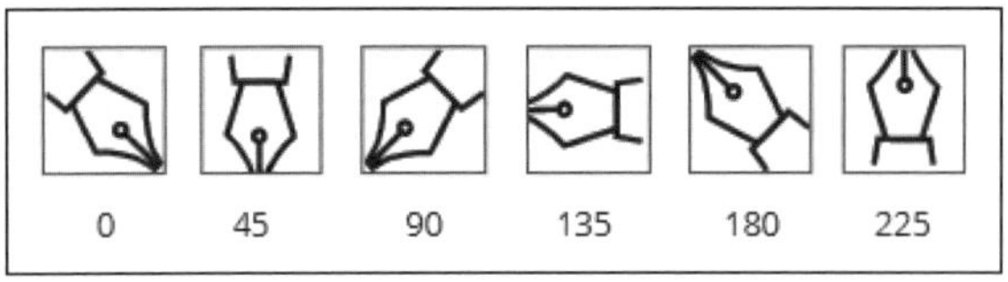

Abbildung 5.138 Drehung eines Symbols

5.2.16 Kataloge (Galleries)

Kataloge, oder im englischen Sprachgebrauch *Galleries*, dienen dazu, Listen von Datensätzen anzuzeigen. Man unterscheidet zwischen vertikalen und horizontalen Katalogen, also der Ausrichtung der Datensätze.

Sie finden die Kataloge, indem Sie den Befehl EINFÜGEN in der dynamischen Befehlsleiste und dort den Bereich LAYOUT auswählen (siehe Abbildung 5.139).

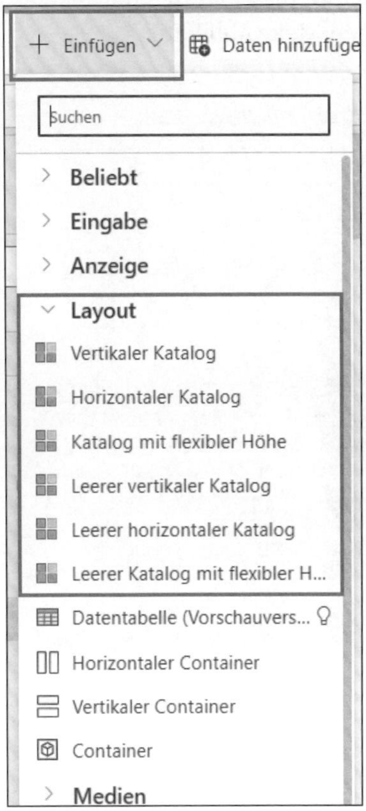

Abbildung 5.139 Kataloge auswählen

Kataloge bestehen aus *Elementen* (Items), die alle auf einer Vorlage beruhen, einem Template, das Sie sehr einfach erstellen können. Ein Element bzw. Item ist stellvertretend für einen Datensatz.

Binden Sie eine beliebige Datenquelle wie zum Beispiel eine SharePoint-Liste, eine Dataverse-Tabelle oder eine Collection, die Sie in der App erzeugen, an die `Items`-Eigenschaft eines Katalogs, so wird die Datenquelle ausgelesen und jeder Datensatz entsprechend Ihrer Vorlage angezeigt.

Selbstverständlich können Sie auch Filter und Sortierungen auf die Datenquellen anwenden.

Datenbindung

Kataloge sind nur dann sinnvoll, wenn es Daten gibt, die Sie dort anzeigen lassen können. Diese Daten können Sie entweder lokal in der App durch Collections aufbauen oder aber über Konnektoren anfragen.

Sobald Sie sich für einen Katalogtyp entschieden haben, wird er wie alle anderen Steuerelemente auf Ihrem Zeichenbereich eingefügt. Freundlicherweise bietet Ihnen die Entwicklungsumgebung gleich eine Auswahl der verfügbaren Datenquellen an, die Sie mit einem Klick an den Katalog binden können (siehe Abbildung 5.140).

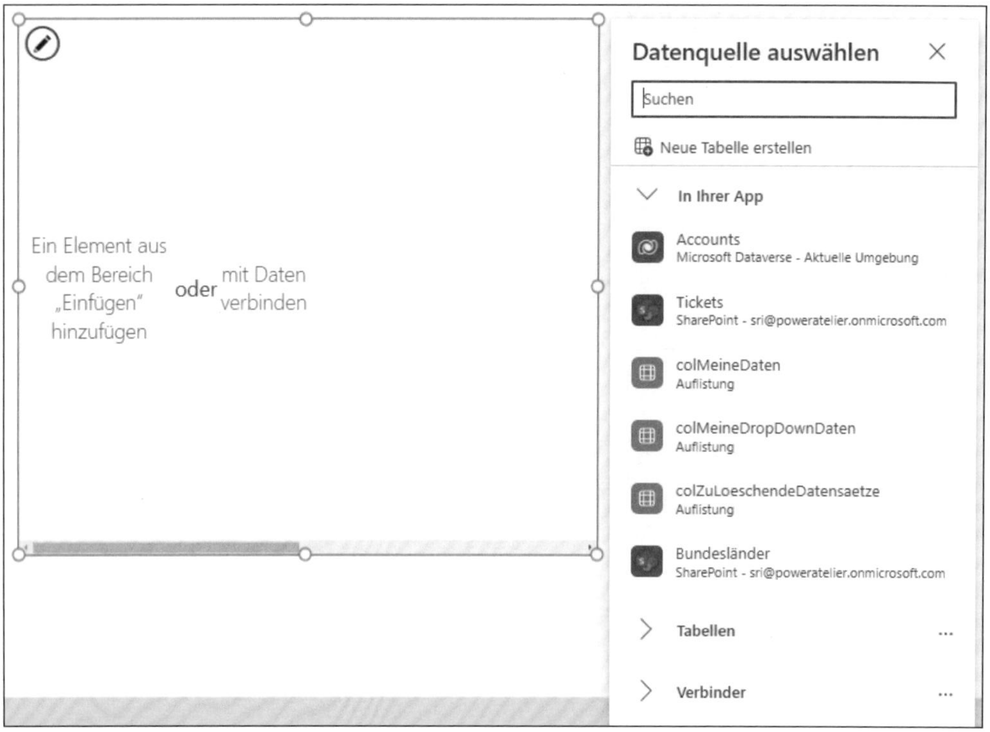

Abbildung 5.140 Datenbindung an einen Katalog

Sobald Sie das getan haben, wird die Eigenschaft `Items` mit der ausgewählten Datenquelle besetzt, womit die Datenbindung abgeschlossen ist.

Horizontale und vertikale Kataloge

Horizontale und vertikale Kataloge unterscheiden sich im Wesentlichen durch ihre Ausrichtung. Während vertikale Kataloge in der Regel dafür genutzt werden, große Datenbestände in einer tabellarischen Anmutung darzustellen, sind horizontale Kataloge gut für kleinere Datenbestände. Sofern Sie einen Touchscreen besitzen, können Sie die bekannte Wischtechnik nutzen, oder aber Sie bedienen den herkömmlichen Scrollbalken, der im Standard unterhalb des Katalogs angezeigt wird.

Darüber hinaus gibt es keine nennenswerten Unterschiede, außer der Anzahl an verfügbaren vordefinierten Layouts, die Sie im Eigenschaftenbereich auswählen können. (Darauf komme ich nochmal zu sprechen, wenn wir uns die Layouts detaillierter anschauen.)

Kataloge mit flexibler Höhe

Während horizontale und vertikale Kataloge Datensätze immer in der gleichen Größe anzeigen, erlauben Kataloge mit flexibler Höhe die Darstellung von Datensätzen in unterschiedlichen Größen. Setzen Sie Kataloge mit flexibler Höhe zum Beispiel dann ein, wenn Sie nach einer Benutzeraktion etwas mehr Platz benötigen.

Vorlage (Template)

Wie eingangs beschrieben, richtet sich die Darstellung der Datensätze nach einer Vorlage, die Sie frei gestalten können. Selektieren Sie dazu den Katalog auf Ihrem Zeichenbereich. In der linken oberen Ecke des Katalogs wird nun ein kleiner Bleistift sichtbar (siehe Abbildung 5.141).

Abbildung 5.141 In die Vorlagengestaltung wechseln

Sobald Sie auf den Bleistift klicken, wird die Katalogvorlage innerhalb des Katalogs markiert (siehe Abbildung 5.142).

Abbildung 5.142 Die Vorlage ist bereit zur Gestaltung.

Die Vorlage dient als Container, in dem Sie nun frei sämtliche Steuerelemente platzieren können.

Wenn Sie auf den Befehl EIN ELEMENT AUS DEM BEREICH »EINFÜGEN« HINZUFÜGEN klicken, öffnet sich die Auswahl der Steuerelemente im App-Erstellungs-Menü, aus der Sie entweder per Doppelklick oder Drag & Drop die Elemente auf Ihre Vorlage ziehen können.

Sobald Sie ein Beschriftungselement in die Vorlage einfügen, übernimmt der Katalog automatisch die Datenbindung eines Felds der Datenquelle an die Text-Eigenschaft der Beschriftung, dessen Inhalt auch gleich angezeigt wird. Das erste Beschriftungselement wird in der Regel mit der Titel-Spalte der Datenquelle belegt (siehe Abbildung 5.143).

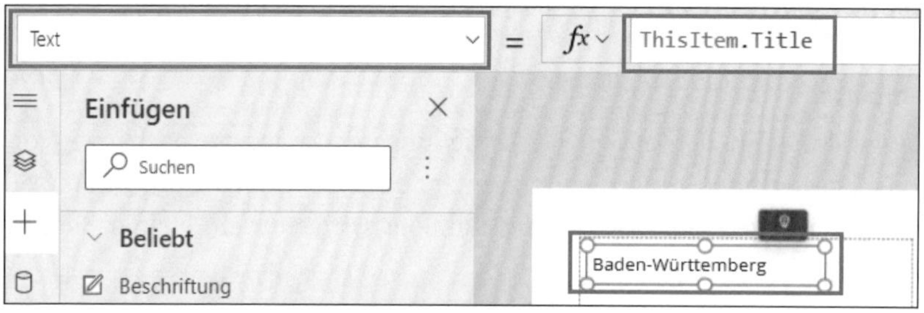

Abbildung 5.143 Datenbindung einer Spalte an eine Beschriftung

Beachten Sie hier vor allem das Objekt `ThisItem`, das stellvertretend für den anzuzeigenden Datensatz ist. Nun können Sie fortfahren und Ihre Vorlage beliebig gestalten. Während Sie das tun, werden Sie sehen, dass sich alle Anpassungen unmittelbar auf alle Datensätze des Katalogs auswirken (siehe Abbildung 5.144).

Bundesland	**Bundesland**	**Bundesland**	**Bundesland**
Baden-Württemberg	Bayern	Berlin	Brandenburg
Einwohnerzahl	**Einwohnerzahl**	**Einwohnerzahl**	**Einwohnerzahl**
11100000	13100000	3700000	2500000

Abbildung 5.144 Die Vorlage wirkt sich auf den gesamten Katalog aus.

Layouts

Bei der Auswahl eines Katalogs ist Ihnen sicherlich aufgefallen, dass es Kataloge und leere Kataloge gibt. Der Unterschied ist ganz einfach dadurch erklärbar, dass Sie bei leeren Katalogen keinerlei Vorgaben hinsichtlich des Layouts haben. Bei nichtleeren Katalogen bekommen Sie schon ein Basis-Layout vorgegeben, das Sie selbstverständlich anpassen können (siehe Abbildung 5.145).

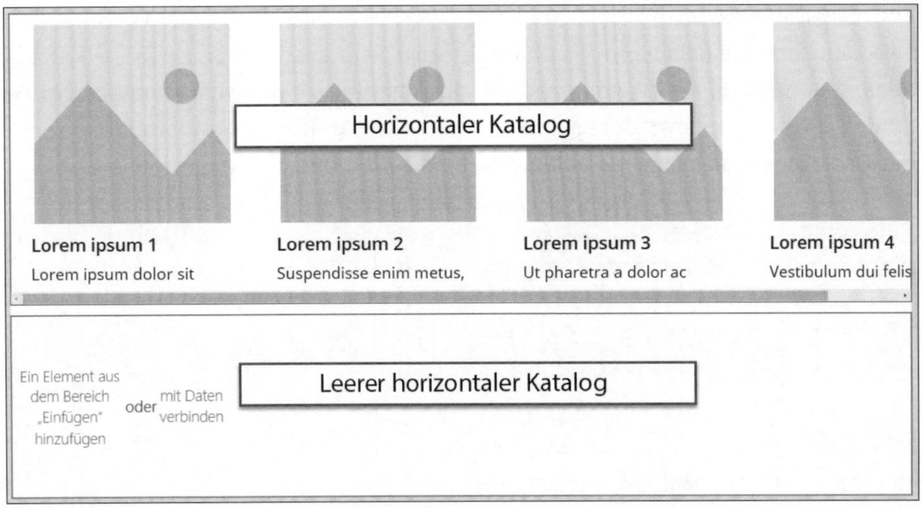

Abbildung 5.145 Leerer horizontaler Katalog vs. horizontaler Katalog

Darüber hinaus können Sie das Layout im Eigenschaftenbereich des Katalogs anpassen. Da mit einer Layout-Änderung Ihrer Vorlage Steuerelemente hinzugefügt oder auch gelöscht werden, empfehle ich Ihnen, die Entscheidung für ein Layout frühzeitig zu treffen!

Horizontale Kataloge

Horizontale Kataloge verfügen über drei verschiedene Layouts, wobei Sie zwischen einem leeren Layout und zwei Layouts mit einem Bildelement und zwei Beschriftungen auswählen können (siehe Abbildung 5.146).

Die Auswahl des leeren Layouts löscht alle Elemente aus Ihrer Vorlage.

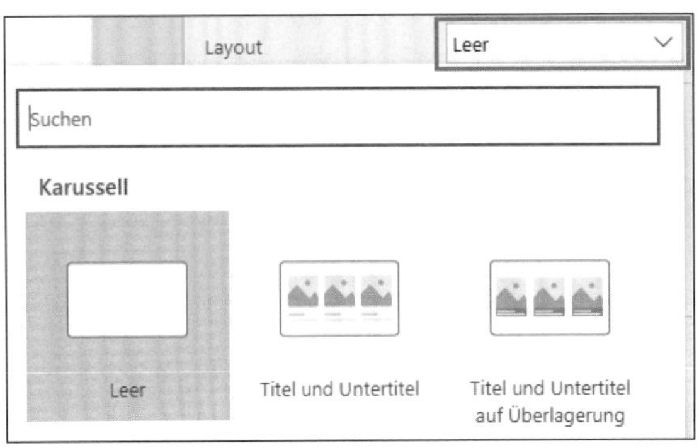

Abbildung 5.146 Layouts für horizontale Kataloge

Vertikale Kataloge

Vertikale Kataloge haben ein reichhaltiges Sortiment an Layouts, die in die Kategorien Liste und Katalog eingeteilt sind. Für die Auswahl der verschiedenen Kategorien wählen Sie das Dropdown der Eigenschaft LAYOUT, damit sich der Auswahldialog öffnet. Dort finden Sie rechts neben der SUCHE die Auswahl der Kategorien.

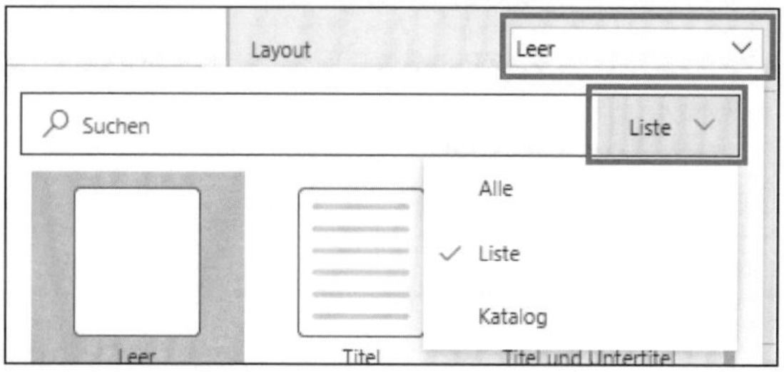

Abbildung 5.147 Auswahl von Layout-Typen

Layouts vom Typ Liste sind gut geeignet für die allgemeine Darstellung von Daten (siehe Abbildung 5.148). Die Versionen mit einem kleinen Bildelement dienen hervorragend als Personenlisten oder einfache Produktkataloge.

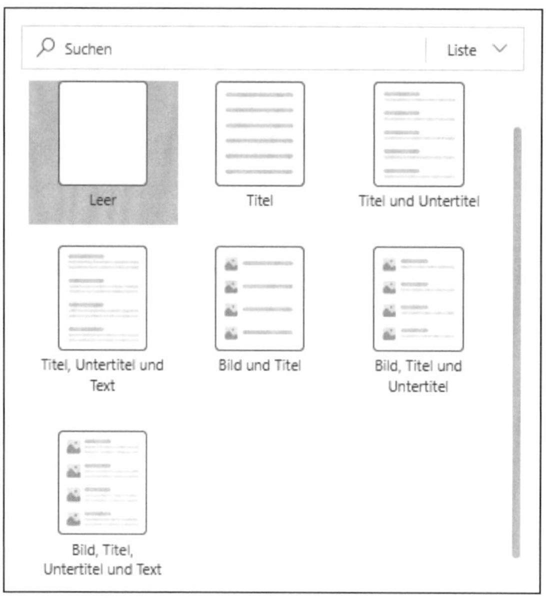

Abbildung 5.148 Layouts vom Typ Liste

Abbildung 5.149 zeigt die Auswahl von Layouts vom Typ Katalog, die sehr auf Bilder fokussiert sind.

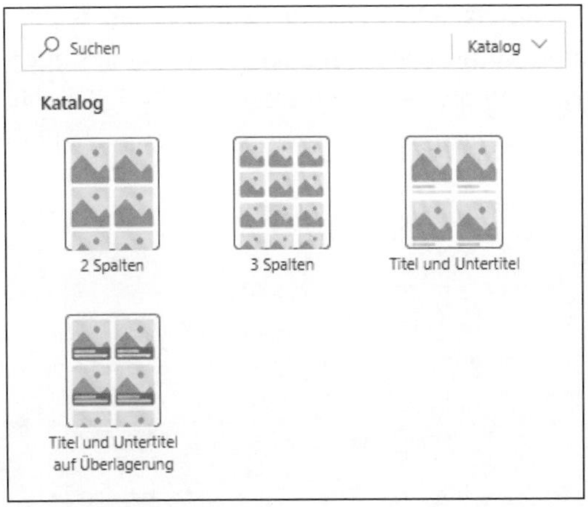

Abbildung 5.149 Layouts vom Typ Katalog

Ereignisse

Das `OnSelect`-Ereignis wird ausgelöst, sobald ein Element/Item in einem Katalog selektiert wird. Selektierte Elemente können in der Vorlage mit `ThisItem.IsSelected` abgefragt werden. Möchten Sie von einem anderen Steuerelement aus auf den selektierten Eintrag des Katalogs zugreifen, geschieht das mit `Gallery.Selected`, wobei `Gallery` durch den Namen Ihres Katalogs zu ersetzen ist.

Eigenschaften

- Möchten Sie den Datenbestand eines Katalogs verarbeiten, erhalten Sie alle Datensätze mit dem Ausdruck `AllItems` zurück.

  Nun können Sie mit dem Befehl `ForAll(Katalog.AllItems(),…)` über jedes Element Ihres Katalogs iterieren, um die Daten etwa in eine Datenbank zu schreiben.

- Die Default-Eigenschaft bestimmt das Element, das im Katalog in den Fokus genommen werden soll und an erster Stelle angezeigt wird. In horizontalen Katalogen ist das ganz links und in vertikalen Katalogen oben. Im Beispiel aus Abbildung 5.150 setze ich das fünftletzte Element der Datenquelle als Default. Der Katalog navigiert entsprechend zum Bundesland Saarland.

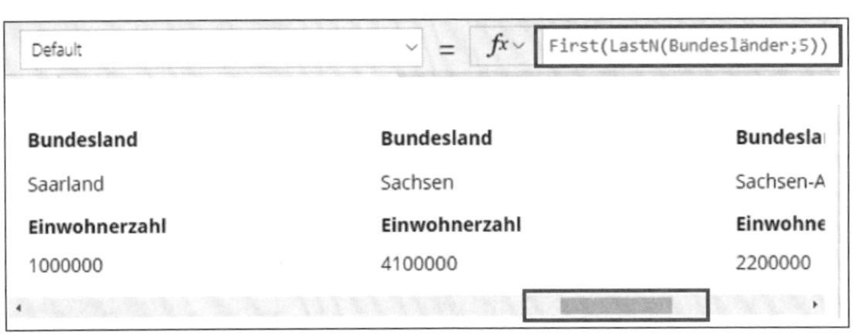

Abbildung 5.150 Die Default-Eigenschaft eines Katalogs

- Die `Felder`-Eigenschaft ist nur im Eigenschaftenbereich des Katalogs einstellbar. Sobald Sie die Eigenschaft selektieren, öffnet sich ein Dialog mit allen Steuerelementen, die sich in Ihrer Vorlage befinden. Hier haben Sie nun die Möglichkeit, die Feldbindung vom Steuerelement zur Datenquelle anzupassen (siehe Abbildung 5.151).

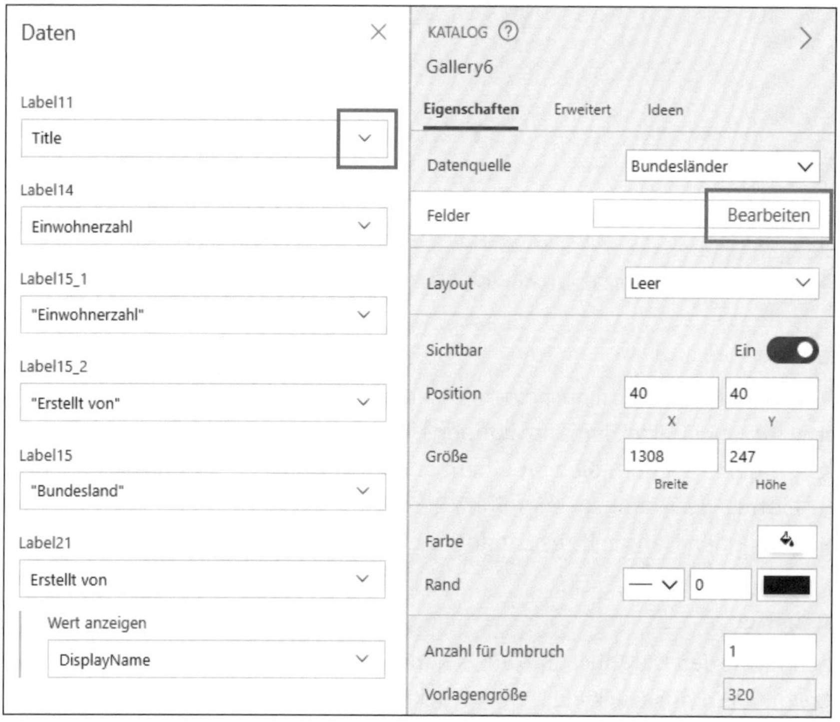

Abbildung 5.151 Ändern der Datenbindung von Feldern Ihrer Vorlage zu Feldern Ihrer Datenquelle

- In der `Items`-Eigenschaft legen Sie fest, welcher Datenbestand im Katalog angezeigt werden soll. Hier können Sie eine Datenverbindung direkt eintragen oder den Datenbestand durch den Einsatz von Filtern noch weiter einschränken.
- Die `Layout`-Eigenschaft gibt Auskunft über die Ausrichtung des Katalogs. Im Falle von horizontalen Katalogen ist das Ergebnis `Layout.Horizontal`, im Falle von vertikalen Katalogen `Layout.Vertical`.
- Wenn Sie `DelayItemLoading` auf `true` setzen, sorgen Sie dafür, dass der Katalog Datensätze immer erst dann nachlädt, wenn Sie mit der Scrollleiste oder den Navigationselementen in die Nähe der letzten geladenen Datensätze gelangen.

  Werden Daten nachgeladen, wird Ihnen das mit einer Reihe von kleinen wandernden Punkten, in der Community auch als Ameisen bezeichnet, am oberen Bildschirmrand angezeigt.

- Der `NavigationStep` bestimmt, wie viele Elemente der Katalog überspringt, wenn Sie die Navigationselemente nutzen.
- Die Eigenschaft `Selectable` bestimmt, ob Elemente des Katalogs wählbar sind. Setzen Sie den Wert dieser Eigenschaft auf `false`, sofern die Elemente nicht wählbar sein sollen, ansonsten wählen Sie `true`.
- Die Eigenschaft `Selected` ist nicht beschreibbar. Über sie ermitteln Sie den Datensatz, der in einem Katalog ausgewählt wurde.
- Mit `ShowNavigation` und `ShowScrollbar` schalten Sie die in Abbildung 5.152 umrandeten Katalog-Elemente ein (`true`) bzw. aus (`false`). Scrollleisten lassen Sie durch den Datenbestand gleiten, während die Navigationselemente die Datensätze immer um den Wert, der in `NavigationStep` definiert wurde, weiterblättern.

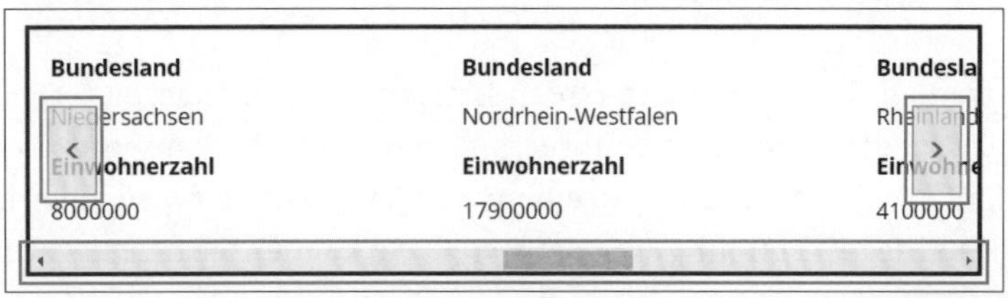

Abbildung 5.152 Navigationselemente und Scrollleiste eines Katalogs

- `TemplatePadding` und `TemplateSize` bestimmen die Größe der Vorlage sowie den Abstand zwischen den einzelnen Datensätzen. Im Eigenschaftenbereich finden Sie diese beiden Eigenschaften unter den Begriffen VORLAGENAUFFÜLLUNG und VORLAGENGRÖSSE (siehe Abbildung 5.153)

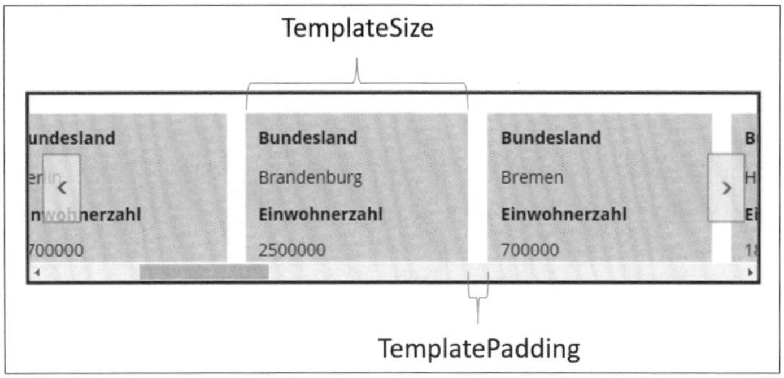

Abbildung 5.153 Größenverhältnisse in einem Katalog

- Die `Transition` (oder auch *Übergang*) legt fest, wie sich die Elemente eines Katalogs verhalten, wenn man mit der Maus darübergleitet (siehe Abbildung 5.154).

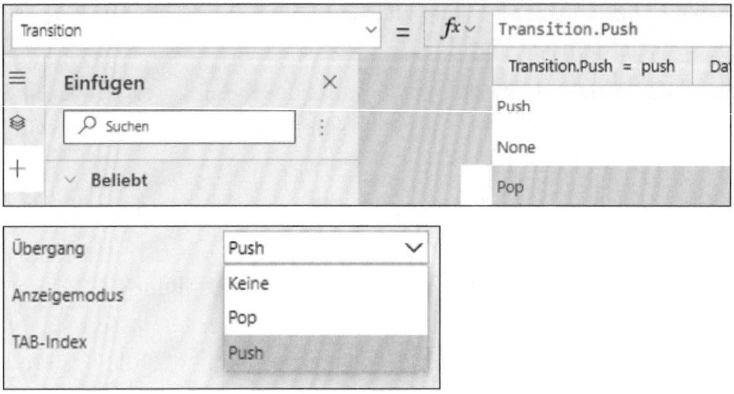

Abbildung 5.154 Einstellen der Übergänge

- Üblicherweise werden die Elemente in einem Katalog als Liste angezeigt. Die Eigenschaft `WrapCount` erzwingt einen Umbruch nach der Anzahl Elemente, die in dieser Eigenschaft spezifiziert werden. In einem vertikalen Katalog wird eine Liste mit `WrapCount=7` so wie in Abbildung 5.155 dargestellt. So können Sie beispielsweise einen Kalender realisieren.

Abbildung 5.155 Ein Kalender, bestehend aus einem Katalog mit »WrapCount=7«

- Die Eigenschaft `VisibleIndex` gibt Auskunft darüber, der wievielte Datensatz aktuell als Erstes sichtbar ist. Der `VisibleIndex` ändert sich zum Beispiel, sobald Sie die Daten per Mausrad oder Scrollbalken durchscrollen.

Maximale Umbruchzahl

Auch wenn Sie mehr angeben, erfolgt der Umbruch nach maximal zehn Elementen.

5.2.17 Formulare

Formulare wie in Abbildung 5.156 dienen der Anzeige und Bearbeitung von Datensätzen. Wie bei allen anderen Elementen auch, binden Sie einfach eine Datenquelle an das Formular, referenzieren den Datensatz, der angezeigt bzw. bearbeitet werden soll, und den Rest macht das Formular. Ebenso kümmert sich das Formular um die Pflichtfeldanzeige sowie die Überprüfung auf Datentypen und Wertebereiche, wie zum Beispiel Feldlängen oder Minimal- oder Maximalwerte.

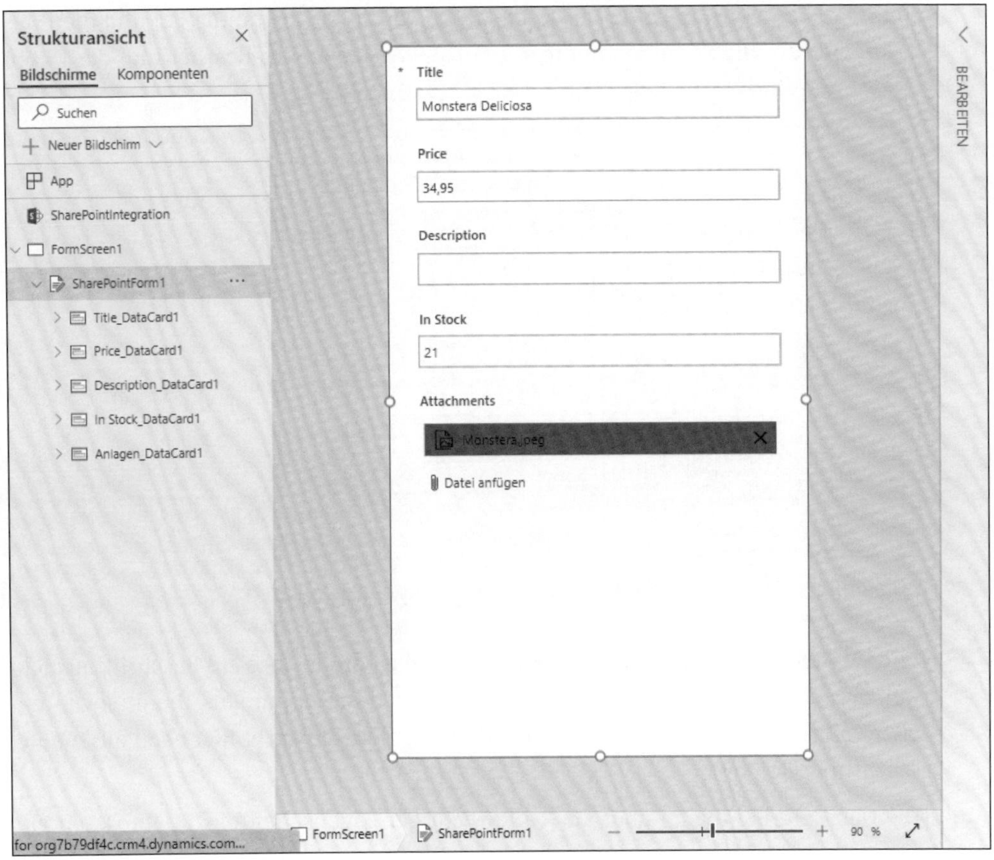

Abbildung 5.156 Formulare sind mit wenigen Klicks erstellt.

Sie bestimmen die Felder, die in dem Formular angezeigt werden, sowie die Anzahl an Spalten, auf die sich die Formularfelder aufteilen sollen. Die Reihenfolge der einzelnen Formularfelder ändern Sie ganz einfach durch Drag & Drop.

Formulartypen und DataCards

Es gibt zwei verschiedene Arten von Formularen: Anzeigeformulare, die ausschließlich zur Anzeige von Daten dienen, und Bearbeitungsformulare, mit denen Sie Datensätze anlegen oder bearbeiten können. Im Gegensatz zum Anzeigeformular, das nur der Anzeige dient, können Sie Bearbeitungsformulare auch zur reinen Anzeige nutzen.

DataCards

Egal, welcher Art die Formulare sind, sie haben immer denselben Aufbau. Für jedes Feld, das in dem Formular angezeigt oder bearbeitet werden soll, wird eine *DataCard* innerhalb des Formular-Elements erzeugt.

Eine DataCard wird nach dem Feld benannt, für das sie zuständig ist, und dient als Container für alle Steuerelemente, die für die Anzeige bzw. Bearbeitung der Daten notwendig sind.

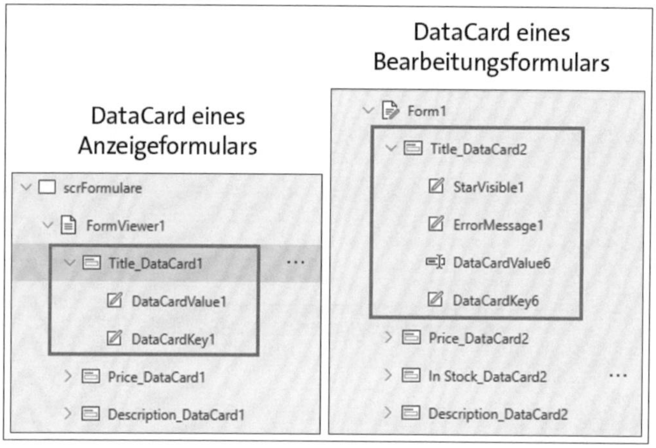

Abbildung 5.157 Aufbau von DataCards in Power-Apps-Formularen

Wie Sie in Abbildung 5.157 sehen können, sind das mindestens ein Beschriftungsfeld mit dem Namen `DataCardKey`, das zur Anzeige des Feldnamens dient, sowie ein Steuerelement für die Anzeige bzw. Bearbeitung des Feldwerts, hier ebenfalls ein Beschriftungselement.

Die DataCard beinhaltet aber auch alle wichtigen Eigenschaften zu dem Datenfeld, nämlich:

- `DataField` ruft den Namen des Felds ab, für den diese DataCard zuständig ist.
- `Default` bestimmt, woher der Standardwert dieses Felds bezogen wird; üblicherweise ist das der Wert, der in der Datenquelle, in diesem Fall der SharePoint-Liste, gespeichert ist.
- Die Eigenschaft `DisplayName` beinhaltet den Anzeigenamen des Felds aus der Datenquelle, hier den Anzeigenamen der Spalte »Title« der SharePoint-Liste »Products«.

```
DataSourceInfo([@Products];DataSourceInfo.DisplayName;"Title")
```

- Entsprechend dem Datenquellen-Schema wird die Eigenschaft `Required` `true` oder `false`, wenn es ein Pflichtfeld ist oder nicht.
- Die Eigenschaft `Update` hält die Information, welches Feld ausgelesen werden muss, wenn der Datensatz angelegt oder aktualisiert werden soll.

Anzeigeformulare

Wie oben erwähnt, dienen Anzeigeformulare nur und ausschließlich der Anzeige von Daten. Abbildung 5.158 zeigt ein Anzeigeformular, das in jeder DataCard nur Beschriftungsfelder beinhaltet.

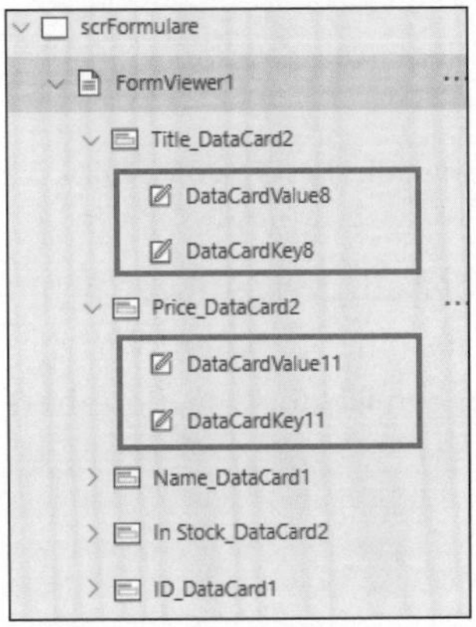

Abbildung 5.158 Anzeigeformulare haben keine Eingabe-Elemente.

Bearbeitungsformulare

Im Gegensatz zu Anzeigeformularen benötigen die DataCards bei Bearbeitungsformularen etwas mehr Steuerelemente. Wie Sie in Abbildung 5.159 erkennen können, besitzen DataCards in Bearbeitungsformularen kein Beschriftungselement zur Anzeige der Felddaten, sondern in diesem Fall ein Texteingabe-Element. Datumsfelder kommen entsprechend mit einem DatePicker und Auswahlfelder mit einem Dropdown daher.

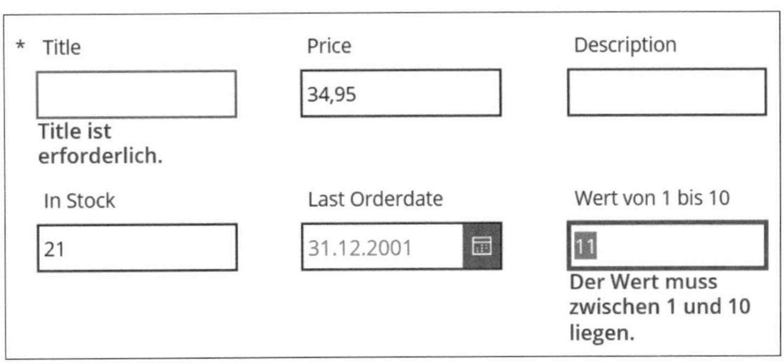

Abbildung 5.159 Pflichtfelder werden mit einem *-Symbol versehen.

Zudem finden Sie ein Beschriftungsfeld `StarVisible`, das für kleine Sternchen bei Pflichtfeldern verantwortlich ist. Ist das Feld ein Pflichtfeld, so erhält die Eigenschaft `Visible` den Wert `true`, ansonsten `false`.

[»]

Pflichtfeld-Formel

Den Punkt, wie das Pflichtfeld-Sternchen angezeigt wird, habe ich etwas abgekürzt. Die Formel lautet eigentlich:

```
And(Parent.Required; Parent.DisplayMode=DisplayMode.Edit)
```

Diese Formel bedeutet, dass das Sternchen nur dann angezeigt wird, wenn die DataCard editierbar ist (`Parent.DisplayMode = DisplayMode.Edit`) und wenn das Feld grundsätzlich ein Pflichtfeld ist (`Parent.Required`).

Ob eine DataCard editierbar ist, richtet sich im Allgemeinen nach dem FormMode.

Das Beschriftungsfeld `ErrorMessage` dient dazu, Fehleingaben anzuzeigen. Dazu gehören vergessene Eingaben bei Pflichtfeldern oder die Eingabe eines falschen Wertebereichs, wenn zum Beispiel ein Bereich von 1 bis 10 vorgegeben ist, aber Sie die Zahl 11 eingeben. Auch das sehen Sie in Abbildung 5.159.

FormMode

Ob das Formular der Anlage, Bearbeitung oder Anzeige eines Datensatzes dient, steuern Sie über die Eigenschaft `FormMode`.

- Mit `NewForm(frmProducts)` setzen Sie das Formular `frmProduct` in den Modus der Datensatzerstellung. Das heißt, alle Felder werden neu initialisiert und mit den Standardwerten aus der Datenquellen-Definition befüllt, soweit die jeweiligen Konnektoren das unterstützen.
- `ViewForm(frmProduct)` öffnet ein Bearbeitungsformular im Ansichtsmodus. Alle DataCards werden mit `DisplayMode.View` angezeigt und sind inklusive ihrer Kind-Steuerelemente nicht editierbar.
- `EditForm(frmProduct)` erlaubt die Dateneingabe in dem Formular, wobei alle Felder mit den Daten aus der Datenquelle vorbelegt werden.

Felder hinzufügen, ausrichten und anordnen

Sobald Sie ein Formular über den Eigenschaften-Dialog an eine Datenquelle binden, werden Ihnen eine Fülle verfügbarer Felder in dem Formular bereitgestellt. Wenn Sie entweder nicht alle Felder benötigen oder aber in der Zwischenzeit weitere Felder an der Datenquelle vorhanden sind, die Sie noch Ihrem Formular hinzufügen wollen, nutzen Sie die Funktion FELDER BEARBEITEN im Eigenschaftenbereich.

Hier werden Ihnen alle Felder angezeigt, die sich derzeit in Ihrem Formular befinden (siehe Abbildung 5.160). Entsperrte Felder werden durch den Zusatz »benutzerdefiniert« gekennzeichnet. Jedes dieser Felder verfügt über ein Kontextmenü, worüber Sie die Feld-Reihenfolgen verändern, ein Feld löschen oder es im Formular auswählen können. Die Funktion FELD HINZUFÜGEN öffnet eine Auswahl aller verfügbaren Felder.

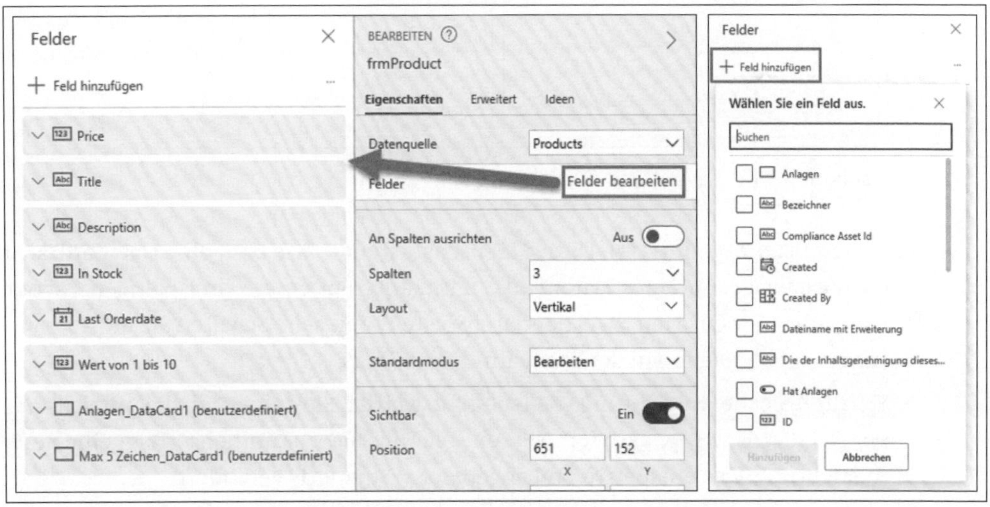

Abbildung 5.160 Felder einem Formular hinzufügen oder daraus entfernen

> **Vorsicht beim Löschen entsperrter Felder**
> Wenn Sie ein Feld löschen, entfernen Sie die dazugehörige DataCard mit allen Ihren Anpassungen. Seien Sie hier also unbedingt vorsichtig!

Felder ausrichten

Für die Ausrichtung der Felder und deren Anzeige sind (wenn Sie dem Standard folgen) diese Eigenschaften grundsätzlich ausschlaggebend:

- LAYOUT: Hier können Sie zwischen HORIZONTAL und VERTIKAL wählen, was sich auf die Position der Feldbezeichnung in Bezug zum Eingabe-Element auswirkt (siehe Abbildung 5.161). HORIZONTAL setzt die Bezeichnung links neben die Eingabe, VERTIKAL darüber.
- SPALTEN: Hier können Sie bestimmen, aus wie vielen Spalten das Formular bestehen soll. Für den mobilen Einsatz, vor allem mit Smartphones, kann ich das einspaltige Layout empfehlen. Probieren Sie am besten selbst, was für Ihren Anwendungsfall besser funktioniert.

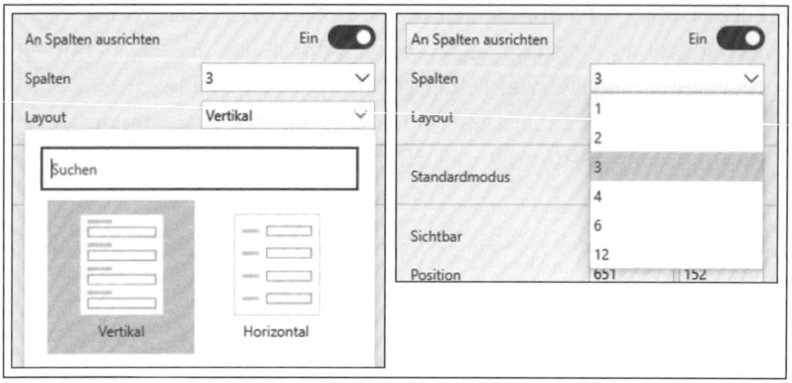

Abbildung 5.161 Layout und Ausrichtung von Feldern

- AN SPALTEN AUSRICHTEN: Diese Eigenschaft steuert, wie breit eine DataCard, also die Visualisierung eines Datenfelds, sein kann. Bei einem dreispaltigen Layout kann eine DataCard ein, zwei oder drei Spalten breit sein. Schalten Sie die Ausrichtung aus, sind Sie frei in der Breite Ihrer DataCards.

  Schalten Sie die Ausrichtung wieder ein, so werden Sie gefragt, ob die Ausrichtung der DataCards wieder aktiviert werden soll. Falls Sie zustimmen, erfolgt eine neue Ausrichtung, was entsperrte und angepasste DataCards verändert.

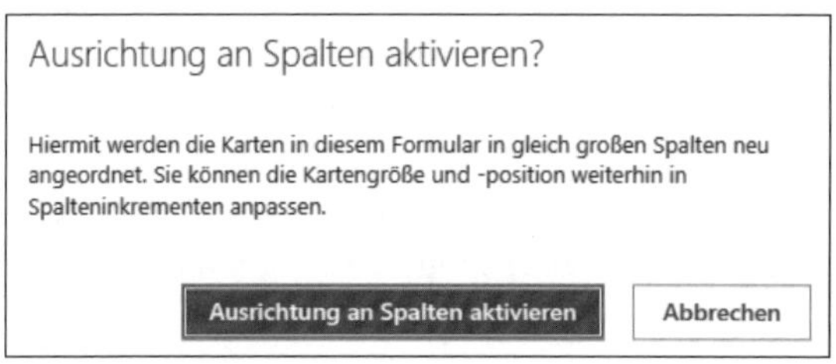

Abbildung 5.162 Felder anordnen

Um die Position von DataCards innerhalb des Formulars zu verändern, können Sie die Drag-&-Drop-Funktionalität nutzen. Greifen Sie dafür das schwarze Label an der DataCard mit einer gedrückten linken Maustaste in Windows-Systemen, und ziehen Sie sie an die gewünschte Stelle. Alternativ können Sie auch die Funktionen NACH OBEN VERSCHIEBEN oder NACH UNTEN VERSCHIEBEN aus dem Kontextmenü der Feldliste nutzen.

Felder entsperren und bearbeiten

Ziel von Power Apps ist es, dass Sie über Standards schnell eine Applikation umsetzen können. Das bedeutet, egal was passiert, sollen Sie mit quasi keinem Aufwand, nur durch ein paar Klicks, eine Anwendung auch anpassen oder wiederherstellen können. Damit das funktioniert, sind viele Eigenschaften von DataCards gesperrt.

Das reicht auch immer. Fast immer. Selten. Na ja ... eigentlich nie! Da Kunden immer gerne den kostengünstigen Standard haben möchten, aber natürlich doch noch an dieser einen kleinen Stelle etwas angepasst werden muss, gibt es die Möglichkeit, DataCards zu entsperren, um sie anpassen zu können. Ihrer Phantasie sind dabei keine Grenzen gesetzt. Wenn Sie eine DataCard allerdings einmal entsperrt haben, gibt es keinen Weg zurück.

Das stimmt nicht ganz, doch ist das mit Schmerzen verbunden. Ändern Sie die Datenquelle, mit der das Formular verbunden wurde, und aktualisieren die Datenverbindung in der App, so werden Sie wie in Abbildung 5.163 gefragt, ob die DataCards ersetzt werden sollen. Überlegen Sie gut, was Sie in diesem Dialog anklicken, denn alle DataCards werden bei der Ersetzung auf ihren Ursprungszustand zurückgesetzt.

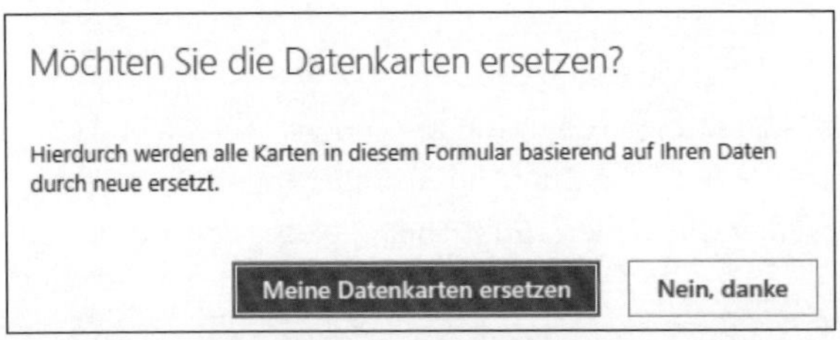

Abbildung 5.163 Vorsicht nach Änderungen an der Formular-Datenquelle

Abbildung 5.164 zeigt die Stellen, an denen Sie eine DataCard entsperren können oder wo Sie sehen, dass sie gesperrt ist. Entsperren können Sie im Kontextmenü einer DataCard in der Strukturansicht ❶ sowie im Eigenschaftenbereich der DataCard ❷. Ein Schloss am Label der DataCard in Ihrem Formular zeigt Ihnen an, dass die DataCard gesperrt ist ❸.

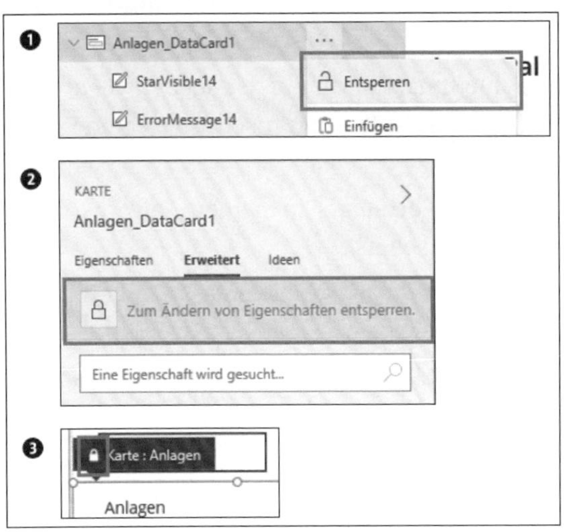

Abbildung 5.164 Entsperren einer DataCard

Daten binden und senden

`SubmitForm` validiert das Formular und übermittelt es an die Datenquelle, die in der Eigenschaft `DataSource` definiert wurde. Fallen bei der Validierung Fehler in Bezug auf eventuelle Felddefinitionen auf, so werden diese unterhalb des Eingabefelds ausgegeben.

Validierungen sind immer abhängig vom Datenkonnektor. Im SharePoint-Umfeld funktionieren mindestens die folgenden Überprüfungen:

- nicht eingehaltene Min- oder Max-Werte
- Datenlängen
- Pflichteingaben

[»]

Unsichtbare Felder

Sie lernen später noch, wie Sie die Einstellungen der DataCards überschreiben und somit das Verhalten ändern können. Wenn Sie im Zuge dieser Änderungen DataCards unsichtbar machen, dort aber Validierungsfehler auftauchen, bekommen Sie diese Meldungen nicht zu sehen.

Falls sich ein Formular nicht absenden lässt, so überprüfen Sie den Power Apps Monitor, und schauen Sie, ob und welche Daten versendet wurden. Mit einer sehr hohen Wahrscheinlichkeit haben Sie die Sichtbarkeit einer DataCard überschrieben.

Befindet sich Ihr Formular im `FormMode.Edit`, so wird der über die Eigenschaft `Item` gebundene Datensatz aktualisiert. Im Falle von `FormMode.New` wird ein neuer Datensatz angelegt.

Daneben gibt es noch einige weitere Optionen, mit denen Sie den Datenfluss steuern können:

- Es kann Fälle geben, in denen Sie noch einmal Zugriff auf das soeben versendete Formular benötigen. Ein Beispiel ist, dass Sie die ID eines frisch angelegten Datensatzes benötigen.

  Nutzen Sie die Eigenschaft `LastSubmit` Ihres Formulars, in meinem Fall `frmPrducts`, um den komplett erstellten Datensatz einzusehen.
- Die Eigenschaft `DataSource` bestimmt, mit welcher Tabelle oder SharePoint-Liste Ihr Formular verbunden sein soll.
- Die Eigenschaft `Item` bestimmt den Datensatz, der angezeigt werden soll. Nehmen wir mein Beispiel einer Produktliste, die ich über einen Katalog anzeigen lasse. Sobald ein Datensatz selektiert wird, soll er in einem Formular angezeigt werden. Die Eigenschaft `Item` bezieht sich also auf das selektierte Element des Katalogs:

  ```
  galProducts.Selected
  ```

- Wollen Sie Ihr Formular eigenständig validieren, noch bevor Sie es versenden, nutzen Sie die Eigenschaft `Valid`. Folgenden Code nutzen Sie im `OnSelect` Ihrer Schaltfläche zum Versenden des Formulars:

  ```
  If(frmMeinFomular.Valid;SubmitForm(frmMeinFormular))
  ```

  Alternativ können Sie die Schaltfläche zum Absenden des Formulars deaktivieren, solange die `Valid`-Eigenschaft Ihres Formulars auf `false` gesetzt ist. Erst wenn `Valid=true` ist, schalten Sie die Schaltfläche aktiv. Setzen Sie folgenden Code in das Ereignis `DisplayMode` Ihrer Schaltfläche:

  ```
  If(frmMeinFormular.Valid;Edit;Disabled)
  ```

- Treten nach dem Abschicken eines Formulars Fehler wie zum Beispiel nicht gefüllte Pflichtfelder auf, können Sie die Fehlerbeschreibung aus der Eigenschaft `Error` auslesen.
- `UnSaved` ist eine wunderbare Eigenschaft, um zu überprüfen, ob ein Formular verändert und nicht abgesendet wurde.

  Folgende Einsatzszenarien sind sinnvoll:

  - Fragen Sie diese Eigenschaft ab, um die Benutzerinnen und Benutzer darauf hinzuweisen, dass das Formular noch nicht abgeschickt wurde.
  - Alternativ können Sie im `OnSelect`-Ereignis von Schaltflächen abfragen, ob `frmMeinFormular.Unsaved true` ist, um einen Dialog einzublenden, der es den Benutzerinnen und Benutzern ermöglicht, die Aktion abzubrechen.
  - Setzen Sie den Anzeigemodus von Navigationselementen auf `Disabled`, wenn das Formular noch nicht versendet wurde:

    ```
    If(frmMeinFormular.UnSaved;Disabled;Edit)
    ```

- Die `Updates`-Eigenschaft beinhaltet die geänderten Daten Ihres Formulars. Diese Funktion erlaubt es Ihnen, die Änderungen an einem Datensatz zu erfassen und gegebenenfalls zu protokollieren.

  `frmMeinFormular.Updates.Title` zeigt die Änderungen der Spalte »Title« der an das Formular gebundenen Datenquelle.

Ereignisse

Wie viele andere Elemente besitzt ein Formular ebenfalls Ereignisse, die auftreten können. Die Ereignisse eines Formulars beziehen sich dabei auf das erfolgreiche oder fehlerhafte Versenden von Daten sowie das Resetten eines Formulars.

- `OnSuccess` wird aufgerufen, nachdem ein Formular erfolgreich an die Datenquelle gesendet wurde. Nutzen Sie dieses Ereignis, um die Benutzerinnen und Benutzer mit dem folgenden Code darüber zu informieren, dass die Aktion erfolgreich verlaufen ist:

  ```
  Notify("Der Datensatz wurde erfolgreich geschrieben!";Success)
  ```

- Nutzen Sie das Ereignis `OnFailure`, um die Benutzerinnen und Benutzer darüber zu informieren, dass etwas nicht funktioniert hat. Eventuell ergeben sich aus einem fehlerhaften Schreibvorgang noch weitere Notwendigkeiten, wie zum Beispiel eine Mail an eine Person oder die Korrektur von Datenbeständen.
- Das Ereignis `OnReset` wird ausgeführt, sobald Sie ein Formular mit `ResetForm` auf seinen Ursprungszustand zurücksetzen. Tatsächlich habe ich dieses Ereignis in meiner Laufbahn noch nicht genutzt, kann mir aber vorstellen, zukünftig eine Meldung ähnlich dieser auszugeben:

```
Notify("Ihre Änderungen wurden verworfen!";Information)
```

5.2.18 Kamera

Vor allem für den mobilen Einsatz ist die Kamera in Power Apps sehr beliebt. Typische Szenarien sind:

- Schadensaufnahme in und an Gebäuden/Grundstücken
- Dokumentation von Reparaturen/Baustellen

Sie finden die Kamera im Abschnitt MEDIEN des EINFÜGEN-Menüs. Die Kamera ist sehr einfach zu benutzen. Sobald Sie sie auf Ihrem Bildschirm platziert haben, ist sie auch schon funktionsbereit.

[»] **Auflösung**

Es können Bilder maximal mit einer Auflösung von 640 × 480 Pixel erstellt werden.

Das Setting

Für die Nutzung der Kamera benötigen Sie im Grunde nur das Kamera-Element sowie einen Finger, eine Maus oder einen Pen. Klicken oder tippen Sie auf das Element, wird automatisch ein Foto erstellt, das Sie im `OnSelect`-Ereignis auslesen können. Wählen Sie einfach das `OnSelect`-Ereignis aus der Eigenschaftenliste des Kamera-Elements, und setzen Sie dort folgenden Code ein: `Set(glbMeinBild;Camera1.Photo)`

Sollte Ihr Kamera-Element einen anderen Namen haben, müssen Sie den anstelle von `Camera1` einsetzen.

Ein Foto machen und anzeigen

Damit Sie auch sehen, dass tatsächlich was passiert ist, setzen Sie noch eine Bildkomponente neben Ihr Kamera-Objekt und verbinden die Eigenschaft `Image` des Bildes mit dem geschossenen Foto. Wählen Sie also die Eigenschaft `Image` aus der Eigenschaftenliste, und verwenden Sie dort folgenden Code: `glbMeinBild`

Was passiert hier?

1. Sie klicken oder tippen auf das Kamera-Objekt.
2. Das Bild wird aus der Eigenschaft `Photo` gelesen und in der globalen Variablen `glbMeinBild` gespeichert.
3. Die Bildkomponente verwendet den Inhalt von `glbMeinBild` in seiner Eigenschaft `Image`.
4. Das Bild wird angezeigt.

Grundsätzlich empfehle ich Ihnen immer den zusätzlichen Einsatz einer Bildkomponente, damit Sie sehen, dass etwas passiert ist. So können Sie in Ruhe entscheiden, ob Sie das Bild verwenden wollen oder lieber ein neues erstellen.

Verwendung mehrerer Kameras

Smartphones oder Tablets sind gemeinhin mit mehreren Kameras ausgestattet, also sollten Sie Ihren Benutzerinnen und Benutzern die Möglichkeit geben, die Kamera auszuwählen.

Hierfür nutzen Sie die `Camera`-Eigenschaft, der Sie die ID Ihrer Kamera, angefangen bei `0`, zuordnen müssen. `0` ist hier für Ihre Standardkamera eingestellt.

Abbildung 5.165 »AvailableDevices« liefert alle verfügbaren Kameras.

Die verfügbaren Kameras bekommen Sie über die Eigenschaft `AvailableDevices`, die Ihnen eine Tabelle mit der ID sowie dem Namen der verfügbaren Kameras bereitstellt (siehe Abbildung 5.165). Fügen Sie nun ein Kombinationsfeld auf Ihrem Bildschirm ein, und binden Sie seine `Items`-Eigenschaft an die Eigenschaft `Camera1.AvailableDevices`.

Nun wählen Sie die Eigenschaft `Camera` Ihres Kamera-Objekts und setzen es auf `ComboBox1.Selected.Id`.

> **Nachträgliche Kameras werden nicht erkannt**
>
> Werden Kameras während der Entwicklung angeschlossen, so werden sie in der Regel nicht erkannt. Nach einem Neustart der App sollte aber alles erkannt werden.

Wenn ich alles richtig beschrieben habe, sollte Ihr Bildschirm grob aussehen wie in Abbildung 5.166. Sie können nun bequem zwischen Ihren Kameras hin und her wechseln und ein Foto machen, das Ihnen im Bildelement angezeigt wird.

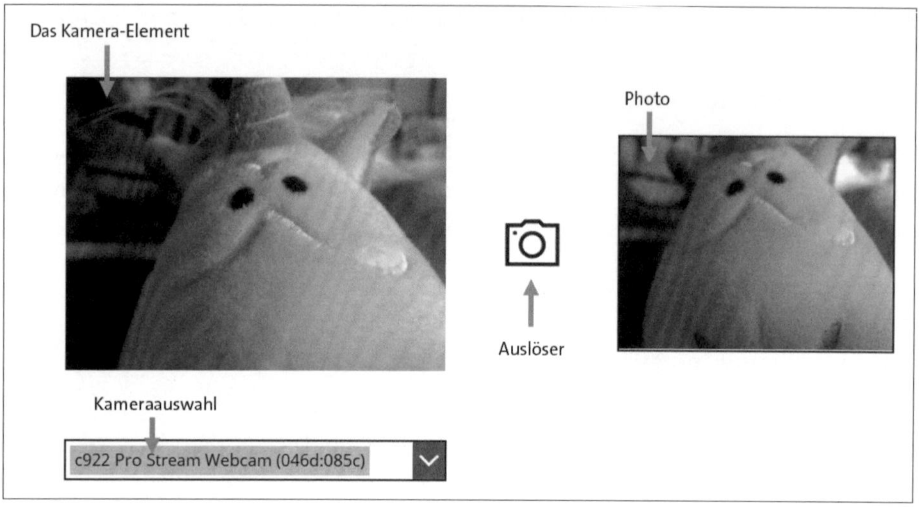

Abbildung 5.166 Mein Kamerasetting

[»]

Auslöse-Schaltfläche

Vielen Menschen erschließt es sich nicht sofort, dass Sie auf die Kamera klicken oder tippen müssen, um ein Bild zu machen. Darum habe ich hier ein Kamera-Symbol eingefügt und dort den Code aus dem `OnSelect`-Ereignis der Kamera eingetragen.

Stream

Sie haben gelernt, wie man ein Foto auf Knopfdruck erstellt. Die Kamera ist aber auch dazu in der Lage, Bilder zu streamen.

Dazu müssen Sie zunächst eine Streamingrate (`StreamRate`) einstellen, die einen Wert zwischen 100 und 3.600.000 annehmen kann. Diese Zahl steht für die Frequenz in Millisekunden, in der eine Aufnahme gemacht wird. Das aktuelle Bild können Sie mit `Camera1.Stream` abrufen.

Da mit jedem neuen Bild auch das Ereignis `OnStream` ausgelöst wird, können Sie kontinuierlich Bilder machen und diese in einer Datenbank speichern. Somit bietet sich eine Power App sogar als Überwachungskamera an.

Nochmal alles zusammengefasst:

Ereignisse

- Nutzen Sie das Ereignis `OnSelect`, um ein Foto zu erstellen.
- Das Ereignis `OnStream` wird ausgelöst, sobald ein Bild per Stream gemacht wird.

Eigenschaften

- Die Eigenschaft `Photo` beinhaltet das geschossene Foto.
- `Camera` ist die ID der Kamera, die genutzt werden soll.
- `AvailableDevices` liefert eine Tabelle, bestehend aus den IDs und Namen aller verfügbaren Kameras.
- Die Eigenschaft `StreamRate` legt die Frequenz fest, in der ein Bild gemacht wird.
- `Stream` ist das zuletzt gemachte Bild des Streams.

5.2.19 Stifteingabe

Die Stifteingabe finden Sie im Bereich EINGABE des EINFÜGEN-Menüs. Nutzen Sie dieses Element im Browser oder auf mobilen Endgeräten, zum Beispiel zum Unterschreiben von Dokumenten oder zur Eingabe von Notizen, die durch die Implementierung einer nachgelagerten Schrifterkennung weiterverarbeitet werden können.

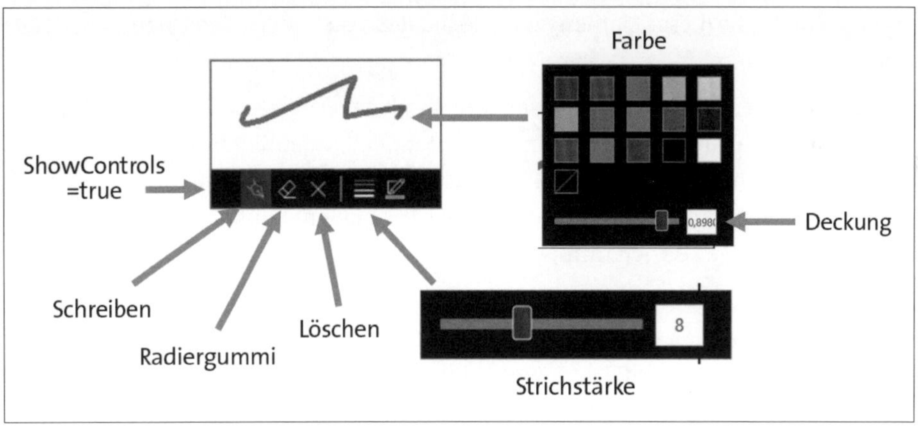

Abbildung 5.167 Der Aufbau der Stifteingabe

In Abbildung 5.167 sehen Sie den Aufbau der Stifteingabe sowie die verfügbaren Funktionen:

- Schreiben
- Radieren
- Löschen
- Änderung der Strichstärke

- Einstellen von Strichstärke und Deckung
- Ein-/Ausblenden der Aktionselemente am unteren Elementrand

Eigenschaften

- `Image` dürfte die wohl meistgenutzte Eigenschaft dieses Steuerelements sein. Wie die Eigenschaft `Photo` bei der Kamera oder `Image` beim Bildelement kann hierüber die erzeugte Grafik ausgelesen und weiterverarbeitet werde.
- `ShowControls` schaltet die Aktionselemente der Stifteingabe an oder aus.
- `PenMode.Draw` oder `PenMode.Erase` setzen das Steuerelement in den Schreib- oder Radierzustand.

[»] **Undokumentierte oder veraltete Eigenschaften**

Es gibt noch undokumentierte bzw. veraltete Eigenschaften, die hier nicht aufgeführt wurden.

5.2.20 Bild hinzufügen

Das Steuerelement BILD HINZUFÜGEN finden Sie im Bereich MEDIEN des EINFÜGEN-Menüs. Nutzen Sie dieses Element zum Hochladen von Bildern und Dokumenten aus Ihrem Dateisystem.

Nutzen Sie dieses Element im Browser, öffnet sich der Dateibrowser, in dem Sie Bilder und Dokumente für einen Upload in eine Datenquelle auswählen können. Auf mobilen Endgeräten hingegen können Sie ausschließlich Bilddateien auswählen oder Bilder über die Kamera aufnehmen und direkt hochladen. Eine Mehrfachauswahl ist ausgeschlossen. Sie können immer nur eine Datei verarbeiten.

Bei diesem Element handelt es sich um ein zusammengesetztes Steuerelement oder Composite-Control. Es besteht aus einem Element, das die Dateiauswahl einleitet und das Bild in die App lädt, sowie einem Bildelement, in dem das hochgeladene Bild angezeigt wird. Laden Sie eine Datei über den Browser hoch, kann diese nicht angezeigt werden.

Eigenschaften

Die wichtigsten Eigenschaften sind am Element `AddMediaButton` zu finden:

- `Media` beinhaltet eine interne URL zu der hochgeladenen Datei. Um diese weiterverarbeiten zu können, ist es notwendig, eine Bildkomponente zu verwenden, deren `Image`-Eigenschaft auf diese URL verweist:

  ```
  Image1.Image:AddMediaButton.Media
  ```

Durch diesen Kniff wird die URL ins Binärformat konvertiert und kann weiterverwendet werden. Mehr zu den Tücken mit dem Hochladen von Bildern und Dateien erfahren Sie in Abschnitt 12.8.

- Wenn `UseMobileCamera` auf `true` gesetzt ist, ermöglicht diese Einstellung die Verwendung der Kamera zum Erstellen von Bildern für den Upload.
- `Text` ist schlicht der Text, der angezeigt wird, wenn noch kein Bild bzw. keine Datei hochgeladen wurde.
- `ChangePictureText` ist der Text, der angezeigt wird, wenn ein Bild bzw. eine Datei hochgeladen wurde.
- `Error` ist der Fehlertext im Falle, dass der Upload nicht erfolgreich beendet werden konnte.
- `FileName` ist der Name der Datei, die hochgeladen wurde.

5.2.21 Barcodescanner

Vor allem im Bereich der Inventur oder Gerätewartung spielen Barcodescanner eine große Rolle. Klar also, dass auch in Ihrer Power App ein Barcodescanner verfügbar ist.

Um die Anwendung zu verdeutlichen, erstellen Sie sich einen Bildschirm und platzieren den Barcodescanner aus dem Bereich MEDIEN des EINFÜGEN-Menüs darauf. Da der Barcodescanner nur auf mobilen Endgeräten oder der Windows-App einsetzbar ist, habe ich eine neue App im Telefon-Layout erstellt.

Nutzung im Browser

Nutzen Sie den Scanner im Browser, erhalten Sie einen entsprechenden Hinweis, dass der Einsatz nicht möglich ist. Die Komponente liefert aber dennoch einen Beispielwert wie in Abbildung 5.168.

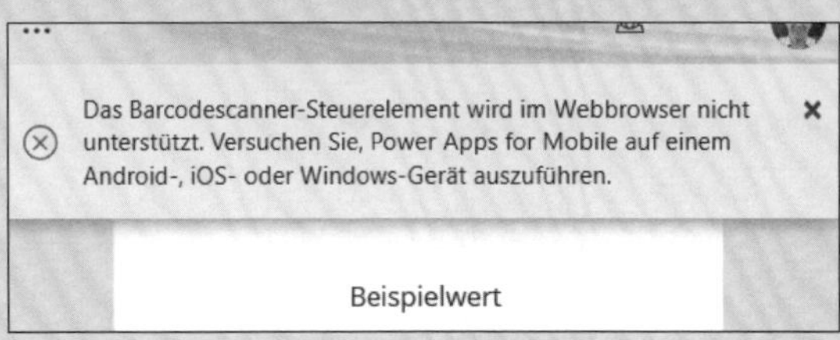

Abbildung 5.168 Der Scanner ist im Browser nicht verfügbar.

Nun benötigen Sie noch ein Beschriftungselement, dessen Text-Eigenschaft Sie mit `BarcodeScanner1.Value` belegen (siehe Abbildung 5.169).

Sobald Sie die App veröffentlicht haben, können Sie Ihre Power Apps App auf Ihrem Smartphone oder Tablet öffnen und Ihre App abrufen. Der Barcode in Abbildung 5.170 dient Ihnen als Testobjekt.

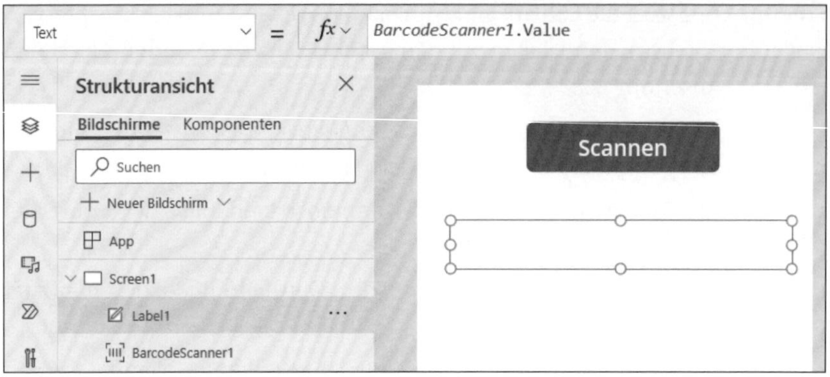

Abbildung 5.169 Aufbau einer einfachen Barcodescanner-App

Rheinwerk

Abbildung 5.170 Beispiel-Barcode

Sobald Ihre App geöffnet ist, sehen Sie die Standard-Scanner-Schaltfläche (siehe ❶ in Abbildung 5.171). Betätigen Sie die Schaltfläche, wird Ihre App zu einem großflächigen Scanner. Erfasst und erkennt der Scanner einen Code ❷, wird der Barcode gelesen und dargestellt ❸.

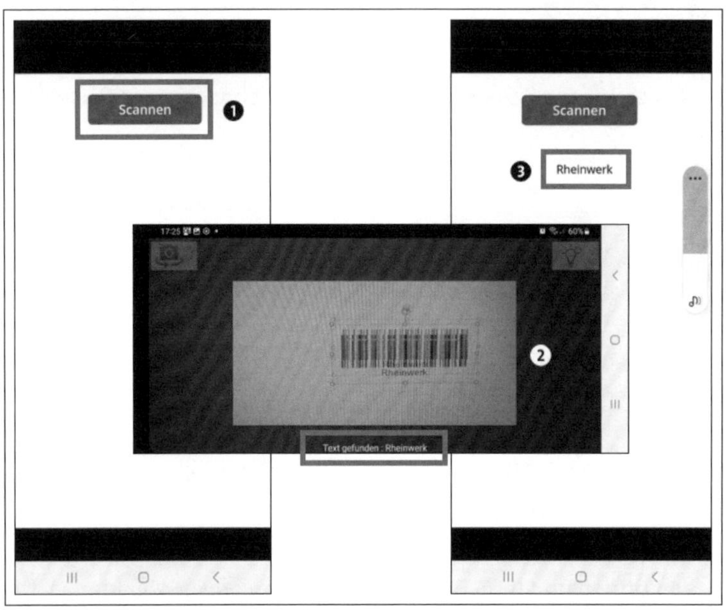

Abbildung 5.171 Verwendung des Barcodescanners

Ersetzen der Schaltfläche zum Scannen

Sie können die Schaltfläche des Scanners zwar nicht austauschen, aber Sie können sie verstecken.

Wählen Sie eine Schaltfläche, ein Symbol oder ein Bild Ihrer Wahl, und führen Sie im `OnSelect` Ihrer neuen Schaltfläche den Code `Select(BarcodeScanner1)` ein. Nun können Sie die `BarcodeScanner`-Schaltfläche unsichtbar machen und Ihre Wunsch-Schaltfläche nutzen.

Ereignisse

- Das Event `OnCancel` wird ausgelöst, wenn Benutzerinnen und Benutzer den Scan abbrechen.
- Das Event `OnScan` wird ausgelöst, wenn Benutzerinnen und Benutzer den Scan auslösen.

Eigenschaften

- Die `Value`-Eigenschaft liefert den codierten Wert des Barcodes.
- Der `Text` der Schaltfläche zum Aktivieren des Scanners
- Sie können den Typ des Barcodes entweder im Eigenschaftenbereich einstellen oder mit der Aufzählung `BarcodeType` in der gleichnamigen Eigenschaft setzen. Der Default steht auf `Auto` für automatische Erkennung.

  Sollen mehrere Codes erkannt werden, können Sie sie verketten: `BarcodeType.QR-Code&BarcodeType.DataMatrix`

  Die Typen aus Tabelle 5.34 sind einstellbar. Beachten Sie, dass sich die verfügbaren Codes zwischen den Geräten unterscheiden.

Code	Android / iOS	Windows
`QR_CODE`	ja	ja
`DATA_MATRIX`	ja	nein
`UPC_A`	ja	ja
`UPC_E`	ja	ja
`EAN_8`	ja	ja
`EAN_13`	ja	ja
`CODE_39`	ja	ja

Tabelle 5.34 Einstellbare Codes

Code	Android / iOS	Windows
CODE_93	ja	nein
CODE_128	ja	ja
CODABAR	ja	ja
Databar Omnidirectional	nein	ja
Databar Stacked	nein	ja
GS1-DWCode	nein	ja
ITF	ja	nein
Interleaved 2 of 5	nein	ja
RSS14	ja	nein
PDF_417	ja	nein
RSS-EXPANDED	ja	nein
MSI	nein	nein
AZTEC	ja	nein

Tabelle 5.34 Einstellbare Codes (Forts.)

[»] **Automatische Erkennung**

In der Einstellung Auto werden die Codes PDF_417 und AZTEC nicht erkannt.

- Die Eigenschaft AssumeGS1 erlaubt die Verarbeitung von GS1-128-Barcodes.
- FlashlightEnabled schaltet beim Scan automatisch das Blitzlicht ein
- Die Option Typ gibt den Code des zuletzt gescannten Barcodes aus. Dies ist vor allem dann wichtig, wenn Sie verkettete Barcode-Typen verwenden oder die automatische Erkennung eingestellt haben.
- Die Eigenschaft PreferFrontCamera nutzt die Frontkamera, sofern möglich.

5.2.22 Video und Audio

Das Video-Steuerelement erlaubt die Integration von Videos in Ihre App. Da das Audio-Steuerelement analog zum Video-Element funktioniert, habe ich sie nicht gesondert beschrieben.

Ereignisse

- Sobald das Video endet, wird das Ereignis `OnEnd` aufgerufen.
- Das Ereignis `OnPause` wird gefeuert, sobald das Video pausiert wird.
- Das Ereignis `OnStart` wird gefeuert, sobald das Video startet. Das gilt für einen manuellen Start durch eine Person genauso wie für die Optionen `AutoStart` oder `Loop`.

Eigenschaften

- Falls die Eigenschaft `AutoStart` mit `true` belegt wurde, startet das Video automatisch.
- Mit `ClosedCaptionURL` können Sie für das Video-Element eine https-URL zu einer Untertitel-Datei festlegen. Auf dem Server mit der Datei muss CORS aktiv sein.
- Mit `Image` definieren Sie das Bild, das angezeigt werden soll, wenn die `Media`-Eigenschaft nicht belegt wurde.
- `ImagePosition` legt die Position des Bildes im Steuerelement fest.
- Ist `Loop` mit `true` belegt, startet das Video stets neu, nachdem es automatisch geendet hat.
- Mit der Option `Media` bestimmen Sie das Video, das in dem Video-Element abgespielt werden soll. Dabei kann es sich um ein Video handeln, das Sie zuvor während der Entwicklung in Ihre App hochgeladen haben, oder aber um Videos, die Sie per URL referenzieren.
- Nimmt die Eigenschaft `ShowControls` den Wert `false` an, werden alle Elemente zum Navigieren, Starten, Pausieren etc. ausgeblendet.
- Sobald Eigenschaft `Start` auf `true` gesetzt wird, startet das Video. Besetzen Sie die Eigenschaft beispielsweise mit einer lokalen oder globalen Variablen, können Sie das Video dadurch starten, dass die Variable den Wert `true` annimmt.
- Mit `StartTime` legen Sie fest, ab welcher Sekunde das Video beginnen soll. Nutzen Sie zum Beispiel verschiedene Beschriftungselemente oder Schaltflächen in Ihrer App, um unterschiedliche Startzeiten in einer Variablen zu speichern. Verknüpfen Sie die Variable mit der Eigenschaft `StartTime`, so können Sie per Knopfdruck an verschiedene Stellen im Video springen.

5.2.23 Timer

Die Timer-Komponente erlaubt die Ausführung von Code in regelmäßigen zeitlichen Abständen. Sie finden den *Timer* im Bereich EINGABE in der Liste der Bildschirmkomponenten, die Sie über EINFÜGEN erreichen. Timer sind eine praktische Komponente, um Datenbestände zu aktualisieren oder Lauftexte zu entwickeln.

[»]

Der Timer ist der Zeitgeber

In der deutschen Dokumentation finden Sie auch den Begriff *Zeitgeber* für die Timer-Komponente.

Timer funktionieren nicht im Entwicklungsmodus Ihrer App. Um die Funktion zu testen, starten Sie die App im Vorschaumodus.

Eigenschaften

- Die Dauer bestimmt, nach wie viel Millisekunden das Ereignis `OnTimerEnd` ausgelöst wird.
- Die Option `AutoStart` legt fest, ob der Timer automatisch starten soll, sobald der Bildschirm aufgerufen wird. Dementsprechend legt `AutoPause` fest, ob der Timer nach Ablauf der Dauer automatisch pausieren soll.
- Setzen Sie die Eigenschaft `Start` auf `true`, um den Timer zum Beispiel durch den Klick auf eine Schaltfläche auszulösen (siehe Abbildung 5.172). Das Auslösen erfolgt allerdings nur dann, wenn der Zustand auf `true` wechselt. Sorgen Sie also dafür, dass dieser Wert nach Ablauf der Zeit in `OnTimerEnd` wieder auf `false` gesetzt wird.

  Das realisieren Sie am besten, indem Sie im `OnSelect` der Schaltfläche eine lokale Variable per `UpdateContext` auf `true` setzen. Der Eigenschaft `Start` weisen Sie den Inhalt dieser Variablen zu. In `OnTimerEnd` des Timers setzen Sie die Variable wieder auf `false`. Abbildung 5.172 visualisiert diesen Ablauf.

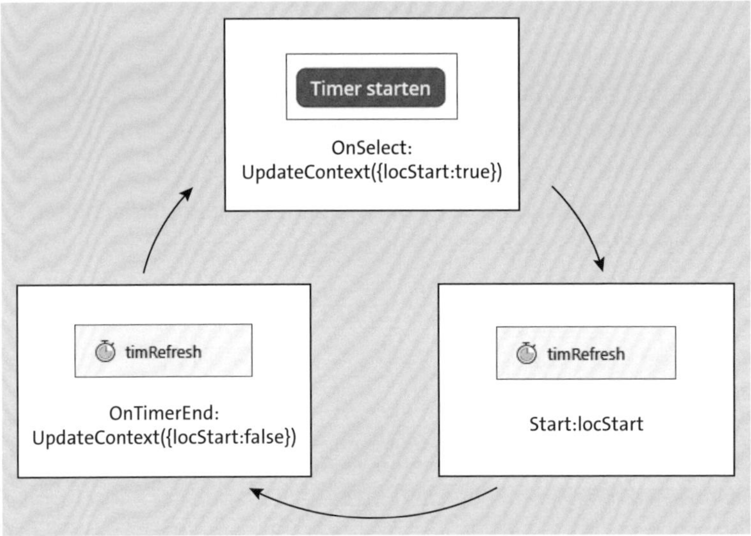

Abbildung 5.172 Konfiguration, um Timer per Knopfdruck zu starten

Sie können natürlich auch das `OnSelect`-Ereignis des Timers selbst dafür nutzen.

- Ist der Wert der Eigenschaft Repeat (oder Wiederholen) true, so startet der Timer jedes Mal neu, wenn er einmal durchgelaufen ist. Eine Beispielkonfiguration für eine automatisierte Aktualisierung eines Datenbestands könnte wie folgt aussehen:
  - Schalten Sie Wiederholen auf Ein, bzw. setzen Sie die Eigenschaft Repeat auf den Wert true.
  - Setzen Sie die Dauer bzw. Duration auf die gewünschte Aktualisierungsfrequenz in Millisekunden.
  - Programmieren Sie in OnTimerEnd oder OnTimerStart des Timers die Aktualisierung der Datenquelle mittels Refresh().

Ereignisse

- Wie viele andere Steuerelemente verfügt auch der Timer über die OnSelect-Eigenschaft. Nutzen Sie dieses Ereignis, um zum Beispiel eine lokale Variable als Auslöser für den Timer zu nutzen.
- Das Ereignis OnTimerStart nutzen Sie, um Code auszuführen, sobald der Timer gestartet wird.
- Das Ereignis OnTimerEnd nutzen Sie, um Code auszuführen, wenn der Timer durchgelaufen ist. Sinnvolle Aktionen sind die Aktualisierung von Datenquellen mittels Refresh(Datenquelle) oder aber das Setzen von Schaltern, wie in der Eigenschaft Start beschrieben.

5.2.24 Benachrichtigungen

Für Benutzerinnen und Benutzer schafft nichts mehr Unsicherheit, als wenn Sie sie im Unklaren darüber lassen, ob das Schreiben von Daten oder das Versenden eines Formulars erfolgreich war und, wenn nein, warum nicht.

Hier helfen Ihnen Benachrichtigungen, konkreter der Befehl Notify. Der Aufbau sieht wie folgt aus:

```
Notify(Nachricht, Nachrichtentyp, Dauer in Millisekunden)
```

Tabelle 5.35 listet die Parameter und Zusammenhänge auf.

Parameter	Pflichtfeld	Datentyp
Nachricht	ja	Text, der als Nachricht dargestellt werden soll, maximal 500 Zeichen
Nachrichtentyp	nein	Aufzählung NotificationType (Standard: NotificationType.Information)

Tabelle 5.35 Parameterbeschreibung des Notify-Befehls

Parameter	Pflichtfeld	Datentyp
`Dauer`	nein	Zahl in Millisekunden, Standard sind 10.000, also 10 Sekunden

Tabelle 5.35 Parameterbeschreibung des Notify-Befehls (Forts.)

Je nach Nachrichtentyp erscheint die Nachricht in einer bestimmten Farbe und mit einem entsprechenden Icon.

Nachrichtentyp	Farbe	Symbol
`NotificationType.Information`	Grau	Ausrufezeichen
`NotificationType.Error`	Rot	Kreuz
`NotificationType.Warning`	Gelb	Ausrufezeichen
`NotificationType.Success`	Grün	Häkchen

Tabelle 5.36 Darstellungsformen einer Benachrichtigung per Notify-Befehl

5.2.25 Container

Container sind nicht nur meiner Meinung nach die wichtigsten Gestaltungselemente einer Canvas App. Mit Containern werden mehrere Gestaltungselemente einer App zu einer Einheit zusammengefasst. Das hilft nicht nur beim Aufbau und Umgestalten Ihres Bildschirms, sondern sorgt auch für Ordnung in Ihrer Strukturansicht.

Im Gegensatz zu Gruppen vererben Container ihre Eigenschaften nicht an die zusammengefassten Elemente weiter. Die X- und Y-Koordinaten von Elementen innerhalb des Containers orientieren sich immer am Container selbst, sodass die obere linke Ecke des Containers den Nullpunkt für alle darin befindlichen Elemente darstellt. Alle Elemente innerhalb eines Containers können frei positioniert werden.

[»]

Gruppen als Zwischenschritt

Haben Sie schon mehrere Elemente auf Ihrem Bildschirm, die Sie zu einem Container zusammenfassen wollen, so markieren Sie diese und wandeln sie über das Kontextmenü eines Elements in der Strukturansicht zunächst in eine Gruppe.

Anschließend öffnen Sie das Kontextmenü der Gruppe und wandeln diese in einen Container.

Sie erstellen Container entweder über das Menü EINFÜGEN und den Bereich LAYOUT oder durch das Umwandeln einer Gruppe innerhalb der Strukturansicht.

Layoutcontainer

Layoutcontainer finden Sie ebenfalls im Bereich LAYOUT im Menü EINFÜGEN im Power Apps Studio. Auch sie sind nützliche Ordnungselemente, in denen Sie mehrere Bildschirmelemente wie Schaltflächen, Beschriftungen, Kontrollkästchen etc. sammeln können.

Sie haben mit Layoutcontainern aber den entscheidenden Vorteil, dass Sie sich nur noch bedingt über die Position der Elemente Gedanken machen müssen. Diese Arbeit wird Ihnen vom Container abgenommen, der die Elemente automatisch waagerecht (*horizontaler Container*) oder senkrecht anordnet (*vertikaler Container*). Die Reihenfolge der Elemente richtet sich danach, in welcher Reihenfolge sie dem Container hinzugefügt wurden.

Um die Reihenfolge der Elemente innerhalb des Containers verändern zu können, markieren Sie die einzelnen Elemente in der Strukturansicht und ändern dort ihre Position über den Befehl NEU ANORDNEN im Kontextmenü wie in Abbildung 5.173. Und selbstverständlich können Sie, wie in Abbildung 5.174 zu sehen, Container ineinander verschachteln.

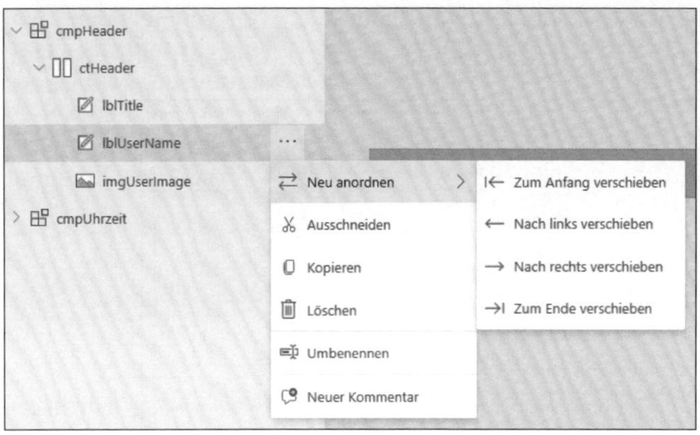

Abbildung 5.173 Elemente innerhalb eines Containers anordnen

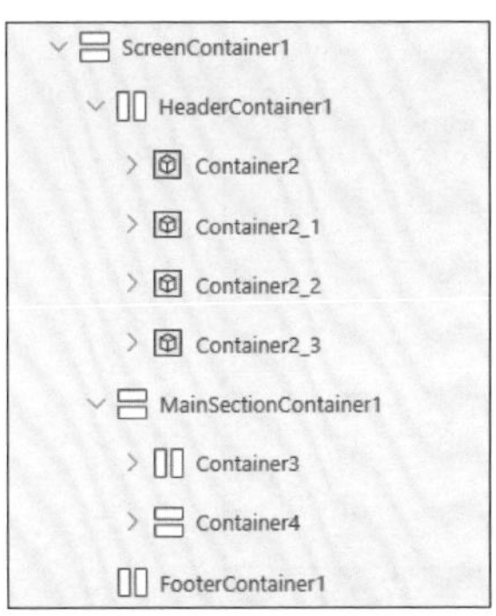

Abbildung 5.174 Ineinander verschachtelte Container geben Struktur.

Automatische Ausrichtung

Für jedes Element innerhalb des Containers gilt eine flexible Breite bei horizontalen Containern und eine flexible Höhe bei vertikalen Containern. Dieses Verhalten sorgt dafür, dass die Elemente innerhalb eines Containers immer entsprechend der Bildschirmgröße ausgerichtet werden. Eine einstellbare Mindestbreite sorgt dafür, dass keine Informationen verloren gehen (siehe Abbildung 5.175).

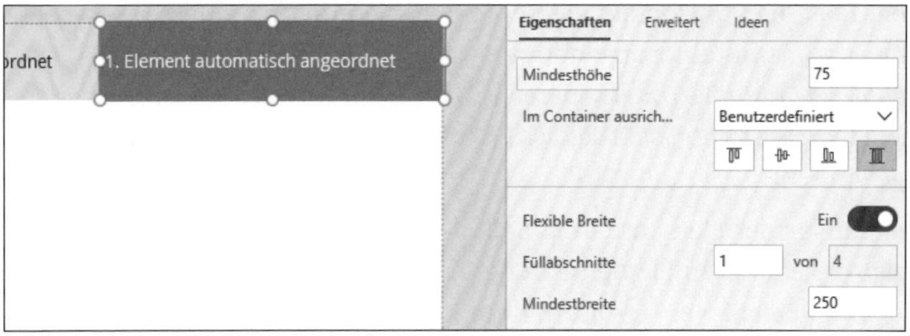

Abbildung 5.175 Jedes Element ist individuell einstellbar.

Sie können die Breiten und Höhen selbstverständlich auch komplett festlegen, sodass Ihre App den verfügbaren Platz immer optimal ausnutzt (siehe Abbildung 5.176).

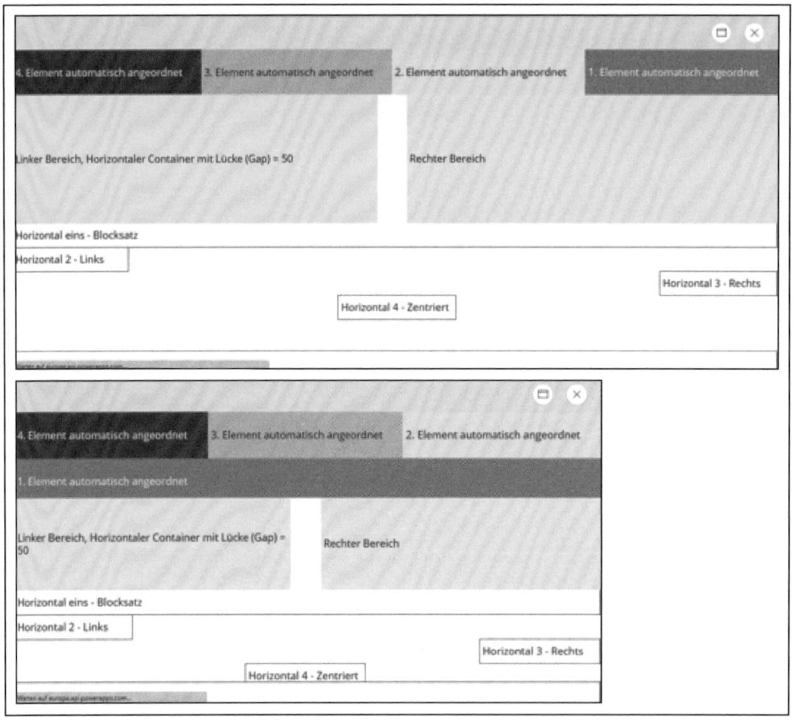

Abbildung 5.176 Layoutcontainer sind die Grundlage für responsives Design.

Wie fange ich an?

Wenn Sie sich Abbildung 5.176 ansehen und denken, dass Sie das niemals hinbekommen, kann ich Sie beruhigen, denn es ist eigentlich ganz einfach.

1. Schritt: Nehmen Sie sich ein Blatt Papier.
2. Schritt: Zeichnen Sie dort Ihre grobe App-Struktur auf, so wie in Abbildung 5.177.

Abbildung 5.177 Ihr Plan

3. Schritt: Umrahmen Sie die einzelnen Elementgruppen.

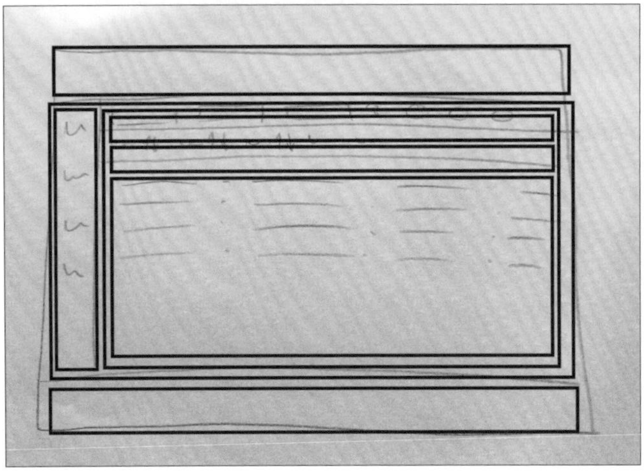

Abbildung 5.178 Ihr Layout

4. Schritt: Übertragen Sie das Layout vom Blatt in die App.

Nun ist klar, wo Sie horizontale und vertikale Bereich haben, und Sie können Ihre Container-Struktur entsprechend anpassen.

5.2.26 Diagramme

Wenn Sie Daten visualisieren wollen, dann muss es nicht gleich Power BI sein, wenngleich Sie auch diese wunderbare Software in Ihre Power App integrieren können, wie Sie gleich sehen werden. Power Apps verfügt aber bereits ohne fremde Hilfe über drei integrierte Diagrammtypen, die Sie in Ihren Apps nutzen können:

- Säulendiagramme (siehe Abbildung 5.179)
- Liniendiagramme (siehe Abbildung 5.180)
- Kreisdiagramme (siehe Abbildung 5.181)

Sie finden die Diagramme im Power Apps Studio unter EINFÜGEN im Bereich DIAGRAMME.

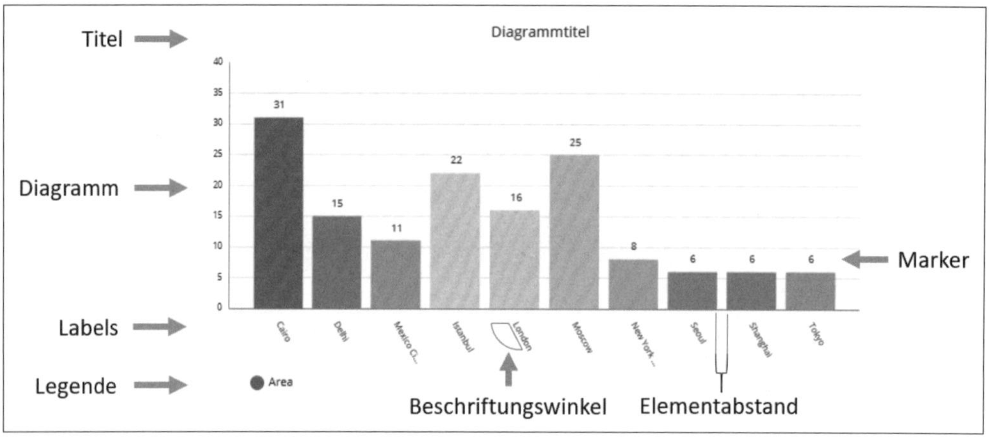

Abbildung 5.179 Aufbau eines Säulendiagramms

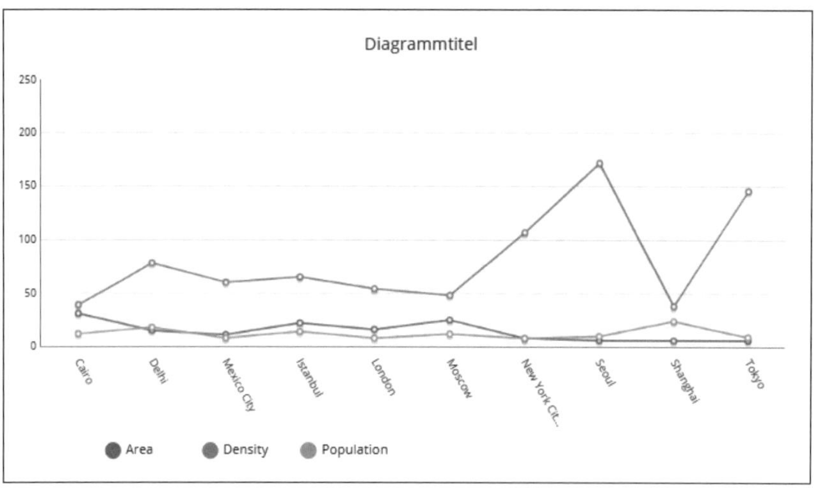

Abbildung 5.180 Beispiel eines Liniendiagramms

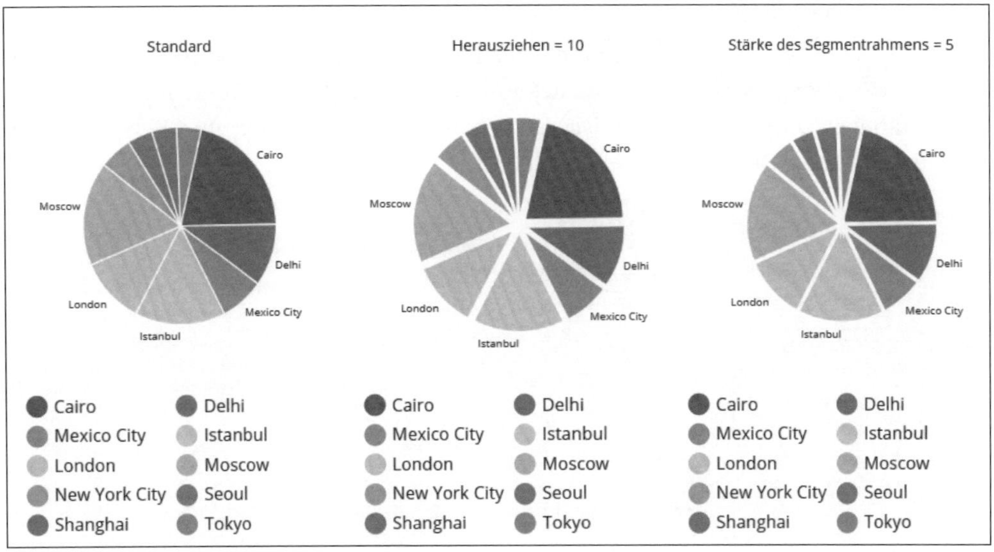

Abbildung 5.181 Beispiele für Kreisdiagramme

Allgemeiner Aufbau

Den Aufbau der Diagramme können Sie mit verschiedenen Optionen genau steuern.

Layout

Säulen-, Kreis- und Liniendiagramme funktionieren allesamt sehr ähnlich (siehe Abbildung 5.182). Alle drei bestehen aus einer Gruppe von Einzelelementen für

- die Überschrift,
- die Legende und
- die spezifische Diagrammkomponente.

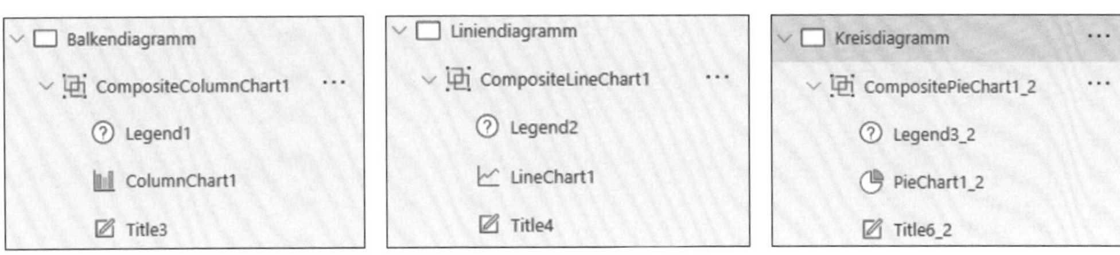

Abbildung 5.182 Aufbau der drei Standard-Diagrammtypen

Das bedeutet auch, dass Sie Anpassungen an einem Diagramm an dem jeweils dafür vorgesehenen Element durchführen müssen. Möchten Sie den Titel ändern, müssen Sie das Beschriftungselement anpassen, Änderungen an der Legende erfolgen im entsprechenden Element.

Datenquelle (Items)

Die Daten beziehen alle Diagrammarten über die `Items`-Eigenschaft, die mit einer Beispiel-Datenquelle versehen ist (siehe Abbildung 5.183). Diese können Sie selbstverständlich durch jede tabellarisch aufgebaute Datenquelle wie zum Beispiel SharePoint-Listen, Dataverse-Tabellen oder SQL-Tabellen austauschen.

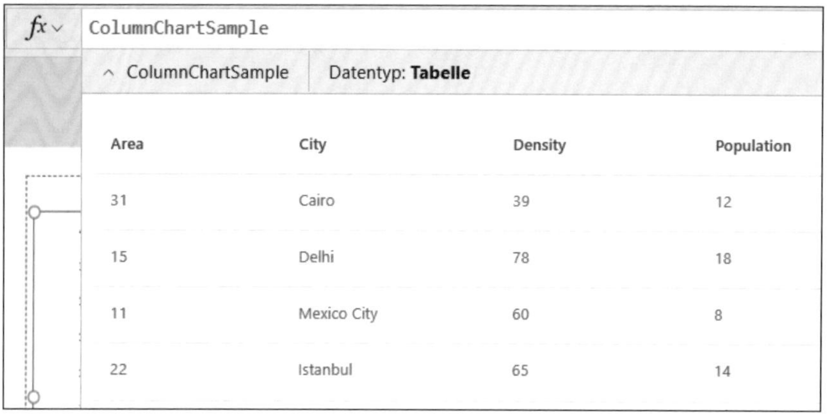

Abbildung 5.183 Beispiel-Datenquelle eines Balkendiagramms

Daten

Nach der Datenbindung über die `Items`-Eigenschaft müssen Sie festlegen, welche Daten Ihrer Datenquelle, konkret welche Spalte Ihrer Datenquelle, für die Label auf der X-Achse genutzt werden und welche Sie als Balken, Linie oder Kreissegment visualisieren wollen.

Diese Einstellung nehmen Sie im Bereich DATEN in den ERWEITERTEN EIGENSCHAFTEN der Diagrammkomponente vor (siehe Abbildung 5.184).

Abbildung 5.184 Konfiguration der Daten eines Diagramm-Elements

ITEMS referenziert auf die Datenquelle, LABELS auf die Spalte der Datenquelle, die Sie zur Anzeige nutzen wollen, und SERIES 1-10 auf die Spalten der Datenquelle, die Sie visualisieren wollen. (Kreisdiagramme haben nur eine Serie!)

Die Anzahl an Datenreihen, die Sie visualisieren wollen, bestimmen Sie über die Eigenschaft ANZAHL VON REIHEN im Eigenschaften-Reiter. Da Kreisdiagramme nur eine Datenreihe anzeigen können, existiert die Einstellung dort nicht. In der Eigenschaftenliste finden Sie diese Eigenschaft unter dem Namen `NumberOfSeries`. Aus dem hier eingestellten Wert ergibt sich nicht nur die Anzahl von visualisierten Datenreihen, sondern auch die Anzahl von Elementen in der Legende.

Legende

Jedes Diagramm stellt die Spaltennamen in der nur lesbaren Eigenschaft `SeriesLabels` zur Verfügung. `SeriesLabels` ist eine einspaltige Tabelle, die an die `Items`-Eigenschaft der Legende gebunden wird. Da Spaltennamen oftmals eher technischer Natur und wenig sprechend sind, können Sie hier auch eine eigene einspaltige Tabelle anbinden.

Tauschen Sie in der `Items`-Eigenschaft der Legende den Code `LineChart1.SeriesLabels` gegen den folgenden Code aus, so besteht die Legende aus Namen von Donalds Neffen:

```
["Tick";"Trick";"Track"]
```

Ereignisse

Die Gruppe, die die einzelnen Diagramm-Elemente zusammenhält, verfügt über keine spezifischen Ereignisse. Das Beschriftungs- sowie das Diagrammelement verfügen über ein `OnSelect`-Ereignis, auf das Sie reagieren können.

Weitere Einstellmöglichkeiten

Die weiteren Optionen fasse ich Ihnen kurz zusammen:

- `RasterStil` (`GridStyle`)
  - Anzeige von beiden Achsen: `GridStyle.All`
  - Achsen ausblenden: `GridStyle.None`
  - Nur X-Achse anzeigen: `XOnly`
  - Nur Y-Achse anzeigen: `YOnly`
- `Marker` (Markers)
  - Säulendiagramme: Anzeige der Werte über den Säulen, wenn `true`.
  - Liniendiagramme: Anzeige des Y-Werts als Kreis, wenn `true`.
  - Legen Sie außerdem den Elementabstand mit der Option `ItemsGap` fest.

- Abstand zwischen den Säulen (nur Säulendiagramme)
  - Der Mindestwert für Reihenachse `SeriesAxisMin` bestimmt den Mindestwert der Y-Achse.
  - Der Höchstwert für Reihenachse `SeriesAxisMax` bestimmt den Höchstwert der Y-Achse.
- Der X-Beschriftungswinkel `XLabelAngle` bestimmt den Neigungswinkel der Beschriftungen an der X-Achse (Standard 60).
- Der Y-Beschriftungswinkel `YLabelAngle` bestimmt den Neigungswinkel der Beschriftungen an der Y-Achse (Standard 60).
- Das Herausziehen mit `Explode` zieht die Einzelsegmente des Kreises heraus.
- Die Beschriftungen werden mit `ShowLabels` an den Segmenten angezeigt, analog zur Eigenschaft `Markers` bei Säulen- und Liniendiagrammen.
- Die Position der Bezeichnung `LabelPosition.Inside` zieht die Beschriftung in die Segmente hinein.
- Die Stärke des Segmentrahmens wird über die Option `ItemBorderThickness` festgelegt.
- Die Rahmenfarbe für einzelne Segmente legt `ItemBorderColor` fest.

Power BI-Kachel

Wenn es dann doch der professionelle interaktive Bericht sein soll, können Sie Ihr Power BI-Dashboard in eine Canvas App einbinden. Wählen Sie dazu die Power BI-Kachel aus dem Bereich DIAGRAMME Ihrer Steuerelement-Auswahl, so wie in Abbildung 5.185.

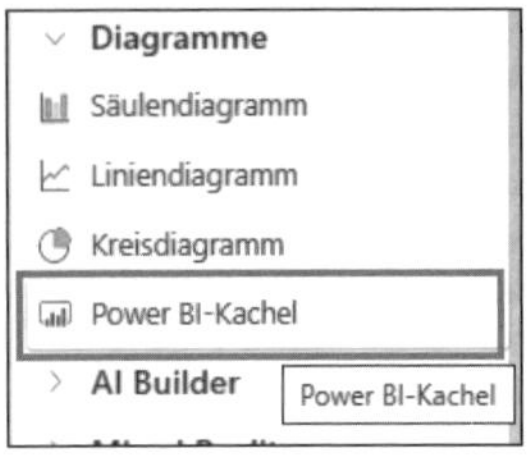

Abbildung 5.185 Power BI-Kachel auswählen

Sobald Sie die Kachel auf Ihrem Zeichenbereich platziert haben, öffnet sich der Datenbereich auf der rechten Bildschirmseite. Hier geben Sie den Arbeitsbereich, das Dashboard und die Kachel aus Power BI an, die Sie in Ihre App einbinden wollen (siehe Abbildung 5.186).

Wenn Sie die Parameter alle eingestellt haben, dauert es einen kleinen Augenblick, und Ihre Power BI-Kachel füllt sich mit einem interaktiven Report, beispielsweise so wie in Abbildung 5.187.

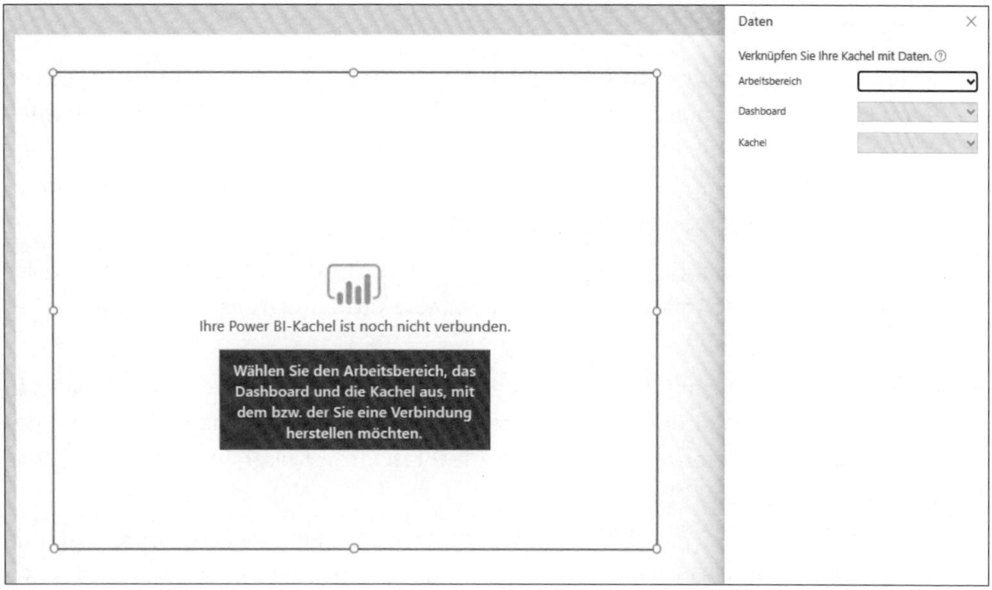

Abbildung 5.186 Die leere Power BI-Kachel

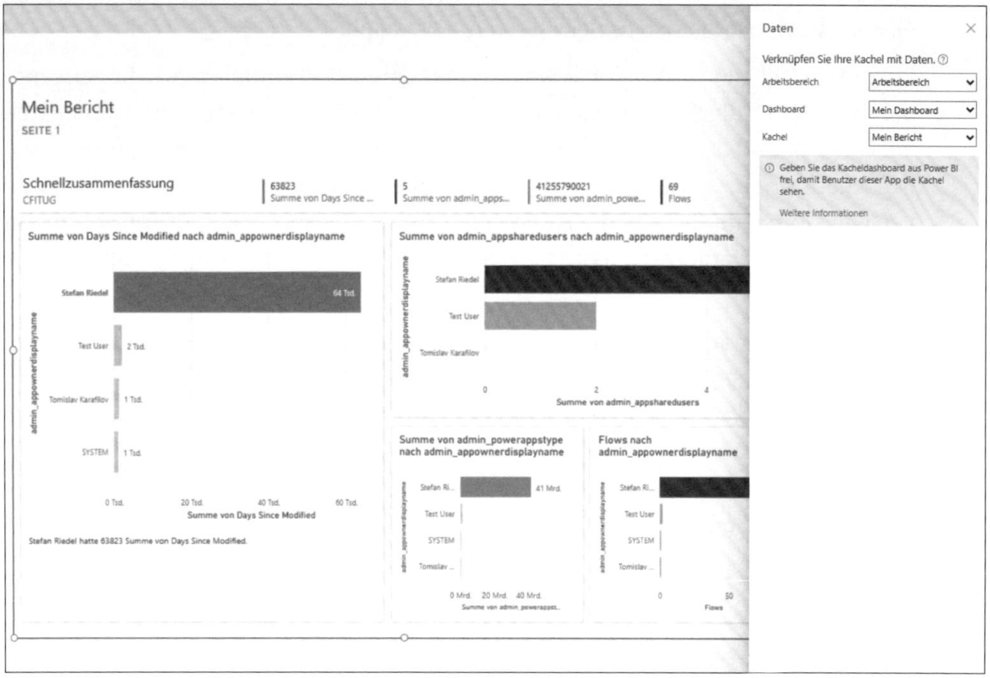

Abbildung 5.187 Konfigurierte Power BI-Kachel

5.3 Komponenten

Sie haben bis jetzt die wichtigsten Steuerelemente einer Power App kennengelernt, um eine ansprechende App zu erstellen. Wenn Sie nun loslegen und eine App mit – sagen wir mal – zehn Bildschirmen mit einem Menü, einer Kopfzeile mit ein paar Benutzerinformationen und eventuell noch einer Fußzeile mit der Versionsnummer erstellen, werden Sie Folgendes durchmachen:

1. Die ersten beiden Bildschirme sind aufregend, Sie sind sich noch nicht ganz im Klaren, wie genau alles aussehen soll, aber Sie klicken sich alles zusammen, wie es Ihnen gefällt. Toll!
2. Bei den Bildschirmen 3 und 4 denken Sie sich, dass Copy & Paste bestimmt auch in Power Apps funktioniert. Also fangen Sie an, die Kopfzeile, die Fußzeile und das Menü zu markieren und zu kopieren. Die Bildschirme 5 bis 9 sind im Nu fertig! Was für eine Software! Klasse!
3. Auf Bildschirm 10 fällt Ihnen ein, dass die Schriftgrößen, die Farben, die Abstände und die Symbole doch nicht so toll sind, und stellen bei der Korrektur fest, dass Sie das für alle anderen Bildschirme ja auch nochmal anfassen müssen. Och nööö!

Falls Sie das schon durchhaben, weil Sie nicht warten konnten, dann seien Sie sicher, dass ich weiß, wie Sie sich fühlen. Sie sind nicht allein!

Für diesen Fall gibt es *Komponenten*. Komponenten sind komplexe wiederverwendbare Bausteine, die Sie sich aus den vorhandenen Steuerelementen zusammenstellen können. Und damit die Entwicklung nicht *von*, sondern *mit* Komponenten möglichst komfortabel wird, können Sie diese Bausteine noch mit eigenen Eigenschaften versehen, um zum Beispiel die Farbgebung zu beeinflussen, die Schriftgröße zu ändern oder Teile der Komponente in Abhängigkeit der Benutzerrolle ein- oder auszublenden.

Sie können aber auch eigene Komponenten programmieren, die über die Möglichkeiten der hier beschriebenen eher komponierten Komponenten weit hinausgehen. Sie heißen *PCF-Komponenten* und basieren auf dem namensgebenden *Power Apps Component Framework*, das Ihnen die Erstellung von sehr komplexen Komponenten erlaubt. Dieses Thema ist für sich schon sehr komplex und würde sicherlich ein kleines Büchlein füllen.

Sie nutzen Komponenten,

- um die Entwicklung zu beschleunigen,
- um die Wartbarkeit zu erhöhen,
- um ein einheitliches Erscheinungsbild zu schaffen und
- um fehlende Steuerelemente zu erschaffen.

5.3.1 Eine Komponente erstellen

Um eine Komponente für Ihre Apps zu erstellen, wechseln Sie in die Strukturansicht Ihrer App. Dort finden Sie den Reiter KOMPONENTEN, der die Baumansicht Ihrer App ausblendet und dafür eine Liste vorhandener Komponenten anzeigt (siehe Abbildung 5.188).

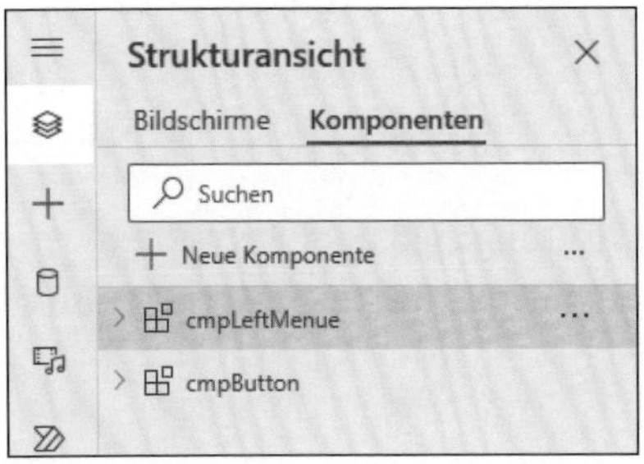

Abbildung 5.188 Der Reiter »Komponenten«

Klicken Sie auf NEUE KOMPONENTE, öffnet sich ein Zeichenbereich, etwas kleiner, als Sie ihn aus der Canvas-App-Entwicklung kennen. Dort platzieren Sie die Bausteine, die Sie für Ihre Komponenten benötigen, genauso, wie Sie es aus der App-Entwicklung kennen. Schauen Sie auf die Strukturansicht, werden Sie feststellen, dass eine Komponente strukturell einem Bildschirm gleicht.

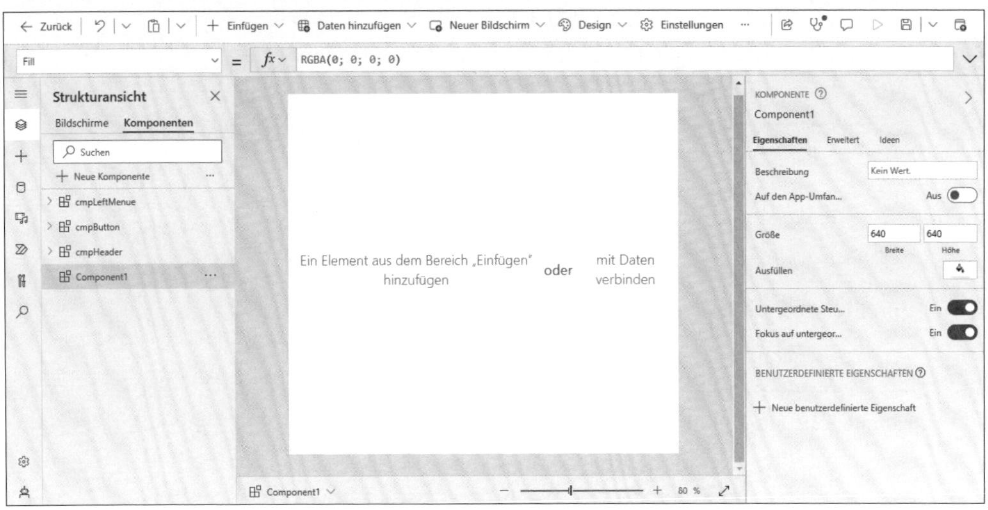

Abbildung 5.189 Der Zeichenbereich einer Komponente

Lassen Sie uns nun einen Bildschirmkopf bauen, wie in Abbildung 5.190 zu sehen. Erstellen Sie also eine neue Komponente, und platzieren Sie einen horizontalen Container über EINFÜGEN • LAYOUT • HORIZONTALER CONTAINER auf Ihrer Canvas.

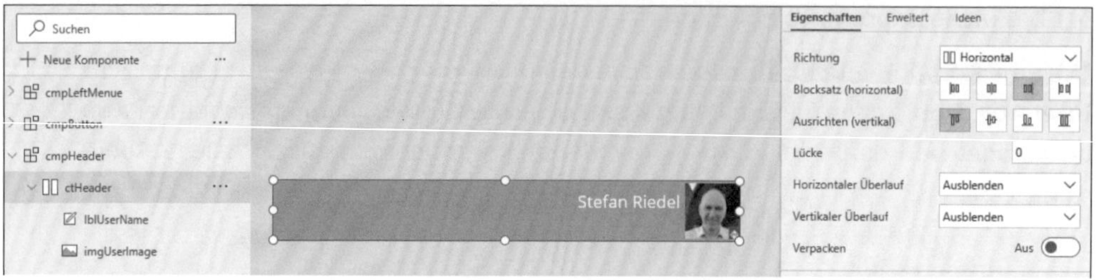

Abbildung 5.190 Struktur einer Komponente

In den Container setzen Sie nun zunächst ein Beschriftungsfeld über EINFÜGEN • ANZEIGE • BESCHRIFTUNG sowie ein Bild-Steuerelement über EINFÜGEN • MEDIEN • BILD.

5.3.2 Die Bestandteile konfigurieren

Konfigurieren Sie die einzelnen Elemente wie folgt:

Name	Wert
Name	`cmpHeader`
Breite (`Width`)	`App.Width`
Höhe (`Height`)	60

Tabelle 5.37 Einstellungen für die Komponente »cmpHeader«

Name	Wert
Blocksatz (`LayoutJustifyContent`)	Endzeit (End)
Name	`ctHeader`
Breite (`Width`)	`Parent.Width`
Höhe (`Height`)	60

Tabelle 5.38 Einstellungen für den Container »ctHeader«

Name	Wert
Name	`lblUserName`
Textausrichtung (`Align`)	Rechts ausrichten (`Right`)

Tabelle 5.39 Einstellungen für die Beschriftung »lblUserName«

Name	Wert
Höhe (Height)	40
Im Container ausrichten (AlignInContainer)	Nach Container ausrichten (SetByContainer)
Flexible Breite (FillPortions)	Aus (0)
Breite (Width)	150

Tabelle 5.39 Einstellungen für die Beschriftung »lblUserName« (Forts.)

Name	Wert
Name	imgUserImage
Image	User().Image
Höhe (Height)	40
Im Container ausrichten (AlignInContainer)	Nach Container ausrichten (SetByContainer)
Flexible Breite (FillPortions)	Aus (0)
Breite (Width)	56
Höhe (Height)	60

Tabelle 5.40 Einstellungen für das Bild »imgUserImage«

5.3.3 Die Komponente verwenden

Nun wechseln Sie auf die Strukturansicht Ihrer App über den Reiter BILDSCHIRME und platzieren die neue Komponente auf dem Zeichenbereich. Hierzu wählen Sie EINFÜGEN • BENUTZERDEFINIERT • CMPHEADER, wie in Abbildung 5.191 zu sehen.

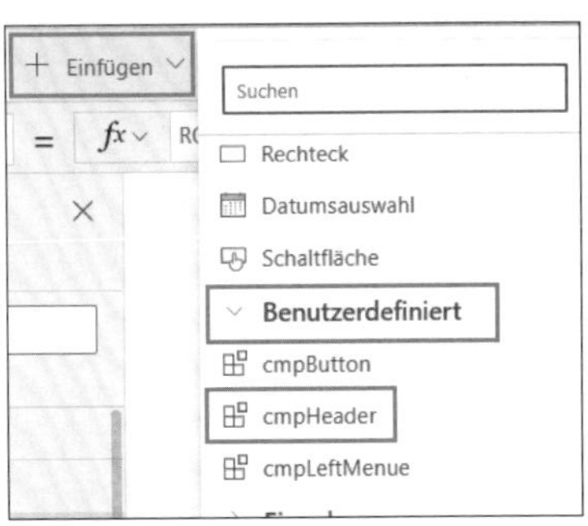

Abbildung 5.191 Einfügen von Komponenten

Ihre Komponente befindet sich nun auf dem Zeichenbereich und füllt die komplette Breite aus. Ihre Kopfzeile ist nun fertig.

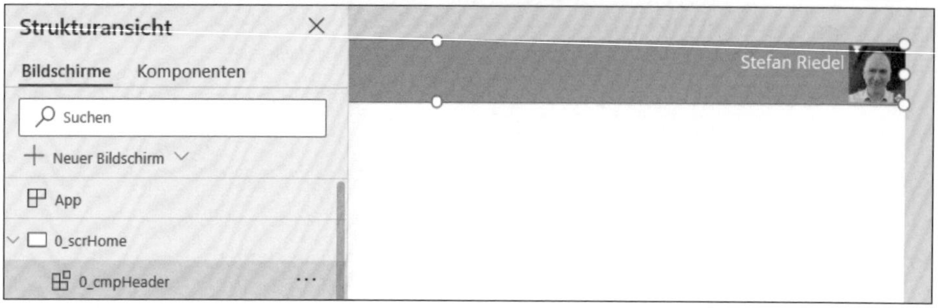

Abbildung 5.192 Die Komponente ist fertig.

Möchten Sie eine Änderung vornehmen, wechseln Sie wieder in den Komponentenbereich und führen Ihre Änderung durch, die sich sofort auf allen Bildschirmen durchzieht.

5.3.4 Ihre Komponente um Eigenschaften erweitern

Sie haben soeben eine Komponente für den Kopfbereich Ihrer App entwickelt und können diese auf allen Ihren Bildschirmen platzieren, sodass Sie überall eine einheitliche Gestaltung bekommen, ohne jeden Header einzeln anfassen zu müssen. Das hat jedoch einen Nachteil: Wenn jetzt alle Seiten gleich aussehen, wissen die Benutzerinnen und Benutzer nicht wirklich, wo sie eigentlich gerade sind. Etabliert hat sich ein Seitentitel, der schnell über den aktuellen Kontext informiert und der so die Navigation durch die App einfacher und übersichtlicher macht. Da dieser Kontext von Bildschirm zu Bildschirm variiert, benötigen wir die Möglichkeit der Einflussnahme auf die Darstellung der Komponente.

Das Zauberwort sind hier *Benutzerdefinierte Eigenschaften*, die es in zwei Ausprägungen gibt (na ja, eigentlich drei, aber dazu später mehr):

- Eingabe-Eigenschaften
- Ausgabe-Eigenschaften

Eingabe-Eigenschaften

Die Bezeichnung lässt es erahnen: Eingabe-Eigenschaften erlauben es, Daten von der App in die Komponente zu senden. Die Komponente kann auf die Daten reagieren und ihr Aussehen oder Verhalten auf den Datenkontext anpassen.

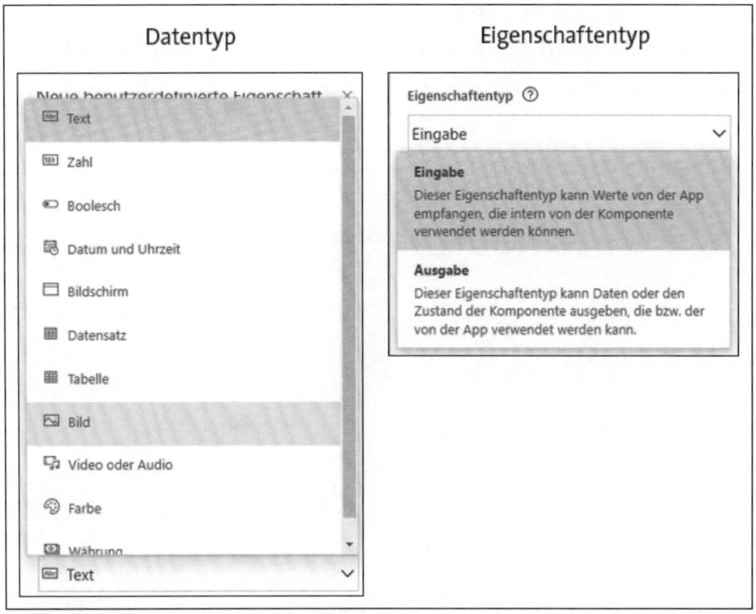

Abbildung 5.193 Eigenschaftentypen und Datentypen einer benutzerdefinierten Eigenschaft

Ausgabe-Eigenschaften konfigurieren

Ausgabe-Eigenschaften erlauben es der App, Daten aus der Komponente zu beziehen und diese weiterzuverwenden. Stellen Sie sich vor, Sie nutzen eine Komponente, um eine Adresseneingabe als wiederverwendbares Element zu gestalten. Ohne Ausgabe-Eigenschaften würden Sie diese Daten niemals auslesen können.

Lassen Sie uns die Kopfkomponente nun um eine Eingabe-Eigenschaft erweitern, um einen Bildschirmtitel anzuzeigen.

Wechseln Sie wieder auf den Reiter Komponenten, selektieren Sie dort die Komponente cmpHeader, und wählen Sie im Eigenschaftenbereich aus Abbildung 5.194 die Funktion Neue benutzerdefinierte Eigenschaft.

Um eine benutzerdefinierte Eigenschaft zu erstellen, benötigen Sie zunächst einen Anzeigenamen, einen Namen sowie eine Beschreibung. Der Name wird in der Eigenschaftenliste angezeigt, der Anzeigename als Beschriftung im Eigenschaftenbereich auf der rechten Bildschirmseite. Die Beschreibung finden Sie bei den erweiterten Eigenschaften ebenfalls als Tooltipp.

Entscheidend für die Funktion sind die folgenden beiden Eigenschaften:

- der Eigenschaftentyp, also die Frage, ob Daten aus der Komponente gelesen oder in sie hineingeschrieben werden sollen

- der Datentyp, also die Frage, ob es sich um Text, eine Farbe, einen Datensatz oder sonst etwas handelt; die verfügbaren Datentypen können Sie Abbildung 5.193 entnehmen

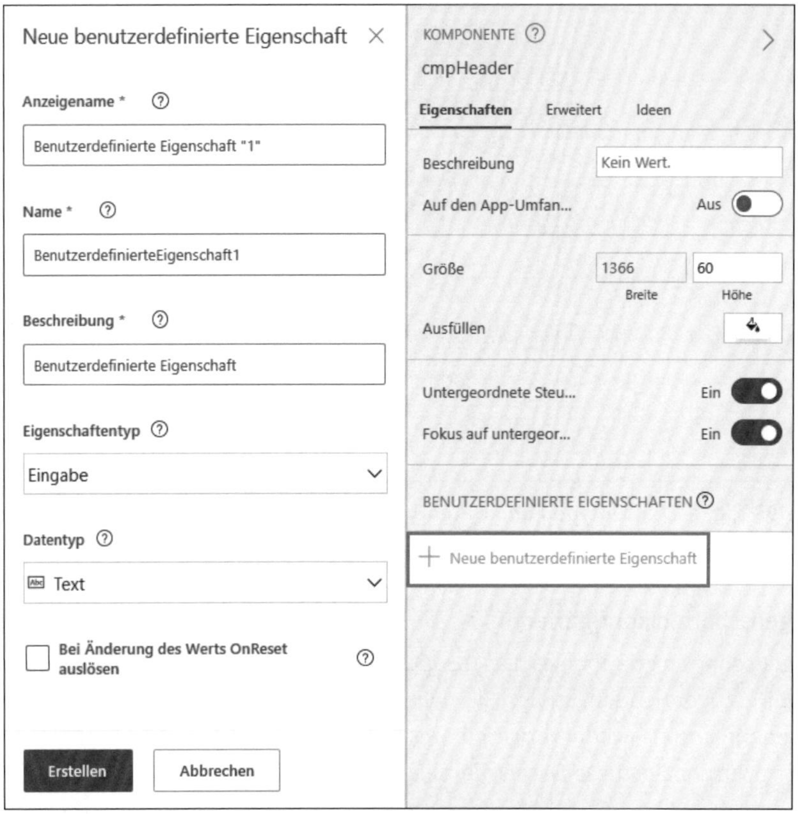

Abbildung 5.194 Eigenschaften einer benutzerdefinierten Eigenschaft

Setzen Sie die Eigenschaften wie folgt:

Name	Wert
Anzeigename	Bildschirmtitel
Name	Bildschirmtitel
Beschreibung	Titel des Bildschirms

Tabelle 5.41 Einstellungen einer benutzerdefinierten Eigenschaft

Die Punkte EIGENSCHAFTENTYP und DATENTYP lassen Sie bei der Grundeinstellung, denn wir wollen einen Text (Datentyp) anzeigen, den wir aus der App in die Komponente hineingeben, was den Eigenschaftentyp festlegt.

Das Kontrollkästchen Bei Änderung des Werts OnReset auslösen sorgt dafür, dass die Komponente neu initialisiert wird, sobald die Eigenschaft geändert wird. Das spielt für uns jetzt keine Rolle. Vollenden Sie die Erstellung der Eigenschaft durch Betätigung der Schaltfläche Erstellen.

Ihre neue Eigenschaft wird nun im Eigenschaftenbereich auf der rechten Bildschirmseite mit ihrem Namen und dem Datentyp aufgeführt. Selektieren Sie den Datentyp, öffnet sich die Eigenschaftendefinition, in der Sie auch einen Link finden, um die Eigenschaft wieder zu löschen.

Ebenso finden Sie Ihre Eigenschaft auch in der Eigenschaftenliste Ihrer Komponente.

Fügen Sie nun eine Beschriftung in Ihre Komponente ein. Nutzen Sie die Funktion Neu anordnen aus dem Kontextmenü der Beschriftung, um sie an die oberste Stelle innerhalb des Containers zu setzen (siehe Abbildung 5.195). Die weiteren Eigenschaften konfigurieren Sie nach den Vorgaben aus Tabelle 5.42.

Name in der Eigenschaftenliste (Name im Eigenschaftenbereich)	**Wert (Einstellung im Eigenschaftenbereich)**
Name	`lblTitle`
`AlignInContainer` (Im Container ausrichten)	`Stretch` (Gestreckt)
`FillPortions` (Flexible Breite)	`1` (Ein)
`Align` (Textausrichtung)	`Center` (Zentriert)

Tabelle 5.42 Vorgaben für »cmpHeader«

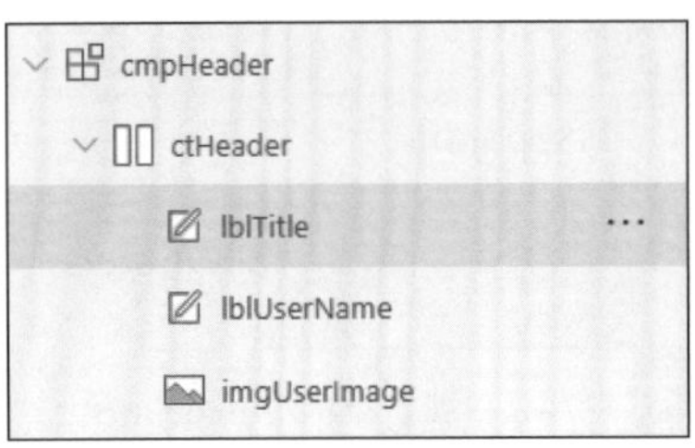

Abbildung 5.195 Anordnung der Elemente innerhalb des Containers

Nun verbinden Sie die Beschriftung mit der vorhin erstellten Eigenschaft. Wechseln Sie dafür in die Eigenschaft Text der Beschriftung `lblTitle`, und fügen Sie dort den folgenden Ausdruck ein:

```
cmpHeader.Bildschirmtitel
```

Speichern Sie die Komponente, und wechseln Sie zu dem Bildschirm, in dem Sie die Komponente eingefügt haben. Selektieren Sie dort die Komponente, und wählen Sie die Eigenschaft BILDSCHIRMTITEL aus. Tragen Sie in das Codefenster nun den Text ein, der Ihren Bildschirm am besten betitelt, vergessen Sie aber die Anführungszeichen nicht.

Herzlichen Glückwunsch. Sie haben eine konfigurierbare Komponente erstellt. Ich empfehle Ihnen, nun ein wenig zu experimentieren. Erweitern Sie Ihre Komponente zum Beispiel um die folgenden Eigenschaften:

- Hintergrundfarbe
- Schriftfarbe
- Schriftstärke

5.3.5 Ausgabe-Eigenschaften

Sie haben nun gesehen, wie schnell und einfach Sie wiederverwendbare Komponenten erstellen können, die Ihnen bei der Erstellung von Apps enorm Zeit sparen und für ein einheitliches Look & Feel sorgen.

Die Kopfkomponente, die Sie vorhin erstellt haben, ist schon ein guter Anfang, jedoch ist diese Komponente sehr statisch. Möchten Sie eine Komponente entwickeln, die Interaktion mit den Benutzerinnen und Benutzern zulässt, ist es sinnvoll, dass Sie sich mit den Ausgabe-Eigenschaften und Ereignissen auseinandersetzen.

Eine einfache Uhrzeitkomponente

Da es aktuell noch keine Standardelemente gibt, um Uhrzeiten vernünftig eingeben zu können, bietet sich dieser Anwendungsfall für eine einfache Implementierung an.

Erstellen Sie dazu eine neue Komponente, und fügen Sie dort die Beschriftungselemente und Dropdowns ein, wie in Abbildung 5.196 zu sehen.

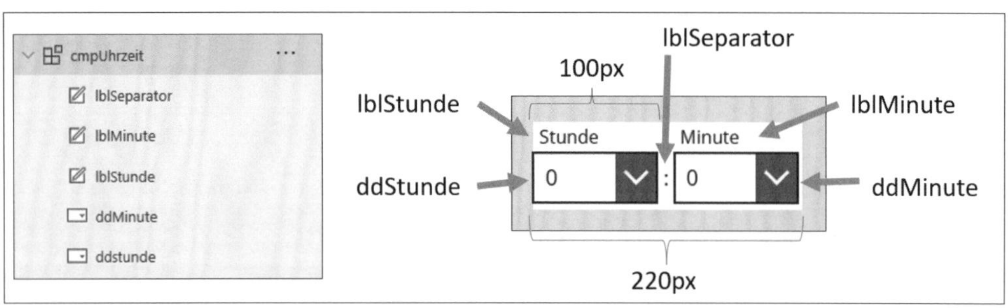

Abbildung 5.196 Eine einfache Uhrzeiteingabe

Dabei kommt es nicht so genau auf die Einhaltung der exakten Größen an, sorgen Sie aber dafür, dass der Zeichenbereich mindestens so groß ist, dass alle Elemente auf ihm liegen, ohne überzustehen.

Nun erstellen Sie zwei Eingabe-Eigenschaften vom Typ Zahl, damit Sie die Uhrzeit aus der App heraus vorbelegen können (siehe Abbildung 5.197).

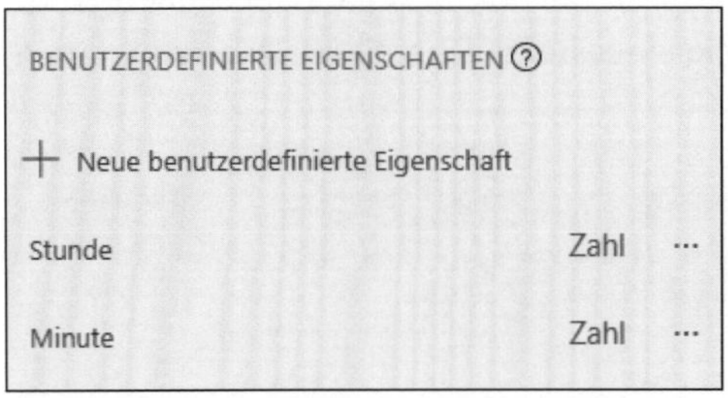

Abbildung 5.197 Eingabe-Eigenschaften, um die Uhrzeit von außen zu setzen

Konfiguration der Eingabe-Elemente

Im nächsten Schritt konfigurieren Sie die Dropdowns für die Stunden- und Minuteneingabe.

Selektieren Sie das Dropdown `ddStunde`, und wählen Sie die Eigenschaft `Items` aus der Eigenschaftenliste aus. Setzen Sie folgende Programmierzeile in das Code-Fenster, um die Stundenauswahl zu erzeugen:

```
Sequence(24;0;1)
```

Die `Sequence` haben Sie in Abschnitt 5.1.9 kennengelernt. Dieser Befehl erzeugt eine Collection mit den 24 Nummern, beginnend bei 0, bei einer Schrittweite von 1.

Fahren Sie so auch mit der Minutenauswahl, also dem Dropdown `ddMinute`, fort, und setzen Sie dort folgende Sequence ein:

```
Sequence(60;0;1)
```

Nun verbinden Sie die Eigenschaft *Default-Eigenschaften* noch mit den benutzerdefinierten Eingabe-Eigenschaften, die Sie soeben angelegt haben. Selektieren Sie dazu die Eigenschaft DEFAULT aus der Eigenschaftenliste der Dropdowns, und benutzen Sie folgenden Code, um die Eigenschaften zu verbinden. Die erste Code-Zeile verwenden Sie im Element `ddStunde`, die zweite in `ddMinute`.

```
cmpUhrzeit.Stunde //Verbindung mit der Eingabe-Eigenschaft Stunde
cmpUhrzeit.Minute //Verbindung mit der Eingabe-Eigenschaft Minute
```

Der erste Test

Wechseln Sie nun zu einem Bildschirm, und suchen Sie die soeben erstellte Komponente `cmpUhrzeit` aus den benutzerdefinierten Steuerelementen. Haben Sie die Komponente auf Ihrem Zeichenbereich platziert, können Sie eine beliebige Uhrzeit in den Eigenschaften im Eigenschaftenbereich oder auch in der Eigenschaftenliste setzen. Die Komponente passt sich sofort an und stellt die von Ihnen eingegebenen Werte ein, wie Abbildung 5.198 zeigt. Um nun die eingestellte Uhrzeit auslesen zu können, benötigen Sie eine Ausgabe-Eigenschaft.

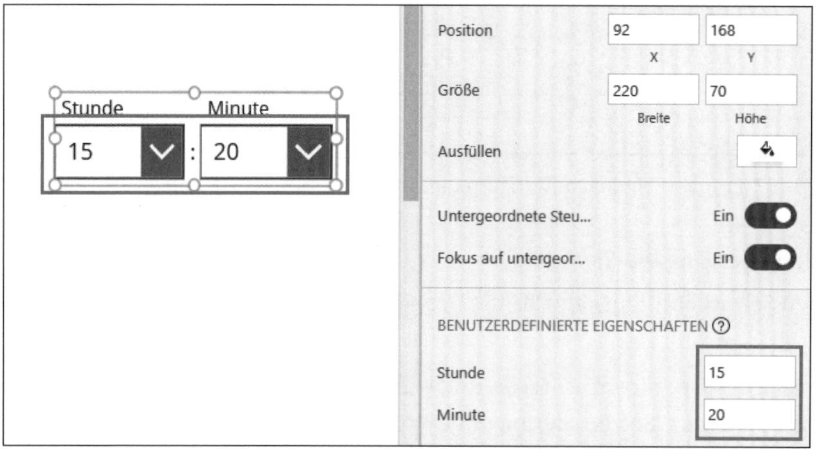

Abbildung 5.198 Stellen Sie die Default-Werte Ihrer Komponente ein.

Die Ausgabe-Eigenschaft festlegen

Damit Ihre Komponente die volle Wirkung entfalten kann, müssen Sie dafür sorgen, dass man den eingestellten Wert in der App auslesen kann, um ihn zum Beispiel in einer Datenbank zu speichern.

Hierzu erstellen Sie eine Ausgabe-Eigenschaft wie in Abbildung 5.199 dargestellt. Sobald Sie die Eigenschaft erstellt haben, steht sie auch schon in der Eigenschaftenliste zur Verfügung.

Wechseln Sie nun zu der Eigenschaft `SelectedUhrzeit`, um dort die Formel zu hinterlegen, aus der sich die Uhrzeit zusammensetzt:

```
TimeValue(
    Text(Value(ddstunde.SelectedText.Value);"00")&":"&
    Text(Value(ddMinute.SelectedText.Value);"00")
)
```

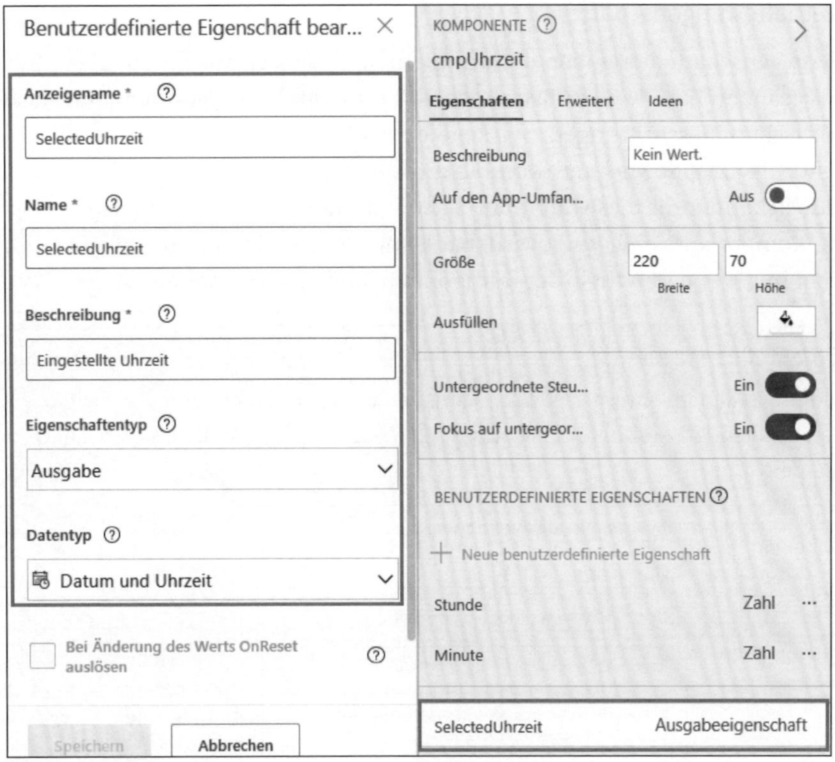

Abbildung 5.199 Konfiguration der Ausgabe-Eigenschaft

Ein zweiter Test

Wechseln Sie nun wieder auf den Bildschirm, auf dem Sie den ersten Test durchgeführt haben, platzieren Sie ein Beschriftungsfeld neben oder unter Ihrer Komponente, und legen Sie die Eigenschaft `Text` auf folgende Formel fest:

```
cmpUhrzeit_1.SelectedUhrzeit
```

Nun wählen Sie eine beliebige Uhrzeit in Ihrer Komponente. Das Beschriftungsfeld sollte dann die ausgewählte Uhrzeit im DateTime-Format anzeigen, so wie in Abbildung 5.200 zu sehen.

Abbildung 5.200 Ihre Komponente gibt die eingestellte Uhrzeit zurück.

5.3.6 Verhaltenseigenschaften

Verhaltenseigenschaften erlauben der Komponente, von sich aus mitzuteilen, dass sich etwas geändert hat. Zwar verfügen auch die Bestandteile Ihrer Komponente (also die Schaltflächen, Beschriftungen, Symbole oder Bilder) über eine `OnSelect`-Eigenschaft, und die Dropdowns und Kombinationsfelder haben eine `OnChange`-Eigenschaft, jedoch können Sie diese nur innerhalb der Komponente verarbeiten. Die App, in der die Komponente eingesetzt wird, hat keinen Zugriff darauf und bekommt es daher nicht mit, wenn innerhalb der Komponente Ereignisse auftreten.

Experimentelles Feature

Als ich diese Zeilen im Sommer 2023 geschrieben habe, waren die Verhaltenseigenschaften noch ein experimentelles Feature und mussten wie in Abbildung 5.201 aktiviert werden.

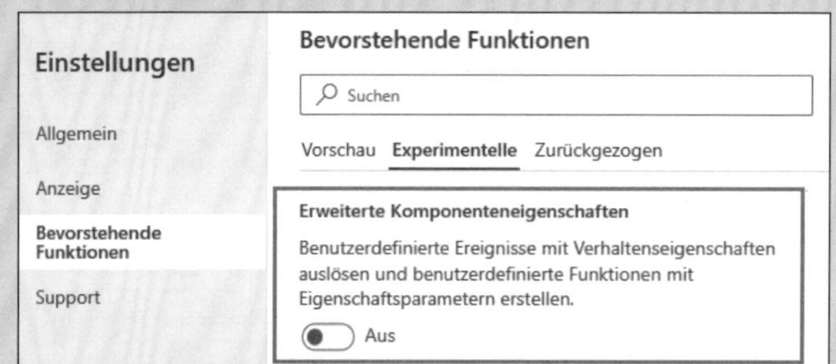

Abbildung 5.201 Einschalten der Verhaltenseigenschaften

Aus diesem Grund müssen Sie Verhaltenseigenschaften definieren, die Ereignisse innerhalb der Komponente nach außen verfügbar machen, sodass die App darauf reagieren kann. Um es etwas greifbarer zu machen, stellen Sie sich eine Verhaltenseigenschaft wie die Abteilung für Kommunikation in Ihrem Unternehmen vor. Gibt es etwas, was die Außenwelt erfahren soll, so gibt es eine Mitteilung, in diesem Fall über die Eigenschaft.

Verhaltenseigenschaften bestehen zum einen aus einem aussagekräftigen Namen wie zum Beispiel `OnSelect` oder `OnChange` und aus Eigenschaften, die das Verhalten beschreiben, wenn zum Beispiel eine Schaltfläche bedient wurde oder sich ein Datum des Kalender-Steuerelements geändert hat.

Zum anderen verfügen diese Eigenschaften über Parameter, die in der App abgefragt werden können. Doch dazu gleich mehr.

In diesem Beispiel soll darauf reagiert werden, wenn eine Benutzerin oder ein Benutzer eine Uhrzeit einstellt und dies mit einem Klick auf ein Symbol bestätigt. Also habe ich mich für den Namen `OnTimeSelected` vom Typ `Boolesch` entschieden, wie Sie es in Abbildung 5.202 sehen.

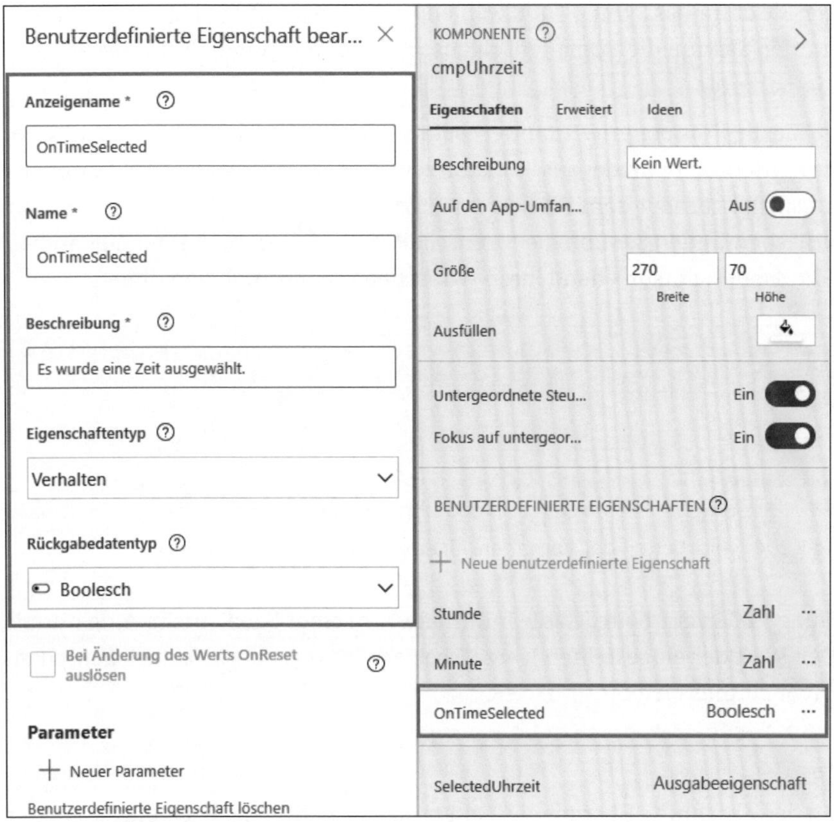

Abbildung 5.202 Erstellen einer Verhaltenseigenschaft

Erweitern Sie Ihre Komponente nun um ein passendes Symbol oder eine Schaltfläche, die die User betätigen sollen, sobald sie die Uhrzeit eingestellt haben.

Nun müssen Sie das Ereignis, dass jemand auf die Diskette geklickt hat, nach außen verfügbar machen, indem Sie aus dem `OnSelect` des Symbols Ihre soeben erstellte Verhaltenseigenschaft aufrufen, wie es in Abbildung 5.203 zu sehen ist.

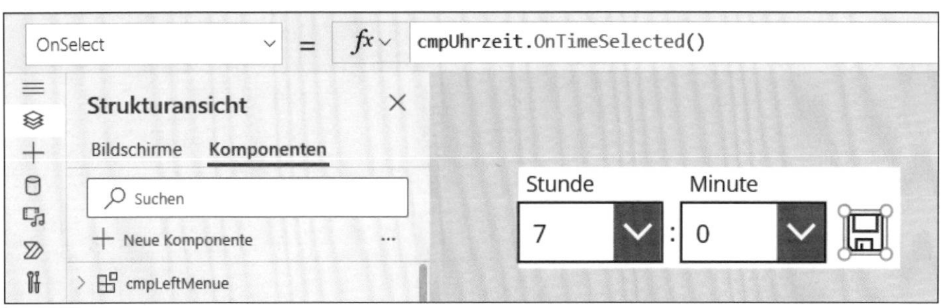

Abbildung 5.203 Ein Klick auf die Diskette muss an die Verhaltenseigenschaft kommuniziert werden.

Selektieren Sie dafür das Symbol, und wählen Sie `OnSelect` aus der Eigenschaftenliste aus. Dort rufen Sie nun die Verhaltenseigenschaft der Komponente auf, also `cmpUhrzeit.OnTimeSelected`.

Speichern Sie die Komponente, und wechseln Sie nun zurück in Ihre App. Dort wählen Sie die Komponente wieder aus – es kann sein, dass Sie sie über EINFÜGEN und BENUTZERDEFINIERT erneut dem Bildschirm hinzufügen müssen. So wie das `OnSelect` bei Schaltflächen finden Sie nun die Eigenschaft `OnTimeSelected` in Ihrer Eigenschaftenliste, die Sie nun entsprechend Ihren Wünschen programmieren können.

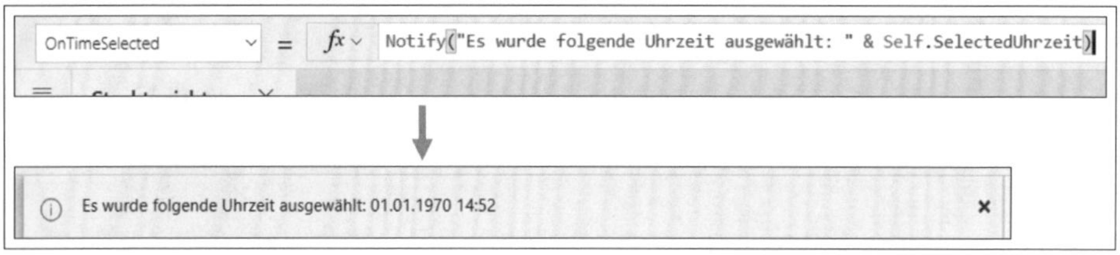

Abbildung 5.204 Verarbeiten der Verhaltenseigenschaft innerhalb der App

In Abbildung 5.204 verarbeite ich die Information zu einer Benachrichtigung mittels `Notify`. Den Wert der eingestellten Uhrzeit beziehe ich aus der Ausgabe-Eigenschaft, die wir zuvor definiert haben.

Parameter

Zu Beginn des Abschnitts über die Verhaltenseigenschaften habe ich die Parameter angesprochen, die Sie mit einer Verhaltenseigenschaft definieren können.

In Abbildung 5.205 habe ich einen Parameter `Uhrzeit` erstellt, der innerhalb der App abgefragt werden soll. In diesem Fall habe ich den Parameter als erforderlich deklariert, da es hier meiner Meinung nach immer eine eingestellte Zeit geben muss.

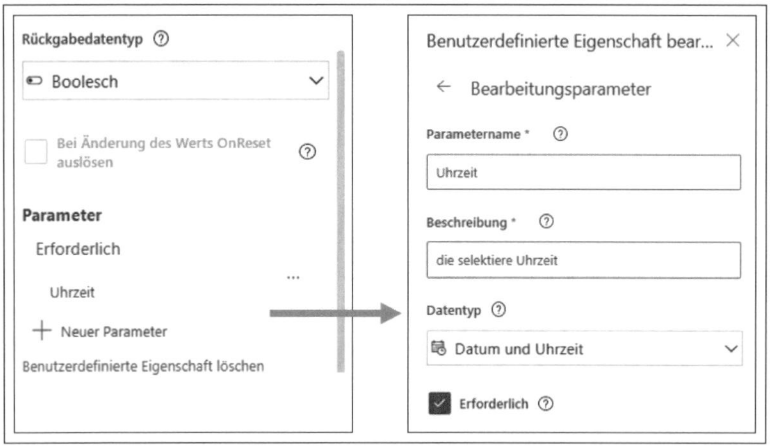

Abbildung 5.205 Einen Parameter für eine Verhaltenseigenschaft erstellen

Sobald Sie damit fertig sind, erfordert die Verhaltenseigenschaft `OnTimeSelected` den Parameter Uhrzeit (siehe Abbildung 5.206) und zeigt in der `OnSelect`-Eigenschaft des Symbols einen Fehler an, da Sie den Parameter bislang nicht in Ihrem Funktionsaufruf berücksichtigt haben. Beachten Sie auch die Funktionsdokumentation für `OnTimeSelected`, in der der Parameter Uhrzeit ebenfalls mit aufgeführt ist.

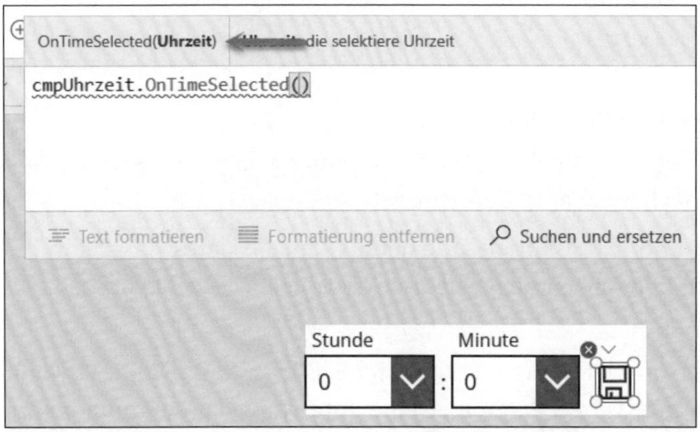

Abbildung 5.206 Die OnSelect-Eigenschaft vermisst den neuen Pflichtparameter.

Kopieren Sie nun den Code der Ausgabe-Eigenschaft `SelectedUhrzeit` in den Aufruf der Eigenschaft `OnTimeSelected`, wie in Abbildung 5.207 zu sehen, und wechseln Sie wieder zu Ihrer App.

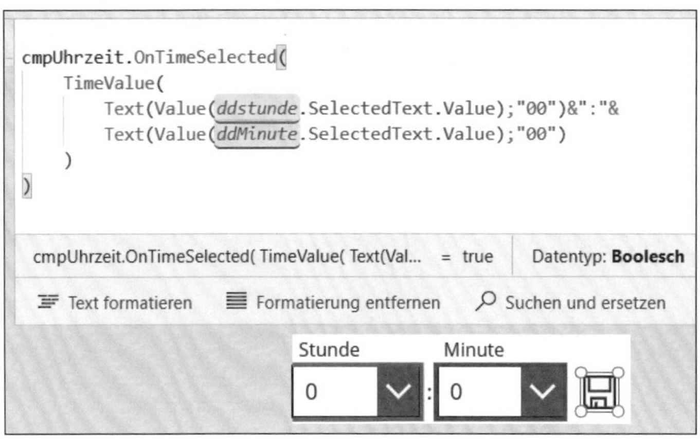

Abbildung 5.207 Die ausformulierte OnSelect-Eigenschaft

Da Sie die Uhrzeit als erforderlichen Parameter mit in den Aufruf der Verhaltenseigenschaft integriert haben, können Sie ihn in der App direkt auslesen (siehe Abbildung 5.208).

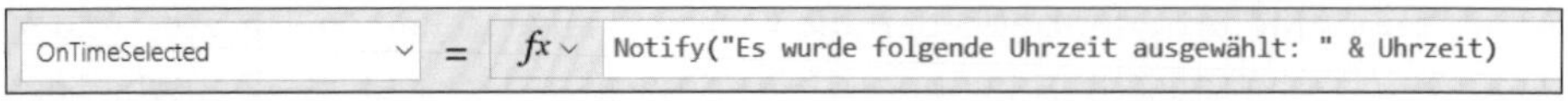

Abbildung 5.208 Auslesen der Uhrzeit

Klicken Sie nun auf die Diskette der Komponente auf Ihrem App-Bildschirm, und Sie bekommen wieder die selektierte Uhrzeit zu sehen, wie bei der Verwendung der Ausgabe-Eigenschaft `SelectedUhrzeit`.

Parameter versus Ausgabe-Eigenschaft

Sie haben nun zwei Wege kennengelernt, Werte aus einer Komponente in der App verfügbar zu machen, doch welcher ist der richtige?

Wir haben es in der Community diskutiert, und heraus kam ein klares »Ja, klar, weil ... es kommt drauf an«. Für den Anwendungsfall dieses Beispiels ist es schlicht egal, welchen Weg Sie gehen.

Benötigen Sie einen Wert aus der Komponente ausschließlich ab dem Moment, wenn die Diskette geklickt wurde, ist ein Parameter eine gute Wahl, da die Komponente dann etwas aufgeräumter ist.

Möchten Sie jederzeit den aktuell eingestellten Wert abfragen, ohne auf ein Klick-Ereignis zu warten, dann stellen Sie den Wert als Ausgabe-Eigenschaft zur Verfügung. Eine Verwendung kann dann einfach über `Komponente.Ausgabeeigenschaft` abgerufen werden, in unserem Fall `cmpUhrzeit_1.SelectedUhrzeit`.

Aber auch dafür gibt es eine Lösung, falls Sie Parameter nutzen wollen. Sichern Sie die jeweils aktuelle Uhrzeit innerhalb der Verhaltenseigenschaft durch die folgende Zeile, wie Sie es in Abbildung 5.209 sehen.

```
UpdateContext({locSelectedUhrzeit:Uhrzeit})
```

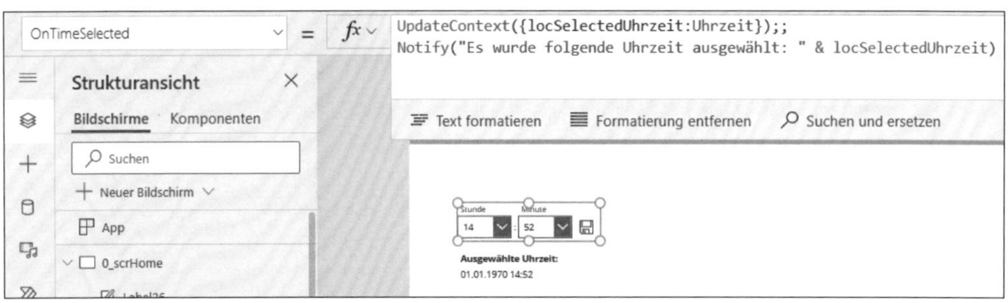

Abbildung 5.209 Merken des aktuellen Werts

5.3.7 Zugriff auf App-Ressourcen

Eine Komponente ist eine eigenständige Einheit, die Daten über die Eingabe- und Ausgabe-Eigenschaften mit der App austauscht. Damit Sie dennoch auf Ressourcen der App zugreifen können, können Sie die Eigenschaft ACCESS APP SCOPE einschalten, die in der etwas sperrig klingenden deutschen Übersetzung mit AUF DEN APP-UMFANG ZUGREIFEN betitelt ist.

Diese Funktion ist standardmäßig ausgeschaltet, kann aber über den Eigenschaftenbereich eingeschaltet werden. Anschließend haben Sie Zugriff auf:

- globale Variablen der App
- Galerien
- Steuerelemente
- Datenquellen im Tabellenformat wie Dataverse oder SharePoint

Sollten Sie das tun? **Nein!**

Komponenten ziehen ihren großen Vorteil daraus, dass sie mehrfach verwendet werden können. Und das bedeutet nicht nur, dass sie in einer App genutzt werden, sondern in vielen Apps. Wenn Sie aus Ihrer Komponente heraus auf den App-Scope zugreifen, machen Sie Ihre Komponente abhängig von der App, in der Sie die Komponente erstellt haben, und können sie so nicht sinnvoll weiter nutzen.

Aus diesem guten Grund ist eine Aktivierung dieser Eigenschaft in Komponentenbibliotheken nicht möglich.

5.3.8 Komponentenbibliotheken

Im Laufe der Zeit werden Sie sich vermutlich eine ganze Reihe an wiederverwendbaren Komponenten anlegen, die Sie auch in mehreren Apps verwenden möchten. Die Lösung dafür sind Komponentenbibliotheken.

Eine Komponentenbibliothek erstellen

Eine Komponentenbibliothek erstellen Sie im Grunde genauso einfach wie eine App. Öffnen Sie das *Maker Portal*, und wechseln Sie dort zu APPS. Nun wählen Sie den Reiter KOMPONENTENBIBLIOTHEKEN anstatt APPS und dort das Kommando NEUE KOMPONENTENBIBLIOTHEK.

Im nächsten Schritt geben Sie der Bibliothek einen Namen (siehe Abbildung 5.210) und fahren fort, als wenn Sie eine Komponente innerhalb einer App erstellen.

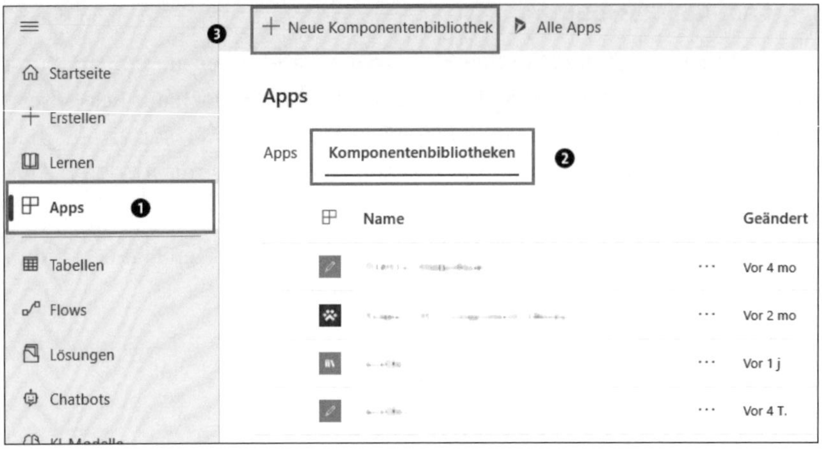

Abbildung 5.210 Erstellen einer Komponentenbibliothek

Komponentenbibliotheken verwenden

Um Komponenten einer Bibliothek verwenden zu können, müssen sie in Ihre App importiert werden. Wählen Sie dafür den Menüpunkt ERSTELLEN des App-Erstellungs-Menüs auf der linken Seite Ihrer App. Am unteren Bildschirmrand finden Sie den Befehl WEITERE KOMPONENTEN ABRUFEN (siehe Abbildung 5.211), der Ihnen eine Liste aller verfügbaren Komponentenbibliotheken der aktuellen Umgebung anzeigt (siehe Abbildung 5.212).

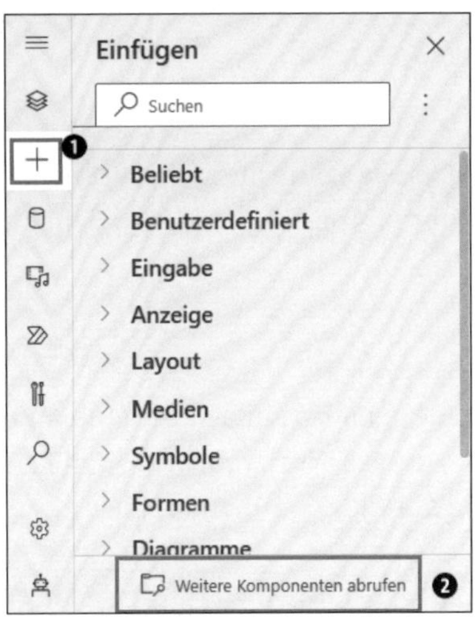

Abbildung 5.211 Komponenten einer Bibliothek verwenden

Wählen Sie hier die Komponenten aus, die Sie in Ihrer App verwenden wollen. Alle ausgewählten Komponenten finden Sie in der App-Liste unter dem Punkt BIBLIOTHEKSKOMPONENTEN.

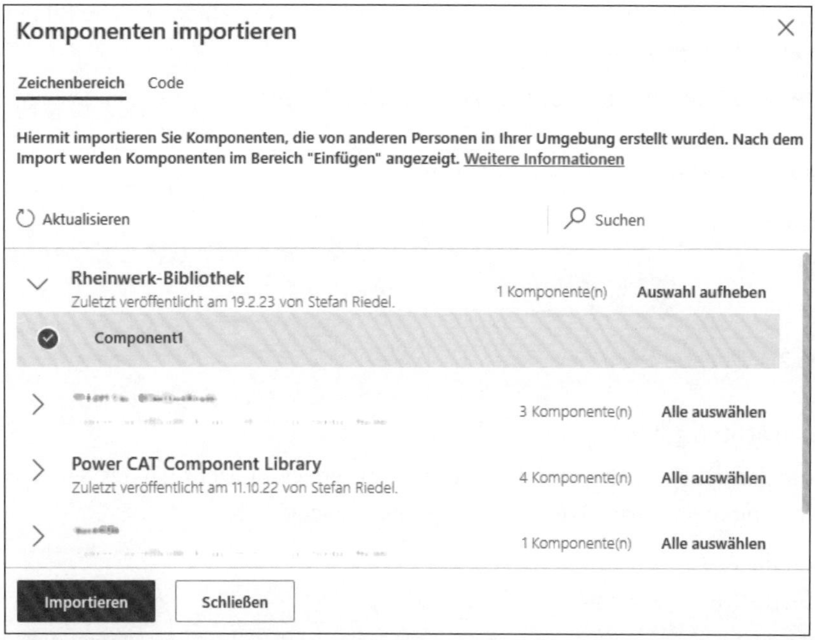

Abbildung 5.212 Komponenten auswählen

Komponentenbibliotheken verteilen

Das Verteilen von Komponentenbibliotheken ist denkbar einfach, denn es funktioniert wie bei Apps. Entweder teilen Sie die Bibliothek mit Ihren Kolleginnen und Kollegen über das Kontextmenü in der Bibliotheksliste des Maker Portals, oder Sie verpacken die Bibliothek in einer Lösungsmappe, die Sie exportieren und in anderen Umgebungen importieren können.

Komponentenbibliotheken aktualisieren

Komponentenbibliotheken verteilen Sie nicht nur wie Apps, sondern entwickeln sie auch weiter wie Apps. Zwischenstände werden gespeichert wie Apps, und wenn Sie einen vernünftigen Entwicklungsstand erreicht haben, veröffentlichen Sie eine Komponentenbibliothek auch wie eine App.

Abbildung 5.213 Es gibt Updates!

Gibt es einen neuen Versionsstand einer Bibliothek, deren Komponenten Sie verwenden, so erhalten Sie im Power Apps Designer eine Mitteilung wie in Abbildung 5.213. Die Schaltfläche ÜBERPRÜFEN führt Sie zum nächsten Dialog, der Ihnen alle Bibliotheken auflistet, zu denen es Aktualisierungen gibt und deren Komponenten Sie verwenden (siehe Abbildung 5.214). Hier können Sie nun auswählen, welche Bibliotheken Sie aktualisieren möchten.

Die erfolgreiche Aktualisierung wird Ihnen ebenfalls über eine Nachricht angezeigt.

Abbildung 5.214 Updates einspielen

Worauf es zu achten gilt

Die Erstellung einer App, mit oder ohne Komponenten, ist hinsichtlich des Betriebs und der Wartung in der Regel (!) eine überschaubare Sache.

- Sie bauen die App.
- Sie testen die App.
- Sie verteilen die App.
- Gibt es Fehler, reparieren Sie die App.
- Sie testen die App.
- Und Sie liefern wieder aus.

Natürlich ist das nicht immer so einfach, aber in der Regel ist das der Prozess. Warum ist das so einfach? Weil Sie alles im Griff haben. Alle anderen benutzen die App so, wie Sie es über Ihre Benutzeroberfläche vorgeben.

Erstellen Sie Komponentenbibliotheken und verteilen diese im Unternehmen, ist das nicht ganz so einfach, denn Sie wissen nicht, was Ihre Benutzerinnen und Benutzer mit den Komponenten tun: Es sind Maker wie Sie, vom Citizen Developer bis zum Pro Developer.

Sobald Sie oder wer auch immer einen Fehler in Ihren Komponenten feststellen oder Sie Ihre Komponenten um weitere Funktionen erweitern, müssen Sie eine neue Version bereitstellen. Dann müssen Sie sichergehen, dass die Apps, die Ihre Kolleginnen und Kollegen verwenden, immer noch reibungslos funktionieren.

Wenn Sie für andere Menschen Software bereitstellen, müssen Sie sicherstellen, dass die wissen, worauf sie sich einlassen. Also:

- Dokumentieren Sie Ihre Komponenten im Code.
- Erstellen Sie eine Dokumentation über die Verwendung Ihrer Komponenten.
- Kommunizieren Sie geplante Erweiterungen.
- Automatisieren Sie Ihre Tests mit dem Power Apps Test Studio.

5.3.9 Limitierungen

Mit Komponenten ist zwar vieles möglich, aber eben nicht alles. So gibt es die folgenden Limitierungen:

- Komponenten können nicht in Katalogen (*Galleries*) eingesetzt werden.
- Komponenten können nicht in angepassten SharePoint-Formularen eingesetzt werden.
- Sie können keine lokalen Variablen per `UpdateContext()` erstellen. Nutzen Sie stattdessen Ausgabe-Eigenschaften.
- Es ist keine Verwendung von Cloud-Flows innerhalb einer Komponente möglich.

[«]

Eindeutige Namensgebung

Achten Sie dabei unbedingt auf eine eindeutige Namensgebung der Variablen. Nutzen Sie ein Präfix oder Postfix für Ihren Variablennamen, um sicherzugehen, dass es keine Seiteneffekte mit gleichlautenden Namen aus anderen Komponenten oder der App gibt.

Ein gutes Präfix für eine Header-Komponente wäre `hdr`, für eine Schaltfläche bietet sich `btn` wie Button an.

5.4 Fehlerbehandlung

Ein Grundpfeiler der Entwicklung von soliden und robusten Apps und Automatisierungen ist die Behandlung von Laufzeitfehlern, also Fehlern, die abhängig sind von

- Benutzereingaben,
- der Verfügbarkeit von Datenquellen und
- der Datenqualität.

In diesem Abschnitt lernen Sie, wie Sie Eingabefehler vermeiden und Funktionen schreiben, die Fehler erkennen und behandeln.

[«]

Die App-Überprüfung erkennt syntaktische Fehler

Die App-Überprüfung bzw. der App-Checker befindet sich in den App-Aktionen in der oberen rechten Ecke Ihrer Entwicklungsumgebung.

Er zeigt Schreibfehler von Power Fx-Befehlen sowie inkorrekte Verwendungen von Datentypen an, so zum Beispiel die Verwendung eines Textes, wo eine Zahl erwartet wird.

Neben der Information für die Benutzerinnen und Benutzer sollten Sie Mechanismen in Ihre App einbauen, die eventuelles Fehlerverhalten protokollieren. Fehler, die Sie nicht kennen, können Sie nicht beheben.

Diese Übersicht gliedert sich in drei Abschnitte. Zunächst lernen Sie die Funktionen kennen, die Ihnen bei der Fehlererkennung helfen. Anschließend sprechen wir über Möglichkeiten, Fehler schon bei der Eingabe zu vermeiden, und schließen mit einem Abschnitt zur Fehlerverarbeitung.

5.4.1 Funktionen zur Fehlerbehandlung

Es gibt einige Funktionen zur Fehlerbehandlung, die ich Ihnen strukturiert vorstellen möchte.

Errors

```
Errors(<Datenquelle>;<Datensatz>?)
```

Die Errors-Funktion fragt eine Datenquelle nach Fehlern aus der letzten Aktion und liefert eine Tabelle mit Fehler-Datensätzen zurück. Wird ein optionaler Datensatz angegeben, so wird dieser im Speziellen untersucht.

Die Tabelle verfügt über folgende Spalten:

- `Record`: Der Datensatz, der den Fehler verursacht hat. Diese Eigenschaft ist leer, wenn ein Datensatz neu erzeugt werden sollte.
- `Column`: Diese Eigenschaft beinhaltet den Spaltennamen, falls der Fehler einer Spalte zuzuordnen ist, zum Beispiel bei Minimal-/Maximalwerten oder Pflichtfeldern. Falls diese Zuordnung nicht erfolgen kann, bleibt dieses Feld leer.
- `Message`: Eine Fehlermeldung der Datenquelle. Diese sind oft eher technischer Natur und nicht geeignet für die Ausgabe an Benutzerinnen und Benutzer. Führen Sie eine Übersetzung auf Basis der Fehlernummer durch, die Sie in der Spalte `Error` finden.
- `Error`: Die Spalte `Error` beinhaltet einen Fehlercode, der Ihnen für eine spätere Fehleranalyse hilft, aber auch die Möglichkeit gibt, Ihren Benutzerinnen und Benutzern sprechende Fehlermeldungen auszugeben.

Tabelle 5.43 listete die Fehlernummern auf.

Fehlerart (ErrorKind)	Fehlercode
None	0
Sync	1

Tabelle 5.43 Fehlercodes der Aufzählung »ErrorKind«

Fehlerart (ErrorKind)	Fehlercode
MissingRequired	2
CreatePermission	3
EditPermissions	4
DeletePermissions	5
Conflict	6
NotFound	7
ConstraintViolated	8
GeneratedValue	9
ReadOnlyValue	10
Validation	11
Unknown	12
Div0	13
BadLanguageCode	14
BadRegex	15
InvalidFunctionUsage	16
FileNotFound	17
AnalysisError	18
ReadPermissions	19
NotSupported	20
InsufficientMemory	21
QuotaExceeded	22
Network	23
Numeric	24
InvalidArgument	25
Internal	26

Tabelle 5.43 Fehlercodes der Aufzählung »ErrorKind« (Forts.)

Fehlerart (ErrorKind)	Fehlercode
NotApplicable	27
Custom	1000

Tabelle 5.43 Fehlercodes der Aufzählung »ErrorKind« (Forts.)

Fragen Sie die Errors-Funktion ab, nachdem Sie Datensätze per `SubmitForm()` oder `Patch()` erstellt oder geändert haben. Landen Sie nach einem `SubmitForm` in der Ereignis-Eigenschaft `OnFailure`, können Sie dort die Fehlercodes und -nachrichten einfach auslesen.

Nutzen Sie die `Patch()`-Funktion, können Sie durch die Abfrage, ob die Errors-Tabelle leer ist, feststellen, ob ein Fehler aufgetreten ist. Listing 5.16 zeigt Ihnen dazu ein Beispiel. Beachten Sie hier vor allem den `Set`-Befehl. Er sorgt dafür, dass das Ergebnis der Patch-Funktion in der globalen Variable `newProduct` gespeichert wird. Dieses Ergebnis wird nachgelagert genutzt, um eventuelle Fehler zu ermitteln.

```
Set(
    newProduct;
    Patch(
        Products;
        Defaults(Products);
        {Price: 27}
    )
);;
If(
    !IsEmpty(
        Errors(
            Products;
            newProduct
        )
    );
    Notify(
        "Es ist ein Fehler bei der Produkterstellung aufgetreten! " & First(
            Errors(
                Products;
                newProduct
            )
        ).Message;
        Notify(
            "Das Produkt konnte erfolgreich angelegt werden! ";
```

```
            NotificationType.Success
        )
    )
)
```

Listing 5.16 Fehlerabfrage nach einem Patch-Befehl

IfError

```
IfError(<Formel>;<Fallback>)
```

`IfError` prüft eine oder mehrere Funktionen auf einen Fehler hin. Sobald ein Fehler auftritt, wird ein Fallback ausgeführt. Der Fall aus Listing 5.16 würde nun etwas kürzer ausfallen:

```
IfError(
    Patch(
        Products;
        Defaults(Products);
        {Price: 27}
    );
    Notify(FirstError.Message)
)
```

Listing 5.17 »IfError« mit einem Patch-Befehl

`IfError` kann auch mit mehreren Aufrufen verwendet werden, die aneinandergekettet sind. Sobald eine der Formeln zu einem Fehler führt, wird die Ausführung abgebrochen und der Fallback der ersten fehlerhaften Formel ausgeführt.

```
IfError(<Formel>;<Fallback>;<Formel2>;<Fallback2>;…)
```

AllErrors

`AllErrors` liefert eine Tabelle von Fehlern, die bei der Ausführung von `IfError` gefüllt wird.

Diese Tabelle besteht aus fünf Spalten:

- `Details` ist ein Datensatz, bestehend aus den Feldern `HttpResponse` und `HttpStatusCode`. Diese Daten liefern tiefere Erkenntnisse über die Antwort des Konnektors.
- `Kind`: Gemeint ist hier der `ErrorKind`, den Sie schon oben in Tabelle 5.43 kennengelernt haben. Der `ErrorKind` gibt Auskunft über die Fehlerart.
- `Observed` gibt Auskunft darüber, in welchem Steuerelement und welcher Eigenschaft der Fehler behandelt wurde.

- `Source` gibt Auskunft darüber, in welchem Steuerelement und welcher Eigenschaft der Fehler auftrat.
- `Message` ist eine Fehlernachricht, die gut lesbar ist und die Sie den Benutzerinnen und Benutzern anzeigen können.

FirstError

Da `AllErrors` üblicherweise nicht mehr als einen Fehler beinhaltet, können Sie auch die Funktion `FirstError` verwenden, die stets den ersten Datensatz der Tabelle aus `AllErrors` zurückliefert. `FirstError` ist ebenfalls innerhalb von `IfError` verfügbar.

IsError und IsBlankOrError

`IsError` liefert `true`, wenn der überprüfte Wert oder das Ergebnis einer Funktion ein Fehler ist, ansonsten `false`.

`IsBlankOrError` ist eine Verkettung der beiden Abfragen `IsBlank` und `IsError`. Ist eine der beiden Überprüfungen wahr, so ist `IsBlankOrError` ebenfalls wahr.

5.4.2 Fehlervermeidung

Was ist besser, als Fehler abzufangen? Richtig, Fehler direkt zu vermeiden. Dazu gibt es einige Hinweise und Tricks.

Fehlervermeidung in Formularen

Formulare verfügen über reichliche Mittel, um sicherzustellen, dass nur valide Daten erzeugt werden.

Fragen Sie per `Valid` ab, ob die Formulardaten valide sind. Erst dann erlauben Sie deren Speicherung. Nutzen Sie die Eigenschaft `UnSaved`, um festzustellen, ob Daten in einem Formular verändert, aber noch nicht gespeichert wurden.

Fehlervermeidung bei freien Formularen

Gestalten Sie Ihre Dateneingaben ohne das Formular-Element, müssen Sie sich eigenständig um die Validierung jedes einzelnen Werts kümmern. Aktivieren Sie Elemente zum Speichern erst dann, wenn alle Voraussetzungen dafür erfüllt sind.

Der Anzeigemodus einer Schaltfläche könnte für die Sicherstellung von ausgefüllten Pflichtfeldern wie folgt aussehen:

```
If(
    !IsBlank(txtVorname.Text) &&
    !IsBlank(txtNachname.Text);
```

```
    DisplayMode.Edit;
    DisplayMode.Disabled
)
```

So müssten Sie jede einzelne Bedingung für jedes einzelne Feld abfragen, was einen erheblichen Aufwand, schlechte Wartbarkeit und schlechten Code mit sich bringt.

Nutzen Sie stattdessen den `Validate`-Befehl. Sie übergeben der `Validate`-Funktion die Datenquelle, das zu prüfende Feld sowie den Wert, den Sie prüfen möchten:

```
Validate(Products;"Wertvon1bis10";Value(txtWert.Text))
```

Diese Formel überprüft, ob der Wert aus dem Textfeld `txtWert` in dem Feld `Wertvon1bis10` gespeichert werden kann. Ist dieser Wert größer 10 oder kleiner 1, liefert `Validate` eine passende Fehlermeldung.

Nun haben Sie natürlich mehrere Möglichkeiten. Eine einfache ist es, die Ausgabe des `Validate`-Befehls mit der `Text`-Eigenschaft eines Beschriftungsfelds zu verknüpfen, so wie etwa in Abbildung 5.215. Nun konfigurieren Sie die `Visible`-Eigenschaft der Beschriftung so, dass das Feld dann sichtbar wird, wenn die `Text`-Eigenschaft gefüllt ist.

```
If(!IsBlank(Self.Text);true;false)
```

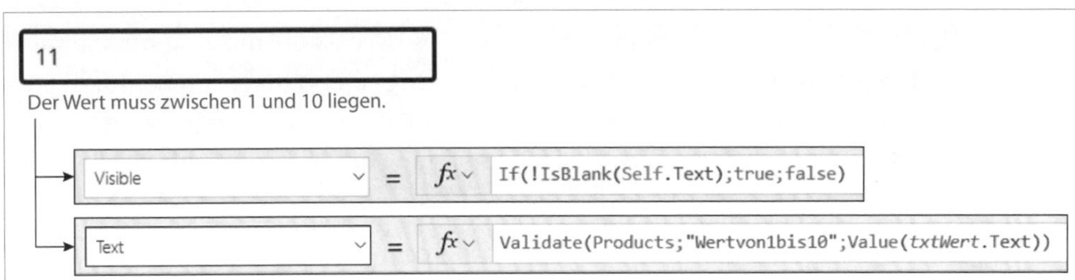

Abbildung 5.215 Validierung eines Felds gegen die Datenbank

Da nun alle Beschriftungsfelder, die Sie mit der `Validate`-Methode versehen haben, genau dann sichtbar sind, wenn ein Validierungsfehler aufgetreten ist, können Sie im Umkehrschluss sagen, dass das Formular valide sein muss, wenn keine der Beschriftungen sichtbar ist. Also können Sie den Anzeigemodus Ihrer Schaltfläche zum Speichern auch derart formulieren:

```
If(
    !IsVisible(lblErrorMessage1.Text) &&
    !IsVisible(lblErrorMessage2.Text) &&
    ...
    !IsVisible(lblErrorMessage10.Text);
```

```
    DisplayMode.Edit;
    DisplayMode.Disabled
)
```

Listing 5.18 Ein Datensatz ist dann valide, wenn kein Fehler sichtbar ist.

Was Sie hier nicht mitbekommen, ist, wenn Felder in den Tabellen umkonfiguriert oder gar gelöscht wurden. Hier helfen dann Funktionen wie `IfError` weiter.

5.4.3 Fehlerverarbeitung

Sie haben bereits eine Reihe von Funktionen kennengelernt, mit denen Sie Fehler abfangen können. Sie können Fehler aber auch in Formularen verarbeiten.

Der Code in den Formular-Ereignissen `OnFailure` sowie `OnSuccess` wird ausgeführt, nachdem das Formular versendet wurde. Während Sie den Benutzerinnen und Benutzern im `OnSuccess` per `Notify` eine Nachricht über die erfolgreiche Speicherung anzeigen können, bietet `OnFailure` Raum zur Erfassung und Verarbeitung des Fehlers.

5.5 Benannte Formeln (Named Formulas)

Ein Nachteil bei der Entwicklung von Power Apps ist, dass Sie nur sehr umständlich Code auslagern können. Benötigten Sie bestimmte Berechnungen an mehreren Stellen Ihrer App, so führte das immer dazu, dass Sie den Code entsprechend oft schreiben mussten. Waren Änderungen an der Berechnung nötig, mussten die an allen Stellen durchgeführt werden, wo Sie den Code dafür geschrieben hatten.

Man hat sich dann entweder damit beholfen, Berechnungen in Komponenten auszulagern, oder hat die Berechnung mit dem `Set`- oder `UpdateContext`-Befehl in das `OnSelect`-Ereignis einer Schaltfläche geschrieben. Jedes Mal, wenn eine Berechnung notwendig war, wurde die Schaltfläche mit `Select(NameDerSchaltfläche)` ausgelöst und eine lokale oder globale Variable aktualisiert.

Benannte Formeln oder *Named Formulas*, wie sie in englischen Oberflächen heißen, sind die Lösung für dieses Problem, denn sie definieren einen Funktionssatz global für die ganze App, so wie Sie es eventuell schon mit dem `Set`-Befehl in `App.OnStart` getan haben. Der feine Unterschied ist, dass die Berechnung immer neu ausgeführt wird, wenn sich referenzierte Daten in einer benannten Funktion ändern.

Um diese Funktionen nutzen zu können, müssen Sie sie im Herbst 2023 noch in der App aktivieren (siehe Abbildung 5.216), anschließend die App speichern und neu öffnen. Wenn dieses Feature allgemein aktiviert wird, ist dies natürlich nicht mehr notwendig.

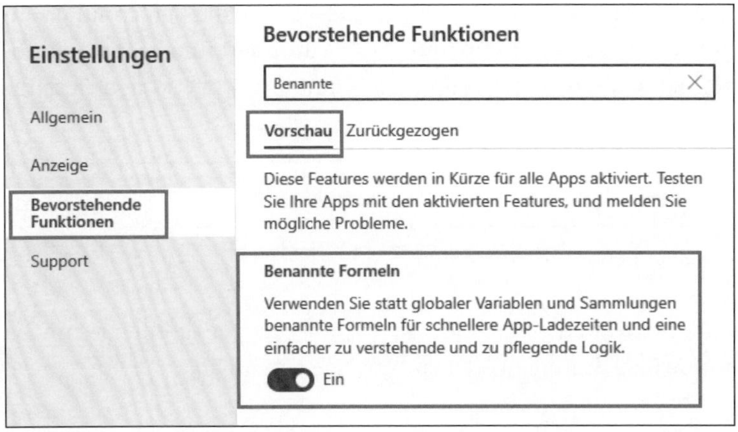

Abbildung 5.216 Benannte Formeln in App-Einstellungen einschalten

Nun finden Sie am `App`-Objekt die Funktion `Formulas` (siehe Abbildung 5.217), in der Sie alle globalen Berechnungen definieren können.

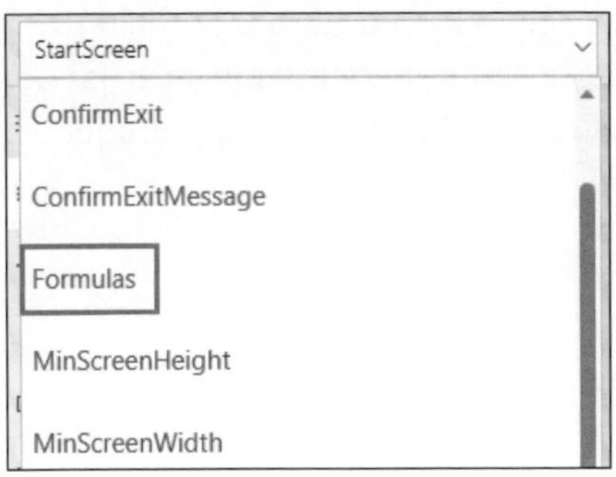

Abbildung 5.217 Die App-Eigenschaft Formulas in der Eigenschaftenauswahl

Der Code aus Listing 5.19 füllt einen Warenkorb jedes Mal, wenn jemand das Warenkorb-Symbol an einem Produkt betätigt, mit den entsprechenden Produktdaten.

```
Collect(
    colWarenkorb;
    {
        Titel:ThisItem.Titel;
        Produktnummer:ThisItem.Produktnummer;
        Anzahl:1;
        Einzelpreis:ThisItem.Preis
    }
);
```

Listing 5.19 Artikel einem Warenkorb hinzufügen

Wollen Sie nun einen Warenkorbpreis berechnen, so legen Sie die Berechnung zentral in `App.Formulas` fest. Der Code aus Abbildung 5.218 summiert für alle Warenkorb-Datensätze das Produkt aus Einzelpreis und Anzahl und ermittelt so den Gesamtpreis.

Abbildung 5.218 Berechnungen zentral verwalten

Nun brauchen Sie nur noch auf die Variable `fxWarenkorbPreis` zuzugreifen, wenn Sie diesen Wert für weitere Berechnungen oder zur Anzeige benötigen.

5.6 Das App-Objekt und der Lebenszyklus einer App

Sie haben nun die Grundkonzepte von Power Fx sowie die wichtigsten Gestaltungselemente einer App kennengelernt. Nun geht es um etwas übergeordnete Dinge, nämlich den Lebenszyklus einer App sowie Basiseigenschaften, die das Verhalten der App steuern oder Auskunft über ihre Ausprägung geben. Dabei wird nun auch das Geheimnis des App-Objekts gelüftet, das in der Strukturansicht Ihrer App immer als oberstes Element angezeigt wird (siehe Abbildung 5.219).

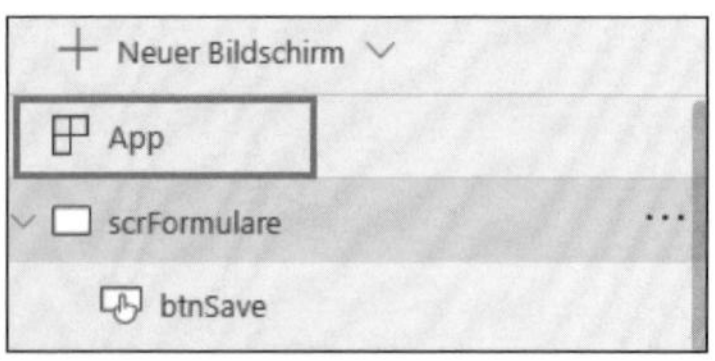

Abbildung 5.219 Das App-Objekt in der Strukturansicht

5.6.1 Der Lebenszyklus einer App

Vom Start Ihrer App bis zu dem Zeitpunkt, wo sie geschlossen wird, durchläuft sie einige Phasen, die ich im Folgenden beleuchte.

1. **Authentifizierung**
   Die Ausführung einer App benötigt immer einen lizenzierten Benutzer-Account, mit dem Sie sich zunächst authentifizieren müssen.
2. **Abruf der Metadaten**
   Nun werden neben Daten über die Laufzeitumgebung Informationen über die verwendeten Datenverbindungen abgerufen. Falls noch nicht geschehen, werden Sie jetzt noch einmal aufgefordert, Freigaben auf Datenquellen zu erteilen, damit es der App zum Beispiel erlaubt ist, sich mit Ihrem Account bei SharePoint, Outlook oder OneDrive anzumelden, um nur einige zu nennen.

3. **Die App startet: `App.OnStart`**

   Nachdem alle notwendigen Informationen für die Ausführung der App gesammelt wurden, wird das Ereignis `App.OnStart` aufgerufen. Diese Ereignis-Eigenschaft können Sie in der Eigenschaftenliste des App-Objekts abrufen. In `App.OnStart` legen Sie Dinge fest, die Sie in der ganzen App benötigen.

   Dazu gehören zum Beispiel:

   - Design-Informationen wie Schriftgrößen oder Farben für Schaltflächen
   - Statische Datenlisten, die Sie nicht in einer Datenquelle liegen haben. Ein Beispiel dafür wäre eine Liste der Monate Januar bis Dezember, die Sie für die Eingabe eines Geburtsdatums in Ihrer App benötigen. Dazu gehören auch weitere statische Daten von URLs, IDs von Sicherheitsgruppen oder Mail-Adressen.
   - Zwischengespeicherte Daten, also Daten, die Sie häufig benötigen, aber nicht jedes Mal von der Datenquelle lesen wollen. Diese Daten können Sie komplett herunterladen und in einer Collection speichern. So arbeiten Sie mit einem lokalen Datenbestand und reduzieren die Netzlast.

   Die Ereignis-Eigenschaft `App.OnStart` ist standardmäßig aktiviert, kann jedoch bei Bedarf in den Einstellungen Ihrer App ausgeschaltet werden (siehe Abbildung 5.220). Das ist dann sinnvoll, wenn Sie sehr viele vorbereitende Dinge auszuführen haben, die Benutzerinnen und Benutzer aber schon zum ersten Bildschirm leiten wollen.

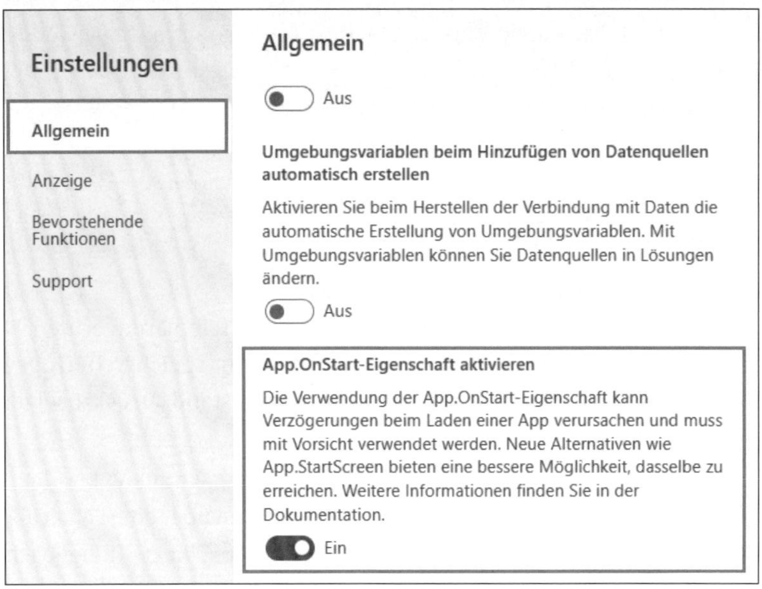

Abbildung 5.220 »App.OnStart« kann abgeschaltet werden.

[»]

Gleichzeitiges Laden spart Zeit

Da `App.OnStart` ausgeführt wird, bevor der erste Bildschirm zu sehen ist, sollten Sie die Ausführungszeit absolut minimieren. Das gelingt Ihnen durch den Einsatz der Concurrent-Funktion. Sie sorgt dafür, dass alle in ihr aufgeführten Aktionen parallel ausgeführt werden. Somit dauert die Ausführung nur so lange, wie der längste Aufruf dauert.

4. **Der Startbildschirm wird aufgerufen: `Screen.OnVisible`**
   Jetzt ist es endlich so weit: Der Startbildschirm wird aufgerufen. Der Startbildschirm ist in der Regel der erste Bildschirm in Ihrer Strukturansicht. Sie können über `App.StartScreen` jeden anderen Bildschirm als Startbildschirm festlegen.

   Genauso, wie Sie in `App.OnStart` vorbereitende Aktivitäten für die App vornehmen, nutzen Sie die `OnVisible`-Eigenschaft Ihrer Bildschirme, um vorbereitende Aktivitäten für Ihren Bildschirm auszuführen. Dazu gehören zum Beispiel:
   - das Vorladen von bildschirmspezifischen Daten in Collections
   - das Setzen des Fokus auf das erste Element, das Benutzerinnen und Benutzer zuerst bedienen sollen
   - das Setzen von lokalen Variablen per `UpdateContext()`

[»]

App.OnStart vs. StartScreen

Es hält sich immer noch hartnäckig das Gerücht, dass `App.OnStart` nicht verwendet werden darf und man stattdessen die `OnVisible`-Ereignis-Eigenschaft oder einen selbst erstellten Splash-Screen dafür nutzen soll/muss.

Wahr ist, dass eine Funktion wie `Navigate()` aus `App.OnStart` verbannt wurde, wofür es nun `App.StartScreen` gibt. Das war es aber auch schon. Das Initialisieren von Daten für Ihre App erledigen Sie weiterhin in `App.OnStart`.

5. **Der Bildschirm wird geschlossen: `Screen.OnHidden`**
   Sobald Sie einen Bildschirm verlassen, wird das `OnHidden`-Ereignis aufgerufen. Hier können Sie bereinigende Aktionen ausführen, um Hauptspeicher freizugeben oder einzelne Bildschirmelemente auf ihren Ursprungszustand zurückzusetzen.
6. **Die App wird geschlossen**
   Sie haben zwar keine Möglichkeit mehr, noch einzugreifen, können aber den Benutzerinnen und Benutzern die Möglichkeit bieten, die App über eine Schaltfläche mit dem Befehl `Exit()` aktiv zu schließen. Haben Sie im App-Objekt die Eigenschaft `ConfirmExit` mit `true` belegt, wird Ihnen beim Schließen der App der Text aus der Eigenschaft `ConfirmExitMessage` angeboten (siehe Abbildung 5.221).

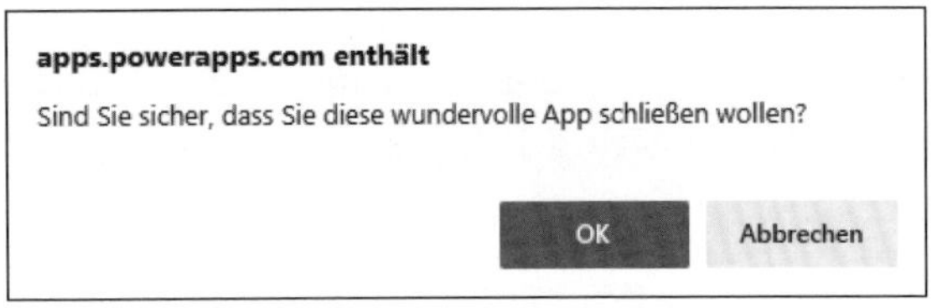

Abbildung 5.221 Sind Sie sicher?

Nutzen Sie Ihre App auf Ihrem Smartphone oder Tablet, so erscheint diese Meldung, sobald Sie die App schließen. Die explizite Verwendung des Exit-Befehls ist hierfür nicht notwendig.

Sie können diese Einstellungen entweder in der Eigenschaftenliste des App-Objekts vornehmen oder aber den Eigenschaftenbereich auf der rechten Bildschirmseite nutzen (siehe Abbildung 5.222).

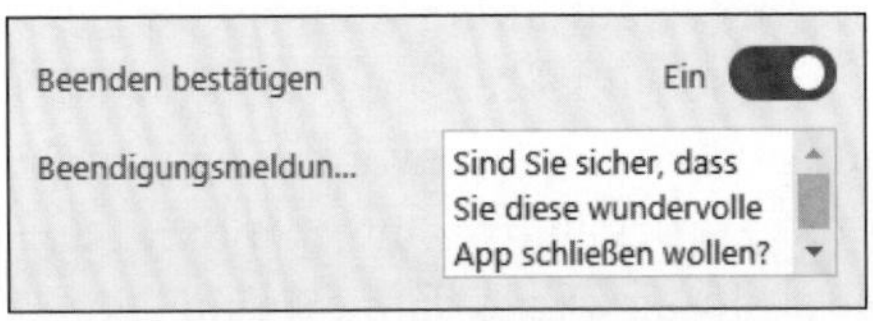

Abbildung 5.222 Beendigung im Eigenschaftenbereich einstellen

Exit meldet nicht automatisch ab

Wollen Sie die Benutzerinnen und Benutzer auch automatisch abmelden, wenn sie den Exit-Befehl ausgeführt haben, dann übergeben Sie zusätzlich den Parameter `true`, also `Exit(true)`.

5.6.2 Einstellungen

Markieren Sie das App-Objekt, können Sie Ihre Einstellungen entweder über die Eigenschaftenliste oder im Eigenschaftenbereich auf der rechten Bildschirmseite vornehmen:

- App-Name und Beschreibung legen den Namen sowie die Beschreibung der App fest.
- Beenden bestätigen und Beendigungsmeldung (`ConfirmExit` und `ConfirmExitMessage`) haben Sie vorhin kennengelernt. Hiermit erzwingen Sie eine Sicherheitsabfrage mit einer konfigurierbaren Nachricht, die Sie vor dem versehentlichen Schließen Ihrer App warnt. Während dieses Verhalten im Browser nur bedingt hilfreich ist, ist diese Funktion bei der Verwendung der App auf einem Smartphone oder Tablet sehr zu empfehlen.

- Der INSTRUMENTIERUNGSSCHLÜSSEL oder `Instrumentationkey` erlaubt die Verbindung Ihrer App mit dem Service *Applications Insights* aus dem Azure Monitor. Dieser Dienst erlaubt die Analyse Ihrer App hinsichtlich diverser Parameter. Einige davon sind:
  - Anzahl Benutzer Ihrer App
  - Standorte Ihrer Benutzer
  - Userflows, also das Bewegungsmuster von Benutzern durch Ihre App
  - Verweildauern
  - Logging-Informationen sowie durch Sie generierte Trace-Meldungen
  - u. v. m.

  Sie erhalten den Instrumentierungsschlüssel über das Dashboard Application Insights im Azure Portal.
- ZURÜCK AKTIVIERT (`BackEnabled`): Betätigen Sie auf Ihrem Android die Zurück-Schaltfläche innerhalb Ihrer Power Apps App, so wird Ihre Power App geschlossen. Auch wenn Sie noch eine Sicherheitsabfrage bekommen, bevor die App geschlossen wird, wäre es sehr hilfreich, wenn der Zurück-Button Ihres Android-Smartphones ein »Zurück« innerhalb Ihrer App auslösen würde, damit Sie auf den zuvor besuchten Bildschirm gelangen. Und genau das ermöglicht diese Eigenschaft, wenn auch im Herbst 2023 nur als ein experimentelles Feature. Über den Dialog aus Abbildung 5.223 schalten Sie diese sinnvolle Funktion frei.

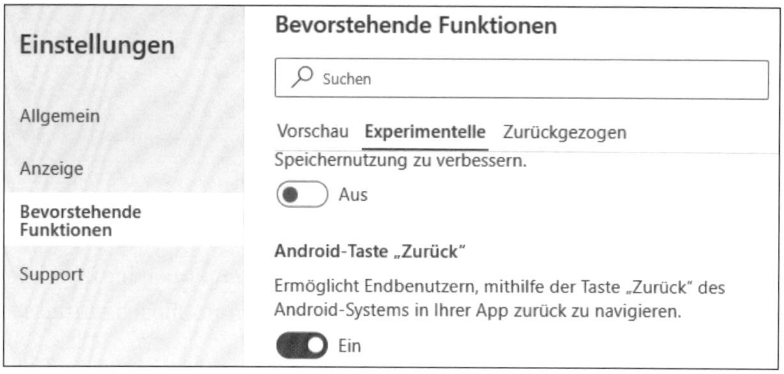

Abbildung 5.223 Anschalten der Zurück-Funktion in Android-Smartphones

  Danach können Sie ZURÜCK AKTIVIEREN in Ihren App-Eigenschaften angeschaltet haben oder die Eigenschaft `BackEnabled` auf den Wert `true` setzen.
- `MinScreenHeight` und `MinScreenWidth` sind mit 320 vorbelegt und geben die minimale Bildschirmbreite und -höhe an.
- Die Eigenschaft `StartScreen` wurde bereits angesprochen. Hier legen Sie fest, welcher Bildschirm zum Start der App aufgerufen werden soll. Spannend ist, dass Sie

diese Werte natürlich auch bedingt formulieren können, um Deeplinks in Ihre Applikation zu ermöglichen. Details dazu finden Sie in Abschnitt 12.7 zur Entwicklung von Deeplinks.

- Die Eigenschaft `SizeBreakPoints` erlaubt es Ihnen, das Verhalten Ihrer App auf die aktuelle Bildschirmgröße abzustimmen. Diese Eigenschaft ist mit einer änderbaren Werteliste von Bildschirmgrößen vorbelegt (siehe Abbildung 5.224).

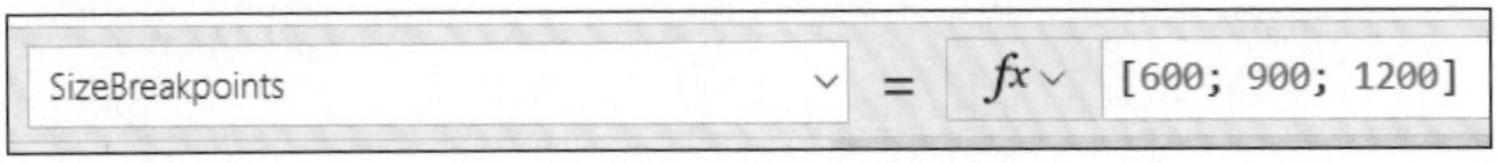

Abbildung 5.224 Konfiguration der SizeBreakPoints

Fragen Sie nun die Eigenschaft `App.ActiveScreen.Size` ab, so erhalten Sie folgende Werte:

- 0 bei einer Bildschirmgröße bis 600px
- 1 bei einer Bildschirmgröße bis 900px
- 2 bei einer Bildschirmgröße bis 1200px
- 3 bei einer Bildschirmgröße über 1200px

Verknüpfen Sie nun die `Visible`-Eigenschaft oder `X`, `Y`, `Width`- oder `Height`-Eigenschaften Ihrer Bildschirmelemente mit der `ScreenSize`, können Sie Elemente zum Beispiel erst ab einer bestimmten Bildschirmgröße sichtbar schalten.

5.6.3 Auslesbare Informationen

Neben den beschreibbaren Eigenschaften gibt es noch eine Reihe von Eigenschaften, die Sie nur lesen, aber nicht schreiben können. Sie erreichen diese Eigenschaften über Power Fx, indem Sie in Ihren Formeln das App-Objekt referenzieren und die durch einen Punkt getrennten Eigenschaften abrufen, so wie in Abbildung 5.225 dargestellt.

Abbildung 5.225 Benutzung des App-Objekts in einem Beschriftungsfeld

- Die Eigenschaft `ActiveScreen` gibt Ihnen Informationen über den aktuellen Bildschirm zurück. Den Großteil der verfügbaren Eigenschaften haben Sie oben schon bei der Beschreibung der Bildschirme kennengelernt, weshalb ich mich hier auf die Unterschiede beschränke.

Eigenschaft	Verwendung
`Name`	der Name, den Sie Ihrem Bildschirm in der Strukturansicht gegeben haben
`Orientation`	Gibt mit Portrait oder Landscape an, ob sich das Display in waagerechter oder aufrechter Position befindet – wichtig, um auf die Verwendung der App auf Smartphones oder Tablets reagieren zu können.
`Printing`	nicht bekannt
`Size`	ein numerischer Indikator, der die aktuelle Bildschirmgröße repräsentiert

Tabelle 5.44 Eigenschaften von »ActiveScreen«

- Die beiden Eigenschaften `DesignHeight` und `DesignWidth` entsprechen den Größen, die Sie in den App-Einstellungen im Bereich Anzeige einstellen können (siehe Abschnitt 4.2.2).

5.6.4 Fehlerbehandlung (OnError)

`OnError` ist ein zentraler Punkt in Ihrer App, der es Ihnen ermöglicht, Fehler zu verarbeiten, die entweder unerwartet oder absichtlich erstellt wurden. Unerwartete Fehler treten zum Beispiel durch Typfehler auf, wenn Sie bei Rechenoperationen numerische Werte erwarten, aber einen Text erhalten. Ein weiterer Klassiker ist der »Division by zero«-Fehler, der dann auftritt, wenn Sie einen Wert durch 0 teilen.

[»]

Notwendiges Feature

Damit Sie `OnError` nutzen können, war es bis Herbst 2023 erforderlich, das Vorschau-Feature Fehlerverwaltung auf Formelebene in den bevorstehenden Funktionen der App-Einstellungen einzuschalten.

Nutzen Sie `OnError`, um die Fehler mit dem Trace-Befehl in den PowerApps Monitor zu schreiben oder anderweitig zu loggen.

5.7 Sensorik

In vielen Anwendungsfällen, vor allem bei der Verwendung von Power Apps im mobilen Einsatz, ist es wichtig zu wissen,

- wo ich bin,
- ob ich mich bewege,
- ob ich einen stationären Browser oder ein mobiles Gerät benutze.

Hierfür stellt Ihnen Ihre App verschiedene Objekte zur Verfügung, die Sie nun kennenlernen.

5.7.1 Standortbestimmung

Für die Standortbestimmung stellt Power Apps das `Location`-Objekt mit drei Eigenschaften bereit:

- `Location.Latitude`: Der Breitengrad
- `Location.Longitude`: Der Längengrad
- `Location.Altitude`: Die Höhe

Nutzen Sie diese Information, um Ihren aktuellen Standort auf einer Karte anzuzeigen. Wählen Sie dazu das Element KARTE aus dem EINFÜGEN-Menü, und setzen Sie es an eine beliebige Stelle Ihrer App. Bei diesem Objekt handelt es sich aktuell um eine Premium-Komponente, erkennbar an dem kleinen Diamanten (siehe Abbildung 5.226), die eine Power-Apps-Lizenz benötigt.

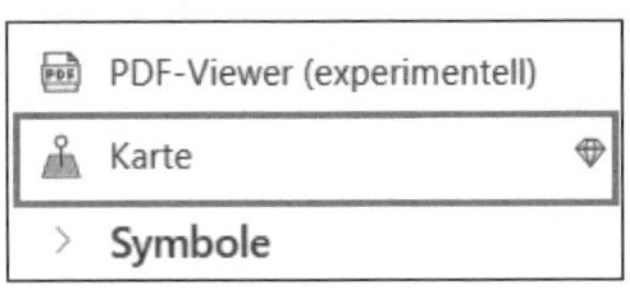

Abbildung 5.226 Das Karten-Element

Nun besetzen Sie die Eigenschaften der Karte für die aktuelle Position durch die Location-Informationen Ihrer App, wie in Tabelle 5.45.

Karteneigenschaft	App-Eigenschaft
`CurrentLocationLatitude`	`Location.Latitude`
`CurrentLocationLongitude`	`Location.Longitude`
`CurrentLocation`	`true`

Tabelle 5.45 Die Optionen für das Karten-Element

Durch Setzen der Eigenschaft `CurrentLocation` auf `true` nutzt die Karte die Informationen aus `CurrentLocationLatitude` und `CurrentLocationAltitude` und zeigt die Position auf der Karte an (siehe Abbildung 5.227).

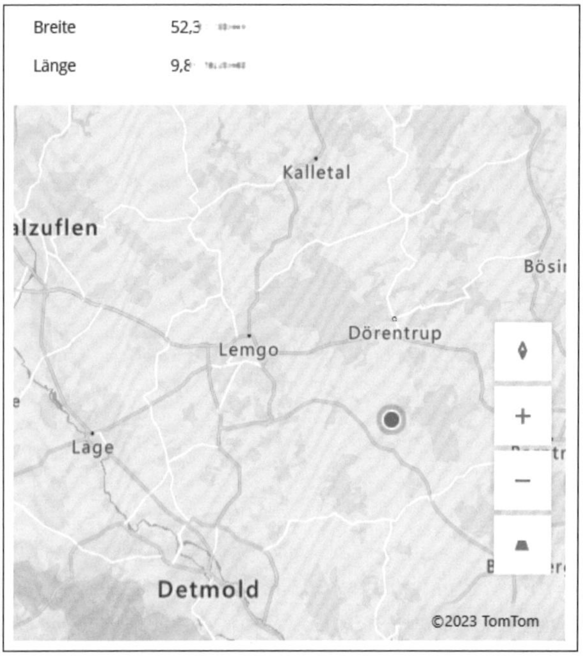

Abbildung 5.227 Verwendung der aktuellen Position im Karten-Objekt

Anstatt die `CurrentLocation` in der Eigenschaftenliste auszuwählen und zu setzen, können Sie auch den Schalter Aktuellen Standort anzeigen anschalten.

5.7.2 Bewegung

Die Bewegung erfassen Sie mit dem `Acceleration`-Objekt, das Ihnen die Beschleunigung entlang der X-, Y- und Z-Achse mitteilt:

- `Acceleration.X`: Beschleunigung entlang der X-Achse
- `Acceleration.Y`: Beschleunigung entlang der Y-Achse
- `Acceleration.Z`: Beschleunigung entlang der Z-Achse

Das Beispiel aus Abbildung 5.228 im nächsten Abschnitt zeigt eine Power App, die ich über mein Android-Smartphone geöffnet habe. Beachten Sie den Unterschied bei der Verwendung der Acceleration-Objekte auf einem Smartphone sowie auf einem Laptop.

5.7.3 Mobil oder stationär

Es gibt aktuell keine sichere Möglichkeit, festzustellen, ob eine Benutzerin oder ein Benutzer die App auf einem mobilen Device wie einem Smartphone oder Tablet benutzt oder aber innerhalb eines Browsers auf einem Laptop oder PC. Sie können aber die Beschleunigungswerte nutzen, um daraus eine gewisse Wahrscheinlichkeit abzuleiten.

Nutzen Sie die Werte des `Acceleration`-Objekts im Browser, sind diese Werte in der Regel leer. So können Sie ableiten, ob die App mobil genutzt wird.

Fügen Sie ein Beschriftungselement auf Ihren Bildschirm ein, und nutzen Sie folgenden Code in der `Text`-Eigenschaft:

```
If(IsBlank(Acceleration.X);"Stationär";"Mobil")
```

Nun öffnen Sie Ihre App auf Ihrem Smartphone sowie in Ihrem Browser und betrachten das Ergebnis, wie in Abbildung 5.228 zu sehen.

5.8 Offline-Betrieb

Planen Sie Apps für den mobilen Einsatz, müssen Sie stets im Hinterkopf behalten, dass Ihre Netzwerkverbindung sehr wahrscheinlich zwischendurch abbricht. Obwohl gerade Ihre Power Apps von Online-Konnektivität leben, können Sie Vorkehrungen treffen, damit Ihre Apps stets einsatzbereit sind.

5.8.1 Konnektivität

Da Power Apps ein Cloud-Dienst ist, der besonders durch seine Verbindungen zu weiteren Systemen wie SharePoint, Exchange, Teams etc. profitiert, ist eine Netzwerkverbindung quasi lebenswichtig. Um diesen Status zu ermitteln, stellt Ihnen Power Apps das Connection-Objekt bereit.

Fügen Sie ein Beschriftungselement auf Ihrem Bildschirm ein, und setzen Sie die `Text`-Eigenschaft auf folgenden Code:

```
If(Connection.Connected;"Connected";"Offline")
```

Wollen Sie abfragen, ob Sie eine limitierte Verbindung zum Beispiel in mobilen Funknetzen haben, nutzen Sie folgenden Code:

```
If(Connection.Metered;"Metered";"Not metered")
```

Abbildung 5.228 zeigt den Unterschied bei Verwendung des Aufrufs in einem Smartphone im WLAN, im Funknetz sowie in einem Laptop-Browser.

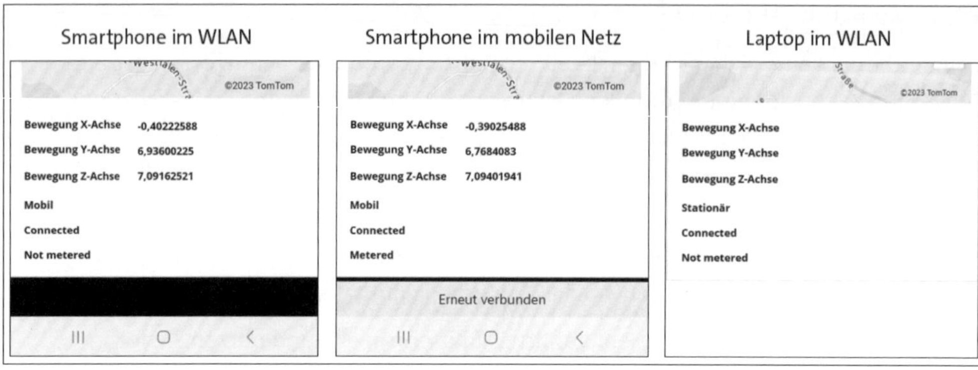

Abbildung 5.228 Beschleunigung und Konnektivität

5.8.2 SaveData

Die Grundidee ist ganz einfach. Genauso, wie Sie sich für eine Dienstreise die wichtigsten Dokumente offline verfügbar machen, indem Sie sie auf Ihrem Gerät speichern, speichern Sie die wichtigsten Daten für den Betrieb Ihrer App auf Ihrem Gerät.

Grundlage für die Verwendung von `SaveData` sind Collections. Sammeln Sie die Daten, die Sie offline verfügbar machen wollen, in einer Collection, und speichern Sie diese unter einem frei wählbaren Namen ab. Über eine Dateiendung müssen Sie sich hier keine Gedanken machen. Der Aufbau des Befehls `SaveData` ist wie folgt:

```
SaveData(<Name der Collection>;<Name der Datei>)
```

[»]

Sonderzeichen und Namenskonflikte

Der Name der Datei darf die folgenden Zeichen nicht enthalten:

`*".?:\<>|/.`

Da die Dateien für jede App isoliert sind, sind Namenskonflikte zwischen Apps ausgeschlossen.

5.8.3 LoadData

Wollen Sie die gespeicherten Daten wieder laden, so nutzen Sie `LoadData`, um die Daten in eine Collection zu laden. Der Aufbau von `LoadData` ist wie folgt:

```
LoadData(<Name der Collection>; <Name der Datei>; ?IgnoreNonexistentFile)
```

Lassen Sie uns einen Blick auf den optionalen Parameter `IgnoreNonexistentFile` werfen. Dieser Parameter ist im Standard `false`, was bedeutet, dass es nicht ignoriert wird, wenn die Datei nicht existiert, die Sie im Funktionsaufruf angegeben haben.

Existiert die Datei nicht, wird ein Fehler geworfen, den Sie zum Beispiel im `OnError`-Ereignis des App-Objekts verarbeiten können. Setzen Sie diesen Parameter auf `true`, wird es ignoriert, wenn die Datei nicht vorhanden ist.

5.8.4 ClearData

Da man seinen Arbeitsplatz immer ordentlich verlassen sollte, sollten Sie auch im Umfeld Ihrer App aufräumen. Hier hilft Ihnen `ClearData`, ein Befehl, dem Sie optional einen Dateinamen mitgeben können. Wird eine Datei mit dem Namen gefunden, so wird sie gelöscht.

Nutzen Sie `ClearData` ohne Übergabe eines Dateinamens, werden alle Offline-Dateien gelöscht. Der Aufbau von `ClearData` ist wie folgt:

```
ClearData(?<Name der Datei>)
```

Einstellungen für die Verwendung des Webplayers

Während die Funktionen `SaveData`, `LoadData` und `ClearData` in den Power-Apps-Laufzeitumgebungen von mobilen Geräten im Standard aktiv sind, müssen Sie für den Gebrauch im Browser noch die Funktion Aktivieren Sie SaveData, LoadData, ClearData für den Webplayer in den App-Einstellungen aktivieren (siehe Abbildung 5.229).

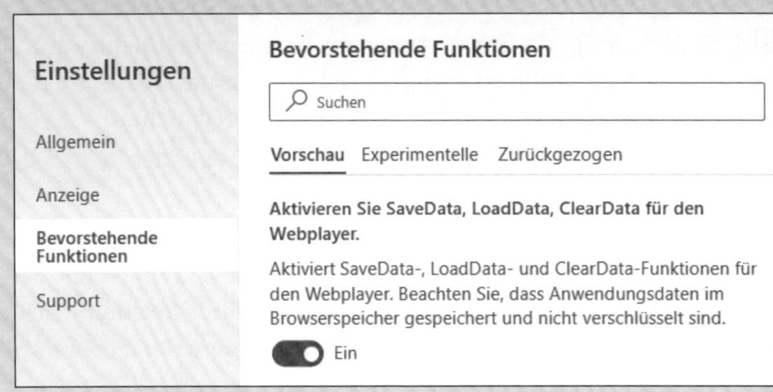

Abbildung 5.229 Speichern von Daten im Webplayer

5.8.5 Einschränkungen

Die Verwendung von `SaveData` hat folgende Einschränkungen:

- Für Webbrowser ist sie bislang nur in der Vorschau verfügbar.
- Im Browser gespeicherte Daten sind ungeschützt.

- Im Browser gespeicherte Daten werden nur temporär gehalten und sind im Daten-Nirvana, sobald Sie den Browser schließen.
- `SaveData` ist auf 1 MB Datenmenge begrenzt, wenn es in Teams oder im Browser genutzt wird. Auf mobilen Geräten ist keine Grenze bekannt.

5.8.6 Gedanken zur Implementierung von Offline-Apps

Wenn Sie die letzten beiden Seiten gelesen haben, werden Sie feststellen, dass an der Implementierung von Offline-Fähigkeit ja nicht besonders viel dran ist. Ein paar Gedanken möchte ich dennoch loswerden:

Initialisierung

Überlegen Sie sich den Prozess, wie die Daten auf das Gerät kommen. Sie werden Daten haben, die Sie für den Prozess benötigen. Im Falle einer Wartungs-App sind das zum Beispiel Auftragsdaten. Dann haben Sie noch Daten, die Sie erheben. Dazu gehören Texteingaben und Stifteingaben sowie Fotos usw.

Sie müssen nun also für die App, aber auch für und mit den Menschen, die die App nutzen, einen Weg vereinbaren, wie die Daten auf dem Gerät landen. Ein Weg ist es, dass die Mitarbeiterinnen und Mitarbeiter, die Fieldworker, zunächst ihre Aufträge im Büro/Homeoffice abrufen und diese auf dem Gerät gespeichert werden.

Nehmen Sie sich hierfür genug Zeit, und reden Sie mit den Menschen, denn wenn Sie hier alles bedacht haben, bereiten Ihnen Verbindungsabbrüche, mit denen Sie besonders im Wartungsumfeld rechnen müssen, keine Kopfschmerzen mehr.

Relationale Daten

Sie können davon ausgehen, dass die Daten, die Sie auf Ihr Gerät laden wollen, mit an Sicherheit grenzender Wahrscheinlichkeit mit anderen Daten verknüpft sind. Jeder Auftrag steht mindestens mit einer Person und/oder einer Firma in Relation. Machen Sie sich Gedanken, ob Sie auch diese verknüpften Daten auf Ihrem Gerät benötigen.

Datenerfassung

Sie erfassen im Laufe einer Wartung – ich bleibe jetzt mal bei diesem Beispiel – eine ganze Menge an Daten. Berücksichtigen Sie, dass Sie jede Sekunde offline sein können, und speichern Sie Fotos, Texte etc. immer per `SaveData` auf Ihrem Gerät.

Synchronisation

Dieser Punkt hat mir schon viele Schmerzen verursacht. Mein erster Ansatz war es, einfach mit `Connection.Connected` abzufragen, ob ich online bin. Ist das der Fall, werden die Daten per Konnektor in die Cloud übertragen. Nun kann das aber ziemlich lange dauern, da

1. Sie unter Umständen viele und/oder große Daten erfasst haben und
2. die Verbindung gerade mal für eine SMS reicht.

Diesen Punkt kann man organisatorisch in den Griff bekommen, indem man mit den Menschen spricht, die die App nutzen.

Der beste Weg ist es, dass man sich auf folgenden Weg verständigt:

- Die Daten werden im Büro auf das Gerät geladen.
- Die Daten werden im Büro synchronisiert.

So erleben Sie keine Überraschungen, die in irgendeiner Weise mit der Datenverbindung zu tun haben könnten.

Kollisionsbehandlung

Das Laden der Daten ist simpel: Sie füllen eine Collection über einen Datenkonnektor, reichern die Daten weiter an und schreiben sie per `SaveData` auf Ihr Gerät.

Der Upload geht an sich auch einfach:

Sie Iterieren mit `ForAll` über Ihre Collections, die mit Texten und Fotos gefüllt sind, und schreiben diese per Patch in die Datenbank zurück. Was Ihnen nun passieren kann – und da hilft auch wieder nur, dass man miteinander spricht –, ist, dass der Datenbestand in Abwesenheit der Benutzerin oder des Benutzers verändert oder schlimmstenfalls gelöscht wurden.

Das, was für alle Seiten bislang am sichersten funktionierte, waren folgende Ansätze:

- Sie sperren die Datensätze, die auf ein Gerät geladen wurden, und geben sie erst wieder frei, wenn die Synchronisation beendet ist. Problem: Nicht jede Datenquelle unterstützt das.
- Falls eine Sperre nicht möglich ist, versuchen Sie es über den Entzug von Berechtigungen. Werden die Daten auf das mobile Gerät geschrieben, so setzen Sie die Schreibrechte so, dass niemand außer der Person möglich ist, die das mobile Gerät bedient.
- Falls das auch nicht funktioniert, verifizieren Sie die Online-Daten zunächst, bevor Sie die Offline-Daten synchronisieren. Sollten Sie ein Problem erkennen, können Sie die Nutzerin oder den Nutzer in der App darüber informieren und/oder die Daten gegebenenfalls als CSV o. Ä. exportieren, um eine manuelle Synchronisation durchzuführen.

Datenmengen

Bei der Verwendung von SaveData im Browser bzw. in Teams ist die Datenmenge auf 1 MB begrenzt. Das ist nicht viel, aber damit weiß man, was man hat. Auf mobilen Endgeräten ist die Datenmenge durch den verfügbaren Speicher begrenzt.

Ich empfehle Ihnen, und das gilt auch für viele andere Anwendungsfälle, dass Sie den Worstcase mit dem langsamsten und ältesten Gerät durchspielen, das real genutzt werden kann. Durch die Automatisierungsmöglichkeiten ist die massenhafte Erzeugung von Daten ein Kinderspiel.

5.9 Programmierrichtlinien

Nun geht es um sauberes Programmieren, einen Teil der Softwareentwicklung, der meistens ignoriert wird. Dabei ist es egal, ob Sie im No-Code-, Low-Code- oder Pro-Code-Umfeld aktiv sind.

Etwas überspitzt ist es egal, welche Richtlinien Sie verfolgen, Hauptsache, Sie halten sich an ein gewisses Set an Regeln.

5.9.1 Elemente

Wenn Sie mit der Entwicklung von Power Apps beginnen, werden Sie feststellen, dass gleichlautende Steuerelemente mit einer nachgelagerten Nummerierung versehen werden.

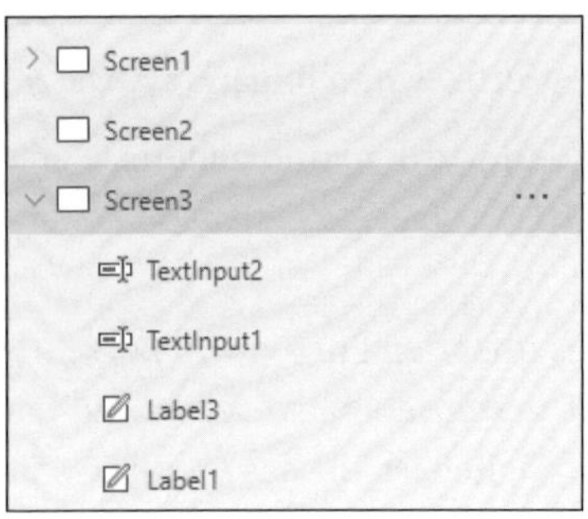

Abbildung 5.230 Steuerelemente werden automatisch durchnummeriert.

Natürlich funktioniert die App, egal wie Sie die Elemente darin benennen, aber wartbar ist anders. Wenn Sie auf dem Bildschirm zum Löschen von Daten die Feldbeschriftung für den Nachnamen ändern wollen, haben Sie bei der Nomenklatur, wie in Abbildung 5.230 zu sehen, keine Chance, außer sich durchzuwühlen.

Benennen Sie die Elemente aber nach ihrem Zweck, wie in Abbildung 5.231 zu sehen, so haben Sie es deutlich einfacher.

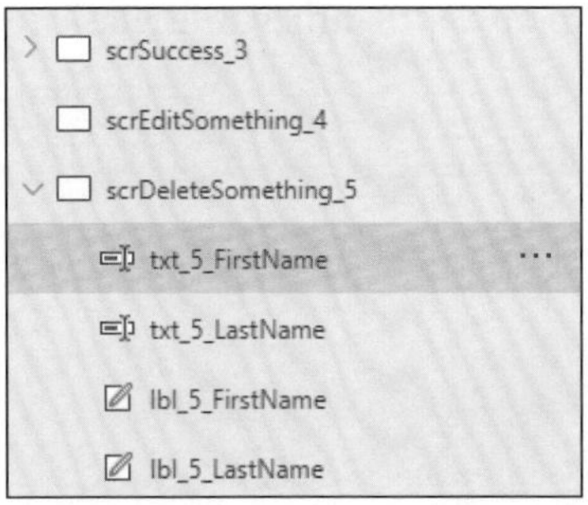

Abbildung 5.231 Zweckbezogene Benennung hilft bei der Wartung.

Diese Benennungsrichtlinie folgt einem ganz einfachen Muster. Es gibt ein Präfix für den Elementtyp, nämlich:

- scr: Bildschirme (Screen)
- txt: Textboxen (TextInput)
- lbl: Bezeichner (Label)

Da es ein Label für einen Nachnamen auf mehreren Bildschirmen geben kann, würden Sie eine Eindeutigkeit wieder über eine Nummerierung erreichen, denn ein Name muss in der kompletten App eindeutig sein.

Also versehe ich hier jeden Bildschirm noch mit einer Nummer als Suffix und verwende diese Nummer zusätzlich in den Elementnamen.

Folgen Sie diesem Muster, haben Sie es auch mit dem Auffinden einfacher, denn nutzen Sie die Suche aus Abschnitt 4.1.3, um eine bestimmte Textbox zu finden, so kommen Sie deutlich schneller ans Ziel (siehe Abbildung 5.232).

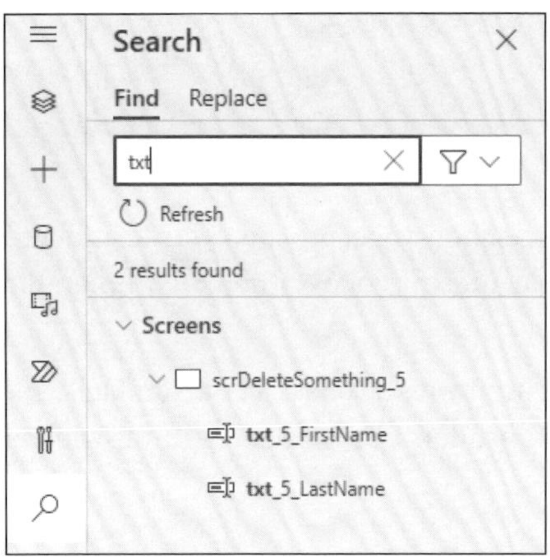

Abbildung 5.232 Suchen bei Verwendung von Nomenklaturen

Tabelle 5.46 können Sie die Präfixe für Bildschirmelemente entnehmen, wie ich sie in meinem Projektgeschäft benutze.

Element	Präfix
Bildschirm/Screen	`scr`
Textfeld/TextInput	`txt`
Beschriftung/Label	`lbl`
Schaltfläche/Button	`btn`
Katalog/Gallery	`gal`
DataCard (In Forms oder Scrollable Screens)	`dc`
Checkboxen	`cbx`
RadioButton	`rad`
DropDowns	`dd`
ComboBoxen	`cb`
Bilder/Images	`img`
Icons	`ico`
Rechtecke (spezielles Icon)	`rec`
Komponenten	`cmp`
Timer	`tim`

Tabelle 5.46 Präfixe von Bildschirmelementen

5.9.2 Variablen

Auch wenn es in Abschnitt 5.1.8 über Variablen schon angesprochen wurde, möchte ich der Vollständigkeit halber hier noch einmal auf sinnvolle Namensrichtlinien für Variablennamen eingehen.

Ich verwende üblicherweise die CamelCase-Schreibweise, sodass Variablen klein anfangen und jedes weitere Teilwort mit einem großen Buchstaben beginnt, wie Sie dem folgenden Beispiel entnehmen können:

- `txtVornameKunde`
- `txtOrder`
- `btnSendOrder`

Auf Variablen bezogen ergibt sich folgende Schreibweise:

Variablentyp	Schreibweise und Deklaration
Collection	`Collect(colOrders,{})`
globale Variablen	`Set(glbCurrentUser,)`
lokale Variablen	`UpdateContext({locNumberOfDays:42})`

Tabelle 5.47 Beispiele für Variablennamen

5.9.3 Code-Kommentare

Power Fx verfügt über die Möglichkeit, Teile eines Codes auszukommentieren: So kommentieren Sie mit // eine Zeile und mit /* */ einen Bereich aus. Nutzen Sie diese Funktionalität, um die Idee hinter Ihrem Code und seiner Funktionsweise zu dokumentieren (siehe Abbildung 5.233). Es dauert nicht sehr lange, und Sie haben auch die einfachsten Konzepte Ihrer App vergessen. Wenn Sie diese nicht dokumentieren, müssen Sie sich im Falle der Wartung oder Erweiterung wieder umständlich einarbeiten.

Sie brauchen keine Angst zu haben, dass zu viele Kommentare die App verlangsamen, denn Kommentare werden zur Laufzeit nicht an den Browser weitergegeben.

```
/*
Solange das Teeam noch keine fünf Mitglieder besitzt, werden dem Team ColAttendees
die Personen aus der ComboBox cbxTeamattendee_1 hinzugefügt.
Anschliessend wird auf den Bildschirm zur Terminvereinbarung weitergeleitet
*/
If(
    CountRows(cbxTeamattendee_1.SelectedItems) <= 6, //Es sind maximal sechs Mitglieder erlaubt
    ForAll(
        cbxTeamattendee_1.SelectedItems,
        Collect(
            ColAttendees,
            {
                Name: ThisRecord.DisplayName,
                Email: ThisRecord.Mail,
                Firstname: ThisRecord.Surname,
                Lastname: ThisRecord.GivenName,
                Active: true
            }
        );
    );
    //Wechsele zur Terminberainbarung
    Navigate(
        scrSetSchedule,
        Fade
    );

)
```

Format text   Remove formatting   Find and replace

Abbildung 5.233 Kommentare im Code erleichtern das Leben.

[»]

Automatische Dokumentation Ihrer App per Power Apps Docstring

Ein hervorragendes Werkzeug zur Dokumentation Ihrer App finden Sie im GitHub-Repository von Sebastian Muthwill:

https://github.com/sebastian-muthwill/powerapps-docstring

Power Apps Docstring ist kostenfrei verwendbar und erlaubt die nahezu lückenlose Dokumentation Ihrer App, basierend auf den verwendeten Kommentaren.

5.10 Ausgewählte einfache Anwendungsfälle

Die folgenden Seiten führen Sie durch häufig wiederkehrende Anwendungsfälle, die die Basis für viele Apps bilden. Erstellen Sie sich dazu bitte eine leere Canvas App wie in Abschnitt 3.3.4 beschrieben. Die folgenden Beispiele basieren auf einer App im Tablet-Modus. Wenn Sie lieber im Smartphone-Format arbeiten möchten, müssen Sie die einzelnen Schritte entsprechend anpassen.

5.10.1 Anzeige des angemeldeten Benutzers

Wir starten mit der `User()`-Funktion. Sie beinhaltet grundlegende Informationen zum Benutzer der App, ist parameterlos und gibt folgende Werte zurück:

- `FullName`: Vor- und Zuname des angemeldeten Benutzers
- `Email`: E-Mail-Adresse des angemeldeten Benutzers
- `Image`: Bild des angemeldeten Benutzers

Diese Werte eignen sich hervorragend, um eine schöne Kopfzeile zu gestalten.

1. Wählen Sie einen beliebigen Bildschirm in Ihrer Strukturansicht.
2. Wählen Sie aus dem Menüpunkt EINFÜGEN in der oberen Befehlsleiste folgende Steuerelemente, und stellen Sie sie wie folgt ein:

X	0
Y	0
Höhe/`Height`	50
Breite/`Width`	1366

Tabelle 5.48 Ein Rechteck aus dem Abschnitt »Formen«

X	1291
Y	0
Höhe/Height	75
Breite/Width	75
Randradius	45

Tabelle 5.49 Ein Bild aus dem Abschnitt »Medien«

X	1091
Y	0
Höhe/Height	35
Breite/Width	200
Farbe/Color	White
Abstand rechts/PaddingRight	10
Textausrichtung/Align	Right

Tabelle 5.50 Beschriftung 1

X	986
Y	35
Höhe/Height	35
Breite/Width	305
Farbe/Color	White
Abstand rechts/PaddingRight	10
Textausrichtung/Align	Right

Tabelle 5.51 Beschriftung 2

Der Kopfbereich Ihres Bildschirms sollte nun so aussehen wie in Abbildung 5.234.

Abbildung 5.234 Zwischenschritt Kopfbereich

3. Selektieren Sie das BILD und die Eigenschaft IMAGE aus der Eigenschaftenliste wie in Abbildung 5.235.

Abbildung 5.235 Die Image-Eigenschaft der User()-Funktion

4. Nun selektieren Sie das obere Beschriftungselement und die Eigenschaft Text. Befüllen Sie die Eigenschaft mit dem Code `User().FullName`.
5. Im zweiten Beschriftungselement befüllen Sie die Eigenschaft mit User().Email.

Wenn die Daten Ihres Users gut gepflegt sind, sollte der Kopfbereich Ihres Bildschirms nun wie in Abbildung 5.236 aussehen.

Abbildung 5.236 Kopfbereich mit Daten der User()-Funktion

5.10.2 Navigieren zwischen Bildschirmen

Bei der Navigation zwischen Bildschirmen hilft Ihnen der `Navigate`-Befehl:

```
Navigate(Zielbildschirm; ScreenTransition;{Name:Wert;Name2:Wert2;…})
```

`Zielbildschirm` legt den Namen des Bildschirms fest, auf den Sie springen wollen. Der optionale Wert `ScreenTransition` gibt die Art der Überblendung an, mit `{Name:Wert}` legen Sie die Werte fest, die Sie an den Zielbildschirm übermitteln wollen.

Mit den folgenden Schritten erstellen Sie auf einem Bildschirm eine Schaltfläche, die Sie per Klick auf einen weiteren Bildschirm leitet. Sie ändern außerdem den Effekt des Seitenübergangs und übergeben am Ende Parameter von einem Bildschirm auf den anderen.

1. Wählen Sie einen beliebigen Bildschirm in Ihrer Strukturansicht, indem Sie ihn dort selektieren (siehe Abbildung 5.237).
2. Fügen Sie nun eine Schaltfläche hinzu, indem Sie aus der oberen Befehlsleiste den Menüpunkt EINFÜGEN und dort das Element SCHALTFLÄCHE auswählen (siehe Abbildung 5.238).

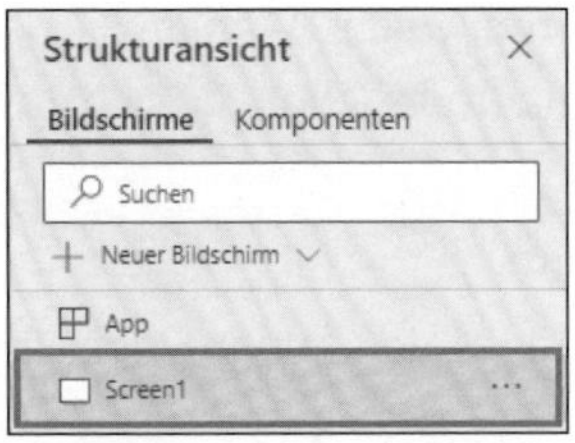

Abbildung 5.237 Bildschirm auswählen

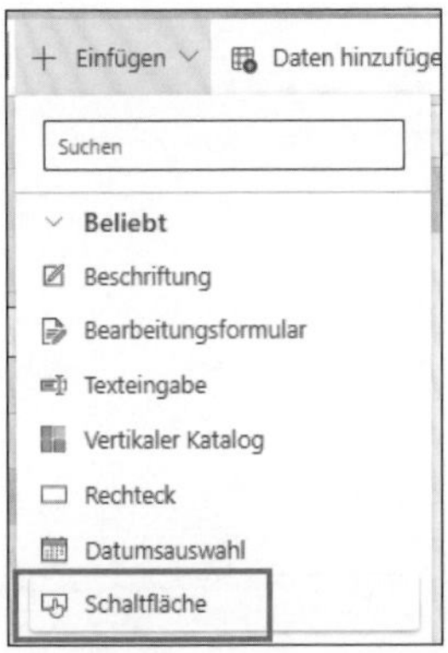

Abbildung 5.238 Schaltfläche auswählen

> **Symbole als Bedienelemente**
>
> Anstatt einer Schaltfläche können Sie auch Symbole (Icons) nutzen, um Funktionen auszuführen oder zwischen Bildschirmen zu navigieren.

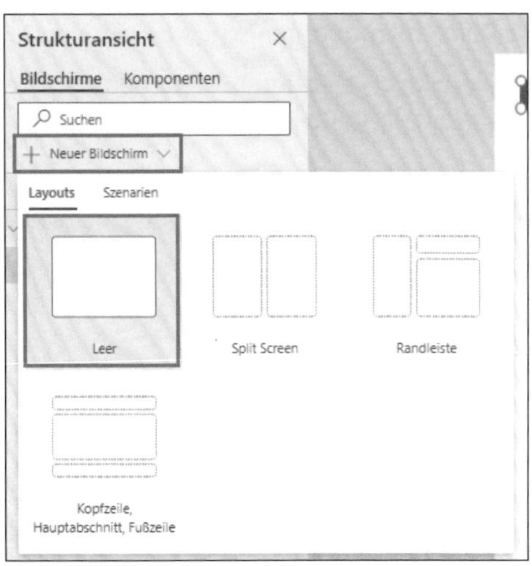

Abbildung 5.239 Neuen Bildschirm hinzufügen

3. Jetzt erstellen Sie den Bildschirm, zu dem Sie navigieren wollen: Wählen Sie dazu den Befehl NEUER BILDSCHIRM in der Strukturansicht, und suchen Sie sich einen leeren Bildschirm aus (siehe Abbildung 5.239).
4. Benennen Sie den Bildschirm in `scrZielBildschirm` um.
5. Nun selektieren Sie die Schaltfläche aus Schritt 2 und wählen in der Eigenschaftenliste das Ereignis `OnSelect`.
6. Löschen Sie dort den Standardwert `false`, und ersetzen Sie ihn durch folgenden Code (siehe Abbildung 5.240):

```
Navigate(scrZielBildschirm)
```

Abbildung 5.240 Navigate-Befehl

7. Stellen Sie nun sicher, dass Sie sich auf dem Bildschirm mit Ihrer soeben angelegten Schaltfläche befinden, und starten Sie Ihre App, indem Sie das Abspielen-Symbol in der Befehlsleiste betätigen.
8. Selektieren Sie jetzt die Schaltfläche auf Ihrem Bildschirm, und Sie werden zu Ihrem Zielbildschirm weitergeleitet.

   Weiter geht es mit der Anpassung des Bildschirmübergangs.
9. Dazu schließen Sie den Ausführungsmodus und selektieren wieder das `OnSelect`-Ereignis Ihrer Schaltfläche auf dem Ausgangsbildschirm.
10. Dort ergänzen Sie den `Navigate`-Befehl um den Parameter der `ScreenTransition`, also des Bildschirmübergangs, indem Sie hinter dem Parameter `scrZielBildschirm` Ihren Wunschübergang angeben (siehe Abbildung 5.241).

```
Navigate(scrZielBildschirm;ScreenTransition.Fade)
```

Abbildung 5.241 Navigation mit Transition

Probieren Sie gerne auch die weiteren Effekte aus, die oben in der Parameter-Erklärung aufgeführt sind, und schauen Sie sich das Ergebnis durch Ausführung von Punkt 7 an.

Wenn Sie mit den Effekten zufrieden sind, geht es an die Übergabe der Werte.

11. Möchten Sie Werte von einem Bildschirm auf den nächsten übergeben, nutzen Sie dafür die Werteliste im `Navigate`-Befehl. Selektieren Sie dafür wieder das `OnSelect`-Ereignis Ihrer Schaltfläche, und ergänzen Sie den dritten Parameter des `Navigate`-Befehls um folgenden Code (siehe Abbildung 5.242):

```
Navigate(
    scrZielBildschirm;
    Fade;
    {
        locMeinName:User().FullName
    }
)
```

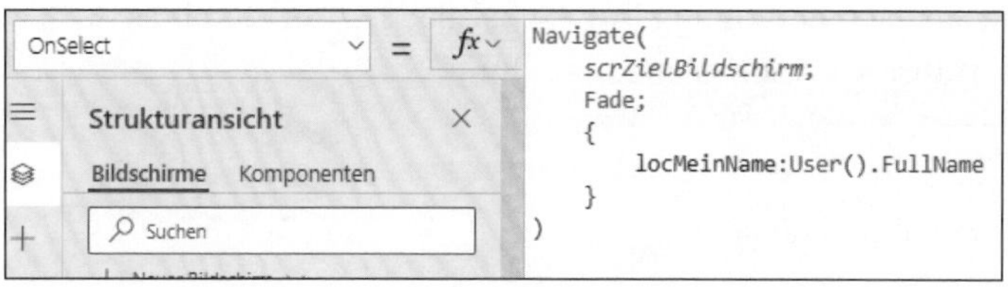

Abbildung 5.242 Parameterübergabe im Navigate-Befehl

Auf der Zielseite wird nun eine lokale Variable erzeugt, die den Wert aus `User().FullName` enthält.

Das `User()`-Objekt haben Sie im vorherigen Beispiel kennengelernt. Es stellt Ihnen verschiedene Eigenschaften des angemeldeten Benutzers zur Verfügung.

12. Wechseln Sie nun in der Strukturansicht auf Ihren Zielbildschirm `scrZielBildschirm`, und platzieren Sie dort eine Beschriftung aus dem EINFÜGEN-Menü der oberen Befehlsleiste (siehe Abbildung 5.243).

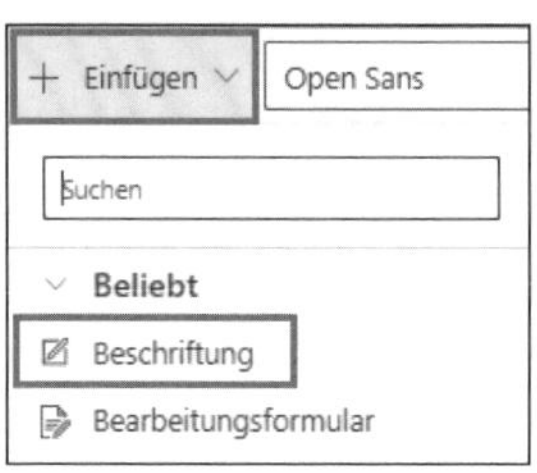

Abbildung 5.243 Beschriftung einfügen

13. Platzieren Sie das Element auf dem Bildschirm, und wählen Sie die Eigenschaft `Text`. Ersetzen Sie den Standardwert `Text` nun durch den Wert, den Sie über die `Navigate`-Funktion empfangen (siehe Abbildung 5.244):

    ```
    "Mein Name ist: " & locMeinName
    ```

    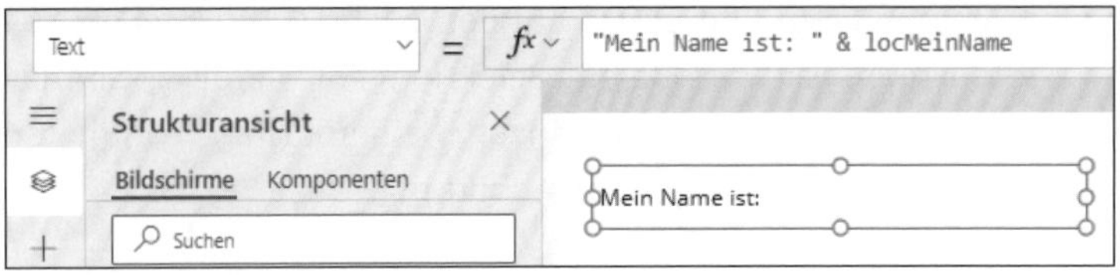

    Abbildung 5.244 Wert auf Zielseite empfangen und ausgeben

    Gegebenenfalls erhöhen Sie die Breite des Beschriftungselements durch Setzen der Eigenschaft `Width` in der Eigenschaftenauswahl oder der Eigenschaft `Breite` im Eigenschaftenbereich, damit Sie ausreichend Platz haben.

14. Nun fahren Sie mit Schritt 7 fort, um das Ergebnis zu überprüfen. Wenn alles funktioniert, werden Sie nach Betätigung Ihrer Schaltfläche zum Zielbildschirm geleitet und lesen dort Ihren Namen (siehe Abbildung 5.245).

    Abbildung 5.245 Es hat funktioniert.

5.10.3 Zum vorherigen Bildschirm navigieren

Oftmals werden Bildschirme von verschiedenen Punkten Ihrer App angesprungen. Um also zum aufrufenden Bildschirm zurückkehren zu können, benötigen Sie eine Art »Zurück«-Funktion. Passenderweise verfügt Power Fx über die Funktion `Back`.

`Back` ist parameterlos und führt Sie auf den vorherigen Bildschirm, wie Sie es auch von Ihrem Browser kennen.

Wenn Sie das Beispiel aus dem vorherigen Abschnitt 5.10.2 entwickelt haben, können Sie die Back-Funktion ganz einfach kennenlernen.

1. Wählen Sie den Bildschirm `scrZielBildschirm`.
2. Fügen Sie dem Bildschirm nun eine *Schaltfläche* oder alternativ ein *Symbol* Ihrer Wahl aus dem Menüpunkt EINFÜGEN der oberen Befehlsleiste hinzu, und ändern Sie die Eigenschaft `Text` in »Zurück«. Haben Sie ein Symbol gewählt, können Sie keine `Text`-Eigenschaft setzen!
3. Wählen Sie nun das Ereignis `OnSelect` aus der Eigenschaftenliste, und ersetzen Sie den vorhandenen Code durch die Funktion `Back` (siehe Abbildung 5.246).
4. Wählen Sie nun den ersten Bildschirm aus dem vorigen Beispiel, und starten Sie die App.

5. Ein Klick auf die vorhandene Schaltfläche sollte Sie auf den Bildschirm SCRZIELSCREEN weiterleiten. Klicken Sie nun auf die soeben hinzugefügte Schaltfläche oder das Icon, werden Sie auf den Ausgangsbildschirm geleitet.

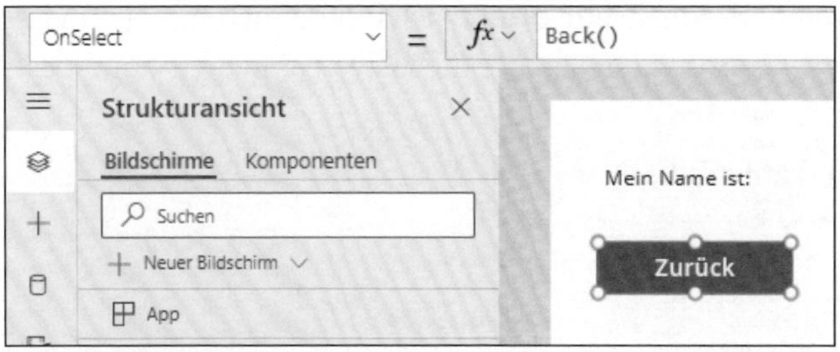

Abbildung 5.246 Die Back-Funktion

5.10.4 Auswahl eines Datensatzes aus einer Liste von Datensätzen

Ein klassisches Beispiel für den Einsatz eines Katalogs ist die Anzeige von Datensätzen, aus denen man einen Datensatz auswählt, um diesen entweder zu bearbeiten, zu löschen oder zu editieren.

1. Erstellen Sie dazu eine neue leere App im Tablet-Format, und nennen Sie sie »Fahrzeugverwaltung«.

   Sie befinden sich nun im Power Apps Studio und können damit beginnen, eine Datenquelle zu importieren.

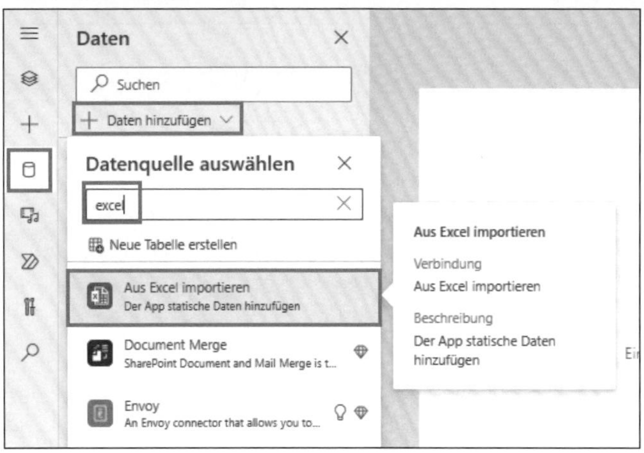

Abbildung 5.247 Daten aus Excel importieren

2. Wählen Sie nun den Datenbereich aus dem App-Erstellungs-Menü (siehe Abbildung 5.247).

3. Suchen Sie nach dem Konnektor AUS EXCEL IMPORTIEREN, und selektieren Sie den Konnektor.
4. Wählen Sie die Excel-Datei *Datenstruktur.xlsx*, und bestätigen Sie die Wahl mit ÖFFNEN. Auf der rechten Bildschirmseite öffnet sich ein Bereich mit allen verfügbaren Tabellen der Excel-Liste. Wählen Sie hier die Liste »Fahrzeuge«, und bestätigen Sie Ihre Wahl mit VERBINDEN.

   Danach geht es um die Wahl des Katalogs.

Abbildung 5.248 Tabelle auswählen

5. Wählen Sie den Bildschirm SCREEN1 in der Strukturansicht, und benennen Sie ihn in »scrKatalog« um.
6. Nun wählen Sie aus dem Bereich LAYOUT des Menüpunkts EINFÜGEN (obere Befehlsleiste) das Element LEERER VERTIKALER KATALOG.

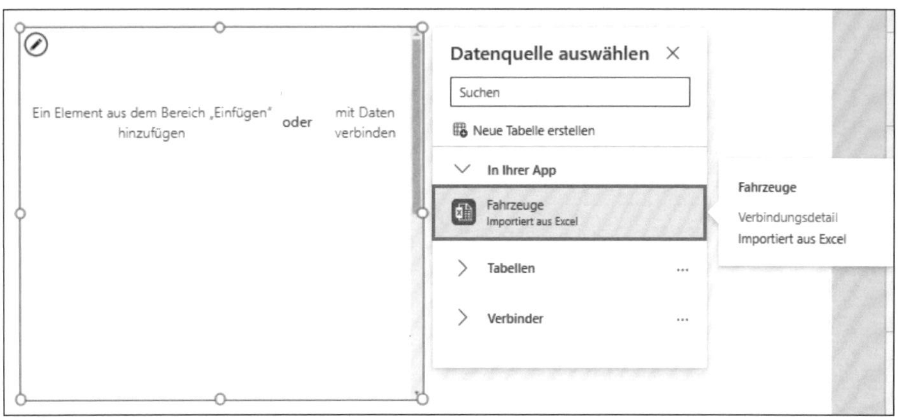

Abbildung 5.249 Datenquelle binden

7. Bestätigen Sie die angebotene Datenquelle »Fahrzeuge«. Die Datenquelle ist nun an den Katalog gebunden.
8. Legen Sie für den Katalog folgende Eigenschaften fest:

Eigenschaft	Wert
X	0
Y	60
Breite/Width	640
Höhe/Height	`Parent.Height-Self.Y`

Tabelle 5.52 Die Eigenschaften des Katalogs

9. Markieren Sie den Katalog nun in der Strukturansicht, und nennen Sie ihn »galFahrzeuge«.

   Dann geht es mit dem Formatieren der Datensatzvorlage weiter.

10. Markieren Sie den Katalog in der Strukturansicht, oder wählen Sie EIN ELEMENT AUS DEM BEREICH »EINFÜGEN« HINZUFÜGEN, um die Vorlage in den Bearbeitungsmodus zu setzen (siehe Abbildung 5.250).

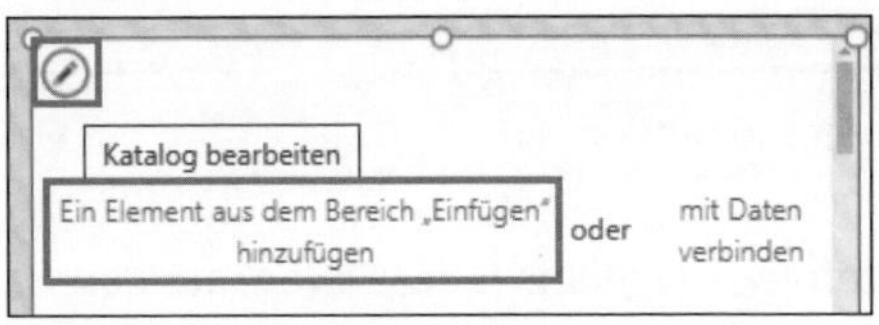

Abbildung 5.250 Die Katalogvorlage bearbeiten

11. Fügen Sie nun vier BESCHRIFTUNGEN ein, wählen Sie für jedes Element die Eigenschaft TEXT aus der Eigenschaftenliste, und binden Sie sie wie in Abbildung 5.251 jeweils an die folgenden Felder:

   - `ThisItem.Nummer`
   - `ThisItem.Marke`
   - `ThisItem.Modell`
   - `ThisItem.Laufleistung`

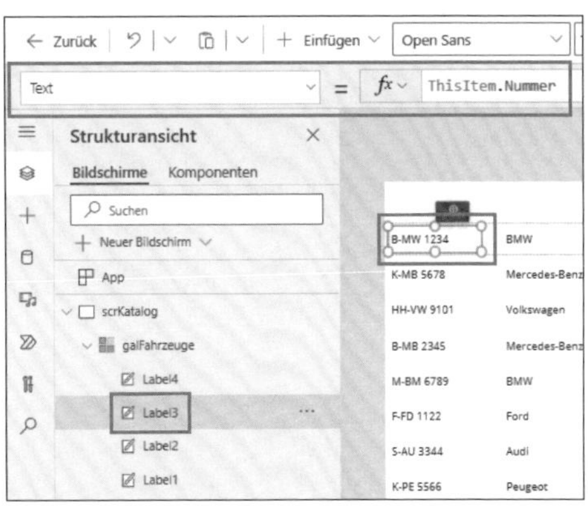

Abbildung 5.251 Binden eines Felds an ein Beschriftungselement

[»]

Reihenfolge der Beschriftungselemente

Ich habe die Beschriftungen in Abbildung 5.251 umsortiert, weshalb bei Ihnen die Reihenfolge der Elemente zu der gebundenen Spalte unterschiedlich sein kann.

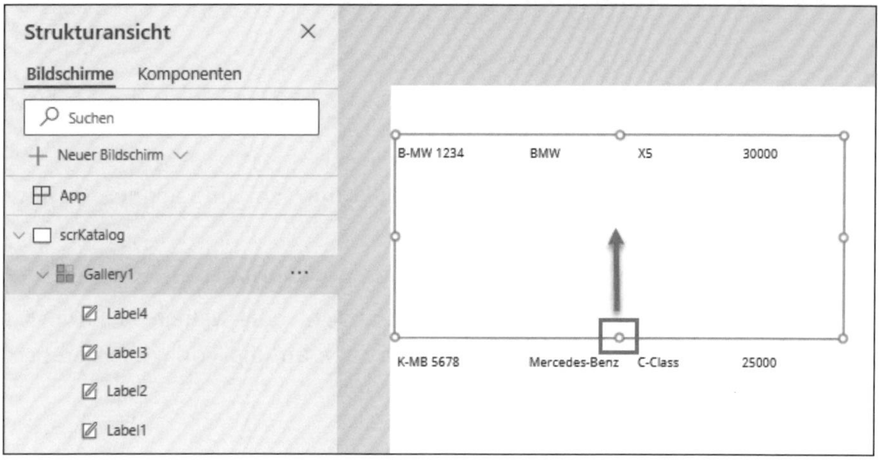

Abbildung 5.252 Beschriftungen einfügen und binden

12. Anschließend verkleinern Sie die Katalogvorlage, bis jeder Datensatz den Raum hat, den er benötigt (siehe Abbildung 5.252). Nun sollte der Katalog mit den Fahrzeugen in etwa aussehen wie in Abbildung 5.253.

Abbildung 5.253 Der fertige Katalog

Nun geht es darum, das selektierte Element in der Datenliste hervorzuheben, indem wir die Hintergrundfarbe ändern. Zudem soll der ausgewählte Datensatz in einem Formular angezeigt werden.

13. Markieren Sie jetzt den Katalog GALFAHRZEUGE in der Strukturansicht, und wählen Sie die Eigenschaft `TemplateFill` aus der Eigenschaftenliste. Schreiben Sie nun den folgenden Code in die Bearbeitungsleiste, und starten Sie Ihre App in der Vorschau:

```
If(ThisItem.IsSelected;Color.LightGray;Color.White)
```

Kapitel 6
Erweiterte Tools

Ein Handwerker ist nur so gut wie sein Werkzeug, und auch Ihnen stehen für die Entwicklung Ihrer Apps einige Hilfsmittel parat.

In diesem Kapitel möchte ich Ihnen zwei Werkzeuge vorstellen, die die tägliche Entwicklungsarbeit einfacher machen.

6.1 Power Apps Test Studio

Auch wenn die Power Platform eine No-Code-/Low-Code-Lösung ist, so ist es in der Realität doch so, dass die Anwendungen, die Sie auf dieser Platform entwickeln – vom Funktionsumfang her – den Pro-Code-Lösungen durchaus das Wasser reichen können. Genauso, wie individuell entwickelte Software, können auch diese Lösungen mit der Zeit an Funktionsumfang gewinnen. Mit jeder Funktion entsteht auch weiterer Code, der zu Fehlern führen kann. Damit Sie nicht nach jeder Änderung an der App händisch überprüfen müssen, ob dadurch die Funktionsfähigkeit bestehender Funktionen betroffen wurde, bietet es sich an, Tests automatisiert ablaufen zu lassen.

Hierbei hilft Ihnen das *Power Apps Test Studio*, das Sie in Ihrer App in der linken Menüleiste unter dem Punkt ERWEITERTE TOOLS finden können. Dieses Tool greift das alte Konzept auf, Testfälle zu definieren, die automatisch durchlaufen werden. Damit möchte man sicherstellen, dass die Software nach jedem Bugfix, jeder Änderung oder Erweiterung funktionstüchtig ist.

Das ist deshalb so wichtig, weil – und das ist ein unbewiesenes Gerücht – mit jedem behobenen Fehler ein neuer geboren wird. Die Spezies der Fehler ist somit scheinbar genauso untrennbar mit Tod und Geburt verbunden wie jedes andere Lebewesen auf diesem Planeten, was sie dadurch sogar ein Stück weit sympathisch macht. Aber ich schweife ab.

Automatisierte Tests sind eine hervorragende qualitätssichernde Maßnahme, besonders für komplexe Projekte. Nun sticht ja die Power Platform besonders dadurch hervor, dass sie jedermann ohne großes technisches Wissen in die Lage versetzt, schnell einen Prozess zu digitalisieren bzw. zu automatisieren, lebt also von der Einfachheit.

Dass ein qualitätssicherndes Konzept für automatisierte Tests einzieht in eine Technologie, die eher für das kleine Werk entwickelt wurde, lässt zwei Vermutungen zu:

Irgendjemand wollte dieses Tool unbedingt haben – was ich nicht glaube –, oder Power Apps wird noch größer, als wir es uns vorstellen können. Und da ich von Letzterem mehr als überzeugt bin, möchte ich Ihnen ans Herz legen, sich dieses Werkzeug näher anzuschauen.

6.1.1 Grundkonzept

Das Grundkonzept von automatisierten Test ist es – im Kontext von Power Apps – sicherzustellen, dass die App bei der geplanten Benutzung zu einem berechenbaren und erwartbaren Ergebnis kommt. Tut sie das nicht, ist was faul, und es muss nachgebessert werden. Tritt das erwartete Ergebnis ein, ist alles in Ordnung, oder aber der Test ist schlecht definiert.

Da eine App in der Regel mehr als einen Usecase abbildet, der auf verschiedenen Wegen bedient werden kann, folgt ein Test im Power Apps Test Studio der folgenden Struktur, die Sie in Abbildung 6.1 sehen.

- Es werden mehrere Schritte durch die App benötigt, um einen Usecase (Fall) abzubilden.
- Mehrere Fälle bilden eine Sammlung.
- Mehrere Sammlungen bilden den Test.

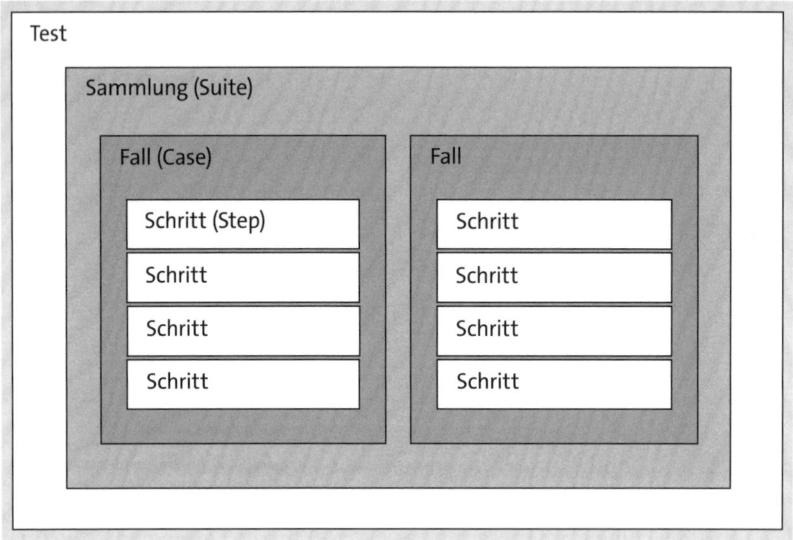

Abbildung 6.1 Aufbau eines Tests im Power Apps Test Studio

6.1.2 Das Teststudio

Das Teststudio unterstützt Sie bei der Erstellung von Tests für Ihre Apps. Im vorangegangenen Abschnitt haben Sie gelernt, dass ein Test aus einer Sammlung von Testfällen besteht, die wiederum durch einzelne Schritte definiert werden.

Die einzelnen Sammlungen und Testfälle legen Sie auf der linken Seite des Teststudios fest. Nehmen wir eine Benutzerverwaltung zum Beispiel, so lautet die Sammlung »Benutzerverwaltung«, und die einzelnen Testfälle lauten:

- Benutzer anlegen
- Benutzer bearbeiten
- Benutzer löschen

Der Test *Benutzer anlegen* würde nun zum Beispiel aus den folgenden Schritten bestehen:

1. Schaltfläche »Administration« aufrufen
2. Schaltfläche »Benutzerverwaltung« aufrufen
3. Schaltfläche »Benutzer anlegen« aufrufen
4. Vornamen eingeben
5. Nachnamen eingeben
6. E-Mail-Adresse eingeben
7. Kennwort festlegen
8. Schaltfläche »Speichern« auslösen

Diese Schritte können Sie nun aufnehmen, indem Sie den gleichlautenden Befehl in der Aktionsleiste aufrufen oder indem Sie jeden Schritt einzeln von Hand definieren.

Das Teststudio (siehe Abbildung 6.2) besteht in einer Basis aus drei Bereichen sowie einem Dialog für die Testverarbeitung, der später in diesem Kapitel beschrieben wird.

❶ **Aktionsleiste**
Im Kopfbereich finden Sie eine Aktionsleiste für folgende Funktionen:
- Tests aufnehmen oder erweitern
- Tests speichern, veröffentlichen und wiedergeben
- Testsammlung herunterladen
- Test teilen

❷ **Teststruktur**
Der linke Bildschirmbereich stellt die Teststruktur dar und erlaubt die Anlage von weiteren Testsammlungen und Testfällen.

❸ **Testschritte**
Im Hauptbereich finden Sie die Testschritte des ausgewählten Testfalls. Hier sehen

Sie jeden einzelnen Schritt, den Sie aufgenommen oder von Hand eingegeben haben. Jeder Schritt lässt sich beliebig komplex ausgestalten. Dafür steht Ihnen der komplette Power Fx-Befehlssatz zur Verfügung.

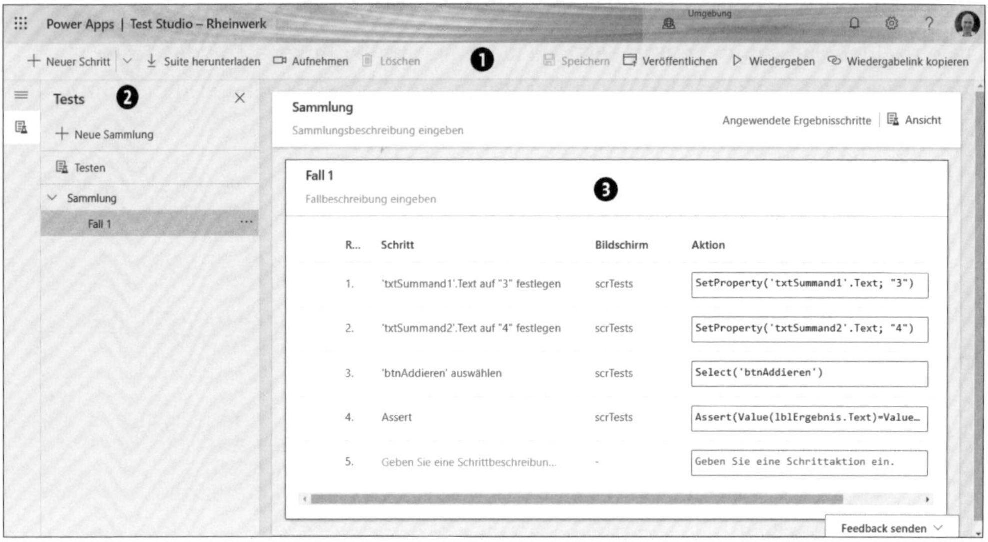

Abbildung 6.2 Die Oberfläche des Power Apps Test Studios

6.1.3 Test erstellen

Wählen Sie die Option AUFNEHMEN, wird Ihre App zunächst veröffentlicht und anschließend der Aufnahmemodus gestartet (siehe Abbildung 6.3). Der Aufnahmemodus erlaubt es Ihnen, den Testfall durchzuklicken, indem Sie die App so nutzen wie »typische« Benutzerinnen und Benutzer. Jeder einzelne Schritt, den Sie in der App nehmen, wird aufgezeichnet und als Schritt in Ihrem Testfall eingetragen (siehe Abbildung 6.4).

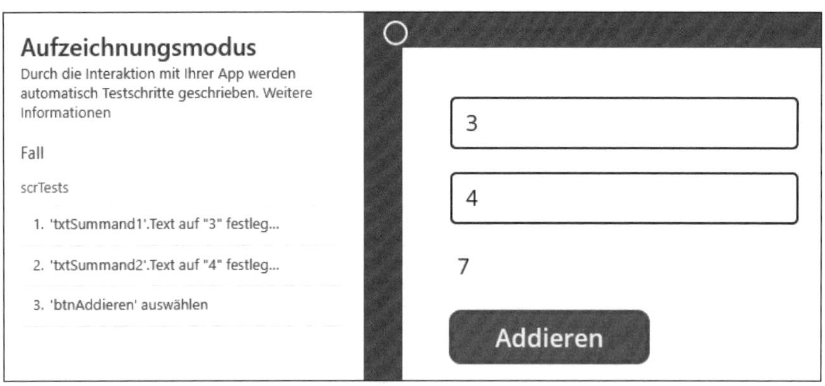

Abbildung 6.3 Aufnehmen eines Tests

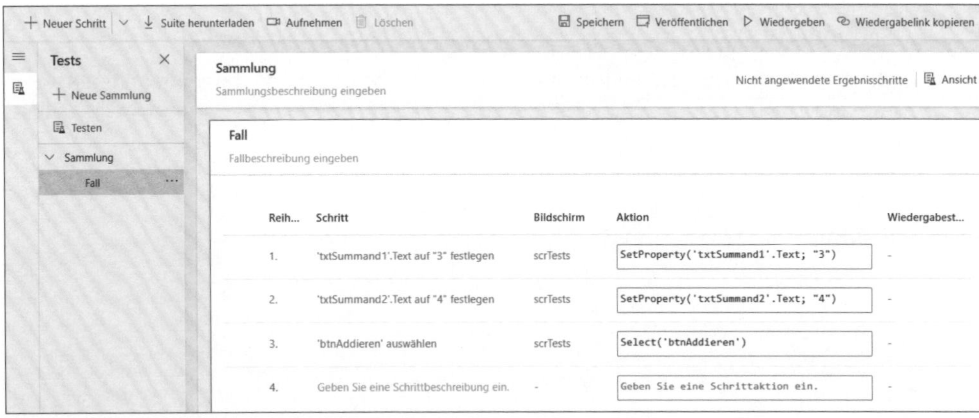

Abbildung 6.4 Jede Aktion in der App wird zu einem Testschritt.

6.1.4 Änderungen vornehmen

Haben Sie Ihren Test aufgenommen, können Sie einzelne Schritte löschen, ändern oder weitere Schritte hinzufügen. Das Kontextmenü stellt schon die wichtigsten Befehle eines Tests bereit (siehe Abbildung 6.5):

- ASSERT beschreibt Ihre Erwartung. Legt Ihr Test ein Produkt an, so muss dieses hinterher in einer Collection oder Datenbank vorhanden sein.
- SETPROPERTY lässt Sie Eingaben durch Ihre Benutzerinnen oder Benutzer simulieren. Beispiele sind die Eingabe eines Textes oder die Auswahl aus einem Dropdown.
- Wie in der App-Entwicklung auch, simuliert SELECT den Klick oder das Tippen auf eine Schaltfläche, ein Symbol sowie auf beliebige andere Elemente, die über die Ereigniseigenschaft `OnSelect` verfügen.
- Der TRACE-Befehl protokolliert Zwischenschritte. Am Ende jedes Testfalls können Sie die hier protokollierten Daten über das `TestCaseResults`-Objekt abrufen und erhalten so detaillierte Informationen über Ihren Test.

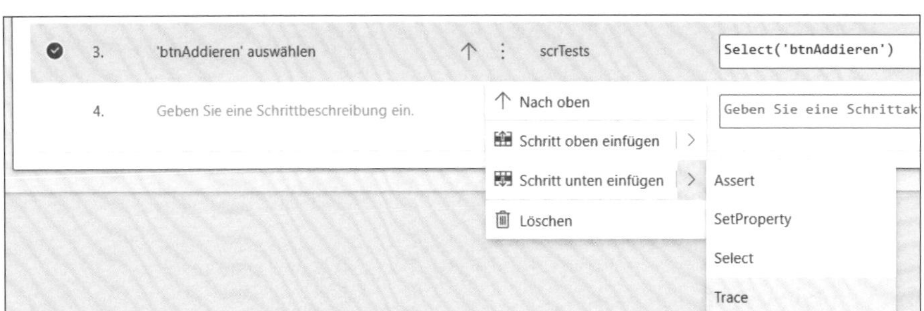

Abbildung 6.5 Testfälle ändern und erweitern

SetProperty

Der SETPROPERTY-Befehl erlaubt das Setzen von Werten für die folgenden Steuerelemente:

- `TextInput`
- `RichTextEditor`
- `Toggle`
- `Checkbox`
- `Slider`
- `Rating`
- `DatePicker`
- `Radio`
- `Dropdown`
- `Combobox`
- `ListBox`

6.1.5 Erwartung definieren

Erwartungen beschreiben Sie mit dem ASSERT-Befehl (siehe Abbildung 6.6). Im Beispiel der Benutzerverwaltung wäre die Erwartung, dass nach der Anlage eines neuen Benutzers ein Benutzer mehr im System verfügbar ist.

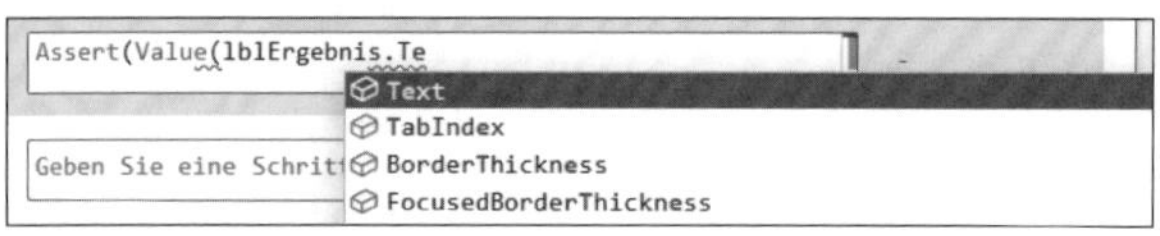

Abbildung 6.6 Mit »Assert« legen Sie fest, welches Ergebnis Sie erwarten.

Im Falle der Summierung von zwei Zahlen, deren Summe in einem Beschriftungsfeld ausgegeben wird, ist die Erwartung, dass der Text der Beschriftung aus dem Wert aus dem Textfeld von `Summand1` und dem Wert aus dem Textfeld von `Summand2` besteht, also 3 + 4 = 7.

```
Assert(Value(lblErgebnis.Text)=
Value(txtSummand1.Text)+Value(txtSummand2.Text))
```

Listing 6.1 Der Assert-Befehl im Teststudio

6.1.6 Test starten

Haben Sie Ihren Test zu Ende definiert, können Sie ihn ausführen lassen, indem Sie in der Aktionsleiste des Teststudios den Befehl WIEDERGEBEN ausführen.

Haben Sie in Ihrer App-Struktur einen Testfall ausgewählt, erfolgt der Test genau für diesen Fall. Haben Sie eine Sammlung selektiert, so erfolgt der Test für alle Testfälle der Sammlung.

Die App wird nun neu veröffentlicht und innerhalb des Teststudios gestartet. Anschließend wird jeder einzelne Schritt, den Sie aufgenommen oder von Hand erstellt haben, ausgeführt. Dabei können Sie jede Benutzeraktion mitverfolgen, als würden Sie selbst die App bedienen. Linker Hand sehen Sie eine Auflistung aller Testschritte, wobei ein kleines Indikator-Symbol mitteilt, ob der Schritt erfolgreich durchgeführt werden konnte oder nicht.

Abbildung 6.7 Ein erfolgreicher und ein fehlerhafter Testdurchlauf

Erfolgreiche Testschritte werden durch einen grünen Kreis mit einem kleinen Häkchen dargestellt, fehlerhafte Schritte durch einen roten Kreis mit einem weißen Kreuz.

Auf der rechten Seite in Abbildung 6.7 wird angezeigt, dass die Erwartung, die mit einem Assert-Befehl formuliert wurde, nicht erfüllt werden konnte. Dieser Test wurde somit mit Fehlern abgeschlossen. In diesem Fall habe ich als Erwartung formuliert, dass `Summand 1 + Summand 2` das Produkt aus diesen beiden Zahlen zum Ergebnis hat, also `Summand 1 * Summand 2`, was zwangsläufig falsch ist.

6.1.7 Ergebnis verarbeiten

Nun wollen Sie ja nicht die ganze Zeit auf den Bildschirm starren und warten, ob irgendwo ein Fehler auftritt. Das weiß auch Microsoft und stellt Ihnen netterweise drei Ereignisse zur Verfügung, mit denen sich Tests ganz entspannt durchführen lassen.

Wählen Sie den Befehl TESTEN in Ihrer Teststruktur, so öffnet sich auf der rechten Bildschirmseite ein Bereich, in dem Sie auf jedes der drei Ereignisse reagieren können (siehe Abbildung 6.8).

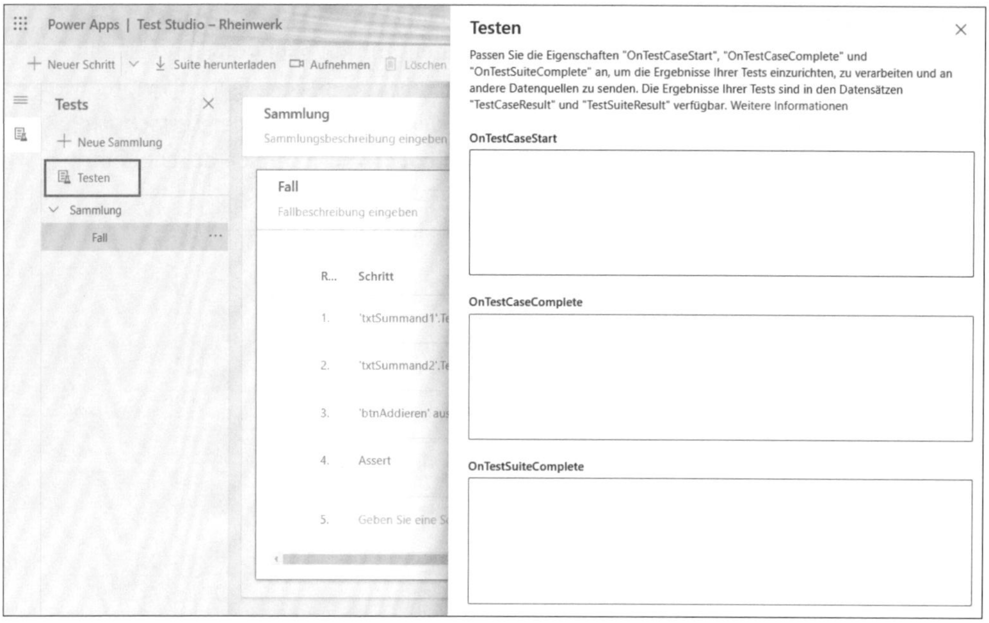

Abbildung 6.8 Ereignisse eines Tests

OnTestCaseStart

Hier bereiten Sie Ihre Testfälle vor. Legen Sie den Bildschirm fest, von dem aus Ihr Testfall starten soll. Bereiten Sie Daten in Ihrer App oder in Ihren Datenquellen vor, die Sie in Ihrem Test bearbeiten oder löschen müssen. Der hier definierte Code wird zu Beginn jedes Testfalls ausgeführt und sollte Code enthalten, der für alle Testfälle gültig ist.

Nutzen Sie das `TestCaseInfo`-Objekt, um zum Beispiel den Start Ihres Tests zu dokumentieren:

- `TestCaseName`: der Name des Testfalls
- `TestCaseDescription`: die Beschreibung des Testfalls
- `TestCaseId`: die eindeutige ID des Testfalls
- `TestSuiteName`: der Name der Testsammlung
- `TestSuiteDescription`: die Beschreibung der Testsammlung
- `TestSuiteId`: die eindeutige ID der Testsammlung

OnTestCaseComplete

Das Ereignis `OnTestCaseComplete` wird jedes Mal ausgeführt, wenn ein Testfall beendet wurde. Schreiben Sie hier den Code, um das Testergebnis in Datenbanken zu protokollieren oder per Mail zu versenden.

- `TestCaseName`: Name des Testfalls
- `TestCaseDescription`: Beschreibung des Testfalls
- `TestCaseId`: ID des Testfalls
- `TestSuiteName`: Name der Testsammlung
- `TestSuiteDescription`: Beschreibung der Testsammlung
- `TestSuiteId`: ID der Testsammlung
- `StartTime`: Startzeit der Ausführung des Testfalls
- `EndTime`: Endzeit der Ausführung des Testfalls
- `Traces`: Ergebnisse aller Testassertionen und gegebenenfalls aufgetretene Meldungen der Nachverfolgungsfunktion
- `Success`: gibt an, ob der Testfall erfolgreich abgeschlossen wurde
- `TestFailureMessage`: Fehlermeldung, wenn der Testfall fehlschlägt

OnTestSuiteComplete

Wurden alle Testfälle einer Testsammlung beendet, wird dieses Ereignis ausgelöst. Schreiben Sie hier Code, um das Ergebnis der Testsammlung zu protokollieren.

[«]

Aufräumen nicht vergessen

Während des Tests werden Daten manipuliert oder erstellt. Da der Test die in der App verfügbaren Datenverbindungen nutzt, landen die Daten letztlich auch in den integrierten Datensenken wie zum Beispiel Dataverse, SharePoint oder SQL Server.

Wurde ein Test abgeschlossen, müssen Sie diese Daten natürlich auch wieder aufräumen und Testdatensätze entfernen.

Nutzen Sie das `TestSuiteResult`-Objekt, um Details zur Durchführung Ihrer Testsammlung zu erhalten.

- `TestSuiteName`: Name der Testsammlung
- `TestSuiteDescription`: Beschreibung der Testsammlung
- `TestSuiteId`: ID der Testsammlung
- `StartTime`: Startzeit der Ausführung der Testsammlung
- `EndTime`: Endzeit der Ausführung der Testsammlung
- `TestsPassed`: Anzahl der erfolgreichen Testfälle
- `TestsFailed`: Anzahl der fehlgeschlagenen Testfälle

6.1.8 Verwendung des Wiedergabelinks

In der Aktionsleiste finden Sie die Aktion WIEDERGABELINK KOPIEREN. Je nachdem, ob Sie gerade einen Testfall oder eine Sammlung in der Teststruktur selektiert haben, erhalten Sie einen Link, der die Ausführung des Falls oder der Sammlung im Browser oder aus einer Testautomatisierung heraus startet.

Sobald Sie den Link abrufen, wird die App erneut veröffentlicht, die somit auch eine neue Versionsnummer erhält.

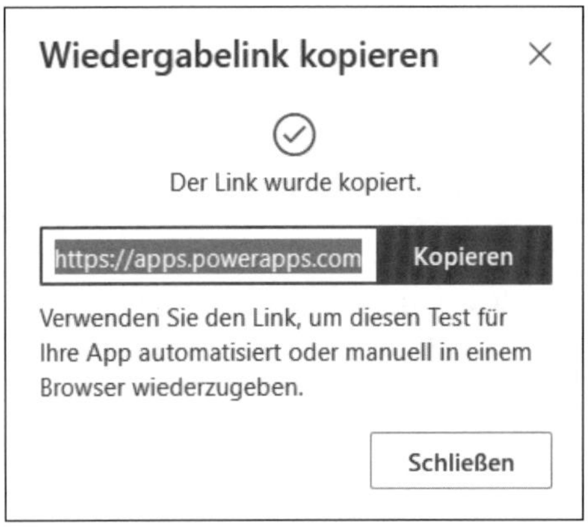

Abbildung 6.9 Wiedergabelink abrufen

Führen Sie diesen Link aus, können Sie der schrittweisen Bedienung Ihrer App zuschauen. Sind in den Ereignissen `OnTestCaseComplete` oder `OnTestSuiteComplete` entsprechende Reaktionen programmiert, erhalten Sie Informationen über das Testergebnis. Neben der Testprotokollierung in einer Datenbank oder per Mail sind Benachrichtigungen per `Notify` sinnvoll.

Automatisierte Tests mit Azure Pipelines

Sie können die Tests, die Sie mit dem Power Apps Test Studio entwickeln, auch mit Azure Pipelines automatisieren. Mehr dazu erfahren Sie hier:

https://learn.microsoft.com/de-de/power-apps/maker/canvas-apps/test-studio-classic-pipeline-editor

6.1.9 Tipps und Hinweise

Dass das Testen der App wichtig ist, muss ich Ihnen sicherlich nicht sagen. Gute Tests zu schreiben, ist allerdings nicht einfach. Ein paar Hinweise und Tipps helfen Ihnen vielleicht, den Überblick zu behalten.

- **Testaufbau**
  Strukturieren Sie Ihre Testfälle so, dass sie aufeinander aufbauen. Für eine Funktion zur Produktpflege wäre folgender Aufbau sinnvoll:
  - Sammlung: Produktpflege
  - Testfall 1: Produkt anlegen
  - Testfall 2: Angelegtes Produkt bearbeiten
  - Testfall 3: Bearbeitetes Produkt löschen

[«]

Das Test Studio und Unit-Tests

Bei Unit-Tests sollen die Funktionen einer Anwendung unabhängig voneinander getestet werden. Da ich dem in meinem Tipp zum Testaufbau widerspreche, möchte ich kurz die Hintergründe erklären:

Wenn im Test ein Produkt bearbeitet werden soll, muss es vorher angelegt worden sein. Ob ich das per Code im Test mit einzelnen Schritten tue oder durch einen vorgelagerten Test, der das Produkt erzeugt, spielt am Ende keine Rolle.

Würde ich den Code zur Anlage des Produkts einmal als Testcase entwickeln und zusätzlich einmal als Vorbedingung für den Test zur Bearbeitung des Produkts, so würde ich das DRY-Prinzip der Clean-Code-Entwicklung brechen, da ich doppelten Code hätte: *Don't repeat yourself!*

Mein Tipp wäre hier, Tests zusammenzufassen, wenn es wirklich sinnvoll ist, aber ansonsten auf eine Trennung der Funktionalitäten zu achten. Wie bei allem im Leben müssen Sie hier abwägen, wie sinnvoll es ist, sich an ein starres Muster zu halten, denn am Ende soll man ja auch effizient und kostengünstig entwickeln.

- **Geringe Komplexität**
  Schreiben Sie kleine, überschaubare Testfälle, die klar beschreibbare Eingangsbedingungen und Erwartungen besitzen. Auch hier gilt: Machen Sie es so klein wie nötig.
- **Lernen**
  Sie haben bis hierher schon diverse Sprachelemente von Power Fx kennengelernt. Diese Elemente finden praktischerweise auch im Teststudio Anwendung. Mein Tipp: Fangen Sie langsam an. Zeichnen Sie Ihre Tests auf, und schauen Sie, wie die einzelnen Schritte in Code gewandelt wurden. Nun beginnen Sie, Ihre Testfälle zu modifizieren, und lernen so Stück für Stück hinzu. Sobald Sie die eine oder andere App erstellt haben und sicher im Umgang mit Power Fx sind, ist auch die Verwendung der Testereignisse `OnTestCaseStart`, `OnTestCaseComplete` und `OnTestSuiteComplete` kein Problem mehr.

- **Testumgebung**
  Jeder Test bedient Ihre App, als sei er eine Benutzerin oder ein Benutzer. Entsprechend werden auch alle datenverarbeitenden Operationen durchgeführt. Daten werden geschrieben oder geändert. Flows werden aufgerufen und Mails versendet. Entsprechend reagieren auch nachgelagerte Automatisierungen.

  Nutzen Sie Tests also nur in Umgebungen, die Sie überblicken können und die keine produktiven Prozesse auslösen oder gefährden. Nutzen Sie die verfügbaren Test- und Entwicklungsumgebungen sowie Testdatenbanken oder SharePoint-Test-Sites.
- **Veröffentlichungen**
  Vor jeder Testaufzeichnung sowie vor jedem Test wird die App veröffentlicht, und damit auch alle Fehler, die sich noch in der App befinden. Würden Sie das Teststudio in einer Produktivumgebung nutzen, so stünde diese veröffentlichte Version auch allen Nutzerinnen und Nutzern zur Verfügung, die auch jedes Mal eine Meldung erhalten, dass eine neue Version verfügbar ist. Bleiben Sie also auch aus diesem Grund in einer Entwicklungs- oder Testumgebung.
- **Einschränkungen**
  Gemäß der offiziellen Dokumentation funktionieren Tests aktuell nicht mit
  - Komponenten, die Sie mit dem Power Apps Designer erstellt haben,
  - Code-Komponenten,
  - verschachtelten Katalogen (Nested Galleries),
  - Medien-Steuerelementen und
  - Personenfeldern.

[»]

Dokumentation

Mehr zum Umgang mit dem Power Apps Test Studio finden Sie im Microsoft Learn-Portal:

https://learn.microsoft.com/de-de/power-apps/maker/canvas-apps/test-studio

6.2 Power Apps Monitor

Der Power Apps Monitor ist die letzte Rettung, um Fehler und Performance-Verluste aufzuspüren und zu analysieren. Während der App Checker in den App-Aktionen (siehe Abschnitt 4.1.2) schon umfangreiche Hinweise und konkrete Fehlermeldungen präsentiert, erlaubt der Monitor einen Blick hinter die Kulissen und beleuchtet jede Aktivität in Ihrer App sowie jede Kommunikation mit Drittsystemen in Echtzeit (siehe Abbildung 6.10).

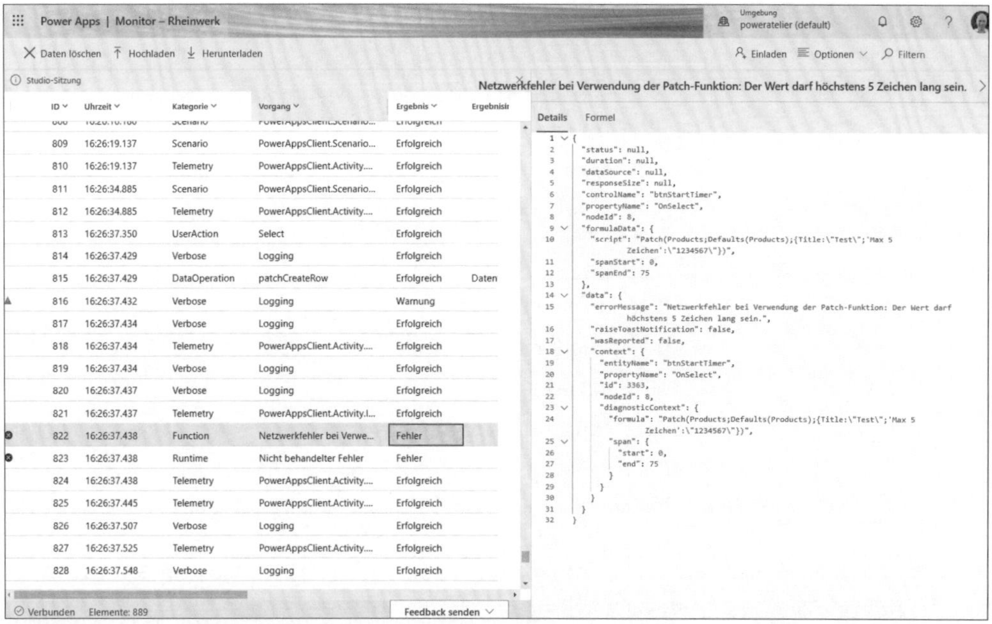

Abbildung 6.10 Der Power Apps Monitor zeigt, was unter der Haube passiert.

Die Informationen in Tabelle 6.1 werden Ihnen bereitgestellt:

Eigenschaft	Beispiel/Bedeutung
Icon für Fehler/ Warnung	schnelle Visualisierung für kritische Aktivitäten
ID	eindeutige ID des Datensatzes
Uhrzeit	Uhrzeit der Aktivität inkl. Millisekunden
Kategorie	Klassifizierung, zum Beispiel ▸ Network für Datenabfragen ▸ Delegation für nicht delegierbare Datenabfragen ▸ `UserAction` für Benutzeraktivitäten
Vorgang	Auf welche Eigenschaft oder welche Aktion bezieht sich der Eintrag genau? Select: Eine Schaltfläche o. Ä. wurde selektiert, First: Der Befehl `First` wurde ausgeführt u. v. m.

Tabelle 6.1 Daten des Power Apps Monitors

Eigenschaft	Beispiel/Bedeutung
Ergebnis	▸ Erfolgreich ▸ Warnung ▸ Fehler
Ergebnisinfo	Ein weiterführender Text, zum Beispiel: `100 Zeilen angefordert. 16 Zeilen empfangen.`
Status	Der http-Response-Status: ▸ 200: Erfolgreich ▸ 400: Bad Request ▸ 401: Unauthorized ▸ 403: Forbidden ▸ 404: Not Found ▸ 50x: Server-Error/Timeout
Dauer (ms)	Dauer des Aufrufs in Millisekunden
Datenquelle	Datenquelle, die aufgerufen wurde, in der Regel der Name der Datenverbindung in Ihrer App
Steuerelement	der Name der Schaltfläche, des Katalogs, des Kombinationsfelds ..., das eine Aktion wie zum Beispiel eine Datenabfrage veranlasst hat
Eigenschaft	die Eigenschaft, über die zum Beispiel die Datenquelle verbunden ist
Antwortgröße	Anzahl von Bytes, die von der Datenquelle zur App (oder umgekehrt) transferiert wurde

Tabelle 6.1 Daten des Power Apps Monitors (Forts.)

Um einmal zu demonstrieren, wie mächtig dieses Werkzeug ist, schauen wir uns an, was bei der Abfrage einer SharePoint-Liste geschieht.

Falls Sie keine App mit einer an ein Steuerelement gebundenen Datenquelle zur Hand haben, erstellen Sie einfach eine App auf Basis einer Datenquelle und lassen das Maker Portal für Sie arbeiten.

6.2.1 Eine Datenabfrage im Power Apps Monitor

Öffnen Sie Ihre App im Power Apps Studio, und öffnen Sie den Power Apps Monitor aus dem Bereich WERKZEUGE (siehe Abbildung 6.11). Ihre App wird nun automatisch mit Ihrem Monitor verbunden, sodass jede Aktion aufgezeichnet wird.

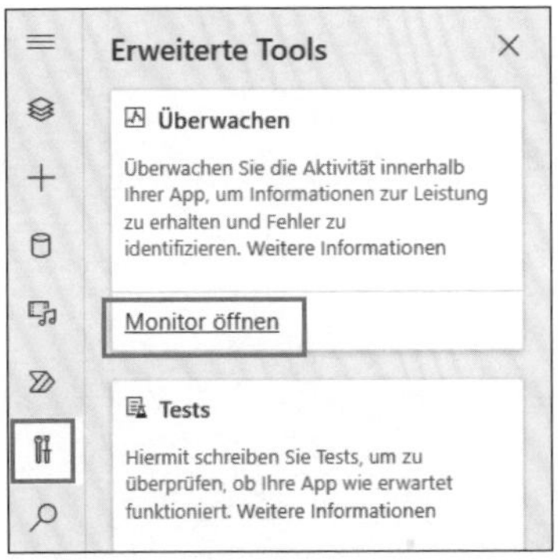

Abbildung 6.11 Starten des Monitors

In meinem Fall habe ich ein Katalog-Element mit einer SharePoint-Liste verbunden, in der ich Informationen über die deutschen Bundesländer liegen habe. Mit einer Schaltfläche führe ich ein Refresh der Datenquelle durch, um einen Datenabruf zu erzwingen (siehe Abbildung 6.12).

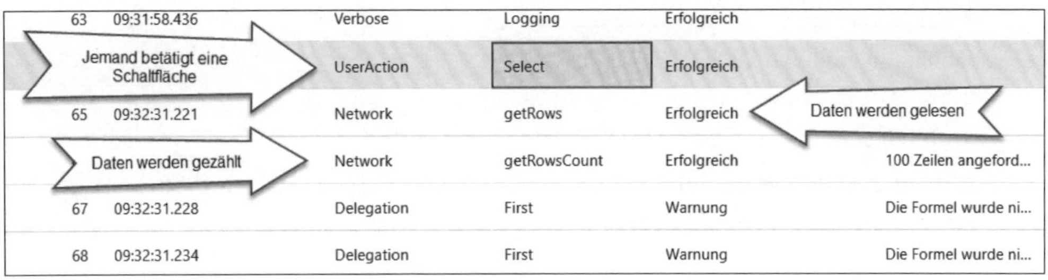

Abbildung 6.12 Ablauf einer Datenaktualisierung

Der Ablauf

Der folgende Ablauf findet so oder so ähnlich immer statt, wenn Sie Daten von einer Datenquelle abfragen:

- Es gibt immer einen Auslöser.
- Daten werden angefordert.
- Daten werden verarbeitet.

Datenquelle aktualisieren

Der Monitor zeigt uns nun, dass zunächst eine Aktion mit einer Schaltfläche durch `UserAction`, also durch eine Benutzerin oder einen Benutzer, durchgeführt wurde. Ein Blick in die Details, die Sie auf der rechten Bildschirmseite einblenden können, verrät, dass es das `OnSelect`-Ereignis von `Button16` war, der den Code `Refresh(Bundesländer)` ausgeführt hat (siehe Abbildung 6.13).

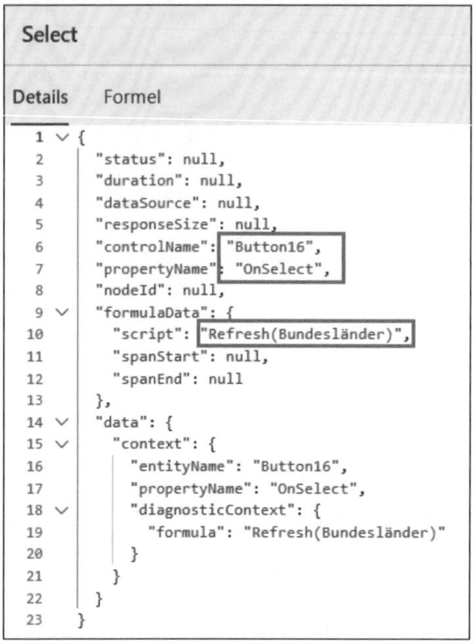

Abbildung 6.13 Das OnSelect-Ereignis

Daten lesen

Nun erfolgt das Lesen der Daten, von dem wir uns die Details, die Anforderung und die Antwort anschauen wollen.

Details

Hier folgt die Abfrage der Daten von SharePoint durch die Gallery7, an die der SharePoint-Konnektor `Bundesländer` über die Eigenschaft `Items` gebunden ist. Die Antwort 200 zeigt, dass die Abfrage erfolgreich war (siehe Abbildung 6.14).

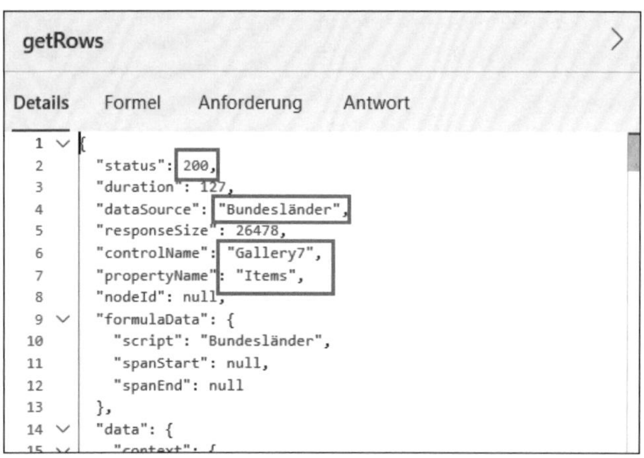

Abbildung 6.14 Aktualisierung der Items-Eigenschaft eines Katalogs

Anforderung

Wählen Sie nun das Register ANFORDERUNG, sehen Sie, wie der Konnektor die Daten bei SharePoint abfragt und auch, dass zunächst nur die ersten 100 Elemente abgefragt werden (siehe Abbildung 6.15).

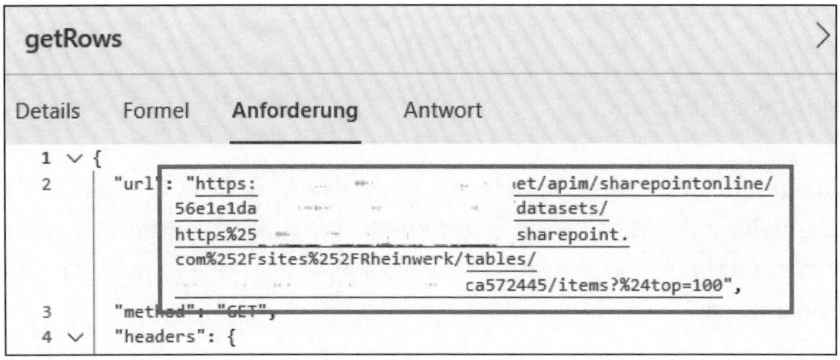

Abbildung 6.15 Daten von SharePoint lesen

Antwort

Das Register ANTWORT liefert Ihnen die Daten, die von SharePoint an Ihr Katalog-Element (in meinem Beispiel Gallery7) geliefert werden. Wechseln Sie das Datenformat in die JSON-Struktur, können Sie die Daten sehr detailliert betrachten.

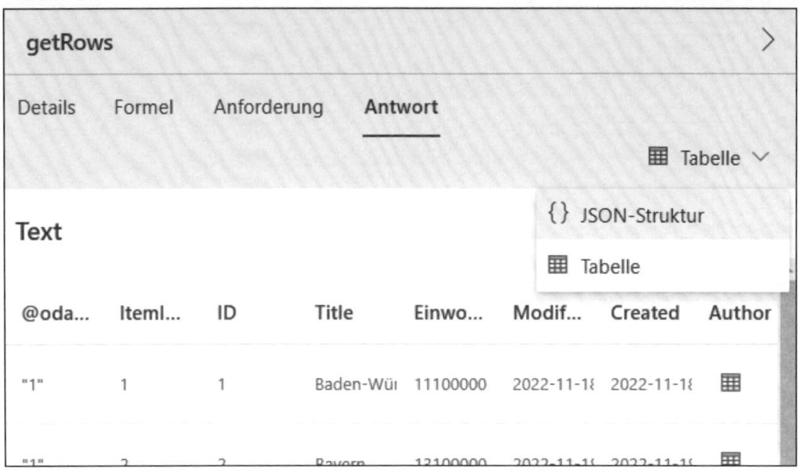

Abbildung 6.16 Die von SharePoint gelieferten Daten

Anzahl Daten ermitteln

In einem letzten Schritt wird die Anzahl der angeforderten Datensätze sowie die Anzahl der erhaltenen Datensätze ermittelt. Zeigt Ihnen der Monitor eine andere Zahl an zurückgelieferten Elementen als Sie erwarten, sollten Sie den Datenbestand oder aber Ihre Abfrage in der App überprüfen.

6.2.2 Warnungen

Ein kleines graues Warndreieck zeigt an, dass mit der App etwas im Argen ist, auf das Sie Ihr Augenmerk richten sollten. In diesem Fall ist es eine nicht delegierbare Datenabfrage (siehe Abbildung 6.17).

Abbildung 6.17 Eine Delegation-Warnung

Mit dem oben ausgeführten Refresh findet eine Aktualisierung des Datenbestands für sämtliche Steuerelemente statt, deren Datenquelle aktualisiert wurde. Darunter ist unter anderem ein Katalog-Element mit dem Namen »Gallery9«, in dem ich das fünfte Bundesland anzeige:

```
First(LastN(Bundesländer;5))
```

Schauen wir in die Details der Warnung, so bekommen wir Auskunft darüber, dass die Operation `first` nicht an SharePoint delegierbar ist (siehe Abbildung 6.18).

Details Formel

```
{
  "status": null,
  "duration": null,
  "dataSource": "Bundesländer",
  "responseSize": null,
  "controlName": "Gallery9",
  "propertyName": "Default",
  "nodeId": 5,
  "formulaData": {
    "script": "First(LastN(Bundesländer;5))",
    "spanStart": 0,
    "spanEnd": 28
  },
  "data": {
    "context": {
      "entityName": "Gallery9",
      "propertyName": "Default",
      "id": 2640,
      "nodeId": 5,
      "diagnosticContext": {
        "dataOperation": {
          "protocol": "local",
          "operation": "first",
          "dataSource": "Bundesländer"
        },
        "formula": "First(LastN(Bundesländer;5))",
        "span": {
          "start": 0,
          "end": 28
        }
      }
    },
    "info": "Die Formel wurde nicht delegiert. 5 Zeilen gescannt.",
    "helpUrl": "https://aka.ms/pamonitordelegation",
    "issue": "Diese Funktion kann delegiert werden, die verwendete Auswahlformel
          verhindert jedoch, dass die Datenquelle die Abfrage verarbeitet. Die Funktion
          wird möglicherweise nicht ordnungsgemäß für große Datensätze ausgeführt, und
          ein falsches Ergebnis wird zurückgegeben. Die Datenzeilenbeschränkung für
          nicht delegierbare Abfragen, die in den App-Einstellungen definiert sind, ist
          500."
  }
}
```

Abbildung 6.18 Warnung über nicht delegierbare Abfragen

6.2.3 Fehler

Das folgende Beispiel zeigt einen Fehler, der daraus resultiert, dass ich sieben Zeichen in ein Feld einer SharePoint-Liste schreiben wollte, das nur fünf Zeichen beinhalten darf.

Abbildung 6.19 Ein Fehler beim Schreiben von Daten

Der Fehler selbst wird durch einen roten Kreis mit einem weißen Kreuz sowie durch das Ergebnis FEHLER im Monitor angezeigt (siehe Abbildung 6.20).

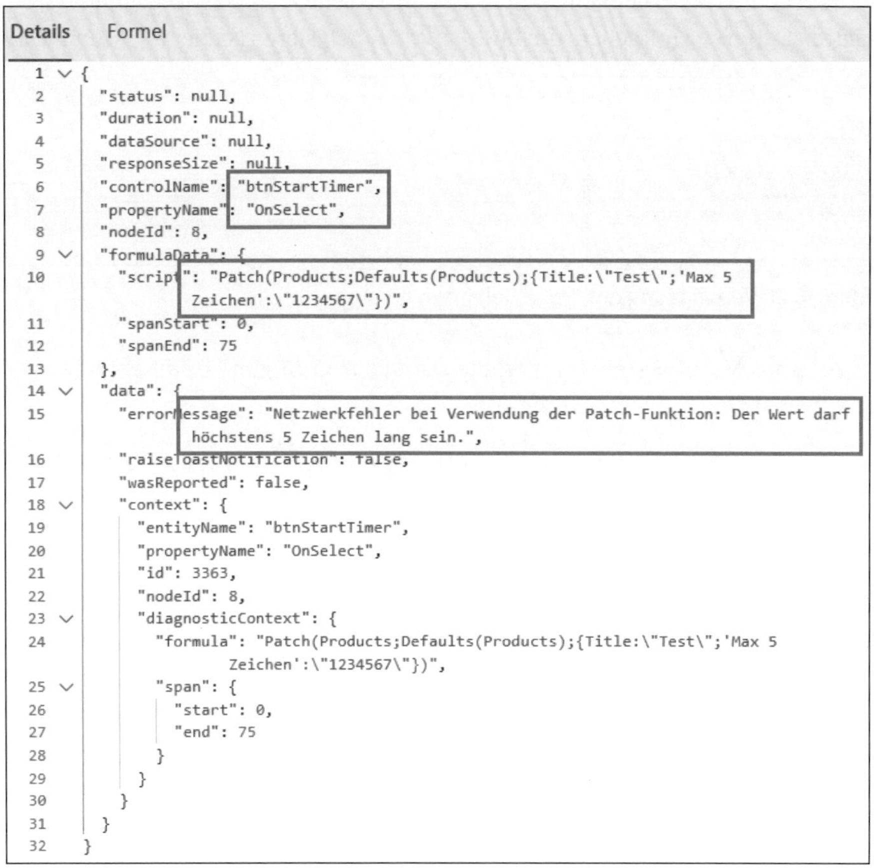

Abbildung 6.20 Der Monitor führt zur Lösung.

Wie auch schon oben gezeigt, führen die Details zur Lösung. Im OnSelect-Ereignis der Schaltfläche BTNSTARTTIMER führt ein Patch-Befehl zu einem Fehler, da dort mehr als fünf Zeichen in ein Feld geschrieben werden.

6.2.4 Traces

Der Trace-Befehl von Power Fx erlaubt das Absetzen von Informationen, die über den Power Apps Monitor, aber auch durch Werkzeuge wie *Azure Application Insights* erfasst werden können.

[»]

> **Verwendung von Application Insights**
>
> Mehr zur Anbindung und Verwendung von Application Insights erfahren Sie im Microsoft Learn-Portal:
>
> *https://learn.microsoft.com/en-us/power-apps/maker/canvas-apps/application-insights*

Sie können dem Trace-Befehl eine Nachricht, einen Schweregrad sowie einen selbstdefinierten Datensatz mitgeben, um ihn später zu analysieren (siehe Abbildung 6.21).

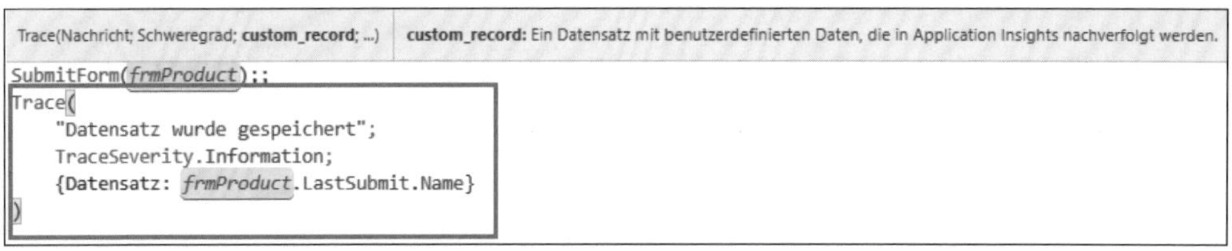

Abbildung 6.21 Verwendung des Trace-Befehls in der App

Im Power Apps Monitor stehen Ihnen die Daten zur Verfügung und helfen bei der Analyse des Laufzeitverhaltens Ihrer App.

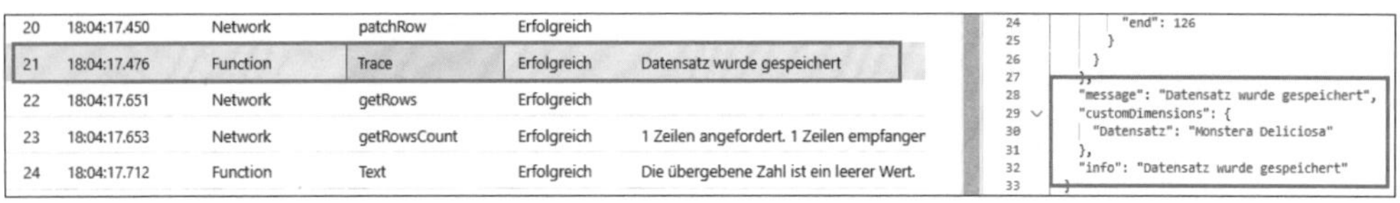

Abbildung 6.22 Erfassung der Trace-Informationen im Monitor

6.2.5 Aktionen

Im oberen Bereich des Monitors finden Sie eine Reihe von Aktionen, die Ihnen bei der Arbeit helfen werden.

- Mit der Zeit wird es im Monitor etwas unübersichtlich. DATEN LÖSCHEN leert die Anzeige, sodass die Fehlersuche etwas übersichtlicher wird.
- Über DATEN HERUNTERLADEN sichern Sie Ihre aufgezeichneten Daten, um sie später zu analysieren oder sie zu versenden, damit eine andere Person einen Blick auf die Daten wirft.

- Unter HOCHLADEN laden Sie heruntergeladene Aufzeichnungen hoch, die Sie nun in Ruhe analysieren können. Vorhandene Aufzeichnungen im Monitor werden dabei überschrieben.
- Manchmal sieht man den Wald vor lauter Bäumen nicht. Brauchen Sie schnell Klarheit, laden Sie über EINLADEN weitere Personen in Ihre Session ein, damit sie gemeinsam mit Ihnen auf die Echtzeit-Aufzeichnung schauen.

  Die eingeladenen Personen bekommen einen Link zugesendet, der sie in Ihre Session einlädt. Während der Session haben die Personen Zugriff auf alle Daten im Monitor. Der Zugriff endet, sobald Sie die Session beenden.
- Unter OPTIONEN haben Sie die Möglichkeit, die Zeilendichte zu verringern oder zu vergrößern, aber auch die Anzahl an aufgezeichneten Daten zu verändern, indem Sie zwischen der Standardaufzeichnung und einer detaillierten Aufzeichnung wählen.

  Der Filter erlaubt eine Freitextfilterung von Datensätzen in Bezug auf Ihre Eingabe.
- Jede Spalte Ihres Monitors verfügt über ein Kontextmenü mit weiteren Funktionen:
  - Sortierung
  - Filtern
  - Anpassen der Spaltenreihenfolge
  - Anheften der Spalte am rechten oder linken Rand

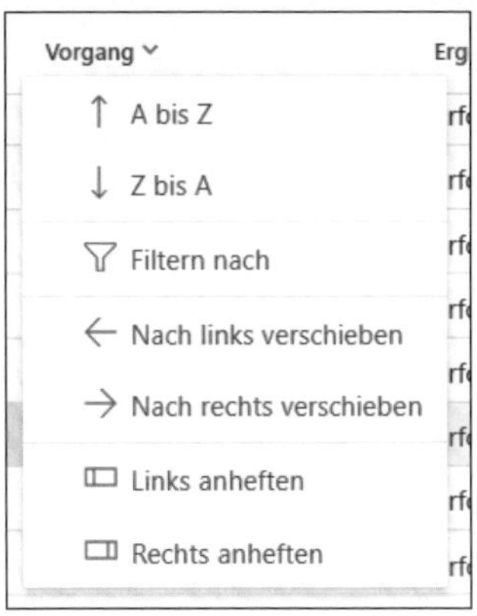

Abbildung 6.23 Anpassen des Monitors über das Kontextmenü der Spalten

6.2.6 Monitoren einer veröffentlichten App

Wie Sie gesehen haben, ist das Monitoren einer App kein großes Hexenwerk, jedoch waren wir hier die ganze Zeit im Power Apps Studio unterwegs. Klar ist der Monitor auch während der Entwicklung einer App nicht zu unterschätzen, jedoch treten die »echten« Probleme erst dann auf, wenn Sie die App ausgeliefert haben.

Da zum einen die Performance Ihrer App darunter leidet, aber auch weil Sie während einer Monitoring-Session Zugriff auf sämtliche Daten haben, die während der Benutzung der App bewegt werden, ist diese Funktion aus gutem Grund bei veröffentlichten Apps nicht verfügbar.

Es sei denn, Sie legen in den Einstellungen Ihrer App den kleinen Schalter der Funktion VERÖFFENTLICHTE APP DEBUGGEN um, wie in Abbildung 6.24 zu sehen. Sobald Sie diese Funktion aktiviert haben, können Sie im Power Apps Maker Studio die Überwachung aufrufen (siehe Abbildung 6.25), woraufhin sich der Monitor öffnet.

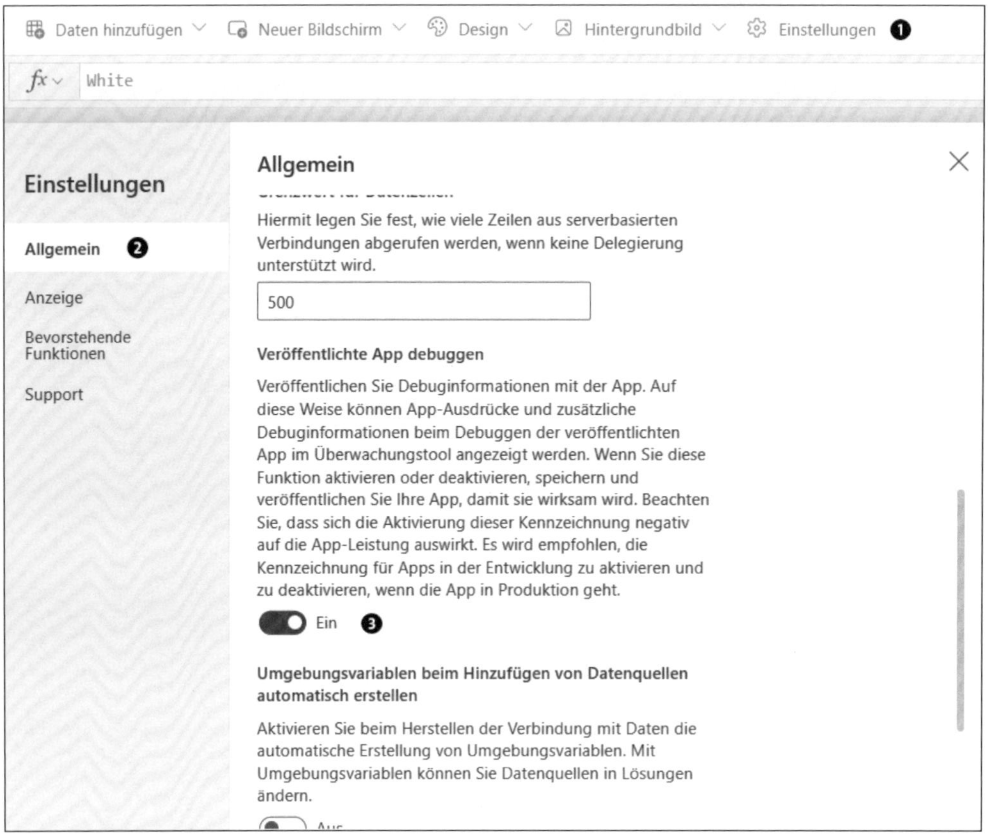

Abbildung 6.24 Veröffentlichte App debuggen

Nun können Sie die veröffentlichte App aus dem Monitor heraus starten. Die App verbindet sich mit dem Monitor, und die Überwachung kann beginnen (siehe Abbildung 6.26).

Zudem haben Sie die Möglichkeit, Personen über die Funktion BENUTZER VERBINDEN einzuladen, die für die App freigegeben sind, um sich mit einer eigenen App-Session mit Ihrem Monitor zu verbinden.

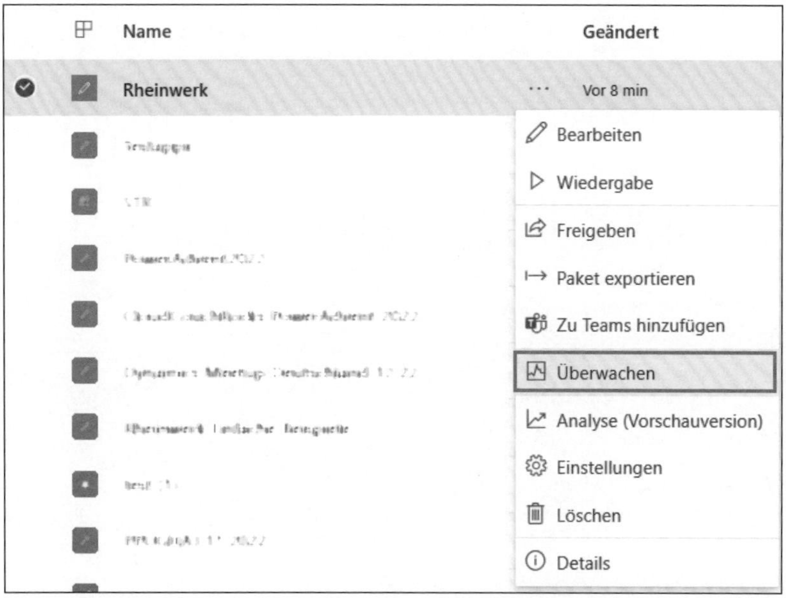

Abbildung 6.25 Überwachen einer veröffentlichten App

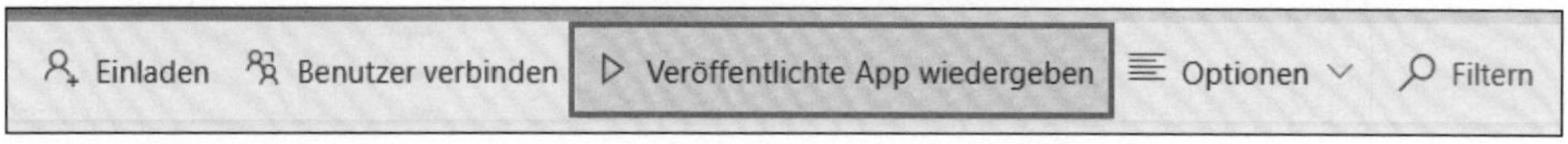

Abbildung 6.26 Veröffentlichte App starten

Kapitel 7
Eine App für Dataverse for Teams entwickeln

Die Benutzung der Dataverse-Datenbank verpflichtet zur Beschaffung einer Premium-Lizenz pro App oder pro Benutzer. Es sei denn, Sie entwickeln eine Power Apps für Teams: eine Dataverse for Teams App.

Es gibt doch schon reichlich Möglichkeiten, Apps zu entwickeln. Canvas Apps lassen sich hervorragend in Teams integrieren. Warum also noch Dataverse for Teams Apps?

Gegenüber reinen Model-driven- und Canvas-Apps haben die Teams-Apps eine Reihe von Vorteilen:

- Der Aufbau einer Datenstruktur ist direkt in die Entwicklungsumgebung integriert und nahezu barrierefrei. Auch wenn es mir schwerfällt, das zu schreiben, aber es ist sogar fast noch leichter, als SharePoint-Listen zu erstellen.
- Die Steuerelemente sind an das Teams-Design angepasst, sodass Ihre Apps nicht wie ein Fremdkörper wirken.
- Die Bereitstellung ist sehr einfach. Die App wird für ein Team erstellt, und dort ist sie dann verfügbar. Punkt!
- Die Erteilung der Berechtigung für Daten ist kinderleicht.
- Und das Schönste: Sie dürfen Dataverse ohne Zusatzlizenzen nutzen!

7.1 Die Power Apps App einrichten

Bevor es damit losgehen kann, Teams Apps, die auf Dataverse basieren, zu entwickeln, müssen Sie die Power Apps App installieren. Dazu öffnen Sie Ihr Microsoft Teams und wählen den Menüpunkt APPS in der linken Navigation. Im Suchfenster suchen Sie nun nach »Power Apps«, woraufhin Ihnen die App präsentiert wird (siehe Abbildung 7.1).

Klicken Sie auf die App, gelangen Sie zur Detailseite, wo Sie die App installieren können.

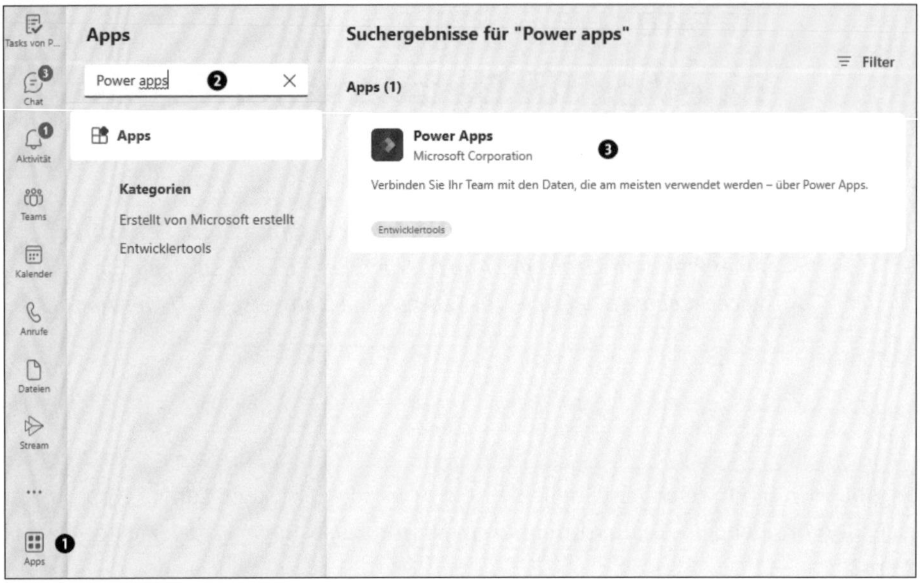

Abbildung 7.1 Installieren der Power Apps App

Nach erfolgreicher Installation finden Sie das Power-Apps-Symbol in Ihrer linken Navigation (siehe Abbildung 7.2). Finden Sie es dort nicht, selektieren Sie die drei Punkte, woraufhin Ihnen weitere installierte Apps angezeigt werden.

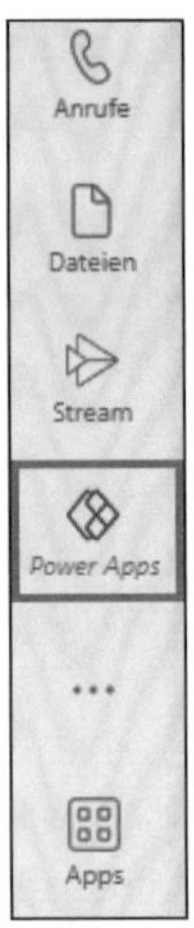

Abbildung 7.2 Zugriff auf die Power Apps App in der linken Navigation

7.2 Der Startbereich

Die Power Apps App führt Sie in den Startbereich, der in etwa mit dem Maker Portal für Power Apps außerhalb von Microsoft Teams vergleichbar ist.

Hier können Sie

- Apps basierend auf Vorlagen erstellen,
- Apps frei basierend auf einem Layout oder vorhandenen Daten erstellen und
- vorhandene Apps bearbeiten.

Genau wie im Maker Portal empfehle ich Ihnen, die Vorlagen einmal auszuprobieren und sich anzuschauen, wie sie entwickelt wurden. Die Kacheln führen Sie weiter zu *GitHub*, wo Sie die App herunterladen können. Sie finden dort eine hervorragende Dokumentation, wie Sie die App in Ihrem Team bereitstellen können (siehe Abbildung 7.3).

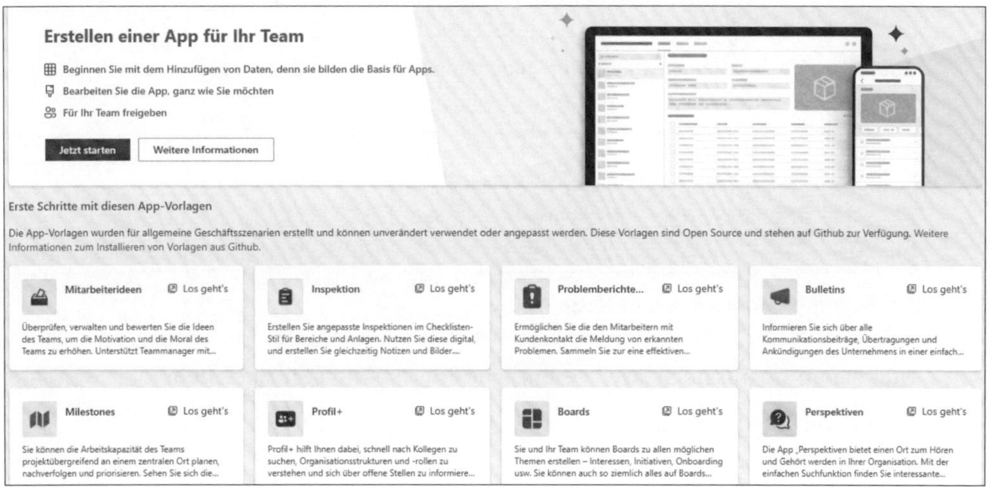

Abbildung 7.3 Der Startbereich

7.3 Eine App erstellen

Klicken Sie auf JETZT STARTEN im Startbereich, um eine Dataverse for Teams App zu erstellen. Im nächsten Schritt werden Sie gebeten, das Team auszuwählen, in dem die App verfügbar sein soll (siehe Abbildung 7.4).

Sind Sie die erste Person, die in dem Team eine App anlegt, so werden Sie darauf aufmerksam gemacht, dass es ein wenig dauern kann, bis die App für Sie zur Entwicklung bereitgestellt wird. Das liegt daran, dass auch eine Dataverse for Teams App eine Canvas App ist, die in einer Umgebung gehostet wird. In diesem Fall wird eine Umgebung speziell für das Team eingerichtet, in dem Sie die App erstellen.

Einmal erstellt, steht die Umgebung für alle weiteren Apps zur Verfügung.

Sobald Power Apps bereit ist, werden Sie in Microsoft Teams benachrichtigt (siehe Abbildung 7.5) und erhalten zudem eine Information per E-Mail.

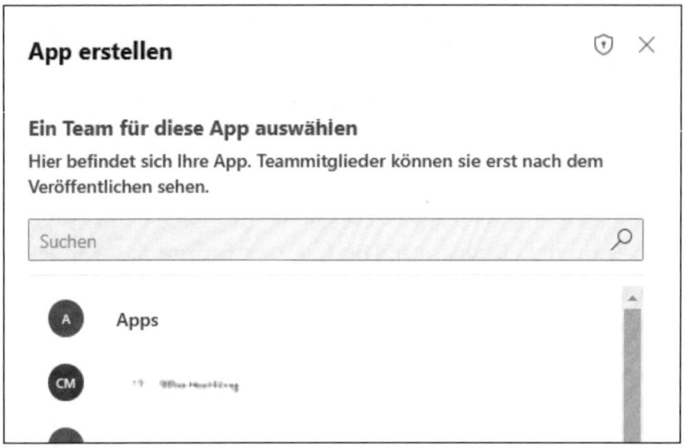

Abbildung 7.4 Wählen Sie das Team, in dem die App verfügbar sein soll.

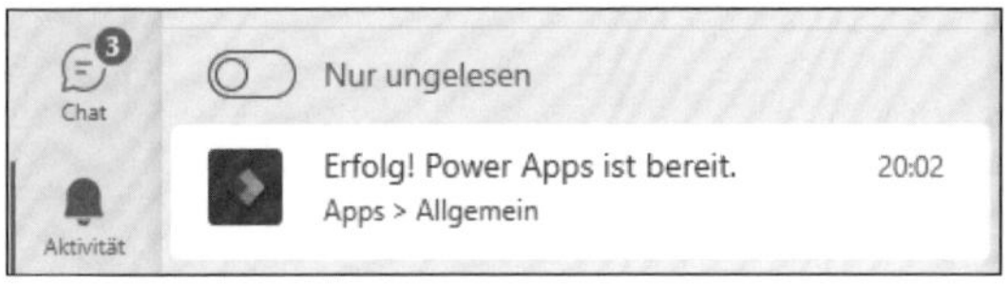

Abbildung 7.5 Power Apps ist fertig.

Nun haben Sie nur noch zwei wesentliche Entscheidungen zu treffen:

- Wie soll die App heißen?
- Wie wollen Sie starten?

Haben Sie sich einen Namen ausgesucht und Ihre Entscheidung durch Betätigung der Schaltfläche SPEICHERN bestätigt, gelangen Sie zur Entscheidung über das weitere Vorgehen (siehe Abbildung 7.6), nämlich ob Sie auf der grünen Wiese starten wollen und sich einer Layoutvorlage bedienen oder ob Sie zunächst die Datenstruktur aufbauen und Power Apps den Rest erledigen lassen.

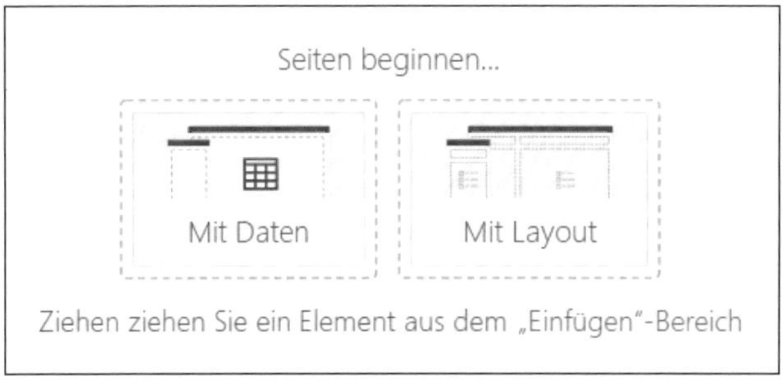

Abbildung 7.6 Mit Daten oder Layout starten

7.3.1 Mit Layout starten

Grundsätzlich ändert sich nichts, wenn Sie den einen oder anderen Weg einschlagen. Das gilt hier genauso wie bei Standard-Canvas-Apps, die wir weiter oben schon kennengelernt haben. Ich starte immer gerne auf der grünen Wiese, aber jeder Jeck ist anders.

Entscheiden Sie sich für den Start mit einem Layout, haben Sie die Wahl, die aus den Canvas-App-Bildschirmen bekannten Bildschirme (siehe Abbildung 7.7) zu wählen.

Abbildung 7.7 Vorkonfektionierte Vorlagen für Ihre App

Alternativ können Sie aber auch mit einer von drei blanken Layoutvorlagen starten (siehe Abbildung 7.8).

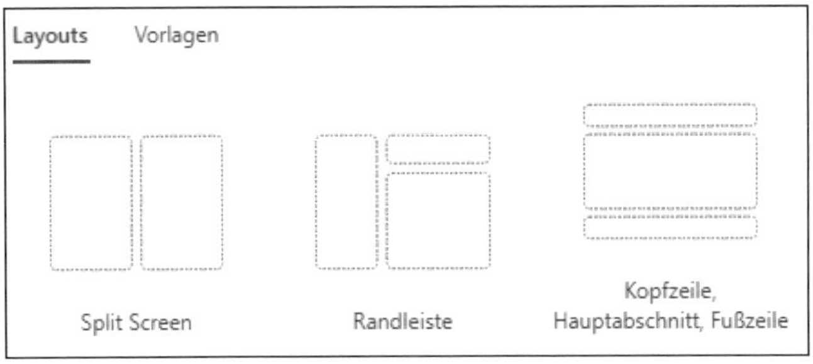

Abbildung 7.8 Dynamische Bildschirm-Layouts

Hier möchte ich dann doch eine Empfehlung aussprechen. Bislang habe ich für Canvas Apps immer gerne den *scrollbaren Bildschirm* (*Scrollable Screen*) genutzt, da ich dort das Canvas-Element mit seinen DataCards zur Verfügung habe, die es mir erlauben, Teilbereiche eines Bildschirms sehr dynamisch ein- und auszuschalten.

Das können *Layout-Container* aber auch, und ich möchte Sie dringend zur Arbeit mit Containern ermuntern. Nicht nur, dass Sie Ihre Bildschirmbereiche sehr einfach ein- und ausblenden können – Container helfen Ihnen auch enorm dabei, Ihren Bildschirm zu strukturieren. Und ganz nebenbei wird Ihre App auch noch responsiv.

Auch wenn Sie Container jederzeit in Ihre App integrieren können, beginnen Sie am besten gleich damit, indem Sie eine der drei Möglichkeiten aus der Registerkarte LAYOUTS wählen.

7.3.2 Mit Daten starten

Starten Sie mit Daten, bekommen Sie eine Auswahl der vorhandenen Tabellen Ihrer Power-Platform-Umgebung, die für Ihr Team bereitgestellt wurde. Ist keine passende Tabelle vorhanden, erstellen Sie einfach eine durch Betätigung der Schaltfläche NEUE TABELLE ERSTELLEN (siehe Abbildung 7.9).

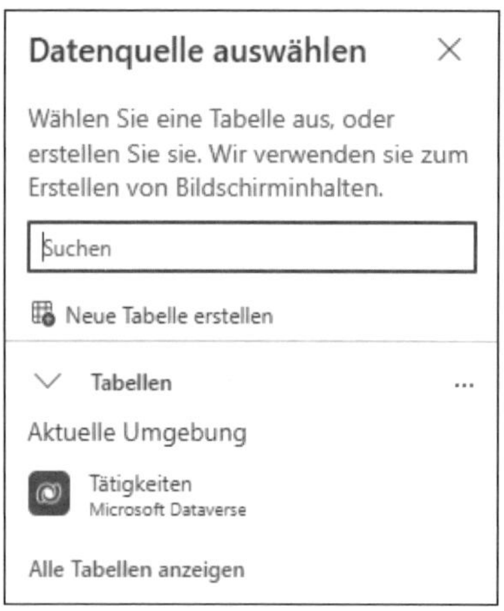

Abbildung 7.9 Mit Daten starten

Und hier haben Sie einen klaren Vorteil gegenüber der Arbeit mit SharePoint oder SQL Server, denn Sie müssen Ihre Entwicklungsumgebung nicht verlassen, da Ihnen die Power Apps App alle notwendigen Werkzeuge bereitstellt. Sie brauchen nur die richtigen Datenstrukturen.

7.4 Datenstruktur aufbauen

7.4.1 Tabellen erstellen (Power Apps Tabellen Designer)

Da alles einen Namen benötigt, kommen Sie um den folgenden Dialog nicht herum. Dataverse bietet noch eine Besonderheit, denn eine Tabelle benötigt hier zwei Namen: einen für das, was verwaltet wird (in dem Beispiel in Abbildung 7.10 ist es die »Tätigkeit«), und einen, um zu beschreiben, was der Inhalt der Tabelle ist (das ist der Pluralname). Diese Tabelle speichert somit »Tätigkeiten«.

Der Pluralname ist aber nicht nur eine Randinformation, sondern ist auch der Name für Ihre Datenverbindung in Ihrer Canvas App.

Abbildung 7.10 Tabellen brauchen einen Namen.

Betätigen Sie die Schaltfläche ERSTELLEN, so wird die Tabelle angelegt und der Power Apps Tabellen Designer öffnet sich (siehe Abbildung 7.11), damit Sie mit der Erstellung der Tabellenspalten anfangen können.

Der *Power Apps Tabellen Designer* ist eine Kombination aus Datenpflege-Werkzeug und Tabellen-Administration. Hier können Sie

- die für die Datenpflege nötigen Spalten ein- und ausblenden,
- neue Zeilen hinzufügen,
- Daten aktualisieren,
- Tabelleneigenschaften bearbeiten und
- neue Spalten erstellen.

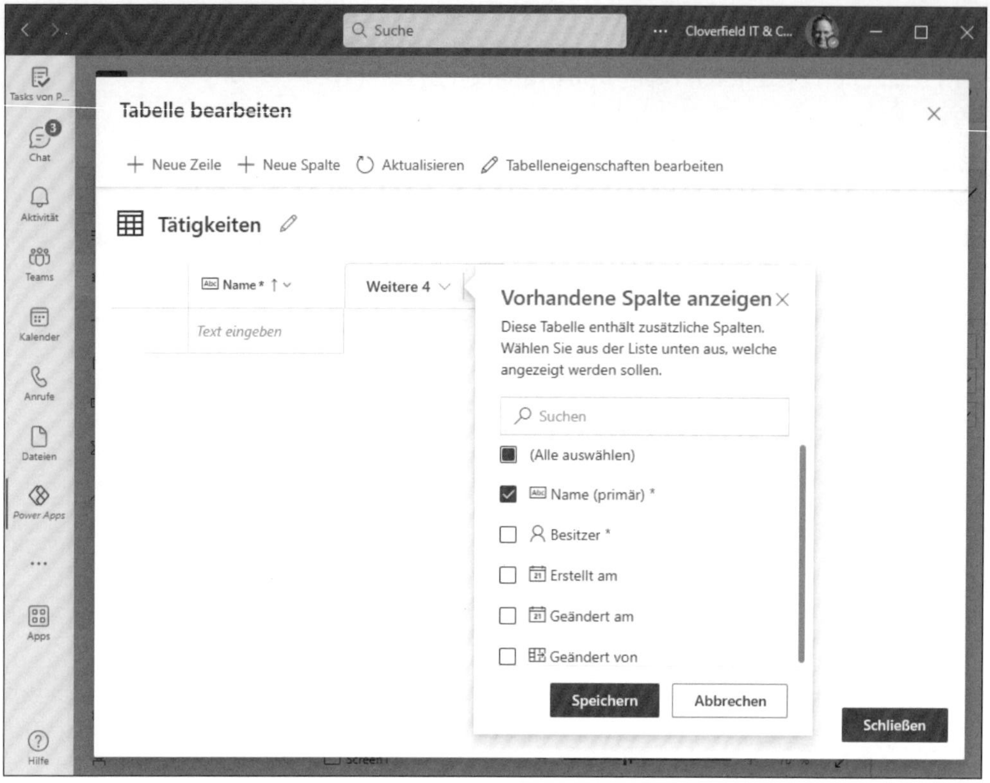

Abbildung 7.11 Der Power Apps Tabellen Designer

7.4.2 Spalten

Jedes Objekt hat Metadaten: eine Tätigkeit zum Beispiel einen Start- und einen Endzeitpunkt sowie eine Beschreibung und einen Kontext. Diese Metadaten werden in Tabellenstrukturen wie Excel- oder SharePoint-Listen als Spalten angelegt, so auch in Dataverse.

Wählen Sie NEUE SPALTE, und definieren Sie im nächsten Schritt den Namen, den Datentyp, das Datenformat und ob es erforderlich ist, die Spalte auszuwählen (siehe Abbildung 7.12).

Die verfügbaren Datentypen finden Sie in Abbildung 7.13. Diesen Vorgang wiederholen Sie nun für jede Spalte, die Sie in Ihrer Tabelle benötigen.

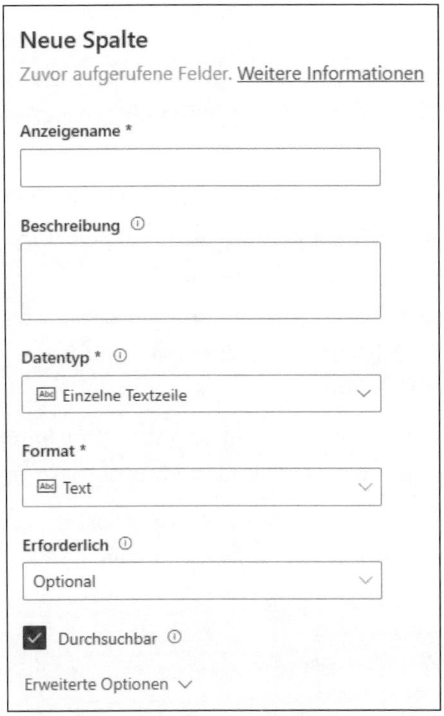

Abbildung 7.12 Dialog zum Erstellen einer neuen Spalte

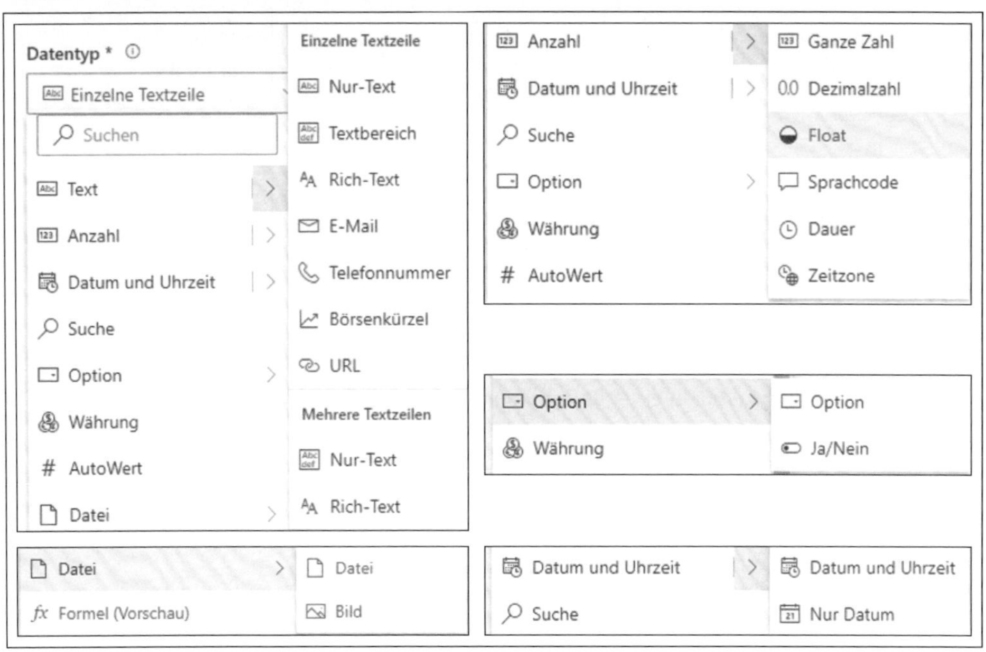

Abbildung 7.13 Datentypen für Ihre Dataverse-Tabelle

7.5 Beziehungen

In SharePoint-Listen sind es die *LookUps*, in SQL-Datenbanken und Dataverse sind es *Relationen*. Am Ende passiert das Gleiche: Man setzt Daten miteinander in Beziehung.

Wichtig ist dabei, in welcher Beziehung die Daten zueinanderstehen. Erstellen Sie eine Zeiterfassung und wollen einen Tätigkeitsdatensatz einem Kunden zuordnen können, so spricht man von einer *n:1*-Beziehung aus Sicht der Tätigkeiten.

Da Beziehungen wechselseitig gelten, gilt aus Sicht des Kunden eine *1:n*-Beziehung zur Tätigkeit. Ein Kunde kann mit mehreren Tätigkeitsdatensätzen verknüpft werden, eine Tätigkeit aber jeweils nur mit einem Kunden.

Betrachtet man eine Beziehung zwischen Vorlesung und Student, so gibt es eine *m:n*-Beziehung, da jeder Student in mehreren Vorlesungen sitzt und in einer Vorlesung mehrere Studenten sitzen.

Solche Beziehungen lassen sich in Dataverse-Tabellen sehr einfach erstellen.

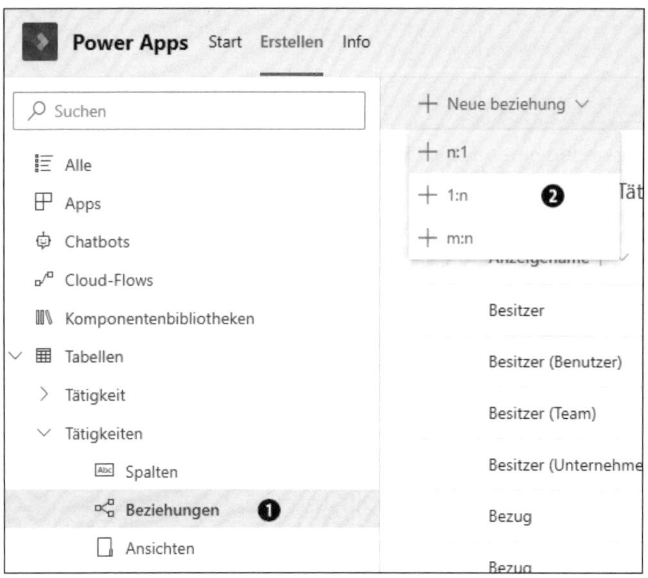

Abbildung 7.14 Erstellen einer Beziehung in Dataverse-Tabellen

Zunächst wählen Sie die Tabelle aus, die Sie mit einer anderen Tabelle verknüpfen wollen (siehe Abbildung 7.14). Im nächsten Schritt wählen Sie dann die Beziehungsart aus.

In einem letzten Schritt (siehe Abbildung 7.15) wählen Sie die Tabelle, mit der Sie Ihre Datensätze verknüpfen wollen, woraufhin sich die Anzeige erweitert, damit Sie noch den Namen sowie den Anzeigenamen der Nachschlagespalte angeben können. Die Oberfläche macht Ihnen dazu einen Vorschlag, den Sie nach Belieben abändern können.

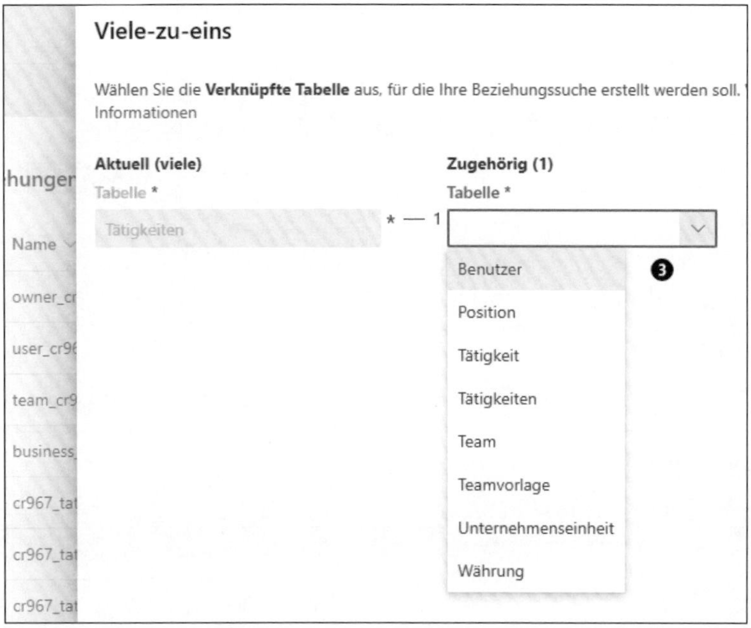

Abbildung 7.15 Tabelle auswählen

Eine Nachschlagespalte wird als zusätzliche Spalte an Ihre Tabelle gehängt. Bei einer n:1-Beziehung zu einem Kunden würden Sie in Ihrem Tätigkeiten-Datensatz ein zusätzliches Feld vorfinden, aus dem Sie einen Kunden auswählen können, mit dem die Tätigkeit verknüpft wird.

7.6 App-Verwaltung

Die App-Verwaltung erreichen Sie über die Registerkarte ERSTELLEN in Ihrer Power Apps-App. Zunächst erhalten Sie eine Übersicht über die erstellten und die installierten Apps Ihrer Teams (siehe Abbildung 7.16).

Klicken Sie auf ALLE ANZEIGEN, um eine detaillierte Übersicht über alle Artefakte innerhalb des ausgewählten Teams zu erhalten (siehe Abbildung 7.17).

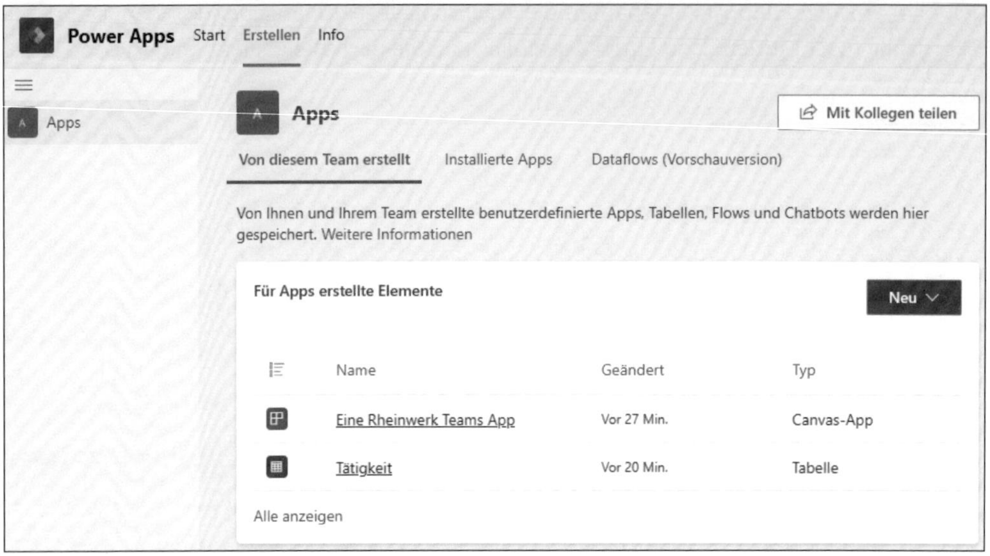

Abbildung 7.16 Grobe Übersicht

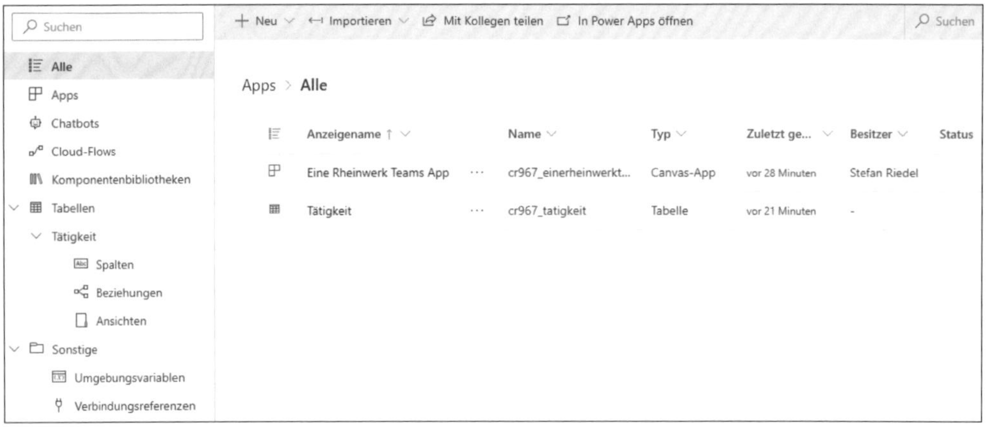

Abbildung 7.17 Alle Artefakte Ihres Teams

Auf der linken Seite befindet sich eine Baumstruktur, die Sie zu allen Elementen Ihrer Lösung führt. Über das Kontextmenü jedes einzelnen Elements können Sie nun weitere Aktionen wie BEARBEITEN, BERECHTIGEN oder IMPORTIEREN ausführen, um nur einige zu nennen (siehe Abbildung 7.18 und Abbildung 7.19).

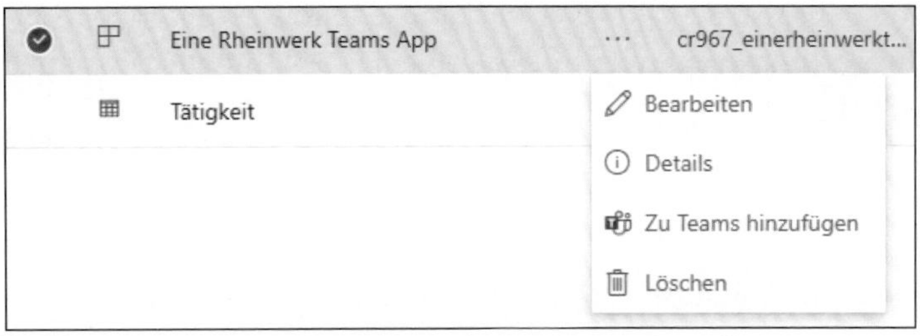

Abbildung 7.18 Mögliche Aktionen an einer Teams App

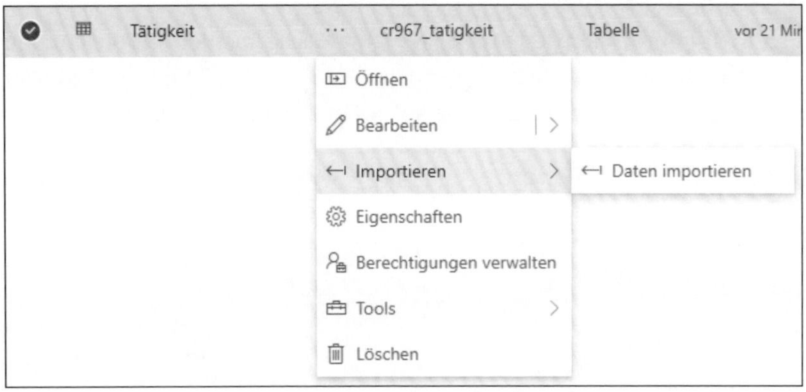

Abbildung 7.19 Mögliche Aktionen an einer Dataverse-for-Teams-Tabelle

7.7 Berechtigungen

Grundsätzlich hat erstmal jedes Team-Mitglied Zugriff auf Ihre App, was ja auch nachvollziehbar ist, denn die App ist ein Werkzeug für das Team und soll damit jedem zur Verfügung stehen, der sich im Team befindet. Man könnte an dieser Stelle das Thema aufmachen, ab wann man lieber ein zweites Team aufmacht, weil zwar eigentlich alle das Gleiche machen sollen und dürfen, manche aber etwas gleicher sind als andere, doch das ist ein anderes Thema, das auch schon in anderen Büchern beschrieben wurde.

Wo Sie in Ihrer App einen Unterschied machen können, ist die Funktionalität, wer welche Daten sehen, bearbeiten oder anlegen darf.

7.7.1 Berechtigung über bereitgestellte Funktionen

So können Sie in Dataverse for Teams Apps genauso die Mitgliedschaft einer Benutzerin oder eines Benutzers in einer Sicherheitsgruppe abfragen, wie Sie es auch in Canvas Apps können. Auf Basis dieser Informationen steuern Sie dann die Sichtbarkeit oder den Anzeigemodus von Schaltflächen. So kann ein Projektleiter möglicherweise auf grafische Auswertungen zugreifen, die Sie einem Projektmitglied eventuell nicht bereitstellen wollen.

7.7.2 Berechtigung auf Datenebene

Doch all das ist auch nur ein Hilfsmittel, um dafür zu sorgen, dass eine Person etwas anderes sieht oder darf als eine andere Person. Letztlich geht es am Ende immer um die Daten. Die Apps, die wir bauen, sind am Ende nur das Hilfsmittel, um die Daten möglichst einfach verwalten zu können.

Wenn Sie den Menüpunkt BERECHTIGUNGEN VERWALTEN aus dem Kontextmenü einer Tabelle aufrufen, gelangen Sie zu folgendem Dialog (siehe Abbildung 7.20), der Sie Berechtigungen auf Datenebene, konkret auf Tabellen, einstellen lässt.

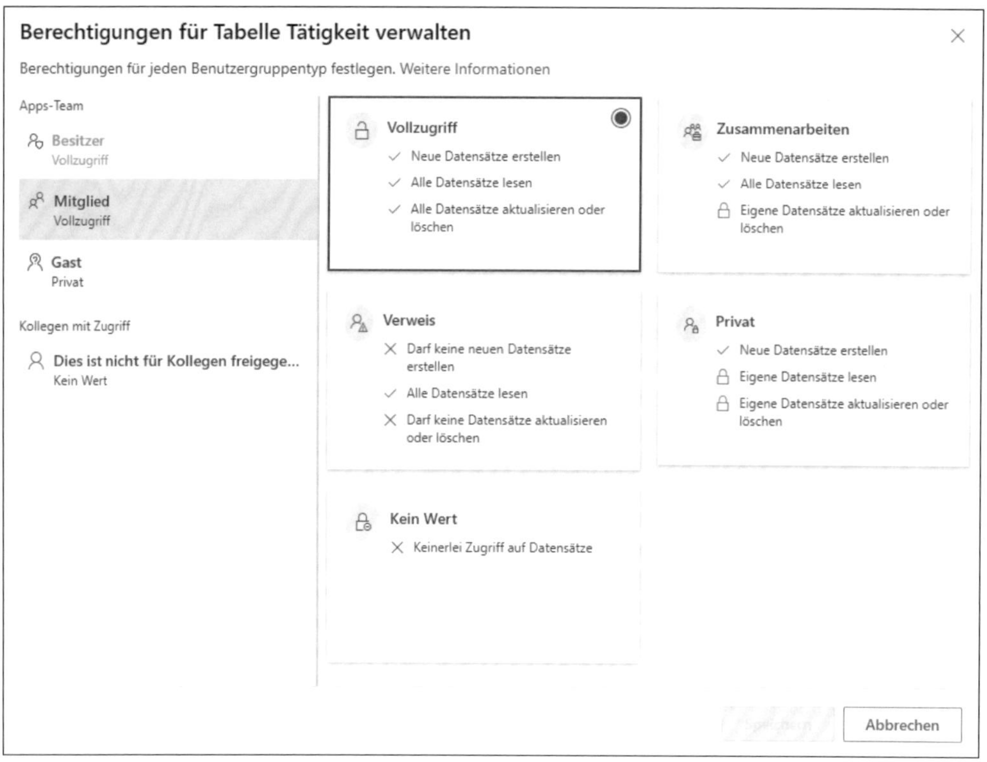

Abbildung 7.20 Berechtigungen von Tabellen

Hier können Sie fünf verschiedene Rechte-Pakete für Mitglieder und Gäste sowie für Kollegen einstellen, mit denen Sie die App über eine Sicherheitsgruppe geteilt haben. Besitzer eines Teams haben immer Vollzugriff auf alle Tabellen.

Wählen Sie auf der linken Seite die Rolle aus, die Sie berechtigen möchten, wählen Sie dann auf der rechten Seite das Rechte-Paket, und bestätigen Sie Ihre Wahl mit SPEICHERN.

- VOLLZUGRIFF: darf alles
- ZUSAMMENARBEITEN: darf alles lesen, Datensätze anlegen, aber nur die eigenen editieren oder löschen
- VERWEIS: darf nur lesen
- PRIVAT: kann Datensätze anlegen und die eigenen editieren oder löschen
- Kein Wert: hat keinen Zugriff auf die Daten dieser Tabelle

7.8 Die App teilen

Sie haben bereits gelernt, dass grundsätzlich jedes Teammitglied für Ihre App berechtigt ist. Wollen Sie die App mit Personen außerhalb des Teams teilen, gibt es auch dafür eine Lösung in der App-Verwaltung auf der Übersicht aller Lösungsbestandteile: MIT KOLLEGEN IM MICROSOFT TEAMS-APP-STORE TEILEN (siehe Abbildung 7.21).

Abbildung 7.21 Mit Kollegen teilen

Wählen Sie hier die Apps und die Sicherheitsgruppe oder Microsoft 365-Gruppe an, mit der Sie die ausgewählten Apps teilen möchten, und bestätigen Sie Ihre Entscheidung mit SPEICHERN. Die App steht nun im App-Store bereit und kann von Ihren Kolleginnen und Kollegen heruntergeladen werden (siehe Abbildung 7.22).

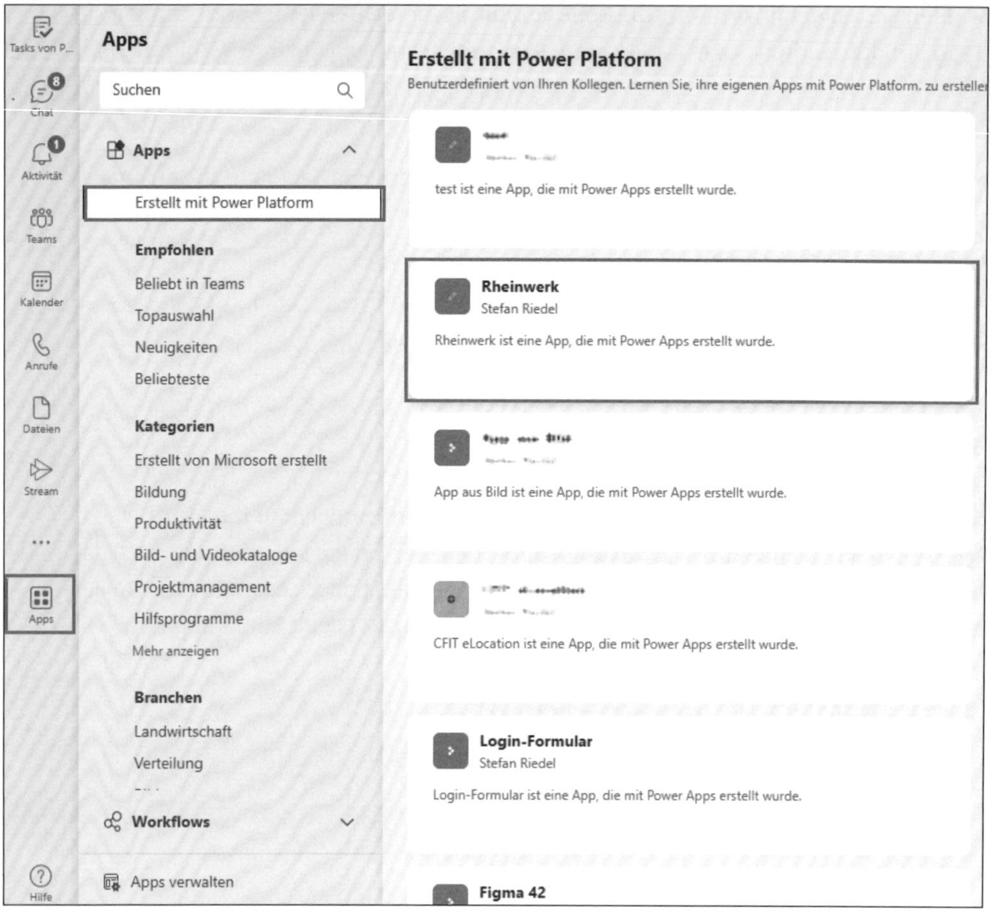

Abbildung 7.22 Ihre geteilte App im App-Store

7.9 Limitierungen

Dataverse for Teams gibt Ihnen das Recht zur Nutzung von Dataverse in einer Power App, ohne dass Sie zusätzliche Lizenzen benötigen. Da aber auch Microsoft nichts zu verschenken hat, ist das Ganze natürlich mit einigen Einschränkungen verbunden.

Folgender Link führt Sie zur Übersicht über Limitierungen von Dataverse for Teams und stellt diese denen herkömmlicher Canvas Apps gegenüber:

https://learn.microsoft.com/en-us/power-apps/teams/data-platform-compare

Kapitel 8
SharePoint-Formulare mit Power Apps designen

Bislang war MS InfoPath das Tool der Wahl, um SharePoint-Formulare anzupassen. Power Apps löst diese Anwendung nun ab, was auch in Ihrer SharePoint-Oberfläche sichtbar wird.

In wohl den meisten Fällen kommen Sie mit den Standardformularen Ihrer SharePoint-Listen gut zurecht. Doch manchmal wären ein paar Anpassungsmöglichkeiten hilfreich, um zum Beispiel den Status oder die Dringlichkeit eines Vorgangs farblich hervorzuheben.

Für die Listenansichten und -formulare steht Ihnen die nützliche Funktion des *Column Formattings* zur Verfügung, um Anpassungen an der Darstellung Ihrer Daten vorzunehmen.

[«]

Dokumentation Column Formatting

Weiterführende Informationen zum Formatieren von SharePoint-Listen erhalten Sie hier:

https://learn.microsoft.com/en-us/sharepoint/dev/declarative-customization/column-formatting

Diese Art der Anpassung benötigt allerdings ein etwas tieferes technisches Knowhow und ist doch eher den fortgeschrittenen Anpassungstätigkeiten zuzurechnen. Die gute Nachricht ist, dass einfachere Alternativen in den meisten Fällen ausreichend sind.

Mit Power Apps haben Sie die Möglichkeit, Anpassungen an SharePoint-Formularen auch ohne tiefe Programmierkenntnisse vorzunehmen. Allerdings sind Sie nicht völlig frei in Ihren Möglichkeiten, denn damit sichergestellt werden kann, dass Ihre Anpassungen die SharePoint-Standards nicht berühren, geben Ihnen die Power Apps keinen Einfluss auf die Kommandos der Formular-Kopfzeile (siehe Abbildung 8.1). Diesen Bereich können Sie nicht ändern.

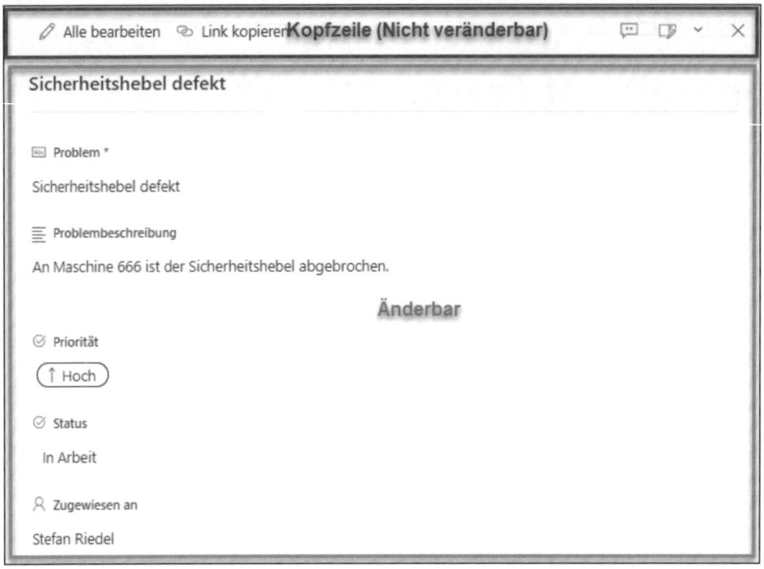

Abbildung 8.1 Anpassungsmöglichkeiten eines SharePoint-Formulars

8.1 Voraussetzungen und Einschränkungen

Auch bei der Bearbeitung von SharePoint-Formularen mit Power Apps bzw. deren Verwendung gelten einige Voraussetzungen und Einschränkungen:

- Formulare können nur für benutzerdefinierte SharePoint-Listen und Dokumentenbibliotheken angepasst werden, nicht aber für Listen- oder Bibliotheksvorlagen.
- In Dokumentenbibliotheken kann nur mit den Feldwerten, nicht aber mit den Dateien gearbeitet werden.
- Formular-Apps sind in der mobilen Power Apps App nicht auswählbar und tauchen auch im Maker Portal nicht in der Liste Ihrer Apps auf.
- Formular-Apps können standardmäßig nicht verschoben oder kopiert werden. Jedoch gibt es in der Power Platform Community findige Experten, die Mittel und Wege gefunden haben, dieses Problem zu umgehen. Falls Sie etwaige Tipps und Tricks anwenden, tun Sie das auf eigene Gefahr, da es sich meist um nicht durch Microsoft unterstützte Vorgehensweisen handelt.
- Ändern Sie die Adresse Ihres SharePoint Online, so müssen Sie die Formulare neu erstellen.
- Formular-Apps werden in der Standardumgebung abgelegt, da diese nicht gelöscht werden kann und für alle Benutzerinnen und Benutzer nutzbar ist.

- Nicht alle Feldtypen lassen sich in angepassten Formularen verwenden. Da auch hier die Entwicklung voranschreitet, die Dokumentation aber nicht im selben Tempo aktualisiert wird, vergewissern Sie sich am besten hier, bevor Sie loslegen: *https://learn.microsoft.com/en-us/power-apps/maker/canvas-apps/connections/connection-sharepoint-online#known-issues*

[«]

Dokumentation

Weitere Informationen zur Anpassung von SharePoint-Formularen mit Power Apps finden Sie hier:

https://learn.microsoft.com/en-us/power-apps/maker/canvas-apps/customize-list-form

8.2 Architekturentscheidung

Viele Wege führen zum Ziel, doch eine Frage, die man sich bei der Entwicklung von Lösungen immer stellt, ist die, welcher der beste Weg ist:

Wie immer lautet die Antwort: »Es kommt darauf an!« Wenn Sie sich also die Frage stellen, ob Sie lieber ein SharePoint-Formular anpassen oder eine eigenständige App entwickeln sollen, gibt es Faktoren, die Sie betrachten sollten und die ich Ihnen jetzt vorstelle.

- **Wie arbeiten Sie, Ihr Team, Ihre Organisation?**
  Arbeiten Sie stets im Desktop-Browser mit Ihren SharePoint-Listen, so empfiehlt sich das Anpassen eines Formulars.

  Benötigen Sie eine Lösung für den mobilen Einsatz, empfiehlt sich eine eigenständige Power App.
- **Wie groß sind die Anpassungen, die Sie vornehmen wollen?**
  Haben Sie umfangreiche Anforderungen, die deutlich über ein SharePoint-Formular hinausgehen, und/oder einen hohen Integrationsgrad, so bietet sich eine eigenständige App an.
- **Sie sind sich nicht sicher?**
  Wenn Sie sich nicht sicher sind, dann ist das auch nicht schlimm, eher sogar normal. Es spricht nichts dagegen, grundsätzlich klein zu starten. Probieren Sie sich aus, und lernen Sie beim Tun.

  Der Appetit kommt so oder so beim Essen. Nutzen Sie also die Möglichkeiten der Technologie, und starten Sie direkt. Die kleinen Entwicklungszyklen erlauben und unterstützen dieses Vorgehen.

Nichts wäre schlimmer, als wenn Sie im Vorfeld alles bedenken wollten, denn es könnte ja sein, dass in zwei Jahren noch diese und jene Funktion wichtig wird, dafür die Anforderung aber auch erst nach Wochen oder Monaten umgesetzt wird, obwohl Sie das, was Sie jetzt eigentlich nur bräuchten, innerhalb von wenigen Stunden oder Minuten fertig wäre.

8.3 Die Vorbereitung

Um SharePoint-Formulare mittels Power Apps anzupassen, müssen Sie zunächst eine Änderung in Ihren Listeneinstellungen vornehmen.

Sollten Sie in SharePoint die sogenannte KLASSISCHE ERFAHRUNG eingestellt haben, müssen Sie diese zunächst auf die NEUE ERFAHRUNG umstellen. Dazu wählen Sie in Ihrer SharePoint-Liste das Zahnrad zum Öffnen der Einstellungen und dort den Punkt LISTENEINSTELLUNGEN (siehe Abbildung 8.2).

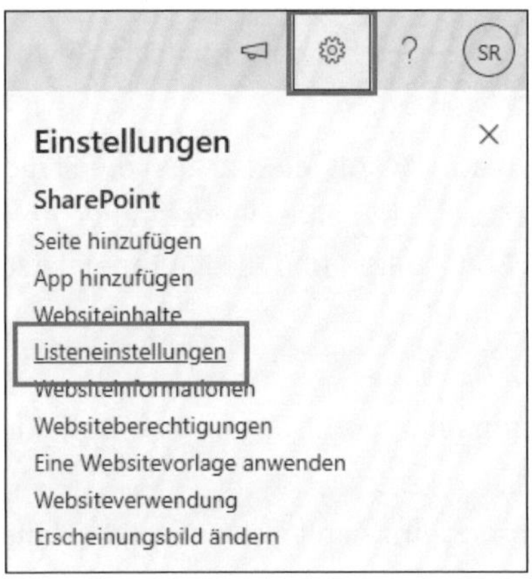

Abbildung 8.2 Einstellungen einer SharePoint-Liste ändern

Wählen Sie nun ERWEITERTE EINSTELLUNGEN, um auf die neue Listenerfahrung umzustellen (siehe Abbildung 8.3).

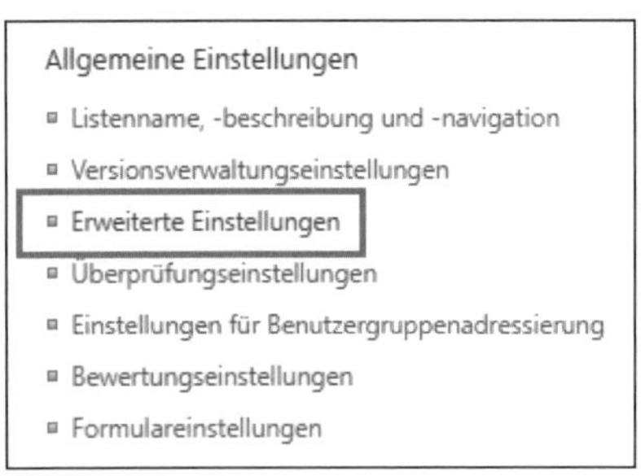

Abbildung 8.3 Erweiterte Einstellungen unter SharePoint

Am Ende der Seite für die erweiterten Einstellungen wählen Sie die neue Erfahrung als Standardeinstellung für diese Liste aus (siehe Abbildung 8.4).

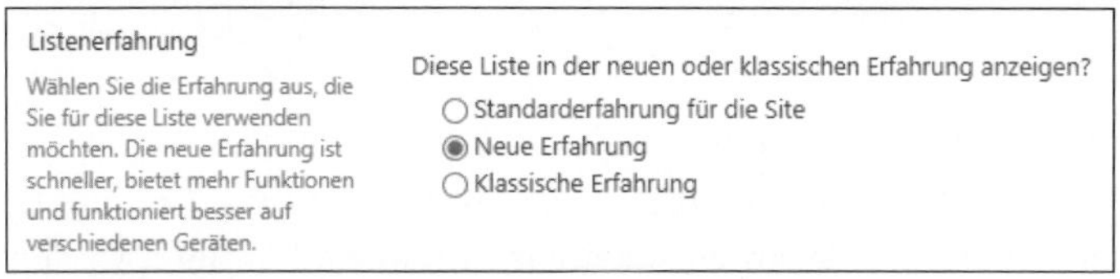

Abbildung 8.4 Listenerfahrung umstellen

Nun finden Sie den Punkt INTEGRIEREN in der Aktionsleiste Ihrer Liste, der Kommandos für die Power-Platform-Integration zur Verfügung stellt, wie Sie in Abbildung 8.5 sehen.

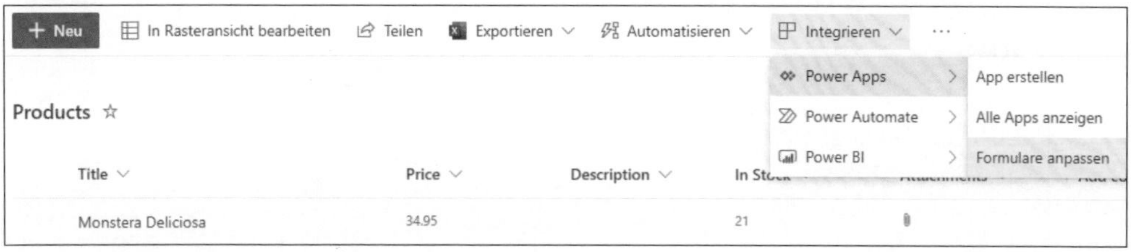

Abbildung 8.5 Power Apps in SharePoint integrieren

8.4 Die Entwicklungsumgebung

Die Entwicklungsumgebung ist Ihre erste Anlaufstelle für die weiteren Schritte. Wählen Sie dazu den Befehl FORMULARE ANPASSEN in Ihrer SharePoint-Liste, wie Sie es Abbildung 8.5 entnehmen können, oder öffnen Sie ein SharePoint-Formular durch Klicken auf den Titel eines Listeneintrags oder durch den Befehl ÖFFNEN im Kontextmenü.

Haben Sie die Bearbeitung der Formulare aus den Befehlen der SharePoint-Liste gewählt, öffnet sich das Power Apps Studio, wie Sie es in den vorherigen Kapiteln kennengelernt haben.

Abbildung 8.6 Mit Power Apps anpassen

Wählen Sie den Weg über das Detailfenster eines Listeneintrags, so müssen Sie hier noch einmal das Auswahlfeld für mögliche Aktionen im Kopf des Anzeigebereichs öffnen und dort den Befehl MIT POWER APPS ANPASSEN auswählen (siehe Abbildung 8.6).

Bevor Sie mit der Entwicklung Ihrer SharePoint-Formulare beginnen können, begrüßt Sie noch der kleine Dialog aus Abbildung 8.7, der Ihnen mitteilt, dass Sie im nächsten Schritt die verfügbaren Felder Ihres Formulars anpassen können. Wählen Sie hierfür den Link FELDER IN EINEM FORMULAR HINZUFÜGEN ODER DARAUS ENTFERNEN. Der zweite Link WEITERE INFORMATIONEN ZUM ANPASSEN VON SHAREPOINT-FORMULAREN IN POWER APPS führt Sie zu einem Tutorial, das Sie durch den Entwicklungsprozess von SharePoint-Formularen führt.

Abbildung 8.7 Willkommensmeldung bei Anpassung von SharePoint-Formularen

Tutorial zur Anpassung von SharePoint-Formularen
Das Tutorial finden Sie unter *https://docs.microsoft.com/de-de/power-apps/maker/canvas-apps/customize-list-form*.

Da Ihnen diese Meldung jedes Mal angezeigt wird, wenn Sie ein SharePoint-Formular anpassen wollen, können Sie sie durch Setzen eines Hakens bei DIESE MELDUNG NICHT MEHR ANZEIGEN künftig unterdrücken.

Haben Sie den Link zum Anpassen der Felder ausgewählt oder aber das Formular durch Klick auf ÜBERSPRINGEN geschlossen, können Sie mit der Anpassung der Felder des Formulars loslegen (siehe Abbildung 8.8).

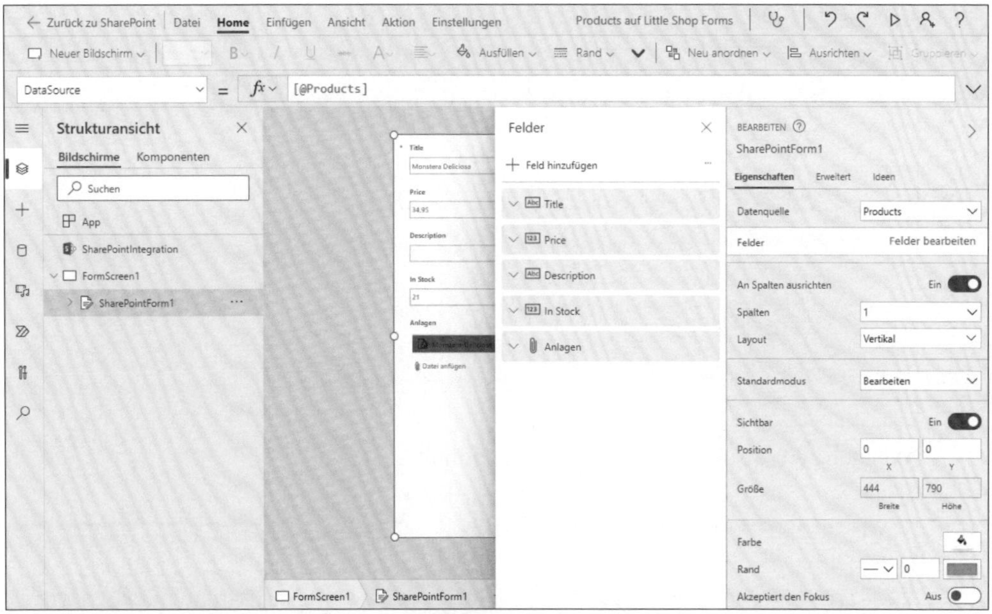

Abbildung 8.8 Felder eines SharePoint-Formulars bearbeiten

Schließen Sie den Bereich zum Anpassen der Formularfelder, damit Sie Ihr Formular nach Ihren Wünschen verändern können.

8.5 Aufbau einer SharePoint-Formular-App

Im Grunde ist eine SharePoint-Formular-App eine ganz normale Power App. Die Besonderheiten hinsichtlich Struktur und Verhalten erfahren Sie in diesem Abschnitt.

8.5.1 Das Element »SharePointIntegration«

Der Aufbau sollte Ihnen aus den vorherigen Kapiteln bekannt vorkommen. Entscheidend für die Integration der App als SharePoint-Formular ist das Element `SharePointIntegration` (siehe Abbildung 8.9).

Es stellt den Kontext zu der SharePoint-Liste sowie dem Listenelement her, das in Ihrem Formular angezeigt, geändert oder erstellt werden soll. Zudem stellt es Ihnen über eine Reihe von Ereignissen eine Schnittstelle zur Verfügung, in der Sie das individuelle Verhalten Ihres SharePoint-Formulars programmieren können.

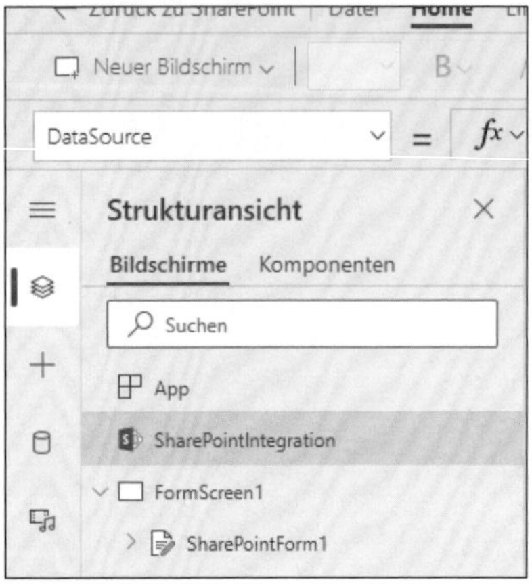

Abbildung 8.9 Struktur eines SharePoint-Formulars

Lebenszyklus eines SharePoint-Formulars

Die Ereignisse des Elements `SharePointIntegration` sowie die Datenbindungen werden noch vor der Darstellung der Benutzeroberfläche ausgeführt.

Seien Sie auch vorsichtig bei der Verwendung von Code in `App.OnStart`, denn diese Methode wird nur beim ersten Aufruf ausgeführt. Wechseln Sie also zwischen verschiedenen Elementen der SharePoint-Liste, so ist die App bereits beim ersten Aufruf gestartet worden, und der Code aus `App.OnStart` wird folgerichtig nicht mehr ausgeführt.

Die Eigenschaft `DataSource`, die Sie auch schon im Zusammenhang mit verschiedenen anderen Steuerelementen aus Abschnitt 5.2.16 wie zum Beispiel dem Katalog kennengelernt haben, hält die Verbindung zu SharePoint (siehe Abbildung 8.10).

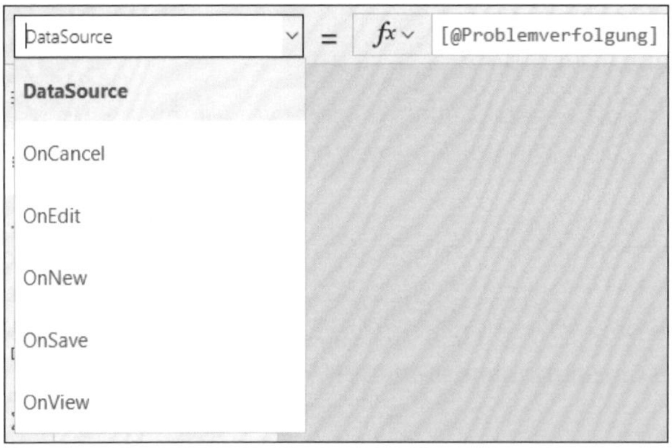

Abbildung 8.10 Ereignisse und Eigenschaften einer SharePoint-Formular-App

In meinem Beispiel habe ich die Formulare der Liste »Problemverfolgung« aus meiner SharePoint-Umgebung zur Anpassung mit Power Apps ausgewählt. Dadurch wird diese Liste automatisch als Datenquelle in die App integriert und kann so verwendet werden, wie Sie es in den vorherigen Kapiteln gelernt haben.

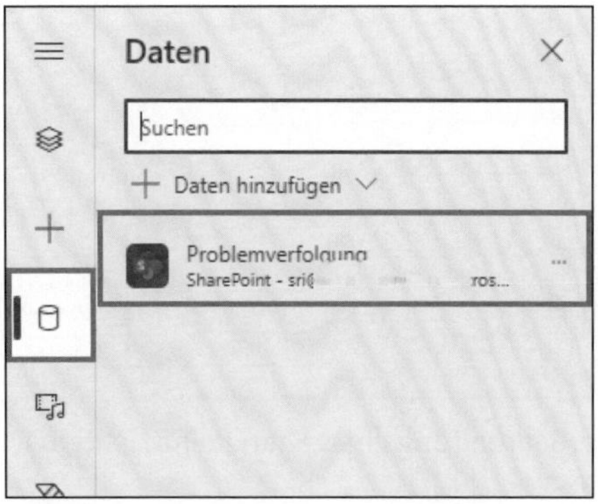

Abbildung 8.11 Die SharePoint-Liste wird automatisch als Datenquelle hinzugefügt.

Zwei Eigenschaften des Elements `SharePointIntegration`, die Sie nur über den Formeleditor im Zugriff haben, lauten `Selected` und `SelectedListItemID`.

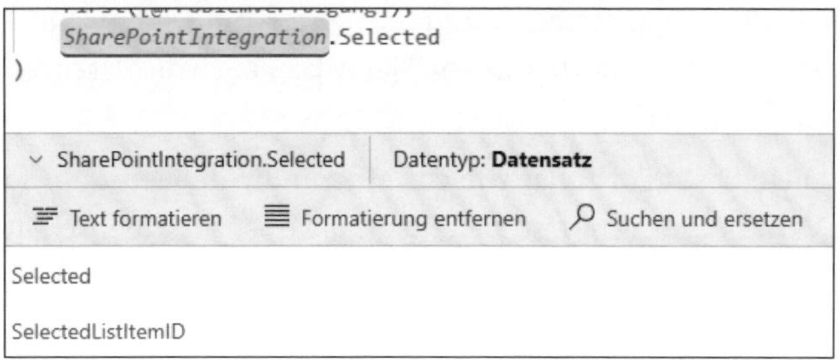

Abbildung 8.12 Eigenschaften des Elements »SharePointIntegration«

`Selected` stellt Ihnen den Zugriff auf alle Spalten des SharePoint-Listeneintrags zur Verfügung, wohingegen Sie über die Eigenschaft `SelectedListItemID` nur die ID des Listeneintrags bekommen.

Mehr zum Umgang mit dem Element `SharePointIntegration` erfahren Sie in Abschnitt 8.5.2.

8.5.2 Das SharePoint-Formular

Die Datenbindung

Die Anzeige und Bearbeitung des SharePoint-ListItems erfolgt über das `SharePointForm1` auf dem Bildschirm `FormScreen1`. `SharePointForm1` ist über die Eigenschaft `DataSource` mit der Datenquelle verbunden (siehe Abbildung 8.13).

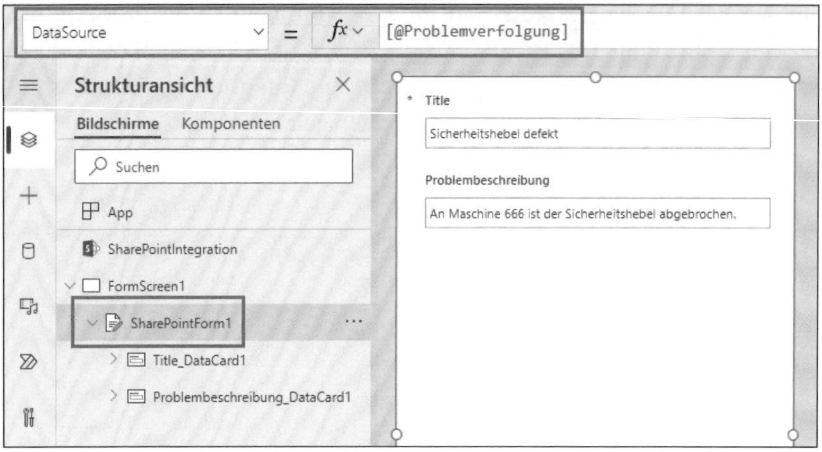

Abbildung 8.13 Datenbindung des Formulars zur Bearbeitung eines SharePoint-ListItems

Diesem Formular können Sie, wie Sie schon wissen, weitere Felder hinzufügen oder sie daraus entfernen. Auch haben Sie hier alle Möglichkeiten der Anpassung, wie Sie sie von Standard-Apps kennen.

Sie können sich auch ganz von dem Formular lösen und Ihre individuellen Ideen auf dem `FormScreen` umsetzen. Bedenken Sie dabei nur, dass Sie sich um Datenvalidierung, Anzeige und Speichern selbst kümmern müssen. Siehe dazu auch die Beschreibung des Patch-Befehls in Abschnitt 5.1.10.

Auch im Weiteren verhält sich dieses Formular wie das einer individuellen App. So braucht es auch hier eine Verbindung zum Listenelement, die über die Eigenschaft `Item` hergestellt wird, wie in Abbildung 8.14 zu sehen.

Abbildung 8.14 Item-Eigenschaft des SharePoint-Formulars

Wird das Formular außerhalb von SharePoint aufgerufen, was während der Entwicklung der Fall ist, so ist die Eigenschaft `Selected` des Elements `SharePointIntegration` leer. In diesem Fall wird das erste Element der Datenverbindung, also der SharePoint-Liste, ausgewählt.

Wurde das Formular über eine SharePoint-Liste geöffnet, besteht ein Kontext, wodurch der zweite Fall eintritt und der Datensatz aus `SharePointIntegration.Selected` angezeigt wird, wie Listing 8.1 zeigt.

```
If(
    IsBlank(SharePointIntegration.Selected) || false;
    First([@Problemverfolgung]);
    SharePointIntegration.Selected
)
```

Listing 8.1 Code aus der Items-Eigenschaft des Formularelements

Der Anzeigemodus

Der Anzeigemodus wird über die Eigenschaft `FormMode` gesteuert. Wenn Sie einen Blick in Abschnitt 5.2.17 über Formulare geworfen haben, wissen Sie, dass ein Formular drei Zustände annehmen kann: *Bearbeiten*, *Neu* und *Ansicht*. In welchen Zustand das Formular gesetzt wird, wird über die Ereignisse des Objekts `SharePointIntegration` gesteuert. Wird in der SharePoint-Liste ein neues Element angelegt, löst das in der `SharePointIntegration` das Ereignis `OnNew` aus. `OnNew` beinhaltet den Befehl `NewForm(SharePointForm1)`, was dafür sorgt, dass das Formular in den Zustand *Neu* gesetzt wird.

Selektieren Sie das Element `SharePointIntegration` und klappen das Eigenschaften-Fenster über der Strukturansicht auf, so werden Ihnen alle verfügbaren Ereignisse angezeigt, die Sie durch die Befehle an einem SharePoint-Element auslösen können. Die verfügbaren Ereignisse finden Sie in Tabelle 8.1.

Ereignis	Aktion
`OnCancel`	Die Bearbeitung eines Listeneintrags wurde abgebrochen.
`OnEdit`	Das Formular wurde aus SharePoint aufgerufen, um den ausgewählten Eintrag zu bearbeiten.
`OnNew`	Das Formular wurde geöffnet, um ein neues Element anzulegen.
`OnSave`	Änderungen am Listenelement sollen gespeichert werden.
`OnView`	Das Formular wurde geöffnet, um ein Listenelement anzuzeigen. Klicken Sie im Anzeige-Formular in SharePoint auf den Befehl BEARBEITEN, so wird das Ereignis `OnEdit` ausgeführt.

Tabelle 8.1 Ereignisse des SharePointIntegration-Elements

Rufen Sie in SharePoint also den Dialog zum Bearbeiten eines SharePoint-Listeneintrags auf, so reagiert das Element `SharePointIntegration` der App durch Aktivierung des OnEdit-Ereignisses und setzt das Formular in den Bearbeitungsmodus. Siehe dazu Abbildung 8.15.

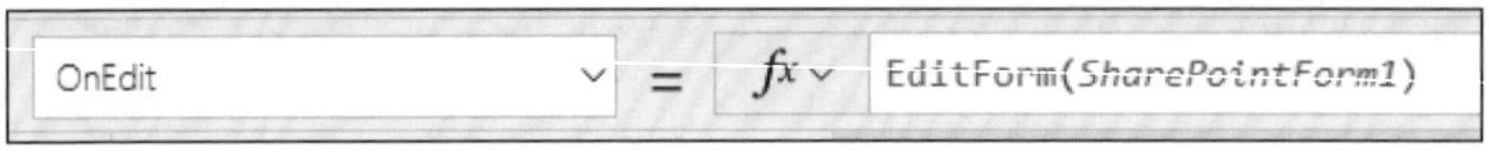

Abbildung 8.15 Bearbeiten-Ereignis

Möchten Sie auf eigene Bildschirme verlinken, sind Sie frei, hier weitere zu entwerfen und diese über die Ereignis-Funktionen anzusteuern.

Nutzen Sie dafür die Navigate-Funktion, die wir schon am Ende von Abschnitt 5.2.2 über den Umgang mit Bildschirmen besprochen haben.

Der Startbildschirm

Dass Sie hier keinen Navigationsbefehl finden, liegt daran, dass nur ein Bildschirm vorhanden ist und dieser automatisch angezeigt wird, sobald SharePointIntegration ausgeführt wurde.

Möchten Sie einen eigenen Startbildschirm definieren, können Sie diesen in der Eigenschaft StartScreen des App-Knotens in der Strukturansicht einstellen. Alternativ können Sie den Navigate-Befehl in einem der Ereignisse OnNew, OnEdit oder OnView verwenden.

Absenden eines Formulars

Das Absenden eines Formulars erfolgt im OnSave()-Event der SharePointIntegration, wo ein simples SubmitForm() aufgerufen wird, wie Sie es schon früher kennengelernt haben (siehe Abbildung 8.16).

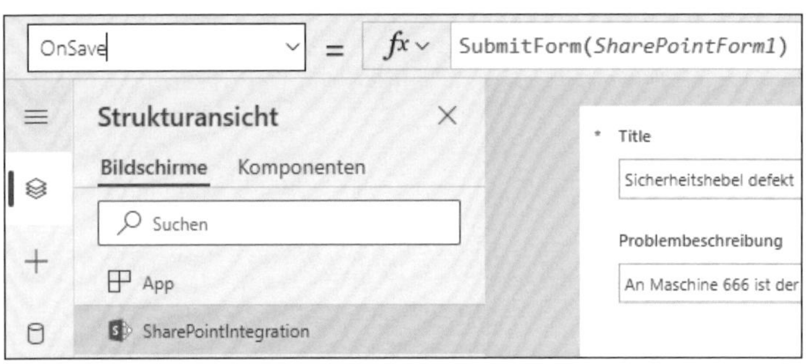

Abbildung 8.16 OnSave: Absenden eines Formulars

Initiiert wird dieser Vorgang durch das Kommando SPEICHERN, das SharePoint im Formularkopf darstellt (siehe Abbildung 8.17).

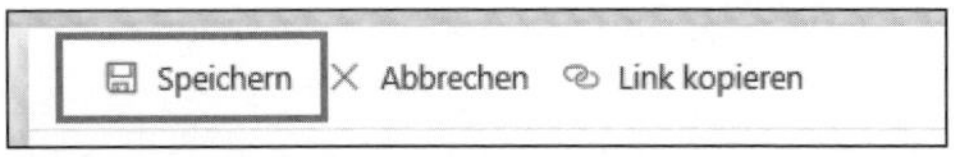

Abbildung 8.17 »Speichern« in SharePoint löst »OnSave« in der App aus.

Möchten Sie nun doch noch Code nach dem Absenden ausführen oder aber auf eventuelle Fehler reagieren, können Sie hier ebenfalls die bekannten Formular-Ereignisse wie `OnSuccess`, `OnError` und `OnReset` nutzen.

So finden Sie in dem Ereignis `OnSuccess` Ihres Formulars `SharePointForm1` (siehe Abbildung 8.18) zwei Befehle: einen zum Resetten des Formulars, womit alle Felder zurückgesetzt werden (mit `ResetForm(Self)`), und einen zum Ausblenden der App in der SharePoint-Oberfläche (über `RequestHide()`).

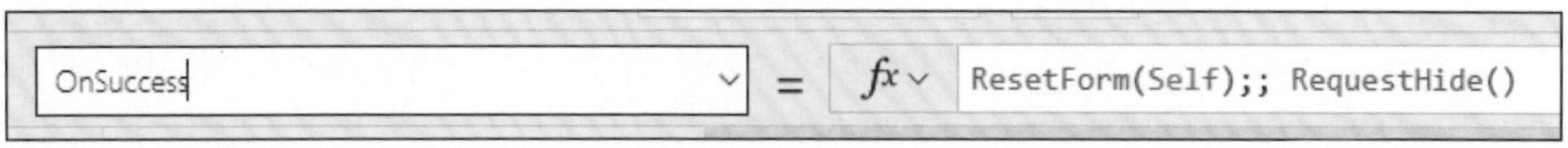

Abbildung 8.18 Kommandos nach erfolgreicher Versendung des Formulars

Weiter möchte ich an dieser Stelle gar nicht in die Entwicklung von SharePoint-Formularen eintauchen, da Microsoft eine gute, ausführliche und vor allem aktuelle Dokumentation liefert: *https://docs.microsoft.com/de-de/power-apps/maker/canvas-apps/customize-list-form*

In diesem Bereich verändert sich viel, daher sollten Sie bei Entwicklungsprojekten stets die aktuelle Dokumentation beachten.

8.6 Das Formular veröffentlichen

Haben Sie Ihre Formulare nach Ihren Wünschen bearbeitet, klicken Sie einfach auf ZURÜCK ZU SHAREPOINT (siehe Abbildung 8.19).

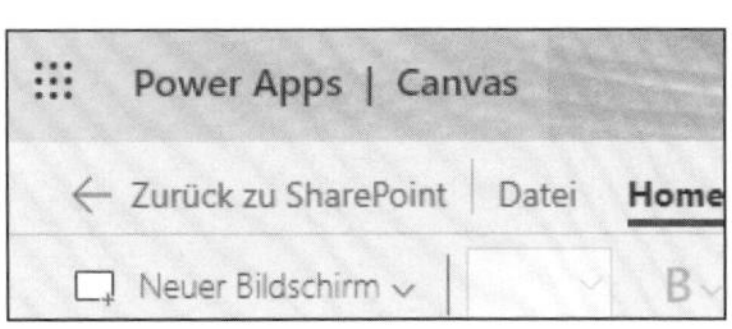

Abbildung 8.19 Den Bearbeitungsvorgang beenden und zu SharePoint zurückkehren

Veröffentlichen Sie Ihr Formular im nun erscheinenden Dialog aus Abbildung 8.20 mit SPEICHERN UND VERÖFFENTLICHEN, oder brechen Sie den Vorgang mit ABBRECHEN ab, um in den Design-Modus der App zurückzukehren. Über NICHT SPEICHERN verlassen Sie das Studio unverrichteter Dinge und kehren zu SharePoint zurück.

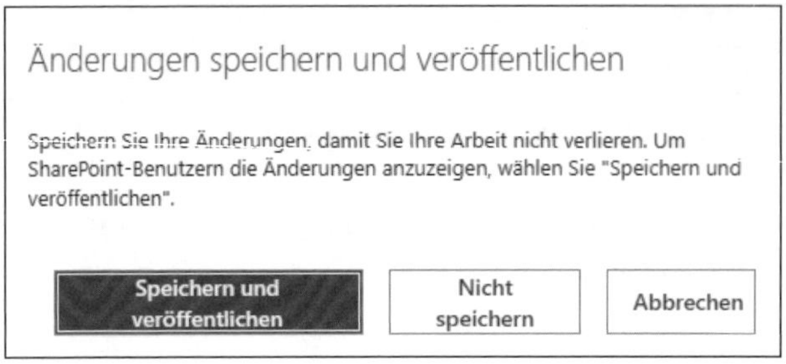

Abbildung 8.20 Veröffentlichen Ihrer Änderungen

8.7 SharePoint-Formular wiederherstellen

Wie Sie gesehen haben, bieten Ihnen die Power Apps umfangreiche Möglichkeiten, um Ihre SharePoint-Formulare anzupassen. Haben Sie aber keine Angst, dass Sie durch Anpassungen etwas kaputt machen können. Sollte Ihnen doch mal ein Missgeschick passieren und haben Sie ein Formular »kaputt entwickelt«, können Sie den Originalzustand ganz einfach wiederherstellen.

Wechseln Sie dazu wieder in die Listeneinstellungen, wie eingangs beschrieben, und wählen Sie dort den Punkt FORMULAREINSTELLUNGEN. Dort können Sie nun, wie in Abbildung 8.21 zu sehen, das SharePoint-Formular auf seinen Originalzustand zurücksetzen.

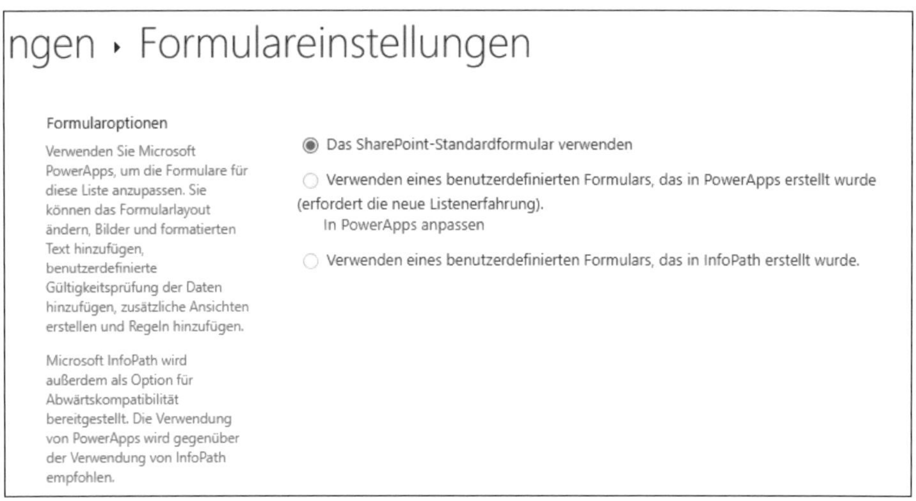

Abbildung 8.21 Standardformular wiederherstellen

Auch wenn Sie wieder das SharePoint-Standardformular verwenden wollen, merkt sich SharePoint das vorher von Ihnen erstellte Power-Apps-Formular.

Über den Link BENUTZERDEFINIERTES FORMULAR LÖSCHEN, der nach der Umstellung auf das Standardformular in den Formulareinstellungen erscheint, können Sie Ihr Power-Apps-Formular wieder löschen (siehe Abbildung 8.22).

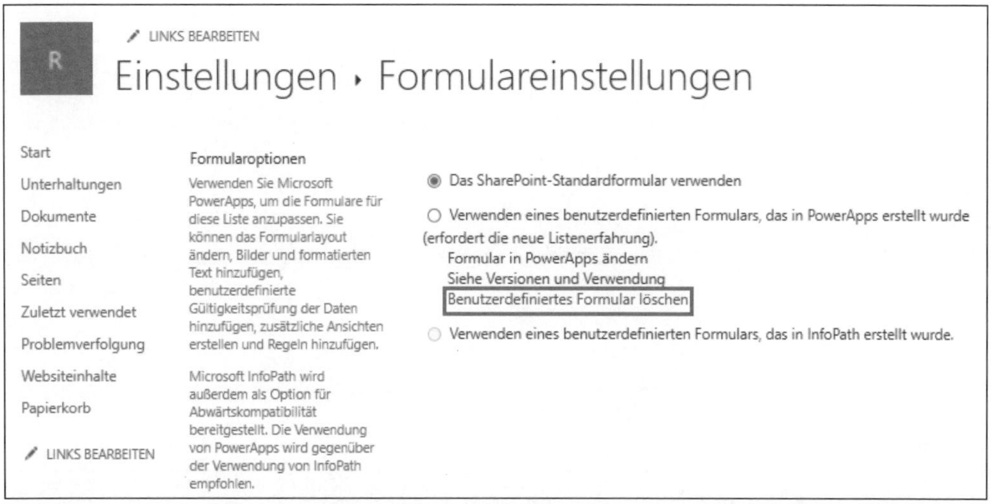

Abbildung 8.22 Benutzerdefiniertes Formular löschen

8.8 Formular-App verwalten

Wenn Sie die Einschränkungen, die ich in Abschnitt 8.1 aufgeführt habe, aufmerksam gelesen haben, wissen Sie, dass Sie von außerhalb von SharePoint keinen Zugriff auf Ihre App haben. Sie taucht weder in den mobilen Devices noch in Ihrer App-Liste im Maker Portal auf.

Sobald Sie mehr als eine Version Ihrer App veröffentlicht haben, erscheint in den Formulareinstellungen ein zweiter Link, der Abhilfe schafft (siehe Abbildung 8.23).

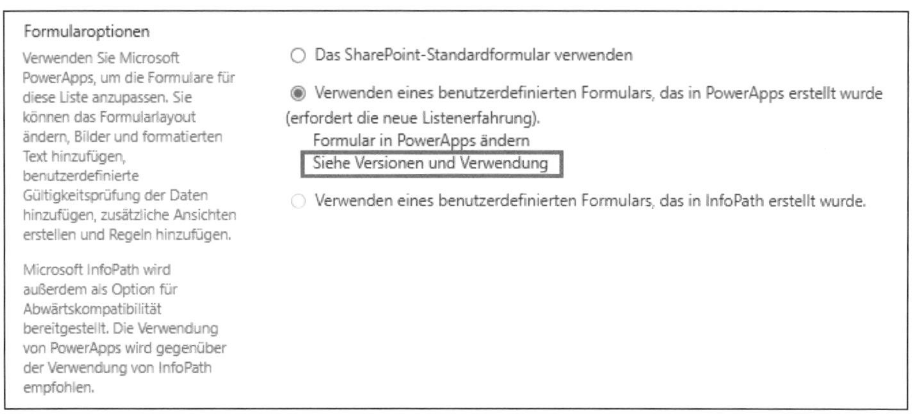

Abbildung 8.23 Versionen und Verwendung von SharePoint-Formular-Apps

Folgen Sie dem Link SIEHE VERSIONEN UND VERWENDUNG, so gelangen Sie zum Maker Portal und haben dort Zugriff auf fast alle Aktionen und Informationen, die Sie sonst auch bei eigenständigen Power Apps haben. Weitergehende Informationen finden Sie in Abschnitt 3.5.

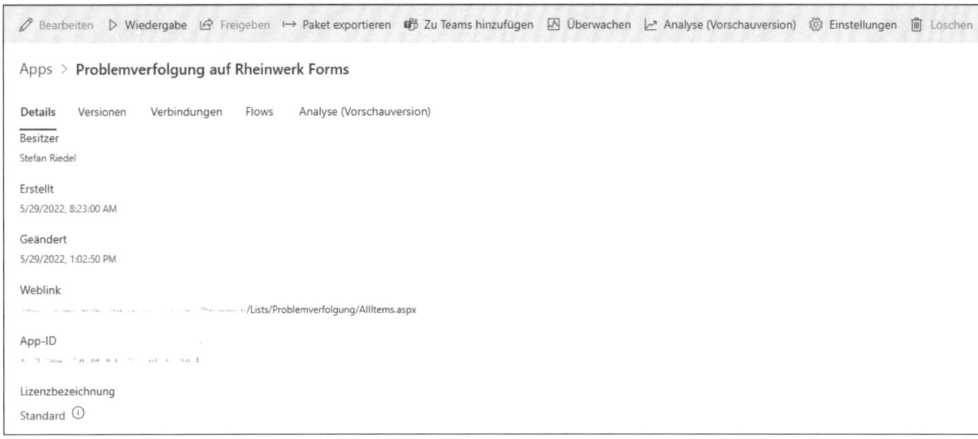

Abbildung 8.24 Eine SharePoint-Formular-App im Maker Portal

8.8.1 Einschränkungen

Bei der Verwaltung der Formular-Apps gibt es jedoch ein paar Einschränkungen:

- **Bearbeiten**
  Wie Sie in Abbildung 8.24 sehen, ist der Befehl zum Bearbeiten der App inaktiv. Eine Bearbeitung ist somit weiterhin nur aus SharePoint heraus möglich.
- **Zu Teams hinzufügen**
  Sie können Ihre Formular-App tatsächlich genauso Teams hinzufügen, wie Sie es auch von eigenständigen Apps gewohnt sind. Da Ihnen aber der SharePoint-Kontext und damit auch die Befehlszeile im Formularkopf fehlt, haben Sie nur sehr eingeschränkte Nutzungsmöglichkeiten.
- **Exportieren**
  Sie können Ihre Formular-App hier ebenso exportieren, wie Sie es von anderen Apps gewohnt sind. Dies gibt Ihnen die Möglichkeit, sich Sicherheitskopien Ihres Formulars anzulegen.

  Möchten Sie die App über das Maker Portal wieder importieren, werden Sie mit der Fehlermeldung aus Abbildung 8.25 konfrontiert. Da Ihre App nicht automatisch gelöscht wird, wenn Sie in SharePoint das Standardformular reaktivieren, ist diese Meldung auch durchaus schlüssig. Folgen Sie den Schritten zum Löschen aus Abschnitt 8.7, um Ihre App tatsächlich zu entfernen.

Abbildung 8.25 Import eines SharePoint-Formulars

- **Löschen**
  Dieses Kommando ist inaktiv. Möchten Sie Ihre App löschen, so gehen Sie vor wie in Abschnitt 8.7 beschrieben.

8.8.2 Importieren

Haben Sie versehentlich oder absichtlich Ihr benutzerdefiniertes SharePoint-Formular gelöscht oder aber schlicht kaputt gemacht, dann können Sie Ihre frühere Arbeit wiederherstellen. Voraussetzung ist, dass Sie die App vorher exportiert und die vorhandene App, die Sie als SharePoint-Formular verwenden, gelöscht haben.

Mehr zum Export eines benutzerdefinierten SharePoint-Formulars finden Sie in den vorangegangenen Einschränkungen aus Abschnitt 8.8.1.

Der Import funktioniert ebenso, wie es in Abschnitt 3.5 beschrieben steht. Die einzige Einschränkung ist, dass Sie keine SharePoint-Formular-App aktualisieren können, da dieser App-Typ über die Benutzeroberfläche nicht auswählbar ist.

Wählen Sie also ALS NEU ERSTELLEN als Import-Aktion, um den Vorgang durchzuführen (siehe Abbildung 8.26).

Nun wechseln Sie wieder in die Formulareinstellungen der SharePoint-Liste, deren Formular Sie soeben importiert haben, und wechseln auf die Option VERWENDEN EINES BENUTZERDEFINIERTEN FORMULARS, DAS IN POWER APPS ERSTELLT WURDE, und bestätigen Sie die Einstellung mit OK.

Sie werden nun eine Meldung erhalten, dass Sie das Formular zunächst noch einmal veröffentlichen müssen, die Sie mit OK bestätigen.

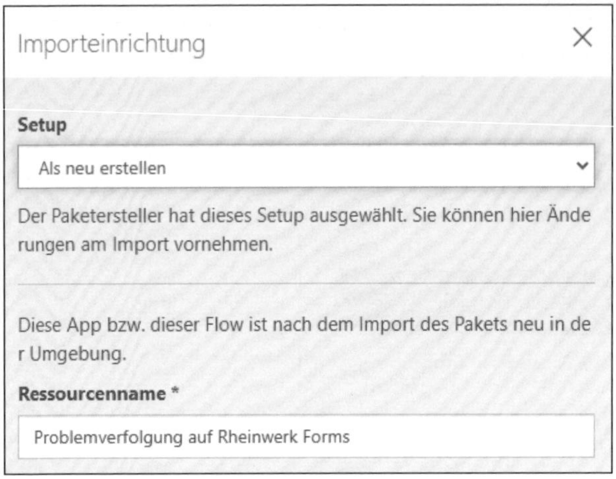

Abbildung 8.26 Importeinrichtung für benutzerdefinierte SharePoint-Formulare

Wechseln Sie nun wieder in die FORMULAREINSTELLUNGEN, und wählen Sie dort den Link FORMULAR IN POWER APPS ÄNDERN. Der nächste Schritt mag Ihnen merkwürdig erscheinen, ist aber tatsächlich so durchzuführen:

Da Sie eine App, an der sich nichts geändert hat, nicht erneut veröffentlichen können, müssen Sie eine Änderung durchführen.

Und da ich das tatsächlich so meine, wie ich es schreibe, ändern Sie irgendetwas Marginales an der App. Schieben Sie zum Beispiel eine Schaltfläche um ein Pixel nach rechts und wieder zurück, oder wechseln Sie zwischen zwei Farben hin und her. Nun können Sie das Formular erneut veröffentlichen, wie es in Abschnitt 8.6 beschrieben wird.

Kapitel 9
Power Automate Cloud-Flows verwalten

Dieses Kapitel erklärt die Grundlagen von Power Automate Cloud-Flows. Sie lernen die Werkzeuge kennen, erstellen Ihren ersten kleinen Flow und haben erste Berührungen mit dem Formeleditor. Darüber hinaus erlernen Sie die Verwaltung von Flows.

Cloud-Flows sind der zentrale Teil von Microsoft Power Automate, das bis 2019 noch Microsoft Flow hieß. Mit Power Automate können Sie wiederkehrende Aufgaben und lästige Fleißarbeit automatisieren. Die Cloud-Flows sind dabei vielseitig einsetzbar. Auch wenn sie auf den ersten Blick etwas sperrig wirken, kommen Sie schnell dazu, komplexe Automatisierungen umzusetzen und Ihre Power Apps um wertvolle Funktionen zu erweitern.

Typische Szenarien für den Einsatz sind:

- Benachrichtigungen, wenn Datensätze oder Dateien erstellt, geändert oder gelöscht wurden
- Export von Daten in CSV, Word, PDF, Excel
- Import von Daten aus CSV, Excel, SQL Server u. v. m.
- Transfer von Daten zwischen verbundenen Cloud-Diensten
- Upload von Bildern aus Power Apps in Dataverse, SharePoint oder Azure BLOB Storage
- Umsetzung von Genehmigungsprozessen
- Überprüfung von Datenbeständen durch nächtliche Kontrollläufe, zum Beispiel um festzustellen, dass ein Genehmigungsprozess stecken geblieben ist

9.1 Das Maker Portal der Cloud-Flows

Wie Power Apps verfügt auch Power Automate über ein Maker Portal zur Erstellung und Verwaltung Ihrer Cloud-Flows. Sie sehen es in Abbildung 9.1. Sie erreichen das Maker Portal über die Adresse *make.powerautomate.com*. Wenn Sie schon in der

Weboberfläche von Microsoft 365 arbeiten, nutzen Sie die App-Auswahl, die Sie über den App-Launcher in der oberen linken Ecke erreichen, und wählen Sie dort das Symbol für Power Automate.

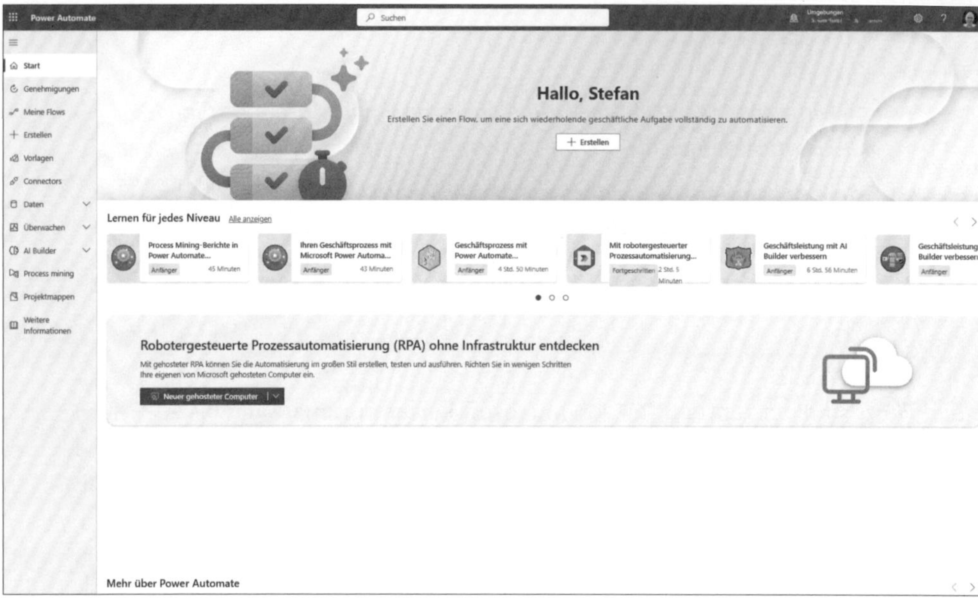

Abbildung 9.1 Das Maker Portal

Im Maker Portal von Power Automate können Sie:

- Flows erstellen, editieren, starten und stoppen
- Flows nachverfolgen
- Flows exportieren und importieren
- Flows teilen
- Genehmigungsprozesse steuern
- Lösungen verwalten
- Flows mit dem Process Advisor analysieren lassen
- AI Builder nutzen
- Business Process Flows und Desktop-Flows erstellen

Administrative Tätigkeiten, wie zum Beispiel die Einstellungen an Umgebungen oder die Verwaltung von Richtlinien zur Verhinderung von Datenverlust, nehmen Sie weiterhin im Power Platform Admin Center vor.

9.2 Grundlegende Architektur

Die Architektur von Cloud-Flows ist sehr einfach:

- Sie haben einen **Auslöser** (engl. *Trigger*), ein durch Sie eingestelltes Ereignis, durch das der Flow gestartet wird.
- **Aktionen** erlauben das Laden und Speichern, aber auch die Durchführung von Berechnungen oder die Konvertierung von Daten. Diese Aktionen werden Ihnen durch Konnektoren bereitgestellt.
- Die **Steuerung** dient dazu, den eigentlichen Prozess abzubilden, und folgt dem *Wenn-dieses-dann-jenes-Prinzip* (engl. »If This Then That« oder kurz *ITTT*). Mit den Möglichkeiten der Steuerung können Sie Prozesse in Abhängigkeit von einer Bedingung verzweigen, mehrere Datensätze nacheinander verarbeiten oder auf Fehler im Flow reagieren.

9

Große Teile Ihres Prozesses können Sie so auf einfache Weise zusammenstecken, ohne eine Zeile Code schreiben zu müssen. Allerdings kommen Sie auch hier unweigerlich an einen Punkt, an dem Sie kreativ werden müssen und einfache Formeln schreiben müssen, um Ihren Wunschprozess abzubilden.

Haben Sie hier bitte keine Angst! Der Code sieht nicht besonders hübsch aus, auch ist der bereitgestellte Editor mit ausreichend Luft nach oben ausgestattet, jedoch folgt der Code einer sehr einfachen Struktur, die Sie schnell erlernen werden.

9.2.1 Auslöser (Trigger)

Auslöser bzw. Trigger sind das Ereignis, das Ihren Flow loslaufen lässt. Man unterscheidet zwischen drei verschiedenen Cloud-Flows (siehe Abbildung 9.2), die sich in ihrem Trigger unterscheiden.

Abbildung 9.2 Verschiedene Trigger können einen Flow auslösen.

Automatisierte Cloud-Flows

Automatisierte Cloud-Flows starten durch ein externes Ereignis, wie zum Beispiel einen geänderten oder neuen Datensatz in einer SharePoint-Liste, eine neue Mail, eine neue Datei in OneDrive.

In diesem Fall ist es besonders wichtig, dass Sie die korrekte Anzahl an Lizenzen ermitteln, da etwaige Änderungen, die den Flow auslösen, nicht notwendigerweise von einem Menschen herbeigeführt wurden, sondern unter Umständen durch eine Maschine, einen anderen Flow oder durch externe Dienste. Verwenden Sie Premium-Konnektoren in Ihrem Flow, müssen Sie prüfen, wie viele Personen von dem Flow profitieren, und entsprechend viele Lizenzen erwerben bzw. den Flow selbst lizenzieren.

Sofortige Cloud-Flows

Sofortige Cloud-Flows reagieren direkt auf eine Benutzerinteraktion und sind lizenztechnisch einfach zu behandeln. Jede Person, die einen sofortigen Flow auslöst, benötigt eine Lizenz. Basta!

Benutzerinteraktionen, die einen Flow auslösen, sind zum Beispiel Schaltflächen in einer Power App, die Integrationsschaltflächen von SharePoint-Listen oder ein *Flow-Button* in der Power Automate App auf einem Smartphone.

Geplante Cloud-Flows

Geplante Cloud-Flows sind unter anderem die Lieblinge eines jeden Administrators, denn sie erlauben die zeitgesteuerte Ausführung von Prozessen. Sie stellen ein, ob der Flow minütlich, stündlich, täglich u. v. m. ausgeführt wird oder nur zu bestimmten Tageszeiten.

Nutzen Sie geplante Flows, um Daten zu exportieren oder Datenbestände auf Vollständigkeit hin zu überprüfen. Durch die einfachen Einstellmöglichkeiten verlegen Sie so aufwendige Operationen einfach in die Nacht.

9.2.2 Aktionen

Aktionen werden durch einen Konnektor bereitgestellt. So erlaubt der SharePoint-Konnektor unter anderem die Ausführung unterschiedlichster Datenoperationen auf einer SharePoint-Liste (siehe Abbildung 9.3). Jede dieser Operationen ist eine Aktion, die Sie in Ihrem Flow verwenden können.

Konnektoren dienen aber nicht nur dem Datenzugriff auf SharePoint, Teams, OneDrive und Co, sondern erlauben auch die Ausführung von lokalen Datenoperationen, die der DATENVORGANG-Konnektor bereitstellt, um zum Beispiel Datentransformationen oder Berechnungen durchzuführen. Abbildung 9.4 zeigt eine Liste der verfügbaren Vorgänge.

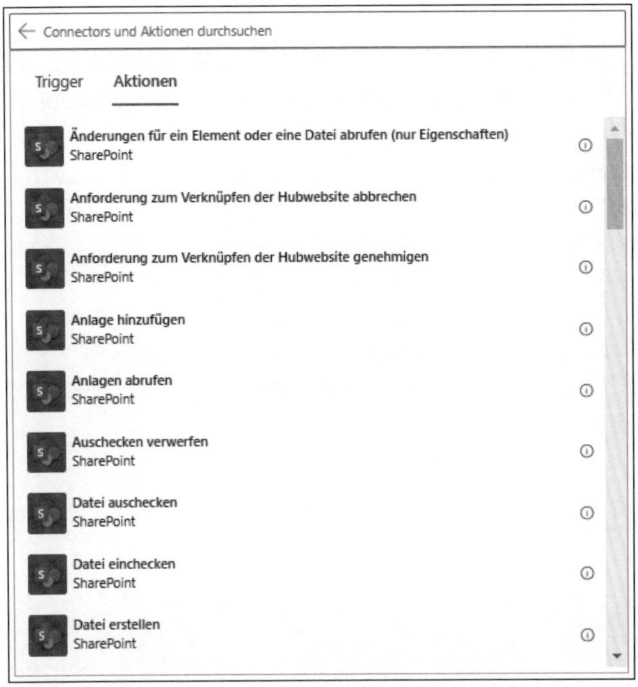

Abbildung 9.3 Aktionen eines SharePoint-Konnektors

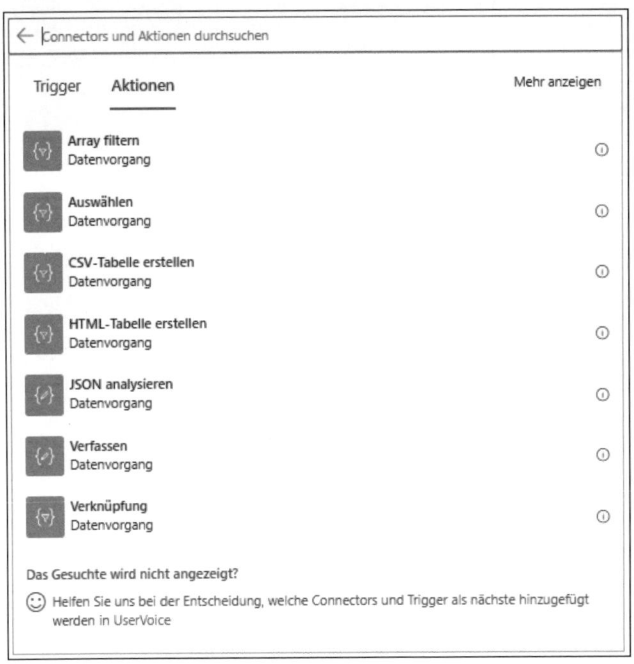

Abbildung 9.4 Datentransformation mit dem Datenvorgang-Konnektor

9.2.3 Steuerung

Da jede Aktion durch einen Konnektor bereitgestellt wird, gilt das auch für die Ablaufsteuerung Ihres Flows. Der gleichnamige Konnektor STEUERUNG stellt alle Aktionen bereit, um einen Flow zu verzweigen, Abschnitte zu wiederholen, den Flow zu strukturieren oder schlicht und einfach abzubrechen. Abbildung 9.5 listet die verfügbaren Steuerungsmöglichkeiten auf.

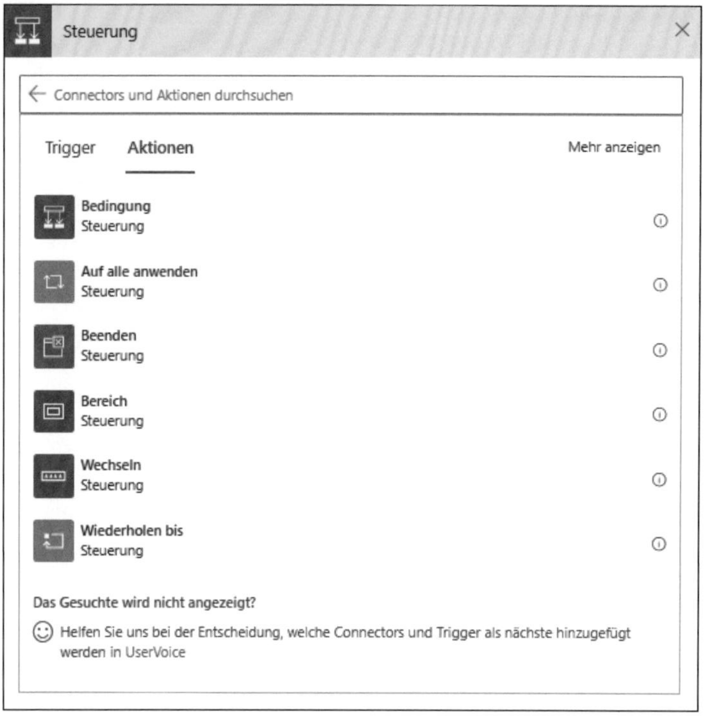

Abbildung 9.5 Der Steuerung-Konnektor

9.2.4 Besitz und Ausführung

Wichtig bei den Flows ist, wer ihr Besitzer ist und wer sie ausführen darf. Dazu gibt es verschiedene Optionen:

- **Besitzer**
  Der Ersteller eines Flows ist automatisch auch der Besitzer. Ein Besitzer kann weitere Personen zu Mitbesitzern (engl. Co-Ownern) machen.
- **Nur Benutzer ausführen**
  Personen, mit denen automatisierte und geplante Cloud-Flows geteilt werden, werden automatisch zu Mitbesitzern. Sofortige Cloud-Flows erlauben darüber hinaus die Teilung als Run-only-User, sodass die Flows zwar benutzt, aber nicht geändert werden können.

- **Ausführender Benutzer**
  Der ausführende Benutzer ist in sofortigen Cloud-Flows immer der Benutzer, der den Flow auslöst. Bei geplanten und automatisierten Flows ist es der Ersteller und damit der originäre Besitzer des Flows.

9.2.5 Versionen

Flows haben keine Versionen, weshalb Sie beim Speichern von größeren Änderungen vorsichtig sein sollten. Was gespeichert ist, gilt. Für den Spätsommer 2023 ist allerding die Vorschau einer Versionierung für Cloud-Flows angekündigt, die sich in *Lösungen* befinden. Wenn Sie bis dahin also komplexere Änderungen vornehmen wollen, speichern Sie die alte Version sicherheitshalber unter einem anderen Namen ab. Wie das geht, erfahren Sie in Abschnitt 9.6.

9.3 Der Flow-Designer

Den Flow-Designer nutzen Sie, um neue Cloud-Flows zu erstellen oder vorhandene zu editieren. Ich möchte Ihnen den Designer vorstellen, indem wir gemeinsam einen sehr einfachen neuen Flow erstellen, der auf Knopfdruck eine Begrüßungsmail versendet.

Dies ist natürlich nur ein einfaches Beispiel, aber es demonstriert bereits, wie Sie mit dynamischen Inhalten arbeiten, um die es in Abschnitt 9.3.3 und dann in Kapitel 10 noch ein bisschen ausführlicher geht. Denn natürlich gibt es einfachere Wege, um Mails zu verschicken. Der springende Punkt ist, dass dynamisch der Name des Empfängers ausgefüllt wird. Wenn Sie also beispielsweise eine Menge Mails verschicken wollen, die Anrede aber individuell gestaltet sein soll, können Sie mit dieser Automatisierung bereits Arbeit sparen.

9.3.1 Einen Flow erstellen

Grundsätzlich haben Sie wieder viele Möglichkeiten, einen neuen Flow zu erstellen:

1. Sie können mit einer Vorlage starten, wie Sie es im nachfolgenden Abschnitt 9.4 lernen werden.
2. Oder Sie starten mit einer Datenverbindung über den Menüpunkt ERSTELLEN und dort den Bereich MIT EINEM CONNECTOR BEGINNEN.
3. Wir starten in diesem Beispiel über den Menüpunkt MEINE FLOWS und das Kommando NEUER FLOW und den Flow-Typ SOFORTIGER CLOUD-FLOW.

Nachdem Sie sich für Möglichkeit 3 entschieden haben (siehe Abbildung 9.6), erscheint ein Dialog, in dem Sie den Namen für Ihren neuen Flow festlegen können und den Trigger auswählen.

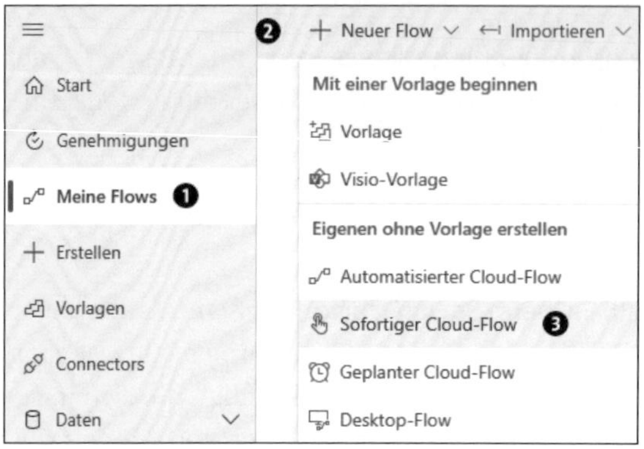

Abbildung 9.6 Erstellen eines sofortigen Cloud-Flows

> **Name des Flows**
>
> Wenn Sie sich noch für keinen Namen entscheiden können, legt der Designer einen für Sie fest. Sie können ihn jederzeit ändern.
>
> Sie können diesen Dialog auch komplett überspringen. Der Designer legt als Namen »Unbenannt« fest und bittet Sie nun um eine Entscheidung für einen Trigger.

Wählen Sie nun den Trigger Löst einen Flow manuell aus, weil der Flow ja auf Knopfdruck gestartet werden soll und nicht automatisch loslaufen soll. Ich habe mich für den Namen »Hallo-Flow« entschieden (siehe Abbildung 9.7).

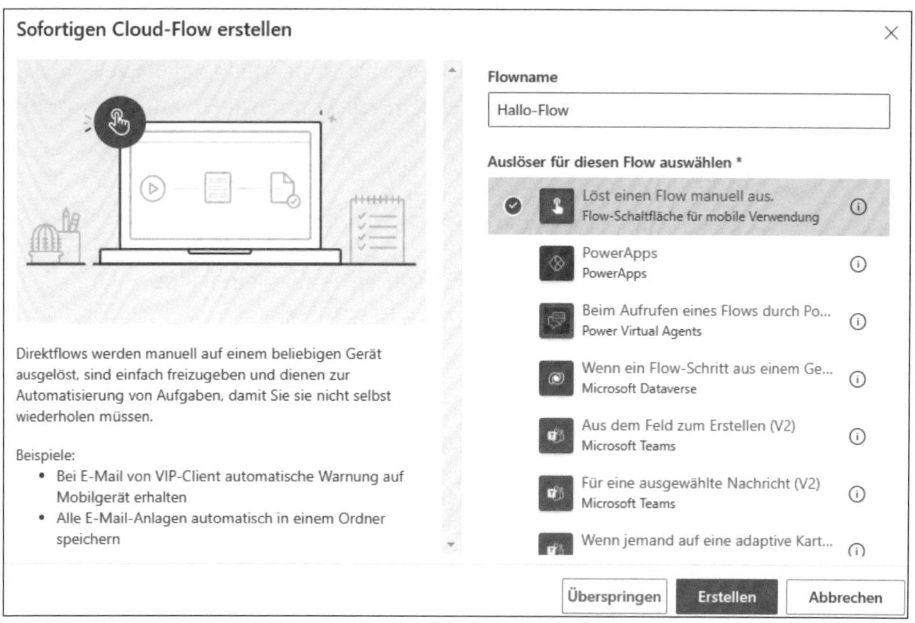

Abbildung 9.7 Trigger auswählen

Betätigen Sie die Schaltfläche ERSTELLEN, um Ihre Entscheidung festzulegen. Der Designer öffnet sich nun mit dem ausgewählten Trigger (siehe Abbildung 9.8).

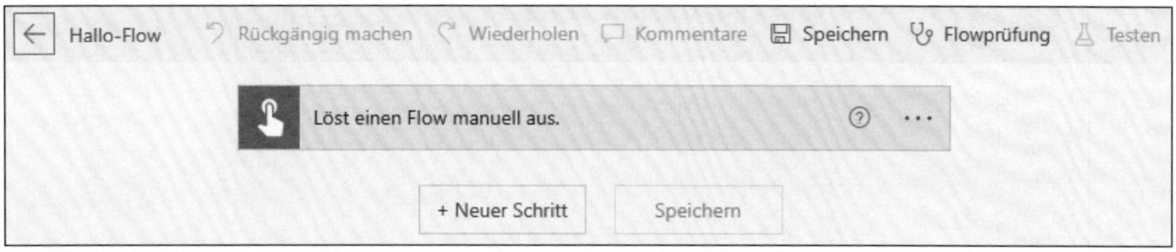

Abbildung 9.8 Der Flow-Designer mit dem soeben erstellten Trigger

9

Trigger konfigurieren

Klicken Sie einmal auf den Namen des Triggers, so erweitert sich die Anzeige. Sie können nun Eingaben für den Flow definieren. In diesem Fall soll die Eingabe der Name des Empfängers der Mail sein.

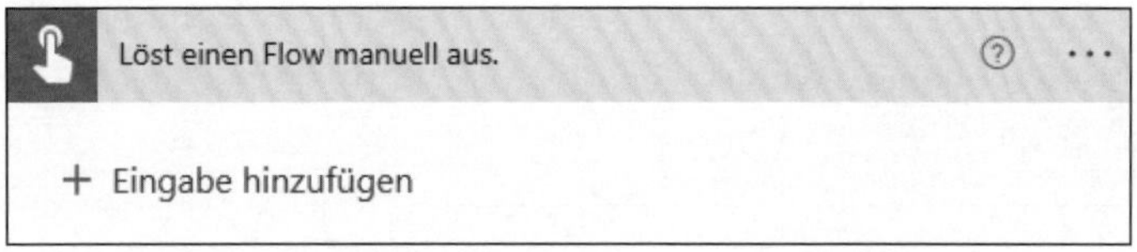

Abbildung 9.9 Ein Trigger kann Werte entgegennehmen.

Klicken Sie nun auf EINGABE HINZUFÜGEN (siehe Abbildung 9.9), und wählen Sie eine Benutzereingabe vom Typ E-MAIL aus, wie es Abbildung 9.10 zeigt. Wiederholen Sie diesen Vorgang, und fügen Sie ein Element vom Typ TEXT hinzu.

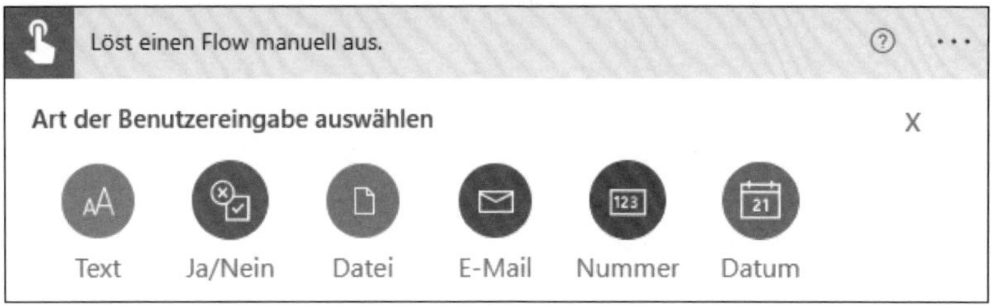

Abbildung 9.10 Parametertypen

Klicken Sie nun in das Namensfeld der Eingabe, und ändern Sie den Text in »Name des Empfängers«.

Der Trigger ist jetzt konfiguriert (siehe Abbildung 9.11), also wenden wir uns der Aktion zu, die der Flow ausführen soll.

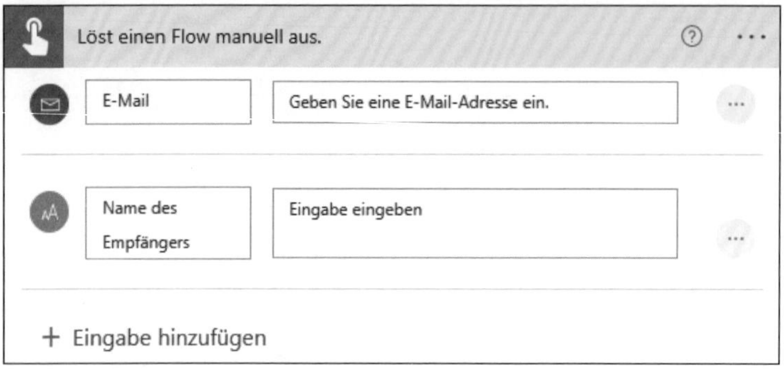

Abbildung 9.11 Konfigurierter Trigger mit Eingabemöglichkeiten

Neue Aktion hinzufügen

Wählen Sie dafür die Schaltfläche NEUER SCHRITT. In dem folgenden Dialog VORGANG AUSWÄHLEN können Sie einen Konnektor suchen und aus einer der vorhandenen Aktionen wählen. Suchen Sie dort nach dem Outlook-Konnektor, indem Sie »Outlook« in das Suchfeld eingeben. Wählen Sie dort den Konnektor OFFICE 365 OUTLOOK.

Abbildung 9.12 Konnektor suchen und Aktion auswählen

Nun können Sie aus allen Aktionen dieses Konnektors wählen. Da wir eine Mail versenden möchten, wählen Sie die Aktion E-MAIL SENDEN (V2), wie in Abbildung 9.13 zu sehen.

Vermissen Sie eine Aktion, klicken Sie einfach auf den kleinen Link MEHR ANZEIGEN. Mitunter werden nach der Konnektor-Auswahl nicht alle verfügbaren Aktionen angezeigt.

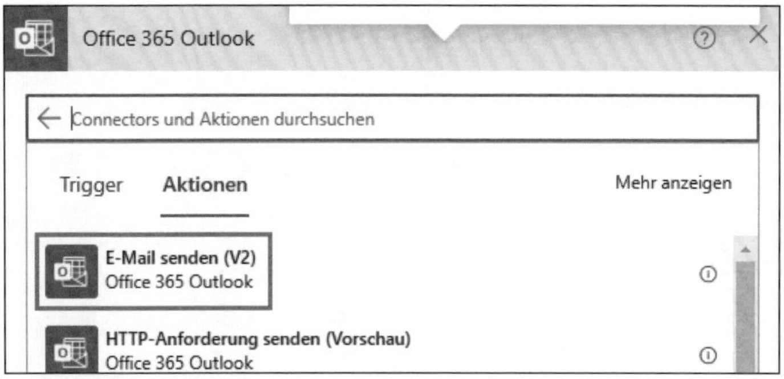

Abbildung 9.13 Aktion auswählen

Versionsnummern an Aktionen

Um die Lauffähigkeit vorhandener Flows nicht zu gefährden, werden neue Versionen vieler Aktionen unter gleichem Namen, aber mit neuer Versionsnummer angeboten. So kommt es vor, dass eine Methode mit zwei oder drei Versionen vorliegt. Sie sollten zusehen, Ihre Flows stets aktuell zu halten.

Die Aktion erscheint nun unterhalb des Triggers. Sollte die Aktion noch nicht geöffnet sein, klicken Sie bitte auf den Namen der Aktion, damit Ihnen die Felder AN, BETREFF und TEXT wie in Abbildung 9.14 angezeigt werden.

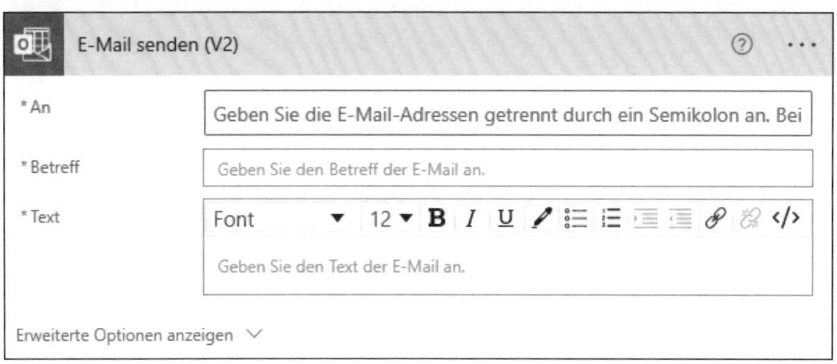

Abbildung 9.14 Konfiguration der E-Mail-senden-Aktion

Aktion konfigurieren

Klicken Sie in das Textfeld der Eigenschaft AN. Hier können Sie nun entweder direkt eine Mailadresse eingeben oder einen dynamischen Inhalt einfügen (siehe Abbildung 9.15).

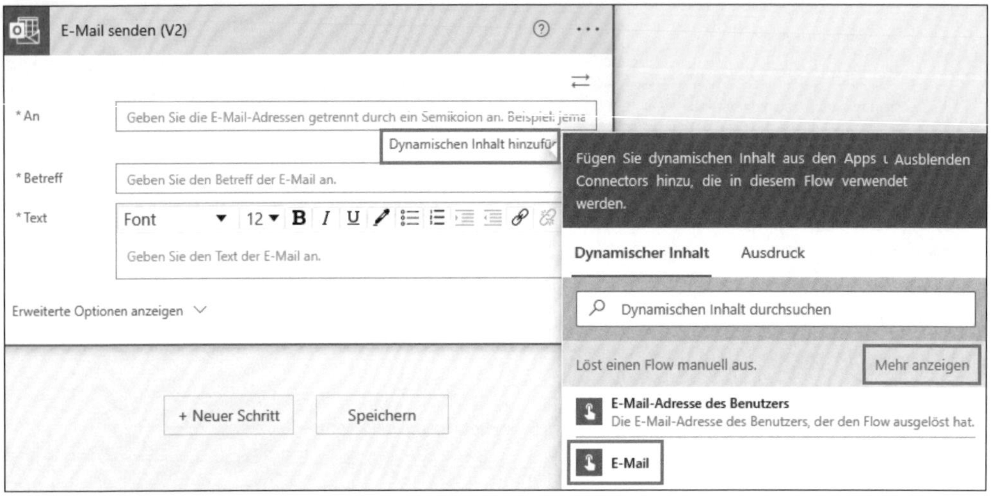

Abbildung 9.15 Dynamische Inhalte abrufen

Dynamische Inhalte sind Daten, die Ihnen einer der vorangegangenen Konnektoren oder der Trigger zur Verfügung stellt. Selbstverständlich können Sie auch Ausdrücke selbst schreiben. Wechseln Sie dazu in den Bereich AUSDRUCK des Dialogs.

Da wir den Empfänger unserer E-Mail beim Aufruf des Triggers eingeben, wählen Sie bitte den Link DYNAMISCHEN INHALT EINFÜGEN. Der folgende Dialog merkt, dass Sie einen E-Mail-Empfänger definieren wollen, und stellt Ihnen die entsprechenden Felder zur Verfügung. Üblicherweise erscheint dieser Dialog sofort, wenn Sie in ein Feld klicken.

Der Link MEHR ANZEIGEN zeigt Ihnen nun alle verfügbaren Eigenschaften des verwendeten Triggers.

Wählen Sie die Eigenschaft E-MAIL, die Sie als Eingabe des Triggers angegeben haben.

Als BETREFF habe ich mich für den Text »Ein freundliches Hallo von einem freundlichen Flow« entschieden, den ich direkt in das Textfeld geschrieben habe.

In dem Textblock können Sie nun einen beliebigen freundlichen Text schreiben und diesen um weitere Eingaben aus dem Trigger ergänzen, indem Sie den Cursor an die gewünschte Stelle im Text setzen und das Wunschfeld aus den dynamischen Inhalten auswählen.

Da sich Menschen besser fühlen, wenn man sie direkt anspricht, habe ich das Feld NAME DES EMPFÄNGERS in die Anrede gesetzt. Dieses Feld hatten wir eingangs im Trigger definiert. Den fertigen Flow sehen Sie in Abbildung 9.16.

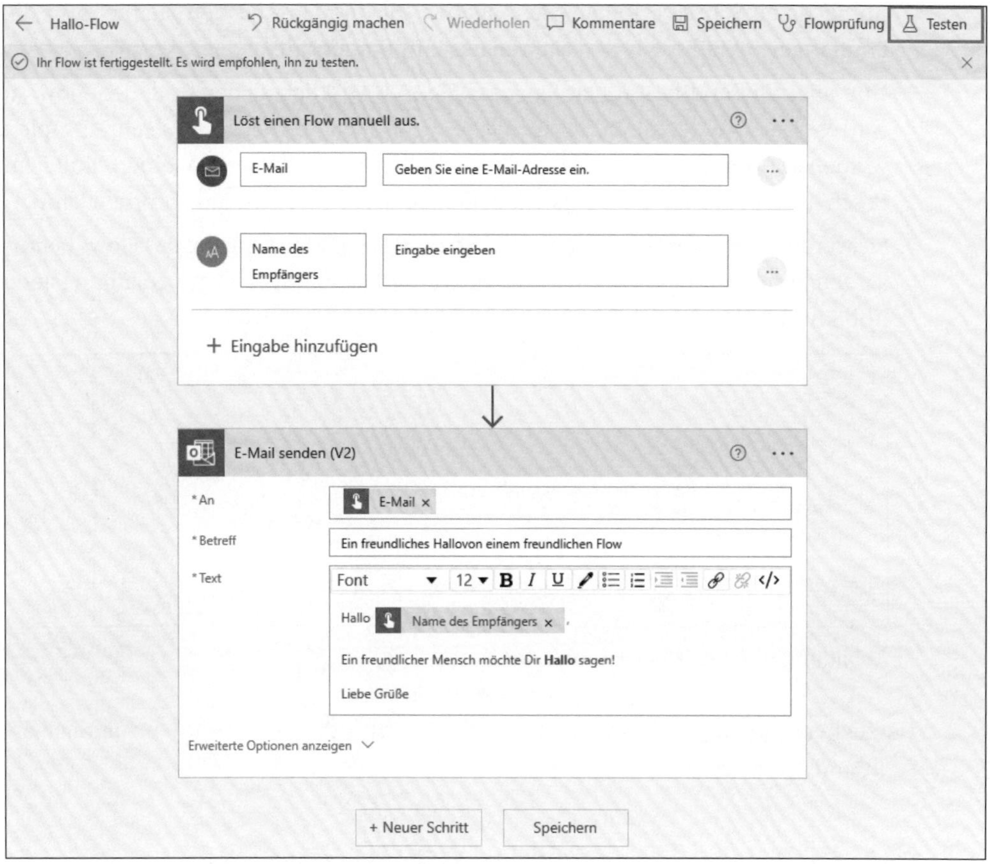

Abbildung 9.16 Der fertige Flow kann getestet werden.

Flow testen

Nun können Sie den Flow speichern und testen. Dafür durchlaufen Sie nun eine Reihe von Dialogen:

1. Im ersten Schritt können Sie wählen, ob Sie den Flow komplett neu starten wollen oder aber Eingaben und Verbindungen aus einem vorangegangenen Lauf übernehmen wollen. Da dieser Flow das erste Mal läuft, steht uns diese Möglichkeit nicht zur Verfügung (siehe Abbildung 9.17).

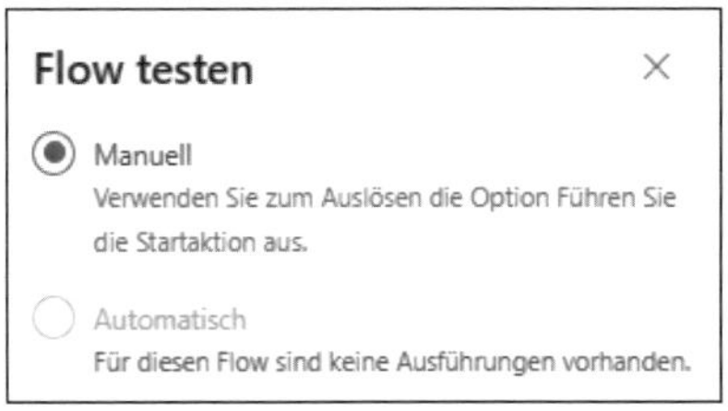

Abbildung 9.17 Test starten

2. Im nächsten Schritt erfolgen die Eingaben für den Flow. Geben Sie hier also die Empfänger-E-Mail sowie den Namen des Empfängers an.
3. Und abschließend bestätigen Sie, dass Sie sich wirklich sicher sind, den Flow zu starten. Das mag jetzt blöd klingen, aber bedenken Sie, dass Flows sehr komplex werden können und Sie genau an dieser Stelle eventuell nochmal einem Kollegen Bescheid geben, dass es an verschiedenen Stellen zu Aktivitäten kommen kann.
4. Sie werden nun zum Designer geleitet, in dem Sie die Ausführung des Flows begutachten können. Ist an jeder Aktion ein grüner Haken, ist alles gut gelaufen (siehe Abbildung 9.18).

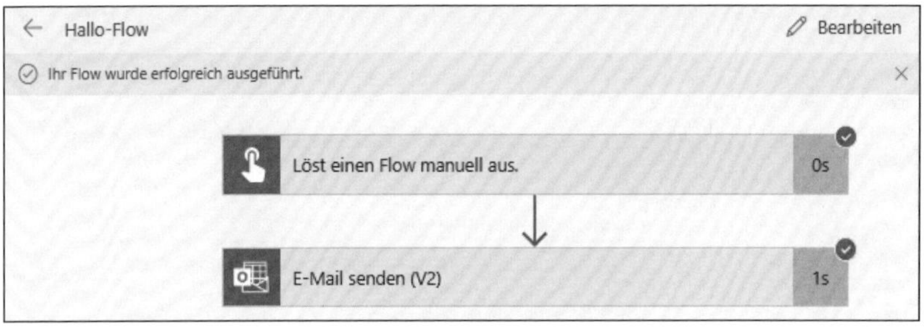

Abbildung 9.18 Der Flow lief fehlerfrei durch.

Herzlichen Glückwunsch! Sie haben nun Ihren vermutlich ersten Flow erfolgreich erstellt und gestartet.

9.3.2 Der Dialog »Vorgang auswählen« (Choose an operation)

Sobald Sie einen neuen Trigger oder eine neue Aktion hinzufügen wollen, kommt der Dialog VORGANG AUSWÄHLEN ins Spiel. Hier suchen Sie den gewünschten Konnektor und die passende Aktion. Abbildung 9.19 zeigt eine Vorgangsauswahl, in der nach SharePoint-Konnektoren gesucht wird.

Die Konnektoren können nach den Kategorien aus Tabelle 9.1 gefiltert werden.

Filter	Bedeutung
Alle	Anzeige alle verfügbaren Konnektoren
Integriert	Anzeige aller integrierten Konnektoren außer Benutzerdefiniert und Zwischenablage
Standard	alle Standard-Konnektoren
Premium	alle Premium-Konnektoren

Tabelle 9.1 Filtermöglichkeiten im Dialog »Neuer Vorgang«

Filter	Bedeutung
Benutzerdefiniert	alle benutzerdefinierten Konnektoren
Meine Zwischenablage	alle Konnektoren, die Sie in die Zwischenablage übernommen haben

Tabelle 9.1 Filtermöglichkeiten im Dialog »Neuer Vorgang« (Forts.)

Haben Sie sich für einen Konnektor entschieden, werden die am meisten verwendeten Aktionen angezeigt. MEHR ANZEIGEN erweitert die Ansicht und zeigt alle verfügbaren Aktionen an.

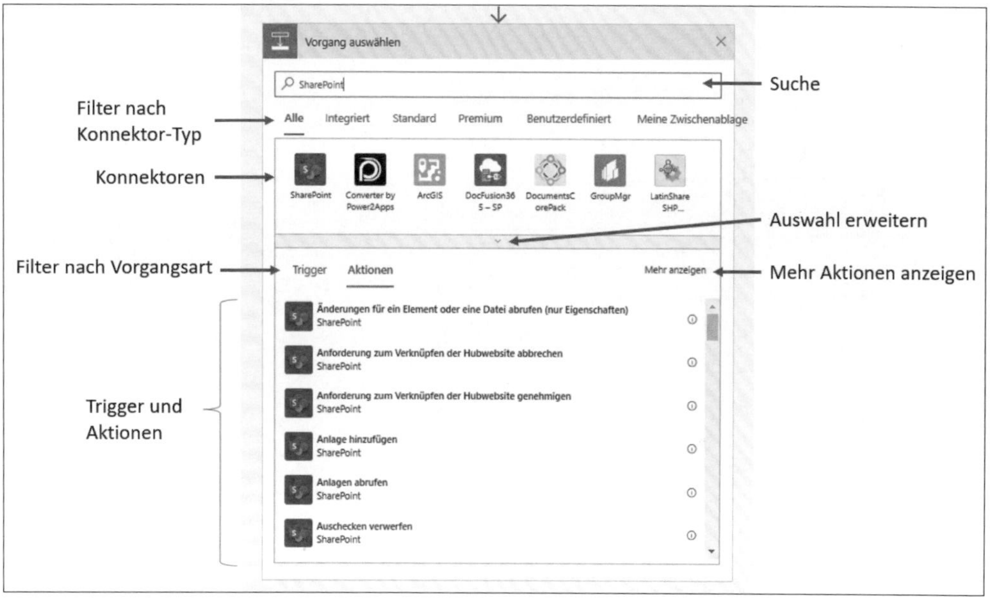

Abbildung 9.19 Einen Vorgang oder eine Aktion auswählen

Selektieren Sie eine Aktion, so wird sie in Ihren Flow übernommen und kann konfiguriert werden.

9.3.3 Dynamische Inhalte

Während Sie Ihren ersten Flow erstellt haben, haben Sie schon die Auswahl der dynamischen Inhalte kennengelernt. An dieser Stelle möchte ich noch einmal etwas tiefer einsteigen.

Sie haben gelernt, dass Sie in den *dynamischen Inhalten* aus den Ausgaben der verwendeten Konnektoren wählen können, doch was das eigentlich bedeutet, möchte ich an einem etwas komplexeren Flow verdeutlichen.

Jeder Konnektor verarbeitet Daten, die durch nachfolgende Konnektoren weiterverarbeitet werden können. Bei diesen Daten spricht man von dem Output oder den Ausgaben eines Konnektors.

Damit die Konstruktion eines Flows möglichst einfach ist, stellt der Flow-Designer einen Auswahldialog für die Ausgaben zur Verfügung, aus denen Sie einfach die passenden Werte heraussuchen und in Ihren Flow integrieren können (siehe Abbildung 9.20).

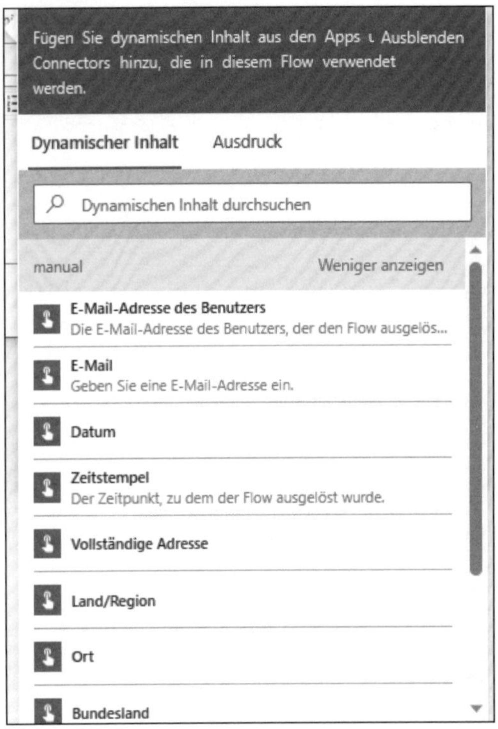

Abbildung 9.20 Dynamische Inhalte auswählen

Passenderweise denkt dieser Dialog mit und filtert die möglichen Ausgaben nach passenden Datenformaten. Möchten wir ein Nummernfeld eines Konnektors mit dynamischen Daten befüllen, werden wir keine Textwerte angeboten bekommen.

[»]

Fehlt was?

Es werden Ihnen in der Regel nur die Inhalte angeboten, die Sie zur Konfiguration Ihrer Aktion verwenden können. Dabei schießt der Dialog aber manchmal über das Ziel hinaus. Vermissen Sie eine Eigenschaft, dann nutzen Sie die Suche DYNAMISCHEN INHALT DURCHSUCHEN.

9.3.4 Ausdruckeditor

Auch wenn Sie nach Möglichkeit von jeglichen Programmiertätigkeiten ferngehalten werden sollen, lohnt sich die Auseinandersetzung mit den technischen Grundlagen.

Im vorangegangenen Abschnitt haben Sie die dynamischen Inhalte kennengelernt. Mehr braucht es ja auch nicht, wenn ich mir meine Software zusammenklicken möchte. Wie auch bei Power Apps kommen Sie aber irgendwann an die Grenzen des Klickbaren. Und genau dafür gibt es auch in Power Automate Cloud-Flows einen *Ausdruckeditor*. Er ist zwar nicht besonders komfortabel, aber das Einzige, was wir haben.

> **Formeln, Expressions und Ausdrücke**
>
> In der Dokumentation sowie in Blogs und Videos finden Sie die Begriffe *Formel*, *Expression* und *Ausdruck* für den Code, den Sie in Cloud-Flows verwenden. Am Ende meint alles dasselbe.

Reichen Ihnen die verfügbaren dynamischen Daten also nicht mehr aus, können Sie im Reiter AUSDRUCK eigene Ausdrücke schreiben. Eine Auswahl der möglichen Funktionen unterstützt Sie auch bei der Erstellung von komplexen Ausdrücken (siehe Abbildung 9.21).

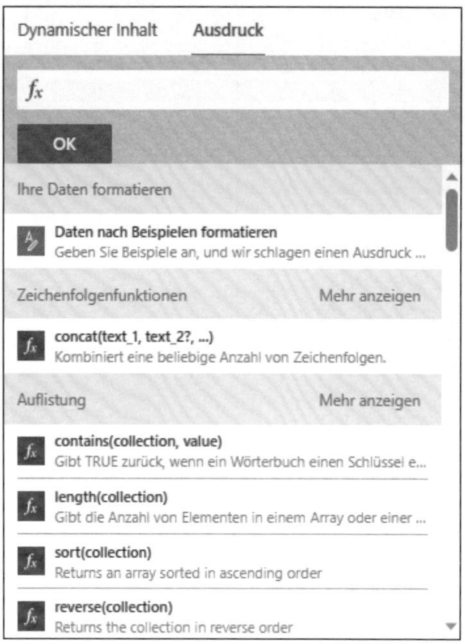

Abbildung 9.21 Der Ausdruckeditor

Während Sie einen Ausdruck erstellen, werden Ihnen Vorschläge zu möglichen Befehlen unterbreitet (siehe Abbildung 9.22).

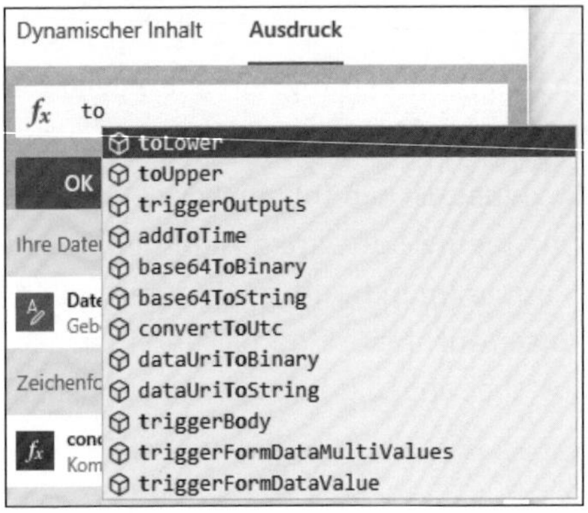

Abbildung 9.22 Vorschläge, während Sie tippen

Verwendete Ausgaben stellt uns der *Flow-Designer* grafisch schön aufbereitet zur Verfügung. Anhand eines vorangestellten Symbols und der passenden Farbe erkennen Sie schnell, auf welchen Konnektor sich die Ausgabe bezieht. Wenn Sie mit der Maus aber mal über eine Ausgabe gleiten, sehen Sie den dahinter befindlichen Code (siehe Abbildung 9.23).

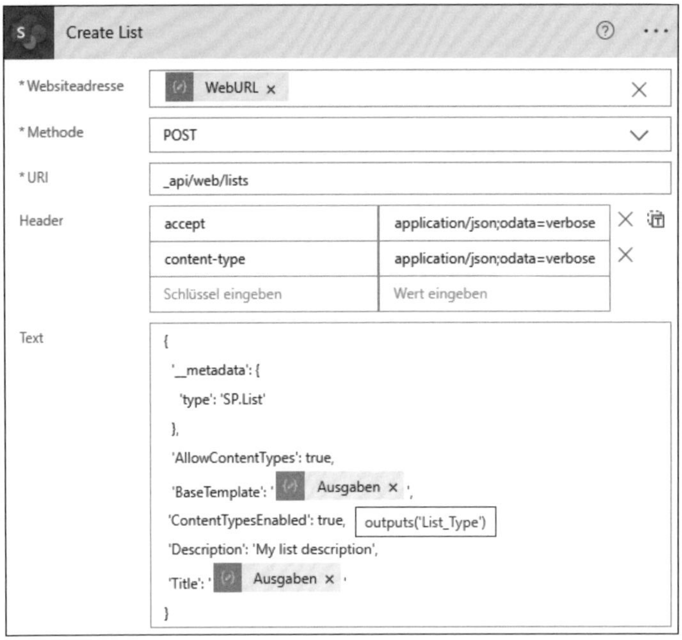

Abbildung 9.23 Formeln werden übersichtlich in der Aktion dargestellt.

Der Aufbau dieser Formeln ist relativ einfach, da er sich an dem Pfad der gewünschten Eigenschaft innerhalb der Ausgabedaten orientiert. `outputs('List_Type')` bezieht den Wert, den der Konnektor List Type zurückgibt.

Einige Konnektoren, wie zum Beispiel der SharePoint-Konnektor, liefern Daten zurück, die ineinander verschachtelt sind. Diese Daten liegen dann in der Regel im JSON-Format vor, einem Datenformat, das sehr häufig in der Datenverarbeitung zum Einsatz kommt.

Der Ausdruck `body('Parse_Infrastructure_Definition')?['WebURL']` beschreibt zum Beispiel den Pfad zu dem Wert `WebURL` der Ausgabe der Verfassen-Aktion `Parse Infrastructure Definition` (siehe Abbildung 9.24).

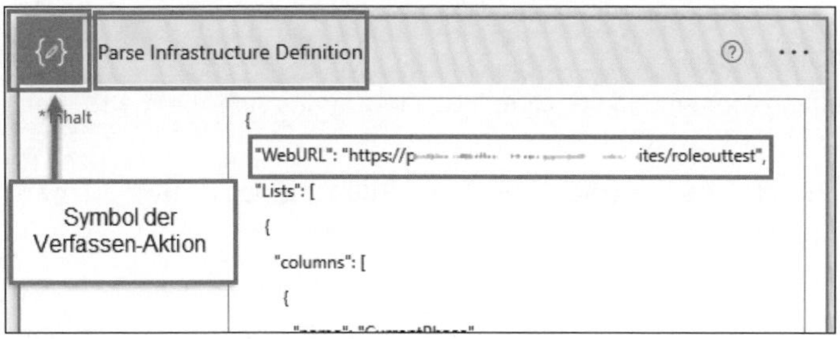

Abbildung 9.24 Pfade führen zum Wert.

Auch wenn das erst mal kompliziert aussieht, folgt der Code einer einfachen Struktur, die letztlich nur durch den unkomfortablen Editor kompliziert wird.

In Kapitel 10 werde ich die Verwendung der dynamischen Inhalte, Formeln und deren gemeinsame Nutzung vertiefen.

9.3.5 Kommandos

Auch wenn Sie nun schon einige Kommandos kennengelernt haben, möchte ich nochmal auf die hier verfügbaren Befehle eingehen, die Sie im Kopfbereich des Designers finden (siehe Abbildung 9.25).

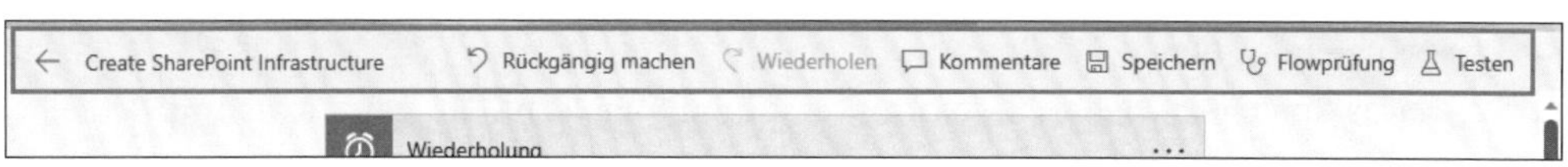

Abbildung 9.25 Flow-Kommandos

- **Name des Flows**
  Auf der linken Seite der Leiste finden Sie den Namen des Flows. Sie können in den Namen hineinklicken und den Namen direkt ändern.
- **Kommentare (Comments)**
  Wie Power Apps lassen sich auch Flows kommentieren. Der Befehl KOMMENTARE blendet den Kommentarbereich auf der rechten Bildschirmseite ein bzw. aus (siehe Abbildung 9.26).

Abbildung 9.26 Einzelne Aktionen und der komplette Flow lassen sich kommentieren.

Nutzen Sie diesen Bereich, um Kommentare zu erstellen, zu bearbeiten oder auf Kommentare zu antworten.

- **Rückgängig (Undo)**
  Diese Funktion macht einen Schritt rückgängig. Das betrifft gelöschte Aktionen oder Konfigurationen. Das betrifft allerdings jeweils vollständig vollzogene Änderungen.

  Im Falle des Ausdruckeditors werden immer nur aktualisierte Ausdrucksänderungen rückgängig gemacht. Solange der Editor geöffnet ist und die Formel nicht aktualisiert wurde, können Änderungen nicht rückgängig gemacht werden. Die Rückgängig-Funktion würde den Editor schließen und den Ausdruck auf die letzte aktualisierte Änderung zurücksetzen.
- **Wiederholen (Redo)**
  Fälschlich rückgängig gemachte Änderungen können mit WIEDERHOLEN zurückgeholt oder wiedergeholt werden. »Wiederholen« ist hier in der Übersetzung etwas unglücklich gewählt. »Zurückholen« oder »Rückgängig« wäre sicherlich der bessere Ausdruck.
- **Speichern (Save)**
  Das Speichern haben Sie vorhin erst kennengelernt. Nutzen Sie es mit Bedacht, denn Flows haben keine Versionen. Was gespeichert wurde, ist die einzige Wahrheit.
- **Flowprüfung (Flow checker)**
  Die Flowprüfung zeigt mit einem kleinen roten Punkt an dem Stethoskop-Symbol an, ob Fehlermeldungen oder Warnungen für einen Flow vorliegen (siehe Abbildung 9.27).

Abbildung 9.27 Die Flowprüfung meldet Fehler und Warnungen.

- **Testen**
  Haben Sie einen Flow erstellt, sollten Sie ihn unbedingt testen, bevor Sie ihn produktiv setzen. Durch kleine Markierungen an den einzelnen Aktionen sehen Sie, welche Schritte des Flows durchlaufen wurden und ob sie erfolgreich waren.

9.4 Einen Flow auf Basis einer Vorlage erstellen

Wie auch in Power Apps, können Sie einen Flow ganz einfach mit einer Vorlage erstellen. Microsoft liefert beispielsweise bereits einige nützliche Funktionen mit (siehe Abbildung 9.28), die Sie entweder direkt einsetzen können oder als Ausgangsbasis und Inspiration für eigene Flows verwenden.

Wählen Sie dazu einen der drei folgenden Wege:

1. Nutzen Sie den Menüpunkt VORLAGEN in der linken Menüleiste des Maker Portals.
2. Gehen Sie über den Menüpunkt ERSTELLEN der linken Menüleiste, und scrollen Sie dann zum Bereich MIT EINER VORLAGE BEGINNEN.
3. Nutzen Sie den Menüpunkt MEINE FLOWS im linken Menü, und klicken Sie dann auf NEUER FLOW in der Kommandozeile sowie auf den Unterpunkt VORLAGE.

Folgen Sie einem der Wege, gelangen Sie zu der Vorlagenauswahl aus Abbildung 9.28. Ein Filter gibt Ihnen die Möglichkeit, Vorlagen nach Kategorien anzeigen zu lassen.

Darüber finden Sie ein Suchfeld, um eine passende Vorlage zu einem Suchbegriff zu finden. Ein Auswahlfeld erlaubt die Sortierung nach Beliebtheit, Namen oder dem Veröffentlichungsdatum.

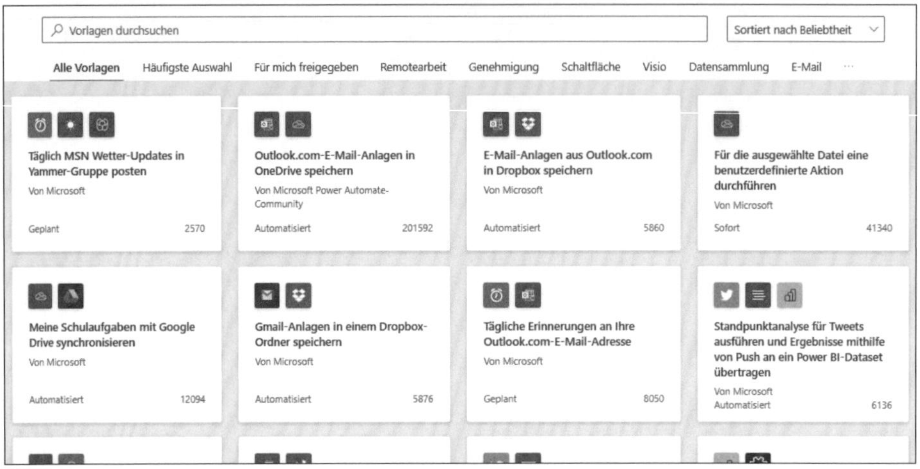

Abbildung 9.28 Vorlagenauswahl für vorkonfektionierte Flows

9.5 Einsatz der KI: Einen Flow beschreiben und entwerfen lassen

Dieser Abschnitt wirft einen kurzen Blick auf eine der neusten Funktionen von Power Automate, nämlich die Möglichkeit, sich einen Flow auf Basis einer Beschreibung entwickeln zu lassen (siehe Abbildung 9.29). Sie ist dort verfügbar, wo Sie auch mit allen anderen Flow-Typen starten, nämlich im Maker Portal.

Basis dieses Prozesses sind die Dienste, die Microsoft für die künstliche Intelligenz (KI) anbietet.

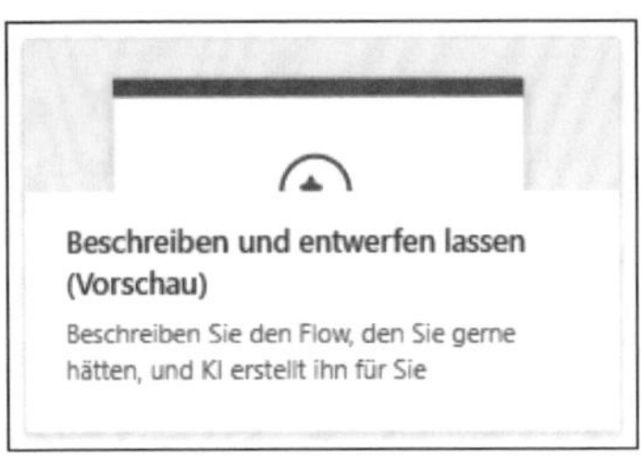

Abbildung 9.29 Einen Flow entwerfen lassen

Sobald Sie sich dafür entschieden haben, die KI für sich arbeiten zu lassen, erfolgt noch eine kurze Warnung, dass es sich dabei um eine Vorschauversion handelt (siehe Abbildung 9.30). Wann diese Features »marktreif« werden, lässt sich aktuell noch nicht sagen. Es ist aber sicher, dass sich in diesem Bereich in der Zukunft viel tun wird.

Sobald Sie die Schaltfläche AUSPROBIEREN betätigen, gelangen Sie zur Startseite mit einer Textbox (siehe Abbildung 9.31), in der Sie beschreiben können, was der Flow am

Ende für Sie tun soll. Probieren Sie unbedingt auch die Vorschläge aus, damit Sie eine Vorstellung davon bekommen, wie Sie Ihre Anforderung beschreiben müssen.

Abbildung 9.30 Vorschauhinweis

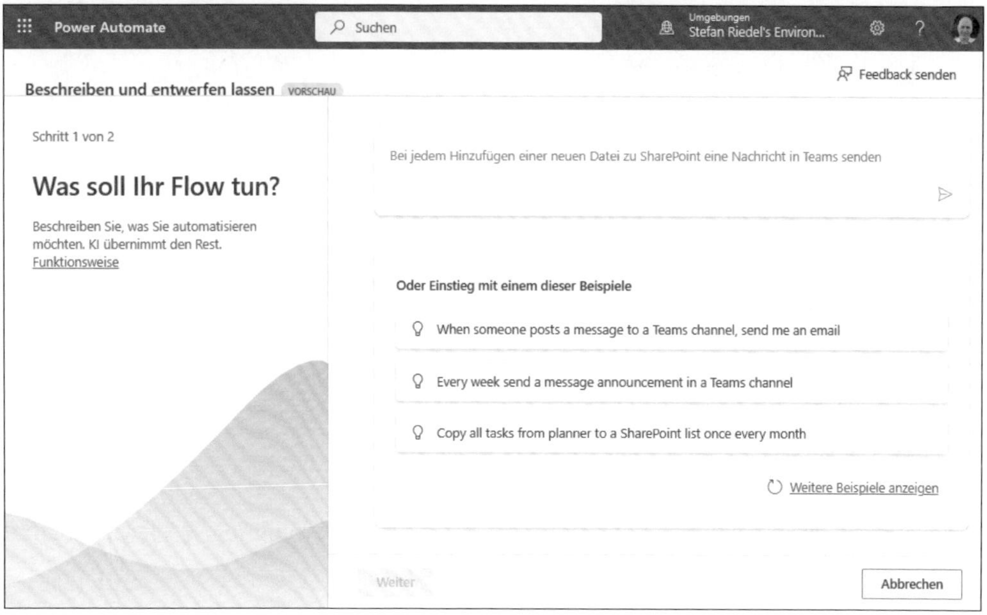

Abbildung 9.31 Die Startseite

Während Sie Ihre Anforderung formulieren, erhalten Sie passende Formulierungsvorschläge (siehe Abbildung 9.32).

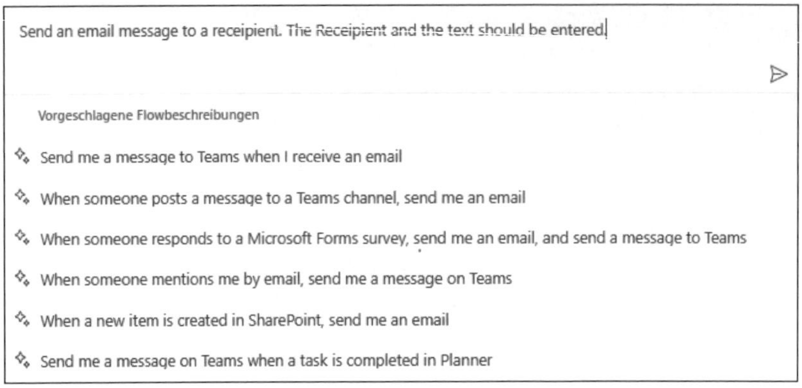

Abbildung 9.32 Beschreiben, was man möchte

Bestätigen Sie Ihren Wunsch mit WEITER, und Sie erhalten nach kürzester Zeit einen Vorschlag zu den Triggern und Aktionen, aus denen der vorgeschlagene Flow bestehen könnte (siehe Abbildung 9.33).

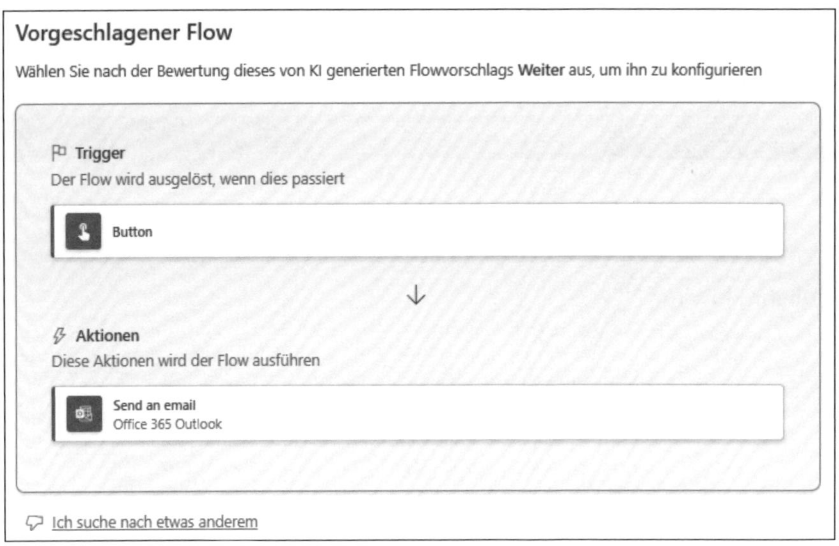

Abbildung 9.33 Der Vorschlag

Ist der Vorschlag für Sie in Ordnung, müssen Sie die Verbindungen überprüfen und gegebenenfalls anpassen (siehe Abbildung 9.34).

Nun kann Ihr Flow erstellt werden. Sobald Sie auf die Schaltfläche FLOW ERSTELLEN klicken, werden Sie zum Flow-Designer weitergeleitet, wo Sie den Flow weiter bearbeiten können (siehe Abbildung 9.35).

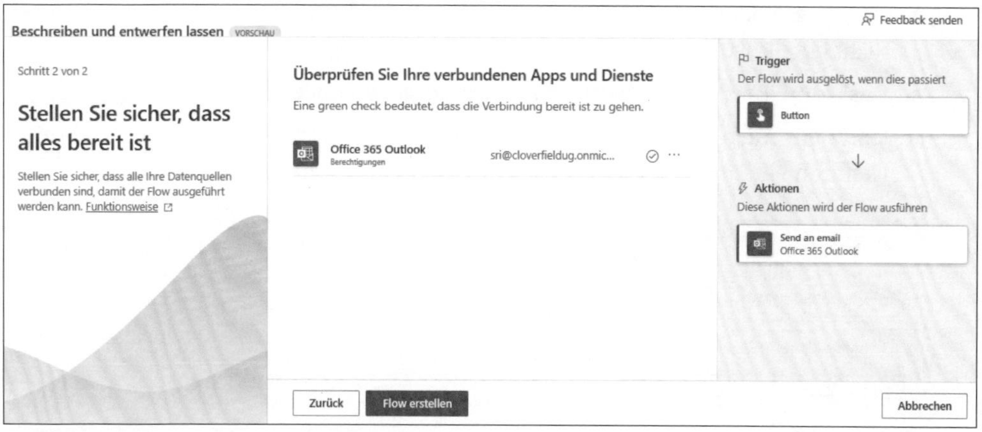

Abbildung 9.34 Verbindungen überprüfen

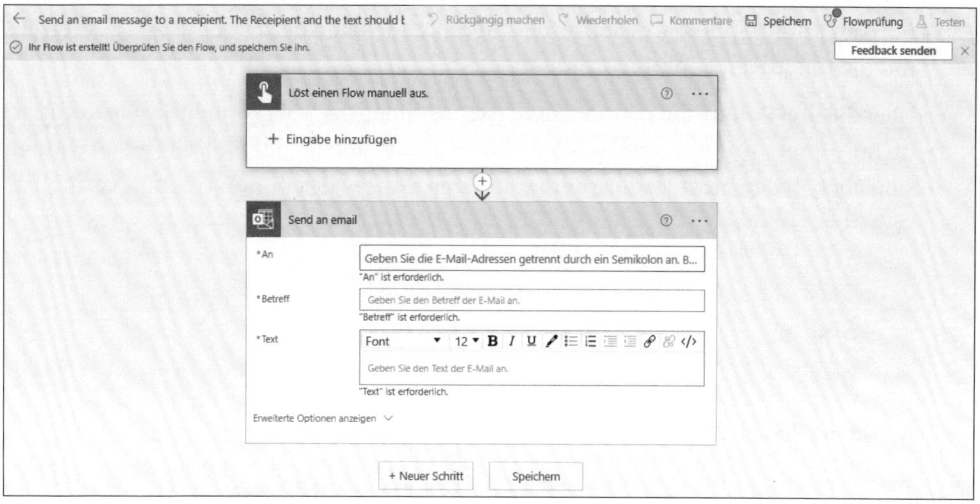

Abbildung 9.35 Der fertige Flow

9.6 Flows verwalten

Wenn Sie Gefallen an der Arbeit mit den Flows finden, werden Sie schnell eine ganze Menge der kleinen Helfer erstellen. Dann ist es wichtig, mit der richtigen Verwaltung den Überblick zu behalten.

Meine Flows

Dieser Punkt der linken Menüleiste des Maker Portals listet Ihnen alle Cloud- und Desktop-Flows auf, die Sie erstellt haben oder die mit Ihnen geteilt wurden (siehe Abbildung 9.36). Die Flows sind in drei Kategorien eingeteilt:

- Unter der Kategorie **Cloud-Flows** finden Sie alle Flows, die von Ihnen erstellt und nicht geteilt wurden.
- **Desktop-Flows** zeigt entsprechend Ihre Desktop-Flows.
- Unter **Für mich freigegeben** finden Sie alle Flows, die Sie erstellt haben und mit weiteren Personen teilen, sowie alle Flows, die mit Ihnen geteilt wurden.

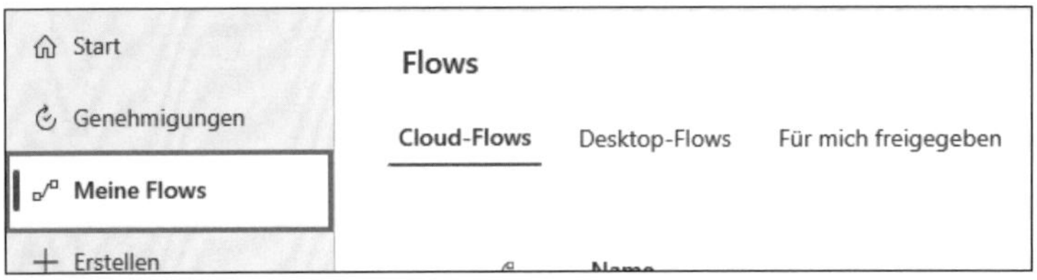

Abbildung 9.36 Auf meine Flows zugreifen

Wandern Sie mit dem Mauszeiger über einen der Flows, erscheinen die drei meistgenutzten Kommandos zum Starten, Editieren und Teilen des Flows. Es werden jeweils nur die nutzbaren Funktionen angezeigt.

Über die drei Punkte am rechten Rand (siehe Abbildung 9.37) können Sie ein Kontextmenü öffnen, um alle verfügbaren Kommandos aufzurufen. All diese Funktionen sind auch in den Flow-Details, dem untersten Eintrag des Kontextmenüs, verfügbar.

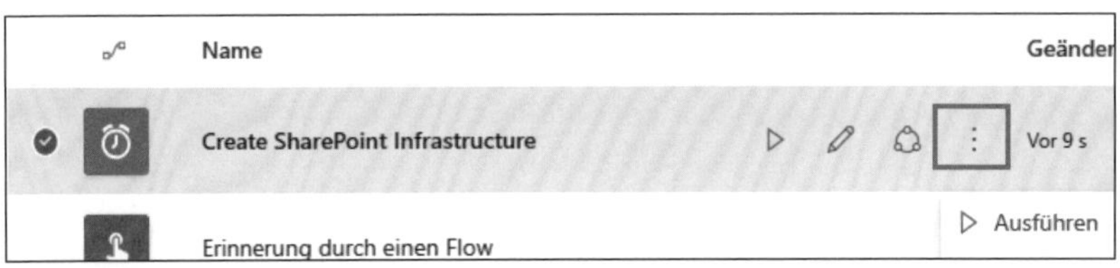

Abbildung 9.37 Kontextmenü eines Flows aufrufen

Details eines Flows abrufen

Die *Flow-Details* aus Abbildung 9.38 erreichen Sie entweder über das oben erwähnte Kontextmenü oder durch die direkte Auswahl des Flows in einer der Listen aus MEINE FLOWS. Hier erhalten Sie auf einen Blick Auskunft über den Zustand Ihres Flows.

Details

Der Details-Bereich gibt Auskunft über

- Namen,
- Beschreibung und
- Besitzer des Flows.

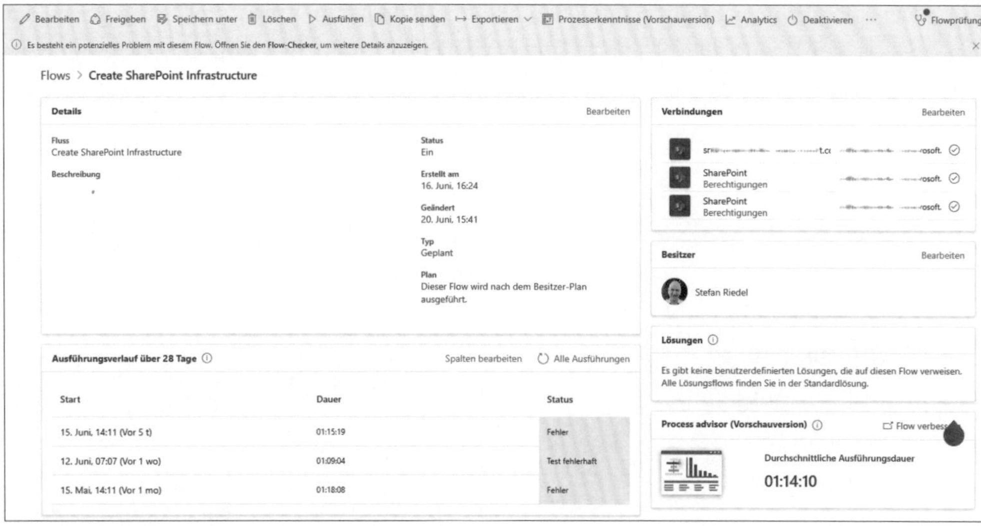

Abbildung 9.38 Die Flow-Details

Darüber hinaus erhalten Sie Informationen über

- den Status,
- den Zeitpunkt der Erstellung und Änderung,
- den Flow-Typ und damit den Trigger sowie
- den Plan, unter dem der Flow läuft.

Der Link BEARBEITEN öffnet einen Dialog auf der rechten Bildschirmseite, der Sie die folgenden Eigenschaften einstellen lässt:

- Name
- Beschreibung
- Besitzer
- Ausführungsplan

Während NAME, BESCHREIBUNG und BESITZER selbsterklärend sind, haben Sie beim Ausführungsplan die Möglichkeit, den Flow von einer Benutzerlizenz auf eine Flow-Lizenz zu ändern. Dies ist dann sinnvoll, wenn viele Personen einen Flow nutzen und die Kosten für die einzelnen User-Lizenzen die Kosten für eine organisationsweite Flow-Lizenz übersteigen. Näheres dazu finden Sie in Abschnitt 2.4.5.

Ausführungsverlauf (Run history)

Die Standardansicht des Ausführungsverlaufs zeigt die letzten zehn Ausführungen Ihres Flows. Der Link ALLE AUSFÜHRUNGEN wechselt auf eine weitere Seite, die Ihnen den Verlauf der letzten 28 Tage anzeigt.

Der Ausführungsverlauf zeigt den Zeitpunkt der AUSFÜHRUNG, die DAUER sowie der STATUS des Laufs, also ob er erfolgreich war. Er ist somit ein wichtiges Instrument zur Fehleranalyse.

Eine Flow-Ausführung kann folgende Status annehmen:

- Erfolgreich
- Fehler
- Test erfolgreich
- Test fehlerhaft
- Wird ausgeführt
- Test wird ausgeführt
- Abgebrochen
- Test abgebrochen

Reicht Ihnen die Anzeige nicht aus, können Sie die Liste um weitere Spalten erweitern. Dabei können Sie aus allen Eigenschaften wählen, die Ihnen der Trigger bereitstellt. Nutzen Sie dafür den Link SPALTEN BEARBEITEN. Nach Betätigung dieses Links öffnet sich ein Dialog (siehe Abbildung 9.39) auf der rechten Bildschirmseite, der Ihnen eine Auswahl aller möglichen Spalten bereitstellt.

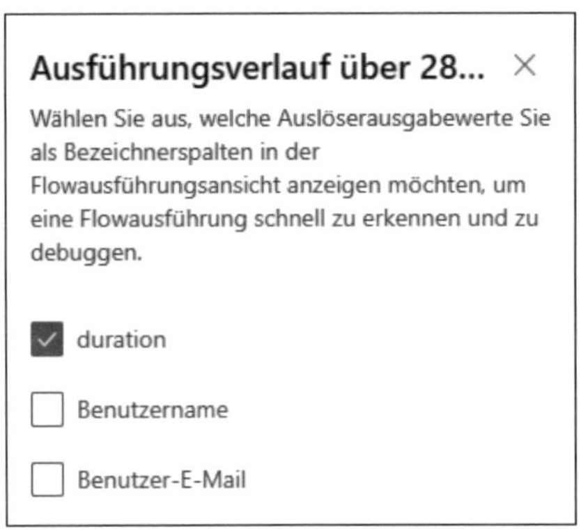

Abbildung 9.39 Den Ausführungsverlauf um weitere Spalten erweitern

Wollen Sie den Verlauf einer bestimmten Ausführung überprüfen, so wählen Sie einen Eintrag aus dem Ausführungsverlauf. Ein graues, grünes, gelbes bzw. rotes Indikator-Symbol verrät Ihnen,

- ob eine Aktion nicht ausgeführt wurde (grau),
- ob sie erfolgreich ausgeführt wurde (grün),
- ob es mehrerer Wiederholungen bedurfte, bis sie erfolgreich war (gelb), und
- ob die Ausführung nicht erfolgreich war (rot).

Klicken Sie im Verlauf eines Flows auf eine Aktion, um die Eingabe- und Ausgabeparameter sowie die Ausführungsdauer zu überprüfen (siehe Abbildung 9.40).

Abbildung 9.40 Eingaben und Ausgaben einer Flow-Aktion prüfen

Folgende Befehle stehen Ihnen hier zur Verfügung:

- **Erneut übermitteln (Resubmit)**
  Manchmal ist nicht der Flow selbst das Problem, sondern der Datenbestand oder eine Endstelle, die Sie über den Flow ansprechen, wie zum Beispiel SharePoint oder Teams.

  Haben Sie derartige externe Einflussfaktoren überprüft und gegebenenfalls angepasst, können Sie mit diesem Befehl den Flow erneut starten und das Verhalten beobachten.

  Leiten Sie daraus ab, wo Ihr Flow fehlertoleranter werden muss, damit er immer in einen berechenbaren Endzustand kommt und nicht durch äußere Einflüsse in einen Fehlerzustand gerät.

- **Abbrechen (Cancel)**
  Beobachten Sie gerade die Ausführung eines laufenden Prozesses, haben Sie die Möglichkeit, einzugreifen und den Flow abzubrechen, um gegebenenfalls weitere Wartungstätigkeiten durchführen zu können.
- **Bearbeiten (Edit)**
  Nutzen Sie diese Funktion, um den Flow-Designer aufzurufen und den Flow zu editieren.

Verbindungen (Connections)

Dieser Teil zeigt alle verwendeten Verbindungen, die durch Ihren Flow genutzt werden. Der Link BERECHTIGUNGEN zeigt alle mit dieser Verbindung verbundenen Berechtigungen an.

BEARBEITEN leitet auf eine neue Seite zum Teilen Ihres Flows und zum Verwalten der Verbindungen des Flows.

Hier können Sie Mitbesitzer hinzufügen und entfernen, wobei es immer mindestens einen Besitzer geben muss. Die Verwaltung der Verbindungen entspricht der bekannten Funktion aus Power Apps.

Besitzer (Owner)

Der Bereich BESITZER zeigt alle Besitzer und Mitbesitzer dieses Flows. Änderungen können über den Link BEARBEITEN erfolgen. Unter LÖSUNGEN erhalten Sie eine Auflistung aller Lösungen, denen der Flow zugewiesen wurde.

Prozesserkenntnisse (Process Advisor)

Sobald der Flow mindestens einmal ausgeführt wurde, zeigt der Bereich PROCESS ADVISOR die durchschnittliche Ausführungszeit auf Basis der Ausführungen der letzten 28 Tage.

[»] **Analysen dauern**

Es kann bis zu ein paar Minuten dauern, bis Sie die ersten Analysedaten erhalten.

Klicken Sie auf AKTUALISIEREN oder VORSCHLÄGE ABRUFEN, so werden Sie in den Bereich PROCESS ADVISOR des Maker Portals geleitet. Dort finden Sie eine detaillierte Analyse Ihres Flows, beispielsweise so wie in Abbildung 9.41.

Nutzen Sie die Daten des Process Advisors, um kritische Stellen Ihres Flows zu entdecken. Gerade bei sehr umfangreichen und komplexen Flows wie im Beispiel aus Abbildung 9.41 ist das unerlässlich, denn Sie wollen ja wahrscheinlich nicht 41 Minuten warten, um eine kleine Änderung zu testen.

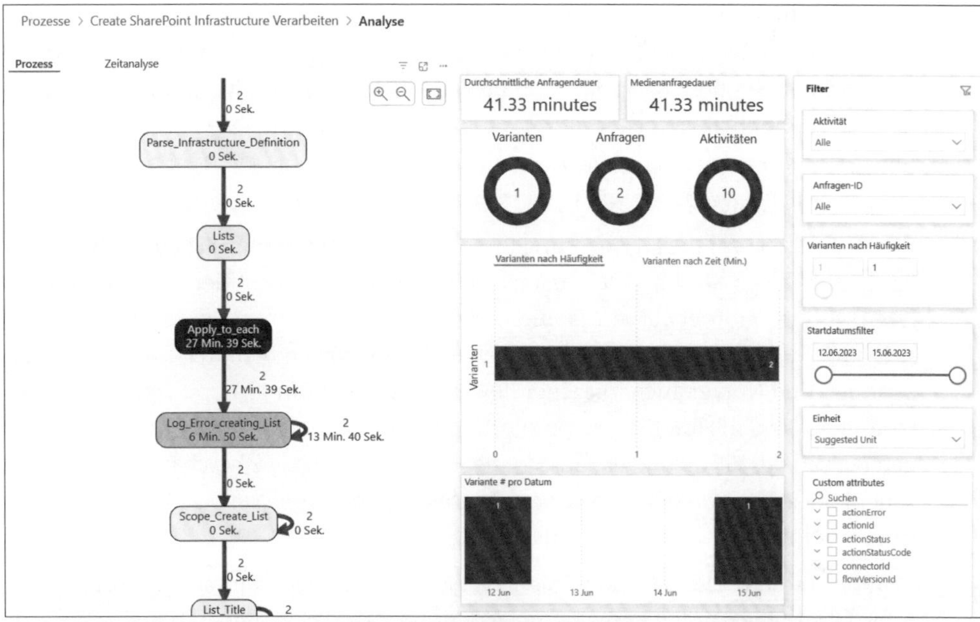

Abbildung 9.41 Der Process Advisor analysiert Ihre Flows.

Nur Benutzer ausführen (Run only users)

Die Option NUR BENUTZER AUSFÜHREN ist eine Besonderheit von sofortigen Cloud-Flows, sie betrifft also alle Flows, die durch eine direkte Benutzeraktivität gestartet werden. Benutzer, die in diesem Bereich aufgeführt sind, können den Flow nur ausführen, aber nicht bearbeiten. Das ist ein wesentlicher Unterschied zu automatisierten oder geplanten Cloud-Flows, bei denen alle Benutzer, mit denen der Flow geteilt wird, automatisch Mitbesitzer sind. BEARBEITEN öffnet einen Dialog auf der rechten Bildschirmseite.

- **Benutzer oder Gruppen bzw. SharePoint einladen**
  Hier können Sie weitere Personen und Gruppen einladen, den Flow zu benutzen. Sie können aber auch die Mitglieder einer SharePoint-Liste auf Ihren Flow berechtigen, indem Sie den Reiter SHAREPOINT öffnen und dort eine SharePoint-Site sowie eine Liste auswählen. Diese Personen können den Flow dann nutzen, aber nicht bearbeiten.
- **Zurzeit freigegeben für**
  Im Bereich ZURZEIT FREIGEGEBEN FÜR sehen Sie alle Personen oder Gruppen, mit denen der Flow zur Benutzung geteilt wurde.
- **Verwendete Verbindungen**
  Der Bereich VERWENDETE VERBINDUNGEN erlaubt Ihnen nun die Entscheidung darüber, ob die Benutzer ihre eigene Verbindung für einen Konnektor angeben müssen oder eine durch Sie festgelegte Verbindung verwendet werden soll.

Zugeordnete Apps

Dieser Bereich der Flow-Detail-Seite zeigt Ihnen alle Apps, die dem Flow zugeordnet sind. Wählen Sie dort Bearbeiten, so öffnet sich eine Liste mit allen Zugeordneten Apps. Sie können aber auch weitere Apps hinzufügen. Wählen Sie Zuordnung hinzufügen, so öffnet sich auf der rechten Seite eine Liste mit allen verfügbaren Apps, aus denen Sie sich jeweils eine wählen und zuordnen können.

Dieser Punkt ist für die Lizensierung Ihres Flows wichtig! Haben Sie einen Premium-Flow, so müssen Sie für jede Person, die von dem Flow profitiert, eine Premium-Lizenz für den Flow erwerben. Ist dieser Flow aber Teil einer größeren Lösung, in der sich auch eine Premium-App mit denselben Konnektoren befindet, für die alle Nutzerinnen und Nutzer auch mit einer Power Apps-Premium-Lizenz ausgestattet sind, so können Sie den Flow dieser App zuordnen. Somit reicht die Power Apps-Lizenz für den Betrieb des Flows und es muss keine weitere Flow-Lizenz beschafft werden. Personen, die aber über keine Power Apps-Lizenz für die Apps verfügen, müssen dann trotzdem mit einer Flow-Lizenz ausgestattet werden.

Mehr zu diesem Thema finden Sie in Abschnitt 2.4 sowie hinter folgendem Link: *https://learn.microsoft.com/en-us/power-automate/associate-flow-to-app*

Einen Flow bearbeiten

Der Befehl BEARBEITEN (engl. EDIT) öffnet den Flow-Designer und erlaubt Ihnen die Modifikation Ihres Flows. Diese Funktion steht Ihnen nur als Owner oder Co-Owner zur Verfügung.

Einen Flow kommentieren

Nutzen Sie das Kommando KOMMENTARE aus dem Flow-Designer, um den Kommentarbereich zu öffnen.

Sie können neue Kommentare anlegen oder auf bestehende Kommentare antworten. So können Sie ganze Diskussionsfäden erzeugen.

Da diese Funktion identisch mit der Kommentarfunktion von Power Apps funktioniert (siehe Abschnitt 4.1.9), gehe ich an dieser Stelle nicht weiter ins Detail.

[»]

Diskussionen

Flow-Kommentare sind kein Werkzeug zur Zusammenarbeit. Nutzen Sie diese Funktion für Hinweise, Gedankenstützen oder sogar Dokumentationen. Um über einzelne Punkte zu diskutieren, nutzen Sie besser Werkzeuge, die dafür vorgesehen sind: Microsoft Teams, Azure DevOps oder den regulären Jour fixe in Ihrem Projekt.

Einen Flow speichern

SPEICHERN UNTER (engl. SAVE AS) erlaubt die Anlage einer Kopie Ihres Flows. Ein Pop-up-Fenster erlaubt die Eingabe eines Namens für die Flow-Kopie. Wollen Sie hier keine Entscheidung treffen, stellt der Dialog dem Flow-Namen ein »Kopie von -« voran, in englischen Versionen entsprechend ein »Copy of -«.

[«]

Sicherheitskopien erstellen

Hilfreich bei der automatisierten Erstellung von Sicherheitskopien von Flows ist der Konnektoren Power Automate Management mit seinen Aktionen `Get Flow` und `Create Flow`: *https://learn.microsoft.com/en-us/connectors/flowmanagement/*

Einen Flow freigeben

Das Kommando FREIGEBEN (engl. SHARE) leitet Sie zur Seite zur Verwaltung Ihrer Mitbesitzer und zur Verwaltung der Datenverbindungen.

Einen Flow versenden

Die Funktion KOPIE SENDEN (engl. SEND A COPY) erlaubt das Teilen eines Flows als Vorlage. Wählen Sie diese Option, wenn Sie einen Flow erstellt haben, der mehreren Personen helfen kann, Sie aber die Verbindungsdaten der Konnektoren nicht freigeben wollen. Ein Beispiel kann sein, dass mehrere Abteilungen ähnliche SharePoint-Listen für ähnliche Tätigkeiten benutzen. Versenden Sie dann Ihren Flow als Vorlage, die dann von den Empfängern auf die speziellen Bedürfnisse angepasst werden kann.

Wählen Sie diesen Befehl, öffnet sich ein Dialog an der rechten Bildschirmseite, in dem Sie den Titel und die Beschreibung des Flows bearbeiten können.

Im Feld SENDEN AN können Sie die Personen oder Gruppen eingeben, mit denen Sie den Flow teilen wollen. Bestätigen Sie Ihre Einstellungen mit SENDEN, so erhalten alle dort eingestellten Personen eine E-Mail, über die sie eine eigene Instanz des Flows erstellen können.

[«]

Kopien sind unabhängig

Flows, die Sie importieren oder über eine Vorlage anlegen, sind echte Kopien Ihres Flows und haben keinerlei Referenzen zum Original-Flow. Das heißt: Stellen Sie Ihren Flow als Vorlage bereit, haben Weiterentwicklungen an Ihrem Flow keine Auswirkungen auf versendete Kopien. Sie können diese Funktion also nicht verwenden, um Ihre entwickelten Flows an die Kolleginnen und Kollegen zu verteilen und sie dann weiterzuentwickeln.

Zeitgleich wird der Flow als Vorlage im Maker Portal im Bereich MIT MIR GETEILT (SHARED WITH ME) bereitgestellt.

Wählen Sie nun die Vorlage aus dem Maker Portal oder die Schaltfläche MEINEN FLOW ERSTELLEN, so werden Sie aufgefordert, Ihre Datenverbindungen zu überprüfen und gegebenenfalls eine neue zu erstellen. Mit einem letzten Klick auf die Schaltfläche FLOW ERSTELLEN (CREATE FLOW) wird der Flow angelegt, und Sie werden auf die Detailseite geleitet.

Wenn Sie diesen Prozess mehrfach ausführen, entweder aus der Mail heraus oder über die Vorlagen, wird jedes Mal ein neuer Flow angelegt und mit einer fortlaufenden Nummer versehen.

Einen Flow umbenennen

Das Umbenennen eines Flows ist denkbar einfach:

Entweder wechseln Sie in den Flow-Designer, klicken in den Namen des Flows am oberen linken Rand und schreiben dort den neuen Namen hinein.

Oder Sie wechseln zu den *Flow-Details* und wählen dort den Befehl BEARBEITEN im Bereich DETAILS.

Einen Flow löschen

Sie löschen den Flow durch den gleichlautenden Befehl LÖSCHEN (Delete) im Kontextmenü von MEINE FLOWS im Maker Portal oder in den FLOW-DETAILS.

Nach Ausführung dieses Befehls wird der Flow für alle Besitzer und Mitbesitzer gelöscht und steht auch den Nur-ausführen-Benutzern nicht mehr zur Verfügung. Laufende Instanzen werden nicht abgebrochen, um ungewollten Datenverlust zu vermeiden.

Einen Flow exportieren oder importieren

Das Importieren und Exportieren eines Flows folgt exakt demselben Prozess wie dem für eine App. Diese Vorgänge sind in Abschnitt 3.5 detailliert beschrieben.

Einen Flow aktivieren oder deaktivieren

Flows können drei Zustände annehmen:

- **An (On)**
  Frisch erstellte Flows sind immer im Status »An«. Flows können bei Bedarf deaktiviert werden. Ihr Status ist dann »Aus«.
- **Aus (Off)**
  Den Status »Aus« erlangt ein Flow nur, nachdem er importiert wurde oder bewusst deaktiviert wurde. Flows im Status »Aus« können aktiviert werden und befinden sich dann im Status »An«.

- **Angehalten (Activity Suspended)**
  Sind Flows 14 Tage am Stück fehlerhaft, werden sie automatisch angehalten. Der Besitzer wird darüber per E-Mail informiert. Angehaltene Flows können wieder aktiviert werden.

Einen Flow ausführen

Die Ausführung eines Flows erfolgt durch die gleichlautende Schaltfläche in den Flow-Details bzw. in den Flows, die Sie im Maker Portal unter MEINE FLOWS finden. Handelt es sich um die erste Ausführung, werden Sie zunächst gebeten, die Verbindungseinstellungen zu überprüfen. Werden durch den Trigger weitere Eingaben gefordert, so sind diese im nächsten Schritt einzugeben.

Einen Flow prüfen

Die *Flowprüfung* (*Flow checker*) zeigt in den Flow-Details, aber auch im Flow-Designer mit einem roten Punkt an, dass sich in Ihrem Flow Fehler befinden. Wählen Sie die Flowprüfung, öffnet sich ein Bereich auf der rechten Bildschirmseite, in dem Fehler des Flows bzw. Warnungen angezeigt werden. Die Informationen dieser Funktion sind enorm wichtig für die Erstellung stabiler Flows.

Einen Flow nachverfolgen

Bemerken Sie ein Fehlverhalten eines Flows oder wird Ihnen eines gemeldet, so wechseln Sie in den Ausführungsverlauf des Flows, um sich zu vergewissern, dass ein Fehlverhalten vorliegt, und gegebenenfalls die Ursachenforschung zu starten. Details dazu finden Sie in der Beschreibung zum Ausführungsverlauf in den Flow-Details.

> **Der Zeitpunkt ist wichtig**
>
> Ein Flow, der ein unerwartetes Ergebnis liefert, kann trotzdem erfolgreich beendet worden sein. Das heißt, Sie können sich auf der Suche nach dem fehlerhaften Ausführungsverlauf nicht zwangsläufig auf den Flow-Status verlassen.
>
> Versuchen Sie also, den ungefähren Zeitpunkt des mutmaßlichen Fehlverhaltens herauszufinden. Nur so haben Sie die Chance, den entsprechenden Verlauf zu finden.

9.7 Genehmigungen

Eine der Stärken von Power Automate Cloud-Flows liegt darin, Genehmigungsprozesse abzubilden. Genehmigungsprozesse werden über den Genehmigungen-Konnektor erstellt und können so konfiguriert werden, dass die Genehmigung nur initiiert und im Maker Portal behandelt wird. Sie können aber auch in Ihrem Flow auf die Antwort warten und weitere Schritte abhängig von der Entscheidung ausführen.

Die Verwaltung von Genehmigungen findet im gleichlautenden Bereich des Power Automate Maker Portals statt. Hier finden Sie alle empfangenen und versendeten Genehmigungsanfragen sowie den Genehmigungsverlauf.

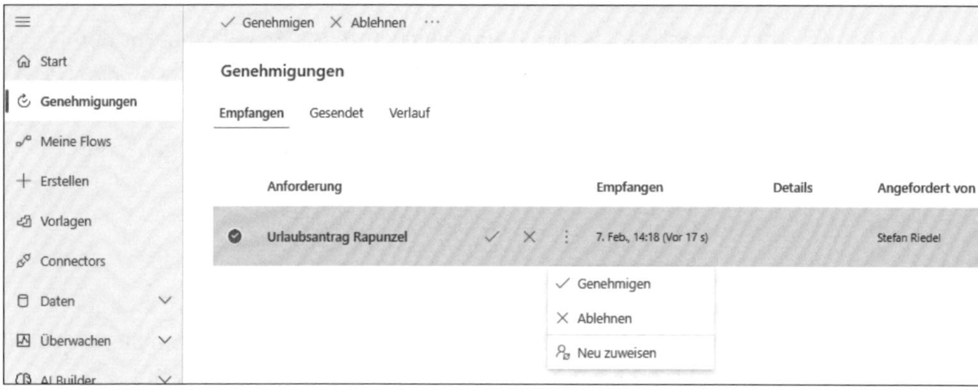

Abbildung 9.42 Genehmigungen im Power Automate Maker Portal

Bekommen Sie eine Genehmigungsanfrage, so können Sie sie genehmigen, ablehnen oder neu zuweisen.

Wählen Sie eine dieser Aktionen oder rufen Sie die Genehmigung direkt auf, so wird der Dialog aus Abbildung 9.43 auf der rechten Bildschirmseite eingeblendet, der Ihnen die Details zur Genehmigung anzeigt. Hier haben Sie nochmals die Möglichkeit, eine der drei möglichen Aktionen auszuwählen.

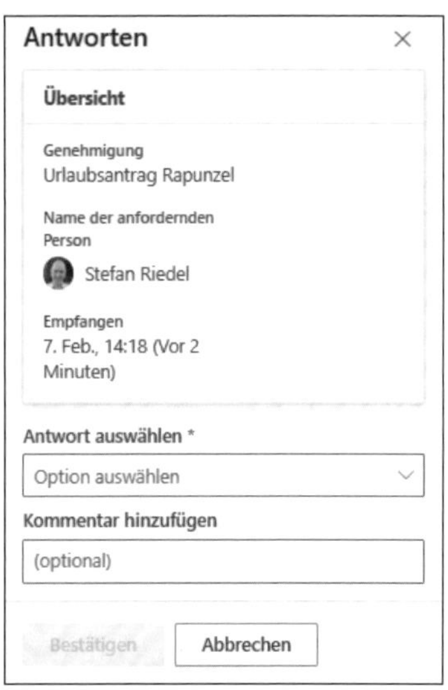

Abbildung 9.43 Details einer Genehmigung

Im Falle der Genehmigung oder Ablehnung können Sie optional einen Kommentar abgeben. Möchten Sie die Genehmigungsaufgabe neu zuweisen, so werden Sie aufgefordert, die Person auszuwählen, die die Entscheidung treffen soll.

Im Bereich VERLAUF (siehe Abbildung 9.44) finden Sie alle durch Sie bearbeiteten Genehmigungsanfragen. Ein Klick auf die Anforderung öffnet die Details auf der rechten Bildschirmseite (siehe Abbildung 9.45).

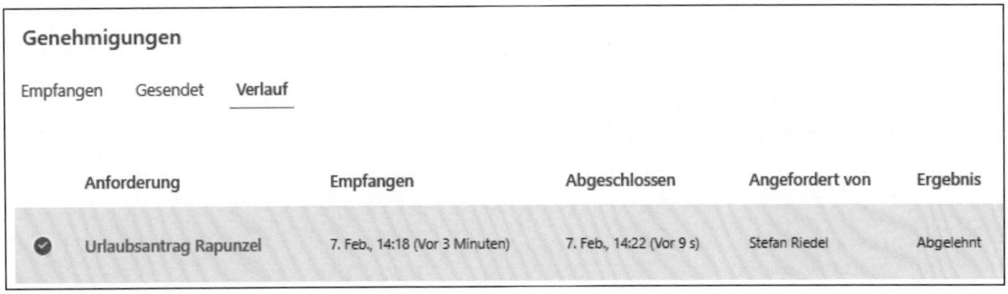

Abbildung 9.44 Genehmigungsverlauf

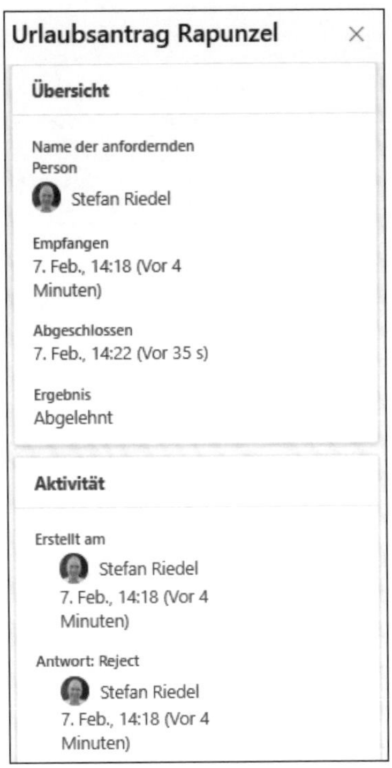

Abbildung 9.45 Verlaufsdetails

Weitere Kanäle, auf denen Sie von Genehmigungen erfahren und wo Sie Aktionen auf Genehmigungen durchführen können, sind:

- Outlook
- Teams
- Power Automate App

Sie ahnen sicher schon, dass es zukünftig keine Ausreden mehr gibt, eine Anfrage nicht genehmigt zu haben.

9.7.1 Outlook

Die für die Genehmigung zuständige Person erhält eine Nachricht, sobald eine Aktion erforderlich ist (siehe Abbildung 9.46).

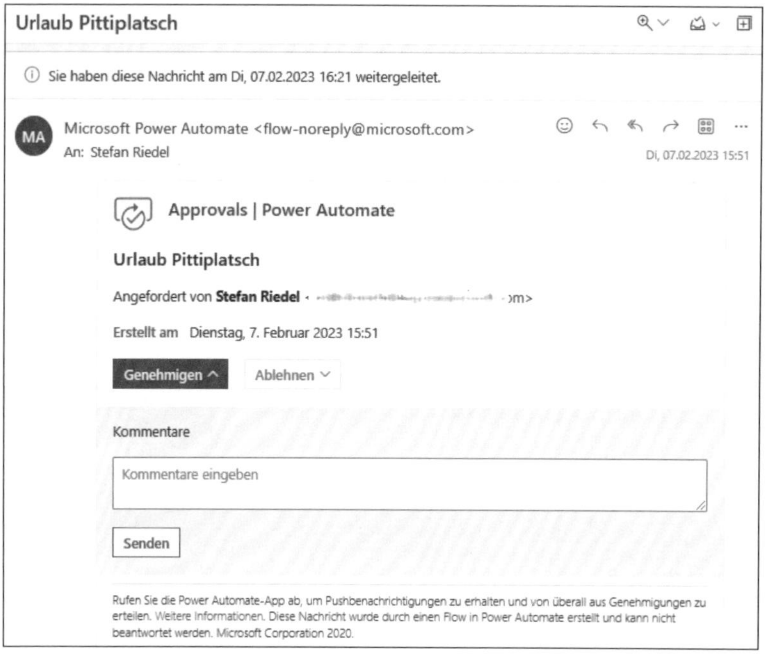

Abbildung 9.46 Genehmigung per Outlook

Eine erneute Zuweisung ist dabei nicht möglich. Haben Sie eine benutzerdefinierte Antwort konfiguriert, steht Ihnen diese hier – neben den Standardantworten GENEHMIGEN und ABLEHNEN – zur Verfügung.

9.7.2 Power Automate App

Haben Sie die Power Automate App auf Ihrem Smartphone oder Tablet installiert, so erhalten Sie eine Push-Benachrichtigung, wenn eine neue Anfrage auf Sie wartet. Selbstverständlich haben Sie auch direkt aus der App die Möglichkeit, Anfragen zu genehmigen oder abzulehnen (siehe Abbildung 9.47).

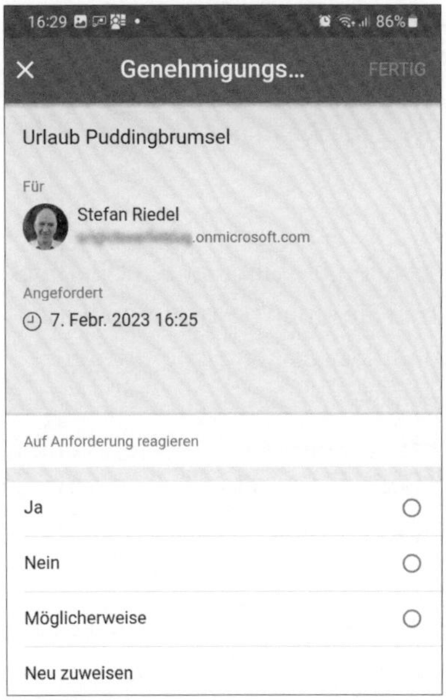

Abbildung 9.47 Genehmigung in der Power Automate App

9.7.3 Microsoft Teams

Auch mit Microsoft Teams können Sie auf Ihre Genehmigungen zugreifen. Hier finden Sie alle gesendeten und empfangenen Genehmigungen (siehe Abbildung 9.48). Wählen Sie einen der Einträge aus, so wird Ihnen der Genehmigungsverlauf samt Status mitgeteilt.

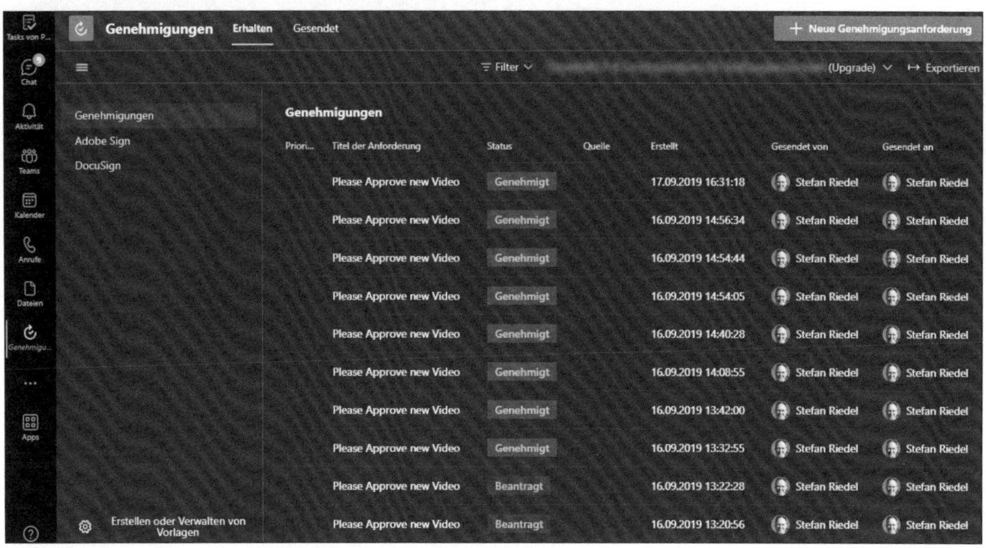

Abbildung 9.48 Übersicht über Genehmigungen

9.8 Benachrichtigungen und Monitoring

Für die Analyse eines Flows stehen Ihnen mehrere Werkzeuge zur Verfügung. Zum einen können Sie die Ausführungsverläufe betrachten, die Sie in den vorherigen Abschnitten kennengelernt haben.

- **Ausführungsverlauf**
  Unter dem Menüpunkt AUSFÜHRUNGSVERLAUF haben Sie einen guten Überblick über die Ausführungen der letzten 28 Tage. Wählen Sie einen bestimmten Verlauf aus, um die einzelnen Aktionen, deren Eingaben und Ausgaben zu betrachten.
- **Prozesserkentnisse (Process Advisor)**
  Die Prozesserkenntnisse liefern Ihnen Erkenntnisse über das Laufzeitverhalten und auftretende Fehler. Sie können dort analysieren, an welcher Stelle ein Flow hängen bleibt oder lange auf eine Verarbeitung warten muss.
- **Analytics**
  Im Gegensatz zum Ausführungsverlauf bzw. den Prozesserkenntnissen liefern die Analytics einen etwas größeren Überblick über die allgemeine Benutzung des Flows und seine Fehlerhäufigkeit. Sie erreichen die Analytics über die Befehlsleiste der Flow-Details. Sie liefern Reports zu folgenden Daten:
  - **Verrechenbare Aktionen**
    Ich hatte bereits beschrieben, dass jede Flow-Aktion gegen ein Ausführungslimit läuft, das Ihnen in Abhängigkeit von Ihrer Lizenz alle 24 Stunden zur Verfügung steht. Der Reiter AKTIONEN gibt Ihnen Auskunft über den täglichen Verbrauch bis maximal 30 Tage in die Vergangenheit.
  - **Usage**
    Bei der USAGE dreht es sich um die Anzahl an Aufrufen pro Tag sowie einen Trend in Bezug auf fehlerhafte und erfolgreiche Durchführungen. Schauen Sie regelmäßig hinein, denn auch fehlerhafte Flows kosten Geld.

[»]

Besitz verpflichtet

Zu Beginn dieses Buchs habe ich die Verantwortlichkeiten angesprochen. Natürlich sollte es Gruppen in Ihrem Unternehmen geben, die den Gesundheitsstatus der Power Apps und Flows überwachen. Die originäre Verantwortung liegt zunächst trotzdem bei Ihnen als Maker und Owner. Überprüfen Sie also regelmäßig die Funktionstüchtigkeit Ihrer Flows und auch die Notwendigkeit.

9.8.1 Flows überwachen

Haben Sie viele Flows erstellt, mag es zu viel erwartet sein, jeden Flow täglich zu überprüfen. Die Funktion CLOUD-FLOWAKTIVITÄT (engl. CLOUD FLOW ACTIVITY) des Bereichs ÜBERWACHEN im Maker Portal gibt Ihnen einen schnellen Überblick über Ihre Flows und Benachrichtigungen.

Ein einfacher Filter lässt Sie sämtliche Aktivitäten nach Benachrichtigungen oder Fehlern einschränken. Ein Klick auf einen Eintrag führt Sie direkt in die jeweilige Ausführung.

- **Alle Aktivitäten (All activities)**
  Hier sehen Sie alle Aktivitäten Ihrer Flows: erfolgreiche und fehlerhafte Durchläufe sowie mobile Benachrichtigungen.
- **Benachrichtigungen (Notifications)**
  Hier werden alle mobilen Benachrichtigungen erfasst, also Nachrichten, die als Push-Nachricht auf mobilen Endgeräten sichtbar sind. Mobile Benachrichtigungen können Sie über den Notifications-Konnektor einstellen.
- **Fehler (Errors)**
  Hier finden Sie nur fehlerhafte Flow-Ausführungen. Nutzen Sie diese Sicht einmal täglich, um einen schnellen Status zu erhalten. Steigen Sie mit dem Monitor, den Ausführungsverläufen oder den Prozesserkenntnissen tiefer ein, um die Ursachen für das Fehlverhalten festzustellen.

Mit diesen Optionen können Sie Ihre Flows bereits gut überwachen und erhalten einen umfassenden Überblick über die Automatisierungen. Für Desktop-Flows gibt es noch weitere Optionen, die allerdings nur in Sonderfällen relevant sind.

9.8.2 E-Mail-Benachrichtigungen

Als stolze Besitzerin oder Besitzer eines oder mehrerer Flows erhalten Sie auch regelmäßig Nachricht per Mail, falls fehlerhafte Aktivitäten auftreten oder ein Flow droht angehalten zu werden.

- Eine Zusammenfassung über fehlerhafte Flows erhalten Sie in der Regel einmal pro Woche.
- Falls ein Flow 14 Tage am Stück fehlerhaft ist, erhalten Sie eine Nachricht, dass der Flow angehalten wird und Ihr Eingreifen erforderlich ist.
- Wurde ein Flow 90 Tage am Stück nicht ausgeführt (so wie beispielsweise in Abbildung 9.49), bekommen Sie eine Meldung, dass er binnen 30 Tagen deaktiviert wird.
- Weiterhin werden Sie einmalig darüber informiert, falls es Verbindungsprobleme mit einem Konnektor gibt. Meist reicht die Re-Authentifizierung aus, um das Problem zu lösen.

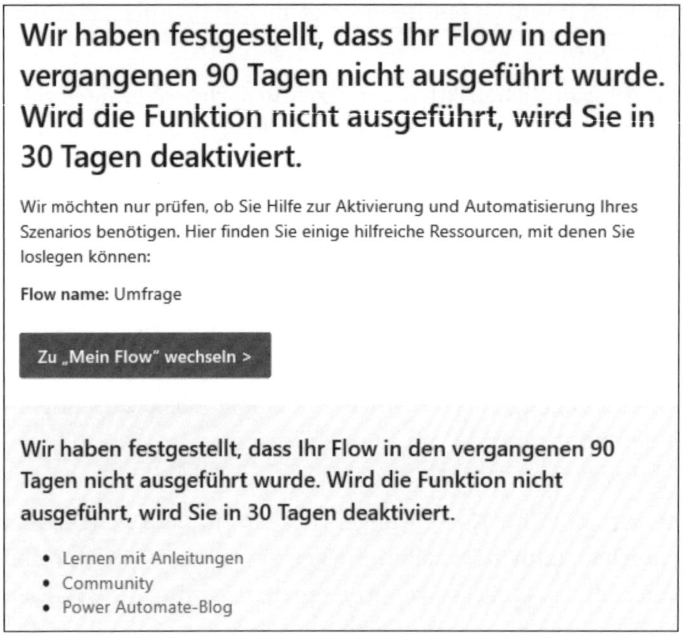

Abbildung 9.49 Nachricht, dass ein Flow lange nicht ausgeführt wurde.

Diese Nachrichten lassen sich nicht anpassen, weder in ihrem zeitlichen Verlauf noch in ihrem Inhalt.

9.9 Einstellungen

Die Einstellungen erreichen Sie, wie auch in Power Apps, über das Zahnrad im Kopfbereich. Wählen Sie nun den Punkt ALLE POWER AUTOMATE EINSTELLUNGEN anzeigen. Im folgenden Dialog haben Sie drei Einstellmöglichkeiten:

- Die hier eingestellte **Sprache** legt fest, in welcher Sprache das Maker Portal und der Flow Designer angezeigt werden.
- Das **regionale Format** betrifft die Datums- und Währungseinstellungen.
- Der kleine Schalter bei den **experimentellen Features** macht am meisten Freude. Versuchen Sie es einmal, und schauen und staunen Sie, was möglicherweise bald bei Ihnen regulär vorhanden sein wird.

Kapitel 10
Die ersten Schritte mit Power Automate Cloud-Flows

Sie kennen nun das Power Automate Maker Portal und wissen, wie Sie Cloud-Flows erstellen, bearbeiten und verwalten. In diesem Kapitel lernen Sie die unterschiedlichen Möglichkeiten kennen, Flows auszulösen und zu konfigurieren. Dazu lernen Sie, Ausdrücke zu erstellen, um Daten innerhalb eines Flows zu verarbeiten.

In Kapitel 9 haben Sie die Grundlagen von Power Automate, dem Maker Portal und die grundlegende Architektur eines Cloud-Flows kennengelernt. Sie haben auch schon einen kleinen Flow gebaut, der auf Knopfdruck eine Mail versendet, und dabei den Flow-Designer kennengelernt.

Sie haben nun also schon eine gute Basis für den Umgang mit den Tools gelegt bekommen. Darauf werden wir jetzt aufbauen und dieses Wissen vertiefen.

10.1 Aufbau eines Flows

Wir starten mit dem Aufbau der Flows.

10.1.1 Aufbau eines Flow-Elements

Ob Trigger, Aktion oder Element zur Ablaufsteuerung: Bei fast allen Aktionen eines Flows ist der gleiche Aufbau zu erkennen (siehe Abbildung 10.1).

1. Das **Icon** gibt schnell zu erkennen, um welchen Konnektor es sich handelt.
2. Der **Name** identifiziert ein Flow-Element eindeutig. Wie bei Power Apps gilt: Benennen Sie jedes Element umgehend so, dass daraus unmissverständlich klar wird, warum Sie es dort benutzen.
3. Das **Kontextmenü** stellt verschiedene Befehle zur Verfügung, die Sie an dem Element ausführen können. Hier können Sie Aktionen in die Zwischenablage nehmen, Elemente löschen oder weiterführende Einstellungen vornehmen.
4. Die **Notizen** dienen der Dokumentation Ihres Flows. Ein kurzer Satz über Sinn und Zweck des Elements erleichtert die spätere Wartung.

5. In der **Konfiguration** stellen Sie das grundsätzliche Verhalten einer Aktion oder eines Triggers ein, zum Beispiel welche Daten in welche SharePoint-Liste geschrieben werden sollen oder wie die Abfrage gegen eine SQL-Tabelle lautet.

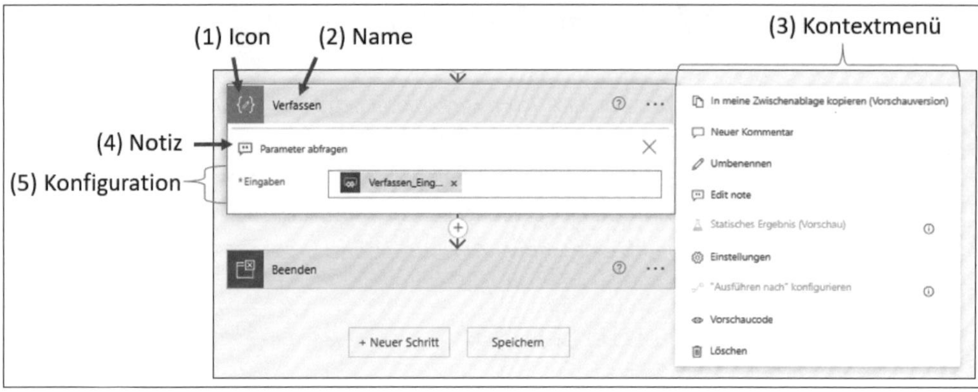

Abbildung 10.1 Aufbau eines Flow-Elements

10.1.2 Umgang mit Flow-Elementen

Der Umgang mit den Flow-Elementen ist einfach und intuitiv.

Hinzufügen

Neue Elemente können Sie einfach durch Auswahl der Schaltfläche NEUER SCHRITT am Ende des Flows hinzufügen, wie in Abbildung 10.2 zu sehen.

Abbildung 10.2 Hinzufügen einer neuen Aktion

Nutzen Sie Bereichs-, Bedingungs- oder Schleifen-Elemente aus dem *Steuerung*-Konnektor, werden die Aktionen ebenfalls am Ende, aber innerhalb der jeweiligen Steuerungsaktion hinzugefügt. Nutzen Sie dafür die Schaltfläche AKTION HINZUFÜGEN (siehe Abbildung 10.3).

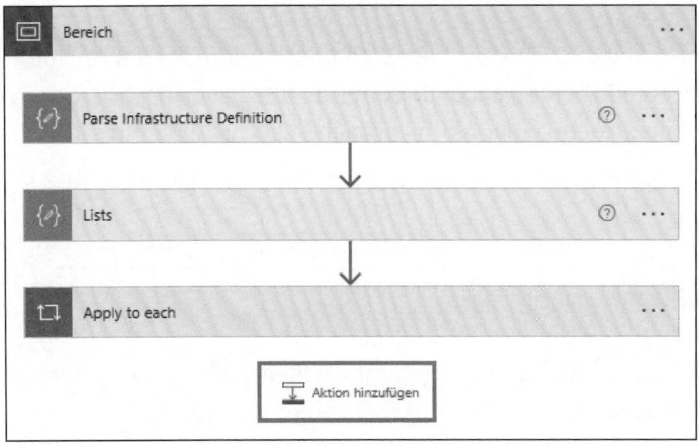

Abbildung 10.3 Aktion innerhalb einer Steuerungsaktion hinzufügen

Wollen Sie im Flow eine neue Aktion hinzufügen, so bewegen Sie Ihre Maus einfach zwischen die Elemente, wo Sie die neue Aktion platzieren wollen. Nun erscheint ein kleines +-Symbol (siehe Abbildung 10.4). Ein Klick darauf erlaubt das Einfügen einer neuen Aktion zwischen den beiden Elementen (AKTION HINZUFÜGEN) oder aber die Eröffnung eines parallelen Zweigs neben dem unteren Element (PARALLELEN BRANCH HINZUFÜGEN).

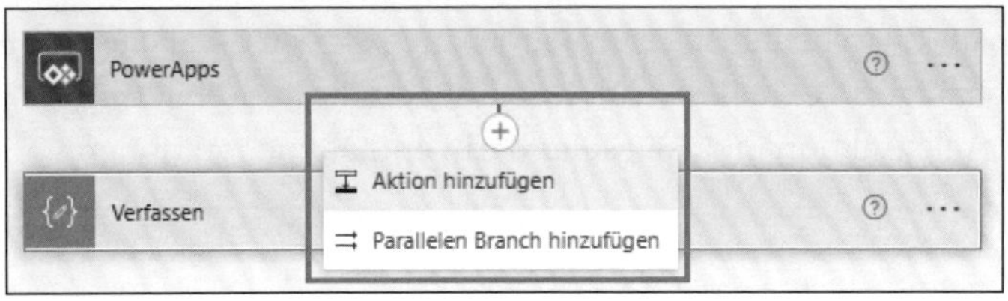

Abbildung 10.4 Aktion zwischen vorhandenen Aktionen einfügen

Parallele Zweige für Fehlertoleranz

Parallele Zweige sind notwendig, um fehlertolerante Flows zu entwickeln, da Sie so auf unterschiedliche Abläufe und Bedingungen eingehen können. Das erläutere ich in Abschnitt 10.4.

Haben Sie konfigurierte Aktionen in der Zwischenablage gespeichert, können Sie diese aus der Kategorie ZWISCHENABLAGE auswählen und in den Flow einfügen.

Die Zwischenablage

Manchmal kommt es vor, dass Sie eine umfangreich konfigurierte Aktion in ähnlicher Art auch an anderer Stelle benötigen. In diesem Fall nutzen Sie die *Zwischenablage*, die Sie über das Kontextmenü einer Aktion erreichen (siehe Abbildung 10.5).

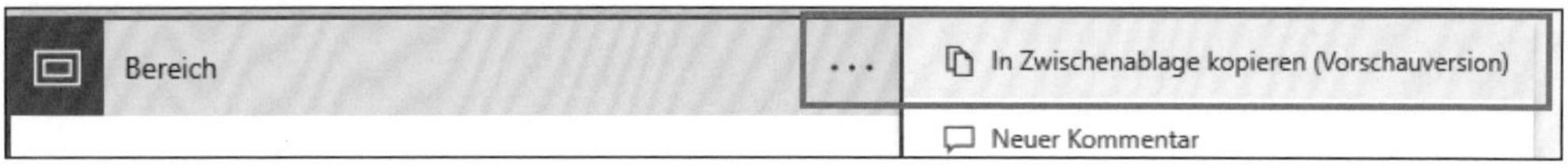

Abbildung 10.5 Aktion in Zwischenablage legen

Aktionen, die Sie in die Zwischenablage übernommen haben, können Sie später aus dem Bereich ZWISCHENABLAGE wieder abrufen (siehe Abbildung 10.6).

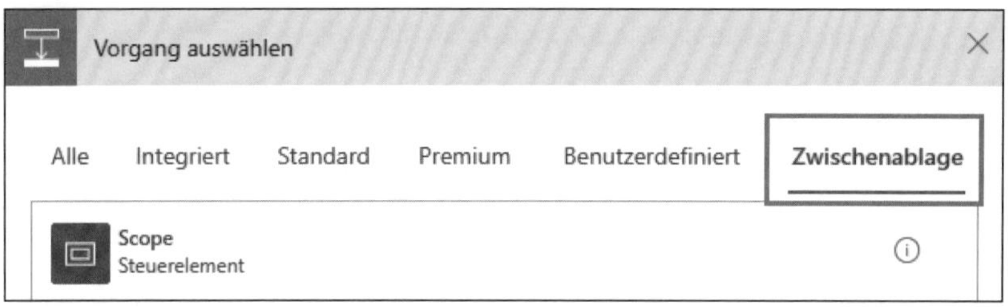

Abbildung 10.6 Aktion aus Zwischenablage abrufen

Wenn Sie eine Aktion in die Zwischenablage nehmen, können Sie den Inhalt auch mit [Strg]+[V] in einen beliebigen Texteditor legen und abspeichern. Abbildung 10.7 zeigt den Inhalt einer Bereichsaktion inklusive aller darin enthaltenen Aktionen.

{"type":"integer"},"LastItemDeletedDate":{"type":"string"},"LastItemModifiedDate":
{"type":"string"},"LastItemUserModifiedDate":{"type":"string"},"ListExperienceOptions":
{"type":"integer"},"ListItemEntityTypeFullName":{"type":"string"},"MajorVersionLimit":
{"type":"integer"},"MajorWithMinorVersionsLimit":{"type":"integer"},"MultipleDataList":{"type":"boolean"},"NoCrawl":
{"type":"boolean"},"ParentWebPath":{"type":"object","properties":{"__metadata":{"type":"object","properties":{"type":
{"type":"string"}}},"DecodedUrl":{"type":"string"}}},"ParentWebUrl":{"type":"string"},"ParserDisabled":
{"type":"boolean"},"ServerTemplateCanCreateFolders":{"type":"boolean"},"TemplateFeatureId":{"type":"string"},"Title":
{"type":"string"}}}}}},"runAfter":{"Scope_Create_List":["Succeeded"]},"metadata":{"operationMetadataId":"ed94f385-39f0-432c-
8b0e-ff7e3791a661"}},"ListURL":{"type":"Compose","inputs":"@split(body('Parse_JSON')?['d']?['__metadata']?['id'],'_api')
[1]","runAfter":{"Parse_JSON":["Succeeded"]},"metadata":{"operationMetadataId":"cf28d7c5-c457-4948-8253-
c7cdb3ac47c8"}},"Fields":{"type":"Compose","inputs":"@items('Apply_to_each')['columns']","runAfter":{"ListURL":
["Succeeded"]},"metadata":{"operationMetadataId":"17c9d50f-79b8-4e32-b73f-9eeb24163f77"}},"Scope_Create_List":
{"type":"Scope","actions":{"List_Title":{"type":"Compose","inputs":"@items('Apply_to_each')?['name']","runAfter":
{},"metadata":{"operationMetadataId":"dbd32e4e-395d-487c-99d1-0ad527126e06"}},"Create_List":
{"type":"OpenApiConnection","inputs":{"host":
{"connectionName":"shared_sharepointonline_2","operationId":"HttpRequest","apiId":"/providers/Microsoft.PowerApps/apis/shared
_sharepointonline"},"parameters":{"dataset":"@body('Parse_Infrastructure_Definition')?
['WebURL']","parameters/method":"POST","parameters/uri":"_api/web/lists","parameters/headers":
{"accept":"application/json;odata=verbose","content-type":"application/json;odata=verbose"},"parameters/body":"{\n
'__metadata': {\n   'type': 'SP.List'\n },\n 'AllowContentTypes': true,\n 'BaseTemplate': '@{outputs('List_Type')}',\n
'ContentTypesEnabled': true,\n 'Description': 'My list description',\n 'Title': '@{outputs
('List_Title')}'\n}"},"authentication":"@parameters('$authentication')"},"runAfter":{"List_Type":
["Succeeded"]},"runtimeConfiguration":{"staticResult":
{"staticResultOptions":"Disabled","name":"Send_an_HTTP_request_to_SharePoint0"}},"metadata":{"operationMetadataId":"6053af78
-838a-44bb-88f8-9052af89b654"}},"List_Type":{"type":"Compose","inputs":"@items('Apply_to_each')['template']","runAfter":
{"List_Title":["Succeeded"]},"metadata":{"operationMetadataId":"09a2ae08-578f-4220-935f-40c2495ce3cc"}}},"runAfter":
{},"metadata":{"operationMetadataId":"82d70206-be6b-41d9-9c0f-3dabcde5da55"}},"Log_Error_creating_List":

Abbildung 10.7 Zwischenablage einer Bereichsaktion

Flow-Schnipsel, die Sie immer mal wieder benötigen, können Sie so einfach in SharePoint, OneDrive oder Quellcodeverwaltungssystemen wie GitHub katalogisieren. Um einen dieser Schnipsel wiederzuverwenden, wechseln Sie in die Zwischenablage und kopieren den Code mit `Strg`+`C` und `Strg`+`V` in den Ablagebereich in Abbildung 10.8.

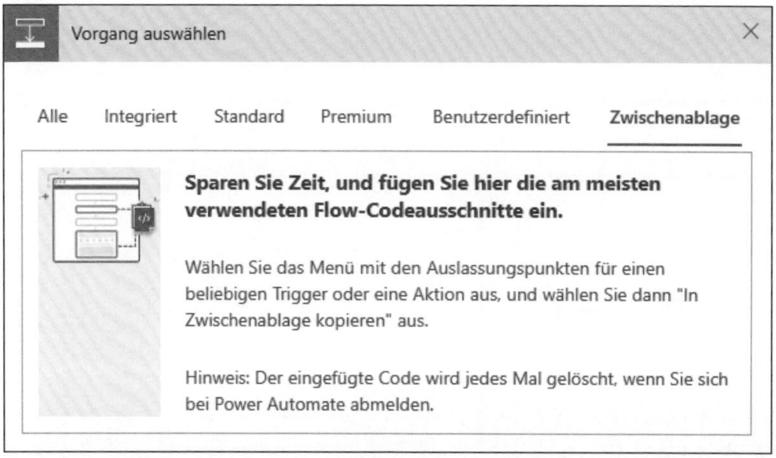

Abbildung 10.8 Die Zwischenablage kann Code-Schnipsel verarbeiten.

Teile zwischen Flows kopieren

Nutzen Sie die Zwischenablage auch, um Teile eines Flows in einen anderen zu kopieren.

Löschen

Sie erreichen die Löschfunktion im Kontextmenü eines Flow-Elements. Löschen Sie ein Element, so lässt es sich nur durch die RÜCKGÄNGIG-Funktion des Flow-Designers wiederherstellen – einen klassischen »Papierkorb« gibt es nicht.

Elemente des Flows, die auf das gelöschte Element verweisen, sind entsprechend neu zu konfigurieren. In größeren Flows kann man da den Überblick verlieren. An dieser Stelle hilft die *Flowprüfung* mit ihren Hinweisen, sofern durch die fehlende Referenz eine Aktion fehlerhaft ist.

- **Löschen von Triggern**
  Da jeder Flow genau einen Trigger benötigt, werden Sie nach dem Löschen eines Triggers sofort aufgefordert, einen neuen Trigger hinzuzufügen.
- **Löschen von Containern (Steuerung-Konnektor)**
  Löschen Sie ein Container-Element wie zum Beispiel einen Bereich, eine Bedingung oder eine Schleife, werden alle dort enthaltenen Elemente ebenfalls gelöscht.

- **Verschieben**
  Mitunter kommt es vor, dass Sie eine Aktion an der falschen Stelle anlegen oder der Flow umstrukturiert werden muss. Greifen Sie einfach ein beliebiges Element mit der Maus, und verschieben Sie das Element an die gewünschte Stelle, so wie in Abbildung 10.9 gezeigt.

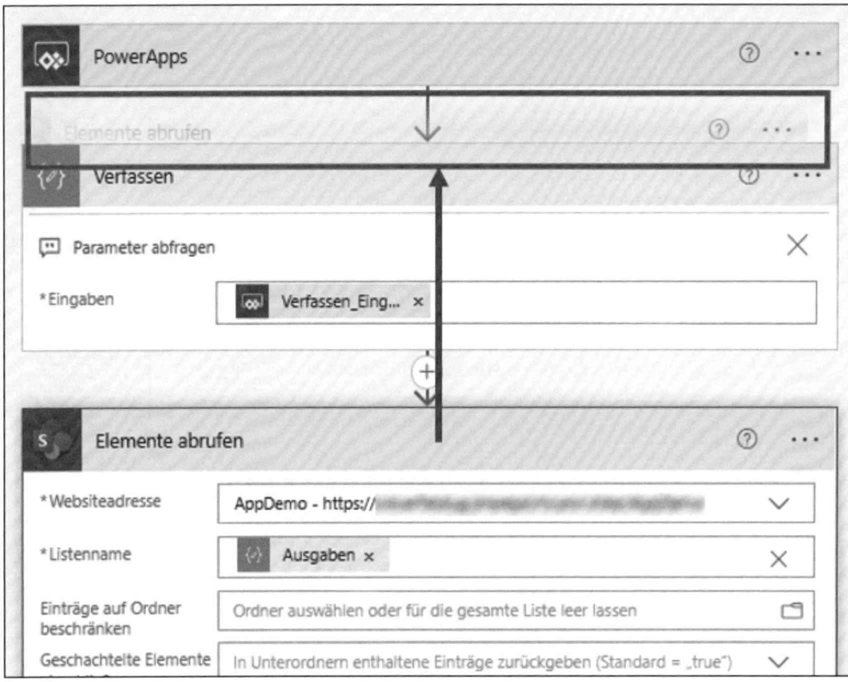

Abbildung 10.9 Verschieben von Aktionen per Drag & Drop

Beachten Sie die Referenzreihenfolge in den Elementen. ELEMENTE ABRUFEN verweist auf die Aktion VERFASSEN. Somit kann ELEMENTE ABRUFEN nicht über VERFASSEN geschoben werden. Eine entsprechende Fehlermeldung (siehe Abbildung 10.10) macht Sie darauf aufmerksam.

Abbildung 10.10 Fehlermeldung, wenn die Referenzhierarchie nicht eingehalten wird

Kommentieren

In Abschnitt 9.6 haben Sie gelernt, wie man einen Flow kommentieren kann. Neben den allgemeinen Kommentaren haben Sie auch die Möglichkeit, eine Aktion direkt zu kommentieren.

Nutzen Sie dafür den Befehl NEUER KOMMENTAR aus dem Kontextmenü der Aktion. Sofort öffnet sich der Kommentarbereich mit einem neuen Kommentar. Wie bei den allgemeinen Flow-Kommentaren können Sie auch hier auf Kommentare antworten, Personen erwähnen oder den Kommentar abschließen.

Eine Sprechblase an einer Aktion zeigt an, dass Kommentare vorliegen. Die Zahl innerhalb der Sprechblase gibt an, um wie viele Kommentare es sich handelt (siehe Abbildung 10.11).

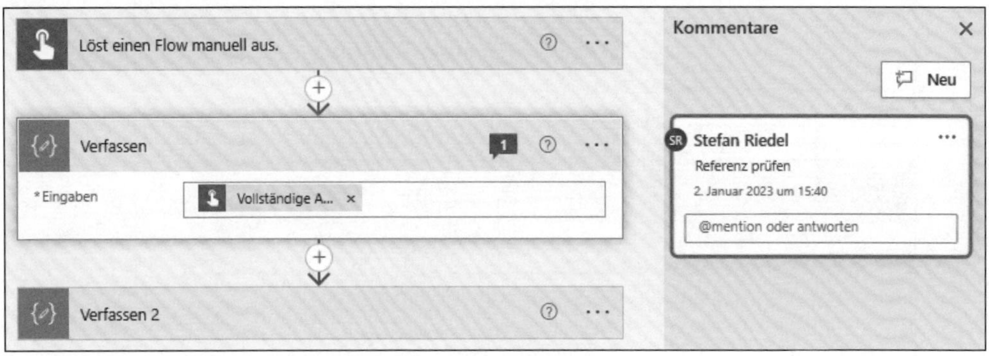

Abbildung 10.11 Eine Aktion kann kommentiert werden.

Klicken Sie auf die Sprechblase, öffnet sich der Kommentarbereich und hebt den ersten Kommentar zu der Aktion hervor.

Klicken Sie auf einen Kommentar, der mit einer Aktion verknüpft ist, so öffnet sich die entsprechende Aktion im Designer.

Umbenennen

Zum Umbenennen von Elementen wählen Sie den entsprechenden Befehl aus dem Kontextmenü der Aktion. Der Name der Aktion wird sofort in den Fokus gesetzt, sodass Sie ihn direkt ändern können (siehe Abbildung 10.12).

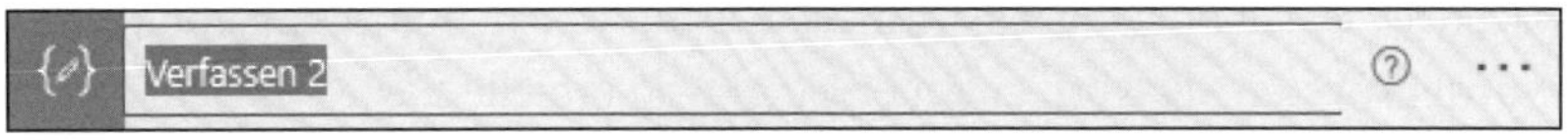

Abbildung 10.12 Eine Aktion kann umbenannt werden.

Konfigurieren

Haben Sie eine Aktion neu hinzugefügt, öffnet sich gleich der Konfigurationsbereich mit den Pflichtfeldern zuzüglich weiterer wichtiger Felder. Bestehende Aktionen können Sie per Klick auf den Namen ganz einfach auf- und zuklappen.

Über einen Link ERWEITERTE OPTIONEN werden weitere Felder zur Konfiguration angezeigt (siehe Abbildung 10.13).

Abbildung 10.13 Erweiterte Optionen zur Konfiguration

Notizen erstellen

Damit Ihr späteres Ich sich noch daran erinnert, warum welche Aktion in einem Flow verwendet wurde, können Sie Notizen an einer Aktion erstellen, wie ich es in Abbildung 10.14 getan habe.

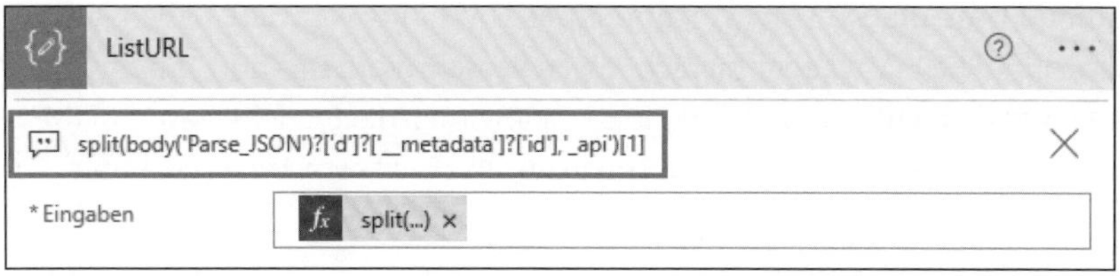

Abbildung 10.14 Notizen an Flow-Aktionen

> **Formeln in Notizen**
>
> Viele Flow-Entwicklerinnen und Entwickler schreiben komplexe Formeln in die Notizen. Das hat einen charmanten Vorteil:
>
> Falls Sie eine komplexe Formel aus Versehen löschen oder zerstören, haben Sie sie in der Notiz immer nochmal als Backup.

Einstellungen

Neben der Konfiguration einer Aktion haben Sie noch weitere Einstellmöglichkeiten, um das Verhalten der Aktionen zu beeinflussen. Da es sich um ein sehr komplexes Menü handelt, werde ich diesen Teil in Abschnitt 10.6 ausführlicher beschreiben.

Statisches Ergebnis

Die Einstellung STATISCHES ERGEBNIS gibt Ihnen die Möglichkeit, den Konnektor ein von Ihnen definiertes Ergebnis zurückgeben zu lassen (siehe Abbildung 10.15).

Abbildung 10.15 Statisches Ergebnis einer Aktion

So würde eine Aktion, die Sie zum Versand einer E-Mail konfiguriert haben, ausgeführt werden, ohne die E-Mail aber tatsächlich zu verschicken. Das hilft Ihnen vor allem bei der Fehlersuche in Flows, wenn Sie den Flow mehrfach ausführen möchten, ohne dabei Gefahr zu laufen, dass Kommunikation zu Drittsystemen stattfindet.

- **Status**
  Mit dem Feld STATUS legen Sie fest, ob eine erfolgreiche (SUCCEEDED) oder fehlerhafte (FAILED) Verarbeitung simuliert werden soll. Das hilft Ihnen unter anderem dabei, die Fehlerverarbeitung in Ihrem Flow zu überprüfen.
- **Statuscode**
  Mit dem STATUSCODE bestimmen Sie die simulierte Antwort der Gegenstelle, zum Beispiel SharePoint oder Exchange, und simulieren zum Beispiel, dass die Aktion wegen fehlender Rechte nicht ausgeführt werden konnte, wie zum Beispiel in Abbildung 10.16.

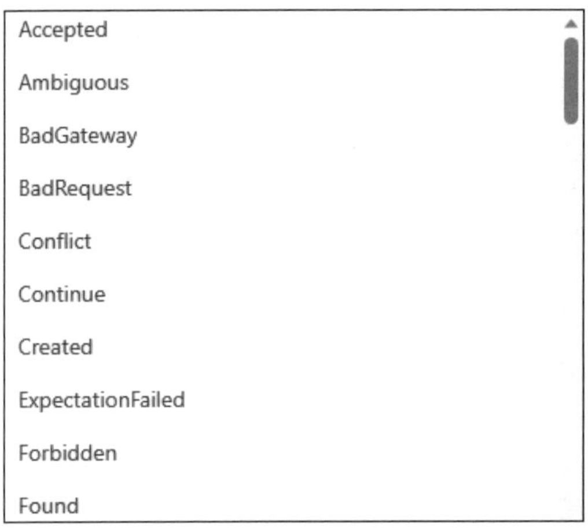

Abbildung 10.16 Simulierter Statuscode einer Flow-Aktion

- **Header**
  Wenn Sie Flows per HTTP-Request aufrufen, haben Sie die Möglichkeit, auch benutzerdefinierte Werte mitzugeben. Diese Übertragung von Parametern können Sie im Bereich HEADER simulieren.

  Aktionen, die ein statisches Ergebnis zurückliefern, werden mit einem Symbol ähnlich einem Erlenmeyerkolben gekennzeichnet (siehe Abbildung 10.17).

Abbildung 10.17 Kennzeichnung einer Aktion mit statischem Ergebnis

Ich verwende diese Funktion, wenn ich im Rahmen von Wartungstätigkeiten das Versenden von Mails oder das Schreiben von Datensätzen verhindern will.

Aktionen stumm schalten

Um während der Wartung unnötige Kommunikation eines Konnektors zu unterdrücken, nutzen Sie die Funktion STATISCHES ERGEBNIS. Die Aktion wird ausgeführt und die Kommunikation mit einem verbundenen System simuliert.

10.1.3 Struktur

Dieser Abschnitt widmet sich den Möglichkeiten, die Struktur und Ablaufkontrolle von Cloud-Flows zu beeinflussen. Im Wesentlichen helfen Ihnen die Aktionen im Konnektor *Steuerung* (eng. *Control*), die Sie in Abbildung 10.18 sehen. Aber auch der Flow-Designer selbst hat eine Funktion für die Flow-Struktur parat, die Sie gleich kennenlernen werden.

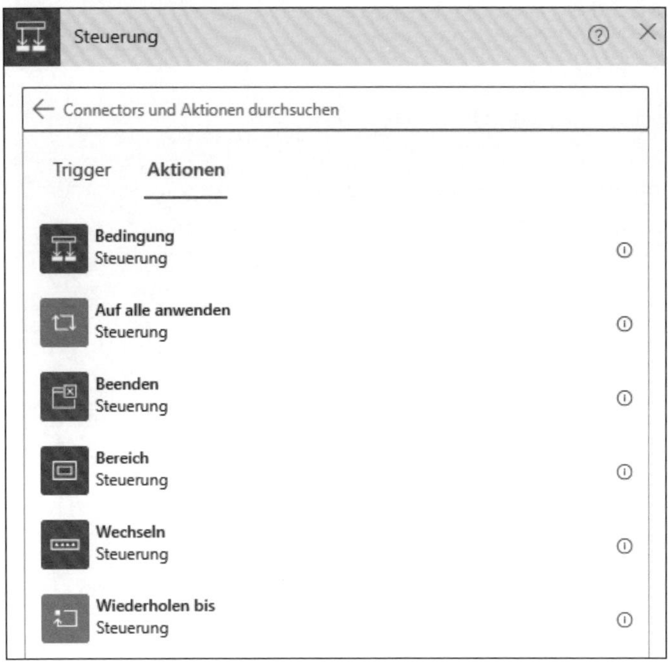

Abbildung 10.18 Aktionen des Konnektors »Steuerung«

Bereiche (Scopes)

Bereiche eignen sich hervorragend, um einen Flow aufzuräumen. Gerade wenn Sie einen Prozess mit mehreren Teilprozessen abbilden, wird ein Flow schnell unübersichtlich, da Sie sehr viele Elemente auf dem Bildschirm haben.

Nutzen Sie Bereiche, um mehrere Aktionen zu einer Einheit zusammenzufassen (siehe Abbildung 10.19).

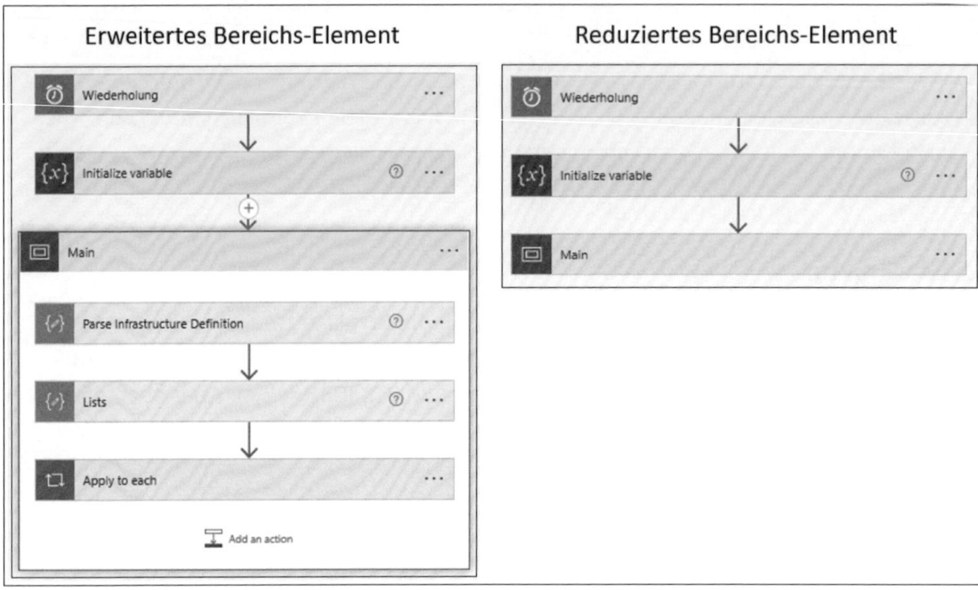

Abbildung 10.19 Das Bereichselement hilft beim Aufräumen.

Bereiche lassen sich ineinanderschachteln sowie auf- und zuklappen. So haben Sie nur die Teile des Flows auf dem Bildschirm, die Sie gerade benötigen.

Parallele Zweige

Bei der Beschreibung des Flow-Designers ging es bislang immer nur darum, grundsätzlich Aktionen aneinanderzureihen, um so einen sequentiellen Flow aufzubauen. Cloud-Flows können aber auch verschiedene Zweige parallel abarbeiten. Und dabei hilft der Flow-Designer, der uns neben der Möglichkeit, eine Aktion hinzuzufügen, auch die Option bietet, einen parallelen Branch (Zweig) aufzubauen.

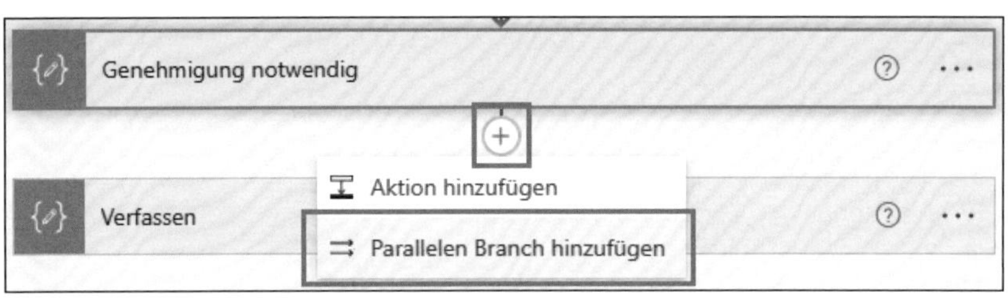

Abbildung 10.20 Parallelen Zweig anlegen

Sobald Sie den Befehl PARALLELEN BRANCH HINZUFÜGEN gewählt haben (siehe Abbildung 10.20), teilt sich der Flow auf, und Sie können wie in Abbildung 10.21 weitere Aktionen im neuen parallelen Zweig anlegen.

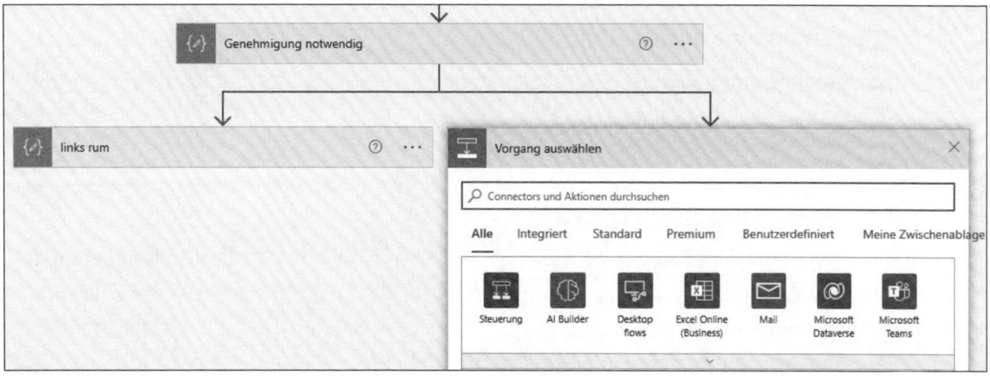

Abbildung 10.21 Neue Aktion im parallelen Zweig anlegen

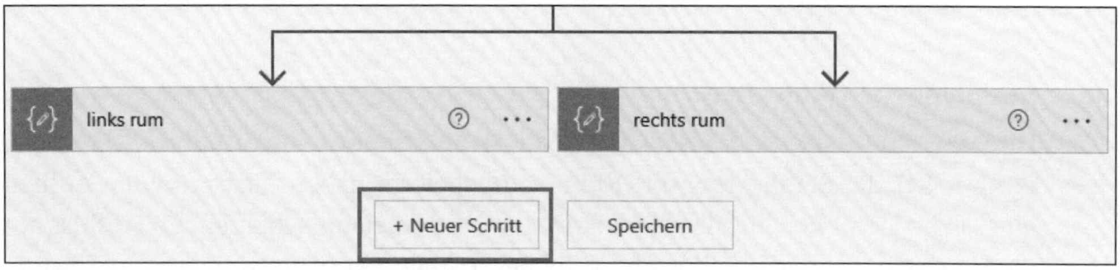

Abbildung 10.22 Zusammenführung von parallelen Zweigen

Indem Sie das Kommando NEUER SCHRITT unterhalb der beiden Zweige wählen, werden die parallelen Zweige wieder zu einem Strang verknüpft (siehe Abbildung 10.22 und Abbildung 10.23).

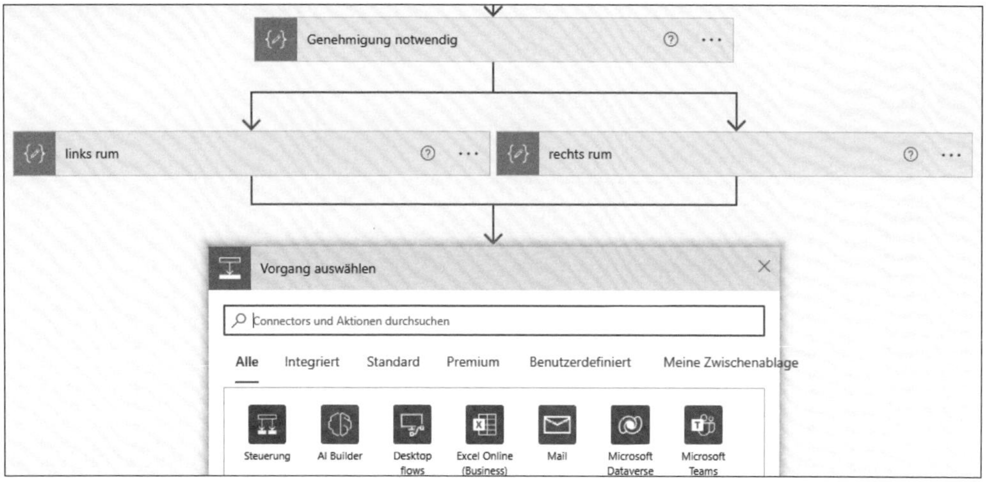

Abbildung 10.23 Die Zusammenführung von parallelen Zweigen ist vollzogen.

[»]

Mindestens eine Aktion ist notwendig

Möchten Sie einen weiteren parallelen Zweig anlegen, muss mindestens eine Aktion in einem Zweig vorhanden sein.

[»]

Grenzwert für parallele Zweige

Sie können maximal 50 parallele Zweige in einem Flow anlegen. Das sollte aber auch reichen. Wenn ein Ablauf so kompliziert wird, dass 50 unterschiedliche Fälle und Möglichkeiten abgedeckt werden müssen, ist es an der Zeit, den grundsätzlichen Ablauf und die dahinterstehende Logik zu überdenken.

Wenn Sie mich fragen, ist dieser Zeitpunkt auch schon bei vier oder fünf Zweigen gekommen. Viel mehr kann man als Mensch kaum mehr sinnvoll nachvollziehen.

Ausführen nach (Run after)

Die Funktion AUSFÜHREN NACH ist Teil des Kontextmenüs einer Aktion (siehe Abbildung 10.24), das Sie in Abschnitt 10.1.1 kennengelernt haben, als es um den Aufbau eines Flow-Elements ging. Da diese Funktion aber einen entscheidenden Einfluss auf die Flow-Struktur hat, möchte ich sie an dieser Stelle beleuchten.

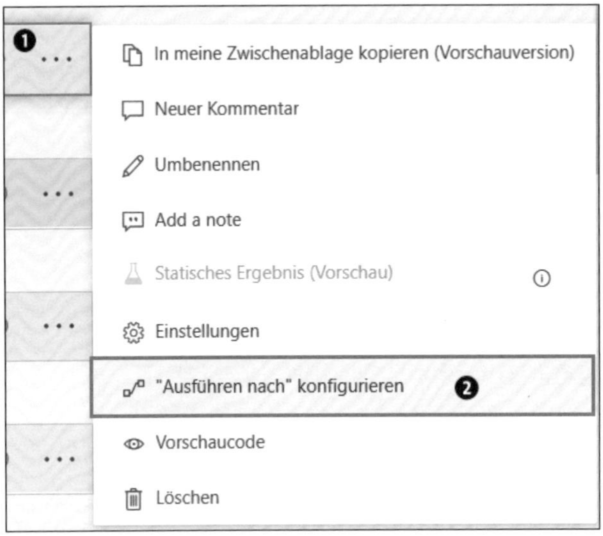

Abbildung 10.24 »Ausführen nach« konfigurieren

Sobald Sie den Menüpunkt »AUSFÜHREN NACH« KONFIGURIEREN ausgewählt haben, wechselt die Aktion in die Konfigurationsansicht für diese Einstellungsoption (siehe Abbildung 10.25).

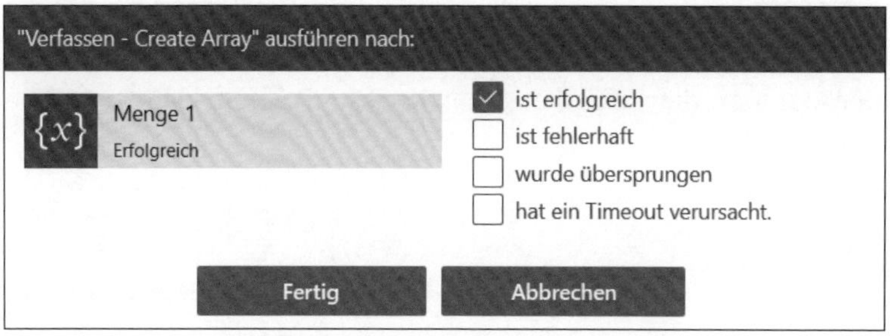

Abbildung 10.25 Konfigurationsoberfläche von »Ausführen nach«

Hier können Sie einstellen, unter welchen Voraussetzungen diese Aktion ausgeführt werden soll. Entscheidend ist dabei immer der Ausführungsstatus der Vorgängeraktion. Dabei können Sie auf folgende Status reagieren:

- Ist erfolgreich (Standardeinstellung)
- Ist fehlerhaft
- Wurde übersprungen
- Hat Timeout verursacht

Die Vorgängeraktion, auf die sich die aktuelle Konfiguration bezieht, sehen Sie auf der linken Seite des Konfigurationsdialogs. Hier ist es die Aktion MENGE 1. Im Falle, dass eine Aktion mehrere Vorgänger besitzt, wie es bei zusammengeführten parallelen Zweigen der Fall ist, erscheinen hier beide Vorgänger. Sie haben dann die Möglichkeit, sich für einen der beiden Vorgänger zu entscheiden. Tun Sie das, wird die Aktion direkt der verbleibenden Aktion nachgeordnet und die Zusammenführung der beiden Zweige aufgelöst.

Jede Konfiguration, die nicht mindestens die Einstellung IST ERFOLGREICH beinhaltet, wird Ihnen grafisch durch einen roten gestrichelten Pfeil in Ihrer Flow-Struktur angezeigt (siehe Abbildung 10.26), denn wenn der eingestellte Fall nicht eintritt, wird der Flow in seiner Ausführung ohne Wenn und Aber abgebrochen (siehe Abbildung 10.27).

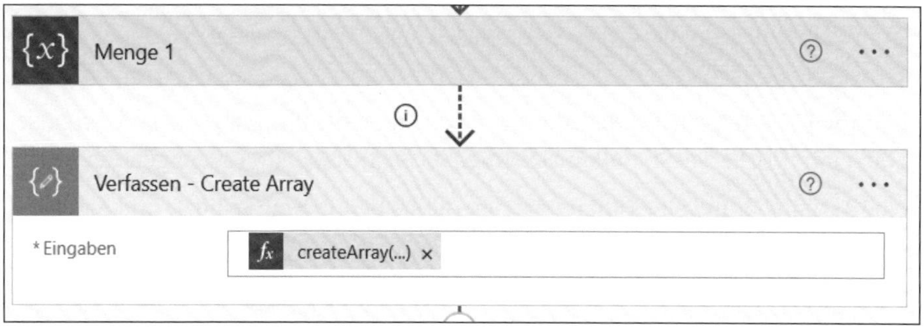

Abbildung 10.26 Visualisierung von geänderter Konfiguration von »Ausführen nach«

Da die Ausführung der Aktion MENGE 1 erfolgreich war und die nachfolgenden Aktionen nur auf eine fehlerhafte Ausführung reagieren (der rote Pfeil!), kommt es zu einem Abbruch der Aktionen, die durch die grauen Kreise mit einem kleinen weißen Kreuz markiert sind.

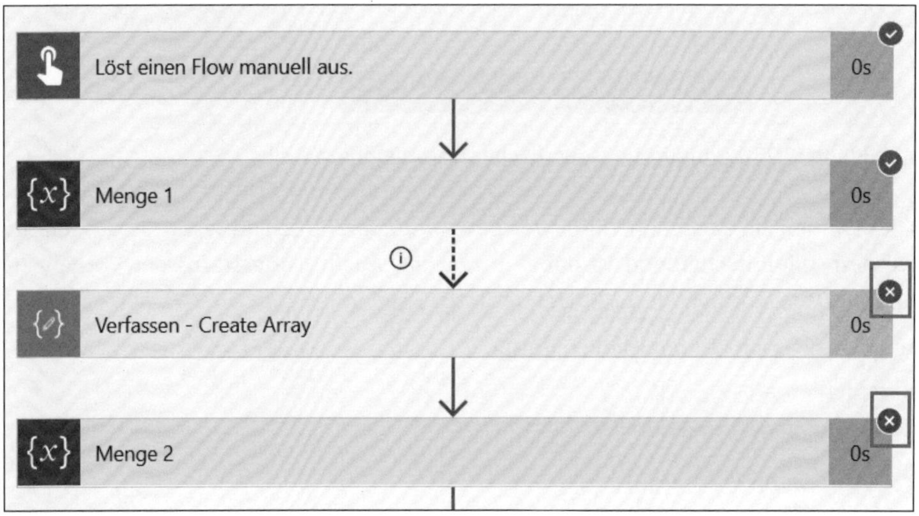

Abbildung 10.27 Unterbrochener Ausführungsverlauf eines Flows

Sie lernen in Abschnitt 10.4.2, wie Sie parallele Zweige und AUSFÜHREN NACH nutzen können, um fehlertolerante Flows zu entwickeln.

Schleifen

In der Programmierung werden Schleifen mit `for` genutzt, um Funktionen wiederholt auszuführen. Diese Funktion lässt sich selbstverständlich auch in den Cloud-Flows nutzen.

Auf alle anwenden (Apply to each)

AUF ALLE ANWENDEN erlaubt das Verarbeiten von mehreren Datensätzen, die als Ergebnis einer Datenabfrage oder Datentransformation übergeben werden. In den seltensten Fällen nutzen Sie dieses Element bewusst. Warum, zeigt das folgende Beispiel:

Abbildung 10.28 zeigt die Aktualisierung eines Elements (ELEMENT AKTUALISIEREN), das über eine vorherige SharePoint-Abfrage (ELEMENTE ABRUFEN) eingelesen wurde.

Für die Aktualisierung eines SharePoint-Elements benötigen Sie die ID und den TITEL des Elements, das aktualisiert werden soll.

Da diese Werte in der Ausgabe von der Aktion ELEMENTE ABRUFEN bereitstehen, können Sie auf die Eigenschaft ID aus den dynamischen Inhalten zugreifen und diese auswählen. Der Flow-Designer merkt nun, dass ELEMENTE ABRUFEN nicht nur ein Element, sondern eine Menge von Elementen zurückliefert, und umschließt die Aktion ELEMENTE AKTUALISIEREN automatisch mit dem Steuerungselement AUF ALLE ANWENDEN.

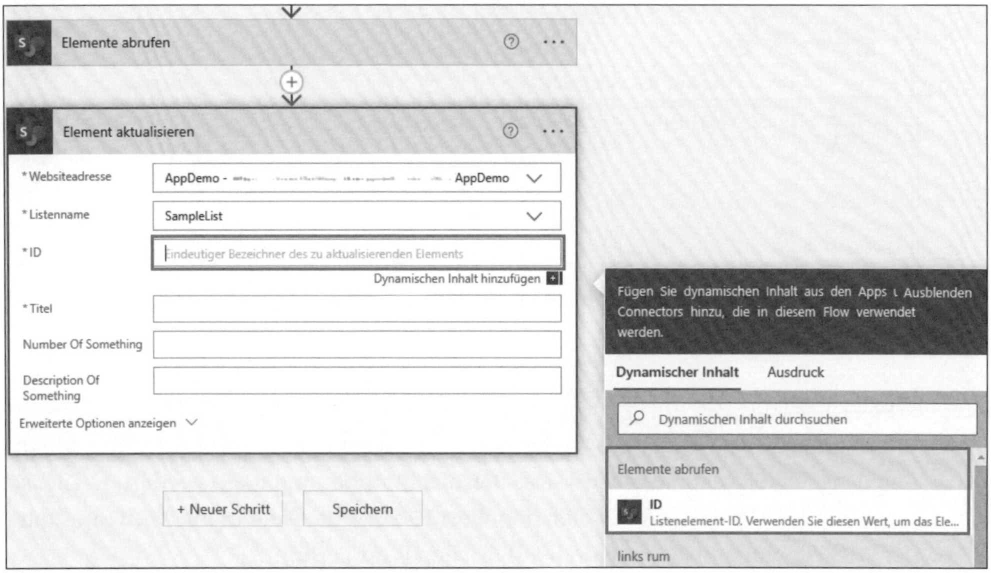

Abbildung 10.28 Verarbeitung von Elementen einer Abfrage

Rückgaben von Datenabfragen

Auch wenn Sie bei der Aktion ELEMENTE ABRUFEN einstellen, dass Sie nur ein Element zurückgeliefert bekommen wollen, bekommen Sie eine Datenmenge bestehend aus einem Eintrag geliefert.

Wird der Flow ausgeführt, besucht das Schleifen-Element AUF ALLE ANWENDEN jedes Element der abgerufenen Daten und führt darauf die Aktion ELEMENT AKTUALISIEREN aus (siehe Abbildung 10.29).

Schleifen beschleunigen

In den Einstellungen der Aktion AUF ALLE ANWENDEN können Sie die Gleichzeitigkeitssteuerung aktivieren. Das führt dazu, dass die Elemente einer Datenliste nicht seriell, also ein Element nach dem anderen, verarbeitet werden, sondern mehrere gleichzeitig. Mehr dazu finden Sie in Abschnitt 10.5.4.

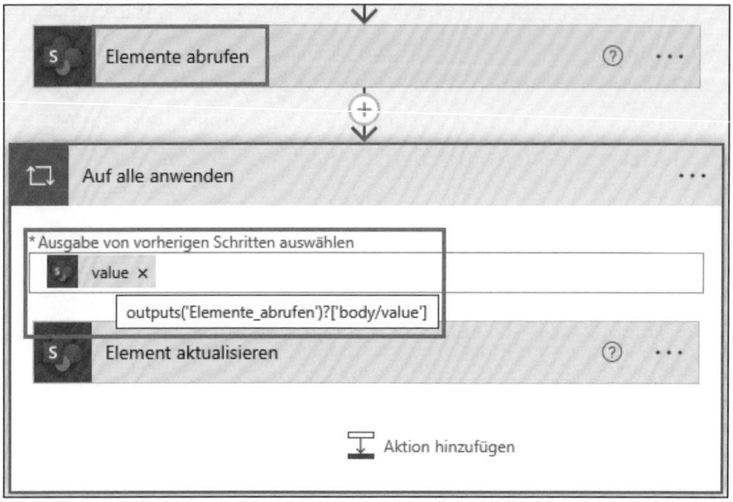

Abbildung 10.29 »Auf alle anwenden« bezieht sich auf die Ausgabeliste der SharePoint-Abfrage.

Wiederholen bis (Do until)

WIEDERHOLEN BIS erlaubt das Wiederholen von Aktionen, bis ein bestimmter von Ihnen festgelegter Zustand eintritt. Das Beispiel in Abbildung 10.30 wiederholt sich so lange, bis der Wert einer Variablen den Wert 10 erreicht. Die Variable wird innerhalb der Wiederholung in jedem Durchlauf um den Wert 1 erhöht.

Nehmen Sie diese Aktion auch, wenn Sie den Flow anhalten wollen, bis ein asynchroner Prozess beendet ist. Ein Beispiel dafür ist die Anlage einer SharePoint-TeamSite oder eines Team-Raums in Teams per HTTP-Request. Sobald Sie die Anlage angestoßen haben, dauert es eine Zeit, bis die Site oder das Team zur Verfügung steht. In der Wiederholen-bis-Schleife können Sie nun in jedem Durchlauf abtesten, ob die Site bereitsteht, und eine Variable vom Typ Boolean auf den Wert `true` setzen, der auch gleichzeitig die Abbruchbedingung für die Schleife darstellt.

Abbildung 10.30 zeigt den grundsätzlichen Aufbau der Wiederholen-bis-Aktion. Die Abbruchbedingung `zähler ist gleich 10` legt fest, wann die Schleife verlassen wird. Innerhalb der Schleife wird die Variable `zähler` stetig um den Wert 1 erhöht. Erreicht die Variable den Wert 10, wird die Schleife verlassen.

[»]

for-Schleifen simulieren

Es gibt in Flows keine klassischen `for`-Schleifen, wie Sie sie vielleicht aus der Programmierung kennen. Wollen Sie eine Schleife konstruieren, die x Durchläufe tätigt, simulieren Sie sie über die Wiederholen-bis-Schleife aus Abbildung 10.30.

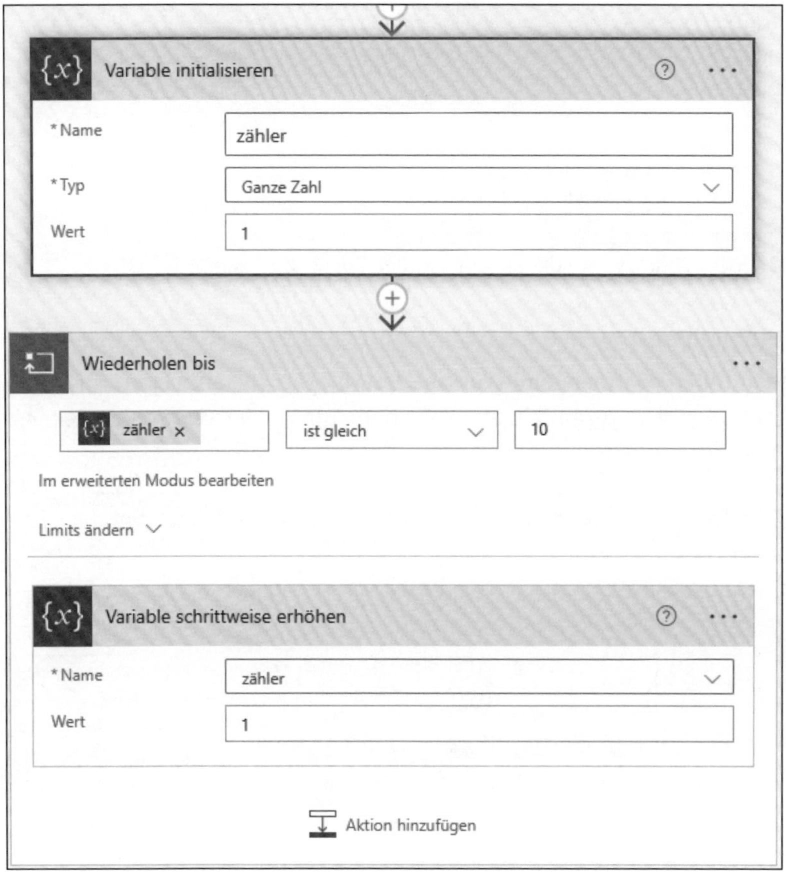

Abbildung 10.30 Das Steuerungselement »Wiederholen bis«

Beenden (Terminate)

Damit ein Flow immer mit einem definierten Zustand endet, sollten Sie die BEENDEN-Aktion verwenden. Sie können zwischen den folgenden Status wählen, in denen der Flow beendet werden soll:

- Fehler
- Abgebrochen
- Erfolgreich

Der Status FEHLER erlaubt die zusätzliche Definition eines FEHLERCODES und einer NACHRICHT (siehe Abbildung 10.31). Diese Werte können Sie später im Ausführungsverlauf einsehen. Eine Auswertung des Fehlercodes und der Nachricht auf der Flow-Detail-Seite ist leider nicht möglich.

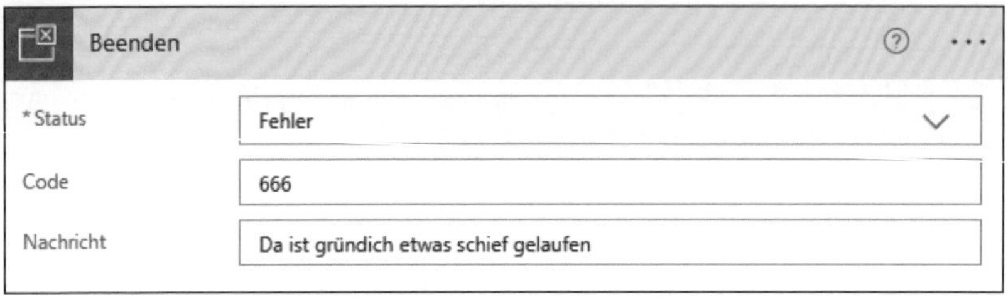

Abbildung 10.31 Metadaten, wenn der Flow im Fehler-Zustand enden soll

Bedingungen (Conditions)

Bedingungen erlauben es Ihnen, eine Aussage festzulegen, die entweder wahr oder falsch sein kann. Der Flow in Abbildung 10.32 überprüft, ob der Wert einer VERFASSEN-Aktion `true`, also wahr ist.

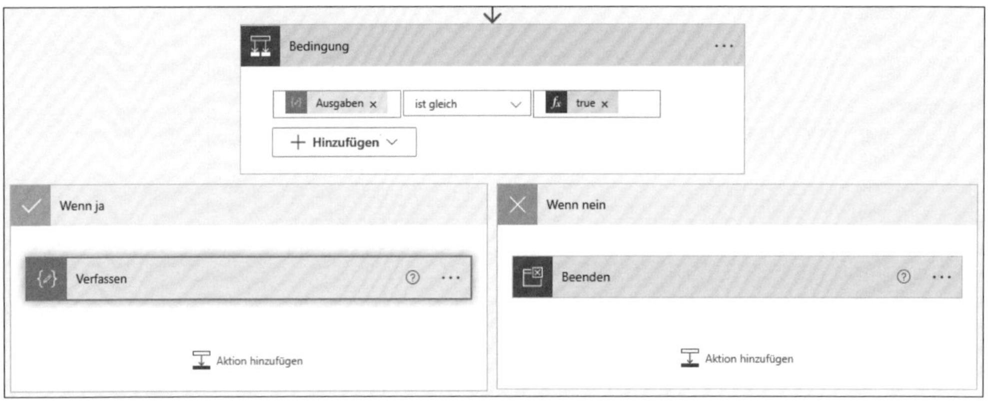

Abbildung 10.32 Bedingungen

Falls ja, biegt der Prozess links ab und wird weitergeführt. Falls nicht, wird der Flow beendet. Folgende Vergleiche sind möglich:

- Enthält
- Enthält nicht
- Ist gleich
- Ist ungleich
- Ist größer als
- Ist größer oder gleich
- Ist kleiner als
- Ist kleiner oder gleich
- Beginnt mit
- Beginnt nicht mit

- Endet auf
- Endet nicht auf

Über die Schaltfläche HINZUFÜGEN können Sie komplexe Bedingungen konfigurieren, indem Sie neue Zeilen oder neue Gruppen hinzufügen (siehe Abbildung 10.33). Für mehrere Zeilen in einer Gruppe können Sie festlegen, ob alle Teilbedingungen wahr sein müssen (Und) oder ob wenigstens eine Bedingung wahr sein muss (Oder).

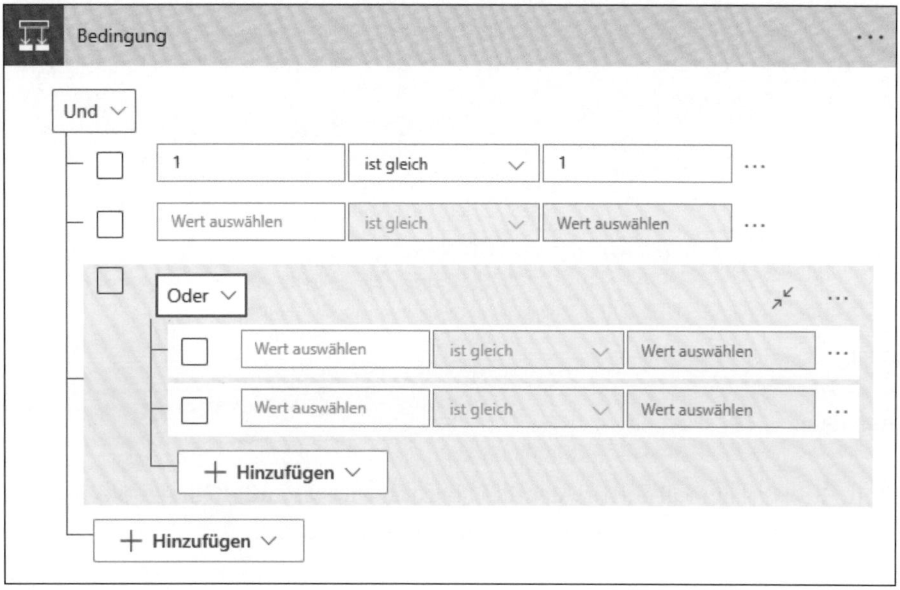

Abbildung 10.33 Komplexe Bedingungen erstellen

Wechseln (Switch)

Mit der Funktion WECHSELN verzweigen Sie Ihre Flows abhängig vom Wert der Ausgabe einer Aktion oder eines selbstgeschriebenen Ausdrucks (siehe Abbildung 10.34). Wenn Sie schon Programmiererfahrung haben, werden Sie sich sicher an `Select/Case` oder `Switch/Case` erinnern. Die Aktion WECHSELN erwartet im Feld den Wert `Ein`. Das ist der Wert, der betrachtet werden soll. Die darunter liegenden Bereiche, die mit GROSS-/KLEINBUCHSTABEN beschriftet sind, beziehen sich immer auf einen Wert, den Sie gegen den Wert aus EIN abprüfen.

> **Übersetzungen**
>
> Sie finden diese Erklärung verwirrend? Das liegt leider an den merkwürdigen Übersetzungen in der deutschen Oberfläche, mit denen sich dieses Struktur-Element gar nicht vernünftig beschreiben lässt, weshalb ich hier kurz aufklären möchte, was die Beschriftungen eigentlich bedeuten.

10

Im Original heißt das Element SWITCH. Formuliert man damit einen englischen Satz, würde man sagen »Switch on something«. Die Übersetzung von »Switch« auf »Wechseln« ist gut gelungen, jedoch wurde »on« separat übersetzt, weshalb durch die 1:1-Übersetzung »Ein« angezeigt wird. Da man hier in *Bezug auf einen Wert* einen Wechsel vornimmt, wäre »Bezug« statt »Ein« die bessere Wahl gewesen.

Für den Wert, den man betrachtet, werden im nächsten Schritt die einzelnen Cases ausgewertet, also einzelne Fälle. Da sich »Case« aus dem Englischen aber auch mit »Groß-/Kleinschreibung« übersetzen lässt (»upper case«, »lower case«), gab es eine 50:50-Chance, den falschen Begriff zu wählen. Das ist Microsoft leider gelungen, wie Abbildung 10.34 zeigt.

Abbildung 10.34 Verwendung der Steuerungsfunktion »Wechsel«

Falls im Feld EIN ein Fall auftritt, der nicht berücksichtigt wurde, fällt der Wechsel auf den STANDARD-Fall, der immer ganz rechts eingeordnet wird.

Weitere Fälle werden durch die Auswahl des +-Symbols eingefügt. Leider ist keine Sortierung der einzelnen Stränge möglich.

Abbildung 10.35 zeigt die Anwendung des Wechsels in einem etwas komplexeren Cloud-Flow, den ich dazu entwickelt habe, *SharePoint*-Listen und -Felder anzulegen. In diesem Fall betrachte ich den Feldtyp, der angelegt werden soll. Der Ausschnitt zeigt die Fälle für Boolean-, Integer- und Text-Felder.

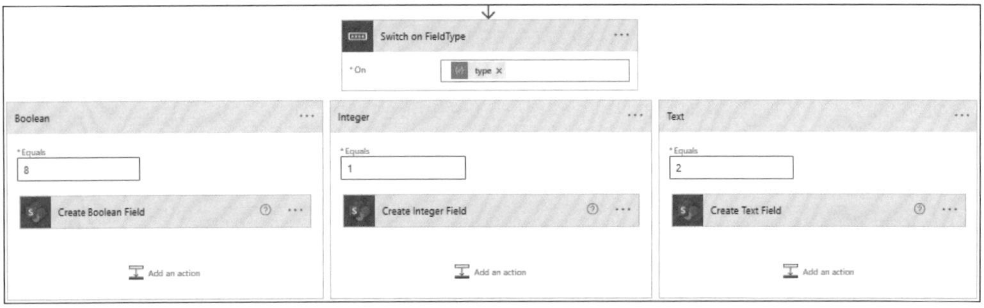

Abbildung 10.35 Anwendung des Wechsels in einem Real-World-Szenario

10.2 Trigger konfigurieren

Sie wissen bereits, dass jeder Flow einen *Trigger* benötigt und dass es verschiedene Arten von Triggern gibt. Nun lernen Sie, wie diese Trigger konfiguriert werden.

In Abschnitt 11.7 machen wir unseren letzten Ausflug in die Welt der Trigger. Dort lernen Sie weitere Einstellmöglichkeiten kennen, die Ihre Flows sicherer und stabiler machen.

10.2.1 Sofortige Cloud-Flows

Sofortige Cloud-Flows werden grundsätzlich durch eine Benutzerinteraktion aufgerufen. Was das bedeutet, erfahren Sie in diesem Abschnitt.

Die folgenden Abschnitte erläutern die Trigger zur sofortigen Ausführung eines Flows, die ich in meinen Projekten am meisten benutze. Zur Erinnerung: Die Auswahl eines Triggers erfolgt direkt, wenn Sie im Maker Portal einen neuen sofortigen Cloud-Flow anlegen (siehe Abbildung 10.36).

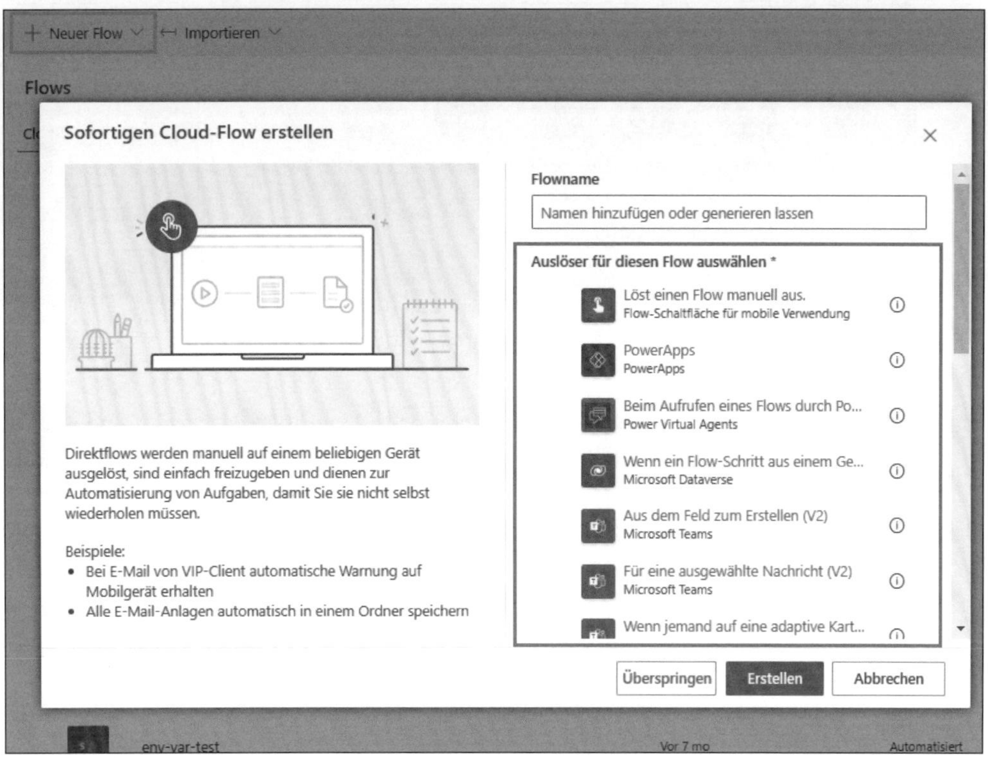

Abbildung 10.36 Trigger für sofortige Cloud-Flows auswählen

Löst einen Flow manuell aus

Der Trigger mit dem Namen LÖST EINEN FLOW MANUELL AUS erlaubt das sofortige Ausführen eines Flows. Auch wenn Sie diese Flows aus dem Maker Portal oder dem Flow-Designer aufrufen können, ist er für die Benutzung der mobilen App auf Ihrem Smartphone oder Tablet konzipiert, weshalb dieser Trigger auch als *Flow-Button* bekannt ist.

Dieser Trigger eignet sich hervorragend für eine einfache Datenerfassung, denn neben frei zu definierenden Eingabefeldern für Texte, Zahlen, Datumswerte und Bilder erfasst dieser Trigger auch Ihre Standortinformationen sowie die E-Mail-Adresse des ausführenden Benutzers.

Eingabefelder konfigurieren

Sie können verschiedene Typen von Eingaben konfigurieren, indem Sie den Befehl EINGABE HINZUFÜGEN selektieren und anschließend die gewünschte Eingabeart auswählen (siehe Abbildung 10.37).

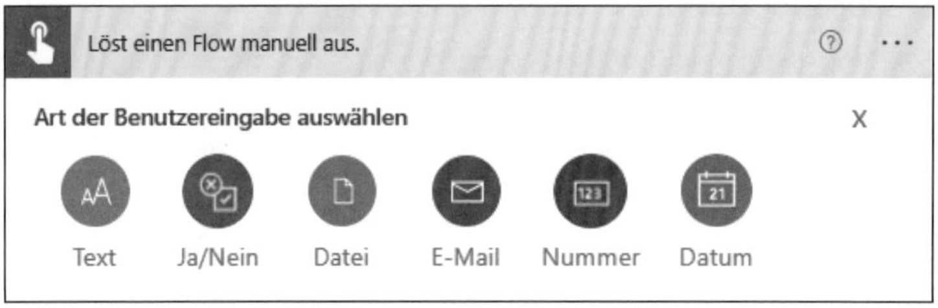

Abbildung 10.37 Eingabeart auswählen

Eingaben können optional oder erforderlich sein, wobei der Eingabetyp DATEI per Default ein optionales Feld ist. Alle anderen Felder sind erforderlich, also Pflichtfelder.

Felder können auch gelöscht werden. Beachten Sie dabei aber, dass nachfolgende Aktionen diese Eingaben möglicherweise verarbeiten und somit neu konfiguriert werden müssen.

[»]

Alternative zu Formularlösungen

Da Sie die Eingaben auch mehrfach hinzufügen können und diese optional und verpflichtend sein können, können Sie mit diesem Trigger auch einfache Formulare erstellen.

Eingaben bestehen aus einem Symbol, das die Art der Eingabe anzeigt, einem Titel sowie einem Hilfetext, der in das jeweilige Eingabe-Element eingeblendet wird.

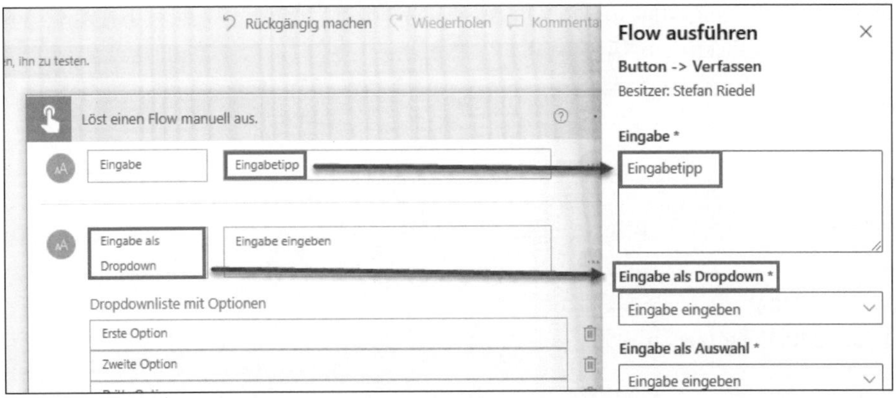

Abbildung 10.38 Konfiguration einer Eingabe

Konfiguration des Eingabetyps Text

Der Eingabetyp TEXT erlaubt weiterreichende Konfigurationsmöglichkeiten hinsichtlich der Darstellungsform. Neben der Eingabe von Freitexten sind auch Konfigurationen als Auswahlfeld mit Einfachauswahl oder Mehrfachauswahl möglich (siehe Abbildung 10.39).

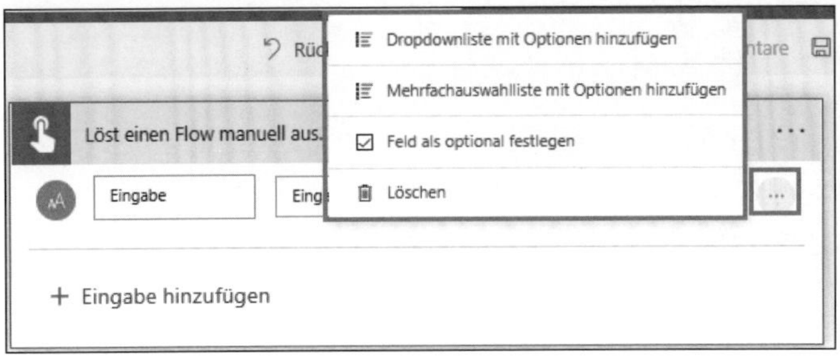

Abbildung 10.39 Texteingaben als Dropdown oder Mehrfachauswahl konfigurieren

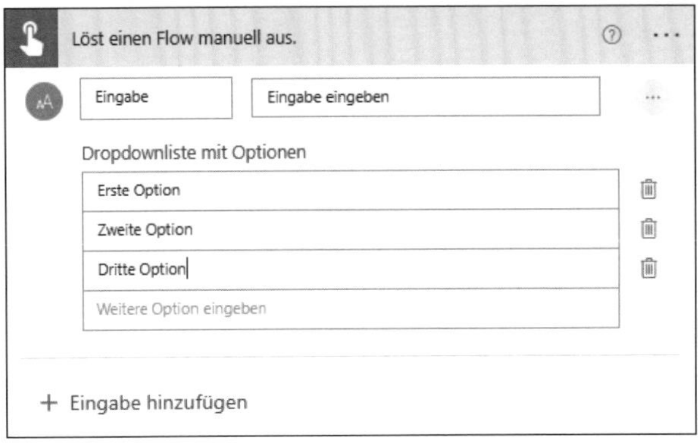

Abbildung 10.40 Erstellen von Auswahllisten

Abbildung 10.40 zeigt die Anlage von Auswahlwerten für Ihren Trigger. Ein Klick auf den Papierkorb löscht eine Auswahl.

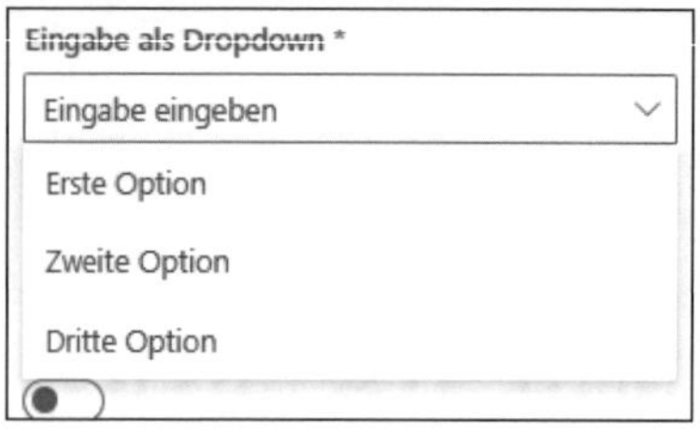

Abbildung 10.41 Einfachauswahl

Die Auswahloptionen können nun entweder als Einfachauswahl, wie in Abbildung 10.41 zu sehen, oder als Mehrfachauswahl wie in Abbildung 10.42 verwendet werden.

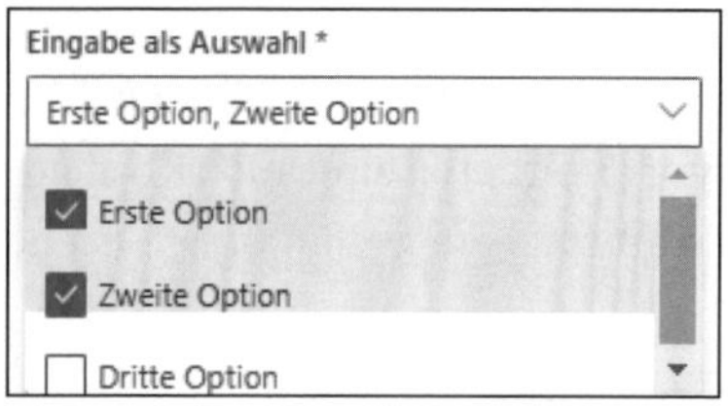

Abbildung 10.42 Mehrfachauswahl

Die Weiterverarbeitung der Einfachauswahl ist sehr einfach, da Sie nur einen einzelnen Wert zurückgeliefert bekommen können (siehe Abbildung 10.43).

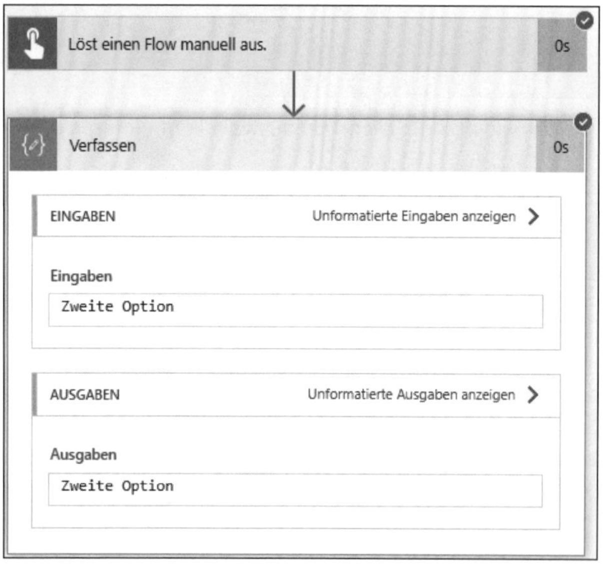

Abbildung 10.43 Einfache Werte lassen sich sehr einfach weiterverarbeiten.

Bei der Mehrfachauswahl ist es etwas komplizierter, denn hier bekommen Sie nicht nur einen Wert, sondern eine Werteliste zurückgeliefert. In den dynamischen Inhalten finden Sie einen Wert, der den Namen Ihres Eingabeparameters trägt, zum Beispiel: »Eingaben«. Dieser Wert beinhaltet ein JSON-Array mit den selektierten Werten in der Reihenfolge der Selektion, wie in Abbildung 10.44 zu sehen. Wie Sie diese Daten verarbeiten, erfahren Sie in Abschnitt 10.3.9.

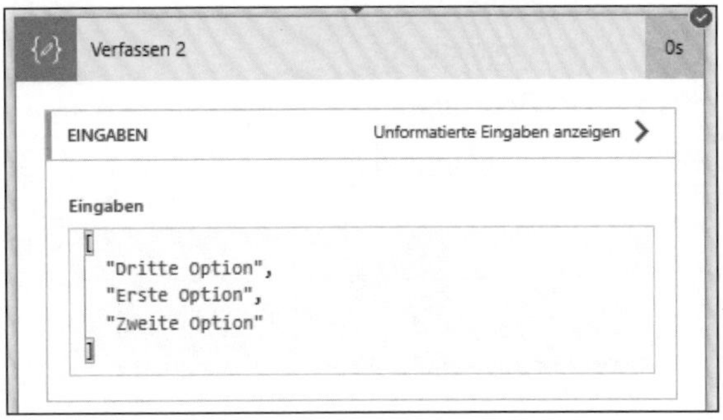

Abbildung 10.44 Ergebnis von Mehrfachauswahl in sofortigem Trigger

Zusätzlich wird ein Feld in den dynamischen Inhalten bereitgestellt, das ein einzelnes Element der Auswahl bereitstellt. Das Feld trägt den Namen des Datentyps, in dem Fall TEXT - ELEMENT. Weitere Text-Mehrfachauswahlen würden mit TEXT_1 – ELEMENT, TEXT_2 – ELEMENT weitergeführt werden. Fügen Sie dieses Feld in eine VERFASSEN-Aktion ein, so wird automatisch eine Schleife darumgesetzt, da bei einer Mehrfachauswahl eine Wertemenge erwartet wird (siehe Abbildung 10.45).

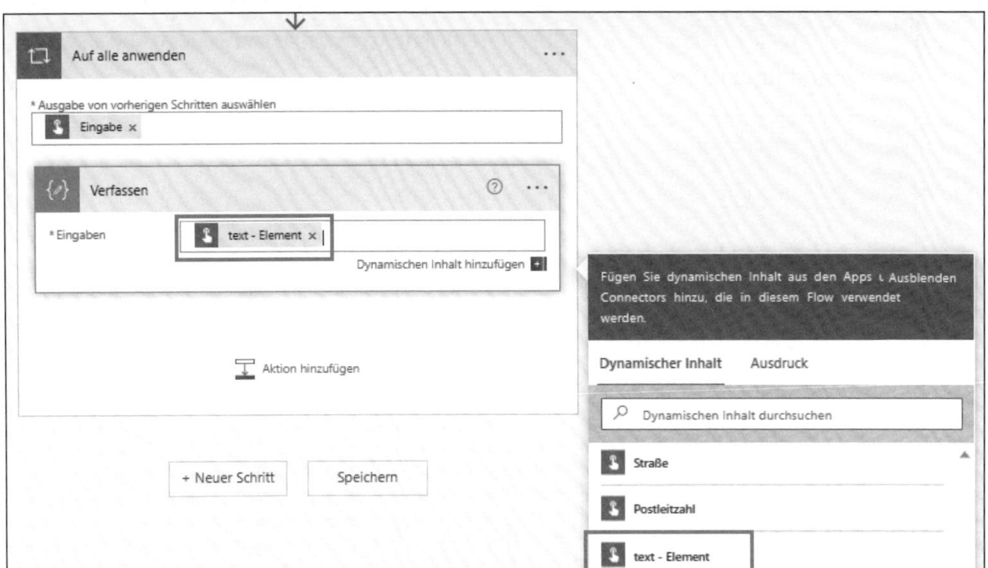

Abbildung 10.45 Mehrfachauswahlen kommen als Wertelisten.

Standardeigenschaften

Neben den frei definierbaren Eingaben verfügt dieser Trigger über eine Reihe weiterer Eigenschaften, die Sie in Ihrem Flow verwenden können:

- Benutzername
- E-Mail-Adresse des Benutzers
- Datum
- Zeitstempel
- vollständige Adresse
- Land/Region
- Ort
- Bundesland
- Straße
- Postleitzahl
- Breitengrad
- Längengrad

[»]

Freigabe von Standortdaten

Da Standortdaten durch den Flow erfasst werden, ist die entsprechende Freigabe auf Ihrem mobilen Endgerät oder Ihrem Browser erforderlich.

PowerApps

Der Trigger POWERAPPS erlaubt den Aufruf eines Flows aus einer Power App heraus. Dieser Trigger hat keine direkten Konfigurationsmöglichkeiten und kann direkt verwendet werden.

Flow in App einbinden

Wollen Sie den Flow nun in eine App einbinden, öffnen Sie eine App im Bearbeitungsmodus oder erstellen Sie eine neue App. Wählen Sie dann in den App-Optionen den Bereich POWER AUTOMATE und dort den Befehl FLOW HINZUFÜGEN bzw. ADD FLOW (siehe Abbildung 10.46).

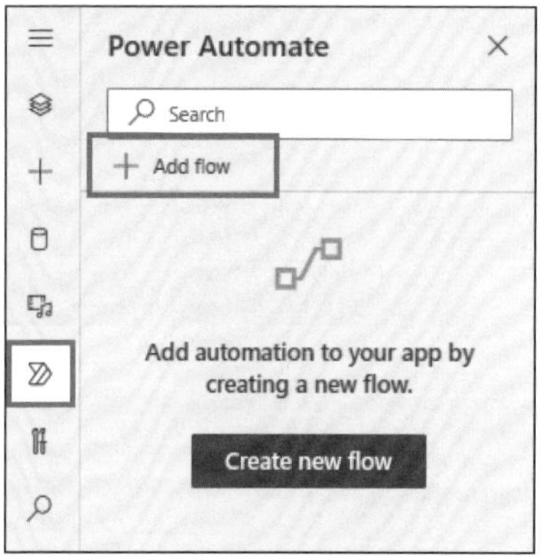

Abbildung 10.46 Flow in App integrieren

Nun werden Ihnen alle Flows mit einem PowerApps-Trigger des aktuell eingestellten Environments aufgelistet (siehe Abbildung 10.47). Binden Sie Ihren Wunsch-Flow ein, indem Sie ihn aus der Liste auswählen. Ab jetzt können Sie den Flow wie jeden anderen Konnektor verwenden.

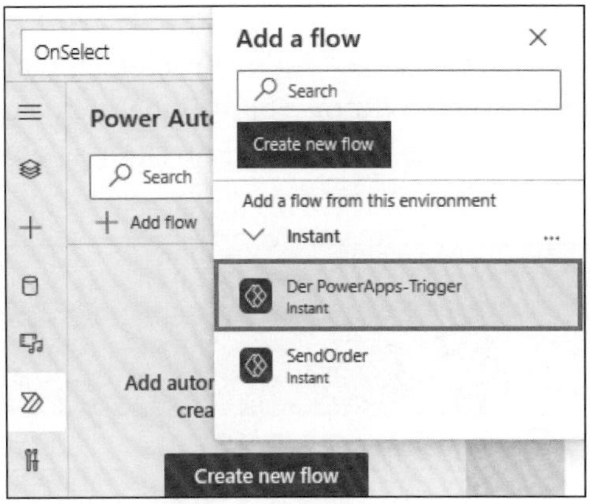

Abbildung 10.47 Flow auswählen

Nun brauchen Sie das auslösende Element in Ihrer App, zum Beispiel eine Schaltfläche, und wählen dort das `OnSelect`-Ereignis aus. Tragen Sie den Flow-Namen mit der Methode `Run()` ein, so wie in Abbildung 10.48 gezeigt.

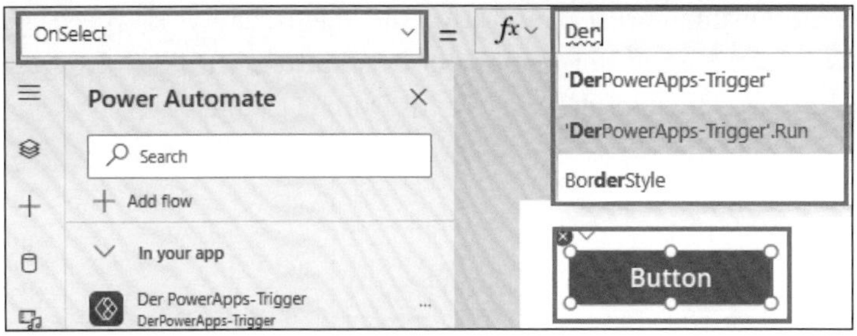

Abbildung 10.48 Flow aufrufen

> **Parameterübergabe**
>
> Die Methode `Run` erwartet die Übergabeparameter, die Sie in Ihrem Flow-Trigger konfiguriert haben. Sind keine vorhanden, reicht ein einfaches `Flowname.Run()`.

Führen Sie den Flow nun aus, indem Sie die `Alt`-Taste gedrückt halten und auf die Schaltfläche klicken.

Übergabefelder konfigurieren

Wie beim Flow-Button, dem Trigger für die sofortige Ausführung eines Flows, haben Sie hier auch die Möglichkeit, Parameter zu definieren. Wenn Sie sich wundern, dass der Trigger keinerlei Möglichkeiten dafür bietet, hält der Flow-Designer hier eine kleine Überraschung für Sie bereit.

Fügen Sie einfach eine VERFASSEN-Aktion aus dem Konnektor *Datenvorgang* Ihrem Flow hinzu, und klicken Sie in das Eingabefeld dieser Aktion. Sofort öffnet sich die Auswahl der dynamischen Inhalte und bietet Ihnen die Funktion IN POWERAPPS FRAGEN an (siehe Abbildung 10.49).

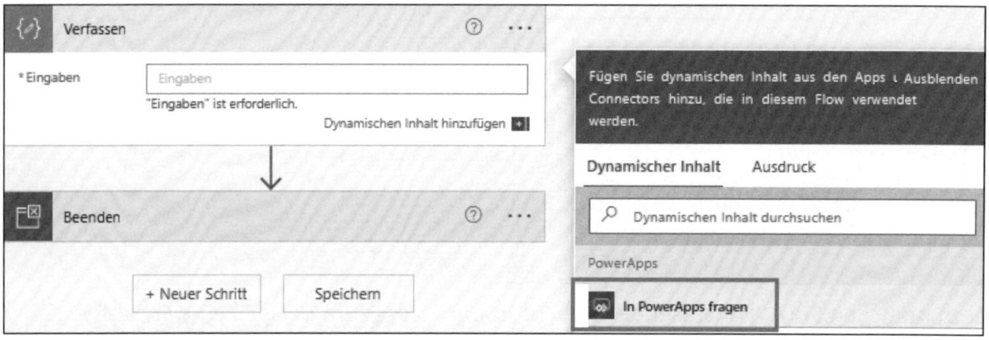

Abbildung 10.49 »In PowerApps fragen« erzeugt Eingabeparameter

Sobald Sie diese Funktion wählen, wird Ihrer Aktion die Eigenschaft `Verfassen_Eingaben` hinzugefügt. Wandern Sie mit der Maus über den Eintrag, wird der dahinter liegende Code eingeblendet, der ein bisschen Licht ins Dunkel bringt.

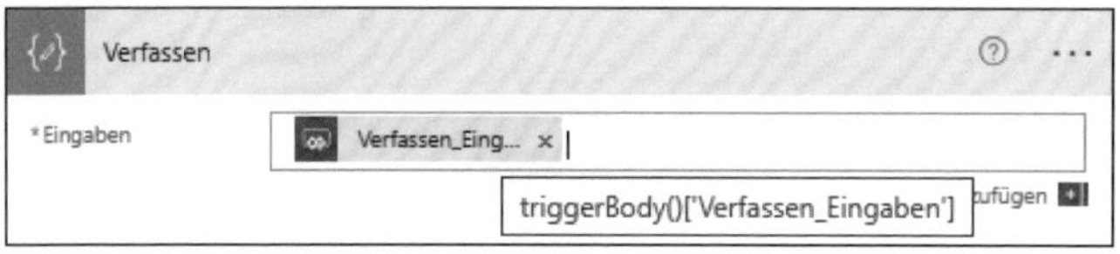

Abbildung 10.50 Der Name des Eingabeparameters richtet sich nach der Aktion.

Der Flow wird um einen Parameter erweitert, der sich aus dem Namen der Aktion sowie dem Postfix »_Eingaben« zusammensetzt, in meinem Fall `Verfassen_Eingaben` (siehe Abbildung 10.50).

Speichern Sie den Flow und aktualisieren die Flow-Referenz mit REFRESH in Ihrer App (siehe Abbildung 10.51), steht Ihnen der Parameter für den Flow-Aufruf zur Verfügung. Da alle Eingaben Pflichtfelder sind, müssen Sie den Aufruf entsprechend modifizieren und einen Wert übergeben, wobei leere Werte erlaubt sind.

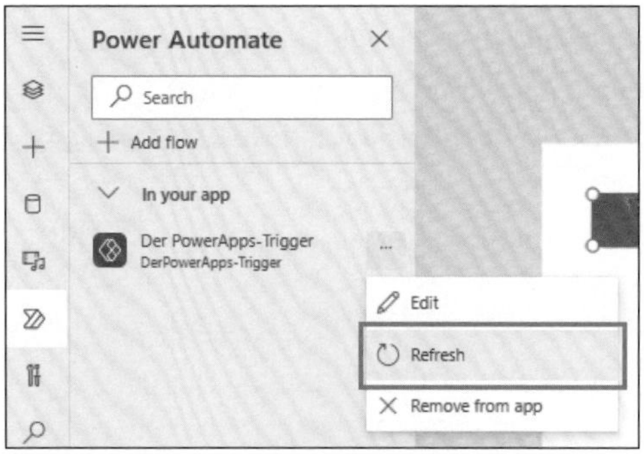

Abbildung 10.51 Aktualisieren einer Flow-Referenz

[«] 10

Flow in App editieren oder über das Maker Portal

Sie können einen Flow auch direkt in Power Apps bearbeiten, indem Sie den Befehl EDIT nutzen, den Sie auch in Abbildung 10.51 sehen. Wenn Sie das tun und den Flow speichern, erfolgt die Aktualisierung automatisch.

Editieren Sie den Flow außerhalb der App, so ist der Refresh erforderlich, damit die App Kenntnis über die Parameter des Flows erhält.

[«]

Verfassen-Aktionen als Puffer verwenden

Damit Sie sprechende Namen Ihrer Übergabeparameter bekommen, müssen Ihre Aktionen entsprechend umbenannt werden. Wollen Sie also einen Parameter `Vorname_Eingaben` erzeugen, muss die Aktion, aus der Sie in Power Apps nachfragen, vorher in `Vorname` umbenannt werden.

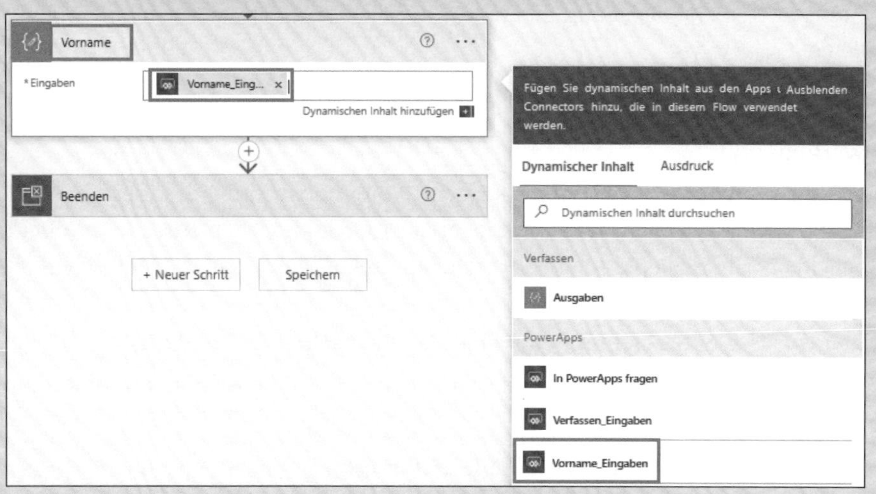

Abbildung 10.52 Verfassen-Aktionen als Puffer verwenden, um den Parameternamen zu beeinflussen

Da das aber nicht immer praktikabel ist, empfehle ich Ihnen, direkt hinter dem PowerApps-Trigger für jeden Parameter eine VERFASSEN-Aktion aus dem Konnektor *Datenvorgang* einzufügen und entsprechend umzubenennen. So sorgen Sie für eine leicht verständliche Nutzung Ihres Flows.

Dieses Vorgehen hat noch einen weiteren charmanten Vorteil, den Sie in Abschnitt über das Löschen der Parameter erfahren werden.

Löschen von Parametern

Der Trigger für die sofortige Flow-Ausführung ist nicht nur mit einer komfortablen Möglichkeit zur Parametererstellung, sondern auch zum Löschen versehen.

Eine derartige Funktion wird im PowerApps-Trigger schmerzlich vermisst, was nur eine Möglichkeit übrig lässt, nämlich den Trigger zu löschen und neu hinzuzufügen.

Es heißt hier also ganz oder gar nicht!

Da mit dem Löschen des Triggers nicht nur die Parameter gelöscht werden, sondern auch alle Referenzen auf diese Parameter, müssen Sie sämtliche Aktionen neu konfigurieren, die auf diese Parameter verweisen.

[»]

Verfassen-Aktionen als Puffer verwenden (Teil 2)

Nutzen Sie VERFASSEN-Aktionen für eine ordentliche Benennung Ihrer Parameter, haben Sie noch einen weiteren Vorteil, falls Sie einmal den Trigger austauschen müssen, denn Sie referenzieren nur und ausschließlich in diesen Aktionen auf die Trigger-Parameter. Alle nachfolgenden Aktionen nutzen Referenzen auf die VERFASSEN-Aktionen und bleiben damit unberührt.

Tauschen Sie den Trigger aus, müssen Sie nur die VERFASSEN-Aktionen neu konfigurieren.

PowerApps (V2)

Der Trigger POWERAPPS (V2) ist die logische Weiterentwicklung des Triggers POWERAPPS. Er verfügt nun, wie auch der Trigger LÖST EINEN FLOW MANUELL AUS, über die Möglichkeit, Übergabeparameter zu erstellen, zu konfigurieren und zu löschen.

Für ein ausgewähltes Element oder eine Datei (OneDrive/SharePoint)

Dieser Abschnitt widmet sich gleich drei Triggern, da sie sehr ähnlich zu konfigurieren sind:

- FÜR EIN AUSGEWÄHLTES ELEMENT (SHAREPOINT)
- FÜR EINE AUSGEWÄHLTE DATEI (SHAREPOINT)
- FÜR EINE AUSGEWÄHLTE DATEI (ONEDRIVE)

Diese Trigger (siehe Abbildung 10.53) integrieren sich in die Kontextmenüs von OneDrive- und SharePoint-Dateien sowie SharePoint-Listenelemente. Zusätzlich lassen sich die Flows über die Befehlszeilen von OneDrive und SharePoint-Listen/-Bibliotheken für einen selektierten Eintrag aufrufen. Wichtig ist, dass der Flow aktiviert ist und in der Default-Umgebung erstellt wurde.

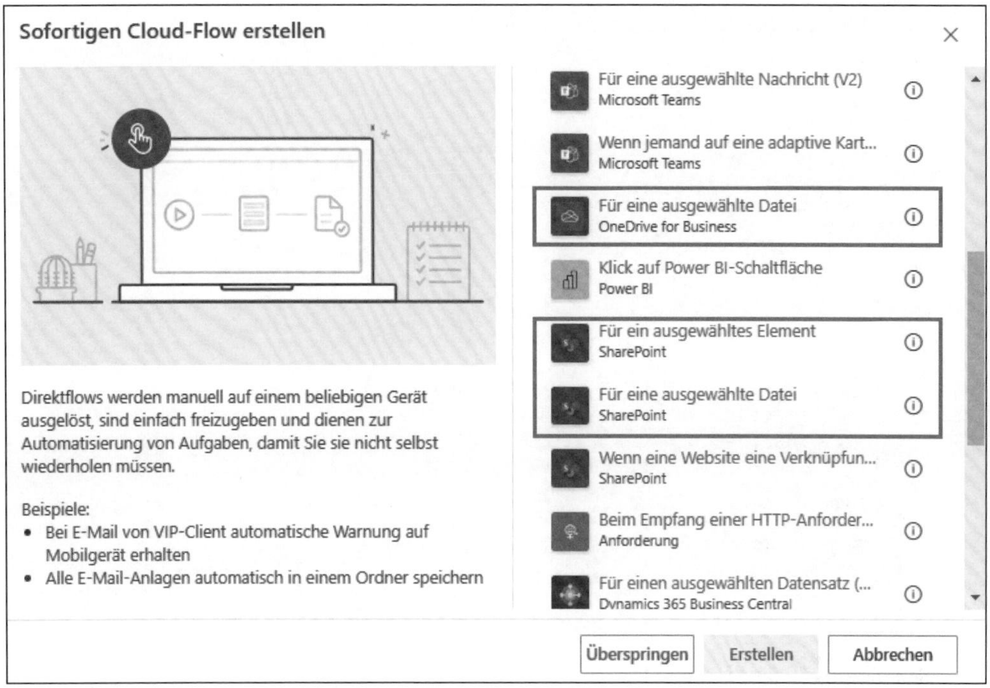

Abbildung 10.53 SharePoint und Excel-Trigger

OneDrive

Die Konfiguration für alle Trigger ist sehr einfach. Im Falle von OneDrive ist der Trigger nach der Authentifizierung sofort einsatzbereit (siehe Abbildung 10.54). Auch hier können Sie freie Werte definieren, die die Benutzerinnen und Benutzer eingeben können bzw. müssen.

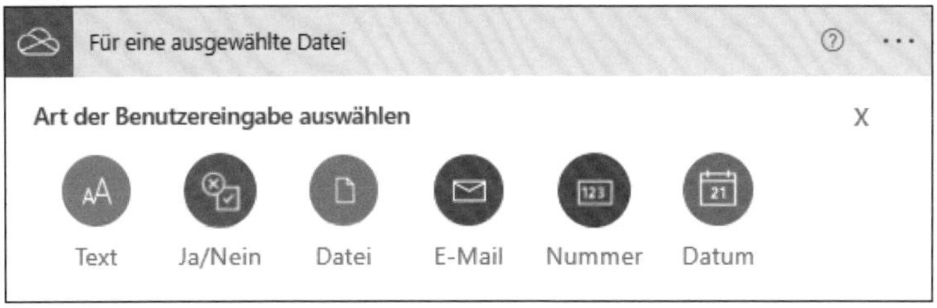

Abbildung 10.54 OneDrive-Trigger für eine ausgewählte Datei

Die Datei-URL sowie der Dateipfad der in OneDrive selektierten Datei werden von dem Trigger über die Eigenschaften `FileUrl` und `FilePath` bereitgestellt (siehe Abbildung 10.55).

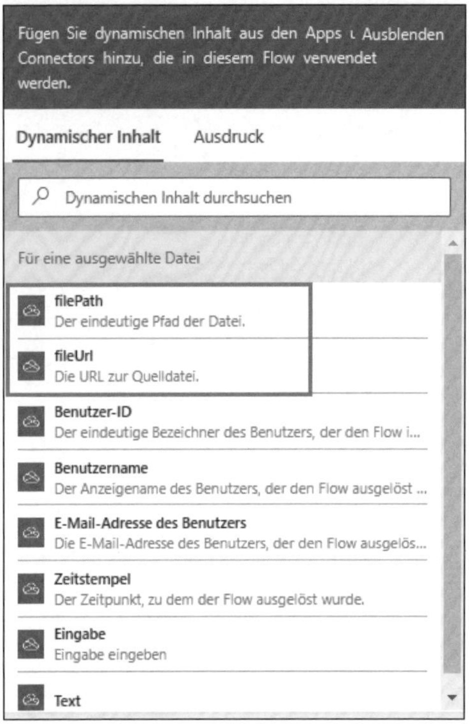

Abbildung 10.55 Pfad und URL zur selektierten Datei

Sobald Sie den Flow gespeichert haben, steht er Ihnen in OneDrive an den Kontextmenüs der Dateien (siehe Abbildung 10.56) sowie in der Befehlsleiste (siehe Abbildung 10.57) unter dem Namen zur Verfügung, den Sie Ihrem Flow gegeben haben, in meinem Fall ist das INSTANT FLOW FÜR ONEDRIVE.

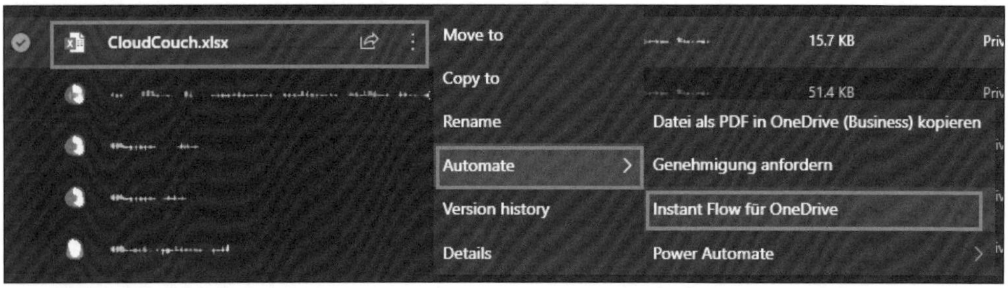

Abbildung 10.56 Starten eines sofortigen Cloud-Flows aus dem Kontextmenü einer Datei

Abbildung 10.57 Starten eines sofortigen Cloud-Flows aus der Befehlsleiste

SharePoint

Die SharePoint-Trigger FÜR EIN AUSGEWÄHLTES ELEMENT und FÜR EINE AUSGEWÄHLTE DATEI funktionieren analog zu dem OneDrive-Trigger, nur dass hier noch die SharePoint-Site sowie die Liste bzw. Bibliothek angegeben werden müssen (siehe Abbildung 10.58).

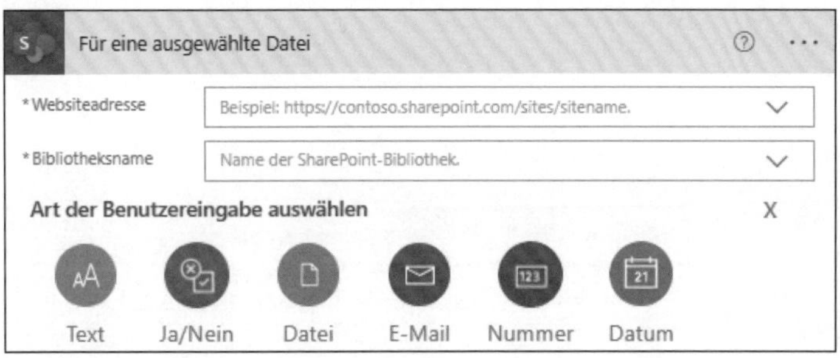

Abbildung 10.58 Konfiguration des SharePoint-Triggers für ausgewählte Dateien

Auch diese beiden Trigger können Sie um weitere Eingabefelder ergänzen, sodass Sie mit einem einfachen Workflow durchaus komplexe Szenarien abbilden können.

Beide SharePoint-Trigger stellen Ihnen die Daten für ausgewählte SharePoint-Listenelemente sowie -Dateien in den Trigger-Eigenschaften `itemUrl` und `fileName` zur Verfügung. Im Falle von Listenelementen ist die Eigenschaft `fileName` mit dem Wert aus der Titelspalte des Listenelements gefüllt (siehe Abbildung 10.59).

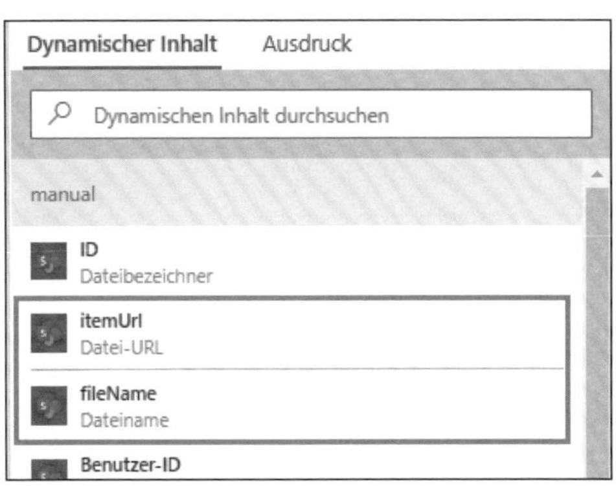

Abbildung 10.59 Eigenschaften des SharePoint-Triggers

Der Aufruf der Flows erfolgt aus dem Kontextmenü der SharePoint-Listenelemente/-Dateien bzw. aus der Befehlsleiste (siehe Abbildung 10.60 und Abbildung 10.61). Sie finden Ihren Flow unter dem Namen, den Sie ihm gegeben haben. Hier ist es INSTANT FLOW FÜR SHAREPOINT-ELEMENTE.

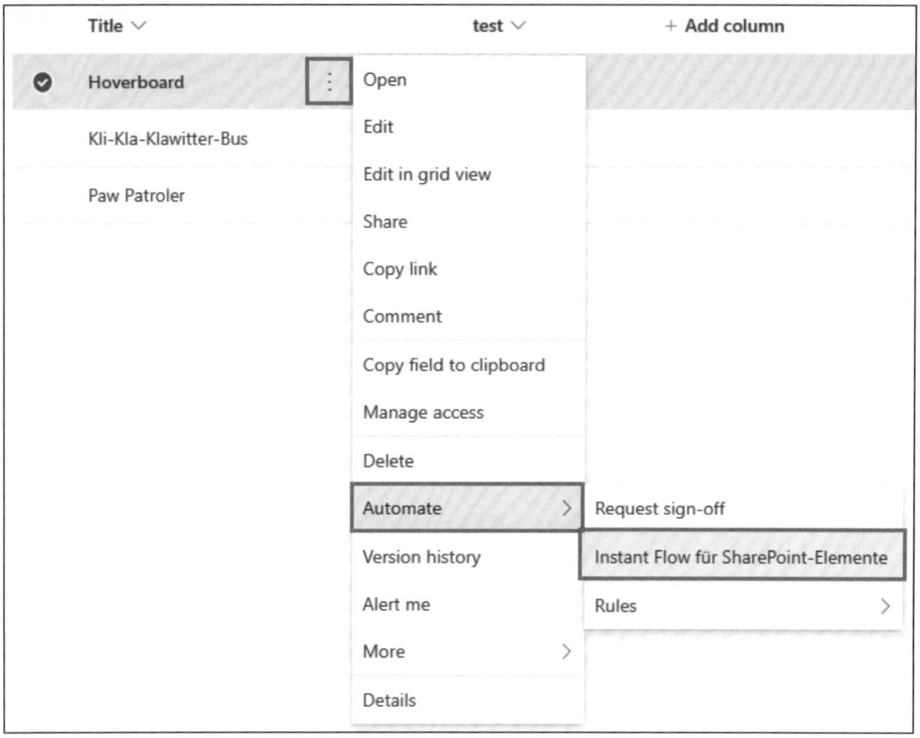

Abbildung 10.60 Flow-Aufruf aus dem Kontextmenü eines Listeneintrags

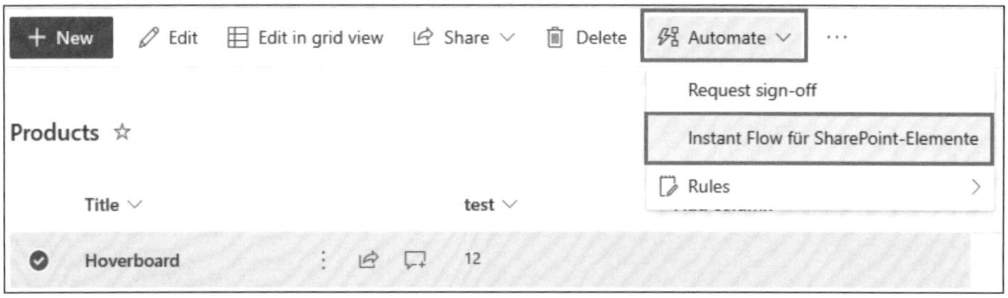

Abbildung 10.61 Flow-Aufruf aus der Befehlsleiste einer SharePoint-Liste

Für eine ausgewählte Zeile (Excel Online for Business)

Genau wie Sie für ausgewählte Dateien oder Elemente einer SharePoint-Liste bzw. OneDrive einen Flow starten können, so gibt es diese Möglichkeit auch für eine ausgewählte Zeile einer Excel-Tabelle.

Dieser Trigger erlaubt die Integration von Flows in eine von Ihnen bestimmte Excel-Tabelle eines Excel-Tabellenblatts. Dafür benötigen Sie drei Dinge:

1. Zunächst müssen Sie eine Tabelle auf einem Arbeitsblatt definieren. Nun können Sie einen Flow für diese Tabelle erstellen.
2. Damit Sie diesen Flow aus Excel heraus starten können, muss der Flow, genau wie die drei oben genannten Flows für SharePoint und OneDrive, ebenfalls in der Standardumgebung erstellt werden.
3. Um den Flow aus Excel heraus aufrufen zu können, benötigen Sie das kostenfreie Excel-Add-in *Microsoft Power Automate for Excel*.

[«]

Excel Online for Business

Der Trigger FÜR EINE AUSGEWÄHLTE ZEILE lässt sich nur in der Online-Version von Excel integrieren. Die Tabellen können Sie selbstverständlich mit Ihren lokal installierten Excel-Versionen erstellen, müssen diese dann aber in OneDrive oder SharePoint legen, um sie mit Excel Online benutzen zu können.

10

Tabelle definieren

In diesem Abschnitt lernen Sie, wie Sie eine Tabelle in Excel erstellen. Für mich war das damals nur schwer greifbar, da Excel doch per se eine Tabelle ist, aber weit gefehlt.

Im ersten Schritt markieren Sie den Bereich, den Sie in eine Tabelle umwandeln wollen (siehe Abbildung 10.62).

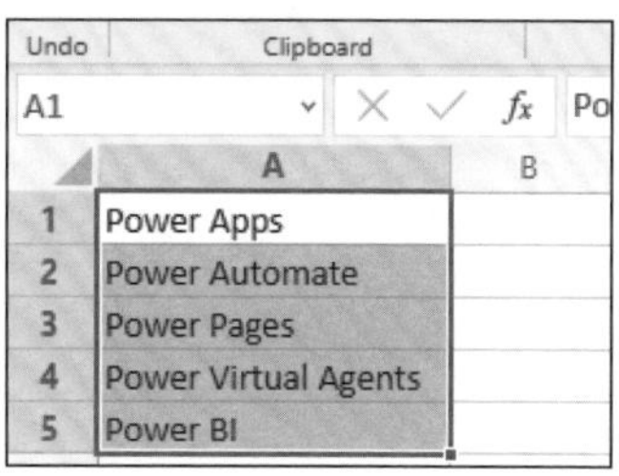

Abbildung 10.62 Bereich markieren

Nun wählen Sie ALS TABELLE FORMATIEREN bzw. FORMAT AS TABLE aus dem Menü HOME (siehe Abbildung 10.63). Hier werden Ihnen verschiedene Designs vorgeschlagen, aus denen Sie das passende auswählen können.

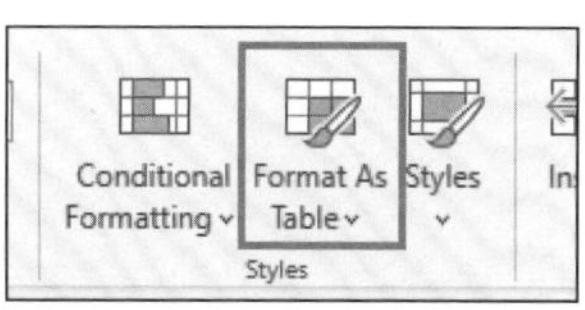

Abbildung 10.63 Bereich als Tabelle formatieren

Haben Sie diesen Schritt fertiggestellt, bekommen Sie die Bestätigung, dass der Bereich in eine Tabelle gewandelt wird. Nun müssen Sie noch festlegen, ob Ihre Daten auch eine Kopfzeile mit Spaltennamen besitzen (siehe Abbildung 10.64). Falls ja, werden die Spaltennamen übernommen. Ansonsten legt Excel die Spaltennamen fest.

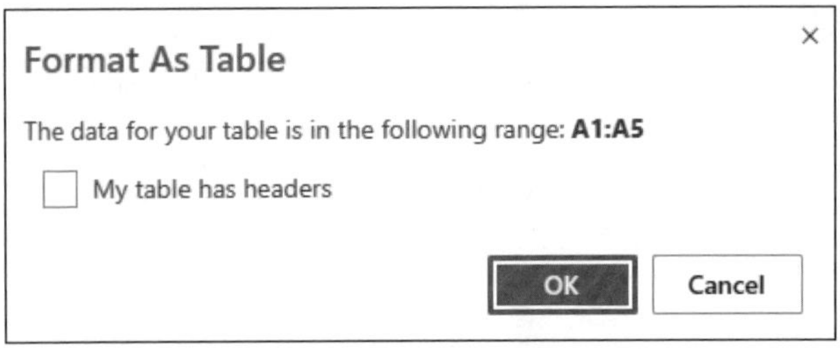

Abbildung 10.64 Festlegen, ob es eine Kopfzeile gibt

> **Spaltennamen**
>
> Die Spaltennamen Ihrer Tabelle werden zu Eigenschaften in Ihrem Flow, die Sie über den Excel-Trigger abfragen können. Haben Sie keine Spaltennamen definiert, erzeugt Excel welche. Benennen Sie die Spaltennamen gegebenenfalls um.

Bestätigen Sie den Dialog in Abbildung 10.64 mit OK, und Ihr markierter Datenbereich wird als Tabelle formatiert (siehe Abbildung 10.65).

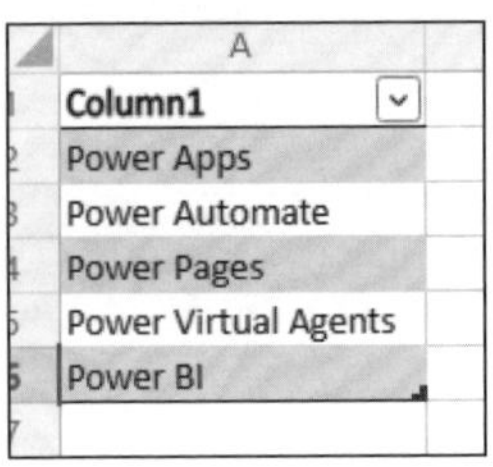

Abbildung 10.65 Die Tabelle ist definiert.

Flow erstellen

Erstellen Sie nun Ihren Flow über das Power Automate Maker Portal oder alternativ über das Add-in, sofern Sie es schon installiert haben. Wichtig ist, dass Sie den Flow in der Standardumgebung erstellen, da er sonst nicht vom Add-in erkannt werden kann. Erstellen Sie einen sofortigen Cloud-Flow, und wählen Sie den Trigger Für eine ausgewählte Zeile, wie in Abbildung 10.66 zu sehen.

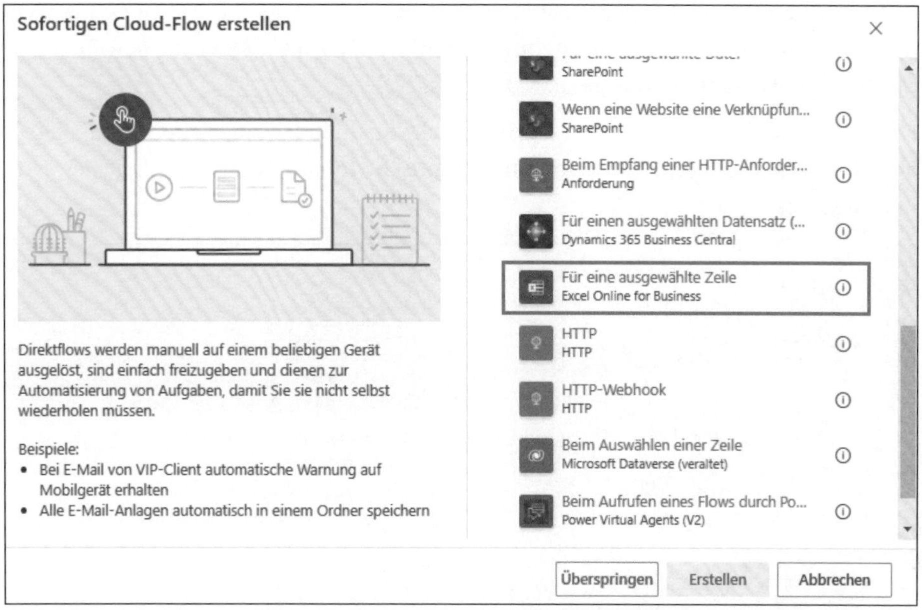

Abbildung 10.66 Excel-Trigger auswählen

Im nächsten Schritt können Sie den Trigger konfigurieren. Konfigurieren Sie zunächst den SPEICHERORT, der in SharePoint oder OneDrive for Business liegen kann. Im nächsten Schritt spezifizieren Sie die DOKUMENTENBIBLIOTHEK. Falls Sie OneDrive als Speicherort gewählt haben, wählen Sie auch hier OneDrive.

Im nächsten Schritt wählen Sie die DATEI, mit der sich der Flow verbinden soll. Sobald Sie die Datei gewählt haben, analysiert der Trigger die Datei und sucht nach verfügbaren Tabellen, von denen Sie eine als letzten Konfigurationsschritt angeben müssen (siehe Abbildung 10.67).

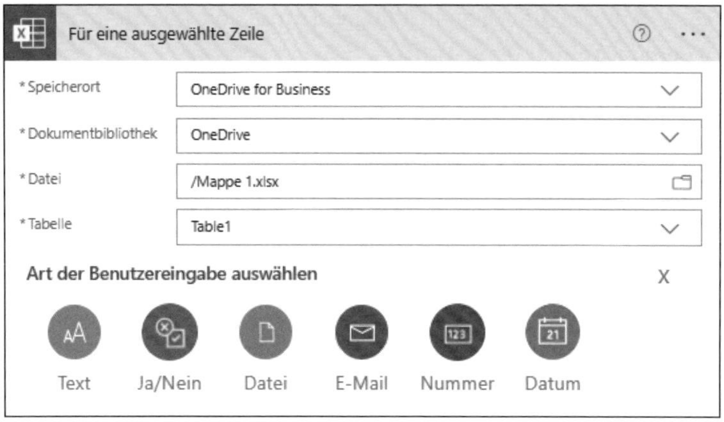

Abbildung 10.67 Trigger konfigurieren

Wie bei den anderen Triggern, die Sie jetzt kennengelernt haben, können Sie auch hier freie Eingaben definieren, die die Benutzerinnen und Benutzer verpflichtend oder optional eingeben müssen bzw. können.

Der Trigger stellt Ihnen im nächsten Schritt alle Spalten der angegebenen Tabelle als abrufbare Eigenschaften im Dialog für dynamische Inhalte zur Verfügung (siehe Abbildung 10.68).

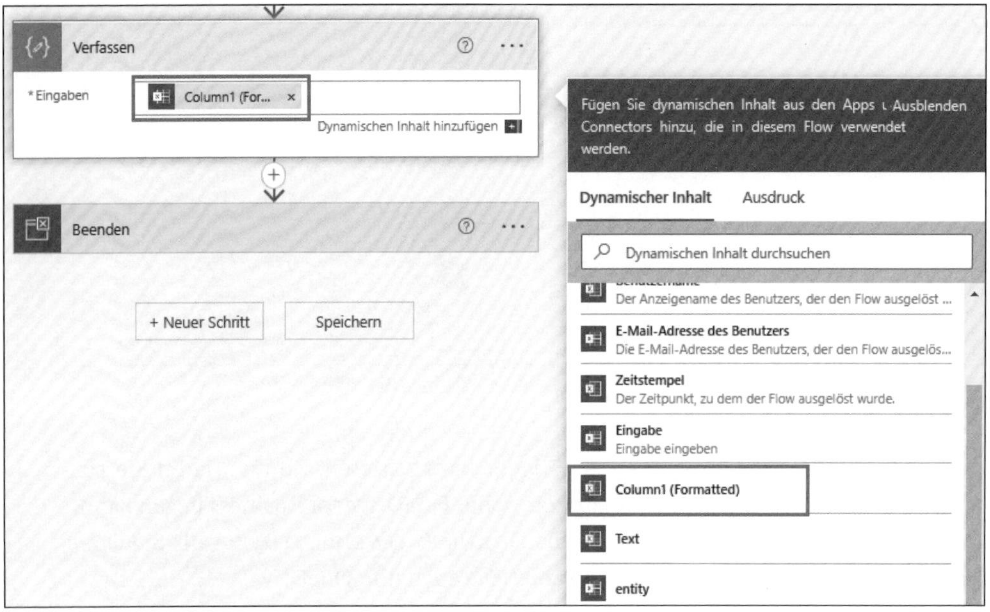

Abbildung 10.68 Tabellendaten verarbeiten

Add-in installieren

Für die Integration von Flows in Excel ist das Excel-Add-in *Microsoft Power Automate for Excel* erforderlich. Um dieses Add-in zu installieren, öffnen Sie das Menü EINFÜGEN (INSERT) und dort das Kommando ADD-INS.

Haben Sie das Add-in schon installiert, wechseln Sie in Excel Online auf den Reiter DATEN (DATA). Dort können Sie das Add-in über die Schaltfläche FLOW ein- und ausblenden, wie Abbildung 10.69 zeigt.

Wählen Sie nun die Schaltfläche, um den OFFICE STORE zu öffnen und das Add-in *Microsoft Power Automate for Excel* zu installieren. Wählen Sie dafür die Schaltfläche ADD oder HINZUFÜGEN (siehe Abbildung 10.70).

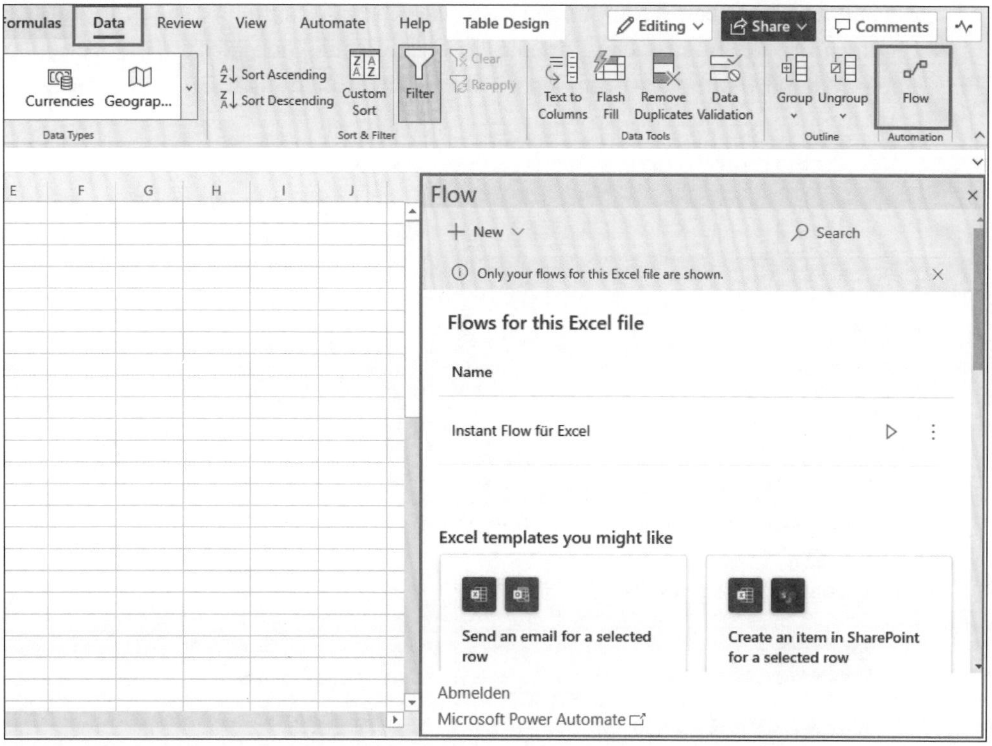

Abbildung 10.69 An- und Ausschalten des Add-ins Microsoft Power Automate for Excel

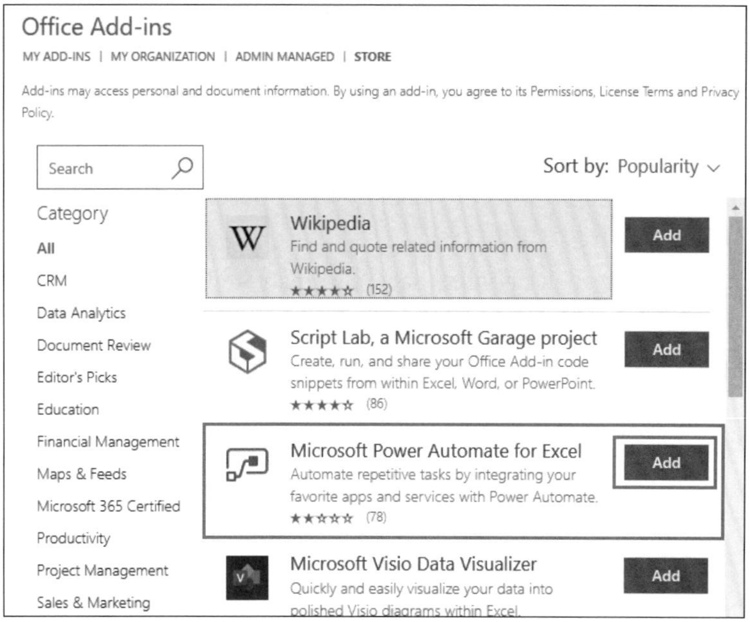

Abbildung 10.70 Auswahl des Power-Automate-Add-ins

Nachdem Sie die Lizenzbedingungen bestätigt haben, steht Ihnen das Add-in zur Verfügung und zeigt Ihnen auch sofort alle Flows an, die über den Excel-Trigger verfügen und mit dem Dokument verbunden wurden (siehe Abbildung 10.71).

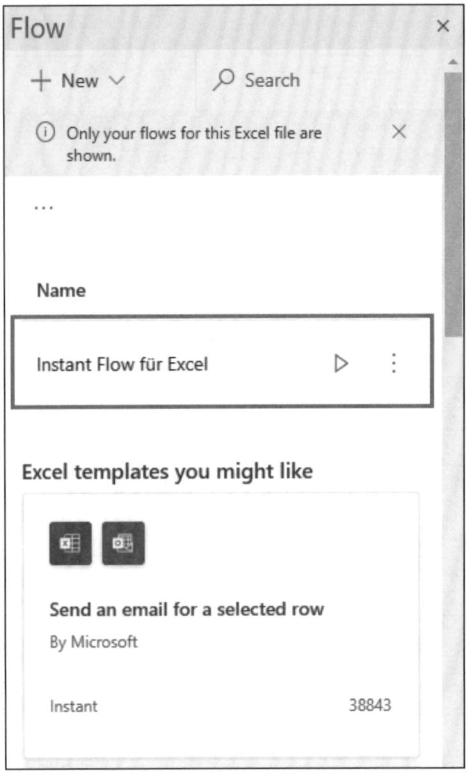

Abbildung 10.71 Verfügbare Flows werden angezeigt.

Nun können Sie einen Datensatz in der Tabelle selektieren und das Abspielen-Symbol des Flows im Add-in auswählen (siehe Abbildung 10.71). Haben Sie keine Zeile selektiert, ist das Symbol inaktiv geschaltet.

Sofern Sie noch weitere Eingaben definiert haben, werden Sie in einem nächsten Schritt gebeten, diese einzugeben. Nun wird der Flow gestartet, und Sie können in der Ablaufverfolgung überprüfen, ob die Daten aus der selektierten Zeile und Spalte im Flow angekommen sind (siehe Abbildung 10.72). In meinem Fall war es der Wert POWER VIRTUAL AGENTS, den ich in meiner Excel-Liste auswählte.

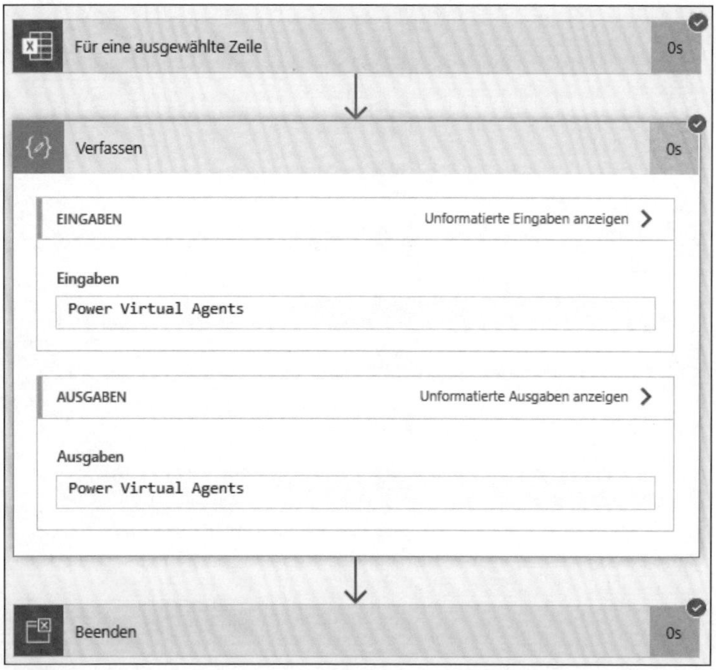

Abbildung 10.72 Der selektierte Wert aus Column1 wurde korrekt verarbeitet.

Add-in nutzen

Das Add-in Microsoft Power Automate for Excel ist sehr vielseitig, denn es erlaubt auch folgende Aktionen über das Kontextmenü der Flows:

- Ausführen von Flows
- Erstellen von sofortigen Cloud-Flows mit und ohne Vorlage
- Bearbeitung von Flows
- Abspeichern unter anderem Namen
- Ausschalten und Anschalten der Flows
- Löschen der Flows

Klick auf Power BI-Schaltfläche

Sie haben bereits gesehen, dass sich Power BI-Kacheln eines Dashboards in Power Apps integrieren lassen und umgekehrt. Da sich auch Power Automate sehr gut in andere Software integriert, wundert es nicht, dass es eine Möglichkeit gibt, Flows in Power BI-Berichte zu integrieren. Alles, was Sie dafür benötigen, ist ein Flow mit dem Trigger KLICK AUF POWER BI-SCHALTFLÄCHE (siehe Abbildung 10.73). Beachten Sie, dass sich nur Flows in Power BI integrieren lassen, die Sie in der Standardumgebung angelegt haben!

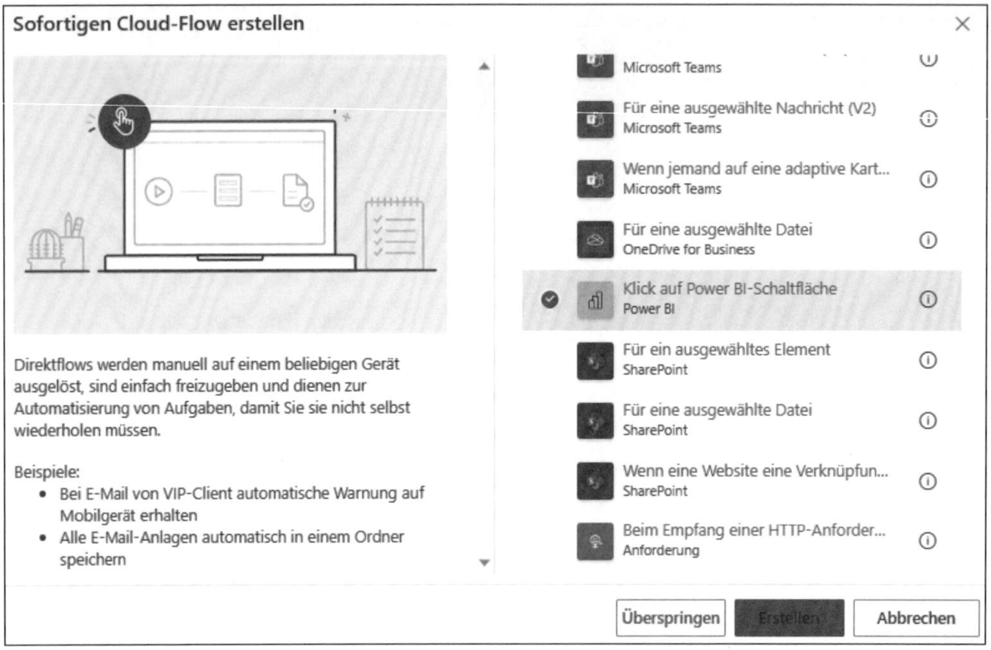

Abbildung 10.73 Trigger für Power BI-Integration auswählen

Sobald Sie Ihren Flow designt haben, wechseln Sie in Ihr Power BI-Desktop und fügen das Power-Automate-Visual hinzu (siehe Abbildung 10.74). Falls es noch nicht vorhanden ist, müssen Sie es im App-Store herunterladen.

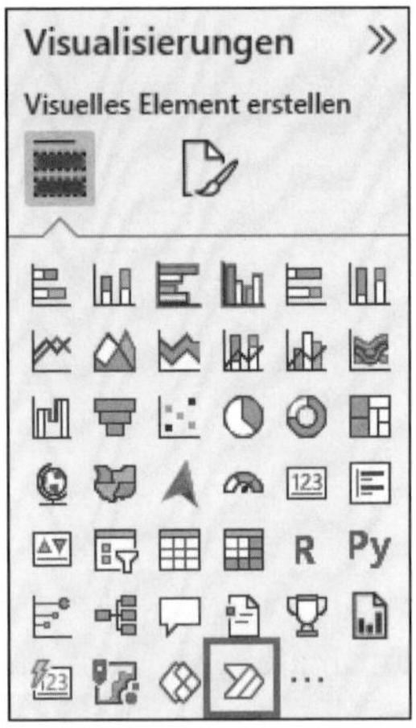

Abbildung 10.74 Power-Automate-Visual dem Bericht hinzufügen

Das Power-Automate-Visual erstellt sofort eine Flow-Schaltfläche in Ihrem Bericht (siehe Abbildung 10.75). Im Weiteren müssen Sie nur den Anweisungen der Schaltfläche folgen, damit Sie Ihren Flow erfolgreich in Ihren Bericht integrieren können.

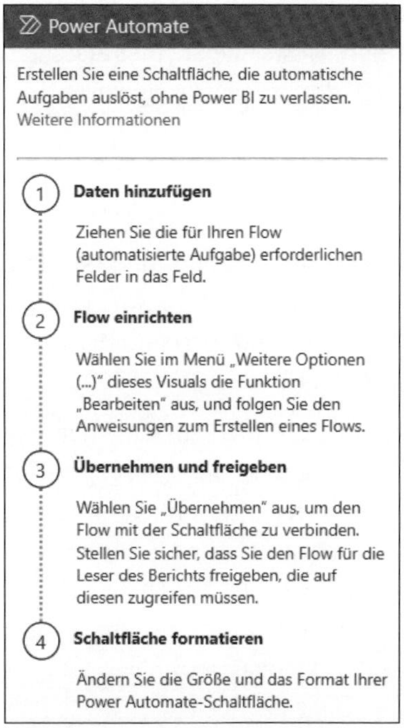

Abbildung 10.75 Flow-Schaltfläche mit Anleitung

Sobald Sie die Schaltfläche bearbeiten, wird ein Dialog geöffnet, der Ihnen alle Flows der Standardumgebung bereitstellt, die mit einem Power BI-Trigger versehen sind (siehe Abbildung 10.76).

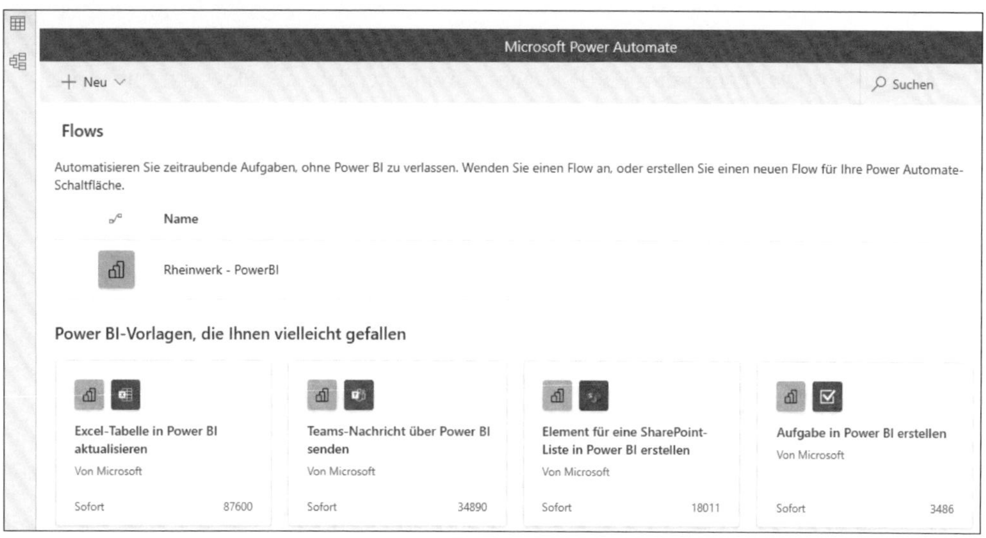

Abbildung 10.76 Flow einbinden, bearbeiten, erstellen

Des Weiteren können Sie hier auch aus verschiedenen Vorlagen auswählen und die Entwicklung Ihres Flows aus Power BI heraus beginnen. Flows, die Sie hier erstellen, finden Sie im Power Automate Maker Portal innerhalb der Standardumgebung wieder.

Beim Empfang einer HTTP-Anforderung

Flows lassen sich nicht nur aus den Office- oder Microsoft 365-Anwendungen starten, sondern können auch auf HTTP-Anfragen reagieren. Das ist besonders dann hilfreich, wenn Sie Ihren Flow in Drittsysteme integrieren wollen. Besonders spannend ist es, wenn Sie Flows als WebHooks bei Drittsystemen registrieren.

Benutzen Sie Cloud-Dienste zur Vertragsunterzeichnung, für Buchhaltung oder Projektmanagement, die WebHooks zur Verfügung stellen, dann können Sie Flows mit dem HTTP-Trigger erstellen und in Ihren Cloud-Diensten registrieren. Wenn Sie Ihren Flow beispielsweise bei einem Signatur-Dienstleister registrieren, der Ihren Flow immer dann aufruft, wenn ein Dokument unterzeichnet wurde, können Sie das Dokument mit dem Flow entgegennehmen, per Mail versenden und auf SharePoint oder einem Archivsystem ablegen. Der Phantasie sind da keine Grenzen gesetzt.

[»]

WebHooks

WebHooks werden von vielen Webdienst-Betreibern bereitgestellt. Sie erlauben, dass Sie eine URL angeben können, die aufgerufen wird, sobald ein bestimmtes Ereignis eintritt, zum Beispiel, dass ein Dokument unterzeichnet wurde.

Den Flow erstellen

Abbildung 10.77 zeigt den HTTP-Trigger, direkt nachdem der Flow erstellt wurde.

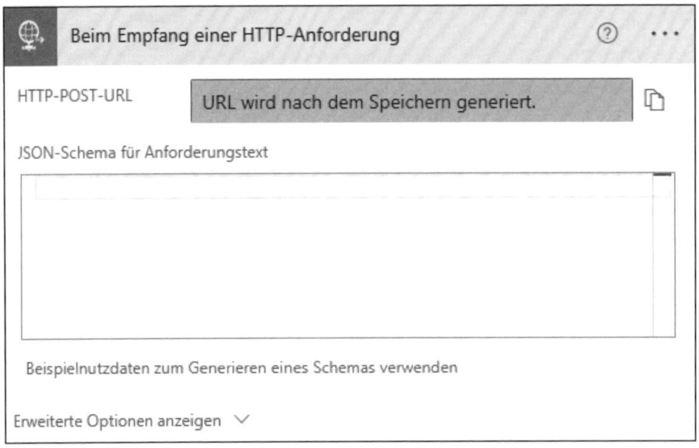

Abbildung 10.77 Der HTTP-Trigger

Die wichtigste Information dieses Triggers ist die URL, die nach dem Speichern erzeugt wird (siehe Abbildung 10.78). Sie ist die Adresse, unter der der Flow öffentlich erreichbar ist. Wenn Ihr Flow Daten entgegennehmen soll, müssen Sie die Datenstruktur als JSON-Schema hinterlegen. Wie das geht, erfahren Sie gleich.

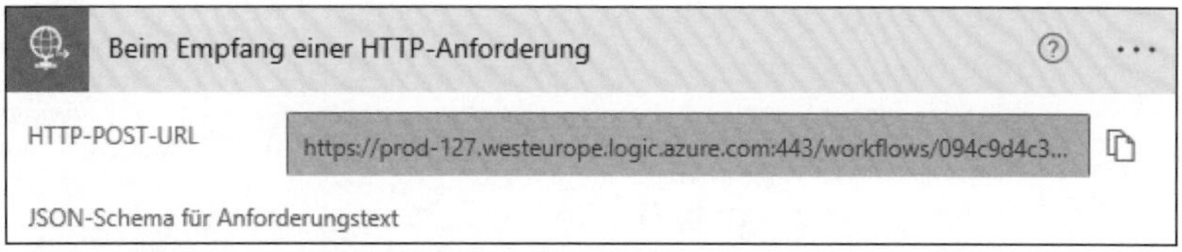

Abbildung 10.78 Nach dem Speichern wird die URL erzeugt.

Um das Schema zu generieren, selektieren Sie den Link BEISPIELNUTZDATEN ZUM GENERIEREN EINES SCHEMAS VERWENDEN aus Abbildung 10.77, woraufhin sich der Dialog aus Abbildung 10.79 öffnet.

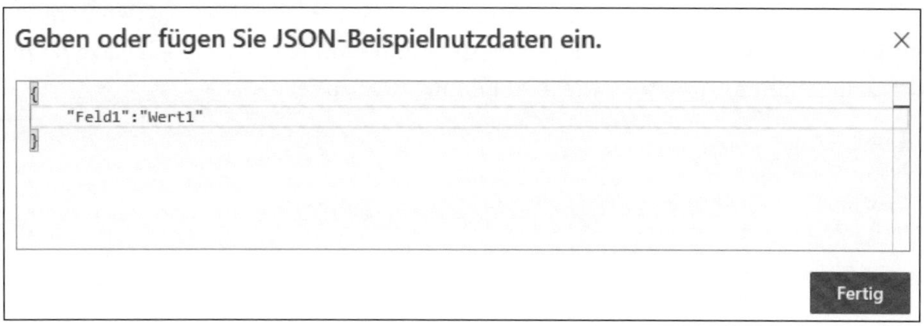

Abbildung 10.79 Geben Sie hier die Datenstruktur ein, die Sie erwarten.

Tragen Sie hier die Datenstruktur ein, die Sie erwarten. Registrieren Sie Ihren Flow in einem WebHook bei einem Drittanbieter, so schauen Sie dort in die Online-Dokumentation. Dort werden Ihnen normalerweise entweder das Schema oder aber Beispieldaten bereitgestellt. Haben Sie ein komplettes Schema bekommen, können Sie es auch direkt in die Konfigurationsoberfläche des Triggers eintragen.

Da mein Flow einen Wert namens `"Feld1"` erwarten soll, reicht mir folgender Code:

```
{
    "Feld1":"Wert"
}
```

Listing 10.1 Beispielnutzdaten zur Schemagenerierung

Bestätigen Sie Ihre Eingaben mit FERTIG. Dann wird automatisch das Schema generiert (siehe Abbildung 10.80).

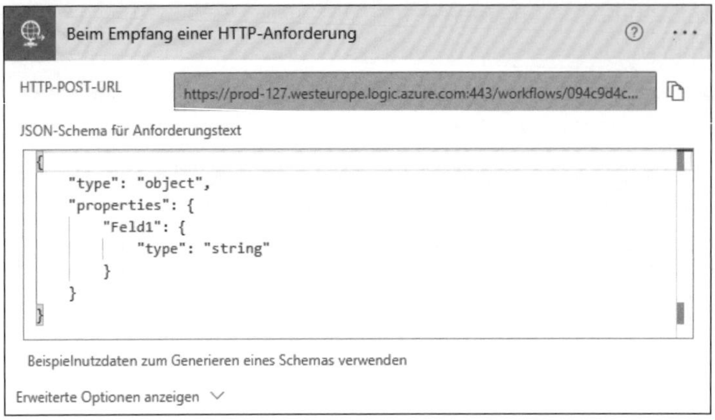

Abbildung 10.80 Das generierte Schema

Da jeder Trigger auch mindestens eine Aktion benötigt, füge ich in diesem Beispiel noch die Aktion ANTWORT aus dem Konnektor *Anforderung* hinzu und definiere `200` als Statuscode für den Status `Success`. Unser definiertes `Feld1` nutze ich als dynamischen Inhalt im Antworttext, wie in Abbildung 10.81 zu sehen ist.

Abbildung 10.81 Der Flow endet mit einer Antwort.

Den Flow testen

Nun sind Sie fertig und können Ihren Flow testen. Da ich keine Drittanbieter-Software zur Hand habe, reicht mir das kostenfreie Programm *Postman*, das Sie unter *www.postman.com* finden. Sie können aber auch jedes weitere Programm nutzen, mit dem Sie HTTP-Calls absetzen können. Abbildung 10.82 zeigt meine Konfiguration.

Abbildung 10.82 Postman-Konfiguration zum Aufrufen eines Flows

❶ Die Methode (entweder POST, GET, PUT, PATCH oder MERGE) legt fest, ob Sie Daten erstellen, ändern oder lesen wollen. Die Standardmethode bei Cloud-Flows lautet POST.

❷ Kopieren Sie die URL aus Ihrem Trigger, und setzen Sie sie in das Adressfeld.

❸ Als Nutzlast übermitteln wir den Code aus Listing 10.1 im BODY-Bereich der HTTP-Anforderung. Falls Sie Postman verwenden, wählen Sie RAW, damit Sie Daten frei definieren können. Das Datenformat lautet JSON.

❹ Funktioniert unser Flow, erhalten Sie umgehend die Antwort, die Sie im Flow definiert haben.

❺ Der Statuscode 200 signalisiert, dass alles okay ist.

Erweiterte Optionen

Die erweiterten Optionen aus Abbildung 10.83 gestatten folgende Einstellungen:

- METHOD: Stellen Sie hier Ihre Wunschmethode ein. Der Standard lautet POST.
- RELATIVEPATH: Mit dem relativen Pfad können Sie die URL des Flows erweitern. In Abbildung 10.83 wurde der relative Pfad */meinPfad/{meinWert}* definiert, der die URL um diesen Teil erweitert, wie in Abbildung 10.84 zu sehen ist. Den Teilaus-

druck *{meinWert}* habe ich dort durch einen »echten« Wert ersetzt. So können Sie sehr einfach Daten über die URL an den Flow übergeben und dort weiterverarbeiten.

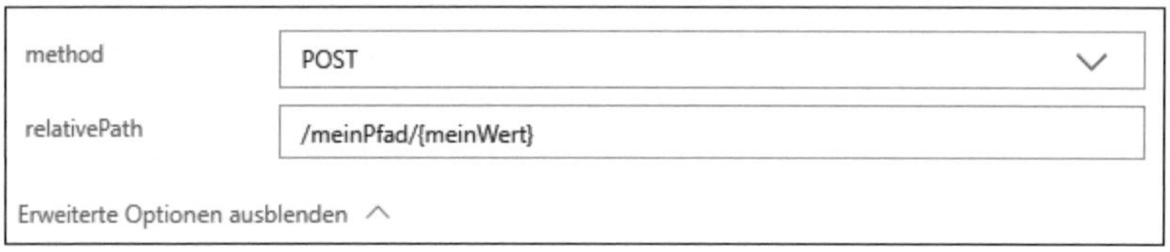

Abbildung 10.83 Erweiterte Optionen

Abbildung 10.84 Flow-URL mit definiertem relativem Pfad

Durch die Notation in geschweiften Klammern erkennt der Flow-Designer, dass es sich um einen Wert handelt, der im Flow weiter genutzt werden kann. Also stellt er ihn auch in den dynamischen Inhalten zur Verfügung (siehe Abbildung 10.85).

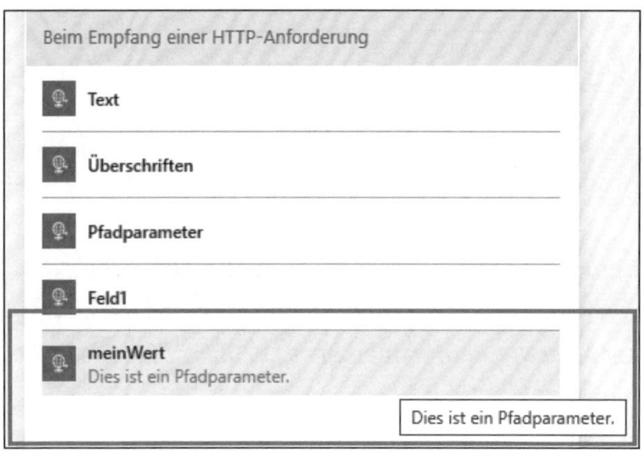

Abbildung 10.85 Der Flow-Designer erkennt Parameter in relativen Pfaden.

10.2.2 Geplante Cloud-Flows

Geplante Cloud-Flows können Sie in einer Vielzahl von Intervallen ausführen:

- sekündlich
- minütlich
- stündlich

- täglich
- wöchentlich
- monatlich

Geplante Flows erstellen Sie im Power Automate Maker Portal im Bereich MEINE FLOWS. Dort wählen Sie den Befehl NEUER FLOW und GEPLANTER CLOUD-FLOW (siehe Abbildung 10.86).

Abbildung 10.86 Erstellen eines geplanten Cloud-Flows

Anschließend können Sie den Namen vergeben sowie die Trigger-Konfiguration vornehmen (siehe Abbildung 10.87).

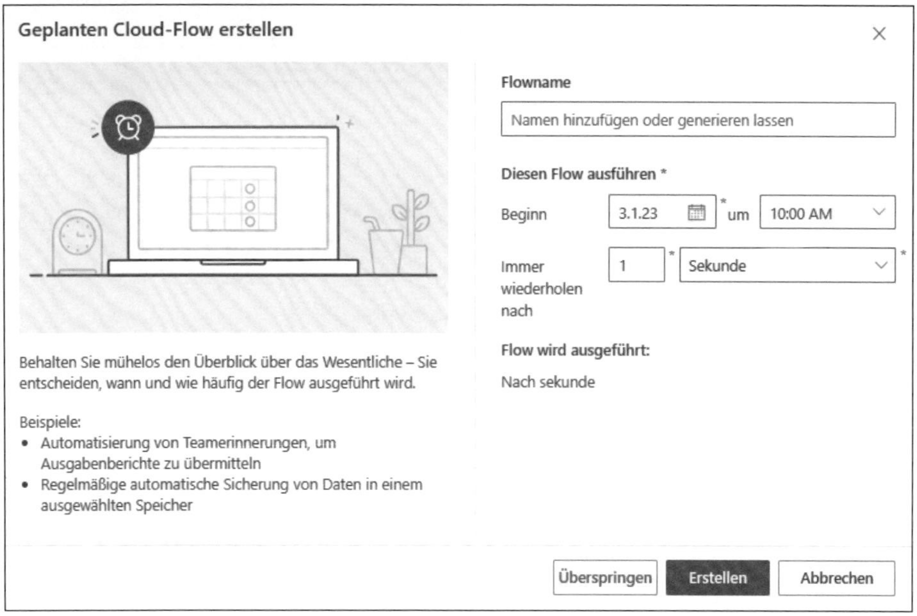

Abbildung 10.87 Konfigurationsdialog nach Anlage eines geplanten Cloud-Flows

Sie können dort die Konfigurationen vornehmen, die Tabelle 10.1 auflistet.

Flowname	Diesen Flow ausführen
Beginn	Datum und Uhrzeit, zu denen der Flow das erste Mal laufen soll
Immer wiederholen nach	Ausführungsintervall und Zeiteinheit. Verfügbare Zeiteinheiten: ▸ Sekunde ▸ Minute ▸ Stunde ▸ Tag ▸ Woche ▸ Monat
An diesen Tagen	Tage, zu denen der Flow ausgeführt werden soll

Tabelle 10.1 Konfigurationsmöglichkeiten für geplante Cloud-Flows

Wenn Sie eine wöchentliche Ausführung auswählen, können Sie zusätzlich noch die Wochentage bestimmen, an denen der Flow laufen soll (siehe Abbildung 10.88).

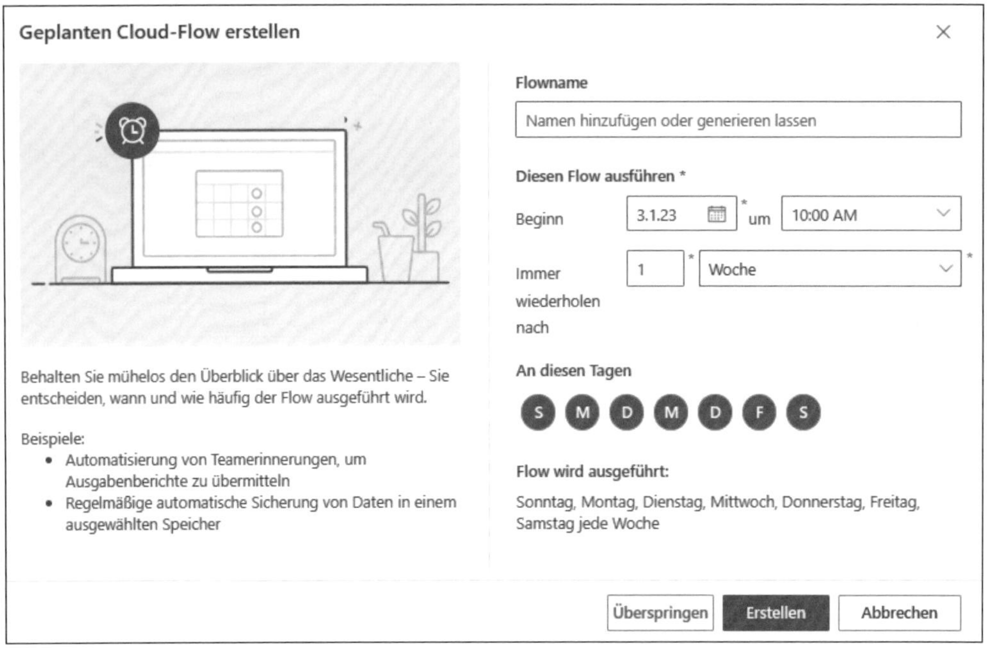

Abbildung 10.88 Konfigurationsdialog bei wöchentlicher Ausführung

Standardkonfiguration

Wie bei den anderen Flow-Typen auch, können Sie diesen Dialog überspringen und die Konfiguration im Flow-Designer vornehmen. INTERVALL und HÄUFIGKEIT legen den Ausführungsrhythmus fest (siehe Abbildung 10.89). Soll ein Flow alle 15 Minuten ausgeführt werden, stellen Sie als INTERVALL »15« und als HÄUFIGKEIT »Minute« ein.

Neben den Einstellungen aus dem vorherigen Dialog sollten Sie hier die ZEITZONE angeben, die als Basis für Ihre Ausführungszeiten dient.

Möchten Sie die STARTZEIT einstellen, gilt hier das ISO-8601-Format. 27.03.2023 um 08:16 Uhr müssen Sie also wie folgt angeben: 2023-03-27T08:16:00Z.

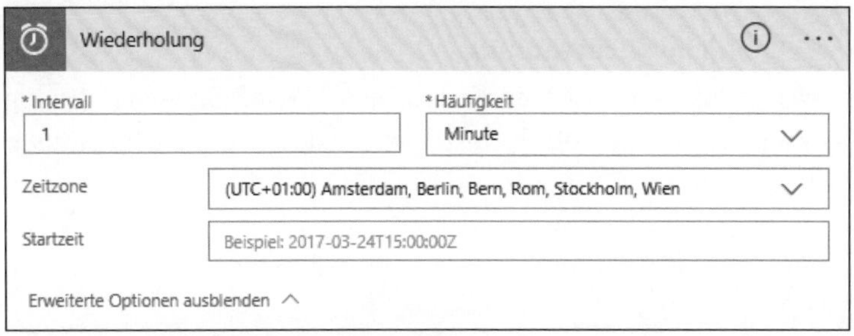

Abbildung 10.89 Standardkonfiguration

Konfiguration für tägliche Wiederholung

Tägliche Wiederholungen erlauben noch eine weitere Einstellung, denn Sie haben die Möglichkeit, die Stunden anzugeben, zu denen die Ausführung stattfinden soll. So haben Sie maximale Freiheiten bei Ihren Einstellungen.

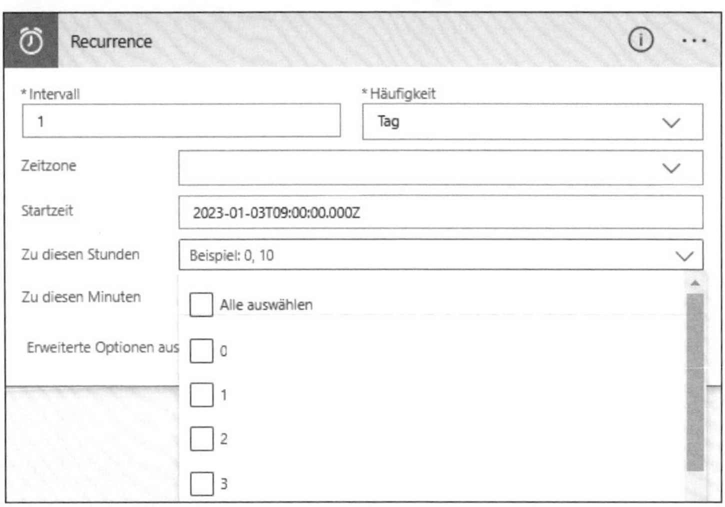

Abbildung 10.90 Stundenauswahl bei täglicher Ausführung

Möchten Sie Ihren Flow täglich um 15:00 Uhr laufen lassen, käme die folgende Konfiguration für Sie in Frage.

- INTERVALL: 1
- HÄUFIGKEIT: Tag
- ZU DIESEN STUNDEN: 15

Benachrichtigungen, die eventuell mehrfach täglich versendet werden müssen, konfigurieren Sie etwa auf 7:00 Uhr, 11:00 Uhr und 15:00 Uhr (siehe Abbildung 10.90). Beachten Sie bei der Wahl Ihrer Startzeit, dass sich Flows in Ihren Aufrufen überlappen können.

Konfiguration für wöchentliche Wiederholung

Auch die Häufigkeit WOCHE hat eine Besonderheit zu bieten. Wie beim ersten Dialog zur Anlage des Flows können Sie hier die Tage festlegen, zu denen die Ausführungen stattfinden (siehe Abbildung 10.91).

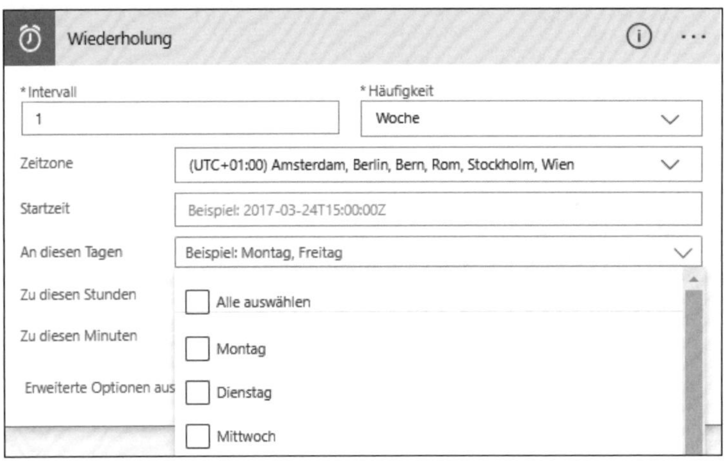

Abbildung 10.91 Konfiguration von wöchentlichen Wiederholungen

Zusätzlich können Sie noch die Stunden und Minuten festlegen, also definieren, dass der Flow am Montag, Mittwoch und Freitag um 8:30 Uhr und 12:30 Uhr ausgeführt wird.

10.3 Programmieren mit Flows

Bislang haben gelernt, wie Sie einen Flow anlegen und einen Trigger konfigurieren. Falls Sie Abschnitt 9.3 gelesen haben, haben Sie auch schon einen kleinen Flow erstellt, der eine E-Mail versendet.

Sie kennen den Aufbau einer Flow-Aktion und die Grundlagen der Ablaufstrukturen eines Flows. Zudem haben Sie den Formeleditor und die Auswahl der dynamischen Inhalte kennengelernt.

Nun gehen wir einen Schritt weiter und widmen uns der Programmierung in Flows, also der Erstellung von *Ausdrücken*. (Ich hatte es schon früher einmal erwähnt: In der Dokumentation, vielen Blogs und Videos werden auch die Ausdrücke *Code*, *Formel* und *Funktion* verwendet.)

10.3.1 Ausdrücke (Expressions)

Ausdrücke bestehen aus einer oder mehreren *Funktionen*, die in der Regel Ausgaben von vorgelagerten Aktionen verarbeiten. Sie helfen bei der Berechnung von Zahlen und Datumswerten, bei der Erstellung von Texten oder der Filterung und Verarbeitung von Datenmengen.

Ausdrücke verwenden Sie prinzipiell immer, wenn Sie Flows erstellen, denn selbst die dynamischen Inhalte, also die Ausgaben einer Aktion oder eines Triggers, die Sie per Mausklick in Ihren Flow einfügen, sind Ausdrücke. Sie beschreiben in diesem Fall, wo Daten herkommen.

Dokumentation

Eine vollständige Liste aller Funktionen finden Sie unter *https://learn.microsoft.com/en-us/azure/logic-apps/workflow-definition-language-functions-reference*

Der Weg ist das Ziel

Um noch einmal kurz zu erläutern, was *Eingaben* und *Ausgaben* einer Aktion sind, werfen Sie einen kurzen Blick auf Abbildung 10.92. Die Abbildung zeigt die Ausführung einer Aktion, die ein Element in eine SharePoint-Liste schreibt. Aktionen bestehen in ihrer Darstellung im Ausführungsverlauf aus zwei Bereichen:

- **Eingabe**
  Die Eingaben entsprechen den Werten, mit denen Sie die Aktion zum Zeitpunkt der Flow-Erstellung angegeben haben, also die Adresse der SharePoint-Site, der Listenname und die Feldinhalte.
- **Ausgabe**
  Die Ausgabe beinhaltet genau die Werte, die Sie in nachgelagerten Aktionen über die dynamischen Inhalte weiterverwenden können. In diesem Fall entsprechen sie dem angelegten Element in der SharePoint-Liste.

  Für ein tieferes Verständnis zu Aufbau und Funktion von Ausdrücken werfen Sie einfach einen kurzen Blick auf Abbildung 10.93. Dort sehen Sie die unformatierten Ausgaben einer Aktion, auf die Sie in Ihren Ausdrücken zugreifen können.

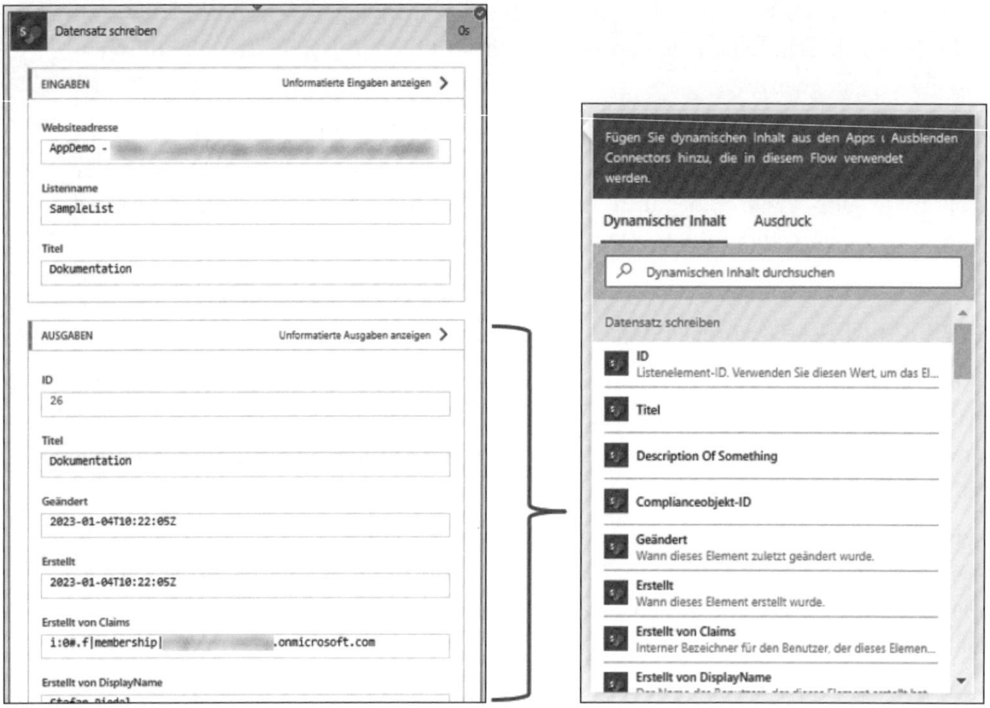

Abbildung 10.92 Ein- und Ausgaben einer SharePoint-Aktion

Abbildung 10.93 Unformatierte Ausgaben einer Aktion

Wenn Sie in nachgelagerten Aktionen zum Beispiel den Titel des SharePoint-Elements auslesen wollen, bedienen Sie sich des folgenden Ausdrucks:

```
outputs('Datensatz_Schreiben')['body']['Title']
```

Alternativ können Sie folgende Kurzform verwenden:

```
outputs('Datensatz_Schreiben')['body/Title']
```

Am Ende machen Sie also nichts weiter, als den Weg zu dem gewünschten Wert zu beschreiben, der in Abbildung 10.93 hervorgehoben wurde.

Abbildung 10.94 zeigt den Ausdruck `outputs('List_Type')`, der in diesem Flow als dynamischer Inhalt hinzugefügt wurde. Hierbei handelt es sich um eine einfach strukturierte Ausgabe einer VERFASSEN-Aktion. Die Funktion `outputs` dient dazu, die Ausgabe der Aktion mit dem Namen `List Type` zu lesen.

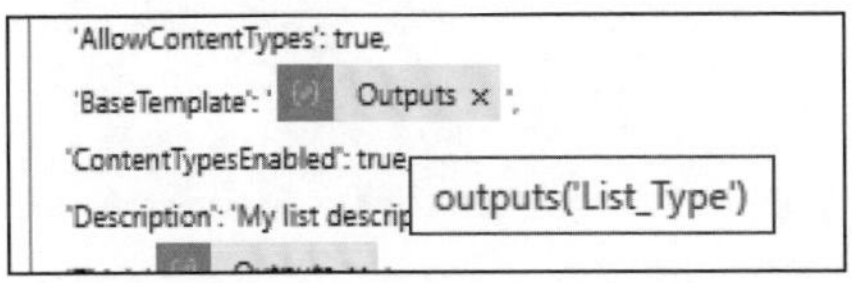

Abbildung 10.94 Auch dynamische Inhalte sind Ausdrücke.

Leerzeichen

Der Zugriff auf Werte anderer Aktionen geschieht immer über den Namen der Funktion. Leerzeichen in einem Namen werden durch das Zeichen _ (also einen Unterstrich) ersetzt. Um innerhalb eines Ausdrucks auf die Aktion mit Namen `List Type` zuzugreifen, verwenden Sie also den Namen `List_Type`.

Dynamische Inhalte und Ausdrücke

Unsere meistbenutzten Werkzeuge bei der Erstellung von Ausdrücken sind die Auswahl eines *dynamischen Inhalts* oder die Verwendung eines *Ausdrucks* (siehe auch Abschnitt 9.3.3 und 9.3.4).

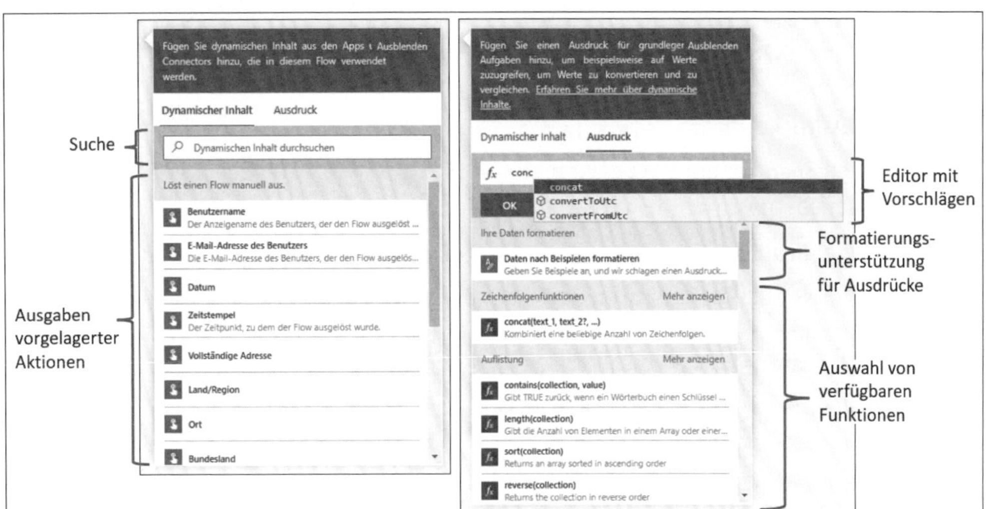

Abbildung 10.95 Dynamische Inhalte und Ausdrücke

Die Auswahl der dynamischen Inhalte bzw. der Ausdruckseditor (siehe Abbildung 10.95) öffnen sich automatisch, sobald Sie in ein Eingabefeld einer Flow-Aktion klicken. Sollte das nicht der Fall sein, können Sie die Auswahl mit dem Befehl DYNAMISCHEN INHALT HINZUFÜGEN ein- und ausblenden (siehe Abbildung 10.96).

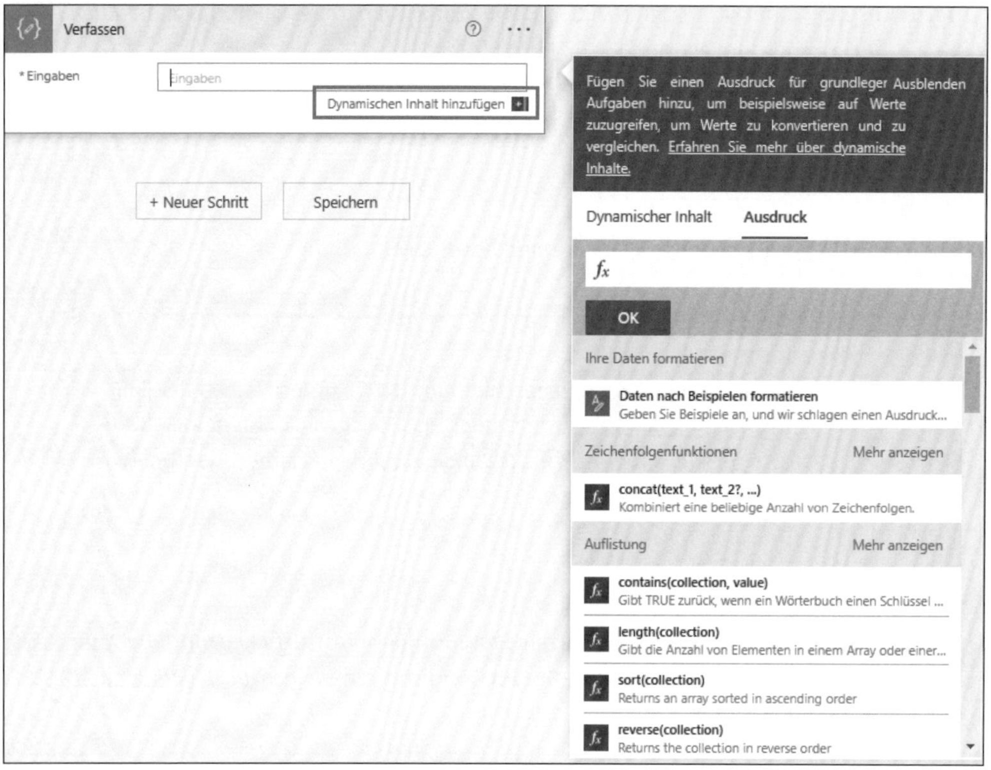

Abbildung 10.96 Dynamische Inhalte einfügen

Der Ausdruckseditor

Schauen Sie noch einmal auf Abbildung 10.95 aus dem vorangegangenen Abschnitt, so sehen Sie, dass der Ausdruckseditor aus zwei wesentlichen Teilen besteht:

1. dem Eingabefeld zum Schreiben der Ausdrücke, dem eigentlichen Editor
2. der Auswahl von Funktionen, aus denen Sie die Ausdrücke zusammenfügen

Beide Werkzeuge schauen wir uns jetzt an.

Der Editor

Der Editor ist ein einfaches Textfeld, in dem Sie Ihren Ausdruck formulieren können. Auch wenn Sie die meisten Funktionen mit der Zeit auswendig beherrschen, ist die intelligente Auswahlhilfe sehr nützlich (siehe Abbildung 10.97).

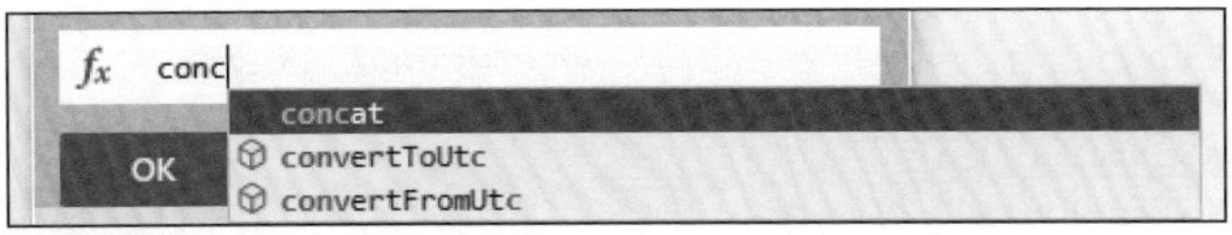

Abbildung 10.97 Hilfe bei der Auswahl einer Funktion

Während Sie die Funktion ausformulieren, werden Sie auch bei der Verwendung unterstützt, indem Ihnen die notwendigen Parameter in einem kleinen Fenster erklärt werden (siehe Abbildung 10.98). Sind mehrere Parameterkombinationen möglich, so können Sie diese bequem mit dem kleinen Selektor in der unteren linken Ecke des Fensters betrachten.

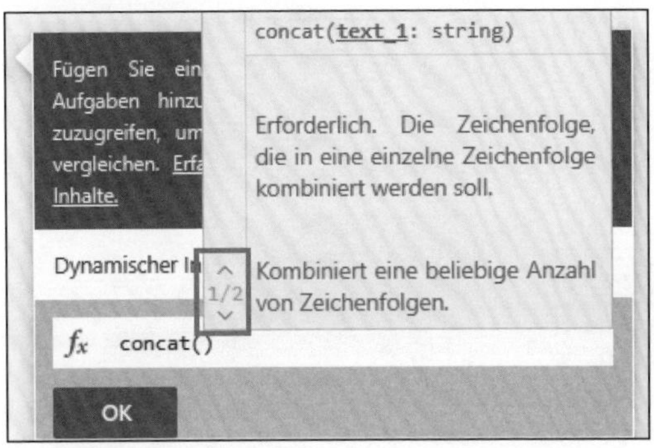

Abbildung 10.98 Hilfe bei der Verwendung einer Funktion

Sobald Sie fertig sind und Ihren Ausdruck aus einer oder mehreren Funktionen zusammengestellt haben, übernehmen Sie ihn durch Betätigung der Schaltfläche OK in Ihre Aktion.

Betrachten Sie nun die Aktion, so sehen Sie dort ein grafisches Element mit der Kurzfassung Ihrer Funktion mit einem vorangestellten FX, das einen selbstgeschriebenen Ausdruck symbolisiert. Die komplette Funktion sehen Sie, wenn Sie Ihren Mauszeiger darüber positionieren (siehe Abbildung 10.99).

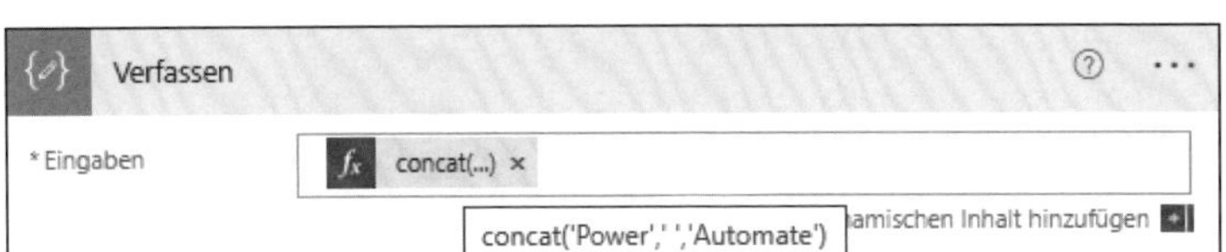

Abbildung 10.99 Den fertigen Ausdruck sehen Sie als Tooltipp.

Die Zwischenablage rettet den Tag

Gelegentlich kommt es vor, dass der Browser mal nicht seinen besten Tag hat und die Funktion zur Aktualisierung eines Ausdrucks nicht funktioniert. Um hier keine bösen

Überraschungen zu erleben, nehme ich komplexe Ausdrücke immer sicherheitshalber mit [Strg]+[C] in die Zwischenablage.

Kommt es zu einem Fehlverhalten des Browsers, lösche ich den vorhandenen Ausdruck durch Betätigung des kleinen X innerhalb der Aktion.

Nun öffne ich den Ausdruckseditor, lege meinen Ausdruck aus der Zwischenablage mit [Strg]+[V] wieder in den Editor und bestätige meine Aktion mit OK.

Klicken Sie auf das Element, öffnet sich der Ausdruckseditor, in dem Sie Ihren Ausdruck nun anpassen können. Den geänderten Ausdruck übernehmen Sie durch Betätigung der Schaltfläche AKTUALISIEREN.

Aktualisieren von Ausdrücken

Es ist wirklich wichtig, die Schaltfläche AKTUALISIEREN zu nutzen. Vergessen Sie es und klicken auf einen Bereich außerhalb des Ausdruckseditors, so verlieren Sie Ihre Änderungen!

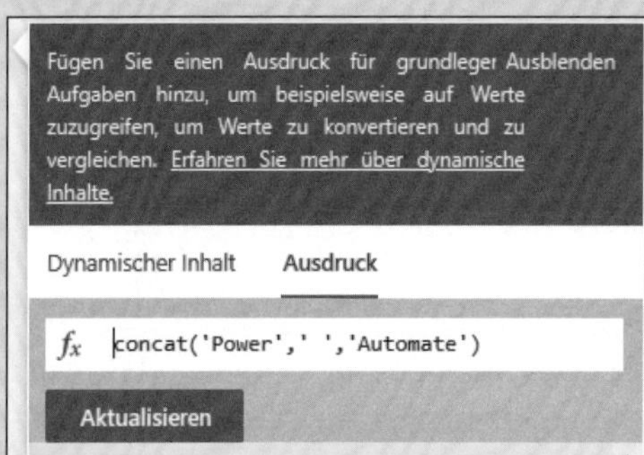

Abbildung 10.100 Das Aktualisieren von Ausdrücken nicht vergessen!

Fehlersuche in Ausdrücken

Der Editor ist in seiner derzeitigen Form für ein professionelles Arbeiten nicht geeignet. Fehlersuche in großen Ausdrücken wird so zu einer Zumutung. Ich nutze dann einen Editor wie Notepad oder Notepad++, kopiere dort den Ausdruck mit [Strg]+[C] und [Strg]+[V] hinein und zerlege ihn in seine Einzelteile. Meist fehlt nur eine Klammer.

Alternativ können Sie den Ausdruck auch, in Einzelteile zerlegt, in einzelne VERFASSEN-Aktionen einsetzen, den Flow ausführen und im Ausführungsverlauf schauen, welcher Teil den Fehler wirft.

Sie können auch dynamische Inhalte in Ihren Ausdruck integrieren, indem Sie den Cursor zunächst an die Stelle des Ausdrucks setzen, wo der dynamische Inhalt eingefügt werden soll. Nun wechseln Sie zu den dynamischen Inhalten und selektieren dort die gewünschte Eigenschaft. Der Ausdruck für den Zugriff auf die Eigenschaft wird nun in Ihre Formel integriert.

Die Funktionsauswahl

Unterhalb des Editors befindet sich die Funktionsauswahl. Hier finden Sie sämtliche Funktionen, die Sie für Ihre Ausdrücke nutzen können. Sie sind nach folgenden Einsatzbereichen geordnet:

- Zeichenfolgefunktionen
- Auflistung
- Logische Funktionen
- Konvertierungsfunktionen
- Mathematische Funktionen
- Datum und Uhrzeit
- Referenzierende Funktionen
- Workflowfunktionen
- URI-Analysefunktionen
- Bearbeitung

Da für jeden Einsatzbereich immer nur die meistverwendeten Funktionen angezeigt werden, hilft die Betätigung der Schaltfläche MEHR ANZEIGEN, um alle weiteren Funktionen einzublenden (siehe Abbildung 10.101).

Abbildung 10.101 Alle Funktionen anzeigen

Jede Funktion wird in ihrem Aufbau angezeigt und die Funktionsweise erläutert. Den kompletten Text erhalten Sie als Tooltipp, wenn Sie den Mauszeiger über die Funktion bewegen.

Klicken Sie auf eine Funktion, um sie in den Editor zu übernehmen, wie es in Abbildung 10.102 dargestellt ist.

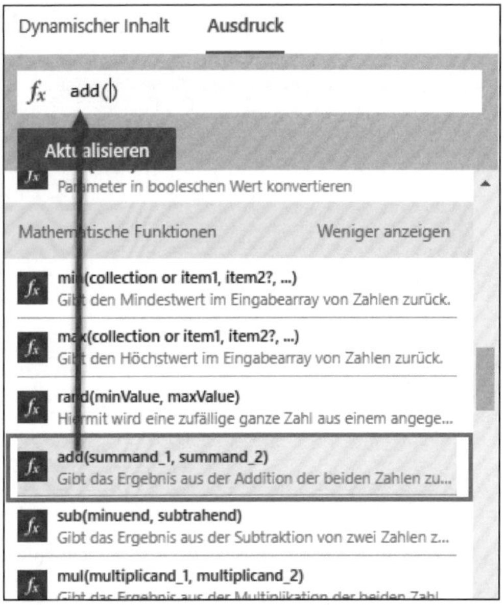

Abbildung 10.102 Klicken Sie auf eine Funktion, um sie zu benutzen.

Formatierungsunterstützung für Ausdrücke

Ich habe bereits erwähnt, dass der Ausdruckseditor eigentlich nur aus zwei Teilen besteht. Seit kurzer Zeit findet sich in der Funktionsauswahl allerdings eine neue Funktionalität, die Sie bei der Erstellung von Formeln zur Formatierung von Daten unterstützt, weshalb ich sie hier gesondert betrachte.

Das Schreiben von Datenformatierungen ist mit dem zur Verfügung stehenden Editor mitunter sehr aufwendig. Hier schafft die Formatierungsunterstützung Abhilfe.

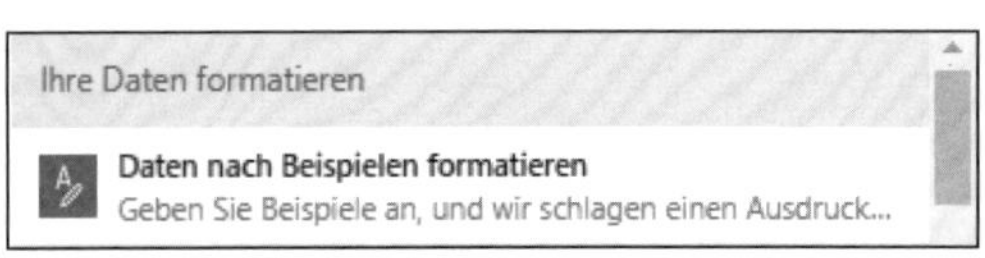

Abbildung 10.103 Formatierungsunterstützung aktivieren

Im ersten Schritt wählen Sie einen Wert aus einer Aktion aus, den Sie formatieren möchten. In meinem Fall ist es der Wert ORT aus meinem Trigger für sofortige Cloud-Flows (siehe Abbildung 10.104).

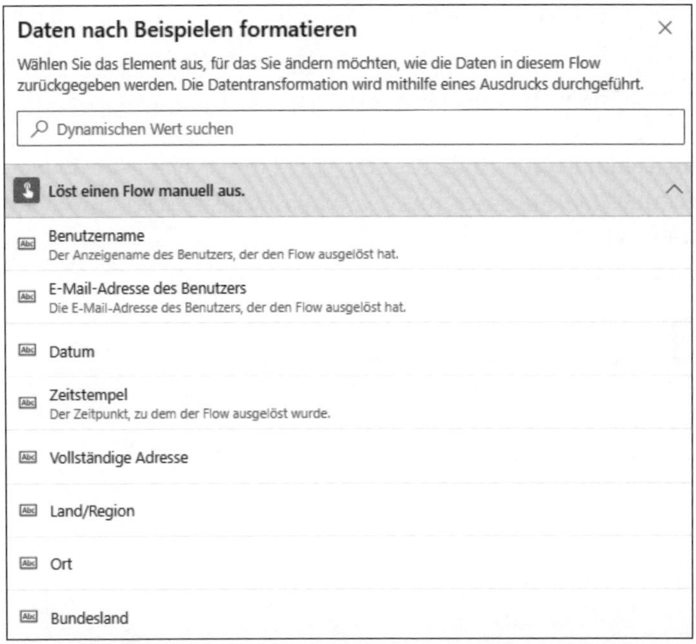

Abbildung 10.104 Wählen Sie einen Wert, den Sie formatieren wollen.

Im nächsten Schritt erklären Sie, wie Sie den Wert formatiert haben möchten. Ich habe mich für die Großschreibung entschieden und gebe in BEISPIELWERT FÜR ORT den Wert ein, wie er über den Trigger geliefert wird: »Hannover«. In dem Feld GEWÜNSCHTE AUSGABE legen Sie fest, welche Darstellung Sie sich wünschen. In meinem Beispiel ist es »HANNOVER«.

Abbildung 10.105 Der Ort soll großgeschrieben werden.

Mit der Schaltfläche AUSDRUCK ABRUFEN aus Abbildung 10.105 können Sie nun den passenden Ausdruck abrufen:

```
toUpper(triggerBody()['location']['address']['city'])
```

Sie können ihn nun noch einmal testen, indem Sie einen TESTWERT eingeben (in meinem Fall »Hannover«) und den Ausdruck mit der Schaltfläche TESTEN anwenden (siehe Abbildung 10.106).

Abbildung 10.106 Der Ausdruck ist fertig und kann getestet werden.

Wenn Ihnen das Ergebnis zusagt, können Sie die Formel über die Schaltfläche ANWENDEN in Ihren Funktionseditor übernehmen (siehe Abbildung 10.107).

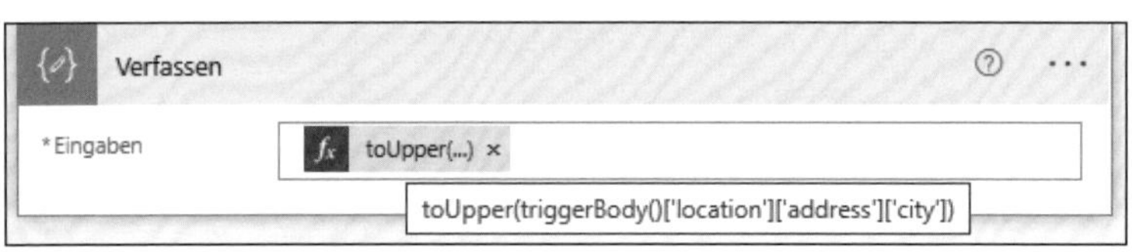

Abbildung 10.107 Der fertige Ausdruck in Ihrer Aktion

Kurz zur Erläuterung des Ausdrucks, den wir soeben erstellt haben:

```
toUpper(triggerBody()['location']['address']['city'])
```

Wenn Sie in der Flow-Ausführung in die unformatierte Ausgabe des Triggers schauen, sehen Sie ein JSON-Datenobjekt mit allen zur Verfügung stehenden Daten des Triggers (siehe Abbildung 10.108).

`triggerBody()['location']['address']['city']` beschreibt den Pfad zur Eigenschaft `city` innerhalb des Datenobjekts.

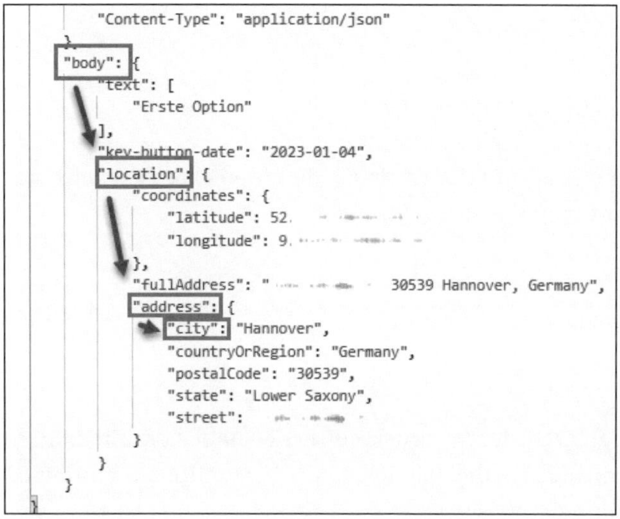

Abbildung 10.108 Der Pfad zur Eigenschaft

Die Funktion `toUpper()` erhält nun den Wert aus der Eigenschaft, die über den Pfad ermittelt wird, in meinem Fall »Hannover«, und wandelt alle Kleinbuchstaben in Großbuchstaben um.

10.3.2 Funktionen und Datentypen

Sie wissen, dass die eigentliche Magie von Flows in den Ausdrücken liegt und Ausdrücke aus einer oder mehreren Funktionen bestehen.

Aufbau

Auch wenn es offensichtlich erscheint, möchte ich ein paar Worte zum Aufbau von Funktionen verlieren. Eine Funktion hat in der Regel eine *Eingabe*, bestehend aus einem oder mehreren Übergabeparametern. Innerhalb der Funktion werden diese Daten verarbeitet. Das Ergebnis dieser *Verarbeitung* ist die *Ausgabe* der Funktion.

> **Das EVA-Prinzip**
> Die drei Begriffe *Eingabe*, *Verarbeitung* und *Ausgabe* beschreiben das Grundprinzip der Datenverarbeitung: das EVA-Prinzip.

Sind keine Übergabeparameter vorhanden, spricht man von einer parameterlosen Funktion.

Listing 10.2 zeigt ein Beispiel für eine Funktion mit einem Übergabeparameter. Die Funktion `toUpper` erhält einen Wert aus dem Flow-Trigger, in diesem Fall die Stadt, in der der Flow gestartet wurde, und transformiert alle Buchstaben in Großbuchstaben. Hannover wird so zu HANNOVER.

```
toUpper(triggerBody()['location']['address']['city'])
```

Listing 10.2 Funktion mit einem Übergabeparameter

Listing 10.3 zeigt die parameterlose Funktion `utcNow()`, die einen aktuellen Zeitstempel basierend auf der koordinierten Weltzeit zurückgibt.

```
utcNow()
```

Listing 10.3 Parameterlose Funktion

Optionale Parameter

Schauen Sie in die Funktionsauswahl des Ausdruckseditors, so finden Sie hinter manchen Parametern ein Fragezeichen. Hierbei handelt es sich um optionale Parameter, die Sie eingeben können, aber nicht müssen.

Abbildung 10.109 Funktion mit optionalem Parameter

Die Funktion `isFloat()` aus Abbildung 10.109 erwartet eine Zeichenkette und prüft, ob es sich dabei um eine Kommazahl handelt. Geben Sie zusätzlich noch den Sprachcode im optionalen Parameter `locale` an, so wird überprüft, ob es sich dabei auch im Sinne des eingestellten Sprachraums um eine gültige Kommazahl handelt.

```
isFloat('10,000.00','de-DE')
```

Listing 10.4 Ein optionaler Parameter verändert die Verarbeitung.

10,000.00 und 10.000,00 sind allgemeingültige Kommazahlen. Betrachtet man die Zahlen aber im Kontext der eingestellten Sprache, so ist 10,000.00 zum Beispiel keine gültige Kommazahl in Deutschland, 10.000,00 aber sehr wohl.

Datentypen

Daten unterscheidet man in Abhängigkeit von ihrer Beschaffenheit nach verschiedenen Typen. Die wohl bekanntesten sind Zeichenketten und Zahlen. In Flows können Sie mit den Datentypen aus Tabelle 10.2 arbeiten.

Zeichenkette (string)	alphanumerische Werte, die in Funktionen umgeben von einem Hochkomma verarbeitet werden: `'10,000.00'`
Ganzzahl (int)	ganzzahlige numerische Daten: `12345`
Kommazahlen (float)	Kommazahlen unter Verwendung des Dezimalpunkts: `10.7`
Booleans (bool)	ein binäres Feld, repräsentiert durch die Zustände `true` (wahr) und `false` (falsch)
Array (collection, array)	Sammlung von Daten: `[1,2,3,4]` oder `['Hund','Katze','Maus']`

Tabelle 10.2 Verfügbare Datentypen

Bei der Verarbeitung von Daten in Funktionen ist meist der zu verwendende Datentyp vorgeschrieben. So erwartet die Funktion `isFloat` aus Listing 10.4 einen `String` als Datentyp. Übergeben Sie Daten im falschen Datenformat, so läuft der Flow in einen Fehler. Abbildung 10.110 zeigt den Fehler bei Verwendung einer Kommazahl (`float`) innerhalb der Funktion `isFloat()`.

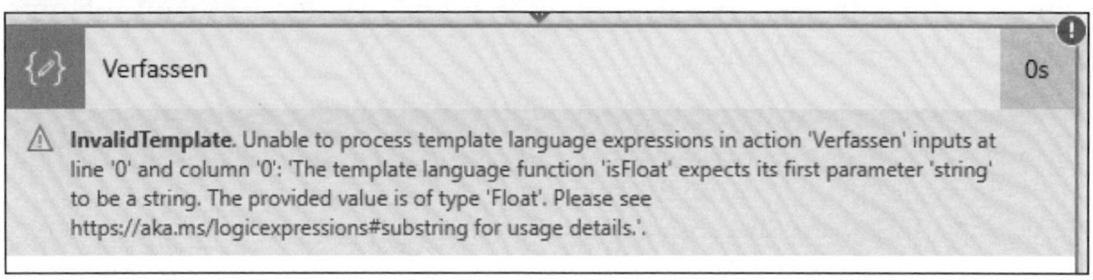

Abbildung 10.110 Fehlermeldung bei Verwendung falscher Datentypen

Einige Funktionen bieten allerdings die Verwendung mehrerer unterschiedlicher Datentypen an.

Die Funktion `take` gibt beispielsweise die ersten `count`-Elemente einer Sammlung zurück. Das kann ein Array sein, aber genauso gut eine Zeichenkette, die streng genommen eine Sammlung von Zeichen ist.

In Funktionen stöbern

Sie haben bereits gelernt, dass die Funktionen entsprechend ihrem Einsatzbereich in der Funktionsauswahl gruppiert sind. Da einige Funktionen aber in mehreren Bereichen einsetzbar sind, lohnt sich das Stöbern und Ausprobieren.

Notation

In den weiteren Abschnitten beschreibe ich den Großteil der verfügbaren Funktionen. Dabei folge ich folgender Notation:

```
Name(<Parameter>,<Parameter>?)
```

Parameter mit einem folgenden Fragezeichen sind optionale Parameter, analog zur Darstellung der Flow-Oberfläche.

10.3.3 Die Aktion »Verfassen«

Die Aktion VERFASSEN aus dem Konnektor *Datenvorgang* ist meine erklärte Lieblingsaktion. (In englischen Umgebungen ist es die COMPOSE-Aktion aus dem Konnektor *Data Operation.*)

[»]

> **Merken Sie sich die wichtigsten Übersetzungen**
>
> Wenn Sie zwischen Umgebungen mit verschiedenen Sprachen wechseln müssen, ist es nahezu überlebenswichtig, sich die Übersetzungen der wichtigsten Aktionen zu merken, denn viele Begriffe sind wahrlich nicht intuitiv.

Verfassen ist für mich ein generischer Ergebnisspeicher von Ausdrücken. Ich nutze diese Aktion vor allem aus zwei Gründen.

1. Es hilft enorm bei der Fehlersuche, wenn Sie komplexe Ausdrücke auf mehrere Verfassen-Aktionen verteilen.
2. Verfassen-Aktionen sind hervorragende Puffer für Übergabewerte an den Flow, wie Sie es bereits bei den sofortigen Cloud-Flows in Abschnitt 10.2.1 gesehen haben.

Im Gegensatz zu *Variablen*, die an jeder Stelle des Flows geändert werden können, sind Verfassen-Aktionen statisch. Sie sind im Flow-Verlauf nicht änderbar. Sobald sie ausgeführt werden, wird der in ihnen befindliche Ausdruck ausgewertet und ist als Ausgabe an jeder nachgelagerten Stelle des Flows abrufbar.

Eine Änderung des Werts einer Verfassen-Aktion wäre nur möglich, wenn sie erneut ausgeführt werden würde, so wie es in Schleifen der Fall ist. Wird die Verfassen-Aktion im Rahmen einer Wiederholung erneut ausgeführt, zum Beispiel weil mehrere Datensätze einer Datenbankabfrage durchlaufen werden, so wird die Verfassen-Aktion jedes Mal neu gesetzt (siehe Abbildung 10.111).

[»]

> **Jede Ausführung kostet**
>
> Sie haben gelernt, dass jede Aktion in einem Cloud-Flow als ein Power-Platform-Call gezählt wird, der gegen Ihr Kontingent verrechnet wird. Das gilt genauso auch für

Verfassen-Aktionen. Den Vorteilen, die Sie sich mit der Verwendung von Hilfsaktionen wie zum Beispiel VERFASSEN verschaffen, steht eine höhere Belastung Ihrer Kontingente gegenüber.

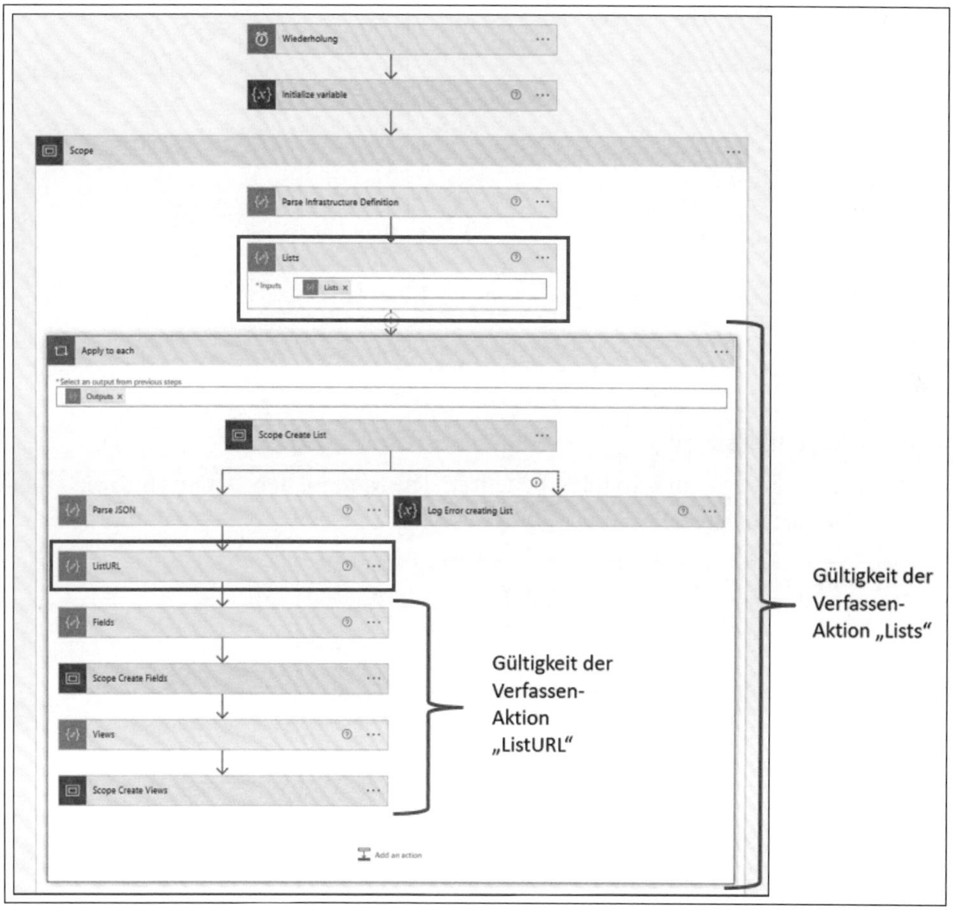

Abbildung 10.111 Gültigkeit einer Verfassen-Aktion

10.3.4 Variablen

Variablen können im Gegensatz zur Verfassen-Aktion an jeder Stelle Ihres Flows gelesen und geschrieben werden. Die einzige Bedingung ist, dass eine Variable vor Ihrer Benutzung immer erst initialisiert werden muss. Da das aber nicht an jeder Stelle im Flow möglich ist, ist zu empfehlen, die Variablen-Initialisierung ganz am Anfang, direkt unterhalb des Triggers, vorzunehmen.

Die Methoden für die Verwendung von Variablen finden Sie im Konnektor mit dem Namen *Variable*.

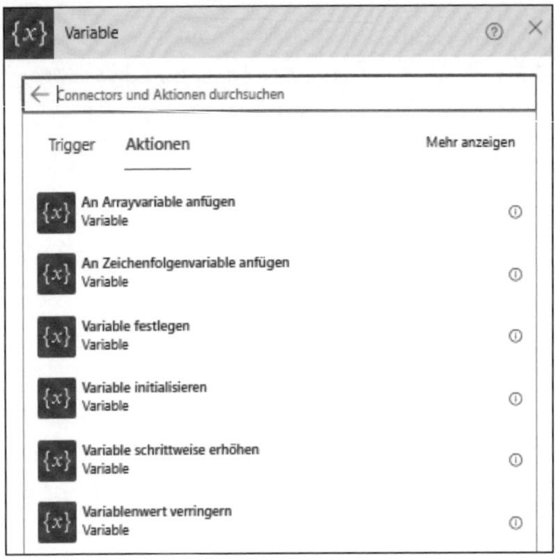

Abbildung 10.112 Aktionen des Variable-Konnektors

Variablen initialisieren

Die Initialisierung von Variablen bedeutet, den Namen, den Datentyp sowie einen Startwert festzulegen.

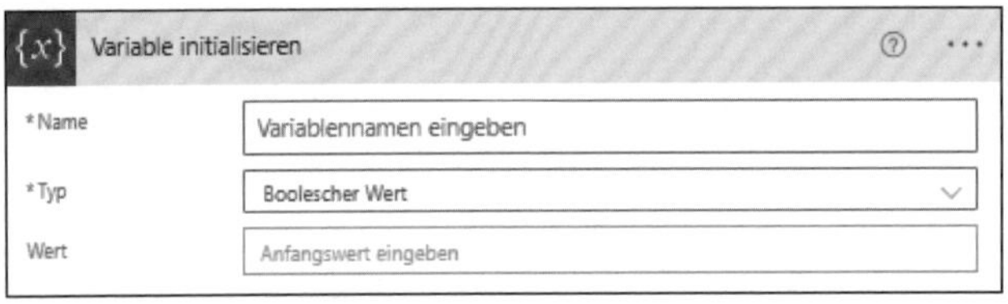

Abbildung 10.113 Initialisierung von Variablen

Variablen können von folgendem Typ sein:

- Boolescher Wert (Ja/Nein)
- Ganze Zahl (ganzzahlige Werte)
- Float (Kommazahlen)
- Zeichenfolge (Texte)
- Objekt (komplexe Datenobjekte im JSON-Format)
- Array (Datenlisten)

Boolesche Werte

Boolesche Werte speichern einen binären Zustand, also 1 oder 0, wahr oder falsch, Ja oder Nein. Glücklicherweise wurden diese Werte nicht übersetzt, sodass wir hier mit den in der Programmierung gebräuchlichen Werten `true` und `false` arbeiten können.

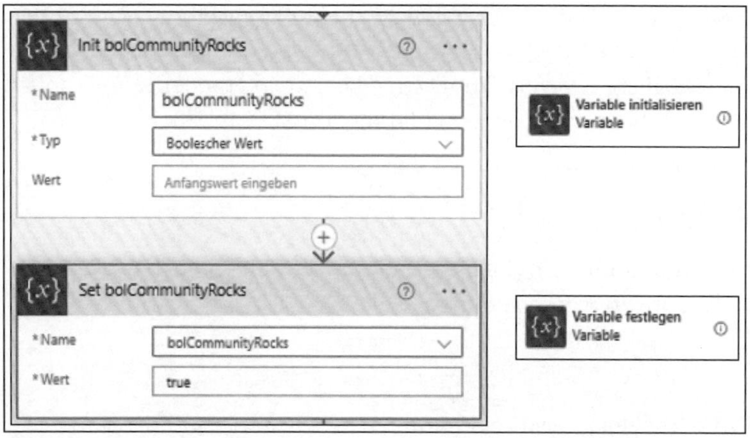

Abbildung 10.114 Initialisierung und Verwendung von booleschen Variablen

Ganze Zahlen und Kommazahlen

Ganze Zahlen und Kommazahlen werden identisch behandelt, außer dem kleinen Unterschied, dass in den Aktionen für ganze Zahlen keine Kommawerte erlaubt sind.

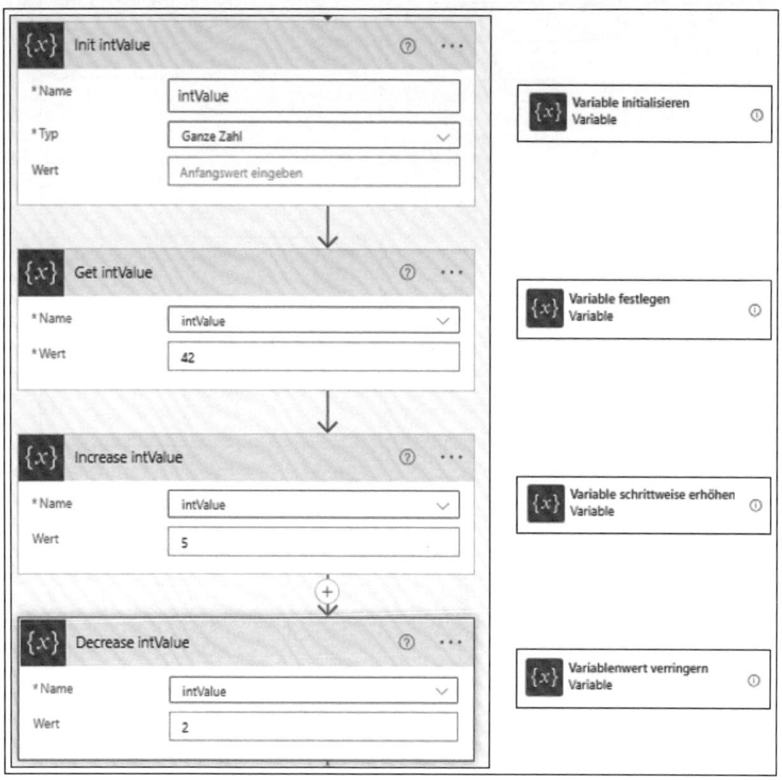

Abbildung 10.115 Variablen für Zahlen initialisieren, setzen, erhöhen und verringern

Der Dezimaltrenner bei Kommazahlen (Floats) ist ein Punkt anstatt eines Kommas: 1.234 anstatt 1,234. Variablen vom Typ *Ganze Zahl* und *Float* verfügen neben der Initialisierung und der Möglichkeit, Werte zu setzen, über zwei Methoden zum Erhöhen und Verringern der Variablenwerte (siehe Abbildung 10.115):

- Variable schrittweise erhöhen
- Variablenwert verringern

Beachten Sie, dass Kommazahlen, im Gegensatz zu ganzen Zahlen, auch um Kommazahlen erhöht und verringert werden können.

Zeichenfolgen

Variablen vom Typ *Zeichenfolge*, also Texte, können neben den Grundfunktionen der Initialisierung und des Setzens auch um weitere Zeichenfolgen erweitert werden. Der Zeichenfolge »Power« aus Abbildung 10.116 wurde im letzten Schritt die Zeichenfolge »Automate« angefügt. Der Wert der Variablen lautet somit »Power Automate«.

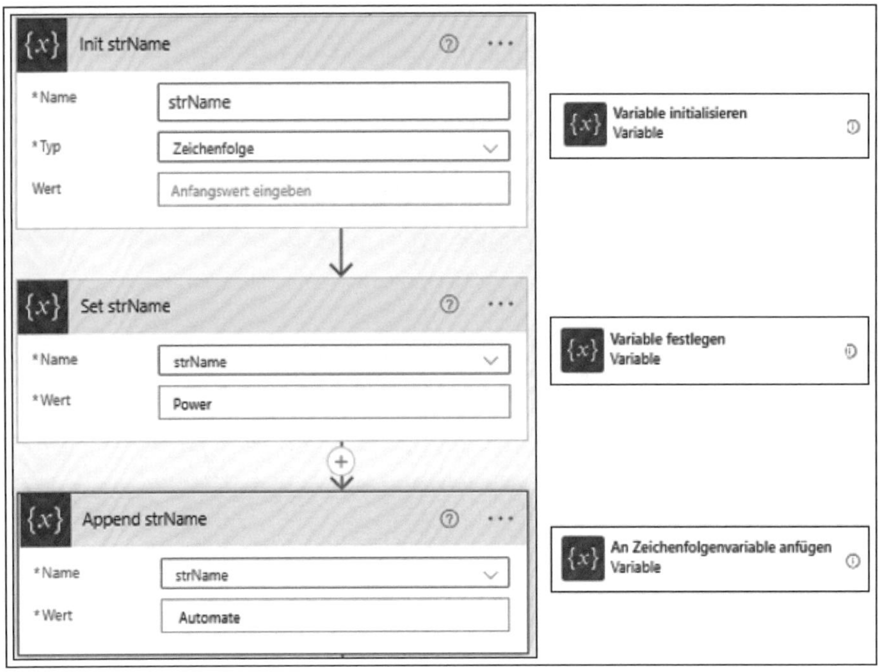

Abbildung 10.116 Funktionen zum Umgang mit Variablen für Zeichenfolgen

Arrays

Arrays sind Wertelisten, die Sie initial setzen und erweitern können.

Abbildung 10.117 zeigt das Initialisieren, Setzen und Erweitern eines Arrays. Die Notation erfolgt im JSON-Format:

```
[
"Hund",
"Katze"
]
```

Das Ergebnis des Arrays nach der Erweiterung um den Wert »Maus« sieht dann wie folgt aus:

```
[
"Hund",
"Katze",
"Maus"
]
```

Abbildung 10.117 Verwendung von Array-Variablen

Leider werden Sie im *Variable*-Konnektor vergeblich nach Aktionen suchen, um Arrays zu verkleinern. Wie Sie das aber dennoch schaffen, zeige ich in Abschnitt 10.3.9.

Abruf von Variablen

Der Abruf der Variablenwerte erfolgt ganz einfach über die dynamischen Inhalte. Sobald Sie mindestens eine Variable initialisiert haben, finden Sie dort den Abschnitt VARIABLEN, aus dem Sie alle verfügbaren Variablen des Flows abrufen können (siehe Abbildung 10.118).

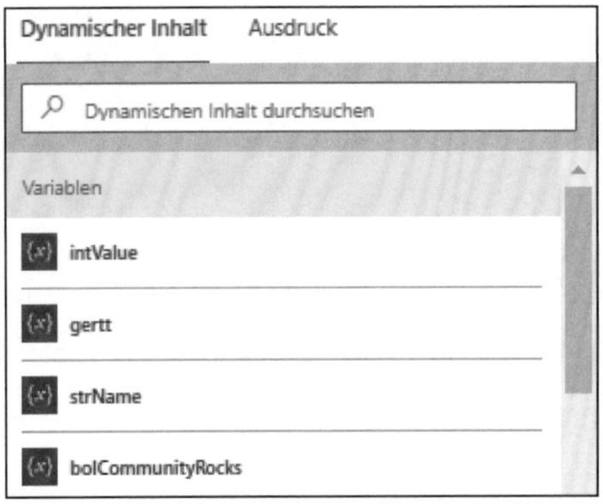

Abbildung 10.118 Auswahl von Variablen aus den dynamischen Inhalten

Wollen Sie innerhalb eines Ausdrucks auf Variableninhalte zugreifen, können Sie die Funktion `variables()` aus dem Bereich REFERENZIERENDE FUNKTIONEN auswählen und den Variablennamen mit Hochkommata übergeben (siehe Abbildung 10.119): `variables('strName')`

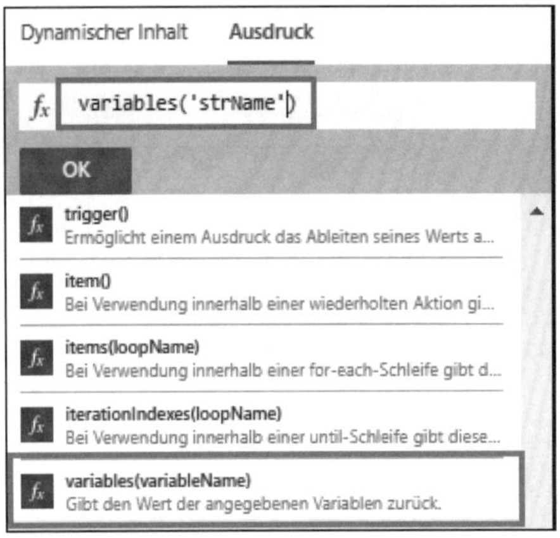

Abbildung 10.119 Verwendung von Variablen in Ausdrücken

Arbeiten Sie mit Arrays und wollen den Wert an einer bestimmten Stelle, also einem bestimmten Index abrufen, können Sie den in eckigen Klammern angeben. Das folgende Listing liefert den dritten Eintrag des Arrays `colTiere`, also den Wert »Maus«.

```
variables('colTiere')[2]
```

[«]

Startindex von Arrays

Elemente eines Arrays sind immer indiziert, also mit einer fortlaufenden Nummer versehen. Diese Nummer sieht man nicht, da sie intern im Array verwaltet wird. Da nun Power-Automate-Arrays mit dem Startindex 0 beginnen, hat das erste Element den Index 0 und das dritte Element den Index 2.

Näheres zum Abrufen von Daten aus Arrays und zum Umgang mit Datenmengen erfahren Sie in Abschnitt 10.3.9.

10.3.5 Rechnen mit Flows

Mathematische Funktionen arbeiten mit Zahlenwerten oder Arrays von Zahlen. Verwenden Sie die Funktionen entweder direkt in Konfigurationsparametern von Aktionen, oder führen Sie die Berechnung in Variablen oder VERFASSEN-Aktionen durch.

[«]

Auf Datentyp achten

Sie müssen immer sicherstellen, dass numerische Werte an die Funktionen übergeben werden. Falls Sie die Ausgabe einer Aktion verwenden und sich nicht sicher sind, ob ein numerischer Wert oder eine Zeichenkette zurückgeliefert wird, müssen Sie den Wert in ein `float` oder `int` konvertieren.

In Abbildung 10.120 sehen Sie die Verwendung einer VERFASSEN-Aktion, die ich in *Berechnung* umbenannt habe. Der Ausdruck referenziert auf die Eingaben aus dem Trigger für die sofortige Ausführung.

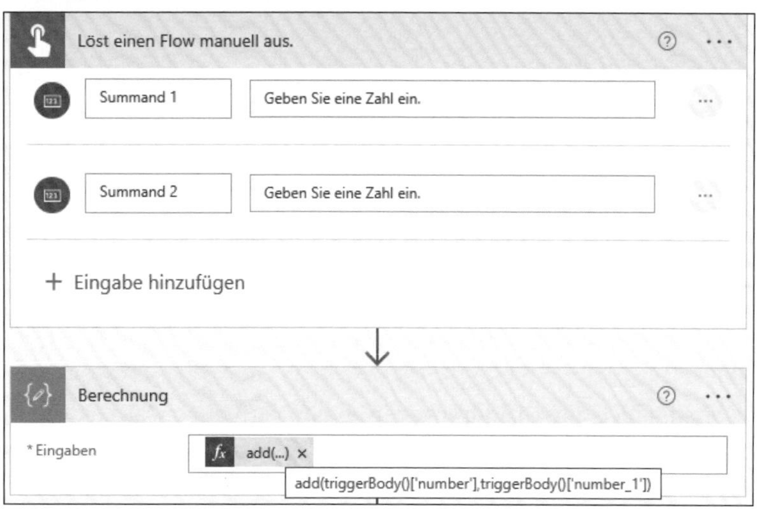

Abbildung 10.120 Testen der mathematischen Funktionen mit einem Trigger für die sofortige Ausführung

Testen Sie den Flow, indem Sie Werte in die Parameterabfrage eingeben (siehe Abbildung 10.121), und überprüfen Sie dann die Ausgabe der Aktion BERECHNUNG (siehe Abbildung 10.122).

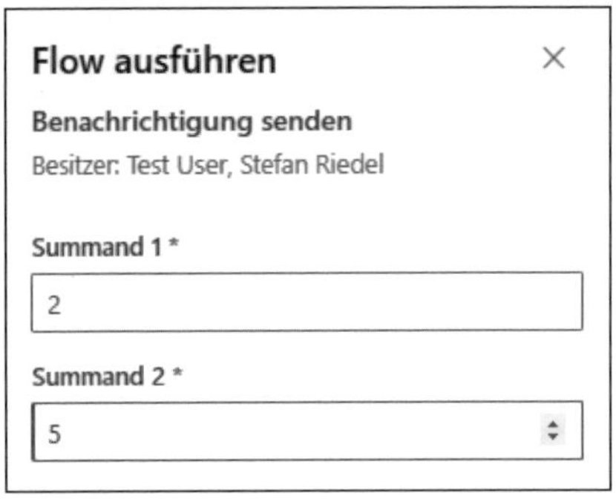

Abbildung 10.121 Beispieleingabe für eine Berechnung

Beachten Sie die Notation für den Zugriff auf die Trigger-Eingaben. Der Flow verwendet dabei nicht den Anzeigenamen, den Sie im Trigger eingestellt haben, sondern den Namen des Datentyps, der bei mehrfachem Auftreten durchnummeriert wird.

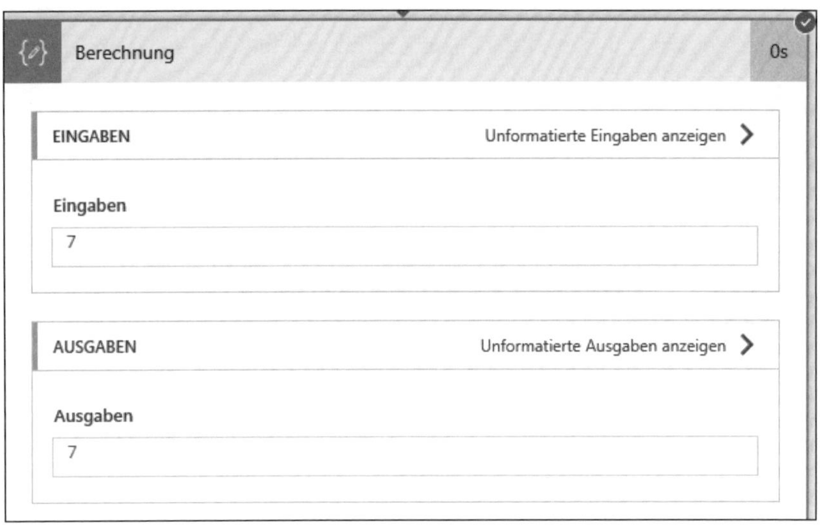

Abbildung 10.122 Überprüfung der Berechnung

Grundrechenarten

Flow stellt selbstverständlich alle Grundrechenarten zur Verfügung. Anstatt wie in Power Apps einfach die Schreibweisen 12 + 2 zu verwenden, nutzen Sie hier die jeweils passende Funktion `add`, `sub`, `mul` und `div` für die Rechenarten Addition, Subtraktion, Multiplikation und Division.

Einige Beispiele dazu:

- `add(12,2)`: Addiert beide Werte zum Ergebnis 14.
- `sub(12,2)`: Subtrahiert 2 von 12 zu dem Ergebnis 10.
- `mul(12,2)`: Multipliziert 12 mit 2 zu dem Ergebnis 24.
- `div(12,2)`: Dividiert 12 durch 2 zu dem Ergebnis 6.
- `add(add(12,2),3)`: Addiert 3 zu dem Ergebnis aus `add(12,2)`.
- `add(outputs('Summand1'), outputs('Summand2')`: Addiert die Ausgaben der Aktionen `Summand1` und `Summand2`.

Rand (Zufallszahlen)

Nutzen Sie die Funktion `rand()`, um eine Zufallszahl zwischen einem Minimum und einem Maximum zu erzeugen. Minimum und Maximum müssen als ganze Zahl an die Funktion übergeben werden. Das Ergebnis schließt das Minimum mit ein: `rand(Minimum, Maximum)`. `rand(4,17)` liefert eine ganze Zahl aus der Zahlenmenge von 4 bis 16.

Min und Max

Die Berechnung eines Minimums bzw. eines Maximums kann auf zwei Weisen erfolgen:

1. durch den direkten Vergleich, indem die zu vergleichenden Werte in der Funktion angegeben werden
2. durch die Übergabe einer Collection, zum Beispiel eines Arrays bestehend aus Zahlenwerten

Die folgenden Beispiele beziehen sich auf die `min`-Funktion, schließen aber `max()` zur Ermittlung eines Maximums mit ein:

```
min(Wert1,Wert2,…,Wert n)
min(Collection)
```

Einige Beispiele dazu:

- `min(12,2,7,1.5)`: Ermittelt das Minimum aus der Wertemenge `[12,2,7,1.5]`. Das Ergebnis lautet `1.5`.
- `min(12,2, '7',1.5)`: Führt zu einem Fehler, da nur numerische Ausdrücke erlaubt sind. Der Wert `'7'` ist eine Zeichenkette.
- `min(outputs(Wert1), outputs('Wert2'))`: Ermittelt das Minimum aus der Wertemenge bestehend aus den Ausgaben der Aktionen `Wert1` und `Wert2`.

Abbildung 10.123 und Abbildung 10.124 verdeutlichen die Verwendung von Arrays der `min()`-Funktion. Erstere verwendet eine VERFASSEN-Aktion, in der ein Array von

1 bis 5 definiert wurde. Der Ausdruck für die Ermittlung des Minimums lautet: `min(outputs('Array_erstellen'))`

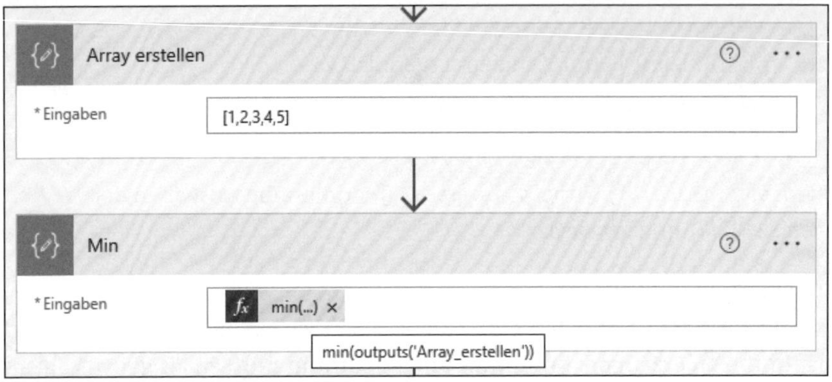

Abbildung 10.123 Verwendung eines Arrays, definiert in einer Verfassen-Aktion

Das zweite Beispiel verwendet eine Array-Variable, die mit folgendem Ausdruck verwendet wird: `min(variables('colZahlen'))`

Abbildung 10.124 Verwendung einer Array-Variablen

Mod

Das Modulo bezeichnet den Rest einer Division, der nicht mehr durch den Divisor geteilt werden kann. Oder anders gesprochen: Bei 22 geteilt durch 4 bleiben 2 übrig, und das ist das Modulo.

Die passende Funktion für Ihren Ausdruck lautet `mod(Dividend, Divisor)`.

Einige Beispiele dazu sehen Sie in Tabelle 10.3.

`mod(22,4)`	22 durch 4 = 5, Rest 2

`mod(mod(23,4),2)`	`mod(mod(23,4),2)=`
	`mod(3,2)=`
	`1`

`mod(outputs('Dividend'), outputs('Divisor'))`	Dividiert die Ausgabe der Aktion Dividend durch die Ausgabe der Aktion Divisor. Der Rest ist das Modulo.
`div(triggerBody()['number'], outputs('Divisor))`	Dividiert einen Übergabewert aus dem Trigger durch die Ausgabe der Aktion Divisor. Der Rest ist das Modulo.

Tabelle 10.3 Beispiel der Mod-Funktion

Range

Nutzen Sie die `range()`-Funktion, um Arrays von ganzen Zahlen zu erzeugen: `range (startIndex,count)`

`range(3,6)` erstellt ein Array `[3,4,5,6,7,8]`. `range(outputs('startIndex'), outputs ('count'))` erstellt ein Array, beginnend mit dem Wert der Ausgabe der Aktion `startIndex` und einer Anzahl von Elementen entsprechend dem Wert der Ausgabe `count`.

10.3.6 Umgang mit Texten

Sobald Sie richtig in die Entwicklung von Cloud-Flows einsteigen, werden Sie eine Menge Ausdrücke zur Verarbeitung von Texten schreiben. Dieser Abschnitt zeigt Ihnen, wie das geht und was Sie tun können, wenn Ihnen die passende Funktion fehlt.

Trimmen von Texten

Das Trimmen von Texten bedeutet, dass alle führenden und nachfolgenden Leerzeichen entfernt werden: `trim(text)`

`trim(' Stefan ')` löst die überzähligen Leerzeichen auf und liefert `Stefan` zurück. `trim (outputs('Name'))` entfernt die Leerzeichen am Anfang und Ende des Textes aus der Ausgabe der Aktion `Name`.

Ein Trimmen von anderen Zeichen als dem Leerzeichen ist nicht über eine einfache Funktion möglich. Falls Sie eine derartige Funktion benötigen, müssen Sie mit den verfügbaren Funktionen kreativ werden.

Kleinschreibung und Großschreibung

Wenn Sie Texte zur Weiterverarbeitung durch Drittsysteme vorbereiten, haben Sie eventuell die Anforderung, dass Groß- oder Kleinschreibungen vermieden werden müssen. Hier helfen `toLower(Text)` und `toUpper(Text)`.

`toLower('Stefan')` liefert `stefan` zurück, `toUpper('Stefan')` dementsprechend `STEFAN`. `toLower(outputs('Name'))` sorgt für die Kleinschreibung des Textes als Ausgabe der Aktion `Name`.

Texte verbinden und ersetzen

Nicht selten müssen Sie mehrere Daten zusammenführen. Bestes Beispiel dafür ist die Verkettung von Vor- und Zuname zu einem Anzeigenamen bestehend aus beiden Wörtern. Die Funktion `concat()` erlaubt die Verbindung von mehreren Zeichenfolgen zu einer Zeichenfolge: `concat(Text 1,Text 2,…,Text n)`

`concat('Auto', 'mate')` gibt `Automate` aus, `concat(outputs('Vorname'), ' ' outputs('Nachname'))` fügt den Text aus der Ausgabe der Aktion `Vorname`, ein Leerzeichen sowie die Ausgabe der Aktion `Nachname` zu einem Text zusammen.

`replace` ersetzt Teile eines Textes durch einen neuen Text: `replace(Ausgangstext, Alter Text, Neuer Text)`

`replace('PowerAutomate','Automate','Apps')` gibt `PowerApps` aus.

Texte zerlegen

Die folgenden drei Methoden erlauben das Zerlegen von Zeichenfolgen. Sinnvolle Einsatzbereiche sind:

- Heraustrennung der Domain aus einer Mail-Adresse
- Zerlegen eines Datensatzes aus einer CSV-Datei
- Splitten von Werten einer Mehrfachauswahl von SharePoint-Auswahlfeldern

subString

Mit der Funktion `subString(Text, StartIndex, Länge)` können Sie Teile eines Textes kopieren, indem Sie nur eine Startposition angeben (dann bekommen Sie das Teilwort von der Position bis zum Ende) oder zusätzlich die Anzahl an Zeichen angeben, die Sie ab der Startposition kopieren wollen (siehe Abbildung 10.125).

`subString('PowerAutomate', 5))` gibt `Automate` zurück, `subString('PowerAutomate', 5,4))` dementsprechend `Auto`.

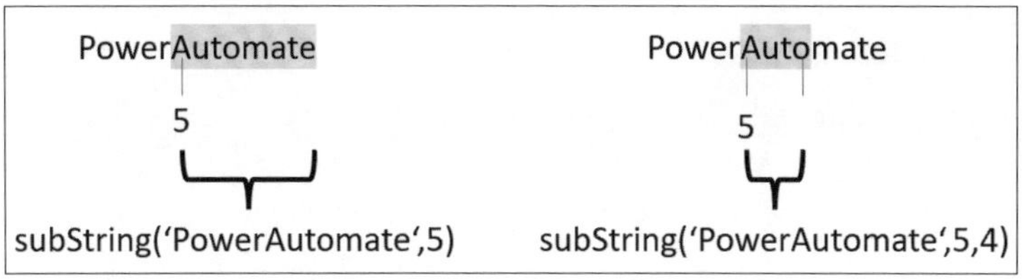

Abbildung 10.125 Verwendung von »subString«

slice

Die `slice()`-Funktion arbeitet ähnlich wie `subString()`, nur dass sich hier Teilzeichenfolgen nicht auf Basis einer Länge, sondern absolut über den Index definieren lassen (siehe Abbildung 10.126).

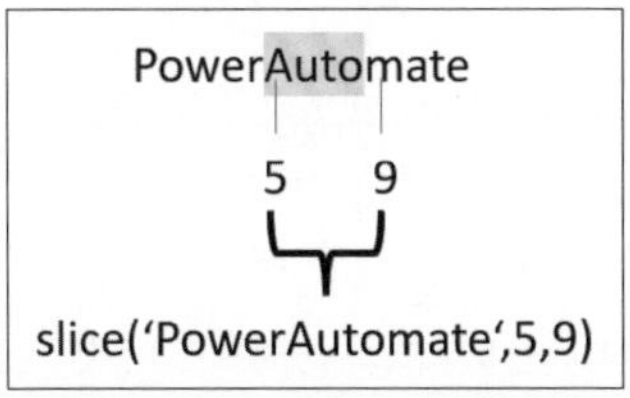

Abbildung 10.126 Verwendung der Slice-Funktion

Der Aufruf lautet: `slice(Text,StartIndex,EndIndex)`

Wird keine Endposition angegeben, so wird die Teilzeichenfolge vom Start bis zum Ende ermittelt. Ist die Startposition größer als die Anzahl Zeichen des Ausgangstextes, wird ein Leerstring zurückgegeben. Und falls die Endposition größer als die Anzahl Zeichen ist, wird maximal bis zum Ende des Textes gesucht.

`slice('PowerAutomate', 5,9)` gibt `Auto` zurück.

split

Spätestens wenn Sie es mit SharePoint-Auswahlfeldern oder CSV-Dateien zu tun bekommen, werden Sie die Funktion `split(Ausgangstext,Separator)` lieben lernen, denn sie erlaubt das Zerteilen von Text an allen Stellen, an denen ein bestimmter, von Ihnen zu definierender Separator vorkommt.

Das Ergebnis dieser Funktion ist ein Array, bestehend aus den Elementen, die im Text durch den angegebenen Separator getrennt waren.

`split('Rot,Grün,Gelb', ',')` gibt Folgendes aus:

```
[
  "Rot",
  "Grün",
  "Gelb"
]
```

[»]

Texte sind eine Menge Buchstaben

Viele Funktionen in Power Automate Cloud-Flows sind vielfältig einsetzbar. So finden sich viele Text-Funktionen auch in Verbindung mit Datenmengen wieder. Das liegt daran, dass Zeichenketten letztlich auch Datenmengen von Buchstaben sind und umgekehrt.

- `take(createArray(1,2,3,4,5),2)` führt zu dem Array `[1,2]`.
- `take('12345',2)` führt zum Ergebnis »12«.

Die Beschreibung der Funktionen `take`, `first`, `last`, `contains` und `length` finden Sie in Bezug auf die Verwendung von Datenmengen in Abschnitt 10.3.9.

Prüfungen

`startsWith` überprüft, ob eine Zeichenkette einen bestimmten Anfang hat. Das Ergebnis dieser Abfrage ist entsprechend `true` oder `false`. `EndsWith` funktioniert analog zu `startsWith` und prüft, ob eine Teilzeichenfolge am Ende eines Textes vorkommt:

`startsWith('PowerAutomate', 'Power')` gibt `true` aus, `startsWith('PowerAutomate', 'Automate')` dementsprechend `false`.

Die Funktionen `indexOf` und `lastIndexOf` geben das erste bzw. letzte Vorkommen eines Suchtextes in einem Ausgangstext zurück. Die Prüfung ist nicht case-sensitiv, das heißt, es wird nicht auf Groß- oder Kleinschreibung geachtet.

Der Index startet bei 0.

`indexOf('PowerAutomate','e')` gibt `3` zurück, `indexOf('PowerAutomate','O')` liefert `1` und `lastIndexOf('PowerAutomate','e')` ist `12`.

Die Funktion `nthIndexOf` ermittelt die Position des *n*-ten Vorkommens eines Suchtextes in einem Ausgangstext.

`nthIndexOf('PowerAutomate','e',2)` gibt `12` zurück, `nthIndexOf('PowerAutomate','e',1)` liefert `3`.

Sonstige Funktionen

Die Funktion `guid()` erzeugt eine weltweit eindeutige ID. Mit dem optionalen Format-Parameter können Sie den Aufbau bestimmen: `guid(format?)`

Wird der optionale Parameter `format` nicht verwendet, gilt das Format »D«. Die verfügbaren Formate und deren Funktion können Sie den Beispielen aus Tabelle 10.4 entnehmen.

Format	Ausgabe
`guid()`	Anwendung des Default-Parameters »D«: `1bba1150-d713-4cdc-847f-2e55664f8d19`
`Guid('N')`	32 Zeichen ohne Trennzeichen: `fa0cd43b37d143aeb781150a30125f41`
`guid('D')`	32 Zeichen mit Trennzeichen: `1bba1150-d713-4cdc-847f-2e55664f8d19`
`guid('B')`	32 Zeichen mit Trennzeichen und geschweiften Klammern: `{e1fe78bf-fc08-478a-817f-0f99bebbc748}`
`guid('P')`	32 Zeichen mit Trennzeichen und runden Klammern: `(15115303-e394-4482-9715-bb3a9cf2878e)`
`Guid('X')`	Vier Werte, bestehend aus drei Hexadezimalwerten und einer Menge, bestehend aus acht Hexadezimalzahlen. Die Teilmenge sowie der Gesamtausdruck sind in geschweifte Klammern gefasst: `{0xac3bd638,0xde9d,0x4e1a,{0x88,0xa8,…,0x3f,0x40}}`

Tabelle 10.4 Beispiele für »guid«

Die Funktion `formatNumber` formatiert eine Nummer, die als ganze Zahl oder Kommazahl übergeben wird, und gibt sie als Zeichenkette zurück:

```
formatNumber(<Zahl zu formatieren>,<Format>,<Sprache>?)
```

Bitte beachten Sie auch den Konnektor *Zahlenfunktionen* in Abschnitt 11.6. Beispiele für die Anwendung liefert Tabelle 10.5.

Format	Ausgabe
Formatierung als Währung (Format `'C'` oder `'c'`) `formatNumber(123.45,'C')`	$123.45
`formatNumber(123.45,'C','de-DE')`	123,45 €
`formatNumber(12345.67,'C2','de-DE')`	12.345,67
`formatNumber(12345.67,'C3','de-DE')`	12.345,670 €

Tabelle 10.5 Beispiele für die Formatierung von Nummern

Format	Ausgabe
Anzahl Stellen ('D' oder 'd')	

`formatNumber(123,'D','de-DE')`
`formatNumber(123,'D2','de-DE')`
`formatNumber(123,'D3','de-DE')`
	123

`formatNumber(123,'D4','de-DE')`	0123
Exponential ('E' oder 'e') `formatNumber(123.1234567,'E')`	1.231235E+002
`formatNumber(123.1234567,'E','de-DE')`	1,231235E+002
`formatNumber(123.1234567,'e4','de-DE')`	1,2312e+002
`formatNumber(123.1234567,'e7','de-DE')`	1,2312346e+002
Festkomma ('F' oder 'f') `formatNumber(123.4567,'F')`	123.46
`formatNumber(123.4567,'F','de-DE')`	123,46
`formatNumber(123.4567,'F1','de-DE')`	123,5
`formatNumber(123.4567,'F2','de-DE')`	123,46
`formatNumber(123.4567,'F5','de-DE')`	123,45670
Allgemein/General ('G' oder 'g') `formatNumber(123.4567,'G')`	123.4567
`formatNumber(123.4567,'G','de-DE')`	123,4567
`formatNumber(123.4567,'G1','de-DE')`	1E+02
`formatNumber(123.4567,'G2','de-DE')`	1,2E+02
`formatNumber(123.4567,'G4','de-DE')`	123,5
`formatNumber(123.4567,'G7','de-DE')`	123,4567
Nummer ('N' oder 'n') `formatNumber(123.4567,'N')`	123.46
`formatNumber(123.4567,'N','de-DE')`	123,46
`formatNumber(1234.567,'N')`	1,234.57

Tabelle 10.5 Beispiele für die Formatierung von Nummern (Forts.)

Format	Ausgabe
`formatNumber(1234.567,'N','de-DE')`	1.234,57
Prozent ('P' oder 'p') `formatNumber(1,'P')`	100.00%
`formatNumber(1,'P','de-DE')`	100,00%
`formatNumber(0.45,'P1','de-DE')`	45,0%
`formatNumber(0.4567,'P2','de-DE')`	45,67%
Hexadezimal ('H' oder 'h')	
`formatNumber(255,'X')`	FF
`formatNumber(255,'x')`	ff
`formatNumber(12,'x')`	c

Tabelle 10.5 Beispiele für die Formatierung von Nummern (Forts.)

10.3.7 Umgang mit Datum und Uhrzeit

Sie haben sich nun mit dem Verarbeiten von Zahlen und Zeichenketten vertraut gemacht. Dieser Abschnitt dreht sich um den Umgang mit Datum- und Zeitstempeln.

Ein üblicher Anwendungsfall ist das Auslesen von Daten innerhalb eines bestimmten Zeitraums:

- Sie lassen einen geplanten Cloud-Flow jede Nacht um 3:00 Uhr laufen, um die Daten der letzten 24 Stunden in ein Archiv zu exportieren.
- Sie haben ein Zeiterfassungssystem, in dem Ihre Kolleginnen und Kollegen ihre Projektzeiten erfassen. Zum Monatsende müssen alle erfassten Zeiten des Abrechnungsmonats in einen Leistungsnachweis überführt werden.

Da am Ende alles Mathematik ist, also Definitionen und Regeln folgt, sollte das ja jetzt nicht das Problem darstellen. Kniffelig wird es aber dann, wenn Sie über verschiedene Zeitzonen hinweg arbeiten oder unterschiedliche Formate verarbeiten müssen.

Nehmen Sie an, Sie wollen für Ihre Kunden an Amerikas Westküste Daten aufbereiten, die in SharePoint aber nach UTC, der standardisierten Weltzeit, gespeichert werden, was eine Zeitdifferenz von acht Stunden ausmacht.

Oder Sie müssen eine Liste von Daten verarbeiten, die mal in der Form 25.06.1971 und mal in der Form 10/17/1974 vorliegen.

Da es keine verpflichtende Vorgabe für die Speicherung von Zeitstempeln gibt, müssen Sie bei der Abfrage von Daten aus externen Systemen zunächst immer prüfen, in welchem Format und in Bezug auf welche Zeitzone die Daten dort gespeichert werden.

Nun fehlt nur noch ein allgemeiner Bezugspunkt sowie eine Handvoll Rechen- und Konvertierungsfunktionen, damit Sie die Daten erfolgreich abfragen können. Unser Bezugspunkt ist immer UTC, der Universal Time Code, der sich am Nullmeridian orientiert. Deutschland befindet sich in der Winterzeit, also der Mitteleuropäischen Normalzeit, in der Zeitzone UTC+1. Zur Sommerzeit wechseln wir dann in die Zeitzone UTC+2.

Speichern Sie also Daten am 27.03.2012 um 18:45 Uhr, so wird ein Zeitstempel in einer Datenbank, die UTC verwendet, als 27.3.2012 16:45 gespeichert. Spannender wird es, wenn Sie in Deutschland kurz nach 0:00 Uhr Daten speichern und durch die Rückrechnung auf UTC auch noch ein Tageswechsel vollzogen wird.

Das Standardformat, das sämtlichen Datums- und Zeitfunktionen zugrunde liegt, lautet `yyyy-MM-DDThh:mm:ss.ffffffZ`. Der 20. August 2014 08:30 Uhr würde wie folgt formatiert werden: `2014-08-20-T08:30:00.0000000Z`. In der Liste der möglichen Formate referenzieren Sie das Standardformat mit dem Wert »o«.

[»]

Dokumentation

Mehr zum Umgang mit Datums- und Zeitformaten finden Sie hier:
https://learn.microsoft.com/en-us/dotnet/standard/base-types/custom-date-and-time-format-strings

Die folgenden Funktionen werden Ihnen bei dem Umgang mit Datum und Zeit in Power Automate Cloud-Flows helfen, sodass Sie in Zukunft jede Herausforderung in Bezug auf Datum und Zeit meistern werden.

Lesen Sie auch Abschnitt 11.2, in dem ich Ihnen einen Konnektor für den Umgang mit Datum und Zeit vorstelle.

Heute

Die Funktion `utcNow()` liefert den aktuellen Zeitstempel bezogen auf UTC, also beispielsweise `2023-01-14T15:55:20.3781683Z`.

Tage und Zeiten abziehen und hinzufügen

Mit `addSeconds`, `addMinutes`, `addHours` und `addDays` fügen Sie einem Zeitstempel eine Anzahl Sekunden, Minuten etc. hinzu. Ein negativer Wert zieht sie entsprechend ab. Das Ergebnis entspricht dem Standardformat. Wünschen Sie ein anderes Format, können Sie das mit dem optionalen Parameter `<Format>` beeinflussen.

- AddToTime ist eine generische Funktion, um Zeiten zu einem Zeitstempel hinzuzuaddieren oder abzuziehen. Im Gegensatz zu den speziellen Funktionen addSeconds usw. haben Sie hier die Möglichkeit, auch mit Wochen, Monaten und Jahren zu arbeiten. Positive Werte werden auf den übergebenen Zeitstempel addiert, negative abgezogen: addToTime(<Zeitstempel>, <Anzahl>, <Einheit>, <Format>?)
- Die Funktion subtractFromTime arbeitet analog zu addToTime, nur dass positive Werte vom Zeitstempel abgezogen und negative hinzuaddiert werden: subtractFromTime(<Zeitstempel>, <Anzahl>, <Einheit>, <Format>?)
- getFutureTime bzw. getPastTime arbeiten wie addToTime und substractFromTime, nur dass als Zeitstempel die aktuelle Zeit nach UTC verwendet wird. Die beiden Funktionen unterscheiden sich nur darin, ob Werte im Parameter Anzahl dem Zeitstempel hinzuaddiert oder von ihm abgezogen werden:

  getFutureTime(<Anzahl>, <Einheit>, <Format>?)

  getPastTime(<Anzahl>, <Einheit>, <Format>?)
- Die Funktion dateDifference ermittelt die Zeitspanne zwischen zwei Zeitstempeln. Das Ergebnis ist eine Zeitspanne in der Form d.hh:mm:ss.

  Ist der erste Parameter kleiner als der zweite Parameter, ist das Ergebnis positiv, ansonsten negativ:

  dateDifference('2023-01-14','2023-01-16') gibt 2.00:00:00 zurück, dateDifference('2023-01-14','2023-01-01') ist -13.00:00:00.

Einige Beispiele dazu:

- addSeconds('2023-01-14T15:55:20Z',5) ergibt 2023-01-14T15:55:25.0000000Z
- addSeconds('2023-01-14T15:55:20Z',-15) ergibt 2023-01-14T15:55:05.0000000Z
- addMinutes('2023-01-14T15:55:20Z',5) ergibt 2023-01-14T16:00:20.0000000Z
- addHours('2023-01-14T15:55:20Z',5) ergibt 2023-01-14T20:55:20.0000000Z
- addDays('2023-01-14T15:55:20Z',5) ergibt 2023-01-19T15:55:20.0000000Z
- addSeconds('2023-01-14T15:55:20Z', -15, 'dd.MM.yyyy hh:mm:ss') ergibt 14.01.2023 15:55:05

Datum und Zeit analysieren

Die Funktionen dayOfMonth, dayOfWeek und dayOfYear ermitteln die Tagesnummer in Bezug auf Monat, Woche und Jahr eines Zeitstempels.

dayOfMonth('2014-08-20T14:18:00') gibt 20 zurück, dayOfWeek('2014-08-20T14:18:00') ist 3, da die Zählung am Sonntag bei 0 beginnt, und dayOfYear('2014-08-20T14:18:00') ist 232, da die Zählung mit dem 1. Januar bei 1 beginnt.

Die Funktionen startOfDay, startOfHour und startOfMonth geben ein Datum zurück, wobei die Rückgabe auf den Start eines Tages, einer Stunde bzw. eines Monats in Bezug auf einen übergebenen Zeitstempel berechnet wird. Der optionale Format-Parameter erlaubt die Formatierung des Ergebnisses.

startOfDay('2012-03-27T08:16:00') liefert Ihnen 2012-03-27T00:00:00.0000000 zurück, startOfMonth('2012-03-27T08:16:00') ist 2012-03-01T00:00:00.0000000, und startOfMonth('2012-03-27T08:16:00', 'dd.MM.yyyy') gibt 01.03.2012 zurück.

Datum und Zeit konvertieren

Wenn Sie Daten aus Drittsystemen entweder per API oder textbasierten Formaten wie CSV verarbeiten, stehen Sie vor der Herausforderung, dass Datum- und Zeitwerte in unnormierten Formaten vorliegen. Die Funktion parseDateTime(<Zeitstempel>,<Sprachcode nach RFC 4646>?,<Format>?) erlaubt Ihnen, jedes Datumsformat in das Standardformat nach ISO 8601 zu überführen.

Der Zeitstempel, den Sie erkennen möchten, kann in einem beliebigen Format vorliegen. Handelt es sich um Standardnotationen wie zum Beispiel 25.06.1971, so hilft die Angabe des Sprachcodes de-DE im optionalen zweiten Parameter, um das Datum zu erkennen. Der dritte optionale Parameter sorgt dafür, dass auch sehr individuelle Notationen erkannt werden, indem Sie dort die Notationsvorschrift definieren.

parseDateTime('25. Juni 1971', 'de-DE') liefert Ihnen daher 1971-06-25T00:00:00.0000000 zurück, parseDateTime('25061971', 'de-DE', 'ddMMyyyy') ergibt ebenfalls 1971-06-25T00:00:00.0000000.

Während parseDateTime einen beliebigen Zeitstempel in ein normiertes Format überführt, erlaubt formatDateTime, einen normierten Zeitstempel in ein beliebiges Format zu bringen. Der Aufruf lautet formatDateTime(<Zeitstempel>,<Format>?,<Sprachcode nach RFC 4646>?).

Mit dem Befehl formatDateTime('1971-06-25','dddd MMMM d','de-DE' erhalten Sie daher die Ausgabe Freitag Juni 25.

Die Funktionen convertToUTC und convertFromUTC formatieren einen Zeitstempel aus einer beliebigen Zeitzone in UTC – oder andersherum. Die Zeitzone ist mit ihrem Namen aus den Standard-Windows-Zeitzonen anzugeben. Der optionale Parameter Format erlaubt die individuelle Formatierung Ihres Zeitstempels:

```
convertToUTC(<Zeitstempel>,<Ausgangs-Zeitzone>,<Format>?)
convertFromUTC(<Zeitstempel>,<Ziel-Zeitzone>,<Format>?)
```

Windows-Standard-Zeitzonen

Eine Liste der Standard-Zeitzonen, gelistet nach Land, finden Sie hier:

https://learn.microsoft.com/en-us/windows-hardware/manufacture/desktop/default-time-zones?view=windows-11 convertToUTC('1971-06-25','W. Europe Standard Time') liefert 1971-06-24T22:00:00.0000000Z zurück, convertFromUTC('1971-06-25T01:00:00.0000000Z','W. Europe Standard Time') ergibt 1971-06-25T03:00:00.0000000Z.

Sommerzeit

Die Konvertierung von der Zone *W. Europe Standard Time* in UTC richtet sich nach der Sommerzeit, also UTC+2. Die Dokumentation hingegen weist hier UTC+1 als Bezugswert aus!

Während convertFromUTC und convertToUTC von und in UTC konvertiert haben, können Sie mit convertTimeZone eine Konvertierung von einer beliebigen Zeitzone in eine beliebige Zeitzone vornehmen. Der Aufruf lautet:

```
converttimeZone(<Zeitstempel>,<Ausgangs-Zeitzone>,<Ziel-Zeitzone>)
```


Absolute Zeitwerte mit ticks()

ticks() ermittelt den Wert eines Zeitstempels in 100 Nanosekunden seit dem 1. Januar 0001. Das Ergebnis ist vom Typ Integer.

Ticks helfen damit bei Datumsvergleichen und Filtern. Die Umwandlung eines Zeitstempels ist sehr hilfreich, falls Sie mit Datenquellen arbeiten, deren Datumsabfragen sehr umständlich zu formulieren oder aber sehr ressourcenintensiv sind. SharePoint ist eine davon! Speichern Sie Ihre Zeitstempel als Ticks, so vergleichen Sie nicht mehr Datum und Zeit, sondern Zahlen.

Mit dem Aufruf ticks('1974-10-17T13:25:00') erhalten Sie eine Zahl (in diesem Fall 622868451000000000), mit der Sie einfacher Vergleiche und Rechnungen durchführen können.

10.3.8 Logische Ausdrücken, Vergleiche und Bedingungen verwenden

Einsatz von Bedingungen

Bedingungen erlauben Ihnen die Bestimmung von Werten auf Basis eines logischen Ausdrucks, der entweder wahr oder falsch sein kann. Die passende Funktion lautet if, der genaue Aufruf ist:

```
if(<Ausdruck>,<Wert wenn wahr>,<Wert wenn falsch>)
```

Das Ergebnis der Verwendung von if kann von jedem Datentyp sein, also ein Boolean, ein String, eine Nummer u. v. m.

Ein Beispiel: Sie wollen ermitteln, ob ein Warenkorb genehmigt werden muss. Beträge über 5.000 € Warenwert müssen genehmigt werden.

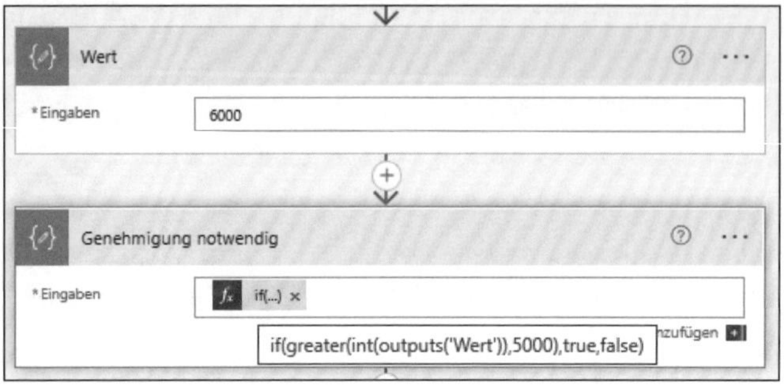

Abbildung 10.127 Verwendung von »if« in Ausdrücken

Ihr Flow aus Abbildung 10.127 verfügt über eine VERFASSEN-Aktion mit Namen »Wert«, in der der Wert des Warenkorbs verfügbar ist. Der hier verwendete If-Ausdruck ermittelt, ob eine Genehmigung notwendig ist, und wird folgendermaßen ausgeführt:

1. Umwandeln des Werts aus der Aktion »Wert« in eine Ganzzahl mittels `int()`.
2. Auswerten, ob der Wert größer als 5000 ist, mittels `greater()`.
3. Wenn die Auswertung wahr ist, ist der Rückgabewert ebenfalls wahr (`true`).
4. Ansonsten ist die Rückgabe falsch (`false`).

Das Ergebnis dieses Flows ist wahr, da der Betrag von 6000 größer ist als der Grenzwert von 5000, der eine Genehmigung notwendig macht (siehe Abbildung 10.128).

Abbildung 10.128 Auswertung, ob ein Betrag genehmigt werden muss

> **Ausdrücke verkürzen**
>
> Da der Befehl greater() schon eine Auswertung vornimmt und ein eindeutiges Ergebnis true oder false liefert, können Sie in diesem Fall sogar auf die Verwendung von if verzichten:
>
> if(greater(int(outputs('Wert')),5000),true,false) kann verkürzt werden zu greater(int(outputs('Wert')),5000).

Vergleiche

Die Vergleichsfunktionen vergleichen jeweils zwei Werte miteinander. Das Ergebnis des Vergleichs ist wahr oder falsch und wird als Boolean zurückgeliefert.

Es wird stets verglichen, ob der erste Wert gleich, kleiner, kleiner oder gleich, größer, größer oder gleich dem zweiten Wert ist. Die entsprechenden Aufrufe lauten also:

- equals(<Objekt 1>,<Objekt 2>)
- less(<Wert 1>,<Wert 2>)
- lessOrEquals(<Wert 1>,<Wert 2>)
- greater(<Wert 1>,<Wert 2>)
- greaterOrEquals(<Wert 1>,<Wert 2>)

Als Eingabetyp sind float, int oder string möglich, wobei die Typen von beiden Parametern gleich sein müssen. Tabelle 10.6 zeigt Ihnen einige Beispiele.

Aufruf	Ausgabe
equals('Eins', 'Eins')	true
equals(true, false)	false
equals('Eins', 'Zwei')	false
equals(1,1)	true
greater(1,1)	false
greater(5,1)	true
greater('Banane', 'Apfel')	true
greaterOrEquals(1,5)	false
greaterOrEquals(5,5)	true
greaterOrEquals('Apfel', 'Apfel')	true

Tabelle 10.6 Beispiele für Vergleiche

Logische Verknüpfungen

Logische Verknüpfungen eignen sich dazu, die Ergebnisse von zwei logischen Ausdrücken daraufhin abzufragen, ob einer oder beide Ausdrücke wahr oder falsch sind.

- Die Funktion `and(<Ausdruck 1>, <Ausdruck 2>)` liefert wahr, wenn zwei Ausdrücke wahr sind.
- Die Funktion `or(<Ausdruck 1>, <Ausdruck 2>)` liefert wahr, wenn einer von zwei Ausdrücken wahr ist.
- Die Funktion `not(<Ausdruck>)` liefert wahr, wenn ein Ausdruck falsch ist.

Nehmen wir zu dem Beispiel der Genehmigung eines Warenwerts noch eine Benutzerrolle hinzu: Ist der Warenwert über 5000, muss er genehmigt werden, es sei denn, der Besteller ist gleichzeitig in der Geschäftsführung. Das wird mit diesem Befehl ausgedrückt:

```
and(greater(int(outputs('Wert')),5000),not(equals(outputs('Rolle'),'GF')))
```

Tabelle 10.7 liefert Ihnen die Ergebnisse einiger Beispiele.

Wert	Rolle	Genehmigung erforderlich
6000	GF	`false`
6000	AL	`true`
1000	GF	`false`
1000	AL	`false`

Tabelle 10.7 Auswertung von logischen Ausdrücken

Wenn nun auch die Abteilungsleiterinnen ohne Genehmigung über 5.000 € bestellen dürfen, verwenden Sie die `or`-Verknüpfung:

```
and(
    greater(int(outputs('Wert')),5000),
    not(
        or(equals(outputs('Rolle'),'GF','AL'))
    )
)
```

Sonstige

Die Funktionen `isInt` und `isFloat` liefern die Information, ob sich eine Zeichenkette zu einer Ganzzahl oder einer Kommazahl konvertieren lässt. Das Ergebnis ist vom Typ Boolean, also wahr oder falsch.

Tabelle 10.8 liefert einige Beispiele für die Aufrufe IsInt(<Zeichenkette>) und Is-Float(<Zeichenkette>,<Sprachcode nach RFC 4646>?).

Aufruf	Ausgabe
isInt('Eins')	false
isInt('1')	true
isInt('1.2')	false
isFloat('10.0')	true
isFloat('10,0')	true
isFloat('10,000.00','de-DE')	false
isFloat('10.000,00','de-DE')	true

Tabelle 10.8 Beispiele für »isInt« und »isFloat«

10.3.9 Umgang mit Datenmengen

Bislang haben wir mit Zahlen, Zeichenketten oder Zeit- und Datumswerten gearbeitet. Häufig haben Sie aber mit ganzen Datenmengen zu tun, die Sie handeln müssen.

Einige von ihnen haben Sie schon im Abschnitt über Zeichenketten kennengelernt, da eine Zeichenkette technisch eine Menge von Buchstaben ist.

Datenmengen erstellen

Die Beispiele der folgenden Funktionen beruhen im Allgemeinen auf einer Array-Variablen. Abbildung 10.129 zeigt die Erstellung eines Arrays in einer VARIABLE INITIALISIEREN-Aktion.

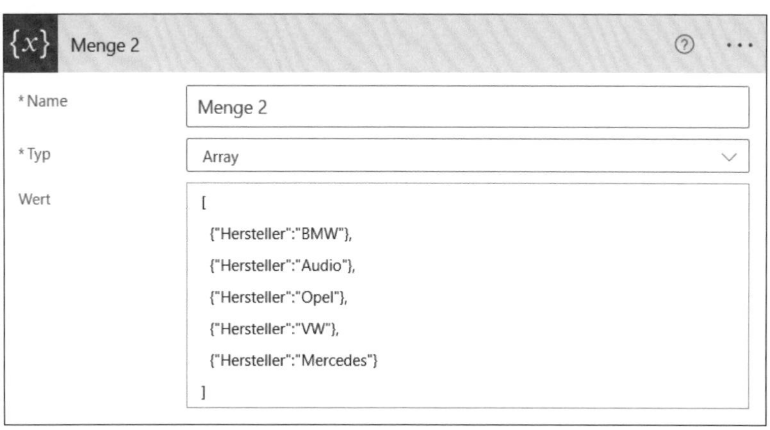

Abbildung 10.129 Array in Aktion »Variable initialisieren«

Alternativ können Sie aber auch mit der Ausgabe einer SharePoint- oder Dataverse-Abfrage arbeiten.

Eine dritte Möglichkeit zeigt Abbildung 10.130. Hier nutze ich die Funktion createArray, um eine Datenmenge zu erstellen. Mittels outputs('Verfassen_-_Create_Array') können Sie in nachfolgenden Aktionen dieses Array weiterverwenden.

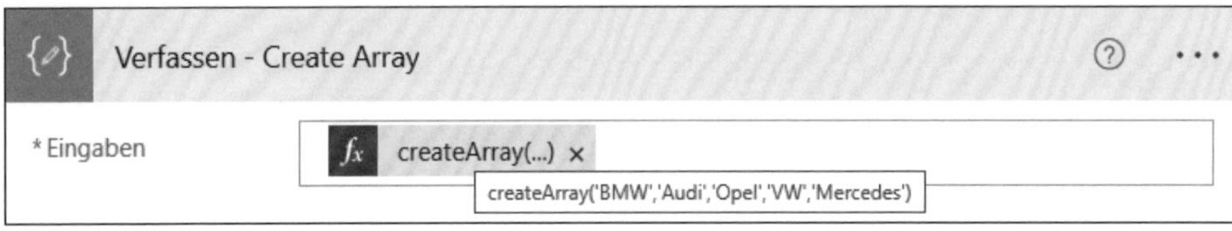

Abbildung 10.130 Arrays in einer Verfassen-Aktion mittels »createArray« erstellen

Datenmengen vereinen

Die Funktion union erzeugt eine Obermenge mehrerer Datenmengen. Es müssen mindestens zwei Datenmengen übergeben werden. Der Aufruf lautet: union(<Datenmenge 1>,<Datenmenge 2>,...)

Der Befehl union(createArray(1,2,3,4,5), createArray(1,3,5), createArray(5,1,6,7,8)) gibt die Menge [1,2,3,4,5,6,7,8] aus.

Datenmengen verändern

Die folgenden Funktionen lassen Sie Datenmengen sortieren, umkehren oder in mehrere Teilmengen unterteilen.

Die Funktion sort(<Datenmenge>,<Spalte>?) liefert die Anzahl an Einträgen einer Datenmenge zurück. Tabelle 10.9 zeigt einige Beispiele.

Aufruf	Ausgabe
sort(variables('Menge 1'), 'Hersteller') Menge 1: [{"Hersteller":"BMW"}, {"Hersteller":"Audi"}, {"Hersteller":"Opel"}, {"Hersteller":"VW"}, {"Hersteller":"Mercedes"}]	[{"Hersteller": "Audi"}, {"Hersteller": "BMW"}, {"Hersteller": "Mercedes"}, {"Hersteller": "Opel"}, {"Hersteller": "VW"}]

Tabelle 10.9 Beispiele zum Sortieren von Datenmengen

Aufruf	Ausgabe

`sort(variables('Menge 2'))`
Menge 2:
`[`
`  "BMW",`
`  "Audi",`
`  "Opel",`
`  "VW",`
`  "Mercedes"`
`]`
	`[`
	`  "Audi",`
	`  "BMW",`
	`  "Mercedes",`
	`  "Opel",`
	`  "VW"`
	`]`

Tabelle 10.9 Beispiele zum Sortieren von Datenmengen (Forts.)

Die Funktion `reverse(<Datenmenge>)` liefert die Anzahl an Einträgen einer Datenmenge in umgekehrter Reihenfolge zurück. Aus

```
[
  "Audi",
  "BMW",
  "Mercedes",
  "Opel",
  "VW"
]
```

wird dann:

```
[
  "VW",
  "Opel",
  "Mercedes",
  "BMW",
  "Audi"
]
```

Die Funktion `chunk(<Datenmenge>,<Größe der Teilmengen>)` unterteilt eine übergebene Datenmenge in Teilmengen gleicher Größe. Unsere sortierte Auto-Menge wird mit einer Datenmengengröße von 2 dann zu:

```
[
  [
    "BMW",
    "Audi"
  ],
```

```
  [
    "Opel",
    "VW"
  ],
  [
    "Mercedes"
  ]
]
```

Datenmengen filtern

Die Funktionen first(<Datenmenge>) und last(<Datenmenge>) liefern den ersten bzw. letzten Eintrag einer Datenmenge. first(createArray(1,2,3,4,5)) ist also 1, last (createArray(1,2,3,4,5) dementsprechend 5.

Die Funktion skip(<Datenmenge>,<Anzahl zu überspringen>) überspringt eine Anzahl von Datensätzen und gibt den Rest zurück. Die Ausgabe von skip(createArray(1,2,3, 4,5),2) ist also [3,4,5].

take arbeitet genau gegensätzlich zu skip. Anstatt die ersten Elemente zu überspringen, gibt take die gewünschte Anzahl von Einträgen zurück. take(createArray(1,2, 3,4,5),2) ist also [1,2].

Die Funktion intersection(<Datenmenge 1>,<Datenmenge 2>,...) schließlich vergleicht mehrere Datenmengen und gibt die *Schnittmenge* zurück. Es müssen mindestens zwei Datenmengen übergeben werden. Der Aufruf intersection(createArray(1,2,3, 4,5), createArray(1,3,5), createArray(5,1,6,7,8)) gibt daher [1,5] zurück.

Datenmengen prüfen

Die folgenden Funktionen helfen Ihnen dabei, Ihre Datenmenge daraufhin zu überprüfen, ob sie leer ist, wie lang sie ist und ob sie bestimmte Werte beinhaltet.

Die Beispiele beziehen sich auf ein Array mit dem Namen »Menge 1« im folgenden Format:

```
[
"BMW","Audio","Opel","VW","Mercedes"
]
```

- Die Funktion length(<Datenmenge>) liefert die Anzahl an Einträgen einer Datenmenge zurück. length(variables('Menge 1') ist also 5.
- Die Funktion contains(<Datenmenge>) liefert true oder false in Abhängigkeit davon, ob ein abzufragender Wert vorkommt oder nicht. contains(variables('Menge 1'), 'Opel') ist also true.

- Die Funktion `empty(<Datenmenge>)` liefert `true` oder `false`, abhängig davon, ob die Datenmenge leer ist oder nicht. `empty(variables('Menge 1')` ist also `false`.

Datenmengen konvertieren

Die Funktion `join(<Datenmenge>,<Trenner>)` fügt alle Teile eines Arrays zu einer Zeichenfolge zusammen, wobei die einzelnen Elemente durch einen Separator getrennt werden, der im Funktionsaufruf übergeben werden muss.

`join(createArray(1,2,3,4,5), ',')` liefert also `[1,2,3,4,5]`.

10.3.10 Sonstige Funktionen

An dieser Stelle möchte ich noch eine Handvoll interessanter Funktionen erwähnen, die Sie sich einmal näher anschauen sollten.

10

actions

Der Ausdruck `actions('Teams_auflisten')` gibt Ihnen die komplette Bandbreite an Ein- und Ausgabeparametern einer Flow-Aktion zurück. Nutzen Sie diese Funktion, um den Status einer Aktion, die Start- und Endzeit oder die nachverfolgten Eigenschaften abzufragen. In Listing 10.5 finden Sie das gekürzte Ergebnis dieser Funktion.

```
{
  "name": "Teams_auflisten",
      "outputs": {
        "statusCode": 200,
        "headers": {
              ...
        },
        "body": {
        ...
        }
    },
    "startTime": "2023-07-04T15:47:16.1266258Z",
    "endTime": "2023-07-04T15:47:16.4235301Z",
    "trackingId": "9e81d7be-d9c8-4faf-a3bb-1a173a5a3e76",
    "clientTrackingId": "08585131948941382694706303855CU139",
    "clientKeywords": [
        "testFlow"
    ],
    "code": "OK",
    "status": "Succeeded",
    "trackedProperties": {
```

```
        "Community": "Rocks"
    }
}
```

Listing 10.5 Daten einer Aktion, abgerufen über die Actions-Funktion

Wollen Sie nun zum Beispiel die Startzeit der Aktion auslesen, liefert Ihnen der Befehl `actions('Teams_auflisten')['startTime']` das gewünschte Ergebnis, in diesem Fall `2023-07-04T16:01:00.2916918Z`.

Den Statuscode erhalten Sie mit dem Ausdruck `actions('Teams_auflisten')['Outputs']['statuscode']`. Das Ergebnis lautet in diesem Fall `200`.

Mit `actionOutputs()` und `actionBody()` erhalten Sie die entsprechenden Teile der kompletten Ausgabe der Actions-Funktion.

workflow

Wollen Sie mehr über Ihren Workflow erfahren, so hilft Ihnen der Befehl `workflow()` weiter. Diese Funktion liefert Ihnen Informationen zur Ausführungsumgebung, den Anzeigenamen (`flowDisplayName`) sowie den internen Namen (`name`). Dazu können Sie hier ablesen, wann der Flow erstellt (`createdDate`) und das letzte Mal modifiziert wurde (`lastModifiedTime`). Die komplette Ausgabe entnehmen Sie Listing 10.6.

```
{
  "id": "/subscriptions/8…acab-e87aba7e7d6e",
  "name": "29cb250e…7aba7e7d6e",
  "type": "Microsoft.Logic/workflows",
  "location": "westeurope",
  "tags": {
    "flowDisplayName": "Flow aus Teams aufrufen",
    "environmentName": "Default-41e32a4d-e636-4a62-9196-e9262670f32d",
    "logicAppName": "29cb250e…ab-e87aba7e7d6e",
    "environmentFlowSuspensionReason": ↩
         "Default:2D41e32a4d:2De636:2D4a62:2D9196:2De9262670f32d-None",
    "state": "Enabled",
    "createdTime": "7/2/2023 7:26:21 AM",
    "lastModifiedTime": "7/4/2023 4:06:43 PM"
  },
  "run": {
    "id": "/subscriptions/8…74979CU177",
    "type": "Microsoft.Logic/workflows/runs"
  }
}
```

Listing 10.6 Ergebnis der Workflow-Funktion

json

Bei der Arbeit mit Flows werden Sie es ständig mit JSON-Objekten zu tun bekommen. Lesen Sie zum Beispiel eine JSON-Datei über den *OneDrive*- oder *SharePoint*-Konnektor ein, so handelt es sich dabei um einen reinen Text, nicht aber um ein verwertbares Objekt.

Der Ausdruck `json('{"Community":"Rocks"}')` wandelt die JSON-Zeichenkette in das JSON-Objekt aus Listing 10.7.

```
{
  "Community": "Rocks"
}
```

Listing 10.7 Ein JSON-Objekt, konvertiert aus einer JSON-Zeichenkette

Nutzen Sie den `json`-Befehl auch, wenn Sie ein XML-Dokument haben und das in ein JSON-Format konvertieren wollen.

xml

Die Funktion `xml` nimmt ein JSON-Objekt entgegen und wandelt es in eine XML-Struktur. Der Ausdruck `xml(json('{"Community":"Rocks"}'))` liefert somit das Ergebnis aus Listing 10.8.

```
<Community>Rocks</Community>
```

Listing 10.8 In XML konvertiertes JSON-Objekt

10.4 Fehlerbehandlung (Debugging)

Die Fehlerbehandlung in Cloud-Flows ist nicht nur eine Schönheitsmaßnahme, sondern dringende Notwendigkeit. Wenn Sie einen Trigger zur sofortigen Ausführung benutzen, werden Sie unter Umständen bemerken können, ob der Flow das gewünschte Ergebnis liefert.

In automatisierten oder geplanten Cloud-Flows haben Sie in der Regel keine Chance, zeitnah einen Fehler zu bemerken. Wenn Sie Abschnitt 9.8 aufmerksam gelesen haben, wissen Sie, dass zumindest der Flow-Owner in regelmäßigen Abständen informiert wird, wenn ein Flow fehlerhaft endet. Befindet sich der Owner aber möglicherweise nicht mehr im Unternehmen oder kümmert sich aus welchen Gründen auch immer nicht mehr um seine Flows, laufen die Meldungen ins Leere.

Die nächsten Abschnitte zeigen Ihnen, wie Sie in jedem Fall die Oberhand behalten und stabile Flows erstellen.

10.4.1 Einfache Fehlerbehandlung mit Tücken

In Abschnitt 10.1.3 haben Sie schon die Möglichkeit kennengelernt, parallele Zweige in einem Flow zu erstellen und die Ausführungsbedingung einer Aktion zu konfigurieren. Beides machen wir uns zunutze, um ein einfaches Error-Handling zu implementieren.

Idealerweise lassen wir uns benachrichtigen, wenn es zu einem Fehler kommt. Nach einer kritischen Aktion erstellen Sie nun einen parallelen Zweig, den Sie mit einer Outlook-Aktion zum Versenden einer E-Mail beginnen (siehe Abbildung 10.131), in der Sie einen zuständigen Admin oder Owner benachrichtigen.

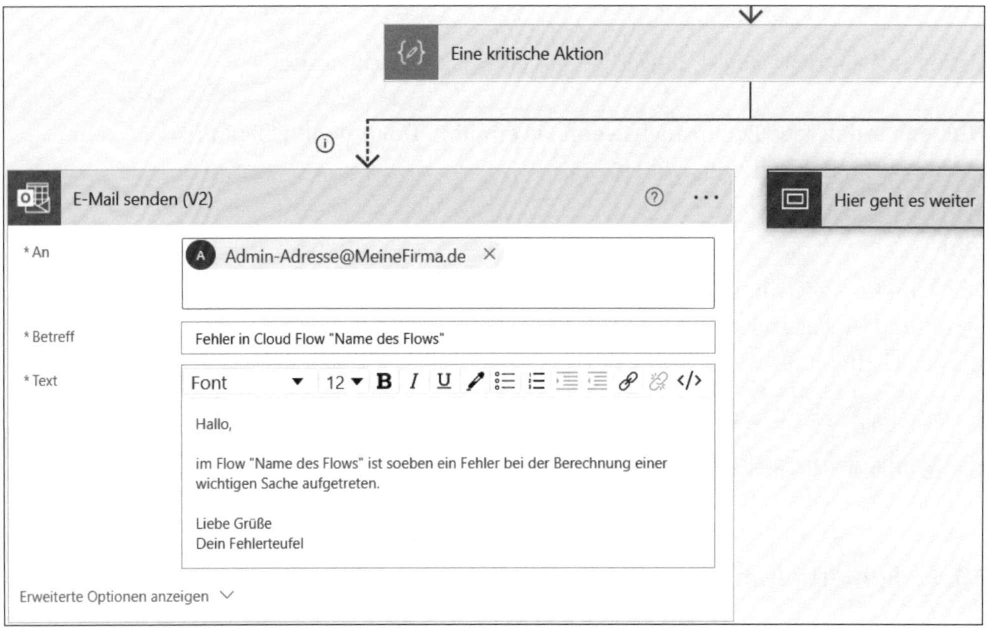

Abbildung 10.131 Benachrichtigung im Fehlerfall

Wenn Sie nun die AUSFÜHREN NACH-Bedingung wie in Abbildung 10.132 auf den Wert IST FEHLERHAFT konfigurieren, wird die E-Mail jedes Mal versendet, wenn nach der kritischen Aktion ein Fehler passiert.

Problematisch ist an dieser Stelle nur, dass im Fall eines Fehlers der parallel laufende Erfolgszweig nicht mehr ausgeführt wird.

Es gibt jede Menge Prozesse, für die dieses Vorgehen absolut in Ordnung ist. Läuft der Flow in einen Fehler, ist eh Feierabend. So werde ich zumindest umgehend darüber informiert und muss nicht bis zu einer Systemnachricht warten. Doch was passiert, wenn Aktionen unabhängig von einem Erfolgs- oder Fehlerfall durchgeführt werden müssen. Jeder oder jedem mit Entwicklungsbackground sollte jetzt das Try/Catch/Finally-Muster in den Sinn kommen.

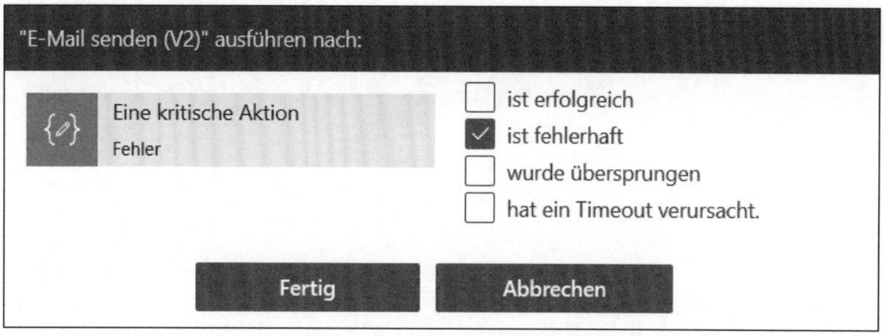

Abbildung 10.132 Konfiguration der »Ausführen nach«-Bedingung

10.4.2 Try, Catch und Finally – Flows auch im Fehlerfall weiterlaufen lassen

10

Try, Catch and Finally ist ein bekanntes Muster aus der professionellen Programmierung. So wird sichergestellt, dass Fehler im Programmablauf behandelt werden, das Programm aber trotzdem geplant weiterlaufen kann. Im vorangegangenen Abschnitt haben wir eine Fehlerbehandlung durchgeführt, indem wir die AUSFÜHREN NACH-Bedingung konfiguriert haben. Das gezeigte Vorgehen behandelt zwar den Fehler, jedoch verbleibt der Flow dann im Fehlerzweig.

Dafür, wie Sie damit umgehen und einen Flow mit einer professionellen Fehlerbehandlung erstellen, zeige ich Ihnen zwei Möglichkeiten auf.

Fehlerbehandlung in paralleler Verarbeitung

Wir haben oben einen parallelen Zweig für den Fehlerfall entwickelt, wollen den Fehler behandeln und den Flow ordnungsgemäß weiterlaufen lassen.

Die naheliegendste Idee ist, dass man einfach die beiden Zweige wieder zusammenführt, so wie Sie es in Abschnitt 10.1.3 gelernt haben. Abbildung 10.133 zeigt zwei zusammengeführte Zweige.

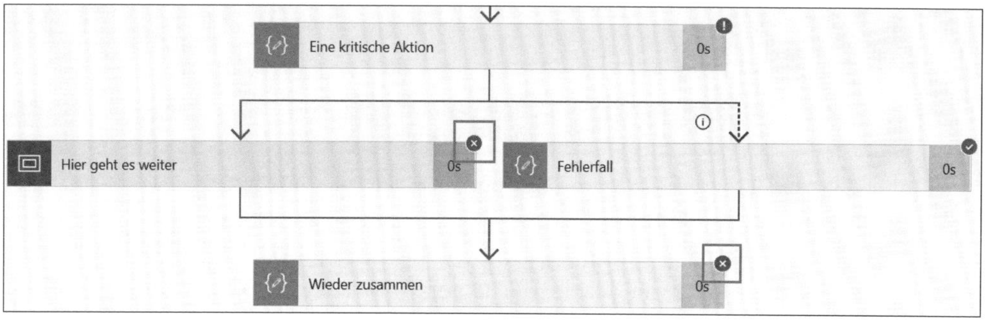

Abbildung 10.133 Durchlauf bei fehlerhafter Aktion

Warum diese gemeinsame Aktion WIEDER ZUSAMMEN dennoch übersprungen wird, erklärt sich, wenn Sie einen Blick auf Abbildung 10.134 werfen.

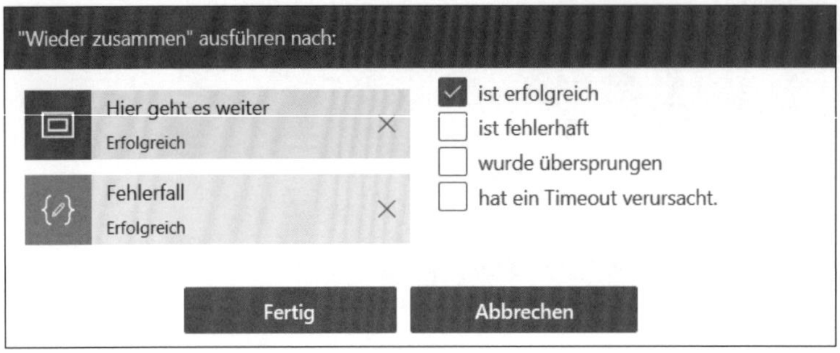

Abbildung 10.134 Standardkonfiguration von »Ausführen nach« bei einer Zusammenführung paralleler Zweige

Diese Aktion wird dann ausgeführt, wenn beide darüber liegenden Aktionen erfolgreich ausgeführt wurden. Der Flow, so wie wir ihn entwickelt haben, läuft aber entweder durch den einen Zweig (Erfolgreich) oder den anderen (Fehler).

Der Fall, dass beide Aktionen erfolgreich durchlaufen, kann niemals eintreten. Sie haben zwar die Möglichkeit, eine der beiden Vorgängeraktionen auf der linken Seite des Konfigurationsdialogs abzuwählen, indem Sie das kleine Kreuz der Aktion betätigen, jedoch löst das sofort die Zusammenführung auf.

Der Trick liegt nun darin, neben einer erfolgreichen Aktion auch dann die Ausführung zuzulassen, wenn eine Aktion übersprungen wurde. Abbildung 10.135 zeigt eine Konfiguration, die in jedem Fall eine Ausführung zulässt. Timeouts spielen in meiner Konfiguration keine Rolle, da ich hier keine externen Datenquellen abfrage.

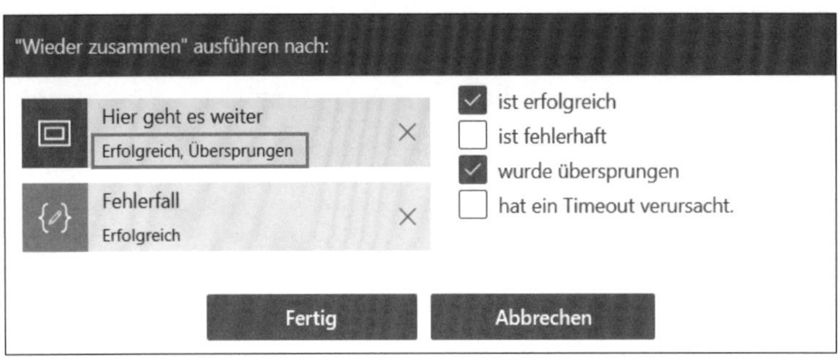

Abbildung 10.135 Berücksichtigung aller notwendigen Fälle, um den Flow weiterlaufen zu lassen

Kommt es zu einem Fehler, so wird der Fehlerzweig erfolgreich durchgeführt, und der Flow läuft weiter. In diesem Fall wird der parallele Zweig mit der Bereichsaktion HIER GEHT ES WEITER übersprungen. Da Sie auch das als Bedingung hier zugelassen haben, läuft der Flow weiter. Gleiches gilt bei der erfolgreichen Durchführung dieser Aktion.

Von links nach rechts

Meine Tests haben ergeben, dass im Falle einer Zusammenführung die Vorgängeraktion des linken Zweigs oben steht und explizit konfiguriert wird. Der rechte Zweig wird im Erfolgsfall immer durchgeführt.

Abbildung 10.136 zeigt die erfolgreiche Ausführung des Flows im Erfolgs- und Fehlerfall.

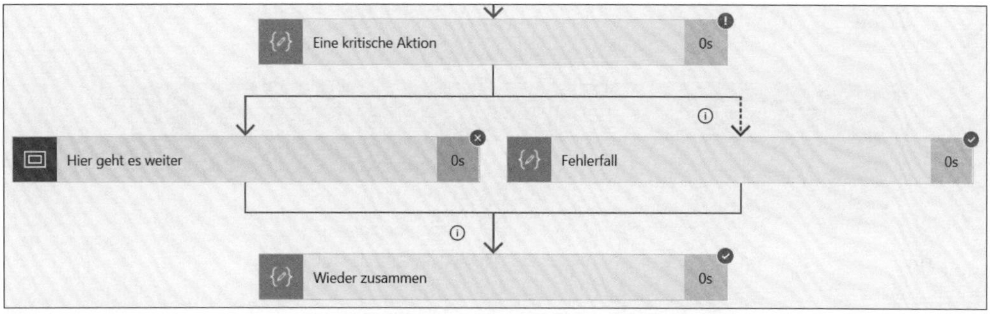

Abbildung 10.136 Der Flow wird trotz Fehler erfolgreich durchgeführt.

Fehlerbehandlung bei sequentieller Verarbeitung

Ähnlich wie in Möglichkeit 1 gehen Sie vor, wenn Sie den Flow sequentiell ablaufen lassen wollen.

Abbildung 10.137 verdeutlicht ein Problem, das wir auch schon in der parallelen Implementierung gesehen haben. Hier ist EINE KRITISCHE AKTION erfolgreich durchgelaufen. Die Aktion FEHLERFALL wird ausgeführt, falls es in der kritischen Aktion zu einem Fehler kommt. Das ist nicht der Fall, also wird die Aktion nicht ausgeführt. Dasselbe gilt für alle nachgelagerten Aktionen.

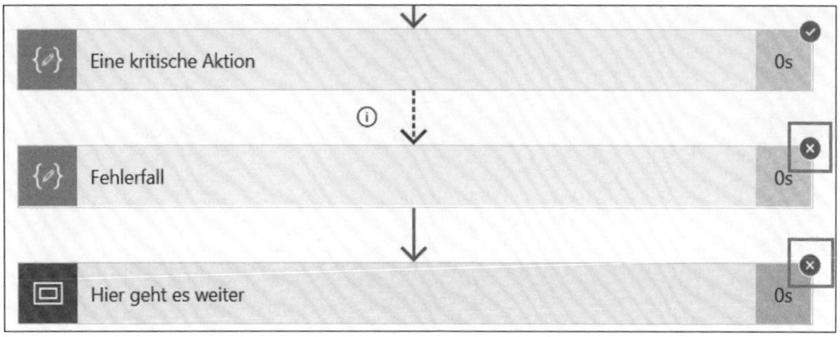

Abbildung 10.137 Ein Flow läuft nicht weiter.

Öffnen Sie nun den Dialog für die AUSFÜHRUNG NACH-Konfiguration der Aktion HIER GEHT ES WEITER, können Sie sämtliche Zustände einstellen, die in der Aktion FEHLERFALL auftreten können (siehe Abbildung 10.138).

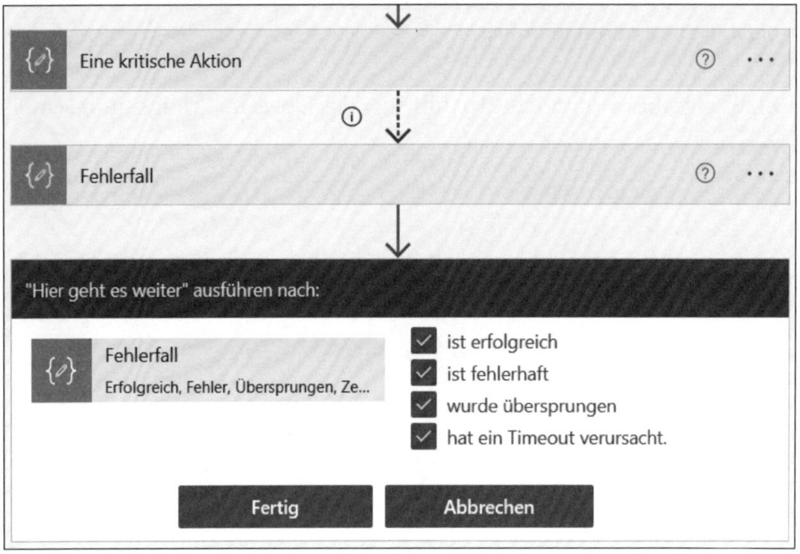

Abbildung 10.138 Konfiguration für sequentielle Flows mit Fehlerbehandlung

So läuft der Fall in jedem Fall weiter:

- Ist die erste Aktion erfolgreich, wird die Fehlerfall-Aktion übersprungen.
- Ist die erste Aktion fehlerhaft, wird der Fehlerfall erfolgreich durchgeführt.

Da beide Fälle konfiguriert wurden, läuft der Flow erfolgreich weiter, und ein eventuell auftretender Fehler wird erfolgreich behandelt (siehe Abbildung 10.139).

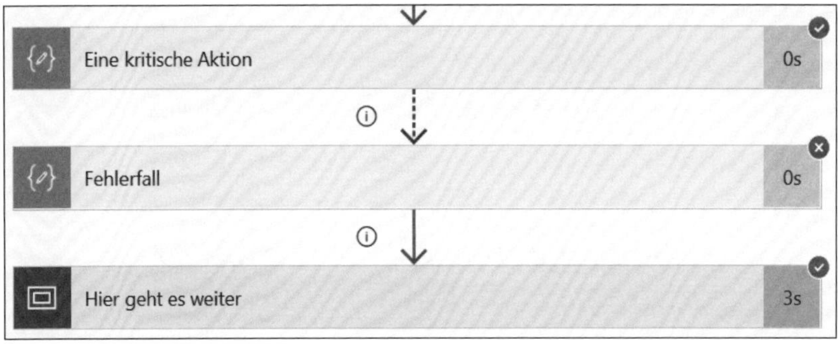

Abbildung 10.139 Erfolgreicher Durchlauf eines sequentiellen Flows mit Fehlerbehandlung

10.4.3 Fehler sammeln und senden

Sie haben nun gelernt, wie Sie in einem Flow ideal auf einen Fehler reagieren können. Aber was fangen Sie damit an? Zu Beginn des Abschnitts haben wir darüber gesprochen, eine Mail zu versenden, sobald ein Flow in einen Fehler läuft. Das, was in Flows, die nur wenige Male am Tag laufen, praktikabel scheint, ist aber sicherlich keine gute Idee in hochfrequent laufenden Flows.

Ich möchte mich diesem Thema in zwei Schritten nähern:

Schritt 1: Fehler sammeln

Anstatt bei jedem Fehler eine Information zu versenden, sammeln Sie doch zunächst alle Daten, und versenden Sie die aufgelaufenen Fehler am Stück. Die nötigen Werkzeuge dafür haben Sie bereits kennengelernt.

Die Fehlererkennung haben wir in den vorangegangenen Schritten gesehen, fehlt nur noch eine Alternative zur Mail. Ein tolles Objekt zum Sammeln von Daten ist das Array.

Nehmen Sie einen parallelen oder sequentiellen Flow mit Fehlerbehandlung zur Hand, und definieren Sie zum Start eine Variable vom Typ Array, so wie in Abbildung 10.140 zu sehen.

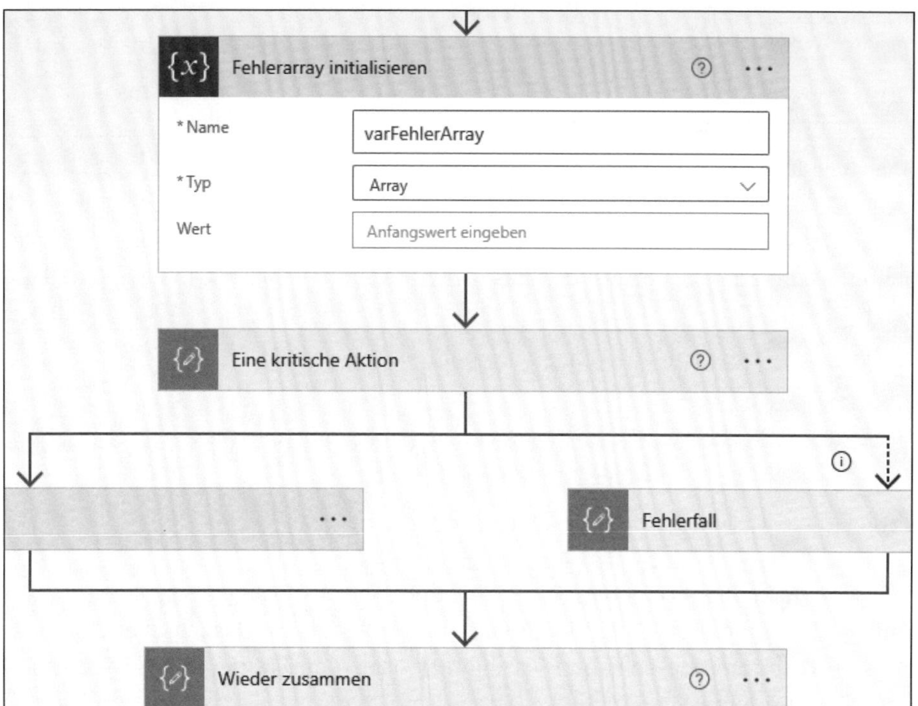

Abbildung 10.140 Ein Array dient als Fehlerspeicher.

Im nächsten Schritt gehen Sie zur Fehlerbehandlung. Ich habe mich dazu entschlossen, dort eine BEREICH-Aktion aus dem Konnektor *Steuerung* einzufügen. Das gibt mir die Option, dort mehrere Aktionen sauber zu definieren.

Für unsere Anwendung reicht aber eine einzige Aktion, nämlich AN ARRAYVARIABLE ANFÜGEN aus dem Konnektor *Variable* (siehe Abbildung 10.141).

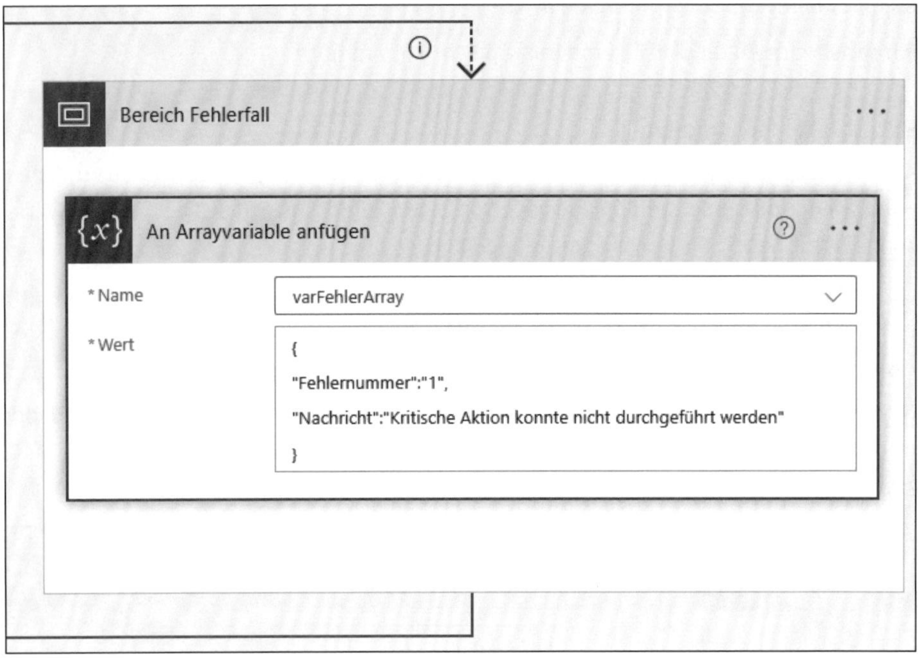

Abbildung 10.141 Fehlerdaten in Array schreiben

Wählen Sie dort die Variable aus, die Sie am Anfang des Flows definiert haben, und gestalten Sie nun den Datensatz, den das Array aufnehmen soll, wie in Listing 10.9 gezeigt.

```
{
"Fehlernummer":"1",
"Nachricht":"Kritische Aktion konnte nicht durchgeführt werden"
}
```

Listing 10.9 Beispiel-Datensatz für Fehlermeldung

Wurden nun mehrere Fehler erfasst, so sind diese alle über das Fehlerarray zentral abrufbar. Abbildung 10.142 zeigt den Inhalt eines Fehlerarrays, das ich über eine VERFASSEN-Aktion ausgelesen habe. Die Fehlerdatensätze, die Sie hier sehen, habe ich zudem noch um einen Parameter `Schwere` angereichert, um darauf basierend weiter reagieren zu können.

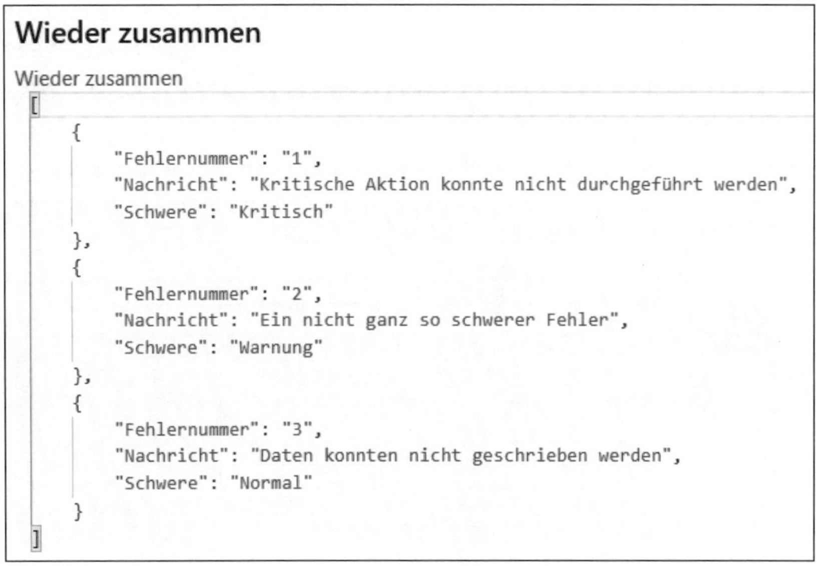

Abbildung 10.142 Am Ende befinden sich alle Fehler an einer Stelle.

Fehlerdaten anreichern

Nutzen Sie die dynamischen Inhalte, um weitere Daten aus Ihrem Flow in Ihre Fehlerliste aufzunehmen. Der Trigger bietet schon viele nützliche Informationen zum Benutzer oder der Aufrufzeit. Aber auch die Variablen oder Teile Ihrer verarbeiteten Daten finden Platz in Ihrem Log. Die Funktionen dazu haben Sie in Abschnitt 10.3 kennengelernt.

Nützliche Daten finden Sie auch über den Einsatz der Befehle `actions()` sowie `workflow()` aus Abschnitt 10.3.10.

Schritt 2: Fehler senden

Nun, wo Sie alle verfügbaren Daten haben, können Sie diese Daten

- als Datei auf OneDrive oder SharePoint ablegen,
- als Attachment eines SharePoint-ListItems ablegen,
- in einer SharePoint-Liste in ein Textfeld speichern,
- per Mail versenden
- und, und, und.

Ich möchte Ihnen nun zeigen, wie Sie die Daten aus dem Array in eine anständige Mail verwandeln.

Im ersten Schritt überprüfen Sie, ob überhaupt ein Fehler aufgetreten ist, indem Sie aus dem Konnektor *Steuerung* die Aktion Bedingung auswählen. In dem Feld Wert auswählen fügen Sie über den Ausdruckseditor die Abfrage ein, ob das Fehlerarray leer ist: `empty(variables('varFehlerArray'))`

Als Operator wählen Sie `ist gleich` und als erwartetes Ergebnis `false`: Wenn die Abfrage, ob das Array leer ist, falsch ergibt, steht also etwas darin und muss verarbeitet werden.

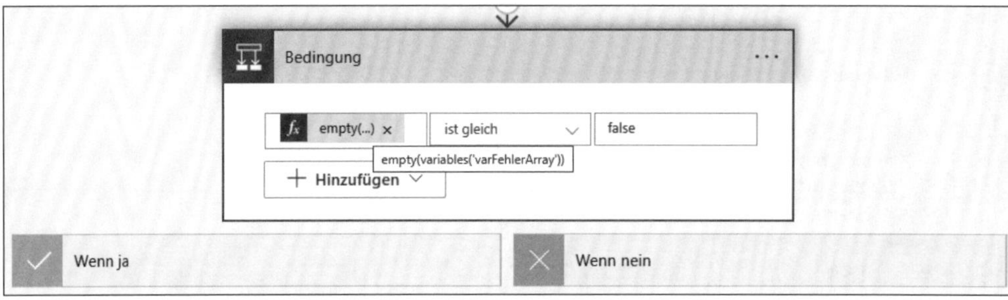

Abbildung 10.143 Abfrage, ob Daten vorhanden sind

Nun öffnen Sie den Wenn ja-Zweig und fügen dort die Aktion HTML-Tabelle erstellen aus dem Konnektor *Datenvorgang* ein.

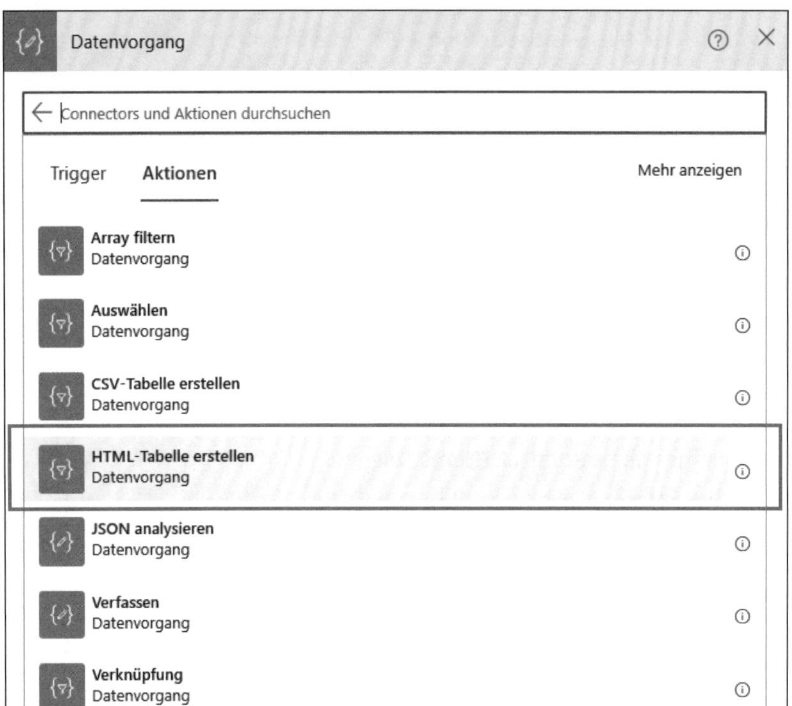

Abbildung 10.144 »HTML-Tabelle erstellen« bereitet Arrays auf.

Diese Aktion kommt mit zwei Eigenschaften daher:

- Von: die Quelle, also unser Fehlerarray
- Spalten: automatisch oder benutzerdefiniert; wir wählen »Automatisch«

Das Ergebnis dieser Aktion ist eine HTML-Tabelle, die wir in der nächsten Aktion weiterverwenden können. Dabei handelt es sich um die Aktion E-MAIL SENDEN (V2) aus dem Outlook-Konnektor.

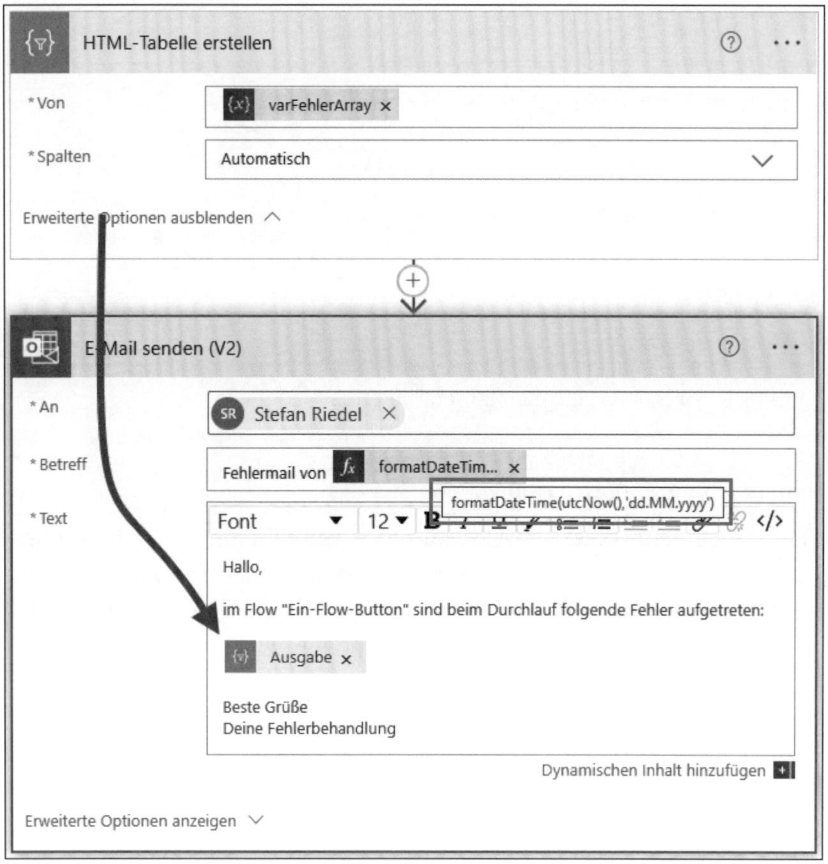

Abbildung 10.145 Fehler aufbereiten und versenden

Fügen Sie die Aktion unterhalb der Aktion HTML-TABELLE ERSTELLEN ein, und konfigurieren Sie sie wie folgt:

- Bei AN tragen Sie die Mail-Adresse des Empfängers ein. Sie bekommen Vorschläge von Personen, sobald Sie anfangen zu tippen.
- Unter BETREFF können Sie das Datum mit einem begleitenden Text angeben. Der Ausdruck für ein lesbares Datum lautet:

  ```
  formatDateTime(utcNow(),'dd.MM.yyyy')
  ```

- Unter TEXT können Sie nun die HTML-Tabelle einfügen, indem Sie die Auswahl der dynamischen Inhalte aufrufen und den Output der Aktion HTML-TABELLE ERSTELLEN einfügen. Ein begleitender Text macht die Sache rund.

Ihre E-Mail wird dann wie in Abbildung 10.146 aussehen.

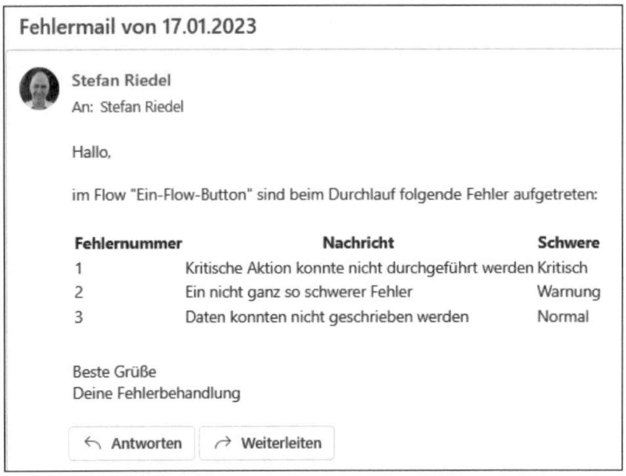

Abbildung 10.146 Beispiel einer selbst erstellten Fehlermail

10.4.4 Fehlersuche mit »Verfassen«

Wenn Ihr Flow mit einem Fehler abbricht, hilft Ihnen ein Blick in den Ausführungsverlauf, den fehlerhaften Durchlauf zu ermitteln. Verwenden Sie aber komplexe Formeln oder konfigurieren Ihre Aktionen mit vielen Werten, so wie in Abbildung 10.147 zu sehen, empfiehlt es sich, diese in VERFASSEN-Aktionen zwischenzuspeichern.

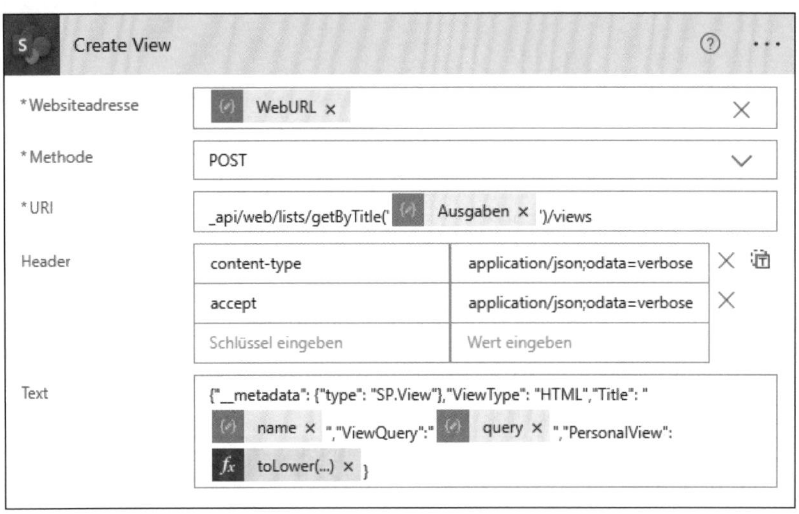

Abbildung 10.147 Die Aktion verwendet viele Daten.

Auch wenn Ihr Flow dadurch ein bisschen größer wird, haben Sie so einen besseren Blick auf die Daten in Ihrem Flow, wie Abbildung 10.148 zeigt. In den Verfassen-Aktionen `List Title` und `List Type` sammele ich Werte, die ich in nachgelagerten Aktionen verwende. Kommt es zu einem Fehler, kann ich die verwendeten Werte schnell ermitteln, indem ich die Ausgaben der Verfassen-Aktionen betrachte.

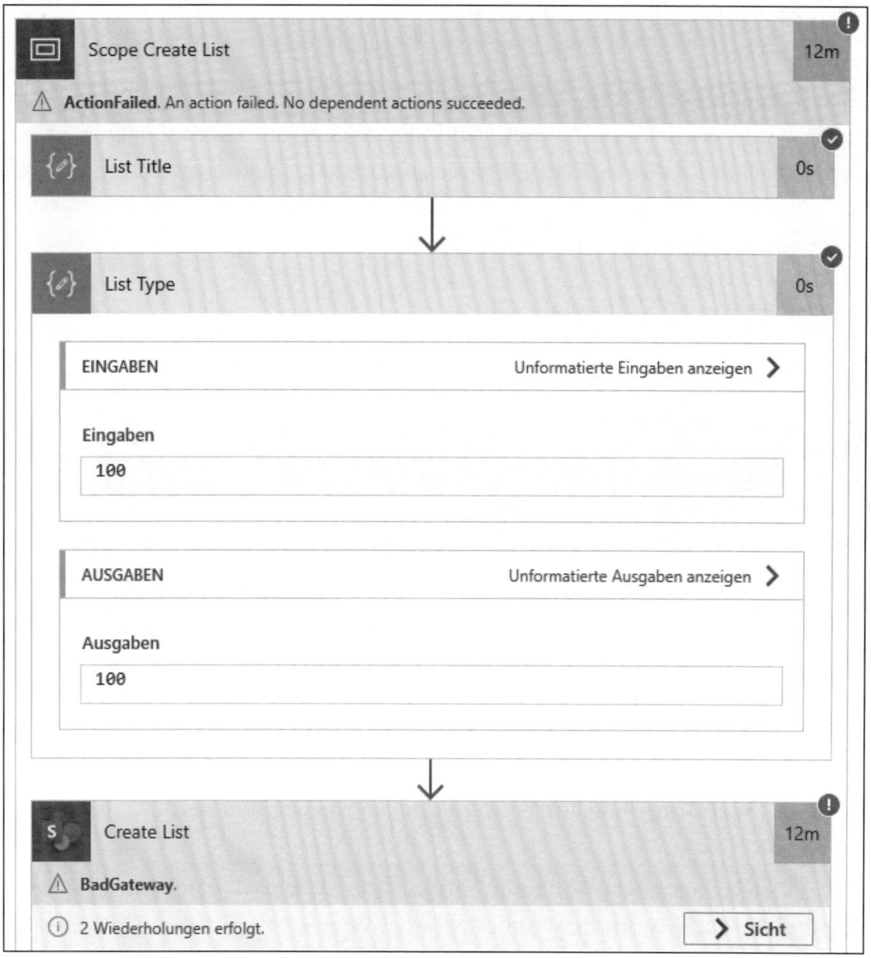

Abbildung 10.148 Zwischenergebnisse erleichtern die Analysen.

10.5 Erweiterte Einstellungen von Triggern

In diesem Abschnitt schauen wir uns noch einige erweiterte Einstellungen der Trigger an.

10.5.1 »Teilen bei«

Die Standardeinstellung AN der Funktionen TEILEN BEI bewirkt, dass zum Beispiel jede Änderung an einem SharePoint-Listenelement einen Flow auslöst. Üblicherweise übermittelt SharePoint immer einen Block der letzten Änderungen. Auf diese Weise stellen Sie also ein, dass ein Nachrichtenblock in mehrere Flows aufgeteilt wird, und legen zudem fest, wie er aufgeteilt wird.

- **Array**
  Diese Eigenschaft bestimmt, an welcher Stelle die Teilung stattfindet. Wie Sie Abbildung 10.149 entnehmen können, sind alle geänderten Listenelemente in ein Array verpackt und der Eigenschaft `value` zugewiesen, die wiederum Teil des Objekts `body` ist.

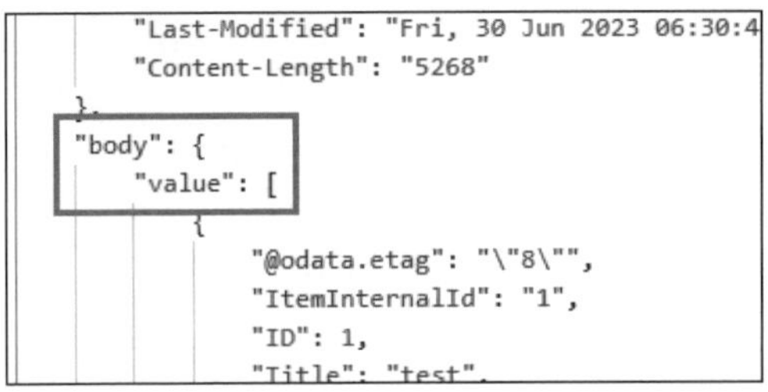

Abbildung 10.149 Aufbau eines SharePoint-Datenpakets

  Der Ausdruck `@triggerBody()?['body/value']` in den Trigger-Eigenschaften sorgt dafür, dass der Datenblock bei `value` aufgeteilt wird und für jeden Datensatz ein separater Flow gestartet wird.

- **Nachverfolgungs-ID für Aufteilung**
  Auf diese Weise definieren Sie, welchen Wert Sie zur Nachverfolgung wählen wollen. Der Code `@triggerBody()?['ItemInternalId']` legt die SharePoint-Listenelement-ID als Wert fest. Mehr zur Verwendung der *Nachverfolgungs-ID* erfahren Sie in Abschnitt 10.5.2.

  Ändern Sie die Einstellung TEILEN BEI auf AUS, dann wird der Flow nicht für jede Änderung ausgeführt, sondern Sie erhalten ein Paket mit mehreren geänderten Listenelementen.

10.5.2 Benutzerdefinierte Nachverfolgungs-ID (Custom tracking ID)

Sobald Sie einen Prozess abbilden, den Sie über mehrere Flows oder andere Services verteilen, die sich gegenseitig aufrufen, werden Sie Schwierigkeiten haben, die Aufrufkette nachverfolgen zu können, wenn eine Ausführung fehlerhaft ist.

In diesem Fall hilft die Nachverfolgungs-ID, die Sie in den Trigger-Einstellungen setzen und in weiteren Aufrufen einbetten können. Definieren Sie zum Beispiel einen eindeutigen Wert auf Ebene des Triggers des ersten Flows in Ihrer Aufrufkette, so wie in Abschnitt 10.5.1 am Beispiel eines SharePoint-Triggers erläutert. Mit jedem Aufruf eines weiteren Flows, zum Beispiel per HTTP, betten Sie die Nachverfolgungs-ID in den Aufruf ein. Dafür müssen Sie die Tracking-ID vor dem Aufruf eines weiteren Flows oder Services auslesen können. Dabei hilft Ihnen der folgende Ausdruck:

```
trigger()['clientTrackingId']
```

10.5.3 Wiederholungsrichtlinie (Retry Policy)

Die Wiederholungsrichtlinie gibt an, wie oft oder wie lange versucht wird, von einer Gegenstelle eine Antwort zu erhalten. Sie tritt dann in Kraft, wenn als Antwort der Gegenstelle ein `TimeOut (408)`, `Too Many Requests (429)` oder ein beliebiger Fehler der Kategorie `5xx`, zum Beispiel `Internal Server Error (500)`, geliefert wird.

Sie können wählen zwischen dem

- STANDARD: vier Wiederholungen
- OHNE: keine Wiederholung
- EXPONENTIELL: Hier geben Sie eine maximale Wiederholung (1-90), eine Standardwiederholung sowie eine Mindestdauer und eine Maximaldauer zwischen den Wiederholungen an.
- FESTES INTERVALL: maximal 90 Wiederholungen alle x Zeiteinheiten:
  - P1D = einmal pro Tag
  - PT5M = alle fünf Minuten

Wird im Rahmen der Wiederholungsrichtlinie keine Antwort erhalten, so kommt es zu einem Timeout, der in Abschnitt 10.6.2 beschrieben wird.

10.5.4 Gleichzeitigkeitssteuerung

Grundsätzlich ist die Anzahl der parallel ablaufenden Flows nicht begrenzt. Wenn hochfrequent Änderungen an einer SharePoint-Liste vorgenommen werden und Ihr Flow auf geänderte SharePoint-Elemente reagiert, wird für jedes geänderte Element ein Flow gestartet.

Grundsätzlich ist das ja erst mal eine tolle Sache, denn paralleles Abarbeiten bedeutet, dass man schneller fertig ist. Arbeiten all diese Flow-Instanzen nun auf demselben Datenbestand, kann es jedoch zu Fehlern oder Datenverlust kommen.

Daher können Sie die Anzahl an gleichzeitigen Flow-Instanzen limitieren und im Zweifelsfall auf 1 festlegen (siehe Abbildung 10.150). Legen Sie dafür den Schalter auf AN. Nun nutzen Sie den Schieberegler, um die Anzahl der möglichen Parallelisierungen festzulegen.

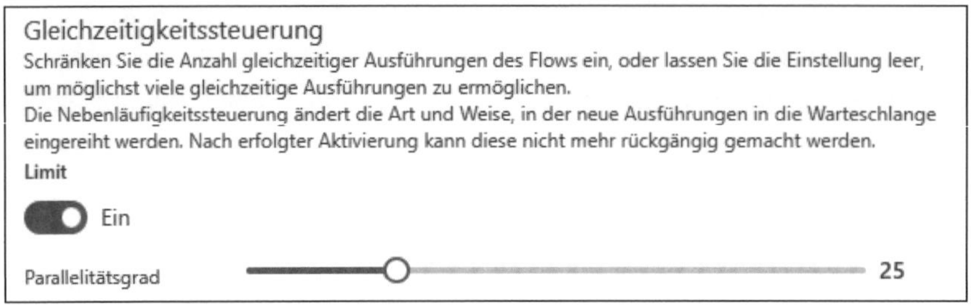

Abbildung 10.150 Die eingeschaltete Gleichzeitigkeitssteuerung

Kein Weg zurück

Haben Sie die Gleichzeitigkeitssteuerung aktiviert, so gibt es keinen Weg zurück.

10.5.5 Sichere Eingaben und Ausgaben (Secure Inputs & Outputs)

Wenn Sie sich einen Ausführungsverlauf ansehen, können Sie bei jeder Aktion sehen, welche Daten in die Aktion hineingekommen sind und welche herausgegeben werden. Sollen nun sensible Daten verarbeitet werden, die auch vor den Augen der Flow-Owner verschlossen bleiben müssen, so gibt es die Möglichkeit, Daten zu verstecken.

Die Funktionen zum Verstecken von Daten finden Sie in den Einstellungen. Sie nennen sich Sichere Eingaben bzw. Sichere Ausgaben (siehe Abbildung 10.151). In englischen Umgebungen finden Sie diese Funktion unter Secure Inputs und Secure Outputs.

Abbildung 10.151 Sichere Eingaben und Ausgaben konfigurieren

In Abbildung 10.152 sehen Sie, dass die Trigger durch die Funktion SICHERE AUSGABEN geblockt werden. Auch für den Owner sind sie nicht mehr sichtbar.

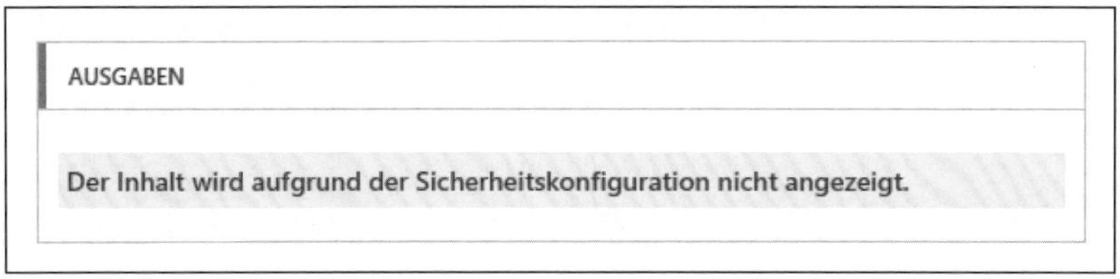

Abbildung 10.152 Sichere Ausgaben sind unsichtbar.

Wollen Sie diese Daten über die dynamischen Inhalte weiterverarbeiten, so finden Sie an gesicherten Daten ein kleines Schloss-Symbol (siehe Abbildung 10.153). Die Aktionen, die gesicherte Daten weiterverarbeiten, verbergen die Eingaben und Ausgaben ebenfalls. Gleiches gilt für Aktionen und Trigger, in denen die Ein- oder Ausgaben gesichert sind.

Abbildung 10.153 Markierung von gesicherten Ein- und Ausgaben

Doch nun müssen Sie aufpassen: Verwenden Sie die Ausgaben dieser Aktion weiter, fällt der Schleier, und die Daten werden sichtbar, wie Abbildung 10.154 zeigt. Damit

Daten durchgängig unsichtbar bleiben, müssen Sie nun auch hier die Sicherung einschalten.

Abbildung 10.154 Wird die Sicherung nicht durchgängig genutzt, werden Daten sichtbar.

[»]

Verfassen-Aktionen und sichere Ausgaben

Wollen Sie bei VERFASSEN-Aktionen eine sichere Ausgabe konfigurieren, hat das beim Speichern einen Fehler zur Folge, da diese Funktion zwar angeboten wird, aber nicht verarbeitet werden kann. In dem Fall reicht die sichere Eingabe.

[»]

Nachträgliches Ändern der Sicherheitseinstellung

Nutzen Sie einen Trigger für die sofortige Ausführung, zum Beispiel für die Integration Ihres Flows in eine App oder als Flow-Button, und haben Eingabeparameter definiert, dann denken Sie daran, dass die Änderung an den Sicherheitseinstellungen die Eingabeparameter entfernt.

Etwas unglücklich ist, dass die Eingabeparameter während der Umstellung noch sichtbar sind. Erst nachdem Sie den Flow gespeichert und erneut geöffnet haben, sind die Parameter verschwunden und müssen neu angelegt werden.

10.5.6 Trigger-Bedingungen (Trigger conditions)

Trigger-Bedingungen helfen enorm, die Anzahl der Ausführungen von Flow-Aktionen zu minimieren, denn der Trigger überprüft, ob seine Trigger-Bedingung wahr ist. Nur dann werden die nachgelagerten Aktionen ausgeführt.

Ein Beispiel

Nehmen Sie eine SharePoint-Liste, in der Sie Anträge speichern. Die Benutzerinnen und Benutzer können Zwischenstände speichern, und sobald sie sicher sind, dass alles in Ordnung ist, wird der Antrag eingereicht. Ich regele so etwas üblicherweise über ein Statusfeld, das zum Beispiel die Werte ENTWURF, EINGEREICHT, GENEHMIGT und ABGELEHNT annehmen kann. Sobald der Antragsstatus auf EINGEREICHT wechselt, soll ein Genehmigungs-Workflow starten.

Als Trigger kommt nun der SharePoint-Trigger WENN EIN ELEMENT ERSTELLT ODER GEÄNDERT WIRD zum Einsatz. Ohne Trigger-Bedingung würde der Flow bei jedem erstellten oder geänderten Element anspringen. Sie müssten für jeden Lauf ermitteln, ob der Status EINGEREICHT entspricht, und den Flow abbrechen, falls der Antrag einen anderen Status besitzt.

Das hat die Nachteile, dass

1. Sie mindestens die Statusabfrage durchführen müssen und
2. für jedes SharePoint-Element eine Ausführung in der Ausführungshistorie aufgeführt wird.

Setzen Sie nun eine Trigger-Bedingung wie in Abbildung 10.155, so wird der Flow nur ausgeführt, wenn der Status den Wert EINGEREICHT angenommen hat.

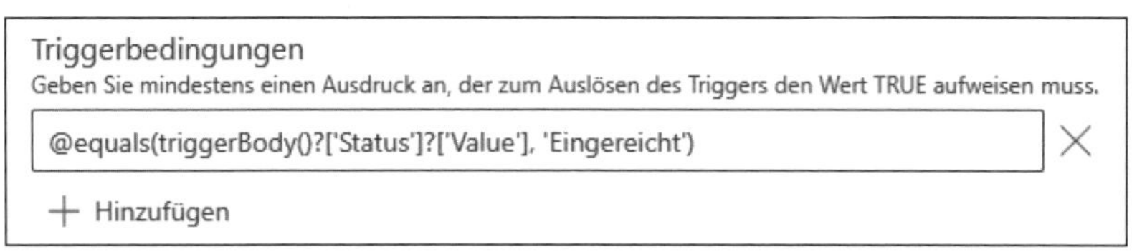

Abbildung 10.155 Trigger-Bedingung für ein Auswahlfeld

10.6 Erweiterte Einstellungen von Aktionen

Da einige Einstellungen ebenfalls für Trigger gültig sind, die in den vorherigen Abschnitten beschrieben wurden, beschränke ich mich hier auf die Einstellungen, die exklusiv bei Aktionen vorhanden sind.

10.6.1 Asynchrones Muster (Asynchronous pattern)

Das asynchrone Muster ist standardmäßig angeschaltet und sorgt dafür, dass ein Flow erst dann weiterläuft, wenn die Aktion vollständig fertig ist. Aktionen, die auf einen HTTP-Request reagieren, so wie es die meisten Drittanbieter-Aktionen tun, liefern unter Umständen einen HTTP-Status `202` zurück, was so viel bedeutet wie »Ich habe deine Anforderung erhalten und werde sie umsetzen«. Bleibt der Schalter an, fragt die Aktion den Dienst so lange, bis ein Fehler auftritt oder ein Status `200` zurückgeliefert wird, der aussagt, dass die Aktion erfolgreich durchgeführt wurde. Erst dann läuft der Flow weiter.

Ist der Schalter aus, wartet die Aktion nicht, bis der Status 200 geliefert wird, und läuft sofort weiter. Das wird dann zu einem Problem, wenn Sie in nachfolgenden Schritten die Ausgabe der Aktion verarbeiten wollen, die aber noch nicht bereitsteht, da der Dienst noch am Arbeiten ist.

10.6.2 Timeout

Die Einstellung eines Timeouts ist wichtig, um sicherzustellen, dass eine Aktion nach einer definierten Zeit abbricht. Dieses Ereignis können Sie mit der AUSFÜHREN NACH-Einstellung in nachfolgenden Aktionen verarbeiten (siehe Abschnitt 10.4).

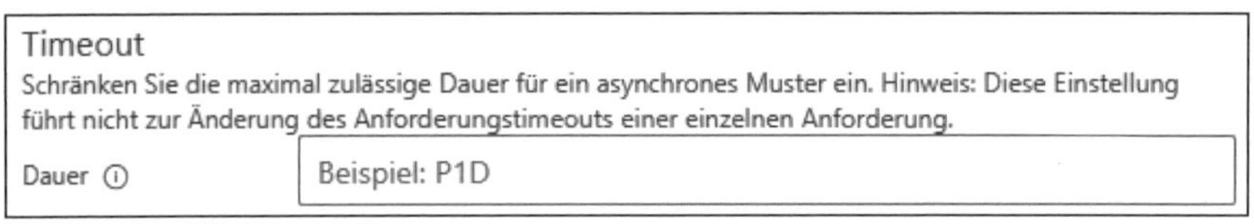

Abbildung 10.156 Bestimmen, wann Schluss ist

Diese Einstellung kommt bei allen Aktionen zum Tragen, die ein unsicheres Antwortverhalten haben. Das betrifft vor allem Aktionen wie die Genehmigungsanfragen oder das Senden von E-Mails mit Optionen.

Die Notation von Timeouts ist wie in Tabelle 10.10 beschrieben.

Einstellung	Bedeutung
`P1D`	Timeout erfolgt nach einem Tag
`PT1H`	Timeout erfolgt nach einer Stunde
`PT1M`	Timeout erfolgt nach einer Minute
`PT1S`	Timeout erfolgt nach einer Sekunde

Tabelle 10.10 Notation von Timeouts

Einstellung	Bedeutung
P1M	Timeout erfolgt nach einem Monat
P1D2H	Timeout erfolgt nach einem Tag und zwei Stunden

Tabelle 10.10 Notation von Timeouts (Forts.)

10.6.3 Inhaltsübertragung (Content transfer)

Mit der Inhaltsübertragung steuern Sie, ob eine Datei im Ganzen oder häppchenweise (segmentiert) übertragen werden soll. Wollen Sie eine vorhandene Datei in SharePoint überschreiben, so kommt es zu einem Fehler, wenn die Segmentierung eingeschaltet ist (siehe Abbildung 10.157). Das ist die Standardeinstellung. Sobald Sie die Segmentierung ausschalten, werden vorhandene Dateien fehlerfrei überschrieben.

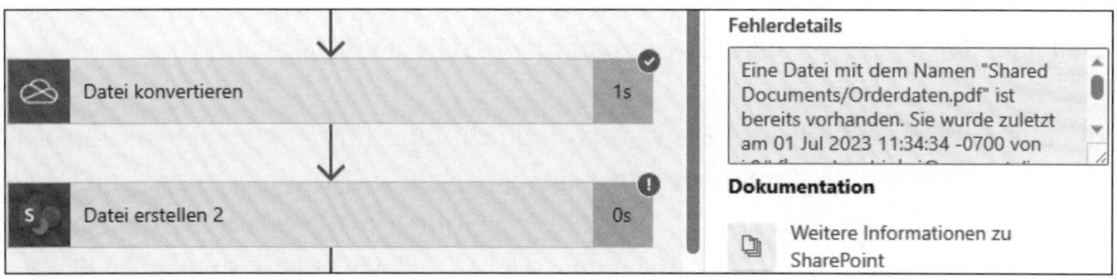

Abbildung 10.157 Fehler beim Schreiben einer Datei auf SharePoint

[!]

Limits von Dateigrößen

Viele Dateiablagen haben Limitierungen in Bezug auf die Größe von Dateien, die hochgeladen werden können. Das Ausschalten der Segmentierung löst zwar erst mal Ihr Problem mit dem Update, kann aber zu weiteren Fehlern führen, wenn Sie sehr große Dateien hochladen wollen.

Nutzen Sie die AUSFÜHREN NACH-Einstellung, um auf Fehler zu reagieren und gegebenenfalls nachgelagert einen unsegmentierten Upload durchzuführen. Ergänzend können Sie die Datei-Eigenschaften auslesen, um die Dateigröße zu ermitteln, und auch diese Information in Ihren Flow einfließen lassen. Ist die Datei zu groß für einen unsegmentierten Upload, speichern Sie die Datei unter einem anderen Namen, zum Beispiel ergänzt um das Postfix »_Kopie«, ab.

10.6.4 Nachverfolgte Eigenschaften (Tracked Properties)

In nachverfolgten Eigenschaften können Sie Werte ablegen und diese »verstecken«. Anstatt eine Variable oder eine VERFASSEN-Aktion in Ihren Flow einzubauen, wechseln Sie einfach in die Eigenschaften einer beliebigen Aktion und definieren dort eine nachverfolgte Eigenschaft. So halten Sie Ihren Flow etwas schlanker und sparen Ausführungen von Aktionen, die gegen Ihr maximales Ausführungslimit gerechnet werden.

Abbildung 10.158 zeigt die Einstellungen einer E-MAILS ABRUFEN (V3)-Aktion. Ich möchte die Zeit vom Start der Ausführung der Aktion bis zu einer beliebigen Stelle im Flow messen. Als nachverfolgte Eigenschaft definiere ich hier die Eigenschaft `Startzeit` und weise ihr den aktuellen Zeitstempel zu.

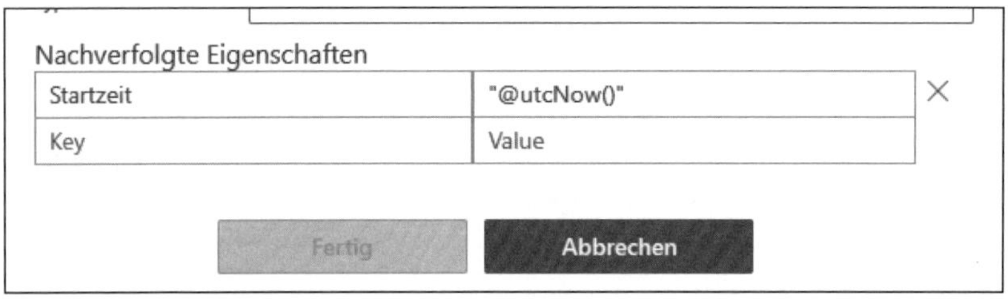

Abbildung 10.158 Nachverfolgte Eigenschaft für die Startzeit festlegen

An einer beliebigen Stelle des Flows verwende ich nun eine VERFASSEN-Aktion, um die Differenz zwischen der Startzeit und der aktuellen Zeit zu berechnen. Den Code, der diese Berechnung durchführt, sehen Sie in Listing 10.10. Der Zugriff auf die nachverfolgte Eigenschaft geschieht über den Befehl `actions()`, dem als Parameter der Name der Aktion übergeben wird, in der die nachverfolgte Eigenschaft definiert wurde. Über das Feld `trackedProperties` greifen Sie auf alle nachverfolgten Eigenschaften zu. `?['Startzeit']` liest den Wert der speziellen Eigenschaft aus.

```
dateDifference(actions('E-Mails_abrufen_(V3)')? ↩
        ['trackedProperties']?['Startzeit'],utcNow())
```

Listing 10.10 Zugriff auf nachverfolgte Eigenschaften

Das Ergebnis der Berechnung finden Sie in den Eingaben und Ausgaben der VERFASSEN-Aktion, so wie in Abbildung 10.159 zu sehen. Die Zeitdifferenz beträgt hier 0,0937529 Sekunden.

Abbildung 10.159 Ergebnis der Berechnung einer Zeitdifferenz

Kapitel 11

Ausgewählte Konnektoren in Cloud-Flows

Nachdem Sie nun den Aufbau von Flows und die Verwendung von Ausdrücken kennengelernt haben, ist es an der Zeit, einen Blick auf die Konnektoren zu werfen. Im Folgenden lernen Sie die Konnektoren kennen, die in meinen Projekten am häufigsten zur Anwendung kommen.

Dieses Kapitel gibt Ihnen eine Einführung in die Verwendung der Konnektoren, die mich in meinen Projekten am häufigsten begleiten. Sie lernen

- die Strukturierung von Flows mit dem Datenvorgang-Konnektor,
- den Umgang mit Daten und Zeit,
- die Anwendung der Konnektoren für SharePoint (OneDrive), Outlook und Teams,
- die Anwendung von Genehmigungen und
- den Aufruf von untergeordneten Flows sowie HTTP-Endpunkten.

11.1 Datenvorgang

Der Konnektor *Datenvorgang* verfügt über sehr hilfreiche Aktionen, die Ihnen die Arbeit mit Datenlisten massiv vereinfachen.

Die Aktionen des Datenvorgang-Konnektors helfen Ihnen, Arrays zu komprimieren und zu transformieren. Die Aktionen VERKNÜPFEN und ARRAY FILTERN unterstützen Sie dabei, übersichtliche und performante Flows zu entwickeln.

11.1.1 Array filtern

Nicht immer stellen Ihnen die Cloud-Flow-Aktionen die Möglichkeit zur Verfügung, nach bestimmten Kriterien zu filtern – sei es die Abfrage von Inhalten innerhalb eines SharePoint-Ordners oder die Ermittlung eines bestimmten Outlook-Kalenders. Ich bin früher mit einer Schleife über alle Elemente gelaufen und habe jedes einzelne Element daraufhin geprüft, ob es meinen Kriterien entspricht. Der Flow war dann nicht nur unübersichtlich, sondern auch noch sehr, sehr langsam.

Die Aktion ARRAY FILTERN wird mit einer Datenliste, einem Array, gefüttert und erlaubt es, auf dem übergebenen Datenbestand zu filtern (siehe Abbildung 11.1).

Abbildung 11.1 Array filtern

Dazu wählen Sie zunächst eine Eigenschaft aus den dynamischen Inhalten. Im nächsten Schritt wählen Sie einen Operator (IST GLEICH, IST UNGLEICH, ENTHÄLT ...) und einen Wert, auf den geprüft werden soll. Es werden Ihnen nur Operatoren bereitgestellt, die zum Datentyp passen (siehe Abbildung 11.2).

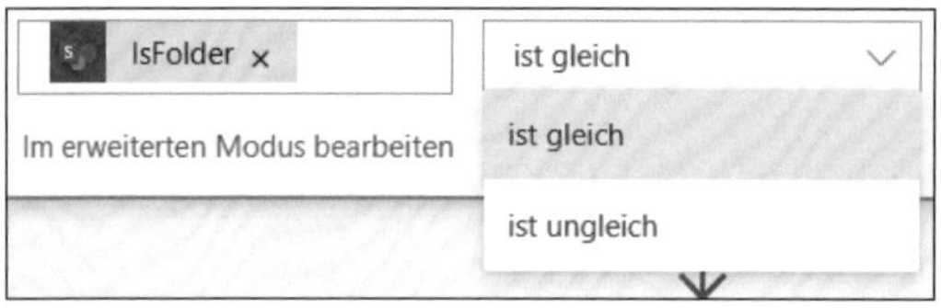

Abbildung 11.2 Operatorauswahl

Sie können den Filter auch im erweiterten Modus bearbeiten und dort komplexe Formeln hinterlegen (siehe Abbildung 11.3).

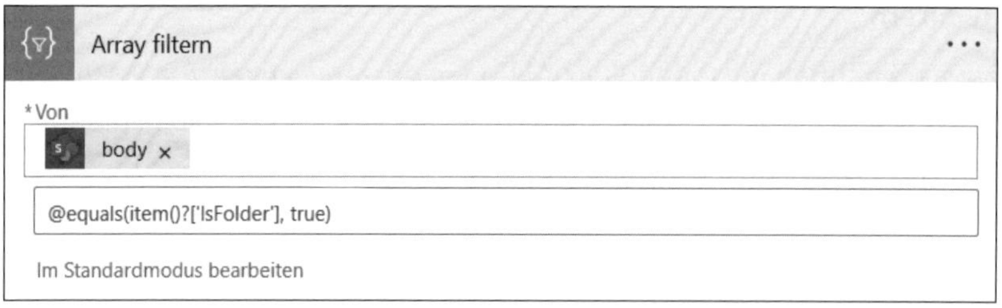

Abbildung 11.3 Der erweiterte Modus

Das Ergebnis der Aktion ARRAY FILTERN ist wiederum eine Datenliste, die Sie mit weiteren Aktionen verarbeiten können.

11.1.2 Auswählen

Haben Sie eine große Datenliste und möchten diese auf wenige Felder zusammendampfen, so hilft Ihnen die Aktion AUSWÄHLEN. Das Beispiel aus Abbildung 11.4 bekommt als Eingabe ebenfalls das Ergebnis eines SharePoint-Ordners. Das Ergebnis soll ein neues Array mit den Feldern NAME und ZULETZT GEÄNDERT sein, denen die Werte `Name` und `LastModified` aus der Aktion ORDNER AUFLISTEN zugeordnet werden.

Abbildung 11.4 Zuordnen von Feldern

Sie erstellen hier ein Mapping von Feldern eines Arrays, das Sie in die Aktion hineingeben, zu neuen Feldern eines neuen Arrays (siehe Abbildung 11.5), das Sie als Ausgabe abrufen können.

Abbildung 11.5 Die neue Tabelle mit den ausgewählten Feldern

Dass man die Eigenschaft mit »Karte« und nicht mit »Zuordnung« übersetzt hat, ist natürlich etwas unglücklich. Ich hege die Hoffnung, dass diese Übersetzung korrigiert wurde, wenn Sie dieses Buch in Händen halten.

11.1.3 Verfassen

Wenn Sie das Buch bis hierhin gelesen haben, werden Sie bereits wissen, dass die Aktion VERFASSEN einer meiner Lieblinge ist. Ich nutze diese Aktion vor allem dazu, Zwischenrechnungen/Transformationen vorzunehmen. Nutzen Sie den Ausdruckseditor, um komplexe Formeln (siehe Abbildung 11.6) zu erstellen, oder speichern Sie hier dynamische Inhalte, um den Flow etwas mehr zu strukturieren.

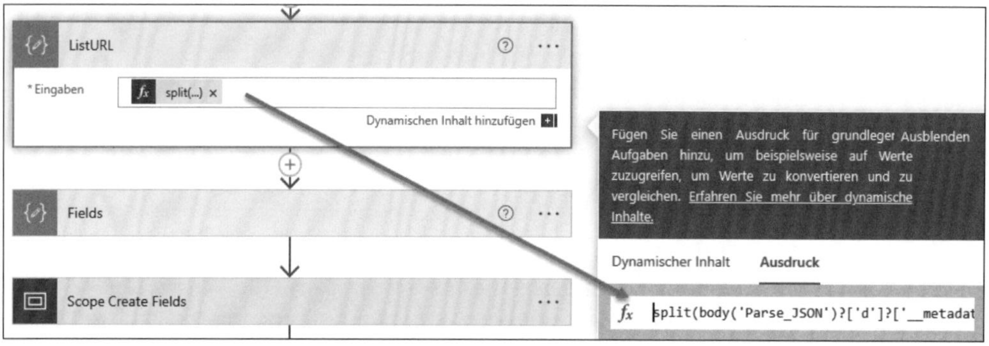

Abbildung 11.6 Komplexe Formeln in der Verfassen-Aktion

[»]

> **Fehlersuche mit »Verfassen«**
>
> In Abschnitt 11.1.3 gehe ich kurz darauf ein, wie diese Aktion zur Fehlersuche verwendet werden kann, indem Sie Werte aus Konnektoren einbinden, die Sie so zur Laufzeit nachverfolgen können.

11.1.4 Verknüpfung und Beitreten

Ähnlich wie mit der Concat-Funktion aus Power Apps können Sie mit VERKNÜPFEN alle Datensätze einer Datenliste mit einem Trennzeichen verknüpft zu einer Zeichenkette zusammensetzen lassen.

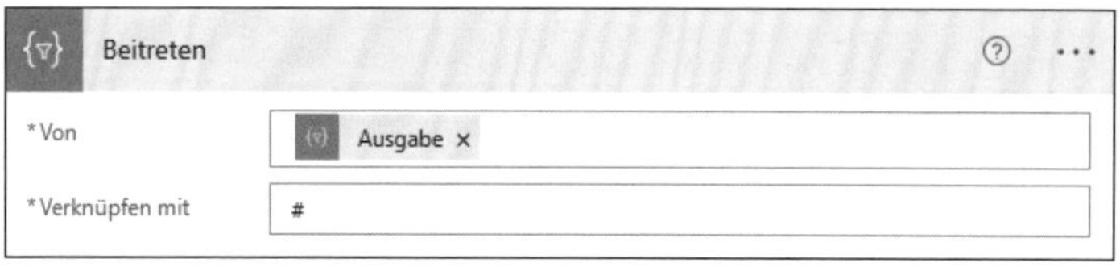

Abbildung 11.7 Konfiguration der Verknüpfen-Aktion

In Abbildung 11.7 verknüpfe ich die Datensätze aus der Auswählen-Aktion mit einem Hashtag. Das Ergebnis zeigt Abbildung 11.8.

Etwas verwirrend ist, dass diese Aktion in der Konnektor-Auswahl »Verknüpfen« heißt, im Flow selbst aber mit »Beitreten« angezeigt wird.

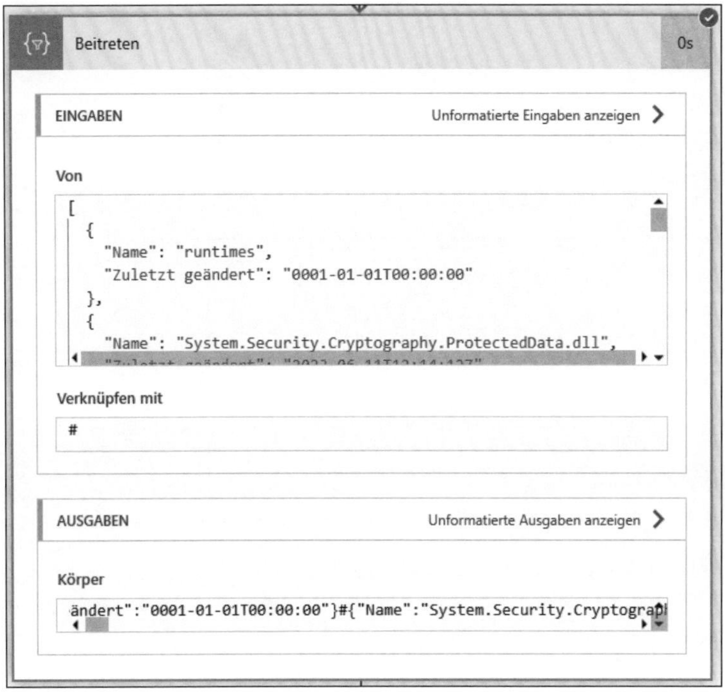

Abbildung 11.8 Datensätze werden miteinander verknüpft.

11.1.5 HTML-Tabelle erstellen

Nicht selten müssen Sie Daten aufbereiten, die Sie zum Beispiel per Mail versenden wollen. Die Aktion HTML-TABELLE ERSTELLEN hilft dabei, Daten als HTML-Tabelle aufzubereiten (siehe Abbildung 11.9).

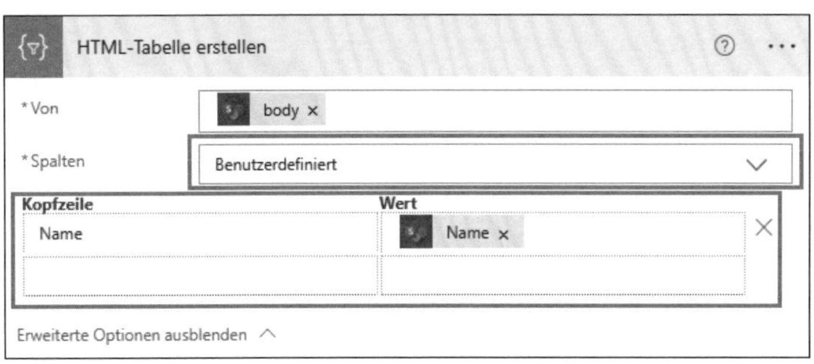

Abbildung 11.9 Benutzerdefinierte Tabelle aufbauen

Diese Aktion ist selbsterklärend: Sie kippen eine Datenliste hinein und lassen sie sich als HTML-Tabelle ausgeben (siehe Abbildung 11.10 und Abbildung 11.11). Die Spalten der Tabelle können Sie entweder automatisch erstellen lassen oder aber selbst definieren.

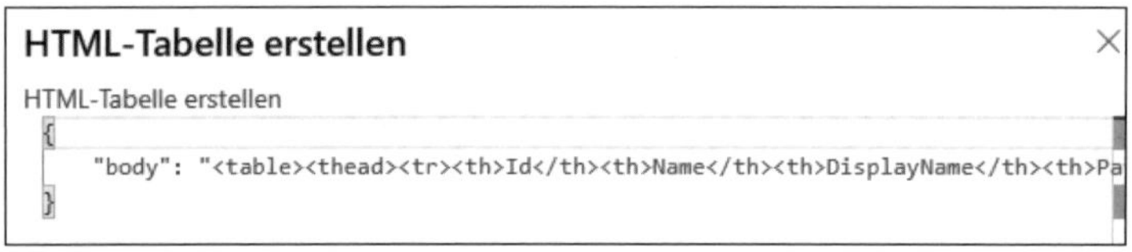

Abbildung 11.10 Das fertige HTML

Abbildung 11.11 Ausgabe der Standardkonfiguration

11.1.6 CSV-Tabelle erstellen

Das Erstellen einer CSV-Tabelle geschieht analog zur Aktion HTML-TABELLE ERSTELLEN. Unterschiedlich ist dabei lediglich die Ausgabe, die hier in Form von kommaseparierten Daten inklusive Kopfzeile erfolgt.

11.1.7 JSON analysieren

Wenn Sie Arrays transformieren wollen, haben Sie das Problem, dass Sie die einzelnen Felder nicht direkt ansprechen können. Das können Sie nachvollziehen, indem Sie versuchen, die Aktion AUSWÄHLEN auf das Ergebnis von ARRAY FILTERN anzuwenden. Sie werden feststellen, dass Ihnen die Felder nicht in den dynamischen Inhalten bereitgestellt werden.

Die Aktion JSON ANALYSIEREN hilft Ihnen dabei, indem Sie ein Schema definieren, das auf das Array angewendet wird. Das Schema ist eine Beschreibung der Datenstruktur, aus der der Flow-Designer die Felder für die Auswahl in den dynamischen Inhalten generiert. Darüber hinaus definiert das Schema den Datentyp und ob es sich um ein Pflichtfeld handelt.

An dieser Stelle möchte ich gar nicht so weit gehen und erläutern, wie Sie hochindividuelle Schemata erstellen, sondern aufzeigen, wie Sie schnell und unkompliziert mit Arrays umgehen können.

Dafür kopiere ich mir in einem ersten Schritt die Daten, die ich analysiert haben möchte (siehe Abbildung 11.12).

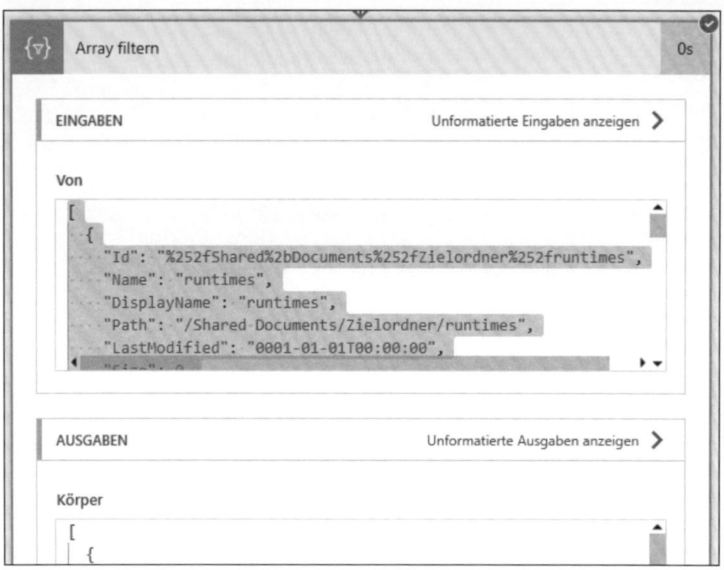

Abbildung 11.12 Daten kopieren

Nun füge ich die Aktion JSON ANALYSIEREN in meinen Flow ein und verknüpfe den Inhalt mit der Ausgabe-Eigenschaft *Körper* aus der Aktion ARRAY FILTERN (siehe Abbildung 11.13).

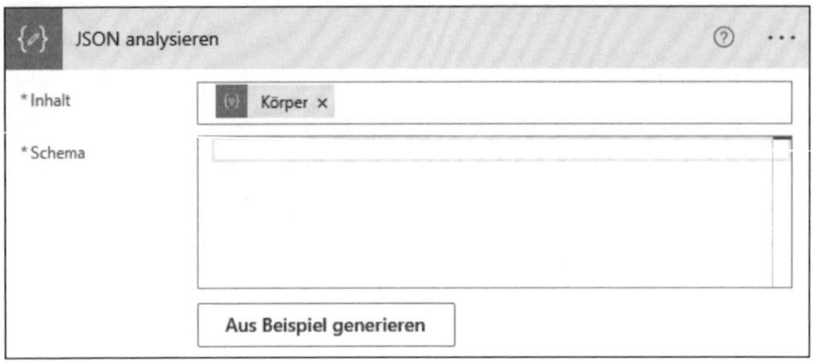

Abbildung 11.13 Konfiguration der Aktion

Anschließend generiere ich das Schema aus den Daten, die ich im ersten Schritt kopiert habe. Dafür betätige ich AUS BEISPIEL GENERIEREN und gebe die Daten in den folgenden Dialog ein (siehe Abbildung 11.14).

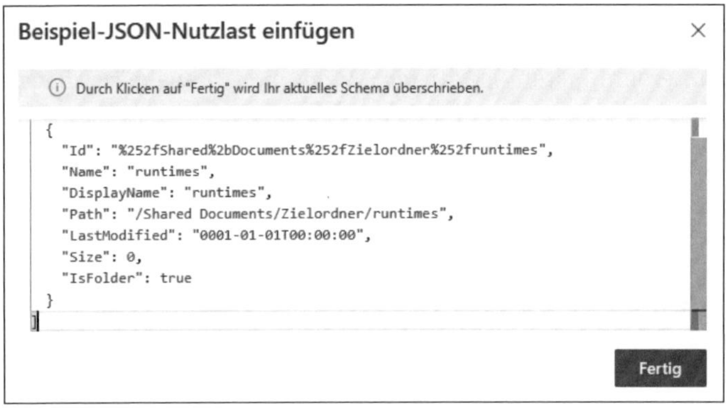

Abbildung 11.14 Schema aus Beispiel generieren lassen

Nachdem der Dialog mit der Schaltfläche FERTIG geschlossen wurde, erstellt die Aktion das passende Schema zu den Daten, sodass die einzelnen Felder für weitere Aktionen bereitstehen (siehe Abbildung 11.15 und Abbildung 11.16).

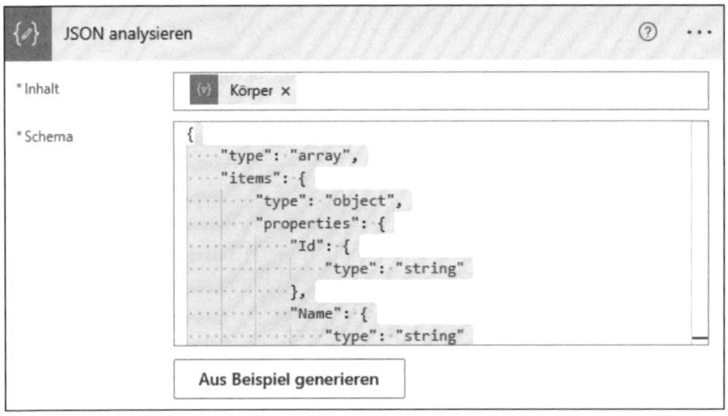

Abbildung 11.15 Das Schema wurde erstellt.

Abbildung 11.16 Die Eigenschaften stehen in den dynamischen Inhalten zur Verfügung.

11.2 Datum und Uhrzeit

Wenn Sie einen kurzen Blick in Abschnitt 10.3.7 geworfen haben, ist Ihnen klar, dass die Arbeit mit Datum und Zeit Schmerzen verursachen kann. Aus diesem Grund war Microsoft so nett und hat einen Konnektor für Datum und Uhrzeit erstellt (siehe Abbildung 11.17).

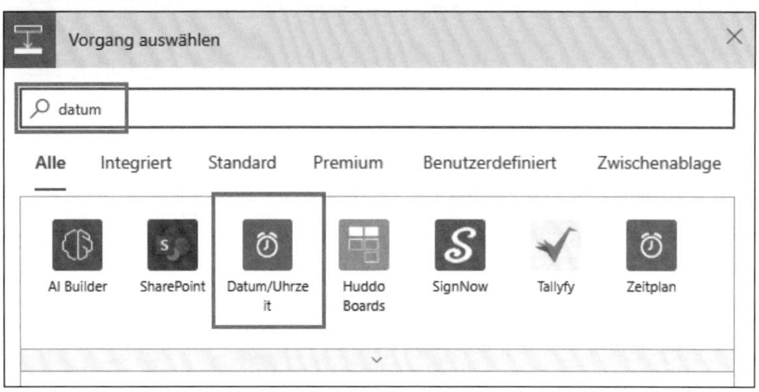

Abbildung 11.17 Der Datum/Uhrzeit-Konnektor

Dieser Konnektor erlaubt die einfache Arbeit mit Daten und Uhrzeiten, ohne in die Tiefen der Cloud-Flow-Ausdrücke eintauchen zu müssen. Die meisten Prozesse haben in irgendeiner Weise damit zu tun, Daten vor oder nach einem Datum bzw. innerhalb einer Zeitspanne ermitteln zu müssen. Dabei hilft dieser Konnektor enorm.

11.2.1 Aktuelle Zeit

Falls Sie einen Zeitstempel benötigen so, ist diese Aktion Ihr Freund (siehe Abbildung 11.18). Alternativ können Sie auch den Ausdruck `utcNow()` verwenden und in einer Variablen oder einer Verfassen-Aktion zwischenspeichern, doch diese Aktion ist deutlich besser nachvollziehbar. Sie hat keinerlei Eingabeparameter und ist somit *No Code* in Reinform. Der Ausgabeparameter AKTUELLE ZEIT liefert den aktuellen Zeitstempel.

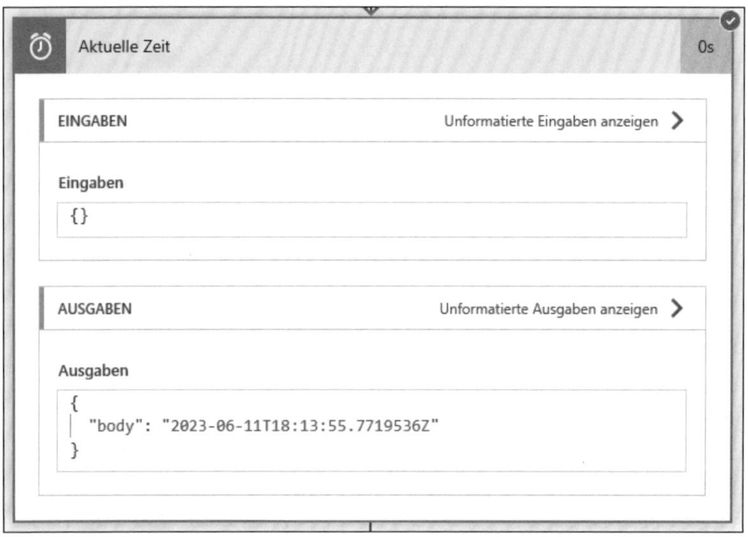

Abbildung 11.18 Die Aktion »Aktuelle Zeit« liefert – Überraschung – den aktuellen Zeitstempel.

11.2.2 Vergangene und zukünftige Zeit

Möchten Sie eine Zeiteinheit von der aktuellen Uhrzeit abziehen, um so einen Zeitstempel für einen vergangenen Zeitpunkt zu erzeugen, helfen Ihnen die Aktionen VERGANGENE ZEIT und ZUKÜNFTIGE ZEIT (siehe Abbildung 11.19). Diese – und auch weitere – Aktionen erlauben das Rechnen mit folgenden Einheiten:

- Monat
- Woche
- Tag
- Stunde
- Minute
- Sekunde

Das Ergebnis lässt sich durch die Ausgabe VERGANGENE ZEIT abrufen und weiterverarbeiten.

Abbildung 11.19 Konfiguration, um vergangene oder zukünftige Zeiten zu berechnen

11.2.3 Von Uhrzeit abziehen und zu Zeit hinzufügen

Die Aktionen VERGANGENE ZEIT und ZUKÜNFTIGE ZEIT ermöglichen es Ihnen, einen zukünftigen oder vergangenen Zeitstempel auf Basis des aktuellen Zeitstempels zu erzeugen.

VON UHRZEIT ABZIEHEN und ZU ZEIT HINZUFÜGEN arbeiten ganz ähnlich, indem Sie eine Basiszeit definieren. Das kann *jetzt* – also `utcNow()` – sein, aber auch jeder andere Zeitstempel, der sich aus diesem Konnektor erzeugen lässt oder aus weiteren Datenquellen bezogen wird (siehe Abbildung 11.20).

Abbildung 11.20 Rechnen auf Basis einer beliebigen Zeit

Das Ergebnis ist bei beiden Aktionen über den Parameter *Berechnete Zeit* abrufbar.

11.2.4 Zeitzone konvertieren

Die Königsdisziplin im Rechnen mit Datum und Uhrzeit ist die Konvertierung zwischen Zeitzonen.

Für die korrekte Berechnung der Uhrzeit in einer beliebigen Zeitzone benötigen Sie:

- die Basiszeit, die in eine andere Zeitzone gebracht werden soll
- die Quellzeitzone, auf die sich die Basiszeit bezieht; in Deutschland ist das Berlin, also UTC+1 (siehe Abbildung 11.21)
- die Zielzeitzone, in die die Zeit konvertiert werden soll, zum Beispiel Pacific Time
- die Formatzeichenfolge; hierbei handelt es sich um das Format des Zeitstempels

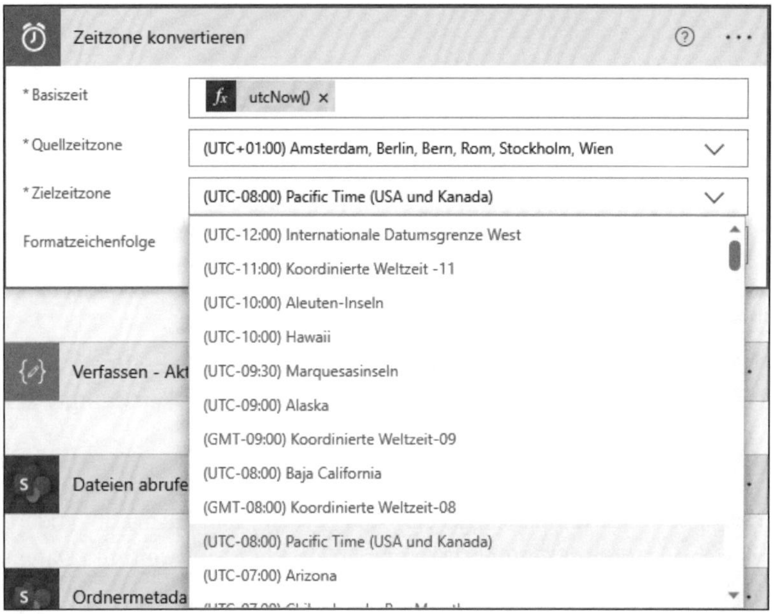

Abbildung 11.21 Zeitzonen definieren

Abbildung 11.22 gibt eine Idee davon, was alles möglich ist. Die Ausgabe ist über den Parameter KONVERTIERTE ZEIT abrufbar.

Abbildung 11.22 Das Zeitformat einstellen

11.3 Der SharePoint-Konnektor (OneDrive)

Der SHAREPOINT-Konnektor aus Abbildung 11.23 ist sicherlich einer der meistgenutzten Konnektoren der Power Platform außerhalb der Dynamics-Welt. Er erlaubt Ihnen die Erweiterung von Prozessen auf bereits vorhandenen Listen und Bibliotheken um Funktionen, die Sie eigenständig erstellen.

Abbildung 11.23 Den SharePoint-Konnektor einbinden

Da die Arbeit mit OneDrive und mit SharePoint sehr ähnlich ist, verzichte ich auf ein gesondertes Kapitel zu OneDrive. In Abschnitt 12.9 erhalten Sie einen Einblick in die Dokumentenkonvertierung mit dem OneDrive-Konnektor.

Dokumentation

Die offizielle Dokumentation zu den Konnektoren finden Sie hier:

- *https://learn.microsoft.com/de-de/connectors/sharepointonline/*
- *https://learn.microsoft.com/de-de/connectors/onedriveforbusiness/*

11.3.1 Trigger

Die Trigger des *SharePoint*-Konnektors nutzen Sie, um Flows zu entwickeln, die in der Regel darauf reagieren, wenn in einer SharePoint-Liste Daten oder Dateien erstellt, geändert oder gelöscht werden.

Neben den Triggern für sofortige Cloud-Flows, die wir in Abschnitt 10.2.1 besprochen haben, nutzen Sie SharePoint-Trigger für automatisierte Cloud-Flows, die immer dann starten, wenn Daten verändert werden.

Im Auswahldialog für den gewünschten Trigger wählen Sie SharePoint als Konnektor und suchen sich dort den gewünschten Trigger aus, wie es Abbildung 11.24 zeigt.

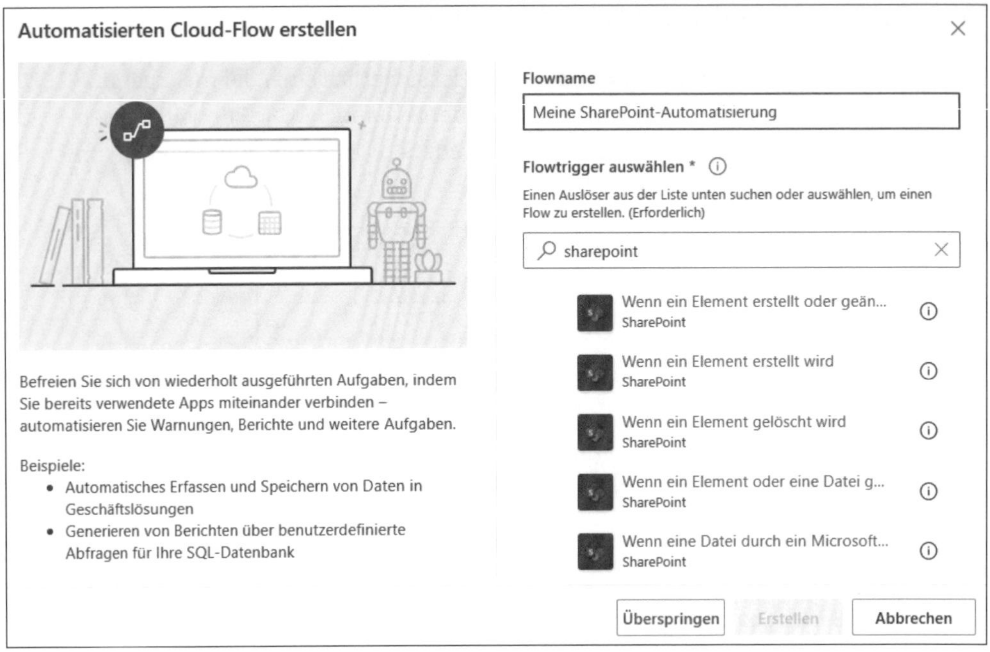

Abbildung 11.24 Flow mit SharePoint-Trigger erstellen

Neue, geänderte Elemente

Nutzen Sie die folgenden Konnektoren, um auf neue oder geänderte Elemente in einer SharePoint-Liste zu reagieren:

- Wenn ein Element erstellt wird
- Wenn ein Element erstellt oder geändert wird

Neben der Adresse der SharePoint-Site wird der Name der SharePoint-Liste benötigt. In den erweiterten Optionen können Sie die Datenmenge einschränken, die vom Trigger zurückgeliefert wird.

[»]

Standardfelder in SharePoint-Listen

Unabhängig von den Feldern, die Sie in Ihrer Liste angelegt oder in Ihrer Ansicht definiert haben, werden immer auch einige wenige Standardfelder wie zum Beispiel eine Versionsnummer oder ein Link zu dem Element mitgeliefert.

Als Ergebnis liefert dieser Trigger das komplette Listenelement, auf dessen Eigenschaften Sie über die *dynamischen Inhalte* zugreifen können (siehe Abbildung 11.25).

Oftmals benötigen Sie aber nicht den kompletten Datensatz, sondern nur ein oder wenige Felder für die weitere Verarbeitung. Stellen Sie in dem Feld SPALTEN NACH ANSICHT EINSCHRÄNKEN (siehe Abbildung 11.26) eine Ansicht Ihrer SharePoint-Liste ein, werden auch nur die dort definierten Felder zurückgeliefert. So reduzieren Sie die Datenlast und steigern auch ein wenig die Performance.

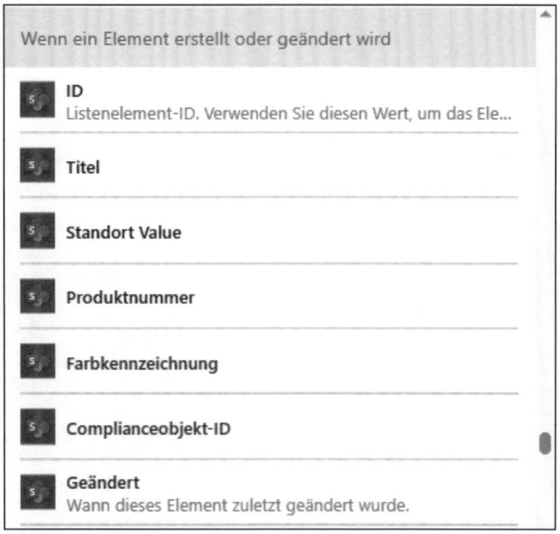

Abbildung 11.25 Eigenschaften eines SharePoint-Triggers

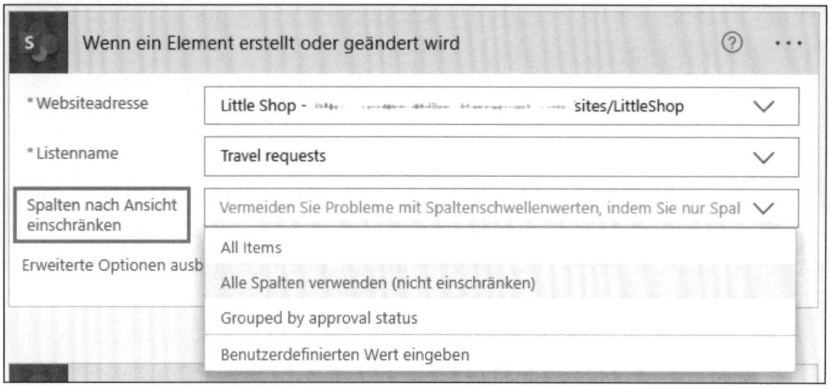

Abbildung 11.26 Spalten reduzieren

Gelöschte Elemente

Cloud-Flows reagieren nicht nur auf erstellte oder geänderte Elemente, sondern auch auf gelöschte. Der Trigger WENN EIN ELEMENT GELÖSCHT WIRD liefert Ihnen unter anderem die ID und den Titel des gelöschten Elements, aber auch das Datum der Löschung (siehe Abbildung 11.27).

Beachten Sie die beiden Parameter NAME und DATEINAME MIT ERWEITERUNG. Auch wenn diese beiden Felder auf Dateien hinweisen, beinhalten sie den Titel des gelöschten Elements.

Abbildung 11.27 Eigenschaften des Triggers

Neue, geänderte und gelöschte Dateien

Der Umgang mit Dateien funktioniert nicht anders als mit Listenelementen. Anstatt einer Liste wählen Sie eine Bibliothek und ergänzend dazu einen Ordner, den Sie überwachen wollen.

11.3.2 Element-Aktionen

Dieser Abschnitt befasst sich mit den Aktionen, die Sie auf SharePoint-Listenelemente anwenden können. Neben den hier etwas detaillierter beschriebenen Aktionen zum Anlegen, Aktualisieren, Löschen und Abrufen von Elementen kommen wir weiter unten noch auf die Freigabe von Elementen zu sprechen.

Elemente erstellen und aktualisieren

Diese beiden Aktionen sind identisch zu benutzen. Sie spezifizieren die SharePoint-Site sowie die Liste, in der Sie Elemente anlegen oder aktualisieren wollen.

Haben Sie das erledigt, bekommen Sie alle Felder der SharePoint-Liste angezeigt und können diese befüllen. Wie auch schon bei den Triggern können Sie die Spalten auf Sichten einschränken, sodass Ihnen nur die Spalten angezeigt werden, die Sie in der entsprechenden SharePoint-Sicht definiert haben.

Pflichtfelder werden mit einem kleinen roten Sternchen markiert, wie es bei den meisten Webanwendungen, aber auch installierten Programmen der Fall ist (siehe Abbildung 11.28).

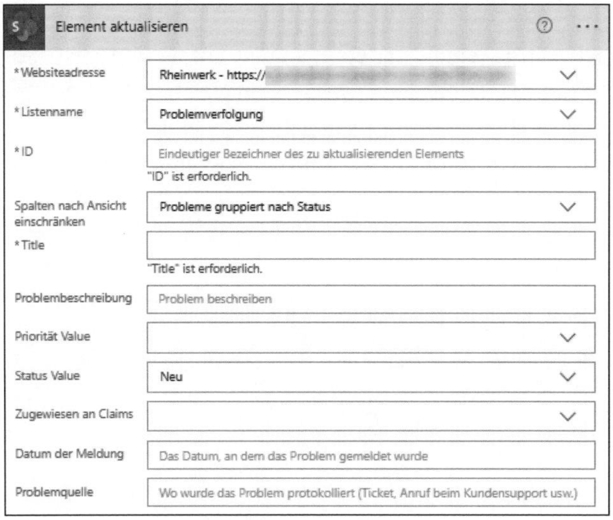

Abbildung 11.28 Pflichtfelder

Möchten Sie ein Element aktualisieren, so müssen Sie zudem noch angeben, welches Element Sie aktualisieren wollen. Das geschieht im SharePoint-Umfeld immer mit der `ListItem`-ID, die Sie im Feld ID angeben müssen. Da Sie die IDs im Regelfall nicht auswendig kennen, müssen Sie diese zunächst ermitteln.

- **ID über Trigger ermitteln**
  Wenn Sie ein Feld in Abhängigkeit von geänderten Metadaten oder für neue Elemente aktualisieren wollen, beispielsweise, wenn eine Bestellung in einer Liste abgelegt wird und Sie den zuständigen Sachbearbeiter über den Flow setzen wollen, bekommen Sie die ID über die dynamischen Inhalte des Triggers.
- **ID von abgefragten Elementen**
  Angenommen, Sie wollen den Preis für alle Produkte einer bestimmten Produktgruppe aktualisieren. Dann nehmen Sie die Aktion ELEMENTE ABRUFEN und filtern Ihre Liste auf alle Produkte der bestimmten Produktgruppe. Mit der Steuerungsaktion AUF ALLE ANWENDEN durchlaufen Sie nun alle Listenelemente und haben somit Zugriff auf die ID. Diesen Fall finden Sie auch im Abschnitt zu Schleifen in Abschnitt 10.1.3.

Elemente löschen

Alles, was Sie dazu benötigen, sind die Adresse der SharePoint-Site, die Liste sowie die ID des Elements, das Sie löschen wollen. Wie beim Aktualisieren von Elementen besteht hier die Herausforderung, die ID zu ermitteln. Wie das funktioniert, haben Sie im vorherigen Abschnitt gelernt.

Elemente abrufen

Mit der Aktion ELEMENTE ABRUFEN laden Sie Daten aus einer SharePoint-Liste. Sobald Sie die Aktion ELEMENTE ABRUFEN einsetzen, werden Sie gleich mit einer Warnung konfrontiert (siehe Abbildung 11.29). Hintergrund ist, dass Sie die Performance Ihres Flows durch unachtsame Konfiguration dieser Aktion maßgeblich verschlechtern können.

Abbildung 11.29 Warnung wegen möglicher Performance-Probleme

Das Ergebnis dieser Abfrage ist unabhängig von der Anzahl an Elementen immer eine Tabelle, auf deren Elemente Sie über eine Schleife zugreifen oder Filteraktionen bzw. Ausdrücke darauf anwenden.

Wie üblich legen Sie zunächst fest, welche Liste in welcher SharePoint-Site Sie abfragen wollen. Als ich mit Flows begonnen habe, war das für mich ausreichend. Ich habe die Daten der SharePoint-Liste geladen und habe mir dann in weiteren Aktionen die Elemente herausgesucht, die ich verwenden wollte. Das war insofern kein Problem, als ich in meinen Projekten nie große Datenmengen in einer SharePoint-Liste verwendet hatte. Bedingt durch die Lizenzgebühren, die mit der Verwendung von »echten« Datenbanken einhergehen, steigt auch die Anzahl von großen Datenbeständen auf SharePoint in meinen Projekten. Dass die Performance erheblich darunter leidet, ist leider immer zweitrangig.

Ist das auch bei Ihnen der Fall, richten Sie Ihr Augenmerk auf die folgenden Einstellungsmöglichkeiten, mit denen Sie Ihren Flow definitiv schneller machen:

- **Einträge auf Ordner beschränken**
  Falls Sie hier keine Einstellungen vornehmen, werden die Elemente der kompletten Liste abgefragt. Befinden sich die Elemente, die Sie interessieren, aber in einem bestimmten Ordner, so können Sie den hier auswählen.
- **Geschachtelte Elemente einschließen**
  Falls diese Option gesetzt ist, werden auch Unterordner mit in die Abfrage eingeschlossen. Ansonsten konzentrieren Sie sich genau auf den angegebenen Ordner.

- **Abfrage filtern**
  Das ist wohl die wichtigste Einstellung, die Sie vornehmen können, um Ihre Abfrage zu optimieren. Hier können Sie eine ODATA-Query formulieren, die die Kriterien der Elemente festlegt, die Sie abfragen wollen. Sie funktioniert ähnlich den Ausdrücken, die Sie für die Flow-Programmierung verwenden können.

  Einige Beispiele liefert Ihnen Tabelle 11.1

Schreibweise beachten

Bei ODATA-Abfragen an SharePoint-Listen verwenden Sie immer den internen Feldnamen, nicht den Anzeigenamen. Beispielsweise nutzen Sie `Title` und nicht `Titel`, `Created` anstatt `Erstellt` von. Den Anzeigenamen erhalten Sie aus der URL, wenn Sie in der SharePoint-Liste nach dem Feld sortieren ...

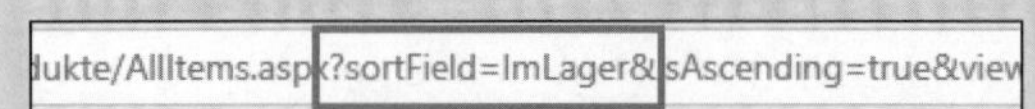

Abbildung 11.30 Internen Feldnamen durch Sortierung ermitteln

... oder über die Listeneinstellungen:

Abbildung 11.31 Feldnamen über Listeneinstellungen ermitteln

Darüber hinaus müssen Sie die Groß- und Kleinschreibung beachten!

Ziel	ODATA-Filter
alle Elemente der Kategorie 8	`Kategorie eq 8`
alle Elemente teurer als 5 EUR	`Preis gt 5`
alle Elemente, die 5 EUR oder mehr kosten	`Preis ge 5`
alle Elemente billiger als 5 EUR	`Preis lt 5`
alle Elemente, die 5 EUR oder weniger kosten	`Preis le 5`
alle Produkte, für die im Auswahlfeld STANDORT der Wert »Sonnig« ausgewählt wurde	`Standort eq 'Sonnig'`
alle Produkte, die keinen sonnigen Standort vertragen	`Standort ne 'Sonnig'`
alle Produkte für nicht sonnige Standorte mit einem Preis ab 5 EUR	`Standort ne 'Sonnig' and Preis ge 5`

Tabelle 11.1 ODATA-Beispiele

Ziel	ODATA-Filter
alle Produkte, die auf Lager sind	`ImLager eq 1`
alle Produkte, die nicht auf Lager sind (dazu zählen auch die, für die kein Wert ausgewählt wurde)	`ImLager eq null or ImLager eq 0`
alle Produkte, die ab dem 1. April 2023 aufgenommen wurden	`Created ge '2023-04-01'`
alle Produkte, die mit ›Heidel‹ beginnen	`startswith(Title,'Heidel')`

Tabelle 11.1 ODATA-Beispiele (Forts.)

- **Sortieren nach**

  Das Sortieren von Daten kostet immer Zeit, also lassen Sie diese Aufgabe lieber die Datenquelle durchführen, von der Sie die Daten abrufen. Im Feld SORTIEREN NACH können Sie die Felder definieren, nach denen Sie das Ergebnis sortiert haben wollen, und angeben, wie die Sortierreihenfolge sein soll.

Ziel	ODATA-Filter
nach Erstellungsdatum aufsteigend sortieren	`Created asc`
nach Titel absteigend sortieren	`Title desc`
zuerst nach dem Erstellungsdatum aufsteigend und dann nach dem Titel absteigend sortieren	`Created asc, Title desc`

Tabelle 11.2 Weitere ODATA-Beispiele

- **Top-Anzahl**

  Hier legen Sie fest, wie viele Elemente Sie geliefert bekommen wollen. Wollen Sie zum Beispiel nur das neuste Element abfragen, sortieren Sie absteigend nach dem Erstellungsdatum (`Created desc`) und lassen sich das erste Element zurückgeben: `Top-Anzahl = 1`

  Nützlich ist auch die Anzeige der fünf zuletzt geänderten Elemente (`Modified desc, Top 5`) oder der fünf neusten Elemente (`Created desc, Top 5`).

- **Spalten nach Sicht einschränken**

  Um die Datenlast massiv einzuschränken, können Sie hier die Felder festlegen, die Sie zurückbekommen wollen. Meistens brauchen Sie zur Datenverarbeitung nur eine Handvoll Felder.

Definieren Sie dazu passende Sichten in Ihrer SharePoint-Liste, und nehmen Sie dort nur die Felder auf, die Sie für Ihren Prozess benötigen. Diese Sicht können Sie dann hier auswählen.

11.3.3 Dateien-Aktionen

Die Arbeit mit Dateien unterscheidet sich nur unwesentlich von der mit Listenelementen.

Dateien abrufen (nur Eigenschaften)

Aus Performance-Gründen rufen Sie zunächst nur die Datei-Eigenschaften, nicht aber die Datei selbst ab. Das geschieht exakt wie bei der Aktion ELEMENTE ABRUFEN.

Hier erhalten Sie unter anderem folgende Daten:

- Zeitpunkt der letzten Änderung
- Dateigröße
- Person, die die letzte Änderung durchgeführt hat
- Ist es eine Datei oder ein Ordner?

Dateiinhalt abrufen

Möchten Sie den Inhalt einer Datei abrufen, um ihn zum Beispiel an ein Archivsystem zu senden, so nutzen Sie die Aktion DATEIINHALT ABRUFEN.

Abbildung 11.32 Dateiinhalt über Bezeichner abrufen

Ähnlich zu den Element-Aktionen, bei denen Sie eine ID zur Identifikation eines Elements benötigten, nutzen Sie hier die Eigenschaft *Bezeichner* (siehe Abbildung 11.32).

Der Dateiinhalt wird Ihnen durch die Aktion über die gleichnamige Eigenschaft bereitgestellt.

Datei kopieren (Datei verschieben)

In diesem Menü definieren Sie über den Bezeichner, welche Datei Sie verarbeiten wollen. Die übrigen Eigenschaften bestimmen den Quellort, also die SharePoint-Site, in der sich die Datei befindet, und das Ziel, also SharePoint-Site und Ordner. Abbildung 11.33 zeigt ein Beispiel.

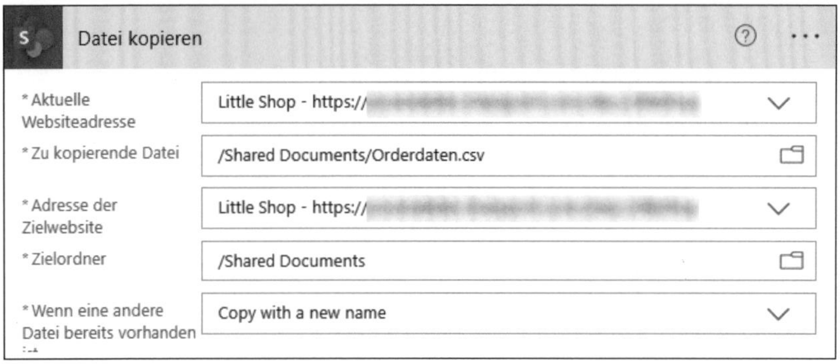

Abbildung 11.33 Datei kopieren

Falls eine Datei mit gleichem Namen vorhanden ist, haben Sie drei Möglichkeiten, die Sie in der Aktion konfigurieren können:

- FAIL THIS ACTION
  Der Flow bricht mit einem Fehler ab. Falls Sie dieses Verhalten wählen, sorgen Sie unbedingt für eine Verarbeitung des Fehlers, indem Sie sich zum Beispiel eine Information zukommen lassen.
- COPY WITH A NEW NAME
  Die Datei wird mit einem neuen Namen im Ziel abgelegt. Aus *Export.csv* wird dann *Export1.csv*.
- REPLACE
  REPLACE ersetzt die vorhandene Datei.

Datei erstellen

Haben Sie einen Dateiinhalt empfangen, zum Beispiel durch den Upload über eine Power App, so können Sie mit der Aktion DATEI ERSTELLEN diese Datei in einem Ordner einer SharePoint-Bibliothek anlegen.

Datei aktualisieren

Sie können auch Dateien aktualisieren, indem Sie einen Dateiinhalt einer Datei mit einem bestimmten Bezeichner zuordnen.

Datei ein- und auschecken und Auschecken verwerfen

SharePoint erlaubt das exklusive Bearbeiten von Dateien, indem man eine Datei für sich *auscheckt*. Ist man fertig mit der Bearbeitung, checkt man das Dokument wieder ein und lässt die Bearbeitung durch andere Personen zu. Möchten Sie nichts ändern und die Datei wieder freigeben, wird das Auschecken verworfen.

Das Auschecken steuern Sie über die Website-Adresse, den Bibliotheksnamen sowie die Dokumenten-ID. Versuchen Sie, eine ausgecheckte Datei erneut auszuchecken, führt das zu einem Fehler, den Sie verarbeiten müssen.

Beim Einchecken der Datei müssen Sie zwei weitere Werte einstellen (siehe Abbildung 11.34). 11

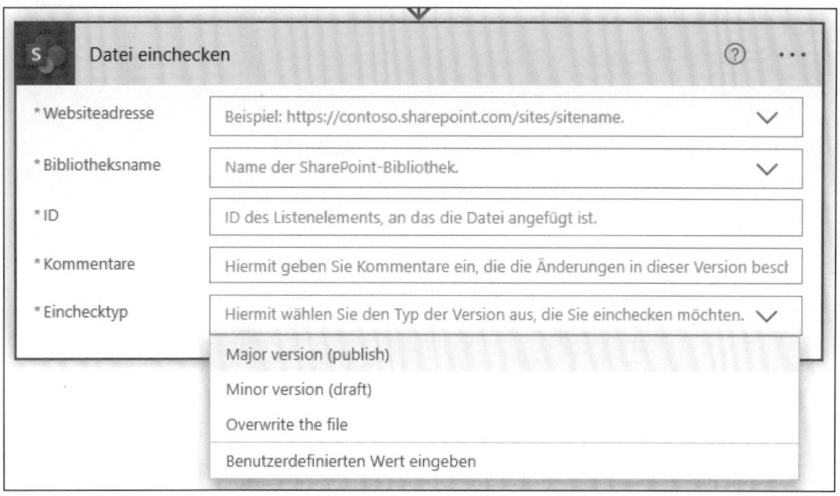

Abbildung 11.34 Datei einchecken

Unter Kommentare schreiben Sie zum Beispiel, was sich an der Datei geändert hat, warum Sie sie bearbeitet haben oder was sonst hilfreich sein kann. Interessanter und wichtiger ist die Option Einchecktyp. Hier wählen Sie eine von drei Optionen, die darüber entscheiden, ob es sich bei dem Dokument um eine Hauptversion handelt, also ob aus einer Version 3.7 eine Version 4.0 wird, oder ob es sich um eine weitere Arbeitsversion handelt: Version 3.7 wird zu Version 3.8. Es wird also zwischen *Major-* und *Minor-Versionen* unterschieden. Die letzte Option, Overwrite this file, sorgt dafür, dass die Datei ohne Versionsänderung überschrieben wird.

Versionen in SharePoint

Sie können in SharePoint-Bibliotheken festlegen, wie mit Versionen umgegangen wird. Üblicherweise dürfen Personen mit Bearbeitungsrechten alle Versionen, also Arbeitsversionen und Hauptversionen, sehen und bearbeiten. Personen mit Leserechten sehen nur veröffentlichte Dokumente, also mit »vollen« Versionen: 3.0, 4.0, 5.0, ...

11.3.4 Ordner-Aktionen

Die Arbeit mit Ordnern unterscheidet sich im Grunde nicht von der mit Listenelementen. Sie können

- Ordner anlegen,
- Ordner löschen,
- Ordner verschieben,
- Ordner kopieren und
- Ordner-Metadaten abrufen.

Dennoch möchte ich zwei Aktionen besprechen. Nicht, dass sie besonders kompliziert wären, aber sie unterscheiden sich von den bisher erklärten.

Ordner auflisten

Diese Aktion listet alle Dateien und Ordner innerhalb eines Pfades auf. Wie in Abbildung 11.35 zu sehen, benötigen Sie die SharePoint-Site-Adresse sowie die Ordner-ID.

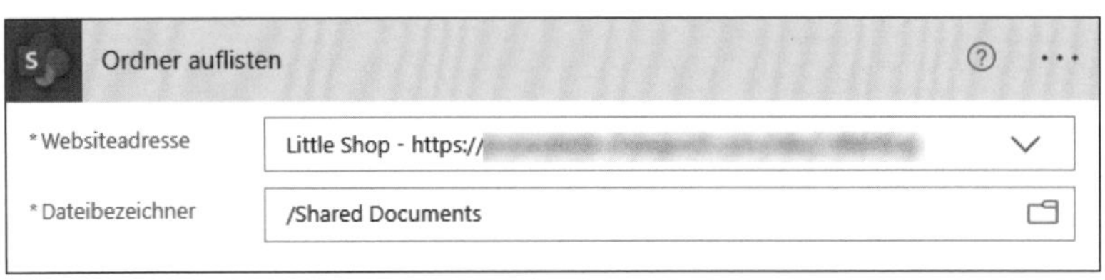

Abbildung 11.35 Ordner auflisten

Als Ausgabe erhalten Sie alle Dateien und Ordner, die sich innerhalb des abgefragten Ordners befinden. Ob es sich um einen Ordner oder eine Datei handelt, ermitteln Sie über die Eigenschaft *IsFolder*. Darüber hinaus erhalten Sie weitere nützliche Informationen:

- Name
- Anzeigename
- Dateigröße
- Pfad
- Datum, wann zuletzt geändert
- Medientyp

Wenn Sie versuchen, den Pfad dort direkt einzutragen, so wie ich es diverse Male versucht habe, dann wird das nicht von Erfolg gekrönt sein. Auch wenn Sie den Pfad aus den dynamischen Inhalten einer Vorgängeraktion ziehen wollen, wird das zu einem Abbruch des Flows führen. Sie benötigen hier die ID des Ordners, die durch die URLEncoded-Version des Pfades repräsentiert wird.

/Shared Documents/Zielordner wird somit zu

%252fShared%2bDocuments%252fZielordner.

Das Slash-Zeichen wird zu `%252f` codiert und ein Leerzeichen zu `%2b`.

Anstatt die Pfade umständlich umzuformatieren, nutzen Sie idealerweise die Eigenschaft *ID* der Ausgabe einer Vorgängeraktion.

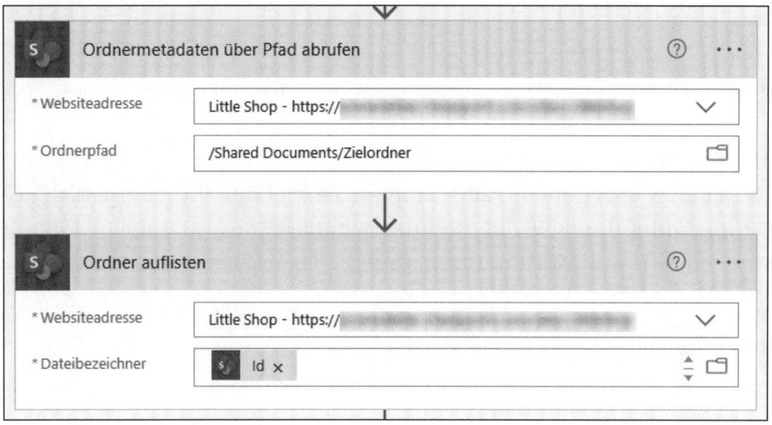

Abbildung 11.36 Ordner auflisten

Abbildung 11.36 zeigt die Verwendung der Aktion ORDNERMETADATEN ÜBER PFAD ABRUFEN. Dieser Aktion übergeben Sie den Pfad in der gewohnten Schreibweise. Als Ausgabe erhalten Sie die ID des Ordners, die Sie dann in der Aktion ORDNER AUFLISTEN nutzen können.

Alternativ können Sie die Datei über die Dateiauswahl der Aktion wählen, wie in Abbildung 11.37 zu sehen.

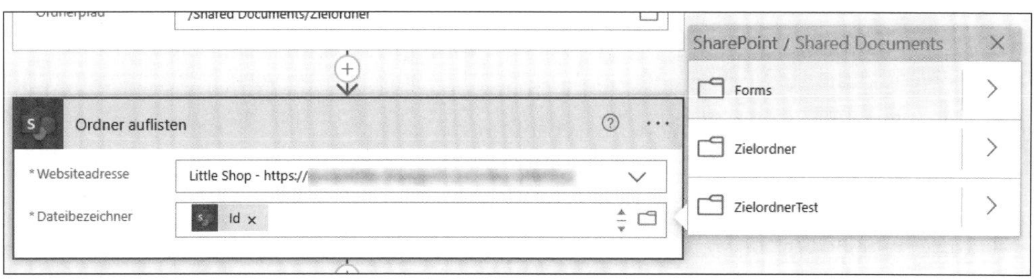

Abbildung 11.37 Dateiauswahl-Dialog

Ordner extrahieren

Hinter der Aktion Ordner extrahieren (siehe Abbildung 11.38) verbirgt sich die Methode zum Auspacken von ZIP-Dateien. Geben Sie die SharePoint-Site, den Pfad zur Datei sowie den Zielordner an. Der Zielordner wird von dieser Aktion automatisch erstellt.

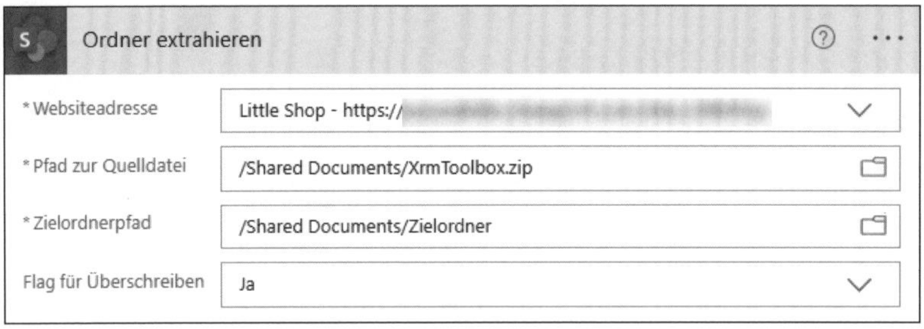

Abbildung 11.38 ZIP-Dateien entpacken

Mit der Eigenschaft Flag für Überschreiben steuern Sie, wie sich die Aktion verhalten soll, falls der Ordner schon existiert. Wählen Sie hier den Wert `Nein`, wird ein vorhandener Ordner überschrieben. Existiert der Ordner schon und Ihre Einstellung lautet `Ja`, so führt das zu einem Fehler, der von Ihnen im Flow verarbeitet werden muss.

11.3.5 Listen-Aktionen

Eher für administrative Zwecke taugen die Listen-Aktionen, mit denen Sie alle Listen einer SharePoint-Site, alle Listen und Bibliotheken einer SharePoint-Site oder alle Sichten einer Liste abrufen können. Als wichtigen Output erhalten Sie hier die IDs und Typen der Listen und Bibliotheken bzw. Sichten, die Sie wunderbar mit der Aktion zur Verwendung der SharePoint-REST-API nutzen können.

Listen abrufen

In der Aktion Listen abrufen geben Sie lediglich die Website-Adresse an und erhalten eine Liste alle SharePoint-Listen.

Im Ergebnis aus Abbildung 11.39 gibt der Parameter `Name` die ID der Liste zurück, `DisplayName` ist der Anzeigename der Liste und `Type` die Art der Liste. Der Wert `100` steht in diesem Beispiel für eine benutzerdefinierte Liste.

Die Aktion Alle Listen und Bibliotheken abrufen funktioniert genauso, nur dass Sie hier zusätzlich auch alle Bibliotheken geliefert bekommen. Der `Type: 101` steht für die Dokumentenbibliothek.

Abbildung 11.39 Listen abrufen

Listenansichten abrufen

Um alle Listenansichten abzurufen, genügt die Adresse der SharePoint-Site sowie die gewünschte Liste. Auch hier erhalten Sie wieder die ID und den Anzeigenamen der Liste.

11.3.6 Arbeiten mit Freigaben

Das alte Silo-Denken, bei dem man zusieht, dass bloß niemand merkt, woran man gerade arbeitet, wird zum Glück zunehmend aufgebrochen. Damit Sie Ihre Kolleginnen und Kollegen an Ihrer Arbeit teilhaben lassen können, benötigen Sie eine Aktion zur Freigabe von Dateien und Ordnern. Diese lautet FREIGABELINK FÜR EINE DATEI ODER EINEN ORDNER ERSTELLEN (siehe Abbildung 11.40).

Entgegen den bisherigen Aktionen, bei denen Sie die Datei, das Element oder den Ordner per ID oder Bezeichner identifiziert haben, nutzen Sie hier die SharePoint-ListItemID, die für jedes Element einer Liste eindeutig ist.

Interessant sind die beiden Eigenschaften VERKNÜPFUNGSTYP und GÜLTIGKEITSBEREICH FÜR DEN LINK.

- Der Verknüpfungstyp gibt an, ob der Link nur zum Lesen oder auch zum Editieren berechtigt.
- Der Gültigkeitsbereich steuert, ob jeder mit dem Link Zugriff auf das Element bekommt (auch anonyme Benutzer) oder nur Personen Ihres Unternehmens.

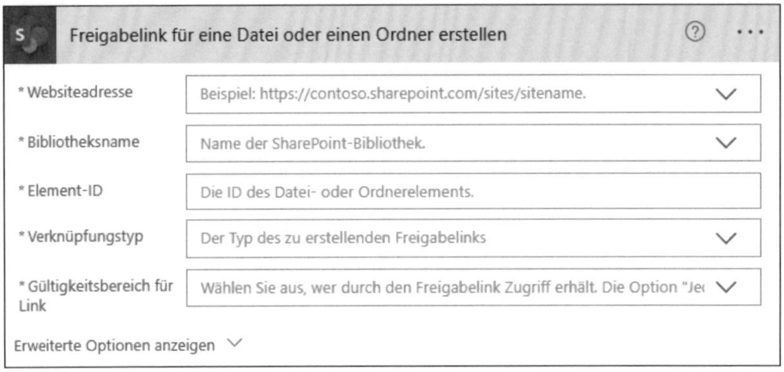

Abbildung 11.40 Freigabelink erzeugen

Den Freigabelink können Sie in nachfolgenden Aktionen aus der Eigenschaft *Freigabelink* abrufen (siehe Abbildung 11.41).

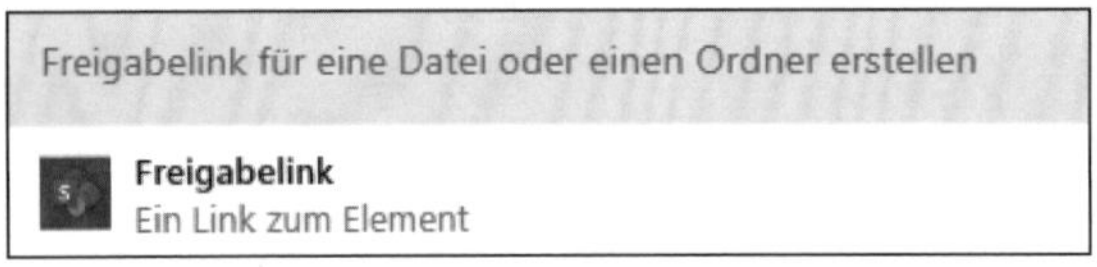

Abbildung 11.41 Freigabelink abrufen

Die Methode FREIGABE EINES ELEMENTS ODER EINER DATEI BEENDEN lässt sich intuitiv bedienen. Sie beendet die Freigabe, damit vorher erteilte Freigabelinks ihre Gültigkeit verlieren.

11.3.7 Arbeiten mit der SharePoint-REST-API

Sie haben bis hier schon eine ganze Reihe an Aktionen kennengelernt, die Sie auf SharePoint-Elemente anwenden können. Zum einen habe ich hier aber nicht alle verfügbaren Aktionen beschrieben. Und zum anderen existiert nicht für jede Operation in SharePoint eine passende Cloud-Flow-Aktion.

HTTP-Anforderung an SharePoint senden

Damit Sie auch Operationen ausführen können, die nicht über die verfügbaren Aktionen abgedeckt sind, gibt es die Aktion HTTP-ANFORDERUNG AN SHAREPOINT SEN-

DEN. Mit ihr greifen Sie auf die komplette Bandbreite der SharePoint-REST-API zu. In Abbildung 11.42 sehen Sie, wie mit der REST-API die Sichten einer SharePoint-Liste aufgerufen werden.

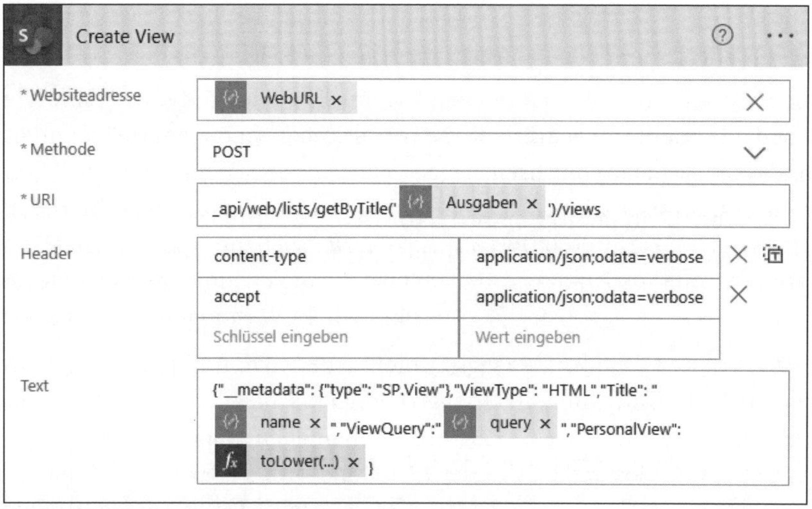

Abbildung 11.42 Nutzen der SharePoint-REST-API

Mit der WEBSITEADRESSE geben Sie an, auf welcher Website Sie Ihre Operationen ausführen wollen. Zur richtigen METHODE können Sie sich Folgendes merken: Lesende Operationen verwenden `GET`, zum Schreiben wird `POST` verwendet. Sollen SharePoint-Objekte aktualisiert werden, nutzen Sie `PUT` bzw. `MERGE`. Welche Methode Sie tatsächlich benötigen, erfahren Sie in der SharePoint-Schnittstellen-Dokumentation.

Unter URI beschreiben Sie entsprechend die Operation, die Sie ausführen wollen. Die Verwendung können Sie ebenfalls der Dokumentation entnehmen. Das gilt auch für die HEADER-Informationen. In der Regel sind das die Schlüssel CONTENT-TYPE und ACCEPT, die Sie mit dem Wert `application/json;odata=verbose` belegen.

Die Eigenschaft TEXT beinhaltet schließlich die Daten, die geschrieben werden sollen. Den Aufbau können Sie der Dokumentation entnehmen und in Ihrem Flow nach Belieben parametrisieren.

Dokumentation

Die Dokumentation zur SharePoint-REST-API finden Sie unter *https://learn.microsoft.com/en-us/sharepoint/dev/sp-add-ins/get-to-know-the-sharepoint-rest-service?tabs=http*.

Hier finden Sie alle notwendigen Konfigurationseinstellungen, um die REST-Operationen von Ihrem Flow aus aufrufen zu können.

11.3.8 Sonstige Aktionen

Es gibt noch eine Reihe weiterer interessanter Aktionen, die ich in diesem Buch nicht unterbringen kann, möchte Ihnen aber die beiden folgenden nicht vorenthalten.

Änderungen für ein Element oder eine Datei abrufen (nur Eigenschaften)

Diese Methode ist besonders dann interessant, wenn Sie einen Trigger für geänderte Dokumente oder Elemente verwenden. Diese Trigger geben Ihnen die `ListItemID` des Objekts, das den Trigger ausgelöst hat.

Verwenden Sie diese ID in der Aktion ÄNDERUNGEN FÜR EIN ELEMENT ODER EINE DATEI ABRUFEN, so wird Ihnen für jedes Feld ermittelt, ob es sich geändert hat.

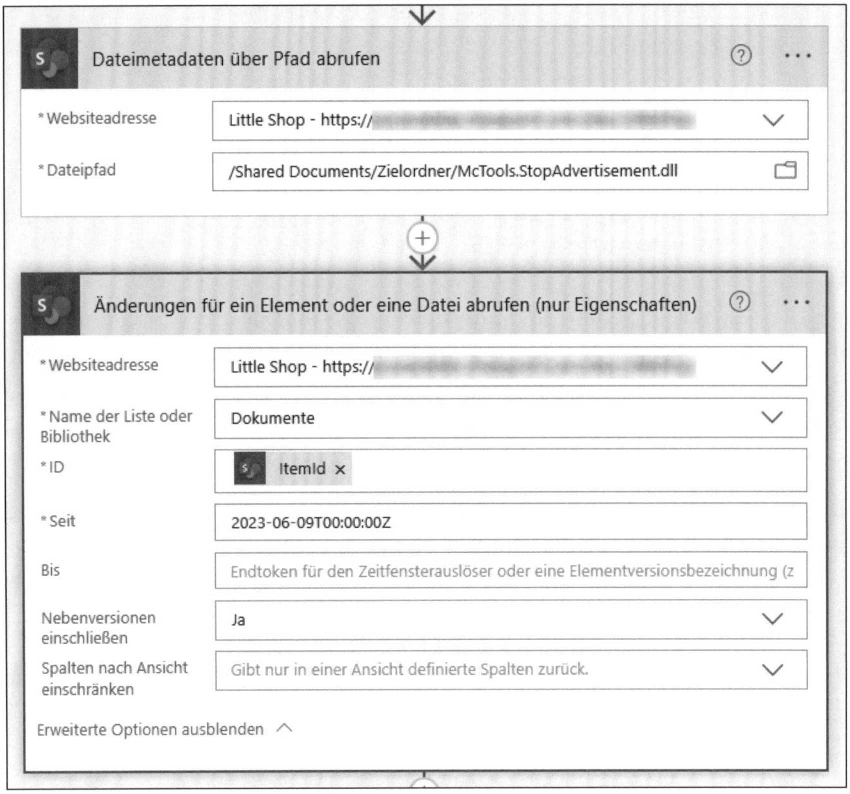

Abbildung 11.43 Ermitteln, was sich geändert hat

Abbildung 11.43 zeigt die Verwendung dieser Aktion, wobei die *ItemID* hier über die Aktion DATEIMETADATEN ÜBER PFAD ABRUFEN ermittelt wird und nicht über den oben erwähnten Trigger.

Die weiteren Eigenschaften schränken den Betrachtungszeitraum ein:

- Bei Seit geben Sie den Startzeitpunkt an, von dem aus Sie eventuelle Änderungen interessieren. Das Format entspricht der ISO 8601. Der 9.6.2023, 0:00 Uhr wird wie folgt geschrieben: 2023-06-09T00:00:00Z.
- Bei Bis handelt es sich um den Endzeitpunkt, den Sie betrachten wollen. Das Format entspricht auch hier der ISO 8601.
- Mit dem Schalter Nebenversionen einschliessen steuern Sie, ob Sie nur Hauptversionen oder auch Nebenversionen betrachten wollen.

Über die Ausgabe dieser Aktion können Sie für jedes einzelne Feld abfragen, ob es sich im zeitlich definierten Rahmen geändert hat oder nicht (siehe Abbildung 11.44). Falls sich zum Beispiel der Titel in der angegebenen Zeit geändert hat, enthält das Feld Spalte hat sich geändert: Titel den Wert `true`.

11

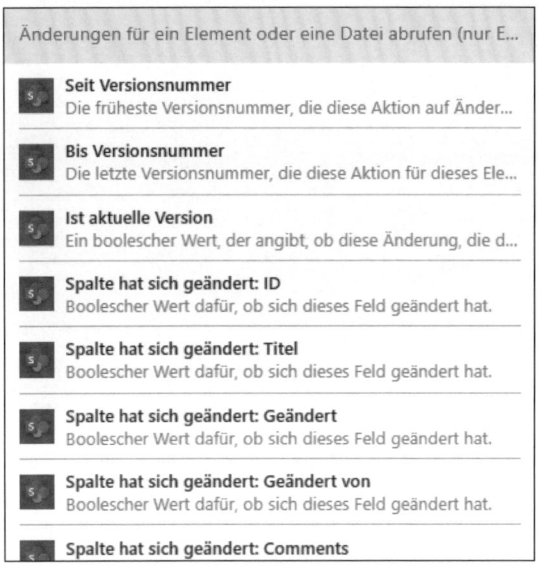

Abbildung 11.44 Abfragen, was sich geändert hat

Personen auflösen

Diese Aktion Person auflösen, die eher nach einer Mafiamethode klingt, ist sehr hilfreich, wenn Sie die Eigenschaften einer Person ermitteln wollen. Sie spezifizieren das Personenfeld einer Liste und die E-Mail-Adresse der Person, deren Eigenschaften Sie auslesen wollen (siehe Abbildung 11.45). Eigenschaften, die Sie im Sommer 2023 abrufen können, sind unter anderen:

- *Claims*
- *Displayname*

- *Email*
- *Picture*
- *Department*
- *Jobtitle*

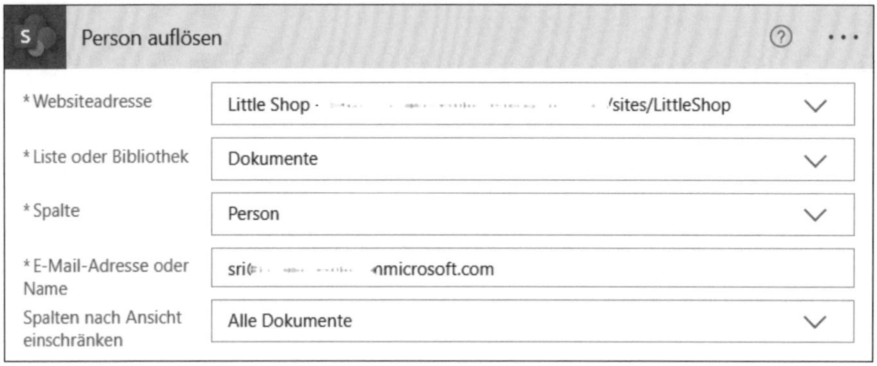

Abbildung 11.45 Personen auflösen

Sicht ist Pflichtfeld

Damit Sie die Personen-Spalte auswählen können, ist es erforderlich, eine Sicht in der Eigenschaft SPALTEN NACH ANSICHT EINSCHRÄNKEN auszuwählen, auch wenn diese Eigenschaft optional ist.

11.4 Der Outlook-Konnektor

Die Power Platform soll Sie bei Ihrer täglichen Arbeit unterstützen. Wenn auch Ihre Arbeit viel mit Outlook und Teams zu tun hat, werden Ihnen der Outlook- und der Teams-Konnektor, den wir in Abschnitt 11.5 besprechen, viel Arbeit abnehmen.

Dokumentation

Die offizielle Dokumentation des Outlook-Konnektors finden Sie unter *https://learn.microsoft.com/de-de/connectors/office365/*.

Das Wichtigste, was Sie für den Umgang mit dem Outlook-Konnektor wissen müssen, ist, dass jede Nachricht eine eindeutige Nachrichten-ID besitzt. Diese bekommen Sie über die dynamischen Inhalte ausgelesen, wenn Sie E-Mails über eine Aktion abfragen oder über einen Trigger geliefert bekommen, sodass Sie E-Mails beantworten oder weiterleiten können. Genauso haben auch Ordner oder Ereignisse eine ID, die sie eindeutig identifizieren. Nutzen Sie auch hier die dynamischen Inhalte.

Wollen Sie alle E-Mails einer Unterhaltung abrufen, nutzen Sie die Konversations-ID. Über die Konversations-ID bekommen Sie die Mail inklusive Antworten und Weiterleitungen. Das entspricht dem, was Sie in Outlook sehen, wenn Sie wie in Abbildung 11.46 Nachrichten nach Unterhaltung gruppieren.

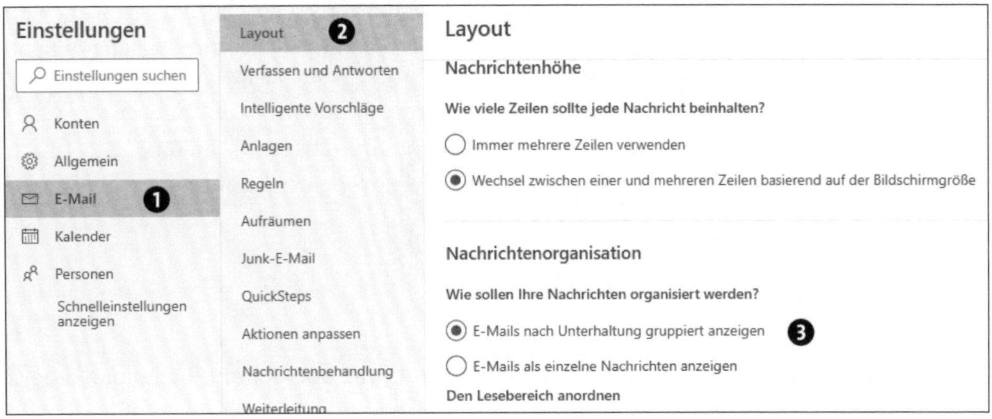

Abbildung 11.46 Gruppierung von Nachrichten nach Unterhaltung in Outlook

Nutzen Sie den Outlook-Konnektor, um E-Mails zu verwalten oder Termine und Kontakte zu erstellen oder zu aktualisieren. Im Weiteren zeige ich die Verwendung des Outlook-Konnektors am Beispiel von E-Mails. Alle weiteren Aktionen arbeiten ähnlich und werden hier nicht gesondert besprochen.

[!]

Cloud only

Der hier beschriebene Konnektor kann nur genutzt werden, wenn Ihr E-Mail-Konto in Exchange Online verwaltet wird. Ein Zugriff auf eine lokale Exchange-Installation ist nicht möglich.

11.4.1 Trigger

Der Outlook-Konnektor stellt Ihnen eine Fülle von Triggern bereit, um sich über neue E-Mails, neue, geänderte oder gelöschte Besprechungen oder anstehende Termine informieren zu lassen. Drei Trigger möchte ich Ihnen hier vorstellen.

- **Bei Eingang einer neuen Mail**
  Dieser Konnektor ermöglicht die Verarbeitung von E-Mails, die in Ihrem Posteingang oder einem beliebigen anderen Ordner eingehen. Gleichzeitig können Sie Kriterien bestimmen, die gelten müssen, damit eine Verarbeitung durch Ihren Flow vorgenommen wird.

Folgende Kriterien können Sie festlegen: Sie können auf bestimmte Empfänger (entweder im CC oder als Adressat) und Absender filtern oder schauen, wie der Betreff der Mail aussieht. Auch nach der Wichtigkeit oder nach dem Vorhandensein eines Anhangs lässt sich filtern.

Als Ausgabe stellt Ihnen dieser Trigger eine Fülle von Eigenschaften bereit, die von der Empfangszeit über den Betreff und die Wichtigkeit bis hin zu den Anlagen reicht (siehe Abbildung 11.47).

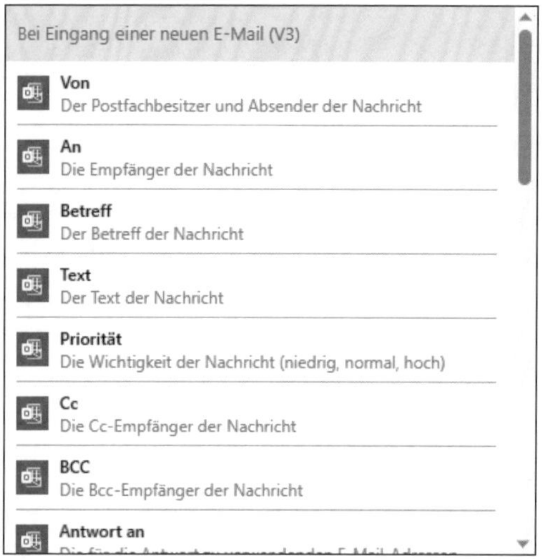

Abbildung 11.47 Eigenschaften einer E-Mail

Die Eigenschaft Anlagen einschliessen steuert, ob die Anlagen in Ihrem Flow weiterverarbeitet werden können, denn den Zugriff auf die Anlagen haben Sie ausschließlich dann, wenn Sie diesen Schalter mit `Ja` belegen.

- **Wenn eine neue E-Mail in einem freigegebenen Postfach eingeht**
  Nutzen Sie diesen Trigger, wenn Sie mit freigegebenen Postfächern arbeiten und sich über eingehende Mails informieren lassen oder diese weiterverarbeiten wollen. Tragen Sie einfach die Adresse des Postfachs in das Feld Ursprüngliche Postfachadresse ein (siehe Abbildung 11.48), und konfigurieren Sie die übrigen Eigenschaften nach Ihren Anforderungen. Die übrigen Einstellungsmöglichkeiten entsprechen dem Standard-Trigger für Ihr persönliches Postfach.

- **Beim Hinzufügen, Aktualisieren oder Löschen eines Ereignisses**
  Dieser Trigger reagiert auf neue, geänderte oder gelöschte Ereignisse. Bestimmen Sie, welchen Kalender Sie überwachen wollen, wie weit im Voraus Sie Ereignisse interessieren und wie weit Sie in der Vergangenheit schauen wollen.

  Den Zeitraum bestimmen Sie über die Parameter Erfasste Eingangstage und Erfasste vergangene Tage. Findet innerhalb dieses Zeitraums eine Änderung,

Löschung oder Neuanlage eines Ereignisses statt, wird der Flow gestartet. Was mit dem Ereignis passiert ist, können Sie über den Parameter AKTIONSTYP auslesen, der die Werte `added`, `deleted` und `updated` annehmen kann (siehe Abbildung 11.49).

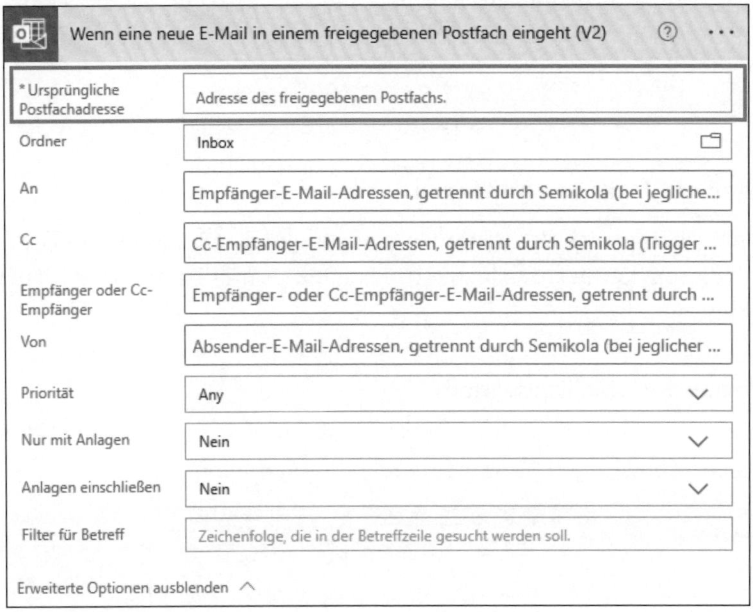

Abbildung 11.48 Verwendung von freigegebenen Postfächern

Arbeiten Sie mit Serienereignissen, so wird der Flow für jedes einzelne Ereignis ausgeführt.

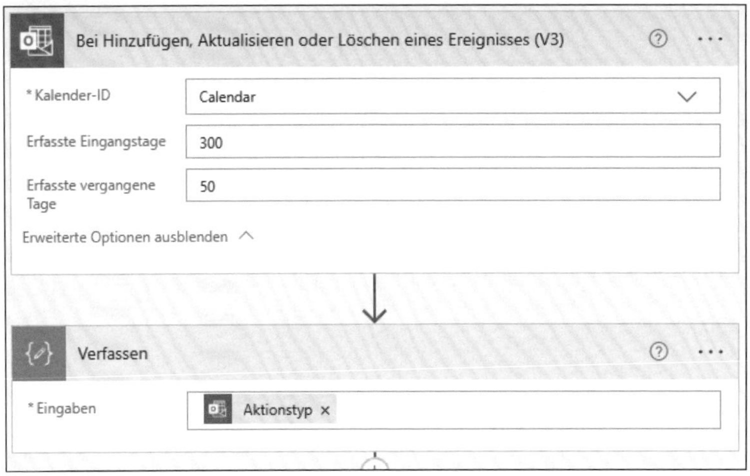

Abbildung 11.49 Änderungen an Ereignissen registrieren

[!]

Mehrere Auslösungen

Wenn ein neues Ereignis erstellt wird, werden mindestens zwei Aktionen durchgeführt. Zum einen wird das Ereignis angelegt und zum anderen hinterher noch einmal aktualisiert. Das ist laut Forumsbeiträgen auf Exchange-interne Prozesse zurückzuführen.

11.4.2 Arbeiten mit Mails und Anhängen

Dieser Abschnitt widmet sich den Aktionen zum Arbeiten mit E-Mails. Im Grunde können Sie mit diesem Konnektor alles das tun, was Sie vermutlich auch täglich in Ihrem Outlook tun.

E-Mail senden und auf E-Mail antworten

Da Sie die meisten Eigenschaften aus Ihrem Outlook kennen, gehe ich beim Senden einer E-Mail (siehe Abbildung 11.50) nur auf drei Besonderheiten ein:

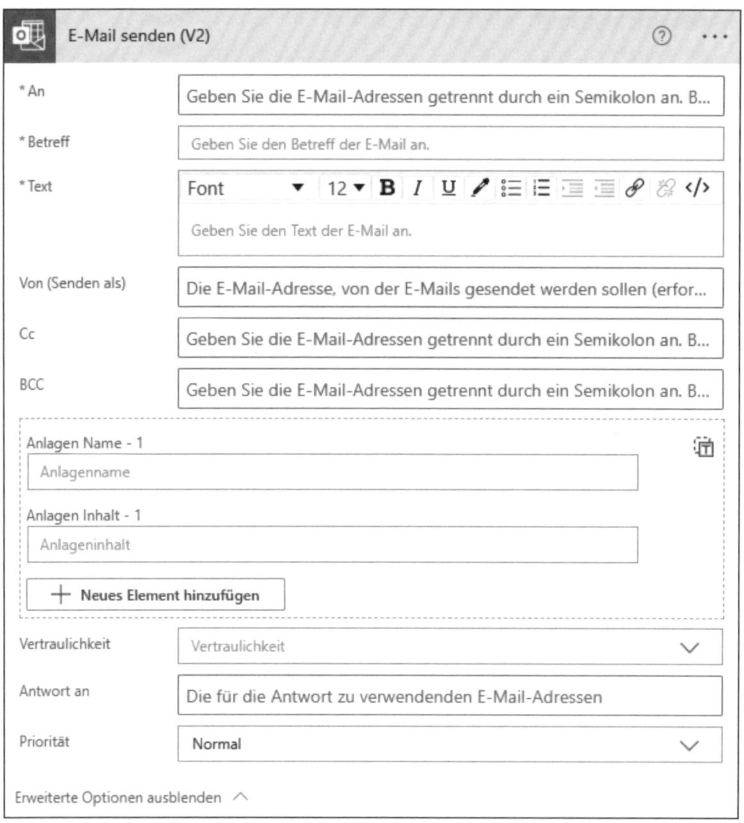

Abbildung 11.50 E-Mails senden

- VON (SENDEN ALS): Haben Sie die Berechtigung, im Auftrag einer anderen Person E-Mails versenden zu dürfen, können Sie hier eine Absende-Adresse eintragen.
- ANLAGEN: In der Standardansicht dieser Aktion können Sie Anhänge mit Namen und Inhalt einfügen. Die Daten können Sie entweder direkt eingeben oder aus dynamischen Inhalten abrufen. Im echten Leben bekommen Sie die Dateiinhalte und Namen aber aus OneDrive, SharePoint oder einer der vielen Drittanbieter-Datenquellen. Da Sie nicht immer wissen können, wie viele Anhänge Sie versenden müssen, müssen Sie mit der Aktion eine Liste von Anhängen übergeben können.

  Wie in Abbildung 11.51 zu sehen, versteckt sich ein kleines Symbol im Anlagen-Bereich. Hiermit können Sie von einer Listenansicht auf eine Tabellenansicht wie in Abbildung 11.52 umschalten.

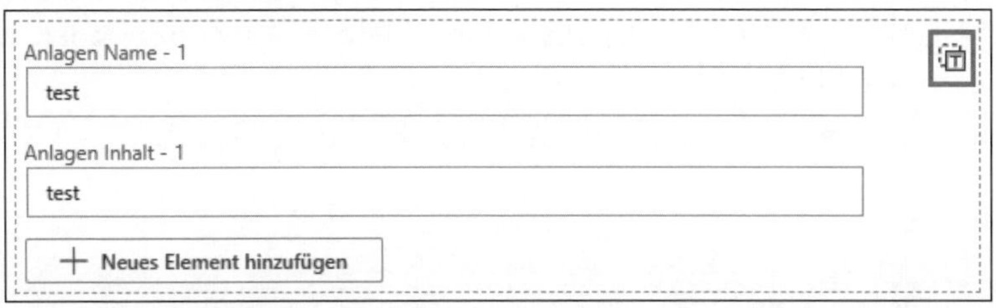

Abbildung 11.51 Auf tabellarische Eingabe umschalten

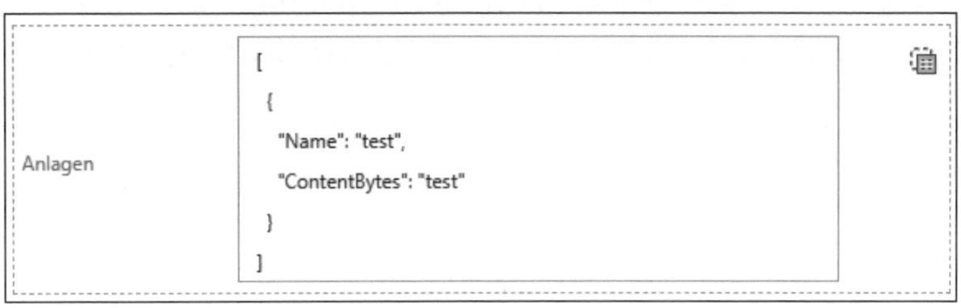

Abbildung 11.52 Tabellarische Eingabe

Mit der tabellarischen Eingabe können Sie die Attachments im JSON-Format definieren. Was Sie hier sehen, ist ein Array, bestehend aus den Spalten `Name` und `ContentBytes`. Solch ein Array können Sie sich erzeugen, indem Sie eine Array-Variable nutzen und es mit Dateinamen und Inhalten befüllen, die Sie zum Beispiel aus dem SharePoint-Konnektor bekommen.

Möchten Sie auf eine E-Mail antworten, haben Sie dieselben Möglichkeiten wie beim Versenden einer E-Mail, nur dass Sie die Nachrichten-ID der E-Mail angeben müssen, auf die Sie antworten wollen (siehe Abbildung 11.53).

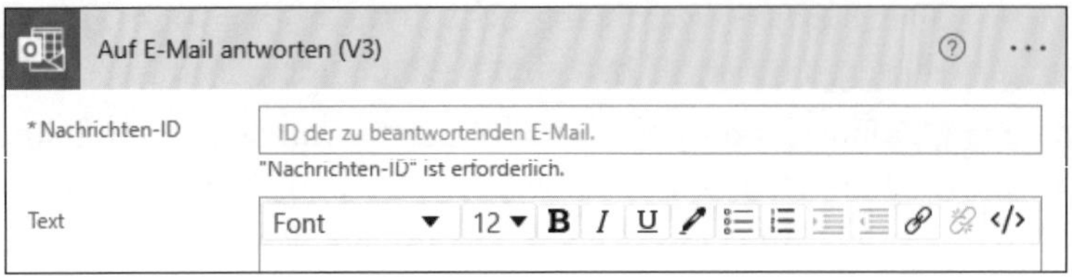

Abbildung 11.53 Für das Beantworten einer E-Mail benötigen Sie eine Nachrichten-ID.

E-Mail mit Optionen senden

Wollen Sie es Ihrem Empfänger einfach machen, Ihnen die gewünschte Antwort zu liefern, können Sie eine Antwortauswahl bereitstellen. Nutzen Sie dafür die Aktion E-MAIL MIT OPTIONEN senden. Die Antwortoptionen tragen Sie ganz einfach in das Feld BENUTZEROPTIONEN ein und trennen die einzelnen Antwortoptionen mit einem Komma, wie in Abbildung 11.54 zu sehen.

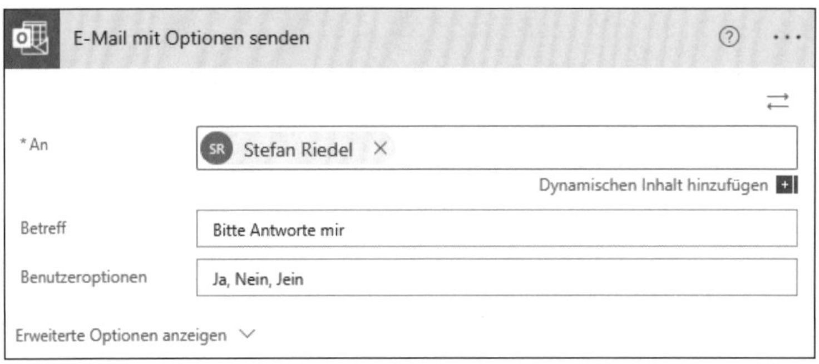

Abbildung 11.54 E-Mail mit Optionen versenden

Der Empfänger bzw. die Empfängerin kann nun einfach per Knopfdruck auf Ihre E-Mail antworten (siehe Abbildung 11.55). Auf diese Weise können Sie Frage-Antwort-Prozesse massiv beschleunigen, da keine Romane mehr geschrieben werden müssen.

Wenn Sie diese Aktion verwenden, wartet Ihr Flow auf eine Antwort und läuft erst dann weiter, wenn die E-Mail beantwortet wird. Die gewählte Antwort können Sie über die dynamischen Inhalte der Aktion über die Eigenschaft SELECTEDOPTION abrufen (siehe Abbildung 11.56).

[+]

Prozesse bewusst abbrechen

Damit Sie nicht 30 Tage warten, bis der Flow von sich aus abbricht, können Sie einen Timeout einstellen (siehe Abschnitt 10.6.2), der festlegt, wann die Aktion aufhört zu warten und einen Timeout verursacht. Mit der AUSFÜHREN NACH-Einstellung, die in Abschnitt 10.4 beschrieben ist, können Sie darauf reagieren und sich selbst, einem Administrator oder dem eigentlichen Empfänger eine Mail oder Teams-Nachricht schicken, dass keine Antwort erfolgt ist.

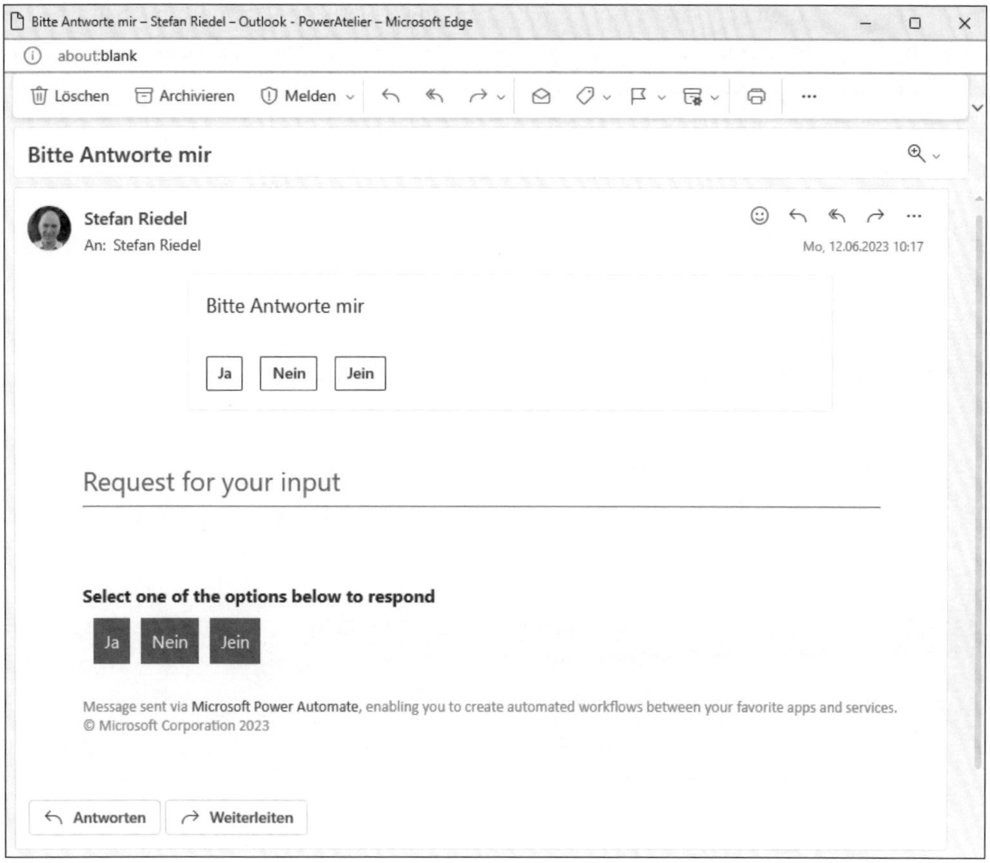

Abbildung 11.55 E-Mail mit Optionen

Abbildung 11.56 Antwort auswerten

E-Mails abrufen

Wir haben bereits darüber gesprochen, wie E-Mails aktiv per Trigger einen Flow auslösen. Sie können E-Mails aber auch per Aktion abfragen. Die Aktion E-MAILS ABRU-

FEN, die aktuell in der Version V3 zur Verfügung steht (siehe Abbildung 11.57), arbeitet hervorragend mit einem zeitgesteuerten Trigger zusammen. So können Sie stündlich neue E-Mails abrufen und verarbeiten.

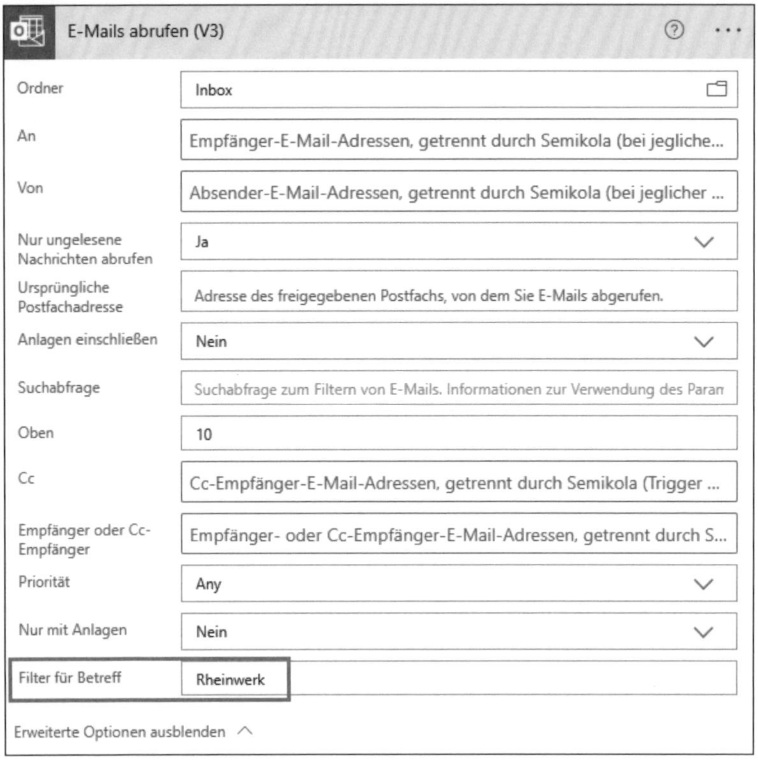

Abbildung 11.57 E-Mail abrufen

Die Konfiguration ist weitestgehend selbsterklärend. Die hier gezeigte Konfiguration liest die ersten zehn ungelesenen Mails ab, die in ihrem Betreff den Begriff »Rheinwerk« beinhalten.

Sie können hier:

- E-Mails aus einem bestimmten ORDNER betrachten
- E-Mails an einen bestimmten Empfänger (AN, CC) oder von einem bestimmten Absender (VON) verarbeiten
- gelesene oder ungelesene Mails abrufen
- ein freigegebenes Postfach über die Eigenschaft URSPRÜNGLICHE POSTFACHADRESSE nutzen
- die Anzahl an Mails über die Eigenschaft OBEN einschränken
- ANLAGEN EINSCHLIESSEN oder ignorieren

- nur E-Mails abrufen, die Anlagen beinhalten (NUR MIT ANLAGEN)
- nur E-Mails mit einer bestimmten PRIORITÄT abrufen
- im Betreff suchen (FILTER FÜR BETREFF)

Suchabfrage

Auch wenn Sie nach fast allen möglichen Eigenschaften einer Mail filtern können, haben Sie mit der Eigenschaft *Suchabfrage* noch mehr Möglichkeiten.

Die Notation einer Suchbedingung entspricht immer dem Paar `Eigenschaft:Wert`. Mehrere Bedingungen können untereinander verknüpft werden: `subject:Rheinwerk AND from:Vorname.Nachname@Firma.com`

Mehr zur Verwendung der Suche, den verfügbaren Eigenschaften und möglichen Verknüpfungen erfahren Sie unter den beiden folgenden Links:

- *https://learn.microsoft.com/de-de/graph/search-query-parameter?tabs=http*
- *https://learn.microsoft.com/de-de/exchange/policy-and-compliance/ediscovery/message-properties-and-search-operators?view=exchserver-2019#searchable-properties-in-exchange*

E-Mail weiterleiten, verschieben, löschen

Wie eingangs angesprochen, ist der Kern einer Nachricht ihre Nachrichten-ID, über die sie eindeutig identifiziert wird. Mit den entsprechenden Aktionen können Sie so Mails gezielt weiterleiten, verschieben und löschen.

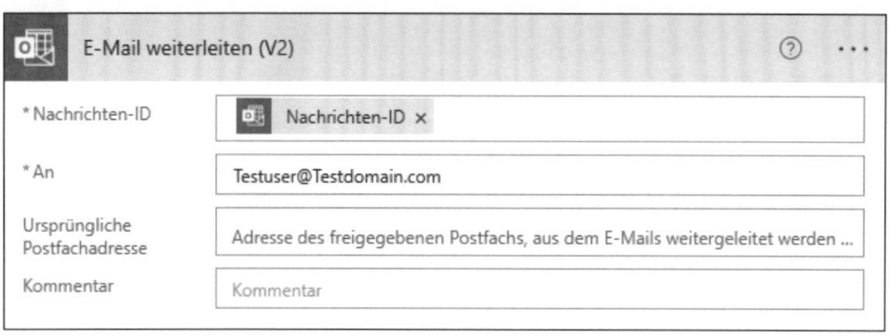

Abbildung 11.58 E-Mail weiterleiten

Anlagen abrufen

Möchten Sie die Anlagen einer E-Mail abrufen, können Sie das über die Eigenschaft ANLAGEN tun. Diese Eigenschaft gibt eine Tabelle zurück, aus der Sie den Anlageninhalt und den Namen abrufen können (siehe Abbildung 11.59). Diese Eigenschaften können Sie nutzen, um die Dateien zum Beispiel auf OneDrive oder in einer SharePoint-Liste zu speichern.

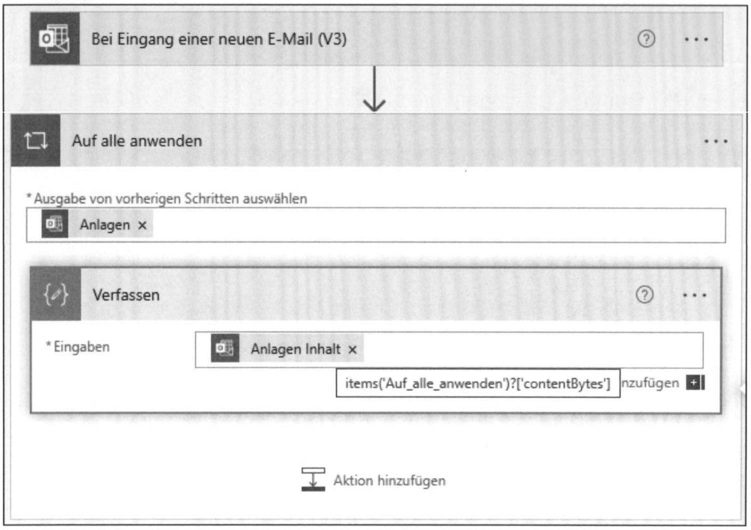

Abbildung 11.59 Zugriff auf Anlagen einer eingehenden E-Mail

E-Mail exportieren

Auch das Exportieren von E-Mails ist möglich. Das Beispiel aus Abbildung 11.60 verwendet die Ausgabe von E-MAILS ABRUFEN und exportiert jede einzelne Mail in die Aktion VERFASSEN. Diese können Sie nun als *.eml*-Datei an OneDrive, SharePoint oder Archivsysteme senden.

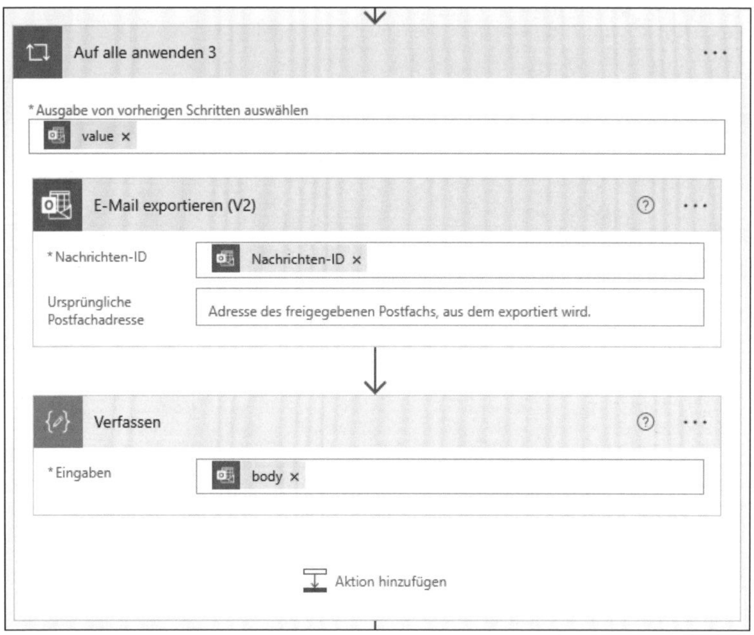

Abbildung 11.60 E-Mails exportieren

11.5 Der Teams-Konnektor

Der Teams-Konnektor bietet ein reichhaltiges Angebot an Triggern und Aktionen, um die Kommunikation in digitalisierten Prozessen zu beschleunigen. Kaum eine Abteilung organisiert sich heutzutage ohne Microsoft Teams sowie den Microsoft 365 Apps Planner und SharePoint. Kein anderes Tool erlaubt eine derart schnelle, unkomplizierte Kommunikation wie Microsoft Teams. Ja, meine Meinung ist hier ganz klar gefärbt ...

Dieser Abschnitt soll Ihnen die Grundlagen zur Verwendung dieses Konnektors nahebringen.

> **Dokumentation des Teams-Konnektors**
>
> Die offizielle Dokumentation des Teams-Konnektors erhalten Sie unter *https://learn.microsoft.com/en-us/connectors/teams/*.

11.5.1 Trigger

Wie bei anderen Konnektoren auch, gibt es eine Reihe von Aktionen in Microsoft Teams, die einen Flow auslösen können. Drei davon habe ich Ihnen herausgesucht, die ich etwas näher betrachte.

Wie in den anderen Konnektoren rufen Sie einzelne Objekte, in diesem Fall Nachrichten, Chats, Kanäle oder Teams, über eine ID ab. Diese IDs werden Ihnen in der Regel über die Ausgaben der Trigger und Aktionen mitgeliefert. Ist eine Nachricht eine Antwort auf eine andere Nachricht, so erhalten Sie die Ausgangsnachricht über die `ReplyTo-ID`, die Sie ebenfalls über die Ausgaben in den dynamischen Inhalten abrufen können.

Wenn ich in einer Kanalnachricht erwähnt wurde

Dieser Trigger löst für jede einzelne Nachricht aus, in der Sie in einem bestimmten Kanal eines bestimmten Teams per *@mention* erwähnt werden. Eine Beispielkonfiguration sehen Sie in Abbildung 11.61. Dieser Trigger lässt sich nur für den Flow-Owner konfigurieren, nicht für andere Personen.

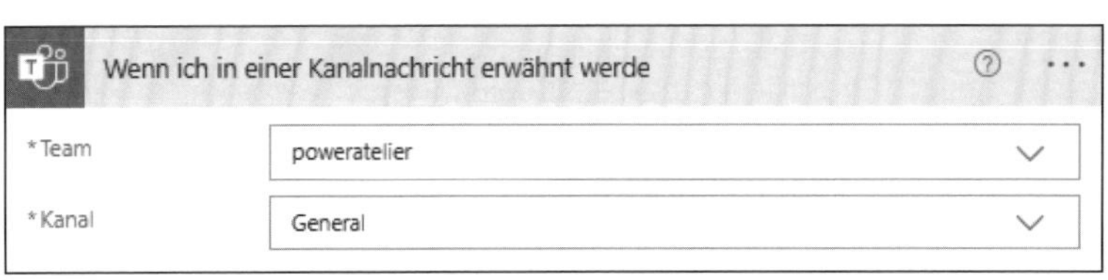

Abbildung 11.61 Einstellung von Team und Kanal

[+]

@mention

Schreiben Sie in einer Nachricht das @-Zeichen gefolgt von einem Benutzernamen, so spricht man von einem @mention bzw. einer Erwähnung. Passende Benutzer werden Ihnen während des Schreibens vorgeschlagen.

Als Ausgabe erhalten Sie alle Informationen der Nachricht über die dynamischen Inhalte. Dazu gehören unter anderem:

- Daten des Absenders und des Empfängers
- Überschrift und Zusammenfassung
- die Nachricht als HTML bzw. als reiner Text
- die Nachrichten-ID
- die ReplyToID
- Anlagen
- Erstellungs- und Bearbeitungsdatum

Wenn ich erwähnt (@mentioned) werde

Dieser Trigger erweitert die Möglichkeiten des Triggers WENN ICH IN EINER KANALNACHRICHT ERWÄHNT WURDE insofern, als Sie mehrere Kanäle sowie persönliche und Gruppenchats beobachten können. Da hier viele Nachrichten in kurzer Zeit auflaufen können, erhalten Sie nicht für jede Erwähnung eine Nachricht, sondern eine Meldung für alle Erwähnungen seit der letzten Ausführung des Konnektors.

Das hat zur Folge, dass Sie immer alle Nachrichten innerhalb einer AUF ALLE ANWENDEN-Schleife auslesen müssen. Sie können das Verhalten ändern, indem Sie die Einstellung TEILEN BEI ausschalten. Mehr dazu erfahren Sie in Abschnitt 10.5.1.

Dieser Trigger lässt sich für zwei verschiedene Nachrichtentypen konfigurieren:

- Kanalnachrichten
- Gruppenchat

Wie auch für den vorherigen Trigger gilt hier, dass Sie nur eine Erwähnung von sich selbst erfassen können.

Nachrichtentyp Kanal

Abbildung 11.62 zeigt die Konfiguration für zwei Kanäle meines Teams, die auf meine Erwähnung hin untersucht werden.

Wie Sie es auch schon beim Outlook-Konnektor gesehen haben, können Sie zur Text-Ansicht wechseln, um die Kanäle, auf die Sie lauschen wollen, dynamisch zusammenzustellen (siehe Abbildung 11.63).

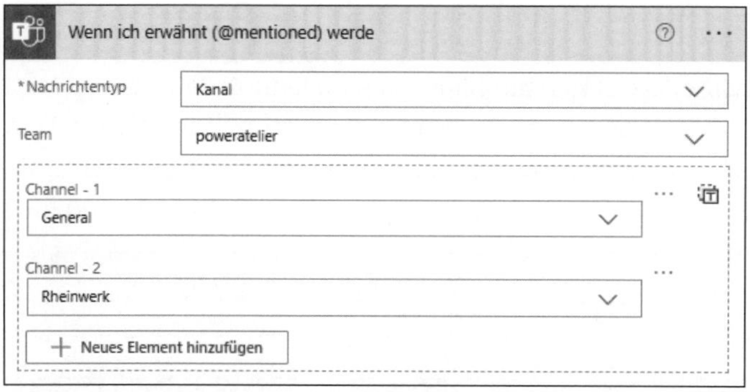

Abbildung 11.62 Bestimmte Kanäle beobachten

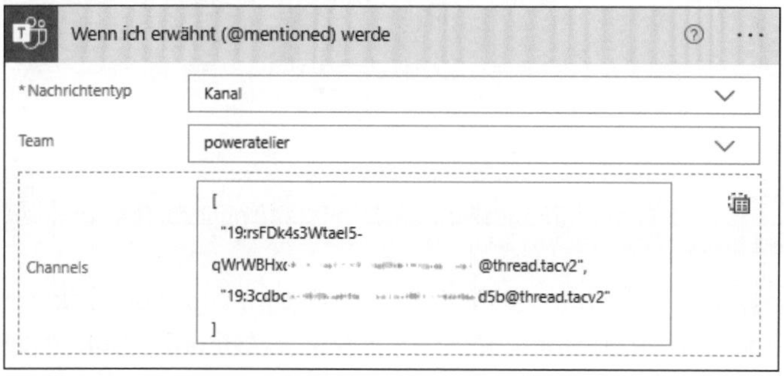

Abbildung 11.63 Text-Ansicht

Nachrichtentyp Gruppenchat

Mit der Gruppenchat-Option können Sie auf Ihre Erwähnungen in Gruppenchats lauschen. Wählen Sie zunächst den Nachrichtentyp GRUPPENCHAT und anschließend den Namen aus (siehe Abbildung 11.64).

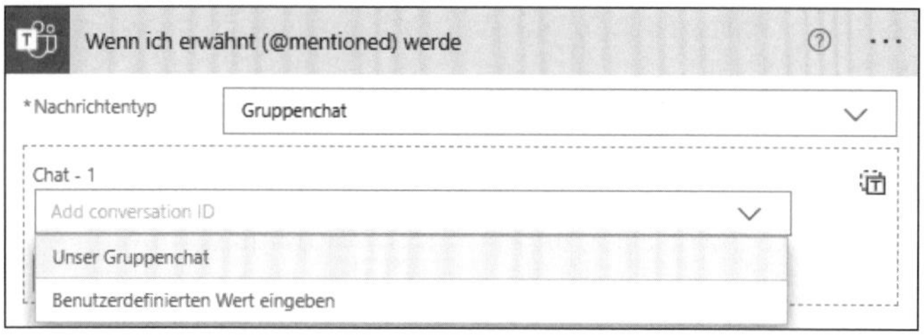

Abbildung 11.64 Gruppenchat auswählen

Die Unterhaltungs-ID (engl. *conversion ID*) erhalten Sie, wenn Sie Teams in der Web-Ansicht unter *https://teams.microsoft.com* öffnen und in die gewünschte Unterhaltung wechseln. In der URL befindet sich die ID als letztes Segment vor der Parameterliste (siehe Abbildung 11.65).

Abbildung 11.65 Unterhaltungs-ID aus URL beziehen

[»]

Gruppenchats und persönliche Chats

Gruppenchats sind Chats mit mehr als zwei Personen. Wenn Sie für einen Gruppenchat einen sprechenden Namen gewählt haben, fällt Ihnen die Konfiguration dieses Triggers leichter.

Wollen Sie Chats zwischen sich und einer weiteren Person überwachen, dann stellen Sie die Unterhaltungs-ID als benutzerdefinierten Wert ein (siehe Abbildung 11.66).

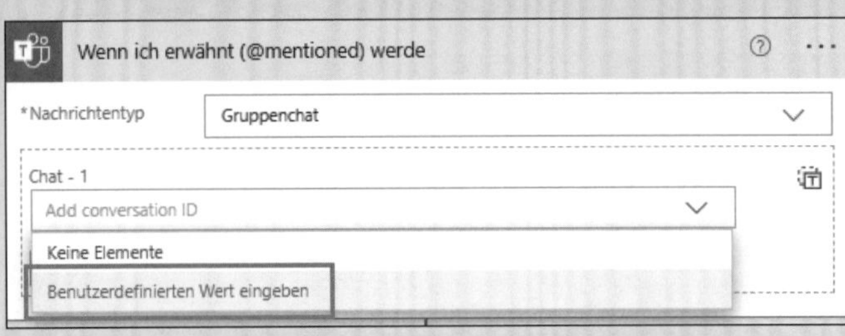

Abbildung 11.66 1:1-Unterhaltungen überwachen

Für eine ausgewählte Nachricht

Flows mit diesem Trigger stehen in Teams im Kontextmenü von Nachrichten zur Verfügung. Definieren Sie mit diesem Trigger *Adaptive Karten* (*Adaptive Cards*), die Ihren Benutzerinnen und Benutzern einen Eingabedialog bereitstellen. Die Daten, die in den Dialog eingetragen werden, können später im Flow weiterverarbeitet werden.

Der Trigger kommt mit eher spartanischen Konfigurationsmöglichkeiten daher (siehe Abbildung 11.67). Die Schaltfläche ADAPTIVE KARTE BEARBEITEN öffnet den Designer, um die Karte zu entwerfen. Die erweiterten Optionen für die Breite und Höhe des Dialogfelds bestimmen die Größe der Karte in Microsoft Teams.

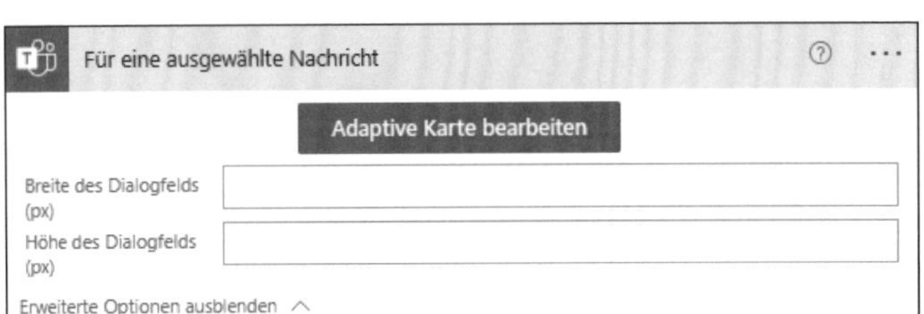

Abbildung 11.67 Flow für ausgewählte Nachricht starten

Der Designer für die adaptive Karte (siehe Abbildung 11.68) stellt Ihnen auf der linken Seite alle möglichen Gestaltungselemente zur Verfügung, um die Karte zu entwickeln.

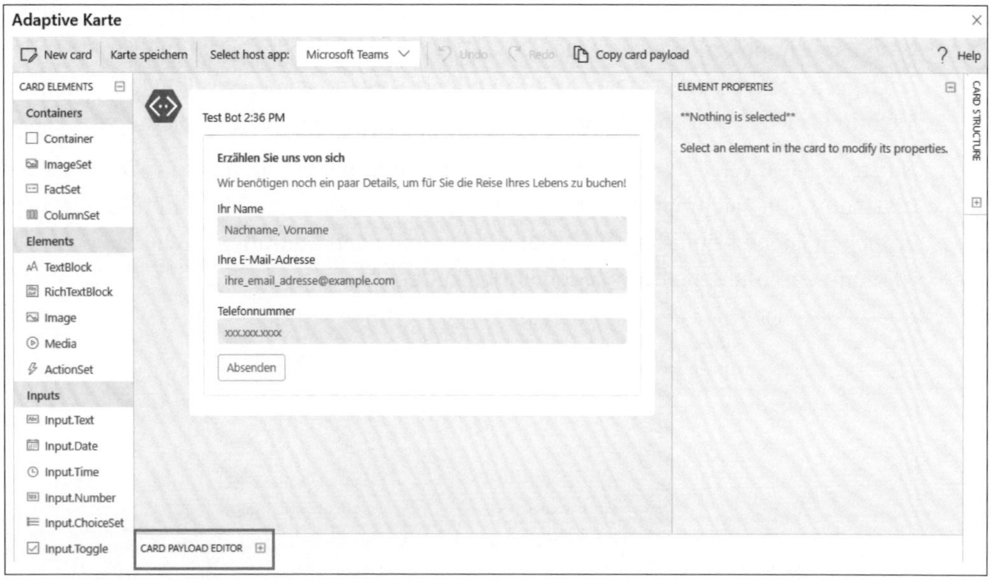

Abbildung 11.68 Der Adaptive-Card-Designer

Auf der rechten Seite finden Sie die Kartenstruktur, ähnlich wie die Strukturansicht der Power Apps, sowie die Eigenschaften der Gestaltungselemente (siehe Abbildung 11.69).

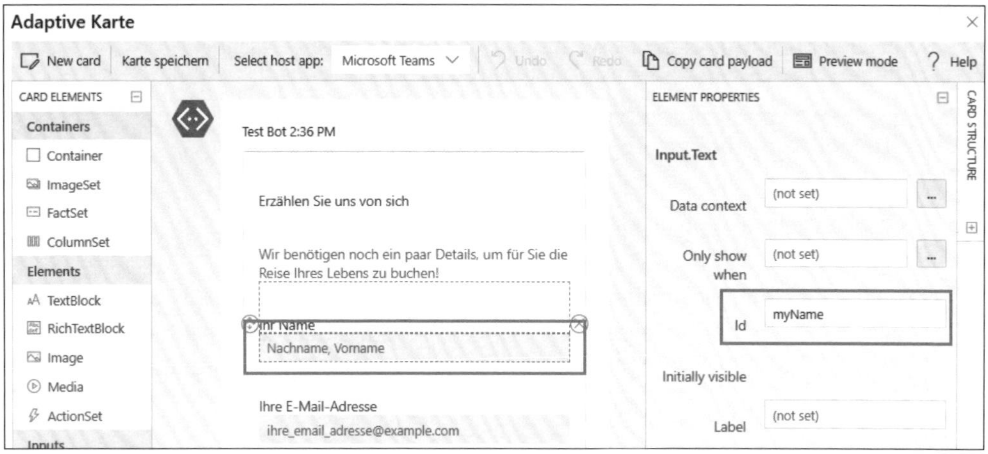

Abbildung 11.69 Jedes Eingabefeld hat eine eindeutige ID.

Die ID, die Sie im Eigenschaftenfenster einem Eingabe-Element zuordnen, ist wichtig für die Weiterverarbeitung im Flow, denn jede dieser IDs steht Ihnen als Ausgabe des Triggers in den dynamischen Inhalten zur Verfügung.

Sobald Sie fertig sind, speichern Sie die Karte und kehren zum Flow-Designer zurück. Wundern Sie sich nicht, wenn Sie keine Änderung feststellen. Dass die Karte erfolgreich gespeichert wurde, merken Sie lediglich an den Ausgaben des Triggers, in denen Sie nun für jedes Eingabe-Element in der Karte die passenden IDs vorfinden.

Nachdem Sie Ihren Flow entwickelt und gespeichert haben, steht er in Teams im Kontextmenü von Nachrichten zur Verfügung, das Sie über die Dreipunkt-Schaltfläche erreichen (siehe Abbildung 11.70). Dort öffnen Sie den Menüpunkt WEITERE AKTIONEN und anschließend den soeben entwickelten Flow.

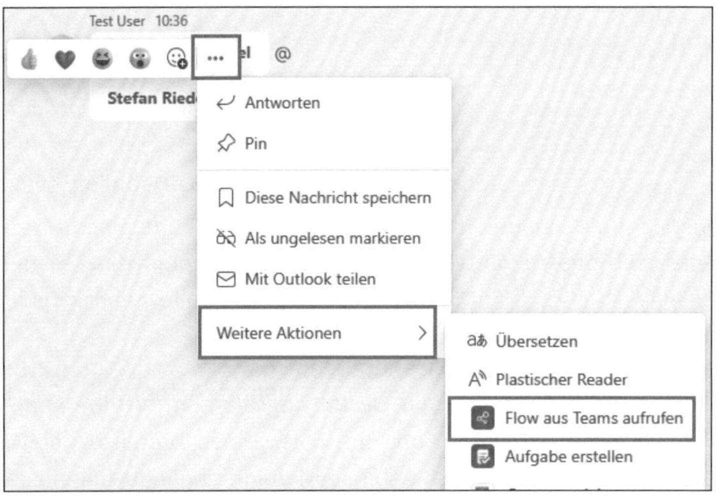

Abbildung 11.70 Aufruf des Flows aus dem Kontextmenü einer Nachricht

[»]

Default-Umgebung

Wie bei Flows, die Sie aus Excel oder SharePoint heraus starten, werden nur Flows erkannt, die in der Default-Umgebung erstellt wurden.

Sobald Sie einen Flow mit dem Trigger FÜR EINE AUSGEWÄHLTE NACHRICHT aufrufen, erscheint der Dialog, den Sie mit dem Designer für adaptive Karten entwickelt haben (siehe Abbildung 11.71). Die Schaltfläche ABSENDEN startet den Flow, in dem Sie die Eingaben weiterverarbeiten können.

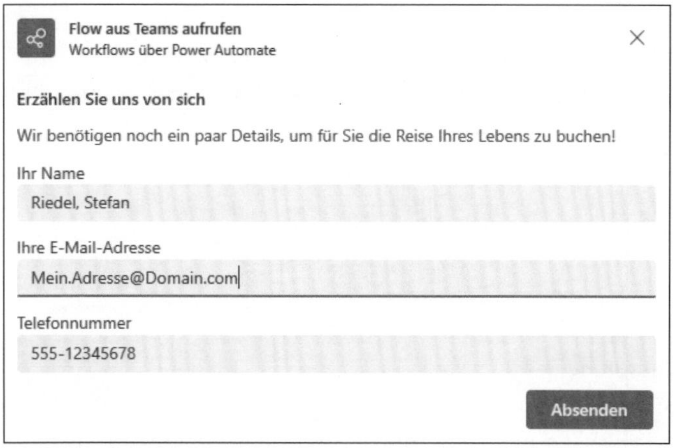

Abbildung 11.71 Adaptive Karte in Aktion

Beim Hinzufügen und Entfernen eines neuen Teammitglieds

Wählen Sie hier das Team aus, das Sie überwachen wollen. Der Flow löst aus, sobald diesem Team ein Benutzer hinzugefügt oder aus ihm entfernt wird. Der Titel der Aktion ENTFERNEN EINES NEUEN TEAMMITGLIEDS ist etwas irreführend, da der Trigger auf alle Mitglieder und nicht nur auf neue reagiert.

Den Benutzer, der hinzugefügt oder entfernt wird, können Sie über die Eigenschaft BENUTZER-ID aus den dynamischen Inhalten abrufen.

11.5.2 Arbeiten mit Teams

Teams auflisten

Die Aktion TEAMS AUFLISTEN stellt Ihnen eine Liste aller Teams zur Verfügung, denen Sie angehören. Darüber hinaus verfügt sie über keine Konfigurationsmöglichkeiten.

Die wichtigsten Ausgaben sind:

- Team-Beschreibung
- Team-Name
- Team-ID
- Team (ein JSON-Objekt mit weiteren Metadaten)
- Teams-Liste (ein JSON-Array bestehend aus Team-Objekten)

[+]

Verarbeitung der JSON-Daten

Nutzen Sie die Aktionen des Datenvorgang-Konnektors aus Abschnitt 11.1, um die JSON-Daten zu filtern oder zu analysieren.

Team abrufen

Die Aktion TEAM ABRUFEN tut, was sie soll. Sie wählen ein Team aus und erhalten eine Liste sämtlicher Einstellungen und Eigenschaften des Teams in den Ausgaben der Aktion.

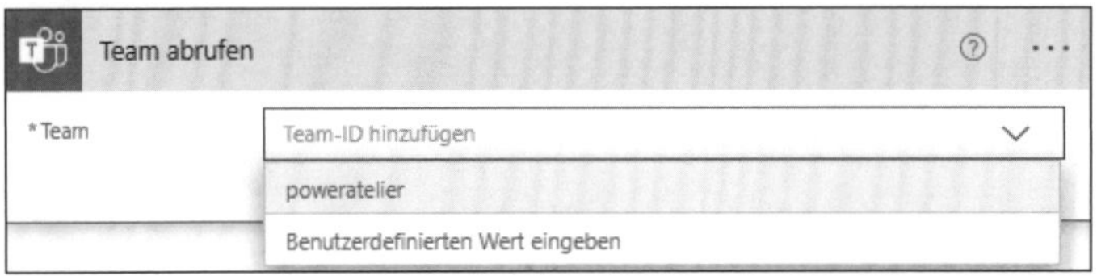

Abbildung 11.72 Ein Team abrufen

Nutzen Sie diese Aktion im Zusammenspiel mit der Aktion TEAMS AUFLISTEN, so wählen Sie in der Team-Auswahl den Eintrag BENUTZERDEFINIERTEN WERT EINGEBEN und befüllen diese Eigenschaft mit der Team-ID aus den dynamischen Inhalten.

Team erstellen

Um ein Team zu erstellen, verwenden Sie die gleichnamige Aktion. Voraussetzung ist, dass Ihnen die Erstellung von M365-Gruppen administrativ erlaubt ist. Definieren Sie einen Namen, eine Beschreibung und eine Sichtbarkeit, starten Sie den Flow, und Ihr Team wurde angelegt. Der ausführende Benutzer wird automatisch Besitzer des Teams.

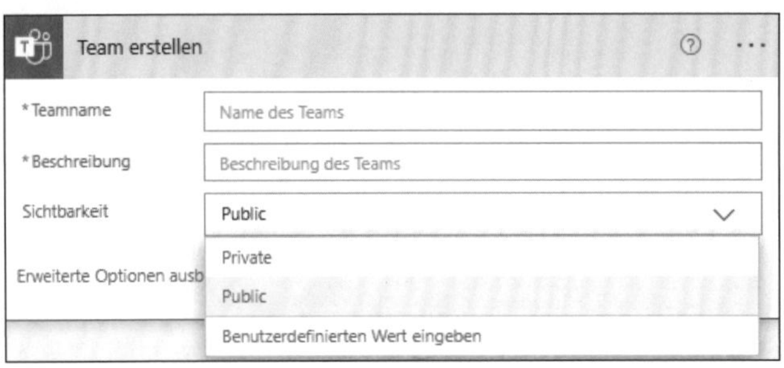

Abbildung 11.73 Team erstellen

Ein Mitglied zu einem Team hinzufügen

Die Aktion EIN MITGLIED ZU EINEM TEAM HINZUFÜGEN bringt Leben in Ihr Team. Wählen Sie Ihr Team aus der Auswahlliste aus, oder nutzen Sie die Team-ID einer vorangegangenen Aktion, die Sie hier als benutzerdefinierten Wert verwenden.

Die Benutzer, die Sie dem Team hinzufügen wollen, geben Sie über die Benutzerprinzipalnamen ein, in der Regel die E-Mail-Adresse, oder Sie nutzen die Benutzer-ID im *Microsoft Entra*, falls bekannt.

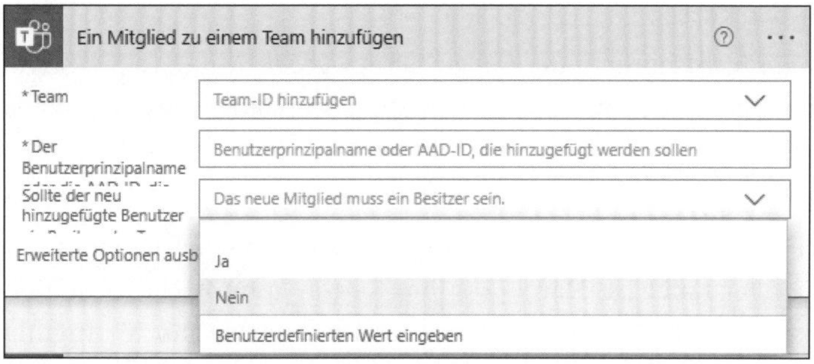

Abbildung 11.74 Ein Mitglied zu einem Team hinzufügen

Der Office 365-Users-Konnektor

Falls Sie sich unsicher sind, wie Sie an die Benutzerdaten kommen, nutzen Sie den Office 365-Benutzer-Konnektor, der in Abschnitt 12.1 näher beschrieben wird. Sämtliche Funktionen, die in diesem Kapitel mit Bezug auf die Verwendung in Power Apps beschrieben sind, finden Sie auch als Aktion des Office 365-Users-Konnektors in Power Automate Cloud-Flows.

11.5.3 Grundlagen von adaptiven Karten (Adaptive Cards)

Als wir den Trigger für ausgewählte Nachrichten in Abschnitt 11.5.1 besprochen haben, haben Sie schon einen ersten Blick auf adaptive Karten werfen können. Dort habe ich sie als Dialog beschrieben, der den Benutzerinnen und Benutzern für die Eingabe von Daten zur Verfügung gestellt wird.

Das ist nur die halbe Wahrheit, denn adaptive Karten können mehr. Wenn Sie sich schon einmal mit Genehmigungen in Cloud-Flows befasst haben, sind Ihnen ebenfalls adaptive Karten untergekommen, denn die Dialoge zum Genehmigen oder Ablehnen einer Genehmigungsanfrage, die Sie per Mail oder in einem Teams-Chat bekommen, sind nichts anderes.

Design-Möglichkeiten mit adaptiven Karten

Wollen Sie mehr über die reichhaltigen Design-Möglichkeiten von adaptiven Karten erfahren, dann folgen Sie diesem Link:

https://learn.microsoft.com/en-us/microsoftteams/platform/task-modules-and-cards/cards/design-effective-cards?tabs=design

Der Designer für adaptive Karten

Adaptive Karten können nicht nur wundervoll gestaltet werden. Mit dem Adaptive-Card-Designer gestalten Sie komplexe Anzeige- und Eingabedialoge, bestehend aus zahlreichen Eingabe- und Interaktionselementen. Sie können Bereiche ein- und ausblenden und Eingabe-Elemente als optional oder verpflichtend einstellen.

Adaptive Karten basieren auf dem JSON-Datenformat, das Ihnen beim Lesen dieses Buchs schon mehrfach begegnet ist. Damit Sie Ihre Karten komfortabel gestalten können, stellt Microsoft Ihnen den Designer für adaptive Karten zur Verfügung (siehe Abbildung 11.75). Sie finden ihn unter *https://adaptivecards.io/designer/*.

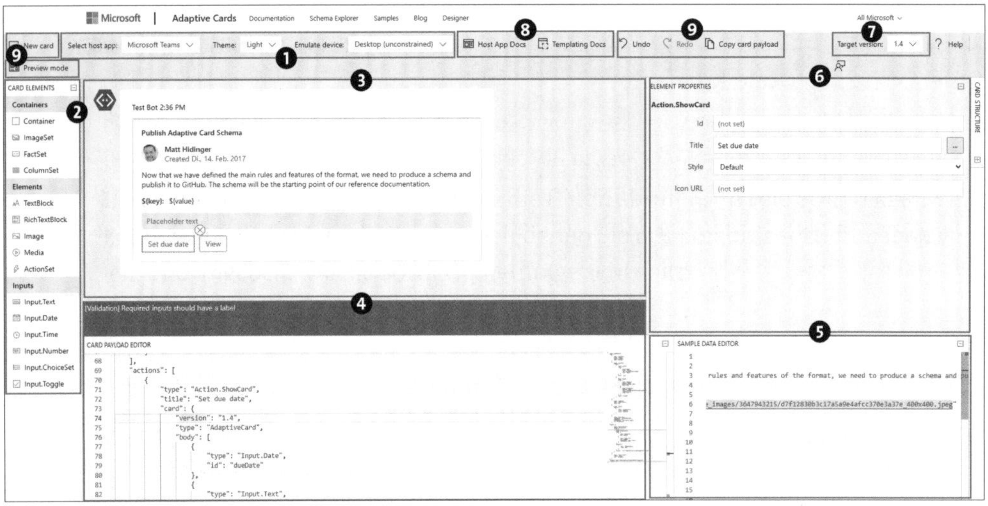

Abbildung 11.75 Der Designer für adaptive Karten

❶ **Umgebung, Erscheinung, Device-Emulator**
Stellen Sie hier ein, für welche Anwendung Sie die adaptive Karte entwickeln und ob sie im Dark-View oder Light-View dargestellt werden soll. Der Device-Emulator simuliert verschiedene Bildschirmauflösungen und -Seitenverhältnisse.

❷ **Gestaltungselemente**
Hier finden Sie alles, was Sie benötigen, um die schönsten Karten der Welt zu gestalten. Ziehen Sie die Elemente ganz einfach per Drag & Drop auf den Zeichenbereich.

❸ **Zeichenbereich**
Im Zeichenbereich gestalten Sie Ihre Karte, so wie Sie es auch schon von den Power Apps kennen.

❹ **JSON-Struktur**
So wie Webseiten auf einer HTML-Struktur beruhen, basieren adaptive Karten auf dem JSON-Datenformat.

❺ **Demo-Inhalte**
Die JSON-Struktur kommt gänzlich ohne dynamische Inhalte daher. Simulieren Sie hier Daten, die Sie in Ihrem Flow später dynamisch in die Karte einfügen.

❻ **Eigenschaftenbereich**
Der Eigenschaftenbereich erlaubt die Konfiguration der einzelnen Gestaltungselemente. Hier können Sie zum Beispiel die ID für jedes Eingabe-Element festlegen. Diese ID ist wichtig, wenn Sie Eingabedaten der Benutzerinnen und Benutzer weiterverarbeiten wollen. Weiterhin legen Sie hier fest, ob Elemente verpflichtend oder optional zu befüllen sind, welche Fehlermeldung erscheint, falls ein Pflichtfeld nicht befüllt wurde, und welche Aktion ausgeführt werden soll.

❼ **Version des Datenschemas**
Falls Sie Ihre adaptiven Karten partout nicht zum Laufen bekommen, kontrollieren Sie einmal die Schemaversion Ihrer Karte, denn je nach Anwendung benötigen Sie eine unterschiedliche Version.

❽ **Absprung zu Dokumentationen**
Hier erhalten Sie wichtige Informationen zu der benötigten Schemaversion für Ihre Zielanwendung und Tipps und Tricks für die Erstellung von adaptiven Karten.

- *https://learn.microsoft.com/en-us/adaptive-cards/resources/partners*
- *https://learn.microsoft.com/en-us/adaptive-cards/templating/*

❾ **Kommandos**
Der Designer für adaptive Karten beinhaltet auch die Standardkommandos, die Sie von einem Designer erwarten.

- NEW CARD erstellt eine neue Karte.
- UNDO macht eine Aktion rückgängig.
- REDO führt eine rückgängig gemachte Aktion erneut aus.
- COPY CARD PAYLOAD legt die Kartenstruktur mit den Demo-Daten in Ihre Zwischenablage.
- Der PREVIEW MODE füllt die Karte in Ihrem Zeichenbereich mit den Demo-Daten. Dazu können Sie Aktionen wie die Betätigung von Eingabe- und Aktionselementen austesten.

[«]

Der Karten-Designer

Ich beschreibe hier den herkömmlichen Weg, adaptive Karten zu erstellen. Mittlerweile hat der Karten-Designer aus Abbildung 11.76 in das Maker Portal Einzug gehalten, den ich an dieser Stelle nicht näher beschreibe.

Sie werden aber feststellen, dass die Erstellung von Karten mit der in das Maker Portal integrierten Karten-Lösung sehr der hier beschriebenen Vorgehensweise ähnelt.

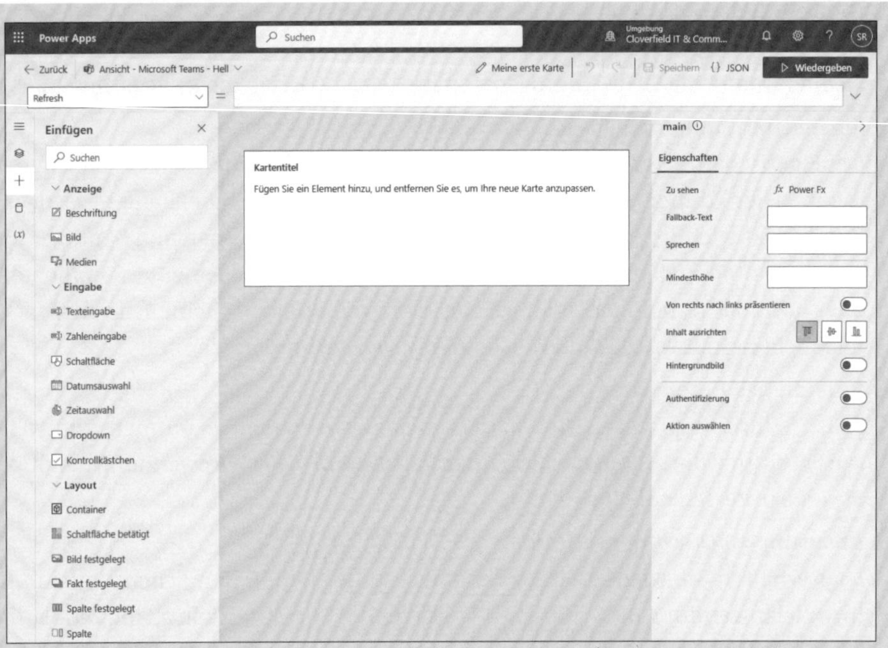

Abbildung 11.76 Der Karten-Designer im Power Apps Maker Portal

Vorgehen bei der Entwicklung von adaptiven Karten

Falls Sie in Power Apps schon mit Layout-Containern gearbeitet haben oder Kenntnisse in HTML besitzen, wird Ihnen die Erstellung von adaptiven Karten nicht schwerfallen.

Strukturieren Sie Ihre Karte mit Containern, platzieren Sie Ihre Gestaltungselemente in den Containern, und konfigurieren Sie Ihre Elemente im Eigenschaftenbereich. Der Designer erstellt Ihnen die passende Datenstruktur (siehe Abbildung 11.77).

[+]

Freunden Sie sich mit JSON an

Setzen Sie sich dringend mit dieser Datenstruktur auseinander. Sie werden mit dem Designer immer wieder mal an eine Grenze stoßen, an der Sie das JSON selbst bearbeiten müssen, um Ihr Ziel zu erreichen.

Bestes Beispiel ist die Aktion DUE DATE der Beispielkarte, wenn Sie den Link zum Designer öffnen. Diese Aktion öffnet eine weitere Karte mit einer Datumsauswahl und einem Kommentarfeld, die in die Hauptkarte eingebettet ist. Sie haben keine Chance, dieses Konstrukt einfach im Designer zu konstruieren.

Spätestens, wenn Sie Ihre adaptiven Karten mit Cloud-Flows verwenden, kommen Sie nicht umhin, sich mit dieser Technologie auseinanderzusetzen.

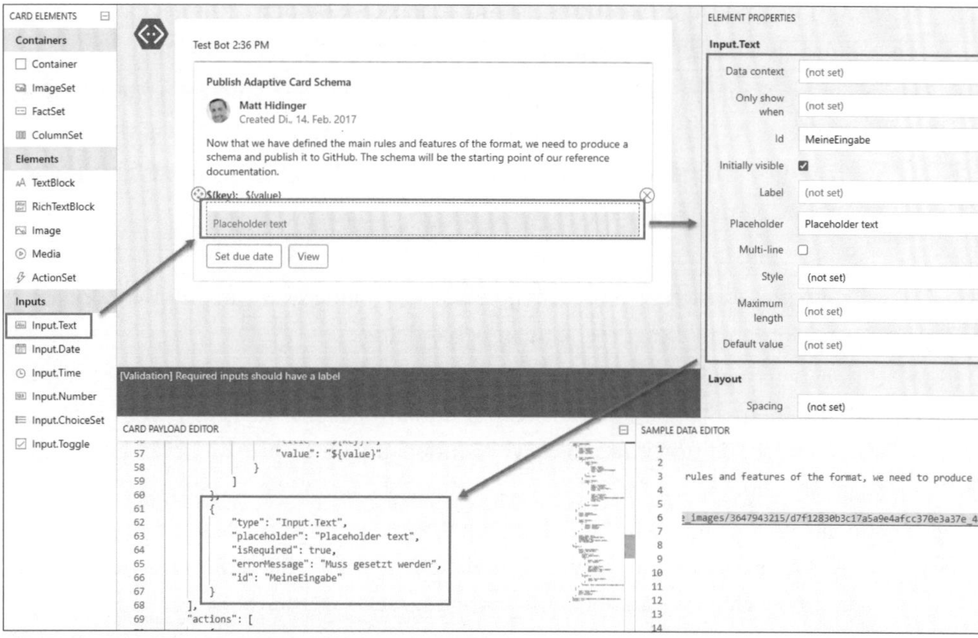

Abbildung 11.77 Vom Gestaltungselement zum JSON

Verwendung von adaptiven Karten in Teams

Nun wissen Sie, dass es adaptive Karten gibt, mit welchem Werkzeug sie erstellt werden und welche Möglichkeiten sich damit für Sie eröffnen. Nun erfahren Sie, wie Sie Ihre Karte mit dem Teams-Konnektor in Power Automate Cloud-Flows verwenden.

Der Teams-Konnektor verfügt über verschiedene Aktionen, um adaptive Karten abzusetzen. Zur Verdeutlichung der Arbeitsweise möchte ich Ihnen hier die Aktion ADAPTIVE KARTE VERÖFFENTLICHEN UND AUF EINE ANTWORT WARTEN vorstellen (siehe Abbildung 11.78).

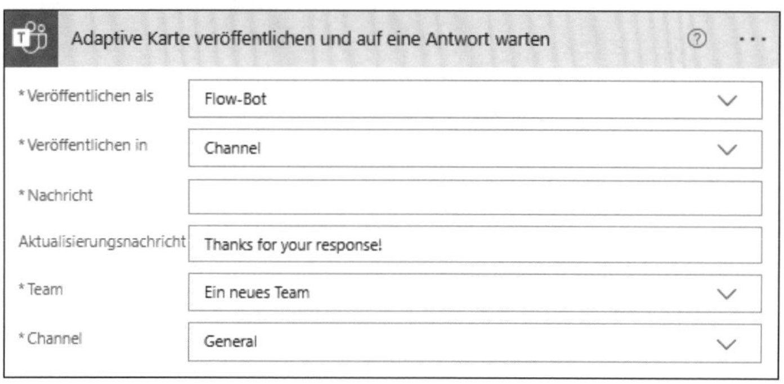

Abbildung 11.78 Adaptive Karte konfigurieren

Diese Aktion sendet eine adaptive Karte an einen Kanal, einen Gruppenchat oder eine Flow-Bot-Konversation und wartet auf Antworten durch die Benutzer.

- Unter VERÖFFENTLICHEN ALS legen Sie die Identität fest, unter der die Nachricht versendet wird. Identitäten, die von der jeweiligen Aktion abhängen, sind:
  - FLOW-BOT: Der Flow-Bot ist sofort verfügbar, sobald Sie die Power Automate App in Teams installieren.
  - BENUTZER: In diesem Fall kommt die Nachricht vom ausführenden Benutzer.
  - POWER APPS UND POWER VIRTUAL AGENTS: Beide sind zurzeit in der Preview und werden an dieser Stelle nicht behandelt.
- Unter VERÖFFENTLICHEN IN wird eingestellt, wo die Karte veröffentlicht werden soll: in einem Gruppenchat, in einem Kanal (Channel) oder in einem Flow-Bot-Chat. Letztere Option können Sie verwenden, um eine Karte direkt an eine Person zu versenden.
- Um die beiden Eigenschaften TEAM und CHANNEL müssen Sie sich nur kümmern, wenn Sie die Nachricht in einen Kanal stellen wollen. Sie definieren, in welchem Team und welchem Kanal die Nachricht abgesetzt werden soll.
- Soll die Nachricht an eine Gruppen-Unterhaltung gesendet werden, befüllen Sie diese Eigenschaft GROUP CHAT mit der Gruppenchat-ID.
- Die Eigenschaft NACHRICHT finden Sie in manchen Aktionen auch als ADAPTIVE KARTE (oder Adaptive Card) wieder. In dieser Einstellung fügen Sie das JSON aus dem Designer für adaptive Karten ein. Nun können Sie auch die Demo-Daten aus dem Designer durch Daten aus Ihrem Flow ersetzen, indem Sie so wie in Abbildung 11.79 dynamische Inhalte in das JSON einfügen.

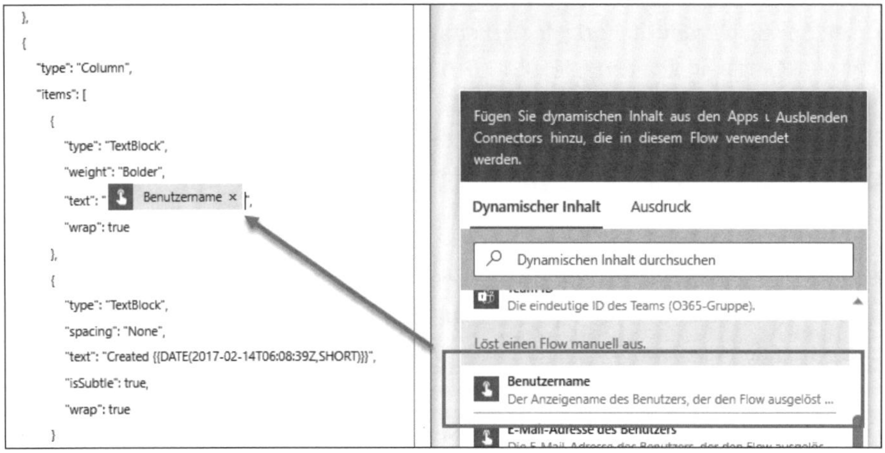

Abbildung 11.79 Dynamische Inhalte in adaptive Karten einfügen

- Sobald die Empfängerinnen und Empfänger der Karten die Eingabe-Elemente befüllt und die Karte abgeschickt haben, erhalten Sie eine Rückmeldung, die Sie unter der Option AKTUALISIERUNGSNACHRICHT festlegen können.

Karte testen

Haben Sie Ihre Karte und Ihren Flow fertig designt, können Sie loslegen und Ihre Arbeit bewundern. In Abbildung 11.80 sehen Sie die Beispielkarte aus dem Designer, ergänzt um ein Pflicht-Textfeld. Der Name des Flow-Auslösers, in dem Fall bin das ich, wurde mittels der dynamischen Inhalte in die Karte integriert.

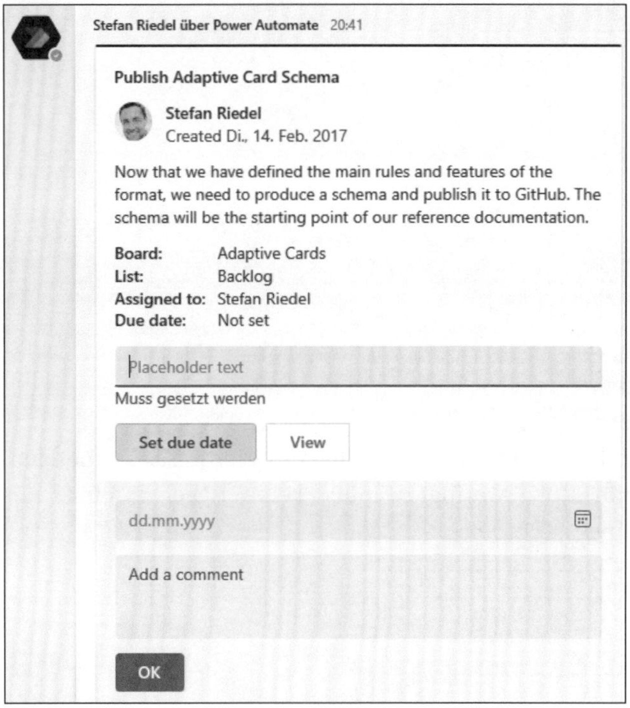

Abbildung 11.80 Eine adaptive Karte in Aktion

Sobald Sie alle Pflichtfelder befüllt und die Karte wieder abgesendet haben, können Sie die Eingaben im Flow weiterverarbeiten, denn alle Eingabefelder stehen Ihnen als Ausgabe der Flow-Aktion unter der ID zur Verfügung, die Sie den Feldern im Designer zugewiesen haben.

11.6 Genehmigungen (Approvals)

In Abschnitt 9.7 haben Sie schon den Genehmigungsprozess in Power Automate kennengelernt. Sie wissen, dass Sie Genehmigungsanfragen über die Power Automate

App auf Ihrem Smartphone oder Tablet, in Microsoft Teams oder der Power-Automate-Weboberfläche verwalten können. In diesem Abschnitt lernen Sie, wie Sie eine Genehmigungsanfrage erstellen und die Ergebnisse verarbeiten.

[»]

Bevor es losgehen kann

Da Genehmigungen in Dataverse verwaltet werden, müssen vor dem ersten Start noch Tabellen eingerichtet werden. Die Flowprüfung weist Sie mit der Warnung aus Abbildung 11.81 darauf hin, dass dies mit der ersten Genehmigung erledigt wird. Nach ca. fünf Minuten finden Sie Ihre Genehmigungsanfrage in Ihrem Genehmigungsbereich von Power Automate.

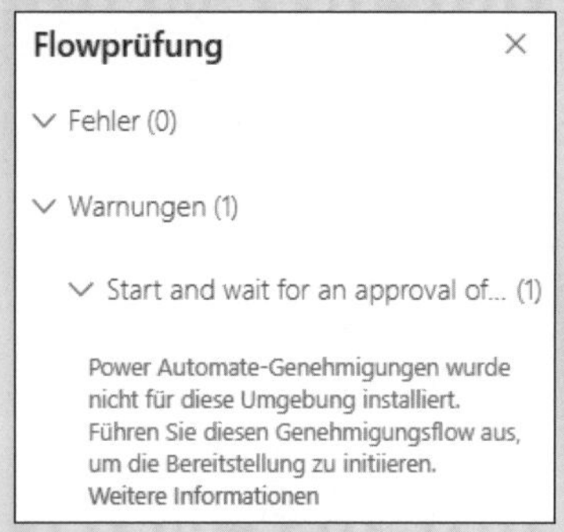

Abbildung 11.81 Warnung vor dem ersten Start

Der Konnektor, den Sie für die Erstellung von Genehmigungsprozessen benötigen, ist der Genehmigungen-Konnektor. Er verfügt zwar über keine Trigger, aber über vier Aktionen, die Sie in Abbildung 11.82 sehen.

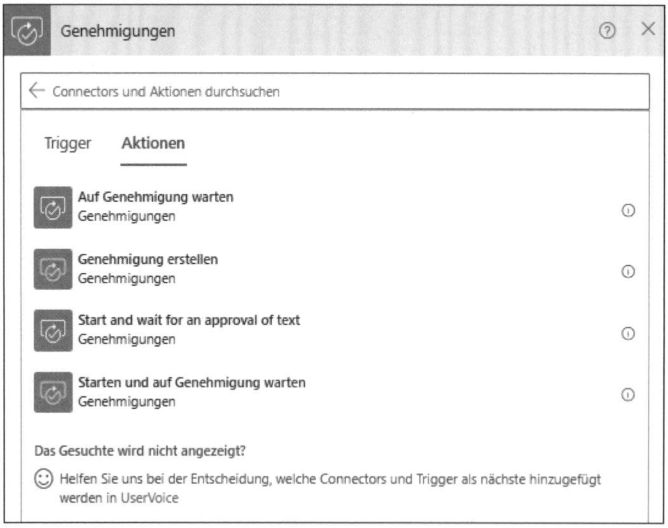

Abbildung 11.82 Aktionen des Konnektors für Genehmigungen

Start and wait for an approval of text

Ähnlich wie beim Versenden einer adaptiven Karte (siehe Abschnitt 11.5.3) erstellen Sie mit der Aktion START AND WAIT FOR AN APPROVAL OF TEXT eine Anfrage an eine Person und bitten um Freigabe. Die Menüs waren noch nicht übersetzt, wie Abbildung 11.83 zeigt, daher gehe ich auf die einzelnen Punkte kurz ein.

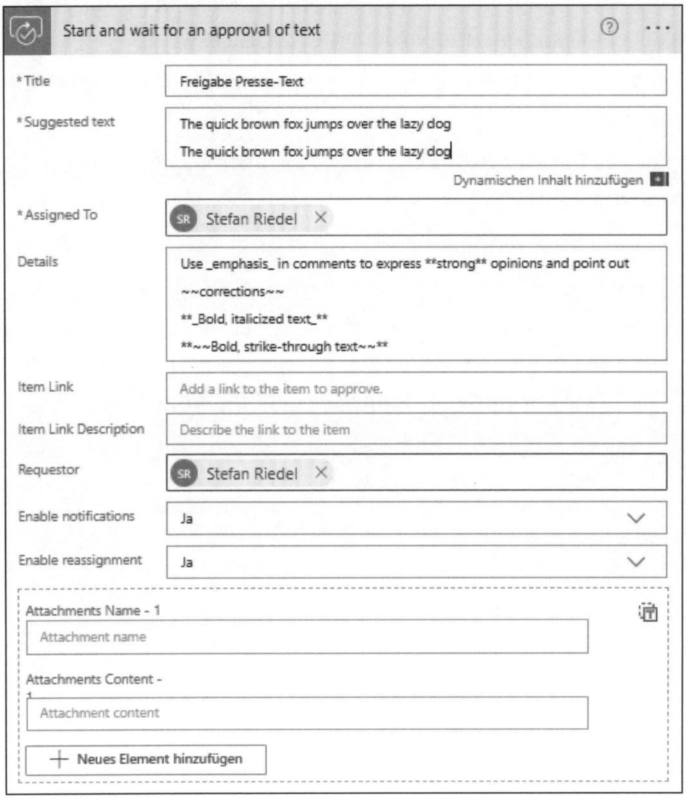

Abbildung 11.83 Konfiguration einer Genehmigungsanfrage

- TITLE: Hierbei handelt es sich um den Titel, unter dem Sie die Anfrage im Genehmigungsbereich oder Ihrem Outlook-Posteingang finden.
- SUGGESTED TEXT: Der Text in diesem Feld soll genehmigt werden. Hier können Sie auch dynamische Inhalte nutzen, um zum Beispiel Texte aus einer SharePoint-Liste an die Aktion zu übergeben.
- ASSIGNED TO: Der Empfänger der Anfrage.
- DETAILS: Hierbei handelt es sich um eine Zusammenfassung der Aufgabe. Eine Besonderheit dieses Felds ist es, dass Sie den Text als Markup verfassen können. Folgen Sie diesem Link, um mehr Informationen zu erhalten: *https://learn.microsoft.com/en-us/power-automate/approvals-markdown-support*.

- ITEM LINK und ITEM DESCRIPTION: In diesen Feldern können Sie einen Link zu weiterführenden Informationen hinterlegen, zum Beispiel zu einem SharePoint-Listenelement.
- ENABLE NOTIFICATIONS: Lautet diese Einstellung »Ja«, so wird auch eine E-Mail versendet, über die die Genehmigung erfolgen kann. Das kann zu Verwirrungen führen, wenn Sie die Genehmigung gleichzeitig als adaptive Karte in Teams gepostet haben, da der Status der Genehmigung nicht synchronisiert wird.
- ENABLE REASSIGNMENT: Lautet die Einstellung »Ja«, so kann der Genehmiger die Anfrage an eine andere Person weiterleiten.
- ATTACHMENTS: Genau wie in Outlook-Mails können Sie auch in Genehmigungsanfragen Dateianhänge mitsenden.

Einmal abgesendet, erhält die genehmigende Person eine Nachricht in Outlook, Teams bzw. im Genehmigungsbereich von Power Automate und kann die Anfrage ablehnen (REJECT), genehmigen (APPROVE) oder einer anderen Person zuweisen (NEU ZUWEISEN), sofern Sie das in den Einstellungen entsprechend konfiguriert haben (siehe Abbildung 11.84). Der Flow wartet so lange, bis der Empfänger geantwortet hat.

Abbildung 11.84 Auf eine Genehmigungsanfrage reagieren

Sobald Sie Ihre Entscheidung bestätigen, empfängt der Flow Ihre Antwort und kann die Antwort verarbeiten. Benutzen Sie eine Bedingung, um die Eigenschaft `Outcome` der Genehmigungsaktion auf die Werte »Approve« oder »Reject« hin zu überprüfen (siehe Abbildung 11.85).

Genehmigungen und Dataverse

Dass im Hintergrund Dataverse-Tabellen angelegt werden, hat keinen Einfluss auf Ihre Lizenzen. Es ist eine technische Notwendigkeit, die keine Premium-Lizenz bedingt.

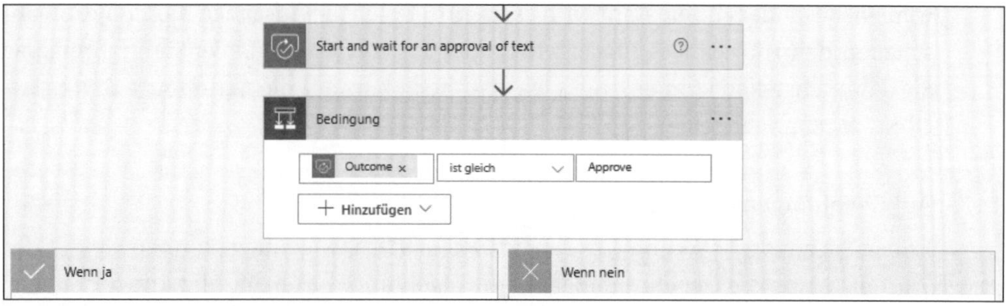

Abbildung 11.85 Verarbeiten einer Genehmigung

Starten und auf Genehmigung warten

Die Aktion STARTEN UND AUF GENEHMIGUNG WARTEN unterscheidet sich in zweierlei Hinsicht von der oben besprochenen Genehmigungsanfrage in Bezug auf einen Text, denn Sie können vier verschiedene Genehmigungstypen konfigurieren (siehe Tabelle 11.3).

11

Genehmigungstyp	Beschreibung
BENUTZERDEFINIERTE ANTWORTEN: AUF ALLE ANTWORTEN WARTEN	Definieren Sie eigene Antwortmöglichkeiten. Der Flow läuft erst weiter, wenn alle geantwortet haben. Das Ergebnis liegt als Liste aller Genehmiger mit ihren Antworten, Antwortzeiten etc. vor.
BENUTZERDEFINIERTE ANTWORTEN: AUF EINE ANTWORT WARTEN	Definieren Sie eigene Antwortmöglichkeiten. Der Flow läuft erst weiter, wenn der gewählte Genehmiger geantwortet hat.
GENEHMIGEN/ABLEHNEN: EINE ANTWORT	Der Flow wartet, bis die erste angegebene Person geantwortet hat. Diese Antwort entscheidet, ob die Anfrage genehmigt oder abgelehnt wurde.
GENEHMIGEN/ABLEHNEN: JEDER MUSS GENEHMIGEN	Dieser Genehmigungstyp wartet, bis alle genehmigt haben oder die erste Ablehnung eintrifft.

Tabelle 11.3 Genehmigungstypen

Genehmigung erstellen

Mit GENEHMIGUNG ERSTELLEN richten Sie eine Genehmigungsanfrage wie zuvor besprochen ein, nur dass der Flow nicht wartet, bis eine Antwort gegeben wird. Auch hier haben Sie die Möglichkeit, zwischen verschiedenen Genehmigungstypen zu wählen. Besonders interessant wird es, wenn Sie sich die Ausgaben dieser Aktion anschauen, denn dort gibt es eine Eigenschaft ADAPTIVE KARTE. Bevor Sie erfahren, was Sie damit anstellen können, muss ich aber noch kurz auf die Aktion AUF GENEHMIGUNG WARTEN eingehen.

Auf Genehmigung warten

Haben Sie zuvor die Aktion GENEHMIGUNG ERSTELLEN genutzt, können Sie mit der Warten-Aktion die Genehmigungs-ID eintragen und warten, bis die Antworten entsprechend dem eingestellten Genehmigungstyp abgegeben werden (siehe Abbildung 11.86).

Abbildung 11.86 Verwenden der Genehmigungs-ID, um auf eine Genehmigung zu warten

Adaptive Karte aus Genehmigung an Teams schicken

Nun kann man sich fragen, welchen Sinn die beiden Aktionen GENEHMIGUNG ERSTELLEN und AUF GENEHMIGUNG WARTEN haben, wenn uns doch schon Aktionen zur Verfügung stehen, die von sich aus warten können.

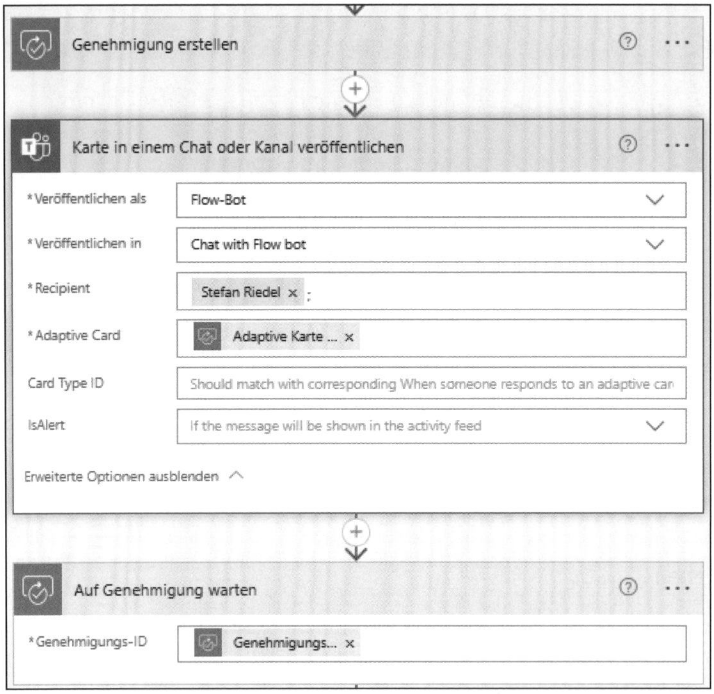

Abbildung 11.87 Adaptive Karte der Genehmigung in Teams posten

Der Grund ist die bereits erwähnte Eigenschaft Adaptive Karte. Diese Eigenschaft stellt Ihnen eine adaptive Karte bereit, die Sie mit der Aktion Karte in einem Chat oder Kanal veröffentlichen aus dem Teams-Konnektor verwenden können (siehe Abbildung 11.87). Die Aktion Auf Genehmigung warten konfigurieren Sie weiterhin so, dass sie auf die zuvor erstellte Genehmigung wartet.

Abbildung 11.88 zeigt die adaptive Karte aus dem *Genehmigungen*-Konnektor. Sobald auf der Karte Approve oder Reject gewählt und die Entscheidung anschließend noch einmal mit Submit bestätigt wurde, kann die Antwort in Ihrem Flow wie gewohnt weiterverarbeitet werden.

Abbildung 11.88 Adaptive Karte einer Genehmigung in Microsoft Teams

Einschränkungen

Im Zusammenhang mit Genehmigungen sind einige Einschränkungen und Probleme bekannt, von denen ich Ihnen die beiden vorstellen möchte, die mich in meinen Projekten geärgert haben. Eine offizielle Liste bekannter Einschränkungen finden Sie hier: *https://learn.microsoft.com/de-de/power-automate/approvals-known-issues*

- **Adaptive Karten in Teams und Outlook sind nicht synchron.**
  In der Standardkonfiguration wird für jede Genehmigung auch eine Mail versendet. Haben Sie die Karte auch in Richtung Microsoft Teams geschickt und treffen entweder in Teams oder in der Mail eine Entscheidung, so bleibt die Genehmigungsanfrage in der jeweils anderen Anwendung weiter offen.

  Sie können das Versenden der Mail unterbinden, indem Sie die Eigenschaft Enable notifications in der Genehmigungsaktion auf Nein setzen.

- **Genehmigungen brechen nach 28 Tagen ab.**
  Unbeantwortete Genehmigungsanfragen brechen nach 28 Tagen ab, ohne dass das eine Auswirkung auf die Nachrichten im Genehmigungsbereich hat. Damit Sie die Kontrolle behalten, können Sie mit der Einstellung Ausführen nach in nachfolgenden Aktionen feststellen, ob die Genehmigung in einen Timeout gelaufen

ist. Wie man mit dieser Einstellung arbeitet, erfahren Sie in Abschnitt 10.1.3 und Abschnitt 10.4. Falls Ihnen 28 Tage so oder so zu lang scheinen, reduzieren Sie diese Zeit, indem Sie den Timeout für das Warten auf eine Antwort auf eine individuelle Zeit festlegen. Wie das geht, erfahren Sie in Abschnitt 10.6.2.

11.7 Flows aufrufen

11.7.1 Untergeordnete Flows (Child-Flows)

Untergeordnete Flows oder auch Child-Flows sind solche mit einem Trigger für die sofortige Ausführung, die sich von einem anderen Flow oder auch einer Power App aufrufen lassen und ihr Ergebnis an den Aufrufer zurückliefern.

Bevor Sie danach suchen, wie Sie einen Flow aus einem anderen Flow heraus aufrufen können, halten Sie kurz inne, denn das Ganze funktioniert nur, wenn Sie Ihre Flows in einer *Projektmappe* bzw. *Lösung* (engl. *Solution*) verwalten. Mehr zur Arbeit mit Lösungen finden Sie in Kapitel 14.

Das Beispiel in diesem Abschnitt ist folgendermaßen: Ein Flow übergibt einem untergeordneten Flow zwei Zahlen, deren Summe zurückgegeben werden soll.

Lösungen machen das Leben mit Flows einfacher

Sobald Sie in Ihrem Maker Portal mehr als eine Handvoll Flows angelegt haben, werden Sie feststellen, dass das Power Automate Maker Portal nicht wirklich Ordnung schafft, denn Flows lassen sich kaum ordnen. Maximal eine geschickte Namensgebung kann hier Abhilfe schaffen.

Was aber wirklich hilft, um Ordnung in die Entwicklung von Power-Platform-Anwendungen zu bringen, sind *Lösungen* oder *Projektmappen*, wie sie im Power Automate Maker Portal heißen, denn hier finden Sie nur die Flows und Apps, die wirklich zu Ihrem Projekt gehören (siehe Abbildung 11.89).

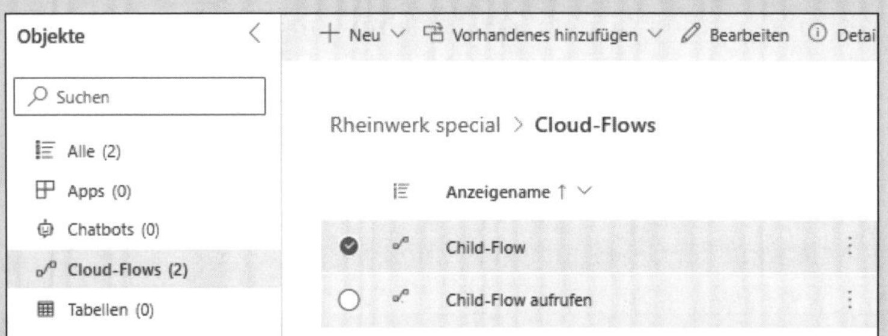

Abbildung 11.89 Lösungen bringen Ordnung in die Entwicklung.

Eventuell nutzen Sie die Notwendigkeit von Lösungen zur Nutzung von Child-Flows, um Ihre Entwicklungen grundsätzlich mit Lösungen zu strukturieren.

Der untergeordnete Flow

Der untergeordnete Flow aus Abbildung 11.90 tut nicht wirklich viel. Er empfängt zwei Zahlen als Eingabeparameter (siehe auch Abschnitt 10.2.1) und gibt deren Summe zurück. Die Rückgabe erfolgt über die Aktion AUF EINE POWERAPP ODER EINEN FLOW ANTWORTEN. Die Berechnung über den Ausdruck `add(triggerBody()['number'],triggerBody()['number_1'])` wird dem Rückgabeparameter ERGEBNIS zugewiesen.

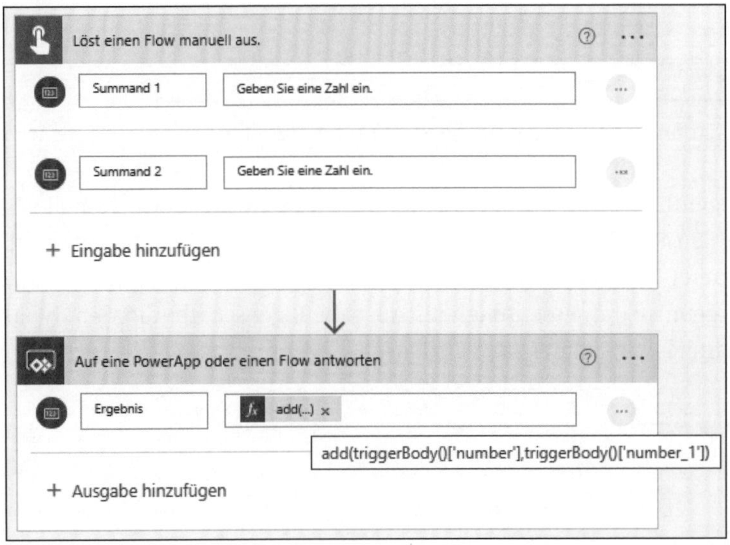

Abbildung 11.90 Ein untergeordneter Flow zum Addieren von zwei Zahlen

> **Rückgabeparameter definieren**
>
> Genauso, wie Sie gelernt haben, Eingabeparameter für Trigger zu definieren, können Sie das auch für Rückgaben tun.

Der aufrufende Flow

Um einen Flow aufrufen zu können, benötigen Sie den Konnektor *Abläufe*, der genau eine Aktion bereitstellt, nämlich die, einen untergeordneten Flow aufzurufen (siehe Abbildung 11.91).

Mein Beispiel-Flow aus Abbildung 11.92 wird über einen Trigger zur sofortigen Auslösung aufgerufen und ruft im nächsten Schritt den untergeordneten Flow auf.

Diese Aktion verwendet primär einen festen Parameter, den untergeordneten Flow. Die Auswahlbox stellt Ihnen alle Flows zur sofortigen Ausführung bereit, die in Ihrer Lösung vorhanden sind. Sobald Sie einen Flow ausgewählt haben, wird der Trigger analysiert, und die Eingabeparameter werden als Eingabefelder bereitgestellt.

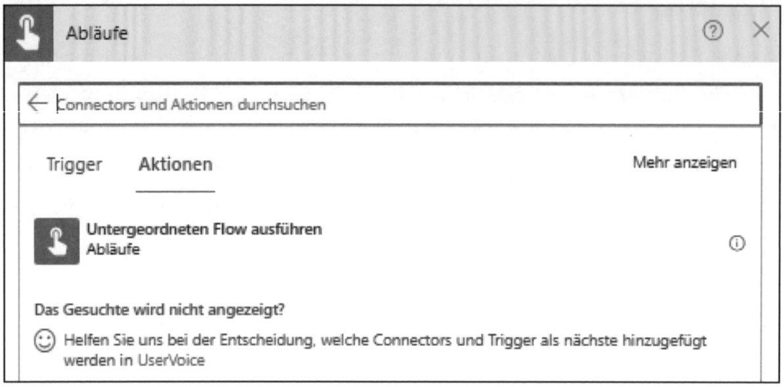

Abbildung 11.91 Der Konnektor zur Ausführung von untergeordneten Flows

Wird der Flow ausgeführt, erfolgt genau hier der Aufruf des untergeordneten Flows mit den beiden Zahlen. Sobald der untergeordnete Flow fertig gerechnet hat, wird das Ergebnis im Parameter ERGEBNIS zurückgeliefert und hier in der VERFASSEN-Aktion verarbeitet. Die Ergebnisparameter stehen als Ausgabe-Eigenschaften in den dynamischen Inhalten im Flow-Designer zur Verfügung.

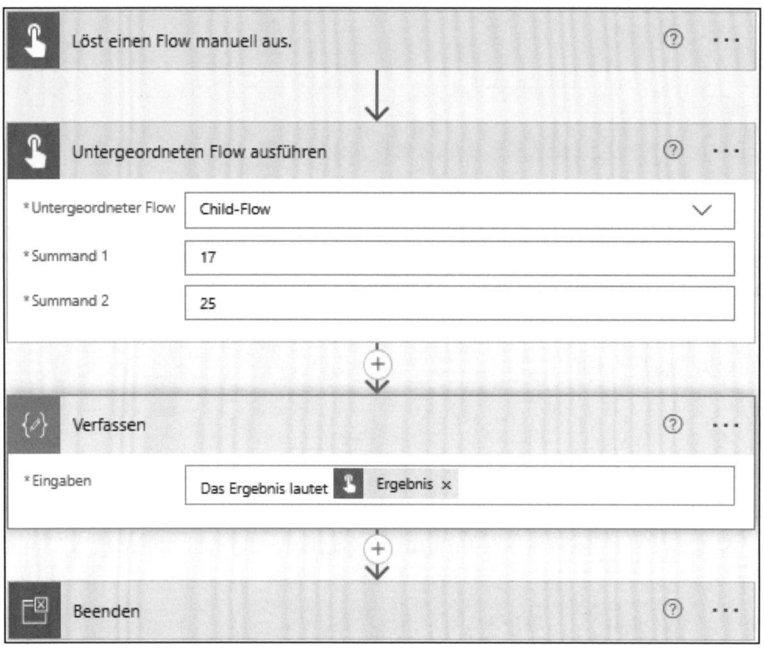

Abbildung 11.92 Der aufrufende Flow

11.7.2 Flows per HTTP-Konnektor aufrufen

In Abschnitt 10.2.1 haben Sie den Trigger kennengelernt, der auf eine HTTP-Anforderung (*HTTP-Request*) reagiert. Nun erfahren Sie, wie Sie einen Flow per HTTP-Request aufrufen.

Der aufzurufende Flow

Um diesem Beispiel zu folgen, erstellen Sie einen Flow, der auf eine HTTP-Anforderung wartet, und definieren die JSON-Daten aus Listing 11.1 als Beispielnutzlast, um das Schema zu erstellen.

```
{
    "Summand1":18,
    "Summand2":96
}
```

Listing 11.1 Beispielnutzlast zum Erzeugen des Schemas

Das automatisch generierte Schema können Sie Listing 11.2 entnehmen. Es dient dazu, im weiteren Verlauf des Flows auf die Eingabedaten zugreifen zu können.

```
{
    "type": "object",
    "properties": {
        "Summand1": {
            "type": "integer"
        },
        "Summand2": {
            "type": "integer"
        }
    }
}
```

Listing 11.2 Schema zum Empfangen von zwei Zahlen

Das Ergebnis wird über den folgenden Ausdruck ermittelt und als Antworttext zurückgegeben:

```
add(triggerBody()?['Summand1'],triggerBody()?['Summand2'])
```

Den fertigen Flow sehen Sie in Abbildung 11.93.

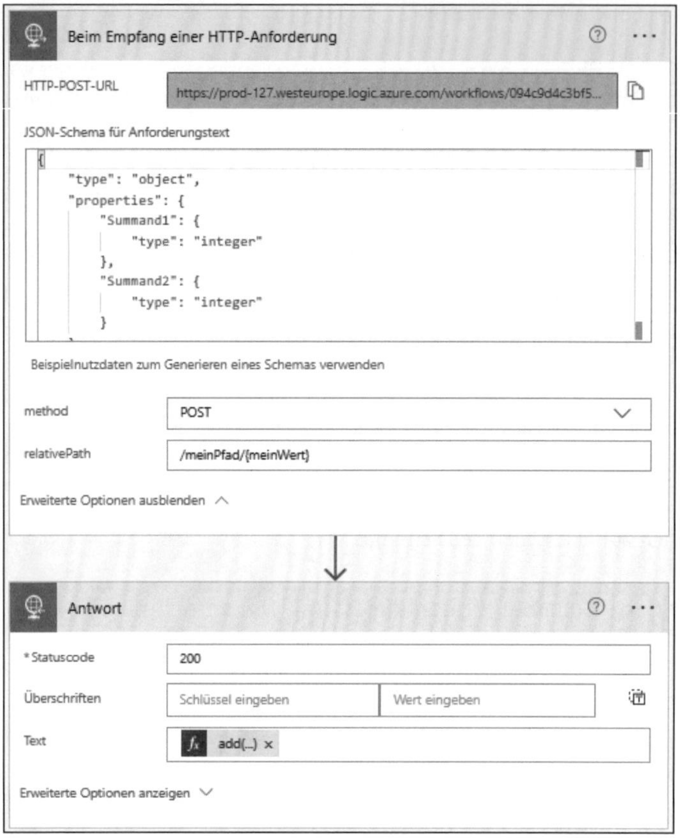

Abbildung 11.93 Ein rechnender Flow mit HTTP-Schnittstelle

Der aufrufende Flow

Für den Aufruf eines Webdienstes – mehr ist ein Flow ja eigentlich nicht – benötigen Sie den Premium-Konnektor *HTTP*. Für den eigentlichen Aufruf nutzen Sie die dort enthaltene Aktion HTTP (siehe Abbildung 11.94).

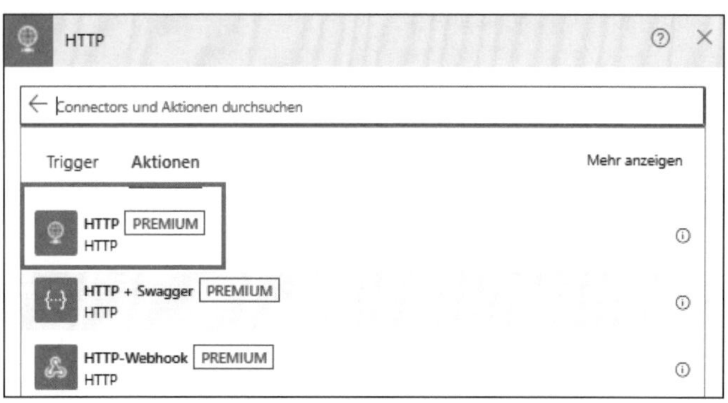

Abbildung 11.94 Der HTTP-Konnektor

Die Konfiguration ist denkbar einfach:

1. Sie benötigen die URL des Endpunkts, die Sie sich aus dem Trigger kopieren können.
2. Sie müssen die Methode festlegen. Da Sie Parameter im Körper (Body) mitliefern, wählen Sie hier POST.
3. Zu guter Letzt brauchen Sie die Nutzlast, die Sie an die Gegenstelle übermitteln. Entsprechend dem Schema des aufzurufenden Flows sieht das so wie in Listing 11.3 aus.

```
{
    "Summand1":17,
    "Summand2":25
}
```

Listing 11.3 Nutzlast für den Aufruf eines Flowss

Das Ergebnis des Aufrufs erhalten wir über den Körper zurück, den wir über eine dynamische Eigenschaft abrufen. Den fertigen Flow finden Sie in Abbildung 11.95.

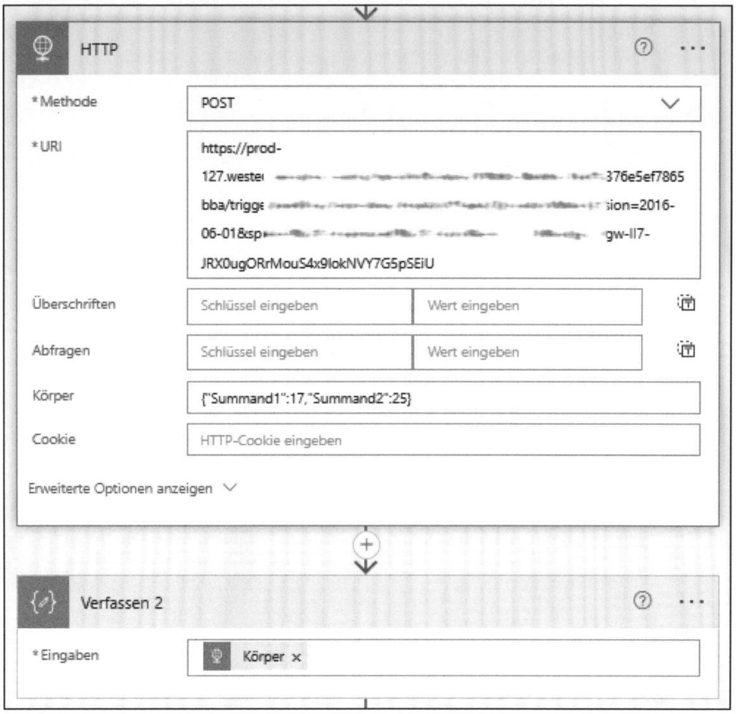

Abbildung 11.95 Aufruf eines Flows per HTTP-Request

Kapitel 12

Anwendungsbeispiele aus dem Projektalltag

Nach der Theorie geht es an die Umsetzung. Ich möchte Ihnen kurz und übersichtlich zeigen, was Sie mit ein paar Tricks alles umsetzen können.

Dieses Kapitel beinhaltet Szenarien und Herausforderungen, denen ich in meinen Projekten oft begegne. Zudem zeigen sie die Anwendungen der bisher gelernten Befehle und Konzepte.

12.1 Wer bin ich? Der Office 365-Benutzer-Konnektor

Wenn Sie sich Abschnitt 5.3 über die Erstellung und Verwendung von Komponenten angeschaut haben, haben Sie bereits den `User()`-Befehl kennengelernt, der Ihnen das Profilbild, die E-Mail-Adresse sowie den Anzeigenamen des angemeldeten Benutzers bereitstellt. In vielen Fällen benötigen Sie aber ein paar mehr Informationen.

Diese bekommen Sie aus dem Konnektor *Office 365 Users*, den ich im Folgenden in der deutschen Sprachversion *Office 365-Benutzer* verwende.

Abbildung 12.1 Sprachwechsel nach Einbindung

Deutsche Umgebungen

Sobald Sie den *Office 365-Users*-Konnektor ausgewählt haben, wird er übersetzt und heißt in deutschen Umgebungen »Office 365-Benutzer«. Im Umkehrschluss bedeutet das, dass Sie Ihre Konnektoren zunächst in der englischen Sprache suchen müssen.

Der *Office 365-Benutzer*-Konnektor stellt eine Reihe von Funktionen zur Verfügung, um Benutzerprofile zu suchen bzw. das eigene Profil auszulesen oder zu ändern. Eine Auswahl davon möchte ich Ihnen jetzt vorstellen.

[»] **Dokumentation**

Die offizielle Dokumentation zu diesem Konnektor finden Sie unter: *https://learn.microsoft.com/en-us/connectors/office365users/*.

12.1.1 MyProfileV2

Mit der Methode `MyProfileV2()` können Sie Ihre Profileigenschaften auslesen. Eigenschaften, die Sie auslesen oder ändern können, entsprechen denen, die Sie auch über Ihr Office-Profil einsehen oder ändern können. Sie erreichen es, wenn Sie auf Ihr Profilbild und dann auf MEIN OFFICE-PROFIL und PROFIL AKTUALISIEREN klicken. Abbildung 12.2 zeigt meine Profilinformationen. Das Ändern von Profilinformationen anderer Personen ist nicht möglich.

Abbildung 12.2 Mein Profil

Die Methode `MyProfileV2` kann parameterlos aufgerufen werden und liefert so ein komplettes Benutzerobjekt mit allen Ihren Eigenschaften (siehe Abbildung 12.3).

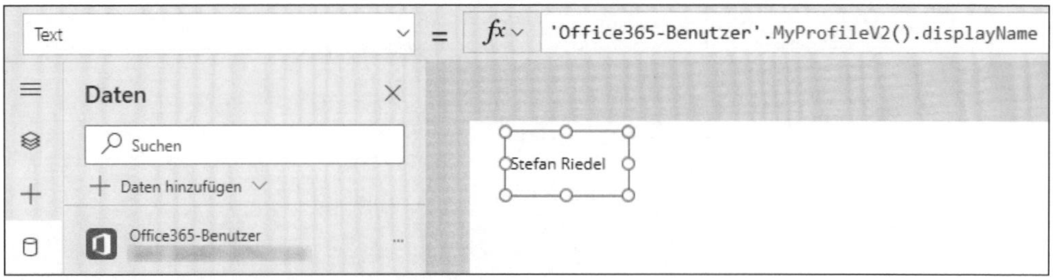

Abbildung 12.3 Parameterloser Aufruf von MyProfileV2

Die auslesbaren Eigenschaften eines Benutzerobjekts sind in Tabelle 12.1 aufgelistet.

Eigenschaft	Bemerkung
`aboutMe`	ein Text, der mich beschreibt
`accountEnabled`	Falls Ihr Account deaktiviert wurde, ist das hier abrufbar. Das Ergebnis ist `true` oder `false`.
`birthday`	ein DateTime-Feld mit Ihrem Geburtstag
`businessPhones`	eine Tabelle mit Ihren Geschäftstelefonnummern
`city`	Ihre Stadt
`companyName`	Ihr Firmenname
`country`	DE für Deutschland
`department`	Ihre Abteilung
`displayName`	Vor- und Zuname
`givenName`	Vorname
`hireDate`	Anstellungsdatum
`id`	interne UserID, wichtig u. a. für Abfragen, ob man Mitglied in einer Sicherheitsgruppe ist
`interests`	Tabelle mit Ihren Interessen
`jobTitle`	Position
`mail`	Mail-Adresse
`mailNickName`	Mail-Adresse ohne Domäne
`mobilePhone`	Mobiltelefonnummer

Tabelle 12.1 Eigenschaften des Benutzerobjekts

Eigenschaft	Bemerkung
`mySite`	Link zur SharePoint-MySite
`officeLocation`	Firmenstandort
`pastProjects`	Tabelle mit vergangenen Projekten
`postalCode`	Postleitzahl
`preferredLanguage`	bevorzugte Sprache
`preferredName`	bevorzugter Name
`responsibilities`	Tabelle mit Ihren Zuständigkeiten
`schools`	Tabelle Ihrer Schulen
`skills`	Tabelle Ihrer Fähigkeiten
`state`	Bundesland
`streetAddress`	Ihr Straßenname
`surName`	Nachname
`userPrincipalName`	Ihr Anmeldename (kann von der Mailadresse abweichen)
`userType`	Guest oder Member

Tabelle 12.1 Eigenschaften des Benutzerobjekts (Forts.)

Neben dem parameterlosen Aufruf können Sie auch die zurückgelieferten Daten einschränken. Dazu nutzen Sie den optionalen Parameter `$select`, dem Sie die Eigenschaften übergeben, die Sie abrufen wollen (siehe Abbildung 12.4). Alle übrigen Parameter, die nicht in der `select`-Liste auftauchen, bleiben leer.

Abbildung 12.4 Parametrisierter Aufruf von MyProfileV2

Wollen Sie mehrere Eigenschaften abrufen, trennen Sie diese einfach mit einem Komma:

```
'Office365-Benutzer'.MyProfileV2({'$select':"aboutMe, city"})
```

12.1.2 UpdateMyProfile

Praktischerweise stellt uns der Konnektor auch eine Methode bereit, um Profileigenschaften aktualisieren zu können, nämlich `UpdateMyProfile()`.

Abbildung 12.5 Aktualisieren von Profileigenschaften

Abbildung 12.5 zeigt die Verwendung dieser Methode. Hier wird der Text der Eigenschaft `aboutMe` aktualisiert, der etwas über Sie als Person im Profil darstellen soll (siehe Abbildung 12.6).

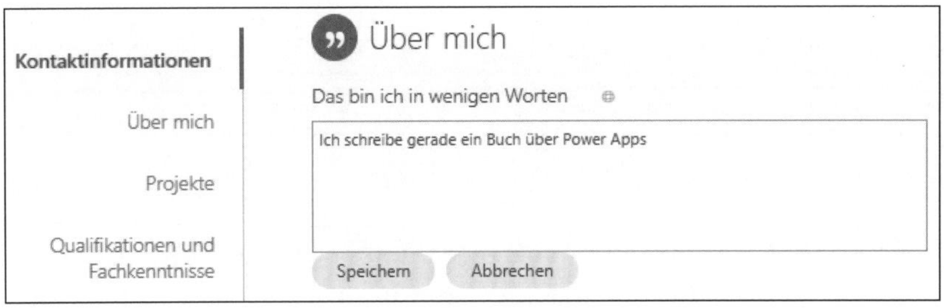

Abbildung 12.6 Die aktualisierte Eigenschaft »aboutMe«

Da das Office 365-Profil aus Daten des Dienstes Microsoft Entra Ihres Unternehmens und persönlichen Daten besteht, lassen sich nicht alle Profildaten ändern. Änderbare Eigenschaften sind:

- `aboutMe` (Text)
- `birthday` (Datum und Uhrzeit)
- `interests` (Tabelle)
- `mySite` (Text)
- `pastProjects` (Tabelle)
- `schools` (Tabelle)
- `skills` (Tabelle)

Die Aktualisierung von tabellarischen Eigenschaften ist denkbar simpel, denn Sie übergeben einfach eine Datenliste, wie in Abbildung 12.7 zu sehen.

```
'Office365-Benutzer'.UpdateMyProfile({interests:["Power Apps";"Power Automate"]})
```

Abbildung 12.7 Übergabe von tabellarischen Werten

12.1.3 SearchUserV2

`SearchUserV2()` ist ein guter Kandidat für eine einfache Mitarbeitersuche. Übergeben Sie einfach den Suchtext im Parameter `searchTerm`, und der Konnektor liefert Ihnen die Benutzerobjekte für alle Benutzer, in deren Eigenschaften

- `displayName`
- `givenName`
- `surName`
- `mail`
- `mailNickname`
- `userPrincipalName`

der Suchtext vorkommt.

```
Collect(colBenutzer;'Office365-Benutzer'.SearchUserV2({searchTerm:"riedel"}).value)
```

Abbildung 12.8 Suchen von Mitarbeitern mit SearchUserV2

Als Parameter können Sie `searchTerm` übergeben, um nach einer Zeichenkette zu suchen. `top` gibt die gewünschte maximale Anzahl von Suchergebnissen an (Default: 1000), und `isSearchTermRequired` (Boolean) gibt an, ob eine Suche ohne `searchTerm` erfolgen darf.

12.1.4 UserPhotoV2 und UserProfileV2

Möchten Sie Ihr eigenes Profilbild abrufen, so ist `User().Image` Ihr Freund. Sobald Sie die Profilbilder von anderen Personen abrufen wollen, nutzen Sie die Methode `UserPhotoV2()`, so wie in Abbildung 12.9 zu sehen.

```
'Office365-Benutzer'.UserPhotoV2(First(colBenutzer).Id)
```

Abbildung 12.9 Abruf von Profilbildern

`UserPhotoV2` erwartet, wie die meisten anderen Methoden dieses Konnektors, eine Benutzer-ID. Das Beispiel aus Abbildung 12.9 nutzt die ID des ersten Eintrags des Suchergebnisses aus dem Beispiel aus Abschnitt 12.1.3. Die Collection `colBenutzer` enthält alle Benutzer, die dem Suchkriterium »riedel« entsprechen.

Kennen Sie den *UserPrincipalName* – üblicherweise die E-Mail-Adresse – der Person, deren Daten Sie abrufen wollen, können Sie auch folgenden Code verwenden:

```
'Office365-Benutzer'.UserPhotoV2("sri@mailadresse.com")
```

Als Ergebnis wird ein Bild geliefert, sodass Sie die Methode `UserPhotoV2` direkt als Code für die Eigenschaft IMAGE eines Bild-Steuerelements verwenden können.

UserProfileV2 funktioniert analog zu UserPhotoV2

Genauso, wie Sie für das Abrufen des Profilbildes die Benutzer-ID oder den *UserPrincipalName* (E-Mail-Adresse) benötigen, benötigen Sie diese Daten auch zum Abrufen eines Benutzerprofils.

12.1.5 UpdateMyPhoto

Möchten Sie Ihren Benutzerinnen und Benutzern die Möglichkeit geben, ihr Profilbild in Office 365 zu ändern, so hilft Ihnen die Methode `UpdateMyPhoto()` im Zusammenspiel mit einem Bilder-Upload.

Wählen Sie aus dem Bereich MEDIEN die Komponente BILD AUSWÄHLEN auf Ihren Bildschirm (siehe Abbildung 12.10) und darunter eine Schaltfläche, um das ausgewählte Bild hochzuladen.

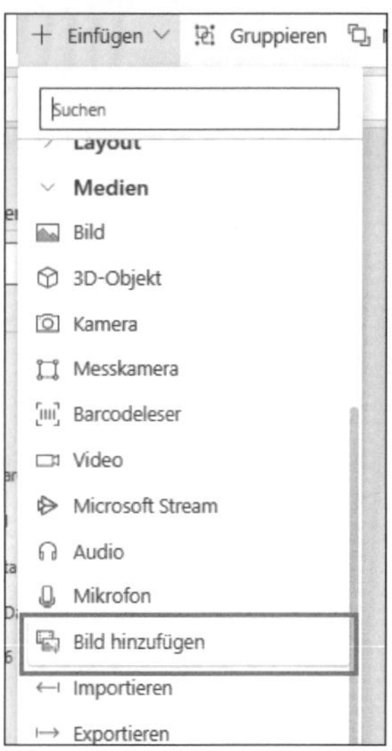

Abbildung 12.10 Die Upload-Komponente auswählen

Wenn Ihre Strukturansicht in etwa so aussieht wie in Abbildung 12.11, haben Sie das Wichtigste geschafft. ADDMEDIAWITHIMAGE1 ist der Standardwert, wenn Sie die

Komponente zur Bilderauswahl auf Ihrem Bildschirm platzieren. Der Eintrag BTNSETPROFILEPICTURE ist eine Schaltfläche, die ich entsprechend umbenannt habe.

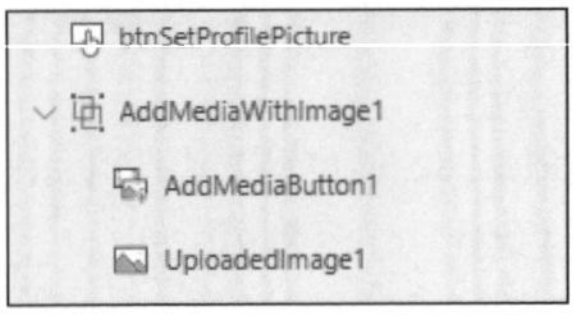

Abbildung 12.11 Strukturansicht von Komponenten zur Aktualisierung von Profilbildern

Nun nehmen Sie den Code aus Abbildung 12.12 und setzen ihn in die `OnSelect`-Eigenschaft der Schaltfläche.

Abbildung 12.12 Profilfoto aktualisieren

Führen Sie die App aus, und wählen Sie ein Bild über die Upload-Komponente aus. Sobald Sie die Schaltfläche nutzen, wird das Bild hochgeladen und ist in Ihrem Profil sichtbar.

[»]

> **Größenbeschränkung**
>
> Ein Profilbild darf nicht größer als 4 MB sein.

[»]

> **Synchronisation dauert**
>
> Sie haben in mehreren Anwendungen von Microsoft 365 die Möglichkeit, Ihr Profilbild abzurufen. Es kann erfahrungsgemäß bis zu drei Tage dauern, bis ein geändertes Profilbild überall verfügbar ist.

12.1.6 UserPhotoMetaData

Die Methode `UserPhotoMetaData()` wird mit der Benutzer-ID oder dem `UserPrincipalName` aufgerufen und dient dazu, die Eigenschaften des Profilbildes auszulesen (siehe Abbildung 12.13). Die verfügbaren Eigenschaften können Sie Tabelle 12.2 entnehmen.

Eigenschaft	Beschreibung
`Width`	Breite des Fotos in Pixeln
`Height`	Höhe des Fotos in Pixeln

Tabelle 12.2 Eigenschaften der Abfrage UserPhotoMetaData

Eigenschaft	Beschreibung
`HasPhoto`	Boolean: `true`, wenn Foto vorhanden, sonst `false`
`ContentType`	Typ des Fotos, zum Beispiel `image/jpeg`
`ImageFileExtension`	Dateityp inklusive des führenden Punkts: `.jpeg`

Tabelle 12.2 Eigenschaften der Abfrage UserPhotoMetaData (Forts.)

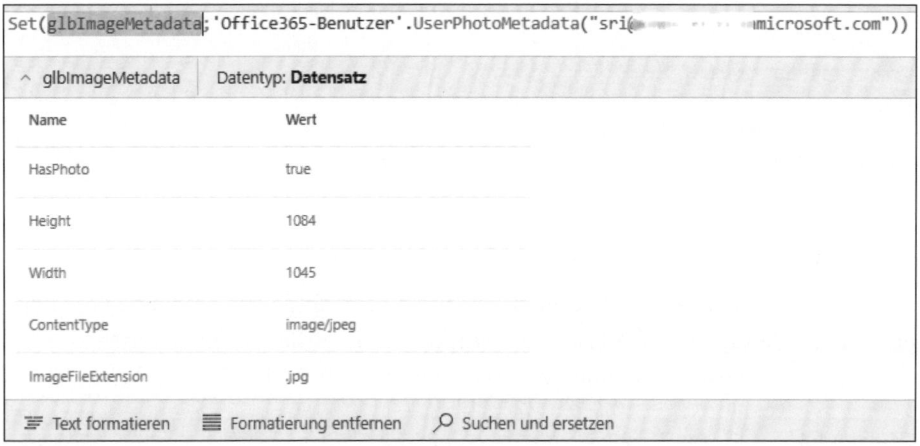

Abbildung 12.13 Rückgabewerte von UserPhotoMetaData

12.2 In welcher Gruppe bin ich? Der Office 365-Gruppen-Konnektor

Dieser Abschnitt zeigt Ihnen, wie Sie ganz einfach die Zugehörigkeit zu einer Sicherheitsgruppe abfragen können. Das benötigen Sie dann, wenn Sie den Benutzerinnen und Benutzern rollenabhängige Daten oder Funktionen bereitstellen wollen.

> **Dokumentation**
> Die komplette Dokumentation dieses Konnektors erhalten Sie unter:
> *https://learn.microsoft.com/en-us/connectors/office365groups/*.

Um Gruppenzugehörigkeiten abfragen zu können, benötigen Sie den Konnektor *Office 365 Groups*, der als *Office 365-Gruppen*-Konnektor in deutschen Umgebungen eingebunden wird (siehe Abbildung 12.14).

Sobald Sie den Konnektor ausgewählt haben, werden Sie aufgefordert, sich einmal anzumelden, und können loslegen.

Abbildung 12.14 Einbinden des Konnektors »Office 365 Groups«

12.2.1 ListOwnedGroupsV3 und ListGroupMembers

`ListOwnedGroupsV3` listet alle Gruppen auf, deren Besitzer die angemeldete Person ist oder denen sie angehört. Die Liste aller Gruppen können Sie mit der Eigenschaft `value` abrufen. Die Eigenschaften eines jeden Gruppenobjekts finden Sie in Tabelle 12.3.

Eigenschaft	Beschreibung
`classification`	Office 365-Klassifizierung
`createdDateTime`	Datum, wann erstellt
`deletedDateTime`	Datum, wann gelöscht
`description`	Gruppenbeschreibung
`displayName`	Gruppenname
`id`	Gruppen-ID aus Microsoft Entra
`mail`	Gruppen-E-Mail
`mailEnabled`	`true`, falls Gruppe Mails empfangen kann
`mailNickname`	Mail ohne Domänenname
`onPremisesLastSyncDateTime`	wann zuletzt mit lokalem Active Directory synchronisiert wurde
`onPremisesSecurityIdentifier`	ID des lokalen Active Directory

Tabelle 12.3 Eigenschaften eines Gruppenobjekts

Eigenschaft	Beschreibung
onPremisesSyncEnabled	true, falls Synchronisation eingestellt, sonst false
renewedDateTime	Erneuerungsdatum
securityEnabled	true, falls es eine Sicherheitsgruppe ist, sonst false
visibility	Public oder Private

Tabelle 12.3 Eigenschaften eines Gruppenobjekts (Forts.)

Der Code aus Listing 12.1 zeigt die Verwendung der beiden Methoden ListOwned-GroupsV3 und ListGroupMember. Idealerweise führen Sie diesen Code in App.OnStart aus, um gleich zum Start der App die vorhandenen Rollen der angemeldeten Person abzufragen.

```
Set(glbMyId;'Office365-Benutzer'.MyProfileV2().id);;

//ListOwnedGroupsV3
If(
    !IsBlank(Filter('Office365-Gruppen'.ListOwnedGroupsV3() ⮐
                    .value;id="6581aeed-xxxx-xxxx-xxxx-2b12da8cb9b4"));
    Set(glbCurrentUserIsMember;true)
);;

//ListGroupMembers
If(
    !IsBlank(Filter('Office365-Gruppen'.ListGroupMembers("6581aeed-xxxx-⮐
                    xxxx-xxxx-2b12da8cb9b4").value;id=glbMyId));
    Set(glbCurrentUserIsMember;true);
    Set(glbCurrentUserIsMember;false)
)
```

Listing 12.1 Gruppenzugehörigkeit abfragen

Wie auch der *Office 365-Benutzer*-Konnektor, arbeitet dieser Konnektor vorzugsweise mit Benutzer-IDs. Die ID wird ausgelesen und in der globalen Variablen glbMyId gespeichert.

```
Set(glbMyId;'Office365-Benutzer'.MyProfileV2().id);
```

Nun erfolgt die Abfrage der `OwnedGroups`, also aller Gruppen, denen eine Person angehört oder deren Besitzer sie ist. Das Ergebnis befindet sich in der Eigenschaft `value`, die sich wie jede andere Tabelle filtern lässt, denn wir wollen wissen, ob ich einer bestimmten Gruppe angehöre. In diesem Beispiel frage ich explizit nach der Gruppe mit der ID `6581aeed-...`, könnte aber auch den Anzeigenamen oder die E-Mail nutzen.

```
!IsBlank(Filter('Office365-Gruppen'.ListOwnedGroupsV3().value;id="6581aeed-
xxxx-xxxx-xxxx-2b12da8cb9b4"))
```

Wenn das Ergebnis der Anfrage nicht leer ist (`!IsBlank()`), wird eine weitere globale Variable `glbCurrentUserIsMember` auf den Wert `true` gesetzt.

```
Set(glbCurrentUserIsMember;true);
```

So können Sie an jeder Stelle Ihrer App den Anzeigemodus (`DisplayMode`) Ihrer Schaltflächen oder Symbole u. v. m. in Abhängigkeit von der Gruppenmitgliedschaft auf `DisplayMode.Disabled` oder `DisplayMode.Edit` setzen.

`ListGroupMembers` liefert mir die Benutzerobjekte, die einer bestimmten Gruppe zugeordnet wurden. Mit dem optionalen Parameter `$top:` lässt sich die Anzahl an zurückgegebenen Datensätzen begrenzen.

Wie oben erhalte ich das Ergebnis als Tabelle in der Eigenschaft `value`. Diese filtere ich nach den Benutzerobjekten, deren `id` der der angemeldeten Person entspricht. Diesen Wert haben wir in der ersten Zeile in der globalen Variablen `glbMyId` gespeichert.

```
!IsBlank(Filter('Office365-Gruppen'.ListGroupMembers("6581aeed-xxxx-xxxx-xxxx-
2b12da8cb9b4").value;id=glbMyId));
```

Das weitere Vorgehen ist analog zur Methode `ListOwnedGroupsV3`.

12.2.2 Ermitteln der Gruppen-ID

Falls Sie auf eine vorhandene Gruppe zugreifen wollen, aber keinen Zugriff auf das Entra Admin Center haben, bitten Sie Ihren Administrator, Ihnen die Gruppen-ID zu nennen.

Lassen Sie sich eine neue Gruppe anlegen, so bitten Sie auch hier um eine kurze Information zur Gruppen-ID.

Um die ID als Administrator zu ermitteln, öffnen Sie das Microsoft 365 Admin Center über das Waffel-Menü oben links (siehe Abbildung 12.15) und öffnen auf der linken Seite den Bereich IDENTITÄT für das Microsoft Entra Admin Center.

Abbildung 12.15 Aufrufen des Microsoft 365 Admin Centers

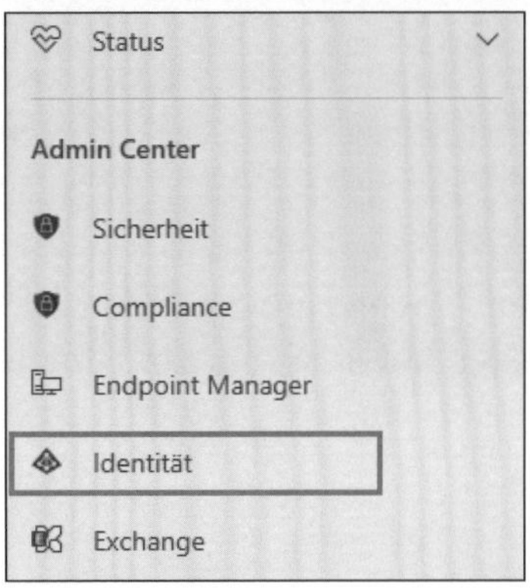

Abbildung 12.16 Administration für Microsoft Entra öffnen

Nun öffnen Sie im linken Menü den Bereich GRUPPEN und dort den Bereich ALLE GRUPPEN. Suchen Sie hier die gewünschte Gruppe, und kopieren Sie die Objekt-ID in die Formeln Ihrer Apps.

Gruppen-ID ist nicht Gruppen-ID

Die Office 365-Konnektoren arbeiten alle mit den Gruppen- und Benutzer-IDs aus Microsoft Entra. Meist ist es so, dass diese Objekte zunächst lokal angelegt werden und in die Cloud, also in Entra, synchronisiert werden. Dort erhalten die Gruppen und Benutzer neue IDs.

> Falls Sie also von Ihrem Administrator IDs bekommen haben und Sie den Eindruck haben, dass Ihr Code falsche Ergebnisse liefert, fragen Sie nochmal nach der Herkunft der IDs.

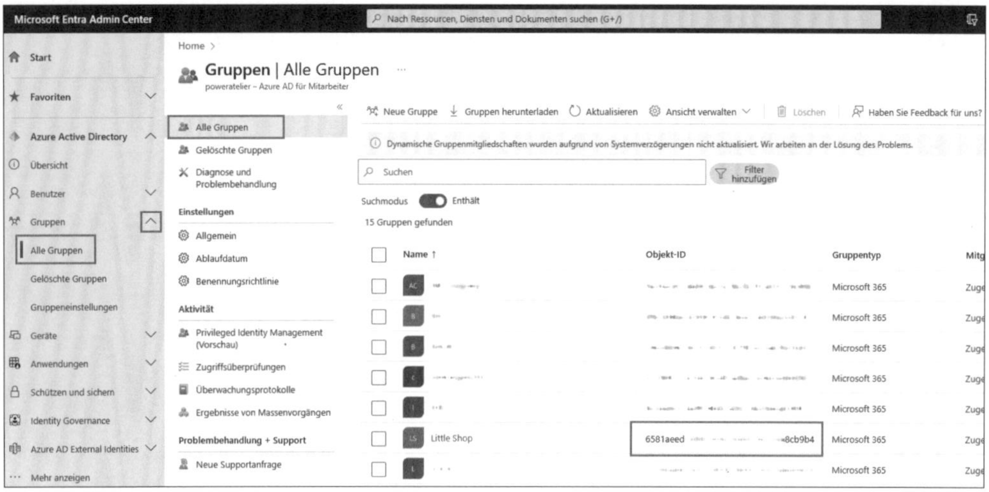

Abbildung 12.17 Gruppen anzeigen

12.3 Reiterleiste

Reiterleisten sind praktisch, um Teilbereiche Ihrer App ein- und auszublenden. Die folgenden Beispiele zeigen, wie einfach Sie Reiterleisten auf Basis von Containern und Katalog-Elementen aufbauen können.

12.3.1 Reiterleiste basierend auf Containern

Für das folgende Beispiel benötigen Sie zwei Layout-Container, einen horizontalen (`ctTabs`) für die Reiterleiste und einen vertikalen (`ctBereiche`) für die Bereiche, die sich je nach gewähltem Reiter einblenden (siehe Abbildung 12.18). `ctTabs` soll eine Width von 640 Pixel und eine Height von 40 Pixel bekommen.

Dem horizontalen Container fügen Sie vier Schaltflächen hinzu, die Sie mit »Tab 1« bis »Tab 4« beschriften. `btnTab1` bis `btnTab4` haben also diese Eigenschaften:

- `Text`: »Tab 1« bis »Tab 4«
- `Width`: 160
- `Height`: 40
- `RadiusTopLeft`: 30 (alle weiteren: 0)

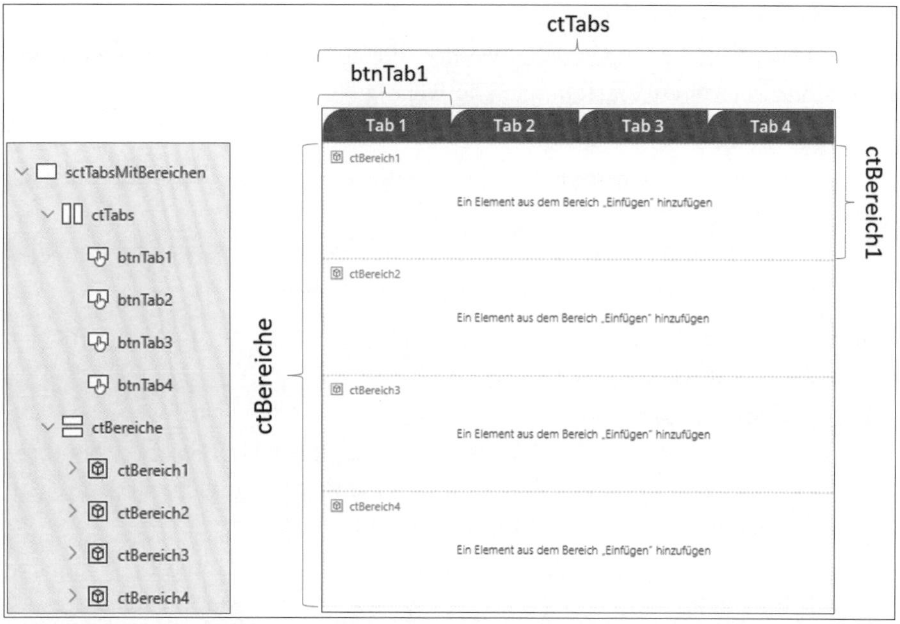

Abbildung 12.18 Grundaufbau einer Reiterleiste mit Bereichen

Dem vertikalen Container `ctBereiche` fügen Sie jeweils einen Container hinzu, der alle weiteren Steuerlemente aufnimmt. Stellen Sie die Eigenschaft `AlignInContainer` wie folgt ein:

```
AlignInContainer:Stretch
```

Jedem dieser Container fügen Sie nach Belieben weitere Elemente hinzu. In meinem Beispiel habe ich je ein Beschriftungsfeld hinzugefügt und die `Text`-Eigenschaft mit »Bereich 1« bis »Bereich 4« benannt. Wie das Ergebnis aussieht, sehen Sie in Abbildung 12.19.

Abbildung 12.19 Reiterleiste mit Bereichen

Ein- und Ausblenden von Bereichen

Damit nur die Bereiche eingeblendet werden, die zu dem jeweils gewählten Reiter passen, sind zwei weitere Einstellungen notwendig.

1. **Konfiguration der Schaltflächen**
   Wählen Sie die `Select`-Eigenschaft jeder Schaltfläche, und erstellen Sie dort den folgenden Code:

   `UpdateContext({locAktuellerBereich:1})` für die erste Schaltfläche bis `UpdateContext({locAktuellerBereich:4})` für die vierte Schaltfläche.

   Somit befindet sich der jeweils anzuzeigende Bereich in der lokalen Variablen `locAktuellerBereich`.
2. **Konfiguration der Bereiche**
   Nun besuchen Sie die `Visible`-Eigenschaft jedes Bereichs `ctBereich1` bis `ctBereich4`. Schreiben Sie dort den folgenden Code, damit jeder Bereich nur dann sichtbar ist, wenn die entsprechende Nummer gewählt wurde:

   `locAktuellerBereich=1` für den ersten Container bis `locAktuellerBereich=4` für den vierten Container.

Gewählten Reiter hervorheben

Zu guter Letzt bietet es sich an, den ausgewählten Reiter hervorzuheben und ihn auch inaktiv zu schalten. Dazu besuchen Sie jede einzelne Schaltfläche und wählen die Eigenschaft `DisplayMode` aus. Dort schreiben Sie folgenden Code:

Für den ersten Reiter `If(locAktuellerBereich=1;DisplayMode.Disabled;DisplayMode.Edit)` bis `If(locAktuellerBereich=4;DisplayMode.Disabled;DisplayMode.Edit)` für den vierten Reiter (siehe Abbildung 12.20).

Abbildung 12.20 Anzeige des aktuell gewählten Bereichs

12.3.2 Reiterleiste basierend auf Katalog-Element

Dieses Beispiel optimiert die Reiterleiste durch die Verwendung des LEEREN HORIZONTALEN KATALOGS, den Sie wie die Layout-Container im Bereich LAYOUT der Steuerelementauswahl finden.

Abbildung 12.21 Reiterleiste mit einem Katalog erstellen

Konfigurieren Sie den Katalog, in Abbildung 12.21 `galReiterleiste` genannt, mit einer `Width` von 640 und einer `Height` von 40 Pixel. Außerdem müssen Sie noch diese `Items` festlegen:

```
[
    {titel:"Tab 1";nummer:1};
    {titel:"Tab 2";nummer:2};
    {titel:"Tab 3";nummer:3};
    {titel:"Tab 4";nummer:4}
]
```

Der Code in der `Items`-Eigenschaft definiert ein JSON-Array bestehend aus Objekten mit den Eigenschaften `titel` und `nummer`.

Markieren Sie nun den Katalog, und wählen Sie das Bleistift-Symbol, um die Katalogvorlage (Template) zu gestalten. Fügen Sie nun eine Schaltfläche hinzu, die Sie mit einer `Width` von 160 Pixel, einer `Height` von 40 Pixel und einem `RadiusTopLeft` von 30 versehen. Die restlichen bleiben bei 0.

Als `Text` geben Sie `ThisItem.title` vor, in der Funktion `OnSelect` soll `UpdateContext({locAktuellerBereich:ThisItem.nummer})` ausgeführt werden. Beim `DisplayMode` geben Sie folgende Bedingung an:

```
If(
    locAktuellerBereich=ThisItem.nummer;
    DisplayMode.Disabled;
    DisplayMode.Edit
)
```

Mit dieser Konfiguration haben Sie eine Reiterleiste basierend auf Schaltflächen erstellt, wobei der aktive Reiter nicht auswählbar ist. Auf diese Weise können Sie auch viele andere Elemente komponieren, die im Standardumfang nicht enthalten sind.

12.4 Buchstabenfilter

Das folgende Beispiel verdeutlicht, wie einfach Sie einen Filter erstellen können, der Ihnen alle Daten einer SharePoint-Liste filtert, die mit einem bestimmten Anfangsbuchstaben beginnen (siehe Abbildung 12.22).

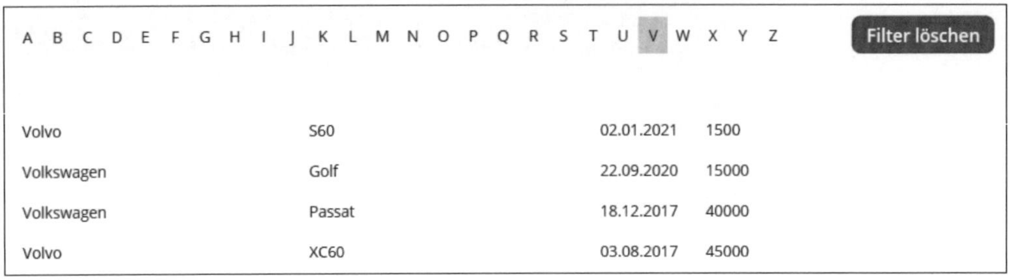

Abbildung 12.22 Der Buchstabenfilter in Aktion

Damit Sie dieses Beispiel nachvollziehen können, benötigen Sie zunächst eine Datenbasis. Ich habe mir eine SharePoint-Liste namens »Fuhrpark« erstellt, der ich eine Textspalte mit dem Namen `Modell`, ein Datumsfeld mit dem Namen `Anschaffungsdatum` und ein Nummernfeld mit dem Namen `Laufleistung` hinzugefügt habe. Die Titelspalte nutze ich, um die Fahrzeugmarke zu speichern (siehe Abbildung 12.23).

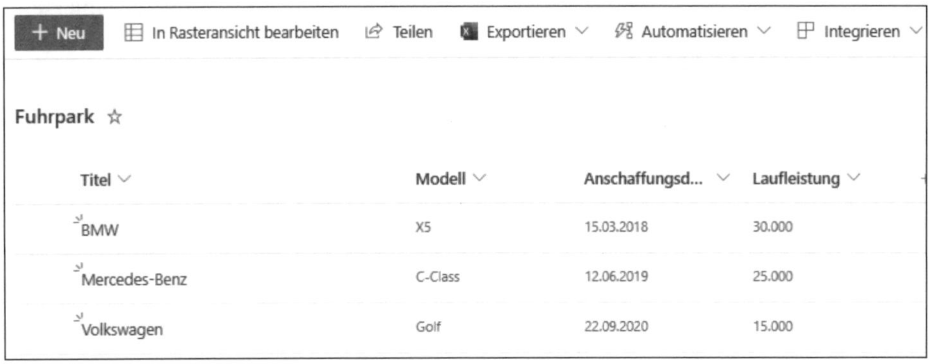

Abbildung 12.23 Fuhrparkdaten zum Filtern

Das Beispiel ist aber auch so einfach umsetzbar, dass Sie eine beliebige Liste wählen können. Gegebenenfalls müssten Sie den Aufbau des Katalogs zur Anzeige der gefilterten Daten etwas anpassen.

12.4.1 Der Aufbau

Dieser Anwendungsfall ist sehr einfach aufgebaut, denn er basiert auf der Verwendung von zwei Katalog-Elementen. Ein Katalog dient zur Anzeige des Buchstabenfilters, der zweite Katalog zur Anzeige der gefilterten Daten (siehe Abbildung 12.24). Eine Schaltfläche dient zum Zurücksetzen des gewählten Buchstabens.

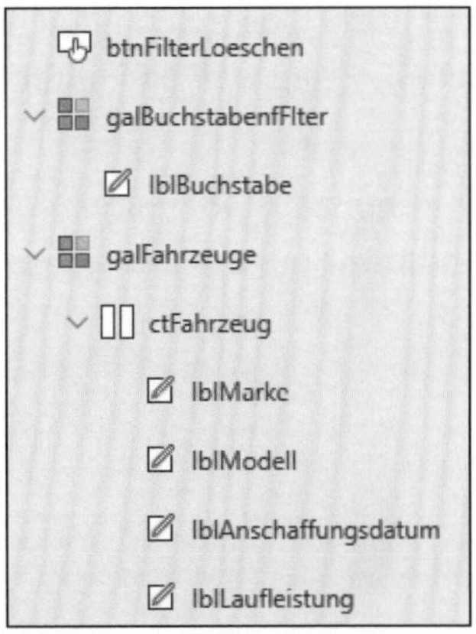

Abbildung 12.24 Aufbau

12.4.2 Der Filter

Der Filter besteht aus einem leeren horizontalen Katalog, dem ich den Namen `galBuchstabenFilter` gegeben habe. Für die Anzeige eines jeden Buchstabens verwende ich ein Beschriftungsfeld mit dem Namen `lblBuchstabe`. Konfigurieren Sie den Katalog sowie das Beschriftungsfeld mit einer `Width` von 900 Pixel, einer `Height` von 54 Pixel und der `TemplateSize` von 34 Pixel.

Der Trick beim Aufbau des Buchstabenfilters liegt darin, dass dem Katalog `galBuchstabenFilter` mit dem `Sequence`-Befehl eine Collection mit 26 Zahlen, beginnend bei 65, zugewiesen wird. Jede Zahl der Collection steht für den ASCII-Code eines Zeichens im Alphabet: `Items: Sequence(26;65)`.

Wählt die Benutzerin oder der Benutzer einen Buchstaben, so wird er in der lokalen Variablen `locSelectedBuchstabe` gespeichert und in der Fahrzeugliste verwendet, um mit `StartsWith(Titel;locSelectedbuchstabe)` alle Fahrzeuge auszugeben, deren Markenname mit dem gewählten Buchstaben beginnt.

Das Beschriftungselement `lblBuchstabe` erstellen Sie mit einer `Width` von 33 Pixel, einer `Height` von 40 Pixel und dem `Text: Char(ThisItem.Value)`. In der Funktion `OnSelect` soll `UpdateContext({locSelectedBuchstabe:Char(ThisItem.Value)})` ausgeführt werden. `Fill` statten Sie mit einer Bedingung aus:

```
If(
    Char(ThisItem.Value)=locSelectedBuchstabe;
    Color.LightGray;
    Color.White
)
```

Der Code der Fill-Methode sorgt dafür, dass der gewählte Buchstabe einen grauen Hintergrund erhält. Alle nicht selektierten Buchstaben behalten den weißen Hintergrund.

Im letzten Schritt fügen Sie noch eine Schaltfläche neben dem Buchstabenfilter ein, mit der Sie den Filter zurücksetzen, um sich alle Daten und nicht nur die mit einem bestimmten Anfangsbuchstaben zurückgeben zu lassen.

- Text: Filter löschen
- OnSelect: UpdateContext({locSelectedBuchstabe:""})

12.4.3 Die Daten

Für die Daten verwende ich einen Katalog (galFahrzeuge) mit der Eigenschaft Width:900, den ich unterhalb des Filters platziert habe.

Die Items-Eigenschaft wird nun mit dem Filter ausprogrammiert, der alle Datensätze der SharePoint-Liste Fuhrpark ausliest, deren Titel mit dem Buchstaben in locSelectedBuchstabe beginnt.

```
Filter(
    Fuhrpark;
    StartsWith(Title;locSelectedBuchstabe)
)
```

Für die Anzeige der Daten verwende ich Beschriftungselemente, die ich in einem horizontalen Layout-Container (ctFahrzeug) der Katalogvorlage platziert habe.

Vergeben Sie folgende Einstellungen:

- ctFahrzeug
  - Width:Parent.Width
  - Height: 40
- lblMarke
  - Text:ThisItem.Title
  - FillPortions:1 (flexible Breite einschalten)
  - LayoutMinWidth:150 (die Mindestbreite ist also 150 Pixel)
- lblModell
  - Text:ThisItem.Modell
  - FillPortions:1 (flexible Breite einschalten)
  - LayoutMinWidth:150 (die Mindestbreite ist also 150 Pixel)

- `lblAnschaffungsdatum`
  - `Text:ThisItem.Anschaffungsdatum`
  - `FillPortions:0` (flexible Breite ausgeschaltet)
  - `Width:120`
- `lblLaufleistung`
  - `Text:ThisItem.Laufleistung`
  - `FillPortions:0` (flexible Breite ausgeschaltet)
  - `Width:120`

Sie haben nun gelernt, wie Sie ganz einfach einen Buchstabenfilter für Ihre Daten entwickeln. Im folgenden Abschnitt erfahren Sie, wie Sie die Tabelle mit einer Kopfzeile und einer Sortierfunktion versehen können.

12.5 Tabellen-Kopfzeile

Jede anständige Tabelle besitzt eine Kopfzeile mit Spaltennamen, damit klar wird, welche Bedeutung die Daten haben. Dieses Beispiel zeigt, wie einfach Sie auch Ihren Tabellen eine Kopfzeile mit Spaltennamen verpassen können.

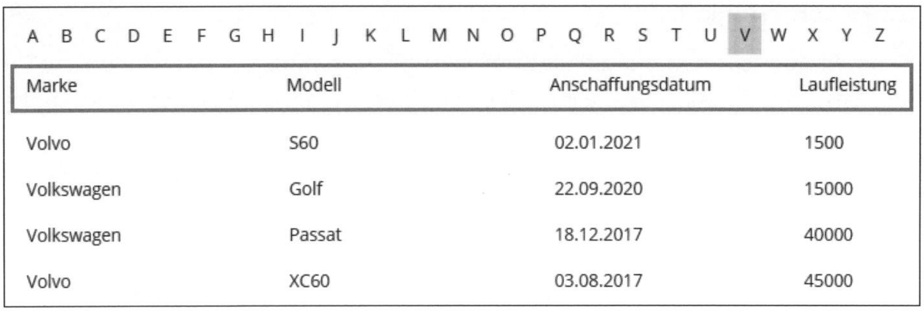

Abbildung 12.25 Eine Kopfzeile für eine Tabelle

12.5.1 Kopfzeile

Der Trick liegt darin, den horizontalen Layout-Container zu verwenden, den Sie auch in Ihrem Katalog zur Anzeige der Daten verwenden. Aufbauend auf Abschnitt 12.4.3, erstellen Sie einen horizontalen Container mit derselben Anzahl an Bezeichnungselementen und derselben Konfiguration hinsichtlich der Parameter:

- `FillPortions` (flexible Breite)
- `LayoutMinWidth` (minimale Breite)
- `Width` (Breite)

Wenn nun auch der Layout-Container dieselbe Breite besitzt wie der, den Sie für die Datensätze verwenden, haben die Spaltenüberschriften immer dieselbe Breite wie die einzelnen Daten.

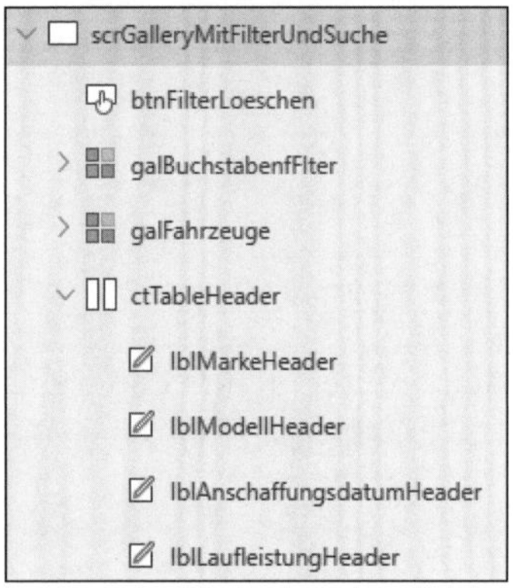

Abbildung 12.26 Aufbau des Tabellenkopfs

Die `Text`-Eigenschaft belegen Sie entsprechend der Bedeutung, in meinem Fall »Marke«, »Modell«, »Anschaffungsjahr« und »Laufleistung«.

12.5.2 Sortierfunktion

Wenn wir nun schon eine passende Kopfzeile mit Spaltenüberschriften für unsere Tabelle besitzen, dann liegt es doch nahe, auch gleich eine Sortierfunktion zu implementieren.

Die Sortierung soll immer dann erfolgen, wenn eine Benutzerin oder ein Benutzer einen Spaltennamen anwählt. Hierfür ist das `OnSelect`-Ereignis für jedes Beschriftungsfeld der Kopfzeile aus der Eigenschaftenliste auszuwählen. Dort platzieren Sie nun folgenden Code, um sich die Spalte zu merken, nach der sortiert werden soll:

`UpdateContext({locSelectedFilter:1})` für die erste Spalte und `UpdateContext({locSelectedFilter:4})` für die vierte und letzte Spalte meiner Tabelle.

Verwendet werden diese Daten in der `Items`-Funktion des Katalogs, der die Daten anzeigt.

```
With(
    {
        daten:Filter(
            Fuhrpark;
            StartsWith(Title;locSelectedBuchstabe)
        )};
    If(
        locSelectedFilter=1;SortByColumns(daten;"Title");
```

```
        locSelectedFilter=2;SortByColumns(daten;"Modell");
        locSelectedFilter=3;SortByColumns(daten;"Anschaffungsdatum");
        locSelectedFilter=4;SortByColumns(daten;"Laufleistung");
        SortByColumns(daten;"Title")
    )
)
```

Listing 12.2 Buchstabenfilter mit Sortierfunktion

Bevor uns die `With`-Funktion zur Verfügung stand, war die Erstellung solcher Filter wahnsinnig umständlich. Entweder hatte man mit Delegation-Problemen zu kämpfen, da zum Beispiel keine bedingten Sortierungen akzeptiert wurden, oder man hatte sehr viel Code, da man jeden Filter und jede Sortierfunktion separat ausprogrammiert hatte.

Die `With`-Funktion führt in Listing 12.2 eine Datenfilterung durch und speichert das Ergebnis in der lokalen Variablen `daten`. Anschließend, aber noch innerhalb von `With`, erfolgt die Sortierung entsprechend dem Wert in der lokalen Variablen `locSelectedFilter`, die abhängig von der geklickten Spalte einen Wert von 1 bis 4 annehmen kann.

Die Sortierung wird mit `SortByColumns(Tabelle;"Spaltenname 1";…;"Spaltenname n")` auf dem Filterergebnis in der Variablen `daten` und dem jeweiligen Feldnamen durchgeführt. Im Standard erfolgt eine aufsteigende Sortierung.

12.6 Suche

Nachdem wir in den vorangegangenen Abschnitten über das Filtern und Sortieren gesprochen haben, erweitern wir die Tabelle noch um eine Suchfunktion, die einen beliebigen Text innerhalb von Spalten suchen kann.

Abbildung 12.27 Tabelle, erweitert um eine Suchfunktion

Platzieren Sie nun eine Texteingabe auf Ihrem Bildschirm, und nennen Sie das Element `txtSuchFeld`. Löschen Sie auch den Wert in der Eigenschaft DEFAULT (STANDARD).

Nun wechseln Sie in die Items-Eigenschaft des Katalogs galFahrzeuge und ergänzen den Code um die hervorgehobenen Passagen in Listing 12.3.

```
With(
    {
        daten:
            Filter(
                Fuhrpark;
                StartsWith(Title;locSelectedBuchstabe)
            )

    };
    With(
    {
        durchsuchteDaten:
            Search(
                daten;
                txtSuchFeld.Text;
                "Title";"Modell")

    };
        If(
            locSelectedFilter=1;SortByColumns(durchsuchteDaten;"Title");
            locSelectedFilter=2;SortByColumns(durchsuchteDaten;"Modell");
            locSelectedFilter=3;SortByColumns(durchsuchteDaten;↩
                       "Anschaffungsdatum");
            locSelectedFilter=4;SortByColumns(durchsuchteDaten;↩
                       "Laufleistung");
            SortByColumns(durchsuchteDaten;"Title")
        )
    )
)
```

Listing 12.3 Filter mit Suche und Sortierung

Der With-Befehl wird um ein weiteres With ergänzt, in dem die Suche auf den vorher gefilterten Daten durchgeführt wird. Der Search-Befehl wendet dabei den Inhalt der Texteingabe TXTSUCHFELD auf die Spalten Title und Modell der gefilterten Daten in daten an.

Die Sortierfunktionen müssen entsprechend so abgeändert werden, dass sie nicht mehr auf dem Datenbestand von daten angewendet werden, sondern auf dem in der lokalen Variablen durchsuchteDaten.

12.7 Deeplinks in Ihrer Power App

Deeplinks sind praktisch, um in einer Anwendung an eine bestimmte Stelle zu springen und gegebenenfalls einen bestimmten Datensatz anzeigen zu lassen. In meinen Projekten habe ich Deeplinks in folgenden Szenarien verwendet:

- Genehmigungsmail mit einem Link zu einem Power-Apps-Formular
- Schnelleinstig in eine bestimmte Teilanwendung in einer App
- Link zu einer getätigten Bestellung aus einer Bestätigungsmail heraus

Was Sie dafür benötigen, sind Parameter wie zum Beispiel eine Auftrags- oder Produktnummer, die Sie dem Link hinzufügen. Diese Parameter werden in der App ausgelesen, und Sie werden auf Basis dieser Informationen automatisch an die richtige Stelle in der App geleitet.

12.7.1 Der Weblink

Sie können Ihre Apps entweder aus dem Maker Portal, der Power Apps App oder per Link aufrufen. Den Weblink erhalten Sie in den App-Details, die Sie über das Maker Portal abrufen können (siehe Abbildung 12.28).

Abbildung 12.28 Abrufen des Weblinks

Mit dem Kopier-Symbol hinter dem Weblink können Sie den kompletten Link in Ihre Zwischenablage nehmen und ihn zum Beispiel per *Outlook*-Konnektor als E-Mail oder über den *Teams*-Konnektor als Chat-Nachricht versenden. Dieser Link beinhaltet die Umgebungs-ID sowie die Tenant ID, die für den Aufruf nicht dringend notwendig sind. Etwas kürzer ist der folgende Link, der zum selben Ergebnis führt:

```
https://apps.powerapps.com/play/{ID Ihrer App}
```

12.7.2 Verarbeitung von Parametern

Parameter, die Sie in die App übergeben wollen, hängen Sie ganz einfach hinter den Weblink, so wie Sie es sicherlich schon in vielen URLs gesehen haben. Der Aufbau lautet:

```
WebLink?Parameter1=Wert1&Parameter2=Wert2&...
```

Abbildung 12.29 Übergabe eines Parameters in Ihre App

Abbildung 12.29 zeigt die Übergabe einer Produktnummer im Parameter `ProduktNr`, die im nächsten Schritt in der App ausgelesen wird. Das Auslesen von Parametern erfolgt mit dem Befehl `Param("Parametername")`.

Um das folgende Beispiel der einfachen Verwendung des `Param`-Befehls nachzuvollziehen, erstellen Sie sich eine neue leere Zeichenbereichs-App in einem beliebigen Format und platzieren dort ein Beschriftungsfeld. Konfigurieren Sie die `Text`-Eigenschaft, wie in Abbildung 12.30 zu sehen.

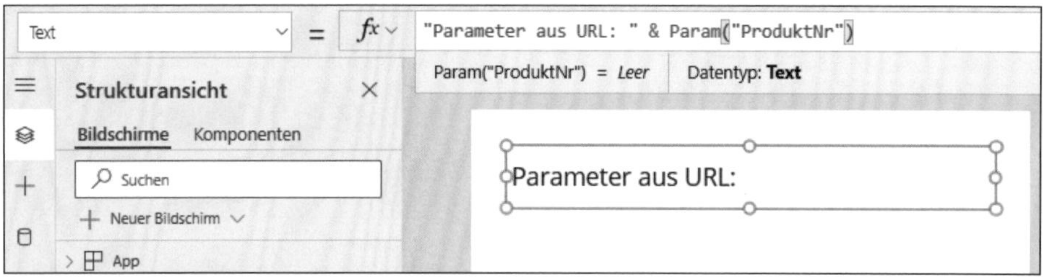

Abbildung 12.30 Verwendung des Param-Befehls

Veröffentlichen Sie nun Ihre App, und rufen Sie sie über den Weblink, ergänzt um den Parameter `?ProduktNr=5`, auf. Das Ergebnis sollte wie in Abbildung 12.31 aussehen.

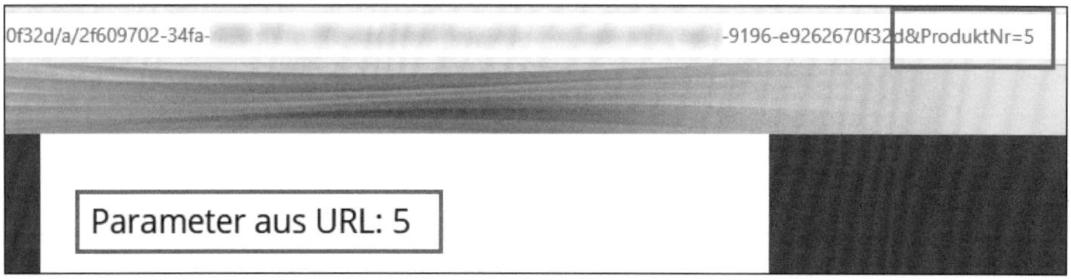

Abbildung 12.31 Auslesen eines Parameters

Um Ihnen einmal die komplette Umsetzung zu verdeutlichen, habe ich eine App basierend auf einer SharePoint-Liste erstellt, wie ich es in Abschnitt 3.3.1 beschrieben habe. Abhängig vom Übergabeparameter werden Sie entweder auf den BrowseScreen oder aber auf den DetailScreen geleitet. Dort wird entweder der Datensatz angezeigt, den Sie auf dem BrowseScreen ausgewählt haben, oder, falls nicht leer, der Datensatz mit der übergebenen ID.

Damit Sie automatisch auf die passende Seite geleitet werden, sollten Sie den Wert auslesen, bevor die erste Seite aufgerufen wird. Das geschieht in `App.OnStart`. Dort können Sie den Parameter nun mit dem `Param`-Befehl auslesen. Da Sie nicht direkt aus `App.OnStart` zu einer Seite navigieren dürfen, müssen Sie den Wert in einer globalen Variablen speichern (siehe Abbildung 12.32). Wurde der Parameter `ProduktNr` nicht gefunden, liefert `Param` den Wert `Blank`, womit auch die globale Variable `glbProductNr` den Wert `Blank` enthält.

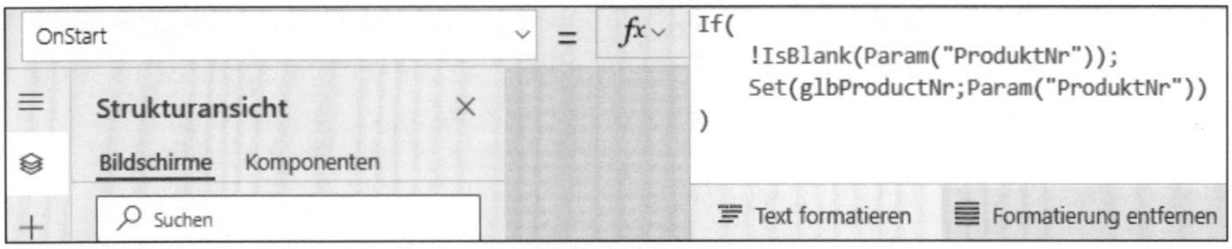

Abbildung 12.32 Auslesen des Parameters in App.OnStart

> **Der Navigate-Befehl in App.OnStart**
>
> Früher war es üblich, den Parameter auszulesen und direkt zur gewünschten Seite zu springen. Der Parameter wurde dann als Kontextvariable mit übergeben.
>
> ```
> If(
>     !IsBlank(Param("ProduktNr"));
>     Navigate(DetailScreen1;ScreenTransition.Fade;
>         {locProductNr:Param("ProduktNr")})
> )
> ```
>
> Auf der Zielseite konnte die Variable ausgelesen und der passende Datensatz angezeigt werden. Die Verwendung des `Navigate`-Befehls in `App.OnStart` ist nicht mehr zulässig. Nutzen Sie `App.OnStart` nur noch für initiale Arbeiten wie das Vorladen von Daten oder das Auslesen von Übergabeparametern. Anstatt des `Navigate`-Befehls nutzen Sie die Eigenschaft `App.StartScreen`.

12.7.3 App.StartScreen

In einem letzten Schritt legen Sie in `App.StartScreen` die Zielseite fest. Wurde ein Übergabeparameter gefunden (`!IsBlank()`), so geht es weiter zum DetailScreen, ansonsten zum BrowseScreen (siehe Abbildung 12.33).

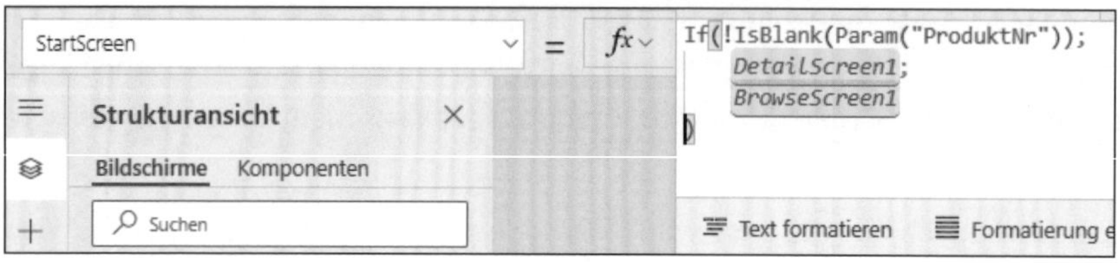

Abbildung 12.33 Entscheiden, wo es langgeht

Der DetailScreen der App zeigt im Standard immer den ausgewählten Wert aus der Datenliste des BrowseScreens an. Ist die Variable `glbProductNr` gefüllt, muss aber der dazu passende Datensatz angezeigt werden. Das erledigt die Abfrage `IsBlank(glbProductNr)`. Ist die Variable leer, so gab es keinen Wert, der übergeben wurde. Entsprechend wird auf den BrowseScreen zugegriffen. Wurde aber ein Wert übergeben, wird der Datensatz aus den verbundenen Datenquellen (in diesem Beispiel ist es meine SharePoint-Liste *Products*) ausgelesen:

```
LookUp(Products;ID=Value(glbProductNr))
```

Da das SharePoint-Listenfeld `ID` ein Zahlenfeld ist, der Übergabeparameter aber eine Zeichenkette, ist der Wert noch mit dem `Value`-Befehl in eine Zahl zu konvertieren (siehe Abbildung 12.34).

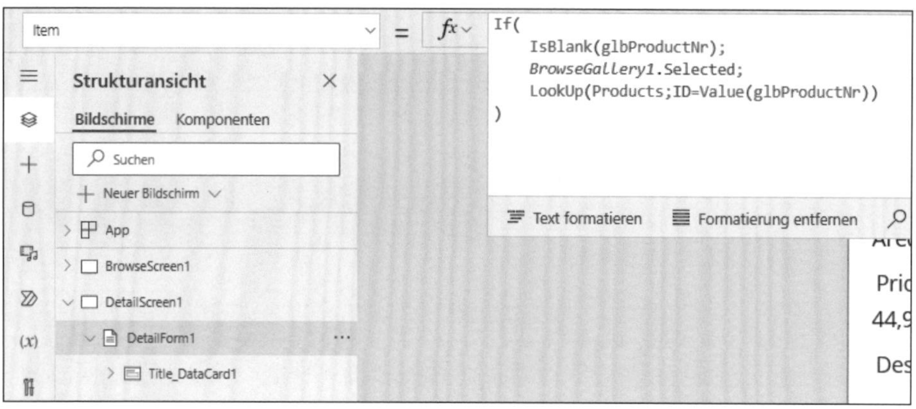

Abbildung 12.34 Entscheiden, was angezeigt werden soll

Cleancode

Der Code aus Abbildung 12.34 dient der Verdeutlichung, wie die Implementierung grundsätzlich funktioniert, ist aber nicht ganz sauber, was an der Struktur der automatisch generierten App liegt. Die `Items`-Eigenschaft des Formulars auf dem DetailScreen liest direkt den selektierten Datensatz aus der Gallery des BrowseScreens aus (`BrowseGallery1.Selected`).

> Besser wäre es, in der `OnSelect`-Eigenschaft der Gallery die ID des selektierten Datensatzes ebenfalls in `glbProductNr` zu speichern:
>
> ```
> Set(glbProductNr;ThisItem.ID)
> ```
>
> Damit enthält die Variable `glbProductNr` immer die ID des anzuzeigenden Datensatzes, egal über welchen Weg Sie auf den DetailScreen gekommen sind.
>
> Der Code in der `Items`-Eigenschaft des Formulars auf dem DetailScreen ändert sich dann wie folgt:
>
> ```
> LookUp(Products;ID=Value(glbProductNr))
> ```

12.8 Dateien hochladen

Das Hochladen von Dateien ist eine Standardfunktionalität, die Sie vermutlich aus vielen Anwendungen kennen. In Power Apps ist das allerdings nur sehr umständlich möglich, denn die einzige Komponente, die Sie finden können, die diesem Anwendungsfall nahekommt, ist das Steuerelement BILD HINZUFÜGEN aus dem Medien-Bereich der Liste von Steuerelementen.

Dieses Element (siehe Abbildung 12.35 – linke Seite) ist für den mobilen Einsatz konzipiert und erlaubt das Hochladen von Bild-Dateitypen (siehe Abbildung 12.36). Verwenden Sie diese Komponente im Browser, können Sie auf ALLE DATEIEN (*.*) wechseln und nun auch andere Dateitypen auswählen. Im mobilen Einsatz ist diese Option nicht verfügbar.

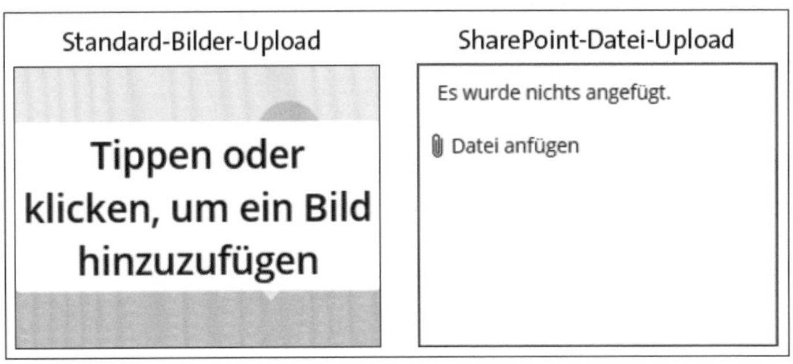

Abbildung 12.35 Bilder-Upload vs. SharePoint-Datei-Upload

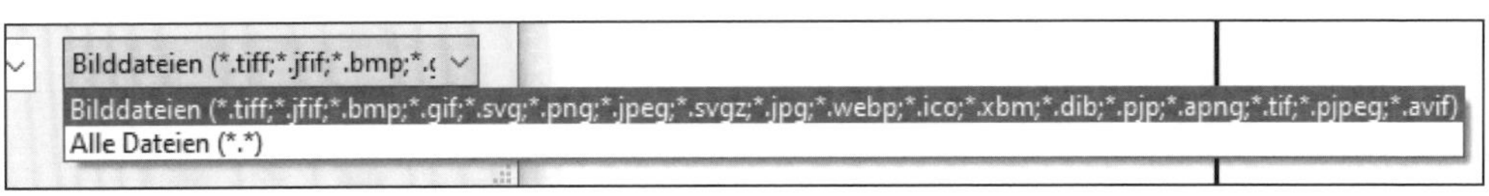

Abbildung 12.36 Standard-Dateiformate des Bilder-Uploads

Schöner und praktischer ist der SharePoint-Upload für die Anhänge von SharePoint-Listenelementen, den Sie in Abbildung 12.35 auf der rechten Seite sehen.

12.8.1 Attachment-Steuerelement von SharePoint-Formularen kopieren

Die Attachment-Komponente ermöglicht das Hinzufügen von Dateien per Drag & Drop und erlaubt im Standard alle Dateitypen. Sie können hinzugefügte Dateien entfernen und können auf verschiedene Ereignisse reagieren, wenn eine Datei hinzugefügt (`OnAddFile`), entfernt (`OnRemoveFile`) oder die Entfernung einer Datei rückgängig gemacht wurde (`OnUndoRemoveFile`). Dazu können Sie die maximale Anzahl an Dateien (`MaxAttachments`) sowie deren maximale Dateigröße (`MaxAttachmentsSize`) einstellen.

Damit Sie dieses Element auch in Ihren Apps verwenden können, müssen Sie zunächst ein Bearbeitungsformular auf einem Bildschirm in Ihrer App erstellen (siehe Abbildung 12.37).

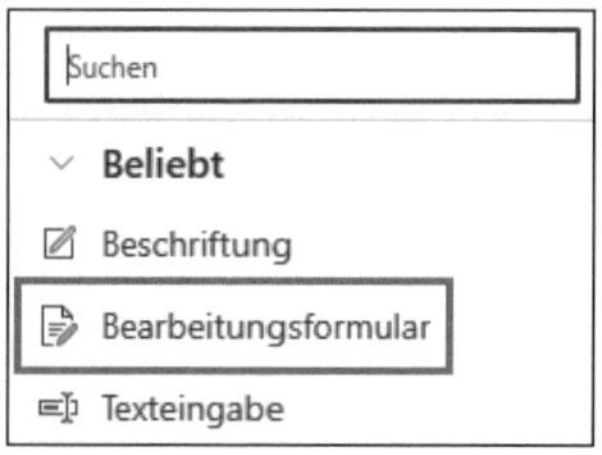

Abbildung 12.37 Formular auf Bildschirm platzieren

Verbinden Sie das Formular mit einer beliebigen SharePoint-Liste, und überprüfen Sie in der Einstellung FELDER, ob das Feld ANLAGEN (Attachments) dem Formular hinzugefügt wurde (siehe Abbildung 12.38).

Abbildung 12.38 Element mit Datenquelle verbinden

In der Strukturansicht finden Sie eine Datenkarte (Datacard) für jedes Formularfeld, so auch für die Anlagen (siehe Abbildung 12.39). Suchen Sie in der Strukturansicht den Eintrag `DataCardValue` der Datenkarte für die Anlagen, und kopieren Sie das Element über das Kontextmenü in die Zwischenablage.

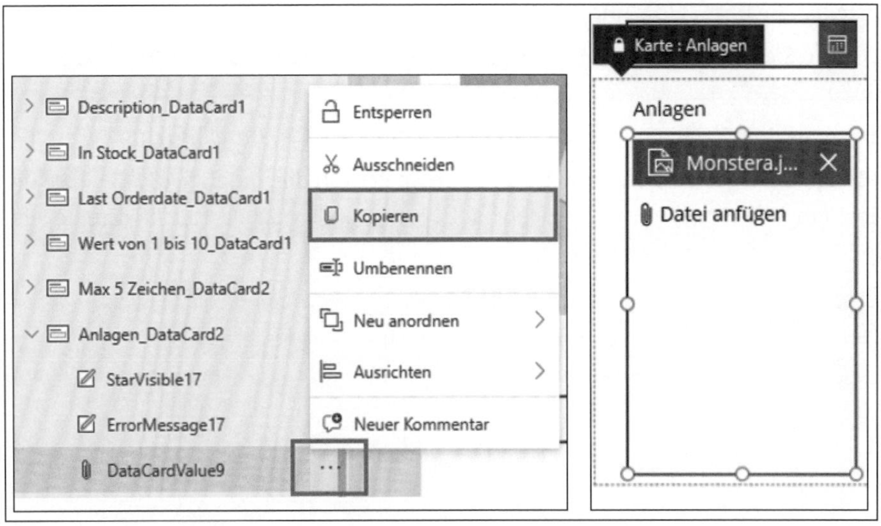

Abbildung 12.39 Kopieren der SharePoint-Upload-Komponente

Nun wechseln Sie zu der Stelle, an der Sie das Element verwenden wollen, und fügen es mit Strg+V oder EINFÜGEN in der Strukturansicht an der gewünschten Stelle ein.

12.8.2 Flow für Datei-Upload erstellen

Das Steuerelement für die SharePoint-Attachments kann zwar Dateien sammeln, sie aber nicht speichern. Damit die Dateien in SharePoint, OneDrive oder im BLOB-Storage geschrieben werden können, benötigen Sie einen Flow, der die Arbeit für Sie übernimmt.

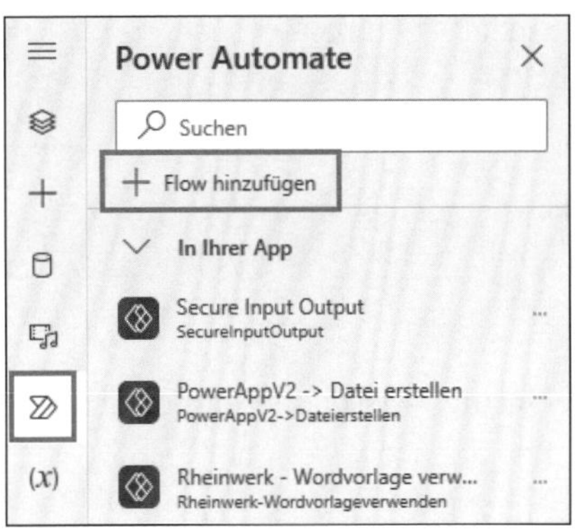

Abbildung 12.40 Einen neuen Flow erstellen

1. Erstellen Sie Ihren Flow ohne Vorlage.
2. Löschen Sie nun den *PowerApp*-Trigger, und fügen Sie den *PowerAppV2*-Trigger hinzu.
3. Fügen Sie dem Trigger einen Eingabeparameter vom Typ *Datei* hinzu.
4. Nun erstellen Sie eine weitere Aktion zum Speichern der Dateien, die Sie über die Flow-Eingabe entgegennehmen. Ich habe die Aktion DATEI ERSTELLEN (Create File) des *OneDrive*-Konnektors gewählt.

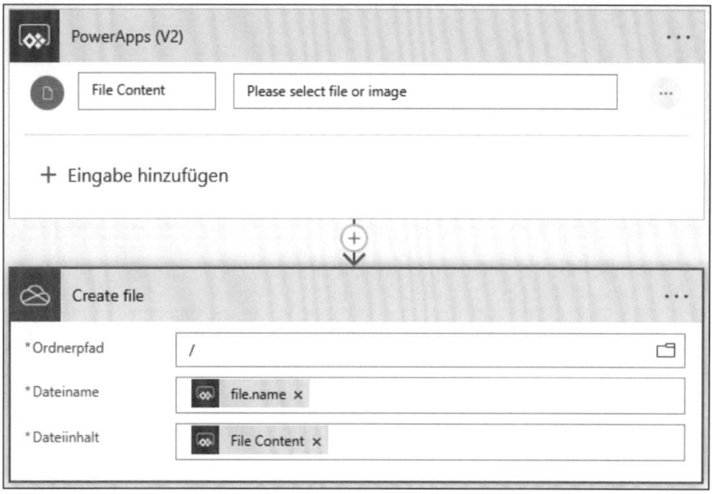

Abbildung 12.41 Flow zum Ablegen von Dateien in OneDrive

5. Wählen Sie einen Zielordner in der Eigenschaft ORDNERPFAD.
6. Erstellen Sie folgenden Ausdruck für die Eigenschaft DATEINAME: `triggerBody()['file']['name']`.
7. Erstellen Sie folgenden Ausdruck für die Eigenschaft DATEIINHALT: `triggerBody()['file']['contentBytes']`.

[»]

Eingabeparameter Datei

Der Eingabeparameter *Datei* erwartet einen Datensatz mit dem Namen `file`, bestehend aus den beiden Feldern `name` und `contentBytes`.

8. Wenn Sie fertig sind, geben Sie Ihrem Flow noch einen passenden Namen (ich verwende hier den Namen »SavePic«) und schließen den Flow-Designer.

12.8.3 Upload durchführen

Fügen Sie nun Ihrem Bildschirm eine Schaltfläche hinzu, damit Ihre Dokumente hochgeladen werden können.

Abbildung 12.42 Schaltfläche zum Hochladen

Öffnen Sie das `OnSelect`-Ereignis der Schaltfläche in der Eigenschaften-Auswahl, und fügen Sie den Code aus Listing 12.4 hinzu. Dieser Code geht mit `ForAll` durch alle angefügten Dateien und übergibt diese dem Flow, den Sie im vorherigen Abschnitt erstellt haben.


```
ForAll(
    uplSharepointControl.Attachments;
    SavePic.Run(
    {file:{name:ThisRecord.Name;contentBytes:ThisRecord.Value}}
    )
)
```

Listing 12.4 Dateien aus Attachment-Element auslesen und verarbeiten

12.9 Dokumentenerstellung

In fast jedem meiner Automatisierungs- und Digitalisierungsprojekte gab es die Anforderung, verschiedenste Dateien zu erzeugen. Das geht von einfachen Datenexporten nach CSV bis zum Erstellen von Lieferscheinen, Rechnungen oder Verträgen.

Wie Sie schnell und einfach all diese Dokumente erstellen können, erfahren Sie in diesem Abschnitt.

12.9.1 Datenbasis

Die folgenden Beispiele bauen auf dem Produktkatalog mit Warenkorbfunktion auf. Wir ergänzen das Beispiel um zwei weitere Listen, die ich mir ebenfalls in SharePoint angelegt habe:

Die Liste *Bestellungen* verfügt im Wesentlichen über eine Bestellnummer, ein Bestelldatum sowie die Daten des Bestellers.

Feld	Datentyp	Bedeutung
Titel	Text	Bestellnummer
Bestelldatum	Datum	Bestelldatum
Vorname	Text	
Nachname	Text	
Straße	Text	
Hausnummer	Text	
PLZ	Text	
Ort	Text	

Tabelle 12.4 Die Liste »Bestellungen«

Die Bestellpositionen speichern die bestellten Produkte mit Produktnummer, Einzelpreis, Anzahl und dem Positionspreis. Die Titelspalte verweist in diesem Beispiel auf die Bestellnummer.

Feld	Datentyp	Bedeutung
Titel	Text	Bestellnummer
Produktnummer	Text	
Anzahl	Nummer	
StkPreis	Nummer	
Positionspreis	Nummer	Anzahl * StkPreis

Tabelle 12.5 Die Liste »Bestellpositionen«

[»]

Verweise

Der Einfachheit halber gibt es zwischen den Listen in diesem Beispiel nur eine logische Verknüpfung und keine echte Referenz. Für den produktiven Einsatz empfiehlt es sich, mit Nachschlage-Spalten (SharePoint/Dataverse) bzw. Tabellen-Relationen (SQL Server) zu arbeiten.

12.9.2 CSV-Export

Der Export von Daten als CSV-Datei ist denkbar einfach:

1. Zunächst erzeugen Sie die erforderlichen Daten in Form einer Zeichenkette.
2. Dann rufen Sie einen Cloud-Flow auf, der die Daten entgegennimmt.
3. Der Flow erstellt eine Datei in SharePoint oder OneDrive und übergibt Ihre Daten als Dateiinhalt.

Auslöser für den Export ist eine Schaltfläche, die in ihrem `OnSelect`-Ereignis die zu exportierenden Daten aus der SharePoint-Liste *Bestellpositionen* lädt und die Daten mit dem `Concat()`-Befehl zusammenfügt. Das Ergebnis wird in der Kontextvariablen `locCSVDaten` zwischengespeichert und im nächsten Schritt an den Flow übergeben (siehe Listing 12.5). Beachten Sie den Befehl `Char(13)` am Ende des `Concat`-Befehls, der für einen Zeilenumbruch am Ende jeder Zeile sorgt.


```
//Daten als Collection laden
ClearCollect(colBestellpositionen;Bestellpositionen);;

//Dateiinhalt erstellen
UpdateContext({
    locCSVDaten:Concat(
        colBestellpositionen;Titel & ";" & Produktnummer & ";" & ↩
          Anzahl & ";" & StkPreis & ";" & Positionspreis & Char(13)
        )
});;

//Daten an Flow übergeben
'PowerAppV2->Dateierstellen'.Run(locCSVDaten)
```

Listing 12.5 Daten aufbereiten und an Flow übergeben

Abbildung 12.43 zeigt den Aufbau des Flows, mit dem eine Datei in SharePoint erstellt wird. Den Flow erzeugen Sie ganz einfach über das App-Erstellungs-Menü.

Die Datenübergabe erfolgt im Parameter `Daten`, den Sie einfach mit EINGABE HINZUFÜGEN ergänzen. Passen Sie den Namen und die Beschreibung nach Ihren Wünschen an.

[«]

PowerAppV2-Trigger

Im Standard wird ein Flow, den Sie als sofortigen Cloud-Flow mit PowerApp-Trigger erstellen, mit der alten PowerApp-Trigger-Version ausgeliefert. Diesen tausche ich grundsätzlich durch den Trigger mit der Version V2 aus, da der Umgang mit Übergabeparametern deutlich angenehmer ist.

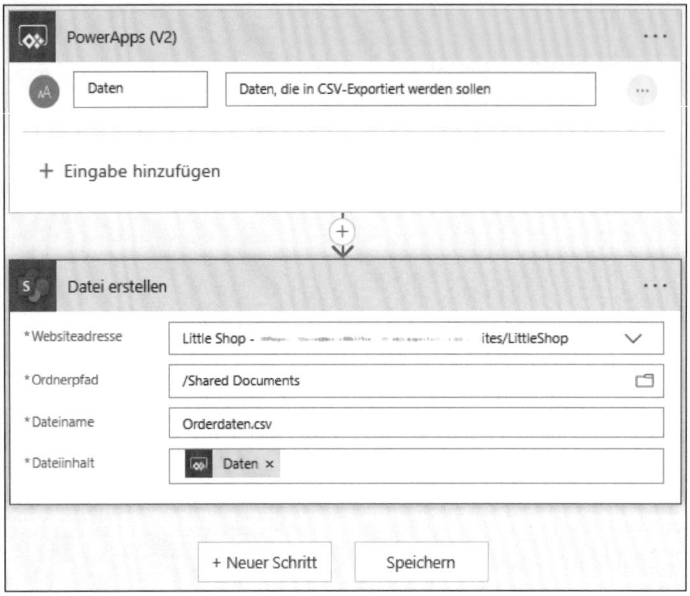

Abbildung 12.43 Cloud-Flow zum Erstellen einer CSV-Datei

Datei erstellen

Die Aktion Datei erstellen ist Teil des SharePoint-Konnektors, den Sie in Abbildung 12.44 sehen, und bekommt folgende Daten übergeben:

- Websiteadresse: Der Pfad zu Ihrer SharePoint-Site.
- Ordnerpfad: Der Pfad zum Ordner, in dem die Datei abgelegt werden soll, hier der oberste Ordner der Bibliothek »Dokumente«.
- Dateiname: Hier tragen Sie Ihren Wunschdateinamen mit der Endung *.csv* ein.
- Dateiinhalt: Den Dateiinhalt erhalten Sie über die dynamischen Inhalte. Suchen Sie dort den PowerAppV2-Trigger und dort den Parameter, der dem Namen Ihrer Übergabe-Eigenschaft entspricht. In meinem Beispiel ist das der Parameter `Daten`.

Interne Listennamen

Im obigen Flow verweise ich in der Eigenschaft *Ordnerpfad* auf die Bibliothek *Shared Documents*, die Sie in Ihrer SharePoint-Site möglicherweise nicht finden. Das liegt daran, dass es sich dabei um den internen Namen Ihrer Bibliothek *Dokumente* handelt.

Das können Sie auch sehen, wenn Sie die Standard-Dokumentenbibliothek *Dokumente* aufrufen und sich die URL im Browser anschauen:

/sites/LittleShop/Shared%20Documents/Forms/AllItems.aspx

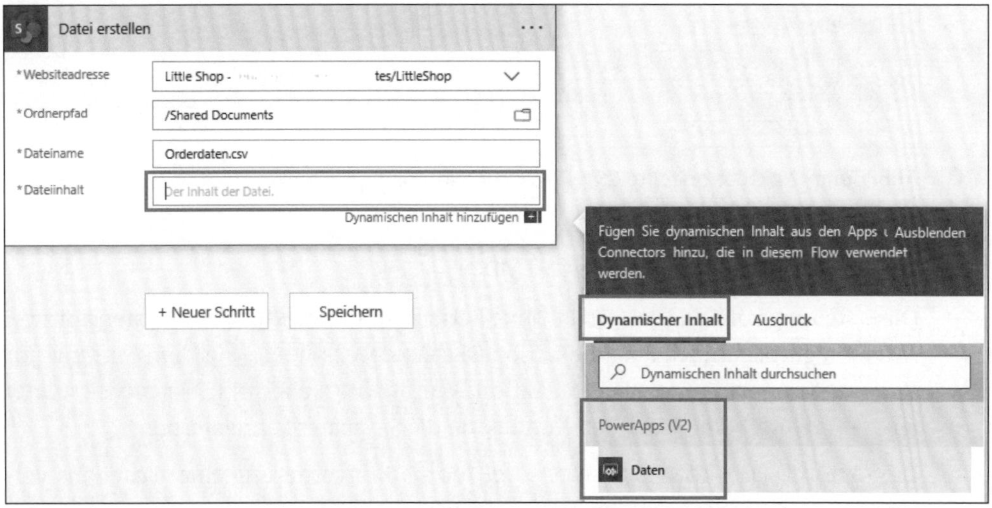

Abbildung 12.44 CSV-Daten aus Trigger abrufen

Lösen Sie nun die Schaltfläche in Ihrer App aus, werden die SharePoint-Daten aus der SharePoint-Liste *Bestellpositionen* als CSV-Datei in SharePoint abgelegt.

Abbildung 12.45 Frisch erstellte CSV-Datei in SharePoint

Haben Sie als Trennzeichen ein Semikolon anstatt eines Kommas verwendet, kann Excel die Daten in deutschen Umgebungen direkt einer Zelle zuordnen (siehe Abbildung 12.46).

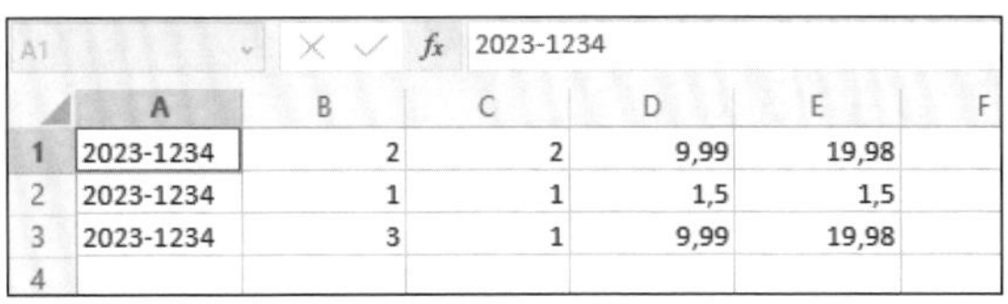

Abbildung 12.46 Verwenden Sie ein Semikolon, kann Excel die Daten auf Zellen verteilen.

Um die Datei in Ihrem Texteditor zu öffnen, laden Sie die Datei herunter und öffnen sie in Ihrer Wunschanwendung (siehe Abbildung 12.47).

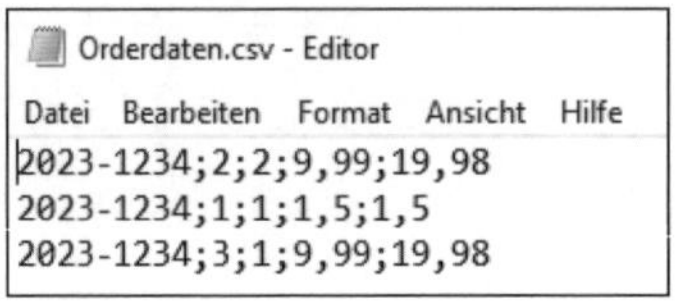

Abbildung 12.47 Die erstellte CSV-Datei, mit Notepad geöffnet

12.9.3 Erzeugen eines PDF mit HTML

Die Erstellung von PDF-Dateien ist ohne Betrachtung von externen Diensten auf zwei Arten möglich, nämlich über die Aktion DATEI KONVERTIEREN aus dem *OneDrive for Business*-Konnektor oder aber die Aktion WORD-DOKUMENT IN PDF KONVERTIEREN aus dem *Word Online (Business)*-Konnektor, die Sie später kennenlernen.

Die Aktion DATEI KONVERTIEREN sorgt für die Konvertierung einer Datei aus verschiedenen Eingangsformaten in vier Ausgabeformate:

- PDF
- GLB
- HTML
- JPG

Welche Dateien sich in welche Formate konvertieren lassen, können Sie der folgenden Quelle entnehmen: *https://aka.ms/onedriveconversions*

[»]

Der OneDrive-Konnektor ist ein Allrounder

Wir erzeugen in diesem Beispiel ein relativ einfaches Dokument, basierend auf einem HTML-Dokument. Sie können dieses Beispiel auch auf alle weiteren strukturierten Dokumente anpassen.

Dokument vorbereiten

Dieses Beispiel konvertiert unsere Bestellpositionen über das HTML-Format in ein PDF. Ändern Sie Listing 12.5 ab, damit Sie die Inhalte von Listing 12.6 erhalten.

```
//Daten als Collection laden
ClearCollect(colBestellpositionen;Bestellpositionen);;

//Tabellenzeilen erzeugen
UpdateContext({
    locCSVDaten:Concat(
        colBestellpositionen;
        "<tr><td>" & Anzahl & "</td><td>" &  Produktnummer & "</td><td>" &↩
            StkPreis & "</td><td>" & Positionspreis & "</td></tr>"
        )
});;
```

```
//HTML-Dokument erstellen
UpdateContext({locDocument:"<h1>Bestellpositionen</h1><table><tr> ↩
<th>Anzahl</th><th>Produktnummer</th> ↩
<th>Stk. Preis</th><th>Gesamt</th></tr>" & locCSVDaten & "</table>"});;

//HTML an Flow übergeben
'PowerAppV2->Dateierstellen'.Run(locDocument)
```

Listing 12.6 HTML-Dokument erzeugen und an Flow übergeben

Der concat-Befehl erstellt nun nicht mehr Datenzeilen mit einem Semikolon als Trenner, sondern HTML-Tabellenzeilen. Diese werden im nächsten Schritt in ein HTML-Dokument eingebettet, das in der Kontextvariablen locDocument gespeichert wird. Dieses Dokument wird dann schlussendlich an den Flow übergeben.

Der Flow, den Sie aus dem vorangegangenen Beispiel des CSV-Exports kennen, muss wie in Abbildung 12.48 erweitert werden.

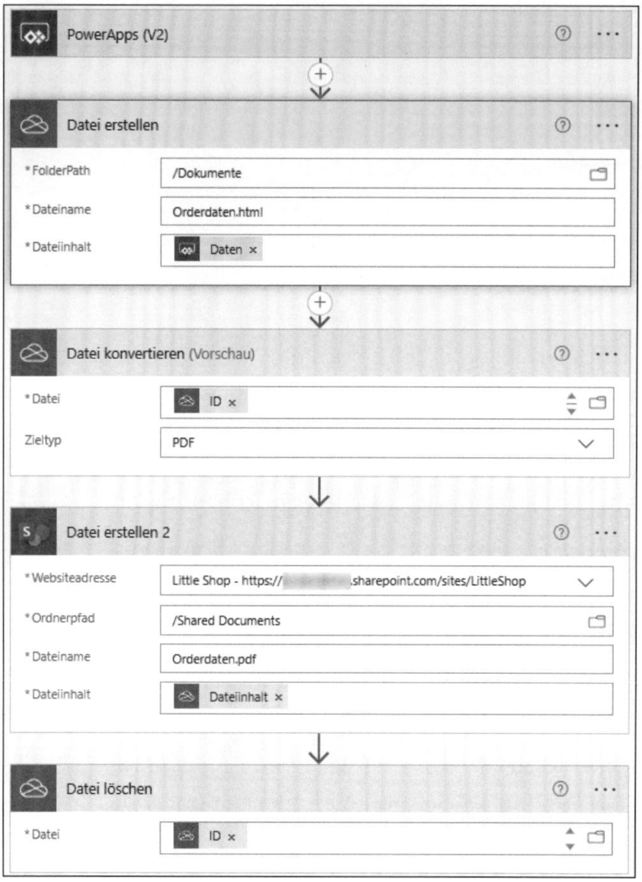

Abbildung 12.48 Flow zur Erstellung eines PDF aus einem HTML-Dokument

In der Aktion DATEI ERSTELLEN ändern Sie die Dateiendung *.csv* einfach in *.html*. Wenn Sie sie ausführen, finden Sie ein HTML-Dokument in Ihrem OneDrive.

Danach geht es mit der Aktion DATEI KONVERTIEREN weiter. Das vorhin erstellte HTML-Dokument wird nun in ein PDF konvertiert. Das Dokument ist allerdings noch nirgendwo gespeichert. Es kann in weiteren Flow-Schritten aus dieser Aktion abgerufen werden.

Konfigurieren Sie Ihre Aktion, indem Sie als ZIELTYP PDF vorgeben und unter DATEI angeben, welche Datei konvertiert werden soll. Nutzen Sie dafür die Eigenschaft `ID` der Aktion DATEI ERSTELLEN aus den dynamischen Inhalten.

Die nächste Aktion DATEI ERSTELLEN 2 kennen Sie aus dem vorherigen Beispiel. Verweisen Sie im Dateiinhalt nun auf die Eigenschaft `Dateiinhalt` der Aktion DATEI KONVERTIEREN. Wurde diese Aktion durchlaufen, befindet sich die PDF-Datei in Ihrem Wunschverzeichnis, das Sie im ORDNERPFAD angegeben haben (siehe Abbildung 12.49).

Abbildung 12.49 Das fertige PDF-Dokument

Wir sind allerdings noch nicht ganz fertig, es fehlt noch die Aktion DATEI LÖSCHEN. Dieser Punkt ist mehr als wichtig! Hier löschen Sie das HTML-Dokument, das Sie als Eingangsdokument für Ihre Konvertierung genutzt haben. Sie müssen darauf achten, hinterher wieder aufzuräumen, da Sie sich sonst einen ganzen Haufen von Dokumenten zusammensammeln, die Sie ja nur als Zwischenschritt benötigten.

Verweisen Sie hier in der Eigenschaft DATEI auf die `ID` aus der Aktion DATEI ERSTELLEN des *OneDrive for Business*-Konnektors.

12.9.4 Word-Vorlagen mit dem »Word Online (Business)«-Konnektor verarbeiten

Ein zweiter Weg, um PDF-Dateien zu erzeugen, ist der *Word Online (Business)*-Konnektor. Mit diesem Konnektor bekommen Sie zwei Aktionen an die Hand:

1. Sie können Word-Vorlagen ausfüllen.
2. Sie können Word-Dokumente in PDF konvertieren.

Beide werden Sie gleich kennenlernen, doch zunächst möchte ich die Idee hinter dem folgenden Beispiel erläutern.

Dieses Beispiel zeigt den Abschluss eines Bestellprozesses. In Ihrer Power App stellen Sie sich einen Warenkorb zusammen, den Sie schlussendlich bestellen.

Die Produkte in Ihrem Warenkorb werden in der SharePoint-Liste *Bestellpositionen* gespeichert. Jede Bestellposition verweist auf eine Bestellnummer, die in der SharePoint-Liste *Bestellung* verwaltet wird.

Sobald Sie die Bestellung auslösen, werden diese Daten in SharePoint abgelegt. Ihre persönlichen Daten wie Vorname und Nachname werden aus dem Office 365-Benutzer-Konnektor ausgelesen und in der Bestellung gespeichert.

Sobald die Daten in den Listen gespeichert sind, wird ein Flow aufgerufen, dem die Bestellnummer übergeben wird. Mit der Bestellnummer liest der Flow alle nötigen Daten aus SharePoint aus und bereitet sie für die Verwendung in Ihrer Word-Vorlage auf.

Letztlich laden Sie Ihre Vorlage und befüllen sie mit den geladenen Daten. Die Datei wird als Word-Datei in OneDrive gespeichert und von dort in ein PDF-Dokument transformiert, das dann auf SharePoint gespeichert wird.

[«]

Automatischer Cloud-Flow vs. sofortiger Cloud-Flow

Sie können selbstverständlich auch den SharePoint-Trigger WENN EIN ELEMENT ERSTELLT WIRD verwenden, der den Prozess dann auslöst, sobald der Bestelldatensatz in die SharePoint-Liste geschrieben wurde. Dabei müssen Sie nur beachten, dass die Bestellpositionen vorhanden sind, bevor der Flow startet. Da zwischen beiden Listen nur eine logische Referenz besteht, können Sie zunächst die Bestellpositionen schreiben und hinterher den Kopfdatensatz.

Alternativ können Sie eine Statusspalte in die Bestellung einfügen, die Sie befüllen, sobald alle erforderlichen Daten in den SharePoint-Listen vorhanden sind. Dann verwenden Sie den SharePoint-Trigger WENN EIN ELEMENT ODER EINE DATEI GEÄNDERT WIRD.

Entwicklertools aktivieren

Um eine Word-Vorlage in Power Automate Cloud-Flows verwenden zu können, müssen Sie zunächst die Entwicklertools aktivieren. Die Entwicklertools beinhalten Steuerelemente, die Sie in Ihrer Vorlage als Platzhalter platzieren können. Über Power Automate Cloud-Flows befüllen Sie diese Platzhalter später mit Daten.

Öffnen Sie nun ein neues Word-Dokument:

1. Öffnen Sie die Word-Optionen unter DATEI • OPTIONEN.
2. Aktivieren Sie die Entwicklertools bei MENÜBAND ANPASSEN.

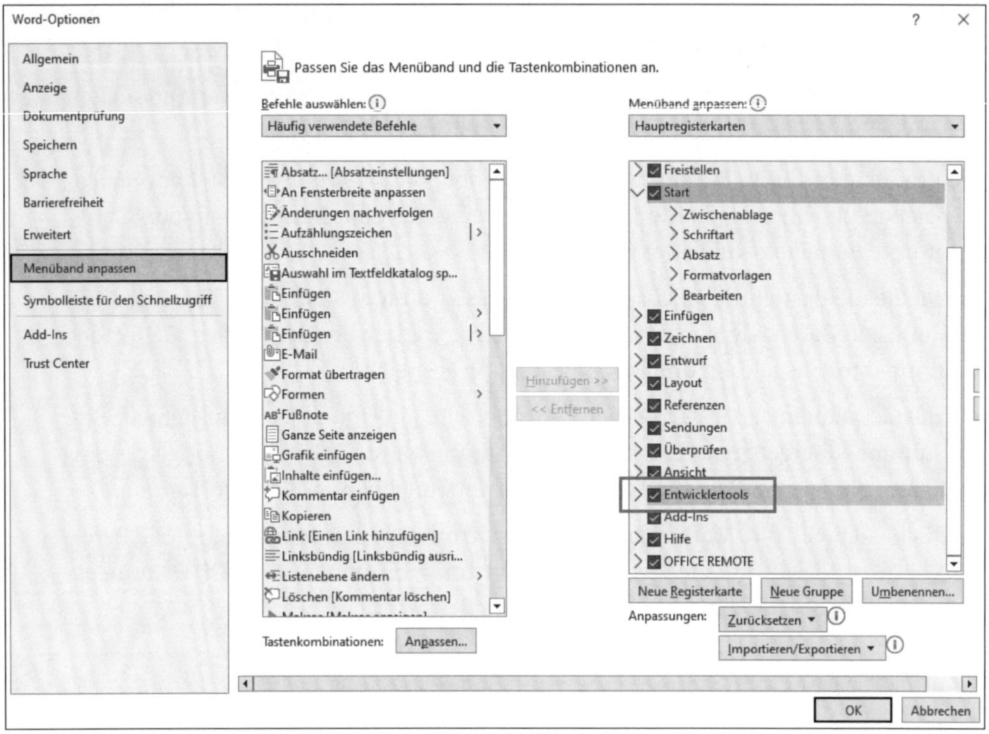

Abbildung 12.50 Aktivieren der Entwicklertools

Dort aktivieren Sie den Befehl ENTWICKLERTOOLS, wie in Abbildung 12.50 zu sehen. Bestätigen Sie diesen Dialog mit OK, damit Sie in Ihrem Word-Dokument Zugriff auf die Entwicklertools haben (siehe Abbildung 12.51).

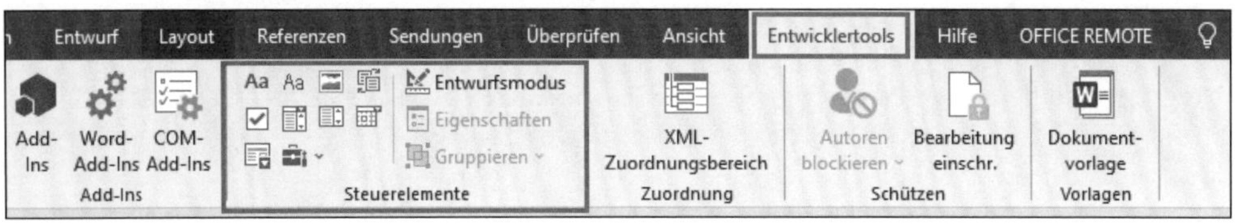

Abbildung 12.51 Das Menüband mit aktivierten Entwicklertools

Nun können Sie beginnen, Ihre Vorlage aufzubauen, indem Sie die Steuerelemente auf Ihrem Dokument platzieren (siehe Kasten in Abbildung 12.51).

Aktuell werden durch Power Automate folgende Steuerelemente unterstützt:

- Nur-Text (Plain Text)
- Kombinationsfeld (Combo Box)
- Dropdown-Listen (Drop-Down-List)
- Bild (Image)
- Wiederholte Abschnitte (Repeating Section)

Dokumentation

Eine Dokumentation zur Verwendung des *Word Online (Business)*-Konnektors sowie der aktuellen Einschränkungen finden Sie hier:
https://learn.microsoft.com/en-us/connectors/wordonlinebusiness/

Vorlage erstellen

Schreiben Sie nun das Dokument herunter, und lassen Sie Platz an den Stellen, wo Sie durch Ihren Cloud-Flow automatisch Daten hineinschreiben lassen wollen. Dort, wo Sie Tabellen befüllen wollen, fügen Sie eine normale Word-Tabelle ein, so wie Sie es in Abbildung 12.52 sehen können.

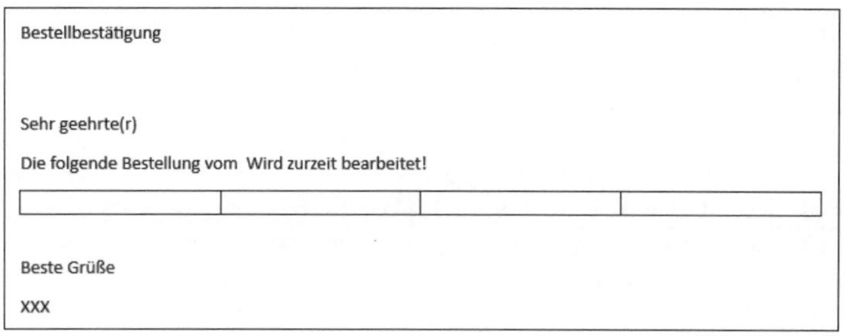
Bestellbestätigung

Sehr geehrte(r)

Die folgende Bestellung vom Wird zurzeit bearbeitet!

Beste Grüße

XXX

Abbildung 12.52 Starten, eine Word-Vorlage zu erstellen

Nun wechseln Sie zur Registerkarte ENTWICKLERTOOLS und fügen den Nur-Text-Platzhalter an allen Stellen ein, die Sie automatisch befüllen lassen wollen (siehe Abbildung 12.53).

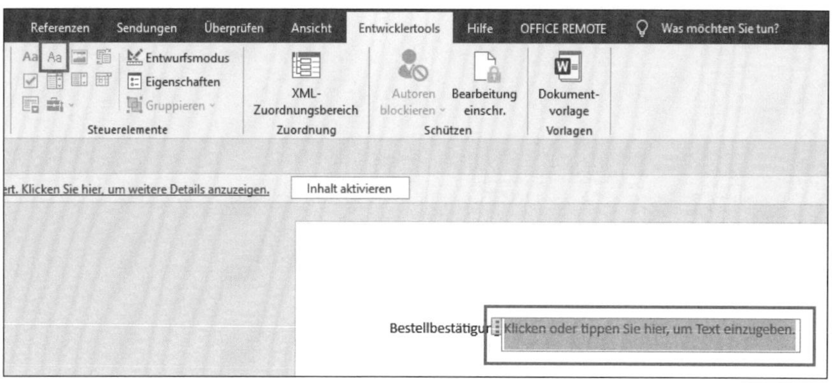

Abbildung 12.53 Platzhalter in Dokument einfügen

Den Aufbau der Tabellen zeige ich Ihnen etwas später. Beschränken Sie sich also zunächst auf einfache Textfelder. Das fertige Dokument finden Sie in Abbildung 12.59; es sollte am Ende über folgende Platzhalter verfügen:

Titel und Tag	Typ
Bestellnummer	Nur-Text
Name	Nur-Text
Straße	Nur-Text
Ort	Nur-Text
VornameName	Nur-Text
Datum	Nur-Text
Bestellung	wiederholter Abschnitt
Anzahl	Nur-Text in wiederholtem Abschnitt
Produkt	Nur-Text in wiederholtem Abschnitt
Einzelpreis	Nur-Text in wiederholtem Abschnitt
Positionspreis	Nur-Text in wiederholtem Abschnitt

Tabelle 12.6 Die Platzhalter für die Bestellung

Sobald der Platzhalter auf Ihrem Dokument zu sehen ist, müssen Sie ihn benennen. Dafür wählen Sie den Befehl EIGENSCHAFTEN aus den Entwicklertools (siehe Abbildung 12.54 und Abbildung 12.55).

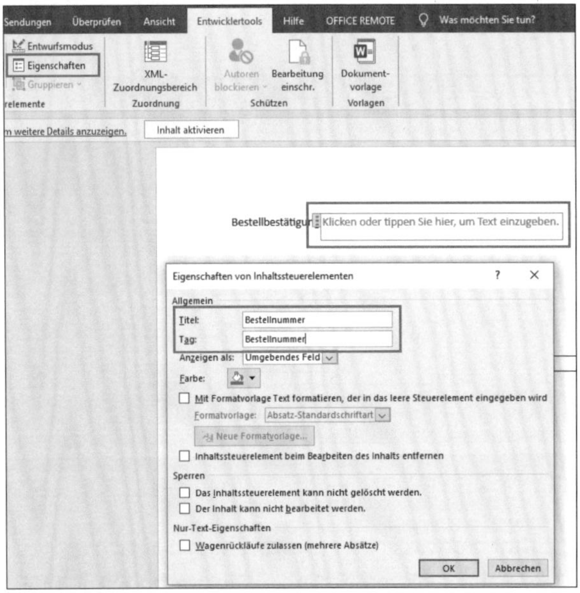

Abbildung 12.54 Platzhalter benennen

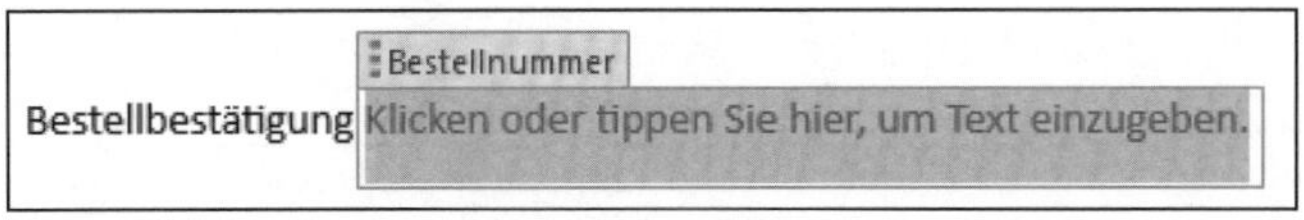

Abbildung 12.55 Der fertige Platzhalter

Geben Sie Ihrem Platzhalter nun einen eindeutigen Titel sowie eine entsprechende Beschriftung. Die Namen, die Sie hier vergeben, werden Sie später in Ihrem Flow wiederfinden. Wählen Sie also möglichst klar verständliche Bezeichnungen aus.

Aufbau von Tabellen

Soeben haben Sie gelernt, wie Sie einfache Platzhalter in Ihr Word-Dokument einfügen. Falls Sie einer Tabelle nicht nur einen einzelnen Wert, sondern eine Datenliste mit mehreren Datensätzen, bestehend aus mehreren Feldern, übergeben wollen, stellt Word hierfür ein spezielles Element bereit: den wiederholten Abschnitt.

Markieren Sie Ihre Tabelle, und wählen Sie aus den Steuerelementen das Element WIEDERHOLTER ABSCHNITT (siehe Abbildung 12.56).

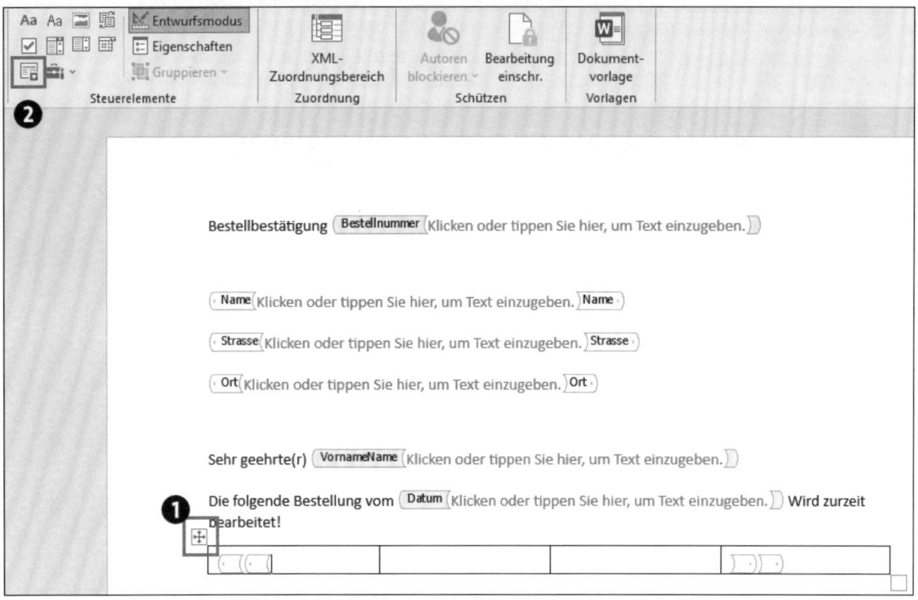

Abbildung 12.56 Wiederholten Abschnitt einfügen

Nachdem Sie den wiederholten Abschnitt benannt haben – Sie wollen ja im Flow darauf referenzieren –, können Sie beginnen, die Tabelle mit Platzhaltern zu befüllen (siehe Abbildung 12.57 und Abbildung 12.58). Klicken Sie dafür in die erste Tabellenzelle, und fügen Sie auch dort ein Nur-Text-Element ein, das Sie ebenfalls mit einem Namen versehen.

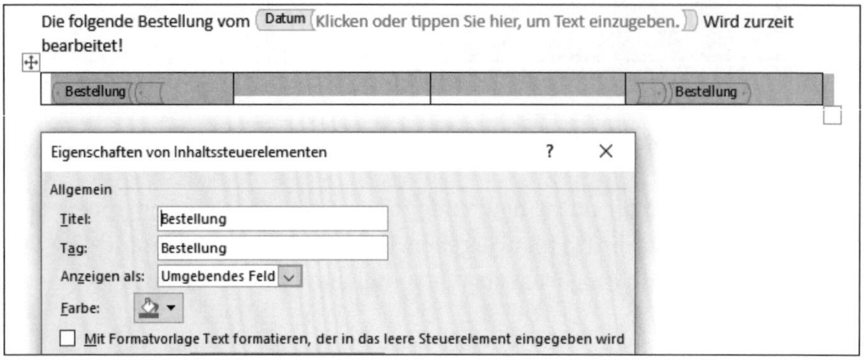

Abbildung 12.57 Wiederholten Abschnitt benennen

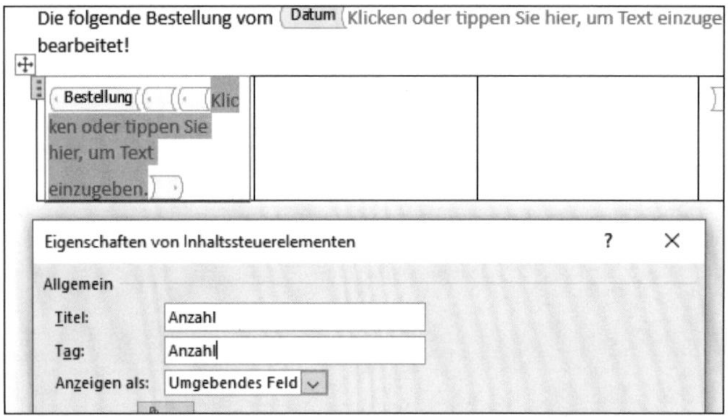

Abbildung 12.58 Jede Zelle bekommt einen Platzhalter.

Die fertige Vorlage sollte in etwa wie in Abbildung 12.59 ausschauen.

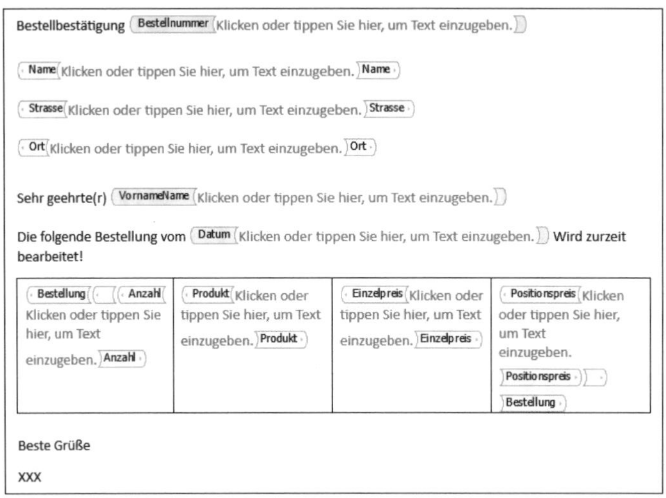

Abbildung 12.59 Die fertige Vorlage

Der »Word Online (Business)«-Konnektor

Damit Sie Ihre Vorlage zur Automatisierung verwenden können, laden Sie sie an einen Ort, der durch einen Cloud-Flow erreichbar ist, also OneDrive oder SharePoint. Mein Beispiel arbeitet mit SharePoint, wie Abbildung 12.60 zeigt. Der *Word*-Konnektor ist allerdings so flexibel, dass Sie das Beispiel ganz einfach auch auf die Verwendung von OneDrive umbauen können.

Diesen Speicherort stellen Sie später in Ihrem *Word*-Konnektor ein, so wie Sie es vorhin beim *OneDrive*-Konnektor gesehen haben. Stellen Sie also die SharePoint-Site oder OneDrive-Location als SPEICHERORT sowie die DOKUMENTENBIBLIOTHEK ein. Im nächsten Schritt wählen Sie Ihre Vorlage in der Eigenschaft DATEI aus.

Abbildung 12.60 Word-Vorlage in SharePoint-Bibliothek gespeichert

Nach einer kurzen Zeit aktualisiert sich der Konnektor und zeigt Ihnen alle Platzhalternamen als Eingabefelder an (siehe Abbildung 12.61).

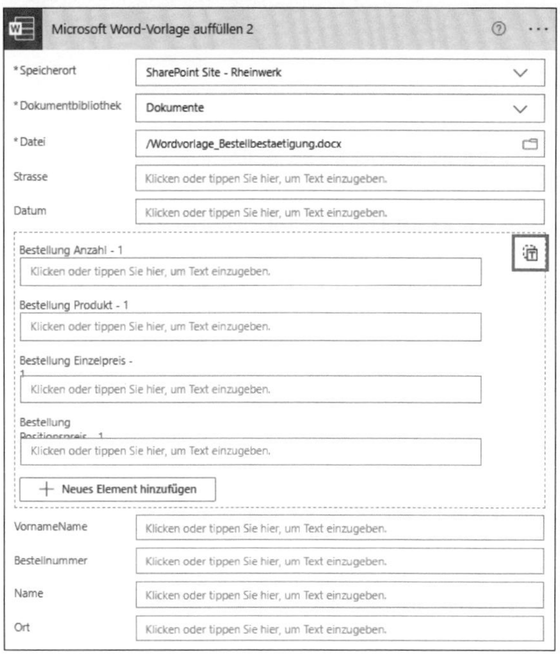

Abbildung 12.61 Felder einer Word-Vorlage befüllen

Dort finden Sie auch Ihre Tabelle *Bestellung* sowie einen Platzhalter für jedes Feld. Hier können Sie nun manuell Datensätze hinzufügen oder eine Tabelle übergeben, indem Sie das kleine Tabellensymbol auswählen, das ich in der Abbildung hervorgehoben habe.

Die Verwendung dieses Konnektors innerhalb eines Flows lernen Sie nun kennen.

Cloud-Flow

Nun kommen wir zur Automatisierung, also zur automatischen Befüllung Ihrer Vorlage mit Daten aus SharePoint-Listen. Erstellen Sie entweder einen neuen sofortigen Cloud-Flow in Power Automate oder aus dem App-Erstellungs-Menü Ihrer App. Wenn Sie den Flow über Power Automate erstellen, achten Sie unbedingt darauf, dass der Flow in derselben Umgebung erstellt wird wie Ihre App. Auch hier empfehle ich wieder, den PowerAppV2-Trigger zu verwenden.

Der erste Schritt

Als Namen für meinen Flow wähle ich »Rheinwerk – Wordvorlage verwenden«. Sie sind da natürlich frei!

[»]

Benennung der Konnektor-Aktionen

In den nächsten Schritten geht es um den Aufbau eines Flows zur Befüllung Ihrer Dokumentenvorlage. Hierbei habe ich die Standardbezeichnungen der Konnektor-Aktionen beibehalten. In einem »richtigen« Projekt würden Sie diese Bezeichnungen sprechend anpassen.

In der ersten Aktion POWERAPPS (V2) fügen Sie den Parameter `Bestellnummer` hinzu, der später die Bestellnummer aus der App entgegennimmt.

In der nächsten Aktion ELEMENT ABRUFEN möchten wir den Kopfdatensatz der Bestellung lesen, der das Bestelldatum, den Besteller sowie die Lieferinformationen enthält. Fügen Sie daher unter WEBSITEADRESSE die URL zu Ihrer SharePoint-Site ein, unter LISTENNAME wählen Sie `Bestellung`. Mit der Eigenschaft ABFRAGE FILTERN legen Sie fest, welche Datensätze Sie laden wollen. Die Notation erfolgt im ODATA-Format und verwendet die internen SharePoint-Feldbezeichnungen. Da die Bestellnummer in der Titelspalte gespeichert wird, interessieren uns alle Datensätze, die in der Titelspalte den Wert enthalten, der dem Flow übergeben wurde. Schreiben Sie also `Title eq`, und wählen Sie anschließend den Übergabeparameter `Bestellnummer` aus den dynamischen Inhalten, den Sie durch Hochkommata umschließen: `Title eq 'Bestellnummer'`.

Dann geht es um die Aktion VERFASSEN. Wenn Sie Daten aus einer SharePoint-Liste laden, spielt es keine Rolle, ob ein Element oder mehrere geladen werden. So oder so bekommen Sie eine Datenliste. Da uns aber nur genau ein Datensatz, nämlich der passende zu unserer Bestellnummer, interessiert, laden wir den ersten Datensatz der Abfrage in die Verfassen-Aktion. Dabei hilft die Funktion `first`.

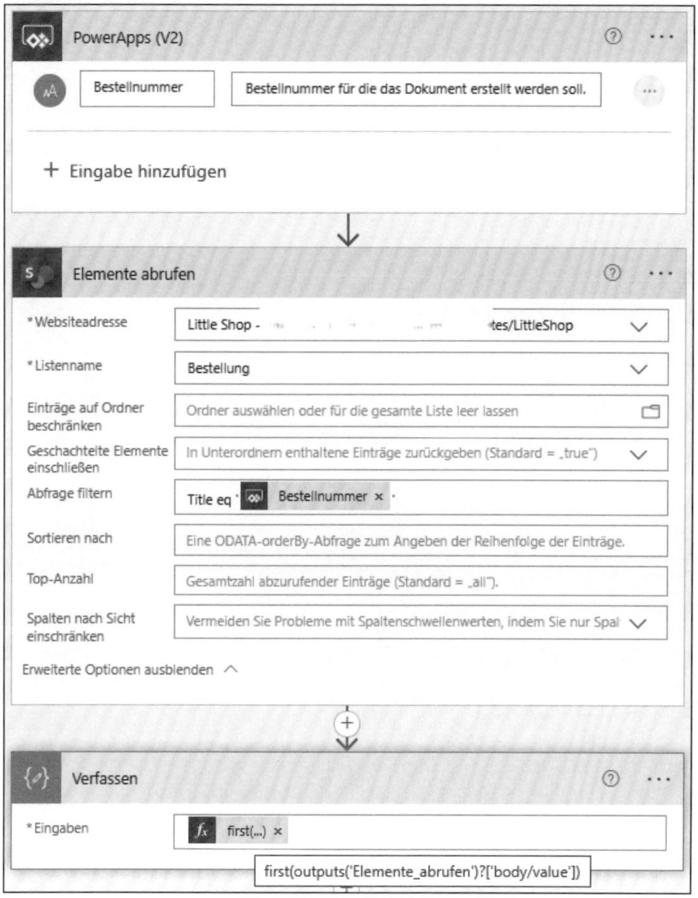

Abbildung 12.62 Trigger und Abruf der Bestellung

Für die Eingabe wechseln Sie zunächst in den Ausdruckseditor und schreiben dort den Befehl `first()`. Nun wechseln Sie in den Bereich für die dynamischen Inhalte, positionieren den Cursor zwischen den Klammern und wählen die Eigenschaft BODY der vorangegangenen Aktion ELEMENTE ABRUFEN (siehe Abbildung 12.63).

Sobald Sie Ihre Eingaben mit EINFÜGEN bzw. AKTUALISIEREN bestätigen, wird der passende Code erzeugt:

```
first(outputs('Elemente_abrufen')?['body/value'])
```

Der zweite Schritt

Im nächsten Schritt erzeugen wir eine Tabelle mit Bestellpositionen, die wir der Word-Vorlage übergeben können (siehe Abbildung 12.64).

Abbildung 12.63 Ausdrücke und dynamische Inhalte mischen

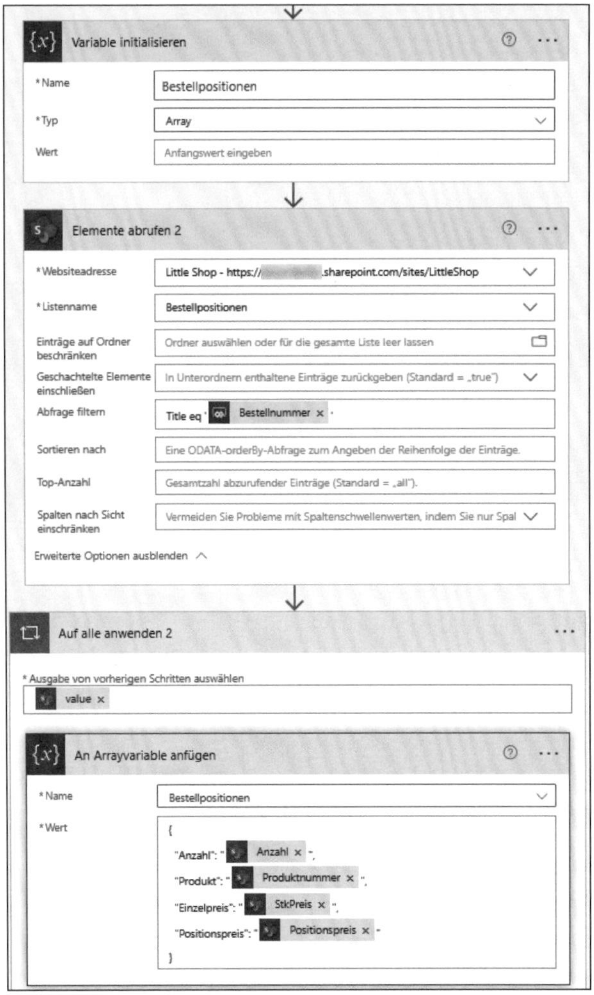

Abbildung 12.64 Tabellendaten aufbereiten

Zunächst geht es um die Aktion VARIABLE INITIALISIEREN. Das Array `Bestellpositionen` dient uns als Datenspeicher zur Übergabe an die Word-Vorlage und wird hier zunächst initialisiert.

In der nächsten Aktion ELEMENTE ABRUFEN 2 rufen wir alle Bestellpositionen zur passenden Bestellnummer ab. Die Konfiguration sieht genauso aus wie im ersten Schritt, nur dass Sie als Liste die Bestellpositionen auswählen.

Anschließend kommen die Aktionen AUF ALLE ANWENDEN 2 und AN ARRAYVARIABLE ANFÜGEN. Damit erstellen Sie den Datensatz, den Sie dem Array `Bestellpositionen` hinzufügen wollen. Gehen Sie dabei wie folgt vor:

1. Fügen Sie im nächsten Schritt die Aktion AN ARRAYVARIABLE ANFÜGEN aus dem Konnektor *Datenvorgang* hinzu. Der Name lautet BESTELLPOSITIONEN, als WERT wählen Sie folgenden Code aus:

   ```
   {
     "Anzahl": "@{items('Auf_alle_anwenden_2')?['Anzahl']}",
     "Produkt": "@{items('Auf_alle_anwenden_2')?['Produktnummer']}",
     "Einzelpreis": "@{items('Auf_alle_anwenden_2')?['StkPreis']}",
     "Positionspreis": "@{items('Auf_alle_anwenden_2')?['Positionspreis']}"
   }
   ```

2. Wechseln Sie in das Eingabefeld für den Parameter `Wert`, und schreiben Sie dort folgenden Text:

   ```
    {
     "Anzahl": "",
     "Produkt": "",
     "Einzelpreis": "",
     "Positionspreis": ""
   }
   ```

3. Die einzelnen Parameter dieses Textes entsprechen den Titeln Ihrer Platzhalter in der Word-Vorlage.
4. Positionieren Sie Ihren Cursor jeweils zwischen den Gänsefüßchen, und suchen Sie die passende Eigenschaft aus der Aktion ELEMENTE ABRUFEN 2.

Der Flow-Designer merkt nun, dass dort nicht nur ein Datensatz, sondern eine Tabelle aus der SharePoint-Abfrage zurückkommt, und setzt automatisch eine Schleife AUF ALLE ANWENDEN um Ihre Aktion.

Wird der Flow ausgeführt, durchläuft diese automatisch angelegte Schleife alle Datensätze und befüllt das Array mit den Bestellpositionen.

Der dritte Schritt

Im dritten Schritt geht es abschließend darum, die Word-Vorlage auszufüllen (siehe Abbildung 12.65).

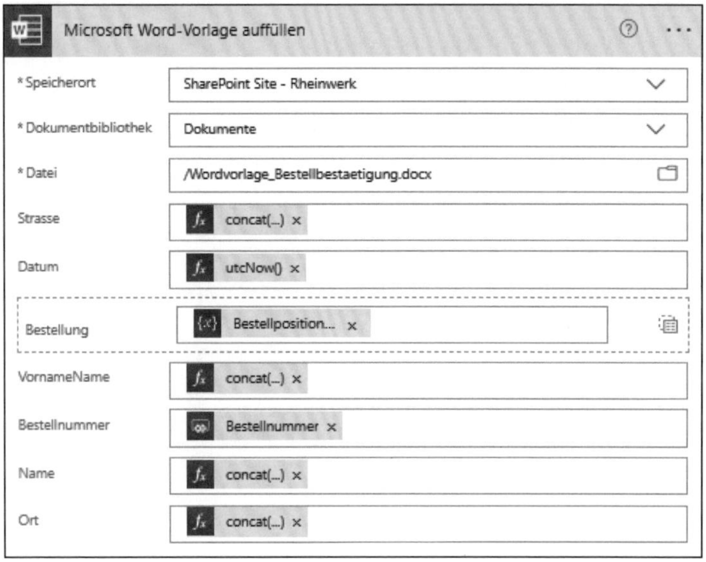

Abbildung 12.65 Word-Vorlage befüllen

Wählen Sie zunächst die drei Parameter für den Speicherort Ihrer Vorlage aus.

- Speicherort
- Dokumentenbibliothek
- Datei

Nun spezifizieren Sie die einzelnen Felder wie folgt:

- STRASSE: `concat(outputs('Verfassen')['Stra_x00df_e'],' ',` ↩
  `outputs('Verfassen')['Hausnummer'])`
- DATUM: `utcNow()`
- BESTELLUNG: Wählen Sie die Variable BESTELLPOSITIONEN AUS DYNAMISCHEN INHALTEN.
- VORNAME: `concat(outputs('Verfassen')['Vorname'],' ',` ↩
  `outputs('Verfassen')['Nachname'])`
- BESTELLNUMMER: Übergeben Sie den Wert BESTELLNUMMER aus dem Trigger.
- NAME: `concat(outputs('Verfassen')['Vorname'],' ',` ↩
  `outputs('Verfassen')['Nachname'])`
- ORT: `concat(outputs('Verfassen')['PLZ'],' ',` ↩
  `outputs('Verfassen')['Ort'])`

[«]

Zugriff auf Feldwerte eines Datensatzes

Beachten Sie dabei jeweils die Ausdrücke `outputs('Verfassen')[…]`. Die Verfassen-Aktion beinhaltet den ersten Datensatz aus der ersten SharePoint-Abfrage `first(…)`. Durch die Feldnamen in den eckigen Klammern hinter `outputs` werden die Feldwerte dieses Datensatzes ausgelesen.

Der vierte Schritt

Nun erfolgt die Konvertierung der Word-Vorlage in ein PDF-Dokument. Wie oben beschrieben, gehen wir auch hier den Umweg über unser OneDrive, da wir die Vorlage zunächst einmal speichern müssen (siehe Abbildung 12.66).

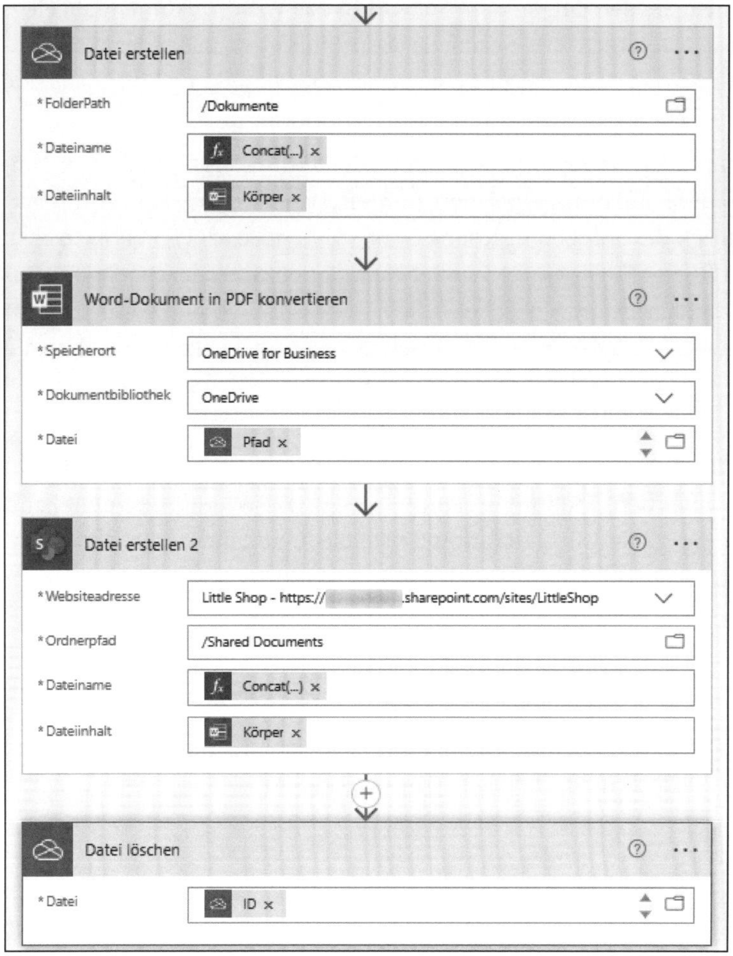

Abbildung 12.66 PDF erstellen und Daten bereinigen

Diese erste Aktion DATEI ERSTELLEN des *OneDrive for Business*-Konnektors speichert die Word-Vorlage als Word-Dokument in Ihrem OneDrive ab. Das können Sie grundsätzlich auch auf SharePoint tun, der Weg ist vergleichbar.

Bei FOLDERPATH wählen Sie Ihren Wunschspeicherort, den Sie als Zwischenablage verwenden wollen. Der DATEINAME setzt sich aus dem Wort »Bestellung_« sowie der Bestellnummer zusammen: `Concat('Bestellung_',outputs('Verfassen')['Title'], '.docx')`

Als DATEIINHALT wählen Sie die Eigenschaft MICROSOFT WORD-DOKUMENT AUS DEN DYNAMISCHEN INHALTEN der Aktion MICROSOFT WORD-VORLAGE AUFFÜLLEN.

Danach geht es um die Aktion WORD-DOKUMENT IN PDF KONVERTIEREN. Damit erstellen wir das PDF aus dem soeben zwischengespeicherten Word-Dokument. Als SPEICHERORT wählen Sie den Ort, an dem Sie vorhin das Word-Dokument abgelegt haben. Als DOKUMENTENBIBLIOTHEK wählen Sie die Bibliothek, in der das Word-Dokument liegt. Unter DATEI wählen Sie die Eigenschaft `Pfad` der Aktion DATEI ERSTELLEN aus den dynamischen Inhalten.

Das PDF-Dokument ist jetzt über die Eigenschaften der Aktion DATEI ERSTELLEN 2 abrufbar und kann auf SharePoint gespeichert werden. Dabei unterstützt uns die Aktion DATEI ERSTELLEN des SharePoint-Konnektors. Wählen Sie bei WEBSITEADRESSE den Ort, wo Sie Ihr finales PDF speichern wollen (SharePoint-Site oder OneDrive). Unter ORDNERPFAD wählen Sie die Bibliothek aus, in der das Dokument letztlich liegen soll. Der DATEINAME wird wie bereits beschrieben zusammengebaut, nur dass die Dateiendung *.pdf* anstatt *.docx* lautet: `Concat('Bestellung_',outputs('Verfassen')['Title'],'.pdf')`

In der letzten Aktion DATEI LÖSCHEN wird aufgeräumt. Wir haben das Word-Dokument in ein PDF konvertiert und in SharePoint abgelegt. Das Word-Dokument kann nun gelöscht werden. Wählen Sie dazu unter DATEI die ID aus, die Sie aus der Aktion DATEI ERSTELLEN des *OneDrive*-Konnektors erfahren haben.

Der Flow ist nun fertig und kann in die Power App eingebunden werden.

Power App

Um den soeben erstellten Flow in Ihre App zu integrieren, wechseln Sie in das App-Erstellungs-Menü und dort in den Bereich POWER AUTOMATE.

[»]

Statische Daten

Der Code aus Listing 12.7 arbeitet mit statischen Daten. Das heißt, dass die Bestellung sowie die Bestellpositionen hier direkt im Code erzeugt werden, damit Sie die Funktion der Dokumentenerstellung unabhängig von anderen Beispielen kennenlernen können.

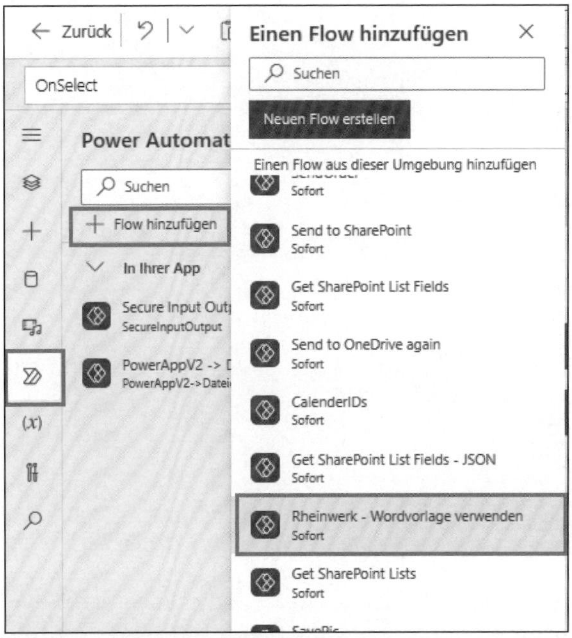

Abbildung 12.67 Flow in App einbinden

Nun platzieren Sie eine Schaltfläche auf Ihrem Bildschirm, die Sie zum Speichern Ihrer Daten verwenden. Wechseln Sie in die `OnSelect`-Eigenschaft, um Ihre Bestellung in SharePoint zu speichern und die PDF-Erstellung auszulösen. Das erledigt der Code aus Listing 12.7.

```
//Bestellpositionen
ClearCollect(colPositionen;
    {anzahl:2;produktNummer:2;stkPreis:9,99;positionsPreis:19,98};
    {anzahl:1;produktNummer:1;stkPreis:1,50;positionsPreis:1,50};
    {anzahl:1;produktNummer:3;stkPreis:9,99;positionsPreis:9,99}
);;

//Aktuellen Benutzer laden
UpdateContext({locBenutzer:'Office365-Benutzer'.MyProfileV2()});;

//Letzte Bestellnummer laden
UpdateContext({locLetzteBestellnummer:Last(Bestellung).ID});;

//Nächste Bestellnummer ermitteln
UpdateContext({locNaechsteBestellnummer:Year(Today())&"-"&
locLetzteBestellnummer+1});;
```

```
//Bestellung speichern
UpdateContext({
    locBestellung:      // Der geschriebene Datensatz wird
                        // an diese Variable zurückgegeben
    Patch(
        Bestellung;
        Defaults(Bestellung);
        {
            Titel:locNaechsteBestellnummer;
            Bestelldatum:Today();
            Vorname:locBenutzer.givenName;
            Nachname:locBenutzer.surname;
            Straße:"Musterstraße";
            Hausnummer:"96";
            PLZ:12345;
            Ort:"Musterhausen"
        }
    )
});;

//Bestellpositionen schreiben
ForAll(colPositionen;               // Bestellpositionen durchlaufen
    With({position:ThisRecord};     // Besuchte Bestellposition merken
        Patch(                      // Datensatz in SharePoint-Liste schreiben
            Bestellpositionen;
            Defaults(Bestellpositionen);
            {
                Titel:locBestellung.Titel;  // Bestellnummer der soeben
                                            // geschriebenen Bestellung laden
                Anzahl:position.anzahl;
                Produktnummer:position.produktNummer;
                StkPreis:position.stkPreis;
                Positionspreis:position.positionsPreis}
            )
    )
);;
//Daten an Flow übergeben
'Rheinwerk-Wordvorlageverwenden'.Run(locNaechsteBestellnummer)
```

Listing 12.7 Bestellung speichern und PDF erstellen

Der Code sollte selbsterklärend sein, jedoch möchte ich folgende Punkte näher erläutern:

- **Benutzer auslesen**
  Da Power Apps üblicherweise unternehmensintern genutzt werden, sind die meisten Daten schon vorhanden. So auch die Profildaten des angemeldeten Benutzers, die hier über den Office 365-Benutzer-Konnektor ermittelt werden. Siehe dazu auch Abschnitt 12.1.

- **Neue Bestellnummer ermitteln**
  Die neue Bestellnummer ergibt sich aus der vorherigen + 1. Ich bediene mich hier der eindeutigen SharePoint-ListItem-ID. Jedes Mal, wenn eine Bestellung in die Liste *Bestellung* geschrieben wird, wird eine neue ID erzeugt.

  Diese jeweils letzte wird mit `Last(Bestellung).ID` ausgelesen. Die neue ergibt sich aus der Jahreszahl sowie der fortlaufenden ID + 1, also: `Year(Today())&"-"&locLetzteBestellnummer+1`.

- **Schreiben der Bestellpositionen in SharePoint**
  Die Bestellpositionen befinden sich in diesem Beispiel in einer Collection, die ich statisch in dem Code erzeuge. Um nun jede einzelne Bestellposition in der SharePoint-Liste *Bestellpositionen* zu speichern, wird mit `ForAll` durch jeden einzelnen Datensatz iteriert.

  Um auf die einzelnen Werte eines Datensatzes innerhalb von `ForAll` zugreifen zu können, nutzen Sie die Funktion `ThisRecord`.

  Geschrieben wird ein Datensatz mit dem Patch-Befehl, indem Sie jedem Feld in der SharePoint-Liste einen Wert der Bestellpositionen der Collection zuweisen.

  Nutzt man nun die `ThisRecord`-Funktion innerhalb eines Patch-Befehls, bezieht sich `ThisRecord` auf die Ziel-Datenquelle. Ein Zugriff auf die Felder aus der Collection ist so nicht möglich.

  Das Problem lösen Sie mit dem `With`-Befehl. Der `With`-Befehl legt eine oder mehrere lokale Variablen an, die nur für den Code innerhalb des `With`-Befehls gültig sind. Man spricht auch von einem Gültigkeits-Scope.

  Direkt nach dem `ForAll` lege ich also per `With` den jeweiligen Datensatz aus `ThisRecord` in die lokale Variable `position`, die ich nun sehr einfach in dem Patch-Befehl verwenden kann, um die Daten wegschreiben zu können:

  ```
  ForAll(colPositionen;
    With({position:ThisRecord};
  ```

Kapitel 13
Umgebungen

Auch wenn sich das Buch eher an den Maker als an den Admin richtet, konnte ich das Thema der Verwaltung von Umgebungen und Sicherheitsrichtlinien zur Verhinderung von Datenverlust nicht außen vor lassen.

Dieses Kapitel soll Ihnen den vielgenannten Begriff »Umgebung« näherbringen und zeigen, wie und wo Umgebungen verwaltet werden. In diesem Zusammenhang lernen Sie die Bedeutung von Richtlinien zur Vermeidung von Datenverlust kennen und erfahren, wie Sie diese Richtlinien verwalten können. Dabei besuchen Sie das Power Platform Admin Center, in dem Sie alle umgebungs- und mandantenweiten Einstellungen vornehmen können.

Dieses Kapitel ist jedoch nicht mehr als eine kleine Einführung, da die Verwaltung einer produktionstauglichen Infrastruktur ein komplexes Unterfangen ist, das individuell geplant und umgesetzt werden muss.

Meine Empfehlung: Wenn Sie Ihre ersten Apps und Automationen erstellt haben und feststeht, dass die Power Platform ein fester Teil Ihres Arbeitsalltags wird, halten Sie kurz inne, und überlegen Sie am besten mit Ihren Kolleginnen und Kollegen zusammen, wie die Umgebung aussehen soll, in der diese Werkzeuge langfristig genutzt und gepflegt werden.

13.1 Was sind Umgebungen

Eine Umgebung ist ein Bereich, in dem Sie Ihre Apps, Flows und Chatbots erstellen und verwalten. Sie können in einer Umgebung eine Dataverse-Datenbank anlegen, in der Sie Ihre Geschäftsdaten ablegen.

Benutzerinnen und Benutzer können für die Benutzung und Administration über eine Rollenmodell auf eine Umgebung berechtigt werden. Haben Sie eine Dataverse-Datenbank angelegt, so können Sie diese Rollen feingranulare definieren und vergeben, um den Lese- und Schreibzugriff bis auf Datensatzebene zu steuern.

[»]

Umgebungsstrategien

Mehr zum Thema Umgebungsstrategien finden Sie unter *https://learn.microsoft.com/de-de/power-platform/guidance/adoption/environment-strategy*.

13.2 Umgebungsarten

Wenn Sie eine neue Umgebung anlegen, müssen Sie angeben, von welcher Art sie sein soll. Zwei Umgebungsarten haben Sie bislang kennengelernt: die *Standardumgebung* (*Default Environment*) und die *Entwicklungsumgebung*. Es gibt also folgende Umgebungsarten:

- Produktionsumgebungen nutzen Sie für den produktiven Einsatz. Erstellen Sie Produktionsumgebungen zum Beispiel für Premium- oder Standard-Apps und -Flows, für Abteilungen oder Teams oder für unternehmensinterne Sicherheitsstufen. Unternehmensrelevante Apps, Flows und Chatbots gehören in Produktionsumgebungen.
- Die Standardumgebung ist eine Sonderform der Produktionsumgebung, die in jedem Mandanten vorhanden ist. Da jeder lizenzierte Benutzer die Rolle Umgebungsersteller innehat, nennt man sie umgangssprachlich auch die Jedermann-Umgebung. Hier können persönliche und/oder unkritische Entwicklungen erfolgen. Die Standardumgebung kann nicht gelöscht oder deaktiviert werden, da sie als Speicherort für SharePoint-Formulare, in Power BI oder Microsoft Excel integrierte Flows dient.
- Sandbox-Umgebungen dienen zum Testen und Entwickeln. Sie können zurückgesetzt, kopiert oder in eine Produktionsumgebung umgewandelt werden.
- Testumgebungen dienen als kurzzeitige Umgebung zum Testen von Funktionen und stehen immer nur für eine Person zur Verfügung. Testumgebungen werden nach 30 Tagen gelöscht.
- Die Developer-Umgebung steht als kostenfreie Umgebung ausschließlich für Entwicklungstätigkeiten zur Verfügung. Für die Erstellung benötigen Sie den Developer-Plan. Mehr dazu finden Sie hier: *https://learn.microsoft.com/de-de/power-apps/maker/developer-plan*
- »Microsoft Dataverse for Teams«-Umgebungen werden automatisch erstellt, wenn Sie das erste Mal eine App in einem Team in Microsoft Teams erstellen oder eine App aus dem App-Katalog installieren. Mehr dazu finden Sie unter *https://learn.microsoft.com/de-de/power-platform/admin/about-teams-environment*.

13.3 Verwaltungsoberfläche für Umgebungen: das Power Platform Admin Center

Die Verwaltung von Umgebungen findet im Power Platform Admin Center statt. Sie erreichen das Admin Center auf folgenden Wegen:

- per URL über *https://admin.powerplatform.microsoft.com/*
- über den Umgebungsselektor im Maker Portal (siehe Abbildung 13.1) bzw. im Power Apps Studio oder im Flow-Designer

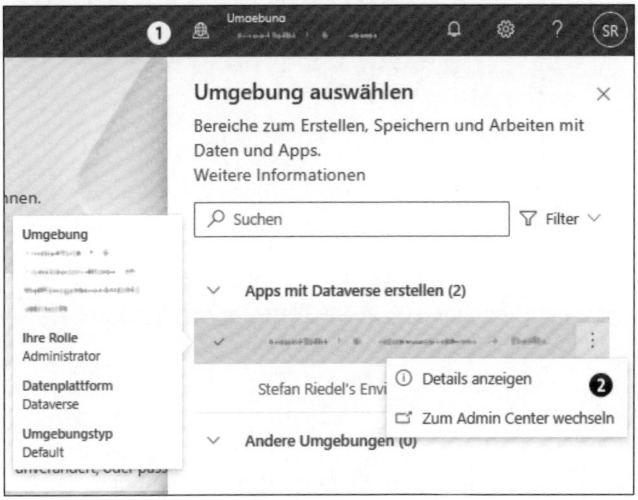

Abbildung 13.1 Aus dem Umgebungsselektor in den Admin-Bereich wechseln

- über die Einstellungen im Maker Portal (siehe Abbildung 13.2)

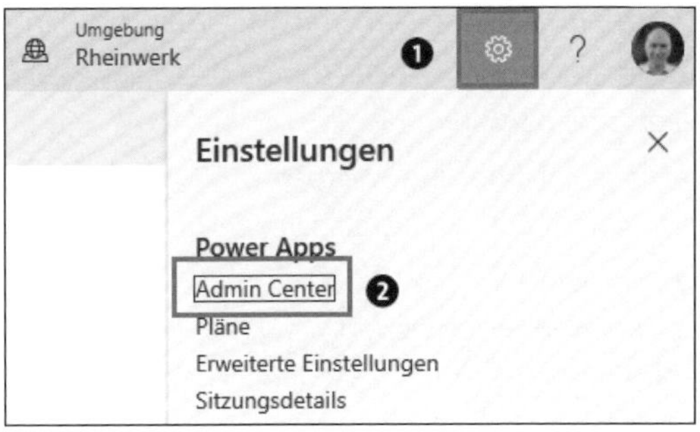

Abbildung 13.2 Aufruf des Admin Centers über das Einstellungsmenü

In der Detailansicht finden Sie dann alle relevanten Informationen und können beispielsweise ablesen, wie Ihre Umgebungs-ID lautet, in welcher Region sie gehostet wird und mehr (siehe Abbildung 13.3).

13

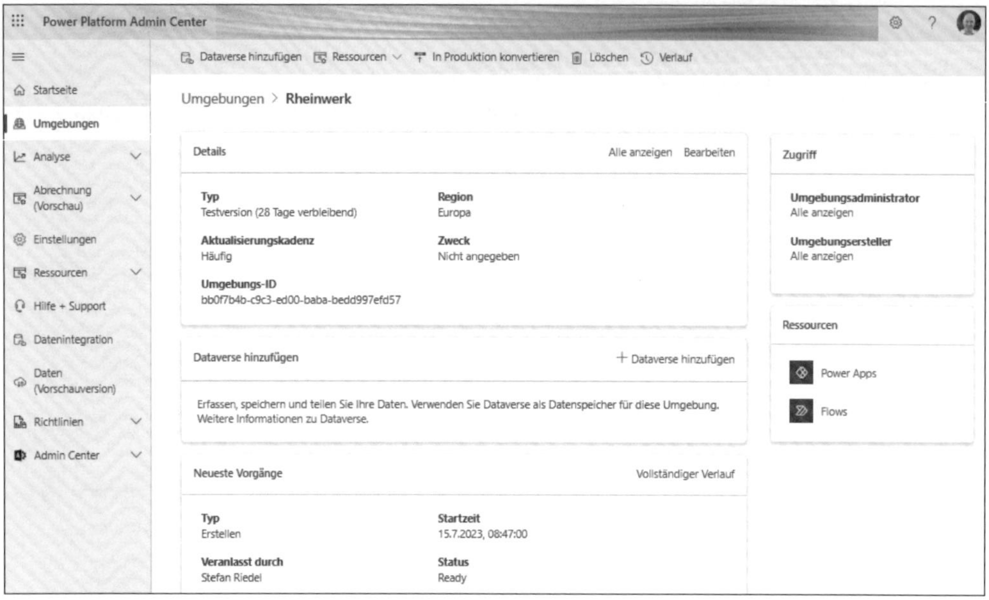

Abbildung 13.3 Detailansicht einer Umgebung im Power Platform Admin Center

13.4 Zugriff und Rollen

Sie können den Zugriff auf Umgebungen über Sicherheitsrollen steuern, denen Sie einzelne Benutzer oder ganze Entra-Sicherheitsgruppe zuweisen können.

Mindestanforderung für Zugriff auf eine Umgebung

Für den Zugriff auf eine Umgebung sind folgende Mindestvoraussetzungen notwendig:

- Es muss ein Entra-Account angelegt und aktiv sein.
- Es muss eine gültige Lizenz zum Beispiel über ein Microsoft 365-Abonnement oder einen Per-User- bzw. Per-App-Plan für Power Platform in der Umgebung vorhanden sein.
- Falls die Berechtigung über Sicherheitsgruppen gesteuert wird, müssen Benutzerinnen und Benutzer Mitglied wenigstens einer zugewiesenen Sicherheitsgruppe sein.
- Falls Dataverse genutzt wird, muss die Zuordnung zu mindestens einer Sicherheitsrolle vorliegen.

Mehr finden Sie in der offiziellen Dokumentation:
https://learn.microsoft.com/en-us/power-platform/admin/troubleshooting-user-needs-read-write-access-organization

Wie granular der Zugriff eingestellt werden kann, hängt grundsätzlich erst einmal davon ab, ob Sie eine Dataverse-Datenbank in Ihrer Umgebung eingerichtet haben oder nicht.

13.4.1 Umgebungen ohne Dataverse-Datenbank

Haben Sie in Ihrer Umgebung noch keine Dataverse-Datenbank eingerichtet, können Sie Benutzern oder Sicherheitsgruppen genau zwei Rollen zuweisen:

- **Umgebungsadministratoren** (*Environment Administrator*) verwalten alle Ressourcen in der Umgebung. Sie legen eine Dataverse-Datenbank an, weisen Benutzerrollen zu und erstellen Richtlinien zur Verhinderung von Datenverlust.
- **Umgebungsersteller** (*Environment Maker*) können Umgebungsressourcen erstellen und teilen, darunter u. a. Apps, Flows und Chatbots. Sie haben keinen Zugriff auf die Unternehmensdaten im Dataverse.

Sie erreichen die Funktionen zum Verwalten der Sicherheitsrollen über den Bereich ZUGRIFF auf der Umgebungsdetailseite.

[«]

Unternehmensdaten

Wenn hier bzw. in den offiziellen Dokumentationen vom Zugriff auf Unternehmensdaten gesprochen wird, bezieht sich das immer auf den Zugriff auf Daten im Dataverse. Der Datenzugriff auf andere Systeme wie zum Beispiel SQL Server oder Microsoft SharePoint ist in den jeweiligen Systemen selbst einzustellen.

13.4.2 Umgebungen mit Dataverse-Datenbank

Sobald Sie eine Dataverse-Datenbank erstellt haben, ändert sich der Umfang an Rollen, die Sie Ihren Benutzerinnen und Benutzern zuweisen können. Sie können die vorhandenen Rollen nutzen, sie kopieren und anpassen oder eigene Rollen erstellen. Den Einstieg in die Verwaltung von Sicherheitsrollen finden Sie ebenfalls auf der rechten Kachel, die mit ZUGRIFF überschrieben wurde (siehe Abbildung 13.4).

Falls Sie eigene Tabellen im Dataverse anlegen, empfehle ich, eigene Benutzerrollen anzulegen, über die Sie Benutzer oder AD-Sicherheitsgruppen auf Ihre Daten berechtigen.

Die vordefinierten Rollen, die in meinen Projekten genutzt werden, sind:

- Der **Power Platform Administrator** kann alle Umgebungen verwalten und hat Zugriff auf die Daten im Dataverse. Zudem kann er Rollen erstellen und Personen und Gruppen Rollen zuweisen.

- Der **System Administrator** kann eine Umgebung verwalten und hat Zugriff auf die Daten im Dataverse. Zudem kann er Rollen erstellen und Personen und Gruppen Rollen zuweisen.
- Der **System Customizer** erlaubt die Anlage und Konfiguration der Umgebung inklusive der Umgebungsdaten im Dataverse.
- **Environment Maker** (*Umgebungsersteller*) erstellen keine Umgebungen, sondern erzeugen Dinge in einer Umgebung. Sie sind also Maker in einer Umgebung und können somit Apps, Flows und andere Ressourcen erstellen und teilen, haben aber keinen Zugriff auf die Umgebungsdaten und können keine Verwaltungstätigkeiten übernehmen.
- Die Rolle **Basic User** ist mindestens nötig, um Apps auszuführen.

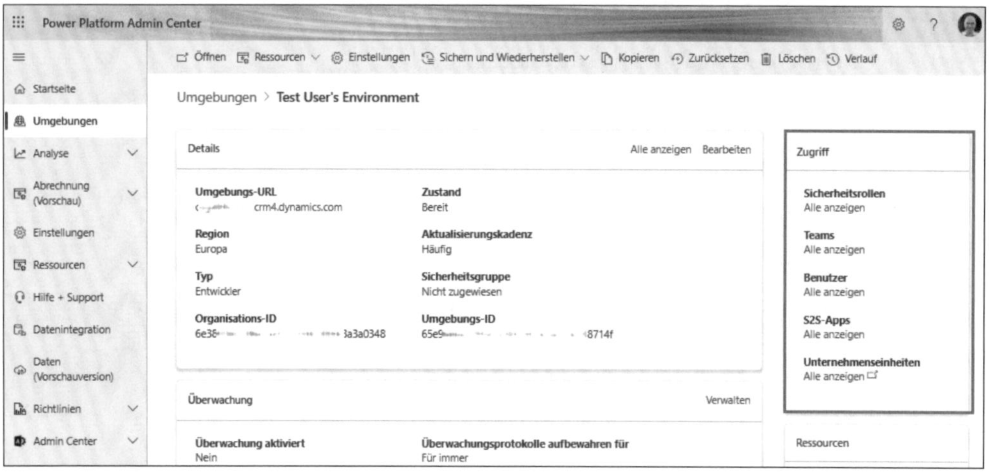

Abbildung 13.4 Einstieg in die Rollenverwaltung bei vorhandener Dataverse-Datenbank

13.5 Verwaltung von Umgebungen

Die Verwaltung von Umgebungen erfolgt im gleichnamigen Bereich UMGEBUNGEN des Power Platform Admin Centers. Je nach Umgebungstyp stehen Ihnen im Kopfbereich, aber auch im Kontextmenü jeder Umgebung alle notwendigen Kommandos zur Verfügung.

13.5.1 Anlage neuer Umgebungen

Die Anlage neuer Umgebungen erfolgt aus dem Bereich UMGEBUNGEN des Power Platform Admin Centers über das Kommando + NEU. Nach Betätigung dieser Schaltfläche öffnet sich ein Eingabebereich auf der rechten Bildschirmseite.

Geben Sie hier den Namen, den Typ und die Region ein, in der die Umgebung erstellt werden soll. Abschließend bestimmen Sie noch, ob mit der Umgebung eine Dataverse-Datenbank erstellt werden soll.

13.5.2 Löschen von Umgebungen

Das Löschen von Umgebungen erfolgt ebenfalls über die Kommandos der Kopfzeile im Umgebungsbereich oder aus dem Kontextmenü einer Umgebung. Nachdem Sie das Löschen ausgelöst haben, öffnet sich der Dialog aus Abbildung 13.5, der Ihnen nochmal eine kurze Zusammenfassung der Umgebung darstellt. Zur Sicherheit müssen Sie nochmals den Umgebungsnamen eingeben, bevor Sie die Umgebung löschen können.

Gelöschte Umgebungen können Sie bis zu sieben Tage im Bereich UMGEBUNGEN abrufen und wieder aktivieren.

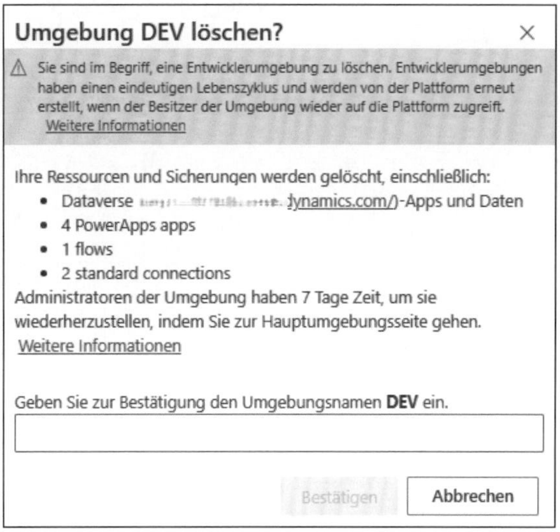

Abbildung 13.5 Löschen-Dialog

13.5.3 Umbenennen von Umgebungen

Die Umbenennung von Umgebungen ist jederzeit möglich. Rufen Sie dafür die Umgebungsdetails über den UMGEBUNGSSELEKTOR des Maker Portals oder aus dem Bereich UMGEBUNGEN des Power Platform Admin Centers auf.

Die Schaltfläche BEARBEITEN öffnet einen Eingabebereich auf der rechten Bildschirmseite, wo Sie einen neuen Namen vergeben können (siehe Abbildung 13.6).

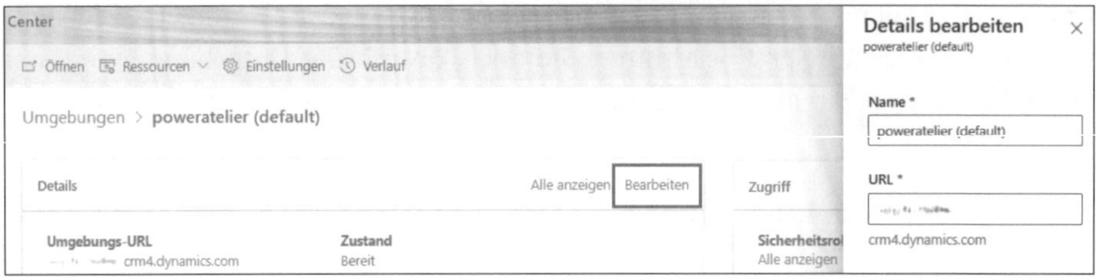

Abbildung 13.6 Umgebungen umbenennen

13.5.4 Dataverse-Datenbank hinzufügen

Verfügt Ihre Umgebung noch über keine Dataverse-Datenbank, so können Sie diese im Bereich UMGEBUNGEN erstellen (siehe Abbildung 13.7).

Abbildung 13.7 Dataverse-Datenbank einer Umgebung hinzufügen

Geben Sie zunächst die Standardsprache und -währung an, die in Ihrem Dataverse verwendet werden soll. Über den Schalter DYNAMICS 365-APPS AKTIVIEREN? werden eine Reihe von Model Driven Apps bereitgestellt, sofern Sie eine Produktions- und Sandbox-Umgebung erstellen wollen. Die letzte Einstellung lautet SICHERHEITSGRUPPE. Hier sollten Sie eine Sicherheitsgruppe angeben, deren Mitglieder Zugriff auf die Umgebung erhalten sollen. Zuvor angelegte Benutzer werden automatisch entfernt.

In der Rollenverwaltung müssen Sie der Berechtigungsgruppe mindestens die Rolle **Basic User** zuweisen.

13.6 Richtlinien gegen Datenverlust

Die Richtlinien gegen Datenverlust (*Data Loss Prevention* oder kurz DLP) steuern, welche Konnektoren Sie verwenden können und welche Konnektoren gemeinsam genutzt werden können. So verhindern Sie zum Beispiel, dass Geschäftsdaten aus dem SQL-Server ausgelesen und per Twitter verteilt werden können.

Sie erstellen Richtlinien gegen Datenverlust im Power Platform Admin Center unter dem Menüpunkt RICHTLINIEN und dem Unterpunkt DATENRICHTLINIEN. Dort können Sie vorhandene Richtlinien einsehen, bearbeiten und erstellen.

Sie können Richtlinien so definieren, dass sie entweder für alle oder bestimmte Umgebungen greifen. Definieren Sie mehrere Richtlinien für eine Umgebung, greift immer die restriktivste Regel. Mehr zum Verhalten von mehreren Richtlinien finden Sie hier:

https://learn.microsoft.com/en-us/power-platform/admin/dlp-combined-effect-multiple-policies

Die Erstellung einer Richtlinie folgt einem geregelten Prozess:

1. Namen definieren
2. Konnektoren in Bereiche einteilen
3. Endpunkte für benutzerdefinierte Konnektoren festlegen
4. Umfang der Richtliniengültigkeit festlegen
5. Überprüfen und speichern

13.6.1 Einteilung von Konnektoren

Erstellen Sie eine Richtlinie, können Sie die einzelnen Konnektoren in eine von drei Gruppen einteilen:

- **Business**: Hier gehören alle Konnektoren hinein, die nicht blockierbar sind und die auf Ihre Unternehmensdaten zugreifen können.

- **Non-Business**: Hier gehören alle Konnektoren hinein, die Sie nicht blocken wollen, die aber auch nicht gemeinsam mit einem der Konnektoren verwendet werden sollen, die auf Ihre Unternehmensdaten zugreifen können.
- **Blocked**: Hier legen Sie alle Konnektoren hinein, die in der Umgebung nicht verwendet werden sollen (siehe Abbildung 13.8). Sie können nur Konnektoren blockieren, die für das Attribut BLOCKIERBAR aktiviert ist.

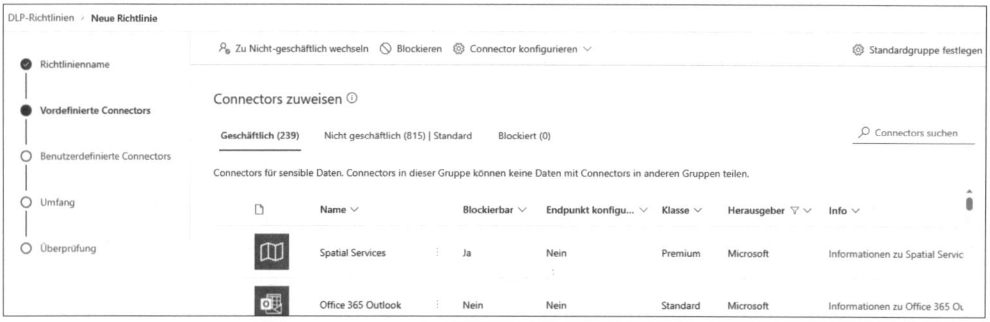

Abbildung 13.8 Konnektoren werden in Gruppen eingeteilt.

Über das Kommando STANDARDGRUPPE FESTLEGEN (siehe Abbildung 13.9) können Sie bestimmen, welcher Gruppe neue Konnektoren hinzugefügt werden sollen.

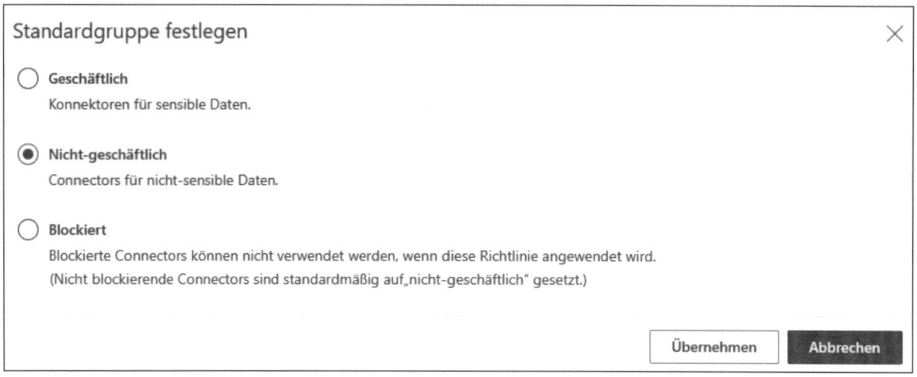

Abbildung 13.9 Standardgruppe festlegen

13.6.2 Konfiguration von Konnektoren

Einige Konnektoren, wie zum Beispiel den *Dropbox*- oder den *SQL Server*-Konnektor, können Sie entweder über die obere Befehlsleiste oder aber das Kontextmenü feingranular einstellen (siehe Abbildung 13.10).

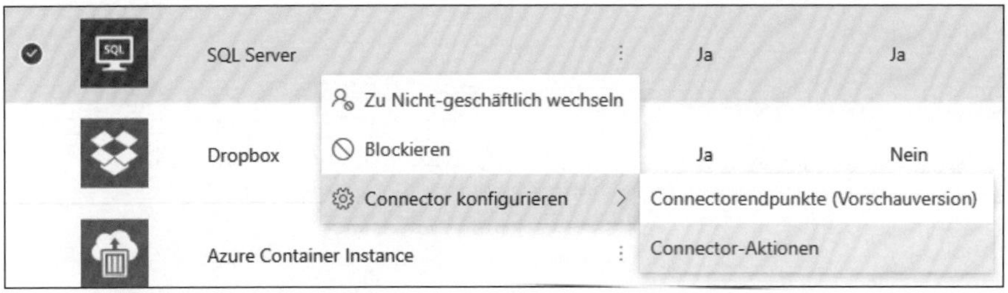

Abbildung 13.10 Einige Konnektoren sind konfigurierbar.

Konnektoraktionen konfigurieren

Wenn ein Konnektor diese Möglichkeit bereitstellt, können Sie einzelne Aktionen des Konnektors in Ihrer Richtlinie erlauben oder verbieten (siehe Abbildung 13.11). Die Einstellmöglichkeiten NEUE KONNEKTORAKTIONEN ZULASSEN bzw. NEUE KONNEKTORAKTIONEN VERBIETEN regeln das Verhalten, falls ein Konnektor mit neuen Aktionen ausgestattet wird.

Abbildung 13.11 Aktionen erlauben und verbieten

Konnektoren-Endpunkte konfigurieren

Die Konfiguration von Endpunkten bedeutet, dass Sie einstellen können, ob sich ein Konnektor im Rahmen Ihrer Richtlinie mit bestimmten IP-Adressen verbinden darf oder nicht (siehe Abbildung 13.12).

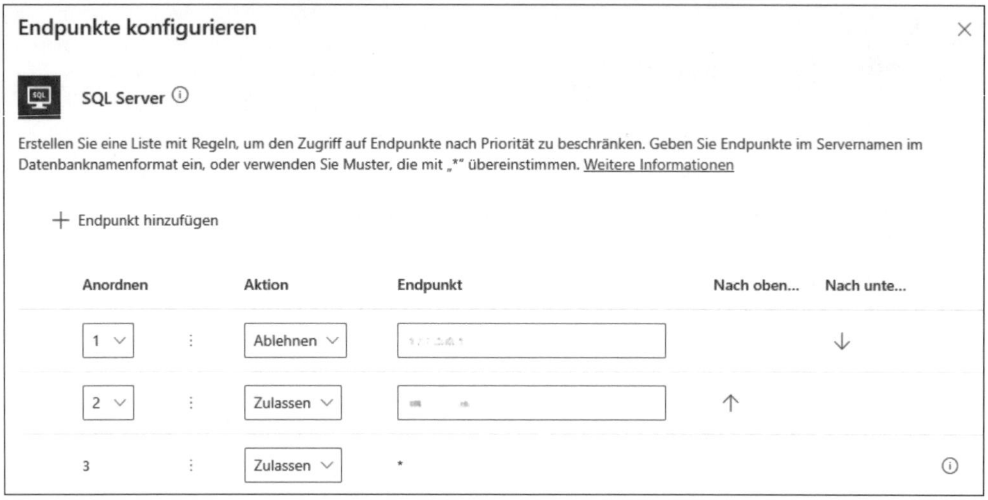

Abbildung 13.12 Konnektoren-Endpunkte konfigurieren

13.6.3 Umfang festlegen

An diesem Punkt der Richtlinienerstellung legen Sie fest, ob die Richtlinie für den kompletten Mandanten oder nur ausgewählte Umgebungen Gültigkeit haben soll. Darüber hinaus können Sie festlegen, ob es mit der Ausnahme weniger Umgebungen für alle gelten soll.

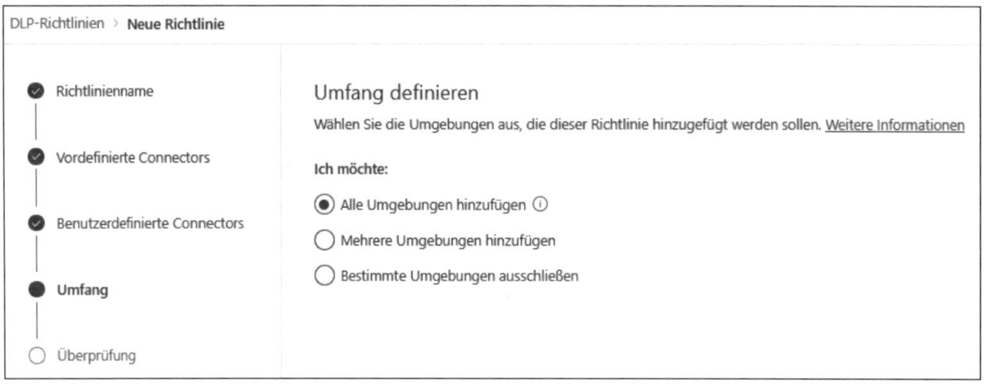

Abbildung 13.13 Umfang der Richtlinie definieren

Sind Sie damit durch, kommt noch eine Seite zur Überprüfung, von der aus Sie in die einzelnen Konfigurationsschritte abspringen können. Mit RICHTLINIE ERSTELLEN wird die Richtlinie erstellt.

Kapitel 14
Lösungen

Lösungen helfen Ihnen, Ordnung in Ihren Entwicklungsprozess zu bringen. Sie konzentrieren alle Lösungsbestandteile an einem Platz, lassen sich installieren und zurückziehen. Schlussendlich können Lösungen einem automatischen Verteilprozess übergeben werden, sodass Sie sich nur noch um die Entwicklung, aber nicht mehr um die Verteilung kümmern müssen.

Wenn wir früher Software beim Kunden installiert haben, haben wir zunächst alle notwendigen Bestandteile auf eine oder mehrere CDs gebrannt und haben diese dann auf den Kundensystemen installiert.

Ein Setup-Programm hat dann die notwendigen Daten für die Installation und Konfiguration abgefragt und die einzelnen Bestandteile der Software an die richtigen Stellen geschoben und entsprechend den Eingaben konfiguriert.

14.1 Apps als Lösungen verteilen

Ähnlich wie diese alten Installationspakete funktionieren *Projektmappen* oder *Lösungen* in der Power Platform. Sie sind ein großer Behälter, in dem alle notwendigen Komponenten für Ihr Projekt zusammengepackt sind. Dazu zählen unter anderem

- Canvas Apps
- Model Driven Apps
- Cloud-Flows und Business-Process-Flows
- Umgebungsvariablen
- Verbindungsreferenzen
- Dataverse-Tabellen, -Spalten, -Ansichten und -Formulare
- u. v. m

Lösungen vs. Projektmappe

Die Oberflächen der Power Platform unterliegen einem ständigen Verbesserungsprozess und sind somit ständig im Fluss. So kommt es, dass der englische Originalbegriff

»Solution« in Power Apps als »Lösung«, in Power Automate als »Projektmappe« übersetzt wurde. Das kann sich natürlich auch schon wieder geändert haben, wenn Sie dieses Buch lesen.

Sie können Lösungen mit Umgebungsvariablen und Verbindungsreferenzen versehen, die bei der Installation abgefragt werden. Bei der Installation der Lösung werden sämtliche Bestandteile in Ihrer Power-Platform-Umgebung entpackt, verteilt und entsprechend Ihren Eingaben konfiguriert.

14.1.1 Verwaltete Lösungen vs. nicht verwaltete Lösungen

Lösungen sind ein Paket mit allen notwendigen Komponenten für die Software, die Sie mit der Power Platform erstellt haben. In ihnen befinden sich alle dazugehörigen Flows, Apps, Tabellen etc. Wenn Sie eine Lösung in einer Umgebung einspielen, werden alle darin enthaltenen Komponenten entpackt und installiert.

Erweitern Sie Ihre Lösung nun um weitere Komponenten und Apps oder aktualisieren Sie Apps und Flows, so können Sie eine neue Version dieser Lösung erstellen und ebenfalls auf der Zielumgebung einspielen.

Was beim Einspielen einer neuen Lösung mit den darin enthaltenen Komponenten passiert, hängt von dem Lösungstyp ab, den Sie beim Export festlegen. Dabei unterscheidet man zwischen verwalteten Lösungen (*Managed Solutions*), die für die Verwendung in Test- und Produktivumgebungen empfohlen sind, und nicht verwalteten Lösungen (*Unmanaged Solutions*) für Entwicklungsumgebungen. Der Unterschied zwischen den beiden Arten ist im Grunde sehr einfach:

Nicht verwaltete Lösungen

Spielen Sie eine neue Version einer nicht verwalteten Lösung über eine alte vorhandene Version, so werden die vorhandenen Lösungskomponenten überschrieben.

Löschen Sie die Lösung aus dem System, wird die Lösung gelöscht, und die Lösungskomponenten werden in die Standardlösung (Default Solution) verschoben. Ein »echtes« Deinstallieren ist so nicht möglich.

Verwaltete Lösungen

Spielen Sie eine neue Version einer verwalteten Lösung über eine vorhandene verwaltete Lösung, so entsteht eine neue Schicht über der alten Lösung. Es werden stets die Lösungsbestandteile der obersten Schicht, also der zuletzt eingespielten Version genutzt.

Sollte es zu einem Konflikt zwischen Lösungskomponenten kommen, so wird immer die zuletzt eingespielte Komponente gewinnen.

Löschen Sie eine verwaltete Lösung, so wird nicht nur die Lösung an sich gelöscht, sondern auch alle ihre Bestandteile (Apps, Flows, ...), sodass die nächstjüngere Version aktiviert wird.

Nicht verwaltete Schicht (Unmanaged Layer)

Führen Sie an einer verwalteten Lösung Änderungen durch, so werden alle Änderungen in eine nicht verwaltete Schicht überführt, die sich dauerhaft über alle verwalteten Schichten legt. Das führt zu folgendem Effekt:

Sie haben eine verwaltete Lösung mit einer App in einer Kundenumgebung eingespielt.

Nun ändern Sie die App direkt in der Kundenumgebung, zum Beispiel das Firmenlogo und ein paar Farben, weil es schnell gehen sollte.

Mit der Zeit entwickeln Sie die App in Ihrer Entwicklungsumgebung weiter und spielen diese als eine neue verwaltete Lösung bei Ihrem Kunden ein.

Der Kunde testet nun die App und stellt fest, dass die ganzen neuen Updates an der App nicht zu sehen sind. Was ist passiert?

Mit der schnellen Änderung in der Kundenumgebung haben Sie eine nicht verwaltete Schicht (*Active Layer*) mit Ihrer geänderten App erzeugt, die sich über die verwaltete Schicht gelegt hat.

Die nächste verwaltete Lösung, die Sie im Kundensystem einspielen, legt sich über die zuletzt eingespielte Lösung, so auch die planmäßig weiterentwickelte App.

Da aber die nicht verwaltete Schicht über allen verwalteten Schichten liegt, wird immer diese Version genutzt. Erst wenn Sie die nicht verwaltete Schicht löschen, kommen Sie in den Genuss der letzten Aktualisierungen aus der verwalteten Schicht.

> **Schichten anzeigen, vergleichen und den Active Layer löschen**
> Um einen Überblick über die Schichten Ihrer Lösung zu erhalten, wechseln Sie zu der Komponente in Ihrer Lösung, deren Lösungsebenen Sie betrachten wollen. Über die Dreipunkt-Schaltfläche öffnen Sie im Kontextmenü die Befehle ERWEITERT und dort den Befehl LÖSUNGSEBENEN ANZEIGEN. Nun gelangen Sie zur Anzeige ihrer Lösungsebenen, wo Sie Ebenen vergleichen bzw. den Active Layer löschen können.

Die Qual der Wahl

Hier die gute Nachricht: Quälen Sie sich nicht! Folgen Sie den Empfehlungen, und nutzen Sie verwaltete Lösungen. Nur so haben Sie stets einen konsistenten, nachvollziehbaren und dokumentierbaren Stand. Wurde aus welchen Gründen auch immer eine nicht verwaltete Schicht über Ihre verwalteten Lösungen gelegt, kommen Sie durch das Löschen der nicht verwalteten Schicht immer zu einem konsistenten Stand zurück.

Bei nicht verwalteten Lösungen verschmilzt alles ineinander und lässt sich im Falle eines Falles nicht mehr einfach zurückspielen.

[»]

Nutzen Sie immer Lösungen

Und sei Ihr Anwendungsfall auch noch so klein, werden Sie bei der Verwendung von Lösungen schon alleine dadurch profitieren, dass Sie alle Komponenten Ihres Vorhabens an einer Stelle verwalten können.

Lösungen sind allerdings kein Allheilmittel, denn es lässt sich nicht alles in eine Lösung verpacken und zu anderen Umgebungen transportieren. So können Sie mit einer Lösung zum Beispiel keine SharePoint-Listen oder SQL-Tabellen verpacken. Um den Transport dieser Infrastrukturen müssen Sie sich auch dann noch selbst kümmern, wenn Sie Lösungen nutzen.

14.1.2 Lösungsgebundene Funktionen

Neben den Vorteilen, alles an einer Stelle verwalten zu können und immer saubere Installationen fahren zu können, kommen Lösungen auch mit einer Reihe nützlicher Funktionen daher.

- **Umgebungsvariablen**
  Umgebungsvariablen sind konfigurierbare Variablen, die je nach Umgebung unterschiedliche Werte annehmen können. Nutzen Sie Umgebungsvariablen, um Ihre Lösung konfigurierbar zu halten, ohne Änderungen am Zielsystem vornehmen zu müssen.
- **Verbindungsreferenzen**
  Verwenden Sie je nach Umgebung unterschiedliche Datenquellen, ist der Zugriff mitunter speziell zu konfigurieren. Hier helfen Ihnen Verbindungsreferenzen.
- **Child-Flows**
  Wollen Sie Flows von Flows aufrufen, gelingt Ihnen das normalerweise nur mit dem HTTP-Konnektor, der leider eine Premium-Lizenz erfordert. Innerhalb von Lösungen können Sie mit der Standard-Lizenz Child-Flows erstellen, also Flows, die von Flows aufgerufen werden. Siehe dazu auch den Abschnitt über Child-Flows (siehe Abschnitt 11.7.1).
- **Besitzer eines Flows ändern**
  Während Sie Besitzer von Canvas Apps über die Admin-Konnektoren ändern können, steht Ihnen bei Flows keine derartige Funktion zur Verfügung. Nutzen Sie aber Flows innerhalb einer Lösung, so ist das kein Problem: Öffnen Sie Ihre Lösung und wechseln dort zu dem Flow, dessen Besitzer Sie ändern wollen. Nun gelangen

Sie auf die Detailseite, in der sich oben links ein großer Kasten mit Flow-Details befindet. Dort wählen Sie den Befehl BEARBEITEN. Nun können Sie in den Detail-Fenster auf der rechten Bildschirmseite den BESITZER ändern.

14.2 Lösung erstellen

Grundsätzlich können Sie immer mit Lösungen arbeiten. Alles, was Sie dafür benötigen, ist eine Datenbank, genauer eine Dataverse-Datenbank, die in Ihrer Umgebung bereitgestellt sein muss.

14.2.1 Anlegen einer Datenbank

Falls Sie noch keine Datenbank besitzen, können Sie sie in Ihren Entwicklungsumgebungen immer selbst anlegen. Fehlen Ihnen die notwendigen Berechtigungen in Ihrer Umgebung, fragen Sie Ihren Umgebungsadministrator.

14.2.2 Lösung erstellen

Um Lösungen zu erstellen, begeben Sie sich in die Lösungsübersicht, die Sie über den Menüpunkt LÖSUNGEN (Power Apps Maker Portal) bzw. PROJEKTMAPPEN (Power Automate Maker Portal) erreichen.

Hier finden Sie eine Übersicht über alle installierten Lösungen, alle Herausgeber bzw. Verleger sowie eine Historie über alle Import- und Exportvorgänge von Lösungen in Ihrer Umgebung (siehe Abbildung 14.1).

Abbildung 14.1 Eine Lösung erstellen

Hier können Sie

- LÖSUNGEN IMPORTIEREN, was in Abschnitt 14.3.1 beschrieben wird,
- über APPSOURCE ÖFFNEN Drittanbieter-Lösungen aus dem AppSource installieren,

- ALLE ANPASSUNGEN VERÖFFENTLICHEN, die an Ihren Lösungen vorgenommen wurden;
- mit NEUE LÖSUNG öffnet sich das Formular zur Anlage einer Lösung auf der rechten Bildschirmseite.

Abbildung 14.2 Eine neue Lösung erstellen

Genau wie jede andere Software verfügt eine Lösung bzw. Projektmappe über:

- **einen Anzeigenamen**
  Hier bestimmen Sie den Namen, den Sie auch in den Übersichtslisten finden. Dieser Wert ist später noch änderbar.
- **einen Namen**
  Dieser Name ist eindeutig und entspricht zunächst dem Anzeigenamen. Sie können diesen Wert überschreiben.
- **einen Herausgeber**
  Hierbei handelt es sich um die Herstellerinformation, damit in dem Zielsystem schnell erkannt werden kann, wer die Lösung erstellt hat. Mit einem Herausgeber definieren Sie auch immer ein Präfix, das dem Namen Ihrer Lösungskomponenten vorangestellt wird. So kann zum Beispiel identifiziert werden, über welchen Herausgeber eine Spalte oder eine Tabelle angelegt worden ist.
- **eine Versionsnummer**
  Hier können Sie eine Versionsnummer festlegen. Der Standard ist 1.0.0.0. Sobald Sie Ihre Lösung exportieren, um sie zum Beispiel aus Ihrem Entwicklungssystem auf ein Testsystem zu überführen, erhöhen Sie die Nummer. Die Versionsnummer wird nach einem Export stets dem Dateinamen angehängt.

Sobald Sie den Dialog in Abbildung 14.2 mit ERSTELLEN bestätigt haben, wird Ihre Lösung erstellt und in die Lösungsliste übernommen, und die Objektsicht öffnet sich.

14.2.3 Lösungskomponenten hinzufügen

Die Objektsicht ist der zentrale Punkt für das Zusammenstellen Ihrer Lösung. Sie ist Teil des Lösungsbereichs, der über vier wesentliche Punkte verfügt:

- **die Lösungsübersicht**

  In Abbildung 14.3 finden Sie die wichtigsten Informationen zu Ihrer Lösung. Zudem finden Sie hier die wichtigsten Befehle zum Klonen und Exportieren Ihrer Lösung sowie zum Veröffentlichen aller Anpassungen, die Sie an Ihrer Lösung vorgenommen haben.

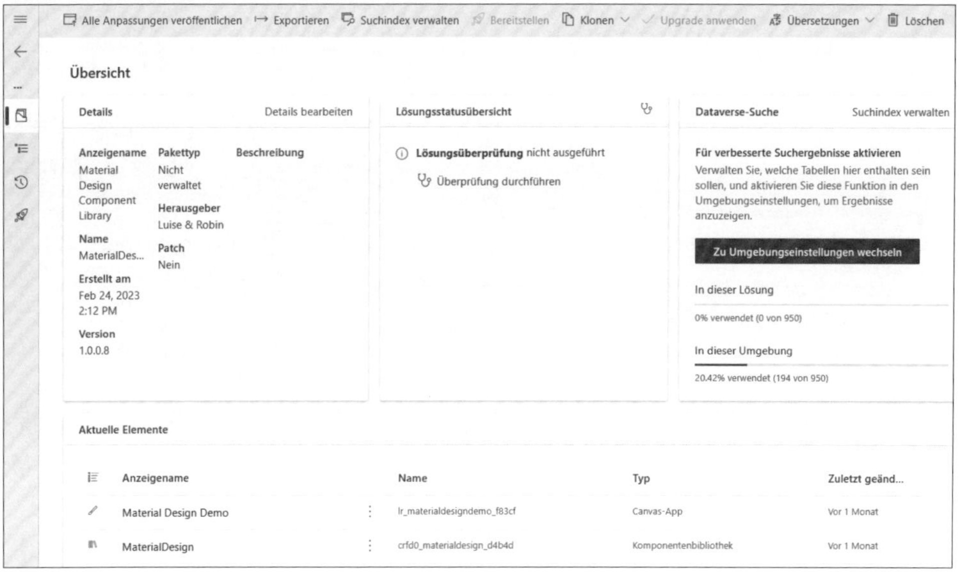

Abbildung 14.3 Die Lösungsübersicht

- **die Objektsicht**

  In der Objektsicht werden Sie sich am meisten aufhalten, denn hier erstellen Sie neue Lösungskomponenten oder fügen vorhandene hinzu. Auf der linken Seite der Objektsicht in Abbildung 14.4 finden Sie eine Liste aller verwendeten Objekttypen, also etwa Apps, Flows und Tabellen. Diese Liste dient als Filter über alle Komponenten, sodass Sie sich entweder alle Komponenten oder nur bestimmte anzeigen lassen können.

  Wie Sie Lösungskomponenten verwalten, ist auch in Abschnitt 7.4 über Dataverse for Teams-Apps beschrieben. Dort erfahren Sie unter anderem, wie Sie Tabellen, Felder, Sichten und Formulare erstellen können.

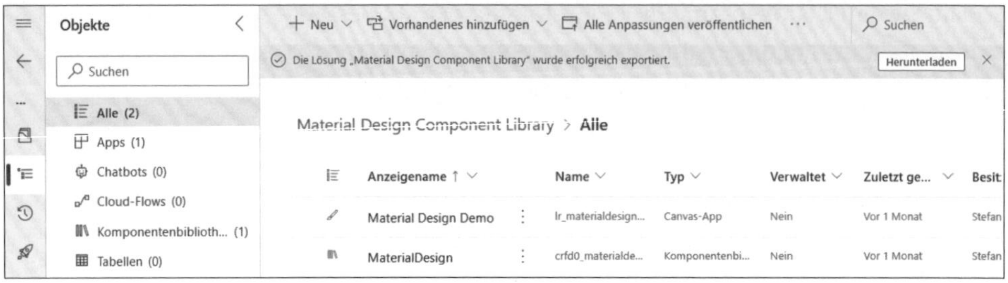

Abbildung 14.4 Die Objektsicht einer Lösung

- **den Verlauf**
  Im Verlauf werden sämtliche Aktualisierungen Ihrer Lösungen protokolliert (siehe Abbildung 14.5).

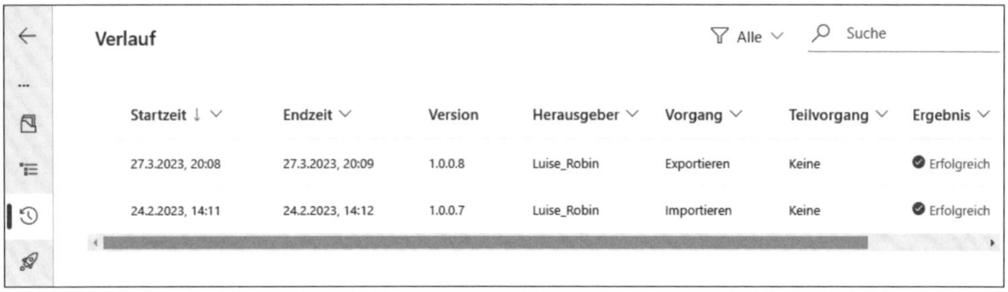

Abbildung 14.5 Der Verlauf Ihrer Lösung

- **Power Pipelines**
  Einmal konfiguriert, erlauben Power Pipelines eine einfache Verteilung der Lösung, ohne Werkzeuge wie *Azure DevOps* oder *GitHub* bemühen zu müssen. Mehr zur Anwendung von Power Pipeline und der Möglichkeit diese mit GitHub-Actions zu erweitern, finden Sie in offiziellen Dokumentation:

  https://learn.microsoft.com/de-de/power-platform/alm/pipelines

14.3 Lösungen verteilen

Haben Sie Ihre Lösung auf einen neuen Entwicklungsstand gebracht und wollen diesen nun auf einer anderen Umgebung bereitstellen, müssen Sie diese exportieren.

14.3.1 Lösungen exportieren

Nutzen Sie hierfür das Kommando LÖSUNG EXPORTIEREN aus der Lösungsübersicht. Sofort öffnet sich ein geführtes Formular, das Sie durch den Exportprozess geleitet.

Schritt 1

Hier veröffentlichen Sie alle Anpassungen, die Sie vorgenommen haben und die in den Export aufgenommen werden sollen (siehe Abbildung 14.6). Zudem können Sie die Lösung einmal daraufhin prüfen lassen, ob alle notwendigen Objekte vorhanden sind.

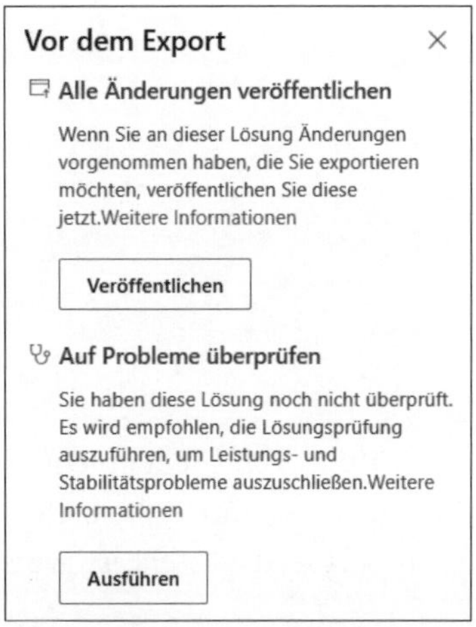

Abbildung 14.6 Erst veröffentlichen, dann exportieren

Schritt 2

Nun legen Sie die neue Versionsnummer und den Lösungstyp fest, also ob eine verwaltete oder eine nicht verwaltete Lösung exportiert werden soll (siehe Abbildung 14.7). Sobald Sie den Dialog mit EXPORTIEREN bestätigen, wird die Lösung im Hintergrund exportiert und steht kurze Zeit später zum Download bereit.

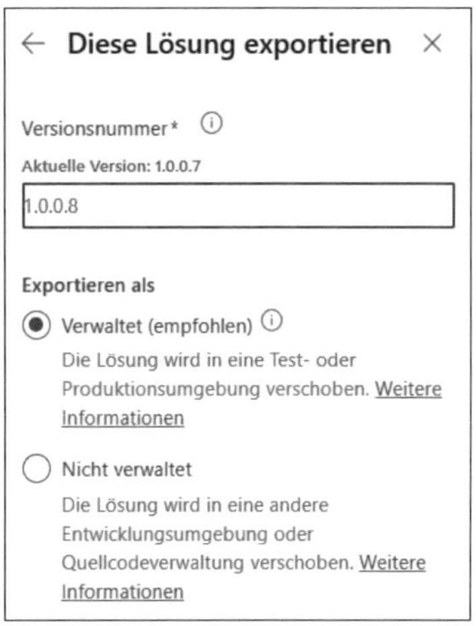

Abbildung 14.7 Versionsnummer und Lösungsart festlegen

14.3.2 Lösungen importieren

Auf Ihrer Zielumgebung können Sie nun exportierte Lösungen importieren. Dazu wechseln Sie in Ihre Lösungsübersicht mit dem Menüpunkt Lösungen (Power Apps) oder Projektmappen (Power Automate).

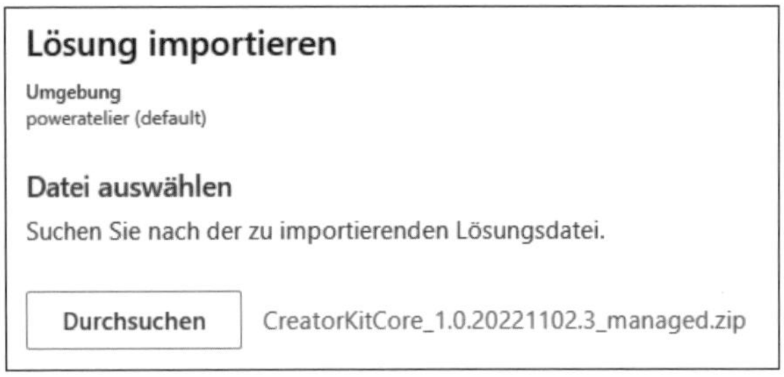

Abbildung 14.8 Lösung zum Importieren auswählen

Über das Menü Lösung importieren aus Abbildung 14.8 öffnet sich auf der rechten Bildschirmseite ein Dialog zur Auswahl einer Lösungsdatei, die Sie durch die Betätigung der Schaltfläche Weiter importieren. Sobald der Import fertiggestellt ist, werden Sie darüber per Bildschirmnachricht informiert.

14.3.3 Umgebungsvariablen (Environment Variables)

Wenn Sie Lösungen auf andere Umgebungen verteilen, haben Sie sich einer besonderen Herausforderung zu stellen, denn Ihre Apps und Flows sind noch mit Datenbanken oder SharePoint-Listen oder Azure-BLOB-Storages aus Ihrer Entwicklungsumgebung verbunden.

Neue Umgebung, neues Glück, aber auch neue SharePoint-Listen und Datenbanken. Ihre Apps und Flows versuchen beständig, die Datenquellen zu kontaktieren, die Sie bei der Erstellung Ihrer App konfiguriert haben. Mit an absolute Sicherheit grenzender Wahrscheinlichkeit wird das aus der Kundenumgebung heraus nicht funktionieren.

Nutzen Sie Umgebungsvariablen, damit sich Apps und Flows stets mit den richtigen Datenquellen verbinden. Umgebungsvariablen definieren Sie in Ihrer Entwicklungsumgebung. Wechseln Sie in die Objektsicht der Lösung, die Sie verteilen möchten, und fügen Sie unter Neu • Mehr • Umgebungsvariable eine neue Variable hinzu. Der Dialog auf der rechten Bildschirmseite unterstützt Sie bei der Erstellung Ihrer Umgebungsvariablen (siehe Abbildung 14.9).

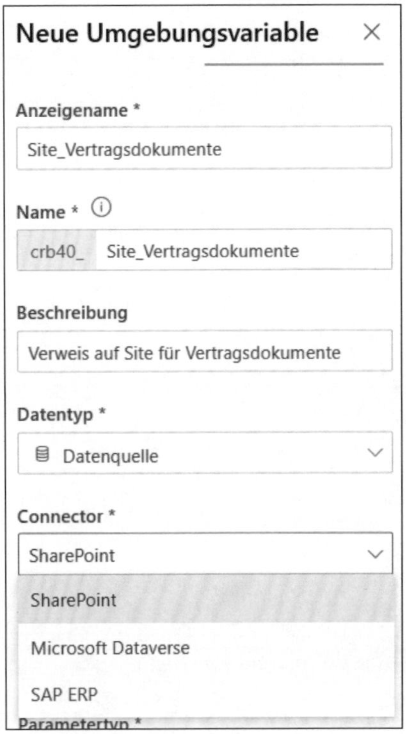

Abbildung 14.9 Eine Umgebungsvariable anlegen

- **Anzeigename, Name und Beschreibung**
  Da eine Umgebungsvariable in einer Umgebung angelegt wird, um mehreren konsumierenden Apps und Flows zur Verfügung zu stehen, nutzen Sie bitte sprechende, eindeutige Anzeigenamen, Namen und Beschreibungen. So machen Sie es den anderen Makern deutlich einfacher, robuste Lösungen zu entwickeln.
- **Datentyp**
  Hier können Sie den Typ der Variablen festlegen. Entscheidend für die Verbindung mit der richtigen Datenquelle ist hier der Datentyp DATENQUELLE. Je nach gewähltem Datentyp variiert der nachfolgende Prozess. Da ich aus der SharePoint-Entwicklung komme und SharePoint auch eine – wenn nicht sogar die meistgenutzte – Datenquelle in Power-Apps-Projekten ist, wähle ich unter CONNECTOR »SharePoint«.
- **Verbindung**
  Im Punkt VERBINDUNG legen Sie fest, unter welchen Account-Daten die Verbindung aufgebaut wird. Nutzen Sie vorhandene, oder legen Sie neue fest (siehe Abbildung 14.10).

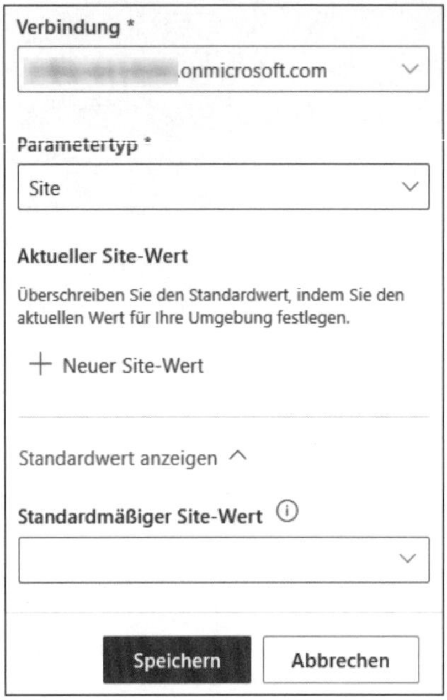

Abbildung 14.10 Verbindung für Umgebungsvariable definieren

- **Parametertyp**
  Um eine SharePoint-Liste zu nutzen, benötigen Sie zwei Dinge:
  - eine Site
  - eine Liste

  Entsprechend legen Sie zunächst eine Umgebungsvariable mit dem Parametertyp SITE an.

  Weitere mögliche Parametertypen sind:
  - Dezimal
  - JSON
  - Text
  - Ja/Nein
  - Geheimnis (Azure Key Vault)

SharePoint und Umgebungsvariablen

Um auf Daten aus SharePoint-Listen zugreifen zu können, brauchen Sie immer zwei Werte:

- die URL der SharePoint-Site, in der sich die Liste oder Bibliothek befindet
- die Liste oder Bibliothek, auf die Sie zugreifen wollen

> Nachdem Sie also die Variable für die SharePoint-Site erfolgreich angelegt haben, erstellen Sie eine zweite Variable mit dem Parametertyp LISTE. Der Prozess folgt exakt den hier soeben beschriebenen Schritten, nur dass Sie zum Ende gebeten werden, anzugeben, in welcher Site sich die Liste befindet. Wählen Sie dazu die zuvor angelegte Variable für die SharePoint-Site aus.

- **Aktueller Site-Wert und standardmäßiger Site-Wert**
  Hier definieren Sie die Werte, die die Variablen in Ihrer Umgebung haben sollen. Wird eine Lösung importiert, die diese Umgebungsvariablen nutzt, so werden die hier eingestellten Werte genutzt.

  Löschen Sie diese Werte, bevor Sie Ihre Lösung exportieren, denn wenn die Werte vorbelegt sind, werden Sie beim Import nicht mehr danach gefragt. Gleiches gilt auch, wenn die Variablen in einem vorherigen Import schon einmal definiert worden sind.

Wenn alles richtig funktioniert hat,, so finden Sie je eine Umgebungsvariable für eine SharePoint-Site und für eine SharePoint-Liste in Ihrer Objektansicht (siehe Abbildung 14.11).

Abbildung 14.11 Umgebungsvariablen in der Objektansicht

Sie können Ihre Lösung nun exportieren und in einer anderen Umgebung importieren. Wurden die beiden Variablen nicht schon in der Zielumgebung genutzt, erkennt der Importprozess, dass zwei Umgebungsvariablen zu befüllen sind (siehe Abbildung 14.12). Geben Sie hier nun die Site sowie die Bibliothek an, in der die Daten in der Zielumgebung liegen, und führen Sie den Import zu Ende.

Die Datenverbindung wurde nun erfolgreich eingerichtet, sodass Sie die App sofort nutzen können.

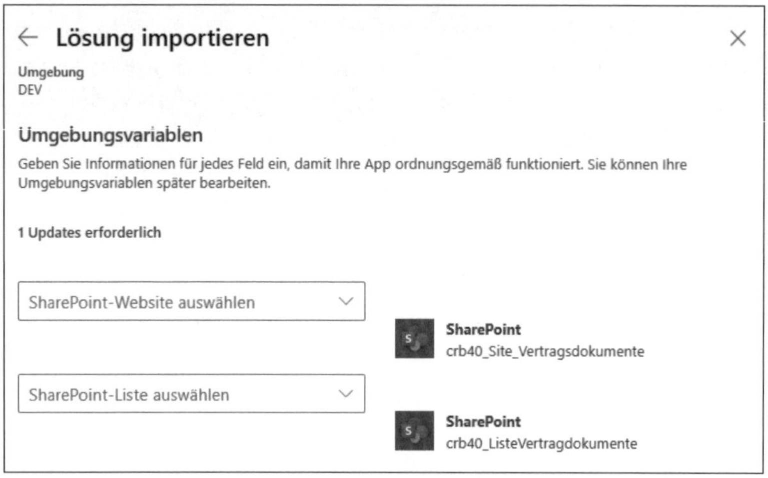

Abbildung 14.12 Umgebungsvariablen beim Import befüllen

[»]

Umgebungsvariablen automatisch anlegen

Schalten Sie die Funktion UMGEBUNGSVARIABLEN BEIM HINZUFÜGEN VON DATENQUELLEN AUTOMATISCH ERSTELLEN ein, damit Umgebungsvariablen – wie der Funktionsname verrät – automatisch angelegt werden. Sie finden diese Option in den App-Einstellungen im Bereich ALLGEMEIN (siehe Abbildung 14.13).

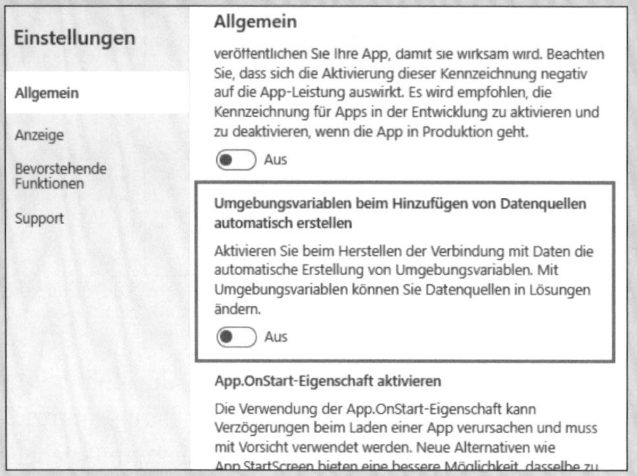

Abbildung 14.13 Umgebungsvariablen automatisch anlegen

14.3.4 Verwenden von Umgebungsvariablen

Durch die weiteren zur Verfügung gestellten Parametertypen können Sie Umgebungsvariablen nutzen, um Ihre komplette Power-Platform-Lösung zu konfigurieren.

Wollen Sie auf einen BLOB-Storage zugreifen oder versenden Sie E-Mails immer an ein bestimmtes Empfängerkonto, haben Sie diese Werte wahrscheinlich direkt in die Aktionen bzw. Apps geschrieben und mussten diese dann in der Produktivumgebung anpassen.

Zum Beispiel soll ein Flow eine Mail in der Entwicklung an die Adresse *HR_DEV@MeineFirma.com* versenden, in der Produktivumgebung aber an *HR@MeineFirma.com*. Definieren Sie sich dazu eine Umgebungsvariable mit dem Namen »HR-Mail-Adresse« und dem Typ »Text«. Weil Sie die Werte der Umgebungsvariablen beim Import festlegen müssen, können Sie Ihre Variable für die HR-Mail-Adresse in der Produktivumgebung auf *HR@MeineFirma.com* festlegen, in Ihrer Entwicklungsumgebung aber mit *HR_DEV@MeineFirma.com* arbeiten.

Cloud-Flows

Alle Umgebungsvariablen stehen Ihnen als dynamische Inhalte zur Verfügung und können direkt genutzt werden.

[«] 14

Umgebungsvariablen sind an Lösungen gebunden

Möchten Sie direkt auf Umgebungsvariablen zugreifen, ist es erforderlich, dass der Flow aus der Solution heraus angelegt bzw. bearbeitet wird. Gehen Sie über das Maker Portal und starten dort die Bearbeitung, stehen Ihnen die Umgebungsvariablen nicht zur Verfügung!

Power Apps

Möchten Sie schon in der Entwicklung einen SharePoint-Konnektor mit einer Umgebungsvariablen versehen, so ist es hier ebenfalls notwendig, die App aus der Lösung heraus zu bearbeiten. Sobald Sie eine neue SharePoint-Verbindung anlegen, haben Sie nun die Möglichkeit, eine vorhandene Umgebungsvariable für die Verbindunginformationen zu nutzen (siehe Abbildung 14.14). Nach Auswahl der Schaltfläche ERWEITERT wird Ihnen eine Liste aller möglichen Umgebungsvariablen bereitgestellt.

[«]

Konnektoren nutzen nicht automatisch Umgebungsvariablen

Nutzen Sie SharePoint-Verbindungen, die Sie ohne Variable, sondern direkt mit einer Liste verbunden haben, müssen Sie die Verbindung zunächst löschen und neu der App hinzufügen.

Die Verwendung von Umgebungsvariablen abseits von SharePoint-Verbindungen ist etwas komplizierter und erfordert dazu auch noch eine Premium-Lizenz: Fügen Sie zunächst die Dataverse-Tabelle ENVIRONMENT VARIABLE VALUES Ihrer App hinzu (siehe Abbildung 14.15).

Abbildung 14.14 Auswahl einer Umgebungsvariablen

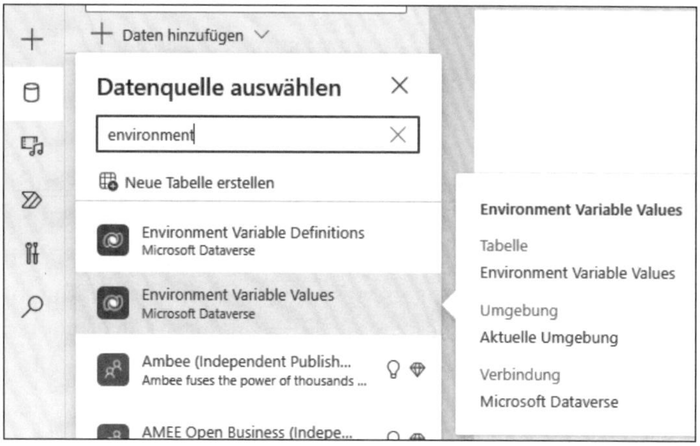

Abbildung 14.15 Umgebungsvariablen auslesen

Hier werden alle Werte Ihrer Umgebungsvariablen gespeichert, die Sie per `LookUp` auslesen können:

```
LookUp('Environment Variable Values';'Environment Variable ↩
   Definition'.'Display Name'="Site_Vertragsdokumente").Value
```

Listing 14.1 Auslesen einer Umgebungsvariablen in Power Apps

Da der Zugriff auf Dataverse-Tabellen aus Power Apps heraus eine Premium-Lizenz benötigt, müssen Sie gegebenenfalls weitere Lizenzen beziehen.

Cloud-Flows nutzen Umgebungsvariablen in der Standard-Lizenz

Da die Nutzung von Umgebungsvariablen aus Cloud-Flows in der Standard-Lizenz möglich ist, können Sie einen Flow aus der App aufrufen, der Ihnen die notwendigen Daten sammelt und an die App zurückliefert.

14.3.5 Verbindungsreferenzen (Connection References)

In den vorangegangenen Abschnitten haben Sie gelernt, Umgebungsvariablen zu nutzen, um Datenquellen je Umgebung zu konfigurieren, ohne Ihren Flow oder Ihre App dafür anpassen zu müssen. So können Sie für Ihre Entwicklungsumgebung eine andere SharePoint-Site nutzen als in der Test- oder der Produktivumgebung.

Ist es nötig, auch die Verbindungskonfiguration zu den Datenquellen anzupassen, bedienen Sie sich der Verbindungsreferenzen. Bearbeiten Sie Flows aus einer Lösung heraus, so können Sie dort direkt neue Verbindungsreferenzen anlegen, die dann automatisch in Ihre Lösung übernommen werden.

Verbindungsreferenzen können aber auch genauso wie andere Lösungskomponenten direkt in der Objektsicht angelegt werden. Wie üblich definieren Sie einen ANZEIGENAMEN, einen eindeutigen internen NAMEN sowie eine BESCHREIBUNG. Anschließend wählen Sie den KONNEKTOR, für den Sie die Referenz anlegen wollen. In einem letzten Schritt wählen Sie die Verbindung, die Sie verwenden wollen, oder erstellen eine neue.

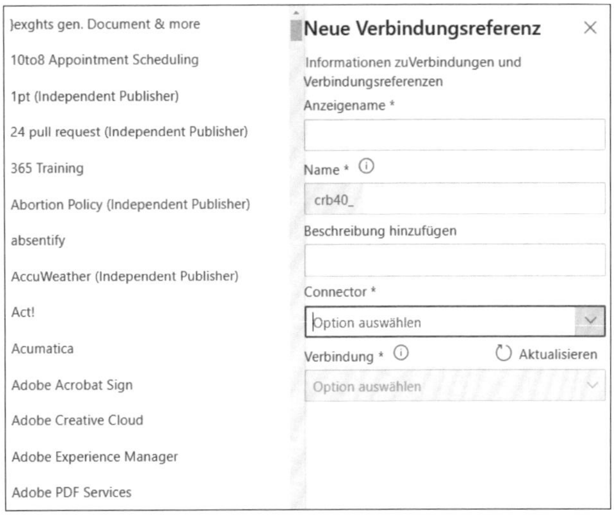

Abbildung 14.16 Eine Verbindungsreferenz aufbauen

Sobald Sie die Lösung in einer anderen Umgebung importieren und diese Verbindungsreferenz noch nicht festgelegt wurde, werden Sie aufgefordert, eine Verbindung auszuwählen, die für den Konnektor genutzt werden soll. Falls noch keine Verbindung vorhanden ist, können Sie an dieser Stelle auch eine neue anlegen.

Abbildung 14.17 Eine Lösung importieren

Kapitel 15

Community

Hier dreht sich alles um die Power-Platform-Community und damit um Menschen, die anderen pro bono beim Umgang mit der Power Platform helfen.

Eine Community ist zunächst eine Gruppe von Menschen, die sich für ein gemeinsames Thema, in diesem Fall die Power Platform, interessiert und die in mehr oder weniger regelmäßigen Meetups oder Konferenzen, vor Ort oder online zusammenkommt. Üblicherweise sind diese Zusammentreffen kostenfrei durch Community-Leader organisiert. Konferenzen nehmen auch schon mal ein kleines Eintrittsgeld, um einen Teil der Kosten zu decken. Online-Veranstaltungen sind aber üblicherweise kostenfrei zu besuchen.

Diese Treffen leben zum einen von den Sprecherinnen und Sprechern, die ihr Wissen kostenfrei teilen, aber auch vom interessierten Publikum, das sich an Diskussionen beteiligt, die üblicherweise nach einem Vortrag stattfinden. Letztere ist auch der Grund, warum die meisten Meetups ein offenes Ende mit viel »Community-Time« haben.

Neben Meetups und Konferenzen teilen aktive Community-Mitglieder ihr Wissen auch in sozialen Netzwerken wie LinkedIn und Twitter/X sowie in Blogs oder stellen kostenfreie Apps, Flows, Erweiterungen und Dokumente auf GitHub zur Verfügung.

Das Wichtigste aber ist, dass das alles aus der puren Lust am Teilen von Wissen geschieht, ohne eine monetäre Gegenleistung dafür zu erwarten.

Und wenn Sie sich fragen, was Ihnen das bringen soll, dann habe ich hier ein paar Argumente für Sie:

- In der Community finden Sie Expertinnen und Experten zum Anfassen. Sie haben eine Frage und bekommen eine Antwort. Wenn Sie ein kniffeligeres Problem haben, stürzen sich unter Umständen gleich mehrere Community-Mitglieder darauf, um es gemeinsam mit Ihnen zu lösen.
- Sie wollen über neue Features informiert werden? Nichts ist für die Community spannender als Neues auszuprobieren. Wenn Sie wissen wollen, was funktioniert oder was nicht funktioniert, dann erfahren Sie es bei uns, der Community, in Form

von Blogs, Posts auf LinkedIn oder Twitter/X oder in einem Vortrag oder Diskussion bei einem Event.

- Bis auf wenige Ausnahmen, ich erwähnte es bereits, können Sie kostenfrei Vorträgen lauschen, Expertenrat einholen und sich ein Netzwerk aufbauen. Nur hier bekommen Sie Best-Practices frei Haus.
- Sie haben eine Idee, die Sie alleine nicht umsetzen können? Ich wette, Sie finden in der Community passende Mitstreiter.
- Sie wollen sich selbst als Sprecherin oder Sprecher versuchen? Dann hilft Ihnen die Community und gibt Ihnen Tipps und die Möglichkeit, sich auszuprobieren. Wir haben alle mal angefangen. Natürlich helfen wir Ihnen auch, wenn Sie eine eigene lokale Community gründen und aufbauen wollen.

[»]

Sprechen Sie uns einfach an

Grundsätzlich verdienen die aktiven Community-Mitglieder ihr Geld mit ihrem Wissen. Falls Sie irgendwo nicht weiterkommen oder in einem Blog-Artikel etwas nicht verstehen, dann sprechen Sie die Personen einfach freundlich an. Ich habe schon mehrfach gehört, dass sich Menschen nicht trauen uns anzusprechen, weil die Frage zu trivial sei. Das ist Quatsch! Trauen Sie sich. Wir können zwar nicht alles beantworten und eventuell dauert es etwas, bis wir reagieren. Möglicherweise geht auch mal eine Frage unter. Das ist dann kein böser Wille, denn auch wir haben alle einen Job und Familie.

Ich selber betreibe mit einem guten Freund drei Communities, von denen sich zwei monatlich bzw. quartalsweise als Hybrid-Event in Hannover bzw. online treffen, sowie eine wöchentliche Online-Experten-Runde: das *Power Atelier*, das jeden Freitag von 10 Uhr bis 11 Uhr stattfindet. Dort probieren wir Dinge in der Power Platform aus, aber auch versuchen auch, jede Frage zu beantworten, die uns die Teilnehmer stellen.

15.1 Was sind Microsoft MVPs?

Oftmals finden Sie die drei Buchstaben MVP in Verbindung mit IT-Expertinnen und -Experten. Diese drei Buchstaben stehen für »Most Valuable Professional«. Der Titel wird jedes Jahr von Microsoft an ausgewählte Personen verliehen, die sich in einem technischen Bereich mit ihren Pro-Bono-Aktivitäten für die Community besonders engagiert haben. Falls Sie einen Experten suchen, nutzen Sie die Suche auf *mvp.microsoft.com*. Dort können Sie eine Person suchen oder Profile nach LAND, KATEGORIE oder TECHNOLOGIEBEREICH filtern. Für die Power Platform wählen Sie dort die Kategorie BUSINESS APPLICATIONS bzw. direkt Power Apps oder Power Automate als Technologiebereich.

15.2 Wie organisiert sich die Community?

Online-Inhalte wie Blog-Posts oder Beiträge in sozialen Netzwerken erscheinen nach Zeit, Lust und Laune der Verfasser. Manche schreiben wöchentlich, manche alle paar Monate.

Meetups und Konferenzen finden üblicherweise regelmäßig statt und werden über Plattformen wie MeetUp oder Sessionize organisiert. Manche nutzen dafür auch LinkedIn-Gruppen.

15.3 Wie werde ich Mitglied der Community?

Grundsätzlich gibt es keine Aufnahmeanträge oder Ähnliches. Wenn Sie einfach passiv dabei sein wollen, ist das absolut in Ordnung. Damit Sie von regelmäßigen Treffen erfahren, sollten Sie wenigstens einen LinkedIn-Account besitzen bzw. sich auf Meetup.com registrieren. Dort können Sie passende Gruppen suchen. Eine Auswahl an Communities, Konferenzen, Blogs, Videos und Hashtags sollte Ihnen helfen, die richtigen Infos und die passende Umgebung zu finden.

Wollen Sie aktiv dabei sein, ist die wichtigste Voraussetzung, dass Sie grundsätzlich bereit sind Ihr Wissen zu teilen. Das können Sie zum Beispiel in Form von Diskussionsbeiträgen auf einem lokalen Community-Event, einem Vortrag oder einem Blog-Post tun. Besuchen Sie einfach ein Community-Event in Ihrer Nähe, aber seien Sie achtsam, denn wer einmal in der Community ist, bleibt dort meist für immer. Noch nie habe ich erlebt, dass jemand die Community verlassen hat.

15.4 Meetups, Online-Communities, Projekte und Hashtags

In diesem Abschnitt finden Sie eine Auswahl verschiedener Communities, die Sie vor Ort oder online besuchen können. Darunter ist auch eine kleine Auswahl freier Projekte aus der deutschsprachigen Community. Den Abschluss bildet eine Liste von Hashtags, die Sie in sozialen Netzwerken wie LinkedIn oder Twitter/X zur Suche nach Informationen rund um die Power Platform nutzen können.

Meetups und Communities

- *Power Platform User Group Hannover*:
  https://www.meetup.com/de-DE/power-apps-power-automate-usergroup-hannover/
- *Power Platform User Group Cologne*:
  https://www.meetup.com/de-DE/power-platform-ug-cologne/

- *Power Platform User Group München*: *https://powerusers.microsoft.com/t5/PPMUG-Power-Platform-Munich-User/gh-p/pp_PPMUG_usergroup*
- *Power Platform Hamburg User Group*: *https://www.meetup.com/de-DE/pphhug/*
- *Microsoft Dynamics Meetup Deutschland*: *https://www.meetup.com/de-DE/Microsoft-Dynamics-Meetup-of-Berlin/*
- *Das Power Atelier*, die wöchentliche Expertenrunde zum Fragen, Zuschauen und Mitmachen. Jede Woche Freitag online von 10:00 – 11:00 Uhr. Mitteilung über Power Platform User Group Hannover.

Konferenzen

- *DACH Powerthon*: *https://powerthon.info/*

  Eine jährliche Veranstaltung rund um die Power Platform, die meist an einem Wochenende in der zweiten Jahreshälfte von Freitag bis Samstag stattfindet.
- *Global Power Platform Bootcamp*: *https://www.powerplatformbootcamp.com/*

  Das GPPBC ist eine weltweit stattfindende Konferenz, die Ende Februar von den lokalen Power Platform Communities, wie z. B. Hamburg oder Hannover, durchgeführt wird.
- *European Collaboration Summit*: *https://www.collabsummit.eu/*

  Die wohl größte Konferenz, veranstaltet von der Community für die Community.

Projekte

- *Powerapps Docstring* (Sebastian Muthwill): *https://github.com/sebastian-muthwill/powerapps-docstring*

  Dieses Werkzeug von Sebastian Muthwill liest die Kommentare innerhalb Ihrer App aus und fertigt daraus eine Dokumentation an.
- *PowerDocu* (Rene Modery): *https://github.com/modery/PowerDocu*

  Dieses Tool erzeugt Dokumentationen aus exportierten Flow- und App-Paketen sowie Lösungen.
- *Power Apps Design Toolkit* (Luise Freese und Robin Rosengrün): *https://pnp.github.io/blog/post/material-design-component-library-for-power-apps/*

  Luise Freese und Robin Rosengrün stellen hier eine kostenfreie Komponentenbibliothek mit hochwertigen Steuerelementen zur Verfügung.
- *Power Apps Helper* (Michael Megel): *https://github.com/megel/powerapps-helper*

  Der Power Apps Helper von Michael Megel sind ein Add-On für Visual Studio Code, um Lösungen und Apps zu packen und zu entpacken.

Blogs und Videos

- Stefan Riedel: *https://stefanriedel.wordpress.com/*
- Tomislav Karafilov: *https://tkarafilov.wordpress.com/*
- Robin Rosengrün: *https://www.r2power.de/blog*
- Michael Megel: *https://never-stop-learning.de/*
- Marcel Lehmann: *https://lehmann.ws/*
- Luise Freese: *https://www.m365princess.com/*
- Tomislav Karafilov und Stefan Riedel: *https://www.youtube.com/@CloudCouchRocks*
- April Dunnam: *https://www.youtube.com/c/aprildunnam*
- Reza Dorrani: *https://www.youtube.com/@RezaDorrani*
- Shane Cows: *https://www.youtube.com/@ShanesCows*

Hashtags

Mit den folgenden Hashtags finden Sie auf LinkedIn bzw. Twitter/X Experten und Community-Aktivitäten rund um die Power Platform:

- *#PowerAddicts*
- *#SharingIsCaring*
- *#CommunityRocks*
- *#NeverStopLearning*
- *#PowerApps*
- *#PowerAutomate*
- *#PowerPlatform*

Index

A

B

C

D

E

F

L

M

N

O

P

W

X

Z